“大学堂”开放给所有向往知识、崇尚科学，对宇宙和人生有所追问的人。

“大学堂”中展开一本本书，阐明各种传统和新兴的学科，导向真理和智慧。既有接引之台阶，又具深化之门径。无论何时，无论何地，请你把它翻开……

后浪
大学堂 044-02

Introducing Philosophy

哲学导论

A Text with Integrated Readings, 11e

综合原典教程

（第 11 版）

［美］罗伯特·C. 所罗门
［美］凯瑟琳·M. 希金斯
［美］克兰西·马丁
著

陈高华
译

Kathleen M. Higgins
Clancy Martin

Robert C. Solomon

天津出版传媒集团
天津人民出版社

献给我们的父母

维塔·P. 所罗门（1916—2005）和查尔斯·M. 所罗门（1914—1986）

凯瑟琳·A. 希金斯（1925—2003）和尤金·A. 希金斯（1923—2013）

安娜·维多利亚·穆迪和约翰·威廉·马丁（1914—1997）

简　目

目　录

第三部分 善与权力

序言

《哲学导论：综合原典教程（第11版）》是一本针对哲学核心问题的详尽导论。章节按照话题编排，呈现出多重视角——包括分析的、欧陆的、女性主义的和非西方的观点——并穿插着重要哲学家过往的作品。这些为课程材料提供的文本使讲师和学生得以关注多样的哲学问题和视角。本教程的要旨在于，就所讨论的问题给学生们提供可选择的路径，让他们得出自己的结论。这些结论，可以是基于本教程的讨论，也可以基于课堂辩论和朋友或同学间的论证。本教程不预设学科背景和特殊能力。哲学的目的是鼓励每一个人独立思考，没有哪一个单一的论证或信息来源可以取代人们之间的对话和讨论。说到底，教科书就是一部资料集，里面所有的东西都应看作进一步论证的一个起因，而不应看作结果的最终陈述。

第十一版的改进

- 旧版中的第3章被分为了第3章“知识”和第4章“真理与相对主义”
- 第5章和第6章互换位置，第5章为“心灵与身体”，第6章为“自我”
- 旧版中约翰·洛克在“实在”一章中的文本与第3章中洛克关于第一和第二性的质的文本合并
- 新增了对于分析的形而上学（第1章）中新近趋势及哲学僵尸的讨论

新版中新增了以下文本：

- 大卫·刘易斯《反事实》中的一段简短摘录（第1章）
- 威廉·佩利，《钟表与表匠》（第2章）
- 玛丽·戴莉，《通缉："上帝"还是"女神"》（第2章）
- 维克多·A. 古纳塞克拉，《对于上帝的佛教态度》（第3章）
- 柏拉图《理想国》中的线段（第3章）
- 布兰德·布兰夏尔德，论融贯理论（第4章）
- 查尔斯·皮尔士，《如何使我们的观念清楚明白》（第4章）
- 威廉·詹姆斯，论实用理论（第4章）
- 阿尔弗雷德·塔斯基，《真理的语义理论》（第4章）
- 伊丽莎白·V. 斯佩尔曼，《作为身体的女人：古今观点》（第5章）
- 德里克·帕菲特，《理与人》（第6章）
- 用让-保罗·萨特《存在与虚无》中的一段不同的文本替换了旧版中关于自欺的文

本（第6章）

- 迪得莉·麦克劳斯基，《跨越：一本回忆录》（第6章）
- 圣托马斯·阿奎那，《神学大全》（第8章）
- 西蒙娜·德·波伏娃，《模棱两可的伦理学》（第8章）
- 玛丽亚·卢格尼斯，“玩乐、环游‘世界’与爱的感知”（第9章）

新版中去掉了以下文本：

- 菲利普·布里克尔，《大卫·K.刘易斯的〈论世界的多样性〉》（第1章）
- 查尔斯·哈茨霍恩，论存在论论证（第2章）
- 圣托马斯·阿奎那，论宇宙论论证（第2章）
- 保罗·戴维斯，《上帝之心》（第2章）
- 让-保罗·萨特，《成为上帝的欲望》（第2章）
- 亚瑟·叔本华，《作为意愿和表象的世界》（第4章）
- 科林·麦金，论“意识的奥秘”（第5章）
- 威廉·詹姆斯，《意识存在吗？》（第5章）
- 弗里德里希·尼采，论“种类的天才”（第5章）
- 旧版中让-保罗·萨特《存在与虚无》中的一段文本（现已被同一部作品中的一段不同文本替换，第6章）
- 弗里德里希·尼采，论交流意识（第6章）
- G. W. F.黑格尔，论“精神”与个人（第6章）
- G. W. F.黑格尔，《历史中的理性》（第6章）
- 索伦·克尔凯郭尔，一个驳斥（第6章）
- 卡尔·马克思，论社会自我（第6章）
- 哈里·法兰克福，《强迫与道德责任》（第7章）
- 圣奥古斯丁，《论自由》（第8章）

主要特点

- 超过120条哲学家简介穿插在正文中
- 哲学史中重要作品的翔实文本，带有来自作者的有益注解
- 关键术语加粗，并收录在章节末尾
- 页边印有著名哲学家的语录，让学生保持专注
- 每节末尾附有供进一步思考的问题，以及每章末尾额外的章节复习题
- 每章末尾附有参考文献和进阶阅读
- 书末附有一个术语表，囊括了最重要和使用最广泛的哲学术语

致谢

来自凯瑟琳·M. 希金斯和克兰西·马丁

这一版，我们要特别感谢我们的编辑Robert Miller及他的助手Kaitlin Coats。我们还要感谢Kayla Sosa在许可权上的大力帮助，以及在本版的准备过程中提出建议的读者们：北湖学院的Marcos Arandia、里奇兰德学院的Lusia Benton、印第安纳大学—普渡大学韦恩堡分校的Jennifer Caseldine-Bracht、诺沃克社区学院的Edward J. Grippe、温索普大学的M. Gregory Oakes、东北湖畔学院的Mark D. Sadler、宾夕法尼亚加利福尼亚大学的Nancy J. Shaffer、奥斯汀社区学院的Ellen B. Stansell、东菲尔德学院的Michele Svatos、奥利弗哈维学院的Khaldoun Sweis及得克萨斯州立大学的Paul Wilson。

来自罗伯特·C. 所罗门

这本教程及其之前的版本得到了许多人的鼓励和帮助，尤其是我非常开心地教过的数千名刚入门的学生。我要特别感谢我的朋友和同事Clancy Martin。对于第一版，我要感谢Susan Zaleski，她对早期的手稿提出了极具洞见的批评。我还要感谢Robert Fogelin, John McDermott, Janet McCracken, Stephen Phillips, Paul Woodruff, Stephanie Lewis, Michael Tye, George Cronk, Roland D. Zimany, Terry Boswell, Lisa Erlich, David Blumenfeld, Harry O'Hara, Barbara Barratt, Billy Joe Lucas, Cheshire Calhoun, Peter Hutcheson, Richard Palmer, Norman Thomas, Greta Reed, Edward Johnson, Don Branson, Hoke Robinson, Meredith Michaels, Bruce Paternoster, Maxine Morphis, Bruce Ballard, Jeffery Coombs, Timothy Owen Davis, Conrad Gromada, Gregory Landini, Dan Bonevac, Kathleen Higgins, Kristy Bartlett, Marilyn Frye, Jonathan Westphal, David J. Paul, Edward Johnson, Fred Tabor, Brian Kutin, Karen Mottola, John Rowell, Christopher Melly, John Carvallo, Michael Clifford, Timothy Davis, Ronald Glass, Isabel Luengo, Thomas Ryckman, William Smith 和Clancy Martin。在Hartcourt College Publisher，我的编辑们——Bill Pullin, Bill McLane和David Tatom——多年来对这本教程的好几个版本都给予了帮助和鼓励。我也要感谢Warren J. von Eschenbach为本教程所做的索引。最后,我要再次感谢我最初的哲学老师——Robert Hanson, Doris Yokum, Elizabeth Flower, James Ross和C. G. Hempel，他们为我理想中的哲学入门课程提供了模型和材料，我还要再次感谢那些继续学习哲学的学生们，在这个并不令人满意的世界中，是他们使得讲授哲学成为较为令人满意的职业之一。

致学生：做哲学

对于哲学的任何研究——阅读别人在哲学上的已成之作也好，自己“做”哲学也好——其要旨无非是力图提出自己的思想。与其他任何领域相比，哲学与其说是一门学科，不如说是一种思考方式，人们只要加入进来就能对它有所理解。因此，在阅读本教程时，任何时候都不必犹豫放下书本进行自己的思考和写作。比如，当你在阅读形而上学部分时，你可以思考一下你会如何提出自己关于实在的观点，会如何回答古希腊的第一批哲学家或东方哲学家们提出的问题。面对一个论点时，想想你会如何加以辩护或反驳。面对一个看似陌生的观念时，试着用自己习惯的术语加以表述，并去理解隐藏在观念背后的视野。面对一个问题时，不仅去看早先哲学家们所提供的答案，也要提出你自己的答案。哲学不同于物理学或生物学，在其中，你自己的答案可能与过去的哲学家们提供的那些答案一样合理，而出自不同传统的答案可能同样值得注意。这就是哲学乍看起来难学的原因所在，但是，也正因为如此，哲学才如此具有个人价值、令人享受。

绝大多数阅读材料和每一章后面都紧接着要你去回答的问题，你可以与同学大声争论，也可以在课堂或写作中加以讨论，或许还可以以班刊或课堂笔记的形式加以记录。绝大多数问题只是要求你清楚地表述一下刚刚读到过的观点，（或多或少）用你自己的话将它们表述出来。我们常常在读到新内容或难懂的内容时，就会“跳过”去读下一部分内容。我们都有阅读长篇文章的经历，甚至为此花上大量的时间，之后却发现自己对于所读内容说不出任何东西。因此，这些问题的目的就是迫使你去说或写点什么。有些问题是用来激发思想的，不过，绝大多数问题是为了给你提供即时反馈的。因此，我们要求你认真对待这些问题，并且把它们当作整个阅读任务的构成部分。

哲学写作

只要记住了前述观念，你就会清楚为何与朋友和同学谈论哲学、在课堂上提出问题和反驳，以及写下自己的观念会如此重要。表述巩固理解，而对反驳作出回应则扩展了理解。在任何哲学课程中，哲学论文写作都是特别重要的一个部分，它有一些需要记住的一般方针：

1. 在文章开头提出你的主要问题。对一些哲学问题进行“思考”很有趣，但也容易迷失方向而显得漫无目的。例如，对“自由”进行思考就涉及太多的不同问题和视角。而探讨如下问题——“行动自由与科学决定论相容吗？”——则让你的思考有一个具体的方向和展开方式。

2. 面对所解决的问题时要清楚困难所在。问题所涉的术语全都清楚吗？确实，文章开头并不总是要确定术语。然而，对关键术语加以定义，可能是你能达到的最基本的也是最困难的结论。依靠词典（哪怕是一部很好的词典）来澄清你的问题，这种做法没有什么思想内涵。词典并非是由哲学家们来编撰的，它们常常反映的是一些流行用法——其中包括的恰恰是你试图要纠正的哲学误解。

3. 阐明你要论证的观点。不要强迫读者（你的教师）去猜你的观点所在。你一旦清楚所要探究的问题，就有助于阐明你想要获得的答案，反之亦然。事实上，在写作时，你可能会多次改变想法——无论是关于问题还是关于答案，对于在进行写作之前只用一个晚上打草稿的人来说，这是真正的危险。

4. 论证你的观点。对你为何持这一观点加以证明。对于学生论文常见的批评是“这是你的主张：论证在哪呢？”若考题要求你“批判地”论述一个观念或一段引文，这并不是说一定要你抨击它或找它的错，而是说你必须思考它的优点和可能的不足，想想有什么支持它的理由，以及你自己对于它的看法及其理由。

5. 考虑那些针对你的观点和论证的反驳，并对相反的观点加以抨击。如果你不清楚你所反对的观点，那你无疑也不清楚你自己的观点。如果你无法设想人们可能会怎样不同意你的观点，那你可能并没有彻底想清楚自己的观点。

6. 不要害怕做自己，也不要怕幽默、迷人、真诚和个性化。那些最有力的哲学作品，那些历经数世纪而不衰的哲学作品，常常反映了作者最深层的关注和生活态度。然而，请记住，没有任何哲学作品可以仅仅是幽默、迷人、真诚和个性化的。确保你写的每一个字——包括一个笑话——都与你所处理的主题有关。你的作品之所以具有哲学味，在于它包括普遍的关切，以及为了证明一个重要观点、回答一个古老的问题所作出的小心谨慎的论证。

哲学的历史

公元前3000年
《吉尔伽美什史诗》公元前2700年

公元前2000年
亚伯拉罕 约公元前1900年

公元前1500年
印度《吠陀》约公元前1500年
摩西 公元前1220—前1200年间
特洛伊战争 公元前1185年

公元前1000年
中国人发明火药 公元前1000年
荷马 公元前9—前8世纪
第一届奥林匹克运动会 公元前776年
罗马建城 公元前753年
毕达哥拉斯 约公元前581—前507年
老子 公元前570—前510年
佛陀（乔达摩·悉达多）公元前566—前486年

公元前500年
《伊索寓言》约公元前550年
孔子 公元前551—前479年
赫拉克利特 约公元前535—前470年
孔子《论语》编成 约公元前475—前221年
苏格拉底 公元前469—前399年
帕特农神庙建成 公元前443年
柏拉图 公元前427—前347年

公元前400年
约伯 约公元前400年
摩西五经确立 约公元前400年
柏拉图《会饮篇》约公元前385—前380年
亚里士多德 公元前384—前322年
柏拉图《理想国》约公元前380年
孟子 公元前372—前289年
亚历山大大帝征服埃及 公元前332年

公元前300年
尤利乌斯·凯撒遇刺 公元前44年
耶稣基督 约公元前5—公元30年

公元前1年
圣保罗 约10—65年
圣奥古斯丁 354—430年
圣奥古斯丁《忏悔录》397—398年

500年
穆罕默德 约570—632年

1000年
贝奥武夫 约1000年
圣安瑟伦 约1033—1109年
阿尔-加扎里 1058—1111年
十字军攻占耶路撒冷 1099年

1100年
牛津大学建校 1149年

1200年
大宪章签署 1215年
圣托马斯·阿奎那 1225—1274年
阿奎那《神学大全》1265—1274年
马可·波罗从中国返程 1275年

远视眼镜发明 1285年

1300年

火药首次在欧洲使用 1300年
但丁《神曲》1310年
腺鼠疫 1348—1375年

1400年

第一批有记载的黑奴到达欧洲 1441年
君士坦丁堡陷落于穆斯林 1453年
约翰内斯·古腾堡发明印刷机 1455年
哥伦布和西班牙人对美洲和加勒比的探索和殖民 1492—1520年

1500年

北欧文艺复兴开始 1500年
意大利文艺复兴的全盛期 1500—1530年
尼可罗·马基雅维利《君主论》1513年
哥白尼革命 1514年
马丁路德九十五条论纲 1517年
宗教改革 1517—1541年
83万人在嘉靖大地震中丧生 1556年
托马斯·霍布斯 1588—1679年
勒内·笛卡尔 1596—1650年

1600年

莎士比亚《哈姆雷特》 1601年
米格尔·德·塞万提斯·萨维德拉《堂·吉诃德》1605年
钦定本圣经 1611年
三十年战争 1618—1648年
新教徒到达普利茅斯 1620年
布莱兹·帕斯卡尔 1623—1662年
别涅迪克特·德·斯宾诺莎 1632—1677年
约翰·洛克 1632—1704年
笛卡尔《谈谈方法》1637年
笛卡尔《第一哲学沉思集》1641年
艾萨克·牛顿 1642—1727年
戈特弗里德·威廉·冯·莱布尼茨 1646—1716年

1650年

霍布斯《利维坦》1651年
约翰·弥尔顿《失乐园》1667年
帕斯卡尔《思想录》1670年
斯宾诺莎《伦理学》1677年
乔治·贝克莱主教 1685—1753年
牛顿《数学原理》1687年
洛克《人类理解论》1690年

1700年

贝克莱《人类知识原理》1710年
大卫·休谟 1711—1776年
让-雅克·卢梭 1712—1778年
莱布尼茨《单子论》1714年
伊曼纽尔·康德 1724—1804年
西欧农业革命 1730—1850年
本杰明·富兰克林《穷理查德年鉴》1732年
休谟《人性论》1739年
杰里米·边沁 1748—1832年
休谟《人类理解研究》1748年
伏尔泰《老实人》1759年
卢梭《爱弥儿》1762年
卢梭《社会契约论》1762年
莱布尼茨《人类理智新论》1762年
乔治·威廉·弗里德里希·黑格尔 1770—1831年
波士顿倾茶事件 1773年
英属北美殖民地人民宣告独立 1776年
亚当·斯密《国富论》1776年
康德《纯粹理性批判》1781年
康德《未来形而上学导论》1783年
康德《实践理性批判》1788年
法国大革命开始 1789年
玛丽·沃斯通克拉夫特《女权辩护》1792年
法国恐怖统治 1789年

康德《道德形而上学》1797年

1800年

拿破仑加冕法国皇帝 1804年
约翰·斯图亚特·密尔 1806—1873年
查尔斯·达尔文 1809—1882年
索伦·克尔凯郭尔 1813—1855年
滑铁卢战役 1815年
亨利·大卫·梭罗 1817—1862年
卡尔·马克思 1818—1883年
玛丽·雪莱《弗兰肯斯坦》1818年
费奥多尔·陀思妥耶夫斯基 1821—1881年
英格兰废奴 1833年
拉尔夫·沃尔多·爱默生《论自然》1836年
威廉·詹姆斯 1842—1910年
弗里德里希·尼采 1844—1900年
爱尔兰大饥荒 1845—1848年
卡尔·马克思和弗里德里希·恩格斯《共产党宣言》1848年

1850年

赫尔曼·梅尔维尔《白鲸》1851年
梭罗《瓦尔登湖》1854年
西格蒙德·弗洛伊德 1856—1939年
埃德蒙德·胡塞尔 1859—1938年
约翰·杜威 1859—1952年
达尔文《物种起源》1859年
密尔《功利主义》1863年
解放宣言 1863年
刘易斯·卡罗尔《爱丽丝奇境历险记》1865年
电报电缆联通美国和欧洲 1866年
圣雄甘地 1869—1948年
露易莎·梅·奥尔科特《小妇人》1868年
伯特兰·罗素 1872—1970年
世界经济危机 1873—1877年
列夫·托尔斯泰《安娜·卡列尼娜》1875年
阿尔伯特·爱因斯坦 1879—1955年
陀思妥耶夫斯基《卡拉马佐夫兄弟》1880年
卡尔·雅斯贝尔斯 1883—1969年
路德维希·维特根斯坦 1889—1951年
马丁·海德格尔 1889—1976年

1900年

吉尔伯特·赖尔 1900—1976年
西谷启治 1900—1990年
W. E. B. 杜波伊斯《黑人的灵魂》1903年
约翰·威兹德姆 1904—1993年
让-保罗·萨特 1905—1980年
厄普顿·辛克莱《屠场》1906年
莫里斯·梅洛-庞蒂 1908—1961年
西蒙娜·德·波伏娃 1908—1986年
美国全国有色人种协进会成立 1909年

1910年

辛亥革命 1911年
罗素《哲学问题》1912年
泰坦尼克号沉没 1912年
阿尔伯特·加缪 1913—1960年
第一次世界大战 1914—1918年
十月革命 1917年
两千万人死于西班牙大流感 1918年

1920年

约翰·罗尔斯 1921—2002年
詹姆斯·乔伊斯《尤利西斯》1922年
约翰·斯科普斯因教授进化论而被控告 1925年
马尔科姆·X 1925—1965年
卡夫卡《审判》1925年
米歇尔·福柯 1926—1984年
弗吉尼亚·伍尔芙《到灯塔去》1927年
美国股灾 1929年
威廉·福克纳《喧哗与骚动》1929年
美国大萧条 1929—1939年
马丁·路德·金 1929—1968年

1930年
纳粹在德国兴起 1930年
雅克·德里达 1930—2004年
理查德·罗蒂 1931—2007年
佐拉·尼尔·赫斯顿《他们眼望上苍》1937年
约翰·斯坦贝克《愤怒的葡萄》1939年
第二次世界大战 1939—1945年

1940年
日本偷袭珍珠港 1941年
大卫·刘易斯 1941—2001年
梅洛-庞蒂《行为的结构》1942年
加缪《异乡人》1942年
犹太人大屠杀 1942—1945年
萨特《存在与虚无》1943年
联合国成立 1945年
乔治·奥威尔《动物农场》1945年
广岛市原子弹爆炸 1945年
印度从英国统治下获得独立，
巴基斯坦建国 1947年
以色列建国 1948年
马歇尔计划 1948年
阿瑟·米勒《推销员之死》1949年
德·波伏娃《第二性》1949年
中国共产党在毛泽东的领导下
取得新民主主义革命的胜利 1949年

1950年
J. D.塞林格《麦田里的守望者》1951年
塞缪尔·贝克特《等待戈多》1952年
拉尔夫·埃里森《看不见的人》1952年
布朗诉教育委员会案 1954年
越南战争 1955—1975年

1960年
哈珀·李《杀死一只知更鸟》1960年
古巴导弹危机 1962年
贝蒂·弗里丹《女性的奥秘》1963年
约翰·费茨杰拉德·肯尼迪遇刺 1963年
美国通过民权法案 1964年
“文化大革命”1966—1976年
加夫列尔·加西亚·马尔克斯
《百年孤独》1967年
马丁·路德·金博士遇刺 1968年
伍德斯托克音乐节 1969年

1970年
罗尔斯《正义论》1971年
罗伯特·诺齐克《无政府、国家与
乌托邦》1974年
黎巴嫩内战 1975年
罗纳德·德沃金《认真对待权利》1977年
罗蒂《哲学和自然之镜》1979年
托马斯·内格尔《人的问题》1979年

1980年
里根当选美国总统 1980年
苹果公司发行麦金塔计算机 1984年
苏联“改革与新思维”1985年
托妮·莫里森《宠儿》1987年
柏林墙倒塌 1989年

1990年
互联网向公众开放 1990年
苏联解体 1991年
希拉里·普特南《重建哲学》1992年
南非首次民主选举 1994年
查尔斯·泰勒《多元文化主义：检视肯认的
政治》1994年
卢旺达大屠杀 1995年

2000年
“911”事件 2001年
伊拉克战争爆发 2003年
巴拉克·奥巴马出任美国总统 2009年

导论

未经省察的生活是不值得过的。——苏格拉底

A. 苏格拉底

他不是第一个哲学家，但他曾经是、而且依然是哲学家们的典范。德尔菲的神谕曾宣称，**苏格拉底**（公元前469—前399）是雅典最智慧的人，而他的人生观采用的正是德尔菲的铭文——“认识你自己”。他的卓越之处在于他意识到自己的无知，然而，他这样的自诩，谦卑中不无傲慢，此后，他用尽余生所做的，就是愚弄那些自称“智慧之人”的雅典人。

在苏格拉底和当时的其他批评者看来，雅典政府腐败不堪、笨拙无能，与几年前伯利克里的“黄金时代”相比，恍若隔世。哲学论辩变成了要小聪明和散布谣言，以及为了赢得辩论和法律诉讼所使用的修辞诡计，政治野心取代了正义和对美好生活的追寻。苏格拉底认为，雅典人圆滑地高举着他们的原则，如同在一场球赛中举着写满口号的横幅，可是，他们却很少去践行它们，至于对它们加以省察，那更是少之又少了。正是在这样的背景下，他发展了一套提出看似幼稚的问题的技巧，使他的听众陷于他们自己导致的混乱和伪善中，由此戳穿他那个时代的矫饰、自负。针对他们那些安逸的确定性，他教之以“未经省察的生活是不值得过的”。他称自己为“牛虻”（一种令人讨厌的虫子，叮人很痛），要使他的同胞公民远离他们一直以来的那种自鸣得意、自以为是的心态。因此，他树敌不少，遭人讽刺，阿里斯托芬的戏剧《云》就是一个例子。

苏格拉底（公元前469—前399）：颇具修辞和论辩天赋的雅典哲学家。他的婚姻极其糟糕，有好几个孩子，在一生的大部分时间中过着贫穷的生活。苏格拉底开始研究自然，不久之后就转向对人性、道德和政治的研究。他因与诸多“智者”争辩而日益扬名，这些智者四处游荡，教人如何论证和说服他人（相当于古代的法律教育）。苏格拉底没法忍受这些人的怀疑论倾向，转而寻求智慧、德性、正义和美好生活的绝对观念。他的哲学是为了澄清对它们的追求、寻求对这些概念的精确定义。为此，他提出了一种卓越的对话技艺，即“辩证法”——通过不断的辩论，迫使对手或学生提出不同的理论，然后他又加以击垮，由此发现这些概念的定义。在这一过程中，正确的概念会逐渐出现。然而，苏格拉底对真理的寻求并不总是很机智，从而招致了许多敌人，最终导致他被判处死刑，他高贵地接受了这一残酷且不公平的裁决。

阿里斯托芬，《云》[1]

苏格拉底的学生：一只跳蚤咬了凯瑞丰的眉毛之后，跳到了苏格拉底的头上。于是苏格拉底问凯瑞丰，这只跳蚤所跳的距离是它自己的脚长的多少倍。

斯瑞西阿得斯：他是怎样测量的呢？

学生：绝妙啊。他熔化了一块蜡，捉住这只跳蚤，把它的双脚浸在蜡里，然后，冷却的蜡上面就形成了一双波斯鞋。再把它们截下来测量，他就这样找到了它们的尺寸。

斯瑞西阿得斯：宙斯啊！这是多么敏捷的才思呀！

学生：可是，昨天有一只壁虎打断了他的一个伟大思想。

斯瑞西阿得斯：那又是怎么回事？告诉我。

学生：当时他正张口凝望着月亮，探究她的循环轨道，一只壁虎在屋檐上拉屎，把他弄脏了。

在这部戏剧中，阿里斯托芬描述的苏格拉底和他的学生显得非常可笑，而雅典公众，则把阿里斯托芬的挖苦讽刺当做对苏格拉底的不断批评的一次温和复仇。阿里斯托芬的“云”，指涉的是我们在说某个人“陷入云里雾里”时所意味的那种混乱。苏格拉底“好吃无能”，只不过善用言辞行骗，阿里斯托芬的这一描述，可能表达的正是一般公众的意见。

然而，苏格拉底的学生却真切地敬慕他。他们说，他是“我们时代最勇敢、最有智慧和最正直的人”，是腐化社会中的一位真理殉道者。他的批评的价值，不仅仅是剧作家的讽刺题材。由于苏格拉底总是这样令人讨厌，政府设法以“败坏雅典青年”和“不信城邦的神”的罪名审判他。正是因为这些捏造的“罪行”，苏格拉底被判处死刑。但是，在审判中，他再一次成了叮那些判处他死刑的人的一只“牛虻”。

柏拉图，《申辩》[2]

他提出死刑。好吧。陪审团的先生们，我应该向你们提出什么替代的刑罚呢？显然应是我该受的一种刑罚，那什么是我该遭受或付出的呢？要知道，我一生并没有过得庸庸碌碌，只是我不关心绝大多数人所忙碌之事：理财、治家、将兵，或做公众演说，或任其他公职，也不加入城邦中存在的朋党与帮派。我以为自己过于忠厚，若从事那些事情，就难以保命。我没有走上这条道路，如果走了这条路，我对你们、对我自己都没有助益，但是，我私下里到你们每一个人那里，告诉你们每一个人我所说的，乃是最大的益处，我劝说你们每一个人，不要先关心自己的属物，而要先关心自己，尽

1 摘自 Aristiophanes, *Clouds*, in *The Complete Plays of Aristophanes*, ed. Moses Hadas. New York: Bantam Books, 1962. 中译文见罗念生：《阿里斯托芬喜剧六种》，《罗念生全集》第四卷，上海：上海人民出版社，2004 年，第 165—166 页。（译文中所附中文译本，皆为译者所加，但要注意的是，译者在使用已有中文译本的译文时，根据英译文有所改动。）

2 Plato, *Apology*, in *The Trial and Death of Socrates*, 2nd ed., trans. G. M. A. Grube, Indianapolis, IN: Hackett, 1975. 中译文见柏拉图：《苏格拉底的申辩》（36b2-d），吴飞译/疏，北京：华夏出版社，2007 年，第 126—127 页。

> 可能地使自己变好变智慧，不要关心城邦的拥有甚于城邦自身，关心其他事情也应如此。我这样一个人该受到什么刑罚？陪审团的先生们，如果真的要按照我的品行提出我的应得之物，应该是好的东西，是某种相配的东西。

苏格拉底在这里认为，国家应该给予他公餐奖励，而不是处罚，因为他是公众的恩人，使他的学生变得正直良善。

> 陪审团的先生们，要不了多久，那些想要诋毁城邦的人就会给你们加上杀害智慧者苏格拉底的声名和罪责，因为他们说我是一个智慧者，尽管我不是。只要你们再等一小会儿，这就会自然地发生。我这把年纪，已经活了很久，离死不远了。我的这些话，不是对你们所有人说的，而是对那些判我死刑的人说的，对于这些陪审员，我还要说：或许你们以为，我之所以被判罪，是因为我缺乏可以说服你们的言辞，好似我应该尽我所能地用言行来避免这个判决。完全不是这样。我之所以被判罪，并不是因为缺乏言辞，而是因为缺乏胆大妄为和厚颜无耻，不愿意对你们说那些你们最喜欢从我这里听到的话，我不哀悼、不恸哭，不说也不做许多与我不相称的事情，而你们习惯从别人那里听到这些。因而，我不认为为了逃脱危险我就应做卑劣之事，现在我也不后悔做了这样的辩护。我宁愿这样辩护而死，也不愿别样辩护而活。无论是我还是其他任何人，无论是在审判还是在战争中，都不应竭力设法避免死亡。的确，在战斗中，很明显常常有人为了逃命，丢盔弃甲，哀求追击者，而且，只要一个人敢于说和做任何事情，就有许多办法在任何危险中逃避死亡。陪审团的先生们，逃避死亡不难，逃避邪恶却要难得多，因为邪恶比死亡跑得更快。我年迈迟缓，被那慢一些的追击者抓住了，而我的控诉者们，聪明又敏捷，被那更快的邪恶追上了。如今我要离开你们了，接受你们判处我的死刑，但是，真理会判处他们邪恶和不义。那么，我坚持我的判罚，他们坚持他们的判罚。或许这必定如此，我认为它就当如此。
>
> 现在，我要对那些判我有罪的人预言，因为我正处于人最会预言的时机，即临死之前。我说，投票杀我的先生们，我死后不久，你们的报应就会到来，这可是比你们杀我要残酷得多的报应。你们这样做，以为可以避免对你们的生活作出说明，但我认为，结果会完全相反。会有更多的人来检验你们，而你们没有注意到，我现在阻止了他们。他们更难以对付，因为他们更年轻，而你们对他们会更加愤恨。如果你们以为，你们可以靠杀人阻止人们责备你们未能正确地生活，那你们可错了。逃避这样的检验既不可能也不好，不过，最好最容易的做法不是败坏他人的声誉，而是把自己变得尽可能地好。那些判我有罪的人，这就是我的预言，我要离你们而去了。

在狱中，他有逃跑的机会。但他拒绝了。他一直教导说：“真正重要的事情不是活着，而是活得好。”“活得好”，以及生命中更加令人愉悦的事情，就是指按照自己的本性生活。因此，当他的朋友克力同试图说服他时，他用自己强有力的论证反驳了克力同的辩解和论证。你们仔细地考察一下这些论证的结构，对它们的合理性作出判断。

柏拉图，《克力同》[1]

苏格拉底：我好心的克力同啊，我们为何要如此顾忌大多数人的想法呢？我们应当更多地注意最有理性的人，他们相信事实真相。

克力同：你看，苏格拉底，一个人也必须注意大多数人的意见。你当前的境遇清楚表明，若大多数人中伤某人，他们造成的邪恶可不小，相反极大。

苏格拉底：真希望大多数人能造成极恶，那样他们也就有能力行大善，若这样倒好了，可如今他们两样都不行。他们既不能使人变得智慧，也不能使人变得愚蠢，而是所作所为随意得很。

克力同：可能是这样。但是，苏格拉底，请告诉我，你是在担心这个吗？若你从这里逃走，控告者会为难我和你的其他朋友，说我们把你偷走，使我们丧失所有资财，或者处以大量罚金，此外还要遭受其他惩罚。若你有这样的忧虑，请打消吧。为了保全你，冒这样的风险是正当的，如有必要，冒更大的风险都可以。请听我劝吧，别固执了。

苏格拉底：我心里有这些担心，也有许多别的忧虑。

克力同：请不要有这样的忧虑。有人情愿救你，带你离开此地，花钱不多……

另外，苏格拉底，我不认为你如今所为是对的，在能保全自己时放弃生命，迫不及待地毁灭自己，那可遂了敌人的心愿，他们正迫不及待地要毁灭你呢。

苏格拉底：我亲爱的克力同，若目标正当，你的热心很可贵；否则，你愈是热心就愈难办。因此，我们必须考察此事该不该做，我这种人不仅是现在，而且总是，只听从经由反思得出的最有利于我的论证。我不能因为如今所遭受的命运，就抛弃我曾使用的论证。它们在我看来，依然如故。我如往常那样珍视和尊重这些未曾变动的原则，此刻，我们若提不出更好的论证，那我肯定不会认同你，哪怕大多数人携淫威恐吓我们如小孩，加以更残酷的威胁，如下狱、杀头和没收财产。我们应如何来更合理地考察这个问题呢？我们是不是先看看你关于众人意见的论证，是否在一切情形下，一些意见应得到注意，另一些意见不应得到注意？或者，在我就刑赴死之前，这些话不错，而如今，论证所言显然徒劳，如同儿戏般毫无意义？克力同，我急切盼望同你一起考察，这

柏拉图（公元前427—前347）：柏拉图出生于一个富有的掌权之家。然而，在苏格拉底的影响下，他转向了哲学。他设想了一个“哲学王”，即理想的明智统治者，当然，雅典不存在这样的人。他因苏格拉底的处死而感到幻灭，因而决心献身于他的事业。为此，柏拉图创建了学园，其后一直在里头讲学。首先，他以对话的形式记录了苏格拉底的生与死，并且以苏格拉底之口把苏格拉底的思想扩展到全新的领域，尤其是形而上学和知识论。柏拉图把道德理论与形而上学和政治学整合在一起，这一点尤其体现在《理想国》一书中。像所有希腊人一样，他把伦理学看做是政治学的组成部分，并且根据社会的强盛和和谐来看个人的美好生活。因此，在《理想国》中，苏格拉底驳斥了各种有违这种观念的自私和快乐主义观点。他主张，德性既是社会中个人之间的和谐，也是个人灵魂的和谐。由于我们对出自苏格拉底本人的东西一无所知，因此，我们很难搞清楚其中多少是柏拉图的原创，多少是他对苏格拉底的转述。

1 Plato, *Crito*, in *The Trial and Death of Socrates*, 2nd ed., trans. G. M. A. Grube, Indianapolis, IN: Hackett, 1975. 中译文见柏拉图：《游叙弗伦、苏格拉底的申辩、克力同》（44c-54e），严群译，北京：商务印书馆，2000年，第99—113页。

一论证在我当前的境遇中是显得有所不同，还是依然如故，我们是要抛弃它，还是要相信它。人们常说，无论在什么地方，有些意见应重视，另一些则不必重视。你觉得这是一个合理的说法吗？再来考察下面这一说法是否依然未变：最重要的不是生活，而是好的生活。

克力同：依然未变。

苏格拉底：好的生活、美的生活、正义的生活是一回事。这一说法依然有效，是不是？

克力同：是。

苏格拉底：那么，根据我们所同意的，接下来我们必须考察，在雅典人没有赦免我的情况下，企图逃离这里于我而言是否正当。如果这样做是正当的，我们就这样去做；若不是，我们就要抛弃这种想法。克力同，至于你所提及的钱财、声誉、孩子抚养问题，确实是那些人的想法，他们轻易就置人死地，要是可以，又随兴地起死回生，一切皆无思虑。我说的是那些大众。至于我们，我们的论证通向了这一点，如我们刚才所说，唯一有效的考量是，我们贿赂、感谢那些领我逃离这里的人，以及我们自己设法逃生，这样的行为是正当呢，还是完全背理呢。如果这样做是不正当的，那么我们就根本无需考虑我们是否必须要在这里静候待死，或者遭受其他悲苦，而要考虑如何免于作恶。

克力同：我觉得你说得太好了，苏格拉底，那你看我们应当怎么办。

苏格拉底：我亲爱的朋友，让我们一起来考察这个问题吧，在我陈述的时候，你若能提出反驳，就请说，我定会听你的话；但是你若没有异议，我亲爱的克力同，那就请你从现在开始不要再说那一套陈言，劝我违背雅典人的意愿，离开这里。我觉得，重要的是在我就死之前使你信服，而不是要逆你心愿而为……

苏格拉底：那么……我问你：曾与某人达成协约，且又是正当的事，是应当履行呢，还是可以背信负诺呢？

克力同：应当履行。

苏格拉底：由此考虑：如果我们不经国家允许而离开这里，我们不是伤害了那些我们最不应伤害的人吗？我们要不要一直坚持正当的协约？

克力同：我回答不了你的问题，苏格拉底，我不明白。

苏格拉底：请这样想。假设我设想逃离这里，无论人们应称它是什么行为，这时法律和国家来到我们面前，问道："告诉我，苏格拉底，你想要干什么？你这样的行为不是要毁灭我们的法律，甚至整个城邦吗？或者你认为，法庭判决毫无效力，可以为私人废弃和无视，城邦可能也不会被毁灭？"我们应如何答复这些以及其他类似的论说？人们对此有许多话可说，尤其是代表着我们所毁灭的法律的演说家，他会说法庭的判决必须执行。我们应这样答复，"城邦冤枉了我，它的判决不公"。我们应该这样说，或说这些话吗？

克力同：是的，以宙斯之名，苏格拉底，这就是我们的答复。

苏格拉底：那么，假如法律这样说："苏格拉底，我们之间不是同意，要尊重城邦作出的判决吗？"我们若对他们的话表示惊讶，他们或许会补充说："苏格拉底，不必惊讶于我们所说，只管答复就好了，因为你惯于问答。现在就来吧，你对我们和城邦有何指责，你要毁灭我们？首先，不是我们让你出生吗？你的父亲不是通过我们娶了你母亲才生的你吗？请说，我们管理婚姻的法律中有什么可让你批评的？”我会说，没有什么可批评的。“或者我们中那些关于抚育婴孩和你也受过的教育的法律让你不满？还是那些指示你父亲教你人文和体育的法律不对？”我会说，它们都对。“那好，”他们继续说，“既然你生于此、养于此、教于此，那首先，你能否认你和你的祖先是我们的子民和奴仆吗？如果确是这样，那你认为我们之间在权利上是平等的，无论我们对你做了什么，你都可以正当地对我们回应什么吗？你与你父亲在权利上是不对等的，若你有个主人，你们之间也是如此，不可以所受还施他们，不可以辱骂回应辱骂，不可以责打回应责打，以及许多其他类似的报复。你觉得你有报复你的国家及其法律的权利吗？如果我们要处死你，且认为此举正当，你就能竭尽全力来毁灭我们吗？而且你还要说这样做是正当的，你这位真正念念不忘美德的人就是这样吗？你如此智慧，难道真不知你的国家之尊荣，远甚于你的母亲、你的父亲以及你的所有祖先，它更值得尊重，更神圣，而且，它在诸神和明达的人们之间更具价值，你必须崇拜它、屈从它，平息它的愤怒，胜过对你的父亲之所为？你要么说服它，要么服从它的命令，默默忍受它要你忍受的一切，无论是鞭笞还是监禁，若它要你效命战场，负伤或死亡，那你也要服从。这样做就对了，一个人不许退避，不许弃职，不许离位，无论是在战场、法庭还是别的任何地方，一个人都要服从城邦和国家的命令，否则就得劝之以正义。对父母施以暴力乃是不敬，若以暴力对抗国家更是大不敬。”我们应如何答复，克力同，法律所说是不是真理？

克力同：我想是的。

苏格拉底：“现在想想，苏格拉底，”法律也许还要说，“如果我们所言不谬，你此时设想要做的事情，于我们就不正当……你如此决然地选择了我们，并且同意成为我们治下的一位公民。而且，你在这个城邦生儿育女，表明它于你合意。还有，你受审时，你若愿意，原本可以自认流放之刑，如今却企图违背城邦，做当时她已然同意你做之事。那时，你顾着脸面，显得不惧死亡，说宁死也不流放。现在，你却不因那时的言辞而羞愧，反倒不尊重我们法律，还打算毁灭我们，你的行为，就像一个企图逃跑的最下贱的奴隶，不顾作为生活于我们治下的一个公民所立下的承诺和协约。那么，先答复我们这一问题，我们说你不仅口头应承而且行迹表明你同意依照我们生活，这是否是真理？”对此我们要怎样回答，克力同？我们能不同意吗？

克力同：不能，苏格拉底。

苏格拉底：“无疑，”他们会说，“你在违反你与我们所立下的承诺和协约，你我立约时可没有强制、没有欺骗，深思的时间也不紧迫。你若不喜欢我们，若觉得我们的协约不公，你七十年间随时都可以离开。你没有选择去斯巴达或克里特，你可是常常称赞它们治理得井井有条，也没有去希腊或外地的其他城邦。你比瘸子、瞎子和其他残疾的人都更少离开过雅典。显然，这个城邦非常合你之意，远甚于其他雅典人，因此，你也合意我们，因为除了法律，对于一个城邦还有什么可悦人心意呢？如今，你不想守约了吗？苏格拉底，你若听我们劝，就不会因逃离城邦而成为笑柄。”

“苏格拉底，听从我们这些抚养你的人吧。不要把孩子、生命或任何他物看得重于善，这样你到了阴间尽可以此为自己辩白。如果你做了这件事，就不会使你和你的朋友变得更好、更公正、更虔诚，终有一天你到了那边，也不会变得更好。如今这样，你去世，你若去世，总算含冤，不是死于我们法律，而是死于人；但是，你若无耻逃亡，以错报错，以恶报恶，违背你与我们的协约和契约，伤害你最不应伤害的人——你自己，你的朋友，你的国家和我们——只要你还活着，我们就会对你有恨，而我们的兄弟，阴间的法律，也不会仁慈待你，因为他们知道你想方设法毁灭我们。不要听从克力同的话，按他所说去做，听从我们的劝吧。”

◆◆◆

克力同：我没有什么要说的了，苏格拉底。

苏格拉底：那么，就这样吧，克力同，我们就这样办吧，这是神所指引我们的路。

由于选择继续在这个城邦生活，苏格拉底认同雅典，并服从它的法律。因此，他即使被同样的法律错误地定罪，他也有义务留下来接受对他的惩罚。你同意他所做的这样的一个默许协约吗？你同意即使他被错误地定罪，他也有义务留下来接受惩罚吗？你与你的共同体、你的国家形成了这样一个协约吗？你若是苏格拉底，你会怎么做？

苏格拉底相信，他“灵魂”的善，远重于生命中转瞬即逝的快乐。因此，他宁愿为他的思想而死，也不愿做一个伪君子而活。或许，值得为之而活的思想，也值得为之而死。

柏拉图，《斐多》[1]

他在说完这些话之后，把端着的毒药举到嘴边，镇静、干脆地一饮而尽。我们中大多数人此前还能很好地抑制住眼泪，这时看着他一口口地把毒药喝完，我们再也抑制不住了；我自己的眼泪不由自主地哗哗地流了出来。我因此掩面而泣。我是为自己哭泣——不是为他，而是为我失去这样一位朋友的苦命。甚至在我之前，克力同就已控制不住泪水而起身往外走了。阿波罗多洛斯一直就没停止哭泣，这会儿更是失声号哭，使屋子里的人都撑不住了，只有苏格拉底自己例外。“这是干什么，”他说，“你们这些家伙。我把女人打发走，就是为了避免这种不得体行为啊，我听说，一个人最好在安静中死去。你们要安静、要勇敢……”

伊奇克拉特，我们的朋友就这样走了，我们可以说，在我们所认识的人中，他是最好的、最智慧的和最正直的人。

你有愿为之而死的激情信念吗？你有真正使你的生活值得一过的激情信念吗？一直以

---

1 Plato, *Phaedo*, in *The Trial and Death of Socrates*, 2nd ed., trans. G. M. A. Grube, Indianapolis, IN: Hackett, 1975. 中译文见柏拉图：《斐多》，杨绛译，沈阳：辽宁人民出版社，2000 年，第 99—101 页。

来，对绝大多数人而言，生活更多的是"混日子"。如今，人们在自夸时常说的一句话是"我还活着"。反讽的是，一个不愿为任何东西（比如他或她自己的自由）而死的人，却因此更容易受到威胁和败坏。因此，那些甘愿去死的人——如苏格拉底那样——要大大地好于那些认为"生命就是一切"的人。

你若严谨地考察你的生活，不仅考察你自诩的观念和原则，也要考察你的欲望和野心，那你的生活完满地实现了它们吗？或者你只是在打发时间，抱怨毫无意义的工作，厌烦无聊乏味的娱乐，关注学费和政府近来的蠢行、学校和社会无关紧要的比赛、家务分派的辩论、汽车问题和偶发的社会僵局，期间只夹杂着极少出现的转瞬即逝的快乐和消遣？苏格拉底告诉我们的，就是如何从这一切中提升。不是说我们要放弃世俗快乐——美食、玩乐、性、体育和消遣——思入"云"中；而是说，我们要正确地看待它们，要自己省察我们不假思索地从父母朋辈那里接受过来的一大堆条件反射式的混乱观念。因此，关键不是要放弃我们学到的一切，或者对抗我们的文化。确切地说，苏格拉底留给我们的教益是，反思我们的生活，澄清我们的观念，可让人从一系列枯燥乏味的活计中摆脱出来，进入一场自觉的冒险，甚至为之死，为之生。这是一种特殊的抽象思考，它能提升琐碎的关注，把我们的生存变成一次勇敢的生活实验。这种特殊的思考就叫做哲学。

柏拉图，《理想国》[1]

苏格拉底：你同不同意，当我们说一个人爱好某物时，我们是说他欲求这个东西的全部，而不是说他欲求它的部分？

格劳孔：同意，是全部。

苏格拉底：我们说，智慧的爱好者爱好智慧，不是爱智慧的这一部分或那一部分，而是爱全部智慧，是不是？

格劳孔：是的。

苏格拉底：那么，一个不爱学习的人，尤其是在他还年轻、还不能对什么有益什么无益作出合理说明时，我们不应称他为一个爱学习的人或哲学家，就像我们不能说一个不想进食的人有好胃口或食欲一样。我们不应称他为一个爱食者，而要称他为厌食者。

格劳孔：很对。

苏格拉底：但是，一个人如果对任何一种知识都想涉猎一下，热衷于学习东西，不知餍足，我们可以正确地称这种人为哲学家吗？

B. 什么是哲学？

哲学不同于其他一切学科，确切地说，它是探讨一切主题的批判方法，所有其他学科都处于它的广阔视野之中。哲学是一种生活方式，一种思想生活或**理性**生活，是苏格拉底那

---

1 Plato, *Republic*, Bk. V, trans. G. M. A. Grube, Indianapolis, IN: Hackett, 1974. 中译文见柏拉图：《理想国》（475B4-C7），郭斌和、张竹明译，北京：商务印书馆，2002 年，第 217 页。

样的人终其一生过着的生活，是我们多数人只在每周的几个小时中过着的生活。它思考一切，无所不包。但主要来说，它是思想地生活着。苏格拉底的学生**柏拉图**有一个学生，叫做**亚里士多德**，他曾说，这种“沉思的”或哲学的生活是人类的理想生活。不过，他不是说一个人要时刻坐在那里思考，不做任何事情。与古希腊的其他哲学家一样，亚里士多德并没有为了孤寂的思考而禁绝快感或政治参与和社会参与。一般认为，哲学无需我们思入云中，隔离日常现实。恰恰相反，哲学让我们走出云里雾里，扩展我们对于自身的观点和我们关于世界的知识，让我们破除偏见和有害的习惯，那是些我们由于太年轻或太幼稚而无法更好地去认识而招致的偏见和习惯。哲学是“批判的”，这并不是说哲学是否定的或虚无的，而只是说哲学是反思的。它仔细地考察和思考诸种观念，而不是不假思索地接受它们。

亚里士多德（公元前384—前322）：最伟大的西方哲学家之一，出生于希腊北部（斯塔吉拉）。他的父亲是马其顿国王菲利普的医生，他自己后来也成了菲利普的儿子即亚历山大大帝的老师。他在雅典的柏拉图学院从学十八年，熟悉柏拉图的观点，但与其分道扬镳。柏拉图死后，亚里士多德转向生物学的研究，他的许多理论在文艺复兴以前一直支配着西方的科学。他在亚历山大身边待到公元前335年，此后回到雅典创建了他自己的学园，即吕克昂。亚历山大死后，雅典的反马其顿情绪迫使亚里士多德出逃（他评论说，这是为了不让雅典人对哲学犯第二次罪）。除了生物学研究之外，亚里士多德实际上创建了逻辑学和语言学，极大地发展了物理学和天文学，并且对形而上学、伦理学、政治学和美学做出了重要贡献。他的《形而上学》依然是同名主题的基本读物，而《尼各马可伦理学》则编定了古希腊的道德。这后一本著作强调突出了少数作为精英的希腊公民的德性和卓越。按照亚里士多德的说法，最好的生活是沉思生活，即哲学家的生活，因为这种生活最为自足、“最接近诸神”。不过，这种沉思必须与生活的快乐、荣誉、财富和有德性的行动结合在一起。

哲学使我们能够重新考察我们观看世界的方式，我们所设定之物，我们所**推断**之物以及我们所确知之物，由此正确地看待我们的生活和信念。它也使我们欣赏其他关于世界的观点。它激励我们去看清楚我们所持观点的后果，有时，它们是一些令人绝望的矛盾。它使我们去看清楚我们最珍爱的信念的辩护（或这种辩护的缺失），去区分我们继续有把握确信的信念，和我们应表示怀疑或加以拒斥的信念。它让我们可以去取舍所考量的选项。哲学给了我们理智力量去维护我们的所作所为，以及我们在什么方面相信他人和自己。它迫使我们去搞清楚我们的行为和信念的根据和限度。因此，它给了我们去理解、容忍甚至去同情或采纳非常不同于我们自己的观点的那些观点的理智力量。

哲学首先是一门教导我们如何表达、坚持和维护信念的学科，或许，我们一直持有这些信念，但从未清楚地表达出来并加以论证。比如，假如你成长于一个有着浓厚宗教气氛的家庭，你被教导要敬重上帝和教会，但你从未觉得有必要去学会对你的信念作出辩护或论证。可是，如今你进入了大学，很快就会碰上你的同学，其中一些你当做是亲密朋友，认为他们在许多方面值得赞赏，但他们公然怀疑宗教信仰。其他同学则接受非常不同的学说和信念，并喧闹地为之辩护。你的第一反应也许完全是身体上的，你感到虚弱、眩晕和焦虑。你拒绝倾听，若作出回应，也带着一点歇斯底里。你可能在争论的同时陷入肢体冲突。你像是感到生命中的某个基础，生命中的一个主要支撑，正在滑走。但是，慢慢的，你获得了一些信心，你开始倾听。你让自己保持足够的距离，以使自己可以用考量科学争论或政研习哲学并非是为了追寻其问题的任何确切答案，因为通常而言，没有什么确切的答案是可以被确切地知道的，研习哲学毋宁说是为了这些问题本身；因为，这些问题可以扩充我们对于可能之物的构想，丰富我们智性的想象力，并削弱那些禁锢心灵、妨碍其思索的教条主义的确信；不过，最重要的还是因为，通过哲学所思忖的宇宙之大，心灵也变得宏大起来，并因而得以与构成其至高善好的宇宙相结合。——伯特兰·罗素《哲学问题》

治争论的同样方式，去考量关于宗教的争论。你自问，为何自己的朋友不相信自己所相信的东西。他们的论证有说服力吗？他们的**理由**是好的理由吗？首先，你开始问自己是如何就相信自己的宗教信仰的，然后你很有把握地得出这样的答案（许多大一新生都是如此）：你大体上被父母和社会“限定”。从而，你可能暂时，也可能终其一生，质疑或拒斥你曾“自然地”接受的观念。或者，你通过新的承诺重申你的信仰，由此确定，无论怎样，你的信念都是正确的，或者至少对于你而言是正确的。但是，在进一步的考量和论证之后，或许由于一些新的宗教经验，你开始看到了这些论证的两面。你第一次能够在彼此对照中衡量它们各自的优点和缺点，不再防御性地维持一方而攻击另一方。你可能依然是一位信徒，你可能成为一位无神论者或一位不可知论者（一个承认不知道上帝是否存在的人）。一些人皈依了另一种信仰。或者，一个人采取这样一个立场：他或她给予所有宗教信仰（和非宗教信仰）同等的重要性，然后继续相信某一信念，却不再认为有一种唯一正确的信念，拥有这种信念的人因此必定高人一等。但是，无论你做了什么样的决定，你的立场都不再是幼稚的和未经思考的。你清楚支持和反对它的论证。你知道如何为自己辩护。最重要的是，你确信你的立场是可靠的，确信自己考量了对它的反驳，而且确信自己掌握了它的力量。一切哲学问题和哲学立场都是如此。哲学不会使我们脱离生活，相反，它澄明我们的生活。它把我们的生活可靠地建立在理智基础上，以此取代因袭的偏见、父母的絮语和电视广告中没头没脑的口号所提供的不堪一击的支撑。

“哲学”听起来像是一门新颖的神秘学科，不同于你曾遇见的任何学科。但是，哲学的基本观念我们都熟悉，哪怕我们仍未正式地面对这些问题。在这个意义上，我们已然都是哲学家了。在一场危机中审视自己，或在与朋友的一场论证中审视自己。注意到“自由”“人类”“自我同一性”“自然”和“自然的”“相对的”“实在”“幻觉”和“真理”这些抽象概念如何迅速地进入我们的思想和谈话中。注意到某些基本的哲学原则——无论是保守的还是激进的、实用主义的还是观念论的、确信的还是怀疑的、平淡的还是英勇的——如何进入我们的行动、我们的论证和我们的思考中。我们每个人都对上帝、道德及其原则、人性和宇宙的本性具有一些意见。但是，我们未曾探究它们，因此它们只是我们思考的一些**假定**。我们未做思考就相信许多东西，仅仅是假定它们，而且有时是毫无根据，没有任何好的理由。对我们而言，哲学研究就是阐明我们的观念，给予我们维护我们的**预设**的手段，同时，也让我们可以得到其他假设。在我们曾由于缺乏选择而只能被动地采取一个观点的地方，如今我们可以自信地论证它，认识到我们对它的接受是积极的和批判的、系统的，而不是完全出于一些随手拿来的信念（天知道它们源自何处）。所谓**批判的**，指的是仔细地和慎重地考察，若有必要，就愿意改变自己的信念。它不一定是严重的或破坏性的。同样也存在着“建设性的批判”。“论证”并不意味着“反对”，一个**论证**不过就是一次辩护我们的信念、用好的理由支持它们的尝试。

那么，什么是哲学？从字面上来看，在希腊语（*philein, sophia*）中，它指的是“对智慧的爱”。[1]它是一种批判的和系统的思考态度，而不是一个特殊的主题。这对于初学者而言非常困难，因为他或她想要的哲学定义，是他或她初学生物学时得到的那种定义：对生物的研究。可是，哲学的本性本身就处在激烈的哲学争论中。许多哲学家认为，它是一门科学，事实上是“诸科学之女王”，物理学、化学、数学、天文学、生物学和心理学在获得各自独特的世界、成为大学的不同系科之前，它们都是在哲学的母体中开始其发展的。从历史上来看，也确实如此。[因而，几乎在所有的科学领域，最高学位都是“哲学博士”（Ph.D）。]只要人们认为哲学是通向实在之路，哲学的目标是真理，似乎也就使哲学成了终极科学。

但是，早在苏格拉底那里，哲学的主要职责就被认为是定义——为诸如真理、正义、智慧、知识和幸福这样的重要观念寻找清晰的含意。因此，许多哲学家在他们寻求这样的定义的尝试中，利用着日益精致的逻辑学和语言学。可是，另一些哲学家认为，哲学更接近道德和宗教，其目的是给予我们的生活以意义，引导我们走上通向“美好生活”的“正确道路”。还有一些哲学家认为，哲学是一门艺术，是批判和论证的艺术，也是构建概念**体系**的艺术，或许还是创造全面而有益的景象、光彩夺目的隐喻、新的思考方式的艺术。这样一来，哲学或许类似于讲故事或神话学。一些哲学家非常强调**证明**和论证，另一些哲学家信赖直觉和顿悟。一些哲学家把所有的哲学探究还原为经验研究，另一些哲学家则把经验不可靠当做一项原则。同样，一些哲学家坚持哲学的实用性，事实上就是认为哲学所考虑的唯有实用。然而，另一些哲学家坚持观念生活的纯正，使之与一切实用的考虑分离。但是，只要不作曲解，哲学无法简化为上述任何一种情形。一切都是苏格拉底愿意为之而死的那种不断重新定义的、批判的、创造的观念生活的组成部分。事实上，苏格拉底自己认为，哲学的本质是对智慧的寻求，任何声称他或她已经拥有智慧的人，无疑都是错误的。比如，在《申辩》中，他做了如下著名的否认：

柏拉图，《申辩》[2]

先生们，我的这些考查，给我招来了许多人的敌意，这是一些特别苛刻和牢固的敌意，结果导致了对我的各种恶毒的污蔑，其中包括把我描述为智慧的教授者。这是因为，每一次我驳倒了在某个主题上声称智慧的人时，旁观者就认为我自己对于这一主题无所不知。可是，先生们，事实的真相是这样：真正的智慧为神所有，这个神谕是在告诉我们说，人的智慧价值甚微，几近于无。在我看来，他表面上是在说苏格拉底，实际上不过是以我之名做例子，他要对我们说的是：“你们中最智慧的那个人，像苏格拉底那样，认识到就智慧而言，他实在是毫无价值。”

正因为如此，我依然在服从神的指令，四处寻求和追问每一个我认为是智慧的人，无论是公民还是外邦人。每当我认为此人并不智慧，我就尽力替神效力，证明他不智慧。我终日忙于此事，没有空闲从事政治事务和我自己的事务。事实上，因为服务于神，

1 这个词的发明者是毕达哥拉斯（Pythagoras）。有人问他是否已经是一个智慧之人，他回答说：“不，我没有智慧，但我是一个智慧的热爱者。”

2 Plato, *The Last Days of Socrates*, trans. Hugh Tredennick, Harmondsworth, Middlesex: Penguin, 1954. 中译文见柏拉图：《苏格拉底的申辩》（23a-c），吴飞译/疏，北京：华夏出版社，2007 年，第 83—85 页。

我陷入了赤贫。

在西方（即欧洲，北美以及世界上那些受它们的影响最大的地方），苏格拉底依然是一位关键人物。但是，哲学并不是始于古希腊。它是一个有着三千年之久的会话，更确切地说，是许多会话，出现在全球各个不同的地方。

我们知道的最古老的哲学文本出自南亚，即今天的印度，时间要比苏格拉底早一千多年——即三千年前。《吠陀》（*Vedas*）这个著名的文本，是世界上许多伟大宗教的一个来源，首先形成了所谓的印度教（在许多个世纪中，它只是一个非常松散的地方宗教信仰和实践的集合），随后为佛教提供了哲学基础。同样，在苏格拉底之前，中国有一位谦虚的教师叫做孔子，他开启了一种非常不同的哲学传统，与之并行的是另一种名为道家的中国哲学。当然，在中东的古波斯和耶路撒冷的宗教熔炉里，也有大量的哲学活动。此外，在苏格拉底出现之时，哲学家在古希腊已经存在好几个世纪了，因此，世界已然沉浸于哲学之中。二十世纪的哲学家卡尔·雅斯贝尔斯把这一时期说成是“轴心时期”，并且说这是文明的转折点。

卡尔·雅斯贝尔斯，轴心时期[1]

> 似乎要在公元前500年左右的时期中，以及公元前800年与公元前200年之间发生的精神过程中，找到这一历史轴心。正是在那里，我们遇到了最深刻的历史分界线。我们今天所知道的人开始出现。我们可以把这一时期简称为“轴心时期”。
>
> 这一时期集中了最不寻常的事件。在中国，活跃着孔子和老子，包括墨子、庄子、列子及诸子百家在内的中国哲学开始出现；在印度，产生了《奥义书》和佛陀，并且像中国一样，探究了从怀疑论到唯物主义、诡辩和虚无主义的全部范围的哲学可能性；在伊朗，琐罗亚斯德传授着这样一种富有挑战性的观点：世界是善与恶之间的一场斗争；在巴勒斯坦，从以利亚经由以赛亚和耶利米到以赛亚第二，先知们纷纷出现；在古希腊，贤哲如云，其中有荷马，哲学家巴门尼德、赫拉克利特和柏拉图，悲剧作家们，以及修昔底德和阿基米德。在这几个世纪中，仅仅为这些名字所蕴含的一切，几乎同时在中国、印度和西方这三个互不知晓的地方发展了出来。
>
> 这一时代的新颖之处在于，所有这三个地区的人们，开始意识到作为整体的存在，意识到自身及其限度。人类体验到了世界的恐怖性和他自己的无力。人类探询根本的问题。面对虚空，他争取解放和拯救。通过有意识地承认自己的限度，人类为自身树立了最高目标。人类无限制地体验着自我的深奥和超验的澄明。

卡尔·雅斯贝尔斯是二十世纪最伟大的精神病学家、哲学家和存在主义神学家之一。

这本书尽管是以苏格拉底以来的西方传统为基础，但是，

1 Karl Jaspers, *Basic Philosophical Writings—Selections*, ed. and trans. Edith Ehrich, Leonard H. Ehrrich, and George B. Pepper, Athens, OH: Ohio University Press, 1986, pp. 382—387. 中译文见卡尔·雅斯贝尔斯：《历史的起源与目标》，魏楚雄、俞新天译，北京：华夏出版社，1989 年，第 7—8 页。

牢记这些亚洲的传统也很重要。许多评论者设法概括“东西方”之间的差异，这种做法非常荒谬，特别是因为人们认为，西方传统既包括希腊人以理性为导向的遗产，也包括希伯来人和基督徒以信仰为导向的宗教，最后也包括了伊斯兰教。此外，在亚洲，观念的多样性巨大无比，其中有“一切即一”的古代《吠陀》哲学，世界和自我皆空的佛教哲学和以**道**为导向的中国哲学。但是，对它们之间的相似与差异做一个非常简单化的新评论，或许有些价值。首先涉及古希腊产生的哲学与中东（小亚细亚）哲学和古吠陀哲学之间的亲缘性，尤其是它们对于统一解释的共同迷恋。（想想“科学的统一”，这甚至在早期希腊哲学和一神论中就很明显，后者可以说规定了三大“西方”宗教。）

其次，古希腊的逻各斯与中国的道之间形成了生动的对照，前者启发了“逻辑”和永恒真理（它也在基督教中发挥着重要作用，比如“太初有逻各斯”），后者更趋向于变化、运动和过程。与此紧密相关的是，西方人偏爱两极和对立（善与恶、实在与现象、神圣与世俗），中国人强调阴阳及这些看似对立的两极之间的相互关联。同样重要的是，两千多年来，为如何处理唯一上帝的观念所做出的努力，规定了西方的思想。（无神论也陷于关于上帝的性质和存在的论证中。）相反，多数东方思想没有这样的关注，或者说，它有着非常不同的关注所在，尽管灵性观念在许多亚洲宗教中具有重要地位。

虽然说这些非常一般化的概括掩饰了很多值得注意的差异，但是，值得强调的是，下面包括的来自亚洲和其他地方的声音，不应被当做补充进哲学实质中的异国情调，也不应认为它们是西方观念的纯粹回应。确切地说，它是一次向许多不同视角敞开的尝试，时而彼此大不相同，时而彼此有着出乎意料的支持。但是，哲学有许多面孔和声音，一个人若要学会去理解哲学探究的奥妙，就必须同时理解它的多样性。

考虑到这样的多样性，我们就能够把这一部分与一种对哲学截然不同的描述紧密地结合在一起，它出自中国古代道家哲学家老子（Lao-zi）的《道德经》（*Dao-De-Jing*）。[1]

老子，《道德经》[2]

视之不见，名曰夷；听之不闻，名曰希；搏之不得，名曰微。此三者不可致诘，故混而为一。其上不皦，其下不昧，绳绳兮不可名，复归于无物。是谓无状之状，无物之象，是谓惚恍。迎之不见其首，随之不见其后。执古之道，以御今之有。能知古始，是谓道纪。（**第14章**）

太上，下知有之；其次，亲而誉之；其次，畏之；其次，侮之。信不足焉，有不信焉。悠兮其贵言。功成事遂，百姓皆谓：“我自然。”（**第17章**）

1　这位哲学家和他的文本有时在古典的韦氏译法中写作 Lao-Tzu 和 *Tao Te Ching*。如今现代拼音法更受偏爱，我在这一版涉及中国人名的地方都使用这种拼音写法。

2　Lao-Tzu, *Tao Te Ching*, trans. J. H. McDonald, London: Arcturus Publishing Limited, 1996. 原文引自陈鼓应注/译：《老子今注今译》，北京：商务印书馆，2005 年。

C. 哲学探讨的现代路径

这本书中的哲学定位，本质上不可避免地是一种现代的西方路径，批判在其中发挥着主要作用。历史地来看，现代欧洲哲学源于科学和技术的兴起。（我们知道，哲学和科学都出现在古希腊和小亚细亚，以及大约同时代的南亚和东亚。）不过，我们不应把科学仅仅理解为一门特殊的学科或主题，而且要看成是一种心态，一种看待世界的方式。在这一欧洲传统中，这就意味着，世界是可理解的，世界中发生的每一件事都是可解释的。它认为宇宙是理性的——按照宇宙法则运行。同样，它认为人的心灵也是理性的——因为它能够领会并清楚地表述这些关于自身的法则。欧洲哲学和科学也非常强调个体的心灵和人类认识关于实在的真理的能力。

科学本质上是一项团队工作，需要成千上万人的劳作和思考，但是，科学中的重大突破却常常是独自一人的识见。这种个别天才最著名的现代范例，是英国哲学家、科学家**艾萨克·牛顿**（Isaac Newton）。在他的同时代人和追随者的心中，他单凭自己的心灵就掌握了宇宙的法则，（传说）那时他正坐在一棵苹果树下。现代西方哲学的理想，用一个词来表述，就是独立思考。换句话说，哲学就是关于基本问题的独立思考——这些基本问题包括人生、知识、宗教，以及如何看待自己。一个人正是通过运用头脑中的理性，去把握周围世界中的理性（及其理性缺乏）。不过，在一些文化中，强调的是团体或共同体，因而独立思考没有维持团体和谐和凝聚力那么重要。比如，在印度和中国，许多关于哲学的定义就规避了科学知识。在这些传统中，哲学的主要目标是教化而不是科学知识。牢记这一差异很重要。

在西方传统中，现代哲学的中心要求是个人的自主性。这就意味着，我们每一个人都必定具有通过我们自己的思考和经验去判断真假对错的能力，而不是仅仅依赖于外在的权威：父母、老师、教皇、国王或大多数同侪。这不是说，你不应倾听或在适当的时候服从他人。这也不是说，你无论思考什么都是真的或对的，哪怕只是"为你"而思考。它的意思是，比如，无论你是否信仰上帝，都必须由你自己决定，必须诉诸你自己能够阐明和省察的理由和论证。你是否接受一个科学理论、一位医生的诊断、一条电视网络新闻，或者一部新法律的合法性，也是你基于证据、你对证词的评价或其他人的权威、你所接受的原则和你认为有效的论证来决定的问题。尽管如此，所有这些——证据、你的评价、证词和原则——都必须受到不仅自己的而且还有其他人和其他标准的省察。真理不在于你相信什么，而在于你如何达到对真理的理解和辩护，不过，这是你的责任。这种对个人**自主性**的强调，正是当代西方思想的基础。我们或许可以说，它是我们最基本的假设。（因此，我们也必须省察它；但是，最显然的开端，就是假定我们——每一个人——能够进行哲学所要求的**反思**和批判。）

> 艾萨克·牛顿（1642—1727）：历史上最强大的知识人物之一。牛顿在众多领域都是一位革新者。他的贡献包括万有引力理论、经典力学的基本法则、微积分理论（戈特弗里德·莱布尼茨也独立发展出该理论）和反射望远镜。牛顿在宗教主题上也有广泛的写作。他认为错综复杂的自然结构是一位神圣的造物主按照人类理性可理解的原则安排世界的证据。

历史地来看，个人自主性的立场能够在苏格拉底那里得到最明显的体现，他对抗当时的流行意见，并因此为了他信以为正确的"法律"和原则牺牲了性命。它也出现在许多中世纪哲学家那里，其中有一些哲学家在他们独自反驳或质疑教会权威时，也面临着严重危险。这一点也能够在那样一些哲学家中找到，他们力图从既定社会中找到一条新路，比如佛陀。强调个人自主性，它对西方思想的主宰，始于思想上光辉灿烂的一个历史时期——启蒙运动（有时被叫做“理性的时代”），这一时期开始于十七世纪晚期，并且贯穿了整个法国大革命（1789年）。启蒙运动在不同国家的传播速度和激烈程度各有不同，但最终影响了欧洲的思想，从英国和法国到西班牙和俄国，并且成了年轻的美国的意识形态，年轻的美国用启蒙运动的教义规划了一部《独立宣言》、一场为了自主权的战争和一个基于启蒙原则的新政府。无论在不同的国家或政党那里有什么样的变化，那些原则总是个人的自主权和每个人选择和表达他[1]自己的宗教、政治、道德和哲学信仰的权利，以自己的方式“追求幸福”的权利，过一个理性的人所认为正确的生活的权利。

即使这些原则常常被滥用，并因此导致混乱，有时甚至导致无政府状态，助长政治中的残酷和混合社会中的冲突，它们也是能够对付巨大困难和逼近的危机感的唯一原则。一个人自己决定这些问题的个人权利或能力一旦被否定，那么应该由谁来决定这些问题？社会不再对经文上任何一个明确的启示有一致意见。那些当权之人不再被信任。我们合法地怀疑那些抨击个人的人，因为不清楚他们还在想些什么。无论有什么样的滥用，无论需要什么样的政治、社会或经济制度来支撑它们，哲学的自主性是出发点。即使在最有权威思想的社会，自主性和超越规定限制的思考能力，依然是必要的。

启蒙的隐喻在许多文化中是共有的。把清晰的思考比作照明，这一点可以在古希腊思想、基督教思想和东方思想中找到，也可以在现代哲学和漫画书的象征符号中找到（比如，一个人物头顶的卡通灯泡）。十七世纪法国哲学家**勒内·笛卡尔**（René Descartes）是启蒙运动的奠基者之一，他尤为喜爱“照明”隐喻。他被公认为是现代哲学之父。与先于他两千年的苏格拉底一样，笛卡尔相信，每一个人都有能力判断何种信念真，何种行动对。但是，苏格拉底是通过对话和讨论寻求真理，而笛卡尔是在他自己的思考中孤独地寻求真理。笛卡尔冒着巨大的生命危险，挑战了法国政府和天主教的权威。他坚持认为，他只会接受那些对他而言被证明为真的观念为真。笛卡尔认为，教会的教义模糊不清，而政府的命令也常常晦暗不明，与此相反，他坚持“清楚明白的”观念和基于“理性之光”的论证。个人自主性的现代哲学始于笛卡尔。事实上，他由此得到的结果非常保守。他依然保留了许多中世纪的教义：他继续信仰上帝和相信教会，他坚持认为“服从我们国家的法律和风俗”是他首要的“道德准则”。确切地说，他对权威形成挑战的是他的**方法**，它标志着西方思想中最伟大的革命之一。自笛卡尔以来，最终的权威要在人自己的思考和经验中找，而不能在任何别的地方找。

这不是要否认权威本身，也不是要否认真理的“客观性”。人们依然要诉诸权威，但权威永不会被当做绝对之物。比如，我们没有谁会特别想去独自确定2000年美国人口普查的数据。但是，一个人是否接受官方的“权威”数据，就要取决于个人，如有必要，可以质疑权威的正直或动机，也可以诉诸可选择的信息来源。尽管如此，真实的数据确实存在，无论是我们还是别的任何人发现它们。理智自主和理智正直并不要求我们放弃对真理的寻求，而是要求我们应该在追寻真理的过程中不断进行批判——批判我们自己和他人。

1　在历史上，没有说到她的权利。妇女自主权和选择权的概念是十九世纪晚期的一个观念，它只是在近来才得到接受。

勒内·笛卡尔（1596—1650）：法国哲学家，通常被认为是“现代哲学之父”。他出生于法国贵族之家，在著名的拉夫莱仕耶稣会学校受教。他精通经典、法律和医学，然而，他觉得其中缺乏正确的知识，于是转向现代科学和数学。他写的第一部书是为哥白尼辩护，不过他很谨慎，没有出版。他年轻时就发现了代数与几何（现在我们称之为“分析几何”）之间的关联，后来他一直把这一发现当做模型。通过把哲学和神学的原则奠基于一个相似的数学基础之上，他由此提出了一种个体理性可以实施的哲学方法，而不再诉诸洞见和方法都成问题的权威。在《谈谈方法》（1637）中，他陈述了这些基本原则——其实这些原则在《第一哲学沉思集》（1641年才出版）已经得到运用——并对哲学的基础重新做了审查。他寻求一个基本前提，根据这一前提，可以以几何证明的方式推理得出一切能够确知的原则。）

如今，对于任何开始研究哲学的人而言，笛卡尔都是一个关键人物。他的方法既易于遵循，也与我们自己的独立气质非常吻合。笛卡尔从逻辑论证开始，通过一个漫长的独白，为读者介绍了他的哲学疑问和哲学信念以及相应的证据。就像他之前的苏格拉底一样，笛卡尔用他的哲学刺穿了偏见和不可靠的意见之云雾。他关注的是它们的真理，无论它们已被很多人相信，还是几无人信。笛卡尔的论证，是他发现这一真理并使之与谬误和纯粹意见区分开来的工具。

哲学一直关注真理和人类的实在知识。无独有偶，笛卡尔的新哲学是在伽利略的时代和现代科学的兴起中发展出来的。在古希腊，哲学的起源和希腊科学的诞生是一回事。然而，真理并非总是某一时代中为绝大多数人所相信的东西。（比如，绝大多数人曾相信地球是扁平的和静止不动的。）但是同时，哲学家们并不简单地拒绝接受“常识”，他们会尽量不去说在常识看来荒谬的话。比如，一位哲学家若在公共言说中否认他身边任何其他人的存在，显然很荒谬。哲学家若声称，他知道没有人知道什么，那也是荒谬的。不过，哲学家们常常很认真地对待那样的主张，只是为了驳斥它们，并向我们表明它们为何是荒谬的。

因此，哲学家在追求真理的过程中有两个最重要的挑战，分别是怀疑论和悖论。在**怀疑论**中，哲学家发现自己无法辩护每一个理性的人都知道是事实的东西。无论是在西方哲学还是东方哲学中，怀疑论都为我们日常的知识推断提供了一个有价值的探测器，有时，它自身就成了一种哲学。在**悖论**中，一个荒谬的结论似乎产生于完全可接受的思考方式。比如，克里特人埃庇米尼德斯（Epimenides the Cretan）有一个为人所知的悖论，他声称“所有克里特人都是说谎者”（这个陈述听起来足够合理）。但是，若他所说为真，那么他就在说谎，他所说因此也就是假的。但是，一个陈述怎么能同时既为真又为假呢？埃庇米尼德斯所说为真，当且仅当它同时为假。那就是一个悖论，无论何时，一个哲学论证若以悖论结束，我们就可以肯定有什么出了错。此外，无论在东方还是西方，哲学家们总是为悖论所陷，也常常受它们的激发而在寻求解决方案的过程中找到大胆的新方向。

怀疑论始于**怀疑**。哲学家考虑到这样的可能性，即所有人相信的东西也可能是错的。一定的怀疑是理智自主的一个健康标志，但是，过度的怀疑就成了怀疑论，因此也不再健康。怀疑论有显而易见的危险：如果你怀疑自己是否一直醒着，你可能就会做一些在梦中没有严重后果但在现实生活中有致命后果的事情（比如跳飞机）。那些对最平常的、表面看来无可非议的信念加以怀疑的哲学家，被称作怀疑论者。比如，有一位中国哲学家，他曾梦见自己是一只蝴蝶，由此怀疑他是否真是一只蝴蝶，而梦见自己是一位哲学家。但是，怀疑论者作为哲学家无论多么具有挑战性，实际上，他们的怀疑论是不可能的。因此，一直以来，哲学的一个主要动力就是驳斥怀疑论者，让哲学回到常识（比如，证明我们并非一直在做梦）。与怀疑论相对的一个古老的哲学理想，是**确定性**的理想，即不可置疑地证明我们信以为真的东西的能力。苏格拉底和笛卡尔，他们分别以非常不同的方式，力图准确地为最重要的信念提供这种确定性，由此驳斥他们各自时代的怀疑论者。

在西方哲学中，数学的精确性长期以来被看做是知识的典范。我们认为，在数学中我们能够是确定的。在笛卡尔看来，确定性就是**标准**，即信念借以得到评价的检测。但是，我们会找到这样的确定性吗？我们似乎找到了这样的确定性，至少在笛卡尔所提到的一门学科——数学——中。谁能怀疑二加二等于四,一个三角形的内角之和等于180度？笛卡尔以数学作为模型,他（与追随他的许多代哲学家们）试图把一种类似的方法应用于哲学。首先，像是在欧几里德的几何学中一样，他必须发现一组不多的**"第一原理"**或**公理**，它们是显明的或**自明的**。它们必须被无条件地假定，或者它们是基本的，无需任何证明。这些公理就是论证的前提或出发点，通过论证，一个人可以从自明的公理达到其他可能一点也不自明的原理。但是，如果这些原理能够从已然确定的其他原理中演绎出来，比如几何学定理，那么它们就分享了它们从中推出的那些原理的确定性。

笛卡尔是一位哲学家，也是一位科学家和数学家。记住这一点，我们就能理解他的《谈谈方法》（*Discourse on Method*）。笛卡尔提出了许多年来定义哲学的四个基本规则：

勒内·笛卡尔，《谈谈方法》[1]

> 这些规则的第一条是：凡是我没有明确地认识到的东西，我决不把它当做真的加以接受；也就是说，要小心避免轻率的判断和先入之见，除了清楚明白地呈现在我心里、使我无法怀疑的东西以外，不在我的判断中放入更多的东西。
>
> 第二条是：把我要审查的每一个难题按照可能和必要的程度分成若干部分，以便一一妥善解决。
>
> 第三条是：按次序进行我的思考，从最简单、最易于理解的对象开始，然后一点一点逐步上升，直到认识最复杂的对象，就连那些本来彼此没有一个自然顺序的东西，也要给它们设定一个次序，哪怕是一个编造的次序。
>
> 最后一条是：在任何情况下，都要尽量全面地列举、尽量普遍地复查，以确保毫无遗漏。

在随后的章节中我们会看到更多笛卡尔的论述。笛卡尔确保其前提的确定性的技法是他所谓的**怀疑方法**（或方法论的怀疑）。为了保证他不会在确信一条原理的"完全确定性"之前过快地（"过于轻率地"）接受它，他决心在他能够不可置疑地证明它为真之前，对所有信念加以怀疑，并且表明，对这一信念进行怀疑，这一怀疑行为本身会导致一个不可接受的悖论。这种论证的关键不是要成为一个怀疑论者，恰恰相反，而是要找到甚至怀疑论者也无

---

1 René Descartes, *Discourse on Method*, trans. Elizabeth S. Haldane and G. R. T. Ross, Cambridge, MA: Cambridge University Press, 1911. 中译文见笛卡尔：《谈谈方法》，王太庆译，北京：商务印书馆，2005年，第16页。

伯特兰·罗素（1872—1970）：二十世纪最伟大的哲学家之一。年轻时，他与怀特海合写了一部名为《数学原理》(1910年）的书，开启了现代逻辑，奠定了数学的基础，并使逻辑作为一种哲学工具占据重要地位。他写作了大量哲学著作，论题几乎涉及每一个领域，包括对“自由恋爱”和无神论所做的声名远扬的辩护。他对宗教尤其是基督教进行旷日持久的严厉抨击，认为它是迷信和合法谋杀的源泉。一战期间，罗素是一位忠诚的和平主义者，曾引起反战活动而坐牢，他的不少名作就是在牢中写就的。与他的前辈大卫·休谟一样（罗素与他有着许多共同点），罗素在绝大多数大学看来是一个太有争议的人物，后来因一次著名的法庭案件而未能在纽约的城市学院任教。他在1950年获得了诺贝尔文学奖。

法怀疑的那些前提。从那些前提出发，笛卡尔和追随他的许多代哲学家们一直在试图证明我们确实知道我们认为我们知道的东西。像苏格拉底一样，笛卡尔从质疑除了哲学家没有谁会怀疑的东西开始，最终改变了几个世纪以来我们思考我们自身和我们的知识的方式。在其他社会中也是如此，整个社会因哲学家对似乎显明之物的质疑而发生了显著变化;有时，他们会质疑实在本身。

最后，我们看看两位当代哲学家所总结的他们的哲学观。第一个哲学观来自伟大的英国哲学家伯特兰·罗素（Bertrand Russell)。第二个哲学观来自玛丽·米奇利（Mary Midgley)。

但是，进一步说，倘若我们想要使评定哲学的价值的努力不致失败,那我们首先必须在心灵上摆脱掉不当地称作“现实的”人的偏见。“现实的”人，照这个词的通常用法，指的是只承认物质需要的人，他们只晓得身体需要食粮，却忽略了为心灵提供食粮的必要性。即使人人富足，即使贫困和疾病已经减少到不能再少的程度，要创造一个有价值的社会，还是会有很多事情要做；即使是在当前的世界中，心灵所需要的食粮至少也是和身体所需要的食粮同样重要。只有在心灵的食粮中才能找到哲学的价值；也只有那些不漠视心灵食粮的人，才会相信研究哲学并不是白白浪费时间。[1]

哲学像管道工作吗?

管道工作和哲学这两种活动会产生，都是因为像我们这样的精细文化，在它们的表层之下，有一个通常未被注意到的、相当复杂的系统，但是，这个系统有时会出错。在这两种情形中，这种出错会有严重后果。因为，每一个系统都为生活于其上的人提供了性命攸关的必需品。它们一旦出错就难以修复，因为每一个系统都不是有意设计的整体。一直以来，有许多重构这两个系统的大胆尝试，但是，现有的复杂性通常过于普遍，因而难有一个彻底的新开端。

两个系统都没有唯一的设计者，因而无人确切知道它必须满足何种需要。相反，在许多世纪中，这两个系统都有些细微的发展，它们不断通过琐屑的改变以适应变化着的需要，以至它们之上的生活方式得到了扩展。因此，这两个系统如今非常错综复杂。一旦出现问题，若还有希望去确定问题出在何处并使其恢复正常，那就得需要专门技艺。

然而，这里我们就碰上了这两种情形的第一个显著差异。关于管道工作，每一个

1 Bertrand Russell, *The Problems of Philosophy*, Oxford: Oxford University Press, 1912. 中译文见罗素：《哲学问题》，何兆武译，北京：商务印书馆出版，2007年。

> 人都认为需要专家，他们具有艰辛获取的技术知识。关于哲学，人们——尤其是英国人——不仅怀疑这种对于专家的需要，而且常常怀疑根本就不曾有这样一个基础系统。它隐藏得更深。我们依赖的观念不再好使之时，它们一般不会像天花板漏水或厨房地板浸水那样清晰可闻。它们只是扭曲和阻碍我们的思考。[1]

玛丽·米奇利（1819—2018）：一位道德哲学家和动物权利的拥护者。米奇利是这一观点的一位值得关注的批评者：科学是理解我们自身和世界的一个充分基础。

如我们一样，苏格拉底生活在一个非常善于言辞和具有高度自我意识的社会——实际上是一个强烈依附于言词的社会。或许在其他不怎么信奉言谈的文化中，可以找到不同的拯救之路，它们追求一种较少为言词所限的智慧。但是，智慧本身无论在何处都很重要，每一个人都必须从他们的所在之处开始。我想，这可能会让我们不怎么去关注哲学能够为我们的尊严做些什么，而更多地意识到触目惊心的故障，它需要一个基本的补救。

- 怀疑对哲学来说为何重要？
- 为何不仅仅依赖我们的感官带来的确定性？
- 列举东方哲学和西方哲学之间的些许不同之处。
- 你是否拥有“一种哲学”？它是什么？
- 哲学处理什么？
- 哲学如何开始？
- 生活的意义是什么？（如果你能回答这个问题，会得到额外的奖励加分。）
- 苏格拉底为何坚持好的理由的重要性？

D. 逻辑简介

笛卡尔的策略，以及许多哲学家的手法，就是为他们所相信的观点提供论证。在柏拉图的《克力同》中，苏格拉底和克力同各自为他们的观点提供论证，最后苏格拉底获胜，因为他的论证更好。一个论证就是让人接受一种信念或意见的一次言辞尝试，它提供理由表明为何他们应接受它。通常我们认为，论证就是两个人之间的一场对质。当他们试图说服彼此时，他们通常会求助于可靠的言辞手段，哲学家所关注的，正是这些手段。当然，让别人赞同你的想法，还有其他方式——欺骗、贿赂、洗脑和武力威胁。但是，运用论证是使他人同意最持久、最值得信赖的方式，也是最可敬的方式。言论自由是民主的基石（和极权主义的大敌），只是因为我们相信论证具有在相互竞争的意见中确定最好意见的能力。另一方面，人们不应把论证看做一种政治武器，其目的只是为了禁止交谈，或是为了迫使其他人及其意见陷于防守位置。寻求论证始终合理，但是，迫使一个人接受他或她无法提供的论证，可能就不合理。未能论证一个立场，并不必然就会放弃这一立场，而驳斥对于一个立场的论证，

1 Mary Midgley, “Water and Thought”, in *Utopias, Dolphins, and Computers: Problems of Philosophical Plumbing*. London: Routledge, 2006, pp. 1-2.

也不必然就会拒斥这一立场。

你不必为了构建一个论证而与具体某个人论争。比如，报纸上的社论为一个立场而争辩，但不一定反对任何人。但是，无论你的论证是一封投给杂志的信，由此你想使全体美国人相信你的观点，还是一封私人信件，借此你想说服一个朋友不要鲁莽行事，论证的关键都是证明或确立一个观点。一个描述实验的科学家，力图向其他科学家证明他或她的理论的真理性。一个政治家，力图向他或她的选民证明增税的必要性。一个哲学家，力图向我们证明某种人生观、实在观和关于我们自身的观点的价值。在上述每一种情形中，这些人都力图给出尽可能多的理由，说明其他人为何应接受他们对于事情的观点。简言之，他们运用论证说服他人。

论证至少包括两种成分：**逻辑**和**修辞**。逻辑涉及那些任何人无论身处何地都应当持有的理由，而无需诉诸个人感情、同情或偏见。相反，修辞所涉及的正是这些个人诉求。在一个作家和一位公共演说家那里，个人魅力可以是修辞的组成部分。玩笑也可以是修辞的组成部分。个人请求是有效的修辞工具，这些手段力图打动读者，或撩拨他们的恐惧。然而，这些个人策略都不是逻辑的组成部分。逻辑是非个人的，正因为如此，逻辑可以说较少虚饰，也难以令人激动，但它具有运用于所有人这一优势。逻辑论证超出了修辞诉求。但是，逻辑和修辞实际上总是同时发挥作用，明白这一点很重要。尽管毫无逻辑的纯粹修辞可能令人信服，但是，只要读者有机会去反思他们是如何被说服的，这些努力常常就会烟消云散。人们也可以用毫无修辞的逻辑说服人，但是，这样的论证是干瘪无趣的，哪怕它们能够使任何有时间去阅读它们的人信服。不过，逻辑与修辞的结合非常具有说服力，在所有伟大的哲学著作中，它们极少可以区分开来。在这本书的所有阅读材料中，你们会注意到非个人逻辑和个人修辞的结合，它们的目的都是为了使读者赞同作者的观点。

论证有好有坏。一个逻辑不足的论证的成功，可能取决于读者一时的情绪，或取决于他或她还没有兼听另一面这一事实，因此，一个好的论证必须经受得住一时的情绪、反思和批判。这就既需要有效的修辞，又需要好的逻辑。因此，掌握论证的基本规则，意识到那些忽视这些规则的人存在的司空见惯的缺陷，很重要。认清这些规则和警告，不仅有助于你避免那些所谓的**谬误**——而且也可以使你有效地批判其他人的论证。你曾听人说过这样的话吗？“嗯，我总觉得这个论证有问题，但不确定哪里有问题。”了解一点逻辑，或许有助于你看清一个论证的问题所在。

标准的逻辑教科书强调两种主要的逻辑论证形式：

演绎论证通过认可的逻辑规则从一个陈述推出另一个陈述；任何接受前提的人逻辑上必定会接受由此前提得到的结论。

归纳论证从一个陈述中推断出另一个陈述，但是，即使所有前提为真，由此得出的结论也有可能为假。归纳论证最熟悉的例子是**概括**，即从一组具体观察中得出一个被称为“假说”的一般陈述。

1. 演绎论证

当一个演绎论证正确地遵守演绎规则时，它就是**有效的**，此时若前提为真，结论就不可能为假。在这个意义上，前提保证了结论的真。以下就是最熟悉规则的一些例子：

1. 要么是菲莉斯，要么是佛瑞德。（菲莉斯或佛瑞德。）
不是菲莉斯。
因此，是佛瑞德。
2. 汤姆和杰瑞昨晚都去了马戏团。（汤姆昨晚去了马戏团，以及杰瑞昨晚去了马戏团。）
因此，汤姆昨晚去了马戏团。
3. 如果卡罗尔独自做完这一切，那么她就是勇敢的。
卡罗尔独自做完了这一切。
因此，卡罗尔是勇敢的。

重要的是要强调，一个论证是否有效，仅仅取决于论证的形式。一个有效的论证——形式正确的论证——依然可以有一个假的结论。考虑这一论证：

4. 如果卡罗尔独自做完这一切，那么大象就能飞。
卡罗尔独自做完了这一切。
因此，大象能飞。

注意，例4在形式上与例3完全一样。结论显然是假的，但是，这个论证依然有效。

可是，如果一个演绎论证的结论可以为假，那么它好在哪呢？答案是，如果初始陈述为真，那么就可以保证结论的真。这种初始陈述被称为**前提**，如果前提为真，而且论证形式有效，那么结论就必定为真。重要的是要记住，一个演绎论证无法证明它自己的前提。要使论证有用，你就必须在开始演绎论证之前确证前提。因此，下面的论证虽然有效，但是是一个非常坏的论证。

5. 如果某人赞成公费医疗制，那么他或她就是一个共产主义者。
共产主义者想杀人。
因此，如果某人赞成公费医疗制，那么他或她就想杀人。

这一论证具有有效的形式：

5*. 如果p，那么q。
如果q，那么r。
因此，如果p，那么r。

但是，尽管这一论证是有效的，可它的前提不真，因此它们无法保证结论为真。当且仅当前提为真，一个有效的论证才能保证结论为真。因此，在运用或评价任何演绎论证之时，你

真理、有效性和合理性："如果我说'今天是星期二'，而今天是星期二，那么我说的就是真的。在星期三或星期天则不然。如果我说'如果今天是星期二，那么我就有一篇哲学论文要交'，而今天的确就是星期二，那么我就可以合理地下结论说'我有一篇哲学论文要交'。如果我说'如果今天是星期二，那么我就有一篇哲学论文要交'，而在不是星期二时我撒谎说'今天是星期二'，那么我可以有效地下结论说'我就有一篇哲学论文要交'，但这个结论是不合理的，因为我在'今天是星期二'上撒谎了。"——乔治·盖尔，密苏里堪萨斯城大学奥尔森哲学教授

必须始终问自己两个问题：

a. 前提为真吗？

b. 论证有效吗？

如果对于这两个问题的答案都是肯定的，那么这一论证就可以说是**合理的**。

一篇论文中的论证可能并不严格按照演绎规则提供的形式出现。这并不意味着其中的论证无效。在例5中，第二个前提“共产主义者想杀人”，必须以“如果……那么……”的形式重述。事实上，在一篇论文中直截了当地照搬演绎规则，会让人读起来很枯燥，因此，为了严格符合这些形式，论证通常需要重述。你在撰写一个论证时，必须要注意论证的有效性，同时也要注意对它的陈述的有趣程度。有时，省去前提也是允许的，因为在所有读者看来，实际陈述这些前提显得荒谬。比如，

6. 男人无法生育。
因此，罗伯特无法生育。
显然，这里省去的前提是
罗伯特是男人。

但是，这一前提在绝大多数情形下无需说出。要有效地使用演绎论证，修辞的考虑同样重要。最著名的演绎推理形式是**三段论**。它是指一种特定的演绎推理：有两个前提和一个结论的演绎论证，通常是把个别包括在类之中，运用的术语有“所有”“有些”和“没有”。最著名的例子是：

7. 所有人（men）都会死。
苏格拉底是人（man）。
因此，苏格拉底会死。

第一个陈述，“所有人都会死”，是大前提；第二个陈述，“苏格拉底是人”，是小前提。从这两个前提得出的最后陈述，是结论，通常前面会有“因此”一词。在这个例子中，“人（men）”和“人（man）”这两个词是中项，“会死”这个词是**谓词**，名称“苏格拉底”是主词。中项用来连接主词和谓词，两者结合在一起形成结论。三段论的形式如下，

7*. 所有A都是B。
C是A。
因此，C是B。

在这个演绎形式中，可以用任何名词来替换A、B和C。比如，

8. 所有的母牛都是鸽子。
乔治·华盛顿是一头母牛。

因此，乔治·华盛顿是一只鸽子。

论证8是有效的，尽管结论为假。当然，原因在于前提为假。因此，除非前提为真，否则有效论证也无法保证结论为真。如此一来，在开始演绎之前，你始终要确保你已充分维护了前提。

有效的论证有时是从否定性前提出发的，就像从肯定性**断言**出发一样。比如，

9. 没有妇女曾是总统。
埃莉诺·罗斯福是一位妇女。
因此，埃莉诺·罗斯福不是总统。

形式如下，

9*. 没有A是B。
C是A。
因此C不是B。

另一个常见的论证如下，

10. 有些大象的重量超过两千磅。
大象是动物。
因此，有些动物的重量超过两千磅。

稍作改述，形式如下，

10*. 有些A是B。(有些大象的重量超过两千磅。)
所有A是C。(所有大象都是动物。"所有"暗含在小前提中。)
因此，有些C是B。(有些动物的重量超过两千磅。)

并非所有的演绎论证都是传统意义上的三段论。比如，下面就是一个有效的演绎论证，但不是一个三段论：

11. 琼斯是一个白痴，他(琼斯)也是最幸运的人。
因此，琼斯是一个白痴。

这一论证的形式如下，

11*.p且q。
因此，p。

因此，在接下来的论述中，我们会谈论一般意义上的演绎论证，而用不着担心它们是否可以适当地被称为“三段论”。

在这个简介中列出所有正确的演绎形式，是不可能的。不过，我们会描述一些最危险的谬误，即演绎形式的错误。下面就是一个例子，它看起来很像例10*：

12.有些大象是驯养的。
有些骆驼是驯养的。
因此，有些大象是骆驼。

形式如下，

12*.有些A是B。
有些C是B。
因此，有些A是C。

这一形式是**无效的**，因而是一个谬误。这种谬误常常出现在政治论证中。比如，

13.我们都知道有些有影响的共和主义者是腐败的。
我们也都知道至少有些共产主义者是腐败的。
因此，我们知道至少有些共和主义者是共产主义者。

若陈述如此简单，其谬误就显而易见。但是，若这一论证是通过一次冗长的演说传播开来，那么，这样的谬误常常会被当做有效论证而被接受。用逻辑符合形式去分析一篇复杂的演说或论文，常常会澄清一个论证的有效性或无效性。

另一个常见的谬误非常像例3的演绎形式：

14.如果这一解毒剂有效，那么这个病人就会活着。
这个病人活着。
因此，这一解毒剂有效。

乍一看，这一论证似乎有效，但它实际上是无效的。这个病人可能自己康复了，没有对这一解毒剂作出任何证明。这一论证的形式如下，

14*.如果p，那么q。
q。

因此，p。

例3的正确演绎形式是：

如果p，那么q。
p。
因此，q。

要特别注意这两种形式之间的差异。

“如果……那么……”陈述常常应用于另一对论证中，其中一个是有效的，一个是无效的。有效的论证如下，

15. 如果这一解毒剂有效，那么这个病人就会活着。
这个病人没有活着。
因此，这一解毒剂无效。

形式如下，

15*. 如果p，那么q。
非q。
因此，非p。

这一论证是有效的，尽管有人可能坚持要为第一个前提增加一个明确的限定条件。这个限定条件就是，“在没有任何别的药物可以挽救这个病人的情况下”，因为，人们可以主张，挽救这个病人的，可能是别的某个东西，或许是奇迹，而不是这一解毒剂。不过，要注意的是，这一限定条件无法拯救例14的无效论证，也无法拯救下面例子中的无效论证：

16. 如果这一解毒剂无效，那么这个病人就会死。
这一解毒剂有效。
因此，这个病人不会死。

此外，这个病人很可能死于其他原因，尽管有这一解毒剂。形式如下，

16*. 如果p，那么q。
非p。
因此，非q。

这一论证形式是无效的。

绝大多数有效的和无效的演绎论证形式，都是一些常识。谬误如此常见，其原因常常并非是不懂逻辑，而是因为粗心的思考和写作，说话过快而无法以有效的形式组织思想。因此，最重要的是小心谨慎地思考和写作。然而，即使最伟大的哲学家，也会犯形式谬误的错误，你将会看到其中的一些。

2. 归纳论证

在演绎论证中，结论所陈述的内容绝不会超出前提。(人们常说，结论已经"包含"在前提之中。)在归纳论证中，结论所陈述的内容总是多于前提。因此，它是一种较少确定性的论证，但这并不是说它不怎么重要。演绎论证的许多前提都要来自于归纳论证，而我们的绝大多数知识和几乎所有的科学都依赖于归纳。归纳有许多不同形式，它无视严格特性。归纳论证的一般形式如下，

我们看到的每一个A都是B。
因此，A是B。

换言之，这个论证从一组观察的事物推出一整类事物。比如，

17. 我在过去二十年里看到的每一只乌鸦都是黑色的。
因此，所有乌鸦都是黑色的。

但是归纳论证不同于演绎论证，它无法保证结论为真，哪怕我们知道观察都是正确的。因此，例17的结论应严格地写成：

有可能所有的乌鸦都是黑色的。

这一暂定的结论叫做**假说**。一个假说，就是一个基于目前为止所搜集到的证据得出的有根据的猜测。我们在使用归纳之时，总是有可能找到一条新证据，从而驳倒假说。这条新证据叫做**反例**。归纳论证必定始终有这种反例，因为归纳论证无法保证确定性。总是有可能找到一个反例，或者形成一个更好的假说。然而，这并不是说我们不应接受这些论证。人类观察了数百万只兔子，从未发现有一只兔子超过两千磅重。这一陈述并不是说没有可能发现一只两千磅的兔子，但也不是说，我们因此应该毫不犹豫地相信没有兔子超过两千磅重。归纳从不具有确定性，但是，在证据的基础上，我们可以赞同最好的假说。不过，值得注意的是，大卫·休谟之后的一些哲学家(见第二章)声称，归纳无论多么有用，它都不具有理性的辩护。

归纳论证有好的(合理的)和坏的(**不合理的**)。一个归纳论证被认为不合理，最熟悉的原因就是概括所基于的例子太少。比如，以下论证就显然不合理：

18. 每一个来自宾夕法尼亚州的美国总统都是民主党人。
因此，我们能够认定每一个来自宾夕法尼亚州的美国总统都会是民主党人。

曾经只有一位总统来自宾夕法尼亚州，而且，政治的错综复杂如此明显，以致下一个来自宾夕法尼亚州的总统可能是民主党人，也可能是共和党人。同样，

19. 我们乘坐的每一辆意大利巴士的司机都有络腮胡。
因此，所有意大利巴士的司机都有络腮胡。

这一归纳论证是不合理的。尽管样本不止一个，但依然不足以作出一个合理的归纳概括。那要多少例子才够？这跟具体情形有关。如果一个化学家在做一个实验，把化学成分g加入化学成分h，并由此得到了j，那么这个实验本身大概就证明了以下假说：

$g+h \rightarrow j$

尽管这一假说如同所有假说一样，必须通过进一步的实验和观察来检测。（相反，演绎无需检测，只要假定了它们的前提为真。）一位化学家通常可以假定，一组纯净的化学成分与另一组同样的化学成分会有同样的反应。但是，当假说涉及人的时候，概括就应极其谨慎，尤其是在写作“国民性”这样的敏感主题之时。比如，“意大利人是……”“俄罗斯人倾向于……”“美国人也是……”，这样说时就要极其小心。但是，谨慎并不是说就这些主题写作毫无可能。曾经关于这些主题的写作，常常显得才华横溢，你甚至会赞成，一个不愿去弄清不同民族和社会之间的一般差异的人，甚至比那些性急粗心地作出概括的人更加愚蠢。但是，所有概括（甚至这一概括）都要注意背景和主题。

另一种不同的归纳不合理，是由于所概括的假说超出证据所支持的太多。比如，

20. 我们知道的每一个德尔莫尼克中学的毕业生都是优秀的运动员。
因此，我们能够认定那里的体育教师一定非常好。

这里的问题不是样本太少，事实上，我们可以考查每一个德尔莫尼克中学的毕业生。问题在于，这种证据不足以证明关于教师的任何情形。这些学生可能来自于运动员家庭，或者是学生食堂的食物可能含有过量的维他命和蛋白质，或者是学生可能喜欢在校外进行体育活动，哪怕他们的体育课非常糟糕。因此，确保你所维护的假设有正确的证据支持，这一点很重要。在这个例子中，我们需要关于体育教师的证据，而不只是关于学生的证据。

并不是每一个归纳论证都从证据得出一个概括。比如，侦探运用归纳论证使证据转向对一个具体个人的指控。（夏洛克・福尔摩斯所说的他的“演绎力量”，实际上是他卓越的归纳能力。）值得注意的是，并不是每一个哲学家都认为归纳对于知识如此重要。比如，当代英国哲学家卡尔・波普尔（Karl Popper）认为，科学（和警方调查）的逻辑的进行，并不是通过归纳，而是通过反例对所提出假说的否证。换言之，知识的产生是从假说到假说，而不是通过归纳从证据到假说。但是，无论人们认为归纳及其重要性多么合理，也决不会认为归纳发生在真空中。归纳推理的进行，总是以其他假说、理论和科学观点为背景，同时作为背景的还有其他被认为理所当然的丰富证据，它们要么是假说本身的组成部分，要么可能因不

相关、不可靠和不重要而被忽视。演绎由于它的形式，能够处理独立的论证。但是归纳，即使服从概率论的严格形式，也无法脱离背景来理解。此时，总是在某种程度上预设了背景条件和知识状态。由于这种非形式的（如果不是混乱的）复杂性，归纳就像逻辑一样，是一个洞察力问题。

当假说是自我确证时，归纳就会产生一个完全不同的问题。一个自我确证的假说创造了它自己的确证，或者换句话说，它从一开始就挡住了所有可能的反例。举两个熟悉的例子：（穿制服的）警察设法评估经过他的汽车的行驶模式，以确定它们都是以法定速度行驶。显然，他们确实是这样做！但是，同样的自我确证常常以微妙的方式出现在科学中，比如，设备本身是为了准确呈现那些它要寻找的证据而设计出来的。另一个例子是妄想症患者，他提出这样一个假说："他们都在奋力抓我。"一旦假定这样一种看待世界的方式，他们就确实这样去看待世界。妄想症患者不仅以一种敌意的方式系统地解释他人的行为，而且他也以这样一种方式行动：人们确实在警惕他，哪怕不是以他为敌。但是，这样的极端情形有几千个更加日常的例子，那些感到无依无靠的人，可能易于陷入一种轻度的妄想症假说之中，并且容易证实他们自己的论点。"所有人基本上都是自私的"，一个接受这一假说的人会毫无困难地找到他或她在寻找的东西，在他或她的调查研究中，甚至最慷慨无私的行为都会被他或她找到一些自私的动机（比如，"为了不要有负罪感"）。（我们可能注意到，也存在着自败的假说；警察可以假设，每一个违法的人都身穿警服去抓捕他们，这就破坏了他自己的假说。）

3. 类比论证

有时会引起争议的一种归纳论证形式，是类比论证。类比论证基于两个东西在某些方面的相似，为它们之间在另一些方面的相似辩护。比如，一位政治家基于政府与企业之间的类比论证，辩护更高效的政府和更少多余职位的需要。这位政治家表明，一个政府就像一个企业。它有某种确定的产品要生产，即为人民提供服务，并从那一产品的出售中获得确定的收入，即税收。它雇佣一定数量的人，这些人的工作就是生产那一产品，并由那一产品获得的收入付给他们工资。他们的业务也是尽可能低廉地生产那一产品，以降低成本，并且为了提供新的更好的服务而谋利。因此，这位政治家认为，一个政府越是有效运转，必须维持的多余雇员越少，它就越好。

在使人们看到相似性、澄清复杂混乱的问题上，这样的论证很有价值。危险的是，并没有两个东西完全相似（否则，它们就是同一个东西了），这也是许多逻辑学家完全拒斥类比论证的原因。而且，仅仅因为两个东西在某些方面相似，是无法说它们在其他方面也相似的。这是一个强有力的反驳。如果两个东西在一些方面相似，那么推断它们在其他方面也会相似，至少是有道理的。比如，管理政府就像管理一个企业。两者都是在维持一个组织。两者都要求精于理财。两者的成功都依赖于它们提供的产品和服务的质量。因此，比如处理城市交通问题的方式，就是寻找以最少的资金提供最多服务的方案。

类比论证可以利用演绎论证和归纳论证。在A（政府）就像是B（一个企业）的情形下，适合于讨论A的演绎，也会适合于讨论B。如果A和B在许多方面相似，那么它们在其他方面也会相似，这在归纳上是有道理的。因此，类比论证至少是一种有价值的推理形式，哪怕它并非总是一种可靠的证明形式。然而，重要的是要仔细注意每一个具体的类比，确定所比较的两个东西有重大相似，最重要的是，所辩论的这一方面在两个东西那里有重大相似。类比论证非常有价值，但是，对它们的使用要非常小心。在传统的西方哲学中，类比和隐喻在伟大的哲学经典中扮演一个重大的却常常未被注意到的角色。人们假定，或者至少期望，这些类比和隐喻能够按照演绎论证和归纳论证来重写。但是，并非所有的哲学传统都会有这样的假定。比如，在中国哲学中，类比推理比演绎论证更处于哲学论辩的中心。在某些传统中，哲学家所做的，就是提供看待事物的新方式——这是类比论证的一个独特优点。世界各地的许多民间哲学也是如此，神话和隐喻的使用仍未——而且可能无法——被西方推理的标准逻辑所取代。逻辑本身的位置，可以说是一个重要的哲学问题。

上述的三种论证——演绎论证、归纳论证和类比论证——都是力图辩护一个观点或一个意见。但是，几乎每一个论证都有一部分是对其他观点和意见的抨击。一般来说，某个人的立场可以通过以下一些问题来质疑：

a. 他或她在辩护什么？立场明确吗？

b. 有哪些论证？它们是演绎论证、归纳论证还是类比论证？

如果是演绎论证：

前提是什么？它们都是真的吗？

这些演绎论证有效吗？

如果上面这些问题的任何一个的回答是否定的，那么就有一个好的反论证表明，对手没有给出一个让我们接受他或她的观点的理由。

如果是归纳论证：

有足够的证据支持假说吗？

证据支持假说吗？

假说足够明确吗？

这是解释证据的最好假说吗？

如果对这些问题的任何一个的回答是否定的，那么就有一个好的反论证表明，对手没有辩护他或她的一般主张。

如果是类比论证：

所比较的东西相似吗？

所比较的东西在所探讨的相关方面相似吗？

如果对这两个问题的回答有一个是否定的，那么就有一个好的论证表明，对手的类比不是一个好的类比。

c. 结论所意指的内容是对手认为它所意指的内容吗？

4. 充要条件、“逻辑可能性”和反例论证

对于理解伟大哲学家的论证而言，有两个概念至关重要，那就是“充要条件”和“逻辑可能性”。如果没有A，B就不会出现，那么A是B的必要条件。因此B需要A；如果A不出现，那么B也不会出现；或者说，如果B，那么必然A。如果A足以保证B，那么A是B的充分条件，因此A蕴含了B，或考说，如果A，那么必然B。相应地，如果A既为B所需，又足以保证B，那么A是B的充要条件（A当且仅当B）。如果出现这种情形，那么A和B就必然联系在一起——没有一方就无法拥有另一方。

一个定义被认为提供了充要条件。因此，提出一个挑战一种哲学定义或哲学理论（比如“正义”或“自由”的定义或理论）的方式，就是表明以下这一情形在逻辑上是可能的：没有B可以有A，或者没有A可以有B。你所提供的反例，针对的是一个哲学主张，而不是归纳论证或假说。由于定义或哲学主张或哲学理论给出了充要条件，因此，根据B来确定A的这个人必须重新开始。

人们挑战一个哲学定义，无需现实地找到一个反例。在定义声称逻辑上提供了充要条件的情形下，你只要能想象一个可能的反例即可。也就是说，既然定义逻辑上提供了覆盖所有可能情形的充要条件，那么，一个只具有逻辑可能性的反例就足以挑战这一定义。只要哲学家作出一个一般主张或普遍主张，就有可能以一个反例来挑战它。

在第二部分，我们在涉及归纳概括时提到了反例。一个反例驳倒一个假说，像“这里有一个a不是b”，总是给主张“所有a都是b”的人造成了麻烦。比如，一个偏执狂说，“所有来自波兰的人都天生愚蠢”，波兰人哥白尼这一个反例，就足以破坏这一主张。不过，反例也可以对得到演绎辩护的主张起作用。考虑一个常见的哲学论证（我们会在第8章论述）：

21. 自然界中的所有事件都是由物力（重力、化学反应、电磁力等等）决定。
人的所有行动都是自然界中的事件。
因此，人的所有行动都是由物力决定。

这个三段论是一个有效的论证，形式如下

21*. 所有A是B。
所有C是A。
因此，所有C是B。

抨击这一有效论证的一种方式，就是使用反例法，哪怕你没有看到拒斥这些前提的任何理由：“看。我决定来这所学院是出于我自己的自由意志。我思考这件事好些天了，我清楚记得我做出决定的那个时刻——那时我正在哈里的餐馆吃比萨。那一刻，我做出了这一决定。它不是物力在我那里引起的决定。因此，我拒斥你的结论。”

这里的情形如下：一方面，如果我们接受前提为真，并认为论证有效，那么，我们似乎就必须接受由此而来的结论。但是，在这个例子中，反例迫使赞成这个三段论的人去澄清前

提和结论中的“由物力决定”指的是什么。这只是指有一些力必须呈现吗？假如这样的话，这一论证就没有我们认为的那样有趣，因为，每一个人都承认，人在做决定时，大脑会有电荷或化学变化。这难道不是指只有物理原因呈现了出来，其中，“自由意志”确实被排除了吗？但是，反例（你的入学决定）又是什么情形呢？寻求证据的负担落在了赞成这个三段论的人身上，他或她被迫要去说明，为何你作出决定看似是出于你自己的自由意志，然而，事实上并没有自由意志这样的东西。你能够看到这个哲学论证是如何变得非常复杂的，但是，我们只想得出一个简单的观点。单个合适的反例能够开启一个全新的讨论，甚至在问题看起来已经得到解决的时候，也会如此。

这里有必要做个一般的评论。你可能认为，不管怎样，论证好像总是结论性的。事实上，几乎从来都不是这么回事。一个论证可以是令人信服的，但是，只要有人足够坚定或固执，总是还有进一步论证的余地。一个好的反例总是能够通过说明而消除，甚至大量的反例都可以通过说明来消除，只要一个人愿意修正理论的其他方面，比如改进定义。最终使一个坏的假说或一般主张废弃的，是它所需要的额外说明过多。比如，有人主张，目前有火星人生活在地球上。你指出，没有人曾见过一个火星人。对此，你的对手说明如下：火星人对于人眼而言是不可见的。你争辩说，地球环境无法维持火星人的生命。你的对手则认为，他们是一种不同的生命形式，在我们的理解之外。你向你的对手问道，这些火星人有什么活动，我们如何可能去检测他或她的观点。他或她说，火星人不想我们知道他们在这里的情况，因此，他们非常小心谨慎，以免做出什么让我们发现他们的存在的事情来。到此，你可能会厌恶地走开。你没有让你的对手就此沉默。事实上，他或她可能继续提出新的方式来永远摆脱你的论证。但是，在某种意义上，你的对手的说明显然是自私的和自卫的，以致你和别的任何一个人完全有理由对他或她不予理睬。记住，论证的关键是说服。绝对证明是不可能的。但这也意味着，说服某个人是不可能的。因此，论证是有局限的——至少有实践的局限。

5. 归谬法

最后值得一提的论证是归谬法。人们通常用它的拉丁文写法*reductio ad absurdum*，它是演绎论证的一种形式。然而，它是一种“间接的”论证。它从对手的观点出发，表明由此会得出无法接受的或**自相矛盾**的结论。比如，有人主张，除了自己的心灵之外，一个人永远无法知道其他心灵是否存在。你反驳说，与你争辩这个问题这一行为本身，就与他的观点相矛盾。无疑，他会回答说，他无法知道你是否存在。然后，你指出，他甚至无法知道他自己是否存在。你所做的，就是把对手的观点变得荒谬，由此表明它导向了无人能够接受的结论，在这个例子中，就是导向这样一个观念：他根本无法具有自我知识。一个归谬论证，就像一个好的反例一样，常常是一种迫使他人澄清他们的立场，更仔细、更准确地说明他们想要赞成的观点的极佳方法。

6. 最阴险的种种谬误

简单的逻辑概述，除了能够识别我们之前在演绎论证中讨论的那些谬误之外，不足以识别其他更一般也更诱人的谬误。但是，无论你运用何种论证，都要注意以下这些谬误：

只作断言　你接受一个观点这一事实不足以使别人相信它。陈述你的观点并不是对它的一个论证，除非你只是在回答一个公众意见调查，否则每一种意见都需要一个论证来支持。当然，有些陈述是大家都会按其表面意义接受的，因而你无需去论证。但是，这并不是说它们无法被论争，若受到挑战，哪怕常识中最显然的事实也必须加以论证——这就是大部分哲学所要讲的。

乞题 另一种谬误看起来像是一个论证，但实际上却是把要论证的结论当成了前提。比如，假定你主张人人应成为基督徒，理由是《圣经》是这样说的。确实，这也许对你而言是结论性的，但是，若你力图说服的人不信仰基督，那他或她就可能同样也不会相信《圣经》上的话。因此，对于成为基督徒的论证而言，诉诸《圣经》就是循环论证。循环论证常常由一个改述的结论组成，比如，“这本书会提高你的分数，因为它有助于你更好地学习课程”。

恶性循环 循环论证与另一种通常被称为“恶性循环”的错误相似。考虑一下上述谬误的一种更精致的样式。一个人声称知道上帝存在，因为她看到过一个宗教场景。若问她怎么知道这是一个宗教场景而不是她服用某物的反应，她会回答说，这种微妙且强烈的体验只能由上帝引起，而不可能由其他任何人、任何东西造成。若再问她是如何知道这一点的，她会回答，上帝亲自在场景中告诉她的。再比如，“他一定是犯罪了，因为他脸上的表情可以作证”。“你怎么知道他这是犯了罪的表情，而不是被吓着了或处于悲伤中的表情呢？”“因为他就是做那件事的人，这就是原因！”如果你用B来论证A，用C来论证B，却又用A来论证C，那么你就陷入了一个恶性循环。它之所以是恶性的，是因为像循环论证一样，你已经假定了你恰恰要证明的东西。但值得记住的是：由于那些信念只有在你接受其余的许多信念之时才能得到辩护，最终，所有观点可能都会形成一个完整的圆圈。宗教徒与无神论者之间的争辩常常就是这样，自由市场论者与马克思主义者之间的论证也是如此，在那里，长时间的论证清楚表明，每一个人都接受了一个庞大的信念体系，其中这些信念彼此依赖。一些逻辑学家称这种情形是“良性循环”，但这并不是说没有恶性循环。一个良性循环是一个完整世界观的发展，它需要进行充分地思考和条理化。而恶性循环则像循环论证，通常是轻率思考的结果，不会有任何成效。

离题 你一定碰到过这样的人，他对一种观点进行论证的方式是提出别的东西，比如，抛出一大堆数据表格，絮叨宇宙的状态，说些笑话——什么都做了，就是不谈正题。这可能是拖垮对手的一种技巧，但却不是说服别人同意你的观点的一种方式。一个论证无论多么花哨，若与你想要维护的主题无关，那对你就没有任何益处。

人身攻击 最令人讨厌的离题是对对手进行人身攻击，而不反驳他或她的观点。你要反驳的那个人可能是个骗子、穿着邋遢、秃顶丑陋、不到选举年龄或老得干不动活，但问题不在这儿，而在于他或她所说的是否可以接受。喋喋不休于对手的容貌、声誉、举止、智力、朋友或财产，可能会有助于你的读者去理解他或她为何会持这样的观点，但它没法证明或否证观点本身。要搞清楚对手的动机，少量的个人考量是合适的。但是，过多的个人考量通常会冒犯你的对手，而且通常对你自己更有害。因此，务必尽可能地避免这类论证，它往往表明你自己没有好的论证。

结论不清或变动 结论含糊或每一段文字的结论都变动的论证，是最令人丧气的论证之一。若某种东西确实值得辩护，那么就应当清楚地陈述出来并加以坚持。你若主张服用药物者应受惩罚，但你没有说清楚这些人是指吸食海洛因的人，还是服用阿司匹林的人，那么你的观点就不值得听取。如果你说，你指的是非法的毒品罪犯，那么就不要去论证毒品对身体有害，因为毒品无论合法非法都对身体有害。如果你说，你指的是安非他明的服用者，那么当有人向你说明安非他明的几种医学用途之时，就不要转而去谈论药物的非法性。一定要搞清楚你在论证的是什么，否则你的论证就会毫无目标。

改变含义 这是当言词似乎形成了一个有效论证之时，就容易遗漏的一种谬误。比如：

> 人们只要能够独立思考就是自由的。
> 监狱中的囚犯可以自由地独立思考。
> 因此，监狱中的囚犯是自由的。

这样一个悖谬的结论，在于“自由”一词含义的歧义性，它先是用来指称一种心理的自由，随后又指称身体的自由。通常认为，著名的英国哲学家约翰·斯图亚特·密尔（John Stuart Mill）有一个有趣的例子就是这样一个论证：“人们欲求的东西就是值得欲求的东西。”但是要注意，这个论证利用了英语中的一个歧义性。并不是每一种实际被欲求的东西，都应当被欲求（比如，酒被酒鬼所欲求），因此，这个论证在演绎上是无效的。（不过，密尔认为，值得欲求的唯一根据是人们事实上欲求它。）请注意，你的论证中的关键词项始终要保持相同的含义。

分散注意力 另一种常见的谬误形式是“用题外话转移别人的注意”，即有时用一个冗长的论证偏离所讨论的主题。比如，在一个关于心脑关系的论证中，一位神经学专家也许乐于详细地告诉你神经学中的一些奇特事实，告诉你他或她所做过的一些脑手术，还告诉你一些对神经学一无所知的哲学家曾提出的可笑理论。但是，如果这些与所谈论的问题毫无关系，那么它们就只是不错的午后消遣方式，而不是消除歧见的步骤。论证时间有限之时,分散注意力是一种特别有利的谬误（正因为如此，它非常盛行于课堂）。

拉尔夫·沃尔多·爱默生（1803—1882）：美国超验主义的创始人。美国超验主义捍卫了一种直觉上可通达的精神实在的观点。这一精神领域比物质世界更根本。爱默生写作的主题包括自立、命运，以及陶冶个性、避免趋同的好处。

伪问题 有时，谬误推理始于所提的问题。比如，一些哲学家主张，“心灵是如何与身体相联的？”或“上帝能创造一座连他也无法搬动的山吗？”,这样的问题就是伪问题。也就是说,它们看起来像是真正的问题——甚至是深刻的问题——但根本上是无法回答的问题，因为它们基于一些隐藏着的无意义的假设。（在这两个例子中,人们认为心灵与身体之间没有合法的区分,因此一切关于它们如何“相联”的问题都是无意义的；第二个问题则假设了上帝是“万能的”，以至于他能做逻辑上不可能的事情，而这是荒谬的。）伪问题像分散注意力一样，把我们导向了一条漫长的死胡同，不同的是，在伪问题的情形中，我们连出发点都找不到。

可疑的权威 我们此前提到，现代哲学是基于这样一个假设，我们有权——有时甚至有义务——去质疑权威。然而，我们绝大多数的知识和意见都是基于诉诸权威——无论是否是科学家和特别聪明的“人”。不诉诸权威是非常愚蠢的，哪怕不是致命的，尤其是在一个技术化和社会化变得如此复杂的世界中。我们会问一个经济学家如果利率下跌会发生什么。

我们会问礼仪小姐食用沙拉应使用哪把刀叉。如果我们问错了人，如果我们求助一个事实上不是相关领域的专家，那就会出现可疑的权威这种谬误。比如，问内科医生核政策的问题，或问物理学家中学教育的问题，他们在一个领域的专长，并不必然会扩展到另一个领域。是否诉诸书本和报纸上的意见，则要依作者和出版社的权威而定，印刷品并不必然就具有权威。

滑坡 隐喻往往遍及所有论证。较为常见的一个隐喻是"滑坡"，即人一旦踏上打滑的斜坡，就不可避免地滑到底端。（在政治中，有时被称为"寒蝉效应"和"多米诺理论"。）比如，有人主张，任何对自由言论的干涉，哪怕是禁止人在拥挤的礼堂里喊"着火了"，迟早都会导致对所有自由言论（包括有识见、负责的政治讨论）的根除。但是，抨击一种极端情形，就会因此危及整个制度吗？可能有时是这样。但更多的时候不是这样，滑坡隐喻只是让我们认为存在着这种不可避免性，哪怕事实上并没有这样的事情。

攻击稻草人 具有真正论证的真正对手，是难以反驳的，因此，一个轻松的办法就是，转而攻击一个其论证易于反驳的假想对手。这个假想对手被称为"稻草人"，他给我们的额外好处就是不会抵抗。比如，一位宗教作家对那些认为穆罕默德从未存在的人的抨击，而事实上，他的对手只是质疑了他对神的具体解释。一位讨论心身问题的作家，嘲讽那些认为心灵活动和一些（未知的）身体活动之间不存在任何可能关联的人——事实上没有人曾赞成这一观点。

怜悯（以及其他情感诉求） 一些谬误形式诉诸于我们的较好部分，哪怕它们挑战了我们脆弱的逻辑能力。诉诸怜悯向来是这样的一种论证。受苦人民的照片也许可以激发社会行动，但是，我们的怜悯——一种不可否认的美德——与所讨论的社会行动之间的联系仍然不是一个论证。诉诸怜悯——以及一切对情感的诉诸——在哲学论证中有一个完全合法的位置，但是，这些诉诸自身仍不是对于任何观点的论证。一个演说者可以激发我们的愤怒，但我们针对问题要做的，必须是进一步论证的产物。

诉诸武力 身体的力量从未造就哲学的正确。一个人有时会受到恐吓，但他或她并不因此而被反驳。一个人有时会用武力来支持一种哲学信念，但是，武力从未辩护这种信念。

不恰当的论证 我们最后提到的谬误与方法选择有关。若有强有力的归纳论证反驳你，你坚持演绎论证就是一个谬误——也许不是一种错误的论证，但同样是一个逻辑上的错误。比如，假设你在演绎地论证某个国家不存在刑讯逼供，因为Q先生统治这个国家，而Q先生是一个好人（这里隐含的前提是："好人不会允许他们的国家存在刑讯逼供"）。但是，若有许多可靠的证人公开描述他们亲眼所见或亲身经历的刑讯逼供，那你最好还是放弃这个论证。在这样的信息面前坚持你的演绎论证，是愚蠢的。这可能没有指出你的论证错在哪里：可能Q先生不是这样的一个好人，也可能他已经倒台了，也可能是好人不知道刑讯逼供，因而无法阻止它。但是，无论如何，应立即放弃这种论证。

反之亦然。某些抽象的问题似乎只能通过演绎论证来回答。比如，关于宗教问题的论争，寻求证据以建立一个归纳论证可能就是愚蠢的。这里的关键是你的基本的宗教概念及其**含义**。四处寻找相关事实所得到的证据，可能是无关紧要的。非常抽象的问题往往只需要演绎论证。

陷入以上任何一种谬误，几乎总是令人为难，往往会危及你的整个论证。如果你有一种情形要阐明，那么就用最有说服力的方式阐明它。最有效的方式就是，巧妙地结合演绎论证和归纳论证，辅之以类比和对其他观点的恰当批判。如果你认为你的意见重要，那么它们就值得你去整理支持它们的最好论证。

随着课程的进行，你就有机会运用其中的许多逻辑形式，不仅在对过去的伟大哲学家的思考上，也在你自己的思考上。你会发现，无论关于什么主题，在你与朋友的论争和你所进行的论辩中，哲学批判是一个强有力的工具。最重要的是，哲学是聚合你自己关于事物、关于你在这本书中将要碰到的哲学问题，以及关于人生的思想的重要助手。

但是，那我们为何要假定真理应当那样**融贯**或合乎逻辑呢？拉尔夫·沃尔多·爱默生（Ralph Waldo Emerson）曾写到：

> 愚蠢的一致性是渺小心灵的恶鬼，为小政客、小哲学家和小牧师顶礼膜拜。若强求一致性，那么伟大的灵魂就会一事无成。那样的话，他还是去关心墙上自己的影子算了。现在有什么想法，用斩钉截铁的语言说出来，明天再把明天的想法用斩钉截铁的语言说出来，尽管它可能跟你今天所说的每一件事相矛盾——“啊，那样你一定会遭人误解。”——遭人误解就那么糟糕吗？毕达哥拉斯被人误解过，苏格拉底、耶稣、路德、哥白尼、伽利略和牛顿被人误解过，凡是有过血肉之躯的纯洁的、智慧的精神莫不如此。要伟大就要遭人误解。[1]

尽管如此，还是要谨慎地提醒：不要与自己相矛盾。即使你是“伟大的”，被误解也不好受，尤其是被你的老师误解。谨慎的一致性是绝大多数学生的得救之道。

关键术语

abstract 抽象
ad hominem argument 人身攻击论证
aphorism 格言
argument 论证
asceticism 禁欲主义
assertion 断言
assumption 假设
autonomy 自主性
axiom 公理
begging the question 乞题
Buddha 佛陀
Cartesianism 笛卡尔主义
certainty 确定性
coherence 融贯
consistent 一致的
contradiction 矛盾
counter-example 反例
criterion 标准
critical 批判的
Dao 道
declarative sentence 陈述句
deductive argument 演绎论证
dialectic 辩证法
doubt 怀疑

1 Ralph Waldo Emerson, “Self Reliance”, in *The Complete Writings in One Volume*, New York: Wise, 1929, pp. 143-44. 中译文见吉欧·波尔泰编，《爱默生集》（上），赵一凡、蒲隆、任晓晋、冯建文译，北京：生活·读书·新知三联书店，1993 年，第 290—291 页。

Enlightenment 启蒙运动
fallacy 谬误
first principles 第一原则
formal logic 形式逻辑
generalization 概括
hypothesis 假设
implication 蕴涵
incoherent 不融贯的
inconsistent 不一致的
inductive argument 归纳论证
inference 推论
invalid 无效的
logic 逻辑学
method（methodology）方法（方法论）
method of doubt（or methodological doubt）怀疑的方法（或方法论的怀疑）
paradox 悖论
predicate 谓词
premise 前提
presupposition 预设
proof 证明
proposition 命题
reason 理性
reasons 理由
reductio ad absurdum 归谬法
reflection 反思
rhetoric 修辞
rule of inference 推论法则
self-contradictory 自相矛盾
self-evident 自明的
skepticism 怀疑论
sound 合理的
syllogism 三段论
system 体系
trivial 琐屑的
unsound 不合理的
valid 有效的
vicious circle 恶性循环

参考文献与进阶阅读

对苏格拉底的审判、监禁和死亡的叙述，见柏拉图的对话《申辩》《克力同》和《斐多》，载 *The Trial and Death of Socrates*, 3rd ed., trans. G. M. A. Grube (Indianapolis, IL: Hackett, 2001).

对苏格拉底生平的杰出叙述，见 A. E. Taylor, *Socrates* (New York: Doubleday, 1959)，较晚近的关注见 Alexander Nehamas, “Scocratic Reflections” in *The Art of Living* (Berkeley: University of California Press, 1998).

关于启蒙运动，最好的一本书是 Peter Gay, *The Enlightenment* (New York: Norton, 1995)；那一时期的哲学文选见Isaac Kramnick, *The Portable Enlightenment Reader* (New York: Penguin, 1995).

Graham Priest, *Logic: A Very Short Introduction* (New York: Oxford University Press, 2001) 是一本逻辑导论的典范。

第一部分

世界与彼岸

第1章　实在

能够言说和能够思想的东西必定存在：
因为存在者存在是可能的，
而不存在者存在是不可能的。
——巴门尼德

三千多年前，印度的哲学家们在《梨俱吠陀》（*Rg Veda*，最古老的圣书被称为《吠陀》）中沉思了实在整体的性质和起源（“梵”），他们带着巨大的怀疑断定，这种实在没有被我们认识，至少没有被我们正常地认识，或许，它根本就无法被认识。如今，在二十一世纪初，一些哲学家和最著名的物理学家开始相信终极实在，认为那些不可捉摸的粒子随着实验而倍增，变得愈加精致奥妙，而万物的起源（“大爆炸”）变得越来越神秘（而非相反），一些理论家甚至认为，是我们的观察创造了实在，实际上根本就没有独立自存的实在。

实在的终极性质和宇宙（宇宙一词的希腊语是*cosmos*，相应地，cosmology指的是宇宙的性质，cosmogony指的是宇宙的起源）的起源这两个问题，规定了自最古老的时代至今的大部分哲学。（而且，我们没有理由认为这些问题日益变得简单。）当然，随着科学的发展，在不同宗教和文化背景中，这种问题的提出方式有着巨大差异，但是，在某种意义上，它们是最基本的哲学问题。

A.“世界真实存在的方式”

世界真实存在的方式是什么？你怎样回答这个问题？你很可能会诉诸当代科学的权威性，这可能是一个合情合理的开端。但是你知道，一代人眼里的“科学”在另一代人看来就成了迷信。（人们曾经认为地球是扁平的。）你可能曾在你的学校生涯中发现至少一位“权威”——可能是一位老师，也可能是一位著名的科学家——犯了一个错误。我们能毫无疑问地完全接受科学家告诉我们的一切吗？你曾省察过地球绕着太阳转这一理论的证据吗？如果没有，你为何相信它？再说另一个完全不同的例子，科学家们普遍同意某种形式的达尔文演化理论是正确的。这就意味着你必须相信它吗？许多人不相信，因为它似乎与《圣经》中的创世叙事相矛盾。你必须决定相信哪一个。甚至科学内部也总是存在分歧和争论。对于同一个问题，有不同的理论提供答案，你必须做出决定。你要相信哪一个？

你的实在观受现代科学的影响，但也受到有着两千五百年历史的哲学的影响，哪怕你之前从未学习过它。我们可以很有信心地说，关于这个世界，我们比古代的哲学家知道得更多。但我们不必过于自信。不仅是因为还有许多科学问题仍未解决，而且是因为在如何更一般地看待我们的世界这一问题上总是存在着相互冲突的观点。我们应在多大程度上信仰宗教？我们应在多大程度上把世界看成是人的世界，又应在多大程度上把世界看成是自然物体的世界？我们应在多大程度上接受“常识”（它们随时间而改变），又应在多大程度上沉湎于科学思考和哲学思考（它们也随时间而改变）？

希腊人创造了哲学一词，也是在希腊，哲学被首次认可为一门正式学科，因此，今天的西方哲学家常常把最初的希腊思想家称为最初的“哲学家”。据说，公元前580年左右的某一天，古希腊哲学家**泰勒斯**（Thales）在土耳其海岸边说了一个看似古怪的主张，哲学就开始了。他说，水是万物的本原。大地浮于水上，大地和大地上的万物都是由水形成的。亚里士多德后来说他的理论是“幼稚的”，但是他也承认，泰勒斯的说法是“我们所接受到的最古老的观点”（见亚里士多德的《论天》）。在《形而上学》中，**亚里士多德**进而详细地考量了泰勒斯的观点：

亚里士多德，《形而上学》[1]

> 那些最初的哲学家，大都认为万物的唯一本原是质料之类的东西。因为在他们看来，万物都从它产生、最初由它生成，并且最终又化归于它，万物的性质在变换，但它的实体始终如一，这就是万物的元素和本原了……**一定存在着某种本性——一种或者是多种——其他东西由它生成，而它自身保持不变。**但是，关于这种本原的数量和形式，他们的说法不一。这类哲学的奠基者泰勒斯说是水（因此他声称大地浮在水上）。他之所以获得这样的信念，可能是因为他看到万物都由潮湿的东西滋养，就是热本身也由此而生成，并因此维持生存（万物由之生成的东西就是万物的本原）——他有这样的信念可能是因为这个原因，也可能是因为万物的种子都有潮湿的本性，而水正是那些潮湿的东西的自然本原。

与之类似，评注者辛普里丘（Simplicius）认为，“泰勒斯是第一个把对自然的研究引入希腊的人”。世界浮在水上，他的这个主张看似天真，事实上是古代世界最卓越的主张之一，这并不是因为它的难以置信（他自己的学生就这样向他说过），而是因为，它是第一个被记录下来的、以超越一切现象和日常意见的方式描述“世界真实存在的方式”的尝试。因此，泰勒斯的理论标志着西方哲学和科学的开端。他是与常识和宗教决裂，并提出了关于实在的终极性质的一般理论的第一个希腊思想家。对于自然和人类行为，他和这一时期的其他思想

1 Aristotle, *Metaphysics, Volume XVII*, trans. H. Tredennick, Cambridge, MA: Harvard University Press, 1933. 中译文见北京大学哲学系外国哲学史教研室编译：《西方哲学原著选读》（上卷），北京：商务印书馆，2005年，第16—17页。

家一道，不再根据神圣的行动者（诸神、女神和神灵）作神话学的解释，而是根据法则和抽象的概括提供说明。知识成了目的本身，成了人类最高贵的追求之一。

- 你认为泰勒斯的理论——万物的本原是水——是"幼稚的"吗？你怎样使他的理论变得更合理？
- 在哪些方面，泰勒斯预示了当代物理学家的这一理论：亚原子是物理世界的基础？

B. 最初的希腊哲学家

我们都意识到，世界真实存在的方式可能与我们日常的世界观、它似乎所是的方式不符。比如，我们随意地说着"日出"和"日落"，似乎确信太阳"升起"和"落下"，而我们和我们的地球不动。几千年之后，普通人才认识到，尽管现象如此，但实际上是我们的地球围绕着太阳在转。今天，我们毫无疑问地接受了这一点，哪怕我们对此几乎从未有日常经验。同样，看看你正坐着的椅子：你会认为它主要是由虚空和以奇异速度旋转的无色微带电粒子构成吗？显然不会，但是，现代科学告诉你，"坚固的"物体确实就是由这样的虚空和离子组成。世界不是它看起来的样子，而人们超越"常识"的观点看待事物，并设法发现它们背后的实在的最初尝试，就是哲学和科学的开端。

尽管前苏格拉底的希腊人是自称"哲学家"的第一批思想家，但我们可以从现代的有利视角回溯，我们发现，在超越日常经验理解"实在"这个意义上，有许多古代传统可以说是"哲学的"。古代哲学家没有什么可作支援，他们既没有我们的现代科学知识的便利，也没有哲学思考的漫长历史。然而，关于实在，古代人提供了许多新颖的、富有深刻思想的意见，当然，不同地方的不同思想家思考世界的方式千差万别。最初对实在的终极性质的探究，其中包括泰勒斯的解释，出现在公元前第一个千年的中期。

1. 伊奥尼亚的自然主义者

泰勒斯的进路与其他早期传统思想家的进路稍有不同，在以苏格拉底为顶峰的那条路线的哲学家中（"前苏格拉底哲学家"），他是当之无愧的鼻祖。终极实在是水，泰勒斯的这个回答与他竟然尝试这样一个理论这一事实相比，就没什么令人感到惊讶的了。确实，我们应该留意的是这个事实，他探问了"真实存在的世界是什么样子？"这一问题。因为就我们所知，在他之前没有人曾尝试过以这样的方式提出这样一个问题。

泰勒斯不愿接受代代相传的意见和神话。相反，他坚持自己观察世界，坚持思考得出自己的答案，而且坚持与他的朋友和学生讨论自己得出的答案。无疑，他的一些朋友和学生觉得他有点怪。（不过，据说他对宇宙的思考帮他在橄榄油生意中大赚了一笔。他的邻居无疑对之钦佩有加。）

泰勒斯（公元前六世纪）：第一个为人所知的希腊哲学家。他认为万物的最终构成是水。

在苏格拉底的时代之前，大约在公元前六世纪和五世纪，在希腊诸岛和小亚细亚的海岸，或者说在伊奥尼亚，散居着一些哲学家，泰勒斯就是这批哲学家中的第一人——或者更确切地说，是好几批哲学家中的第一人。因此，他们被称作伊奥尼亚派，它是前苏格拉底时期的学派之一。他们的看法非常不一样。其中，他们对于宇宙和实在的终极性质提出了范围极广的系统观点。与苏格拉底和后来的许多哲学家不一样，他们不怎么关心方法问题。他们直接切入问题的中心，切入宇宙本身的性质。如我们将会看到的那样，其中一些看法非常接近我们现代的科学概念。

泰勒斯迈出了第一大步，因为他拒斥“显而易见的”常识答案，力图找出“世界真正存在的方式”。但是要注意，泰勒斯对这一问题的回答依然诉诸了常识因素，即我们非常熟悉的水。泰勒斯对他的论点的辩护也依赖于一些非常常识化的主张，比如这样一个观念：只要你挖掘得足够深，你最终就会发现水。

万物都是水，这一观念并没有令泰勒斯的朋友和学生满意。他们理解他寻找“唯一实在”的努力，但是他们认为，它必定是别的什么东西。泰勒斯的第一个学生，名叫阿那克西曼德（Anaximander），他反驳他的老师说，有些东西，比如小亚细亚干燥的灰色悬崖，就不可能是由水构成的，因为水天然就是湿的，从来不是干燥的。阿那克西曼德是第一个有记载的反驳老师的学生（与其他绝大多数学科不同，在哲学中，反驳老师不是无礼，而是一种美德）。

泰勒斯一旦与常识决裂，并且说世界真正所是的方式不必完全像它在我们看来的那样，那就不再必须假定实在是某种如我们的经验那样的东西。因此，阿那克西曼德认为，终极实在不可能由那时已知的元素——土、气、火或水——构成，因为它们彼此完全不同。它们可能混合在一起，比如土和水混合在一起变成泥或黏土，但是，由此认定它们中的任何一个实际上是由另外的某一个构成，就毫无意义。因此，阿那克西曼德认为，实在的终极性质是有别于我们曾经验过的某种别的东西——让我们简单地称之为“原始基质”。

阿那克西曼德实际上所用的词是无定形（apeiron），有时被翻译为“无规定”或“无限定”。这种无定形或“原始基质”是一个混沌或虚空，它产生了世界上的各种事物。“基质”观念是哲学和科学中的第二大步。今天，我们对于事物是由我们在日常生活中从未经验过的“基质”（原子和分子）构成这一观念，不会有什么不适之感。但是，在古代世界，这种说法必定非常令人激动。

阿那克西曼德（公元前611—547？）：前苏格拉底哲学家，他认为实在根本上是由我们无法通过经验直接认识的某种无定形构成。

阿那克西曼德的学生**阿那克西米尼**（Anaximenes）认为，他老师的“基质”观念过于神秘，但他也拒斥泰勒斯的理论，而代之以这样一种观念：气是基本的“基质”。我们的灵魂是气，就像它把我们结合成整体一样，气息和气包围着整个宇宙。气通过凝聚和稀薄形成世界上的其他元素和各种事物。（想想气冷缩形成水，再变成冰。）因此，阿那克西米尼引入了这样一个观念：基本元素在量上的变化也能够导致质的变化——这是现代科学的一个重要原理。

- “原始基质”是终极实在，阿那克西曼德的这一理论对泰勒斯的理论有多大改进？它在哪些方面更成问题？

- 在力图说明实在之时，你必须在多大程度上拒斥“常识”？这些思考和理论创建的局限是什么？

2. 一元论、唯物主义和非实质的“基质”

把世界上所有不同事物还原为泰勒斯和他的学生所说的水、气和无定形，这种努力被称作一元论。正是对可能完全不同于日常生活现象的终极实在的追寻，两千五百年来一直激发着哲学和科学。开始的时候，争论如下：世界真是由水构成的吗？泰勒斯的学生认为，或许是某种其他的“基质”。今天，争论这样继续着：所有事物都是由物质构成的呢？还是由能量构成的呢？还是由物质—能量构成的呢？存在着无法还原为别的东西的基本粒子吗？科学家曾经认为，原子是这样的基本粒子，随后他们发现了构成原子的电子、质子和中子。自那以后，他们发现了许多其他粒子。今天，他们在争论一种名叫夸克的神秘粒子，物理学家目前认为，夸克可能对泰勒斯的古老问题提供了终极答案。但是要注意，所有这些都是严格的物理学观点。也就是说，他们关注的基本问题，我们今天称之为物理学和化学问题，关涉的是万物构成的物质性“基质”。泰勒斯是如此，现代的“夸克”理论家也是如此。因此，所有这些思想家的哲学可以被叫做**唯物主义**，这种观点认为，实在最终由某种物质性“基质”构成。（在这里的文脉中，“唯物主义”不是指关注生活中的物质——金钱、汽车、珠宝，或每年做一次新的垃圾处理。）

如果你的思维很像一位物理学家，那么宇宙是由某种物质性“基质”构成这一观念，就非常合理。事实上，你可能想知道，它又是由别的什么东西构成的呢？想想这一点：宇宙中有些东西好像无法由物质性“基质”构成。比如，你的思想和感情是怎么回事？它们只是些物质，还是它们是由某种完全不同的“基质”构成？它可能是某种心灵的或精神的“基质”吗？一些早期的哲学家，尤其是亚洲的一些哲学家，他们主张实在并不是由纯粹的物质元素构成，比如水、气甚至无定形，相反，实在本质上是精神的。许多这样的思想家认为，原始的“基质”是神性的或神圣的。我们在古希腊也可以看到这一点，前苏格拉底哲学家赫拉克利特（Heraclitus）已经探索了一种非实质的“基质”的观念，它是某种不是物质的而是精神的或非物理的东西。（在哲学语境中，“非实质的”不是指“无关紧要的”，这与在法律中不一样。）

3. 赫拉克利特

让我们回到古希腊，同一时期的另一个前苏格拉底哲学家叫赫拉克利特，他完全独立地主张这样一个观念：火是实在的基本“基质”。不过，对于赫拉克利特而言，火既有伊奥尼亚派所说的“自然元素”的意思，也有“精神力量”的意思。赫拉克利特的哲学表述得很晦涩，他的同时代人和注释者很难理解他，因此称他为“出谜者”。确实，赫拉克利特似乎是一位非常愤世嫉俗之人，他似乎毫无兴趣与他人分享他的思想。尽管如此，赫拉克利特那些深刻的、富有激发

赫拉克利特（公元前五世纪）：前苏格拉底哲学家，他认为实在的基本要素是火，并且主张万物处于流变之中，由逻各斯支配。

性的主张，自那以后，一直是许多哲学家的灵感之源，尤其是在十九世纪。

赫拉克利特主张世界万物都是火的显现，但是，他并没有把火理解为一种永恒的、不变的起源。完全相反，他主张，存在着的万物都是短暂的、变化的。火这一元素就最好地说明或至少最好地描绘了赫拉克利特所主张的自然本性：一切皆流。他说，"万物在变化中获得安宁"［23］[1]，这表明世界中唯一不变的正是变化本身。他声称，"人不能踏入同一条河流，因为其他的水流在不断地流动"［21］。然而，我们确实提到"这条"河流，这一事实表明有某种东西是不变的——那就是变化和流动本身。

他的一条残简如下："这个世界对于一切存在物都是一样的……它过去是、现在是、将来也是一团永恒的活火，按照一定的尺度燃烧，按照一定的尺度熄灭。"［B30］火，或者说河流那变动的水流，本身似乎就有一定的尺度和节奏在支撑着。尽管世界一直在变，但是，世界借以变化的尺度能够被理解。因此，赫拉克利特主张，我们永远变化着的实在有一个保持不变的形式，他称之为逻各斯。逻各斯是变化着的自然万物背后更深层的"自然"，但是你无法看到它，或听到它，或触到它。因为，"自然喜欢隐藏"［17］在我们所感知的日常世界的不断流变之下。

赫拉克利特的学说富有激发性，令人混乱，有时还令人抓狂，以下残简即是明证：

1. 人的性格就是他的命运。
2. 智慧是这样一件事情：通过万物理解支配万物的逻各斯。
3. 太阳不会逾越它的尺度；若有所逾越，正义之仆复仇女神就会揪住它。
4. 人无法两次踏入同一条河流；因为新的水流不断涌来。
5. 海水最洁净，又最肮脏。对鱼来说，能喝而且有益；对人来说，不能喝而且有害。
6. 善与恶是一回事。
7. 在神看来，万物都是公平的、善的和对的，但人认为一些事物是错的、一些事物是对的。
8. 我们必须知道，战争是普遍的，正义就是斗争，万物都是通过斗争而产生和消失的。
9. 上升的路和下降的路是同一条路。

- 为何火在赫拉克利特看来是合适的元素？
- 一种不断变化的实在或流变如何能够具有形式（逻各斯）？
- 人无法两次踏入同一条河流，赫拉克利特这样说是什么意思？

4. 德谟克利特、原子和多元论

并不是所有的唯物主义者都认为实在只有唯一一种终极成分。古代世界的许多哲学家信奉多元论，就是说，构成宇宙的基本"基质"不止一种。最著名的多元论者是德谟克利特（Democritus），他认为，宇宙是由大量叫做原子的细微"基质"构成。这些原子结合在一起

1 这里所引赫拉克利特的残简取自约翰·伯内特（John Burnet）的英译文。

就形成了世界的许多不同事物和性质。(他说，灵魂由圆形的光滑原子构成，它们通常是活动的，散布在整个身体。)另外一些多元论者则强调，这些不同的“基质”在种类上也非常不同，比如，构成水的大量“基质”，就完全不同于构成火的那些基质。想想现在的化学和物理学观念，我们就知道这些概念是如此地具有现代气息。这些古希腊人的问题和回答仍未过时，它们有所变化，变得更加精致。有时，一些概念更受偏爱，有时，另一些概念更受偏爱。但是，我们仍在很大程度上保有它们。

德谟克利特(公元前五世纪)：前苏格拉底哲学家，他主张实在可分为细小的“原子”，万物由这些原子构成，而这些原子自身是永恒的、不可分的。

5. 泛灵论

这些为寻找世界真实存在的方式而作出的古代尝试，不应被认为是为寻找如今已为现代科学家所认识的事物而作出的笨拙尝试。确实，所有的“基质”理论都可以说是现代物理学和化学的先驱。但是，你已经能够看到，这些哲学家也关注我们所谓的世界的心灵方面和精神方面。甚至其中的那些最具唯物主义思想的哲学家，比如泰勒斯，都不认为宇宙的基本物质是冷冰冰的、无生命的“基质”。所有这些哲学家都认为，宇宙本身及其中的万物都是有生命的，至少在某些有限的方面是如此。也就是说，他们都信奉泛灵论，这种学说认为，一切事物，无论是大象和花朵，还是火山和石头，都是有生命的事物。而且，泛灵论并未因科学的发展而消失，尽管它在某些时代(比如我们自己的时代)不像在另外一些时代那样得到认真对待。可是，甚至在十九世纪，那时物理学和化学刚好取得了一些最重大的发展，泛灵论甚至在科学家中也是一种非常流行的学说。今天，依然有许多人接受一种有所变形的泛灵论。因此，不要认为这些古代哲学家所讨论的问题已经被科学解决了，或者说永远消失了。心灵和精神在一个物质和能量的世界中的位置，依然是我们的基本问题之一。古代对于世界真实存在之方式的寻求，依然在很大程度上保留下来。

- 德谟克利特的“原子”观之所以如此有吸引力，仅仅是因为它似乎预示了现代物理学吗？就其自身而言，它有什么优点？
- 实在是由个别的“原子”构成，这一主张若有问题的话，会是什么样的问题？
- 泛灵论与当今的科学世界观相容吗？尽管科学无需援引“灵魂”就能解释自然，科学为“灵魂”的观念留有余地吗？

6. 毕达哥拉斯

古希腊的另一个前苏格拉底哲学家**毕达哥拉斯**，也尝试过辩护一种不依赖于通常的物质性“基质”的世界观。不过，他认为数是万物的真正本性，因此，他教导他的学生要崇拜宇宙的数学秩序。他尤其受到希腊人在音乐和和谐上的新发现的启发，进而把宇宙本身看做是一个巨大的和谐。(“天体的音乐”

毕达哥拉斯(公元前六—前五世纪)：前苏格拉底哲学家，宗教神秘主义者，认为数是万物的本质。

就是他的教义的组成部分。）与我们之前说到的前苏格拉底哲学家不同，毕达哥拉斯更是一位宗教人物。他是一位**神秘主义者**，还是一个很有影响的秘密团体的领袖，这个秘密团体相信灵魂转世和灵魂**不朽**，他认为灵魂是人身上能够进行抽象思考（比如数学）的部分。与其他前苏格拉底哲学家相比，他为了与他的宗教保持一致，在他的世界观中给了心灵和灵魂一个更加显著的位置。

毕达哥拉斯以及他的秘密团体的观点有时显得很神秘，但他依然被认为是古代世界最重要的思想家之一。与赫拉克利特一样，他是最先辩护一种更多地依赖于逻辑和思想而非纯粹物质性"基质"的希腊人之一。（学生在中学里学习的"毕达哥拉斯定理"就是以他的名字命名的。）这个定理是他发现和证明的。

- 现代科学依然在多大程度上处于毕达哥拉斯的精神中？
- 为何研究物理学或工程学必须精通大量数学？

7. 表象/实在的区分

我们迄今为止考察过的所有思想家，无论他们的观点和见解有多么不同，都主张有一种基础性的实在，它的存在方式不同于人们日常经验中世界的显现方式。如果我们回想一下就会知道，其中许多思想家主张这种基础性的实在是"一"；其他一些思想家认为它是多样的和变化的。在古希腊，世界看起来的方式与其真正所是的方式之间的深刻差异，必定变得越来越大。无疑，这个问题就是"表象/实在的区分"。

在泰勒斯看来，水是永恒不变的元素，尽管它呈现的形式可能非常不同，且不断在变化。在德谟克利特看来，原子是不变的和不可毁灭的，尽管它们结合起来构成的事物会变化、会毁灭。

赫拉克利特的逻各斯和毕达哥拉斯的不朽的"灵魂"观念，则几乎触到了这样一种探究的边缘：世界为何既可以是一和多、又可以是变化的和稳定的。由于赫拉克利特相信实在的本性是火一样的东西，因此他明白变化的重要性，认为它就像火焰的闪烁。但是，他坚持认为，逻各斯或必然性是世界不断变化的基础。我们会看到，无论事物有怎样的变化，实在不会变化，这样一个假设依然是西方文化中最重要的信念之一。（比如，在基督教中，上帝和人类灵魂的永恒不变本性，就基于同一个哲学基础。）

然而，为何世界向人们显现出来的样子，如此不同于哲学探究使他们相信的世界真实存在的样子，早期的思想家对此没有提出一个解释。同样，这些思想家对于为何会是这样也没有提出一个令人信服的论证。最终，冲突到达了顶点，最终，也有了这样一个论证。最清楚地说出这一论证的哲学家，是一位前苏格拉底的希腊人，他叫巴门尼德。

8. 巴门尼德

巴门尼德是一位颇有成就的数学家，他更多地思考了数学的永恒确定性，而较少关注日常经验的易逝之物。他也是一位一元论者，相信单一的实在，即"一"。由于他共享这样一个假设——实在必定是永恒不变的——他得出了一个令人惊讶的结论：这个世界，即我们经验的世界，不可能是真实的！我们的世界在不断变化着：物体创造又毁灭；有机物会生也会死；人在变老，变换容颜，从一个地方到另一个地方。因此，这个世界由于这些变化，不可能是真实的世界，我们也从未认识真实的世界，因为我们就像我们所经验的其他事物一样，在不断变化和转换。我们最多就是生活在一种幻象中，根本不是生活于实在之中。

巴门尼德（公元前五世纪）：前苏格拉底哲学家，他认为实在是永恒不变的。

巴门尼德提供给我们的那个论证，有时被认为是第一个完整的哲学论证。

巴门尼德，《残简》[1]

（女神向年轻的哲学家说道）来吧，我将告诉你——请你倾听并牢记心底——唯有哪些研究途径是可以思想的：一条是存在而不能不在；这是确信的途径（因为她遵循真理）。另一条是非存在而决不是存在。我要告诉你，此路不通。因为非存在你既不能认识（因为它不可达到），也不能说出。

……因为作为认识（或能“思想”）和作为存在是一回事。

作为述说与作为认识一定是存在的东西，因为存在存在；而非存在是不存在的。

……存在的东西无生无灭，是一个单一的整体，它完整、不动。它既不是在过去，也不是在将来，因为它整个是在现在作为连续的一。你将从哪里寻找它的来源呢？它又从哪里生成呢？我绝不会让你这样说或这样想：存在来自于非存在。因为“非存在”既不能言说，也无法思想。

这个论证如下：真正的存在无法生成，因为实在（真正的存在）之外没有什么可以是它的来源。这个论证是西方绝大多数形而上学的来源。当然，任何两个学者都不会就这个论证达成一致。但是，所有学者都同意这样一个要点：哲学家应该关注的，只能是完全意义上的存在，而不是非存在，也不是时而存在时而不存在的东西。奥斯汀的天气一天是冷的，第二天又不是冷的。由于它有时不是冷的，因而它不是哲学家的恰当主题。因此，按照巴门尼德的说法，存在是不变的和永恒的。

理解这一论证的根源的一个简单方法如下：我们无法把不存在的苹果装进麻袋，也无法把不存在的美元放进口袋。出于同样的原因，巴门尼德认为，我们无法把不存在的事物放进心灵，我们唯一能真正地思考或认识的，是存在的事物。此外，唯有一种思想能够真正地包含我们所思考事物的知识。假如我们在思考啤酒。那么，思考所有那些不是啤酒的事物是没

1　Parmenides, *Fragments*, trans. Paul Woodruff. 中译文见苗力田主编：《古希腊哲学》，北京：中国人民大学出版社，1995 年，第 93—94 页。

爱利亚的芝诺（公元前五世纪）：前苏格拉底哲学家，巴门尼德的学生，他认为运动是不真实的，为此，他发明了许多杰出的悖论加以证明。

有用的——比如葡萄酒和橘子汁。关于啤酒的真正思考就是思考啤酒的真正所是。

由于对变化进行思考，就要涉及对并非总是同一之物的思考，因此，在某种意义上，它总是要涉及对不存在之物的思考（比如今天天气不是冷的）。但是，根据巴门尼德的假设，这是不可能的：我们只能思考存在。

自泰勒斯以来，哲学的主要成就一直是，为了寻找世界真实地存在的方式而与常识和日常经验决裂。但是现在，我们能够看到，这种决裂能够使我们远离常识和日常经验多远。在巴门尼德的哲学中，如果他的逻辑的结果与常识和日常经验不一致，那么对于常识和日常经验而言就更加糟糕。巴门尼德的追随者，尤其是数学家爱利亚的芝诺（Zeno of Elea），甚至把这些奇异的结论推进了一步。芝诺通过一系列著名的悖论，论证了一切运动和变化都只不过是幻象。

- 你如何理解存在无法生成这一主张？
- 当解释某物是什么时，去解释它不是什么有用吗？必定如此吗？

9. 智者

随后那一代哲学家，他们自称为智者（自那以后，他们由于玩弄修辞辩论伎俩而被冠以“诡辩家”的臭名），甚至走得更远。他们主张，实在不存在，即使存在，我们也根本无法认识它。[智者高尔吉亚（Gorgias）就是这么说的。] 另一个智者普罗塔哥拉（Protagoras）的教义至今依然非常有名：“人是万物的尺度。”这就是说，除了我们当做实在的东西之外，没有任何实在。我们后面会看到，智者虽然名声不好，但是，他们预示了二十世纪的许多重要的哲学关注。尤其是，他们强调实践问题而不是抽象问题，因此，可以说预示了美国是实用主义者。他们认为真理于人而言是相对的，由此预示了颇受争议的相对主义问题，这个观点认为，真理在不同时间因不同的人而有所不同。智者们游走乡间，教授辩论和修辞术，用早期哲学家们的成就来戏弄哲学，几乎愚弄了所有人。确切地说，这种情形一直持续到他们遇见苏格拉底，苏格拉底反驳他们的论证改变了哲学和西方思想的进程。

- “人是万物的尺度”这一主张是什么意思？
- 你会如何辩护人是万物的尺度这一立场？什么论证会让有的人驳斥这一观点？

10. 形而上学

这些关于世界真实存在的方式的各种理论，有一个特定的名称。它们都叫做形而上学理论，而提出这些学说的努力，我们一直在讨论的部分也属于其中，叫做形而上学。形而上学的主要任务是提出和回答这样一些基本问题：宇宙是什么，它的结构是什么，构成它的“基质”是什么，人和心灵的规则是什么，宇宙的非物质方面的性质和物质方面的性质是什么。但是，既然我们现在要讨论柏拉图和亚里士多德意义上成熟的形而上学，那就让我们给“基质”一个特定的名称吧。这个名称就是实体（亚里士多德最先使用）。因此，研究“世界真实地存在的方式”的形而上学，始于对一系列关于实体及其如何显现在具体事物（比如人和树）中的问题的回答。

1. 存在着多少实体？（一元论声称有一种，多元论声称有不止一种。）
2. 它们是什么？（水，气，火，数，某种未知的东西，心灵，精神，原子？）
3. 个别事物是如何构成的？（我们如何区分它们、辨识它们、再认它们？）
4. 不同事物和不同实体（如果不止一种的话）是如何相互作用的？
5. 实体是如何形成的？（上帝创造的？还是一直就在那儿？）
6. 实体“在”空间和时间中吗？空间和时间是实体吗？（如果不是，它们又是什么？）

前四个问题通常被称作本体论，是关于存在本身的研究。后两个问题被叫做宇宙论，是关于宇宙的研究。（对于前苏格拉底的哲学家而言，这两者都是一回事。）宇宙论的问题为哲学家、物理学家和天文学家所共有，而且，在一本严格的哲学书中，我们不可能详细地讨论宇宙论问题，而只能做一个粗略的评论。而另一方面，本体论依然被许多哲学家看做是形而上学的中心。因此，这一章的剩下部分将主要关注本体论。

- 一位唯物主义者如何理解看似非物质的思想和感情？一位唯物主义者如何去理解数（不是数字）？
- 哲学家和科学家为何要如此费力去找宇宙的“基质”？为什么不说“任何事物都是其所是，而不是另外的事物”？

C. 东方的终极实在：印度、波斯和中国

1. 精神作为实在：《奥义书》

伊奥尼亚的自然主义者在古希腊展开他们对于原始科学的探究之时，古印度圣人也在提出他们自己关于实在之本性的学说，它们在本质上是宗教的。最早关于作为实在的神之观念的表述，出现在古印度的吠陀文学中，尤其是其中名为《奥义书》（*Upanishads*）的附加文献。后来东方的宗教观念和精神观念，正是从《奥义书》中形成。除了传统上被称为印度教或佛教的无数宗教信仰和宗教修行的教派之外，其他的印度宗教，比如耆那教和锡克教，也在观念上受惠于早期的《奥义书》。

最古老的《奥义书》之一（大约公元前800年）中的一段话所叙述的精神追求，奠定了大部分《奥义书》教义的基调：

《奥义书》[1]

> 导我出非存在（*asat*）以至真正存在（*sat*）。导我出黑暗以至光明。导我出死亡以至不朽。

早期《奥义书》所表达的“寻求”是以“梵”为中心，它被认为是我们自身和宇宙的终极秘密。《奥义书》中梵的观念是一种对统一的寻求。即寻求那个奠定了所有个体自我和万物的统一。因此，大部分佛教思想中的“空”和绝对主义观念，都涉及“一”，那个基础性的统一。佛教中的至真观念“空”或“无执”，则在下面两段古老的话中得到了论述：

> 大海，无二的独一先知，唯梵乃其［所见］世界。此其最高之道。此其至高成就。此其无上世界。此其至上幸福。其他众生，唯倚此幸福之一分而活。

这个“绝对”被认为具有一种独特的“逻辑”或“本性”，与其他日常的、有限的有形之物不同。佛教的“空”不是纯粹的无，不是万物之缺如，认识到这一点很重要。相反，它恰恰是一种“圆满”，但它不同于我们日常经验中的任何东西。

> 彼一不动而速于心。诸神达不到总是在前运行的它……它动；它又不动。它在远，又在近。它在万物之内；它确实又在万物之外。他在我中感受万物，又在万物中感受我，于是他无所畏惧。
>
> 唵。那就是圆满。这就是圆满。从圆满到圆满。从圆满中取走圆满，只留下圆满。

印度的实在观念，常常让人想到“泛神论”，这种学说把神等同于自然。下面所引这段话无论是否阐明了泛神论，都揭示了一种神无处不在的学说，即神居于万物之中。它也表明有一个内在主宰，他被认为是不同于万物及居于其中的自我的“他者”。

> 位于大地中而异于大地者，乃大地所不知，且以大地为身，于大地中主宰，此即是性灵（自我），内在主宰，不朽者。位于水中而异于水者，乃水所不知，且以水为身，于水中主宰，此即是自我，内在主宰，不朽者……位于风中而异于风者，乃风所不知，且以风为身，于风中主宰，此即是自我，内在主宰，不朽者……位于万物中而异于万物者，乃万物所不知，且以万物为身，于万物中主宰，此即是自我，内在主宰，不朽者……位于眼中而异于眼者，乃眼所不知，且以眼为身，于眼中主宰，此即是自我，内在主宰，不朽者。位于耳中而异于耳者，乃耳所不知，且以耳为身，于耳中主宰，此即是自我，内在主宰，不朽者……位于识中而异于识者，乃识所不知，且以识为身，于识中主宰，

1　这里所援用的五段引文，出自 *Brhadāranyaka* 1. 3. 28, *Brhadāranyaka* 4. 3. 32, *Ìśā Upanisad* 4-6, *Brhadāranyaka* 5. 1. 1, *Brhadāranyaka* 3. 7. 3-3. 7. 23 等处，以及 *Chāndogya* 6. 11 和 *Katha* 1. 25-27, 2. 11-12, 2. 20-23。除非特别说明，所有英译文都是出自斯蒂芬·菲利普斯（Stephen Phillips）。中译文见徐梵澄译：《五十奥义书》，北京：中国社会科学出版社，1995 年，第 523、609、501—502、576—580、206、352、354—355 页。

> 此即是自我，内在主宰，不朽者……位于精液中而异于精液者，乃精液所不知，且以精液为身，于精液中主宰，此即是自我，内在主宰，不朽者。彼见而不可见，彼闻而不可闻，彼思而不可思，彼识而不可识；外乎彼，无见者，外乎彼，无闻者，外乎彼，无思者，外乎彼，无识者。此即是自我，内在主宰，不朽者；此外皆不足道。

上引这段文字——多少世纪以来为人们不断注释和讨论——阐明了一种“精神的一元论”，这种观点在印度具有牢固的显著地位，它把自我（或性灵）确立为生命和实在的关键。显然，这里的“自我”不是指个体的私人自我。确切地说，它是所有实在的“自我（*ātmān*）”，一种包括我们全部在内的包罗万象的精神。《奥义书》中的印度唯灵论，认为世俗欲望和世俗依恋在不可避免的死亡笼罩下只有些微价值，同时认为存在着一种能够使我们脱离这一大恐惧的非凡知识或经验的可能性。

> “吾儿，此大树也，若伐其根，则液出而犹生；若伐其干，则液出而犹生；若伐其梢，则液出而犹生。其生命之自我充遍，吸滋润，敷荣华，挺然而立。若生命离其一枝，则其一枝萎；若又离其一枝，则又一枝萎；若再离其一枝，则再一枝萎；若离此全树，则全树萎。正如是，吾儿，”他〔施伟多凯也徒（Švetaketu）的导师〕说，“要知道：确然曾被赋予生命的此身死了；但生命不死。那就是至精微者，宇宙万物的灵魂。那就是实在；那就是自我（性灵）；哦，施伟多凯也徒。那就是你。”“先生，请教我以更多。”“好的，吾儿。”他说……
>
> 〔阎罗王，即“死神”：〕“种种欲望，（哪怕）世间凡人难以赢获的欲望，都可任他们择取。车载的吹箫美人——凡人不可获得——供他们玩乐。哦，那启凯也多（Naciketas），听我言。死不可致诘。”〔那启凯也多：〕“此种凡人欲望，明朝皆不再有，哦，终之使者一到，他们就得退尽华彩，丧尽活力。即使生时全有，也不过些微价值。给你们豪车；享女乐清歌。人不会因财富而致宽慰。若我们见到你，有谁还求取财富？而我之所愿，唯如下所求〔求以下答案〕：‘你若为主宰，我们会生而不息吗？’”……〔死神：〕“哦，那启凯也多，你已看到了欲望之满足、世间之成就、权力之无限、自我意愿之完成，以及恐惧之安全彼岸、声名之远扬，明智如你，要舍弃这一切。人若明智坚定，经由精神修炼和研习以辨识神——神深藏密地，置身悠远，难以经验——即可弃绝欢乐与忧伤……精微者更精微，宏伟者更宏伟，自我居于生灵之隐秘中心。人若无自我意愿，则不会有（免于）忧伤；人若得清静〔或“得造物主之恩”[1]〕，自我则大放异彩。坐而远游；卧行各处。拥有此种极乐，又超越此种极乐，除了我还可以有谁？明智之人晓得，无体居于身体之中，安定之物居于不定之中，他也识得伟大且无处不在的自我（性灵），因此，不惧也不伤。自我之获得，不以善辩，不以理智，也不以博学。只要此人为其所择，即可获得；自我就会向此人显示，揭示其形体。”

1　梵语文本在这两个意思之间模棱两可；前一种意思说的是佛教教义，后一种意思指的是印度有神论。

- 你是如何理解这一“自我”——它居于万物之中却又不同于万物，且不为人知——观念的？
- 你认为死之不可避免是缩小还是增大了世俗之物的价值？

2. 实在、善与恶：查拉图斯特拉

公元前六世纪，波斯的一位宗教改革者名叫**查拉图斯特拉**（Zarathustra），他脱离了《奥义书》的祖先印度民族。他宣扬一种**一神论**以反对早期印度的**多神论**。查拉图斯特拉宣称，他的神——叫做**阿胡拉 ·马兹达**（Ahura Mazda）——不仅是精神的或神性的自然，而且是一位创造者，是一切存在的唯一起源。阿胡拉 ·马兹达是一位独立的、全善的神，他创造了自然万物。因此，查拉图斯特拉和他所开创的宗教［叫做**琐罗亚斯德教**（Zoroastrianism）］，对后来的一神论宗教——基督教、犹太教和伊斯兰教——有非常大的影响。

查拉图斯特拉是第一个承认并阐明宇宙中善恶的存在和起源的人。唯一的主阿胡拉 ·马兹达，首先在万物中创造了一对神灵及诸多较低一级的神。第一个神叫做斯潘达 ·迈纽（Spenta Mainyush），他把自己及追随他的万物引向善和善行。另一个神叫做安哥拉 ·迈纽（Angra Mainyush），他使自己及为他所用的一切作恶。《伽萨》（*Gathas*）中有一个段落描述了这对神灵［琐罗亚斯德教经典《圣特-阿维斯塔》（*Zend-Avesta*）的最初部分］。

查拉图斯特拉（琐罗亚斯德，公元前五世纪）：古波斯宗教改革家，第一个一神论宗教琐罗亚斯德教的先知。

《圣特-阿维斯塔》[1]

> 现在我来讲述鸿蒙初辟时的两大本原：纯洁本原对污秽本原，无论我们的品德、说教思想和信仰，还是我们的言论、行动、宗教和灵魂，全部截然不同，实难相容。（《亚斯那》，第四十五章：2）

尽管安哥拉 ·迈纽和斯潘达 ·迈纽各自生来就有通向恶和善的自然倾向，但是，他们完全自由地决定着表达这种倾向的行动。因此，虽然阿胡拉 ·马兹达是创造万物的原因，安哥拉 ·迈纽却要对恶的释放负责，其形式有欺骗、毁灭和死亡。根据琐罗亚斯德教的说法，自然世界就像两支军队那样对立着，善与恶之间展开着一场永恒的战争。存在着的万物依照各自的倾向自由地选择它的同盟。不过，人类在做决定时是自由的和有意识的，因此，与其他生命相比，他们在道德同盟问题上有更多的选择。

由此可以说，一切自然实体，它们要么得到尊敬，要么受到斥责。火尤其得到尊崇，

1 所有引自《亚斯那》（*Yasna*）的段落都是摘自 *Zend-Avesta*, Part III, trans. L. H. Mills；载于 *The Sacred Books of the East*, ed. F. Max Muller, Westport: Greenwood Press, 1972 (Oxford, 1887). 所有引自《亚西特》（*Yashts*）的段落都是摘自 *Zend-Avesta*, Part II, trans. James Darmesteter；载于 *The Sacred Books of the East*, ed. F. Max Muller, Motilal Banarsidass: Delhi, 1965 (Oxford, 1883). 中译文见贾利尔 · 杜斯特哈赫选编：《阿维斯塔——琐罗亚斯德教圣书》，元文琪译，北京：商务印书馆，2005 年。

是最好的"善造"，它象征着"善行不朽的"精神、**阿萨**（Asha）或"正义"。事实上，在他们自己的时代，琐罗亚斯德教徒就是指"拜火者"。

在下面这段也是出自《伽萨》的话中，阿胡拉·马兹达对他的造物感到绝望，因为阿萨没有为它找到好的护卫者。

> 世上至今还没有笃信宗教、仁爱慈善的牲畜庇护人！众百姓还不懂得与下属和睦相处……你可知世民中谁能充当牲畜的庇护者？
>
> 我所知的唯一人选是琐罗亚斯德，他信奉我们的宗教。

查拉图斯特拉代表牧群自由地采取主动。神认可了查拉图斯特拉的价值，把他指定为牧群的护卫者。于是，查拉图斯特拉对实在的基础本性这个问题，持一种深刻的精神性观点。

尽管琐罗亚斯德教最初并没有一个把"非物质的基质"或思想当做实在的基本本性的成熟观念，但是，查拉图斯特拉的阿胡拉·马兹达是一个从思想中创造的不朽的和有意识的实体，而且，根据查拉图斯特拉的说法，正是人类的思考能力赋予了人类独一无二的道德能力。此外，琐罗亚斯德教有一个永恒观念——根据这一观念，我们在地球上的这一时代不过是它的一部分。据说，在我们时代结束之际，恶将被永恒击败。

- 你认为查拉图斯特拉是如何影响了基督教、犹太教和伊斯兰教这些一神论宗教的？

3. 孔子

在中国，早期形式的哲学不怎么关注我们所谓的"原始科学"问题，更多关注的是人、人的关系和人的行动。公元前六世纪的一位中国思想家，名叫孔子，他认为思是我们的基本天性。在本质上，他所关注的是人之仁（good），即他所谓的"君子风度"，他及其追随者规定了后来数千年中国社会的形态。与西方的诸种本体论不同，孔子的形而上学主要关注的是人的实在。孔子及其追随者宣称，人在自身内有所区分——人的激情、野心和混乱的忠诚分散了他们的道德义务。他们认为，通过自觉和体贴地遵循礼（propriety），人能够克服他们的"个人自我"和欲望，从而实现一种"非个人的"仁。然而，这种非个人的生活——礼的生活——是一个人更为"真实的"生活方式。通过思，一个人获得了一种作为仁人的"自我"。在孔子看来，去"思"，就是去成为一个不一样的、更好的人；孔子认为，有这种深刻思想的人，即使有，也极少，以下出自《论语》（*The Analects*，孔子语录）中的话就是证明：

孔子，《论语》[1]

> 子曰："**学而不思则罔**，思而不学则殆。"

1 Confucius, *The Analects of Confucius*, trans. Arthur Waley, New York: Vintage, 1938. 所引原文分别见《论语》之《为政》《子罕》《公冶长》《里仁》和《学而》。

子曰："吾未见好德如好色者也。"

子曰："吾未见刚者。"或对曰："申枨。"子曰："枨也欲，焉得刚？"

孔子的"思"乃是仁人借以安定"内在自我"的一种关注形式。因此，君子之思所涉并非沉思，而是对义务的恰当关注，在那里，"义务"本质上被理解为一种社会性的礼。孔子的"中庸学说"指引"君子"要永远避免极端。"中庸"乃礼之道。因此,孔子的格言所系，常常是以古之"仁人"设立的榜样为典范，描述何谓恰当的衣、食、行、政。这种内在真理，被称为仁之"道"，它引人始终据礼而行。

子曰："富与贵，是人之所欲也；不以其道得之，不处也……君子去仁，恶乎成名？君子无终食之间违仁，造次必于是，颠沛必于是。"

在孔子看来，和（harmony）所象征的，不仅是音乐所能达到的和谐，也是一个人的内在人格与外在自我的统一，它常常因自我与社会之间，以及社会内部的诸多关注而受到干扰。在孔子看来，礼和慎独不仅仅是沉思的活动，而且更是实践的活动；但是，它们至少在人类事务领域指向了一条位于统一与分散、内部实在与外部表象之间的道路。

小大由之。有所不行，知和而和，不以礼节之，亦不可行也。

- 你认为我们的激情和野心让我们从道德义务上分心了吗？如果是这样，向来便是如此吗？
- 礼节或以符合社会的适当方式行动为什么很重要？

4. 老子，或写就《道德经》的诗人

在孔子生活的时代，或者据传说，中国有一位宗教神秘主义者，名叫老子，他信奉一种与儒家理想背道而驰的学说。很可能，归于老子名下的那些被称作《道德经》的诗，是好几个人共同创作的，他们在人们生活的最佳方式上与孔子有着相同的兴趣，但得出了与孔子完全不同的结论。这些思想家倾向于去做神秘的隐居者，认为人生的目标就是达到与道的和谐。不过，他们对于道的阐释与孔子完全不同。他们认为，道指的是自然世界的"道路"，是将实在组成一个整体的精气之流。道家认为，注意到这些模式有助于人们协调精气，以与道相符，从而过上一种健康的生活。

因此，这些神秘主义者是一元论者。他们相信，实在的本性是一，而且在某种意义上，这个一是活生生的。与赫拉克利特一样，他们相信实在是持续的流变，但其中的模式是可以辨识出来的。但是，他们没有走上希腊的科学主义，根据某种基本物质寻求解释。相反，他们关注精气，并用精气的术语来构想实在。

同样关切着怎样生活最好的问题，《道德经》的作者们也与孔子共有着实践上的首要关注点。不过，他们认为，与道相一致的生活，既不可谋求，亦无法以一种可见的、可说的、可观察的方式表述。相反，道是**"不可说的"**，任何用来描述它的语词都会误导我们认为实在的特征比其所是更为固定。总之，道家强调语言的限度。道无法通过论述或规则或对温文尔雅行为的持续模仿来传授或理解。相反，他们主张，道只可能通过直接的感知来认识。因此，他们鼓励一种对于世界的包容态度，并避免独断专行的行为。

老子，《道德经》[1]

道可道，非常道；名可名，非常名。（**第1章**）

故失道而后德，失德而后仁，失仁而后义，失义而后礼。（**第38章**）

道家不鼓励对财富和世俗权势的营求，并认为这些堂皇之物应当采用放任的方式来掌控，唯一值得我们关注的力量是道本身和我们的内在本性（道的特性在我们身上体现为精气的特定形态）。他们也对礼俗避而远之，认为规定好的形式是表现人们真性的障碍。最好的生活是克制住将人的意志强加于实在的企图（这种努力总是会失败），相反，任由人们自己的内在本性自发地去行动。这种自发行动像是有时出现在伟大的音乐家和球员身上的那种行动，完美并且不假思索。

视之不见，名曰夷；听之不闻，名曰希；搏之不得，名曰微。此三者不可致诘，故混而为一。（**第14章**）

知人者智，自知者明。（**第33章**）

以正治国，以奇用兵，以无事取天下。（**第57章**）

- 如果道不可描述，人如何调整自己以与之协调？
- 只有当人们在生活的方式上迷失时，道德规范才会出现，《道德经》这么说的可能原因是什么？
- 人们如何才能不独断专行地行动？

5. 佛陀

佛教的历史奠基者，释迦部落的乔达摩 ・悉达多（Siddhārtha Gautama），出生于公元

1　Lao-Tzu, *Tao Te Ching*, trans. J. H. McDonald, Londan: Arcturus Publishing Limited, 1996. 原文引自陈鼓应注译:《老子今注今译》，北京：商务印书馆，2005 年。

佛陀（公元前六世纪）："正觉者"，佛教创建者的一个称谓；古印度王子乔达摩·悉达多开悟后的名字。

前560年左右的印度（或者可能是现在的尼泊尔南部），是一位王子。**佛陀**（buddha这个梵语的字面意思是"正觉者"）自己没有写任何东西。关于他的教义和训诫的记录，显然是由他的弟子们保存下来的。

经过几个世纪之后——首先在印度，随后在印度东边的几乎所有亚洲国家，佛教的教义和修行得到了发展。在佛教曾兴盛过的每一个文化和时代中，它都吸收了当地的习俗和本土的宗教信仰，由此在各地赋予了这一宗教一种独特的形式和表现。

作为一位年轻的王子，这位未来的佛陀过着快乐的、享受的生活。他的父亲曾得到一个预言，说他的儿子会成为一名宗教行乞者，为此，这位父亲不让他看到任何不快或不幸之事。然而，有一天，这位王子来到了一个远离宫墙的地方，在那里，他首先看到了一位病人，随后看见了一位瘦骨嶙峋的老人，之后又看到了一具尸体。他向别人打听为何会有病、老和死，人们告诉他，所有人都会有这样的遭遇。为此，王子舍弃他的享乐生活，发誓要不屈不挠地探寻这些不幸的根源和原因——以及根除它们的力量。然而，佛陀并未立刻得到顿悟，他尝试过许多不同的道路之后，才获得了"中道"，即他后来向他的弟子们宣示的一种生活方式。最终，经过漫长的禅定之后，佛陀在一颗菩提树下达到了summum bonum（至善）、nibbana（涅槃，梵语"nirvāna"），彻底地根除了不幸。此后，佛陀用尽余生游走各地、宣讲教义——帮助他人达到这种至善，并发展出一种实在图景以支持这一观念。

佛陀的教义，其中最为重要的，是**四圣谛**：

1. 众生皆苦（诸行无常）。
2. 苦之根源在于有欲、有念和有执。
3. 灭除欲念之道名为涅槃，借此可以根除诸苦。
4. 达此圆满有八正道：正见、正思维、正语、正业、正命、正精进、正念、正定。

在某种意义上，佛教的宇宙景象很像巴门尼德的宇宙景象，其中，我们所知的世界必须被理解为幻象。但是，就像《奥义书》中的印度教一样，根本的实在乃是一，佛教徒称之为"空"或"无"。同样，与印度教一样的是，佛陀宣讲"生成轮回"，教示生、贪、重生（佛陀似乎从未怀疑过重生）之间的关联，以及万物的因果报应、它们的虚幻性，以及自我或灵魂同样的虚幻性——根据佛陀的说法，根本就"没有灵魂"。[1]后来，这些教义及其他教义都得到了更多思考和阐明，但是，支撑着佛陀的主题，是强调禅定和慈悲的修行教义。下面是归于佛陀的数百个最著名的训诫和讲道之一。

1 其中的一些教义显然在《奥义书》中可以找到来源；值得注意的是，佛陀认可他与此前的灵修者在教义上存在着某种连续性。其他的教义则是佛教所独有的，尤其是"虚幻"这一教义。

佛陀，《燃烧经》[1]

世尊对比丘们说：

“诸比丘，一切在燃烧。诸比丘，如何为一切在燃烧呢？

“诸比丘，眼在燃烧；色在燃烧；眼识在燃烧；眼触在燃烧；缘于此眼触而生之受，无论是乐，或苦，或不苦不乐，其也在燃烧。

“以何燃烧呢？

“我说以贪之火、以瞋之火、以痴之火燃烧，以生、老、死燃烧，以愁、悲、苦、忧、恼燃烧。

“耳在燃烧，声在燃烧……鼻在燃烧，香在燃烧……舌在燃烧，味在燃烧……身在燃烧，触在燃烧……意在燃烧，法在燃烧，意识在燃烧，意触在燃烧，缘于此意触而生之受，无论是乐，或苦，或不苦不乐，其也在燃烧。

“以何燃烧呢？

“我说以贪之火、以瞋之火、以痴之火燃烧，以生、老、死燃烧，以愁、悲、苦、忧、恼燃烧。

“诸比丘，多闻**圣弟子如此观察**，则厌离于眼，厌离于色，厌离于眼识，厌离于眼触，缘于此眼触而生之受，无论是乐，或苦，或不苦不乐，于彼也厌离。诸比丘，多闻圣弟子如此观察，则厌离于耳，厌离于声……则厌离于鼻，厌离于香……则厌离于舌，厌离于味……则厌离于身，厌离于触……则厌离于意，厌离于法，厌离于意识，厌离于意触，缘于此意触而生之受，无论是乐，或苦，或不苦不乐，于彼也厌离。**厌离而离贪，以离贪而解脱**；于解脱而有‘我已解脱’之智，他了知：‘生已尽，梵行已立，应作已作，再无后有。’”

当此解说正被宣说之时，那一千位比丘心无执取而从诸漏解脱。

- 佛陀认为，执或欲是苦之根源。那么执与欲有差别吗？它们每一个是如何使我们受苦的？
- 人没有了贪，就真脱离了苦吗？
- 事物如何可能既是空无的又是相互依赖的？

D. 两种形而上学：柏拉图和亚里士多德

形而上学一词出现得较晚（大约在公元前70年），但是，人们一般认为，第一批伟大的体系形而上学家是柏拉图（公元前427—前347）和亚里士多德（公元前384—前322）。柏拉图是苏格拉底的学生，也是后者最忠实的记录者。（我们关于苏格拉底的教义所知道的一切，

1　Buddha, “Fire-Sermon”, from “Mahā-Vagga”, in *Buddhism in Translation: Passages Selected from the Buddhist Sacred Texts*, trans. Henry Clark Warren, Cambridge, MA: Harvard University Press, 1896, 1922.

都是通过柏拉图而来的。）然而，苏格拉底是一位道德家，不是一位形而上学家，柏拉图以苏格拉底作为代言加以论述的绝大多数形而上学学说，可能都是柏拉图自己的。亚里士多德则从未打算做柏拉图的一位忠实弟子，相反，他成了他老师最严厉、最著名的批评者。有人说，哲学史不过是他们写于两千四百年前的这些卓越对话和论文的一系列注脚。

形而上学是亚里士多德所谓的"第一哲学"，即对"存在之为存在"或终极实在的探究。某物存在是什么意思？某物变化是什么意思？是什么使一物类似于另一物？无论我们是否实际上思考这些问题，在我们的日常思维中，都预设了它们，或者至少预设了对于它们的答案。比如，我们"自然地"相信，一棵树在我们没有看着它时依然会存在。但是，我们为何相信这一点呢？哪怕这些问题是哲学家们招惹出来的，它们所描绘的世界观，也为非哲学家所共有。如我们所见，问题是，人们在这些问题上的看法个个不同，这种不同甚至会从一代传到下一代（比如，从柏拉图到亚里士多德）。一个哲学家看来清楚明白的东西，在另一个哲学家看来却含糊不清、仅仅是隐喻或显然悖谬。但是，当我们观看这充满斗争的形而上学历史时，应有一种谦卑的姿态，因为这并不是说，所有那些天才都误入了歧途，而现在的我们走在正道上。无论我们是否意识到，我们也有形而上学的观点，而且，我们越是思考它们，面对进一步的论证，就越难以抛弃它们。

在柏拉图和亚里士多德那里，形而上学成了一项谨慎的、竭人心力的事业，他们所创作的卷帙浩繁的不朽著作所构成的体系，需要用一生去研究把握。这里，我们只能进行一个简单的勾勒，摘要地介绍柏拉图的形而上学，简洁地描述亚里士多德的哲学，乍一看来，后者似乎主要是对柏拉图的一个驳斥。但是，许多看似从完全不同的观点出发相互攻击的哲学家，实际上有诸多共同之处，柏拉图和亚里士多德也是如此。他们都试图解决承自前苏格拉底哲学家的问题：找到宇宙的终极本体，理解永恒不变之物，理解变化，以及表明，作为整体的宇宙，对于人类理智而言是可理解的。柏拉图追随巴门尼德和其他前苏格拉底哲学家，相信理性高于常识，给予了理性在人类生活和宇宙中一个前所未有的显要位置。亚里士多德也维护理性，但是，他坚持认为哲学要回归常识，要尊重日常意见，而许多希腊哲学家似乎都丧失了这一点。但是，无论柏拉图与亚里士多德之间有什么样的差异，关于他们，我们共有的一个最大印象就是，他们所从事的事业的高贵。他们协力确立了我们今天称之为"哲学"的东西。而且，他们还协力奠定了基督教神学的思想基础。比如，圣奥古斯丁（St. Augustine）完全是一位柏拉图主义者，而托马斯·阿奎那（St. Thomas Aquinas）完全受惠于亚里士多德。

1. 柏拉图

柏拉图哲学最重要的一个特征是他的**形式**（Forms，这个词的希腊语是*Eidos*）论。柏拉图的形式有时被称作**理念**（Ideas），但是，柏拉图意指的并不是一个人心中的"观念"，而是理想的形式或完美的典范——完美的圆或纯然的美。为了避免混淆，我们将使用"形式"这个词，而不用"理念"这个词。

形式是终极实在。万物变化，人变老死去，但形式永恒不变。因此，柏拉图能够同意赫拉克利特的观点，我们的经验世界处于不断的变化之中，但他也赞同巴门尼德，认为真实的世界，永恒不变的世界，不同于我们的经验世界。根据柏拉图的说法，它是一个形式世界，一个永恒真理的世界。换言之，存在着两个世界：（1）我们生活于其中的世界，一个处于不断变化中的世界，或一个**生成**世界（world of Becoming）；（2）一个形式世界，一个不变的世界，即真实的世界或**存在**世界（world of Being）。这里，我们可以看到柏拉图与巴门尼德的紧密联系，他主张，终极实在（形式）必定是不变的和永恒的。此外，他与巴门尼德一样认为，唯有这种不变的永恒之物能够真正地被认识。我们接近后一个世界即真实世界的唯一途径，就是我们的理性，我们的理性的思想能力。柏拉图这个“两个世界”的观点，对基督教神学有着显而易见的影响。直到今天，它还依然对哲学家、数学家、神秘主义者、诗人和各种浪漫主义者发挥着影响。但是，在他自己的时代，这一观点有着更为直接的重要性，借此，他调和了赫拉克利特和巴门尼德，解决了前苏格拉底哲学家的问题，最终，为理念在人的思想中找到了一个适当位置。

柏拉图认为，形式具有巴门尼德归于存在（what is）的独特特性。在柏拉图看来，最令人激动的形式是美的形式。柏拉图认为，一个人若正确地去爱，认识到爱之激情真正意欲的并非所爱之人的个性，而是那个人与永恒之美间的连接，就能够逐步地认识美。

柏拉图，《会饮》[1]

> 你可听好了，谁要是在爱欲方面一直这样被引导着，依序正确地瞥见各种各样美的事物，如今就要达致爱欲的终点：他会突然瞥见，自如的美本身何等神奇；苏格拉底，为了这美，他先前付出的所有艰辛都值了：首先，[美]是永在的，不生不灭、不增不减。其次，它既非这点儿美那点儿丑，也非这会儿美那会儿丑，或者这样看来美那样看来丑，或者这里看起来美那里看起来丑，或者对某些人说来美，对另一些人说来丑。对于他来说，这美并非显得是比如一副面孔、一双手或身体上某个地方的美。它也不会向他呈现为观念或某种知识。它也不会呈现为某个地方的东西，比如在某个生物上，在地上、在天上或在任何别的地方，而是自体自根、自存自在、永恒为一的东西；所有别的美的东西都不过以某种方式分有其美，美的东西生生灭灭，美本身始终如此，丝毫不会因之有所损益。

在柏拉图看来，形式世界，即存在世界，才是真实的。但这并不是说（如巴门尼德主张的那样），我们生活于其中的世界，即生成世界，是不真实的。它尽管不怎么真实，但也绝不是幻象，只是，它没有标志着真正实在的那种永恒性和必然性。这看起来像是在玩弄语词，实际上绝非如此。实在等级的观念，在柏拉图的哲学出现前好几个世纪，就已常见于宗教。如今，我们自己思考时也依然在使用这些观念，比如，比较电影和小说世界与“真实世界”，以及沉闷单调的上班生活与“真正生活”。不过，柏拉图两个世界观点的最佳例证，是他自己给我们提供的洞穴神话寓言。

这个寓言，说的正是把人从不怎么真实带向真正的真实。实际上，柏拉图哲学（以及大多数希腊哲学）最显著的特征之一，就是对智慧之爱和实在的不可抗性的强调，而最容易

1　Plato, *Symposium*, trans. Alexander Nehamas and Paul Woodruff, Indianapolis, IN: Hackett, 1989. 中译文见柏拉图：《柏拉图的 <会饮>》，刘小枫等译，北京：华夏出版社，2003 年，第 91—92 页。

因翻译而丧失的，则是柏拉图用以描述我们对于真理的激情的爱欲形象。洞穴神话不仅阐明了两种知识、两个世界，而且也是一个关于人之怯弱、我们面对真理时的困难，以及对于真理本身的耀眼之光的抵抗的寓言。

柏拉图，《理想国》[1]

苏格拉底：让我们想象一个洞穴式的地下室，它有一条长长的通道通向外面，可让和洞穴一样宽的一路亮光照进来，有一些人就生活在里面。这些人从小就在那里，头颈和腿脚都绑着，不能走动也不能转头，只能向前看这洞穴后壁。在他们身后不远处，有东西燃烧着发出光，而在一个更高一些的地方，有一条路横穿过洞穴，并且沿着这条路筑有一道矮墙，它就像木偶戏表演时置于演员前面的一道屏幕，演员们把木偶举到屏幕之上进行表演。

格劳孔：我看见了。

苏格拉底：然后，让我们想象有一些人沿着墙走，手里拿着各种器物举过墙头，其中有用石头或木料以各种方式制作的假人和假兽，而那些路过的人，有的在说话，有的没说话。

格劳孔：这真是一幅奇怪的图景和一些奇怪的囚徒。

苏格拉底：我倒觉得，他们是一些和我们一样的人。首先，除了火光投射到他们前面洞壁上的影子之外，你认为这些人还能看到自己和别人的什么吗？

格劳孔：如果他们一辈子头颈被限制不能动，他们又怎么能看到别的什么呢？

苏格拉底：那人们沿着墙举着的东西，除了影子之外，囚徒们还能看到别的什么吗？

格劳孔：当然不能。

苏格拉底：如果囚徒们能够彼此交谈，你不认为，他们会断定这些影子是真实的事物吗？

格劳孔：必定如此。

苏格拉底：如果墙后的一个过路人发出声音，引起囚徒们前面洞壁的回声，你不认为，囚徒们会断定这正是他们在谈论的、从他们面前经过的东西发出的吗？

格劳孔：以宙斯之名，他们会的。

苏格拉底：因此无疑，这些囚徒会认为真实无非就是那些人造物的影子吗？

格劳孔：他们必定会这样认为。

苏格拉底：那么，请设想一下，他们被解除禁锢，矫正迷误，如果真发生这样的事情，会是怎样的情形呢？其中有一人自由了，被迫突然站了起来，转头走动，看向上面的光，他这样做时会感到痛苦，而且火光使他无法看见那些此前只看见其影子的东西。如果有人告诉他，他曾看见的全然是虚假，如今他比较接近实在，转向了更加真实之物，因而看得更为正确，你认为他听了这些话会怎么说呢？如果随后又有人指着那些经过的东西，问他是些什么，并且逼着他回答，你不认为，他

1 Plato, *Republic*, Bk. V, trans. G. M. A. Grube, Indianapolis, IN: Hackett, 1974. 中译文见柏拉图：《理想国》，郭斌和、张竹明译，北京：商务印书馆，2002 年，第 272—278 页。

会感到困惑，并且相信他此前看到的事物要比现在指给他的事物更为真实吗？

格劳孔：要真实得多呀！

苏格拉底：如果他被迫看火光本身，他的眼睛会感到刺痛，他会转身走开，逃向那些他能看清的事物，并且认为它们事实上比如今向他显现的事物更为清楚。

格劳孔：完全是这样。

苏格拉底：如果有人硬拉着他走上一条陡峭崎岖的道路，中途不让他退回去，直到把他拉到阳光下，他这样被硬拉着走不会觉得痛苦，并感到恼火吗？当他来到阳光下，他会觉得眼前金蛇乱窜金星乱蹦，无法看见任何一个现在称之为真实的事物。

格劳孔：确实，一下子无法看见。

苏格拉底：我认为，要在洞外世界看见事物，需要有一段适应的时间；首先，他看影子最为容易，随后要数看人和其他事物在水中的倒影容易，接着是看事物本身。之后，他就会觉得在夜里观察天象和天空本身更加容易，认为看星光和月光比白天看太阳和太阳光更为容易。

格劳孔：当然是这样啰。

苏格拉底：那么，最后他就能看太阳，不是太阳在水中或在其他某种媒介中的影像，而是处于本来位置的太阳本身，并且能够凝视它。

格劳孔：那是一定的。

苏格拉底：之后，他会想到，正是太阳造成了四季交替和年岁周期，主宰着可见世界的一切，而且，它也是他过去以某种方式看见的其他事物的原因。

格劳孔：显然，他会得出这样的结论。

苏格拉底：若他想起自己最初的住处，那时的智慧和他的同伴囚徒，他会庆幸自己有这样一个改变，而替同伴们感到遗憾吗？

格劳孔：肯定会的。

苏格拉底：如果洞穴中的人们曾彼此颂赞，授予荣誉，而那些最清楚地看见他们面前经过的影子，最能记住过往影子的惯常次序，因而最能够预言后面会有什么影子跟上来的人还得到过奖励，你认为我们这个解放了的人还会热衷于那些奖励，嫉妒那些得到囚徒们尊重并支配他们的人吗？或者，他会像荷马描述的那样，宁愿“在尘世做一个穷人的奴隶”，受尽苦难，也不愿与囚徒们有共同意见，过他们的那种生活吗？

格劳孔：我想，他会宁愿受尽苦难。

苏格拉底：我们再来想一想。如果他再次回到洞穴，坐在同样的位置上，那他的眼睛会因突然离开阳光，眼前一片黑暗而什么也看不见吗？

格劳孔：一定是的。

苏格拉底：这时他的视力还很模糊，眼睛还不习惯黑暗——而适应黑暗的时间也不会是很短——若有人这时要他与那些一直是囚徒的人比赛辨别影子，他不会因此而让人嘲笑吗？人家不会说他到上面去了一趟回来之后眼睛就坏了吗？不会说连起一个往上去的念头都是多余吗？至于那个试图解放他们并把他们带到上面去的人，如果他们可以逮住他并杀死他，那他们就会这样做。

格劳孔：确实会的。

苏格拉底：亲爱的格劳孔，整个形象必须与我们前面说到的联系在一起。可见领域应比作囚室，里面的火光应比作太阳的能力。如果你把向上之旅和对洞外事物的凝视看做灵魂向上升至可知领域，你就会理解我的解释，既然你那么急于听我的解释。至于这一解释对不对，那只有神知道，但是，我就是这么认为的，在可知世界中，最后看见的，而且是要费劲才能最后看到的是善的形式。我们一旦看见了它，就必定会得出如下结论：它的确是所有事物中一切正确者和美者的原因，是可见世界中创造光和光源者，在可知世界中，它本身就是真理和理性的决定性源泉，凡是在公共生活私人生活中行事合乎理性的人，必定是看见了它的。

格劳孔：就我所能理解的而言，我都同意。

苏格拉底：那么来吧，你也来同意下述看法吧，而且不要对下述情形感到惊讶：那些已达到这一高度的人不愿意从事人类事务，他们的灵魂永远渴望逗留在高处的真实之境，因为，若事物如我们的寓言所示，这就是自然而然的事情。

格劳孔：是不足为怪的。

苏格拉底：再说，如果有人从对神圣之物的凝视回到人类生活的邪恶，他在感到眼花缭乱没能完全适应身边的黑暗之时，就被迫在法庭上或别的地方争讼关于正义的影子或影子之物，与那些从未见过正义本身的人争辩他们头脑里关于正义的观念，这时他们的行为显得笨拙可笑，你会觉得奇怪吗？

格劳孔：完全没有什么可奇怪的。

苏格拉底：但凡有头脑的人都会记得，眼睛有两种不同的迷盲，它们由两种原因造成，一种是从亮处到暗处，一种是从暗处到亮处。有头脑的人相信，灵魂也同样如此，他在看到某个灵魂发生迷盲而不能看清事物时，不会不假思索就加以嘲笑，而是先考虑一下，灵魂是离开了较光明的生活而被不适应的黑暗迷误了呢，还是脱离了较大的无知进入了更大的光亮而眼花缭乱呢？他会认为前者的生活和经历是幸福的，而后者的生活的经历是可怜的，如果他要嘲笑的话，那么，从黑暗到光明去的那一种是没有从光明到黑暗去的那一种可笑的。

格劳孔：你说的很有道理。

苏格拉底：如果这些事情是真的，那么关于它们我们就必须有如下主张：教育并不是某些人宣称的那样；他们说，知识不是呈现在灵魂中，而是他们灌输进灵魂中，如同把视力放进瞎子的眼睛一样。

格劳孔：他们确实是这样说的。

苏格拉底：我们现在的论证表明，学习能力及借以学习的器官，在每一个人的灵魂里。若整个身体不改变方向，眼睛是无法离开黑暗而转向光明的；因此，**人的整个灵魂必须转离生成世界，直到它能够凝视实在，凝视诸实在中的最明亮者，即我们所说的善。**

格劳孔：是的。

苏格拉底：于是，教育就是做这种事情的技艺，一种使灵魂转向的技艺，即如何使灵魂最容易最有效地转向的知识。它不是把视力放进灵魂的技艺，灵魂本身有这种视力，只是不能正确地把握方向，或不是在看应该看的地方。这就是教育必须处理的事情。

格劳孔：好像是这样。

我们的世界就像是真实世界的一组影子，它不能被理解为一个幻象，而要理解为对光明原本的一个纯粹模仿。也要注意，柏拉图在这里为哲学家树立了一个类似于救世主的形象。（这里也包括了他的著名论点：哲学家应该成为国王，国王应该成为哲学家。）像毕达哥拉斯一样，柏拉图认为，纯形式的知识，“存在”世界的知识，是一个人获得拯救，过上“美好生活”的唯一希望。

- 你觉得柏拉图的形式与东方哲学之间有类似之处吗？
- 无知在何种意义上类似于囚禁在洞穴之中？苏格拉底叙事中的影子是什么？

苏格拉底对他的学生（其中包括柏拉图）说，如果我们确实能认识真理，那真理也必定在我们之中。柏拉图以他的老师作为自己作品的代言人，对这一启示做了一个新的曲解。这一曲解始于这样一个难题，即学习如何可能？如果我们不曾认识它，那我们在发现它时如何认出它？如果我们已经认识它，那么说我们“学习它”就毫无意义。如今，这一难题听起来很荒谬，我们只要想想这样一个例子即可：内布拉斯加州奥马哈（Omaha, Nebraska）的啤酒消费量是多少？要回答这样的问题，显然我们不能仅仅“观察自身”。相反，我们必须走出去获取信息。但是，柏拉图坚持认为，他所寻求的远非“信息”，他想要的是知识，关于实在的知识，它只能通过思考获得。那一世界不同于我们居于其中的变化世界和“信息”世界，它的独特性在于这样一个事实：其中的一切都是永恒的和必然的。在这个永恒世界中，实在无法仅仅通过观察和经验而发现。比如，想想这样一个简单的真理：2+2=4。它从未变化——认识它也无需经验，它是在柏拉图的存在世界中有其位置的那些永恒真理之一。

要理解柏拉图那令人激动但稍显神秘的形式观念，根据定义思考它们或许是最佳方式。形式是有所不同的同类事物的共同之处，而且，正是这一形式使它们成为同类事物。比如，两匹马共有马的形式，柏拉图认为，你认出这两匹马是因为它的形式。假设你从未见过马。你可能认出马是什么样子吗？答案是，“当然能”。哪怕你从未见过马，你也完全可以（通过图画或描述）知道马是什么样子。但是，这样的认识是如何可能的呢？根据柏拉图的说法，这一点之所以可能，是因为我们认识一个定义，并因此认识到了马的形式，它就像是三角形的理想形式，有了它，我们就能够知道马是什么，哪怕我们从未见过马，并且在我们看到马时能够认出它。用柏拉图的话来说，我们能够认识所有的马，无论它们的年龄、形状、颜色或特征如何，只是因为它们“分有”了马的形式。在柏拉图看来，马的形式甚至比具体的有血有肉的马更加实在。

有了形式概念，柏拉图就可以对以下情形作出解释：人在学习两种或两种以上同类事物之后就对它是什么有了理解。但是在柏拉图看来，形式观念也适用于另一个目的。我们除了通过经验了解事物之外，我们也认识一些独立于经验的事物，而且，我们对这些事物的认识具有确定性（我们在导论中说到的笛卡尔所寻求的那种确定性）。比如，我们知道，每一匹马都是动物。我们知道这一点，不只是因为我们所看见的马被证明为是动物，而是因为我们知道，马的形式包含了动物的形式，而与关于马的具体经验无关。（在我们的时代，“马”这个词已经包含了“是一种动物”的概念。因此，哲学家把这种真理称为概念真理。不过，柏拉图并未使用这一术语。）

定义是必需的，因为，若没有定义，就难以确切知道一个人在谈论什么。但是，这种对定义的追寻不应与高校辩论中要求对手“界定术语”的技巧相混淆。毋宁说，定义乃是一项哲学论证的结论——它难以获得。在他的对话《美诺》中，柏拉图让苏格拉底奋力获取一个关于“美德”的定义。对作为定义的形式的苏格拉底式追寻，他在那里的论证是一个很好的例证。

柏拉图，《美诺》[1]

美诺：请你告诉我，苏格拉底，美德可教吗？或者说，美德是不可教的，而是实践的结果，又或者说，它既不是可教的，也不是实践的结果，而是人天生就拥有的，或通过别的方式拥有的东西？

苏格拉底：好吧，美诺，以前，帖撒利人（Thessalians）在希腊人中享有盛名，因他们的马术和财富而为人称颂，但是如今，在我看来，他们也因智慧而受人称颂，你的朋友拉里萨的阿里斯提普斯（Aristippus of Larissa）的同胞们尤其如此。你朋友的这种盛名要归功于高尔吉亚，那时，他来到你们的城邦，他发现自己因智慧而受到杰出的阿勒奥阿戴人（Aleuadae）的爱戴，这些杰出的人物中就有你的爱人阿里斯提普斯，其他杰出的帖撒利人也一样。特别是，他使你们养成了自信稳重地回答对你们提出的问题的习惯，就像专家那样。确实，他自己准备好了回答希腊人打算向他提出的任何问题，并且对每一个问题都作出了回答。但是在雅典，我亲爱的美诺，情形恰恰相反，就好像这里曾有过一次智慧饥荒，智慧似乎都从这里跑到你们那去了。因而，你若问我们的人这种问题，每一个人都会笑着对你说：“善良的陌生人，你一定认为我真是幸福，若你觉得我知道美德是否可教或如何获得。可是，我根本不知道美德是否可教，我甚至对于美德本身是什么也一无所知。”

美诺，我自己在这个问题上与我的同胞一样贫乏，我对自己在美德上的一无所知感到惭愧。如果我连美德是个什么都不知道，又怎能知道它有什么性质呢？或者这样说，你认为一个根本不知道美诺是谁的人，能知道他是否英俊、富裕和出身高贵，或者与之相反吗？你认为这有可能吗？

美诺：不可能。可是，苏格拉底，你真不知道美德是什么吗？我们回家以后，可以对族人们这样说你吗？

苏格拉底：我的朋友，你不仅可以这样说，而且我坚信，你还可以说我从来没有碰到过知道美德是什么的人。

美诺：怎么会是这样呢？高尔吉亚在这里时你没见到他吗？

---

1 Plato, *Meno*, trans. G. M. A. Grube, Indianapolis, IN: Hackett, 1976. 中译文见柏拉图：《柏拉图全集》第一卷，王晓朝译，北京：人民出版社，2002 年，第 491—493、506—507、516—517 页。

苏格拉底：见到过。

美诺：那你认为他也不知道吗？

苏格拉底：我记得不清楚，美诺，因而我现在无法告诉你我当时是怎么想的。他或许知道，你知道他曾说过什么，那你提醒我他说了什么。如果你愿意的话，你告诉我你自己的想法，因为你无疑共有他的观点。

美诺：没错。

苏格拉底：那我们就不管高尔吉亚了，毕竟他不在这里。但是，美诺，以神之名，你自己认为美德是什么？说吧，不要舍不得对我们说，如果你和高尔吉亚显然知道什么是美德，而我说从未碰到过知道美德是什么的人，那我就说了一个最不合宜的谎言。

美诺：苏格拉底，告诉你并不难。首先，如果你想找的是一个男人的美德，那你不难看出，一个男人的美德在于他能够管理公共事务，并且能因此助友损敌，而不使自己受伤害；如果你想找的是一个女人的美德，那这种美德也不难描述：她必定持家有方，理财无碍，并且顺从她的丈夫；如果你想找的是孩子的美德，无论是男孩还是女孩，那这种美德又不同；如果你想找的是老人的美德，同样也不同，或者你想找的是一个自由人或一个奴隶的美德，那又有所不同。还有许多其他美德，因此一个人不难说出什么是美德。每一种行动和每一个年龄段，我们的每一项任务和我们中的每一个人，都有一种与之相应的美德——苏格拉底，还有一种与邪恶相应的美德。

苏格拉底：美诺，我真是太幸运了，我寻找一个美德，但却发现你有一大群美德可提供。可是，美诺，细究这一情形就会发现，这就好像我问你蜜蜂的本性是什么，你说许多不同种类的蜜蜂，如果我问："它们之所以多种多样、彼此不同是因为它们是蜜蜂吗？还是它们的不同不在这一方面，而是在其他方面，比如它们的美、大小或其他类似的性质？"对此，你又如何回答。告诉我，如果这样问，你会怎样回答？

美诺：我会说，就它们是蜜蜂而言，它们彼此没有区别。

苏格拉底：如果我继续说："那告诉我，美诺，使它们一样且彼此没有区别的这个东西是什么？"你能告诉我吗？

美诺：我能。

美诺继续试图让苏格拉底对一个美德定义感到满意，但是，每一次他要么自相矛盾，要么陷入论证循环。那么，一个人是如何认识一个定义呢？根据柏拉图的说法，答案是我们认识形式。我们知道马是什么是因为我们认识马的形式。我们知道"2+2=4"是因为我们认识形式。但是，我们是如何认识形式的呢？如果我们不是而且无法从经验（日常生活中变化着的生成世界）中认识它们，那我们究竟是如何认识它们呢？根据柏拉图的说法，答案是它们已然"在我们之中"。

柏拉图形而上学的第二个原理，即我们在两个世界之间的桥梁，是人类灵魂的不朽性和非物质性。我们的灵魂含有存在世界的知识，它们在我们出生时就已经处于我们之中。这种知识和观念被认为是**天赋的**。经验只是触发它们，使我们"记起"它们。因此，"学习关于存在世界的真理如何可能"，对于柏拉图的这一难题，可以令人惊骇地作出这样的回答：

我们已经“认识”它，学习它不过是再次回忆起它。让我们看看他在《美诺》中关于这第二个学说的著名例证：

美诺：苏格拉底，若你根本不知道它是什么，你又如何去寻找它呢？你如何能以某种你根本不知道的东西为探寻目标呢？若你碰到了它，你如何知道这正是你所不知道的那个东西呢？

苏格拉底：美诺，我知道你想说什么。你明白你提出了一个什么样的争论性论点吗？一个人既无法探寻他知道的东西，也无法探寻他不知道的东西。他无法探寻他知道的东西——因为他既然知道它，就无需再去探寻它；他也无法探寻他不知道的东西——因为他不知道他要寻求什么。

美诺：你认为这是一个好论点吗，苏格拉底？

苏格拉底：我不认为。

美诺：那你能告诉我为什么吗？

苏格拉底：可以。我听过一些智慧的男人和女人谈论神圣之事……

美诺：他们说了什么？

苏格拉底：我觉得，他们所说的既真又美。

美诺：他们说的是什么，他们是谁？

苏格拉底：讲这些事的人是一些男女祭司，他们所关心的，是能对他们的践履做一番解释。品达也说过这些事，我们的诗人还说到过许多其他神灵。他们就是这样说的，看你是否把他们所说的当做真理：他们说，人的灵魂是不朽的，它有时会结束，他们称之为处于垂死状态，有时会重生，但永不会灭绝，因此，一个人应尽可能虔诚地过完一生。

珀耳塞福涅（Persephone）会对那些过去遭受厄运的人进行严格补偿，每隔九年使他们的灵魂升到天上，并且从这些灵魂中产生高贵的国王、力量强大之人和最智慧者，后来，人们把这些人称作神圣的英雄。

既然灵魂是不朽的，重生过多次，已经在这里和冥府看见过万物，那就没有什么是它没有学习过的。因此，灵魂能够记起它之前知道的东西，包括关于美德和其他东西的知识，就没有什么好奇怪的。既然整个自然都是同类，而且灵魂已经习得万物，那么，一个人在记起一个东西之后——人们可以把这个过程称为学习——只要他勇于探寻，从不懈怠，就没有理由说他不会发现别的所有东西，因为总体上而言，探寻和学习就是回忆。因此，我们一定不要相信那个争论性论点，因为它会使我们变得无所事事，只有怯弱者才喜欢听到这样的论点，相反，我的论点使他们充满活力，敏于探求。我坚信这是真的，我想与你一道探究美德的本性。

美诺：苏格拉底，你说的我明白，但是，你说我们并不在学习，我们所谓的学习不过是回忆，这是什么意思？你能告诉我这是怎么回事吗？

苏格拉底：美诺，如我刚才所说，你是一个坏蛋。我说过，**只有回忆，没有学习，你现在却问我是否能告诉你这是怎么回事，显然是立马要让我自相矛盾。**

美诺：以宙斯之名，苏格拉底，不是的，我这样说没有这种意图，那只是我的习惯。你若能以某种方式向我表明你所说的话正确，那就请说吧。

在对话的这个关键点上，苏格拉底唤来一个不识字的、未受过教育的童奴，通过稍微的提示，就引导他发现了一个基本的几何学证明。重要的是，苏格拉底并没有告诉这位童奴答案，答案是“他自己得出来的”。于是，问题就出现了，这个答案“在他”的什么地方，他又是如何认识到它的？在做了例证之后，苏格拉底给出了他的结论：

苏格拉底：美诺，你是怎么想的？他的回答所表达的意见不是他自己的吗？
美诺：是的，全是他自己的意见。
苏格拉底：可是，我们几分钟前不是说他并不知道答案吗？
美诺：是的。
苏格拉底：那这些意见在不在他那里呢？
美诺：在他那里。
苏格拉底：因此，一个无知的人对于他所不知道的事物，可以具有正确的意见。
美诺：好像是这样。
苏格拉底：目前，这些意见就像一场被激起的梦，但是，如果以不同方式不断地问这些同样的问题，你就知道，最后他关于这些事物的知识像任何其他人一样准确。
美诺：很可能。
苏格拉底：他知道这种知识并不是来自传授，而是来自提问，由此在他自己那里找到它，不是吗？
美诺：是的。
苏格拉底：在某人自己身上找到知识不就是回忆吗？
美诺：当然是。
苏格拉底：要么说他必定是在某个时候获得了他现在拥有的知识，要么说他一直拥有它，不是吗？
美诺：是的。
苏格拉底：如果他一直拥有它，那他就一直知道。如果他是在某个时候获得它，那他也不是在今生获得的。除非有人教他几何学。而且，他会以同样的方式演示他的全部几何学知识，以及所有其他知识。那有人教他这一切吗？你肯定清楚，尤其是他在你家里出生和长大的。
美诺：是的，我知道，没有人教过他。
苏格拉底：那他有没有这些意见呢？
美诺：苏格拉底，这一点似乎毫无争议吧。
苏格拉底：如果他不是在今生获得这些意见，那岂不很显然他是在某个其他时候拥有它们和习得它们的吗？
美诺：似乎如此。
苏格拉底：是他还不是一个人的时候吗？
美诺：是的。

苏格拉底：如果在那个时候，他存在着，却还不是一个人，但具有真正的意见，而且，这些意见一旦通过提问激发，就会变成知识，那么，在那个时候学习的不就是他的灵魂吗？因为很显然，他要么作为人而存在，要么不是。

美诺：看来是这样的。

苏格拉底：于是，如果关于实在的真理一直在我们的灵魂中，而灵魂又是不朽的，因此，你应该始终自信地设法去寻求和回忆你目前不知道的东西——即回想起你没有回忆起来的东西。

美诺：不管怎么说，苏格拉底，我认为你说得对。

苏格拉底：我也这样认为，美诺。

当然，灵魂不朽的学说并不是出自柏拉图。在第一批古希腊哲学家之前许多个世纪，古埃及人就相信灵魂不朽，而且，毕达哥拉斯也已经向他的学生讲述了灵魂不朽。但是，柏拉图的学说超出了宗教意义。它既是对怀疑论者的回答，也是我们连接永恒的存在世界的桥梁。当然，作为苏格拉底的学生，他也理解信仰来生的益处。他对他的学生说，苏格拉底之所以能够平静地面对死亡，正是因为他信仰死后生活。但是，在柏拉图看来，它还意味着更多的东西，它不仅可以让我们继续生存于来世，也为我们提供了今生的知识。

柏拉图的存在世界和灵魂不朽学说引入了一个显然非唯物主义的实在概念，与我们迄今所碰到的多少有些唯物主义的实在概念（基质世界）形成对照。甚至毕达哥拉斯的数和赫拉克利特的逻各斯，也有其唯物主义基础，因为，这两个哲学家都不愿意赋予这些事物独立存在的位置，即独立于这个世界的物质事物而存在。而柏拉图的存在世界中的事物，能够脱离它们存在。

这"另一个世界"即存在世界中有什么？我们已经碰到过它的一个"居住者"："2+2=4"这个简单真理。它的"居住者"是各种形式。想想下面这个熟悉的例子：你的几何老师要你证明三角形的内角之和是180度。够简单吧。你记得怎么去证明：你首先延长三角形的底线，然后通过顶点作一条与底线平行的直线，接下来就可以继续进行你的证明。那你刚才是如何知道你恰好表明了这个三角形的内角之和是180度？事实上，很显然你画的甚至不是一个三角形：边是曲的，角是破的，线还是粗的（毕竟，一条真正的线是没有宽度的）。但是，你却宣称，你在某方面对所有三角形做了证明。显然，你的主张甚至无需进行两次证明，更不要说进行无数次的证明了。这是怎么回事呢？你会回答说，因为你一直在处理的并不是练习簿上的这个画得很拙劣的具体三角形，而是一个理想的三角形，即所有三角形的形式。它存在着——柏拉图的三角形形式。它不同于任何具体的三角形。（它同时可以是钝角、等边、直角和非直角三角形，这如何可能！）它是每一个具体三角形的理想形式，存在于存在世界中，而它们只是在某种程度上近似于这一形式。柏拉图说，我们能够画出来的任何一个三角形，都分有了理想形式，而且，唯有通过理性，而无法通过对具体三角形的经验观察，我们才能接触到这些理想形式。

要认识柏拉图的形式，不只是去"看"某物。而是要与之亲近，爱上它，而且是疯狂地爱上它。因此，几乎在柏拉图的所有对话中，苏格拉底都一再重复说，哲学家是一种爱者。确实，他说，去认识形式就是去再生、去繁殖，去教导所有别的人也去看它们和爱它们。洞穴神话与太阳和影子的隐喻有两重意义。第一个意义是，我们日常经验的变化世界仅仅是一个影子，一个对实在的模仿。而第二个意义则是，我们日常经验的世界也是神圣的终极实在的一个形象，因此，在日常生活的事物中，我们至少瞥见了完美。

在那些人类完美的理想的形式中，我们应该不仅要认识它们，而且要设法在生成世界中实现它们。比如，智慧、正义、美和善。我们每一个人都渴望这些完美理想，而每一个哲学家的任务，就是对这些理想作出定义。他或她的工作（柏拉图所有对话中苏格拉底的主要任务）就是整顿人们对于这些问题的常见混乱。简而言之，哲学家的事业，就是使他人认识到永恒形式，有可能获得柏拉图的老师苏格拉底为之献身的那种英勇的智慧。

我希望，你们能从这一简短的描述中理解柏拉图提出的形而上学学说的力量。或许，你们意识到了它们存在的困境。不过，最为重要的是，我们的世界与真实世界之间的鸿沟令我们感到非常不安，我们谁也不愿意认为自己只是生活在影子中。（如柏拉图自己警告的那样，“那些从未获得自由的囚徒不是要……嘲笑甚至……杀死”那个教导他们的哲学家吗？）存在世界与生成世界之间的关联，我们完全不清楚。柏拉图确实说过，生成世界中的万物“分有”了存在世界中的形式，但是，我们必须在哲学（和一切其他学科）中马上要学习的东西是语词，它们自称是解释，而常常只不过是摆样子的掩饰。就好像我们看起来有了一个理论，而实际上我们有的只是一个语词。柏拉图的语词“分有”（*methexis*）尤其如此，他自己在后来的对话中对这个语词提出了严重怀疑。不过，真正的抨击来自他自己的学生，尤其是他们中最伟大的那个学生，即亚里士多德。这种情形应该出现在哲学中。

- 童奴是如何在没有受教的情形下发现这个证明的？你觉得苏格拉底的解释合理吗？
- 关于童奴是如何发现数学真理的，还有任何其他的合理解释吗？

2. 亚里士多德

亚里士多德声称，他不理解柏拉图的“分有”概念。（一个哲学家说“不理解”某物，实际上意味着他在奋力对它给出一个更好的说明，也就是说他完全不满意迄今为止的说明。而亚里士多德可能比任何人都更好地理解柏拉图。）本质上，亚里士多德的反驳理由是，柏拉图未能解释好形式与具体事物之间的关系，而“分有”这个词不过是“一个空洞的措词和一个诗意的隐喻”。[1]此外，柏拉图对形式的强调不可能意识到具体事物的全部实在，而形式的永恒不变对于理解具体事物是如何变化的也毫无用处。确实，“事物是如何变化的”这一问题，是亚里士多德哲学的中心主题。

亚里士多德也想要确定实在的本性。只是，柏拉图主张实在是某种有别于我们的经验世界的东西。而亚里士多德，这个大地上的实践者、伟大的生物学家、物理学家和亚历山大大帝的处世导师，并不持有这种观点。他认为，我们这个世界就是实在。他同意柏拉图的这一观点，即知识必须是普遍的，关涉的是事物的共同之处，但是，他拒斥柏拉图的以下观念：这些共同的普遍成分——事物的形式——能与具体事物分离。但这就意味着，亚里士多德也

1 Aristotle, *Metaphysics*, trans. W. D. Ross, Oxford: Oxford University Press, 1924.

拒斥柏拉图把灵魂与身体分离开来的观点，与柏拉图不一样，亚里士多德完全把人类看做自然的造物，是“理性动物”——但依然是动物。在亚里士多德看来，形而上学不是对另一个世界的研究，回忆起我们的永恒灵魂；相反，形而上学完全是对自然（physis）及同样重要的我们自身的研究。因此，他把形而上学“带回了家”。但是，人们不应认为他使形而上学变得更加简单。亚里士多德的初识者——以及训练有素的学者——都证明了这样一个事实：他是最难以理解的哲学作家之一。

亚里士多德，《形而上学》[1]

> 有一个这样的知识部门，它研究作为存在的存在，以及因其自身而属于它的属性。它不同于现今的任何一门特殊科学，因为没有任何别的科学普遍地研究作为存在的存在。它们都从存在中切取某一部分，研究这一部分的属性——比如，数学科学就是如此。但是，既然我们在寻求的是第一原理、最高的原因，很明显作为存在的存在就是我们必须掌握的第一原因。

形而上学是对作为存在的存在的研究，借此，亚里士多德第一个把形而上学与哲学的其他分支分离开来。首先，它是对存在（be）这个词的不同用法的研究。这把亚里士多德引向了他著名的范畴理论：

> 说一个事物“存在”，有多种意义。它或者意指“是什么”或“这个”，或者意指质，或者意指量，或者意指它的属性中的任一属性。尽管“存在”有这样多的意义，但存在的主要意义是“是什么”，它表示事物的实体。当我们说某物的性质是什么时，我们说它是善或恶，而不说它六尺长或是一个人；但是，当我们说它是什么时，我们不会说“白”或“热”或“六尺长”，而说“人”或“神”。所有其他事物被称为存在，或者因为它们是这种主要意义上的质，或者因为是它的量，或者因为是它其他方面的特性。

“存在”的主要用法告诉我们某物真正是什么，即在绝对意义上是什么：在这种意义上，我们都是某一个独特的人。我们也都有一定尺寸的身高，但是，那一事实是次要的，它只是关于我们的某种东西，它能够改变，而无需改变我们之所是，重要的是，它属于量的范畴。主要的范畴是实体。“实体”，根据亚里士多德对它的定义，是“独立自存之物”。换言之，“实体”是独立自主的存在。比如，即使你没有头发，你也会存在。但是，若没有你，你的头发就无法存在，因此，它不是一个实体。在亚里士多德的形而上学中，实体是基本元素。一匹马、一棵树和一只蝴蝶，都是实体。

在亚里士多德看来，桌子和椅子不是主要的存在，因为他认为主要的存在有自己的自然本性。人所制造的事物，比如一张桌子，只能与人一起存在。它无法通过自身移动或实现

1 Aristotle, *Metaphysics*, trans. W. D. Ross, Oxford: Oxford University Press, 1924. 中译文见苗力田主编：《亚里士多德全集》第七卷，苗力田译，北京：中国人民大学出版社，1993 年，第 84、152 页。

自己的自然本性。若没有什么阻止我们，我们的自然本性就是我们的所作所为。若没有什么阻止，一个人就会长大，过一种人的生活，而那就是他的自然本性。但是，一张木制桌子，若没有人阻止，它不可避免地就会腐烂，因为那就是构成它的木头的自然本性。木头有一种自然本性，但桌子没有。因此，亚里士多德认为，人造物（我们的制作之物）在存在层次上比我们自己的所作所为要低。

亚里士多德，《物理学》[1]

有人认为，一个自然物体的自然本性和真实存在就是它的主要材料（自身中尚未成形的材料）——比如，床的自然本性是木头，雕像的自然本性是青铜。根据安提丰的说法，如果你埋下一张床，并且如果腐烂的木头能够长出幼芽的话，那长出来的东西不会是床，而是树木——因为根据技艺规则所作的安排只是偶然之物，而实在——事物的真正所是——则是在所有变化中始终持存的东西。

但另一种说法认为，一个事物的自然本性就是它的定义所给定的形状或形式……而且它的形式比它的质料更是自然本性。因为（i）每一事物在其现实地存在时而不是潜在地存在时被说成是这个事物更为恰当些［木头或种子，即质料，在其被现实地装配在一起或现实地发芽和成长之前，还不是一张桌子或一棵莴苣——尽管它可能潜在地是一张桌子或一棵莴苣］。此外，（ii）人是由人生成的，但床却不从床生成。那就是为什么说床的自然本性不是形状而是木头的原因；如果它能生长，那长出来的不是床而是树木。但是，若这表明木头是自然本性，那么人的形式也是自然本性；因为人是由人生成的。

亚里士多德的形而上学学说听起来再简单不过了。这个世界，即我们的经验世界，就是实在，而不存在另一个世界。终极的实在事物，他称之为实体，就是个别事物——例如人、马、树和蝴蝶。变化是真实的，许多实在都会经受变化。形式是真实的，但是，它们无法独立于以它们为形式的具体事物而存在。然而，这一学说对柏拉图的违背，并不如看起来的那样激进。因为，亚里士多德确实认为，最高层次的实在是不会变化的，比如，诸神、天和生物种类的形式在他的体系中就是不变的。亚里士多德不相信任何形式的演化。

与柏拉图一样，亚里士多德也有一个实在的等级。但是，他把柏拉图的实在等级颠倒了过来。柏拉图主张，越是抽象的事物越真实，而亚里士多德认为，越是具体的事物越真实，比如个体。在亚里士多德看来，越是有形的事物，越应被认为是最真实的事物。这也是我们的常识。在亚里士多德看来，第一实体是个别的事物；第二实体（不及个体真实）是他所谓的一事物所归属的“种”和“属”。回到马这个例子，在亚里士多德看来，这匹具体的马是第一实体。而“马”这个属，甚至“动物”这个种，都不及这匹马本身真实。

什么是实体呢？对此，亚里士多德花了不少笔墨给出了许多定义，使中世纪的哲学家

1　Aristotle, *Physics*, trans. W. D. Ross, Oxford: Oxford University Press, 1936. 中译文见苗力田主编：《亚里士多德全集》第二卷，徐开来译，北京：中国人民大学出版社，1991 年，第 31—32、25 页。

们一千年来忙于对它们加以归类。对于我们的目的而言，提及三种关于实体的不同描述就够了，其中的每一种描述对亚里士多德和后来的哲学都很重要。第一个关于实体的描述，是从语法的角度提出的。亚里士多德说："实体是既不述说一个主体，也不存在于一个主体之中的事物。比如，个别的人或马。"更为简单地说，实体就是名词所指的事物，它是一个句子的主语。比如，"人是……"或"苏格拉底是……"或"马是……"（这种描述在古希腊极少令人困惑）。对此，一个较为本体论的说法是，实体是独立于任何别的事物的事物，但不幸的是，这也是一个非常令人困惑的说法。（我们会看到这一说法在斯宾诺莎和莱布尼茨的现代形而上学中是多么重要。）其他事物依赖于实体，而实体不依赖于其他事物。一匹马的颜色无法脱离这匹马而存在，这种说法或许粗糙，但确实如此。若不存在一匹马，那关于马的一切都不可能。

第二种关于实体的描述说，实体是事物的一切特性和变化的基础。在这个意义上，你可以说你与十年前的你是同一个人（即同一个实体），尽管你在许多方面显然有了很大的改变。（亚里士多德说，"实体尽管保持不变，却能够容纳相反的特性"。）结合这两种描述，我们可以说，实体无论是什么，它都如同前苏格拉底哲学家的"基质"观念，对于实在而言是最基本的。它就是具体的个别事物，尽管它变化着，并在不同时期有不同的特性，却始终保持着自身的不变。理发前后，穿一套新衣前后，以及佩戴首饰前后，你都是同一个人。

第三种关于实体的描述需要引入另一个新术语，它是这个世纪之前的哲学家们的一个关注中心。实体可以根据什么是本质的来加以定义。本质（或本质的特性）是一个个体确定其为一个独特个体的方面。比如，苏格拉底之为苏格拉底的本质构成是，他是一个人，他生活于公元前四世纪，以及他是智慧的。任何不具有这些特性的事物都不可能是苏格拉底。当然，苏格拉底还有其他的特性，比如，他鼻子上有肉瘤。但这不是一个本质特性。（亚里士多德称之为一个偶性或一个偶然性质。）没有它，苏格拉底依然会是苏格拉底。但是，苏格拉底不能是一条蜈蚣，因为他的本质构成是人。

实体是形式和质料的结合。亚里士多德的"形式"大致与柏拉图的形式相同，除此之外，在亚里士多德看来，它不能脱离具有这一形式的个别事物而存在，它总是充实着某种质料。质料是亚里士多德的发现之一。基本上，质料就是构成事物的东西，是形式赋予其形状和结构的东西。一艘船的质料是木头，它的形式是造船者在木头中实现的设计。[注意，这里的"form（形式）"的第一个字母是小写，但亚里士多德所使用的是与柏拉图所使用的一样的词，即*eidos*。他用来表示质料的词是*nylē*。]

这就使得亚里士多德能够解释变化。他认为，早期的哲学家们只相信依赖于自身的质料会保持同一，而柏拉图只相信形式是永恒不变的。但是，亚里士多德相信，事物以各种不同方式结合了质料和形式。实质性的变化，即一个实体的"形成和消逝"，在质料具有一种新的形式时就会出现。

通过这两个概念，亚里士多德认为他能够避免前辈们的错误，尤其是巴门尼德的错误，他责备巴门尼德缺乏经验：

> 最初对事物的自然本性和真理进行哲学探讨的人，由于缺乏经验，就像迷途之人一样走上了另一条路。他们说，存在既不生成，也不会消灭，因为生成的东西必然从

> 存在或者非存在中生成——而从这两者中生成都不可能。因为存在既然已经存在，就无法生成，而没有什么东西能够从非存在中生成，因为［在一切变化和生成中］必定有某种载体。

事物的本质是不能变化的（否则它就不再是同一个事物），而偶性的变化几乎不具有形而上学的重要性。那么，变化的是什么？

亚里士多德说，形式和质料无法分开存在，但是它们在自然本性上处处能够区分。人类技艺中就可以找到最好的例子。比如，一个人可以拿一块黏土做成一个不同形状的碗。或者，一个人可以用一块银做成一把刀叉、一把勺子、一只手镯或一对耳环。黏土或银是质料，形状和功能则规定了形式。亚里士多德也说，质料本身也可以根据形式和质料来分析。黏土和银的质料是基本元素——如同土、气、火和水。形式作为形状和比例，是安排黏土或银的元素。实际上，亚里士多德甚至认为，基本元素本身能够根据更为原始的质料——热、冷、干和湿——来分析，正是它们结合在一起构成了元素的形式。按照亚里士多德的说法，我们能够知道和解释的是形式，而不是质料。因此，我们能够分开来讨论形式和质料，并由此来理解变化。他认为,他的前辈误解了我们用以讨论实在存在方式的方式。形式就其自身而言，永远不能变化，质料也是如此，但是，它们结合在一起的方式能够变化。通过改变形式，毛虫变成了蝴蝶，种子变成了果实和花朵。因此，亚里士多德既说明了变化，又说明了稳定。

你可能已经预见了某些使后来的哲学家感到苦恼的问题。比如，我们能够改变一个人多少而依然使他或她保持同一？理个发？上个大学？十年牢狱？还是变性手术？但是，在我们忧虑这些问题之前，让我们先来评价一下本质观念在亚里士多德哲学中的重要性。凭借这个观念，他能够做柏拉图用他那特有的形式观念想要做的一切，而且无需调用任何来世之物。根据亚里士多德的说法，比如，我们能够知道苏格拉底是一个人，只是因为苏格拉底的本质包括了是一个人的特性。我们能够知道马是一种动物，是因为马的本质包括了是一种动物的特性。在柏拉图那里，一个这样的概念真理是一个关于永恒形式的真理，在亚里士多德看来，形式是变化的，确切地说，一个概念真理是一个关于本质的陈述。

在中世纪哲学和现代哲学中，实体和本质的概念在关于上帝的争论中，以及随着现代科学的兴起在关于本体论的持续争议中，扮演着特别重要的角色。但是，亚里士多德的本体论，与他的前辈们的哲学相比，更加与一种令人激动的前科学的宇宙论（一种关于宇宙的本性和目的的说明）联系在一起。在中世纪，这些理论深刻地启发了伟大的基督教神学家托马斯·阿奎那，他只把亚里士多德称为“哲学家”。

- 上述三种对实体的定义是对同一件事情的表述。解释它们如何相互关联。
- 举出一个例子，说明形式—质料的结合是如何解释变化的。

为了理解亚里士多德的宇宙论,我们必须以一个人们今天非常陌生的观念开始。那就是,整个宇宙及其中的万物,都有一个目的,一个目标。“目的”或“目标”的希腊语是*telos*,因此,亚里士多德的观点被称作目的论（teleology）。目的论能够直接拿来与我们现代的科学观做个对比，后者主要是一种因果观。目的论通过寻找目的、目标来解释某物，因果解释寻求理解某物是如何发生的，而非它为了什么而发生。比如，如果有人问你为什么青蛙有心脏，目的论的回答是“为了活着，把血液输送到身体”。另一方面，因果观的回答是一个关于青蛙的遗传学、进化过程和发展的解释。如果有人问你为何一棵植物会把它的叶子转向阳光，目的论的回答是“为了朝向太阳”。相反，因果解释会提到这样一个事实：茎干某一面的细胞长得更快，某些具有感光性的化学成分使它如此这般，等等。在现代科学中，更为可取的总是因果性答案，如果确实容许一个目的论的答案，那肯定是有条件的，要么存在着一个基础性的因果解释，要么我们仍没有一个充分的因果解释（但总有一天会有）。另一方面，在亚里士多德的形而上学中，除非一个人知道一个事物或一件事所服务的目的，否则他根本不可能有一个解释。“自然从不徒劳”，这是目的论者的格言。[1]

亚里士多德认为，一切实体，每一个个别事物，无论是人、动物、植物还是矿石，都有构成其本质的自然本性、内在原则和确定倾向。比如，这是他著名的落体理论的基础：每一个物体都有其“位置”，如果物体被移动，那它会以自己的力量回到它适当的位置。那就意味着，任何有足够体积的、在地上（或地下）的物体，若被抛到空中，就会即刻落向地球。而不因空气阻力减缓的较大物体，要比较小物体下落得快。实际上，这一点在亚里士多德和他身边的人看来非常具有内在的合理性，以致他们从未对此用实验加以检验。但是，牛顿两千年之后发现的万有引力，本质上是一个因果概念。亚里士多德的解释是一个目的论的解释，希腊人觉得这一解释更具有说服力。此外，即使他们有进行一次检验的设备——当然他们没有——他们依然可能不相信所得出的答案。亚里士多德无法理解原因如何可能在远处发生作用。因此，亚里士多德认为，物体下落的原因必须在物体之中，而不在地球之中。

亚里士多德著作的初读者，最初可能会被他对原因（*aition*）这个词的使用搞糊涂了，因为它不仅包括我们一直所谓的因果解释，同样还包括目的论说明。事实上，亚里士多德列举了四种不同的原因，它们一起解释了在特定时间一物之所以为一物的原因。其中的第一个是构成它的质料，即质料因，比如构成勺子的银或组成我们身体的血肉。第二个是进行构成的原则或法则，即形式因，比如建筑师的蓝图或技工的模型。第三个是我们所说的“原因”，亚里士多德称之为动力因，即通过做某事实际上使另一件事发生的人或事件——按按钮、引爆炸弹、致电负责人。第四个是事物的目的，即终极因，也就是它的 *telos*。如今我们注意到，亚里士多德的“四因说”，比我们所谓的科学解释——它是关于自然中发生的事情的——更适合于人类活动。但这确实是亚里士多德的典范，他甚至在《物理学》中说：“如果目的存在于艺术中，那么它也必定存在于自然中。”正是终极因给我们提供了最重要的解释。

我们在解释人类活动时，能够毫无困难地理解这一点。首先，我们要知道，一个人做某事的目的是什么。但是说到自然，我们一般不会问目的，而更可能问的是（动力）因。对于动物，我们可能会问脖子那么长是为了什么目的、脚的某些特征是为了什么目的、某种毛皮是为了什么目的，但我们很少会问一种植物的目的是什么，而且会认为，对于石头、云和星星提这样的问题是不可理解的。亚里士多德和他的同胞希腊人完全不觉得这是不可理解的。实际上，他（和在他之后、十七世纪之前数以千计的科学家）相信，存在着的万物都可以根据它的内在目的和它在自然中所服务的综合目的得到说明。因此，一块磁铁确实“吸引”

1 亚里士多德在达尔文之前两千三百年就拒斥了恩培多克勒的自然选择理论，因为它不是一个目的论。

着小铁片，而星星在天空的漫游中确实有一个目的。不仅宇宙中的一切事物和生命都有其目的，而且宇宙本身也有它的目的。实际上，正是宇宙的这一终极目的，赋予了所有具体事物以意义。确实，在亚里士多德看来，宇宙整体可能没有目的这一观念是荒谬的。他最著名的论证之一，所针对的正是为何必定有一个终极目的，一个“第一（终极）因”，或他所谓的**“第一推动者”**。

亚里士多德，《形而上学》[1]

> 此外，显然存在着某种第一动因，而且无论在直接后果上还是在种类上，事物的原因都不是无限多的。因为质料不能是无限制的，一种事物出于另一种事物，不能无限制地继续下去（例如肌肉出于土，土出于气，气出于火，如此无休无止）；运动的源头也不能是无限制的（例如人由于气而运动，气由于太阳而运动，太阳由于争吵而运动，如此下去没有尽头）。同样，终极因［即目的］也不能无穷倒退——散步是为了健康，健康是为了幸福，幸福是为了其他：做某事总是为了另外一件事。这同样也适合于形式因［即本质］。因为在所有的一系列中点中，包括了始点和终点，在先之点必定是后继之点的原因；若我们一定要说这三者哪个是原因，我们应该说是“初始之点”。无论如何不是终点，因为结尾不是任何事物的原因。也不是中点，它只不过是一的原因（而且中点不存在一个或多个的区别，数字上也不存在无限或有限的区别）。但是，对于这种方式的无限制和总体上的无限制而言，所有部分都是中点，直到当下此刻。因此，倘若没有初始之点，也就根本没有原因。

简单地说，这个论证表明，目的论解释无法永远继续下去，哲学家有时称这种情形为**无穷倒退**。在亚里士多德看来，如果x存在是为了y，y存在是为了z，那么必定存在着某个解释它们所有的终极原因。对于动力因可以做一个类似的论证，即如果p使得q发生，而r使得p发生，等等，那么必定有一个初始因来结束“等等”，质料因和形式因也是如此。但是，这个无穷倒退论证最令人激动的方面是这样一个观念，即宇宙本身必定有一个目的，一个终极因，一个“第一推动者”，亚里士多德把它描述为“纯粹思想，即思考自身”。它是一个模糊但迷人的观念，基督教神学后来用它作为对基督教上帝的一个恰当描述（见第4章）。但是，亚里士多德的第一推动者没有多少犹太教—基督教—伊斯兰教的上帝的特征；他（它）没有创造宇宙，也没有特别地眷顾人。这个第一推动者更多地是一个形而上学的必然性，而不是一个可敬的崇拜对象。亚里士多德像绝大多数希腊人一样，认为宇宙是一种类似于宇宙有机体的东西，它具有一个终极目的，这个终极目的就是思考自身，这种说法不会太牵强。

我们能够理解这种宇宙论如何成了许多哲学家、诗人和宗教人士的一个灵感来源。比如，在较为新近的几个世纪中，它常用作现代牛顿式科学的分解性唯物主义的一个受人欢迎的替代方案（如我们将在莱布尼茨那里看到的那样）。联系到亚里士多德的本体论的技术性细节，

---

1 Aristotle, *Metaphysics*, trans. Hugh Tredennick, Cambridge, MA: Harvard University Press, 1933. 中译文见苗力田主编：《亚里士多德全集》第七卷，苗力田译，北京：中国人民大学出版社，1993 年，第 60—61 页。

它是一种极具想象力的宇宙论：一个有目的的宇宙图景，它按照自己的目标和原则发展。这幅迷人的图景，依然是无生命的物理宇宙的一个充满吸引力的替代方案，而无生命的物理宇宙，是我们的现代科学观的绝对中心。

- 在科学中，我们在多大程度上依然依赖于目的论解释？
- 除科学外，我们还在别的领域利用或寻求目的论解释吗？

E. 现代形而上学

整个中世纪，哲学家和神学家们发展出了诸多精心阐述的形而上学体系，其中许多直接或间接地衍生自柏拉图和亚里士多德的理论。所有这些理论都内在地相信，世界最终是可理解的，理性能够辨识的实在真理不仅是真的，而且必然是真的。在这个丰饶的哲学千年中（从罗马帝国晚期到文艺复兴和宗教改革），欧洲的哲学和神学几乎成了唯一的学科，这种情形一直持续到十六世纪和十七世纪"新"科学的兴起。那个时候所发生的一系列革命证明了讨论"现代的"哲学纪元的开端的正当性。使这些革命凸显的并非是它们与宗教和神学的分离（其中绝大多数哲学家都是虔诚的有神论者，上帝在他们的思想中扮演着重要角色），而在于它们是一种新的大胆的思想，这种思想常常与教会权威相抵触，而形式上具有令人侧目的新颖性。这些革命的鼻祖是勒内·笛卡尔（我们在此前的导论中就已提到他），他的哲学对于一些非常古老的形而上学思考方式而言，代表着一种极其新式的转向。（我们应该记住，一个思想家无论多么大胆和才华横溢，都无法独自带来一场革命。好几代人为笛卡尔的革命铺好了道路。）

笛卡尔的形而上学源自古老的关注，尤其是源自于亚里士多德的实体观念，后者在犹太—基督教和阿拉伯—伊斯兰教神学的相互干涉的中世纪期间有所发展。它也是现代科学的产物，后者在哥白尼和伽利略，以及不久之后的艾萨克·牛顿爵士这些天才的引领下迅速发展。与亚里士多德一样，笛卡尔的中心关注之一是目的论，世界的目的性，但是，在新的宗教氛围中，目的性问题完全集中于所有目的最终得以解释的存在，即犹太教—基督教—伊斯兰教的上帝。但是，这种目的感（或终极因果性）开始与已经支配着现代科学的动力因和质料因观念背道而驰。随着现代科学和现代世界的诞生，信仰的目的论识见与科学的因果性解释之间的冲突，就不可避免了。

然而，现代形而上学最引人注目的新成分是这样一个概念，它事实上在古代形而上学中毫不起眼，那就是心灵或意识观念。固然，希腊人也谈论他们的心理状态。（比如，亚里士多德对诸如愤怒这样的情感有过长篇讨论。荷马常常描述他笔下的英雄的心理，但所用的几乎总是生理学术语。）但是，作为自我包含的舞台——当代哲学家丹尼尔·丹尼特（Daniel Dennett）称之为"笛卡尔剧场"——的心灵观念显然是新的。人们可以追溯这一观念数世纪以来通过基督教对灵魂和内在的个人体验的日益强调所获得的发展，但是，只有在现代形而上学中，我们才获得这一成熟的观点：构成世界的是心灵，即事物的终极实在是心灵。通常，这种观点被称作**观念论**。在一些古怪的哲学家看来，观念论可能意味着世界的实在是某人的个别心灵的功能，但是，如我们将要看见的那样，绝大多数观念论者的心灵中有比这宏大得多的东西。比如，一些哲学家从中世纪的基督教中得出他们的观点，认为根本上只有一个心灵，或一个至高的心灵，那就是上帝的心灵。另一些哲学家认为，心灵遍及万物，包括上帝和别的一切事物。在某种意义上，这种观点是合理的：我们认识到，我们对现实事物的了解，只能通过它们对我们心灵的（直接或间接）作用。但是，它们只是因为我们的心灵而存在是否是一个更加激进的主张，我们的心灵是否“自由地”构想事物和决定我们的行动这一观点，根据现代科学来看，都将成为哲学最紧迫的关注之一。

笛卡尔的形而上学体系，是最新的科学和数学理论（其中一些是他的发现）、既定神学和心理学这门新科学的一个混合。方法本身（导论中有简要的论述）基于数学证明的模型，从自明的前提出发，演绎地推出同样确定无疑的结论。在接下来的第2章中，我们会考量笛卡尔对于知识的贡献——以及以他的我思（*Cogito*，“我思故我在”）开始的著名论证。这里，我们首先要考量笛卡尔那同样著名的关于世界的形而上学模型，它为此后的许多哲学奠定了基础。（心灵与身体截然不同这一基本观念，依然被称作笛卡尔的二元论。）接着，我们要考察笛卡尔的两个最为著名、最具才华的追随者，他们提出了完全不同于他自己——甚至与之相对——的精致的形而上学体系。第一个是一位犹太哲学家，因其异端邪说而被革除教籍，在阿姆斯特丹的郊区贫困地过完一生。他就是**别涅迪克特 · 德 · 斯宾诺莎**（Benedictus[1] de Spinoza，1632—1677）。第二个是比他稍年轻的同时代人**戈特弗里德 · 威廉 · 冯 · 莱布尼茨**（Gottfried Wilhelm von Leibniz，1646—1716），德国第一位伟大的现代哲学家。他们一起为我们呈现了现代西方形而上学的经典，三种完全不同的关于世界之本性的沉思。

1. 勒内 · 笛卡尔

现代形而上学始于笛卡尔坚持把完全的确定性和数学推理作为正当的方法论。撇开方法论不说，形而上学可是从古希腊到中世纪哲学的一项持续事业，而笛卡尔正是它的直接继承者。比如，我们不应对以下情形感到惊讶：笛卡尔形而上学的中心概念是实体，他关于实体（以及术语本身）的定义直接来自亚里士多德：“一种以如下方式存在的东西，即其存在无需他物的东西。”（斯宾诺莎和莱布尼茨都追随笛卡尔把实体作为他们的中心概念，而且他们在方法上也追随他。这三个哲学家通常被放在一起，形成一个叫做理性主义的独特的思想流派。）

笛卡尔的形而上学，根据（伽利略和其他人发展出来的）“新”科学与罗马天主教会的既定权威之间不朽的历史冲突，能够得到最好的理解。笛卡尔，就像绝大多数追随他的最重要的哲学家一样，既是新科学的热衷者——事实上他是对科学及其数学基础做出重要贡献的人之一——也是一位宗教徒。他无法容忍这一观念：科学应该用一个无神的、非道德的、唯有“物质运动”的宇宙，取代井然有序的、富有意义的基督教世界观。笛卡尔也不赞同如下观点：科学应该把人的存在——尤其是思考的自我——简化为另一种纯粹的机器。（人们常常注意到笛卡尔确实认为动物是纯粹的机器：我们如此大方地认为它们是通过学习和对环境作出反应获得的东西，事实上不过就是一种机械调整。）因此，他的形而上学把世界分为三种“实体”：上帝、心灵或自我，以及物质的存在。当然，后两种实体由上帝创造并依赖于上帝。

1 出生时名为巴鲁赫（Baruch），他被革除犹太教信仰后改名。

确实，笛卡尔的所有研究，都始于这样一个证明：世界的存在（以及人们关于它的知识）都依赖于上帝之善这个假设。由于上帝是理性的、和善的，因此我们能够（适度地）相信我们自己关于世界的有限知识。（我们在接下来的一章中会考察其中的一些证明和论证。）但是，既然（心灵和物质的）世界依赖于上帝，那么，科学留给我们一个无神的、无意义的、机械的宇宙，就没有任何危险。用亚里士多德式的术语来说，宇宙的最终原因是“终极”（或目的）因，而不是“动力”（或机械）因。物质世界是上帝的创造，它必须通过科学根据和因果机制得到理解，尽管如此，它依然是在上帝旨意的领域之内。

在自然的领域中，有两（种）实体，心灵和身体。由于都是实体，因此它们完全不同且彼此独立。这种“笛卡尔式的二元论”的一个直接好处就是，心灵科学和身体科学（如同神学和科学）不会也无法彼此相矛盾。既然存在着一种自我的科学和一种物理的科学，因此，没有理由认为科学会否定自我的自由，也没有理由担心科学最终会与神学相冲突。对于身体而言正确的东西，对于心灵而言并不正确，反之亦然。身体可能完全受到物理规律的限制，而心灵则是自由的。

那么，按照笛卡尔的说法，什么是实体？他描述了三种不同的实体：

勒内·笛卡尔，《论实体》[1]

原理LI

何谓实体，这个名词在应用于上帝和他的造物时，意思不一样。

至于我们认为是事物或事物样式的东西，我们必然应在这里对它们一一加以考察。所谓实体，我们只能理解为这样一种能自己存在而其存在无需任何别的事物的事物。事实上，我们只能理解一个完全无需任何别的事物的唯一实体，那就是上帝。我们知道，所有其他事物之所以能存在，只因借助于上帝的聚合。那就是为什么说实体一词在同一意义上应用于上帝和其他事物的原因，用经院中的术语来说就是，我们并不能清晰地理解这个名称同样地应用于上帝和其他事物的共同含义。

原理LII

这个术语可以在同一意义上应用于心灵和身体，以及我们如何认识实体。

然而，被造的实体，无论是有形体的还是思考的，都可以在这一共同概念下设想，因为这些事物只需上帝同时存在就能存在。但是，仅仅从它是一个存在着的事物这一事实无法发现实体，因为这一事实本身不能为我们所观察到。不过，我们却容易通过

1 René Descartes, *Principles of Philosophy*, in *The Philosophical Works of Descartes*, trans. Elizabeth S. Haldane and G. R. T. Ross, Cambridge, MA: Cambridge University Press, 1911.

实体的任一属性发现它，这是因为这样一个共同观念：任何属性或特性或性质，都必定有一种东西作为依托。因此，只要我们知觉到属性，我们就可以推断说，这一属性所归属的某个存在着的事物或实体必然存在。

原理 LIII

每一个实体都有一种主要属性，心灵的属性是思想，物体的属性是广延。

不过，尽管任一属性都足以使我们知道有一个实体存在，但实体总有一个主要属性构成它的本性和本质，并且成为其他所有属性的依托。因此，**长、宽、高这三种广延，构成了有形实体的本性；思想构成了思考的实体的本性**。所有别的可以归属于物体的属性，都预设了广延，它们仅仅是这一广延实体的一种样式；同样，我们在心灵中发现的一切，仅仅是思考的诸多不同形式。因而，比如，我们无法不把形状设想为一种广延之物，不把运动设想为一种广延空间；同样，想象、感觉和意志，只能作为一种思考之物存在。但是，相反，我们能够设想没有形状或行动的广延，没有想象或感觉的思考，其他实体也是如此；任何注意到这些事的人，都非常清楚这一点。

这就是说，笛卡尔追随亚里士多德，认为任一事物要么是一个实体，要么是实体的一个属性，而实体（与属性相对）是能够被独立思想到，且能够独立存在的。严格来说，只有上帝才是如此。但我们也可以这样来定义物质实体和心灵实体。笛卡尔对我们说，定义物质实体的是其空间中的广延。与此相对，心灵是非广延的；也就是说，思想无法（像一只木箱子那样）在物理的空间维度中拥有一个位置。

原理 IV

物体的本性只在于……广延。

就其普遍意义而言，物质或物体的本性，不在于它是硬的、重的或有颜色的，也不在于以某种其他方式作用于我们的感官的东西，而只在于这样一个事实：它是一个在长、宽、高方面可延展的实体……如果我们的手每次朝某个方向运动，那里的所有物体都以我们的手接近它们的速度同样的速度后退，那我们就永不会感到硬度。但是，我们没有理由相信，这样后退的物体因此会失去其所以为物体的本性。由此可见，物体的本性并不在于硬度。同样，我们可以看出，我们在有形物质中知觉到的这种重量、颜色和所有其他性质，纵然都排除于物质之外，物质在此时依然是完整的。由此可见，物体的本性完全不依赖这些。

原理XIII

外在空间是什么……

位置和空间这两个词与处于一个位置的物体所意指的没有什么不同，前者所指示的只是物体的体积、形状，以及在其他物体中的位置……比如，一只船开到海上，一个人坐在船尾，我们如果从船的各个部分来看，那这个人可以说是在一个场所。但是，如果从邻近的海岸来看，那这个人显示在不断变换位置……但是，我们如果最后相信，宇宙中并没有真正不动的点（后面将指出的这一点是可能的），我们就会因此断定，任何事物，除了在我们的思想中使之固定不变之外，都没有固定不变的位置。

物理本性是由机械的因果规律支配着，而心灵实体（心灵、自我）则是由其自由规定的。

原理XXXIX

意志自由是自明的。

最后，我们分明具有一个能够同意或不同意的意志，这一原理可以算作是我们与生俱来就有的最初的最普通的观念之一。我们之前就已经明白，因为我们在试图怀疑一切的同时，甚至假设创造我们的那位用其无限权力在各方面欺骗我们，我们还是觉得自己有一种自由，借此我们能够不相信那些稍不确定、稍可怀疑的事物。可是在这种时候，我们不能怀疑的事物，仍然同我们一向所能知道的任何事物一样自明、一样清楚。

但是，心灵不仅"意愿"，而且去理解。我们知觉世界，并且认识其中的物体。可是，既然物理世界与心灵是两个截然不同的实体，那它们之间如何能够有一种连接呢？答案是我们有观念，它是心灵的状态，却表征了作为其原因的世界中的物体。然而，这却引发了许多古代的和现代的问题。笛卡尔像柏拉图和亚里士多德一样，深信理性及其偏爱的方法（例如数学），而轻视来自感官的知觉和信息。感官会欺骗我们，而且我们总是基于感觉经验作出不成熟的判断。比如：

勒内·笛卡尔，《第六沉思》[1]

当我觉得脚上疼的时候，我的物理学知识告诉我，这个感觉是通过分布在脚上的

---

1 René Descartes, *Meditations on First Philosophy*, in *The Philosophical Works of Descartes*, trans. Elizabeth S. Haldane and G. R. T. Ross, Cambridge, MA: Cambridge University Press. 1911. 中译文见笛卡尔:《第一哲学沉思集》,庞景仁译，北京：商务印书馆，1986 年，第 91—92 页。

神经传来的，这些神经就像绳子一样从脚上一直通到大脑，当它们在脚上被抻动的时候，同时也抻动了大脑里面这些神经的起点和终点的那个地方，并且在那里刺激起了为了使心灵感觉疼的而制定的某一种运动，就好像在脚上疼似的。可是因为这些神经要从腿上通到大脑里，就一定经过腿、臀部、腰部、背和颈，所以也有这样的可能，即虽然它们在脚上的末端并没有被抻动，而仅仅抻动它们经过腰或颈的某些部分，也会在大脑里刺激起一些和脚上受伤所接到的同样运动，然后心灵也将必然觉得脚上疼，就好像脚上受了伤似的。我们的感官的其他各种知觉，情况也应该是这样的。

从以上这些就可以明显地看出，尽管有上帝的至善，人的自然本性，就人是由心灵和身体组合而成的来说，有时不能不是欺骗的一个来源。

但是，除了知觉带给我们的那些观念之外，观念还有另一个来源。即也存在着天赋观念，它们是上帝灌输给我们的观念。由于天赋观念，我们能够知道某些命题肯定为真（例如，几何学命题，柏拉图也曾这样主张）。而且，正是由于天赋观念，我们能够推理，尤其是能够做哲学、认识上帝和普遍真理。但是，甚至在这里，我们也必须要注意笛卡尔与他的古代前辈之间的一个显著差异。柏拉图和亚里士多德声称要认识实在本身（无论它是由形式还是由本质构成）。而笛卡尔最终主张，我们认识的只是观念。而且，笛卡尔那里一直存在的心灵与世界之间的鸿沟，古代人从未承认和接受。因此，或许可以说，天赋观念学说在笛卡尔哲学中所起的作用要比它在柏拉图哲学中所起的作用更为基本。尽管如此，在他那个时代，笛卡尔还是被罗马天主教会指责为僭越了我们的知识要求：人类心灵通过天赋观念能够接近真理。他的这个主张依然是对教会的一个挑战，挑战了教会作为所有终极问题的唯一权威这一主张。

然而，笛卡尔哲学所面临的最困难的问题是各种实体之间的关系。若所谓的实体依赖于上帝，那上帝是如何创造一个实体的？比如，如果实体会在我们内部造成一个知觉，那么一个实体与另一个实体是如何像物理对象必定会的那样相互作用的呢？一般地说，心灵和身体是如何相互作用的呢？根据笛卡尔的说法，它们必定会相互作用。根据定义，实体是截然不同和彼此独立的，而相互作用似乎是相互依赖而不是逻辑上的可能。这些是最为斯宾诺莎和莱布尼茨所烦恼的问题——这些问题在随后的许多年里规定了大部分的哲学。（我们会在本章关注斯宾诺莎和莱布尼茨，而会在第3章看看别的思想家是如何处理这些问题的。）

随着现代科学的兴起，人们普遍接受这样一个观点：宇宙或许是上帝所装配的一架巨型机器，但无论如何，它都是一台协调良好的、可预测的机械装置。艾萨克·牛顿发现因果性的运动定律和万有引力定律，只不过是把形成了数世纪之久的科学世界观推到了巅峰而已。而且，尽管古代的万物有灵论依然存在，信仰上帝和神灵实际上依然非常普遍，但是，现代机械的实在观是任何形而上学家都绝对无法避免的一个考虑。

斯宾诺莎和莱布尼茨都充分理解这种现代的科学观，但是他们各自对它的解释很不一样。他们都是宗教徒。（反讽的是，斯宾诺莎被诬蔑为一个无神论者，他的哲学在欧洲的绝大部分地区遭到禁止。）他们都接受笛卡尔的“理性主义的”演绎方法，都沿着几何学体系的路线提出他们的思想。他们都从考量实体概念开始。然而，斯宾诺莎是作为一元论者出现的，而莱布尼茨是作为多元论者出现的。在审察他们令人印象深刻的思想体系时，重要的是要时刻记住我们快速回溯过的漫长历史，基督教和科学的强有力影响，最重要的是各种形而上学问题，我们将在第2章中回到这些问题上来。

- 笛卡尔的二元论与柏拉图的实在观之间的相似处是什么？
- 根据笛卡尔的说法，我们感知到实体了吗？如果没有，我们感知到的是什么？
- 笛卡尔为何认为身体是欺骗的一个来源？用你自己的经验作为证据来支持这一主张。

2. 别涅迪克特 · 德 · 斯宾诺莎

斯宾诺莎的《伦理学》是哲学界实质地公认为绝对经典的少有的现代著作之一。它是作者仅有的主要著作。斯宾诺莎是一位热心的政治改革家，这一点尤其体现在宗教宽容问题上，以致在自由的阿姆斯特丹，他都成了众所周知的危险人物。下述这部著作，如我们将要看到的那样，不仅是一项伦理学研究，而且也是他对宽容问题最有说服力的贡献。斯宾诺莎对上帝及其与宇宙的关系提出了一个激进得令人震惊的新解释。对于我们在宇宙中的角色，他提出了一个同样令人震惊的学说。因此，在我们试图去理解关于“实体”的这些费力的陈述和证明时，要时刻对斯宾诺莎教给我们看待世界的方式的急剧变化，以及他对于犹太教激进的再思考，保持一种开放心态。

别涅迪克特 · 德 · 斯宾诺莎（1632—1677）：斯宾诺莎出生时的名字为巴鲁赫，西班牙宗教迫害逃难者的儿子。他自阿姆斯特丹出生和长大，那是一个相对而言比较宽容的地方，但仍因宗教仇恨而充满危险。他开始是被作为一位拉比进行培养的，但他自己也熟悉基督教神学。他一直是一位漫步乡村的隐居者，以磨制镜片维生，后因他人告发他有异端信念而被驱逐出教门。他最著名的书是《伦理学》（1677）。在书中，他把上帝重新做了激进解释，使其等同于宇宙（泛神论），并且认为，面对一个完全被决定的宇宙，人类的斗争是没有意义的。

斯宾诺莎从一组定义开始：

别涅迪克特 · 德 · 斯宾诺莎，《伦理学》[1]

定义

I. 自因，我理解为这样的东西，它的本质即包含存在，或者它的本性只能设想为存在着。

II. 凡是可以为同一性质的另一事物所限制的东西，就叫做自类有限。比如，一个物体被称为有限，就是因为我们总是设想另一个更大的物体。同样，一个思想可以为另一个思想所限制，但是物体不能被思想限制，思想也不能被物体限制。

III. 实体，我理解为在自身内并通过自身而被设想的东西：换言之，实体的概念可以独立于任何其他概念而形成。

IV. 属性，我理解为由知性看来是构成实体的本质的东西。

V. 样式，我理解为实体的分殊，或者在他物内并通过他物而被设想的东西。

1 Benedictus de Spinoza, *Ethics,* in *The Rationalists*, trans. R. H. M. Elwes, New York: Doubleday, 1960. 中译文见斯宾诺莎：《伦理学》，贺麟译，北京：商务印书馆，1999年，第3—4、4、5—6、6—8、8—9、9—10、10、15—26、27—36、87页。

VI. 上帝，我理解为绝对无限的存在——即具有无限多属性的实体，其中每一属性都表示永恒无限的本质。

VII. 凡是仅仅由自身本性的必然性而存在、其行为仅仅由自身决定的东西叫做自由。另一方面，凡是其存在或行动均以一定的方法为外在于它自身的某物所决定的东西，叫做必然或受制。

VIII. 永恒，我理解为存在自身，就存在被理解为只能从永恒事物的定义中必然推出而言。

这些定义听起来比它们的实际情形令人生畏得多。首先注意一下，这些术语和定义与我们从亚里士多德那里获得的术语和定义有很多相似：比如，实体被定义为基本“基质”，它具有各种各样的特性却只依赖于自身，且无需借助思考他物就能思考自身。另一方面，属性和样式是特性：属性构成一个实体的本质特征，样式是属性的分殊。（比如，有一个身体是实体的一个属性，金发蓝眼则仅仅是样式。）自因类似于亚里士多德的第一推动者，但有一些非常重要的差异。斯宾诺莎的“推动者”被认为等同于宇宙，而斯宾诺莎的“上帝”不仅仅是亚里士多德那里的“思考自身的思想”。但是，如这些定义和公理所概述的那样，整个体系的基本出发点是亚里士多德的实体观念。与古代的形而上学家一样，斯宾诺莎坚持认为，真正存在的无论是什么，它都是永恒存在着（定义 VIII）。但那也意味着——不可能有造物和造物主！

就像在几何学中，紧接着定义的是一组公理，即无需加以辩护的显明原理。在平面几何中，“直线是两点之间最短的距离”，就是这样的一个公理。乍一看，斯宾诺莎的公理或许没有那么显明，这部分是因为不熟悉他的形而上学术语。

公理

I. 一切存在的事物，不是存在于自身内，就是存在于他物内。

II. 凡是不能通过他物来设想的事物，必定通过自身被设想。

III. 如果有确定的原因，就必定有确定的结果相随，另一方面，如果没有确定的原因，则不可能有结果相随。

IV. 结果的知识依赖于并包含着原因的知识。

V. 凡是彼此没有共同点的事物，一物无法借助另一物得到理解，即一物的概念不包含另一物的概念。

VI. 真观念必定符合它的客体或对象。

VII. 凡是可以设想为不存在的东西，它的本质就不包含存在。

你们可以看到，这些公理所遵循的顺序近似于定义的顺序，尽管公理并非严格地出自定义，但是在绝大多数情形中，公理是基于定义的。比如，公理I与定义I一样，涉及的是一切事物都有一个解释这一观念。定义I尽管是根据“原因”（“自因”）陈述的，但涉及的是只要能被设想就必定存在的东西。公理I说的是，一切事物要么通过自身是可解释的（即“自因”），要么通过他物是可解释的。

同样，定义II使用了一个专门术语（“自类有限”）来谈论只能通过关联更大的事物得到解释的事物，而公理II说的是，任何无法通过他物得到解释的事物，必定只需根据自身得到解释（又是“自因”）。公理III和IV概述了基本的因果原理，即一个原因必然使其结果发生，若没有原因，就不会有相应的结果，而结果的知识依赖于对原因的认识。[这些原理在形而上学与科学和知识理论中有一个漫长的、重要的历史。它们在斯宾诺莎的决定论（一切发生之事必然有其原因）和一般的“决定论”学说中将扮演一个关键角色。这些在第6章会有详细论述。] 公理V至VII回到了公理I和II开始的解释这一中心主题。公理V强调，只有两物具有“共同点”，一物才能够根据另一物得到解释。因此，你可以根据一个物理事件来解释另一个物理事件（因为它们具有某种共同的物理特性）。公理VI重复了我们在导论结尾阐明的重要假设，即我们的观念能够把握实在。[这一公理也陈述了一个表面看来简单的真理论，即通常所谓的“真理的符合论”，它指的是“一个真观念与世界中的某个真实事实（客体或对象）的符合”。] 公理VII回到了“本质包含存在”的观念，换言之，即自因的东西，或是实体，或是上帝。不过，公理VII采取的是否定性的陈述，说的是，如果我们能够设想某物不存在（比如，我们能够想象生活在一个没有高速公路、没有星星甚至没有人的世界是个什么样子），那么“它的本质就不包含存在”。换句话说，存在不是它的基本特征之一，而且它不是“自因”。

这些公理的一般主题是，一切事物都有一个关于它的存在的解释，要么通过关联他物得到解释，要么因为它是“自因”或自我解释，即它的“本质包含了它的存在”，或者它完全“在自身内并通过自身被设想”。最后这个表述出自“实体”的定义（定义III），因此，你甚至能够在他的公理和定义中，看清斯宾诺莎是如何确立他的主要论题的——即只能有一个实体。

从这些定义和公理出发，他认为这些定义和公理是不可反驳的，斯宾诺莎开始了他的“命题”的“证明”，这些命题就像欧式几何的定理，后者出自于“线”“点”和“平行线”这些术语的定义。此外，这些命题看起来令人生畏，但它们的哲学重要性却是清楚的。

命题

命题I. 实体按其本性必先于它的分殊。

证明：据定义III和V，这一点清楚明白。

命题II. 属性不同的两个实体之间没有共同点。

证明：据定义III，这一点也很明显。因为每一个实体必存在于自身并通过自身被设想，换言之，一个实体的概念不包含另一个实体的概念。

命题III. 彼此没有共同点的事物，一物不能为另一物的原因。

证明：如果它们没有共同点，那么可以断定一物不能借助另一物得到理解（公理V），所以，一物不能为另一物的原因（公理IV）。此证。[拉丁语为quod erat demonstrandum，传统逻辑用语，意思是“由此被证明”，常缩写为Q.E.D。]

命题IV. 两个或多个不同事物之间的彼此区分，要么是因实体的属性不同，要么是因实体的分殊不同。

证明：一切存在的事物，要么存在于自身内，要么存在于他物内（公理I），那就是说（根据定义III和V),在知性外面,除了实体及其分殊之外,没有别的事物。所以,在知性外面,除了实体之外,或者换言之(见公理IV),除了实体的属性和分殊之外,没有什么东西能用来区分众多事物。此证。

命题V. 宇宙中无法存在着两个或多个具有相同本性或属性的实体。

证明:如果有好几个不同的实体,那它们之间的区别必定要么是因为属性的不同,要么是因为分殊的不同(命题IV)。如果区别只在于属性的不同,那么要知道,具有相同属性的实体只有一个。如果区别在于分殊不同——实体按其本性必先于它的分殊(命题I)——那可以抛开分殊不论,而考量实体自身,换言之,确实(定义III和VI)无法设想实体之间的不同——也就是说(根据命题IV),不能有多个实体,而只能有唯一的实体。此证。

命题VI. 一个实体不能通过另一个实体产生。

证明:宇宙中存在着两个具有相同属性的实体是不可能的,也就是说,两个实体之间没有任何共同点(命题II),因此(命题III),一个实体不能是另一个实体的原因,一个实体也不能通过另一个实体产生。此证。

迄今为止,主要观点十分简单:如果存在着不止一个实体,那实体之间也绝无可能彼此联系。因此,根据归谬法,只存在着一个实体。在接下来的命题(尤其是命题VIII的注释)中,这一点再次得到了证明:

命题VII. 存在属于实体的本性。

证明:实体不能通过任何外物产生(命题VI的推论),所以,它必定是自因——即它的本质必然包含存在,或存在属于它的本性。

命题VIII. 每一个实体必然是无限的。

证明:具有相同属性的只能是一个实体,而且其存在出自于它的本性(命题II),所以,它的本性包含了存在,其存在或有限或无限。它不能是有限的存在,因为(根据定义II)它必定为另一个具有相同性质的实体所限制,而这另一个实体也必然存在(命题VII),这样就有了两个具有同样属性的实体,这是荒谬的(命题V)。所以它是无限的存在。此证。

注释:无疑,那些对事物没有严肃思考,而且不习惯去认识事物的第一因的人,难以理解命题VII的证明:因为这种人不能区分实体的分殊与实体自身,不知道事物的产生方式,因此,他们难免因在自然物体中看到起始而认为实体也有起始。那些不知道真正原因的人,总是混淆一切——认为树与人一样,可以说话,认为人是由石头造成的,或者认为人是由种子长成的,并且想当然地以为每一形式都可以转换成任何别的形式。因此,那些混淆了神性和人性这两种本性的人,也容易把人的激情加于神,那些不知道激情如何源于心灵的人尤其会如此。但是,如果人们去考量实体的本性,那他们就不会怀疑命题VII的真理。事实上,他们会认为这一命题是一个普遍的公理,进而把它当做一种常识。因为,实体被理解为在自身内并通过自身被设想的东西——也就是说,要想认识实体概念,无需借助他物的概念;反之,分殊存在于外在于它们自身的事物中,要想形成一个关于它们的概念，必须借助于它们存在于其中的事物的概念。所以，我们对于不存在的分殊，也可以有真观念。因为，尽管它们在设想着的理智之外并没有真实的存在，但它们的本质包含在外在于它们自身的事物中，所以它们可以通过这一事物被设想。实体能够拥有的唯一真理虽然也外在于理智，但必定存在于它们的存在中，因为它们通过自身被设想。所以，一个人若一面说他有一个清楚明白的——即真的——实体观念，一面又说他不能确定这样的实体是否存在，那他的错误与如下错误没有什么不同：他一面说他有一个真观念，一面又说他不能确定这个观念是否虚假（稍稍思考即可明白）；或者，若有人断言实体是被创造的，那他等于是说一个虚假的观念是真的——简言之，极其荒谬。于是，我们必须承认，存在作为实体的本质乃是一个永恒真理。因此，我们能通过另一个推理过程作出如下结论——只存在一个这样的实体。

最后这个表述概括了整部《伦理学》的主要学说，即存在着而且只存在着一个实体。注释中的这个论点，即实体的本质包含了它的存在，在整个中世纪是一个非常流行的论点。很简单，这个论点是说，如果你能想象某物的本质包含了存在，那你就知道这个事物必然存在。通过进一步的离题（但这是一个常常包含了最高程度的哲学的离题），斯宾诺莎采用了亚里士多德的主张：一切事物（或所有事件）必有其原因：

每一个个别的存在物都必然有其应该存在的原因。

这一存在原因，要么包含在所定义事物的本性和定义中，要么包含在那定义之外。

这一断言为亚里士多德的“第一推动者”论证提供了基础。不过，与亚里士多德不同的是，斯宾诺莎对“无穷倒退”观念没有任何不安。在他看来，宇宙在时间上永远向后延伸，一直存在，绝不生成。

接下来是只存在一个实体这一观点的展开：

命题IX. 一事物拥有的实在或存在越多，它所具有的属性就越多（定义IV）。

命题X. 实体的每一个具体属性必定是通过自身被设想的。

证明：属性是知性理解为构成实体的本质的东西（定义IV），所以，必定是通过自身而被设想（定义III）。此证。

斯宾诺莎继续解释说，尽管我们可以分开思考不同的属性（比如，认为心灵和身体彼此完全不同），但我们无需得出这样的结论：它们是不同的实体。毋宁说，它们是同一个实体的不同特性。随后他总结说：

因此，绝对无限的存在必然应规定为具有无限的属性，其中每一个属性都表达了某种永恒无限的本质，这也是最明白不过的。

如果现在有人问我，他可以根据什么标志区分不同的实体，那就让他看看下面各命题，如此即明白宇宙中只有一个实体，而且这个实体是绝对无限的，因此，寻求这样的一个标志只能是徒劳。

现在，这看起来比较复杂，但是，通过考察我们此前的本体论和宇宙论问题，我们还是能够理解它的直接意义：首先，“斯宾诺莎认为存在（必定存在）多少个实体？”只有一个——他就像最早的前苏格拉底哲学家一样，是位一元论者。笛卡尔，斯宾诺莎最近的前辈，曾主张有三种实体：身体、心灵和上帝。可是，斯宾诺莎认为，实体的定义必然导致这样一个结论：只有一个实体，人身体和心灵不过是这一实体的属性，而不是实体本身。

因此，对于我们的第二个本体论问题——“何种实体？”——的回答是“一种无限的实体”，我们无法认识它的全部本性。但是，我们至少认识它的两个特性，即身体和心灵。现在我们注意到，这是在围绕困扰着笛卡尔的问题打转（见第5章）：根据定义，实体是彼此独立的，那么，不同实体是如何相互作用的（我们的第四个问题）？如果心灵和身体是独立的实体，那它们是如何结合在一起形成一个人的？在斯宾诺莎看来，既然只有一个实体，那这个问题就不会产生。至于我们的第三个问题：“我们如何区分不同的事物（属性、身体和心灵）？”斯宾诺莎的回答稀奇古怪：根本上只有一个身体，那就是物理宇宙，只有一个心灵，那就是宇宙中的所有思想（它们都是唯一实体的不同属性）。这就意味着，我们的身体（“我的”身体与“你的”身体）之间的区别，我们的身体和物理宇宙的其余部分之间的区别，根本毫无根据，只是一个在现实中没有基础的人性借口。但是，更让人惊讶的是这个观念：只有一个唯一的心灵，我们的个别心灵只是“它的部分”（即具体样式），根本不是什么个别的心灵！所以，你所骄傲的你的“个性”，在现实中毫无基础。你只是唯一的宇宙实体即宇宙的一部分。

但是，宇宙也是上帝。这就是斯宾诺莎的体系看似天真的隐晦之处，也正是这一点成了被整个欧洲所禁止的异端邪说。根据命题X，斯宾诺莎已经证明上帝、实体和自因是一回事。在接下来的几个命题中，他证明上帝必然存在（我们在第2章中会看到类似的证明）。另外，命题XIV：“除了上帝，不能承认或设想任何实体”。这就意味着上帝和宇宙是一回事。这种立场，被称作泛神论（字面的意思是“万物皆上帝”），甚至在自由的阿姆斯特丹这也被认为是亵渎神圣的。与所有传统的犹太教—基督教教义不同，它意味着上帝没有独立于宇宙的存在，所以他不能是宇宙的创造者。再次看看定义VIII的解释，然后看看命题XV及其之后的那些命题：

命题XV. 一切存在的东西，都存在于上帝之内，没有上帝，就不能有任何东西存在或被设想。

命题XVI. 从神之本性的必然性，必定能推出无限多样的无限多事物——即所有事物都在无限的理智领域中。

命题XVII. 上帝只按照自己本性的法则行动，而不受任何别物的强迫。

命题XVIII. 上帝是万物的内因，而不是万物的外因。

命题XIX. 上帝及上帝的一切属性都是永恒的。

命题XX. 上帝的存在及其本质是一回事。

命题XXI. 所有出自上帝的任何属性的绝对本性的事物，必定永远存在而且是无限的，或者，换言之，凭借这个属性而成为永恒无限的。

命题XXII. 凡是出自上帝的任何一个属性的事物，只要它处于一个由这一属性而必然无限地存在着的分殊状态中，那这个事物也必然无限地存在着。

命题XXIII. 一切必然无限地存在着的样式，必定要么出自上帝的某一属性的绝对本性，要么出自必然无限地存在着的一种属性的分殊。

命题XXIV. 上帝产生的事物，其本质不包含存在。

命题XXV. 上帝不仅是万物存在的动力因，而且是它们的本质的动力因。

是的，斯宾诺莎信仰上帝。但是，在他看来，上帝与宇宙没有什么不同。上帝几乎没有任何传统上归之于他和让人崇拜他的那些特征。比如，斯宾诺莎在已经说过的话的基础上继而表明，上帝没有意志，他什么也不做，他根本上不关心任何事物，包括人类。这个科学的世界观如此冷酷无情，以至于牛顿这样的人也为之震惊。但这并不意味着斯宾诺莎是一位唯物主义者，恰恰相反，他不断重申“上帝的无限属性”，而我们能够认识的只有两种（你还能想象某种别的属性像什么吗？），这就是说，上帝不仅是物理存在，而且（至少）也是心灵存在。

不过，科学观点最显著的地方，是斯宾诺莎对我们所谓的决定论的辩护，这种学说认为，宇宙中的每一件事必然是作为某个原因的结果发生。而终极的原因是上帝，即宇宙本身。此外，这些术语虽然来自亚里士多德，但斯宾诺莎并不相信宇宙有什么目的，强调这一点很重要。他也不相信宇宙或上帝有始有终，因此，他再一次以直接从实体定义中推出的唯一必然真理，回答我们的两组宇宙论问题。

斯宾诺莎的决定论论证的根本意义是，所有行动，无论是人的行动还是上帝的行动，都不是自由的。根据斯宾诺莎的说法，宇宙中的每一件事完全是必须发生的，宇宙不可能是另外一个样子。没有什么比无谓地对抗宇宙那样毫无意义，因为，宇宙中的一切事物，包括我们自己的本性和行动，都已经被决定。

命题XXVI. 一物被决定有某种动作，必然是为上帝所决定；那没有被上帝所决定的事物，不能自己决定自己有什么动作。

命题XXXVII. 被上帝决定有某种动作的事物，不能使其自身不被决定。

命题XXVIII. 每一个个别事物，或者每一个有限的且有一定存在的事物，若没有另一个有限的且有一定存在的原因决定其存在和动作，便不能存在和动作；同样，这一个原因若没有另一个有限的且有一定存在的原因决定其存在和动作，也不能存在和动作，如此以至无限。

命题XXIX. 宇宙中没有偶然之物，相反，所有事物都受神圣本性的必然性决定而以一定方式存在和动作。

命题XXX. 理智，无论其功能是有限的还是无限的，必定理解上帝的属性和上帝的分殊，而不能理解别物。

命题XXXI. 理智，无论其功能是有限的还是无限的，也同意志、欲望、爱情等一样，应被看做被动的本性，而不应被看做能动的本性。

命题XXXII. 意志不能被称作自由因，而只能称作必然因。

命题 XXXIII. 万物除了在已经被产生的状态或秩序中外，不能由上帝在其他状态或秩序中产生。[上帝也被决定。]

命题 XXXIV. 上帝的力量等同于上帝的本质。

命题 XXXV. 我们设想在神的力量以内的任何东西，都必然存在。

命题 XXXVI. 没有任何存在的事物，不会由它的本性产生某种结果。

《伦理学》的第二部分论述的是“心灵的本性和起源”。它以另外一组定义和公理开始，最重要的，是身体作为“广延之物”的定义，即在空间中的广延（斯宾诺莎直接承自笛卡尔和中世纪哲学家的观点），以及观念，即“作为思考之物的心灵所形成的心灵概念”。心灵不同于身体，被定义为没有广延的（也就是说没有空间维度）。正是在这一部分，斯宾诺莎论证了我们已经概述的那些令人惊讶的学说：心灵和身体都是上帝的无限属性之一，而不是实体本身（笛卡尔认为它们是实体），而我们的个别心灵实际上是唯一实体的唯一伟大心灵的不可区分的分殊。斯宾诺莎联合了所有有如下主张的形而上学同仁：“观念的次序和联系与事物的次序和联系是相同的。”（命题 VII）这里再次肯定了斯宾诺莎对思想把握实在的自信。（想想赫拉克利特，“思想即存在”。）

第二部分的结论是斯宾诺莎的决定论，它支配着《伦理学》其余三部分的主题。

命题 XLVIII. 心灵中没有绝对的或自由的意志，心灵意欲这个或那个乃是被一个原因所决定的，而这个原因又被另一个原因所决定，这后一个原因再为另一个原因所决定，如此以至无穷。

斯宾诺莎没有亚里士多德的那种对“无穷倒退”的担心，而且他认为“自因”与“第一因”不是一回事，因为根本就没有第一因这种东西。我们会在第6章更为详细地谈论“自由意志和决定论”问题。但是，斯宾诺莎对这一问题的强有力回答值得注意，让我们以此作为总结。作为一个强硬的决定论者，他拒斥一切为人类行动自由争取空间的尝试。但是，他向我们保证，通过英雄般的努力（命题 XLVII），我们能够理解这种决定论的本性，并且会欣然接受它。他对我们说，愚蠢的人才在斗争。《伦理学》的余下部分，则被用来列出这一斯多噶式结论的逻辑结果。

第三部分的漫长论证，针对的是情感及我们认为是痛苦和邪恶之原因的“情感纠缠”。针对它们，斯宾诺莎主张人类理性的美德，认为人类理性能够驱散无益的情感纠缠，使我们理解我们的行动和感情的原因。斯宾诺莎相信，去理解一种情感，就是去改变和消灭它。比如，去理解一个人为何愤怒，根据斯宾诺莎的说法，就是有能力让我们摆脱愤怒。在斯宾诺莎看来，认识到我们无力改变，可以说是我们真正能够拥有的唯一自由。

你们刚才看到的是最显赫时期的现代形而上学。不过，几何学方法不再流行，对我们来说，斯宾诺莎的许多语言显得陈旧和不自然。但是，尽管斯宾诺莎风格晦涩，但他的体系精致，他把如此多样的观念结合在一起的方式，他对古老的哲学问题所给出的答案，以及他提出新的宇宙观的勇气，使他的哲学受到广泛激赏。而你们将要看到的摘录，同样令人惊讶，其作者同样才华横溢，同样是一位卓越的天才。这些摘录所出自的著作非常短小（只有九十页左右），作者是莱布尼茨，他以许多与斯宾诺莎相同的概念和定义开始，但最终形成了一个完全不同的形而上学体系。（莱布尼茨与斯宾诺莎见过好几次面，一起讨论过这些问题。但是，莱布尼茨觉得斯宾诺莎的观点过于骇人听闻，认为与他交往太危险。）

- 斯宾诺莎是如何“解决”实体之间的相互作用的问题的？
- 根据斯宾诺莎的说法，上帝的本质是什么？

3. 戈特弗里德 · 威廉 · 冯 · 莱布尼茨

莱布尼茨以同样专业的实体概念开始，但是，他从中得出了一个全然不同却同样奇异的宇宙图景。在斯宾诺莎那里，宇宙是机械的，它完全依赖于原因，而在莱布尼茨那里，宇宙是生生不息的，其中每一事件的发生都有其目的（如同亚里士多德古老的目的论）。莱布尼茨哲学的指导原理是所谓的“充足理由原则”，简单地说，就是一切事物的发生都有其理由。因此，哪怕上帝也不能任意行动，他创造任何东西都必定有其理由。我们会看到，这一原理是理解莱布尼茨哲学最重要的方针之一。从这一原理出发，他发展出了一个替代艾萨克 · 牛顿的物理学的激进方案，提出了一个引人入胜的乐观观点：既然上帝也是依据这一原理行动，那他所创造的这个世界必定是“所有可能世界中的最好世界”。

戈特弗里德 · 威廉 · 冯 · 莱布尼茨（1646—1716）：莱布尼茨被称作“最后的全才”。他是微积分的发明者之一，现代形式语言学之父，简单计算机的发明者，军事战略家（他可能影响了拿破仑），他在那个时代被认为是牛顿对手的物理学家，以及伟大的哲学家。他在莱比锡长大，然后到处旅行（除了整个德国之外，还到过巴黎和阿姆斯特丹）。他与同时代的伟大哲学家都有私人交往，并且常常与他们展开争论。他的形而上学是传统神学和牛顿物理学的一个激进替代的奇异结合，他曾被牛顿的学说吸引，但后来把它当做“荒谬的”加以抛弃。他那薄薄的《单子论》（1714）一书是他成熟的形而上学理论的概述。

斯宾诺莎主张，至多只能有一个实体，而莱布尼茨认为，实体有许多个。他把它们称为单子。每一个单子都不同于别的单子，而上帝（他是一种超级单子，一种唯一“非创造的单子”）创造了所有这些单子。因此，这里介绍的著作就叫做《单子论》（“关于单子的研究”），写于1714年。它是对莱布尼茨的形而上学的一个非常精炼的概述：

戈特弗里德 · 威廉 · 冯 · 莱布尼茨，《单子论》[1]

1. 我们这里要说的单子不是别的，只是一种组成复合物的单纯实体；单纯，就是没有部分的意思。
2. 既然有复合物，就一定有单纯的实体；因为复合物无非是一群或一堆单纯的实体。

所谓单纯的实体，就是不能再分之物。论证很奇特：任何“复合物”显然都是可分的。这就意味着，每一个复合物都由一些组

1 Gottfried Wilhelm von Leibniz, *Monadology*, in *The Rationalists*, trans. George Montgomery, New York: Doubleday, 1968. 中译文见北京大学哲学系外国哲学史教研室编译：《西方哲学原著选读》上卷，北京：商务印书馆，2005年，第476页。

成它的单纯实体“构成”。(这里存在着一个隐藏的无穷后退论证：如果根本就没有单纯的实体，那我们可以永远继续把事物分割下去。)但是，如果单纯实体可以在空间中延展，那么它们就是进一步可分的，因为任何具有一定长度的事物，无论它多小，都可以一分为二(至少理论上如此)。因此，莱布尼茨得出结论说，这些基本的单纯实体或单子必定是非物质的，它们没有广延。它们没有部分，没有广延，也是不可分的：

3. 在没有构成部分的地方，是不可能有广延、形状和可分性的。这些单子是自然的真正原子，事实上，是事物的原素。

以上三个命题，是莱布尼茨对前两个本体论问题的回答：“存在着多少个实体？”许多。这一回答使莱布尼茨成了一位多元论者。“它们是些什么样的实体？”单纯的非物质的实体，这使得莱布尼茨成为一位非唯物主义者。(不要为原子这个术语所误导：我们过去习惯于把原子看做是最小的物质实体，但是，在莱布尼茨那里，原子是非物质的。)接下来，莱布尼茨在另外三个命题中，回答了第一个宇宙论问题：“这些实体是永恒的吗？或者它们是在某个时刻生成的？它们是如何生成的？它们是可毁灭的吗？”

4. 因此，无需害怕它们会分解，根本就不能设想一个单纯的实体可以通过自然的方式毁灭。
5. 基于同样的理由，也根本不能设想一个单纯的实体可以通过自然的方式产生，因为它是不能通过组合形成的。
6. 于是，我们可以说，单子的存在只能是一下子产生或消失的，也就是说，单子只能通过创造而产生，只能通过毁灭而消失。然而，复合物确实是逐渐产生或消灭的。

斯宾诺莎主张，唯一的实体不能创造，也不会毁灭；它没有开始，也没有终结。而莱布尼茨的实体或“单子”，却是可以被创造或毁灭的，但创造或毁灭不是通过任何“自然的”方式。它们只能“一下子”被创造或毁灭。在后面的命题之前，我们可以猜测，莱布尼茨会让上帝(他是一种超级单子)来创造它们。但是要注意，比如，单子的复合物，即“物质对象”，是可以“自然地”被创造和毁灭的。

现在来看看第三个问题：“我们如何区分不同的实体或单子？”

8. 然而，单子一定有某些性质，否则，它们就根本不是存在物。而且，如果单纯的实体在性质上毫无差别，那就没有方式可以觉知事物中的任何变化。复合物中任何部分只能来自单纯的成分，而单子若没有性质就根本无法区别开来，因为它们之间本来就没有量的差别。例如，如果我们想象一种充实或充满了的空间，那里的每一个部分只会接受它自己原有运动等价的东西，那么，事物的一个状态就无法与另一个状态区分开来。
9. 实际上，每一个单子必须与任何一个别的单子不同。因为，自然中绝没有两个完全相同的存在者，仿佛无法在其中找出一种内在的、基于固有特性的差别来。

唯有上帝真正知道每一个单子的一切，因为他要对它们加以比较对照。但是，上帝之所以能够区分不同的单子，只是因为它们之间事实上存在着差异。这使莱布尼茨提出了最具争议的原理之一，即所谓的“不可分辨者的同一原则”：没有任何两个单子能具有相同的特性（命题9）。为什么会这样？根据“充足理由原则”（命题32），没有任何事物的存在是没有好的理由的。因此，甚至上帝也没有好的理由去复制一个单子。莱布尼茨表明，如果两个单子相同，那么上帝就没有任何理由让其中一个处在一个位置，而让另一个单子处在另一个位置，也没有理由首先创造它们两个。所以，没有任何两个单子是完全相同的。这是一个非常奇怪的论证，却正处于莱布尼茨哲学的中心，如我们稍后将会看到的那样。

根据定义，单子是“简单的”，那它是如何改变或与其他单子结合在一起形成我们经验所及的那个变化着的、熟悉的宇宙的呢？（这里，你们会想起古代的前苏格拉底哲学家和柏拉图所面对的类似问题。）现在来看看第四个问题，也是莱布尼茨必须回答的最难问题：“实体是如何相互作用的？”根据定义，单子完全无法“相互作用”。因此，莱布尼茨给出的答案，是非常思辨的和富有想象力的：

> 7. 也没有任何方式可以解释，一个单子如何能由某个别的创造物在它的内部造成改变或变化，因为单子里面不能有任何的移动，也无法在这个实体内部设想任何可以激发、引导、增加或减少的内部运动，这些在复合物中是能够发生的，因为那里可以有部分之间的变化。单子没有可供事物出入的窗户。

问题在于，根据定义，不同的实体是彼此独立的，所以相互之间不能有任何关系。如我们将在第5章看到的那样，笛卡尔曾为聚合心灵和身体这两个实体而焦头烂额。斯宾诺莎作为一名一元论者，用最简单的方法解决了这个问题：既然只有唯一的一个实体，那就不会有“相互作用”的问题。可是，莱布尼茨是一位多元论者，认为存在着许多实体，它们同样无法相互作用。它们甚至无法有通常意义上的相互觉知。用他那奇特的、如今却著名的表达来说，它们“没有窗户”“无物可以出入”。与古代（和现代）的唯物主义原子论者不同，在任何意义上，莱布尼茨都不能简单地让他的单子结合再结合，形成新的复合物。用莱布尼茨的话说，它们无法“由某个别的创造物在［它们的］内部造成改变或变化”。因此，这些单子是如何变化的呢？它们肯定已经（由上帝）在它们自身内部创造了所有变化。

别忘了，万物有灵论在古希腊哲学家那里非常盛行。对他们来说，生活现象是形而上学的模型。牛顿力学的观念，对他们而言是不可思议的。我们现在可以说，莱布尼茨是一个激烈的反牛顿人士。我们也可以说，他是一位著名的现代万物有灵论者。单子完全不同于牛顿式的物质原子，单子是活跃的，它的变化来自内部，绝不会来自外部（最初的创造除外）。试想一个单子就是一个活生生的存在，里面“编写”（用一个现代语词）了它以某种方式发展所需要的所有信息和经验，如同一粒会长成一棵橡树的橡子。单子的所有变化都是内在的，都是由上帝在创造它的那一刻编入的。现在我们要记住，单子是非物质的，因此它的“生长”无法被看做是物理世界中的那种发展。所以，这种生长也必定是内在的，单子之间显然的相互作用确实必定是单子自身知觉中的变化。

> 10. 我毫无疑问地认为，一切被创造的东西都有变化，因此被创造的单子也是这样，而

且这种变化在每个单子里都是连续的。

11. 从以上所述可以得出，单子的自然变化来自于一个内在原则，因为外在原因无法对其内在存在产生影响。
12. 但是，除了变化的这一原则之外，单子中也必定有变化的杂多。可以说，这一杂多构成了单纯实体的特殊性和多样性。
13. 这一杂多必定包含单元或单纯物中的多样性。因为，既然一切自然变化都是逐渐发生的，那一定有某些东西在变化，有些东西保持不变，因此，单纯实体中一定有多元的状态和关系，尽管它没有部分。
14. 这个包含和代表着单元或单纯实体中的多样性的这一过渡状态，不是别的，就是我们所说的知觉。我们应当把它与意识仔细区分开来。

莱布尼茨主张，我们谈论一只松鼠在一个具体的时刻攀援一棵具体的树时，我们在描述的实际上是我们自己。对松鼠的知觉是一个不变单子——我们的知觉整体——的固定部分。一个单子诸部分间的明显差异，实际上是知觉中的变化。莱布尼茨认为，物质事物似乎在空间中存在的这种感觉，可以看做是一个知觉着的单子的不同知觉或经验。所以，根本真实的是知觉着的单子。每一个单子内部的知觉变化，构成了一个运动变化着的物质世界的表象。请注意，莱布尼茨仔细区分了“知觉”和他所谓的“意识”。通常，知觉就是经验，并且在一定程度上呈现在每一个单子中。相反，意识是一种非常特殊的经验，即反思的和明白的经验，它只能在一些单子中找到。（值得注意的是，通过这一区分，莱布尼茨早在弗洛伊德两百年前，就把“无意识”概念引入了德国哲学。）

现在让我们来看看对牛顿的唯物主义宇宙观的抨击。莱布尼茨抗议说，这种观念无法说明经验（知觉），换言之，无法说明宇宙的非物质方面。

17. 然而，必须承认，知觉及依赖于知觉的事物，是无法用机械原因来解释的，也就是说，不能用形状和运动来解释。假设有一部机器，构造得能够思想、感觉和知觉，我们可以设想它按同样的比例放大，直到人能够走进去，就像走进一座磨坊一样。那么，我们察看它的内部，就只会发现一些零件在彼此推动，而绝不会找到任何可以解释知觉的东西。

因此，应当在单纯的实体中，而不应在复合物或在机器中寻找知觉。此外，在单纯的实体中，除了知觉及其变化之外，找不到任何别的东西。单纯实体能够有的一切内在活动，也只在这些里面。

18. 所有单纯实体或被创造的单子都可以被称作隐德来希（Entelechy），因为它们自身内具有一定的完满性。其中有一种自足性使得它们成为内在活动的源泉，也可以说，使它们成为无形体的自动机。[换言之，在一定程度上，每一个单子都是活跃的。]
19. 如果我们愿意把一切具有我刚才说明的一般意义下的知觉和欲望的东西都称作灵魂的话，那么所有单纯的实体或被创造的单子都可以被称为灵魂。但是，既然感情是一种比一个纯粹知觉更多的东西，所以我同意单子或隐德来希这种一般名称对于只拥有知觉的单纯实体来说足够了，而我们只是把具有比较清晰的知觉而且有记忆伴随着的那些单纯实体称为灵魂。[此外，莱布尼茨坚持认为“知觉”是最原始的，为一切单子所共有。]

20. 我们在自身内经验到一种状态，在这种状态中，我们什么都不记得，也没有任何清晰的知觉，就像我们陷入昏迷或无梦的酣睡时那样。在这种状态中，灵魂与一个单纯的单子并无显著区别。不过，这种状态不会持久，灵魂会从中醒来，灵魂仍然是某种较高的东西。

21. 但是不能因此认为，单纯的实体在这种状态中没有知觉。根据上述理由，这是不可能的，因为它是不能消灭的。另一方面，它也不能没有特殊状态地存在下去，这个特殊状态不是别的，就是它的知觉。不过，当我们有大量的细微知觉，而其中没有一个清楚地凸现出来时，我们就昏迷了。譬如一个人在同一个地方不断打转，便会发生一阵眩晕，然后不知人事，无法分辨任何事物。死亡可以使动物在一定时间内处于这种状态。

22. **既然一个单纯实体的每一个现在都是其先前状态的自然结果，那么，现在就孕育了未来。**[原因之后必然跟随着另一个原因，以上是莱布尼茨的这一论点的一种情形。]

23. 因此，既然我们在从一段无意识中醒来之后意识到自己的知觉，那么我们在此刻前应当是有知觉的，尽管我们没有意识到它们；因为一个知觉只能自然地来自另一个知觉，就像一个运动只能自然地来自另一个运动一样。

29. 使我们与纯粹动物区分开来，使我们具有理性和科学，并因此将我们提升到认识自己和上帝的东西，正是关于永恒必然真理的知识。这就是所谓的我们之内的理性灵魂或心灵。

30. 也正是凭着这些关于必然真理的知识，凭着从这些真理中得到的抽象概念，我们才提高到反思活动，这些活动使我们思考所谓的我，确定这个或那个在我们之内。因而，正是由于我们思考到自身，我们也就思考存在、实体、单纯物和复合物、物质事物和上帝本身，理解到在我们之中有限的东西，在上帝那里是无限的。这些反思活动给我们的推理提供了主要对象。

如我们所见，对我们第四个问题的回答是，“单子不相互作用”。每一个单子都囚禁在自身之中，并在自身之中具有一个自己对于宇宙整体的看法。

56. 这种一切事物对于每一个具体事物的相互联系、关联或适应，以及每一个事物对于所有其他事物的相互联系、关联或适应，使每一个单纯实体具有表现其他一切事物的关联，并且因此使它成为宇宙的一面永恒的活的镜子。

57. 如同一座城市从不同方面看显得完全不同，好像变成了许多城市一样，同样，由于单纯实体无限多，因而也有无限多的宇宙，然而，这些不同的宇宙乃是唯一宇宙依据每一个单子的不同观点而产生的种种景观。

当然，任何一个单子所呈现的图景都是片面的和混乱的。

60. 此外，我们看到，在我们刚才所说的话中，有一些先天理由说明何以事物不能是别样的。因为上帝在规范整体时，注意到了每一个部分，尤其是注意到了每一个单子；而且，既然单子就其本性而言是表象，那么就没有任何事物能够限制它的表象事物的一个部分。虽然这种表象就整个宇宙的细节而言只是混乱的，而只能在事物的小部分中是清晰的。也就是说，只能在那些对于每一个单子来说或者最近或者最大的事物中，表象才是清晰的。如果表象如整个宇宙的细节一样清晰，那么每一个单子就会是一个神了。单子之受限制，不在于其表象的对象，而在于它们认识对象的方式。所有单子都以混乱的方式追求无限或整体，但是在知觉的清晰程度上受到限制而有所区别。

现在，莱布尼茨有了一个取代牛顿的方案：物体（复合的单子）只是看起来相互作用；事实上，这种看起来的相互作用发生在每一个单子内部，是上帝根据“前定和谐”原则编定和创造的。

61. 在这一方面，复合物与单纯实体相像，因为所有空间都被充满；所以，所有物质都是连接的。既然在充实中或充满的空间中每一个运动都按比例对远处物体产生影响，因而每一个物体不仅受到与它相接触的物体的影响，并以某种方式对所产生的影响作出反应，而且还以这些物体为媒介，对那些与它相接触的事物作出反应，如此它们的相互交通达到一切遥远的距离。因此，每一个物体都对宇宙中发生的一切作出反应，因而观看全体的人能够在每一个物体中看到在各处发生的事，甚至已经发生的和将要发生的事。
62. 因此，尽管每一个被创造的单子都表象整个宇宙，但是，它较为清晰地表象了那个与它关系特别密切的、以它为隐德来希的物体。而且，既然整个物体是通过充实中所有物质的相互交通来表现全宇宙，那么，灵魂也就以表象这个以具体方式属于它的物体表象了整个宇宙。

每一个单子的发展，都是宇宙中其他所有单子发展的一个反映。比如，如果我们在观看一只松鼠缘树爬行，那么，在莱布尼茨看来，松鼠缘树爬行这一实在实际上是我们对这一情形的知觉。但是，你可以看到，仅仅如此是不够的；我们完全可以梦见或幻想这一情景，而它根本不是“真实的”。梦与实在之间的差别是其他单子中的变化，这些单子构成了这一情景中的松鼠和所有其他观察者，包括上帝。实在是所有单子构成的总体，其中每一个单子都从自己的角度知觉实在（当然，莱布尼茨认为，上帝同时从所有角度知觉实在）。“前定和谐”原则保证了所有这些从各自不同角度看到的图景一致，因此，我们关于松鼠的图景，与松鼠关于我们的图景是协调一致的。

单子之间“前定和谐”的观点，使得莱布尼茨对第四个问题——“不同实体是如何相互作用的？”——给出了一个令人惊讶的回答。根据定义，实体还是不能相互作用。但是，它们能够看似在相互作用，只要它们的知觉协调一致。因而，两个弹子球的碰撞事实上是关于这一碰撞的知觉的和谐。两个人打架事实上是每一个人（以及别的在观看着的人）关于两个人打架的那些知觉的和谐。这个回答可能看起来很偏激，但是，既然莱布尼茨所主张的是一个由大量非物质实体构成的宇宙概念，那么这个回答对于他哲学的一致性而言是必需的。不过，这个回答对于他能够驳斥牛顿的宇宙论而言也是必需的，在他和他的许多同时代人看来，牛顿的宇宙论甚至比莱布尼茨自己关于相互作用的观点都更加偏激和难以理解。

我们最初的一组关于实体的问题中的最后一个，以及我们的第二个宇宙论问题是："空间和时间本身是实体吗？"按照莱布尼茨的说法，对这一问题的回答只能是否定的。也正是在这个问题上，莱布尼茨完全不认同牛顿的物理学。那单子"在"空间中吗？莱布尼茨认为不在。可是，他似乎又给出了一个令人惊讶的回答，那就是单子不仅不"在"空间中（因为它们是非物质的），而且严格地说，也不"在"时间中。单子不在时间中变化，相反，时间在单子中。也就是说，时间是单子的经验之间的一个联系。它不是什么独立自主的东西。这种时空观与莱布尼茨对只是看似单子间的"相互作用"的分析密切相关。它们都是对牛顿学说的反驳，同时也是提供一种替代方案的努力。

以我们的思考方式来看，莱布尼茨的观点与几乎常识性的牛顿学说相比，显得稀奇古怪。牛顿主张，宇宙是（物质性）原子在空间中的运动，它们按照他精彩地阐述了的运动定律、力学定律和重力定律相互作用。可是，我们如今看来非常明显的牛顿学说，包含了他和莱布尼茨的时代的绝大多数人——包括牛顿自己——看来显然荒谬的东西。一个与我们的第四个本体论问题有关，即超距作用观念，这一观念认为，尽管两个物体没有接触，其中一个也能对另一个物体产生作用。（比如，月亮和地球相互具有引力的观念。）于是，莱布尼茨的没有窗户的单子概念，每一个单子与另一个单子看似发生的相互作用实际上只是在自身内部发生，在他的同时代人看来还没有牛顿的因果观荒谬，因为他还有"**前定和谐**"。同时，牛顿在调和他的机械论与传统的上帝和创世观念上面临着大量困难，而他自己终生保持着传统的上帝和创世观念。

莱布尼茨与牛顿之间最为人所知的分歧，关涉的是空间和时间的本质，由于二十世纪初期爱因斯坦相对论的影响，这一论题依然辩论不休。牛顿的机械论似乎预设了某个永恒的容器，即空间，正是在这个容器中，他的物质性原子能够相互吸引和彼此撞击。这个能够独立于其内容而存在的容器，就是所谓的绝对空间。就其本身而言，这是完全合理的。我们说事物"在空间中运动"和"占据着空间"。但是，我们能像说一个篮球"在"篮中一样，说整个宇宙"在"空间中吗？这一观念导致的某些荒谬结果，使得莱布尼茨和他的许多同时代人对它加以驳斥。

空间能够离开其中的一切事物而存在，甚至完全是空的（即许多哲学家所谓的虚空），这一观念使得人们能够有意义地谈论没有任何事物、甚至没有度量距离或尺寸的空间中的运动或位移。**伯特兰·罗素**，莱布尼茨最著名的追随者之一，指出了这一观念的荒谬性，他问道："如果空间是绝对的，那是不是说宇宙在昨晚有两倍大也有意义？"但是，说宇宙变大了到底是什么意思呢？一头大象或一棵植物，甚至整个银河系，都能够变大，但这只是在某种量尺和某个参照框架下作比较而言。只有在这样的比较下，"大小"的说法才有意义。但是，说宇宙有两倍大，就等于是说我们的量尺和我们自身也有两倍大。如此，所有的比较都一样。

同样，说整个宇宙向左移动一尺是什么意思？所有的一尺大小都在宇宙中。因而绝不能说宇宙本身在移动。基于这些考虑，莱布尼茨认为牛顿的绝对空间观是荒谬的。因此，他坚持认为空间是相对的，也就是说，是相对于尺度和被测量的事物而言的。不存在什么绝对空间，而只存在相对于各种位置的单子即观察者的空间。

时间同样如此。牛顿也相信**绝对时间**，即脱离一切“在”它之中发生之事而存在的时间。但是，从这个初看起来合理的观念中得出了相同的结果。如果时间是绝对的，那么就可以有意义地提出以下问题：“宇宙是何时开始的？”（事实上，天文学家也在探究这个问题。）但是这个“何时”所指的是什么呢？它不能指宇宙中的任何尺度（时钟、岩石或星星的年岁），因为这里所测量的是宇宙本身，然而，在宇宙之外没有任何时间尺度。因此，莱布尼茨在驳斥绝对空间的同时也一起驳斥了绝对时间。它们都是相对于单子而言的，而绝不可能拥有自己的存在。这至少就意味着，不可能有虚空或空的空间，也不可能有完全没有任何事件发生于其中的时间。按照莱布尼茨的说法，空间和时间都是相对于我们的知觉而言的。

我在前面已经说过，这样的宇宙论问题绝不只是哲学的领域，你们完全意识到当前的物理学和天文学也非常关注这些问题。牛顿和莱布尼茨提供的方案都仍然具有生命力。科学家确实依然在谈论宇宙的开端，只是如今带有让人敬而远之的精致和复杂。当然，像莱布尼茨一样，他们也用严格的相对性术语谈论，只是如今是以爱因斯坦的方式。所以，要进一步深入钻研这些问题，我们就必须远离十八世纪的形而上学，进入二十世纪和二十一世纪的物理学。对这些哲学论争至关重要的，常常是总在科学中出现的新奇的实验结果。比如，最近，光速实验使我们的时空观发生了令人震惊的变化。这种变化了的观点产生了这样一种观念：如果两件发生的事情距离足够远，比如数十亿光年，那我们就无法以让人可以理解的方式说这两件事“同时”发生。外太空射线的发现和星系的扩张重又激发了以新方式提出关于创造的古老问题：宇宙是突然创造出来后开始扩张变化的呢（“大爆炸理论”），还是直到今天依然处于连续的创造中的呢（“稳态理论”）？由于近来科学中的一些理论，哲学家们现在谈论的事情对于牛顿和莱布尼茨而言似乎都完全无意义——比如，“空间是弯曲的”。

不过，这些问题不是科学家独自能够解决的，因为哲学理论才能赋予科学实验以结构和意义。但是，哲学家也不能简单地切断自身与科学的联系，假装自己能够“就在脑袋中”解决这些问题。在哲学的范围外，你们能够找到哲学，同样，在哲学的开端处，你们会发现科学无法解答的问题。

在此前的一个章节中，我们强调了所有形而上学的一个基本假设的重要性，这个基本假设就是宇宙是可理解的。在莱布尼茨的哲学中，这个假设被呈现为一切思考的基本前提之一。他称之为：

> 32. ……充足理由原则。借此原则，我们认为，任何事实如果是真实的，任何陈述如果是真的，那么它就必须有一个为什么是这样而不是那样的充足理由。然而，这些常常不能为我们所知。

不过，它们可以为上帝所知，因为上帝知晓一切。比如，正是基于这一原则，莱布尼茨辩护了他在命题9中作出的主张，即两个单子绝不会相同（“不可分辨者的同一”）。推理如下：既然上帝是至高的理性存在（单子），那他必定对他所做的一切拥有一个理由。而且，莱布尼茨也主张（命题58），上帝必定是“以最大可能的多样性和最大可能的秩序”创造宇宙的。这就是上帝没有创造出任何两个相同的单子的理由。但是，充足理由原则还有一个进一步的含义，它也要用作神圣伦理学的一个原则。在各种可能世界中（即在世界可能是的无限多的方式中），上帝选择了最完美的世界，即“所有可能世界中的最好世界”。这就是伏尔泰在他的小说《老实人》（*Candide*）中所嘲讽的那种宇宙乐观主义学说。但是，莱布尼茨非常重视“所有可能世界中的最好世界”这一概念。在随后的那个世纪中，它为启蒙运动的乐观主义提供了一个基础。而在莱布尼茨自己的形而上学中，它为《单子论》一书提供了结论性的命题，一种令人欢欣的乐观主义，这是人们对一篇严肃的哲学论文所能期待的最接近于幸福的结局。

85. 由此，很容易得出这样的结论：所有精神的总体应当组成上帝的城邦，即最完美的君王统治尽可能最完美的国家。

90. 最后，在这个完美的政府之下，不会有善行得不到报偿，也不会有恶行不受惩罚；一切都应当为了善人的福利。也就是说，为了那些在这个伟大的国家中毫无不满的人，他们尽责后听任天命，适如其分地爱戴和模仿全善的创世主，遵从真纯之爱的天性，欣然自得地冥思上帝的完满性，由此在所爱对象的幸福中获得快乐。正是这个理由，贤明有德的人为那看来合乎预定的或先行的上帝的一切意志而劳作，并满足于上帝凭借其秘密的、一贯的和独断的意志所实际带来的一切，而且承认，如果我们能够充分理解宇宙的秩序，那我们就会发现宇宙超出了所有贤明之人的欲望，进而承认，如果我们归附那位创造一切的创世主，不但像归附那位建筑师和那个使我们存在的动力因［我们的创造者］那样，而且像归附我们那位应当做为我们意志的全部目标、并且唯一能够使我们幸福的主和终极因那样，那么，这个宇宙秩序就不可能比现在更好了，不但一般地对全体而言如此，就是特殊地对我们每一个人而言也是如此。

这种神学的“幸福结局”不是莱布尼茨的事后思考，它恰恰是其哲学的核心。与同时代比他年长的斯宾诺莎一样，他涉入形而上学，根本上是他关注宗教、自身及其在世界中的位置的一个结果。从这一角度来看，它对我们看清这两位哲学家之间的巨大差异有启示作用。斯宾诺莎的人类观是极端的反个人主义的，他认为每一个个人都整个地被淹没在唯一的实体概念中。然而，在莱布尼茨那里，他的多元论强调每一个个人自身都是一个世界，而他的观念论则侧重于心灵和思想，这与斯宾诺莎的思想与身体平行的观点形成强烈对照（尽管许多批评者指责斯宾诺莎对身体的强调到了一种令人担忧的程度）。与莱布尼茨满怀幸福地相信这是“所有可能世界中的最好世界”相比，斯宾诺莎的决定论，以及他认为我们根本上能做的只是去理解这样的观点，确实令人沮丧。当然，斯宾诺莎认为上帝是唯一实体的异端观点（有时被称为泛神论），也迥异于莱布尼茨较为传统和虔诚的上帝观。

但是，以上这些考量绝不只是笛卡尔、斯宾诺莎和莱布尼茨的形而上学的附带意蕴。相反，这些宗教关涉恰恰处于他们哲学关注的中心，人们完全可以说，他们正是为了支持他们的宗教信念，才构建了那些匠心独运的形而上学。确实，在过去的两千多年里，直到最近，犹太教—基督教—伊斯兰教的宗教传统为哲学的发展提供了大量的动力和结构。

大卫 ·刘易斯（1941—2001）：在诸多领域都做出了重要贡献的美国哲学家，这些领域包括形而上学、逻辑学、语言哲学等等。他捍卫了这样一种可能世界理论，其中现实世界只是许多可替代的可能世界中的一个。

然而近来，上帝问题在哲学和形而上学中没有了往日的重要性（尽管宗教哲学已经成了哲学中的一个重要的专门主题）。形而上学问题不再是关于实在的终极本性的思辨问题，而变成了一种向人显现的实在的描述性分析。（这一转向在很大程度上要归功于二十世纪中叶在哲学家中盛行的对形而上学的怀疑，当时，有一个被称作“逻辑实证主义”的重要的哲学家团体，他们拒斥形而上学的思辨，推崇科学的具体性。）但是，这一向描述性分析的转向在欧洲哲学和英美哲学中却走向了两个完全不同的方向，尽管这两个方向都成了哲学论争的渊薮。在英美世界，注意力集中在了对整体的实体和其组成部分之间关系的抽象概念分析，时间和空间的本性（包括时间旅行是否可能这样的问题），以及诸如可能性、盖然性和必然性的模态上。由美国哲学家大卫 ·刘易斯（Daivd Lewis）开创的一类格外有影响力的分析认为，现实世界是诸多可能世界中的其中一个。在以下论述中，刘易斯考虑了他用这一术语意指什么。

大卫 ·刘易斯，《反事实》[1]

我相信，除了我们碰巧居住在的这个世界以外，还有许多可能世界。如果需要一个论证的话，它是这样的：事物本可能不是它们所是的样子。我相信，你也相信，事物本可能以无数种方式与此不同。不过这是什么意思呢？日常语言允许这样改述：事物除了其实际所是的样子以外，还有许多本可能是的样子。字面上看，这句话是一个存在量化。它说，对于某个描述，存在着多个实体，也就是“事物本可能是的样子”。我相信事物本可能以无数种方式与此不同，我也相信对我所相信之事的可允许的改述。因此，从字面上看这个改述，我相信存在某些可以被称作“事物本可能是的样子”的实体。我更喜欢叫它们“可能世界”。

在欧洲大陆，朝向描述分析的趋势倾向于遵循一种叫做现象学的哲学方法（见第4章），它明确地诉诸人类经验的结构来描述世界应当存在的方式。这一传统最著名、最难懂的哲学家是一位名叫马丁 ·海德格尔（Martin Heidegger）的德国人，他的巨著《存在与时间》确立了一个从人类经验角度分析存在之本性的宏伟计划。在任何情况下，我们都能体验到自己与世界在某个特定的时间和地点紧密相连。为此，他将每个人类个体称为一个“此在”（Dasein），字面意思为“在这里存在”。以下选文利用了这一术语。它出自海德格尔的论文《形而上学的基本问题》，它辩护了这样一个想法，哲学发问基于使得我们称为我们所是的这种存在者的东西。

1　David Lewis, *Counterfactuals*, Oxford: Blackwell, 1973, p.84.

马丁 · 海德格尔，《形而上学的基本问题》[1]

究竟为什么在者在而无反倒不在？这是问题所在。恐怕这不是一个普普通通的问题。"究竟为什么在者在而无反倒不在？"——显然，这是所有问题中的首要问题，不过，这个首要不是时间序列上的首先。在时间性的历史进程中，个人也好，民族也好，询问的东西很多很多。因此，在遇到"究竟为什么在者在而无反倒不在？"这个问题之前，他们已经考察、探究和检测过许多东西。不过，绝大部分人根本就不会遇到这个问题，因为所谓遇上这个问题，并不仅仅意味着这个问题作为问句被说出来让人听见和读到，而且是说，对此问题提问，亦即：使问题得以成立，使问题得以提出，迫使自己进入这一发问状态中。

然而，每个人都会，甚至还会不止一次的，为这个问题晦蔽着的威力所掠过，却不明是怎么回事。譬如，在某种完全绝望之际，当万物消隐不现，诸义趋暗不归，这个问题就浮现出来了。也许只出现一次，犹如一声浑沉的钟声，悠然入耳，发出缓缓的回音。在某种心花怒放之际，这个问题就来临了，因为这时，所有的一切都变了样，仿佛就像它们是第一次出现在我们周围。这时，仿佛我们更可能把握的是其所不是，而不是其所是及其如何是。在某种荒芜之际，这个问题就来临了。这时，我们既非绝望也非狂喜，但在者冥顽地习以为常地扩展着某种荒芜，在这荒芜中，在者存在或不存在，这对我们似乎都无所谓。于是，问题就以独特的方式重又振聋发聩："究竟为什么在者在而无反倒不在？"

但是，这个问题有可能被真正地提出，也可能鲜为察觉，就像一阵风，袭过我们的此在就突然了事，也可能死死地纠缠着我们，也还有可能被我们以任何一种借口重新遗弃和遮蔽。反正它从来不是个在时间上要首先问及的问题。

不过，它却是另一种意义上——就其地位而言——的首要问题。这个首要可以有三重含义。"究竟为什么在者在而无反倒不在？"我们说这个问题在地位上具有首要性首先指它是最广泛的问题；其次，它还是最深刻的问题；最后，它也是最基本的问题。

马丁 · 海德格尔（1889—1976）：德国现象学家，胡塞尔的学生，他通过反叛他的老师而开启了现象学中的"存在主义"运动。他的名著是《存在与时间》（1927）。这本书尽管集中于形而上学和现象学，但也是最初关于"人性"的存在主义研究之一。

在人类历史此在的不多的几种可能的、同时又是必需的独立创造活动中，哲学是其一。目前流行着关于哲学的种种误解，这些误解虽然或多或少地说中几分，但都是短见的。这里仅仅只想指出两种误解，这对于弄清当今及将来的哲学状况十分重要。第一种误解在于对哲学要求过多，第二种误解在于曲解了哲学的作用。

大体说来，哲学总是通过强调人类自身在其中所获得的意义和目标设置，而把目标指向在者的最初的和最后的根据。由此，就极容易造成这样一种假象，仿佛哲学能够而且必须为当下及将

1　Martin Heidegger, *An Introduction to Metaphysics*, trans. Ralph Manbeim, New Hawen, CT: Yale University Press, 1959. 中译文见海德格尔：《形而上学导论》，熊伟、王庆节译，北京：商务印书馆，1996 年，第 3—14 页。

来的历史的此在，为一个民族的时代创造出文化足以建筑于其上的基础来。然而，对哲学的能力的本质做这样的期望和要求未免过于奢求。这种奢求的情况大多以对哲学加以指责的形式表现出来，例如，有人说应当拒斥形而上学，因为它未尝有助于革命的准备。这就滑稽可笑了。就好像一个人说，因为木工刨床不能载人上天，所以应当丢弃它一样。哲学从来就不可能具有直接性的力量，不可能产生发生一种历史状态的方法和机会。之所以如此的原因之一，是因为哲学总是只是极个别人的直接事务。是哪些人呢？是那些创造性的改革家。哲学的广大影响只有通过间接的方式和绝不可能预知的迂回道路发挥出来，直至最终在某个时候沦为此在的一种不言自明的状态，而在此时人们早已把原初的哲学忘记了。

因此，哲学按其本质只能是而且必须是一种从思的角度来对赋予尺度和品位的知之渠道和视野的开放。一个民族就是在这种知并从这种知中体会出它在历史的精神世界中的此在并完成其此在。正是这种知，激发着、迫使着、追求着一切追问和评价。

第二种误解是曲解了哲学的作用。人们以为，即使哲学不可能为一种文化创造出基础，它至少还可以为文化建设创造便利。也就是说，或者哲学可以用来从概观和体系上整理在者整体，提供一幅关于各种各样可能事物，以及事物领域的世界图景、世界画面，并由此指明一般的和带有规律性的方向；或者它通过思考科学的前提，科学的基本概念和基本命题在某些方面为科学减轻负担。这样，哲学就在一种创造便利的意义上，被期望于用来促进乃至加速实践性和技术性的文化进程。

但是，就其本质而言，哲学绝不会使事情变得浅易，而只会使之愈加艰深。这样说并非毫无根据，因为日常例行不熟悉哲学的表述方式，甚至认为它近乎痴呓。哲学的真正功用恰恰就在于加重历史性此在，以及从根本上说加重绝对的在。艰深使得万事万物，使得存在者重新获得凝重（在）。为什么这么说呢，因为沉重艰深是一切伟大事物出现的基本条件之一，而我们正是首先根据这些伟大事物来考虑一个历史上的民族，以及它的成就和命运。但是，只有在此在掌握了对事物的真知之处，命运才出现，而哲学就开放着这样的真知的途径和视界。

一旦最流行的判断乃至似是而非的经验向你猝然袭来，你要善于思考并感到惊异。这种情况常常是以一种全然无碍而且迅即通行的方式出现。人们相信自己的经验并且听到这些经验很容易得到证实：“哲学生不出什么东西来”，“凭哲学什么都干不了”。这两种尤其在科学家和科学教师中流行的说法，是他们确定信念的表达，而其信念却有不容争辩的正确性。实际上，谁反对他们并试图证明，最终还是有“某些东西生出来”，谁就只是加剧和巩固了盛行的误解，此误解所生出的先入之见认为，人可以按照日常生活的标准来评判哲学，就像人可以按照这种标准来估计自行车的效用和评断蒸汽浴的实效一样。

“哲学什么都干不了”，这种说法全然不错而且十分确切。错只错在以为这个关于哲学的判断就此了结了。也就是说，还可以以反问的形式小作补充：**如果说我们用哲学已无可着手了，那么，哲学是否最终就不是和我们发端的什么事了呢？**关于哲学不是什么，我们说这些话也就可以弄清楚了。

- 莱布尼茨的前定和谐是什么意思？这一观念是如何解决实体间的相互作用问题的？
- 根据莱布尼茨的观点，单子是什么？我们如何区分它们？什么是“不可分辨者的同一原则”？你认为我们有可能怀疑这条原则吗？为什么或为什么不能？
- 如果上帝也必须根据理性行动，如莱布尼茨主张的那样，那么能够说上帝是自由的吗？
- 这个世界是所有可能世界中的最好世界吗？什么样的证据可以被用来支持对这一问题的一个回答？
- 你认为除了这个世界之外的其他可能世界是真实的吗？为什么是或为什么不是？
- 根据海德格尔，存在着的事物与存在本身之间的差别是什么？

总结与结论

形而上学是关于终极实在的研究，它试图找到世界真实存在的方式。西方哲学中第一个提出形而上学理论的是泰勒斯，他说，万物最终是由水构成的。在泰勒斯之后，许多不同的形而上学流派提出了相应的替代理论，它们都依赖于人类理性的思辨力量，以各种重要方式异于“常识”。但是，这些思想家不仅是第一批重要的西方哲学家，他们也是最初的理论科学家，在许多方面预示了当代物理学、天文学和化学方面的一些极其精致的理论。

西方形而上学的第一个转折点是苏格拉底带来的，尽管他本人更感兴趣的是道德问题，而不是形而上学本身。苏格拉底的学生柏拉图，以及后者的学生亚里士多德，依次成为第一批伟大的体系形而上学家，自那以后，哲学深深地受惠于他们。柏拉图提出一种精致的理论，认为终极实在由形式组成，它与日常生活中具体的变化事物形成对照。为了支持形式与个别事物对立的“两个世界”理论，他提供了一种学习理论，即“回忆说”，由此他主张，人的灵魂是不朽的，在某种意义上，我们每一个人早已知道生命中似乎在学习的东西。相反，亚里士多德主张，唯有个别事物才有资格被称为终极实在，因为这些个别事物是第一实体。自亚里士多德以后，形而上学家显然把实体（substance）这一术语当做构成实在的基质的名称。

我们也概述了现代最伟大的一些形而上学思想家的思想。在欧洲，他们从“实体”这个概念出发，力图用演绎作为方法证明实在的终极本性。他们提供的答案非常不一样。斯宾诺莎认为，只存在一个实体；莱布尼茨认为，存在着许多实体。在斯宾诺莎看来，上帝等同于宇宙，是唯一的实体；在莱布尼茨看来，上帝不同于所有其他实体，后者都是由上帝所创造的。在斯宾诺莎看来，心灵和身体仅仅是上帝的无限属性中的两个属性，而且我们能够认识的属性，就只有这两个；在莱布尼茨看来，所有实体根本上都是非物质的。但是，在他们的专业关注之下，两位哲学家那里都存在着一种为了回答人类存在最重要问题而进行的奋斗，这些问题是：上帝和正当宗教的本性，男人和女人在宇宙中的位置，以及科学的角色和基础。

章节复习题

1. 你在现代哲学（笛卡尔、莱布尼茨、斯宾诺莎）、前苏格拉底哲学和东方思想（《奥义书》、儒家、道教、佛教），以及他们对终极实在的解释中找到了什么样的相似之处？
2. 你在柏拉图那里可以找到的前苏格拉底哲学的影响是什么？（要具体，例如，“柏拉图像巴门尼德那样认为……”）
3. 什么传统的形而上学问题在今天看上去仍然重要？
4. 关于实在本性的现代理论哪些是唯物主义？哪些是非唯物主义？
5. 柏拉图是如何用形式论回应前苏格拉底哲学的？亚里士多德用什么回应柏拉图的形式论？
6. 解释一下实体相互作用的问题。对笛卡尔、斯宾诺莎和莱布尼茨解决这一问题的方式作出详细说明。此外，这些方案有助于柏拉图解决分有问题吗？分有与实体相互作用之间有相似之处吗？若有，为什么？若没有，又是为什么？
7. 莱布尼茨谈论不同“可能世界”的价值何在？真的有不同的世界吗？

关键术语

absolute space 绝对空间
absolute time 绝对时间
action-at-a-distance 超距作用
Ahura Mazda 阿胡拉 · 马兹达
Angra Mainyush 安哥拉 · 迈纽
animism 泛灵论
apeiron 无定
Asha 阿萨
attribute 属性
Becoming (in Plato) 生成（柏拉图）
Being (in Plato) 存在（柏拉图）
best of all possible worlds 所有可能世界中的最好世界
Brahman 婆罗门
Buddha 佛陀
cause 原因
cause-of-itself (causa sui) 自因
conceptual truth 概念真理
cosmogony 宇宙生成论
cosmology 宇宙论
Dao 道
determinism 决定论
divine pre-ordination 神的预定
essence (or an essential property) 本质（或本质特性）
extended 广延的
extended (substance) 广延的（实体）
Form (in Plato) 形式（柏拉图）
Four Noble Truths 四谛
freedom of the will 意志自由
idea 观念
idealism 观念论
Identity of Indiscernibles 不可分辨者的同一性
immaterialism 非唯物主义
immortality 不朽
ineffable 不可说的
infinite regress 无穷后退
innate ideas 天赋观念
materialism 唯物主义
metaphysics 形而上学

modes (in Spinoza) 样式（斯宾诺莎）
monad (in Leibniz) 单子（莱布尼茨）
monism 一元论
monotheism 一神论
mysticism 神秘主义
naturalism 自然主义
ontology 存在论
pantheism 泛神论
participation 分有
pluralism 多元论
polytheism 多神论
pre-established harmony 前定和谐
prime mover（in Aristotle）第一推动者（亚里士多德）
Principle of Sufficient Reason (in Leibniz) 充足理由律（莱布尼茨）
property 特性
reason 理性
sophists 智者
Spenta Mainyush 斯潘达・迈纽
substance 实体
substance (in Descartes) 实体（笛卡尔）
teleology (teleological) 目的论（目的论的）
The Analects《论语》
unextended 非广延的
Upanishads《奥义书》
void 虚空
Zend-Avesta《圣特-阿维斯塔》
Zoroastrianism 琐罗亚斯德教

参考文献与进阶阅读

古希腊哲学的一般性概览，见J. Burnet, *Early Greek Philosophy* (London: Black, 1958); W. K. C. Guthrie, *The Greek Philosophers: From Thales to Aristotle* (New York: Harper & Row, 1960).

前苏格拉底哲学家的重要文本见G. S. Kirk and J. E. Raven, *The Presocratic Philosophers* (Cambridge: Cambridge University Press, 1957).

柏拉图的对话见Plato, *Dialogues*, 4th ed., trans. Benjamin Jowett (Oxford: Oxford University Press, 1953)；关于柏拉图的对话的有益概述，见A. E. Taylor, *Plato: The Man and His Work* (New York: Dial, 1936).

亚里士多德的著作见R. McKeon, ed., *The Basic Works of Aristotle* (New York: Random House, 1941).

亚里士多德著作的杰出概述，见W. D. Ross, *Aristotle* (New York: Meridian, 1959).

前苏格拉底哲学家、苏格拉底、柏拉图和亚里士多德的简洁概述，见D. J. O’Connor, ed., *A Critical History of Western Philosophy* (New York: Free Press, 1964); P. Edwards, ed., *The Encyclopedia of Philosophy* (New York: Macmillan, 1967).

别涅迪克特・德・斯宾诺莎的《伦理学》见 *The Rationalists* (New York: Doubleday, 1960)；斯宾诺莎哲学的杰出阐述，见St. Hampshire, *Spinoza* (London: Penguin, 1951).

莱布尼茨主要著作的一个实用集子，见Philip Wiener, ed., *Leibniz, Selections* (New York: Charles Scribner’s Sons, 1951).

两种有帮助的莱布尼茨当代研究，见Hidé Ishiguro, *Leibniz's Philosophy of Logic and Language* (Ithaca, NY: Cornell University Press, 1972); Robert Merrihew Adams, *Leibniz: Determinist, Theist, Idealist* (New York: Oxford University Press, 1994).一个重要的但带有偏见

的研究是 Bertrand Russell, *A Critical Exposition of the Philosophy of Leibniz* (London: George Allen and Unwin, 1937).

二十世纪和二十一世纪的形而上学研究，见 A. Lovejoy, *The Great Chain of Being* (Cambridge, MA: Harvard University Press, 1936); Jacques Maritain, *A Preface to Metaphysics* (London: Sheed, 1948); Henri Bergson, *An Introduction to Metaphysics*, trans. T. E. Hulme (New York: Bobbs-Merrill, 1949); Martin Heidegger, *An Introduction to Metaphysics*, trans. Ralph Manheim (New Haven, CT: Yale University Press, 1959); Richard Taylor, *Metaphysics* (Englewood Cliffs, NJ: Prentice-Hall, 1963); D. F. Pears, ed., *The Nature of Metaphysics* (London: Macmillan, 1957); Simon Blackburn, *Thinking* (New York: Oxford University Press, 1999); Peter Van Inwagen, *Metaphysics* (Boulder: Westview Press, 1993); Richard Gale, *Blackwell Guide to Metaphysics* (Oxford: Blackwell Press, 2002); E. J. Lowe, *A Survey of Metaphysics* (New York: Oxford University Press, 2002).

关于中世纪哲学的论述，见A. Hyman and J. Walsh, *Philosophy in the Middle Ages* (Indianapolis: Hackett, 1973).

一种全面的非西方文化资料选集，见 R. Solomon and K. Higgins, *World Philosophy* (New York: McGraw-Hill, 1995).

第2章　宗教

信就是所望之事的实底，是未见之事的确据。

——《希伯来书》11:1

形而上学家们去认识世界真实存在的方式的古老努力，极少只受好奇心或科学精神的激发。最常见的情形是，形而上学和一般意义上的哲学受到宗教虔诚的激发。对真理的追求、对我们能够知道什么和我们应如何行为的关注，常常与对神的本性及其与我们的关系的关注联系在一起。对于许多有思想的人来说，没有什么经验比宗教经验更有力量，没有什么信念比宗教信念更重要。宗教规定了他们的生活，而他们的宗教观点规定了实在。从哲学上来看，宗教问题在形而上学、认识论和伦理学的范围内，但是，它的重要性要求人们对它予以特别关注。它所包括的一种经验，并不为其他本体论的和宇宙论的关注所共有。宗教信仰涉及情感，而它们与对实体和科学的技术性关注无关。也正是宗教中的这种情感投入激发了历史上最伟大的艺术、最血腥的战争、最良善的行动和最辉煌的哲学。

A. 什么是宗教?

在哲学史上，宗教扮演着一个重要角色。实际上，许多学者认为哲学源自于宗教，只是偶然变得与它的宗教传统敌对。不过，存在着许多不同的宗教，甚至有些宗教彼此完全不同，很难说它们之间有什么共同之处。比如，你可能倾向于认为，“相信上帝或诸神”是认定宗教的标准。但是，世界上有最多信徒的宗教之一——佛教——就没有这样的概念。又或者，你认为拥有某种社会场所，比如一个教堂或祷告场所，是宗教的标准。但是，基督教新教人士认为，宗教信仰完全是一件私事，无需集会。

尽管许多哲学流派都始于宗教，但是，我们无须把一个牧师称作哲学家。同样，我们也不必把一位讲授迈蒙尼德（一位重要的犹太神学家）的著作的大学教师称作拉比。尽管宗教和哲学关系密切，但我们不可简单地把它们等同起来。不过，对于两者而言，宗教信念都很重要。一个人，如果相信一个唯一的、独立的存在——**神**，并且认为神是宇宙的创造者，那他就是一位**一神论者**，一位信徒，无论他是犹太教徒、天主教徒、新教徒，还是穆斯林。（不相信神的人是**无神论者**。承认自己无知，只是认为自己不知道、或许没有办法知道是否存在约翰·威兹德姆（1904—1993）：威兹德姆是哲学分析运动的一分子。他任教于剑桥大学和俄勒冈大学，主要的研究领域为心灵哲学和形而上学。

着这样一个神的人，是不可知论者。在这一章稍后的地方，我们不仅会论述几种不同的宗教传统，也会论述一些无神论的和不可知论的主张。）

不过，在探究具体的宗教—哲学论争之前，让我们先来看看一些哲学家如何回答如下这个先决问题：什么是宗教？在对一篇著名文章的答复中，**路德维希·维特根斯坦**（Ludwig Wittgenstein）的学生、二十世纪的哲学家约翰·威兹德姆（John Wisdom）主张，宗教信念的本质特征是宗教人士对他或她的周遭事物的某种“态度”，而且，这种宗教“态度”与哲学家或科学家青睐于解释的态度之间的鸿沟无法逾越。

约翰·威兹德姆，《诸神》[1]

两个人回到他们长期疏于照料的花园，在丛生的杂草中，他们发现少许花木生机勃勃，令人惊讶。其中一个对另一个说：“一定是某个园丁一直在这里打理这些花木。”然而，邻居们都说未曾看到有人在他们的花园里劳作。第一个人继而对另一个人说：“他一定是在别人睡觉时打理花园的。”另一个人说：“不会的，那样的话一定有人听到动静，况且，在乎这些花木的人也会清理这些杂草。”第一个人又说：“瞧这些花木，井然有序。这一定是有意造成的美感。我相信有人来过这里，只是凡人的眼睛看不到而已。我相信，我们越是仔细查看，就越会证实这一点。”于是，他们不断地仔细查看花园，有时，他们会有一些相反的新发现，甚至认为曾有一个心怀恶意的人在这里做过手脚。除了不断地仔细查看花园之外，他们也在想无人照料的花园到底发生了什么。两个人所见彼此一样。因此，在这一切之后，一个说“我仍相信有一个园丁来过”，另一个说“我不这么认为”，但是，到目前为止，对于在花园中看到的东西，对于进一步查看花园将会发现的东西，对于未得到照料的花园多久就会杂草丛生，他们的不同说法并没有体现出什么差异。眼下，在这一情景中，假设园丁不再是实验性的了；一个人接受这一假设与另一个人拒斥这一假设之间的差异，如今也不是一个人有所期望而另一个人没有这样的期望的问题了。那他们之间的差异是什么呢？其中一个说：**“这个园丁来无声，去无影。他只通过我们所熟悉的劳作显现自身。”**另一个说：“根本没有这样的一个园丁。”因此，尽管没有谁期望另一个人所不期望的东西，但他们关于园丁的不同看法导致了他们对于花园的不同感觉。

但是，这就是他们之间的全部差异吗？其中一个人以一种名称称呼这座花园，以一种方式感受这座花园，而另一个人以另一种名称称呼这座花园，以另一种方式感受这座花园。如果这就是所形成的差异，那么仍适于提出“哪一个对”或“哪一个合理”的问题吗？

在威兹德姆看来，宗教信仰显然不同于科学所追寻的因果解释。自十六世纪至十八世

1 John Wisdom, “Gods”, in *Proceedings of the Aristotelian Society*, XLV, London: Harrison & Sons, 1944-45.

纪的科学革命以来，许多哲学家试图把宗教和科学对立起来，而且设法依赖于科学。同时，许多科学家是非常虔诚的宗教人士，许多宗教思想家认可科学的权威，却无损于他们的宗教**信仰**。比如，正如科学家阿尔伯特·爱因斯坦（Albert Einstein）所说，正是这种对于复杂的自然规律性的宗教敬畏和欣赏，促使人们通过大量的科学努力去理解它。实际上，他说，科学本身激发了一种“宇宙的宗教感情”。

阿尔伯特·爱因斯坦，《论宇宙的设计》[1]

因此人们不难看出，教会为何总是要与科学斗争，并且迫害热忱献身于科学的人。另一方面，**我认为宇宙的宗教感情是科学研究最强有力、最高尚的动机。**只有那些作出了巨大努力，尤其是表现出热忱献身——若没有这种热忱献身，就无法在理论科学的开拓性工作中取得成就——的人，才能理解这种感情的力量，也唯有这种力量，才能作出这种远离生活的直接现实性的工作。为了理出天体力学的原理，开普勒和牛顿经年寂寞劳作，可见他们对于宇宙合理性的信念是多么深挚，他们要理解的渴望是多么热切，而这只不过是显现于这个世界的心灵的一点微弱反映而已！那些主要从实际结果认识科学研究的人，对于下面这些人的心性容易得出一种完全错误的看法：他们被一个怀疑的世界所包围，却为分散在世界各地和诸世纪的同道指明了道路。只有献身于同样目的的人，才能深切地体会到究竟是什么在鼓舞着这些人，并给他们以力量，使他们不顾无尽的挫折失败而坚定地保持着他们的志向。给人以这种力量的，正是宇宙的宗教感情。一位同时代人曾不失公允地说到，在我们这个唯物主义的时代，唯有严肃的科学工作者是笃信的宗教人士。

在科学与宗教再次相互抨击的时代，爱因斯坦关于科学信仰的陈述显得特别重要。比如，当前关于“创世”与“进化”的争论，让人们觉得科学和宗教似乎完全不可调和，彼此具有完全对立的世界观。但是，让我们来看看**西谷启治**（Keiji Nishitani）的回应，这是一位精通基督教和佛教的日本哲学家。西谷启治主张，宗教的区别性特征是“个人的/非个人的”，或者换言之，是这样一个深刻的个人承认：我们每一个人必须绽出我们与宇宙中的所有其他事物共有的生存。走出我们的自我，从一种非个人的角度——西谷启治称之为“**个人虚无**”——来思考世界，就是一种隐秘的独特活动。但这是一种必要的活动。每一个人，无论他是否意识到，总会在他或她一生的某个时候进行这种活动。

> 阿尔伯特·爱因斯坦（1879—1955）：一位在理论物理学做出了大量突破性贡献的德国物理学家，其中最具分量的当属相对论。他试图发展一种统一场论，一种统一物理学中的基本概念的理论。他于1921年获得了诺贝尔物理学奖。

1 Albert Einstein, “Religion and Science”, in *Ideas and Opinions*, trans. Sonia Bargmann, New York: Crown, 1954. 中译文见许良英、范岱年编译：《爱因斯坦文集》第一卷，北京：商务印书馆，1976 年，第 282 页。

西谷启治，《什么是宗教？》[1]

西谷启治（1900—1990）：日本哲学家，是由西田几多郎（1870—1945）创建的“京都学派”的代表人物之一。他的工作主要致力于把西方思想尤其是存在主义融进佛教。

“什么是宗教？”我们自问，或者反过来问：“于我们而言，宗教的目的是什么？我们为何需要宗教？”宗教需要的问题是一个我们所熟悉的问题，但它暗含着另一个问题。在一种意义上，对于提出这一问题的人而言，宗教似乎不是他的所需之物。因为他提出这一问题这个事实，根本上就等于承认宗教对他而言还未成为一种必需。然而，在另一种意义上，宗教的本性确实成为这种人的必需之物。哪里有如此发问的个人，哪里也就有宗教需要。简言之，我们与宗教处于一种矛盾的关系中：正因为宗教对那些人而言不是一种必需，宗教才是那些人的一种必需。没有任何其他东西可作如是说。

当我们问“我们为何需要学识和艺术”时，我们可能试图这样回答以作解释：这些东西是人类进步、人类幸福、个人教养等等的必需之物。然而，即使我们能够说为何需要这些东西，这也并不意味着我们没有它们就无法生活。无论如何，生活依然在继续。学识和艺术可能是生活得好的不可缺少之物，但不是生活的不可缺少之物。在这种意义上，它们可说是奢侈之物。

另一方面，食物是生活的必需品。没有人会问别人为何要吃东西。或许天使或其他天体上无需吃东西的某种生物会提出这样的问题，但人不会。宗教，就许多人事实上没有它也生活着这一状况来看，显然不是食物那样的必需之物。然而，这并不意味着它只是生活得**好**的所需之物。宗教与生活本身有关。我们活着的生命最终是毁灭，还是获得永生，这对于生活本身而言至关重要。宗教绝不是奢侈之物。事实上，对于那些未能看清宗教是他们的所需之物的人而言，宗教正是他们的一种不可缺少的必需之物，其原因就在于此。这就是宗教与纯粹的“自然”生活和文化分离开来的区别性特征。因此，如果说我们需要宗教是为了社会秩序或人类福利或公共道德，那就是一种错误，或者至少是一种本末倒置。宗教与生活一样，不可从其**效用**的观点来考虑。一种主要关注自己的效用的宗教，会看到自己的堕落。人们可以问食物那样的东西对于自然生活的效用，或者问学识和艺术那样的东西对于文化的效用。事实上，在这些问题上，应该不断关注效用问题。我们日常的存在模式局限于这些自然生活或文化生活的层次。但是，正是在突破日常的存在模式并从基础上倾覆这种模式，迫使我们回到生命本身被看做无用的生活的基本根源，宗教才成了我们的所需之物——人类生活的**必需之物**。

我们刚才所说的，有两点值得注意。第一，**宗教始终是每一个人的个人事务。**这就使宗教与文化之类的东西区分了开来，文化尽管与个人有关，但无需关注每一个个人。因此，我们无法从外部来理解什么是宗教。唯有宗教追寻是理解它的关键所在，此外别无他途。这是关于宗教的本质所得出的最重要观点。

---

1 Keiji Nishitani, “What is Religion?”, in *Religion and Nothingness*, ed. and trans. Jan Van Bragt. Oakland, CA: University of California Press, 1982.

第二，从宗教本质的立场来看，提问“于我们而言，宗教的目的是什么”是错误的，因为这显然表明了一种试图远离宗教的追寻来理解宗教的态度。这个问题必定会被来自提出它的那个人内部的另一个问题所克服。没有其他路径能够导向一种对于什么是宗教及其满足的目的的理解。达成这一克服的反问是“我自己存在的目的是什么？”一切别的事物，我们都可以问其对于我们而言的目的何在，唯独对宗教不能如此发问。因此，一切别的事物，我们都能够把它们看成我们作为个人、作为人或作为人类的一个**目的**，联系我们的生活和生存来评价那些事物。我们把作为个人/人/人类的自己置于中心，由此衡量作为我们个人/人/人类的生活**内容**的一切事物的重要性。但是，宗教颠覆了我们把自己认作**目的**并置于所有事物的中心的姿态。相反，宗教以如下问题作为出发点:“我存在是为了什么目的？”

唯有在生命的这样一个层次，即在一切别的事物丧失其必需性和效用的层次，我们才开始意识到宗教是生活的一种需要、一种必需。那我们究竟为何存在？难道我们的存在和人类生命不是根本上无意义的吗？或者，如果确实有某种意义或重要性，我们去哪里找到它？当我们如此怀疑我们的存在意义时，当我们自身对自己成了一个问题时，在我们内心深处就唤起了对宗教的追寻。一旦根据其与**我们**的联系来考察和思考一切事物的模式被打破，一旦把我们置于一切事物中心的生活模式被推翻，这些问题及其所引起的追寻就出现了。这就是为何这种形式的宗教问题——“我们为何需要宗教？”——一开始就遮蔽了自己的答案的原因所在。因为它阻碍了我们自身对自己成为一个问题。

总是在这样的时刻，即死亡、虚无或罪过——或者是那样的一些处境，它们从根本上否定我们的生命、生存和理想，毁坏我们的生存根基，使生命的意义变得可疑——成了紧迫的个人问题之时，日常生活的必需之物，包括学识和艺术，全都丧失了它们的必需性和效用。这种情形可以通过一场与死亡照面的疾病而出现，后者通过剥夺使某人的生活值得一过的某些转折性事件而出现……

虚无指的是使生命的意义变得毫无意义之物。一旦我们自身对自己成了问题，一旦产生了我们为何存在的问题，那就意味着虚无展现于我们的存在地基，而我们的存在就变成了一个问号。这种虚无的显现所预示的，无非是某人的自我存在意识有了一个非凡深度的穿透。

通常，我们的生活会继续，不停地关注某些事物，总是为我们自身内部或外部的事物所吸引。正是这些俗务，阻止了意识的深化。它们阻挡了这样一个视域的开启，在那里，虚无出现，自我存在成了一个问题。甚至学识和艺术，以及全部其他的文化活动，也是如此。但是，一旦这一视域在那些使得生活不断继续的俗务的底部开启，某些东西就像停滞了那样悬在你面前。这个东西就是无意义，它就在那些给生活带来意义的俗务的底部等着。这就是虚无感，我们在尼采和陀思妥耶夫斯基那里发现的“一切皆同”的感觉，它使得永无休止地向前的生活步伐停驻，并使生活后退一步。用禅宗的话来说，它“使光明就在脚下”。

在日常生活的不断前进中，我们脚底下的地基，总是因我们的稳步向前而抛在了后面。我们忽略了它。后退一步弄清楚自我的脚下之物——“后退一步回到自我”，如古代禅宗所表述的那样——标志着生活本身的一个转变。生活的这一基本转变，正是由生命地基处开启的虚无视域所引发的。它完全是从自我中心（或人类中心）的存在模式——这种模式常常问事物对我们（或人类）有何**用处**——向探询我们自身（或人类）的存在**目的**的态度转变。唯有站在这样的一个转折点上，“什么是宗教”的问题才真正地成了我们自己的问题。

- 对于是否存在着一个园丁，你会如何决定？
- 你认为信仰是宗教之必需吗？若如此，信仰什么？
- 相信神存在与相信外面在下雨是同类的相信吗？你认为神存在有科学证据吗？需要这样的证据吗？
- “正因为宗教对那些人而言不是一种必需，宗教才是那些人的一种必需。”西谷启治这样说是什么意思？
- 对于“我存在是为了什么目的？”这样的问题，可能给出一个怎样的答案？

B. 西方宗教

在世界宗教中，犹太教、基督教和伊斯兰教不仅彼此相关，而且还与哲学有一种特殊关系。它们可以被称作**“亚伯拉罕的”宗教**，因为这三者都把它们的根源追溯到《旧约》中的亚伯拉罕。因此，这三种宗教所崇拜的神都是“亚伯拉罕的神”。我们也可以称这三种宗教为“西方的”宗教，因为它们都发源于生活于印度河流域以西的民族中间（印度河流域是东西方的一条传统分界线）。

犹太教、基督教和伊斯兰教还因另一个与西方相关的原因紧密地联系在一起。这三种宗教的早期宗教思想都受到柏拉图和亚里士多德的希腊哲学的深刻影响。尽管其他一些宗教也利用了古希腊哲学，但它对其他信仰的影响并没有达到它对基督教、犹太教和穆斯林思想的影响程度。

然而，《旧约》中的神不可轻易地用柏拉图的或亚里士多德的术语来理解。（你们可以回顾一下我们在前面章节中关于柏拉图和亚里士多德的论述，看看是否能够找到一些与那里所描述的犹太教—基督教的神类似的东西。）因此，早期思想家，尤其是中世纪的思想家，他们为自己所设定的工作就是以希腊人作为他们的典范，为他们的信仰辩护，或达到理性的宗教信仰。中世纪哲学家们为此所作的努力属于哲学史上最不朽的成就，其中一些还是最具争议和有着广泛影响的成就。

在许多情形中，哲学在使个人和整个国家皈依其中一种宗教的过程中，扮演着一个关键角色。在另一些情形中，哲学争论是教派分裂的首要原因。但无论如何，哲学论证是传递至今的教义发展的一个重要成分。

1. 神的传统概念

无疑，神的存在和性质是这三种伟大的一神论宗教的主要问题。犹太教、基督教和伊斯兰教的神，在我们看来，必定有许多一样的特征。最重要的是，它们普遍认为神是一个独立的存在，是宇宙的创造者并且与他所创造的宇宙不同。它们普遍同意，神是关心人类正义和人类苦难的至高的理性存在和道德存在。它们同意，神是**全能**、**全知**和**无所不在**的。在《旧约》中，神显然是有情绪的，比如，我们可以读到“嫉妒的神”，听到“神的愤怒”。正是去理解这个拥有这些特征的存在的努力，规定了西方的神学和西方的大多数形而上学。

神是一种独立的存在，是宇宙的创造者，并且不同于他所创造的宇宙，对这一点的强调对于西方宗教而言至关重要。当人们试图重新解释神时，无非说他是一些普遍的性质，比如“神是爱”，或“神是终极力量”，或“神是生命”，或“神是宇宙”，这时，神作为一种独立存在的绝对真实的可能性就被否定了。人们可以安然地把“神是爱”当做“神爱我们并要我们互爱”的速记。但是，若人们因此认为，神与人的互爱完全一样，那么很显然，这种信仰与一个人的如下信仰没有什么不同：他根本不信神而仅仅相信爱。同样，认为神是一种“力量”，是一种创造了宇宙的力量，这是一回事；但是，如果你认为神仅仅是一种创造宇宙的力量，那么，你的这种信仰与某个人的如下信仰毫无两样：他不相信神但也相信某种力量创造了宇宙。

在犹太教、基督教和伊斯兰教中，神独立于他所创造的宇宙而存在是一个非常重要的信条。哲学家和神学家把这种独立称为神的**超越**。我们说，神“超越”了宇宙和人类。我们也说，他“超越”了所有的人类经验。正是这一超越观念引发了一个直接的认识论问题。如果神超越了我们的经验，那么，我们怎么知道他确实存在呢？如果他在我们的一切可能经验之外——如果我们无法看见、听见或触及他——我们对他的存在能够提供什么可能的证据呢？我们如何有什么方式知道他必定是个什么样子呢？

在一些古代宗教中，诸神与人类非常相像。通常，他们更强大，多半也更聪明。比如，古代希腊和罗马的诸神就是如此。他们是不死的，但他们常常行为不端，彼此嫉妒或者大发雷霆。哲学家们在提到这种或多或少把诸神理解为人的观点时，使用了**神人同形同性论**这个词。当人们试图设想他们的诸神时，他们自然会把他们所认为最好的人类特征赋予诸神。

大约公元前500年左右，古希腊哲学家**色诺芬尼**（Xenophanes）批判当时流行的古希腊宗教时说：“如果牛、马、狮子有手，或者能像人那样用手画和制作，那么，马所画出的诸神会是马的样子，等等。”他也注意到，“埃塞俄比亚人的诸神黑肤扁鼻，色雷斯人的诸神蓝眼红发”。他得出结论说，只存在一个唯一的神，但他“在身体和心灵上与人毫无相似之处”。

与古代希腊和罗马的诸神相比，犹太教、基督教和伊斯兰教的神没有多少神人同形同性。但是，由此否认这三种宗教的神也是以某种神人同形同性的方式构想出来的，那就错了。希伯来人的神在《旧约》所载的斗争中常常站在希伯来人一边，帮助他们攻打杰里科（Jerico）的城墙，让太阳停在空中不动好几个小时，以及分开红海海水。《旧约》中的神有许多人类的情感：他因命令没有得到执行而生妒或发怒，让鲸鱼吞食人们，有时甚至毁灭整座城市。哪怕神是仁慈的这一观念，也具有它的神人同形同性论。人们常说，这些只不过是相近，它们基于这样一个观念：我们永远无法真正知道或理解神是什么样子。（比如，我们永远无法理解神之爱，只好把我们太人性的爱之观念作为我们能够找到的唯一例子。）但必须说明的是，这种神人同形同性的投射绝不是对相信神的一个反对，如此只是期望人们设法以他们最清楚的术语理解宗教。

色诺芬尼（公元前570—前475）：爱利亚学派的奠基人，希腊流行宗教的严厉批评者。

哪怕如我们常常讲的那样，神的正义观念确实非常不同于我们自己的正义观念，经文对神的正义感及其对人类的关注也显明了神人同形同性特征。这些特征极为重要，以至于如果一个人不信神是具有强烈正义感的仁慈的、关爱的存在，那他就根本不会信神。（比如，亚里士多德的“第一推动者”在字面意义上就非常不同于犹太教—基督教的上帝，尽管西方神学家为了他们的宗教对其做了不可思议的改造。）只有在神倾听我们，并且理解我们的前提下，祈祷才是有意义的；只有在神关心我们的前提下，信仰才是可理解的。若没有这些特征，神就不会是我们生活中的一种道德力量。

一些老练的一神论者和神学家曾试图清除上帝信仰的所有神人同形同性论特征，比如，只说“存在本身”而不说通常描绘上帝的那个大写的“他”。然而，尽管我们实际上可能不相信上帝像宙斯一样，类似于某种超人的不朽存在，但显然的是，我们传统的上帝概念比一些神学家更偏爱的更加以人类为中心。

西方宗教的上帝概念在许多方面个个不同，以至于我们无法去思考它们。《旧约》中的上帝与《新约》中的上帝之间的差异，常常为人们所论述。因而，犹太教、基督教和伊斯兰教中各教派之间，存在着显然的差异。这个上帝与其他诸神（宙斯、克里希纳神、伊西斯）之间的差异更加巨大，以至于传统的基督徒、犹太教徒和穆斯林根本不愿称之为“神”。

- 如果上帝超越并独立于万物，那么我们如何知道上帝具有我们归之于他的那些性质（比如全知、善、全能）呢？
- 如果在对神的思考中试着避免神人同形同性论，你认为我们会得到或失去什么吗？

C. 上帝证明：存在论论证

被告知存在着一位上帝是一回事，有好的理由即理性地相信上帝，以及认识一个人的所信，是另一回事。当然，许多人坚持认为相信上帝绝不是出于理性或知识，而仅仅是出于信仰。但是，逻辑地来看，转向信仰在探求知识之后。因此，我们在转向对宗教信仰所引发的其他哲学问题的省察之前，让我们首先来问一问，我们是否能够知道上帝存在。

这是一个熟悉的问题。根据定义，既然上帝超越了我们的经验，那我们如何能够具有上帝存在的证据呢？这与我们面对实体时所遇到的问题一样。（因此，上帝和实体在形而上学中相互交织在一起，比如在斯宾诺莎那里。）也有一些人，他们声称曾亲历过奇迹，或者曾倾听到上帝的声音。但是，如果我们中没有谁曾有过这样的经历，那我们的问题依旧：我们应当相信他们的说法吗？难道他们不可能是幻想症患者吗？我们的经验中有任何证据使我们知道上帝的存在吗？若没有这样的证据，我们有什么理由去相信上帝？

在漫长的西方神学史中，出现了三组力图证明上帝存在的主要“证明”。每一组证据都有各种不同的表述，它们直到今天依然为人们所讨论。它们分别被称为（1）**存在论论证**，（2）**宇宙论论证**，以及（3）**目的论论证**。

存在论论证　这是最困难的论证，因为它纯粹是一个逻辑证明，它试图从上帝观念中证明上帝的必然存在。笛卡尔在他的《第一哲学沉思集》中用这个论证证明上帝的存在。类似的论证也出现在斯宾诺莎和莱布尼茨那里。但是，人们通常把这个论证的发明权归于十一世纪的僧侣**圣安瑟伦**（St. Anselm）。由于这个论证完全依赖于上帝存在的观念，因此它被称为存在论论证。以下是安瑟伦对于它的表述：

圣安瑟伦，论存在论论证[1]

不久前，由于一些弟兄们的恳请，我出版了一部简短的著作，作为沉思信仰之根据的范例。它表明一个人，在静思中与自己辩论，探寻自己还不明白的事情。但是，当我反思这部小书，发现它聚集了一连串论证时，我开始自问是否可能找到一个这样的论证，它无需任何其他论证作为其证明，就足以证明上帝确实存在，证明上帝是至善，无需他之外的任何事物，但一切其他事物，为着他们的存在和福利，都需要他。我常常关切这一问题，有时我觉得自己似乎已经能够找到我所寻求之物，有时它又从我心灵视线里完全隐去，最终，我在绝望中放弃寻求那似乎无法找到之物。然而，当我试着想要彻底抛开整个问题，以免因对这件事的徒然努力而妨碍了在其他事情上可能取得的一些进步时，那我所不愿且欲加以抵制的东西，却日益强行地纠缠着我。于是，直到有一天，就在我为了抵抗它的无礼纠缠而竭尽心力之时，在思想的骚乱中曾让我感到绝望的那个东西，却向我呈现了自身，因此，我热切地拥抱了我曾在忧虑中加以弃绝的思想。

圣安瑟伦（1033—1109）：坎特伯雷的大主教，上帝存在的存在论证明的发明者。他维护理智和“知性”，是当时教会反智主义的主要反驳者之一。他最著名的作品是《独白》和《宣讲》，正是在这两本著作中他提出了存在论论证。

上帝确实存在

主啊！既然你把理解赐予了信仰，也请你——在你认为于我合适的范围内——让我理解你确实如我们所信的那样存在着，你就是我们所信的对象。我们相信你就是那无法设想有比之更大的那个存在者。或者，仅仅因为“愚人在心里说‘没有上帝’”，就没有这样的存在者了吗？但是，就是这样的愚人，当他听见我说“那无法设想有比之更大的存在者”时，即使他不能理解它存在着，他也能理解他所听到的这个对象，理解他所理解的对象存在于他的理性中。因为，一个对象存在于理性中是一回事，理解到这个对象实际存在着是另一回事。当一个画家预先设想他将要画的东西时，他已经让它存在于他的理性中了，但他还不认为这幅画已经存在，因为他还没有去画它。但是，当他完成这幅画之后，他不仅让它存在于他的理性中，也理解这幅画存在着，他已经把它画出来了。因此，甚至愚人也必定确信，那无法设想有比之更大的存在者至少存在于理性中，因为，当他听到这个存在者时，他就理解了它，而凡是他所理解的，

1　St. Anselm, *Proslogion*, in *A Scholastic Miscellany, Vol. 10*, ed. and trans. Eugene R. Fairweather, Louisville, KY: Westminister John Knox Press, 1956. 中译文见安瑟伦：《信仰寻求理解——安瑟伦著作选集》，溥林译，北京：中国人民大学出版社，2005 年，第 197—210 页。

定存在于他的理性中。但是，那无法设想有比之更大的存在者不能仅仅存在于理性中。因为，如果他确实仅仅存在于理性中，那么就还可以设想一个比他更伟大的东西，它不仅存在于理性中，也存在于现实中。所以，如果无法设想有比之更大的存在者仅仅存在于理性中，那么，这同一个无法设想有比之更大的存在者就是那可以设想有比之更大的存在者了。但是，这显然是不可能的。因此，那无法设想有比之更大的存在者，无疑既存在于理性中，也存在于现实中。

上帝无法被设想为不存在

上帝如此真实地存在着，以至于无法被设想为不存在。因为一个不能被设想为不存在的存在者是完全可设想的，它要比那个**能**被设想为不存在的那个东西更伟大。因此，如果那无法设想有比之更大的存在者居然能被设想为不存在，那么，这个无法设想有比之更大的存在者自身就**不是**那无法设想有比之更大的存在者。但这是自相矛盾。因此，确实存在着一个无法设想有比之更大的存在者——它如此真实，以至于无法被设想为不存在。

哦，主，我们的上帝，你就是那样的存在者！因此，主啊，我的上帝，你是如此真实地存在着，以至于你无法被设想为不存在。这是对的。因为，如果某个心灵能设想出一个比你更好的存在者，那这个被造物就将上升于造物主之上，并对造物主作出判断，然而这是极其荒谬的。事实上，除了你自己，其他任何别的存在者都能设想为不存在。因此，唯有你才是万物中最真实的、最高意义上的存在者，因为其他一切存在者都没有如此真实地存在着，因此，其他一切存在者都是次级的存在者。既然对于理性的心灵而言，你是万物中的至高存在这一点如此显而易见，那为何愚人还会在心里说“没有上帝”？除了他是一位心智迟钝的愚人外，还会是什么原因呢？

愚人如何在心中说他所无法设想之物

但是，他怎样在心里说他无法设想之物呢？或者，他怎么能无法设想他在心里所说之物呢？毕竟，在心里说和设想根本上是一回事。他设想了它是因为他在心里说了它，他没有在心里说它是因为他无法设想它，若这一点为真——或者更准确地说，既然这一点为真——那么很显然，在心里说或设想某物的方式就不止一种。因为，我们通过设想指称该事物的语词来设想该事物，是一种意义，而我们理解该事物本身，又是另一种意义。因此，就前一种意义而言，上帝能被设想为非存在，但是，就后一种意义而言，这是绝无可能的。因为，没有一个理解了上帝之所是的人能设想上帝不存在，哪怕在心里这么说也不可能——无论是毫无意义地这么说，还是在毫不相干的意义上这么说。**因为上帝是那无法设想有比之更大的存在者，凡是真切地理解了这一点的人，必定会理解这个存在者是如此真实地存在着，以至于甚至在思想上都无法认为他不存在。**因此，凡理解了上帝如此存在的人，就绝不会设想上帝不存在。

感谢你，仁慈的主，感谢你，因为凭靠你的光照，我如今理解了先前由于你的眷顾而让我信的东西，以至于即便我不愿相信你存在，我也不能不理解到你存在。

这个论证的逻辑具有令人迷惑的简单性："上帝"概念被天真地确定为"一个无法设想有比之更大的存在者"。于是，安瑟伦问道："一个仅仅被设想的存在者，与一个实际存在着的存在者，哪一个更伟大？"答案当然是实际存在着的存在者。然而，根据定义，上帝既然是能够被设想的最伟大的存在，那他也必定存在。"上帝甚至在思想上都无法是不存在的。"安瑟伦进而认为，一个要么尚未存在要么不再存在的永恒存在者观念是自相矛盾的，因此，我们关于这样的一个存在者的观念就要求这个存在者存在。值得注意的是，在阐明这个存在论论证的同时，安瑟伦也非常适当地把某些终极成分注入了基督教的上帝概念，上帝不仅是一个完满的甚至最完满的存在者，而且也是能够想到的最伟大的（最完满的）存在者。

这个论证有一段漫长的影响史，逻辑学家们依然还在为它争论不休。在这个论证提出后的五个世纪里，它没有什么真正的变动，一直到笛卡尔吸纳安瑟伦的这个论证并赋之以现代表述。在十七世纪，笛卡尔（在他的《第一哲学沉思集》中）明确这个论证的预设，即存在是一个事物可有可无的一种特性，就像颜色、形状、重量和魅力一样。然而，有些特性对于一个事物而言是本质性的：三个角对于一个三角形而言是本质性的，斑点对于达尔马提亚狗而言是本质性的。因此，笛卡尔同样认为，完满对于最完满的存在者而言是本质性的，存在就是一种完满。一个人无法设想最完满的存在者不存在，如同一个人无法设想三角形没有三个角，或达尔马提亚狗没有斑点。

勒内·笛卡尔，论存在论论证[1]

那么现在，如果仅仅由于我可以从我的思维中得出某个东西的观念就断言，凡是我清楚分明地认识到属于这个东西的都实际上属于这个东西，那么，难道我就不可以由此得出一个证明上帝存在的论证吗？当然，我在心中觉察到的上帝观念，即至上完满的存在者的观念，并不比什么形状或什么数目的观念差；我对于一个［现实的］、永恒的存在性属于它的本性这一事实认识得清楚分明的程度，并不比我认识凡是我可以证明什么形状或什么数目确实属于这个形状或这个数目的本性的程度差，因此，即使我在前几个沉思中所断言的都不是真的，上帝的存在在我心里至少会如我迄今所认为的（仅仅有关数目和形状的）数学真理一样确定。

事实上，这一点乍看起来并不很明显，好像有些诡辩的味道。因为，既然在所有其他事物中习惯于区分存在和本质，我也就很容易相信上帝的存在是可以与他的本质分开的，如此我们就能够把上帝设想为不是现实地存在的。尽管如此，但仔细一想，我就清楚地看出上帝的存在不能同他的本质分开，这和一个［直线］三角形的本质不能同它的三角之和等于二直角分开，或一座山的观念不能同一个山谷的观念分开一样；因此，设想一个上帝（即至上完满的存在者）却缺乏存在性（即缺乏某种完满性），与设想一座山而没有山谷一样不妥。

1 René Descartes, "Meditation IV", in *Meditations on First Philosophy*, in *The Philosophical Works of Descartes*, trans. Elizabeth S. Haldane and G. R. T. Ross, Cambridge, MA: Cambridge University Press, 1911. 中译文见笛卡尔：《第一哲学沉思集》，庞景仁译，北京：商务印书馆，1986年，第69—73页。

但是，尽管事实上我不能设想一个不存在的上帝，也不能设想一个没有山谷的山，不过，从我设想一个有山谷的山这个事实不能推出世界上有这么一座山；同样，尽管我设想了具有存在的上帝，但也不能因此说有一个上帝存在；因为我的思维并不强加给事物任何必然性，就像尽管没有带翅膀的马存在，但我可以想象一匹飞马一样，尽管并没有上帝存在，我也许能够给上帝加上存在性。

但是，这个反驳中隐藏着一个诡辩；因为，从我无法设想一座没有山谷的山这一事实，不能得出世界上不存在任何山或任何山谷这一结论，而只能得出山和山谷无论是否存在，彼此无论如何都是无法分开的。同样，**从我无法设想一个不带存在性的上帝这一事实，可以得出存在性与他是不可分离的，进而得出上帝确实存在**；不是因为我把事物想成什么样就是什么样，或者强加给事物任何必然性，而是相反，因为事物本身的必然性，即上帝存在的必然性决定我去这样思考。因为，我可以随意想象一匹马有翅膀或没有翅膀，却无法随意想象一个不具有存在性的上帝（即不具至上完满性的一个至上完满的存在者）。

我们也不必在这里反驳说，我在预设上帝具有各种完满性之后，就确实必然要承认上帝存在，因为存在是各种完满性之一，但是，事实上我的原初预设并不是必然的，就像认为凡是四边形都能内切于圆不是必然的一样；因为，我若有这样的想法，那我就不得不承认菱形也能内切于圆，因为菱形也是四边形，可这明显是错误的。即使我不是必得随时接受上帝观念，可每当我想得到一个第一的、至高无上的存在者，并且可以说从我心深处提出他的观念时，我必然会把各种完满性加于他，尽管我现在无法把这些完满性一一列举出来，也无法把我的注意力特别地放在每一个完满性上。这种必然性足以使我（在认识到存在是一种完满性之后）断言这个第一的、至高无上的存在者确实存在；同样，尽管我并不是必须想象什么三角形不可，不过，只要我打算考虑一个仅仅由三个角组成的一条直线，我就非把三角之和不大于两直角这个结论加于它不可，哪怕当时我可能没有特别考虑到这一点。但是，当我考量哪些形状能够内切于圆时，我绝无必要非得去想所有四边形都在这个数目之内不可；相反，我甚至不能捏造事实，因为除了我能够清楚分明地设想的东西之外，我不想接受任何别的东西。因此，在像上面这样错误的假设跟与我俱生的真观念——其中第一的并且主要的观念是上帝观念——之间存在着巨大差别。因为，我确实用几种方式看出这个观念并不是凭空捏造，只属于我的思维的东西，而是一个真实的、不变的本性的形象。首先，因为除了上帝自身之外，我无法设想有别的什么东西其存在［必然］属于其本质；其次，因为我不能设想两个或更多跟他一样的上帝；而且，既然肯定现在有一个上帝存在，那我就清楚地看到，他必然是完全永恒地存在过，将来也会永恒地存在着；最后，因为我在上帝身上认识了无限的其他特性，而我无法减少或改变其中的任何特性。

笛卡尔的版本如下：

我无法设想一个不具有存在特性的上帝。
（“他的存在无法与他的本质分离。”）

所以，上帝存在。

然后，他补充说：

我的上帝概念具有各种各样的完满性。
存在是一种完满性。
所以，上帝必然存在。

这些论证是有效的陈述，但它们也是合理的吗？看看下面的这个论证，其表述形式与上面的论证完全一样。把“grenlin”定义为“可以想象的最绿的生物”。那么，存在着的一种绿色生物和不存在的一种绿色生物，哪一种更绿？显然是存在着的那一种。所以，至少有一种grenlin存在。

值得注意的是，这一反驳也曾被马牟节的高尼罗（Gaunilo of Marmoutier）提出来反对安瑟伦，他假设存在着一个比任何其他岛屿更为完美的岛屿，因此，说一个最完美的岛屿不存在是自相矛盾的。安瑟伦回答说，这个论证不能应用于岛屿（或grenlins）或任何其不存在是可设想的东西。于是，问题就成了可设想的不存在是什么意思？或者，存在作为一个事物的必然特性是什么意思。

笛卡尔的阐明面临着同样的挑战，有一位批评者就抨击他的三角形类比：如果一个三角形存在，那么它必须有三个角，即使这一点为真，也不能因此得出三角形必定存在，或者事实上存在。笛卡尔的回答与安瑟伦对他的批评者的回答类似：三角形的本质并不包括存在这一完满性，而上帝的本质无疑包括了这一完满性。

存在论论证使上帝成了一个特例，因为他是唯一“可设想的最伟大的”或“最完满的”存在者。尽管如此，这个论证还是让许多信徒感到不安，被非信徒当做一个诡计而摒弃。但是，无论我们有什么样的不安，这个论证显然是有效的。

这个论证是“所有人都会死/苏格拉底是人/苏格拉底会死”这种三段论的简单表述，唯一真正的（但极其重要的）差别是，可以有无数个人，但只能有一个上帝，一个“最完满的”存在者。但是，迄今为止，我们在上面关于这个论证的陈述中认为理所当然的是这样一个预设：存在是一种如同颜色或形状那样的特性。因此，甚至在接受这个论证的有效性的同时，人们依然还有一种抨击这个论证的逻辑的方式，那就是通过驳斥这个预设，进而驳斥这个论证的合理性。我们应该在小前提中写下“ex”吗？换言之，“存在（exist）”是一个谓词吗？它像“吠”和“是绿色的”一样吗？或者，它如同“所有”“没有”和“一些”（这个本质上意味着“至少存在着一个……”）一样，更多的是一个限定词吗？“存在不是一个谓词”，这是**伊曼纽尔·康德**（Immanuel Kant）提出来反对存在论论证的驳斥。

大哲学家康德认为，问题在于存在论论证与遵循同样形式的不可接受的论证所共有的如下中心观念：存在是事物的基本特性之一，即是事物的定义的组成部分。但是，康德主张，存在不是一种特性，无法是定义的组成部分。在他的《纯粹理性批判》中常被引用的一段话中，康德表述了这个论证：

伊曼纽尔·康德，驳存在论论证[1]

我的回答是：——当你在一个你只想根据其可能性来思考的事物的概念中，无论以何种暗藏的名目已经带进了该事物的存在概念时，你就已经陷入某种矛盾了。如果允许你这样做，那么你表面上好像赢了；但实际上却什么也没有说，而只不过是在作同义反复。例如我问你，**此物或彼物**（不论它可能是什么，我都姑且承认它是可能的）**存在着**，这个命题是一个分析命题还是一个综合命题呢？如果是前者，那么你通过该事物的存在对你有关该事物的思想没有任何增加；但这样一来，要么你心中的思想就是该事物本身，要么你预设了存在是属于可能性的，然后借此从内部的可能性中推出这一存在，而这无非是一种可怜的同义反复。**实在**这个词，在事物的概念中是不同于谓词的概念中的存在这个词的，它对此无济于事。因为，如果你把所有接受或设定的东西（不论你确定什么）都称作实在，那么你就已经对这个事物连同它的一切谓词设定在主词中了，并认为它是实在的，而在谓词中你只是在重复这点而已。相反，如果你承认，如每一个理性的人都明智地承认的那样，任何一个存在命题都是综合的，那么你如何还会主张存在的谓词不可以无矛盾地取消呢？因为这个特性是分析命题所特有的，它正是分析命题所依赖的特性。

如果我不是发现了混淆逻辑的谓词和实在的谓词（即事物的规定性）的这种幻觉几乎是拒绝一切教导的话，那我就会希望直截了当地通过对存在概念的一个精确规定来打破这一挖空心思的论证了。随便什么东西都可以充当**逻辑的谓词**，甚至主词也可以由自身来谓述，因为逻辑抽掉了一切内容。然而，**规定**是一个添加在主词概念之上并扩大了这个概念的谓词，因此，它必须不是包含在这个概念之中的。

存在（是）显然不是实在的谓词，即不是可以加在一个事物之上的某个事物的概念。它只不过是对一事物及其某些规定性的承认。逻辑上来看，它只不过是一个判断的系词。**上帝是全能的**，这个命题包含两个概念，每一个都有自己的对象，即上帝和全能。小词**是（存在）**并不是另外的一个谓词，而仅仅是把谓词设定在与主词的**关系**中的东西。现在，如果我把主词（上帝）和他的一切谓词（包括全能）总括起来说，**上帝存在**，或有一个上帝，那么我对于上帝的概念并没有设定什么新的谓词，而只是把主词本身连同它的一切谓词，也就是把对象设定在我的概念的关系中。概念和对象这两者所包含的必然完全一样，因此不可能因为我将概念的对象思考为绝对被给予的（通过它存在这种表达方式），而有更多的东西添加到这个仅仅表达可能性的概念上去。所以，现实的东西所包含的并不比可能的东西更多。一百块现实的美元并不比一百块可能的美元多出一美分。因为，既然后者在这里意指概念，前者意指对象及其肯定本身，所以，如果前者比后者包含得更多，那么我的概念就没有表达出整个对象，因而也就不是该对象的适当概念。但是，在我的财产状况中，现实的一百美元比一百美元的单纯概念（即它们的可能性）无疑有更多的内容，因为对象在现实性方面并不只是分析地包含在我

---

1 Immanuel Kant, *The Critique of Pure Reason*, rev. 2nd ed., trans. Max Müller, London: Macmillan, 1927. 中译文见康德：《纯粹理性批判》，邓晓芒译，杨祖陶校，北京：人民出版社，2004 年，第 475—477 页。

> 的概念中，而是综合地添加在我的概念中（这个概念是我的状态的一个规定），而通过我的概念之外的这种存在，这所设想的一百美元并没有丝毫的增益。

康德所申辩的是，事物的存在不仅仅是一个逻辑问题。（这就是他说一事物存在这个命题不是分析命题的意思。）他论证说，“存在”或“是”不是一个“实在的谓词”（尽管它是一个语法上的谓词），因为它对于任何具有存在或是的事物没有告诉我们更多的东西。换言之，“这个苹果是红的、圆的、熟的，并且存在着”这一陈述让人觉得奇怪。奇怪之处就是，“存在”并没有给出苹果的一个特性，而只是说有一个具有这些特性的苹果。所以，恰当的上帝描述包括我们在这一章中所论述的各种特性，但是，按照康德的说法，这一描述不应包括任何暗含了上帝存在的特性。假设上帝存在，说他具有某某特性是一回事；说具有这些特性的上帝存在，则是另一回事。（这就是康德用一百块现实的美元与一百块可能的美元作例子所意指的意思；它们完全具有相同数量的美分，但只有一百块现实的美元值钱。）

这一论证是否如它的经典形式那样成功，人们对此可以有不同的理解，但明显的是，它有别于那些显然具有同样形式的荒谬论证。如果你相信上帝，那么这个论证可能会得到完全不同的理解，它不再是一个“证明”，而是一个表达你的信仰的尝试。神学家卡尔·巴特（Karl Barth）曾说，这正是安瑟伦的这个论证真正要达到的目的，而且，随着你一而再再而三地看他的论证，你会越来越清晰地发现，他在提供一个逻辑证明的同时，也是在表述他的信仰。一般而言，上帝存在的“证明”既是正当的逻辑论证，也是这样的信仰阐明和表达。因此，即使它们作为证明不成功，也常常在这种信仰表达上取得成功，而后一方面或许是更为重要的功能。根本上来说，笛卡尔和安瑟伦的论证就是：我们无法在思考上帝的同时怀疑他的存在。

显然，仅仅就其作为一个逻辑论证而言，存在论论证没有能力使非信徒转变为信徒。或者说，如果你是一位信徒，显然任何一个对于这一“证明”的反驳都不会动摇你的信仰分毫。因此，这一论证的意义含糊不清；作为一个逻辑训练，它是卓越的，作为信仰的表达，它或许是有教益的，但是，作为上帝存在的一个有效证明，或者作为转变无神论者的一种手段，它似乎毫无说服力。

- 我们有任何关于上帝的观念反映了上帝的本性吗？我们能否知道它们是否反映了？
- 上帝存在的“证明”根本不是一个真正的证明，而是一种信仰的阐明，这样说是什么意思？

D. 作为造物主的上帝：理智与设计

存在论论证是逻辑和理性的一次迷人运用，但是，批评者们常常觉得，这一论证对于上帝作为造物主的首要角色似乎只字未提。然而，其他论证要么通过论证一位造物主的必然性，要么通过注意所造世界的详细设计，把造物作为他们的中心关注。“宇宙论论证”实际上是一系列论证，其中包括某种类似于亚里士多德的前提的东西，即必定有一个第一因（“第一推动者”)，某种对于宇宙的存在和本性的终极解释。如果没有这样的一个第一因或终极解释，那就意味着一种无限倒退（永远往后论证)，这在亚里士多德和直到如今的绝大多数逻辑学家认为是不可理解的。在下面的选文中，托马斯·阿奎那在他称作证明上帝存在的“五种方式”的前四种方式中，呈现了宇宙论论证的几种最为著名的表述。

托马斯·阿奎那，上帝存在的五个论证[1]

托马斯·阿奎那（1225—1274）：罗马天主教最全面的神学构架的设计师，他的《神学大全》长期以来被许多神学家认为是基督教正统的“官方”陈述。从他证明上帝存在的“五种方式”中可以看出来，他吸收了亚里士多德的诸多论点。

第一种最明显的方式是运动论证。在这个世界上，有些事物是在运动着，这在我们的感觉上是确定的，也是明白的。凡事物运动，总是受其他事物推动，因为，一个事物如果没有被推向一处的潜能，也是不可能动的，而一个事物，只要是现实的，它就在运动着。因为，运动无非就是事物从潜能变为现实。但是，一个事物除非受某一个现实事物的影响，绝不能从潜能变为现实。因此，比如用火烧柴，使柴发生运动和变化，这就是以现实的热使潜在的热变为现实的热。不过，同一个事物在同一方面不能同时是现实和潜能，而只能在不同方面并存。因为现实的热不能同时是潜在的热，但同时可以是潜在的冷。因此，一个事物不可能在同一方面、同一方向既是推动者又是被推动者，即自我推动者。因此，凡运动之物必受他物推动。如果推动某物的事物自身在运动着，那么它也必须受到他物推动，依次类推。但这种情形不能推至无限，因为那样就没有了第一推动者，如此也就没有了其他推动者，因为，没有第一推动者的推动，随后的其他推动者就无法运动，就像没有手的推动，手杖就不会摆动一样。所以，必定要得出了一个不受其他推动者推动的第一推动者；众所周知，这个第一推动者就是上帝。

第二种方式立足于动力因的性质。[2]在可感世界中，我们发现有一个动力因秩序。其中，我们绝找不到（实际上这也是不可能的）一个自身就是动力因的事物；因为这样的话，它就要先于自身存在，而这是不可能的。然而，动力因也不可能推溯至无限，因为所有的动力因都遵循着一定秩序，第一个原因是中间原因的原因，而中间原因，无论是多个还是单个，是最后的原因的原因。若去掉原因，就去掉了结果。因此，如果动力因中没有第一个原因，那么就不会有中间原因，也不会有最后的原因。但是，如果将动力因作无限推溯，就会没有第一动力因，不会有中间动力因，也不会有最后的结果；这一切显然是不切实际的。因此，人们必然要承认一个第一动力因，这个第一动力因，大家称之为上帝。

第三种方式依据可能性和必然性，论证如下。我们发现，自然事物是既可能存在又可能不存在的，因为它们会生会灭，因此，它们有可能既存在又不存在。但是，这

1 St. Thomas Aquinas, *Summa Theologica*, trans. Fathers of the English Dominican Province, New York: Benziger, Bruce & Glencoe, 1948. 中译文见北京大学哲学系外国哲学史教研室编译：《西方哲学原著选读》（上卷），北京：商务印书馆，2005 年，第 261—263。

2 一个动力因就是使某物发生的一个事件（或一个行为者）。这个术语来自亚里士多德。见词汇表中的“原因”一词。

> 些事物要一直存在着是不可能的，因为能够不存在的事物，终不免要失去其存在的。所以，如果所有事物都能够不存在，那么终有一天会无物存在的。但是，如果这一点是真实的，那甚至现在也不会有任何事物存在了，因为唯有通过某种已经存在着的事物，尚未存在的事物才能开始其存在。因此，如果曾有一个时候无物存在，那么，任何事物要开始存在都是不可能的；这样一来，就是现在也无物存在了——这显然是荒谬的。因此，并非所有事物都是仅仅可能的，相反，必定有某种事物其存在是必然的。但是，每一个必然的事物有其必然性，要么是由另一个事物引起的，要么不是。然而，正如我们在关于动力因中所证明的那样，要把由其他事物引起其必然性的必然事物推溯至无限是不可能的。因此，**我们只能承认存在着某种事物，它自身就具有自己的必然性，而不是从其他事物获得其必然性，不但如此，它还使其他事物得到必然性**。所有人都把它称作上帝。

在他的第四种方式中，阿奎那结合了宇宙论论证的形式和一些出自存在论论证的观念：

> 第四种方式基于事物中发现的等级。在存在者中，它们的善好、真实、高贵等等，有些具有得较多，有些具有得较少。但是，用来表述不同事物的多和少，是根据它们以不同方式接近某个最高的某物而定的，比如说，一个被认为较热的事物，是根据它更接近最热的事物来决定的；所以，必定存在着某个最真实、最美好和最高贵的事物，因此，必然存在某种具有最高存在的事物，因为如［亚里士多德的］《形而上学》所写的那样，真理中最伟大的事物也是存在中最伟大的事物……在任何种类中，这个最高点就是那个种类一切事物的原因，比如火，它是热的最高点，也是一切热的事物的原因，亚里士多德在同一本书中这样说过。因此，必定也存在着某种事物，它是所有存在者获得其存在、善好以及一切其他完满的原因；我们称之为上帝。

同样，所有这些版本的宇宙论论证既是“证明”的一种尝试，也是上帝信仰的一种表达。因此，我们一定要理解它在阐明传统基督教的上帝概念中的作用，以及评价它作为一个逻辑论证的价值。作为一个逻辑论证，两个现代的反驳似乎很有分量。第一，即使这个论证在形式上有效，它也只能证明存在着某个“第一推动者”或“第一因”或“必然的存在者”。它没有证明这个存在者具有让我们称之为上帝的其他所有属性。（不过，阿奎那的第四种“方式”也包括了完满的道德属性。）表面来看，宇宙论论证的前三个版本类似于亚里士多德的“第一推动者”论证（第1章），只是阿奎那把“第一因”既当做一个“动力因”又当做一个“目的因”，即，既当做造物主又当做宇宙的意义。

此外，亚里士多德（在他的《物理学》中）承认，可能有好几个第一推动者，而阿奎那显然认为，只能有一个第一推动者。然而，即使人们接受这一论证，只相信一个“第一因”，也还是可以否认上帝的存在。或者说，若认可必定存在着一个“第一因”，那为什么宇宙本身就不能是自己的原因呢？在流行的物理学中，科学家们申辩说，这一观念与必定存在着某种别的事物使我们的宇宙存在这一观念一样合理。这就把我们引向了第二个反驳，它在阿奎那（或亚里士多德）看来是不可思议的，但为我们今天的人们普遍接受。宇宙并没有一个开端而是一直存在着，这样一个无限到退的观念，在十九世纪之前，显然是荒谬的。但是如今，即使科学家和数学家们在谈论宇宙的开端和时间的相对性时，他们也不再认为无限倒退绝不可能。然而，一旦没有了一切无限倒退都是荒谬的观念，宇宙论论证也就失去了它的主要前提。

事实上，阿奎那承认并没有反驳上帝和宇宙永恒存在的有效论证，但是，他这里有另一个予他以帮助的论证。他说，宇宙的开端需要一个动作，这就意味着宇宙无法是自身的原因。此外，即使宇宙永恒存在着，它也需要一个第一推动者来使其运动。因此，他得出结论说，上帝必定存在，哪怕无限倒退论证本身并不能证明这一点。

上帝存在最为人知的“证明”在最近几年里多见于报道。它更多的是一个经验证明，是一个最佳解释推论，它涉及的不是世界的纯然存在，而是其宏伟的细节，尤其是生命的奇迹。人们常常称之为**设计论证**，尽管最近更明确地被命名为“理智设计论”。这一论证甚至曾把自身作为一种科学理论提出来，即所谓的“创世科学”，以此反对为人们普遍接受的达尔文进化论的科学说明（物种之间的连续性基于自然选择原则）。设计论证究竟是否可以适当地被理解为一个科学论证，是否有可靠的证据来支持或反驳这一论证，这些都是非常有争议的。但是，无论它是否是一个科学论证，论证的策略是非常明确的：世界怎么能够如此这般复杂精致（这是达尔文主义者与理智设计论的辩护者共享的一个前提）？在这一点上，达尔文主义者赞成随机突变和自然选择。理智设计论的理论家主张，这种机械论不可能说明世界的复杂性。但是，我们无需进入那些反对达尔文的费解的论证，就可以理解这个论证的诉求，它在唤起我们的情感的同时，也同样地唤起了我们的理性和科学好奇心。

伊曼纽尔·康德把设计论证称作“目的论论证”，因为它给世界的创造添加了目的。我们已经在约翰·威兹德姆对宗教态度的讨论中见过了一个版本的目的论论证。这一论证被十八世纪的一位基督教牧师威廉·佩利（William Paley）淋漓尽致地表述出来：

威廉·佩利，钟表与表匠[1]

论点的陈述

假如我在穿过一片荒地时用脚踢翻了一块石头，如果问我这块石头如何会出现在那里，我可能这样回答：就我所知情形是相反的，它本来就一直在那里。很难说这个答案是荒谬的。然而，假定我在地上发现了一只表，如果追问此表怎么会碰巧就在它所在的地个地方，我很难想像我刚才已经给出的答案——就我所知，这只表也许一直就在那里。但是，为什么这种答案不应该既适用于这只表又适用于那块石头呢？为什么这个答案不能在第二种场合也像在第一种场合那样得到承认呢？这正是因为，当我们进而观察这只表的时候，我们发现（我们在石头中不能发现的东西）：它的几个部分被组合成一个整体以适应于一种目的，诸如把它们如此组装起来并经过调节使其走动，

1　William Paley, “The Teleological Argument”, in *Natural Theology and the Horae Pauline*, New York: American Tract Society, 1852. 中译文见胡景钟、张庆熊主编：《西方宗教哲学文选》，上海：上海人民出版社，2002年，第11—14页。

通过这种调节其走动指示出时间等；如果表的不同部分被赋予与原有的形式所不同的形式，赋予它们跟原有的尺寸以不同的尺寸，或者把它们置于与原有的顺序不同的顺序之中，那么，这只表中就根本不会有走动，也不会满足现在用它来满足的计时的需要。如果把这些部件中的一些最为简单的部分——它们都趋向于一个共同的目的——以及它们的一些功能综合起来，我们看到一只圆筒形的盒子，其中装有弯曲而有弹性的发条，它通过自我松弛绕盒子转动。我们接着发现一个有伸缩性的链条（为了柔性的缘故而人为地造就的），它传递着发条从盒子到均力圆锥轮的活动。之后我们发现一系列齿轮，它们的齿唇相互衔接、彼此吻合，由此引导着从均力圆锥轮到平衡轮、从平衡轮到指针的运动；而且，与此同时，通过调节运动以免指针晃动的齿轮的形状和大小，通过一个均力的和可测量的过程，在一定时间里穿过一定的空间。我们注意到，齿轮是用铜制做的，以防生锈；发条是用钢制做的，因为别的金属没有这样的弹性；表的面盖是用玻璃做的，这是一种在表的其它部件中没有使用过的物质，然而，如果在表的表面不用透明性的物质而用其它东西的话，那么，不打开表壳，我们就看不到它所指示的时间。观察了这只表（这的确需要仪器的观察，也许需要有某种有关钟表的先在知识以认识和理解它；不过一旦象我们所曾经说过的那样去观察和理解这只表之后），我认为，不可避免的结论是：这只表一定有一个制造者；必定在某时某地，存在一个或一些制造者，为了这只表所完成的那些目的而制造了这只表，他们理解这只表的结构，设计了它的用途。

Ⅰ、我并不担扰下面这样一些说法会削弱我的上述结论：我们从未看到过制表的过程；我们从来也不认识制表的工匠；我们自己完全没有能力实施这样的制作工艺，也完全没有能力去理解用何种方式才能完成它；所有这些同样适用于古代艺术或某些消逝的艺术的某些精致的遗迹，而且，大多数人对于现代制造业的更为精致的产品也是如此。在一百万人中，能有一个人知道卵形的构架是怎样转动的吗？这种无知抬高了我们对那不可见和不可知工匠的技艺的看法——如果他是不可见和不可知的。但这不会引起我们对以前某时这样一个巧匠作用和存在的怀疑。同时我也认为，无论这个问题涉及的工匠是人还是别的物种，还是一种具有别的性质的存在，都不会影响上述推论。

Ⅱ、其次，钟表有时会有差错，以及很少能十分精确地运行这一事实，也不会使我的结论变得无效。表的目的、设计和设计者也许是显而易见的，并且上述设定的情况下总是显而易见的，不管我们用什么方式解释走动的不规则性，不管我们是否能解释它。要一台机器完美无缺才能表明它是根据何种设计而制成的，这是不必要的；何况，唯一必要的问题之所在，就是它究竟是否由设计而成。

Ⅲ、第三，下面的情况也不会使我的论点具有丝毫的不确定性：如果对于这些部件，我们无法明白发现，或者说现在还不能明白它们何以引起常有的效果；甚至存在着这样一些部件，我们不能确证它们是否以某种方式引起了那常有的效果。在第一种情况下，由于这些部件的丢失、失调或损坏，我们只是发现表的走动停止了，或者受到了干扰，或者遇到了障碍，无疑这些部分的功能和意义依然留在我们脑海中，尽管我们不能观察到这些部件何以产生这些效果，或其联系方式。而且，机器越是复杂，就越可能产生这种模糊性。关于假定的第二种情况，也就是说，一些无碍于表走动的部件也许被省却了，而且经过实验证明了这一点。即使我们完全信服这些多余的部分就是如此，它们也不能排除我们已经提出的关于其它部分的推论。就此而言，设计物的迹象几乎保持如初。

Ⅳ、第四，说表的存在是出于物质形式的潜在的组合，在表之所在他必能发现其包含了某种内在的结构，这个结构可能就是这个表的功效呈现出来的结构，或是一个其他的结构。这都不能使一个有理智的人信服。

Ⅴ、第五，如下回答并不能满足这个有理智的人的质询：在事物中存在着一种秩序原则，它使钟表的不同部分结合成了现在的形式和结构。他从未听说由秩序原则制作的表，他甚至不能形成有别与工匠之智慧的秩序原则的观念。

Ⅵ、第六，他会吃惊于如下的看法：钟表的结构不能证明无设计的存在，只不过诱使人们如此思考而已。

Ⅶ、告知他如下观点，他会同样感到惊讶：他手中的表不过是金属的自然规律的结果而已。把任何规律归结为任何事物的充分的实际原因是语言的堕落。规律预设了一位操纵者，规律不过是这位操纵着操纵的模式；它意味着一种能力，它就是这种能力赖以发生作用的秩序。没有这种操纵者，没有这种能力（纵操者和能力二者都有别于规律本身），规律便毫无意义。"金属的自然规律"的表述，对一个具有哲学意识的人而而言，听上去也许显得奇怪和粗糙，然而，当这种自然规律被归结为现象的原因以排除操纵者和能力时，或者当它用以取代操纵者及能力时，它似乎同他更为熟悉的诸如"植物自然规律""动物自然规律"或一般意义上的"自然规律"一样是相当合理的。

Ⅷ、最后，我们的观察者也不会因为被告对物质一无所知而被迫放弃自己的结论，或者放弃自己对真理的信心。因为他对于自己的论据有足够的了解：他了解目的功用，了解手段应从属和适应于目的。由于知道了这几点，即使他忽视其它情况，或者对它们有疑虑，也不会影响他推论的确实性。知识有限的意识并不会对它确知之事产生怀疑。

论点的运用

设计物的每一标志、设计的每一体现，都存在于钟表之中，也同样存在于自然的作品之中。不同的是，自然的作品形巨量大，以致在某种程度上可以说是无法计数的。我的意思是说，自然的设计物在复杂性、精致性及机制的奇异性等方面，都超越于艺术设计物之上；而且，如果可能的话，它们在数量和形式上也超出了自己的范围。但在大多数情况下，与人类才智的最完善的产品一样，它们显然是适应于自身目的并从属于自身功能的设计物。

托马斯·阿奎那的**第五种方式**是一种对设计论（又叫做"目的论论证"）的经典论述：

托马斯·阿奎那，论“第五种方式”[1]

> 第五种方式基于世界的支配。我们看到，那些缺乏知识的事物，比如自然物体，也为着一个目的行动，而且很显然，它们的行动一贯是或者常常是遵循同一途径，以求获得最佳结果。因此，很显然，它们达成它们的目的并非偶然，而是设计好的。但是，任何缺乏知识的事物都不能趋向一定目的，除非它受到某种具有知识和理智的存在者的指挥，就像箭受射手指挥一样。因此，存在着某种理智的存在者，所有自然事物靠它的智慧而导向各自的目的，这个存在者我们称之为上帝。

这一论证从心理上来看很有力，但也有它的问题。像此前的两个论证一样，它关于上帝能够证明的东西，远少于有神论者需要证明的东西。比如，理性地设计了这个宇宙的上帝无需对人类有丝毫关注。他完全可以把我们当做那些关于进化的小小好奇心之一，几千年来，它妨碍了他的其他兴趣。但是，这一论证还有其他一些它所特有的问题。它容易被人们嘲笑，比如，伏尔泰在这一论证最为盛行的时候，用小说《老实人》戏仿了它的逻辑（我们可以提到其中一个不可思议的情景：上帝给我们鼻子是为了我们能戴眼镜）。一位莱布尼茨派的哲学家，邦葛罗斯博士（Dr. Pangloss），化解了降临在年轻的老实人及其妻子身上的所有可怕悲剧，理由就是他不断重复的“所有可能世界中的最好世界”。[《老实人》的一个当代版本是伦纳德·伯恩斯坦（Leonard Bernstein）的同名歌剧，它所使用的副歌是：“人们一旦消除了其余的所有可能世界，就会发现这是所有可能世界中的最好世界。”]

或许，这一“设计”实际上同样只是显现给那样一些人，他们本来就倾向于相信有这样一位设计者。大卫·休谟在他那渎神的（因而也是死后出版的）《自然宗教对话录》（*Dialogues on Natural Religion*）中，对这一点做了最生动的呈现：

大卫·休谟，《自然宗教对话录》[2]

> 克里斯提安，总之，遵循你的假设的人，或许能够断言或揣想宇宙是在某个时候起源于某种类似于设计的东西。但是，超出这一点之外，他就无法断定任何一种情形，此后他只好任其幻想和假设所至，去创立他的神学中的每一论点了。就他所知，这个世界，与任何一个高的标准相比，是非常不完善和不完满的，这个世界只是某个幼稚的神初显身手的拙劣作品，他后来抛弃了它，并对他那拙劣的作品感到羞愧；它只是某个不独立的、低级的神的作品，对于较高级的神而言，它是嘲笑的对象；它是某个老迈的神在衰朽期的作品，自从他死了之后，它就依靠着从神那里获得的最初冲动和动力，往前乱撞乱碰。

1　St. Thomas Aquinas, *Summa Theologica*, trans. Fathers of the English Dominican Province, New York: Benziger, Bruce & Glencoe, 1948. 中译文见北京大学哲学系外国哲学史教研室编译：《西方哲学原著选读》（上卷），北京：商务印书馆，2005 年，第 263—264。

2　David Hume, *Dialogues on Natural Religion*, ed. Norman Kemp Smith, Oxford: Oxford University Press, 1935. 中译文见休谟：《自然宗教对话录》，陈修斋、曹棉之译，郑之骧校，北京：商务印书馆，2001 年，第 46、85 页。

大卫·休谟（1711—1776）：常被推崇为英国哲学的杰出天才。他生于苏格兰爱丁堡，在那里度过了一生中的绝大多数时光，也常去伦敦和巴黎旅行。在一次法国假期之后，他撰写了《人性论》（1739）。他一生中既获得过名誉，也有丑闻，也曾被教会所禁止。他曾因其“异端邪说”而被拒在一流大学任教。然而，他是一个非常乐观的人，从未丧失幽默感。他一直在伦敦、爱丁堡和巴黎过着“社交生活”，长期以来被认为是英国哲学家的理想范型。他的《道德原则研究》（1751）与他的《人类理解研究》（1748）一样在思想界有很大反响。与后一本书一样，关于道德的这本书也是他年轻时完成的《人性论》——这本书从未引起人们注意——的改写。休谟在道德哲学上的论题与他在认识上的论题一样带有怀疑论色彩，令人震惊。他认为，不存在关于对错的知识，也不存在对于道德原则的理性辩护。它们全都基于情感或感情，因此无法通过论证加以辩护。

休谟的论证十分简单直接：这不是一个完满的世界，这就意味着那位据说设计了它的上帝也不是完满的。人们甚至可以怀疑，设计得如此糟糕的宇宙究竟是否是被设计的。但是，克里斯提安答复说，他既拒斥这些假设，也不同意这些语带讽刺的评论，甚至坚持认为，设计得如此糟糕的宇宙这一论证本身就预设了一位设计者。不过，还有更强有力的答复：世界实际上已经被设计得尽可能地好，或者说，这是一个仍未充分实现的设计，我们尚未看到它的充分完满性。

一切或绝大部分的自然的祸患就以这**四个**条件的并存为依据。假如一切生物都不能感受痛苦，或者假如这世界是由特殊的意志来管理的，那么祸患就永远不能进入这个宇宙；假如动物拥有了大量的力量和能力，超过绝对必要性所要求的；或者假如宇宙的各个动力和原则构造得十分精密，足以经常保持恰当的节制和适中；那么比起我们目前感受到的祸患来，祸患一定是很少的了。那么，在这个问题上，我们要作什么断语呢？难道我们要说，这些条件并不是必需的，在宇宙的设计中，尽可能很容易地改变它们吗？这个决定对于我们这样盲目而愚昧的生物是太狂妄了一点。让我们把结论作得更谦逊一些。让我们承认，假如神的善性（我是说与人相似的善性）能够根据任何可以容许的先天的理由而建立，那么这些现象，不管怎样的不顺，就不足以推翻那个原则；而可以在某种不知的情况下，很容易地与那个原则成为相容。但是让我们仍然断言，既然这个善性并非事先建立，却是必须从现象推出，那么，因为宇宙中有这么多的疾苦，并且因为就人类智力对于这个论题所能下的判断而言，这些疾苦都不能免除，所以这样一个推论就无所依据了。

设计论证的可靠性受到达尔文的进化论的强烈（但或许是多余的）冲击。因此，基督教会动用它所支配的一切资源与后者论战。然而，这场斗争很不必要，错误地过分强调了科学与宗教之间的冲突，如果造成了什么后果的话，那就是削弱了教会的可信度。因为，进化论无需否认设计论证。它只是把上帝瞬间创造了宇宙的传统观念（尽管在《创世纪》中，上帝是在好几天中创造了宇宙）转变为如下观念：上帝以自然选择作为他的工具之一，在一段漫长的时期中创造宇宙。

不过，进化论的逻辑确实以较为巧妙的方式破坏了设计论证的诉求。这一论证的力量，本质上可以归结为：“事物如此这般难道不让人觉得不可思议吗？！”但是，我们的“不可思议”在于我们重视“事物所是的方式”。我们非常重视“事物所是的方式”，因为根据或然率（或机遇）法则，不同于这种方式的几率非常之大。现在来考虑以下类比：你正在玩纸牌、扑克，发牌员连续给了你两手同样的好牌。你就会怀疑。这样的几率极小啊。特别是，如果你连输两盘，你肯定会认为背后有某种“设计”（即发牌员的设计）。可是现在，发牌员若给了你任意两手连续的牌，显然牌的任意组合的几率同样极小，你为何不会有同样的怀疑呢?（连续两次抓到相同的五张牌的几率是二百六十万分之一。）当然，这个回答与抓到这一手牌而不是另一手牌的“可能性”无关，而与你注重这一组合而不是另一组合有关。设计论证也是如此。

科里 ·朱尔（Cory Juhl）讨论了“精确调节”论证,以及它如何与对上帝存在的证明相关:

科里 · 朱尔，论“精确调节”论证[1]

就好像基本的物理常数，比如引力常数和许多其他常数，“调整好了”来使我们所知的生命发生。根据精确调节论证，各种不同的常数以令人惊讶的方式“结合在一起”，这一点强烈地表明,有一个理智的存在者参与了我们的宇宙的产生。这个推理直截了当。在这些常数可能产生的所有等级组合中，它们的等级所分布的方式恰好形成了一个能够产生我们所知的生命的宇宙。如果说有一个上帝让我们所知的生命产生，那这一点也不奇怪。若没有一个上帝，那么，自发地或偶然地形成这样一种组合的概率是无穷小的。既然这些假设穷尽了可能的解释种类，那么，我们应该推断出这样的结论：上帝（或者至少是某种具有极端能力的理智的存在者）“精确调节”着宇宙及其规律。

这一论证引起了许多回应。许多物理学家共有的一个回应是,假设任一“调整好了”的宇宙都是先天不可能的，那么，就可能存在着无数的宇宙，它们的基本常数在这个无数的宇宙集合中随意变化。假设这样的宇宙足够多，那么，某个宇宙是调节好了的就一点也不令人奇怪。此外，理智的观察者大概只会在调节好了的宇宙中问这些问题，因此，我们（理智的观察者）发现自己身处这样的一个宇宙就不应感到奇怪。精确调节的提倡者们回应说，这样一个“许多宇宙”的假设似乎很特别，他们声称，因为（除了避免有神论之外），设定这些世界没有任何独立的动机。“许多宇宙”假设是否能够得到独立证明，这是一个值得注意的未决问题。

精确调节论证引起的另一个回应，涉及的是我们对各种各样的“宇宙产生”情形进行的先天可能性分派。与我们宇宙中有规则地产生的诸类事件不同，我们只能观察到一个宇宙。比如，尽管我们知道这一点似乎是可能的：存在着一个“宇宙产生法则”，它保证唯有精确调节的宇宙曾经产生过。由于缺乏进一步的相关数据，而这些数据原则上来看不可能被收集到（即关于其他宇宙的数据），因此，我们完全没有任何正当理由去思考与我们的宇宙相像的宇宙是可能的还是不可能的。

存在着一个“宇宙产生法则”，它必然产生与我们的宇宙相像的精确调节的宇宙，对于这一说法的共有反应是：“这仅仅是把问题往后推了一步”，即为什么要有这样一个法则。然而，这里可能存在着一个 *tu quoque*（言行不一谬误）：为何正是神学家们提议的那种上帝应该存在？这些论证让人想起属于我们之前讨论的宇宙论论证的那些东西。

1　作者惠许引用。

至于我们认识先天可能性的能力，精确调节的提倡者们会坚持认为，根据对各种各样可能宇宙的先天可能性的合理分派，那就会表明，精确调节的宇宙的可能性是极低的。就像我们基于我们在另一个较为熟悉的情形中知道的东西来作出最佳猜测一样，无疑，认为存在着一个理智的设计者也是一个猜测。

然而，这是否是我们的最佳猜测，依然是一个问题。为了看清楚原因，我们可以来考量一下关于上帝会产生任何给定类型的宇宙的所有可能性。如果存在着这样的假设，那就存在着一个这样的无神论的假设（即宇宙产生法则），它以完全同样的可能性产生了任何给定类型的宇宙。简而言之，如果存在着任何关于各种类型宇宙的可能性的有神论的假设，那就存在一个“相当的”无神论的假设，它把完全同样的可能性分派给完全同样类型的宇宙的创生。这样一来，问题就成了：对于同样的假设，我们应该偏爱有神论的那种而冷落无神论的那种，这样的做法一般来说显而易见吗？对此，人们的意见并不一致，但是，在任何这样的成对的假设中，有神论的假设本质上就更加合理，这一点还很不明显。

进化论给了这个世界许多不同的“事物所是的方式”，并且还会有更多。我们对这一特殊的“事物所是的方式”感到不可思议的原因是，我们以为不是这样的几率非常大。但并非如此。它们与其他任何一种可能的“事物所是的方式”在几率上是一样的，因此，这种“方式”似乎并不值得作出特别说明。当然，这并没有否认“设计”，它只是强调某种看待世界的方式的重要性，这种方式为科学和自然的爱好者与有神论者所共有。维特根斯坦用一句话概括了这种对于设计论证的观点：“值得注意的并非事物如何存在，而是它们竟然存在。”（这把我们带回到了宇宙论论证。）

- 无限倒退是荒谬的吗？你认为没有原因的原因不那么荒谬吗？
- 你认为有人可以一贯地同时相信上帝和进化论吗？
- 你认为任何关于上帝存在的论证都确立了具有其一切性质的传统上帝的存在吗？你认为有任何论证可以做到吗？

E. 宗教、道德和恶

这三种传统的“证明”形式，似乎都不足以构成严密的证明。看起来，一个人若要接受其中的任何一种证明，都必须以相信上帝开始。此外，其中的每一种证明所证明的，并不是上帝的存在，而至多是某种东西的存在；某种由其存在所定义的东西，某种作为第一因的东西，或者某种作为理智的“设计者”的东西。但是，有人为一种完全不同的上帝观辩护，比如说伊曼纽尔·康德。根据这种上帝观，西方的传统上帝最重要的属性——即善男信女们崇拜他、向他祈祷、恐惧他、为之斗争为之死的原因——是他们对于上帝的神圣正义的信仰。因此，西方宗教中的上帝最重要的属性是他的道德品质。没有它们，我们的上帝信仰就会完全不同。

根据这一观点，西方思想中上帝的重要性，在于他是我们的道德法则之源，是我们的行动和情感的判准，而且还是位于那些法则和判断背后的批准者。前述关于上帝存在的“证明”，哪怕是有效的论证，也并不完全令人信服，因为它们忽视了上帝信仰非常重要的道德方面。使有神论者与无神论者区分开来的，并不是纯粹的理论或纯粹的论证［法国哲学家拉普拉斯（La Place）称之为“一个纯粹的假设”］，而是生活方式和信心上的差异。有神论者相信道德有一个神圣的来源，相信对某人行动的判断超越了日常生活，并且相信死后奖赏的承诺（或惩罚的威胁）。无神论者也相信道德——但不相信神圣的道德——并且相信我们行动的所有判断及所有的奖惩要么就发生在此世，要么根本就不会发生。因此，上帝存在的问题显然具有一种道德维度。如信仰者所言，我们关于人类善的概念，取决于我们的上帝概念。

伊曼纽尔·康德在试图驳斥关于上帝存在的这三种传统论证之后，提供了他自己的一种上帝存在论证。他不再试图去那样“证明”上帝存在，他甚至说，严格来讲，我们根本无法具有关于上帝的知识，因为，上帝作为超验之物，无法成为任何可能的经验的对象。因此，康德接着漫长的基督教传统说，相信上帝是一个信仰问题。但这并不是说，如人们常常以为的那样，它是一种非理性的信仰。恰恰相反，康德认为，相信上帝是所有信仰中最为理性的信仰。因为，若没有对上帝的信仰，我们就不会有道德之锚，我们也不会有任何理由作出如下假定：我们的善行实际上终将得到奖赏，恶行终将得到惩罚。显然，康德如自古至今的每一个睁眼看世界的人一样，知道正义并不总会在此生得到实现。天真的孩子在战争中被屠杀；恶人过着奢华的生活，健康无忧地步入老年。因此，根据康德的说法，相信上帝是理性的，拥有信仰是理性的，哪怕严格地来说，信仰不是一个知识的问题。他说，相信上帝是一个“实践理性的悬设”。

伊曼纽尔·康德，论上帝和道德[1]

在前述的分析中，道德法则导致了一个只通过纯粹理性所颁布而没有任何感性动机加入的实践问题。这就是至善的最先和最重要的部分即道德的完整性问题；由于这个问题只有在永恒中才能得到解决，这就导致了对不朽的悬设。这同一条法则也必然导致我们对至善的第二个要素，即与那个道德相称的幸福的可能性的肯定；它必定如同此前那样，是无私地出于不偏不倚的理性作出那样的肯定的。它能够做出这样的肯定，是基于与这一结果相符的某个原因存在的假设，即，它必须把上帝存在悬设为必然是属于至善（这一我们意志的客体是与纯粹理性的道德立法必然关联着的）的可能性的。我们要以令人信服的方式来展示这一关联。

幸福是世界中一个理性存在者的这样一种状态。在他的整个存在中，一切都是按照愿望和意志发生着。因此，它依赖于自然与他的全部目的、也与他的意志的本质性的规定根据协调一致。但是，道德法则作为一种自由的法则，是通过完全独立于自然、

1　Immanuel Kant, *The Critique of Practical Reason*, trans. Lewis White Beck, Upper Saddle River, NJ: Prentice-Hall Inc., 1993, pp.130-132. 中译文见康德：《实践理性批判》，邓晓芒译，杨祖陶校，北京：人民出版社，2003 年，第 170—172 页。

也独立于它与我们（作为动机）的欲求能力的协调一致的那些动因来发布命令的。然而，世界上行动着的理性的存在者却并不同时是这个世界和自然自身的原因。所以，道德法则中没有丝毫根据，来使一个作为部分属于这个世界因而也依赖于这个世界的存在者的道德和与之相称的幸福之间有必然的关联。由于不是自然的原因，这个存在者因此不能通过它自己的力量使自然就涉及他的幸福而言与他的实践原理完全一致。然而，在纯粹理性的实践任务中，即在追求至善的必然努力中，这样一种关联却被悬设为必然的：我们应当力图去促进至善（所以至善至少必须是可能的）。这样，甚至全部自然的一个其自身不同于自然的原因的存在也就被悬设了，这个原因包含幸福与道德精确一致的根据。但是，这个至上的原因不应当只是包含自然与有理性的存在者的意志法则协调一致的根据，而应当包含自然与这一法则就他们把它确立为意志的至上规定根据而言的观念协调一致的根据。因此，它不仅应当包含自然与形式上的道德行动协调一致的根据，也应当包括自然与作为这些行动的动机的道德，即与他们的道德意向协调一致的根据。所以，至善只有在假定了一个拥有某种与道德意向相符的因果性的至上的自然原因的情形下，在世界上才是可能的。现在，一个具有按照法则的观念行动的能力的存在者是一个理智者（一个理性的存在者），而按照这一法则的观念的这个存在者的因果性就是他的意志。所以，自然的至上原因，只要它必须被预设为至善，就是一个通过知性和意志而成为自然的原因的存在者，也就是上帝。因此，最高的派生的善（最好的世界）的可能性的悬设，同时就是最高的本源的善的现实性的悬设，亦即上帝存在的悬设。现在，我们的义务是促进至善；因而，我们不仅有权，而且也有与这个作为需要的义务关联的必要，去预设这个至善的可能性。不过，只有在上帝存在的条件下，才能作出这个预设，因此，这一条件把这个预设与义务不可分割地关联在一起。所以，道德上有必要预设上帝的存在。

威廉·詹姆斯（1842—1910）：或许是迄今最伟大的美国哲学家（和心理学家）。他从才华横溢却晦涩难懂的哈佛同事查尔斯·皮尔士的论述中发展起了备受欢迎且仍然有着智识力量的实用主义的美国哲学。詹姆斯生于纽约，毕业于哈佛大学，获得了医学学位，但他决定（在哈佛）任教，而不是行医。他最广为人知的哲学作品是《实用主义：一些旧思想方法的新名称》和《宗教经验之种种》。《心理学原理》的出版使他成为“现代心理学之父”之一。

康德的论证的关键在于这样一个显见的事实：在此世，善行并不总是得到奖赏，恶行也常常没有得到惩罚。于是，他问道：一个人为何应当做一个道德的、行事公正的人？所以，如果我们理性地决定做一个道德的人，那么，我们必须也要相信德福一致（康德称之为“至善”），即好人会得到幸福的奖赏，恶人会受到惩罚。但是，如果这种情形不会在此世发生，那么我们就必须相信它会在来世发生（“这个问题只能在永恒中得到解决”）。此外，我们还必须相信某个终极的公正之源，即一个神圣的审判者，他将权衡善恶，确保公平地分配永恒的幸福和惩罚。这个论证同时也是对人类灵魂的不朽和上帝的基督教信仰的一个辩护。按照康德的说法，为了维持我们成为道德的人的意愿，那就必须要相信人类灵魂的不朽和上帝这两者。“所以，道德上有必要预设上帝的存在。”

晚近，实用主义者威廉·詹姆斯（William James）申论了一个类似的观点。他的观点是一个“实用主义的”观点。即，信仰上帝是"理性的"，只要它不与我们的其他信仰（比如我们的科学信仰，康德也强调了这一点）相冲突，只要它倾向于使我们过上更好的生活。他的申论如下：

威廉·詹姆斯，《信仰意志》[1]

科学谈论事物之所是，道德谈论某些事要好于另一些事，而宗教在本质上谈论两种东西。

首先，它说最美好的东西是更加永恒的东西，是包容涵盖性的东西，可以说，是宇宙中最后发难、作出最后决定的东西。"完美就是永恒"——查尔斯·塞克雷坦(Charles Secrétan)的这句话看来很好地表达了宗教的这第一个断言，显然，这个断言根本无法科学地得到证实。

宗教的第二个断言是，如果我们相信宗教的第一个断言为真，那么我们现在的生活会更好。

现在，让我们来思考一下，**如果宗教假设的两个方面都确实为真**，那这一情形的逻辑要素是什么。（当然，我们必须一开始就承认这种可能性。如果我们确实要讨论这个问题，那它就必须包括一个现存的选择。如果你们都认为，宗教在一切现存的可能性方面都是不可能为真的假设，那你们就无需再往前走。我只对"余下的那些人"说话。）如此我们看到，首先，宗教为自身提供了一个**重大的**选择。即便如今，也有人认为，我们由于信仰而获得至关重要的利益，由于无信仰而丧失了至关重要的利益。其次，就那种利益所及的范围而言，宗教是一个**被迫的**选择。我们不能通过保持怀疑和等待更多的根据来回避这个问题，因为，**若宗教不是真的**，那我们就因此避免了错误，尽管如此，**若宗教是真的**，那我们就因此丧失了利益，恰如我们确定无疑地选择不信一样。这就好像，一位男士对向一位女士求婚一事始终犹豫不决，因为他不能十分肯定把这位女士带回家后，她会是一个天使。难道他不能果断地摆脱这种奇怪的天使假设，就像他果断地去与别人结婚那样吗？因此，怀疑论不是回避选择，它是对某种特定的危险的选择。**失去真理的危险较小，犯错误的机会更大**——这就是你们这些否认信仰者的确切立场。否认信仰者与信仰者一样，也是在积极地下赌注；他坚决反对宗教假设的立场，就像信仰者坚决支持宗教假设的立场一样。因此，在支持宗教的"充分证据"被找到以前，将怀疑论作为一种义务鼓吹给我们，就等于告诉我们，在宗教假设面前，屈从于我们对它之为错的恐惧，要比屈从于我们对它可能为真的希望更明智、更好。于是，这并不是反对一切激情的理智，而不过是以某种激情立法的理智。真的，这种激情的至高智慧靠什么得到保证呢？欺骗对欺骗，有什么证据说被希望欺骗要比被恐惧欺骗要糟糕得多呢？就我而言，我看不到这有什么证据。如果我自己的利害关系重要到足以让我有权选择我自己的冒险形式，那我就绝不会遵从科学家的指令，去效仿

---

1 William James, "The Will to Believe", in *The Will to Believe and Other Essays in Popular Philosophy*, New York: Longmans, Green, 1896. 中译文见胡景钟、张庆熊主编：《西方宗教哲学文选》，上海：上海人民出版社，2002年，第273—276页。

他的那种选择。如果宗教是真的，而支持它的证据依然不足，那我不希望用你的灭火器来扑灭我的天性（我的天性使我觉得，它毕竟似乎在这个问题上有些意义），从而丧失在生活中选择胜方的唯一机会——当然，这一机会依赖于我的如下意愿：我愿意承担如此行动的危险，就好像我以宗教的方式去把握世界的感情需要可能是有先见之明的、正确的。

所有这一切都基于如下假设：上述情感需要可能是有先见之明的、正确的，而且，甚至对于我们正在讨论这个问题的人来说，宗教也是一个可能为真的现存假设。这样一来，对于我们大多数人而言，宗教就以一种更加深入的方式使得对我们的积极信仰的否定变得更加不合逻辑。宇宙更具完美和更加永恒的方面，体现在我们那些具有人格的宗教中。**如果我们信仰宗教，那宇宙对我们而言，就不再是一个纯粹的它，而是一个你；人与人之间的一切可能关系，在这里也是同样可能的。**比如，尽管在某种意义上，我们是宇宙的被动部分，但是，在另一种意义上，我们显示出了一种不寻常的自主性，好像我们是依靠自身的小小的活动中心。我们也感到，宗教对于我们的吸引力好像成了我们自己的、积极的善良意志，就好像若不是我们中途碰上这个假设，我们也许就永远得不到证据。举一个通俗的例子来说：就像一个身处一群绅士中间的人，他不接近任何人，没有理由就绝不承认任何东西，别人的话若没有证据就一概不信，那么，他的这种挑剔态度会使他失去所有的社交利益，而一个较为信任别人的人却得到了这种社交利益——因此，在这里，一个把自己封闭在错综复杂的逻辑性中的人，若试图使神来强迫他的承认，或者根本得不到他的承认，那么，他就使自己永远丧失了结识神的唯一机会。这种我们不知是从何处强加于我们的感觉，即，通过坚定地相信神的存在（尽管不相信神的存在对我们的逻辑和生活无碍），我们在做着宇宙中我们能够做的最伟大的贡献，这种感觉似乎正是这个宗教假设的活的本质的部分。如果这个假设在一切方面，包括上述这个方面，都为真，那么，纯粹的理智主义，由于它否定我们作出意愿，便是一种荒谬了；而我们的同情本性的某种加入，也就成了逻辑上的必要了。所以，就我而言，我无法接受寻求真理的那些不可知论规则，或者，不会有意地将我的意志本性排斥在这场游戏之外。我之所以不能这样做，乃是出于如下的简单理由：**如果那些种类的真理确实存在，那么，一种绝对禁止我去认可这种真理的思考规则，就会是一种不合理的规则。**对我而言，无论这种真理实际上是什么，上述原则乃是处理这种情形的最简明的形式逻辑。

布莱兹·帕斯卡尔（1623—1669）：稍具神秘倾向的法国科学家和哲学家。他强调对“心”的信心甚于理性，他的许多著作都与宗教问题有关。他也是计算器的发明者之一，是一位著名的数学家，最为著名的作品是《思想录》（1669）。

另一个信仰上帝的“实践”论证源于法国哲学家**布莱兹·帕斯卡尔**（Blaise Pascal）的一个简洁卓越的论证。帕斯卡尔提供的一个论证，他自己称之为一个赌注，即关于上帝的打赌。无论如何，它都不是一个关于上帝存在的证明，事实上，这个论证的明确条件之一就是：我们无法知道上帝是否存在。但是正因为此，他说，如果上帝存在而且我们相信他，那么我们就有了享有无限奖赏的权利。另一方面，如果他存在而我们不相信他，那么我们就确实会受到永恒的惩罚。即使上帝不存在，我们最好还是相信他，因为信仰会给我们的生活注入品质。为了支持去相信的决定，帕斯卡尔问到：

> 现在，你站在这一边会产生什么害处呢？你将是虔敬的、忠实的、谦逊的、感恩的、乐善的，是真诚可靠的朋友。确实，你绝不会陷入那些有害的欢愉，陷入得意，陷入逸乐；但是，你绝不会有别的了吗？我要告诉你，你将因此赢得这一生，而且，你在这条道路上每迈出一步，都将看到你的赢获是那么地确定，而你所赌出的又是那么地微不足道，以至于你终将认识到你是为着某种确定的、无限的东西而赌的，而你并没有为它付出任何东西。[1]

因此，如果我们把它看做一场赌局，其中我们的选择就只能是相信或者不相信，那么我们的赔率如下：

“帕斯卡尔的赌注”

	上帝存在	上帝不存在
我相信	永恒的奖赏	我们浪费了一点虔诚， 但或许变成了更好的人
我不相信	永恒的惩罚	没有奖赏也没有惩罚

从一位赌徒的角度来看这个赔率，我们应该作出何种选择，就一目了然了。永恒的惩罚的风险，远远超过了一些“有害的”欢愉的承诺，而永恒的奖赏的承诺，完全值得我们去冒可能错了的风险，想一想我们在此世的所得。因此，在严格的实践的基础上，结论是：我们应该相信上帝。

康德、詹姆斯和帕斯卡尔给出的这三个论证，都基于同一个非常重要的假设，即“上帝是公正的”。在这个假设的基础上，他们认为相信上帝是理性的，哪怕要证明（或者知道）他存在是不可能的。因此，相信上帝是一件信仰的事情，但这一信仰可以被论证和辩护为一种理性的信仰。正因为它是信仰而不是知识，所以我们不能说它是“盲目的信仰”，或者说是非理性的、无需论证或任意的。因此，坚持认为相信上帝是一件信仰的事情，并不是说它在哲学或理性考量的范围之外。

- 你能够发动自己的意愿去相信某件事物吗？意愿足以对抗宗教怀疑吗？
- 你认为我们对公正的需求是相信上帝的一个好理由吗？
- 关于宗教信仰或宗教虔诚，帕斯卡尔的赌注未能注意到什么？

只要我们接受“上帝是公正的”这个假设，这些关于相信上帝的“道德”论证就是合理的。当然，事实上否认这个假设的老练的神学家几乎没有，但是，有许多神学家，尤其是现代的

1　Blaise Pascal, *Pensées*, no. 233, New York: Modern Library, 1941. 中译文见帕斯卡尔：《思想录》，何兆武译，北京：商务印书馆，1997 年，第 129 页。

许多神学家，非常担心这个假设。他们所提出的问题，就是所谓的“**恶的问题**”。这个问题表述出来非常简单，但是，如果你相信上帝，那为此所提出的解决办法就绝不简单。问题是这样的：如果上帝是全能、全知和公正的，那么，世界上怎么可能有那么多不应有的苦难和未得到惩罚的邪恶呢？或者，简而言之，如果上帝存在，世界怎么能够充满着恶呢？上帝不可能不知道这些不幸，因为他是全知的。上帝也不可能对此毫无办法，因为他是全能的。而且，如果上帝是公正的且关心人类，那他必定要照看无辜和惩罚或阻止邪恶。

恶的问题之所以是一个问题，在于任何宗教的几乎所有信徒都不愿意放弃对自然力量或造物主力量及其内在善的信仰，也不愿意放弃如下信仰：自然或造物主那里存在着真正的正义。对于宗教信仰来说，恶的问题最清楚、最广为人知的描述，可能依然是人们在《圣经·约伯记》中找到的那个描述，在那里，虔信的约伯遭受着不应有的苦难，仍奋力保持着信仰：

> 于是，他的妻子对他说：“你仍持守你的纯正吗？诅咒上帝，然后死掉吧！”他却回答说：“……若我们从上帝那里得善，那不也应受恶吗？”（2:9-10）

但是，最终约伯向上帝问道：

> “受苦者为何生来得见光明呢？心中愁苦的人们为何得赐生命呢？”（3:20）

恶的问题最常见的解决办法，是约伯的朋友以利法（Eliphaz）向他提供的那个办法：

> “祸患，原不是从土中出来，患难，也不是从地里发生；人生在世必遇患难，确如飞鸟凌空而上。”（5:6）

圣奥古斯丁（354—430）：中世纪基督教思想从古希腊、古罗马的根源中发展出来的主要人物。奥古斯丁生于北非，生活在处于衰落时期的罗马帝国。在对不同的异教信仰做了探究之后，他皈依了基督教，并且成了北非的希波主教。他最为著名的作品是神学作品《上帝之城》和颇具私密性的《忏悔录》。

换言之，以利法认为，上帝所造之人所具有的本性，使他自己产生了患难。

这也常常是哲学家们和神学家们对于恶的问题所提出的解决办法。但是，即使这个解决办法（即人类具有“自由意志”），也有好几个版本。在基督教中最有影响的，则是圣奥古斯丁所提供的那个版本。年轻时，奥古斯丁受一种名为摩尼教的宗教影响，这种宗教之所以被所有主要的一神教（包括那时候的波斯教、琐罗亚斯德教，我们在第1章中研究过它们的创建者）当做异教，正是因为它所采纳的对于恶的解释。摩尼教徒声称，存在着两个具有同样力量的神，一个是善神，一个是恶神。善神统治着精神和心灵，恶神统治着肉体。于是，按照摩尼教徒的说法，这两个神都不是全能的，人类也不是自由的，而是受这两个神中的某一个神的支配。摩尼教徒说，唯有在死的时候，当灵魂永远脱离了肉体，人类才达到了真正的道德善。

后来，奥古斯丁摒弃了摩尼教而皈依了基督教。作为一位基督徒，他就意志自由和人类遵行上帝命令他们要完成的道德义务的能力，写出了富有说服力的著作。

圣奥古斯丁，《忏悔录》[1]

但是，我虽相信你是不可能受玷污、不可能改变、不可能有任何变化的，宣称且坚信你是我们的主、真天主，坚信你不仅创造了我们的灵魂，也创造了我们的肉体，不仅创造了我们的灵魂和肉体，也创造了一切的一切，但对于恶的原因，我仍未找到一个清晰明了的解释。不论恶的原因为何，我认为任何理论都不应迫使我相信不能变化的天主是可变的。否则，我自己就成了恶的一个原因，即我力图去揭示的那个东西。我放心地进行研究，因为我确实认识到摩尼教徒的理论是错误的。我全力摒弃这些人，因为我看到，这些人在探询恶的来源时，自身就充满了恶，因为他们宁愿认为你是一种能遭受恶的本体，而不肯承认自己能作恶。

我听说，我们之所以作恶是因为我们自己的自由意志选择那样做，我们之所以受苦是因为你的正义公正地要求我们如此。对此，我竭力去理解，但我未能分析清楚。我力图从吞没它们的深渊中提升我的思想视线，但是，我一再下沉。我一再努力，我依旧一再下沉。有一点能提升我，使我得见你的光明。那就是，我知道我有意志，确如我意识到我在生活一样。我选择做某事或不做某事时，我确知是我自己的那个自我，而不是某个别人，在作出这一意志行为，因此，正是在这里，我看到了我犯罪的原因。我若违背自己的意志做某事，那在我看来是发生在我身上的某事，而不是我做的某事，但我认为这不是一个错误，而是一种惩罚。而且，我只要想起你是公正的天主，我马上就承认你的惩罚不会是不公正的。

但是，我再次自问："谁创造了我？不就是我的天主吗？天主不仅是善的，而且是善本身。那么，我能拥有一个能够选择作恶、拒绝行善的意志，是为了给我应受惩罚提供一个公正的理由吗？既然我的全部受造于温良的天主，那是谁把这一意志灌注在我身上？谁把辛苦的种子撒在我身上？如果这一切都是魔鬼所为，那又是谁造就了魔鬼？如果善良天使是因自己的邪恶意志而变成了魔鬼，那么，既然全善的造物主把他造就为一个善良天使而不是别的，他又是如何拥有这一使他变为魔鬼的邪恶意志呢？"

这些思想重新把我推进了使我透不过气来的境地。但是，我并不因此而沉入不肯向你认罪、而宁愿相信你遭受恶而不愿承认人作恶的错误深渊。

"那恶原在哪里？它的起源是什么？它是如何钻进这个世界的？它生长的根茎在哪里？是否可能根本就没有恶？若如此，我们为何要害怕而防范这一并不存在之物呢？如果我们的害怕毫无根据，那这本身就是恶，因为它不过是无谓地刺痛、折磨我们的心。事实上，若没有可害怕之物，那我们越是害怕，恶就越大。因此，要么存在着我们所

1 St. Augustine, *Confessions*, Bk. VII, trans. R. S. Pine-Coffin, London: Penguin Classics, 1961, pp. 136-149. 中译文见奥古斯丁：《忏悔录》，周士良译，北京：商务印书馆，1997 年，第 115—129 页。

害怕的恶，要么我们的害怕本身就是恶。

“可是，既然天主创造了一切，并且因其本身是善的而使创造的一切也是善的，那恶从何来呢？确实，天主是至善，他自身的善要大于他所创造之物的善。但是，既然造物主及他的所造物都是善的。那恶从何来呢？

“是否天主在创造宇宙时用了恶的质料？他在按其目的给予定型时遗留着某个无法转化为善的部分？但他为什么要这样做呢？难道我们要相信，尽管天主是全能的，但他没有能力使整个质料转化为善、不遗留丝毫的恶？最后，天主为何愿意从此创造万物？为何不用他的全能把它泯灭净尽呢？这种质料能违反天主的意志而存在吗？如果这质料是永恒的，那天主为何允许它先在过去的无限时间中存在着，然后以此创造万物？如果天主是突然间愿意所有作为，那么他为何不凭借他的全能把这一恶的质料消灭，而只保留他自身这一整个的、真正的、至高的和无限的善？或者，如果天主是善的，而且必须创造一些善的东西，那么他为何不销毁恶的质料，而代之以善的质料，并再以此创造万物？如果天主必须应用不受他创造的质料，才能创造善的东西，那么天主就不是全能的了。”

这就是在我苦闷的心中翻来覆去的思想，我焦虑重重，生怕在死亡来临之前我仍未找到真理。但是，天主教会已把所有对于圣子基督、我们的救主的信仰牢固地树立在我的心中。我的信仰虽然对于许多问题尚未参透，依然飘荡在严格的教义准则之外，但我的心从未抛弃这信仰，而且一天比一天更融入这一信仰之中。

◆◆◆

12

我也已然看清楚，即使那些会朽坏的东西，也是善的。如果它们位列至善，就不会朽坏，但是，如果它们不是在某些方面是善的，也不会朽坏。因为，如果它们是至善，就绝无可能会朽坏。另一方面，如果它们没有丝毫的善，那也就没有任何可以朽坏的地方。因为朽坏是一种损害，但若不是减损善的东西，那也就不成其害了。因此，要么朽坏是无害的——这是不可能的；要么一切事物的朽坏都是对善的剥夺——这是确实无疑的。但是，如果它们被剥夺了所有的善，那它们将不再存在。因为，如果它们依然存在却不再能朽坏，那它们就比以前更善，因为它们如今以一种不可朽坏的状态继续存在。但是，若说事物因被剥夺了所有的善而变得更好，还有比这更荒谬的事情吗？

因此，我们必须得出如下结论：如果事物被剥夺了所有的善，那就完全不再存在，这就意味着，只要它们存在，就有其善的成分。所以，**凡是存在的事物，都是善的；而恶，我所追究其起源的恶，并不是一种实体，因为如果它是一种实体，那它就是善**。如是不能朽坏的实体，则是至善；如是能朽坏的实体，则必是善的，否则便不能朽坏。因此，我清楚地认识到，你所创造的一切，都是善的，而且没有任何一个实体不是你所创造的。由于你所创造的万物并非相同，因此万物中的每一个都是善的，而总的来看，则是非常善的，因为我们的天主使他的整个创造物**非常善**。

13

对于你（天主），恶并不存在，不仅对于你，而且对于你的整个创造物也是如此，因为在你所创造的万物之外，没有什么能够侵犯和破坏你所施与万物的秩序。然而，在你所创造的万物的各部分之间，有些部分与其他事物不协调，我们认为是恶。但这些部分有另外一些事物与之相协调，因而它们是善的。而且，这些部分本身，也是善的。况且，所有这些彼此不协调的事物与我们称之为负载万物的大地相协调。而大地又与风云来去的天相配。因此，我决不能错误地希望这些大地上的事物不存在，因为，单看这些东西，我可能希望更好的东西，但是仅仅着眼于这些东西，我已经应该称颂你了。因为地上万物都在称颂天主，**蛟龙与诸渊；火与雹、雪与雾；遵循你命令的暴风；山岳与诸丘、果树与香柏；野兽与牲畜、爬虫与飞鸟；国王与万民、大地上的王公与法官；少男与少女、老人与稚子；他们都要称颂主的圣名。**天堂也在称颂你，哦，天主，我们的天主。你的天使、你的军旅、太阳与月亮、发光的星辰、天上之天与天上之水，都在称颂你的圣名。既如此，我不再希望一个更好的世界了，因为我综观万物之后，虽则看到在上的一切优于在下的一切，但我更清楚地了悟，则又看出整个万物尤胜于在上的一切。

然而，如果我们问："既然上帝知道——他必定知道——人会如此糟糕地滥用自由意志，那上帝怎么还要赋予人自由意志呢？"问题就会再次出现。如果我们拥有少一点"自由意志"，或者如果我们拥有多一点行善的意愿，少一些惹祸的冲动，那我们每一个人会不会要好些？

对此，有好几种传统的回应。其中一种认为，上帝为我们提供了一个道德纬度，以检测我们的美德，因为，如果我们"自然地"都是善的，那么就不会有善与恶或得救与惩罚的问题了。但是，人们依然可以问，这些区分自身是否是可欲的。难道人们待在伊甸园里不是更好吗？上帝为何必须创造诱惑？如果所创造的亚当和夏娃多些坚韧和顺从，世界又会失去些什么呢？

于是，就有了我们所熟知的那个辩护："为了让我们认识善，世界难道不需要一些恶吗？"但是，为了认识什么是善，我们需要在世界中经受如此多的恶和祸患，这一点并不显而易见。而且，即使我们同意对传统的上帝观念（全知、全能和绝对公正）所作的"自由意志"辩护，把祸患归于人自己的选择，那也没有解决恶的问题。这就是我们为什么说"自由意志"辩护这条路线最多只是一个局部的解决方案的原因。因为，并非所有苦难和祸患都是我们自己所作所为的结果，世界上有许多恶，无论如何，似乎并不取决于人类的行动。

即使我们接受是我们通过自由选择招致了恶这一主张，我们也依然需要说明，我们所作选择的结果怎么看起来与被认为是这些结果的原因的行动毫不相干。西方宗教的"原罪"观念提供了一个这样的说明，它也是首次被表达在《约伯记》中。当时约伯坚持认为他没有做任何应遭此祸患的事情，他的朋友比勒达（Bildad）回答说："请你考问前代，思量他们列祖的经历。"（8:8）意思就是说，"列祖的罪恶"，整个人类的原罪，证明了约伯所受惩罚的正当性。按照这一主张，上帝给任何个人的惩罚，都是公正的，哪怕这个具体的个人没有做任何应受此惩罚的事情。这样，上帝依然保持着公正和善。

但是，这一解决方案为约伯自己所拒斥，而且摧毁了正直行为会受奖赏这一希望，此外，它还揭示了人们认为上帝在我们的生活中扮演着道德力量的虚伪性。因为，如果我们无论如何都注定要为他人所犯下的罪而受祸患，那上帝就不是公正的，我们也就没有什么动力去信仰，去遵循上帝的戒律。

有些哲学家对恶的问题的回答采取了完全不同的方式，比如，否定传统有神论思考的原则之一，即上帝是善的。比如，斯宾诺莎的**泛神论**就是在维护一幅理性的自然图景的同时，拯救上帝信仰的许多尝试之一。更激进的泛神论甚至认为，上帝并不是公正的，他根本不具有任何道德特性。不过，在斯宾诺莎的理论中，泛神论常被比作东方宗教中的泛神论，即把上帝等同于宇宙。他不是宇宙的创造者。他也不是一位道德代理人，因此他既不关心世界的不幸和祸患，也对世界的不幸和祸患无能为力。他并不特别关心人类。如果人们持一种极端的决定论，认为人——甚至上帝——没有“自由意志”，那么，道德责任及奖惩问题就变得毫无意义，至多不过是一个人类虚荣心的问题。因此，斯宾诺莎尽管非常虔诚，仍长期被诬蔑为一个无神论者，著作被禁。

因此，德国哲学家约翰·费希特（Johann Fichte）和G. W. F. 黑格尔（G. W. F. Hegel）所主张的泛神论认为，上帝无所不在（而不再是超验的），等同于作为“精神”的宇宙，如同作为斯宾诺莎的实体的宇宙。同样，他们也要竭力为避免被同行们指责为无神论而论战（费希特实际上因此而遭到严重诽谤）。在法国，反教会的启蒙运动试图用理性取代日益受到怀疑的教会权威，但是，这常常意味着掏空宗教（尤其是基督教）的内容，特别是它的“仪式”和“迷信”。让-雅克·卢梭（Jean-Jacques Rousseau）和法国革命中他的那些忠实信徒（比如，罗伯斯庇尔兄弟）拥护对于一种“至高存在”的信仰，然而却抛弃绝大多数基督教的教义。比如，在这场斗争中，最重要的是伏尔泰，他保有上帝信仰，但剥去了上帝的所有道德属性，通过否认上帝具有“公正”属性而避免了恶的问题。“说上帝是公正的还是不公正的，就像说上帝是蓝色的还是绿色的一样，毫无意义。”

在伏尔泰看来，上帝只不过是一个“假设”，这位造物主在开启了巨大的牛顿式机器之后，就任其运转。这种被特别剪切的有神论，通常被称作**自然神论**。这种学说主张信仰上帝，但这个上帝没什么了不起。它基本上是对宇宙论论证的一个诉求，它满足于最小限度的神，从而摒弃了传统的上帝观念。正如我们所见，伏尔泰也嘲笑“设计论证”所隐藏的道德说教。伏尔泰坚持认为，这是一个充满恶的世界，没人可以否认这一点。既然存在着恶，那就不可能有一位既全知全能又公正的上帝，因而无法诉诸他的“神秘方式”。他没有什么“神秘方式”，事实上，他根本就没有什么“方式”。因此，伏尔泰在他的《老实人》中反驳了莱布尼茨及其“所有可能世界中的最好世界”假设，嘲讽了莱布尼茨主义者邦葛罗斯博士。所以，通过拯救信仰的合理性，法国哲学家们丧失了宗教的大量内容。顺便提及一点，绝大多数美国建国之父是自然神论者。但是，这些信徒就有了如下的问题：自然神论的上帝（或者黑格尔的精神或斯宾诺莎的实体）还是上帝吗？

伏尔泰（弗朗索瓦-马利·阿鲁埃的笔名，1694—1778）：伏尔泰是一位老辣的讽刺作家，而他的机智也给他带来了麻烦（监禁和流放）。伏尔泰是启蒙运动的重要人物，也是一位高产作家，他捍卫理性的可靠性、宗教宽容和社会改革。

- 对于恶的“问题”，上帝的何种属性是必要的？
- 你认为自由意志能够对恶作出说明吗？它能够说明世界上的所有恶吗？
- 你认为，对于道德的宇宙而言，善行必会得到奖赏，恶行必定得到惩罚吗？
- 你认为自然神论的上帝是上帝吗？

恶的问题的“自由意志”解决方案的困难，或许在某种程度上表明了西方宗教的上帝观念和人性观念的不足。在对上帝公正的理解中，西方宗教把人类描述得非常有限，以至于我们从来就无法预测自己行动的后果的善恶。可是，这样的话，我们要道德学说还有什么意义？类似的，这些宗教宣称，我们在地球上短暂的一生中所做的坏事，会受到上帝的永恒惩罚，而我们偶然的良善行为将得到永恒的奖赏。可是，所有人生都属于一个独一无二的永恒灵魂的观点，似乎使上帝的所有奖惩在本质上显得不公正——与作为这些奖惩的原因的行动不成比例。

印度宗教对于人性和上帝观念，提供了一个值得注意的替代性观点，它对于恶的问题所提出的解决方案，因使用了**业**（karma）这个观念而显得很独特。

印度教实际上并不是一种单一的宗教。它至多是一个由诸多宗教信仰和修行组成的统一体，它们的共同点在于：相信社会的世袭等级，有一个共同的印度宗教谱系，比如我们在第1章中论述过的《奥义书》教义。除了“尊崇”《吠陀》（近似天书），参与社会组织之外，并不存在什么明确的印度教的“核心”信条。尽管如此，人们依然可以谈论一些历经数世纪的“经文”和观念，与其他观念相比，它们更处于印度文化的中心。大体而言，一种有神论的世界观比其他任何支配性的宗教信念和指导性的宗教修行更处于中心地位。不过，印度教关于神的观念，完全不同于犹太教、基督教和伊斯兰教共有的那个关于神的观念。同样，印度教关于人性的观念，也完全不同于西方的人性观念。在绝大多数印度人看来，人类确实拥有自由意志，但是这一意志的自由实践改变着人类。这就是业的教义，它认为人所采取的一切行动的过程，都会形成一种重复的心理倾向或习惯。因此，一个人的自由意志受到他自己的行动倾向或习惯的限制，根据许多古代的印度思想来看，这些倾向甚至会延伸进新生命中。比如，烟瘾很深的人在下一次生命中，年轻时就会被烟草味道所吸引。

数世纪以来，在那些打动着印度虔诚信徒的卷帙浩繁的“经文”和圣典中，**《薄伽梵歌》**（*Bhagavadgītā*或*Gītā*），即“神之歌”，显然至为重要。它是一卷长长的史诗的一小部分。以下所摘引的几个段落是印度教对于“恶的问题”的特有回应。武士**克里希纳**（Krishna）是邻国的统治者。在整卷长长史诗的绝大部分中，克里希纳尽管是一位有能力、公正机智和富有政治洞察力的人，但也只是一位普通人。整部史诗的关键事件是围绕政治继承人发生的一场战争。所涉政治问题极为复杂，卷入战争的这个家族只有一方有一个正义的诉求。五兄弟是这个正义家族的主要代表（尽管有许多高贵的和令人尊敬的圣贤和英雄反对他们）。克里希纳作为五兄弟之中的老三、一流射手阿周那（Arjuna）的御者参加了这场战争。《薄伽梵歌》就是克里希纳与阿周那在这场战争开战前几分钟进行的一个对话。对话中，克里希纳不再仅仅以一个凡人的身份出现，而是向阿周那表明自己是神的化身。因此，他对阿周那的建议，至少按照印度的有神论者的说法，就不仅仅是一位朋友的鼓励，或一位宗教老师的英明教诲，而是神对处于个人道德危机中的人发出的箴言。阿周那认为，与站在库如克塞塔战场另一边面对着自己的同族、老师、朋友和所爱之人战斗并杀死他们，在道义上不是一件正确的事情。

《薄伽梵歌》[1]

> "在战争中屠杀自己的族亲，我看不到有什么好。克里希纳，我也不渴望胜利、统治和快乐；权力、享乐、生命于我们有何用处，哥温陀？我们希望获得王权、享乐和快乐，为的正是那些严阵以待的人，可他们却抛弃生命和财富，在战场上（与我们斗争）。老师们、父辈们、儿辈们、孙子们、祖辈们、舅父们、姻亲们——即使是为了统治三界的权力，我也不想杀死他们，哪怕他们要取我性命，何况只是为了统治大地的权力？"

尽管阿周那所表述的道德情感真挚强烈，克里希纳依然认为，如此情势下要做的正当事情是去战斗、去杀死敌对的武士、去赢得这场战争的胜利。

对于克里希纳关于为何战斗是阿周那的正当行动的说明，有好几个维度，而且，或许除了《律法书》和《福音书》，克里希纳对阿周那请求指引的回应所引出的评注，要比任何其他同类的简洁文本更多。在下面的诗行中（克里希纳的部分回答），克里希纳首先说明了人类行动的宇宙论基础。而后，他袒露了自己作为规定凡人诞生的神的动机。进而，克里希纳再次谈到了人类行动，并以整个《薄伽梵歌》中不断出现的一段副歌——即关于瑜伽修行的训诫（例如，精神的"修行"）——结束。通过这种一般意义上的自律——无论是业瑜伽（行动瑜伽）、智瑜伽（知识和冥思瑜伽）还是奉爱瑜伽——克里希纳列出了人们可借以过一种精神蜕变的生活的三条"道路"。

> ［克里希纳：］阿周那，你只为了一个目的，即为了祭献，如此你就可解除迷恋而行动。除为了祭献的事情之外，世界上的一切都受业的束缚。远古，生主创造了众生和祭祀，随后便说："愿祭祀成为你们的如意牛[2]，将来你们靠它繁衍生育。你们用祭祀供奉诸神，诸神也要将你们抚育。神和人相互滋养，你们将得最大裨益。依靠祭祀维生的众神，将给你们渴望的享乐。只受神的恩施而不回报，这种人只能算作小偷。"……要知道，业生于梵这个绝对者，梵在不灭中有其基础。因此，无所不在的梵，永远处于祭祀之中……尽管我不生不灭，尽管我是万物的神主，然而我是靠自己的本性、靠自己的幻力生出。每当**达磨**（*dharma*）［公正、善、宇宙方向］衰竭而**非达磨**（*adharma*）兴盛之时，阿周那，我就会让自己降生于世。为了保护良善，为了剪除恶邪，我每时必现，以建树达磨……谁要是皈依我，我就会把他接受。遵循这条路的各方人士，都是我的爱者，阿周那……业不会玷污我，我也不追求业的结果。这样认识我的人才不

---

1 书中所引段落分别出自 *Bhagavadgītā* 1. 32b-35, 3. 9-12, 3. 15, 4. 6-8, 4. 11, 4. 14-19, 4. 22-24, 4. 31-33, 4.36-37, and 4. 42b, trans. Steve Phillips. 中译文见张保胜译：《薄伽梵歌》，北京：中国社会科学出版社，1989 年。

2 字面意义是"满足愿望的牛"。

> 会受到业的束缚。你已了解，业由欲求解放和启明的古人所为。因此你就该从事古人曾从事过的事业。什么是有为（及其全部意蕴），什么是无为，即使智者也曾为此深感困惑。我要给你讲讲什么是有为，懂得了它你便能够从不幸和邪恶中解脱。……对于有为应该知晓，对于非为应该明了；对于无为应该懂得——有为之道确实深奥。谁能在有为中看到无为，在无为中看到有为，谁就是众人中的智慧者，他就会在诸业中坚持精神修行。谁在从事诸业的活动中把全部个人欲求舍弃，并用智火把诸业焚尽，智者就把谁称作学者……随其所获皆大满足，超越双昧消除嫉妒，同等看待成功失败，这样的人纵然有为也不会为（业）所束缚。无迷恋，"却双昧"，思想坚持此智慧——只为献祭而活动，所为之业即消融……不祭祀之人此界都不可得，更何况他界，阿周那？如此，展现在梵前的祭献，种类是那样的繁多。要知道诸祭献均由业生。懂得了这一点，你就会"解脱"而得到启明。哦，伟大的武士，知识祭献优于一切财物祭献。阿周那，诸业均在（精神的）知识中臻于完善……即使若与那些罪人相比，唯有你的罪恶滔天，所以，只有乘知识之舟，才能渡过那罪恶之渊。犹如那燃烧之火，把柴薪化作灰烬，阿周那，智慧之火同样把诸**业**焚尽……你就起来专心于瑜伽，专心于"精神修行"吧。婆罗多之子，起身战斗吧。

不过，佛教提供了另一条对待宗教和恶的问题的途径，在第1章中，我们论述了佛教的印度根源及其在整个亚洲的传播。佛教整个地避开了恶的问题，因为它摒弃了任何神人同形同性论的神的观念。然而，佛教保留着对于道德义务和理性的信仰。佛教处理恶——或者准确地说人类苦难——的最高形式，是尽力帮助那些处于危难之中的人。换言之，它对于"恶的问题"所提供的答案是**慈悲**。北传佛教或大乘佛教尤为如此。与那些鼓励为个人目的而进行精神修行的佛教徒不同，大乘佛教主张这样的一种目的并非最好最高。如果我们只是为了自己的个人得救，如果我们不打算（**奉乘**）帮助他人达到**涅槃至境**，那我们就属于"小乘佛教徒"，字面意思就是"没有乘的存在者"（小乘佛教是大乘佛教徒用以贬低这一"道路"所使用的术语）。相反，大乘佛教徒，即"具有大乘的存在者"，不仅寻求个人得救，而且要"引导众生脱离苦海和愚昧"。这种"大道"的信徒力图获得乔达摩·悉达多（Siddhārtha Gautama）所拥有的六种道德的、智慧的和精神的完满（**六度**），就此而言，乔达摩是仅次于**菩萨**的"**佛陀**"，可以说，菩萨已经一只脚踏进了涅槃极乐世界，但他的存在自然地通过慈悲致力于获取众生的福乐。因此，与小乘佛教相比，大乘佛教更加肯定现世，因为，个体完满作为发展的目标，无需为了超脱俗世的幸福而灭绝个性。即，一个人无需以灭绝个性为目标；相反，他需要借助个体作为媒介帮助他人。

大乘佛教徒所寻求的这六种个人完满（六度）是布施、持戒、忍辱、精进、禅定，以及最后一个也是最重要的般若。大乘佛教徒并没有把自然世界看做邪恶之所加以摒弃，而是把它当做"佛陀之身"，即法身——我们只能理解成这样。但是，即使以这样一种积极的方式来看待自然，大乘佛教漫长历史中无处不在的佛教哲学依然倾向于是一种彻底的"观念论"，认为恶的答案不在世界之中，而在我们之中。

- 业是什么，它与自由意志如何联系起来？

- 你认为要接受某种业的观念，必须相信轮回转世吗？为什么是或为什么不？
- 你认为精神的解脱依赖一种超脱的态度吗？
- 大乘佛教徒提倡采取菩萨的态度，后者致力于帮助有感觉能力的存在者从无知和苦难中解脱出来。你认为恶的问题可以通过采取这条实践路径而解决吗？

F. 超越理性：信仰与非理性

显然，无论何时，只要你能够理性地为你的信仰进行辩护，你都会这样去做。因此，在对宗教的辩护中，从理性走向非理性是一大步。康德尽管认为维护上帝信仰是理性的事情，但上帝信仰却是一个信仰问题。但是，一直都有宗教人士认为信仰反对理性，强调理性辩护信仰的不可能性，主张在涉及宗教问题上，通常的那种知性和知识毫无用处。在某些情形中，尤其是在现代，这一远离理性的跨步或许是逃离论证和已经变得不可抗拒的怀疑的方便法门。但远离理性并不总是这个原因，甚至通常不是这个原因。如我们所见，在所有组织化的宗教和教条有时过度形式化的范围中，总是存在着一种强调宗教信仰体验的激情运动，那就是**神秘主义**。这种体验可以说是不可描述、不可传达的。（哲学家们会因此说它是**不可言说的**。）但正是不可描述及与我们的日常理性信念相矛盾这一事实，使得这种体验对于拥有它们的人至关重要。

我们在这本书的别处所论述的理性主义的直觉观念，是一种特殊的体验，它使得我们无需论证、无需对通常意义上的经验加以抽象，就能确定地认识某物。根据理性主义者的说法，我们就是这样认识逻辑和算术的基本原理的，或许形而上学的基本原理也是这样认识的。然而，我们要强调的是，当我们引入直觉之时，并不是所有人都认为它是理性的组成部分。在理性的识见之外，根据绝大多数宗教神秘主义者的说法，还存在着超理性甚至非理性的识见。不过，在这一点上，他们的认识论常常显得模棱两可。一方面，神秘主义者想要否认他们的知觉的理性本性。但同时，他们又坚持认为他们的体验是真的。

你们能明白这会造成多么大的混乱。神秘主义者一旦认为他的体验是真的，就等于在作出一个与理性主义的主张具有同等意义的主张（无论他们的结论是否一致）。如果他们的结论不一致，那就是说，如果神秘主义者坚持认为存在着一个上帝（或许他甚至曾“看见”他），而理性主义者对此表示否定，那么显然没有进行建设性论证的任何余地。神秘主义者认为理性主义者的论证风马牛不相及；理性主义者认为神秘主义者顽固不化，不愿理性地进行论证。在这一点上，如果讨论没有蜕变为詈人和斗殴，那么极有可能是，理性主义者在沮丧中气冲冲地离开房间，而神秘主义者，则可能像一位禅师那样，对此只是耸耸肩而已。在这种情形中，对双方而言，这可能是最理性的反应。

不过，神秘主义者无需论证他的体验是真的。他只要能够坚持认为他曾“看见”的东西对他个人而言极其重要即可。如果他是这样的，那么很显然，无论在结论上还是在方法上，他与理性主义者都不会有任何争执。他们彼此不同，但不会有争执。当然，这种情形极少见，因为实际上极少有人会不去认为他或她的体验同样也是关于实在的真理。或者，神秘主义者能够申论，如从阿尔-加扎里以来的伊斯兰教神秘主义者（或**苏非派**）所做的那样，理性主义者的经验和神秘主义者的体验是经由不同的“道路”通向同一个真理。但是，神秘主义者的体验是否（或多或少）是一种对传统犹太教—基督教的上帝的直觉，它是圣母的一种显灵，还是一种“与宇宙合一的感情”，这种体验是二十年来祷告和冥思的一个结果，还是服用迷幻剂所导致的幻觉，由此而来的哲学问题总是一个解释问题。如果不否认这种体验的实在性，那么永远是这样一个问题：人们是否应该把这种体验解释为实在的知识。它只是一种体验——或许还是一种美妙的、值得一再重复的甚至值得用来编织你的生活的体验——吗？若声称这种体验是真的，是穿透我们的日常知觉（或者可能是我们的日常**错觉**）达于它们背后的实在的一种突破，那就完全不同了。这不是说神秘主义者必定错了。而只是说，若进行论证是不可能的，那么就没法解决问题。因为，神秘主义者是“非理性的”，并不意味着他就是错的。

启蒙运动之后，尤其是在德国，宗教戏剧性地转变为主观的事情。人们完全放弃了对它的理性辩护。德国浪漫派哲学家弗里德里希·施莱尔马赫（Friedrich Schleiermacher）认为，宗教不过是一种强烈的依赖感，仅此而已。（他的同时代人黑格尔充满挖苦意味地反驳说，这样的话一条狗都是一个比我们中的绝大多数人更好的基督徒。）其他一些哲学家为了从理性批评中拯救宗教，求助于现代化了的神秘主义，包括最近关于药物致幻体验的实验。比如，美国哲学家威廉·詹姆斯在他的著作《宗教经验种种》中讨论了神秘主义，为如下观念辩护：个人的宗教体验在宗教中具有核心地位，而神秘主义正是这种体验的根源。他也认为，神秘体验在本质上是“不可言说的”，即，无法向任何别的人描述，因此，他认为这种体验与听交响乐或热恋的体验相类。但是，他也认为神秘体验给我们提供的知识，达到了“洞见真理的状态，这种真理的深刻程度是推理理智所无法探测的”。詹姆斯得出结论说：“神秘状态的存在绝对推翻了非神秘状态的自命不凡，表明后者并非我们唯一可以相信的终极独裁者。”他写道：“神秘主义者是无可辩驳的，不管我们是否乐意，必须让他不受干扰地沉浸于自己的信条。”[1]例如，想一想中世纪的一位神秘主义者、苏菲派哲学家**穆罕默德·阿尔–加扎里**（Mohammad al-Ghazali）的如下论证。

穆罕默德·阿尔–加扎里，《从错误中解脱》[2]

我完成［哲学和神学］后，按照预定目的，接下来转向了神秘主义（苏菲派）的方法论。我知道，完全的神秘主义“道路”包括理智的信仰和实践的活动；后者在于根除自我的障碍，剥除堕落道德的基础性特征，由此，内心可以达到摆脱任何不是上帝之物的自由，从而不断地冥想上帝。

对我来说，理智的信仰要比实践的活动容易些。我首

穆罕默德·阿尔–加扎里（1058—1111）：伊斯兰教哲学家和神学家，尤以对亚里士多德主义和阿维森纳的批评闻名。他最著名的作品为《哲学家们的前后矛盾》。

1 William James, “The Varieties of Religious Experience,” in *The Writings of William James*, ed. John J. McDermont, New York: Random House, 1967.

2 Mohammad al-Ghazali, *The Deliverance from Error*, in *The Faith and Practice of al-Ghazali*, trans. William Montgomery Watt, London: Allen & Unwin , 1953.

先通过阅读他们的著作熟悉他们的信仰……因此，我理解他们在理智方面的基本教义，而且就研究和口授的可能性而言，我获得了神秘主义的知识。不过，我很清楚，**神秘主义的最大特征是，它无法通过研究得到理解，而只能通过直接体验**（*dhawq*，字面意思为“品尝”）、**出神和道德蜕变来领会**。知道健康和饱食的定义及它们的原因和前提，与是健康的和温饱的，它们之间是多么得不同啊！熟悉醉酒的定义——即，醉酒指的是胃里的气取代理智的位置所产生的一种状态——与醉酒之间，是多么得不同啊！的确，醉酒的人在醉酒状态下既不知道醉酒的定义，也不知道关于醉酒的科学说明，他甚至对于醉酒没有一丝一毫的科学知识。另一方面，清醒的人知道醉酒的定义及其标准，然而他却没有一丝一毫的醉酒。此外，当医生自己生病了，他知道健康的定义和原因，以及恢复健康的疗法，然而他此时缺乏健康。同样，知道苦行生活的真正本性、原因和条件，与实际上过着这样一种生活并舍弃世界，也是不同的。

我清楚地明白，神秘主义者是具有真实体验的那些人，而不是言辞上理解的那些人，而且，就理智理解的可能性而言，我已经取得进展。我剩下要做的，只能是通过直接体验和行走于神秘主义之路达到这一状态，而不是通过研究和口授去达到这一状态。

在所有的“新”基督徒中，最出众、最著名的是一位古怪的丹麦哲学家**索伦·克尔凯郭尔**（Søren Kierkegaard），他常常既被称作“新”基督教之父，又被称作存在主义这种非宗教的哲学之父。克尔凯郭尔出生于一个人人皆为基督徒的社会，他们全都不假思索地信仰相同的教义。他们全都去同样的（路德教会的）教堂做主日礼拜和参加周五下午的宾果游戏，并且非常满足于这些社交集会。他们仅仅由于这样一个事实，即由确定的父母所生、为确定的教会所抚养，进而附和地说着他们并不理解且也不想去做一点理解的确定教义，就全都认为自己有资格称作“基督徒”。他们全都缺少的，是激情。根据克尔凯郭尔的说法，他们的宗教和他们自身，都彻头彻尾地令人厌烦。“他们心中怀有对上帝的恐惧”这个习语是什么意思？克尔凯郭尔抱怨说，这些人不会有任何“恐惧”，他们在信仰中只会有一种处于舒适安乐、自以为是的社会中的安全感，并且痛饮着啤酒。在极度虔诚的路德派家庭长大的克尔凯郭尔厌恶他们。他坚决认为，这不是基督教，那些关于教义和信条的精致论争更像是纳税时会计的精打细算，与虔诚毫无关系。

因此，克尔凯郭尔提供了他的替代方案——一条使自己成为一个基督徒的新道路（实际上是一条非常古老的道路）。在此，理性论证一点也不切题。他承认，基督教的教义是绝对荒谬的。但这并不要紧。事实上，正因为这些信仰的荒谬性，才使得基督徒的激情得以可能。毕竟，如果信仰只是一件接受某些命题的事，那我们为何要有感情？不必说，上帝存在的“证明”，你能想象到有多不相关，就有多不相关（事实上，这种证明是唐突无礼的）。“基督教乃是激情！”他强调说。“宗教乃是情感和承诺。”不要谈“真理”——除非你说的仅仅是**主观真理**，仅仅

索伦·克尔凯郭尔（1813—1855）：丹麦哲学家和神学家，通常被认为是存在主义之父，以及当代许多不同的宗教非理性主义的奠基者。他在献身于宗教写作之前，有过短暂的疯狂生活，并有一次婚约，后来为了献身于他的工作，他解除了婚约。克尔凯郭尔哲学的基本要旨是要每一个个人选择自己的生活道路。基督教作为一种可能的选择，只能被看做一种选择，一种充满激情的选择，与所谓的教义、教派、社会团体和仪式无关。

为我的真理。不要说什么“证明”，也不要说什么“理性”。用他那众所周知的表述来说，只有信仰的跳跃，它跨过理性和思考的界限，直入旧式基督徒那种在对上帝的恐惧和敬畏中过着的充满激情的生活。“我唯一的榜样是苏格拉底。我的使命是一种苏格拉底式的使命——修正成为一个基督徒意味着什么的观念。”

克尔凯郭尔对理性的远离，被描述为对“客观性”的拒斥。他说，成为一个基督教并不是一个“客观信仰”的问题（由理性、教义和“证明”构成的信仰），而是一个主观性、激情和“内在性”的问题。

索伦·克尔凯郭尔，论主观真理[1]

客观的信仰：它意指的是什么？它意指的是一堆信条。但是，倘若基督教不是那样的一堆信条，相反，倘若它是内在性，因而也是要客观地置之不理的悖论，那么，为了比法官认定被告更坚定地认定他自己，就要在时间与时间中的永恒、拯救时的天堂与地狱之间，为存在着的个体在其存在的内在性中寻获意义。客观的信仰：就好像基督教也曾被宣示为一种微不足道的体系，尽管没有黑格尔式的体系那么好；就好像基督——没有任何冒犯的意味——是一位教授，就好像使徒们构成了一个小小的专业团体。确实，如果成为一位基督徒曾经并非一件易事，那么现在，我相信要成为一位基督徒逐年变得更加困难，因为到如今，要成为一位基督徒非常容易——以至于人们发现，唯有要成为一位思辨哲学家才有那么一点挑战性。然而，思辨哲学家可能离基督教最远，或许，一个人更愿意成为一位怒气冲冲但依然继续把自己与基督教联系在一起的个体，而不愿成为一位设想自己理解了基督教的思辨哲学家。

然而，倘若主观性是真理，而且这一主观性是现存着的主观性，那么就可以这样说，基督教是一种精确的应合。主观性在激情中达到顶峰，基督教是悖论，悖论与激情彼此精确地应合着，而悖论精确地应合着处于存在的极端中的人的处境。是的，广阔世界中，人们找不到两个爱人像悖论和激情那样彼此应合得如此之好，它们的论证就像一个爱人的论证，争论着到底是他首先激发了她的激情，还是她首先激发了他的激情。因此，这里就是：通过悖论本身，现存着的个人被置于存在的极端。对于爱人而言，还有什么比关系不变地长时间地待在一起更愉悦呢？若不考虑这种情形在内在性中变得更加强烈的话。

宗教面对的是未知之物，而非可知之物。

但是，在其悖谬的激情中与理性对抗、甚至扰乱人的自知的这种未知之物是什么？它是未知之物。就我们所知的人的情形，它肯定不是人，也不是人所知道的别的东西。

1　第一段和第三段阅读材料摘自 Søren Kierkegaard, *Concluding Unscientific Postscript*，第二段阅读材料摘自 Søren Kierkegaard, *Philosophical Fragments*。中译文见克利马科斯（克尔凯郭尔）：《论怀疑者 / 哲学片断》，翁绍军、陆兴华译，北京：生活 · 读书 · 新知三联书店，1996 年，第 156—160 页。

让我们把这个未知之物称为**上帝**。但那只是我们给予这个未知之物的名称。当然，**若上帝不存在，就不可能证明它存在，但若上帝确实存在，试图去证明它存在就显得愚蠢可笑了**。因为，在我开始证明的那一刻，就确定地而不是不确定地预设了上帝存在（一个预设绝不会是不确定的，因为它只是一个预设）；因为，否则我无法开始，不难理解，若上帝不存在，所有这一切都是不可能的。但是，若我说证明上帝存在是指我想去证明那存在的未知之物是上帝，那我没有恰当地表达自己的意思，因为那样我就是在论证不存在的东西，论证最不可能存在的东西，就只是在展开一个概念的内容。去证明某物存在，一般而言，是一个困难的问题，而且，对于那些敢于这样去尝试的人来说，还有更糟糕的事情，那就是，这种困难并不会给专心于此的那些人带来声名。整个证明总是会转变为完全不同的东西，转变为我对所讨论客体所做的存在假定得出的结果的一个补充性展开。因此，无论我是在我的手可感知的世界里还是在思想领域内进行论证，我都不是朝向存在进行连续推论，而是从存在开始推论。因此，我无法证明一块石头存在，而只能证明存在的某物是块石头；法庭不是证明一个罪犯的存在，而是证明确实存在的被告是一名罪犯。无论人们把存在称作一个附加条件［谓词］还是称作一个先决条件［首先给定］，它都永远不可能被证明。我们还是从容一些，因为我们无需像那些人那样，或是出于对自身的关注，或是出于对上帝的关注，或是出于某种对别的事物的关注，急于去表明某种东西存在。那样的话，确实有急于去证明的绝佳理由，尤其是当证明者没有暗自窃想，认为不管他是否成功地作出了证明，他自己或他所讨论的东西都是存在着的，而是真心地以为，在他作出充分证明之前，他自己或他所讨论的东西确实有不存在的危险。

因此，若有人试图从拿破仑的行动出发证明拿破仑的存在，那不是最让人觉得奇怪吗？他的存在能够很好地说明他的行动，但是行动无法证明**他的**存在，除非我已经理解到“他的”这个词假定了他存在。但是，拿破仑只是一个个体，就此而言，他与他的行动之间并没有绝对的关系。毕竟，其他人可以有同样的行动。或许，这就是我为何不能从行动推出存在的原因。如果我把这些行动称为拿破仑的行动，那么这个证明就显得多余，因为我已经提到了他的名字。如果我们忽视这一点，那么我就绝不能从行动证明它们是拿破仑的行动，而只能（纯观念地）证明这些行动是一位伟大的将军之类的人物的行动。但是，在上帝与他的作品之间，却存在着一种绝对的关系，上帝不是一个名称，而是一个概念，也许正因为此，他的**本质蕴涵了存在**［*essentia involvit existentiam*］。上帝的作品只能被上帝所为。不错，那么上帝的作品在哪呢？我想从中推出上帝存在的这些作品，并不是直接被给予的。难道自然中的智慧、善及治理世界的智慧就在我们的鼻子底下吗？在这里，我们不是面对着最可怕的怀疑诱惑吗？难道最终我们无法了解这些怀疑吗？但是，从这样一个事物等级出发，我肯定无法证明上帝的存在，即使我开始了这样的论证，我也永远无法完成这一论证，此外，我还得不断地悬着心思［*in suspenso*］，生怕突然出现某个可怕的东西，摧毁我那点可怜的证明。因此，我得从什么作品出发去证明上帝存在呢？从通过理想解释得到理解的作品出发，也就是，那些不直接揭示自身的作品。但是，在这种情形下，我并没有从这些作品出发证明上帝存在，我只是展开了我预设好的理想。由于相信这一理想，我敢

> 于蔑视一切反驳，甚至那些目前还没有作出的反驳。只要我开始证明，我就预设了这一理想的解释，而且预设了我会成功把这一个理想贯彻到底，但这不过是预设上帝存在，而且实际上我从一开始就信赖他。

你们可以看到，克尔凯郭尔对于“认识”上帝的一切尝试，以及关于上帝存在的精巧“证明”，几乎没有任何考虑。他说，宗教的关键恰恰不在于去认识，而在于去感觉。他坚持认为，正因为基督教教义的荒谬性和非理性，才使得这种极为罕见的强烈感情得以可能。

> 正因对客观的厌恶，荒谬成了内在性信仰强度的尺度。有一个人想要有信仰，那么好，喜剧开始了。他想要有信仰，但他也想在一个客观的探究及其接近过程的帮助下来确保自身。那会怎样呢？在这个接近过程的帮助下，荒谬变成了别的东西。它变得有希望，变得越来越有希望，变得极其有希望。终于，他准备好相信它，大胆地假设自己不会像鞋匠和裁缝那样去相信，而只会在漫长的思考之后去相信。现在，他准备好去相信了，可是，你瞧，如今他不可能去相信了。这一几乎有希望之物，这一非常有希望之物，这一极其有希望之物：他几乎能够认识，或者实际上相当于认识，在更大的程度上几近于认识——但是相信它，是不可能的了，因为荒谬恰恰是信仰的对象，也唯有荒谬才能被相信。

克尔凯郭尔得出结论说，基督教就是苦楚，这种苦楚在我们考量事物的永恒秩序时，随着我们对自己的死亡，以及我们的渺小和无意义感的预期而来。对于那些试图通过专业化的“理解”和知识把这种苦楚最小化的人，克尔凯郭尔唯有挖苦讽刺：“**两条路**。一条是去受苦；另一条是成为一位声称别人受苦的专业人士。”

克尔凯郭尔在他的日记中这样写道：

> 我真正缺乏的，是我心里明白我要做什么，而不是要认识什么，当然，那种在每一次行动之前必需的那种理解除外。这种理解就是理解自我，就是看清上帝真正希望我做什么；这种理解就是要去找到一种于我而言为真的真理，就是要去找到那种我能为之生为之死的观念。发现所谓的真理有什么用？掌握所有的哲学体系有什么用？能够按照要求对它们全部加以讨论并揭示每一个体系中的矛盾有什么用？若对于我和我的生活没有更为深刻的意义，能对基督教的义涵作出说明，对我有什么益处？若真理冷酷赤裸地站在我的面前，并不关心我是否认识她，让我心生恐怖的颤栗，而不是在我心中涌现一种值得信赖的奉献，真理于我有何益？确实，我承认理解的必要性，借此一个人能够控制人们，但是，它必须被吸收进我的生命之中，那才

保罗·蒂利希（1886—1965）：一位生于德国、余生花了大量时间在美国教书的哲学家。蒂利希是那些钟爱十九世纪浪漫主义，强调宗教中的情绪和“关怀”胜过理性的神学家之一。在他的神学中，上帝不再是圣经中超越的审判者，而是我们“终极关怀”的象征。蒂利希著有《系统神学》（1953—1963）、《信仰的动力》（1957）、《存在的勇气》（1952）。

是我现在看做最重要的事情。

在克尔凯郭尔之后，基督教的“非理性主义”改变了西方宗教的情形，赋予了信仰一种不受理性论证攻击的内涵。**保罗·蒂利希**（Paul Tillich）提出了一种极其有力的基督教，这种形式的基督教也抛弃了传统的上帝观，把宗教的中心移向了纯粹的个人关怀和个人承诺。这些就是我们的宗教，我们无需更多的东西。

保罗·蒂利希，论终极关怀[2]

我们已经一般性地论述了象征的意义，因为，如我们所说，人的终极关怀必得象征性地表达出来！有人可能会问：为何不能直接地、完全地表达出来？如果金钱、成功或国家是某人的终极关怀，那不是可以无需使用象征语言就能直接说出来吗？它难道不是仅仅在那些其终极关怀被称之为“上帝”的情形中，我们才处于象征领域吗？对此的回答是，一切绝对的关注都可以转变为一个上帝。如果国家是某人的终极关怀，那么国家之名就成了一个神圣的名称，国家也因此获得了神圣的品质，而且这些品质远远超出了现实国家的存在和机能。所以，国家代表和象征着真正的终极，不过是以一种偶像化的方式表现出来。成功作为终极关怀，并不是实现着的潜能的自然欲望，而是说，它时刻准备着为了权力地位和社会优越性牺牲所有其他的生活价值。而对不成功的焦虑，则是对神谴的焦虑的一种形式。成功是恩赐;没有成功，是神的终极审判。这样一来，标示普通实在的概念就成了终极关怀的偶像化象征。

概念向象征的这一转变产生的原因，就是终极的特征和信仰的本性。那就是，真正的终极无限超越了有限实在的领域。因此，没有任何有限的实在能够直接和完全地表达终极关怀。用宗教语言来说，上帝超越了他自己的名字。那就是为何对他的名字的使用容易变成一种滥用或一种亵渎的原因。对于终极地关怀着我们的东西，无论我们对之说什么，无论我们是否称之为上帝，它都具有一种象征意义。当它分有所指向之物时，它的所指总是超出了自身。除此之外，信仰绝不可能充分地表达自身。信仰的语言就是象征的语言。若信仰如我们曾表明的那样，是它的所不是，这样的说法是不能成立的。相反，信仰作为终极地关怀的状态，除了象征没有任何其他语言可以表达。当这样说时，我总是料到会有这样一个问题：只有一种象征吗？提出这一问题的人，表明他自己没有理解记号与象征之间的差异，也没有理解象征语言的威力，它在品质和力量上都超过了一切非象征语言的威力。因此，一个人永远不应该说“只有一个象征”，而应该说“何止是一个象征”。记住这一点，我们现在就能描述不同种类的信仰象征。

上帝是我们的终极关怀的基本象征。它总是出现在一切信仰行为中，哪怕这种信仰行为包括对上帝的否定。只要有终极关怀，上帝就只能以上帝之名加以否定。一个

---

1 克兰西·马丁译。

2 Paul Tillich, “Religious Symbols”, from “Symbols of Faith”, in *The Dynamics of Faith*, New York: HarperCollins Publishers, 1957, pp.50-55.

上帝能够否定另一个上帝。但终极关怀无法否定它自己作为终极的特征。所以，它肯定了“上帝”一词所意味的东西。因此，无神论只能意味着力图消除一切终极关怀——即对某人的存在意义漠不关心。对终极问题漠不关心，是唯一可以想象的无神论形式。不管它是否可能，在这一点上，有一个问题依然没有得到解决。无论如何，就终极关怀而言，谁否认上帝，谁也就肯定了上帝，因为他肯定了他的关怀的终极性。此外，提出以下问题也是完全错误的：上帝因此只是一个象征吗？因为接下来的问题是：象征什么？对此的答案将是：上帝！上帝是上帝的象征。这就意味着，我们必须区分上帝这个位格的两个因素：终极的因素和具体的因素，前者只能直接体验，而且本身不可以作为象征，后者直接取自于我们的日常经验，而且能够象征性地应用于上帝。若一个人的终极关怀是一棵圣树，那他就既具有关怀的终极性和这棵树的具体性，后者象征地表达了他与终极的关系。一个人崇拜阿波罗，也有他的终极关怀，但这种终极关怀不是表现为抽象的形式。他的终极关怀是由阿波罗这个神圣的人物象征着。一个人赞美耶和华，《旧约》中的上帝，他就既具有一种终极关怀，又具有他终极地关怀着的具体形象。这就是上帝是上帝的象征这个看似神秘的表述的意义所在。

显然，这样一种对于上帝的意义的理解，使关于上帝存在还是不存在的讨论变得毫无意义。质疑终极关怀的终极性，这样做毫无意义。上帝观念中的这一因素，其本身是确定无疑的。在整个人类历史中，这一因素的象征表达不断变化着。因此，在这里提出如下问题也是毫无意义的：象征着终极关怀的这个形象或哪个形象是否确实“存在”。如果“存在”指的是能够在实在整体中找到的某种东西，那么神圣之物并不存在。问题不是这样的，而是：信仰的无数象征中，哪一个象征最充分地表达了信仰的意义？换言之，哪一个终极的象征无需偶像化因素就表达了终极？这才是问题，所谓“上帝的存在”则不是问题——这个问题本身是一种不可能的语词结合。**上帝作为人的终极关怀的终极，比任何其他确定性甚至某人自己都更为确定。**作为神圣形象所象征的上帝，是一种充满勇气和冒险的勇敢信仰。

上帝是信仰的基本象征，但并非唯一的象征。我们归之于他的一切品质，权力、爱、正义，全都是取自于有限的经验，并被象征性地应用于超越有限的无限之物。若信仰称上帝为“全能”，那它就是用人类的权力经验来象征其无限关怀的内容，但它不是对能够随心所欲的至高存在的描述。因此，人们把所有其他品质，所有其他行动，过去、现在和未来的，都归之于上帝。它们是取自于我们的日常经验的象征，而不是关于上帝从前或未来某个时候所作所为的信息。信仰不是对如此这般的故事的相信，而是接受一神之行动表达我们的终极关注的象征。

信仰的另一组象征是神在事情和事件、个人和共同体、言词和文献中的显现。整个圣物领域都是象征的宝库。圣物本身并不是神圣的，但它们超越自身指向了一切神圣之源，也就是终极关怀的源泉。

我们注意到，与传统的犹太教—基督教—伊斯兰教的上帝概念相比，蒂利希走得太远了。然而，他依然是一位有神论者和基督徒。但是，我们并不清楚，“上帝”在蒂利希那里的意思，是否与《旧约》和《新约》中的上帝所意指的一样。上帝是“终极关怀”的一个象征。然而，这就是基督徒所设想的上帝吗？如今，上帝信仰被扩展为指代这样一个事实：某人找到了他或她的生活意义。蒂利希说，这"使得关于上帝存在还是不存在的讨论毫无意义"。它也抽掉了西方的这样一个观念：上帝是某种具有我们此前讨论的那些特征的独一无二的存在。这就使得蒂利希的有神论非常接近于一般的宗教观念，西谷启治在我们此前关注的一段话中对这种一般的宗教观念做了描述。上帝是我们终极地关怀之物，是我们生命中的最重要之物。即使人们否定上帝的存在，也无改于这一点的真实性，蒂利希如是说。"只要有终极关怀，上帝就只能以上帝之名加以否定。"

- 主观主义与神秘主义如何区分？
- 你认为具有不可言说的体验（也就是说，它无法向他人描述或交流）也是一种知识形式吗？
- 克尔凯郭尔为何说荒谬性或悖论是信仰的本质？
- 在蒂利希看来，什么是"终极关怀"？为何它使得上帝存在的问题变得"毫无意义"？
- 上帝如何是"终极关怀"的一个象征？你能够不信仰上帝而具有一个终极关怀吗？

G. 对宗教的怀疑

人们常说，宗教是个人信念和信仰问题，也就是说，宗教信念的对象不可指责，因为它不是人的事业，而是某个人自己的事情。但是，从这一观点——它非常适合于促进不同信仰的信徒之间的宽容——滑向这样一种观念则是可疑的：真正的信仰免于怀疑，或就此而言，免于不同类型信仰的批评。一方面，宗教信念必然涉及怀疑。事实上，可以说，许多信徒所寻求的那种信条的确定性还不是真实的信仰。克尔凯郭尔已经暗示了这种观点，比如，他坚持认为，激情的承诺正是为了对抗信仰的"客观的不确定性"而出现的。伟大的俄国作家费奥多·陀思妥耶夫斯基（Fyodor Dostoyevski）表述了在信仰团体内部达到的一个较为深刻的怀疑。他是一位虔诚的基督徒，许多次，他的信仰有了动摇，其中不少是因为他在封建的沙皇俄国所见闻的残忍行为（有时他自己就是受害者）。在他的小说《卡拉马佐夫兄弟》中，弟弟阿廖沙是一位虔诚的但依然天真的宗教新信徒，而他的哥哥伊凡正对相信一位善良的上帝的正当性抱有严肃的怀疑。（作者明确承认，这两兄弟是他自己的化身。）在他们的一次谈话中，伊凡向我们描述了一幅人类邪恶挑战他的信仰的可怖的生动画面。

费奥多·陀思妥耶夫斯基，《卡拉马佐夫兄弟》[1]

"还有一个场面，我只再说一个场面吧，这是很有意思，很具特色的，而且这是我刚从一本讲俄国古代史料的集子里读到的。名字我忘了，需要查一下。这事情发生在

1 Fyodor Dostoyevski, *The Brothers Karamazov*, trans. Constance Barnett, New York: Modern Library, 1929. 中译文见陀思妥耶夫斯基：《卡拉马佐夫兄弟》，耿济之译，北京：人民文学出版社，第 362—367 页。

本世纪初农奴制最黑暗的时代，农民解放者万岁！在本世纪初，有一位将军，是交游广阔的将军，又是富有资财的地主，但他是那种在年高退休以后，就几乎深信自己已经因功获得对自己的子民的生死予夺之权的人，当时是有这类人的，自然这类人在当时也好像已经不多了。

这将军生活在他那个有两千个灵魂的领地里，妄自尊大，把他的乡邻全当做自己的食客和丑角看待。狗棚里养着几百条狗，几乎有几百个狗夫，全穿着制服，骑着马。有一个农奴的男孩，还很小，只八岁，在玩耍的时候不留神抛了一块石头，把将军心爱的一只猎狗的腿弄伤了。'为什么我心爱的狗腿瘸了？'有人禀报说，是那个孩子向它扔石头，把它的腿打伤了。'啊，是你呀。'将军看了他一眼，'把他抓起来。'于是把他从他母亲手里夺了去，抓了起来，整夜关在牢房里，早晨天刚亮，将军就全副排场地出外行猎，他骑在马上，许多食客、带着狗的狗夫、猎人，全簇拥在他周围，也都骑着马。全体家奴都被叫来受训，站在最前列的是那个小孩的母亲。男孩从监牢里被带了出来。这是秋天阴沉寒冷、雾气重重的日子，是行猎最相宜的天气。将军下令脱去男孩的衣服，于是他被剥得精光。他浑身哆嗦，吓得发了呆，叫都不敢叫一声……将军下令说：'赶他！'狗夫就朝他喊：'快跑，快跑！'男孩跑了……'捉他呀！'将军厉声地喊着，放出所有的猎犬向他扑去。就在母亲的眼前扑住了猎物，一群猎犬把这孩子撕成了碎块……那位将军后来好像被判应受监护。嗯——应该把他怎么样？枪毙么？为了满足道德感而把他枪毙么？你说，阿廖沙！"

费奥多·陀思妥耶夫斯基(1821—1881)：俄国小说家和散文家。他的作品有着引人注目的心理学和哲学深度。陀思妥耶夫斯基由于在其作品，比如《地下室手记》和《卡拉马佐夫兄弟》中对人类心理阴暗面的探索而时常被当作存在主义运动的先驱来提及。

"枪毙！"阿廖沙低声地说，带着失神的、把脸都扭曲了的惨笑，抬眼看着伊凡。

"好极了！"伊凡高兴地喊了起来，"您既然这么说，那么……你这小苦行修士啊！原来你的小心眼里也藏着个小小的魔鬼哩，阿廖沙？卡拉马佐夫！"

"我这话说得荒唐，但是……"

"你这个'但是'正好说对了……"伊凡说，"你要知道，修士，这大地上太需要荒诞了。世界就建立在荒诞上面，没有它世上也许就一无所有了。有些事我们还是知道的！"

"你知道什么？"

"我什么也不理解，"伊凡继续说，似乎在说着谵语，"而且如今我也不想去理解什么。我只想执着于事实。我早已下决心不再去理解。如果我想去理解某一事实，我就会立刻改变了这件事实，但是我决心执着于事实……"

"你干吗老拖延着让我着急？"阿廖沙忽然悲哀地叫道，"你到底对我说不说？"

"我自然会说的，我正在把话引到这上面去。你对于我是很宝贵的，我不愿意丢掉了你，把你让给你那佐西马。"

伊凡沉默了一分钟，他的脸上忽然笼罩了愁云。

"你听我说！我所以单单谈到小孩子，为的就是明显些。关于从里到外浸透着整个地球的其他人间血泪，我一句也不说，我故意缩小了我的话题。我是一个臭虫，我谦卑地承认我一点也不理解为什么一切会这样。给了人们天堂，人们却想要自由，偷了天上的火种，他们明知道自己会遭到不幸的，可见人们是自作自受，所以也用不着怜惜他们。唉，照我看来，照我这可怜的、欧几里德式的凡俗脑子所能理解，我只知道苦痛是有的，应对此负责的人却没有，一切都是自己连锁引起的，简单明了得很，一切都在自动进行，取得平衡——但这些全是欧几里德式的胡话，这我自己也知道，所以我不愿靠着这种胡话生活！光知道没有应该对此负责的人是不能叫我心安的，我需要报复，要不然我宁肯毁了我自己。这报复不会出现在无限远的什么地方和什么时候，而就在这地球上，就在我能够亲眼见到的时候，我对此深信不疑，我愿意自己看到，假使到了那时候我已死去，那就应该让我复活过来，因为假使一切全发生在我不在的时候那未免太令人遗憾了。我受苦受难，可不是为了把自己、把我的罪恶和痛苦当做肥料，去给别人培育未来的和谐，我愿意亲眼看见驯鹿睡在狮子身旁，被杀的人站了起来，和杀害他的人拥抱。我愿意在大家忽然明白了为什么这一切是这样的时候自己也在场。一切地上的宗教全建立在这个愿望上，而我是有信仰的。但是这里还有孩子的问题，我应该怎样安排他们呢？这是我不能解决的问题。我要不厌其烦地再重复一句——问题是很多的，但是我单单只提孩子的问题，这是因为它最能无可辩驳地说明我想要说的意思。你听着：假使大家都该受苦，他们为什么要用痛苦去换取和谐？为什么他们也要成了肥料，要用自己去为别人培育未来的和谐？人们对犯罪行为应共同负责我是明白的，对复仇也应该共同负责我也明白，但是总不能要孩子们对犯罪行为共同负责呀，如果他们也为父辈们的一切罪行而和他们的父辈共同负责是合理的，那么显然这个道理并非来自这个世界，而是我所无法理解的。有些爱开玩笑的人也许要说，小孩也总会长大成人，他们也来得及犯罪的，但是他并没有长大，在八岁时就被一群狗撕成碎块了。唉，阿廖沙，我并不是在亵渎神明！我也明白，一旦天上地下都齐声颂扬，所有活着的和活过的全高声赞美'你是对的，主，因为你指引的道路畅通了！'的时候，这将是多么震撼宇宙的大事！当母亲和嗾使群狗撕碎她儿子的凶手相互拥抱，三人全含着泪喊叫'你是对的，主！'的时候，不用说，人们自然是慧眼大开，一切都认识清楚了。但是难题就正出在这里：我不能接受这个。而且只要我活在世上，我就要抓紧采取我自己的措施。你瞧，阿廖沙，也许果真会发生那种情形吧，——也许当我自己活到那个盛世，活着复活过来看到那个盛世时，我自己也会看着母亲和残害她儿子的人互相拥抱，而同大家一起齐声呼喊'你是对的，主！'的吧——但是不，我决不愿意到那时这样呼喊。只要还有时间，我就要抓紧保卫自己，所以我决不接受最高的和谐，这种和谐的价值还抵不上一个受苦的孩子的眼泪，——这孩子用小拳头捶着自己的胸脯，在臭气熏天的屋子里用无法补偿的眼泪祷告着：'我的上帝！'之所以抵不上，就因为他的眼泪是无法补偿的。它是应该得到补偿的，否则就不可能有什么和谐了。但是你用什么办法，用什么办法来补偿它呢？难道有可能补偿么？莫非是用报复的方法？但是我要报复有什么用？使凶手入地狱对我有什么用？在已经受够了残害的时候，地狱能有什么补救呢？既然是地狱，那还有什么和谐可言呢？我愿意宽恕，我愿意拥抱，却不愿人们再多受痛苦。假使小孩子们的痛苦是用来凑足为赎买真理所必需的痛苦的总数的，那么我预先声明，这真理是不值这样的代价的。我不愿使母亲和嗾使群狗撕碎她的儿子的人最终互相拥抱！她不应该宽恕他！如果她愿意，她可以为自己宽恕，她可以宽恕折磨者给她这个做母亲的所造成的极大痛苦。但是关于她的被撕碎的孩子的痛苦，她并没有宽恕的权利，不应该宽恕折磨者，就是孩子自己宽恕了，她也不应该！既然这样，既然她们不应该宽恕，那么和谐又在哪里呢？全世界没有一个人能够而且可以有权利宽恕？我不愿有和谐，为了对于人类的爱而不愿。我宁愿执着于未经报复的痛苦。我宁愿执着于我的未经报复的痛苦和我的未曾消失的愤怒，**即使我是不对的**。和谐被估价得太高了，我出不起这样多的钱来购买入场券。所以我赶紧把入场券退还。只要我是诚实的人，就理应退还，越早越好。我现在正是在这样做。**我不是不接受上帝，阿廖沙，只不过是把入场券恭恭敬敬地退还给他罢了。**”

卡尔·马克思（1818—1883）：德国哲学家和社会理论家，他阐述的哲学理论为二十世纪最具激变性的政治意识形态提供了基础。他获得过一个哲学博士学位，但因其观点的激进而未能在德国大学任教。他的一生绝大多数时间待在国外——巴黎、布鲁塞尔和伦敦。其间，他提出了许多理论，并为各种杂志和报纸撰写文章（其中包括《纽约先驱论坛报》）。终其一生，他都猛烈抨击既定信念，提倡革命，也正因此而被迫一直流亡。年轻时，他撰文激烈批判有一大群年轻追随者的黑格尔，但他运用黑格尔的“辩证法”提出了一种关于阶级冲突和经济决定论的社会政治哲学。

然而，怀疑并不限于那些有信仰的人，对犹太教—基督教传统更为恶毒的攻击，不仅质疑宗教神学，而且质疑其潜在动机。可以说，宗教信仰是一种完全可理解的表达，它表达了人们对一个更好世界的希望，或对某种胜过我们在俗世生活所见闻的正义的诉求。但是，宗教也被指责为是某种要比上述更成问题的东西，它是对世俗责任的逃避，是对我们无法应付的世界的不负责任的反应，或者可能还是小孩子似地不愿放弃的安全幻想，而这本是我们在过了青春期之后就应该放弃的。这方面的不同观点，卡尔·马克思（Karl Marx）、弗里德里希·尼采（Friedrich Nietzsche）和西格蒙德·弗洛伊德（Sigmund Freud）做了强有力地论证。

卡尔·马克思对于宗教的尖锐批判，常为人们所引用。他的观点简单明了，却做了强有力的表述。人类是为了逃避不可忍受的社会境况而发明宗教的。一旦认识到这一点，我们就会拒斥这种作为逃避的宗教，转而去克服那些导致这种逃避成为必然的社会境况。

卡尔·马克思，《黑格尔的〈法哲学〉批判》[1]

反宗教的批判的根据是：**人创造了宗教**，而不是宗教创造人。就是说，宗教是还没有获得自身或已经再度丧失自身的人的自我意识和自我感觉。但是，人不是蛰居于世界之外的抽象存在物。人就是**人的世界**，就是国家，社会。这个国家、这个社会产生了宗教，一种**颠倒的世界意识**，因为它们就是**颠倒的世界**。宗教是这个世界的总理论，是它的包罗万象的纲要，它的具有通俗形式的逻辑，它的唯灵论的**荣誉问题**（*point d' honneur*），它的狂热，它的道德约束，它的庄严补充，它借以求得慰藉和辩护的总根

1 Karl Marx, *Critique of Hegel's Philosophy of Right in Early Writings*, trans. T. Bottomore, New York: The McGraw-Hill Companies, 1964.

据。宗教是人的本质**在幻想中的实现**，因为**人的本质**不具有真正的现实性。因此，反宗教的斗争间接地就是反对以宗教为精神**抚慰**的**那个世界**的斗争。

宗教里的苦难既是现实的苦难的**表现**，又是对这种现实的苦难的**抗议**。宗教是被压迫生灵的叹息，是无情世界的情感，是没有灵魂的状态的灵魂。宗教是人民的**鸦片**。

废除作为人民的**虚幻**幸福的宗教，就是要求人民的**现实**幸福。要求抛弃关于人民处境的幻觉，就是**要求抛弃那需要幻觉的处境**。因此，对宗教的批判就是**对苦难尘世**——宗教是它的**神圣光环**——**的批判的胚芽**。

这种批判撕碎锁链上那些虚幻的花朵，不是要人依旧戴上没有幻想没有慰藉的锁链，而是要人扔掉它，采摘新鲜的花朵。对宗教的批判使人不抱幻想，使人能够作为不抱幻想而具有理智的人来思考，来行动，来建立自己的现实；使他能够围绕着自身和自己现实的太阳转动。宗教只是虚幻的太阳，当人没有围绕自身转动的时候，它总是围绕着人转动。

弗里德里希·尼采（1844—1900）：德国哲学家，自称是传统道德和基督教的大敌，一生的大半时间是在对它们加以驳斥。他最持久和最恶毒的抨击是他晚期的一本著作《敌基督者》（1888）。通常，尼采是作为一位非道德主义者为人所知的，但是，他的道德哲学之所以抨击一种道德观念，是为了用另一种道德观念取而代之。他所抨击的道德是康德所奠定的传统基督教的道德。他所寻求并加以辩护的道德是为亚里士多德所奠定的古代的个人卓越道德。他把前一种道德称作“奴隶道德”，只适合于弱者和奴仆，把后一种道德称作“主人道德”，它是强者和卓然独立者的道德。

五十年之后，**弗里德里希·尼采**对一般的宗教、具体的基督教展开了更加激烈的攻击。在他那里，宗教被谴责为不过是对无能的合理化，是对人性中一切最下贱事物的表达。

弗里德里希·尼采，《善恶之彼岸》[1]

在犹太人的《旧约》中，在这本神之正义的书中，存在着一种有如此雄伟风格的人、事物和言谈，以至于古希腊和古印度的文献都无法与之比肩。人们以敬畏和惊恐站在人曾经所是之物的巨大残余面前，并将对古老的亚洲及其向外伸展的小欧洲半岛产生可悲的思想，而欧洲完全想在亚洲面前意味着“人类的进步”。当然：谁本身只是一个可怜的、温顺的家庭宠物，只知道家庭宠物之所需（就像我们今天的有教养的人，包括“有教养的”基督教的基督徒），谁在那些废墟中就无须感到惊奇，也完全无须感到忧伤——对《旧约》的趣味是“伟大”和“渺小”的试金石——也许他希望发现《新约》，这本仁慈之书更适合他的趣味（其中有许多真正的、温柔的、沉闷的祷告迷和可怜的灵魂）。把这《新约》，它在一切方面都有一种洛可可的趣味，与《旧约》胶合成一本书，作为《圣经》，作为“自在的书”：这也许是最大的冒险，是文学上的欧洲在良心上所具有的“违背精神的罪恶”。

1　Friedrich Nietzsche, *Beyond Good and Evil*, trans. Clancy Martin. 中译文见尼采：《善恶之彼岸》，程志民译，北京：华夏出版社，2000 年，第 53—54 页。

弗里德里希·尼采，《敌基督者》[1]

基督教不应该被修饰和美化：它发动了与这种更高类型的人的殊死决战；它颁布了一个反对所有基本本能的法令……它从这些本能中提取了邪恶与恶魔：它把强大的人看做是典型地应被诅咒的人、"堕落的人"。基督教站在一切虚弱、卑贱、失败之物那边；它以与强大的生命自我保存本能相**矛盾**的东西为原料，加工制作出一种理念；它甚至毁坏了精神中最强大的理性……正是在对这种更高类型的人的恐惧中，他们反过来培育了相反种类的东西——家庭宠物、畜群、人这种病态的动物——基督徒。只要牧师——这种专门以否定、谋杀和毒害生命为**职业**的人——还是被看做是一种**更高**类型的人，那么，对于"真理是什么"这样的问题，就永远不会有答案。因为，若那种自觉地为虚无和否定辩护的人被看做是"真理"的代表，那么，真理就已经被头朝地地给颠倒过来了。在基督教里，无论是道德还是宗教，它们都和现实没有一点交往。

◆◆◆

这个**纯粹虚构**的世界远逊于梦幻世界，因为后者**反映**现实，前者伪造、贬低和否定现实……唯有谁才有好的理由脱离现实呢？只有在现实中受苦的人！

◆◆◆

基督教的上帝概念——上帝是病态人的上帝，上帝是一只蜘蛛，上帝是精神——是世界上曾有过的最堕落的关于神的概念。在诸种神的衰微过程中，上帝处于最低的水准线上。

◆◆◆

基督教单调乏味的一神论的这个可怜可鄙的上帝啊！这个由空无、概念和矛盾混合而成的堕落的杂种，正是它辩护了所有颓废的本能、所有灵魂的懦弱和枯竭！

弗里德里希·尼采，《快乐的科学》[2]

我们欢乐的含义。"上帝死了"，基督教的上帝不可信了，此乃最近发生的最大事件，它开始将其最初的阴影投射在欧洲的大地上。至少，那些以**怀疑**的目光密切注视这出戏的少数人认为，一个太阳陨落了，一种古老而深切的信任变成怀疑了；在他们看来，我们这个古老的世界必将日渐暗淡如夜：更加可疑、更加陌生、"更加衰老"。但是，我们大概还可以说：这一事件过于重大、过于遥远、过于超出许多人的理解能力，故而根本还没有**触及**他们。我们应该想到，许多人依然不知道这一事件真正意味着**什么**——以及随着这一信仰的崩溃会有怎样的后果，因为，有许多东西原本是奠基于、依附于、植根于这一信仰的：比如，我们整个欧洲的道德。断裂、破败、沉沦、倾覆，眼下显现

1 Friedrich Nietzsche, *The Antichrist*, trans. Clancy Martin. 中译文见尼采：《反基督》，陈君华译，石家庄：河北教育出版社，2003 年。

2 Friedrich Nietzsche, The Gay Science, trans. Clancy Martin. 中译文见尼采：《快乐的科学》，黄明嘉译，上海：华东师范大学出版社，2007 年，第 323—324 页。

于我们的这一系列后果——谁眼下能对此作出充分的预测才不愧为宣布这一可怕逻辑的导师呢，才不愧为宣布这一史无前例的日食和月食的预言家呢？

◆◆◆

这一事件的最初后果，即对于我们的影响，也许同人们估计的恰好相反：它们绝不是悲伤和消沉，而是难以言说的新的光明、幸福、轻松、欢愉、勇气、朝霞。确实，我们这些哲学家和“自由精神”一听到“古老的上帝死了”的消息，就顿觉周身被新的破晓之光照亮；我们的心就倾泻着感激、惊诧、预知和期待的洪流。终于，我们的视野再度变得自由，纵使它还不够明亮；我们的航船再度起航，面对重重危险；我们再度在知识领域冒险；**我们的**海洋再度敞开襟怀；或许，如此“开放的海洋”堪称史无前例。

最后，在我们自己的这个世纪，这样的攻击被**西格蒙德·弗洛伊德**赋予了心理分析基础，他也把宏大的宗教热望还原为纯粹的幻想，但更为糟糕的是，这些纯粹的幻想不过是一位从未完全长大的、充满不安感的孩子的幻想。

西格蒙德·弗洛伊德，《一个幻想的未来》[1]

……宗教观念的精神起源。作为教义公之于众的这些宗教观念，并不是经验的沉淀物，也不是思考的最终结果：它们是一些幻想，是人类最古老、最强烈和最迫切的愿望的满足。它们的威力的奥秘就在于这些愿望的力量之中。如我们已经知道的那样，童年期孱弱无助这一令人恐惧的印象，使人产生了寻求得到保护的需要——寻求通过爱得到保护——这种保护是由父亲提供的；人的这种孱弱无助终生存在，认识到这一点，就使得人有必要依赖于一个父亲的存在，但此时所依赖的是一个更加强大有力的父亲。因此，神圣的上帝所颁布的乐善好施法则会减轻我们对于生活中各种为难的恐惧；道德世界秩序的建立会确保正义要求的实现，而它在人类文明中常常是不得实现的；并且，在未来生活中人类寿命的延长会为这些愿望的满足提供一个局部的、暂时的框架。对于常常引起人的好奇心的这些谜——比如宇宙是如何发生的，身心之间的关系是什么——所给出的回答，与这个体系的潜在假设是一致的。若把童年期产生于恋父情结的冲突——这是一些从未完全得到克服的冲突——从精神生活中去除，并且用一种被普遍接受的方法解决这些冲突，那对个体的精神将是一个莫大的安慰。

西格蒙德·弗洛伊德（1856—1939）：奥地利精神病学家、神经病学家，心理学中的精神分析学派的奠基人。

当我说这些都是幻想之时，我必须给这个词下个定义。幻想与错误不是一回事，而且它也并不必然是一个错误。亚里士多德认为，害虫是从粪中变化出来的（这种愚昧无知的人依然坚持的看法）是一个错误；同样，以前的医生认为脊髓痨（tabes dor-

1 Sigmund Freud, *The Future of an Illusion*, trans. James Strachey, New York: Norton, 1961. 中译文见弗洛伊德：《一个幻觉的未来》，杨韶刚译，北京：华夏出版社，1989 年，第 101—103 页。

salis）是性欲过度的结果，也是一个错误。若把这些错误称作幻想，那可就错了。另一方面，哥伦布曾认为他发现了一条通往印度的新航路，倒是一个幻想。在这个错误中，他的愿望所起的作用显而易见。有些民族主义者断言，印度日耳曼语系的种族是独一无二的文明种族，或者认为，儿童是没有性欲的生物，这是精神分析所竭力摧毁的观点，我们可以把这些观点描述为幻想。幻想的特征是，它源自人的愿望。就此而言，幻想很接近于精神病的妄想。但是，除了妄想具有更复杂的结构之外，妄想与幻想也还是大不相同。在妄想中，我们强调它们与现实的矛盾是基本的。**幻想不一定是错误的——也就是说，幻想是不可实现的，或者是与现实相矛盾的**……因此，当愿望的满足是其动机中的一个重要因素时，我们就把这种信念称作幻想，这样一来，就像幻想本身不重视证实一样，我们也不重视它与现实的关系。

弗洛伊德赞同马克思和尼采的观点：人是人的唯一正当关切。但是，这必然就要指控宗教吗？弗洛伊德着迷于犹太神秘主义，尼采极其夸张地盛赞佛教。许多基督徒、穆斯林和犹太教徒把他们的宗教用作一致的社会行动主义和人道主义（以及“圣”战）的形而上学基础，对许多人而言，宗教是一种情感支柱，没有它，他们甚至无法作为人行动。这是一个极不可靠的平衡。没有人能够否认，成千上万的暴行——对肉体的暴行和对精神的暴行——都是以宗教的名义进行的。但是，也没有人能够证明，宗教必然会产生如此残忍的行为，也无法证明宗教像它的一些批评者所指出的那样可有可无。（纵使尼采有那么严重的怀疑。）

- 马克思曾经说宗教是“人民的鸦片”。尼采和弗洛伊德会同意吗？你呢？请解释。
- 宗教强调哪些人类特征？为什么尼采认为非常下贱？
- 当弗洛伊德说宗教徒就像是小孩时，他是什么意思？

女性主义哲学家玛丽·戴莉和佛教哲学家维克多·A·古纳塞克拉对上帝概念提出了更进一步的怀疑。

玛丽·戴莉（1928—2010）是一位美国哲学家和神学家。她在波士顿学院任教多年，是二十世纪最伟大的女性主义者之一。

玛丽·戴莉，《通缉：“上帝”还是“女神”》[1]

女性主义意识是通过大量作为本体论上的成为，也即存在的女人而被经验的。这个过程需要存在的勇气，勇于去存在、勇于去看，这既是革命性的，也是具有启发性的，揭示了我们作为动词，作为不及物动词对终极现实的参与。

玛丽·戴莉（1928—2010）：美国哲学家和女性主义者。

这个问题显然出自我们对这个实在的拟人化符号的需要。将终极实在说成是动词和将其说成是人格化的之间并

1　Mary Daly, “The Qualitative Leap beyond Patriarchal Religion”, *Quest* 1, Spring 1975.

不存在固有的矛盾。动词比起一个仅仅是静止的名词而言人格化得多。然而，如果我们选择在拟人化的符号中为这个动词作像，我们会陷入一个成问题的现象，社会学家亨利·德罗什称之为“交叉”。“交叉”指的是被压迫群体试图改变或适应压迫者的意识形态工具的显著倾向，以便他们可以用来对抗他和被压迫者。这里的问题是，“交叉”的运作通常不会超出它试图破坏的意识形态框架……

现代西方文化中的一些女性宗教领袖已经表现出类似“交叉”的行为，特别是像玛丽·贝克·艾迪和安·李这样的人物，强调神性的“母性”方面。结果好坏参半。毕竟，艾迪的“父母上帝”还是基督教的上帝。安·李也没有真正挪出基督教的框架。但有必要指出，他们的神学与女性压迫的具体问题缺乏明确的相关性。智力和灵性仍然受到创造性政治运动的影响。在早期阶段，基督教传统中的女性也试图在某种程度上“交叉”基督徒清一色男性的上帝和基督。一个杰出的例子是诺里奇的朱利安，一个生活在十四世纪下半叶的英国隐士和神秘主义者。朱利安的“上帝”和“耶稣”是——如果语言传达了任何东西的话——雌雄同体的结构，主要身份显然是男性。虽然在很多层面上我可以分析朱利安关于“我们敬爱的母亲，耶稣（谁）用自己喂养我们”的话，但在这里说这个雌雄同体的形象有些不那么吸引人。“雌雄同体”的上帝和耶稣提出的问题与使用“雌雄同体”一词来描述女性成长方向时出现的问题类似且相关。

有一种类似于“（主要是男性）上帝和耶稣内部的女人的解放”……这里突出的一个事实是，这些女性的想象力仍然受到基督教神话的部分控制。我的论点是，他们陷入了矛盾之中……我是在说，激进女权主义的内在逻辑与基督教象征系统的内在逻辑之间存在着深刻的矛盾……

改革者和离开犹太教和基督教的人都在做出贡献，并将以不同的方式为成为女性的过程做出贡献。这里的重点不是对个人及其努力进行价值判断——在女性主义光谱的各个方面都有英勇的努力。相反，它是揭示女性主义的内在逻辑。一些女性在肯定这种逻辑方面所拥有的勇气，部分来自于女性主义之旅已经持续了一段时间了。鼓励也来自于了解越来越多的女性选择了合乎逻辑的结论路线。其中一些女性从基督教或宗教犹太教中“毕业”，有些甚至从未与教会或犹太教堂密切相关，但在女性运动本身中发现了精神和神话的深度。我们所共有的是一种成为宇宙过程的感觉，我更喜欢称之为动词，存在中，有些人乃称之为“上帝”。

然而，对于一些关注运动精神深度的女性主义者来说，“上帝”这个词正变得越来越成问题。这绝不表示在“无神论”或“不可知论”或“世俗主义”的方向上的运动，因为这些术语通常可被理解。相反，问题的产生恰恰是因为女性主义过程本身所感受到的精神和神话性质。有些人使用诸如“存在的力量”之类的表达。有些人不情愿地仍然使用“上帝”这个词，同时恳切地试图剥离其父权制的关联，试图想到“哲学家的上帝”，而不是公开的男性主义和压迫性的“神学家之神”。但问题变得越来越麻烦，各种西方哲学家的“上帝”受到女性主义分析的影响越大。“他”——“亚威”仍然经常在抽象背后徘徊，阻碍我们自己的思想，给我们一种人为的双重思考。“上帝”这个词可能本质上是压迫性的。

实际上，“女神”这个词也存在问题，但出于不同的原因。有些人一直担心“过境”

的问题。然而，当人们认识到“只有当一个人试图在性别歧视传统中工作时才会发生穿越”时，这种困难似乎越来越像伪困难。例如，在他们的“女权主义礼仪”实验中的基督徒女性将“上帝”称为“她”，将三位一体称为“母亲，女儿和圣灵”，仍然在同一个象征框架和相同权力结构的所有边界内工作。重要的是，他们的服务是在“通常”的同一地点和时间，并被教会的大多数选区视为“一切照旧”的偶然变化。

因为在基督教会之外的女性告诉我们支持古代母权制存在的证据，并且有证据表明父权制的神确实是人为的，苍白的衍生物和早期大女神的逆转，仅仅是“穿越”的恐惧“似乎不太合适，甚至可能更荒谬。如果一个人倾向于认真地看待母系社会没有结构化的证据——不同于父权制，它是非等级的，那么“女神”就会像“上帝”那样反过来，即合法化一个压迫性的“女性统治”的社会，这个概念也不太可信……

显然，试图“解释”或“解释”另一个人的这种经历是不恰当和傲慢的。我只能评论说，我认识的许多女性都在寻找自我内在的力量，而不是“内化”的父亲形象。作为一名哲学家，我的偏好是抽象。事实上，我一直对“拟人”符号感到恼火和尴尬，更喜欢“存在的地面和力量”（保罗·蒂利希）、“超越主观性和客观性”（威廉·詹姆斯）、“大全”（卡尔·雅斯贝尔斯）等术语，或常用的“终极现实”。

在这里，哲学家维克多·古纳塞克拉探讨了对于上帝概念的佛教拒斥。他认为，所有佛教徒都是无神论者。维克多·古纳塞克拉著有数部关于佛教的作品，包括《佛教基础：佛陀教义的现代导论》。

维克多·A.古纳塞克拉，《对于上帝的佛教态度》[1]

作为一种非有神论宗教的佛教

佛教在世界宗教中是独一无二的，因为在其救赎论中，没有上帝的任何位置。事实上，大多数亚洲宗教（可能除了一些极度注重灵交的印度教形式）本质上都是非有神论的，因为上帝在其中并不占据一神论的宗教传统赋予他的中心地位。但佛教在这方面超越了大多数其他宗教，因为它是积极的反神论，而这又是因为上帝这个观念与佛教的某些根本原则——佛教关于世界及人类在其中位置的观点——相抵牾……

然而，在现代世俗主义、理性主义、人道主义等可被视作无神论的意义上，佛教并非是无神论的（尽管它与它们有许多相同之处）。佛教主要并不意在驳斥上帝的观念（如一些无神论作家所做的那样）。它主要意在开发一种摆脱世俗弊病的途径。这包括采用心理规训和行为准则的方法，这些方法足以满足最苛刻的精神要求。事实上，佛陀的长篇大论中很少直接处理上帝问题。他更感兴趣的是阐述个人的救赎，以及在当下的世界和未来的世界中增进人类福祉的途径。这项任务占据了佛陀的大部分论述，并在后来被编入了佛教的各种真经中。

在上帝问题上，佛陀并没有采取模棱两可或不可知的立场，因为他有时被表述

1 Buddhist Society of Queensland website, “The Buddhist Attitude to God” (seminar 1993), www.uq.net.au/slsoc/ budsoc.html.

为被有有神论倾向的作家所吸引。佛陀以明确无误的方式阐述了他在上帝问题上的立场。

上帝的观念

首先，有必要确立“上帝”这个词的意思是什么。这个词用来指代一个被赋予了全能全知本领的至高无上的存在，他是宇宙及其所有内容的创造者，并且是人类主要的立法者。上帝通常被认为关切他所创造的人类的福祉，以及那些遵循他的意旨者的最终救赎。因此，上帝是某种形式的人，这样一个实体是否存在的问题是所有有神论体系的基础。

与人格化的上帝的这种观念相反，一些现代神学家将“上帝”这个术语解释为代表某种抽象的善的原则（或“存在的基础”）。这种观点最初是在古代印度的奥义书中发展起来的，在其中，上帝等同于一个抽象的原则（梵）。古代印度哲学家可以接纳这样的一个观点，因为他们有一个业力理论，它真正消除了对人格化的上帝的需要。佛教徒也有一种与印度教徒的理论不同的业力理论，这种理论甚至更为明确地省去了对上帝的需要。很难去证明没有业力理论的一神论神学家使用“上帝”一词指代的是抽象的实在；人们怀疑这只是一种消解人格化上帝观念所产生的矛盾的手段。事实上，有神论宗教的实际行为就仿佛上帝是某种真实的人似的。

就像拒斥至高无上的上帝观念一样，佛教也拒斥在宇宙中运作的抽象的上帝原则的观念。梵（中性的）的观念在佛教文本中根本没有被讨论过，甚至在印度也很可能是一种后佛教的发展，这种发展是由于试图调和对上帝的信仰与对佛陀的强烈批判而产生的。因此，我们必须考虑的正是佛教对于一个赋予宇宙生命的至高无上的人格上帝的观念的态度。

从佛教的立场来看，“上帝按照他的形象（即上帝的）造人”的经典有神论说法实际上已经被颠覆了。是男人按照他的形象（即男人的）创造了上帝！并且，随着人类自身形象的改变，其上帝的形象也会改变。因此，随着当今女权主义的兴起，出现了一种将上帝的性别从男人变为女人（或者甚至变成中性）的尝试。为了解放自己，人类必须摆脱其妄想，其中之一就是上帝的存在。

上帝概念与佛教原则

除了拒斥上帝观念的明确陈述之外，上帝观念与基本的佛教原则之间有着根本的不相容性……

一个基本的佛教信仰是所有没有豁免的现象（包括所有有生命的存在）都有三个基本特征。这些是苦（上面解释过）、无常与非实体性（“无灵魂”）。上帝的属性与这些存在的普遍标志不一致。因此，上帝必须摆脱苦难；他必须是永恒的（因此不受无常影响）；最后，他必须有一个明确不变的身份（因此缺乏非实体性的特征）。

另一个从根本上与佛教不相容的上帝观念的伴随物是相信上帝充当最终的审判者并可以确定个体是否上天堂或下地狱的观念。根据佛教，个人的归宿是由业力法则决定的，不受任何外部过程的干扰。只有个体可以影响他们的业力宿命；即使是佛陀也不能“赦免”或以其他方式干涉业力过程。即便上帝存在，佛教中也完全没有他的位置。

在佛教中，也没有代为得救、或者一个补偿人类之罪的“受难”上帝观念的位置。

佛陀断言，“业障由自己犯下，也由自己消除”。根据佛教的观点，没有人（包括诸神或上帝）可以拯救另一个人。这是佛陀的一项枢要原则，而它不能与上帝据称所有的属性和行为相协调。

佛教的救赎之路是建立在行为（包括通过“冥想”的心理修养）而非祷告的基础之上的。在佛教徒看来，上帝似乎是在徒劳地期待所有其他人向他祈祷并崇拜他。确实，这样的祷告似乎才是一个人得救的最决定性因素，而并不必然是其所做的任何好事或坏事。但如上所述，在佛教中，是自主行动决定了个体的业力。

毫无疑问，佛教的道德准则与某些有神论的宗教有许多相似之处。所有宗教中都灌注了诸如慈悲之类的东西。但是在佛教中，这并不是出于上天的命令，而且在一些有神论的宗教中，这些美德的运用并没有限制。

总结与结论

宗教是我们生活中最重要、因而最具争议和敏感的组成部分之一。所以，它也是哲学中最重要、最具争议和敏感的领域之一。最初，宗教似乎是形而上学的组成部分，是对世界真实地存在的方式的一个审查，宗教对此问题的答案是：总而言之，实在就是神。但是，我们已经看到，宗教远非只是一种知识探求，它也是一种意义探求、道德探求、终极正义探求，以及一种独特体验的探求。宗教哲学最初作为一门形而上的学科，力图定义某种类型的至高实体（上帝），通过理性论证和证明表明上帝的存在。但是，许多哲学家和教徒认为，这样一种形而上学路径既不可能，也不合适。有些哲学家认为，我们无法认识上帝，但坚持认为必须具有信仰。因此，有些哲学家把这种信仰解释为理性的一种形式，另一些哲学家则认为，严格来说，信仰是一种在理性论证和理解的领域之外的感情承诺。

宗教哲学的这些不同路径，都依然盛行着，同样，每一种路径都伴随着相应的怀疑。那些认为我们能够认识上帝的人，与那些否认我们能够认识上帝的人，依然争论不休。那些坚持信仰的人，无论这种信仰是否能够被或应该被确证，他们自己中间也彼此不一致。也有一些人，他们想相信上帝，但是发现某些问题（比如恶的问题）使得信仰上帝对他们而言很难，或者根本就不可能。还有一些人，他们认为上帝信仰是一种过时的信仰，是早先世纪不充分的科学和形而上学的遗留物。当然，也有那么一些人，他们攻击宗教，认为它不仅过时，而且阴险，是颓败、虚弱或不成熟的征兆。但是，面对这些不同的怀疑和攻击，传统的犹太教和基督教的宗教信仰继续发展，并且提出了新的问题。宗教是人类最古老的哲学，而且它依然是哲学关注中最具争议的领域。就如我们所看到的，有些哲学宗教，像佛教，认为不存在上帝。某种程度上，我们可以说，所有的哲学困扰都开始于宗教冲动——因此，只要我们拥有宗教，我们就会对其进行哲学探讨。

章节复习题

1. 说说安瑟伦关于上帝存在的存在论论证，以及笛卡尔对这一论证的修正。然后阐明康德对这一论证的抨击。你同意康德说存在不是一个谓词吗？你认为一切其他的表面谓词不是实际谓词吗？如果存在是一种特例，那是为什么？
2. 休谟认为，如果是上帝创建了宇宙，那他就不是一位很好的建筑师。一些神学家回应说，宇宙已经被创建得尽可能地好，以至于任何改变都会使它变得更糟糕。你觉得这一回应有说服力吗？诗人华莱士·斯蒂文斯（Wallace Stevens）曾给他的妻子写信说："给我一盏许愿灯和一桶沙子，我能创造一个更好的世界。"你赞同斯蒂文斯的说法吗？你能想象一个更好的世界吗？你会改变什么？
3. 说明一下从马克思和尼采到弗洛伊德对基督教的攻击的发展。弗洛伊德所使用的"幻想"一词是什么意思？幻想总是坏的吗？基督教和其他宗教能够是好的、有助益的幻想吗？尼采会如何回应？
4. 理性主义者与非理性主义者关于信仰的观点的差异在哪里？你认为哪个具有说服力？
5. 你会如何描述上帝存在的实用主义论证？如果有缺点的话，它的缺点在哪里？你认为它破坏了上帝信仰吗？
6. 什么是恶的问题，有神论者对此作出了哪些回应？你认为他们中哪个论证是有说服力的？
7. 上帝的观念从根源上是性别主义的吗？
8. 你该如何总结宗教不需要上帝的佛教观点呢？

关键术语

Abrahamic religions 亚伯拉罕的宗教
agnostic 不可知论者
anthropomorphic 神人同形论的
argument from design 设计论证
atheist 无神论者
Bhagavadgītā（*Gītā*）《薄伽梵歌》
Brahma（Brahman）婆罗门（梵）
Buddha 佛陀
cosmological argument 宇宙论论证
deism 自然神论
dharma 达磨
faith 信仰
Four Noble Truths 四谛
God 上帝（神）
illusion 幻想
ineffable 不可说的
karma 业
Krishna 克里希纳
mysticism 神秘主义
nihility 空无
omnipotent 全能的
omnipresent 无所不在的
omniscient 无所不知的
ontological argument 存在论论证
pantheism 泛神论
problem of evil 恶的问题
subjective truth 主观真理
Sufism 苏菲主义
teleological argument 目的论论证
theist 有神论者
transcendence 超越

参考文献与进阶阅读

几部不错的宗教哲学文献：S. Cahn, ed., *Philosophy of Religion* (New York: Harper & Row, 1970); J. Hick, ed., *Faith and the Philosophers* (New York: St. Martin’s Press, 1964); N. Smart, ed., *Historical Selections in the Philosophy of Religion* (New York: Harper & Row, 1962).

宗教问题通论：J. Hick, *Faith and Knowledge*, 2nd ed. (Ithaca, NY: Cornell University Press, 1966).

关于恶的问题的一个不错的系列研究：N. Pike, ed., *Good and Evil* (Englewood Cliffs, NJ: Prentice-Hall, 1964).

休谟的*Dialogues on Natural Religion* (New York: Bobbs-Merrill, 1963)是一部优秀的、极具启发性的作品。

索伦・克尔凯郭尔作品的方便读本是W. H. Auden, *The Living Thoughts of Kierkegaard* (Bloomington, IN: Indiana University Press, 1963).

克尔凯郭尔的两部不错的研究著作：J. Collins, *The Mind of Kierkegaard* (Chicago: Regnery, 1953) 和 Louis Mackey, *Kierkegaard: A Kind of Poet* (Philadelphia: University of Pennsylvania Press, 1972).

出自卡尔・马克思、弗里德里希・尼采和西格蒙德・弗洛伊德的引文分别摘自Karl Marx, *Early Writings*, trans. T. Bottomore (New York: McGraw-Hill, 1963); Friedrich Nietzsche, *The Antichrist in The Viking Portable Nietzsche*, trans. Walter Kaufmann (New York: Viking, 1959) 和 Sigmund Freud, *The Future of an Illusion*, trans. W. D. Robson-Scott (New York: Doubleday, Anchor, 1953).

关于中世纪的宗教，见A. Hyman and J. Walsh, *Philosophy in the Middle Ages* (Indianapolis: Hackett, 1973).

关于西谷启治，见*Religion and Nothingness* (Berkeley: University of California Press)和D. T. Suzuki, *Zen Buddhism* (New York: Doubleday, 1956).

第3章 知识

昔者庄周梦为胡蝶，栩栩然胡蝶也，自喻适志与！
不知周也。俄然觉，则蘧蘧然周也。
不知周之梦为胡蝶与，胡蝶之梦为周与？
——庄子[1]

约翰·洛克（John Locke）这位英国医生，在与一帮朋友进行了一整夜激烈却毫无成果的形而上学辩论之后，向他们问道："难道我们不应该首先来确定一下我们是否有能力回答这些问题吗？"大家同意了洛克的建议。或许，你正在思考完全一样的事情。这些宏伟的形而上学体系，无疑是人类理智的纪念碑。但是，它们达到了它们意图达到的目的吗？它们告诉了我们"世界真实存在的方式"吗？既然相互竞争的每一个形而上学体系都声称自己做到了这一点，为何它们却如此地不一致？到底哪一个是对的？我们如何才能加以决定？

1690年，洛克使哲学发生了一个急转向，然而，笛卡尔在一个半世纪之前就已经暗示了这一点。不过，笛卡尔提出"我们能够知道什么"这个问题，只是把它当做他的形而上学的开场白。相反，洛克自始就决定，在他能够发展出一种恰当的人类知识论之前，把关于实在的问题放置一边。因此，他的宏伟巨著主要并不是一个关于**实体**或实在或上帝或真理的探究（当然所有这些都包括在内），而是名为《人类理智论》。现在，我们就要从形而上学转向**认识论**，即从关于终极实在的研究转向关于人类知识的研究——我们如何获得知识？什么是知识？我们是否拥有知识？我们为何没有知识？

甚至在柏拉图之前，巴门尼德就已经看到，在错误的信念与实在的知识之间，存在着众多的意见和实在的**现象**，它们可能与实在本身完全不同。柏拉图的"洞穴神话"是这一区分的一个图解。笛卡尔尽管不相信他的感官，并且无法确定它们给出了实在的精确表象，但他至少确信现象本身——他没有弄错它们。这里就有了一个规定认识论的问题：实在与纯粹现象之间表面上的深渊。我们或许认识了事物的现象，但是，我们怎么知道我们认识了这些事物"背后"的实在呢？

1 Herbert A. Giles, trans., *Chuang-Tzu: Taoist Philosopher and Chinese Mystic*, London: George Allen and Unwin, 1961 [1889], p. 47. 原文见［清］郭庆藩撰：《庄子集释》第一册，王孝鱼点校，北京：中华书局，1995年，第112页。

让我们暂时回顾一下传统形而上学的中心观念，也就是实体的中心观念。实体是一事物（或诸事物）的所有性质的基础；我们所经验到的，是这些性质，而决不会是实体本身。现在，我们大概可以说，没有任何性质不是某事物的性质。这听起来像是陈词滥调。可是，我们无法经验实体本身的本性。正是在这里，出现了形而上学的困境。

二十世纪最著名的英国哲学家伯特兰·罗素，在他的一本名为《哲学问题》的小册子里，对这一问题作了简洁陈述，他的陈述如下：

伯特兰·罗素，《哲学问题》[1]

在日常生活中，我们把许多事物设想为确定的，但是，若对这些事物做进一步的仔细审查，就会发现它们是如此充满了显然的矛盾，以至于唯有经过大量思考才能使我们知道什么是我们真正可以相信的。在探求确定性时，我们自然是从我们的经验开始，而且，在某种意义上，知识无疑是由经验而来。但是，关于我们的直接经验使我们知道的那个东西究竟是什么这一点，任何陈述都极有可能是错误的。我觉得，我此刻坐在一把椅子上，面前有一张某种形状的桌子，我看到上面放着一些写字或打印用的纸。我转过头，看到窗外的建筑、云彩和太阳。我相信，太阳离地球约为九千三百万英里；我相信，它是一个比地球大许多倍的炽热天体；我相信，由于地球的自转，太阳便每天早晨升起，并且在未来的无限时间仍将继续如此。我相信，若有个正常人走进我的屋子，他也会看到我所看到的同样的椅子和桌子，同样的书籍和纸张，而且我相信，我所看到的桌子正是我的手按着所感觉到的这张桌子。这一切是如此地显然，以至于几乎不值得一说，除非是为了答复某个怀疑我是否有所认识的人。可是，在我们能够确定我们已经以完全正确的形式陈述这一切之前，这一切都可以被合理地加以怀疑，它们都需要更为仔细的讨论。

为了明确我们的困难所在，让我们把注意力集中于这张桌子。看起来，它是长方形的、褐色的和有光泽的，摸起来，它是光滑的、冷的和硬的；我敲它的时候，它发出木器的声响。任何人见到、摸到这张桌子，听到敲打这张桌子发出的声响，都会同意这一描述，因此似乎不会出现什么困难。可是，只要我们试图得到更加精确的描述的话，麻烦就来了。尽管我相信这张桌子“确实”是清一色的，但是，反光的部分看起来要比其他部分明亮得多，而且有些部分由于反光看起来是白色的。我知道，我若挪动身子，反光的部分就会不同，桌子外表颜色的分布因此也有所改变。由此可见，若有几个人同时看这张桌子的话，就绝不会有两个人看到完全一样的颜色分布，因为没有任何两个人能够从完全一样的观察点看这张桌子，而观察点的任何变化都会使光的反射方式发生某种程度的改变。

从最实用的目的来看，这些差别是无关紧要的，但对于一个画家而言，它们却是极其重要的：画家必须摒除这样的思考习惯，即认为事物看起来具有常识认为它们“确

1　Bertrand Russell, *The Problems of Philosophy*, Oxford: Oxford University Press, 1912. 中译文见罗素：《哲学问题》，何兆武译，北京：商务印书馆，2004 年，第 2—6 页。

实”具有的颜色，而应该养成这样的习惯，即能够按照事物显现出来的样子来观看它们。这里，我们就已经开始遭遇了一个导致哲学上的最大困难的区分——“现象”与“实在”的区分、事物看起来是什么与事物究竟是什么的区分。画家想要知道事物看起来是什么，实践家和哲学家想知道它们究竟是什么，然而，哲学家想要知道这一点的愿望要比实践家强烈得多，并且由于知道解答这个问题的困难而感到苦恼。

回到我们所谈论的桌子。根据我们的上述发现，显然并没有一种颜色突出地显现为桌子的颜色，甚或桌子的任一特殊部分的颜色——从不同的观察点看，它便显现出不同的颜色，因此，没有理由认为其中的某几种颜色要比别的颜色更确实地是桌子的颜色。而且我们知道，即使从一个给定的观察点来看，由于人工照明的缘故，或者对于一个色盲或戴着蓝色眼镜的人而言，颜色看起来也还是不同的，若在黑暗中，则根本没有颜色，尽管摸起来、敲起来，桌子并没有改变。由此可见，颜色并不是某种内在于桌子的东西，而是某种依赖于桌子、观察者和光线投射桌子的方式的东西。我们在日常生活中说到桌子的颜色时，我们只是指在通常的光线条件下，桌子在一个站在平常的观察点的观察者看来所具有的那种颜色。但是，在其他条件下显现出来的其他颜色，也都有同等的权利可以被认为是真实的。因此，为了避免偏好，我们就不得不否认桌子本身具有任何特有的一种颜色。

同样的情形也适用于它的质地。一个人用肉眼可以看见木头的纹理，但另一方面，桌子看起来光滑平坦。如果我们通过显微镜来观察它，我们就会看到粗糙不平的丘陵深谷，以及无法为肉眼所见的诸种差异。究竟哪一个是“实在的”桌子呢？我们会很自然地想说，我们通过显微镜看到的是更实在的，但是，用一架倍数更高的显微镜来看的时候，就又会有所改变了。因此，若我们不相信我们肉眼所见之物，为何我们应相信通过一架显微镜所见之物呢？所以，我们所由之出发的感官再一次靠不住了。

桌子的**形状**也不见得更好。我们都习惯于根据事物的“实在的”形状来判断，而且我们是如此地不假思索，以至于我们竟以为我们确实看到了实在的形状。但是，事实上，如果我们要画画，我们就必须知道，一个给定的物体从各个不同的观察点来看，就会呈现不同的形状。如果我们的桌子“实在”是长方形的，那么，差不多从任何观点来看，它都似乎有两个锐角和两个钝角。如果对边是平行的，那么它们看起来像是在远离观察者的某个地方收敛为一点；如果对边是等长的，那么看起来，离观察者较近的那一边似乎要更长些。在看一张桌子的时候，所有这些情形通常并不为人所注意，因为经验教会我们从外在形状来构想“实在的”形状，而“实在的”形状就是实践家感兴趣的东西。但是，“实在的”形状不是我们所看见的样子，它是从我们的所见推论出来的东西。再者，我们在房间中来回走动时所看见的东西，其形状在不断地变化着。因此，在这里，感官再一次似乎并没有给我们提供关于桌子本身的真理，而只是提供了关于桌子的现象而已。

当我们考量触觉时，也会出现类似的困难。的确，桌子总是给我们一种硬的感觉，而且我们感觉到它耐压。但是，我们得到的感觉取决于我们加于桌子的压力有多大，也取决于我们用身体的哪一部分去压它。因此，由于不同的压力或身体的不同部分而得到的各种不同感觉，就不能认为直接揭示了桌子的确定性质，它们至多是某种性质的标志而已，正是这种性质造成了所有这些感觉，但它在外表上的确不存在于这些感觉中。同样的情形显然也适用于敲击桌子所引起的声响。

因此，很显然，实在的桌子假如存在的话，也与我们凭借视觉、触觉和听觉所直接经验到的那张桌子不一样。所以，实在的桌子若确实存在的话，也根本不是我们所**直接**认识的，而必定是从我们直接认识的东西中得出的一种推论。因此，即刻就产生了两个非常困难的问题，即（1）究竟有没有一张实在的桌子？（2）如果有，它可能是什么样的客体呢？

罗素在这短短几页中成功概述的这个问题，支配着发端自洛克的认识论研究的英国哲学。但是，为什么说是“英国哲学”呢？为什么这个问题在英国要比在欧洲大陆更为重大呢？欧洲大陆可是有着绝大部分的形而上学家的。为什么这个问题对洛克及其追随者的影响要大于对笛卡尔、斯宾诺莎、莱布尼茨，以及他们近来的追随者的影响呢？那是因为它们之间存在着一个深刻的差异，它始终在英美哲学与欧洲哲学之间造成了一个普遍的理解鸿沟。笛卡尔、斯宾诺莎和莱布尼茨保持着对人类**理性**能力的信仰，认为它能够给我们提供关于实在的知识，尽管实在在我们的一切可能的经验之外。由于他们相信理性的力量，因此，他们通常被称作**理性主义者**。由于他们刚好都是欧洲人（笛卡尔是法国人；斯宾诺莎是荷兰人；莱布尼茨是德国人），他们又常常被称作大陆理性主义者。与此相对，约翰·洛克发端的运动被称作**经验主义**，因为它坚持把经验的予料（经验予料）当做一切知识的来源。（**予料**是一点“给定的”信息；现代经验主义者有时说**感觉予料**，即由感官直接得到的信息。）这一批经验主义者还包括**乔治·贝克莱主教**（Bishop George Berkeley）[1]和**大卫·休谟**，我们在这一章中也会与他们相遇。由于他们都来自大不列颠，因而常常被称作英国经验主义者。（贝克莱是爱尔兰人；休谟是苏格兰人；罗素通常被当做这一运动的当代成员。）

- “现象/实在区分”给认识论造成了什么困难？
- 存在着一个“知识问题”吗？若存在，它是什么？

尽管在笛卡尔之后的时代中，认识论重新受到关注，并得到新的分析，但是，理性主义者的主张与经验主义者的主张之间的裂隙，古已有之。柏拉图强调我们通过感官获得的知识与真正的知识之间的区分，前者是不可靠的，而后者是关于形式的知识。（关于这一区分的讨论见第1章。）在下面这段《理想国》中的引文中，柏拉图笔下的苏格拉底将关于善的形式或观念比作太阳——使我们能够看到世间万物的至高无上的存在。理性使我们能够从这种实在中获得知识，尽管我们的感官仅仅给我们次等、可错的图像。

苏格拉底指出，我们当作是“知识”的东西，时常并非是对实在的真正把握，他将前者等同于对形式本身的洞察。他将我们关于物质世界中的事物的知识归为最终是“意见”和“信念”的质料，因为其时常是靠不住的。苏格拉底将这些范畴（可见的和不可见的）细分为两个进一步的部分，其中一个部分提供了另一部分的一个更虚幻的版本。对于“不可见”

1 贝克莱主教曾到美国传教。加利福尼亚的贝克莱（常见的中译为伯克利）就是以他的名字命名的。

的领域，较次要的部分是利用图像获得的理解，而不是对实在本身的直接把握。他以数学家为例，指出他们从某些前提（公理）出发从中得出结论，并利用图像（三角形的画像）来作为辅助。借此，他们达到了某种特定的理解，但这相当于指示“不可见”领域的另一部分知识的一种“低级”形式。这部分涉及到运用理性从假设上升到对“第一原则”——终极实在的基本真理——的洞悉，而这相当于对形式本身的洞悉。在“可见”领域中，两个部分中的较高级者涉及通过感官“认识”世界中的对象，而较低级者则处于把握影像和映像的水平。尽管前者比后者更可靠，但二者都算不上真正的知识。

柏拉图，《理想国》[1]

苏格拉底：好了，现在你必须承认，这个给予知识的对象以真理给予知识的主体以认识能力的东西，就是善的理念。它乃是知识和认识中的真理的原因。真理和知识都是美的，但善的理念比这两者更美——你承认这一点是不会错的。正如我们前面的比喻可以把光和视觉看成好像太阳而不是就是太阳一样，在这里我们也可以把真理和知识看成好像善，但是却不能把它们看成就是善。善是更可敬得多的。

格劳孔：如果善是知识和真理的源泉，又在美方面超过这二者，那么你所说的是一种多么美不可言的东西啊！你当然不可能是想说它是快乐吧？

苏格拉底：我决没有这个意思。还是请你再这样来研讨一下这个比喻吧！

格劳孔：怎么研讨？

苏格拉底：我想你会说，太阳不仅使看见的对象能被看见，并且还使它们产生、成长和得到营养，虽然太阳本身不是产生。

格劳孔：当然不是。

苏格拉底：同样，你也会说，知识的对象不仅从善得到它们的可知性，而且从善得到它们自己的存在和实在，虽然善本身不是实在，而是在地位和能力上都高于实在的东西。

格劳孔：[非常滑稽地] 呀！太阳神阿波罗作证！夸张不能再超过这个啦！

苏格拉底：责任在你，是你逼着我把我对这个问题的想法说出来的呀！

格劳孔：请你继续讲你的想法吧；关于太阳的比喻如果还有什么话要讲，无论如何请不要漏了。

苏格拉底：是的，还有很多话要说。

格劳孔：那么请别漏了什么，哪怕一点点。

苏格拉底：我将尽力而为；但是我想，有许多东西将不得不略去。

格劳孔：别省略。

苏格拉底：那么请你设想，正如我所说的，有两个王，一个统治着可知世界，另一个统

---

1 Plato, *Republic*, trans. Paul Shorey, in *The Collected Dialogues of Plato*, ed. Edith Hamilton and Huntington Cairnes, Bollingen Series, Princeton: Princeton University Press, 1980, pp. 745-747. 中译文见柏拉图：《理想国》，郭斌和、张竹明译，北京：商务印书馆，2002 年，第 267—271 页。

治着可见世界——我不说“天界”，免得你以为我在玩弄术语——你一定懂得这两种东西：可见世界和可知世界。

格劳孔：是的，我懂得。

苏格拉底：那么请你用一条线来代表它们：把这条线分成不相等的两部分，然后把这两部分的每一部分按同样的比例再分成两个部分。假定第一次分的两个部分中，一个部分相当于可见世界，另一个部分相当于可知世界；然后再比较第二次分成的部分，以表示清楚与不清楚的程度，你就会发现，可见世界区间内的第一部分可以代表影像。所谓影像我指的首先是阴影，其次是在水里或平滑固体上反射出来的影子或其他类似的东西，你懂我的意思吗？

格劳孔：我懂你的意思。

苏格拉底：再说第二部分：第一部分是它的影像，它是第一部分的实物，它就是我们周围的动物及一切自然物和全部人造物。

格劳孔：好，就是这样吧。

苏格拉底：你是否愿意说，可见世界的这两个部分的比例表示真实性或不真实性程度的比例呢，影像与实物之比正如意见世界与知识世界之比呢？

格劳孔：非常愿意这么说。

苏格拉底：请你再进而考察可知世界划分的方法吧。

格劳孔：它是怎样划分的呢？

苏格拉底：是这样划分的。这个世界划分成两个部分，在第一部分里面，灵魂把可见世界中的那些本身也有自己的影像的实物作为影像；研究只能由假定出发，而且不是由假定上升到原理，而是由假定下降到结论；在第二部分里，灵魂相反，是从假定上升到高于假定的原理；不像在前一部分中那样使用影像，而只用理念，完全用理念来进行研究。

格劳孔：我不完全懂你的意思。

苏格拉底：既然这样，我们再来试一试，等我作了一点序文式的解释，你就会更明白我的意思的。我想你知道，研究几何学、算学及这一类学问的人，首先要假定偶数与奇数、各种图形、三种角及其它诸如此类的东西。他们把这些东西看成已知的，看成绝对假设，他们假定关于这些东西是不需要对他们自己或别人作任何说明的，这些东西是任何人都明白的。他们就从这些假设出发，通过首尾一贯的推理最后达到他们所追求的结论。

格劳孔：是的，这我知道。

苏格拉底：你也知道，虽然他们利用各种可见的图形，讨论它们，但是处于他们思考中的实际上并不是这些图形，而是这些图形所摹仿的那些东西。他们所讨论的并不是他们所画的某个特殊的正方形或某个特殊的对角线等等，而是正方形本身，对角线本身等等。他们所作的图形乃是实物，有其水中的影子或影像。但是现在他们又把这些东西当作影像，而他们实际要求看到的则是只有用思想才能“看到”的那些实在。

格劳孔：是的。

苏格拉底：因此这种东西虽然确实属于我所说的可知的东西一类，但是有两点除外：第一，在研究它们的过程中必须要用假设，灵魂由于不能突破与超出这些假设，因此不能向上活动而达到原理；第二，在研究它们的过程中利用了在它们下面一部分中的那些实物作影像——虽然这些实物也有自己的影像，并且是比自己的影像来得更清楚、更重要的。

格劳孔：我懂得你所说的是几何学和同几何学相近的学科。

苏格拉底：至于讲到可知世界的另一部分，你要明白，我指的是逻各斯本身凭着辩证的力量而达到的那种知识。在这里假设不是被用作原理，而是仅仅被用作假设，即，被用作一定阶段的起点，以便从这个起点一直上升到一个高于假设的世界，上升到绝对原理，并且在达到绝对原理之后，又回过头来把握那些以绝对原理为根据提出来的东西，最后下降到结论。在这过程中不靠使用任何感性事物，而只使用理念，从一个理念到另一个理念，并且最后归结到理念。

格劳孔：我懂得你的意思了；但是懂得不完全，因为你所描述的这个过程在我看来不是一件简单的事情。不过无论如何我总算懂得了，你的意思是要把辩证法所研究的可知的实在和那些把假设当作原理的所谓技术的对象区别开来，认为前者比后者更实在；虽然研究技术的人 [在从假设出发研究时] 也不得不用理智而不用感觉，但是由于他们的研究是从假设出发而不上升到绝对原理的，因此你不认为他们具有真正的理性，虽然这些对象在和绝对原理联系起来时是可知的。

　　我想你会把几何学家和研究这类学问的人的心理状态叫做理智而不叫做理性，把理智看成是介乎理性和意见之间的东西的。

苏格拉底：你很懂得我的意思了。现在你得承认，相应于这四个部分有四种灵魂状态：相当于最高一部分的是理性，相当于第二部分的是理智，相当于第三部分的是信念，相当于最后一部分的是想象。请你把它们按比例排列起来，给予每一个以和各部分相当程度的真实性。

格劳孔：我懂你的意思，也同意你的意见，并且愿意按照你的意见把它们排列起来。

这场争论的要点，柏拉图在他的对话《泰阿泰德》中展示得非常清楚：

柏拉图，《泰阿泰德》[1]

苏格拉底：但是，泰阿泰德，我问的不是知识的对象是什么，也不是有多少种知识。我不想数清知识的种类，而只想找出知识本身是什么……你说知识就是感觉？

泰阿泰德：是的。

苏格拉底：你提出的关于知识的本性的解释绝不会被轻视。你的解释与普罗泰戈拉给出

1　Plato, *Theatetus*, trans. F. M. Cornford, in *The Collected Dialogues of Plato*, ed. Edith Hamilaton and Huntington Cairnes, Bollingen Series, Princeton: Princeton University Press, 1980, p. 61. 中译文见柏拉图：《柏拉图全集》第二卷，王晓朝译，北京：人民出版社，2003 年。

的解释一样，只不过他是以另一种不同的方式表达的。你要记得，他说“人是万物的尺度——是存在的事物存在的尺度，也是不存在的事物不存在的尺度”。无疑，你是读过这段话的。

泰阿泰德：读过，而且经常读。

苏格拉底：他的意思岂不是这样，你我都是人，因此事物“对于我就是它向我显现的样子，对于你就是它向你显现的样子”？

泰阿泰德：是的，他就是这个意思。

苏格拉底：好，一个聪明人说的话不可能是废话。因此，让我们来理解一下他的话吧。有时候同样的一阵风吹来，我们中间有一个人觉得冷，另一个人会觉得不冷，或者一个人觉得有点冷，另一个人感到非常冷。

泰阿泰德：当然是这样。

苏格拉底：那好，在这种情形中，我们可以说风本身是冷的或不冷的吗？或者，我们像普罗泰戈拉那样认为，风对于感觉冷的人是冷的，对于感觉不冷的是不冷的？确实，这是一种值得注意的学说。它宣称没有任何事物仅凭自身就是一事物，你也不能正确地用某一确定的名称来称呼它，甚至不能说它是任何确定种类的事物。

这样，苏格拉底宣称，经验主义者根本没有任何知识。他这个对话的稍前部分为理性主义者的主张做了辩护：

苏格拉底：当一个人不知道某个事物是什么的时候，你不会设想它能理解这个事物的名称吧？

泰阿泰德：当然不会。

苏格拉底：那么，如果他不知道什么是知识，“关于鞋子的知识”也不会向他传达任何意义吗？

泰阿泰德：是的。

苏格拉底：事实上，“皮匠的技艺”或任何其他技艺的名称，对于那些不懂得知识的人而言是毫无意义的。

与泰阿泰德一样，罗素也把知识与**知觉**或“感觉材料”联系在一起。所以，他认为我们可能具有任何“实体”观念，必定衍生自我们的知觉。苏格拉底主张，我们的不同知觉永远无法给予我们一种实体观念。我们从一束互不相同的知觉中能够获得的，也只能是一束互不相同的知觉。不过，既然我们**有**一个“实体”观念（比如，罗素的“桌子”例子），那么我们必定是从某种异于我们的知觉中获得它的。因此，苏格拉底得出结论说，知识必定是某种异于知觉的东西。在某种意义上，大陆理性主义者在这一点上认同苏格拉底，并且主张知识的非感觉来源必定是“理性”本身。相反，英国经验主义者主张，除了知觉之外，观念没有任何其他来源。（“Perception”一词既有“知觉经验”的意思，也有“理解”的意思，这里指的是第一个意思。）

那么，我们要如何认识实在？是相信我们自己的抽象理性，还是诉诸经验？只是，依赖于经验就免不了这样一个威胁：我们根本不可能认识我们经验之外的实在。在接下来的论述中，你们会看到哲学中最持久有力的一场对话，这场对话不仅发生在理性主义者与经验主义者之间（正如我们在第1章看到的斯宾诺莎和莱布尼茨的并置一样），也发生在不同的理性主义者和经验主义者之间。

理性与经验之间的选择是一个“虚假的两难”（伪问题）吗？在这些所争论的问题中，不仅有对理性还是经验的强调和信仰，也涉及理性和经验的本性。什么是唯有理性能够认识为真的观念——**“理性真理”**？我们如何从我们的私人经验的本性中推出“外部”世界可能是什么？我们如何知道有一个“外部的”世界？拥有“抽象的”观念是如何可能的？也就是说，这些观念并不仅仅是基于具体的经验殊相，比如这条狗、这张桌子、那颗星星。比如，我们是如何得到“狗”的一般观念的？这个一般观念所涉及的不是这条狗或那条狗、大狗或小狗、吉娃娃狗或德国牧羊犬，而是包括所有这些狗在内的“狗”。

实体问题一再为人们所提出。什么是实体？我们如何认识实体？**原因**观念同样如此。一个观念是由观念的一个对象造成的，还是我们虚构了观念，因而是我们自己“造成”观念？由此，就有一套更具体的问题：事物的什么方面在观念中？事物的什么方面在我们之中，即在我们感觉它的方式中、我们在知识中运用的心灵器官中？在这些汹涌混乱的问题和论争之下，却有着一个共同的关注。所有理性主义者和经验主义者都是笃信科学之人，他们欣赏现代物理学及其同类学科的进步，认为知识是人的最高属性之一，因此，他们想要理解知识及其基础，是为了证成他们对于科学的信仰。换言之，在他们的这些论争的根底，是对知识的同样崇拜和关注，而“知识是如何可能的”这个问题本身，则是这一相同的崇拜和关注的展开。

A. 理性主义者的信心：笛卡尔

让我们回到勒内·笛卡尔这位开启了对方法论的强调的现代哲学家吧。我们已经提到过他的“怀疑方法”，但是，这一方法的目标不是为了维护怀疑本身，恰恰相反，而是为了从怀疑走向知识和确定性。笛卡尔的怀疑只是想把可疑的东西与不可置疑的东西区分开来。对于他能够找到关于实在的信念，他和他的追随者们从未有过怀疑。这些信念是“清楚分明的”和“完全确定的”。（斯宾诺莎把这些观念称为“充分的观念”，莱布尼茨称它们为“理性真理”。）笛卡尔曾找到这样一种信念，他把这一信念用作前提，从中他演绎出了关于实在的所有其他信念。这样的信念完全不依赖于经验材料，它完全是一个理性的过程，一个考察他的信念的明晰性以及这些信念之间的逻辑关联的过程。

此外，这些问题及它们时而显现出来的极端复杂性和基本解决方案，并不是出现在一个真空中，我们记住这一点很重要。笛卡尔生活在伽利略的时代，因此，伽利略的新科学一直是笛卡尔的怀疑方法的背景。在破坏亚里士多德和中世纪的传统科学的过程中，伽利略提出了这样一个怀疑：我们认为我们看到的东西，我们实际上可能根本无法看到。比如，颜色似乎更多地是在男人和女人的心灵中，而非在物体自身中。笛卡尔由此推论说，如果我们在物体的颜色这种表面上如此确定的东西上都会出错，那么我们在除此之外的其他东西上能不出错吗？确实，我们在**通常**的知觉上就不会出错吗？基于这一理由，笛卡尔诉诸理性而不是经验（尽管如我们将要看到的那样，他也使理性受到极其危险的质疑）。我们可能还要补充一点，尽管笛卡尔是一位虔诚的天主教徒，但他不可避免地受到了一个世纪之前马丁·路德对教会权威的挑战的影响。因此，坚持自己消除这些怀疑，而不是诉诸既定权威，正是这个时代的基本特性之一。

在著名的六个"沉思"中，笛卡尔从决心怀疑他相信的一切事物开始，也就是说，从他能够找到的不可置疑的第一个前提开始，从这一前提出发，他能够论证其他信念的真实性，然后，他能够把这些信念用作前提，证明更多的信念，等等。在第一个沉思中，他陈述了他的怀疑方法，并且开始排除所有那些他可能出错的信念。他怀疑他的感官，难道它们不会如在视觉错误或幻觉中那样误导他吗？他考察了他的上帝信念，难道没有可能是他的耶稣会老师在欺骗他吗？他甚至怀疑这个世界的存在，难道不可以设想他只不过是在做梦吗？下面是他的第一个沉思。

勒内·笛卡尔，《第一沉思》[1]

论可以引起怀疑的事物

至今有一些年了，我发觉我自年幼时就把许多错误的信念当做真实的接受了过来，因而自那时以后在这一基础上构建起来的一切是非常可疑的；因此我确信，如果我想在科学中建立某种坚固的、永久的结构，我就必须坚决地、认真地把我之前接受的所有意见统统清除掉，再从根本上重新开始建造不可。

为了"重新建造"他的信念体系，消除他的错误信念，笛卡尔决心怀疑他相信的一切。但这并不意味着他必须列出他所相信的每一个信念，那样的话将永无止境。相反，对他而言，只要去考察他的所有其他信念奠基于其上的那些"第一原理"即可。

为了达到这个目的，我无需去表明所有这些信念都是错误的——我或许永远无法达到这一目的。不过，理性告诉我，与我显然认为是错误的东西一样，对于那些不是完全确定无疑的东西，也应该不要轻易地相信，因此，假如我在每一东西里找到了什么怀疑的理由，就足以让我拒斥它们全部。这样一来，我就没有必要具体地一个一个地对它们加以考察，那将是一件没完没了的工作；因此，既然拆掉基础就必然会导致整个大厦的其余部分的倒塌，那我应该首先从我的所有旧信念所根据的那些原理下手。

第一套被怀疑的原理是"常识"信念，它们依赖于感官：视觉、听觉、嗅觉和触觉。笛卡尔论证说，尽管我们的常识依赖于这些感官，但我们还是可能被我们的感官所欺骗。

到现在为止，凡是我当做最真实、最确定的接受过来的东西，都是从感官或通过

1 René Descartes, *Meditations on First Philosophy*, in *The Philosophical Works of Descartes*, trans. Elizabeth S. Haldane and G. R. T. Ross, Cambridge, MA: Cambridge University Press, 1911. 中译文见笛卡尔：《第一哲学沉思集》，庞景仁译，北京：商务印书馆，1986 年。

感官获得的；但是，我有时发现这些感官是骗人的，因此，更为明智的做法是，对于那些曾欺骗过我们的东西，不要完全信任。

可是，尽管感官有时在难以感觉或离得很远的东西上欺骗了我们，但也有许多别的东西，虽然我们是通过感官认识它们，却无法合理地加以怀疑。比如这样一个事实：我在这里，坐在炉火旁，穿着室内长袍，手拿着报纸，以及诸如此类的事情。我怎么能够否认这两只手和这身体是我的呢？除非也许我把自己比作那些毫无识见的人，他们的小脑被黑色胆汁的戾气扰乱和遮蔽得那么厉害，以至于他们尽管实际上十分贫穷却认为自己是国王，或者尽管实际上一丝不挂却认为自己身着紫袍，或者幻想自己有一个陶制脑袋，是了不起的人物，身体是玻璃做的。但这些人是疯子，若我以他们为例，那我的荒诞程度也与之不相上下了。

现在，笛卡尔作出了他最著名的一个哲学举措：他不知道他是不是可能在梦着他的一切经验。我们都知道，在梦中，看起来一切依然能够是完全真实的，就像我们在醒着时那样：

同时，我必须记住我是个人，因此我有睡觉和在梦里出现与疯子们在醒着时所做的一模一样、有时甚至更加荒唐的事情的习惯。有多少次，我在夜里梦见自己在这个地方，身穿衣服，坐在炉火旁，然而实际上我是一丝不挂地躺在被窝里！这一刻，我确实认为自己是在用醒着的眼睛看这张纸。我晃动的脑袋并没有睡着，我有意地、自觉地伸出我的手，并且感觉到了它，而睡梦中出现的情形似乎没有那么清楚，那么明白。但是，仔细想一想，我就想到自己时常在睡梦中被这样的一些幻象欺骗，想到这里，我就明显觉得没有什么确定不移的迹象能够使我们清清楚楚地区分开清醒和睡梦，这不禁使我大吃一惊，以至于我几乎能够相信此刻我就是在做梦。

由此，笛卡尔把自己带到了这么一个境地，以至于他怀疑整个自然的存在，甚至包括它自己的身体的存在。毕竟，一个人能够梦见自己的身体发生了奇异怪诞的变形，甚至可能梦见自己完全离开了自己的身体，尽管这种情形极其罕见。那么，根据这种严格的怀疑方法，就像怀疑一个人如何大体上知道“外部世界”的存在是可能的一样，难道怀疑一个人是否确实拥有一个身体不是可能的吗？

但是，有一个知识领域，它似乎甚至不受笛卡尔的激进怀疑的影响——那就是算学和几何学原理：

算学、几何学和其他类似的科学，由于它们只处理非常简单、非常一般的东西，无需费心去确定它们是否存在于自然界中，因此包含某种确定性和不可置疑的因素。因为无论我们是醒着还是睡着，二和三加在一起总是形成五，正方形绝不会有四条以上的边，像这样一些如此清楚明白的真理，似乎没有可能怀疑它们有任何错误［或不确定性］。

但是，这些也可以被怀疑。为此，笛卡尔把注意力转向了上帝，他的造物主，探问上帝是否可能在如此显然确定无疑的原理上欺骗他：

> 尽管很久以来我心里就有这样的信念，存在着一个全能的上帝，他创造了这样的一个我。但是，我怎么知道他没有这样做，本来没有地、没有天、没有广延的物体、没有大小、没有空间，而我却［具有所有这些东西的感觉］，它们在我看来，完全就是我现在看到它们的那样存在着？此外，就像我有时认为别人在他们认为知道得最为清楚的事情上弄错一样，我怎么知道我每一次二加三、数一个正方形的边或者判断更容易的事情上（如果人们还可以想象出什么更容易的事情的话）上没有弄错呢？但是，可能上帝不想让我如此出错，因为据说他是至善的。然而，如果使我总是出错与他的至善相抵触的话，那么，允许我有时出错似乎也与他的至善相抵触，尽管我无法怀疑他会允许我这样做。

笛卡尔稍后在他的《第一哲学沉思集》中会再次使用到的论证是，上帝是善良的，不会欺骗他。但是，若假设，只是假设，上帝并不存在呢？

> 也许确实有些人，他们宁愿否认如此强大有力的上帝的存在，也不愿去相信所有其他事物是不确定的。但是，让我们目前别去反驳他们，假定这里关于上帝所说的一切都是无稽之谈。尽管如此，无论他们怎样假定我达到的存在状态——他们或者把它归之于命运，或者归之于偶然，或者认为它是一系列事物的连续，或由某种别的方法形成的——既然犯错和出错是一种缺陷，那么可以肯定的是，他们为我的来源所指定的创造者越是不怎么强大有力，我不完满以至出错的可能性就越大。对于这些理由，我当然无可答辩，但是最终我不得不承认，我此前信以为真的一切，没有什么是我不可以怀疑的，而这绝不是因为考虑不周或过于轻率的缘故，而是出于强而有力、深思熟虑的理由。因此，如果我想［在科学中］达到某种确定性，那从今往后我就必须对这些意见小心谨慎，就像对显然错误的东西一样，不给予它们信任。

通过把他的方法推到极致，笛卡尔现在引入了一个激烈的假定，即，一直欺骗他的，甚至在那些他看来最为确定的事情上欺骗他的，不是一个善良的上帝，而是一个邪恶的天才、一个不怀好意的魔鬼：

> 因此，我要假定，并不是至善和真理之源的上帝，而是某个欺诈手段不亚于本领的邪恶天才，竭尽全力在欺骗我。我要认为天、地、颜色、形状、声音及所有外部事物，都不过是这个邪恶天才用来骗取我轻信的幻象和梦幻；我要认为自己本来没有手、没有眼睛、没有肉、没有血，也没有感官，却错误地相信自己拥有这些东西；我要坚决保持这种想法，如果以这种方式我还不能获得任何真理性的知识，那我至少有能力做如下事情［即，悬置判断］，坚决不去相信任何错误的东西，或者在精神上准备好去对付这个大骗子，无论他有多么强大、多么具有欺骗性，都不可能强加任何东西给我。但这是一个艰辛的任务，而且，某种惰性使我不知不觉地又回到我的日常生活轨道上来。

就像一个在睡梦中享有虚构的自由的俘虏一样，当他开始怀疑他的自由不过是一场梦境而害怕醒来时，就会与这些愉快的幻象串通起来以便使这种欺骗得到延长，我自己也是如此不知不觉地掉回到自己的旧见解中去，害怕从这种迷糊状态中清醒过来，唯恐这个休息的宁静之后随之而来的艰辛不仅不会沐浴于光明之中，而且不得不陷入了刚刚讨论的困难的极端黑暗之中。

笛卡尔尽其可能地使用着他的怀疑方法。也就是说，在能够找到一个不可置疑、完全确定的原理之前,他怀疑一切。这个原理就是他自己的存在这一事实。那是他不可怀疑之物，因为他若怀疑这一点，那他也依然认识到，他必须存在才能去怀疑。因此，他至少可以确定一件事情，即他自己存在着。从这个第一原理出发，笛卡尔通过随后的“沉思”，重建了对他也相信的其他事物——上帝的存在、“外部世界”的存在和他自己的身体的存在——的信心。

- 笛卡尔为何要进行他的“方法论的怀疑”工作？他希望从中获得什么？
- 笛卡尔的梦境论证证明了什么？他为何要引入邪恶天才的观念？邪恶天才的可能存在允许我们怀疑什么？
- 根据笛卡尔的说法，什么是不可置疑的（毫无疑问的）？如果我们认为自己正受着欺骗，那我们如何能确信什么东西？

许多哲学家质疑了笛卡尔的这种方法的极端性，并且常常反驳说，一旦你开始如此彻底地怀疑事物,那么你就永远再也无法为你的回到确定性之路辩护。这种反驳的一种表述是，笛卡尔一旦引入了“邪恶天才”的可能性，那么他如何能够消除这个在一切事物上欺骗着他的邪恶天才？确实，关于邪恶天才的假设是如此极端，以至于笛卡尔在他的《第一哲学沉思集》出版之后围绕它产生了许多争论的几年里，也认为人们不应过于认真地看待他的论证。可是，在“沉思”本身中，他试图表明我们实际上能够消除这个邪恶的天才。在看着笛卡尔走进柏拉图的洞穴深渊之后，现在让我们来看看他是如何再一次从这个洞穴中走出来的。

勒内·笛卡尔，《第二沉思》[1]

论人的心灵的本性；以及心灵比物体更容易被认识

昨天的沉思在我的心灵中装满了怀疑，以至于今后我再也无法忘记它们。然而我看不到有什么办法可以用来解决它们，就好像我突然掉入了非常深的水中，惊慌失措得既无法站立在水中，也无法游上来浮在水面。尽管如此，我将努力再次沿着昨天走上的那条道路继续前进，也就是，我要继续避开哪怕有一点点怀疑的东西，就好像我

1 René Descartes, *Meditations on First Philosophy*, in *The Philosophical Works of Descartes*, trans. Elizabeth S. Haldane and G. R. T. Ross, Cambridge, MA: Cambridge University Press, 1911. 中译文见笛卡尔：《第一哲学沉思集》，庞景仁译，北京：商务印书馆，1986年。

发现它们是绝对错误的一样。我还要在这条路上一直走下去，直到我碰到某种确定的东西，或者，如果我做不了别的事情，那我至少确实知道这个世界没有什么东西是确定的。阿基米德为了把地球从它原来的位置挪动到别处，只需要一个固定的不动点。同样，如果我有幸能够发现哪怕一件确定无疑的东西，那我就有权抱远大的希望了。

因此，我假定我所看到的一切事物都是假的；我使自己相信我虚假的记忆呈现给我的一切都不曾存在过；我认为我不具有感官；我设想身体、形状、广延、运动和空间只不过是我的心灵的虚构之物。那么，什么东西可以被认为是真实的呢？或许除了世界上没有什么是确定之物之外，根本没有别的了。

可是，我怎么知道在我刚才考量的那些事物之外，不存在我们不能有丝毫怀疑的其他事物了呢？难道不是存在着某个上帝，或某个其他存在，无论我们称之为什么，把这些想法放入我的心灵吗？倒也不必然是如此，因为我自己产生这些想法，不也是可能的吗？那么我自己，难道至少不是某个东西吗？但我已经否认自己具有感官和身体。然而我犹豫了，因为从中能得出什么样的结论呢？难道我是那么地依赖于身体和感官，没有它们就无法存在吗？可是我曾使自己相信，整个世界什么也没有，没有天、没有地，没有心灵也没有身体，难道我不也使自己相信自己不存在吗？根本不是如此。既然我曾使自己相信某种东西［或仅仅因为我想到某种东西］，那么我自己就是绝对存在的。可是有一个非常强大、非常狡猾的骗子，他总是用尽一切伎俩欺骗我。因此，如果他欺骗我，那么我也存在着，让他想怎么欺骗我就怎么欺骗吧，只要我想到我是某个东西，他就永远无法使我什么都不是。所以，在进行很好的反思，对一切事物进行仔细地考察之后，我们必定会得出这样一个确定的结论，即这样一个命题：我是，我存在。每次当我说出或者心里想到这个命题的时候，它必然是真的。

这就是笛卡尔开始其论证所需要的确定真理。这一真理更为人所知的表述是“我思故我在（*Cogito, ergo sum*）”，它出现在他更早的著作《谈谈方法》（1637）中。（值得指出的是，早在一千多年前的圣奥古斯丁那里，就出现了一个类似的论证。）

现在，笛卡尔认识到他是存在的，但他是个什么呢？他回答说：“一种思考的东西。”

可是我还是不太清楚，这个确定我存在的我到底是什么。因此我必须小心从事，以免冒失地把别的什么东西当成我自己，也不要在我认为对我以前所认识的一切具有最确定、最明白的知识上弄错了。正因为此，在我进行上述反思之前，我先要重新考量我从前认为我是什么，并且我要把凡是可能因我刚才提出的理由而受到哪怕一点点冲击的东西，全都从我的旧见解中铲除出去，以便剩下来的，恰好是完全确定和不可置疑的东西。

那么，我以前认为我是什么呢？毫无疑问，我认为我自己是一个人。但人又是什么呢？我要说是一个理性的动物吗？当然不。因为这样的话，我又必须追问动物是什么，什么是理性的，这样一来，我就从一个问题，不知不觉地陷入了无穷无尽的其他更加困难的问题，而我不想把我剩有的不多时间和闲暇浪费在对这样一些细节的阐明上。但是在这里，我要停下来考量一下从我自己的心灵中涌现出来的思想，当我自己考量我的存在时，它们就从我自己的本性中产生出来，而不受任何其他事物的激发。首先，我认为自己有一张脸、有手有胳臂，以及由骨头和血肉组成的一整套机器，就像从一具尸体上看到的那样，这架机器，我曾称之为身体。除此之外，我还认为我吃饭、走路、感觉、思考，并且认为所有这些行动与灵魂有关：但我没有停下来考量这个灵魂是什么，或者，若我停下来做了考量，那我曾设想它是某种极其稀薄、极其精细的东西，就像一阵风、一缕火焰，或一股非常稀薄的气，这个东西遍布我较为粗糙的部分。对于物体，我绝不怀疑它的性质，相反，我认为对它具有极其清楚明白的知识。若要根据我那时关于它的观念来解释它的话，我会这样来描述它：所谓物体，我是指一切能为某种形状所限定的东西，某种能够限定在某个空间的东西，它能够充满一个既定的空间，并因此把其他任何物体排除出去，它能为触觉、视觉、听觉、味觉和嗅觉所感觉：它能以许多方式被移动，但不是通过它自己，而是通过它之外的事物，它被那个事物触及［和接受那个事物的压力］而移动。至于本身具有自动、感觉和思考能力的事物，我不曾认为应归之于物体的性质。相反，若发现类似于它们的能力存在于某些物体中，我会感到非常惊讶。

但是，既然我现在假定有一个极其强大，并且若可以这样说的话，极其恶毒的天才，在竭尽全力地欺骗我，那我到底是什么呢？我能够肯定我具有一点点我刚才全部归之于物体的性质的东西吗？我停下来考量，在心里头把这些东西思来想去，我发现其中没有任何东西我可以说属于我。用不着一一例举这些东西。让我们过渡到灵魂的属性吧，看看有没有一个属性在我那里？［首先看看］吃饭和走路如何？可是，如果我确实没有身体，那么我显然就不能走路，也不能吃饭。另一个属性是感觉。可是没有身体就无法感觉，除非我认为我在睡梦中感觉到许多东西，但我醒来之后认识到根本就没有感觉。思考又如何呢？我在这里发现，思考是属于我的一个属性，它无法与我分离而独自存在。我是，我存在，这是确定的。可是，那有多长时间呢？我思考多长，就存在多长，因为，若我完全停止思考，也许很可能我就同时完全停止了存在。如今，我对任何不是必然真实的东西一概不承认：准确地说，我只是一个思考的东西，也就是说，一个心灵或一个灵魂，一个理智或一个理性，这些术语的意义我以前是不知道的。然而，我是一个真实的东西，我真正地存在着。可是，是一个什么东西呢？我已经说过：一个思考的东西……那什么是一个思考的东西呢？它是一个在怀疑、理解、［构想］、肯定、否定、意愿、拒斥，同时也在想象和感觉的东西。

换言之，笛卡尔无法确定他有一个身体，更不要说某种具体的身体了，因为邪恶天才能够在这上面欺骗他。邪恶天才无法欺骗的唯一一件事情，是他自己的思考，所以，他所知道的存在着的那个“我”，只能是一个思考着的“我”，不是通常意义上的人身或人。稍后，这将导致笛卡尔提出一个巨大的问题，即，如何解释这个思考的自我和与它联系在一起的身体之间的关联。但是目前，我们更感兴趣的是，他将以什么样的方式来运用他所发现的这个唯一确定的真理。（他关于“心—身”关系的论述出现在《第四沉思》中，我们将在第5章加以论述。）

笛卡尔有他的前提，即他自己作为一个“思考的东西”的存在这个事实。于是，接下来必定是在他的论证中运用这个前提，这一论证将“证明”他起初怀疑的信念：他自己身体的存在，“外部”世界的存在，以及上帝的存在。最后，他必定以某种方式消除恶魔这个实验性假说。但是首先，他再次提到了实体这个古老的形而上学问题。在出自《第二沉思》的一个著名例子中，他论证道：

> 让我们开始考量一下最常见的、我们相信也是得到最清楚了解的东西，也就是我们触摸到和看到的东西。当然，我们考量的不是一般物体，因为这些一般观念通常比较模糊，而是一个特殊物体。比如，让我们以这块蜡为例：它刚从蜂房里取出来，还没有失去它包含的蜜香的甜味；它还保存着一点它从花里采来的香味；它的颜色、形状、大小，是明显的；它是硬的、凉的、易于触摸的，如果你用手指敲它一下，它会发出一点声音。总之，凡是能够使人清楚地认识一个物体所要求的东西，在这里都得到了满足。可是注意，当我说话的时候，有人把它拿到火的旁边，这时，剩下的味道消散了，香气消失了，它的颜色变了，它的形状变样了，它的面积变大了，它变成液体了，它热了，几乎没有人能够触摸它了，就算有人敲打它，也不再发出声音了。在发生这样的变化之后，这同一块蜡还存在吗？我们必须承认它还存在，对此，没有人不会承认。那么，我在这块蜡上清楚地认识到了什么呢？当然不可能是我在这块蜡上通过感官让我注意到的东西，因为凡是落于味觉、嗅觉、视觉、触觉和听觉的东西都改变了，可是蜡依然存在着。
>
> 也许，我现在所思考的这个东西，即这块蜡，不是蜜的甜味，不是花的怡人香味，不是具体的这种白颜色，不是这种形状，也不是这种声音，而仅仅是一个物体，它刚才以这些形式为我所感觉，而现在又以另外一些形式为我所感觉。可是，确切地说，当我形成这样的观念时，我设想它是什么呢？让我们仔细考量一下，抽掉所有不属于这块蜡的东西，看看还剩下些什么。当然，剩下的只有一个可变形和可移动的广延之物。但是，可变形和可移动是什么意思呢？是不是说我设想这块圆的蜡可以变成方的，可以从方的变成三角形的吗？不是，当然不是这样，因为我设想它有无数这样的变化，而我却无法用我的想象来认识无数的变化，因此，我对这块蜡所具有的概念，并不是由想象能力带来的。那么，这个广延是什么呢？它不也是不确知的吗？因为在蜡融化时，它就增大，在蜡完全融化时就变得更大，而当热度增加时就变得越发大了。如果我没有想到甚至我们正在考量的这块蜡在广延上具有超乎我想象的更多变化，那么，我就不会［清楚地］、根据真实的情况来理解什么是蜡了。所以，我必须承认，我甚至连用想象都无法理解这块蜡是什么，因此，理解它的唯有我的心灵。我说的是这块特殊的蜡，因为一般的蜡就更显然了。那么，唯有［理智或］心灵能够理解的这块蜡是什么呢？当然就是我看见、触摸、想象的那块蜡，也就是我一开始相信的那块蜡。不过，特别要注意的是，对它的知觉，既不是一个视觉行为，也不是触摸行为，也不是想象行为，虽然它之前好像是这样，但从来就不是这样，而只是一种心灵的直观，这种心灵的直观可能像它之前那样不完全、模糊不清，也可能像目前那样清楚明白，这要根据我对在它里面或组成它的那些东西里面注意得多少而定。

这个“心灵的直观”是一切理性主义思考的关键所在。理性主义者正是在**直观**那里获得他的前提,然后从这些前提出发推出所有其他结论。理性主义者与经验主义者之间的区别，至少在他们声称的所作所为上的区别，就是理性主义者严重依赖于非经验的直观。双方都会赞同随后进行的演绎的正当性，争论不休的是关于这些前提的来源。而直观，根据理性主义者的说法，其来源只在理性中。（注意，“理性”不仅指涉推理活动，而且也指涉非推理的直观和顿悟。）因此，处于争论中心的是这个直观的来源，而不是笛卡尔随后用以“证明”他的其他信念的实际论证。笛卡尔的论证的策略如下。首先，有一个前提，你们已经见到过：

我（作为一个思考的东西）存在。

于是（在《第三沉思》中），笛卡尔运用这个前提证明上帝的存在。这是这一论证中的第二个关键步骤。（第一个关键步骤是“我存在”这个前提的确立。）这个论证本身是所谓的“宇宙论论证”和“存在论论证”的一个变形。我们在第2章（《宗教》）中对它们有过详细论述，不过，这两个论证的基本逻辑如下：如果有一个甚至像我自己那样有限的、依赖的和纯粹偶然的存在者，能够想到一个无限的、独立的和必然的存在者，那么那样的一个存在者必定存在。然而，这两个论证的具体内容所关注的，与其说是认识论或知识论，不如说是在谈论至高存在时所必需的特殊的逻辑考虑。因此，目前让我们先完全同意笛卡尔的第二个步骤，并且预先说好在后面关于宗教哲学的章节中给出相应的证据。这样一来，我们就有了如下前提：

我（作为一个思考的东西）存在。（前提）
上帝存在（因为我若没有他就无法存在）。

现在,我们可以说,根据上帝的本性（另一个直观）,上帝是善的,事实上是至善的。因此，笛卡尔在《第六沉思》中说：

勒内 · 笛卡尔，《第六沉思》[1]

既然上帝给了我一种非常强大的倾向，让我相信这些观念（树、房屋等等的观念）产生于物质性的对象，那么，如果事实上这些观念有其他来源，或者是由不同于物质性事物的其他原因（比如，是由恶魔或在梦中）产生的，我就看不出来他怎么能免于被指责为欺骗?

所以，

---

1 René Descartes, *Meditations on First Philosophy*, in *The Philosophical Works of Descartes*, trans. Elizabeth S. Haldane and G. R. T. Ross, Cambridge, MA: Cambridge University Press, 1911. 中译文见笛卡尔：《第一哲学沉思集》，庞景仁译，北京：商务印书馆，1986 年。

> 我们**无法被**[恶魔或其他别的什么]**欺骗**……我无法怀疑我心里有某种被动的感觉能力,即接受和认识可感事物的观念的能力。但是,如果在我心中,或在别的事物那里,不存在另一种能够形成和产生那些观念的能动能力,那么这种被动能力对我而言是无益的。可是,[既然我不过是一个思考着的东西],那这种能动的能力就不可能在我心里,因为它并不预设思想,而且那些观念常常并不经我协助,甚至经常与我的意愿相反,而出现在我的心灵中。因此,这种能力必定存在于某种不同于我的实体中,而且如我前面评述的那样,这种能力所产生的这些观念的全部客观实在性,都被形式地或不寻常地包含在那个实体中:这个实体要么是一个物体,也就是说一个形式地[和实际地]包含了所有客观地[表象在]那些观念中的物质本性;要么就是上帝自身,或者别的某种高于物体的造物,在这个造物里不寻常地包含着同样的东西。可是,既然上帝不是骗子,那么很显然,他不会自己直接地,甚至也不会通过什么造物的媒介,把那些观念传递给我,这个造物并不是形式地,而仅仅是不寻常地包含了它们的客观实在性。因为,既然他没有给我任何能力来发现事情是如此这般,反而给了我一种强大的倾向性使我相信那些观念产生于物质性的对象,那么,如果事实上这些观念有其他来源,或者是由不同于物质性事物的其他原因产生的,我就看不出来他怎么能免于被指责为欺骗。因此,必须得出这样的结论,存在着物质性的对象。尽管如此,它们也许并不完全像我们通过感官感觉到的那样,因为,在许多情形中,感官的把握非常模糊不清;不过,至少必须要承认的是,凡是我清楚明白地在其中理解了的东西,即,一般来说,凡是包含在思辨几何学的对象中的东西,都是在我之外真实地存在着的东西。

正如笛卡尔的批评者很快就指出的那样,这个论证并不令人信服。笛卡尔最初在哪里获得他对于理性的信心,以至于他对自己有能力证明上帝的存在满怀信心?笛卡尔的回答是,我们从上帝自己那里获得了这种信心。但是,他的这个回答避开了如下问题,那就是,他为了获得证明上帝存在的信心,首先就假定了上帝的存在。(这种论证的循环常常被称为"笛卡尔循环"。)对这一策略的另一种批评说,笛卡尔一旦引入了这个恶魔,就无法摆脱他,因为就像他对上帝的信心支撑了他对自己的理性的信心一样,这个假设破坏了他对自己的理性的信心。

- 笛卡尔为何被认为是一个"理性主义者"?这个称谓是什么意思?
- 什么是"笛卡尔循环"?它为何是一个问题?

不过,我们最初所关注的是笛卡尔的如下主张:确定的信念是仅仅基于直观和理性的自明信念或"清楚明白的"信念。这些信念我们无需——实际上也无法——从经验获得。不仅笛卡尔的"我存在"前提是这样的一个信念,所有他在论证中使用的推论法则都是这种信念。最后,他对理性本身的信心也是这样的一个信念。但是,并非每一个哲学家都同意这些信念,那么一个人如何维护这些信念呢?尤其是从形而上学中醒悟过来的约翰·洛克,正是通过抨击这种独立于经验的知识观念开始他的哲学活动。因此,他首先抨击了理性主义的方法论核心。

B. 人类理智的天赋观念：约翰·洛克

据说，约翰·洛克曾就形而上学向他的一位朋友说道：“你和我已经受够了这种胡说八道了。”针对形而上学家们有时荒谬的主张，洛克力图恢复常识。[1]就像亚里士多德是柏拉图过分的两个世界观点的批评者一样，洛克是中世纪和近代世界的形而上学狂热的矫正者。他接受笛卡尔那试探性的**怀疑论**方法，但是，他质疑他的这位法国前辈的形而上学冲动，以及他对纯粹理性的识见的信心。他拒斥为笛卡尔提供法则和前提的那个“直觉”，认为它不是可接受的，反过来，他转向经验材料，认为它才是一切知识的最终来源。因此，他拒斥笛卡尔那排外性的演绎方法，而代之以适合于**经验概括**的方法，即**归纳法**。在归纳推理中，结论总是要超出前提，因此，它与演绎不同，总是没有后者那样确定。[比如，你所见到的所有哲学教授都是心不在焉的（前提），你从这一观察事实**归纳概括**得出，所有的哲学教授都可能是心不在焉的。]因此，洛克也修正了笛卡尔的“完全确定”的要求，考虑到或然性和“同意度”。但是，绝不能以为洛克因此就拒斥了理性。他依然接受数学推理的确定性和演绎推论的有效性，但是，他也扩展了理性的概念，它不仅包括演绎和确定性，也包括归纳推理和或然性。

- 什么是归纳？举一个归纳推理的例子。
- 归纳如何不同于演绎？

洛克的《人类理智论》（1689）基于的唯一前提，即我们的一切知识都来自于经验。在他看来，这意味着不可能存在先于经验的观念，不存在柏拉图曾生动地加以描述的那种“产生于我们内部”的观念。换言之，洛克拒斥接受天赋观念，他说，所谓天赋观念，不仅是指完全“产生于我们内部”的观念，而且也指无需诉诸经验就可以获得所有观念。在他看来，笛卡尔的“清楚明白的观念”、斯宾诺莎的“充足观念”和莱布尼茨的“理性真理”，都属于天赋观念。

约翰·洛克，《人类理智论》[2]

1. 我们获得知识的方式，足以证明知识不是天赋的。在有些人中间流行着这样一种根深蒂固的意见，即理智中存在着某些天赋原则：一些原初观念、共同的思想、记号，这些东西仿佛印在人的心上，灵魂在最初存在时就获得了它们，并把它们带入这个世界。要使不带偏见的读者相信这一假设的错误，我只要指出这一点就够了（我希望在这一论文的下述部分这样做）：人们单凭运用他们的自然能力，不必借助于任何天赋的印象，就能够获得他们所拥有的全部知识，不必有任何这样的原初观念或原则，就可以达到

1 传统上，英国经验主义认为自己是“常识”的辩护者，反对形而上学的毫无节制。甚至贝克莱和休谟也是如此，他们所得出的结论是任何形而上学家都无法接受的。二十世纪的伯特兰·罗素和G. E. 摩尔也一样。

2 John Locke, *An Essay Concerning Human Understanding*, ed. A. C. Fraser, Oxford: Clarendon Press, 1894. 中译文见洛克：《人类理解论》（上册），关文运译，北京：商务印书馆，1983年，第6—8页。

约翰·洛克（1632—1704）：早年在英国乡村度过，包括在牛津大学讲授哲学和古典学多年，获得医学学位后转而从医。不过，洛克成年后大多数时间从事政治，他至少参加过一个为了推翻政府的革命组织。1683年，他被迫逃离英国，1688年光荣革命前一直待在荷兰。在斗争中，他自己接受了政府的立场，然而他花了很多时间写的两篇《政府论》（1689），却是论证革命及其政治原则的正当性，同时他还为他在流亡中写的《人类理智论》（1690）辩护。他通常不仅被认为是英国经验主义奠基者，也被看做现代政治自由主义之父。

确定性……

2. **普遍同意的最大论证**。再也没有什么比下面这一点更为一般人视为当然的了：有某些思辨的和实践的原则（因为他们谈到了这两方面）是为全人类普遍同意的，因此，他们说，这些原则必定是一些恒定的印象，是人的灵魂在他们最初存在时就获得的，是人们把它们带入这个世界的，就像人们必然会、而且确实把自己的任何一种内在能力带到世界上来一样。

3. **普遍同意不能证明任何天赋的东西**。这个根据普遍同意而来的论证有一层不幸，因为，即使事实上真有一些真理为全人类普遍同意，那也不足以证明它们是天赋的，如果能够指出人们对于他们所同意的那些事物还可以有别的途径达到这种同意的话，而我认为这一点是可以做到的。

4. **人们并不普遍地同意“凡存在者存在”和“同一个事物不可能既存在又不存在”**。更糟的是，这个用来证明天赋原则的普遍同意论证，在我看来却正好证明了不存在什么天赋原则；因为根本就没有什么全人类普遍同意的原则。我首先来谈谈思辨方面的原则，例如，可以把那些受到赞扬的论证原则提出来考察，一个是“存在的东西存在”，另一个是“同一个事物不可能既存在又不存在”。我想，这两个原则是所有原则中最可以被称作天赋原则的。但是，我敢不客气地说，这些命题不但并未得到普遍的同意，而且大部分人根本就不知道这回事。

5. **不是自然地印在人心上的，因为儿童、白痴等等对它们一无所知**。因为，首先，所有儿童和白痴显然一点也没有想到这两个原则。他们想不到这些就足以毁灭普遍的同意，而这种普遍的同意，却是一切天赋真理所必需的不可缺少的伴随物：在我看来，说灵魂上印着一些灵魂并没有知觉或理解的真理，几近于自相矛盾。因为，所谓印着，若有所意义的话，无非是说使某些真理为人所知觉。因为，把任何东西印在心灵上却不为心灵所知觉，在我看来几乎是不可理解的。因此，如果儿童和白痴有灵魂、心灵，它们上面有着那些印象，那么，他们不可避免地必定会知觉到它们，并且必然会认识和同意这些真理。既然他们没有知觉到，那很显然，并不存在这样的印象。因为，如果它们不是自然地印在心灵上的观念，它们怎么可能是天赋的？如果它们是印在心灵上的观念，它们怎么可能不为人知呢？说一个观念印在心灵上，同时又说心灵对它一无所知，未曾注意到它，这等于说这印象什么也不是。凡是心灵未曾认识到、未曾意识到的命题，都不能说存在于心灵上。

这个论证直截了当。确实，关于所谓的“天赋的”原则，并不存在普遍的同意，即使有这样的原则，也无法证明它们的“天赋性”。相反，他论证说：

让我们假定心灵如我们所说的那样是一张白纸似的白板（*tabula rasa*），上面没有任何记号，也没有任何观念，那它又是如何得到这些观念的呢？人的忙碌且不受束缚的幻想以几近无限多样的方式在心灵上描绘的那许多东西，究竟是从哪里来的呢？它从哪里得到理性和知识的材料的呢？我对此可用一句话作答，即从经验得来：我们的全部知识都建立在经验之上，知识本身归根结底源自于经验。

- 洛克说心灵是一张白纸似的白板（*tabula rasa*），指的是什么意思？他反对的是什么？

洛克加以辩护和运用的正是这一前提，他对天赋观念的抨击只是一个开头。但是，洛克未能证明人的心灵并不具有天生的潜能和缺陷，更重要的是，他没有认识到，通过经验作出的推论本身就可能需要并非出自经验的原则。事实上，莱布尼茨，洛克抨击的主要对象之一，不久就作出了一个回击，我们称之为"理性主义者的回击"。莱布尼茨让洛克自己反对自己，他论证说，根据洛克自己的原则，他无法抨击天赋观念这一概念。

戈特弗里德·威廉·冯·莱布尼茨，《人类理智新论》[1]

所争论的问题是，灵魂本身是否如亚里士多德和《人类理智论》的作者（洛克）所说的那样，是完完全全空白的，好像一块尚未写上任何东西的白板（*tabula rasa*），是否灵魂中留下的任何痕迹，都仅仅是从感觉和经验而来；还是说，心灵原先就包含了各种观念和学说的原则，外部对象只是凭靠机缘把它们唤醒了，我和柏拉图持后一种主张，甚至经院学派，以及那些把圣保罗说道上帝的法律写在人心里的那段话（《罗马书》2:15）在这个意义上加以解释的人，也是这样主张的……由此就产生了另一个问题，即，是否所有真理都依赖于经验，也就是说依赖于归纳和例证，还是说，有些真理有别的基础。因为，如果某些事件在我们根本未作任何试验之前就能预见，那么很显然，我们自己对此必定也有所贡献。感觉虽然为我们的一切实际知识所必需，但不足以向我们提供全部知识，因为感觉只能提供例子，也就是说，特殊的或个别的真理。证实一个一般真理的全部例子，尽管数量很多，但也不足以确立这同一个真理的普遍必然性，因为不能得出结论：曾发生过的事情，会以同样的方式再次发生。

◆◆◆

像我们在纯粹数学，特别是在算术和几何学中发现的必然真理，必定有一些原则不靠举例也不靠感觉的见证得到证明，虽然没有感觉我们是永不会想到它们的。这一点应该得到很好认识。欧几里德就很懂得这一点，他对于那些凭经验和感性形象就足以一目了然的东西，也常常用理性来加以证明。逻辑与形而上学和伦理学在一起，分别形成了自然神学和自然法学，它们都充满了这样的真理，因此，它们的证明只能来自所谓的天赋的内在原则。诚然，我们不能想象，在灵魂中，我们可以像读一本打开的书一样读到

---

1 "莱布尼茨的反驳"，出自 Gottfried Wilhelm von Leibniz, *New Essays on Human Understanding*, trans. A. G. Langley, Peru, IL: Open Court Publishing Company, 1949. 中译文见莱布尼茨：《人类理智新论》（上册），陈修斋译，北京：商务印书馆，1996 年，第 2—9 页。

理性的永恒法则，就像在“布告牌”上读到裁判官的法令那样毫无困难、不需探究。但是，只要凭感觉提供的机缘，集中注意力，就可以在我们心中发现这些法则，这就够了。实验的成功也可以用来证实理性，就像算术里演算过程很长时可以用验算来避免错误一样。

◆◆◆

我们这位高明的作者似乎主张，在我们心中并没有任何潜在的东西，甚至没有什么不是我们永远现实地意识到的东西。但是，这意思不能严格地去了解，否则他的意见就太悖理了。因为，获得的习惯和我们的记忆的内容并不总是为我们有意识的觉知，甚至也不是每当我们需要时总是招之即来，但是，我们确实常常一有使我们记起的轻微机缘就可以很容易地在心中唤起它们，正如我们只要听到一首歌的开头就记起这首歌一样。他又在别处修正了他的主张，说在我们心中没有任何东西不是我们至少在此前曾意识到。但是，除了没有人能够单凭理性确定我们过去的统觉达到什么地步，这些统觉我们可能忘记了，可能消逝了，尤其是根据柏拉图派的回忆说，这个学说尽管像个神话，但至少有部分与赤裸裸的理性并无不相容之处。除此之外，我说，为什么一切都必须是我们通过对外物的知觉获得，为什么不能从我们自身之中发掘点什么？难道我们的灵魂就那么空虚，除了外来的影像，它就什么都没有？有上千种迹象使我认为，每时每刻在我们心中都有无数知觉，但是并无统觉和反省。也就是说，我们没有意识到灵魂本身的种种变化，因为这些印象或者是太轻微、数目太多，或者是过于千篇一律，以至于不足以把它们区分开来。但是，和别的印象联结在一起，它们每一个都还是有它的效果，并且在总体中至少以混乱的方式让人感觉到它的效果。

- 洛克是如何驳斥“凡存在者存在”和“同一个事物不可能既存在又不存在”这种观念不是天赋观念的？莱布尼茨在反驳中把何种真理作为天赋的加以引用？

洛克自己没有继续这一争论。他已然确信自己的观点，并且有更加紧迫的问题要担心（1688年“光荣革命”之后伦敦的政治乱局）。但是，这一争论却以各种不同形式继续着。伴随着对那些其基本观念迥异于我们自己的观念的社会的发现，十九世纪兴起的人类学似乎支持洛克的主张：如果人们“曾看到自家烟囱之外的世界”，就没有谁会相信什么天赋的普遍原则。但是，在十九世纪，许多伟大的哲学家依然为并非得自经验的普遍原则的存在辩护。（伊曼纽尔·康德对此就有一套强有力论证，我们在后面几章会看到。）在二十世纪早期，意见大体上站在洛克一边，但是，近来又摆回到了莱布尼茨那边，讽刺的是，这一次同样是得到了人类学的支持。社会科学中的一场通常被称作结构主义（它的主要支持者是法国的克劳德·列维-施特劳斯）的大运动表明，在极其不同的社会之间的许多表面差异下面，存在着某些基本“结构”，它们是普遍的和天赋的。在美国，天赋观念的思想再一次出现在著名语言学家诺姆·乔姆斯基（Noam Chomsky）的著作中。按照乔姆斯基的说法，某些语言能力从一出生就镶嵌在我们之中，这就使得他不仅能够解释人类思维的相似性（这正是洛克所抨击的观点），而且也能解释快速学习不同语言的巨大能力。（三岁小孩平均六个月学习一门语言。）洛克—莱布尼茨的争论依然非常活跃。

C. 两种经验主义的知识理论

抛开那些只涉及“观念之间的关系”的特殊关注（比如数学、逻辑学和琐碎的**概念真理**——“马是动物”）不论，我们的所有观念都得自于经验。为了发现我们是从何处获得我们的观念，尤其是诸如实体、上帝及各种我们关于实在的概念，认识论（和通常的哲学）如今成了一种心理学（这两门学科确实仍未区分开来），一种对我们的共有经验的历史的研究。在洛克的理论中，他使用了三个熟悉的术语：**感觉**（或更现代的经验主义者所谓的感觉材料），**观念**（不是柏拉图意义上的理解，而仅仅是指“知觉、思想或理智的直接对象”）和**性质**（或我们迄今为止所谓的特性，比如，红、圆、重）。

约翰·洛克，《人类理解论》[1]

1. 至于简单的感觉观念，我们应当知道——任何东西的性质只要能够刺激我们的感官，在心中引起知觉，就能因此在理智中产生一个简单观念。无论这种观念的外部原因是什么，只要它能够为我们的分辨能力所注意，人心则把它看做是理智中的一个真实的积极观念，像任何其他积极观念一样，尽管它的原因或许只是主物中的一个消极因素。

2. 我们从感官中得到各种观念，尽管产生它们的一些原因或许只是那些主物中纯粹的消极因素。但是，热和冷、光和暗、白和黑、动和静的观念，同样是心灵中清楚的、积极的观念。理智在考虑它们时，以为它们都是明白的、积极的观念，而不会注意产生它们的那些原因：这样一种探究并不涉及理智中的观念，而涉及存在于我们之外的事物的本性。这是两件非常不同的事情，要仔细加以区分；知觉和认识到白或黑的观念是一回事，考察它们必须是何种分子，以及表层如何排列，才能使任何物体显得白或黑，则是另一回事。

◆◆◆

7. 为了更好地揭示我们的观念的本性，为了明白易懂地讨论它们，宜对它们作出区分，一方面，它们是我们心灵中的观念；另一方面，它们是物体中引起我们这种知觉的物质的变形：这样一来，我们就不会（像通常那样），认为它们是主体中某种东西的形象和肖像。心灵中绝大多数通过感觉而来的观念，并不与存在于我们之外的东西相似，正如代表观念的名称并不与我们的观念相似一样，尽管我们每听到它们就能在我们心中引起各种观念来。

8. 心灵在自身中知觉到的任何东西，或知觉、思想、理智的直接对象，我称之为观念；那种在我们的心灵中产生任何观念的能力，我称之为具有这种能力的主物的性质。因此，一个雪球就有在我们心中产生白、冷和圆的观念的能力——这种在我们心中产生那些观念的能力，作为在雪球中的东西，我称之为性质；作为我们理智中的感觉或知觉，我

1　John Locke, *An Essay Concerning Human Understanding*, ed. A. C. Fraser, Oxford: Clarendon Press, 1894. 中译文见洛克：《人类理解论》（上册），关文运 译，北京：商务印书馆，1983 年，第 6—8 页。

称它们为观念；这些观念，如果我有时把它们说得好像是在事物本身里面，那我的意思就是指物体里面那些在我们心中产生这些观念的性质。

请注意，洛克的理论基础是世界中的物理对象与我们心灵中的感觉和观念之间的“常识性”区分。因此，我们可以谈论内在于世界中的物体的性质或特性，比如大小和形状，它们只是似乎具有的性质或特性，比如颜色或纹理，但是，它们若脱离物体对我们的感觉器官的作用，就不会存在。洛克把物体自身具有的那些特性称作**第一性的质**，他把物体只是在我们看来才具有的“特性”称作**第二性的质**。

第一性的质：

这样被认为存在于物体中的性质有，首先是这样的一种性质，不论物体处于何种状态，它们都绝对无法与物体分开。不论物体遭受什么改变和变化，受到什么力量的压迫，它们都为物体保持着。在每一个大到足以被知觉的物质粒子中，感官经常可以发现它们，心灵也发现它们与每一个物质粒子不可分，尽管这些物质粒子小得无法单独为我们的感官所知觉：比如，取一粒麦子，分成两半，每一部分仍具有体积、广延、形状和可动性。把它再分一次，它仍然具有同样的性质。把它一直分下去，直到每一部分都无法被感觉到，它的每一部分必定仍然保持着所有那些性质。因为分隔（磨或杵，或任何其他物体，也只是把麦子分成无法感觉到的部分）绝不能去除任何物体的体积、广延、相撞或可动性，而只是把原来是一个的物体变成两块或以上明确分离的物质。所有这些独立的物团，是许多独立的物体，在分隔之后，就造成了一个数目。这些性质，我称之为物体的原初性质或第一性的质，我想，我们可以观察到这些性质可以在我们心中产生如下简单观念，即体积、广延、形状、运动或静止、数目。

◆◆◆

第二性的质：

其次是这样一种性质，它们事实上并不是什么存在于物体本身中的东西，而是一种能力，它可以借物体的第一性的质，即借物体的不可感觉的部分的大小、形状、纹理和运动，在我们心中产生各种感觉，比如颜色、声音、味道，等等。这些我称之为第二性的质。此外还可以加上第三种性质，这些性质通常被认为只是一些能力，尽管它们同样是主物中的真实性质，就像按照通常的说法我称之为性质、但为了分别起见而称之为第二性的质的那些性质一样。因为火里面那种借它的第一性的质在蜡块或土块内产生一种新颜色或新密度的能力，也同样是火里面的一种性质，就像火借同样的第一性的质，即它的不可感觉的部分的大小、纹理和运动，在我心中引起一种我从前没有感觉到的新的热或烫的观念或感觉的那种能力一样。

于是，问题就成了物理对象如何使我们具有感觉和观念。洛克的答案是通过冲力。（像他的整个理论一样，他的这一答案同样受到他的同时代人艾萨克·牛顿的强烈影响。）你若不设法把牛顿的力学理论设想为运动中的粒子和团块的一个产物，这一答案可能看起来并不具有阐发力。但正是基于这一模式，洛克发展出了他那如今被称作“**知觉的因果理论**”的东西。

首先，关于第一性的质：

如果外物在我们心中产生观念时并不和我们的心灵接触，而我们仍然知觉到这些分别落入我们的感官的东西的原初性质，那么很显然，一定是因为有某种来自那些东西的运动，通过我们的神经，或生命精气，通过我们身体的某些部分，把它们传到我们的大脑或感觉中枢，在那里，就在我们的心灵中产生我们关于这些东西的观念。既然大到可见的物体的广延、形状、数目和运动，眼睛可以从远处见到，那么很显然，必定有某些单独不可知觉的物体从这些东西中到了眼睛里面，并且通过眼睛把这种运动传到大脑，就是这种运动在我们心中产生了我们对它们所具有的这些观念。

其次，关于第二性的质，

我们可以设想，第二性的质的观念的产生方式，与第一性的质的观念的产生方式相同，就是说，也是由不可见的微粒作用于我们的感官而产生的。因为，很显然有许多细小的物体存在，它们每一个都细小到我们不能用任何一种感官来发现它们的大小、形状或运动——就像空气和水的微粒，以及比这些微粒还要小得多的微粒那样。或许小于空气和水的微粒的程度，等于空气和水的微粒小于扁豆或冰雹的程度。现在让我们假定，这些微粒的各种不同运动和形状、大小和数目，通过作用于我们的一些感觉器官，在我们心中产生出我们那些关于物体的颜色和气味的不同感觉。比如，一朵紫罗兰，就是通过这种具有特殊形状和大小、以不同程度和形态运动的不可感觉的物质微粒的冲力，使那朵花的蓝色和香味的观念在我们的心灵中产生。我们完全可以设想上帝把这些观念与这些同它们并无相似之处的运动联系在一起，就像我们可以设想上帝用刀片割我们的肉与同它毫无相似之处的痛苦的观念联系在一起一样。

我关于颜色和气味所说的话，也可以适用于味道和声音，以及其他类似的可感性质。这些性质，无论我们错误地赋予它们什么样的实在性，实际上并不是什么存在于物体本身中的东西，而是一些早期我们心灵中产生各种感觉的能力；[就像我讲过的那样]，依赖于那些第一性的质，即，各部分的大小、形状、纹理和运动。

所以，

我想我们很容易得出这样的结论——物体的第一性的质的观念和第一性的质相似，它们的原型确实存在于物体本身中，但是，第二性的质在我们心中产生的观念则根本不与第二性的质相似。并没有什么与我们的观念相似的东西存在于物体本身中。这些性质，在我们用它们来称呼的物体里面，只是一种在我们心中产生那些感觉的能力。观念中的甜、蓝或暖，只不过是我们称为甜、蓝或暖的物体本身中不可见部分的某种大小、形状或暖而已。

我们称火焰为热的和亮的，称雪为白的和冷的，称甘露为白的和甜的，这都是由这些东西在我们心中产生的观念而得名。这些性质在物体里的样子，通常被认为和那些在我们心中的观念的样子相同，后者乃是前者的完美肖像，就像一面镜子里的镜像似的，如果有人不这样认为，就会被绝大多数人认为荒唐。但是，一个人如果愿意想一想，同样的火，离得比较远，就在我们心中产生温暖的感觉，离得比较近，则在我们心中引起一种极为不同的痛苦的感觉，那他自己就应该反省一下，自己有什么理由说——火在他心中产生的这个温暖观念，确实存在于火里面；同样的火以同样的方式在他心中产生的痛苦观念，不存在于火里面。为什么白和冷在雪里面，而痛不在，既然在我们心里产生这两种观念的都是雪，既然雪除了通过它的占体积部分的大小、形状、数目和运动之外，任何一种观念都不能产生？

火或雪的各个部分的具体大小、数目、形状和运动，确实存在于它们之中——无论是否有任何人的感官知觉到它们：因此可以称它们为真实的性质，因为它们真实地存在于那些物体中。但是光、热、白或冷，则和病或痛不存在于甘露中一样，并不真实地存在于火或雪里面。如果取消对它们的感觉，如果不让眼睛看光或颜色，不让耳朵听声音，不让舌头尝味道，不让鼻子闻气味，那么，所有颜色、味道、气味和声音，作为这种特殊的观念，就会消失无存，都还原成它们的原因，即，各个部分的大小、形状和运动。

- 洛克的“第一性的质”指的是什么？举例说明。
- 洛克的“第二性的质”指的是什么？举例说明。

如洛克所呈现的那样，这就是经验主义的基本理论。正如在我们研究贝克莱和休谟时会看到的那样，经验主义的逻辑结果远非如此惬意。不过，“知觉的因果论”是如何使得洛克探讨传统的形而上学问题的呢？值得注意的是，这个论证中的头两步与我们在笛卡尔那里发现的步骤一样——某人自己的存在和上帝的存在——而且，洛克甚至把成问题的“直觉”观念也包括了进来。

1. 我们具有关于自己的存在的知识，乃是凭借直觉。而上帝的存在，则是理性清楚地让我们认识到的。

不过，严格的经验主义者随后再度出现，并且强调：

我们关于**一切其他事物**的存在所能具有的知识，只能通过**感觉**：因为真实的存在与一个人记忆中的任何观念都没有必然联系。除了上帝的存在与具体的人的存在有这种必然关系之外，其他任何存在都没有：因此，任何东西只有现实地作用于具体的人，使它自身为他所知觉，他才能认识其他事物的存在。因为我们心中具有任何事物的观念，并不能证明那个事物的存在，就像一个人的画像并不能证明他在这个世界存在一样，也正如梦中景象不能成为真正的历史一样。

2. 因此，我们之所以注意到别的事物的存在，并且认识到那时候在我们之外确实存在着在我们心中引起观念的那个事物，只是因为我们**现实地接受了**那些观念，尽管我们可能既不知道也不思考它是怎么引起那些观念的。因为，我们尽管不知道那些观念产生的途径，可这并不减少我们的感官及藉由感官获得的观念的确实性：比如我在写这篇论文时，纸就影响着我的双眼，在我的心中就产生了那个所谓**白**的观念，无论是什么物体使之产生。借此，我们知道性质或偶性（即它在我眼前的表象总是引起那个观念）确实存在，并且知道有一个在我之外的存在者。对此，我可能具有的最大确信，以及我的能力所能达到的最大确信，就是我双眼的证据，这眼睛是这回事情唯一恰当的判官。我有理由认为双眼的证据是确定无疑的，因此我在写这篇论文时，就不会怀疑我所看到的白和黑，而且不怀疑确实存在着某种东西引起我这种感觉，就像我不会怀疑自己在写字，或运动自己的手一样。除了人的自我和上帝的存在之外，人性关于其他任何事物的存在所能得到的确定性，最大也就是到此为止了。

至此，洛克声称，他这个取代严格的笛卡尔式知识局限的方案，解决了确定性和演绎的问题：

3. 我们凭借感官对我们之外的事物的存在所具有的信息，不如我们的直觉知识那样确定，也不如我们的理性对自己心中清楚的抽象观念所作的演绎那么确定。但是，它依然是一种配得上**知识**之名的确信。如果我们相信，我们的能力活动着并把作用于它们的那些物体的存在的正确信息报告给了我们，那这也不是一种毫无根基的自信：因为，我想没有人会如此急切地采取怀疑态度，以至于不能确信他所见所感的那些事物的存在。至少，他若怀疑到这样的程度，（无论他如何处理它自己的思想）就绝不会与我有任何论争。因为他永远无法确定我说了任何与他自己的意见相反的话。至于我自己，我想上帝已经充分使我确信我之外的事物的存在：因为通过它们的不同运用，我能够在自己那里产生出我当前极为关注的乐和苦来。这是确定的：我们的能力在这里没有欺骗我们，这是我们关于物质存在者能够达到的最大确信。因为我们若不借助于我们的能力，就无法做任何事情，若不借助于那些适于把握什么是知识的能力，我们甚至无法谈论知识本身。

于是，洛克这样答复笛卡尔：

8. 不过，若有人还是心存怀疑，不信任自己的感官，进而断言我们一生中的所见所闻、所感所尝、所思所行，不过是一场大梦中的一连串惑人的幻象，并没有任何实在，那他因此就会质疑一切事物的存在，以及我们关于任何事物的知识。那我就要他想一想，如果一切只是一场梦，那他也只不过是梦见自己发出这种疑问，而一个清醒的人是否答复他，也就无关紧要了。不过，若他愿意，不妨说他梦见我对他作出如下回答：自然界中存在着的事物的确定性，在我们的感官证据对其证实之时，不仅是我们的身架能够达到的最大确定性，也是我们的境况需要的确定性。因为，我们的能力不足以达到存在的整个范围，也不足以毫无疑义地获得事物的完满、清楚、全面的知识，而只足以供保存自我营生之用：它们只要能使我们注意到那些事物，告诉我们的便利或不宜之处，对我们而言就功莫大焉。比如，一个人看见一根蜡烛在燃烧，并且把他的手指置于火焰之上试试它的威力，那他就不会怀疑这里面有某种外在于他的东西存在，正是这种东西伤害了他，使他剧痛难耐：这种确信就够了，因为一个人在支配自己的行动时，他所要求的确定性不会超过他的行动本身的确定性。如果我们的这个做梦的人愿意把他的手放进玻璃炉内，试试它的剧热是否只是昏睡者想象中的一种浮游的幻想，那他或许会惊醒起来，意识到它完全不是一种纯粹的幻想，而是远胜于他的想象的一种确定性。因此，这种明显的确定性达到了我们所希望的程度，像我们的快乐或痛苦亦即幸福或悲惨一样确定。在此之外，我们就不必关心知识或存在了。我们对我们之外的事物的存在的这种确信，足以指导我们来趋避这些事物引起的福祸，而我们要认识它们，其目的也正在于此。

9. 总之，在我们的感官现实地把观念传递到我们的理智中时，我们只能相信，在那时，我们之外确实存在着某种事物，它们作用于我们的感官，并且借助感官使我们的理解能力注意到它们，并确实产生了我们那时知觉到的观念。

现在，我们就要回到传统形而上学的实体观念——正是它奠定了一事物的第一性的质和第二性的质的基础。洛克说，我们关于个体事物的概念，是我们将经验中我们认为统合在一个个别事物中的各种性质相结合的结果。我们把组合起来的性质所依附的“东西”当作是实体。实体是我们设想这些性质所依附的基质（无论所说的个体事物是一个身体还是一个心灵）。

第二十三章 复杂的实体观念

1. **实体观念是如何形成的。**如我已然宣称的那样，人心中所接受的许多简单观念，要么是感官受到外物的作用而来，要么是人心通过对自己的活动的反省而来，同时也要注意到，其中许多简单观念常常在一起。这些观念被认为属于一个事物，并且为了传递的方便，人们把它们统一在一个主物中，用众所理解的一个名称来称呼它。由于不注意的缘故，后来我们总是把它当做一个简单观念来谈论、考虑，而它实际上是诸多观念凑合而成的：因为，如我说过的那样，我们无法想象这些简单观念会自己存在，所以我们习惯于假设有某种为它们提供存在之所的基质，而且它们正是从中产生出来。这种东西，我们称作“**实体**”。

2. **我们关于一般实体的观念。**因此，如果有人想考察自己关于一般的纯粹实体的观念，他就会发现，他的这一观念根本就只是一个假设，它假设有一个不知为何的东西，来支撑那些能在我们心中产生简单观念的性质，这些性质一般被称作“偶性”。如果问任何一个人：“什么是颜色或重量存在于其中的主物？”那他也只能说“具有体积的广延部分”。如果你继续问这个人：“体积和广延存在于其中的是什么？”那他的情形就与那位印度人并没有什么不同……这位印度人说，世界为一头大象所支撑，当问他大象立于何物之上时，他回答说立于“一只大乌龟”之上。但是有人进而追问什么支撑那只宽背的乌龟时，他回答说——**某种他不知道的东西**。因此，在这里，就像在其他别的情形中一样，我们使用着没有清楚明白观念的语词，我们像小孩一样谈论着，如果你问他们某个不知道的东西，他们会立刻给出这一满意的答案，即某种东西，这话无论是出于小孩还是出于成人，实际上不过是说，这种东西是他们所不知道的。他们假装认识并且谈论着的东西，他们根本就没有清楚明白的观念，可以说对它一无所知，眼前一抹黑。因此，我们给以“实体”这个**一般**名称的观念，不过是我们所假设而并不认识的一种支撑物，它支撑着我们那些存在着的性质，我们设想，这些性质若“**没有支撑它们的某物**”（*sine re substante*）便无法存在，我们称那个支撑物为**实体**（*substantia*）。这个词在简单的英语中的真正意义，就是“支撑”（standing under）或“支持”（upholding）。

3. **实体的种类**。我们既然形成了含糊的相对的概括的实体观念，因此，我们就渐渐得到**特殊的实体**观念。我们既然凭着经验和感官的观察，知道某些简单观念的集合体是常在一块存在的，因此，我们就把这些观念的集合体结合为一实体，并且假设这些观念是由那个实体的特殊的内在组织或不可知的本质中流露出的。因此，我们就得到了人、马、金、水等观念；至于人们对于这些实体所有的观念，除了一些共存的简单观念而外，还有没有别的明白的观念，则可以求诉于各人自己的经验。铁和金刚石的真正的复杂的实体观念，是由铁和金刚石中普通可观察到的性质凑合起来所形成的。这一类观念，铁匠和珠宝商人知道得比一个哲学家要清楚。因为哲学家虽然爱谈什么实体的形式，可是他所有的实体观念亦只是由实体中所有那些简单观念的集合体所形成的。不过我们应当注意，我们的复杂的实体观念，除了具有它们所发源的这些简单观念以外，还蕴含着另一种含糊的意念，我们总想，在这里有一种东西是为那些简单观念所依属、所寄托的。因此，在我们谈论任何一种实体时，我们总说它是具有某些性质的一种东西。就如我们说物体就是一种有广袤、有形相、能运动的一种东西；精神就是能思想的一种东西；同样，我们也说，硬度、脆性、吸铁的力量，是磁石的性质。这一类的说法，就暗示说，人们永远假定，实体之为物，除了广袤、形相、凝性、运动、思想或别的可观察到的观念而外，别有所在，只是我们不知道是什么罢了。

4. 我们没有明白的概括的实体观念。因此，我们在谈论或思想任何特殊的有形实体，如马、石等时，我们对它们所有的观念，虽然仍是一些简单观念的集合体，而且这些简单观念仍只是代表着我们在马或石中常见在一块联合着的那些可感的性质，但是**因为我们不能存想它们单独存在，或互相依托**，因此，我们就假设有一种公共的寓体支撑著它们，为它们所依托。这种支托，我们便以实体一名称之，实则我们就这种假设的支托，切实没有明白的或清晰的观念。

5. **我们对精神所有的观念，同对物体所有的观念，有同样的明白程度**。在人心的动作方面，亦有同样情形。思想、推理、恐惧等作用，我们断言它们不能自存，亦不能设想它们可以系属于物体，或为物体所产生，因此，我们便想它们是另一种实体的动作，就是所谓精神的动作。在这里我们分明看到，我们对精神实体所有的观念，同我们对物质实体所有的观念，明白的程度是同样的。我们所以有物质观念只是因为我们假设有一种东西是为打动我们感官的那些可感性质所寓托的，同样，我们所以有精神实体的观念，亦是因为我们假设有一种实体是为思想、知识、怀疑、推动力所寓托的。

我们并不知道前一种是什么，我们只是假设它们是外界简单观念的基层，同样，我们亦不知道后一种是什么，我们只假设它是我们自身所经验到的那些活动的基层。物质方面的有形实体的观念，和精神方面的无形实体的观念，分明都不是我们所能了解，所能摸捉的；因此，我们不能因为自己没有任何精神实体的观念，就断言精神不存在，正如我们不能因为自己没有物质实体的观念，就断言物质不存在一样。如果我们因自己没有明白清晰的精神实体观念，就断言说没有精神，那正如同因为自己没有明白清晰的物质实体观念，就断言说没有物体似的。

6. **论实体的种类**。概括的实体观念的本质，不论怎样秘密、怎样抽象，可是我们对特殊的单独的实体所有的一切观念，只是一些简单观念的集合体，而且那些观念共同所寓托的那种使它们结合的原因，虽是不可摸捉的，可是仍能使全体独立存在，我们的特殊的实体观念，就只是借这些简单观念的集合体表象给自己的。我们心中对各种物类所有的观念，亦只是这些集合体，不是别的。我们以特殊的名称，向他人所表示的，亦只是这些集合体，不是别的。就如我们一提到人、马、日、水、铁，凡能了解这种语言的人，心中一定会形成一些简单观念的集合体，而且那些简单观念，亦正是他观察到或想象到常为那些名称所指谓的，他假设这些观念都存在于、固着于一个不可知的公共寓体，至于这个寓体，则不存在于任何物体中。不过人员假设一个基层，以支撑他日常见在一块联合着的那些简单性质或观念，可是显而易见，而且任何人只要一考察他自己的思想，也会看到，他对于金、马、铁、人、硝酸、面包，以及任何事物，都不会有任何别的实体观念，他只能对那些简单的性质，有一个观念，只能假设那些性质是在一种基层内存在的。就以日的观念来说，它不只是一些简单观念的集合体吗？那些简单观念不就是光、热、圆，恒常的有规则的运动，“与我们隔着某种距离”吗？而且那些观念或多或少，不是要看思想日、或谈说日的那人，在观察日中所具的那些明显的性质、观念或特质时，他的观察精确与否吗？

9. 复杂的实体观念是由三种观念所形成的。复杂的有形实体观念是由这三种观念所构成的。第一就是事物的原始性质的观念，这些观念是被我们的感官所发现的，而且在我们不知觉它们时，它们亦一样存在于实体中。物体各部分的体积、形相、数目、位置和运动，不论我们注意它们与否，它们总是在物体内存在的。第二就是可感觉的次等性质，这些性质是依靠于原始性质的，它们只是实体的一些能力；实体可以凭这些能力通过感官使我们生起各种观念来。不过这些观念之不存在于事物本身，就如任何事物之不存在于其原因内一样。第三就是我们所考究的实体能产生变化或接受变化的一种倾向，这些变化是由原始性质来的，各种实体在经受了这种变化以后给我们所产生的观念，便同它们以前所产生的不一样。这些叫做自动的和受动的能力，不过这些能力，在我们所能注意到、意念到的范围以内讲，都只归结于可感的简单观念。因为不论磁石有什么能力，能在铁的微细分子上发生作用，可是铁的可感的运动如果不被我们发现，我们便不会观念到磁有在铁上起作用的任何能力。我相信，我们日常所用的东西，都有能力互相发生千百种变化，只是因为它们没有可感的结果，致使我们猜想不到罢了。

10. **能力形成复杂的实体观念的大部分**。因此，正确说来能力形成复杂的实体观念的大部分。人如果一考察自己的复杂的黄金观念，他就会看到，形成这个观念的许多观念都只是一些能力；就如被熔化的能力，在火中不失分量的能力，在**王水**中能消化的能力，在形成复杂的黄金观念时，都是离不了的观念，正如它的颜色和重量似的，而颜色和重量在适当地考究之后，我们就会看到它们只是一些不同的能力，因为正确说来，黄色是不在金内存在的；它只是金的一种能力，在金置于适当的光亮下时，能借我们的眼睛产生出那个观念罢了。至于日的观念中所不能离的热，亦不在日内存在，正如日在蜡上所生的白色不在日中一样。这两种都一样是日的能力，它们都可以借日的不可觉察部分的运动和形相发生作用，前一种可以在人身上起作用，使他有了热的观念，后一种可以在蜡上起作用，使人产生了白的观念。

11. **我们如果能发现出物体中渺小部分的原始性质，则现在的第二性质就会消灭了。**我们如果有足够敏锐的感官，足以把物体的渺小分子分辨出来，而且足以发现出可感性质所依靠的那种真正组织来，我相信，它们所产生的观念一定同现在完全不一样，现在的金黄色一定会消灭了，我们将会看到某种形状，某种体积的各部分的精妙组织。显微镜分明给我们发现出这一点来；因为在感官的敏锐力增加以后，现在给肉眼所产生的某种颜色会被发现完全是另一种东西；因为寻常目力所见的有色物象，在这种情形下，其微小部分的体积比例，就会发生了变化，产生出同以前相差异的观念来。就如沙或捣碎的玻璃，在肉眼看来，虽是白而不透明的，可是在显微镜下，它就是透明的。又如毛在显微镜下看时，亦会失掉它的寻常的颜色，大部分成了透明的，其中掺杂着一些发亮的颜色，就如金刚石或其他物体的折光作用中所见的那样。又如血液在肉眼看来完全是红的，可是在精细显微镜下一看，它的微小部分便呈现出来，并且它只显示出少数红色小球，在透明的液体内游着。我们如果能发明一种镜子，把这些红色小球再增大千倍或万倍，我们便不能断言，它们将会变成什么样子。

14. 复杂的实体观念。不过我们可以返回去考察我们当下的问题，考察我们的实体观念和获得这种观念的途径。我可以说，我们的特殊的实体观念，只是一些简单观念的集合体，我们只以为它们是联合在一个物体中的。这些实体观念虽然普通叫做简单的概想（simple apprehensions），而且它们的名称虽然叫做简单的名词，不过实际上它们是复杂的、组合的。就如“天鹅”一词所表示的观念来说，它只是一种白色、长颈、红嘴、黑腿、有蹼的动物，而且这些形相，还都有一定的大小，它还有在水中游泳的能力和鸣叫的能力。不过除此以外，人们如果常观察这些鸟，这个观念还可以具有别的特质，不过这些特质仍要归结在可感的简单的观念，而且那些观念仍要联合在一个公共的寓体内。

15. 精神实体的观念同物质实体的观念明白的程度一样。上边已经论说过我们对物质的可感的实体所形成的复杂观念，不过除此以外，我们亦可以借自己对于自己日常心理作用所形成的简单观念，对非物质的精神形成一个复杂的观念。因为我们日日在自身经验到：各种心理作用，如思想、理解、意欲、知识，发生运动的能力，同时共存于一个实体以内。因此，我们在把思想、知觉、自由、自动力、他动力等观念，集合在一块以后，我们对于非物质的实体亦可以得到一个相当的知觉和意念，而且那种意念的明白程度正如我们对物质的实体所形成的意念一样。因为要把思想、意志（或发生或停止物质运动的能力）等观念，同我们所不知究竟的实体观念连合在一块，我们就会得到一个非物质的精神观念。正如把凝固的部分、受动的能力等观念，同我们所不能积极观念到的实体观念联合在一块以后，我们能得到相当的物质观念一样。两种观念的清晰程度和明白程度都是一样的。我们对思想和运动物体的能力所形成的观念，同对于广袤、凝性、被动力等所形成的观念，其清晰程度和明白程度都是一样的。至于我们的实体观念，它在两方面，都是一样含糊，或是完全不存在的。它只是假设的一种"我所莫名其妙"的东西，它只是假设的一种支持所谓附性的东西。我们所以容易想象，自己的感官只呈现出物质的事物来，乃是因为我们缺乏着反省。每一种感觉作用，在充分考究之后，都可以使我们看到自然中的那两部分——物质和精神。因为在听着、看见时，我们固然知道，在自身以外有一种物质的东西——感官的对象——可是我们更确乎知道，我自身中有一种精神的实质，在看、在听。这一种动作，我相信它不是由无知觉的物质出发的。而且离了非物质的能思想的东西，它亦是不能存在的。

16. **我们没有抽象实体的观念**。我们只知道物质实体有广袤、有形相、有颜色，以及其他可感的性质，并借此对它们形成"一个"复杂的观念，可是我们仍然远非得到物质实体的观念，正如我们不知道这些性质一样。人们纵然想象自己熟习了物质的许多方面，而且他们纵然自信自己知觉到、认识到物体中的许多性质，可是我们在考察之后，仍会看到，他们对于物体的原始性质，比他们对于非物质的精神的原始性质，并不曾得到更为明白的观念。

17. 凝固各部分的粘合和推动力是物体的原始观念。我们在物体方面所有的特殊的原始观念，就是那些凝固而可分离的各部分的粘合，和借推动力而传达运动的那种能力。这两种性质正是物体异于精神的地方，正是物体方面特有的原始观念，因为所谓形相就只是有限广袤的结果。

18. 思想和运动力是精神方面的原始观念。我们在精神方面所特有的观念，就是思想意志（就是以思想来使身体运动的那种能力）和自由（这是由运动而来的）。因为人心可以任意使各种物体运动或停止，正如一个物体在遇到别的静止的物体时，不得不把自己的运动传达过去一样。至于存在、绵延和运动性都是二者所共有的。

37. 总摄前义。我们已经看到，我们对各种实体所有的各种观念，都是什么种类的，由何成立的，并且是怎样获得的。由此，我想我们分明看到：

第一点，我们所有的各种实体观念，只是一些简单观念的集合体；同时，我们还假设有一种东西是这些观念所依属、所寄托的。不过对于这种假设的东西，我们是不能有明白而清晰的观念的。

第二点，各种简单的观念虽然联合为一个共同体，以形成我们的各种复杂的实体观念，可是这些简单的观念仍只是从感觉或反省来的。因此，就在我们所最熟习的那些观念方面，所最了解的那些观念方面，我们亦不能超过那些简单的观念以外。不但如此，有些观念虽然似乎与我们全不相干，虽然无限地超过我们凭反省在自身所知觉到的任何事物，或凭感觉在外物中所发现的任何事物，可是我们在这些观念中所得到的没有别的，只是原始由感觉和反省得来的那些简单的观念；就如我们的复杂的天使观念，尤其是上帝观念。

第三点，在正确地思考之后，我们又看到，构成我们复杂的实体观念的那些简单的观念，虽然容易被人认为是积极的性质，可是它们大部分究竟只是一些能力。就如形成复杂的黄金观念的那些大部分观念，如黄金、重量、可展性、可熔性、在王水中的可溶性，虽然都联合在一个不可知的基层中，可是这些观念都不是别的，只是同别的实体所发生的一些关系，并不真正是在孤立的黄金本身中的。只是它们仍依靠于黄金内部组织中的第一性质，而且黄金所以适于在某些别的物体上起着种种作用，或被某些物体施以种种作用，亦是凭着这些真实的原始的性质。

- 洛克为何说实体是“我们不知道是什么的东西”？因此我们有理由说，我们不知道实体（事物本身）是什么吗？

我们对某物的印象是由该物特殊的性质组合而成的。按照洛克的观点，这些性质组合在一起，是因为它们附着在同一个基质，也即实体之上。可什么是实体呢？按照洛克的想法，实体是“我们不知道是什么的东西”。然而，洛克不愿否弃这个观念，因为他难免这样的怀疑：除非性质是某物的性质，否则谈论“性质”就毫无意义。但是，根据洛克自己的原则，这个怀疑可有可无。正如贝克莱主教不久就指出的那样，他关于第一性的质与第二性的质之间的重要区分也是如此。退一步说，这些简单的、技术性的步骤的结果，将令人震惊。

乔治·贝克莱主教

从约翰·洛克的“常识”哲学出发，贝克莱提出了所有哲学中最引人争议的论点。贝克莱的论点被称作**主观观念论**。这一学说认为，没有物质实体，没有物理对象，只有心灵和心灵中的观念。（他的“观念”概念直接来自于洛克。）这个令人惊讶的观点，直接出自洛克的论点，只是经由了三个简单步骤的转换。第一步，它接受这一论点，即我们对于实体究竟是什么没有任何观念，并且承认我们对一个事物能够认识的，是它的可感特性（或“性质”）。第二步，它表明，无法如洛克论证的那样，把物体本身固有的特性与物体只是在我们心中引起的那些特性之间的区分，看成是第一性的质与第二性的质之间的区分。第三步，一旦我们承认关于世界的一切知识（关于自己和上帝的存在的知识除外）必定基于经验，那问题就成了我们为何要认为在我们的经验之外还存在着事物。洛克论证说，我们的经验是由物理对象引起的，但是，这一主张通过经验如何证成呢？既然我们没有关于物体本身和它们的因果关系的经验，而只有关于它们的结果的经验（即它们在我们心中引起的观念），那么，一个彻底的经验主义者就不仅要抛弃知觉的因果论，而

乔治·贝克莱主教（1685—1753）：他在二十八岁之前就写就了使其闻名的全部著作。贝克莱出生于爱尔兰，并在那里长大和接受教育，在学生时代，他沉浸于同时代重要哲学家的作品，尤其是洛克、牛顿和一些法国形而上学家的作品。晚年，他成了一位传教士，出访美洲和百慕大群岛，最终来到牛津成为主教。与洛克和休谟兴趣横跨哲学、科学和人类事务所有领域不同，贝克莱只专注于一个问题——知觉。而他的整个哲学也可以适当地概括为他那句著名格言“存在即被感知”（*esse est percipi*）。他对这一观点的论证最为彻底地概述在他的《人类知识原理》（1710）中。

且也要抛弃物理对象的观念。

贝克莱是一位异常清晰的作家，下面出自他的《人类知识原理》的选文应该不难理解：

乔治·贝克莱主教，《人类知识原理》[1]

1. 任何一个对人类知识的对象有所观察的人来说，它们显然要么是实实在在由感官印上的观念，要么是由注意心灵的各种情感和活动而感知的观念，最后，要么是借助于记忆和想象而形成的观念，即混合、分解或仅仅表象那些最初由上述方法而感知的观念。借助视觉，我就有了光和颜色及其不同程度和变化的观念。借助触觉，我感知到硬和软、热和冷、运动和阻力，以及所有这些在数量或程度上的大小深浅。嗅觉供给我气味，味觉供给我滋味，听觉则把各种曲调的声音传入我的心中。当这些观念中有一些一同出现时，我们就用一个名称来标记它们，并因此认为它们是一个东西。因此，比如某种颜色、滋味、气味、形状和硬度一同出现，我们就会把这些观念看做一个单独的事物，并用苹果的名称来标识它。其他观念的集合则构成一块石头、一棵树、一本书，以及类似的可感事物，这些事物又因其适宜或不适宜而引起爱、憎、乐、悲等情感来。

2. 但是，除了所有这些无数的观念或知识的对象之外，同样还有某种东西知道或感知它们，并对它们进行各种活动，比如意愿、想象、记忆。这种感知着的主动存在，我称之为心灵、精神、灵魂或自我。我用这些词不是指我的任何一个观念，而是指全然与观念不同的一个东西，观念存在于这个东西之中，或者说被这个东西所感知，因为一个观念的存在，就在于被感知。

3. 我们的思想、情感和由想象形成的观念，都无法脱离心灵而存在，这是每一个人都会承认的。而且，在我看来同样明显的是，印在感官上的各种感觉或观念，尽管混杂或结合在一起（即不管它们组成什么对象），也不能不存在于感知它们的心灵中。只要一个人注意一下存在一词用于可感事物时的意义，我想，他就可凭直觉知道这一点。我说，我写字用的桌子存在着，就是说我看见它，摸到它，我若走出书房以后还说它存在，这个意思是说，假如我在书房中，我就可以感知它，或者说，有某个别的精神实际上在感知它。有气味，就是说我嗅到了它；有声音，就是说我听到了它；有颜色或形状，就是说我用视觉或触觉感知到了它。这是我用这一类说法所能理解到的一切。因为，所谓不思考的事物完全与它们的被感知无关而有绝对的存在，这是我完全无法理解的。它们的存在（*esse*）就是被感知（*percipi*），它们不可能在心灵或感知它们的思考之物之外有任何存在。

4. 确实，人们中间非常奇特地盛行着一种意见，认为房屋、山河，一句话，一切可感之物，都不必为理智所感知而有一种自然的或真实的存在。但是，不论一般人用怎样大的确信和满意来采纳这个原则：然而，任何人只要留心研究一下这件事，如果

1 Bishop George Berkeley, *Treatise Concerning the Principles of Human Knowledge*, London: Brown & Sons, 1907. 中译文见贝克莱：《人类知识原理》，关文运译，北京：商务印书馆，1973 年。

我没有弄错的话，就可以看到这里其实包含一个明显的矛盾。因为，除了我们用感官所感知的事物之外，还有什么是上述的对象呢？并且，在我们自己的观念或感觉之外，我们究竟还能感知什么呢？因此，要是说任何一个观念或观念综合体不被感知而存在，岂不是显然矛盾吗？

这是贝克莱的中心论点——即“存在就是被感知”（*esse est percipi*）。接下来，贝克莱论证说，除了这些知觉或“观念”之外，没有任何事物存在，因此，假定在心灵之外存在着“像”我们的观念的东西，是毫无意义的——因为“没有任何东西像一个观念，而只能是另一个观念”。

6. 有些真理对于心灵是非常贴近和明显的，一个人只需睁开眼睛，就能看到它们。因此，我认为以下这一重要的真理就是如此，即所有天上的星辰、地上的山川，总之构成世界的所有那些物体，在心灵之外没有任何存在，也就是说，它们的存在在于其被感知或被认识。因此，只要它们真的不为我所感知，不存在于我的心灵或任何其他被造的精神中，那么，它们要么根本就不存在，要么存在于某个永恒精神的心灵中。要说事物的任何一个部分能够独立于精神而存在，那是完全不可理解的，也正是抽象的荒谬之处。要使这一点显得如公理般清楚明白，做到以下这一点似乎就够了：我只要唤起读者的反思，即使他可以公平客观地看待他自己的意义，让思想依赖于主体自身，解除和脱离语词的困境和带来错误的先入之见。

7. 从已经说过的来看，显然，除了精神或感知者外，没有任何其他实体存在。不过，为了更充分地证明这一点，我们还应当知道，一切可感性质都是颜色、形状、运动、气味、滋味等等，即感官所感知的观念。如此，若说一个观念存在于一个不能感知的事物中，那显然是一个矛盾，因为拥有一个观念与感知一个观念是一回事，因此，颜色、形状等等在哪个东西中存在，这个东西就必定感知着它们。由此可见，很显然，那些观念不可能有不思考的实体或基质。

8. 但是，你可以说，尽管观念本身不能脱离心灵而存在，但是，仍然可以有与观念相似的东西，而观念只是它们的摹本或肖像，这些东西在心灵之外存在于一个不思考的实体中。我的答复是，观念只能与观念相似，而不能与别的东西相似，颜色或形状只能与别的颜色或形状相似，而不能与其他东西相似。如果我们稍稍考察一下我们的思想，我们就会发现，只有在我们的观念之间，才能设想这样一种相似关系。此外，我可以问，所假设的为我们的观念所描绘或表征的原本或外物，它们自身是可感知的还是不可感知的呢？如果它们是可感知的，那么它们就是观念，而这正表明我们的观点是对的。但是，如果你说它们是不可感知的，那么我可以向任何人问道：说颜色类似于某种不可见的东西，硬或软类似于某种触摸不到的东西，有意义吗？其余的性质也是如此。

在这一点上，贝克莱处理了洛克关于“第一性的质与第二性的质”的区分，认为洛克关于后者的论证也可以应用于前者。第一性的质也只能是观念，而不是物质的特性。

9. 有些人把性质区分为第一性的质和第二性的质两种：前者指的是广延、形状、运动、精致、坚实性或不可入性和数目；后者指的是所有的可感性质，比如颜色、声音、滋味等等。它们承认，我们对于第二性的质所具有的观念，并不是任何存在于心灵之外或不被感知的事物的肖像，但他们却认为，我们对第一性的质所具有的观念，是存在于心灵之外的事物的摹本或肖像，而这些事物是存在于他们称之为物质的一种不思考的实体中。因此，所谓物质，我们理解为一种被动的、无感觉的实体，而广延、形状、运动等等正是存在于这个实体之中，但是，从我们已经指出过的来看，显然，广延、形状和运动只是存在于心灵的观念，而且，一个观念只能和另一个观念，不能与别的东西相似，因此，不论是它们还是它们的原型，都不能存在于一个不能感知的实体中。所以很显然，作为物质或有形实体的观念，本身就包含了一个矛盾在内。

◆◆◆

10. 那些主张形状、运动，以及其余第一性的质或原初的质确实存在于心灵之外的不思考的实体中的人，同时都承认颜色、声音、热、冷则不是如此，他们告诉我们说，这些都是只存在于心灵中的感觉，这些感觉依赖于物质微粒的不同大小、纹理和运动。这一点，他们认为是可以毫无例外地加以证明的、不可置疑的真理。好了，如果那些原初的性质确实与其他的感性性质不可分离地连结在一起，并且即使是在思想中也不能从它们中把那些原初的性质抽象出来的话，那么，显然这些原初的性质也只能存在于心灵中。但是，我希望任何人想一想，试试看是否他能够凭借思想的抽象作用来设想一个物体的广延和运动而不涉及其他感性性质。就我自己而言，显然我是没有能力来构成这样一个广延的和运动的物体观念的，除非我同时给它一些颜色或其他感性性质，而这些性质，大家公认只存在于心灵中。（简而言之，广延、形状和运动，若离开了所有其他性质，是不可想象的。因此，这些其他的感性性质在什么地方存在，第一性的质也就在什么地方存在，即，它们只存在于心中，而不能存在于其他地方。）

◆◆◆

14. 我要进一步补充一点，依照现代哲学家们证明颜色、滋味不存在于物质中或心灵之外的方法，我们同样可以证明所有其他感性性质也是如此。比如，他们说热和冷只是心灵的状态，而绝不是真实事物的摹本，它们并不存在于引起它们的有形实体中，因为同一个物体对于一只手显得是冷的，对另一只手显得是暖的。那么，为什么我们不可以同样说，形状和广延也不是存在于物质中的性质的摹本或肖像呢？既然同一双眼睛在不同位置，或不同结构的眼睛在同一个位置，看到的形状和广延都是各不相同的，因而，它们都不能是任何存在于心灵之外的确定事物的图像。此外，人们还证明过，甜并非真正存在于有滋味的东西中，因为同样的东西，甜可以变成苦，例如发烧或因其他原因而败味时的情形。那不也可以合理地说，运动并不是在心灵之外存在，因为大家都承认，如果心灵中观念的连续变得更快一些，那么外物虽然没有变化，运动却会显得慢起来。

15. 简而言之，任何一个人只要考量那些显然被认为足以证明颜色、滋味只存在于心灵中的论证，他就会发现，这些论证可以同样有力地用来证明广延、形状和运动也只能是存在于心灵中。当然，我们也承认这种论证方法只是证明了我们不能借感官知道何者为物体的真正广延或颜色，而并不足以证明在外物中没有广延或颜色。但是，前述的论证已经明白地指出，任何颜色或广延或其他一切感性性质，都不可能存在于一个心灵之外不思考的主物中，或者实在说来，根本不可能有任何所谓外物这样的东西。

在心灵之外一定存在着实体吗？贝克莱问道。确实，我们以某种方式“受到影响”，但是并不能得出结论说必定存在着物质对象。我们怎么知道有这样的对象呢？

18. 不过，纵然坚实的、有形状的、能运动的实体可能存在于心灵之外，并且与我们对物体所具有的观念相应，可我们又怎么可能知道这一点呢？我们若知道这一点，必定要么是通过感官，要么是通过理性。就我们的感官而言，通过它们，我们只能知道我们的感觉、观念或者那些直接被感官所感知的东西，你随便怎样称呼它们都行：但是它们并没有告诉我们说，事物存在于心灵之外或不被感知，却又与我们所感知的东西相似。这一点，唯物主义者自己也是承认的。因此，如果我们对外物还有什么知识的话，那就必定是通过理性，从感官直接感知的东西来推断它们的存在了。但是，我看不出有什么理由可以使我们根据我们所感知的来相信心灵之外的物体的存在，因为就是主张物质的人自己，也不会妄称外物与我们的观念之间有任何必然的联系。我可以说，人们都承认（在睡梦、癫狂及其他类似情况下发生的事实，也可以使这一点无可争辩），即使外界没有相似的物体存在，我们也一样有可能为我们现有的一切观念所影响。因此，很显然，我们的观念的产生，并无必要假设外物的存在：因为大家都承认，即使没有外物的协助，观念有时也产生出来，而且常常是按照我们目下所见到的秩序产生出来的。

19. 但是，尽管我们可能离开外物仍具有这一切感觉，但是，人们也许会认为，如果假设有与它们相似的外物存在，也许比没有这种假设更容易设想和说明观念产生的方式，因此至少可以推想有外物这样的东西在我们心灵中引起对它们的观念。然而，这种说法也是不行的，因为，即使我们像唯物主义者那样承认外物，他们也自认并不因此更切近地知道我们的观念是如何产生的：因为他们承认他们自己并不能了解物体如何作用于精神，或者它如何可能在心灵中印上任何观念。因此，很显然，我们不能因为心灵中有观念或感觉产生就以此作为理由来假设有所谓物质或有形实体，因为他们也承认，有没有这样的假设，观念的产生都是一样不可解释的。所以，即使可能有物体在心灵之外存在，但如果我们认为它们就真是如此，那未免是一个毫无根据的意见，因为这就等于毫无理由地假设上帝创造的无数事物都是全无用处、全无目的的了。

20. 简而言之，纵使有外物存在，我们也不可能知道它；如果没有外物存在，我们也可以有同样的理由认为我们仍会有现在所有的观念。假设——没有人能否认这是可能的——有一个智慧的东西，他可以不借助外物，也可以感受你所感受的同样一连串感觉或观念，而且这些感觉或观念印在他心灵中的秩序和活跃程度与在你心灵中一样。那么，我就要问，是否这个有智慧的东西没有你所拥有的一切理由来同样相信有形实体的存在，来同样相信这些有形实体可以在他心灵中引起观念并为那些观念所表征呢？

这一点是毫无疑问的，即任何有理性的人，只要稍加考量，就会怀疑他所持以相信心灵之外物体的存在的论证的力量了。

21. 在说了上述这些话之后，如果还有必要补充更进一步的证明来反对物质的存在，那么，我还可以举出这个原则所引发的几个错误和困难（且不提亵渎）。这个原则曾在哲学中引起了无数的争议和争论，而在宗教中更是引起了不少更加紧要的争辩。但是在这里，我不准备详细论述它们，一方面是因为我在后面还有机会对它们加以讨论，另一方面是因为我认为，我在这里已经先天地充分证明了的道理，无需后面的论证来证实。

22. 我恐怕这里会使人认为我把这个主题讲得太冗长了。因为对一个稍具反省能力的人，用一两行文字就可以非常明确地表白出来的道理，何必要反复申论呢？其实，只要你仔细研究一下你自己的思想，并且试试看你是否能够设想一个声音或形状或运动或颜色，可以在心灵之外或不被感知而存在。这样一个简单的检视就会使你看到，你所主张的不过是个显然的矛盾。所以，我很愿意这样来结束这一争论：如果你能设想一个广延的、可运动的实体，或一般地说，任何一个观念或任何类似于观念的东西，能够不在感知它的心灵中存在，那么，我就马上放弃我的主张。至于你所坚持的那个由外物拼凑起来的系统，我也可以承认它存在，即使你既不能说出你相信它存在的理由，又不能指出，设若它存在，它会有什么用处。我想，只要你的意见有哪怕一点点真实的可能性，我都可以认为它是一个说明外物存在的论证。

23. 但是你又说，比如，想象公园里有树，或者一座壁橱里有书，而不必有人在旁边感知它们，这的确是再容易不过的事情了。你这样想的确没有什么困难，但是，我请问你，你这不就是在你心灵中构成了某些你所谓的书和树的观念吗？你不过是在构成它们的同时，忽略了构成感知它们的任何人的观念罢了。但是，你自己不就在同时感知或想到它们了吗？因此，这种说法是枉然的：它只表明在你的心灵中有想象或构成观念的能力，但它却不足以表明你可以设想你思想的对象能在心灵之外存在。为了证明这一点，你必须能设想它们不被设想或想到而能存在，而这是一个明显的矛盾。当我们尽最大努力设想外部事物的存在之时，我们仍然只不过是在设想我们自己的观念而已。但是，心灵不曾注意到它自身，便误以为自己能够设想物体能够不被想到而存在，或在心灵之外存在，虽则它们同时是被心灵所了解或存在于心灵之中的。

- 什么是主观观念论？贝克莱如何论证洛克的观点通向主观观念论？
- 贝克莱反驳第一性的质与第二性的质的区分的论证是什么？

但是，如何解释我们无法通过想象就简单地“认为”事物存在这一事实呢？我们如何能在无人感知某一事物时说它存在呢？（“如果树林中有一棵树倒了，且没有人听到它倒下，那它发出了声响吗？”）正是在这里，上帝作为一种必要之物进入了视野。

29. 但是，无论我有什么能力来运用自己的思想，我都发现，感官实际所感知的观念并不依赖于我的意愿。在大白天，只要我睁开眼睛，我就没有能力选择看还是不看，也无法决定让那些特殊物体呈现在我的视野。听觉和其他器官也同样如此，印在它们上面的观念并不是我的意愿的创造物。因此，必定有某个别的意愿或精神产生了它们。

30. 感觉的观念要比想象的观念更强烈、更活跃和更清晰，它们同样是稳定的、有序的和一致的，而且常常并不是人类意愿的结果，无法随意地刺激起来，相反，它们是在有规则的序列或系列中出现的，其关联之绝妙，足以证明造物主的智慧和仁慈。我们依靠的那个心灵，在我们之中刺激起感觉观念之时，要依据一定的规则或确定的方法，这些规则和方法被叫做自然规律：我们是通过经验获得这些规律的，因为经验告诉我们，在事物的日常进程中，如此这般的观念常会引起如此那般的其他观念。

31. 这就给了我们一种先见之明，借此我们能够调整行为规范，促进人生利益。若没有这种先见之明，那我们就会永远陷于迷惑，永远不知道应该怎样去做一件事，才能得到更多的快乐，避免最小的感官痛苦。我们之所以知道食物能够养人，睡眠可以息身，火可以暖人，在下种的时候下种，在收获的时候收获，以至一般地说来，采用某种方法达到某种目的，并不是因为我们在各种观念之间发现了任何必然的联系，而只是因为我们观察到了自然的确定规律，若没有这个规律，我们就会完全陷于不定和混乱之中，而且一个成年人就会像一个刚出生的婴儿一样，不知道如何处理日常生活中的事务。

◆◆◆

33. 造物主印在感官上的这些观念，被称作实在的事物，那些在想象中激发起来的观念，则不那么规则、活跃和固定，它们更适合于叫做观念或事物的影像，因为它们模拟或表征事物。不过，我们的感觉尽管十分活跃、十分清晰，但仍然是一些观念，也就是说，它们存在于心灵之中，或者说为心灵所感知，像心灵自己构造的观念一样。我们自然认为，感觉的观念要比心灵的造物更具实在性，也就是说更为强烈、更为有序和更为一致，但这并不足以证明它们在心灵之外存在。它们也较少依赖感知它们的精神或思考着的实体，因为它们是由另一个更有力的精神的意愿刺激起来的。不过，它们依然只是观念，而观念无论强弱，当然是无法在感知它的心灵之外存在的。

最后的这个表述，即世界万物不过是上帝心灵中的观念，正是罗纳德·诺克斯（Ronald Knox）的一首五行打油诗的主题，伯特兰·罗素为我们援引如下：

曾有个年轻人说道："上帝
一定会认为太稀奇，
若他发现这棵树
存在如故，
而院子里没有任何人。"

答

敬启者：
您的惊讶真稀奇：
我时刻在这院子里。
这就是为何那棵树
会存在如故，
因为注视着它的是
您的忠实的
上帝[1]

- 根据贝克莱的说法，你卧室里的物体当你不在那儿感知它们时就不存在了吗？
- 为何上帝对于贝克莱的观念论如此重要？

最后，是对常识的辩驳：

38. 但是，毕竟要是你说我们吃观念、喝观念、穿观念，那是很难听的。我承认确实如此，通常谈话中所用的“观念”一词，并不表示被称作“事物”的感性性质的集合体。确实，任何不同于语言的日常用法的表达，都会是难听而可笑的。但这无损于这个命题的真，换言之，它无非是说我们吃的穿的不过是我们的感官直接感知到的那些东西罢了。

39. 如果有人问我为什么要用“观念”一词，而不屈从习惯称它们为“事物”，我的回答是，我之所以如此有两个原因——第一，因为“事物”一词与“观念”一词有着对照性的区别，通常被认为它是指在心灵之外存在着某种东西；第二，因为“事物”一词比“观念”一词含义更广，不仅包括精神或思考着的事物，也包括观念。因此，既然感觉的对象只存在于心灵中，而且是无思想的、被动的，那我更愿意用“观念”一词来标记它们，因为这个词包含了那些特性。

这是洛克把我们引向的地方吗？如果是，那么“新的形而上学”看起来与旧的形而上学一样是完全荒谬的。不过，洛克的经验主义这一充满争议的发展，还走向了另一步。

D. 意气相投的怀疑论者：大卫・休谟

贝克莱的主观观念论，与大卫・休谟那令人难以忍受却似乎不可反驳的怀疑论，相去不远。罗素在两百年后（1945年）写到休谟时说：

自从他写作以来，反驳他就一直是形而上学家中间的一种时兴的消遣。在我看来，我觉得他们的反驳没有一点是令人信服的；尽管如此，我还是希望能够发现某种比休谟

1 Bertrand Russell, *A History of Westera Philosophy*, New York: Simon and Schuster, 1945, p. 648.

的体系更少怀疑气味的体系。

以及

休谟的怀疑论结论……既难以反驳，同样也难以接受。结果就成了给哲学家们下的一道战表，依我看，至今还没有够得上对手的应战。[1]

曾经有哲学家甚至说——或者担心——休谟的怀疑论是最后的哲学。无论如何，休谟的主张是哲学研究者必须认真对待的主张之一。

休谟写作《人性论》(1739)时，才二十来岁，他的雄心是要做哲学和心理学领域中的艾萨克·牛顿，他追随约翰·洛克，但胜过了后者。这本著作未能引起多少注意（他说“它从印刷机上死产下来”)，于是，休谟把注意力转向了其他问题，成了一位著名的历史学家。后来，在1784年，他把早年完成的《人性论》改写为一本较为通俗的书，即他的《人类理智研究》。这本书取得了极大的成功,休谟在他的有生之年成了广为人知的“魔鬼的辩护士”，对此，他自己颇为得意。无论是《人性论》，还是《人类理智研究》，都坚定地致力于洛克的经验主义方法论，不过，在洛克对没有清晰的经验基础的那些可疑观念（特别是实体和上帝）显得大方之处，休谟显得残酷无情。在一个著名的威胁性段落中，他吼道：

如果我们相信这些［经验主义的］原则，那当我们巡行图书馆时，会做出什么样的严重破坏呢？如果我们拿起一本书，例如神学书或经院形而上学的书，我们就可以问，它里面有任何关于量或数的抽象推理吗？没有。它里面有任何关于事实和存在的经验推理吗？没有，那就把它投入烈火中吧，因为它所包含的，没有别的东西，只有诡辩和幻想。[2]

在这一对传统形而上学的显见威胁中，我们就可以瞥见休谟的可怕策略——即主张：一切正当的信念要么是一种“观念的联系”，比如数学、逻辑的陈述或微不足道的概念真理，要么是一个“事实”，它能够通过诉诸我们的经验而得到证实。(这个“非此即彼”有时被称作“**休谟之叉**”。)当然，我们已经论述的绝大多数现代哲学家都共有这一主张：正当性要么来自理性（“观念的联系”)，要么来自经验。但是，唯有休谟认识到，这一要求的严格性和我们的那些多得令人困窘的基本信念，并不认可或出于理性或出于经验的**辩护**。

像他的经验主义先辈一样，休谟坚持认为，一切知识都始于感觉经验的基本单位。休谟的“**印象**”（洛克的“感觉”）就是这样的基本单位（我们仍将称之为“感觉”或“感觉材料”)。

1 Bertrand Russell, *A History of Western Philosophy*, New York: Simon and Schuster, 1945. 中译文见罗素：《西方哲学史》（下卷），马元德译，北京：商务印书馆，1997 年。

2 David Hume, *An Enquiry Concerning Human Understanding*, 2nd ed., ed. L. A. Selby-Bigge, Oxford: Oxford University Press, 1902. 中译文见休谟：《人类理智研究》，吕大吉译，北京：商务印书馆，1999 年。

大卫·休谟，《人性论》[1]

人类心灵中的一切知觉，都可以分为显然不同的两种，我将称之为**印象**和**观念**。这两者之间的差别在于，当它们在刺激心灵、进入我们的思想或意识时，它们的强烈程度和生动程度各不相同。那些进入心灵时最强最猛的知觉，我们可以称之为**印象**。在这个名称下，我包括了所有初次出现于灵魂中的我们的感觉、情感和情绪。至于**观念**一词，我用以意指我们的感觉、情感和情绪在思考和推理中的微弱意象。比如，当前讨论所引起的所有知觉就是一例，只要除去那些由视觉和触觉所引起的知觉，以及这种讨论可能引起的直接快乐或不安。我相信，无需多费言辞就可以说明这一区别。每个人自己都可以立刻感知到感觉与思考之间的差别。这两者通常的差异程度很容易分辨出来，尽管在特殊的例子里，这两者不是不可能很接近。例如在睡眠、发烧、疯狂或任何心情十分激动的状态中，我们的观念就可以接近于我们的印象。另一方面，有时就会有这样的情形发生，即我们的印象极为微弱和低沉，以至于我们无法把它们与我们的观念区分开来。但是，在少数例子中尽管有这种极为近似的情形，不过一般说来，这两者极为不同，所以没有人会犹豫不决，不敢把它们归在不同的项目之下，并各给以一个特殊的名称，以标识这种差异。

我们的知觉还有另一种便于观察的区分，它适用于我们的印象和观念。这就是简单和复合的区分。简单的知觉或简单的观念和印象是这样的，它们不容区分或分割。复合知觉则与此相反，可以区分为许多部分。尽管一种特殊的颜色、滋味和气味都结合在这个苹果中，但是，我们很容易知觉到它们的不同，至少是可以相互区分的。

通过这些区分，我们就给了我们的对象一种秩序和排列，于是我们便可以更精确地去考量它们的性质和关系。引起我们注意的第一种情形是，我们的印象和观念除了强烈和活泼程度有所不同之外，在其他任何具体的方面都是极为类似的。看起来，任何一种在某种意义上都是对另一种的反映，因此，心灵的全部知觉都是双重的，表现为印象和观念这两者。当我闭眼思考我的房间时，我所形成的观念正是我曾感觉过的印象的精确表征，而且，观念中的任何情节无一不可在印象中找到。在检查我的其他知觉时，我仍然发现同样的类似和表象。观念与影响似乎永远彼此对应。这一情形在我看来是值得注意的，因而一下子就引起了我的注意。

经过一个更为精确的观察之后，我发现我被初次表象迷惑得过远了，因此，我必须用**简单知觉**和**复合知觉**的区分来限制这一一般判断：**我们的所有观念和印象都是相似的**。我观察到，我们的许多复合观念从来没有过与它们相应的印象，而我们的许多复合印象也从来没有精确地复现在观念之中。我自己能设想**新耶路撒冷**这样一座黄金铺道、红玉砌墙的城市，尽管我从未见过这样一座城市。我曾见过**巴黎**，但是我难道就可以断言，我能对那座城市形成这样一个观念，使它按照真正的恰好的比例完全复现那座城市的全部街道和房屋吗？

---

1 David Hume, *A Treatise of Human Nature*, ed. L. A. Selby-Bigge, Oxford: Oxford University Press, 1888. 中译文见休谟：《人性论》（上册），关文运译，郑之骧校，北京：商务印书馆，1997 年，第 13—16 页。

因此，我知觉到，我们的**复合**印象和**复合**观念一般来说虽然极为相似，但是，它们互为对方的精确摹本这个规则并不是普遍真实的。其次，我们可以考量我们的简单知觉是什么情形。经过我所能做的最精确的考察之后，我敢肯定说，这个规则可以无一例外地适用，即每个简单观念都有一个与之相似的简单印象，每一个简单印象都有一个相应的观念。我们在暗中所形成的红的观念，和在日光下刺激我们的眼睛的那个印象，只有程度上的差别，没有性质上的区别。我们的所有简单印象和简单观念都是如此，不过我们不可能对它们一一例举加以证明。任何人都可以随意检查，使自己在这一点上满意。但是，如果有人竟然否认这样的普遍类似关系，那我也没有任何方法去说服他，只要求他指出一个没有相应观念的简单印象，或一个没有相应印象的简单观念。如果他不回答这个挑战，可以确定他是无法回答的，那么，我们就可以根据他的缄默及我们自己的观察来确立我们的结论。

这样，我们就发现，所有简单观念和简单印象都是彼此类似的，而复合观念和复合印象既然是由简单观念和简单印象形成，我们就可以一般地断言，这两类知觉是精确相应的。发现了这种无需进一步考察的关系之后，我就想发现观念和印象的其他一些性质。让我们来考量一下它们和它们的存在之间的关系，考量一下哪些印象和观念是原因，哪些是结果。

对这一问题的**充分**考察，是本书的主题。因此，我们在这里只限于确立一个一般命题。**即我们的全部简单观念在初次表象中都是来自于简单印象，这种简单印象与简单观念相对应，而且为简单观念精确地表征。**

- “印象”与“观念”有什么差别？

按照休谟的说法，简单观念来自简单印象。一个简单观念可以是某种类似于红、圆形象的东西，简单印象是看见了一种红、圆的形象。较为复杂的观念，比如，苹果的观念就是简单观念的复杂排列和联合。因此，为了把一种信念证成为知识，我们必须把复杂观念拆分为简单观念，然后找到那些观念基于其上的印象。比如，如果我声称看到了一个苹果，那我就要分析我的经验：有一个苹果在那里，我的这一观念依赖于我从不同角度看见某些红的、圆的形象，触到某种滑滑的东西，尝到某种水果味的和酸酸的东西，等等。如果我声称存在着某种物体（比如，苹果），那我就必须确定我所谓的知识基于其上的简单观念和简单印象。于是，如果我作出一个关于上帝或实体存在的形而上学主张，那么，我必须要么预先确定这样一个主张基于其上的观念和印象，要么表明它不过是一个“观念的联系”。否则的话，这个主张就无法得到证成（要“把它投入烈火中”）。

但是，使绝大多数形而上学教条陷入困境的是，它们无法通过休谟所允许的任何一种方法得到辩护。就其本性而言，它们关涉的是超出日常经验的事物（比如，上帝、实体），因此，它们并不基于“印象”。而且，它们也不是**“观念的联系”**，能为简单的逻辑或数学论证证明。所以，它们无法得到证成。然而问题是，这同一个论证远远超出了可争议的形而上学主张，对一些信念造成了破坏，而对于我们的日常经验来说，这些信念也是最为根本的。

在休谟的哲学中，被挑选出来加以分析的有三种具体信念。一方面，这三种信念对于我们的日常经验和常见知识而言是基本的，任何一个心智健全的男人或女人都不可能会对它们产生怀疑；另一方面，这三种信念完全没有得到证明。如休谟申论的那样，第一个就是我们的**因果关系**（或因果性）观念，即一件事引起或导致另一件事的观念。

这个观念提供了休谟所谓的我们经验之间“最牢固的联系”，他在别处称之为“宇宙的黏合剂”，正是从这一观念出发，我们得出了一个最为重要的原理，即**普遍的因果关系原理**，这一原理表明，一切事件都有其原因（或诸多原因）。显然，我们每次对事物加以说明时都用到了这样一个原理。比如，这辆车不能发动。我们查找原因，但是一切似乎都没有问题——汽化器、电气系统，等等。我们可能花了好几个小时还是没有找出原因，但是我们确定知道有那么个东西，也就是说那里必定有一个原因——哪怕它是一个极其复杂的原因。没有原因是不可能的。我们的日常思考预设了这一原理，即一切事件都有其原因。（你可以认为这一原理是莱布尼茨的充足理由律的一个版本，它用较为牛顿式的“原因”观念取代了“理由”观念。）

第二，由于我们预先相信因果关系及其普遍适用性，因此，我们能够思考我们的直接“观念”之外的东西，并且能够预测未来和解释过去。但是这样做，我们也必须相信我们对于当前的观察会对未来有一定的相关性，相信我们事实上能够从我们的经验得出有效的归纳概括。当然，我们无时无刻不是在这样做。比如，我早上六点起床，会认为太阳会在这一时刻升起。为什么？因为一直都是如此，因为天文年历说2月26日会是如此。在每一次作出这样的预测时，我们都预设了一个**归纳原理**，即过去一直起作用的自然规律未来还会继续起作用。归纳原理有时被概括为“未来与过去相像”，只要不对这样的说法作过于字面的理解，这一点总是对的。因为，未来当然绝不会与过去完全一样——比如，你现在老了十五秒，你为你的知识补充了一个完整的表述，而且（除非你一边阅读一边吃东西），你同时也丧失了一点儿重量。但是，自然规律至少没有在瞬间的流逝中改变。

第三，我们有关于“外部世界”存在的信念，也就是说，有一个物理世界或物质世界独立于我们的印象和观念存在着．而且，这些印象和观念正是这个世界作用于我们的结果。休谟沿着贝克莱的路线，也拒斥所有实体观念，认为它们是不可理解的，甚至包括约翰·洛克那个最小限度的“我们不知道是什么的东西”。但是，贝克莱把对物质和实体的拒斥变成了一种形而上学（即他的主观观念论），并且用它来为上帝的存在辩护，相反，休谟对这种观念论的形而上学同样加以拒斥，坚持做一个完全的怀疑论者，拒绝接受上帝的存在。他坚定地保持这样一个主张：我们关于任何事物的存在信念，无异于“我们设想它存在的观念”。

我们可以看到，这三个基本信念紧密地联系在一起；原因观念支持着归纳原理[1]，知觉的因果论支持着我们的“外部世界”信念。因此，休谟把因果关系看做是一切推理的中心观念[2]，即，一切用单一信念把独立观念联系在一起的尝试的中心观念。休谟的论证既精致，又易于理解。他表明，普遍的因果关系原理和归纳原理既无法作为一种“观念的联系”得到辩护，

1 现代哲学家非常关注并非基于显见原因的归纳推论，比如（遗传学或赌博中的）统计概率。

2 休谟像洛克一样，是以牛顿的物理学为模型来塑造他的哲学的，记住这一点很重要。因此，即使他拒斥洛克的知觉的因果论，因果性处于中心的那种牛顿式模型，依然是他的理论的核心。

也无法作为一个“**事实**”得到辩护，由此对它们加以驳斥。一切人类知识必定要么是观念的联系要么是事实，他从这样一个陈述开始，然后对什么是他所谓的“观念的联系”和“事实”加以说明，接着表明“原因和结果”如何是一切推理的基础，最后进一步表明，这样的推理既不是观念的联系，也不是简单的事实。

大卫·休谟，《人类理智研究》[1]

人类理性或研究的全部对象，可以自然地分为两类，即，**观念的联系**和**事实**。属于第一类的有几何、代数和算术。简而言之，这样的命题要么是直觉发现其确定性，要么是证明其具有确定性。**直角三角形斜边的平方等于其余两边的平方和**，就是这样的一个命题，它表达这些图形之间的一种关系。又如，**三乘五等于三十除以二**，表达了这些数之间的一种关系。这类命题只凭思想的运作就能发现出来，而不以存在于宇宙中某处的事物为依据。纵使自然中没有圆或三角形，欧几里德所证明的真理仍然保持着它的确定性和自明性。

人类理性的第二种对象是事实，它不能用同样的方式来加以确定。它们的真理的证据无论多么充足，其性质也绝不与前一类真理类似。各种事实的反面仍是可能的，因为它绝不会包含任何矛盾，而且可以同样轻易明白地为心灵所设想，就好像它与现实相符一样。**太阳明天将不会升起**，这个命题与**太阳明天将会升起**这个断言，是同样易于理解的，同样没有矛盾的。因此，我们想要证明前一个命题的错误，只能是徒劳。如果要论证它是错误的，那一定要证明它包含着矛盾，并且绝不能为心灵所明确设想。

所以，我们的好奇心值得去研究一个主题：在我们的感官的当下证据或我们的记忆的记录之外，使我们确信任何真实的存在和事实的证据的本质是什么。大家知道，哲学的这一部分，无论是古代人还是现代人都未曾予以开拓。所以，在从事如此重要的一项研究中，我们的疑难和错误是更可原谅的，因为在如此艰难的道路上，我们没有任何指南或指导。由这种研究刺激起来的好奇心，推翻了那种毒害一切推理和自由研究的盲目自信和安全感，就可以证明这种研究是有用的。我认为，我们在普通哲学中发现缺陷，如果确实有缺点的话，不但不会使人沮丧，在通常情况下，反而会激励人们去提供一种较之过去提供给公众的理论更为充分、更令人满意的理论。

一切关于事实的推理，似乎都建基于**因果关系**。仅仅通过这种关系，我们便能超出我们的记忆和感官的证据之外。如果你问一个人，他为什么相信某一件不在眼前的事实，比如，他在乡下或法国的朋友。他就会给你一个理由，而这个理由会是某种另外的事实，例如一封来自这个朋友的信，或者知道这个朋友此前的决定和诺言。一个人如果在一座荒岛上发现一块表或任何其他器械，他就会断定那座荒岛上曾有人来过。我们所有关于事实的推理都具有这种性质。在这里，通常总是假设在眼前的事实与从中推断出来的事实之间存在着一种联系。如果没有东西将它们联系起来，那么，这种

1　David Hume, *An Enquiry Concerning Human Understanding*, 2nd ed., ed. L. A. Selby-Bigge, Oxford: Oxford University Press, 1902. 中译文见休谟：《人类理智研究》，吕大吉译，北京：商务印书馆，1999 年。

> 推断就会完全不可靠。如果我们在黑暗中听到一种有节奏的声音和合乎理性的谈话，就会确信有人在那里。为什么？因为这些声音和谈话是人所造成的，与人有密切的关系。如果我们仔细分析一切具有这种性质的推论，我们会发现，它们都建基于因果关系，而且这种关系不是接近的，就是遥远的，不是直接的，就是并行的。热和光是火的并行的结果，而且一种结果可以正确地从另一种结果推论出来。

我们将一再看到的休谟的论证如下：我们通过诉诸其他经验和事件来说明我们的经验和事件。如果我手指感到灼伤的痛，并想知道为何会如此，那我会低头看看，发现我的手恰好离火炉口太近。我解释说，火炉的热是原因，灼伤的痛是热火的结果。实际上，无论什么时候，只要我们没能找到一种因果**解释**，就会感到茫然，而可能没有原因（“没有原因，是你自己灼伤自己，就是这样”），这样的说法我们无法理解。但是，休谟问道，我们是从哪里知道原因和结果的呢？

> 因此，如果我们要想使自己满意于那种使我们确信事实的证据的本质，我们就必须研究，我们是如何获得关于原因和结果的知识的。
>
> 我要大胆地提出一个没有例外的一般命题：我们关于因果关系的知识，在任何情况下都不是通过**先验**推理获得的，而是完全产生于经验，即产生于当我们看到一切特殊的对象恒常地彼此联结在一起的那种经验。一个人不管他有多么强烈的自然理性和才能，如果在他面前的对象对他来说完全是新的，那么，即使他极其精细地考察它的可感性质，他也不能发现关于这个对象的任何原因和结果。即使我们假设亚当的理性官能一开始就是十分完美的，它也无法根据水的流动性和透明性而推论出水会使他窒息，或根据火的光明和温暖就推论出火会把他化为灰烬。任何对象都不能凭借其呈现于感官的性质，显露其所由产生的原因或由之而生的结果。我们的理性若离开经验的帮助，也不能作出关于真实的存在和事实的任何推论。
>
> **原因和结果的发现，不是通过理性而是通过经验**，这个命题是很容易为人所接受的，如果就我们记得曾经完全不为我们所知的那些对象来说。因为我们必须意识到，在那个时候我们完全没有能力预知从这些对象中将会产生出什么东西来。拿两块平滑的大理石放在一个没有受过自然哲学熏陶的人面前，他绝不会发现，它们是以这样一种方式黏合在一起，以至于从纵的方面要把它们分开要费很大力，而它们对于横向的压力的抗力则很小。这些事件与自然中经常发生的事件少有类似之点，因而只能承认，要认识它们，只有通过经验。没有人可以想象，火药的爆炸或磁石的吸引能够通过先验论证来发现。同样，如果我们假设某种结果依赖于复杂的机械或各部分间的秘密结构，那我们就不难将我们对于这方面的一切知识归之于经验。谁敢断言他能提出终极的理由来说明牛奶和面包之对人是适宜的营养品，而不是狮子或老虎的适宜的营养品呢？
>
> 但是，乍看起来，这同一个真理对于我们有生以来就熟悉的那些事件，可能没有相同的明确性，那些事件与自然的整个过程非常相似，而且人们假设它们是以那些并无各部分间的秘密结构的事物的简单性质为依据的。我们很容易想象，我们单凭理性的活动，不靠经验，就能发现这些结果。我们妄自设想，假如我们突然来到这个世界，

我们立刻就能推断出，一个弹子撞击另一个弹子后，就会把运动传递给那个弹子，而不必等待事件发生，就可以确定地宣布这件事一定会发生。这是习惯的影响，习惯到了最深的程度，它就不仅掩盖了我们天生的无知，甚至隐蔽了习惯本身，以至于好像没有习惯这回事似的，而这只是因为习惯已经达到了最高的程度。

但是，要使我们相信所有的自然规律和所有的物体活动都毫无例外仅仅通过经验得到认识，那么，作下面的这些思考大概也就够了。如果一件事物呈现在我们面前，如果我们必须断定从这件事物中将要产生的结果，而不需参照过去的观察，那么，我要问你，心灵应当以什么方式来进行这种活动呢？它必须构想或想象出一个事件，把它当做那个事物的结果。很明显，这种构想一定是完全任意的。心灵即使用最精密的考察也绝不能在所假定的原因里面找出结果来。因为结果是与原因完全不同的东西，所以我们绝不能在原因里面发现结果。第二个弹子的运动是一件完全不同于第一个弹子的运动的事件，一个弹子中没有任何东西暗示出另一个弹子的丝毫线索。一块石头或一块金属抛到空中，如果没有任何东西支持它，便立刻回落下来。可是，若先验地来考虑这件事，我们在这种情况下，是不是可以发现一种东西能够使我们产生石头或金属降落的观念，而不是上升或者别种运动的观念呢？

既然在一切自然事物的活动中，我们如不参照经验，则对于一种特殊结果所作的最初的想象或构想便是任意的，那么，我们也必须认为，我们在原因与结果之间所假定的那种纽带或联系，亦即将原因和结果结合起来，使那个作为原因的活动不可能产生出别的结果的那种联系，也同样是任意的。例如，当我看到一个弹子沿着直线向另一个弹子运动时，即使假定第二个弹子的运动使我偶然想到这是它们接触或冲撞的结果，难道我就不能设想从这个原因中同样可以产生出成百种不同事件来吗？这两个弹子就不会完全静止下来吗？第一个弹子就不会循着直线后退，或者第二个弹子跳到其他的路线或方向去吗？所有这些假定都是不矛盾的、可设想的。那么，为什么我们却偏爱那个并不比其他的假定更不矛盾、更可设想的假定呢？我们的一切先验的推论永远不能指出这种偏爱是有任何基础的。

到目前为止，休谟的论证表明，我们对于具体的原因和结果的认识，只能通过经验，而不能通过理性。因为你多次看到这一现象，你才知道一个弹子球向前运动撞击另一个弹子球，从而使第二个弹子球按照可预测的路线运动。但是，如果你此前从未看过任何与之类似的现象——假设你是亚当或夏娃（撞球台在造物的第八天才创造出来）——那你就不会有任何所预期的观念。这两个弹子球可能会停住，也可能会爆裂。第二个弹子球还可能引发一场诉讼。换言之，原因和结果的预测取决于此前的经验，再多的纯粹推理都无济于事。

因而，总之每一个结果都是与它的原因不同的事件。所以，结果是无法从原因中发现出来的，我们最初关于结果的先验的构想或概念，必定是完全任意的。即使在结果得到呈现之后，结果与原因的关联也还是同样任意的。因为总是还有其他许多结果，依照理性看来，也同样是完全不矛盾的、自然的。因此，若没有观察和经验的帮助，要想决定任何单个的事件或推断出任何原因和结果，那是办不到的。

◆◆◆

> 当任何对象或原因呈现于我们的心灵面前，如果我们不依靠一切观察，而只用先验的推理来考量，它就绝不能给我们提供任何别的对象的观念，比如它的结果，更不能向我们指出它们之间的不可分离、不可违背的联系。一个人如果仅仅借助于推理就发现出结晶是热的结果，冰是冷的结果，而事先并不熟悉这些性质的作用，那他也未免太机灵了。

在这一论证中，我们看到休谟把他的“叉子”的前一半应用于因果观念。这原因和结果的观念不可能是一种观念的联系，因为，比如说，无论我们如何严密地考察火的观念，我们也绝不会发现它引起火药爆炸的观念。仅仅依靠推理是无法揭示具体事件的原因或结果的。在这一论证的开端，休谟也认为，通过知觉是发现不了因果观念的：尽管我们感知到了火的许多不同性质，但我们从来就没有感知到它引起火药爆炸的能力。休谟得出结论说，原因和结果的观念必定源自于我们关于两个事件的恒常关联的经验。比如，我们观察到，每一次我们给火药点火它就爆炸，而且，因为我们预期未来会与过去类似，所以我们推断，火的应用是火药爆炸的原因。简而言之，我们关于原因的知识是通过归纳过去的经验而获得的。

休谟反驳归纳的论证，尤其是反驳未来与过去类似这一归纳原理的论证，采取了完全一样的形式。他再一次以他那“观念的联系”与“事实”之间的“叉子”开始，并且再一次证明，我们所有思考的基本假设之一，即归纳原理，同样无法成立：

> 对于我们第一次提出的问题，我们至今尚未得到任何差强人意的解答。每一个解答都仍然会产生一个与过去的问题同样困难的新问题，从而引导我们作更进一步的研究。如果有人问，**我们关于事实的一切推论的本性是什么？**适当的回答似乎是，这些推论是建基于因果关系之上的。如果再问，**我们关于因果关系的所有推论和结论的基础是什么？**对此可以用一个词来回答，即经验。但是，如果我们进一步追根究底地问，**一切由经验而来的结论的基础是什么？**这就包含了一个新问题，而且这个问题可能更难以解决和解释。那些自负智慧非凡、能力超群的哲学家，当其遇到性喜追问的人们时，就会有一项艰难的任务，这些人将把他们赶出其藏身的每一个角落，最后必定会把他们带到某种危险的困境中。预防这种狼狈处境的最好办法就是不要过于自负，并且在别人向我们提出这类难题之前就把它的困难揭示出来。借助于这种办法，我们就可以把自己的真正无知变成一种优点。
>
> 在这一部分中，我将使自己满足于一项更容易的任务，对这里提出的问题只打算给出一个否定的答复。我认为，即使在我们经验了因果作用之后，我们从这种经验中得出的结论也不是建立在推理或任何理解的过程之上的。对这个答案，我们必须尽力予以说明和辩护。
>
> 我们确实必须承认，自然使我们与它的一切秘密保持着很大的距离，它只让我们认识到事物的少数表面的性质，至于那些为事物的影响所完全依据的力量和原则，则对我们隐藏了起来。我们的感官只告诉我们面包的颜色、重量和硬度，至于面包所具有的那些适于营养和补益人的身体的性质，无论是我们的感官或理性，都是不能告诉

我们的。视觉或触觉传达关于物体的实际运动的观念，但是，至于那种使物体在空间中连续变化，并在传递给另一物体以前绝不丧失的奇妙力量，我们则不能对之形成最黯淡的概念。但是，尽管我们不知道这种自然的能力和原则，我们却总是假定，当我们看到相同的可感性质时，它们也有相同的秘密力量，并期望会产生出类似于我们曾经经验过的那种结果来。如果有一个物体呈现在我们面前，它的颜色和硬度与我们以前吃过的面包相同，我们就会毫不犹豫地重复以前的实验，并且预先断定，它将给我们与以前的面包同样的营养和补益。这一个心理过程或思想过程，我很愿意认识它的基础。人们承认，从一切方面来看，在可感性质和秘密能力之间并没有已知的联系，因此，心灵并不能通过对于它们本性的任何认识而形成这样一种结论。至于过去的**经验**，人们能够承认的是，它所给我们的**直接的**和**确定的**报告，仅仅限于我们经验所认识的那些对象，并且只限于我们的经验认识它时的那段时间：但是，为什么这个经验可以扩展到未来，扩展到我们认为仅仅表面上相似的其他对象上面，这正是我要坚持的主要问题。我以前吃过的那块面包曾给我以营养，就是说，一个具有那样的可感性质的物体，在那个时间内，是具有那样的秘密能力的。但是，是否可以由此推断说，其他的面包在另外的时间里也必定会给我以营养，相同的可感性质也必定伴随着相同的秘密能力呢？这个结论看来绝不是必然的。至少必须承认，这里有一种由心灵推出的结论，有一定的步骤，有一种思想过程和推论过程，需要加以解释。下面这两个命题绝不是一样的：**我曾经见到这样一个事物总是有这样一个结果跟随着，以及，我预见别的表面上相似的事物也会有相似的结果跟随着。**

迄今为止的论证就像关于原因和结果的论证一样，即，我们只是通过经验才认识事物和事件的特性和结果，比如，运动着的物体引起了其他物体运动，或者吃面包给了我营养。但是，现在休谟区分了两种命题：（1）我承认我过去的经验里有某种因果关系，（2）我预测未来也会有类似的因果关系。休谟说，这一推论确实合理，但是，他再次迫使我们回答为何这一推论是合理的，而他论证说，我们无法给出答案。

如果你高兴的话，我愿意承认，一个命题可以从另一个命题正确地推论出来。事实上，我知道它经常是这样推论出来的。但是，如果你坚持这个推论是由一串推理推出来的，我就希望你把那串推理提示出来。这两个命题之间的联系并不是直觉的。如果它确实是由推理和论证推出来的，那么它便需要有一个中名词，因为必须有中名词才能使心灵作出这样的推论。这个中名词是什么呢？我必须承认，这是我所不能理解到的。如果有人硬说这个中名词确实存在，并且是我们关于事实的一切结论的源泉的话，他就必须负责地把它提示出来。

如果许多有见识的、能干的哲学家把他们的研究转向这个方面，却没有一个人能够揭示出任何联系的命题或中间步骤，从而帮助我们理解这个结论的话，那么，这个否定的结论必定会逐渐令人信服。不过由于这还是一个新的问题，任何一个读者都还不能信赖自己的洞察力到如此程度，以至可以就此断言说，由于他没有研究某个论证，因此这个论证确实不存在。由于这个原因，这就可能需要我们冒险去进行一项更为困难的工作，即列举出人类知识的所有部门，以便努力指出，其中任何一个部门都无法提供这样的论证。

这就是“休谟之叉”：所有知识分为两个部分，即关于观念的联系的推理（他在这里称之为“证明的”）和关于事实的推理（他在这里称之为“或然的”）。他说，从上面的论证可以清楚地看到，证明推理无法用来证成我们关于未来的预测。但是，他随后进而论证说，关于事实的推理——诉诸经验——也无法证成我们的预测倾向。因为，若以经验为基础证成我们的这一信念——未来类似于过去，那我们实际上是在做这样的一个论证：我们知道未来会类似于过去，是因为在过去，未来总是与过去类似，而这是“循环论证”，是一种“恶的循环”，即在为一个命题辩护时参照了这个命题本身。（比如问一个可疑的说谎者：“你在对我撒谎吗？”）因此，我们的预测倾向也无法通过诉诸经验而得到证成，我们具有这种倾向根本就没有任何正当理由。

- 什么是“休谟之叉”？他主张哪三个信念作为结果没有得到证成？
- 休谟是怎样破坏了我们的预测能力的？

一切推理可以分为两类，即证明推理，或者说关于观念的联系的推理，以及或然推理，或者说关于事实和存在的推理。在这种情形下，似乎显然不存在证明的论证。因为自然过程可以变化，而且一个物体即使看起来与我们所经验过的物体类似，也可以产生出不同的或相反的结果，这是并不矛盾的。难道我就不可以清楚明白地设想一个从天上掉下来的物体，它在一切别的方面都与雪类似，但其味如盐或其热如火呢？如果我断言，所有的树将在十二月和一月繁茂生长，在五月和六月枯萎凋谢，难道还有任何比这更容易理解的命题吗？一切可以理解、可以清楚地设想的东西都不包含矛盾，而且绝不能通过证明的论证或抽象的推理**先验地**证明其为错误。

因此，如果通过一些论证使我们信赖过去的经验，并以此作为判断未来的标准，那么，按照上述的区分，这些论证必定只是或然的论证，或者说是关于事实和存在的论证。但是，如果我们对于这类推理的解释是可靠而又令人满意的话，那么就必须看到，根本就不存在这类论证。我们已经说过，所有关于存在的论证都是建立在因果关系上面，我们关于这种关系的知识完全源自于经验，我们的一切经验结论都是从如下假设出发，即未来将与过去相符。因此，如果力图把一些或然的论证或关于存在的论证用来证明上述那个假设，那显然是在兜圈子，而且把正在争论的焦点看成了理所当然的东西。

◆◆◆

如果有人说，**我在过去的一切例证中，曾经发现那样的可感性质与那样的秘密能力是结合在一起的**，同时他又说，**相似的可感性质总是会与相似的秘密能力结合在一起**，那他并没有犯同义反复的错误，因为这两个命题在任何方面都是不同一的。但是你说，一个命题是从另一个命题推论出来的，那你就必须承认，这一推论既不是直觉的，也不是证明性的。那它的本性是什么呢？要说它的本性是经验的，那就是循环论

> 证。因为一切从经验而来的推论，都是把未来与过去类似以及相似的能力总是与相似的可感性质结合在一起这样的假定作为它们的基础。如果对这些推论有所怀疑，认为自然过程是会变化的，过去不可以作为未来的法则，那么，一切经验都变得毫无用处，我们就再也不能从经验中作出推论或结论了。因此，根据经验作出的任何论证都不可能证明未来与过去类似，因为所有这些论证都建立在那种类似的假定的基础上。即使事物的过程从来都是这样有规律，但是，如果只凭这一点而没有什么新的论证或推论，也不能证明未来会继续是这样。你妄图从你过去的经验来得知物体的本性，那是徒劳的。因为，即使在它们的可感性质没有任何变化的情况下，它们的秘密本性，以及随之而来的一切结果和影响仍可能变化。有时候,有些事物就发生了这种情况。既然如此，为什么所有事物就不会经常发生这种情况呢？你能用什么逻辑、什么论证过程来反驳这个假定呢？你说,我的实践驳倒了我的怀疑。但是,你这样说就误解我提问的意思了。作为一个行动者,我是完全同意这一个论点的,但是作为一个哲学家,就有几分好奇心，我且不说怀疑论，我就想把这个推论的基础搞清楚。到如今，读书和研究都还不曾解除我的困难，或者使我对如此重要的一个问题得到满意的答复。我除了将这个困难向大家提出之外，还有其他更好的办法吗？虽然如此，我对于解答这个问题的希望还是很渺茫。我们这样做，即使不能增进知识，至少可以明白自己的无知。

休谟反驳普遍因果原理和归纳原理的论证，也是反驳一般的**理性主义**的论证。他所说的是，若不借助经验所提供的信息，仅仅推理是无法告诉我们任何关于世界的东西的。**先验推理**，也就是说，不诉诸经验的思考，无法证明任何对于理性主义者至关重要的那些公理，比如实体、上帝和原因的存在，以及未来事件与过去事件的一致性。他的论证同时也是怀疑论者的论证，因为他论证说，哪怕诉诸经验，也无法证明其中任何事物的实在性。

这些怀疑论者的怀疑的解决方案是什么呢？如果我们寻求一个证成或辩护，那按照休谟的说法，根本就不会有这样的证成或辩护。但是，在日常生活中，这样的哲学怀疑根本没有影响，因为，尽管我们的信念没有证成，但是，我们仍有信心认为，至少存在着一种对于它们的解释。

> 假设有一个具有最强的理性能力和反省能力的人，他突然来到这个世界上，他一定会马上观察到物体的连续出现，一件事跟着另一件事发生着，但是，他除此之外不会有进一步的发现。他不会起初就通过任何推理而得到因果观念，因为进行一切自然活动所依据的那些特殊能力绝不会在他的感官面前呈现出来，而且我们也不能在只有一个例证的情况下仅仅因为某一事件先于另一事件发生，就可以合理地断定前者是原因，后者是结果。它们的联结可能是任意的和偶然的。可能并没有任何理由从一个事件的出现推出另一个事件的存在。总之，这样一个人，如果没有更多的经验，就绝不能对任何事实运用他的猜测或推理，或者确信直接呈现于他的记忆或感官之外的任何事物。
>
> 再假定这个人获得了更多的经验，并且在世界上生活了那么久，因而观察到许多相似的事物或事件恒常地结合在一起——这种经验的结果会是什么呢？他可以从一件

> 事物的出现立刻推论出另一事物的存在，然而，即使借助于他的全部经验，也不能使他对一件事物据以产生另一种事物的那种神秘能力，得到任何的观念或知识，而且，他作出这种推论，也并非通过任何推理的过程。但是，他仍然认为自己必须作出这样的推论，尽管他也深信他的理智并没有起这种推理的作用，但是他仍会继续这样的思想过程。一定存在着另外某种原则，决定他去形成这样的一个结论。
>
> 这个原则就是习惯或习性。因为，任何一种个别的动作或活动重复了多次以后，便会产生一种倾向，使我们并不凭借任何推理或理解过程，就重新进行同样的动作或活动，我们总是说，这种倾向是习惯的结果。但是，我们不能使用习惯这个词就妄称给出了这样一种倾向的终极原因。我们只是指出一种大家普遍承认的人性原则，它因其结果而为人所熟知。也许我们并不能把我们的研究再推进一步，或者妄想将这个原因的原因揭示出来，但是，我们必须满足于这个人性原则，把它当做我们所能认定的、一切由经验得来的结论的终极原则。我们能做到这一步就充分满足了，不必因为我们的各种官能不能使我们更进一步，就对它们的狭窄性表示怨恨。看到两种事物经常联系在一起，例如热与火，重量与体积，我们就仅仅由于习惯而断定从一件事物的出现可以期待另一件事物的出现，在这里，我们至少确乎提出了一个完全可理解的命题，即使它不是一个真理性的命题。这一假设似乎是唯一能说明如下困难的假设，这个困难就是，我们何以能从一千个实例中得出一个推论，却不能从各方面都与那些实例并无不同的单一实例得出这个推论？理性是不能有这样的偏差的。它从观察一个圆圈而得出的结论，就与观察宇宙中一切圆圈而得出的结论是相同的。但是，绝没有人仅仅见到一个物体被另一个物体推动后而运动起来，就能推断出其他一切物体受到同样的冲击以后也会运动起来。由此可见，一切从经验而来的推论，都是习惯的结果，而不是推理的结果。

换言之，不存在“这些怀疑论者的怀疑的解决方案”，至多有休谟所谓的“一个怀疑论者的解决方案”。它意味着一个终结，不是哲学的终结，而是所有**理性**研究和一切宣称我们能够有所认识（太阳明天会升起，或者，现在我面前有一台打字机）的主张的终结。你可能认为，这样的结论会使休谟发疯，或者使他陷入混乱，以至于他无法应付极其日常的琐事。然而我们知道，他是同侪中最能干、最快活的人。作为一位哲学家，他被驱赶到了柏拉图的洞穴之壁。但是，他仍泰然自若。在《人性论》末尾的一个著名段落中，他简单地评述说：

> 最幸运的是，理性虽然不能驱散这些疑云，可是自然本身却足以达到那个目的，把我的哲学的忧郁症和昏迷治愈了，或者是通过松散这种心灵倾向，或者是通过某种事务和我的感官的生动印象，消灭所有这些幻想。我就餐，我玩双六，我谈话，并和我的朋友们谈笑。在经过三或四个小时的娱乐以后，我再返回来看这一类思辨时，我就觉得这些思辨是那样的冷酷、牵强和可笑，因而发现自己无心再继续进行这类思辨了。[1]

1　David Hume, *A Treatise of Human Nature*, ed. L. A. Selby-Bigge, Oxford: Oxford University Press, 1888. 中译文见休谟：《人性论》（上册），关文运译，郑之骧校，北京：商务印书馆，1997 年，第 300 页。

- 休谟为何认为仅仅理性无法给予我们知识？他为何认为仅仅经验主义无法给予我们知识？休谟对于这一问题的“解决方案”是什么？
- 休谟怀疑论式的怀疑令人信服吗？为什么或为什么不？

或许，你也发现了“这些思想的冷酷、牵强和可笑”。不过，即使如此，这也不是我们开溜去就餐、进行晚间游戏和谈话的时刻。一定是什么地方出大错了。经验主义把常识归还给哲学的努力，以可想象的最不具常识性的哲学告终。一个人，若真相信不存在物质世界，真相信未来不会类似于过去（因此，上个星期被卡车撞了，今天又走到街中间去确信这样的事情不会再发生），那他就是个疯子！我们的理智怎么能与我们的经验如此脱节，或者说，我们的哲学怎么能离我们的实际生活如此之远？休谟的怀疑论到底有多严重？

E. 当代谜团：知识作为得到辩护的真信念

像哲学史上的任何节点一样，麻省哲学家埃德蒙德·盖梯尔（Edmund Gettier）提出的简洁论证，带着对**充分必要条件**的哲学冲动和对反例的纯熟运用，已经可想而知地让当代“分析的”知识论为之神魂颠倒了。在组成了关于知识的哲学研究史的诸多论证之中，有一个近乎被普遍接纳的基本定义或知识理论，那就是知识是得到辩护的真信念。如果一个信念不是真的，那么它就不会被知道，而即便一个信念是真的，除非它同时也得到辩护，否则它也不是知识的部分。关于信念的辩护的理论有很多，但大多诉诸于某种意义上的证明或证据，这个想法是说，如果对于一个真信念，存在这样的辩护（即便那个辩护取决于他人的证词或权威）[1]，那么这个信念就是一个知识。对此，盖梯尔提出了反例，在这些反例中，一个人对于一个真信念有辩护，但却并不真正据有知识。在这些事例中，这个人拥有好的理由相信某件碰巧为真的事情，但却基于事实上为假的根据。盖梯尔的案例涉及复合陈述，其中的一个例子是“要么琼斯拥有一辆福特，要么布朗在巴塞罗那”。在这种情形中，“琼斯拥有一辆福特”或者“布朗在巴塞罗那”任何一个为真都会使整个陈述为真（二者都为真亦然）。一个人或许会因为总是看见琼斯开着一辆福特经过而相信这个陈述，但完全没有理由认为布朗在巴塞罗那。尽管可能琼斯仅仅租了那辆福特，而布朗碰巧在巴塞罗那度假。这个人会有理由相信这个真复合陈述为真，但是基于不可靠的证据。尽管这个人相信这个真陈述是得到了辩护的，但盖梯尔主张这个人并不**知道**这个陈述为真。

- 得到辩护的真信念是知识吗？
- 你会如何回应刚刚描述的反例？
- 除了上述已经给出的例子之外，还有什么会是一个人相信这个陈述为真得到了辩护，然而却没能知道它为真的例子？

1 Edmund L. Gettier, “Is Justifed True Belief Knowledge?”, *Analysis* 23 (1963), p. 123.

盖梯尔表明，知识是得到辩护的真信念的想法并不像它看上去那样直截了当。他的反例为各种主题的当代哲学批评提供了典范。每当一个哲学理论向我们提出一组充分必要条件时，读者都被邀请想出一个清晰的反例来迫使哲学家重新思考并修正这个理论。

我们该怎样去做呢？这种“盖梯尔式”例子的一个优点是，它迫使我们在按照充分必要条件提出哲学理论时要格外小心。不过也有哲学家用这些反例表明，这样的哲学理论是成问题的，追寻充分必要条件本身就是一个错误，就如我们将在接下来的章节中看到的、从康德到实用主义和解释学的历史概览一样。

总结与结论

认识论是关于人类知识的研究——我们能认识什么，我们能够如何认识，以及我们不能认识什么。在这个意义上，认识论和形而上学是互补的学科。认识论成了获得关于世界真实地存在的方式的探究方法。在一些哲学家看来，比如笛卡尔，这种探究方法主要信任理性，因此，他们被称作理性主义者。在另一些哲学家看来，比如洛克，首选的探究方法信任感官和经验，因此，他们被称作经验主义者。理性主义者和经验主义者的共同问题是，超越事物的纯粹表象，达至它们背后的实在。理性主义者试图通过诉诸直观和某些原则来做到这一点，他或她从它们能够推论出世界真实存在的方式。相反，经验主义者诉诸他或她的经验，试图从中找出实在之本性的证据。然而，这两种观点都有这样的危险，即它们的方法似乎总是不能如其所愿。理性主义者在应从何种原则开始、应信任何种直观上纷争不已。经验主义者发现，他们自己的经验方法不可能说出任何经验之外的东西。因此，贝克莱主张，唯有我们的观念（包括上帝）和具有这些观念的心灵存在，休谟则作出结论说，我们永远不会认识任何关于实在的东西，而只能认识我们自己的**观念的联结**。认识论学者依然在努力研究，试图提出回答知识问题的更加令人满意的答案，依然试图一劳永逸地击败或维护被休谟作出杰出论证的怀疑结论。最后，我们考察了知识作为得到辩护的真信念的盛行观点，并用它来重新考察了按照充分必要条件来进行分析的观念。

章节复习题

1. 你能想出什么方法为洛克维护他的主张——实体存在，但我们不知道它们是什么样子——吗？洛克会怎样回应贝克莱的我们只能认识观念这个结论？
2. 笛卡尔通过他那著名的命题“我是一种思考之物”，重新确立了他的信念体系。在洛克的体系中，思考之物的位置何在？
3. 说明归纳推理与演绎推理之间的差异，以及它们各自如何应用于笛卡尔和洛克的体系。
4. 你会怎样刻画怀疑论？在本章中，不同的哲学家会以何种方式回应怀疑论者的挑战？怀疑论者又会如何回应每种情形？
5. 解释将理性主义和经验主义相结合的困难之处。

关键术语

appearanc 现象
a priori（knowledge）先天（知识）
association of ideas 观念的联结
causal theory of perception 知觉的因果理论
causation or causality 因果关系或因果性
cause 原因
Cogito, ergo sum 我思故我在
conceptual truth 概念真理
datum 予料
empiricism 经验主义
epistemology 认识论
explanation 解释
generalization from experienc（or inductive generalization）经验概括（或归纳概括）
Hume's fork 休谟之叉
idea 观念
impression 印象
induction 归纳
inductiv generalization 归纳概括
innat ideas 天赋观念
intuition 直观
justification 证成
matter of fact（in Hume）事实问题（休谟）
necessary（truth）必然的（真理）
necessary and sufficient conditions 充要条件
perception 知觉
primary qualities 第一性的质
principl of induction 归纳原则
principl of universal causation 普遍因果关系原理
probable 可能的
quality 性质
rational 理性的
rationalism 理性主义
rationalist 理性主义者
reason 理性
relations of ideas 观念的联系
rules of inferenc 推论法则
secondary qualities 第二性的质
sensation 感觉
sense-data 感觉材料
skepticism 怀疑论
subjective idealism 主观观念论
substanc 实体
tabula rasa 白板
truth of reason 理性真理

参考文献与进阶阅读

与笛卡尔的认识论相关的各种问题的几种研究可见 John Carriero, eds., *A Companion to Descartes* (Malden, MA, and Oxford: Blackwell, 2011).

戈特弗里德·威廉·冯·莱布尼茨对约翰·洛克的回应的详细阐述，见莱布尼茨的 *New Essays on Human Understanding*, trans. and ed. Peter Remnant and Jonathan Bennett (Cambridge: Cambridge University Press, 1996).

洛克的《人类理智论》已由牛津大学出版社出版（1975）。

值得特别注意的是贝克莱的 *Three Dialogues Between Hylas and Philonous* (La Salle: Open Court, 1935)，其中，他的论述以有趣的对话表现了出来。

所用的大卫·休谟的《人性论》是 L. A. Selby-Bigge 编辑的（Oxford: Oxford University Press, 1888），但是，绝大多数初学者发现休谟的《人类理智研究》（Oxford: Oxford

University Press, 1902）要好读得多。

伯特兰·罗素的《哲学问题》（London: Oxford University Press, 1912）是认识论问题和一些形而上学问题的一个优秀导论。

更加现代的一些认识论研究有 Ralph Baergen, *Contemporary Epistemology* (Fort Worth: Harcourt Brace College Publishers, 1995); Jonathan Dancy, *Introduction to Contemporary Epistemology* (Oxford: Blackwell, 1985); John Greco and Ernest Sosa, *The Blackwell Guide to Epistemology* (Oxford: Blackwell, 1998); Alfred Mele and Piers Rawling, *The Oxford Handbook of Rationality* (New York: Oxford University Press, 2003); 以及 Robert Audi, *Epistemology: A Contemporary Introduction* (New York: Routledge, 2003).

怀疑论的一个现代辩护，见 Peter Unger, *Ignorance* (London: Oxford University Press, 1975).

第二部分

认 识 你 自 己

第4章　真理与相对主义

真理是这样一种错误，没有它，某种生活就过不成。——尼采[1]

真理问题一直处于哲学的中心。在"实在**实际上**是什么样？"的发问中，古代哲学家试图探明有关表象背后的实在的真相。他们中的某些人，比如巴门尼德和柏拉图，相当明确地在真实世界——或者简言之，"真理"——与我们日常经验的世界之间作出区分。笛卡尔和洛克也都以不同的方式寻求真理，而他们进路的不同，表明了在他们的理念中，对于真理应当是什么的也是不同的。不过他们都相信，有真理这种东西，并且他们青睐的哲学方法能够让他们获得真理。在怀疑论者——尤其是休谟那里——这种确信瓦解了。

文化和哲学的多样性——以及不同**类型**的哲学——让真理问题变得百家争鸣。如果不同的文化和哲学仅仅是在视角和风格上相异，那么除了它们的不同之处，无疑会存在一个它们都在描述的真理，只不过它们通过不同的途径通往这个真理。这就像古代波斯的盲人摸象的故事，他们中的一个断言，这头野兽像一个木桶那么大，另一个说大象更像一条蛇，另外两个说它像绳索和象牙刀。不过在这个耳熟能详的故事中，很显然盲人们能够通过绕着这个动物摸一圈来达成一致。

如果结果是我们的各种视角以及我们用以描述它们的语言把我们钉死在自己的位置上动弹不得，使我们无法甄别其他的来路，那么真正的问题就出现了。许多观念论者和怀疑论者共同持有这个论题:我们仿佛从未经验到实在本身，而是仅仅知道我们自己的阐释。或者，用另外一个隐喻来说，就好像我们在阅读一本书，一本古书的英文译本，而古书本身又是从另一门古代语言翻译而来，而这又是从另一门已经失传、或许从未存在过的古代卷轴中临摹而来的。其他文化只是以不同的方式看待与我们所共享的同一个世界,还是在某种意义上说，与我们生活在不同的世界中？如果是这样，就像尼采写道的，或许存在许多种"真理"，因而也就根本没有真理。

真理就在世界之中的观点是常识的基础，也是大半部哲学史的基础。即便是主张世界由观念构成的贝克莱主教，也坚称这些观念是由上帝导致的，而上帝就是真理。不过，怀疑论也质疑上帝就是真理，就像其质疑我们假定我们所知的东西大都为真理一样。真理外在于

1　Friedrich Nietzsche, *The Will to Power*, ed. and trans. Walter Kaufmann, New York: Random House, 1967, p. 272.

我们的观念不再是一个常识，而成了一个严重悖论的来源。如果它外在于我们，我们究竟如何知道它？如果它并非外在于我们，那么还有任何需要我们去了解的东西吗？

现在，成问题的是从第一位哲学家开始就统领了形而上学和常识的那个假设。首先，有柏拉图“两个世界”的观点：“存在的世界”是真实的世界，“生成的世界”是我们日常经验的世界，尽管后者或许并非是不真实的，但与存在的世界相比不那么真实。如今，柏拉图所使用的实际模型并未被所有现代哲学家所接受，而这无疑与常识不符。但许多哲学家，东方西方都有，**已经**接受了表象和实在的区分。例如，经验主义者的主张与柏拉图的观点恰好相反。根据现代经验主义的观点，物质世界成了真实的世界，而我们的观念——我们心理的“观念”和经验——成了不那么真实的“世界”。无论是在笛卡尔、洛克、休谟还是罗素那里，问题总是如何知道我们的“观念”或经验事实上与真实世界相符。笛卡尔自信能够知道他的经验与实在相符，而休谟认为我们永远无法认识这样一个世界，这些都无法向我们隐瞒他们所预设的“两个世界”的模型：一方面是实在（如果有的话），另一方面是我们的经验。我们如何从经验移向实在？

我们在第1章中还提到了两个假设，它们不仅为柏拉图和亚里士多德所共有，也为大多现代思想家（例如斯宾诺莎和莱布尼茨）所共有。它们是：（1）世界对于我们是可理解的，我们的语言能够捕捉到实在的结构；（2）所有关于实在的知识（也就是形而上学知识）必须都由必然真理组成。第一个假设似乎在某种意义上预设了“两个世界”的模型，因为某物（我们的语言）若非是忠实于其自身之外的某种其他事物（实在），不然就不可能是“忠实的”。不过它也假定，我们（或希腊人）所用以表达自我的语言足以不加扭曲地描述世界。事实明显如此吗？例如，会不会我们用以挑拣出个体事物的语词事实上扭曲了对我们而言的真相，迫使某些事物落入对于它们而言并不自然的范畴之中，并使得辨识任何我们对其无话可说的事物变得不可能？会不会我们的语言甚至通过挑拣出事物来欺惑我们？真的有物体（实体）吗？我们是实体吗？会不会不同的语言（例如英语和古希腊语）实际上以不同的方式解释了世界？

最后这个难题——引发了许多哲学家称为**相对主义**的麻烦——也危及了关于实在的知识由必然真理组成的假设。相对主义主张真理因语境而异：真理相对于一门语言、一种文化、一种看待世界的方式。（可是，如果有的只是诸多观看世界的方式，那么这个世界是什么呢？）说知识由必然真理组成，就是坚称知识是**不可错**的。可这是一个关于世界的事实，还是一个我们无能于看穿的、内建于我们语言之中的普遍假设？我们怎么知道我们认为是必然的东西——由于我们语言的结构——不是仅仅对于我们而言的必然、并且对于实在而言完全不是真的呢？所以，我们必须要问，“我们被困在了我们的语言之中吗？我们是否有可能知道任何有关实在本身的东西，而不仅仅是我们通过我们的语言强加给自己的东西？”

在这里，文化多元主义的议题与传统的西方哲学发生了猛烈的碰撞。会不会西方哲学家和科学家推断世界所具有的结构事实上只是其语言和方法的一种投射？会不会对抽象理论的强调是对真理的过度简化或甚至扭曲？例如，非洲的民间传统以我们会称之为隐喻或神话式的语言来解释世态。三千年来，西方哲学家和科学家抱持着这样的观点，那些民间传统是错误的或误入歧途的，而不是平等但极为不同的、试图表达诸种对于世界的设想之一的方式，坚持这种观点是正确或公平的吗？

知识由必然真理组成的假设已经开始烦扰我们了，自从洛克和他的经验主义同道坚称我们关于世界的所有知识都必须由基于经验的真理构成，并且出于从经验中归纳的论证的本性，我们无法确信任何事情。笛卡尔坚称，任何配得上“知识”这一尊称的信念都要具有确定性（他说“完全的确定”）。可现在，让我们问，他的要求岂不是有点太过分了吗？事实上，非常过分了！确实，我有权说我知道我现在没在做梦，即便我也的确有可能出错。换句话说，是时候弱化我们的要求了。或许只要我们所相信的，是假若**有理性**的话就会去相信的东西就足够了，即便其并不确定，甚至并不与某些未被经验的实在相契合。你可能甚至会说，“或许去相信真理并不必要”。但请注意，你已经预设了使得我们的信念为真的是某些超出我们经验的实在。我们一定要在本章加以考察的，正是这种真理的观念。

A. 什么是真理?

什么是真理？本丢・彼拉多在法庭上草率处理基督的案件时提出了这个熟悉的问题。彼拉多只是个政客，并没有严肃对待这个问题。而哲学家则不然。探询真理、揭露欺幻不实的信仰和迷信、弄清我们可以知道什么——至少是在大多数时候，以及什么是真的什么是假的，这些正是他们的事业所在。

究竟什么是真理？我们应当说——就如我们迄今一直说的那样，当且仅当我们的信念与实在“相符”时，它们才为真吗？或者，根据我们当前的怀疑，或许我们应该坚称某些不同的“真理”观，它不那么强调“相符”，也不那么强调实在的方面与我们的信念和经验方面的分离。

我们的信念和经验与实在“相符”这一观念的哲学专名是**真理的符合论**。一方面，这是一个显而易见的自明之理。例如，当我告诉你“冰箱里有一颗葡萄柚”时，当且仅当冰箱里当真有一颗葡萄柚时，我所告诉你的话才为真。真理的这种“符合”标准是如此显然——一个信念或陈述为真，当且仅当其与事实相符，直到最近才有人想到称其为一种理论。亚里士多德在其《形而上学》中用一句话打发了整个“真理问题”：“将所是之事说成不是，或将所不是之事说成是，这是假；将所是之事说成是，或将所不是之事说成不是，这是真。”只要哲学家们（其他所有人）相信自己无疑能够就其所是地认识实在，这种常识性的陈词滥调对于形而上学研究就像检查冰箱里是否有葡萄柚的日常任务一样合适。但随着经验主义和休谟的怀疑论在说服力上的增长，我们能够认识实在的信心陷入了质疑，老生常谈也成了问题。

对于笛卡尔来说，我们的观念与实在之间的符合需要得到证明。洛克表述了他的怀疑；贝克莱拒斥了整个“外部世界”，仅仅留下了上帝（以及他人的心灵，比如贝克莱自己的那个）。而休谟留给我们那个看起来似乎无可辩驳的论证——即便有一个有待认识的实在，我们也永远无法认识这个外在于我们的实在。但所有这些哲学家都预设了真理的符合论，其想法是，知识是我们的想法与实在的符合，唯一配得上知识这一名号的是我们对这种符合的确信。

对你来说，质疑某种像真理的符合论这样明显的“真理”或许会显得有些古怪。我们当然无法否认“冰箱里有一颗葡萄柚”为真，当且仅当冰箱里有一颗葡萄柚。不过，让我们马上注意，符合论并不明显适用于所有真陈述。“二加二等于四”符合于使之为真的什么呢？或许有人提议，它与世界上所有两个事物（胡桃、大象、田地或苹果）与同类的两个事物的组合。即便宇宙中没有这样的组合，“二加二等于四”依然为真。一个诸如“要么在下雪要么没在下雪”的重言式不与任何东西相符合；它没有告诉我们有关世界的任何东西。一个诸如“蓝色是一种颜色”的**概念真理**仅仅告诉了我们我们语言中语词的意义。一条推理规则告诉我们如何思考。这些都不与任何东西相符合。因此，我们至多会说，符合论仅仅作为对经验知识的解释来说是好的！（这是大多数经验主义者的结论。）

但是，即便是在经验知识的范围内，也有更严重的问题。让我们再来看看这个自明之理，“‘冰箱里有一颗葡萄柚’为真，当且仅当冰箱里有一颗葡萄柚”。首先，让我们问，在何种意义上，你所发出的这串声音（“冰箱里有一颗葡萄柚……”的声音）与冰箱里有一颗葡萄柚的事实相符。如果你来设想一个事物与另一个相符合，你可能会想到一幅地图与其所描摹的地貌相符合：尺寸更小、有所省略、可至少是相同的形状、相同的比例、并且有你能认出对地域中事物的表征。可是从你嘴里冒出来的那些声音（现在在你听来可能着实有些奇怪了）如何去“符合”那颗厨房里的葡萄柚呢？现在你可能会说，符合厨房里的葡萄柚的不仅仅是“那些声音”，而是你所说或意味的东西。这当然是对的。但请注意，这些词意味着什么并不仅仅事关这个特例；而是取决于其在你碰巧讲的那门语言（美式英语）中所占据的地位。（如果你会讲斯瓦希里语，并且发出了相同的声音，这会是个惊人的巧合，但你的发言没有任何意义。）这些语词与其意义之间的“符合”以及冰箱里有一颗葡萄柚的事实不仅取决于整体的美式英语以及你关于美式英语的知识，还取决于一组约定，你和你的朋友将其理解为指称了冰箱里的那个葡萄柚。

例如，在课堂上，你的老师说“冰箱里有一颗葡萄柚”是一个英语例句。但你不会站起来去找冰箱。你知道，尽管你的老师说了和你给的朋友一颗葡萄柚时一样的话，但他或她并不直接指称任何东西。这一陈述并不与冰箱里有一颗葡萄柚的事实相符合。很明显，你所说的话（你的所思所想亦然）单单据其自身并不与任何东西相符。在某种意义上，你可能会说，当你要给朋友一颗葡萄柚时，与冰箱里有一颗葡萄柚的事实相符的是整体的英语语言及其约定，以及在这个特例中你和你的朋友所知的与你的陈述相关的一切。

从这一“符合”的另一边来看，问题也并不简单多少。什么是冰箱里有一颗葡萄柚的“事实”？这上去像是个简单的问题。答案就是冰箱里有一颗葡萄柚！可除了用我们的语言将其从其他众多事实区分开来，我们还能如何将其挑拣出来呢？假设你什么都没说，只是给你的朋友指了一下冰箱。出于对你的了解，你的朋友明白了你的意思。在这种情况下，用手指是陈述的缩略式，并且前者预设了后者。不过，假设你的朋友是从十三世纪的西伯利亚来的时间旅行者，对冰箱和葡萄柚一无所知，又会如何呢？他会拣选出正确的“事实”吗？他会知道你指的究竟是厨房、冰箱门、还是它的内容物呢？“葡萄柚”究竟是吃的东西还是往别人脚上扔的东西？甚至我们该如何理解用手指的姿势？（如果你用手指向一盘猫粮，猫更可能去闻你的手指而不是明白你的意思。）所以，如果在你看来，“事实”很显然就在那儿，等着去与你口头或手势的指示相符合，请再想想。人们通过借助语言将事实从世界中挑拣出来而分离出事实。不过，如果事实如此，那么语言并不严格地与世界“相符”，因为首先是语言将我们的世界“瓜分”成了单个可识别的“事实”。

这些都不是要否认你的这个陈述，“冰箱里有一颗葡萄柚”为真，当且仅当冰箱里有一颗葡萄柚。而是要说，仅仅出于我们在我们的语言中所共享的大量关于世界、关于我们使用某些陈述来指称世界中的个别“事实”的方式的系统性预设，这种简单的“符合”才得以可能。在日常生活中，我们不需要思考这样的事情。可在哲学中，这让我们惊奇于我们是何等复杂和聪明的生物。伯特兰·罗素，无疑是我们之中最聪明的人之一，花了四十年尝试说通“常识”的符合论。他从未做到。他从未成功提出过对这一想法的完备辩护，即语言中的某些单个部分可以与离散的“事实”相符合。如今，大多数哲学家都会同意，无论他们遵循哪种方法，符合论无法单独使真理的观念有意义。一个陈述仅仅在一门语言中才有所意指，而只有在这个陈述被语言挑拣出之后，才会有一个“事实”与之相符。这意味着真理不会仅仅是符合。

所以，“说出什么是真的”这个乍看之下简单的行为结果是极其复杂的，有三种反对“真理符合论”的有效论证：

1. 真理符合论充其量是有限度的。所有必然真理的情况，或许还有一些其他情况，都无法通过真理符合论得到说明。
2. 不存在一个陈述或一个信念就其自身能够“符合”任何东西这样的事情。
3. 不存在一个“事实”能够不依赖用以描述它的语言被挑拣出来这样的事情。

下次你再说或想到冰箱里有一颗葡萄柚时，你可能会惊异于事实与刚刚说出的语言之间的复杂关系。不幸的是，它不会保证你的陈述或思想是真的。因为，除却所有这些精致的理智装置，我们依然会偶尔忘了买葡萄柚。

- 什么是真理符合论？符合涉及所有真理的情况吗？如果不是，还有什么其他的根据可以称一个陈述为真？

B. 真理理论

现在该怎么办？我们发现，自己正在面对一些界定不明确的复杂结构，我们的语言和实在在其中紧密相连且彼此互相依赖。但我们一直试着去说明的，最终是我们需要某种多于朴素常识的“真理符合论”的东西，某种将这种相互关联的复杂性考虑在内的理论。在过去的一个世纪中，有三种这样的理论取得了成功，所有这三种理论都曾在伊曼努尔·康德那里初露端倪，我们将在本章后面看到。这三种理论是：

真理的融贯论：一个陈述或一个信念为真，当且仅当这个陈述或信念与其他陈述或信念相“融贯”或一致。

真理的实用理论：一个陈述或一个信念为真，当且仅当这个陈述或信念“管用”，如果它让我们能预测某些结果，让我们在日常生活中高效履行职能，激发进一步的探索或帮助我们过上更好的生活。

真理的语义理论：一个陈述或一个信念为真，是因为我们的语言所设定的在某些陈述与我们的语言所挑选出的在世界之中的“事实”之间的相对应的规则。表面看来，这一理论像是符合论，实则非常不同。符合论接受独立于语言的、“已经在那儿”的事实。语义理论通过告诉我们这首先是我们的语言设定的来解释这种表面上的符合。

1. 融贯论

真理融贯论并不必然地与真陈述与世界之中的事实“相符”的常识观念相抵触，不过它确实将讨论的焦点从这种符合——如果这种符合着实存在的话——转移到了陈述本身的相互依赖上来。换句话说，它抓住了我们在对符合论的讨论中的观察，即一个对事实的简单陈述（“冰箱里有一颗葡萄柚”）某种程度上牵涉到整个英语语言。那个简单句子中的语词，如果不也在无数个其他句子中意味着相同的东西，就不会有太多含义，因此，它们指称世界的能力取决于它们在语言中的角色。

此外，当我们试着确定一个陈述的真时，我们怎么做呢？通过确定其他陈述的真并归纳或演绎地论证这一陈述随之而来的真。由此，融贯论将重点放在我们发现真理的方式上，并且它正确地指出，知识并非仅仅是一个接着一个地确立陈述的真；而是使越来越多的陈述在一个统一的知识体中融贯一致。这种融贯使得它们为真，无论是否在某种形而上学的意义上，它们是因为事实上为真才融贯一致的。

为了介绍融贯论，我们选取了一段来自美国哲学家布兰德·布兰夏尔德的文章。

布兰德·布兰夏尔德，论融贯论[1]

思考就是寻求理解。而寻求理解是一种心灵的活动，它因其与众不同的目的而与其他活动相区别。其目的……是要获得系统性的视野，为了理解目前对于我们还未知的东西，我们要将其与我们已知的东西相关联，并且是必然地关联。

可满足了思想的东西会不会并不与真实世界相符？当我按照理念所需的形式提出我的想法时，是什么保证了它们应当为**真**？在我们与思想和实在的漫长斗争中，我们看到，如果思想和事物被设想为仅仅是外在地关联的，那么知识就仅仅是运气；无论什么满足了理解力，它都不必然性与实际所是的东西相符合。它可能符合，也可能不符合；根据总有东西错失重点的原则，它更有可能不符合。不过，如果我们摆脱那些借以设想这种关系的令人误导的类比，副本和原本、刺激物和有机体、提灯和屏幕，并且带着指称一个对象意味着什么的问题思考一下它本身，我们就能得到一个不一样的、更有希望的答案。思考一个事物，就是在某种程度上把该事物放到心灵中去。思考一种颜色或一种情绪，就是在我们之中拥有它，当它**产生并完成**时，会将其自身等同于其对象。总之，如果我们接受其所属的报告，思想就作为目的的完美实现的部分而与实在相关联。其把握越完备，其近似就越接近，其在自身中意识到的对其对象的本性和关系也就越充分。

……我们或许会将个体或社会的知识增长，要么看作是我们的心灵回归事物在其中各就其位的整体的尝试，要么是通过我们的心灵对有序整体本身的确证。而如果我们采取这种观点，我们的真理观念就是从我们而来的。真理是思想对实在的近似，是回家路上的思想。其尺度是思想在其内部罗盘的指引下，朝向统合起终极对象和终极

1 Brand Blanshard, *The Nature of Though*⁺, New York: Macmillan, 1941.

> 目的的可理解的系统所走过的距离。由此，在任何给定的时间，我们经验中作为一个整体的成真度是它所达致的系统的范围。一个单独命题的成真度首先要受到其与作为整体的经验是否融贯的评判，最终受到是否与全面的、充分阐明的、思想在其中不再前进的进一步的整体相融贯的评判。

根据布兰夏尔德的观点，真理的融贯论起始于这种观察，即我们通过查看一个信念的意蕴，以及其他与之有着逻辑关联的信念，来考察这个信念之真。不过，这一理论并不局限于这种考察。他坚称，真理本身不外乎我们种种信念之间的相互关联。一个个别信念之真不外乎与其与我们所相信的其他一切有多契合。

- 真理融贯论是怎样克服这一问题的，即思想如何与实在相关联或相符合？

2. 实用理论

实用主义是发源于美国，并且或多或少完全留在美国的一个重要哲学运动。最容易与这场运动相等同的三位哲学家是查尔斯·皮尔士（Charles Peirce）、威廉·詹姆斯（William James）和约翰·杜威（John Dewey），他们都是美国人（皮尔士和詹姆斯在麻省，杜威在芝加哥和纽约）。我们会在本章后面看到更多实用主义的内容，不过现在，对我们而言最重要的是实用主义的真理理论或理论们（因为他们并不完全同意彼此）。就如人们从“实用主义”的名字，以及从对什么是“实践”的典型的美国关切中会期待的那样，一个实用主义的真理理论始于某种对传统形而上学和认识论中的抽象和含混的不耐烦。尤其是真理符合论的不完备，不仅作为一个哲学困境，而是作为一个丑闻的真正根源而冲击了他们。他们问道，传统的真理理论怎么会以怀疑论而告终？

查尔斯·皮尔士发现传统的讨论是荒唐的，因为它们试图对我们忧心真理的实践环境不带任何关切或参照地来设想真理。真理并非是一种语句和世界之间的关系，亦非是语句之间的复杂关系。真理是对我们所问问题的回答，因为我们不确定，因为我们有疑虑。真理是我们最终达成一致的东西。根据皮尔士的观点，“注定要被所有探究者最终同意的意见，就是我们用真理所表达的意思”。如此，重点就从作为语句和信念的一种属性的真理，及其与事实、以及彼此之间的关系，转换到了作为发问、探究以及清理实际谜题和分歧的功能的真理。对真理的检验既非符合亦非融贯，而是一致，这事实上解决了我们的问题，也回答了我们的探询。

皮尔士对科学研究的实践有着很深的关切，而他的真理理论主要针对科学中的真理，即实验和观察最终应该通向的地方，在这个或那个假设或理论上达成一致。另一方面，威廉·詹姆斯在哲学上有着广泛得多的兴趣。在对科学抱有兴趣的同时（实际上，他是美国领军的内科医生和心理学家），他还对人类生活中不那么科学的方面抱有兴趣，真理是其中的重要议题。例如，他在宗教信仰的主题上有广泛的写作，而实验和观察的问题在其中完全无足轻重。

因此，詹姆斯绝少强调作为对真理的检验的同意。无论这在科学中如何恰当，在宗教查尔斯·皮尔士（1839—1914）：美国数学家、哲学家和科学家。皮尔士既是重要的逻辑学家，又是美国实用主义的创始人，他提出，真理是被慢慢发现、并通过实验证实的。皮尔士主张，科学为哲学家们应当如何思考——以及重思——真理观念提供了一个模型。皮尔士主要为美国海岸和大地测量局工作，尽管他也在约翰·霍普金斯大学教了很多年逻辑。

这个主题上甚至都不可信。相反，他强调一个确定的信念在生活中的好处。说到“实践”，詹姆斯的意思是那些具体、有效的东西，而非那些导致科学上的协同一致的东西。因此，一个宗教信念，根据其在我们身上产生的影响，可以说是真的。有一个好的信仰，单是上帝就能让我们乐观、高兴；相信生活是无意义的，则会使我们痛苦。因此，真理指向一个信念在我们生活中所具有的重要意义，而不是符合、融贯、或者我们可以补充，科学假设和理论的有限成功。当然了，科学真理在詹姆斯的哲学中仍然有其地位。但那种真理是受有限的研究语境所界定的。[应当注意，皮尔士极其反对詹姆斯对他理论的一般化，因此将他的哲学从“实用主义”（pragmatism）改名为“实用化主义”（pragmaticism），他注意到这是个“足够难听”的词，能够避免普及。]

约翰·杜威将实用主义转回到其小范围的焦点上。他没有将真理限定为科学真理，不过他将其限定为**经验**真理。不过，詹姆斯会涵括在内的那些，例如，宗教经验，杜威坚持，唯一有意义的“经验”观念必须限定为经验上可证实的那些。这就排除了神学问题。像皮尔士一样，杜威也强调研究的语境，尤其是智识上伤痛的怀疑经验。杜威并没有像强调作为终结怀疑、完结一项研究的作用那样强调其作为对真理的检验的一致同意观念，在这一点上，杜威更像詹姆斯而非皮尔士。例如，当“所有的片段拼凑出一个有意义的整体时”，一个案件也就结案了。与其说这事关融贯，毋宁说其事关解决疑惑和“收尾”，解答疑问并平息批评和怀疑。当所有证伪的尝试都已失败、而证实的尝试宣告成功时，一个科学假设即被认为是真的。再说一遍，它是探究的终结，问题的解决。传统哲学试图在真空——不涉及任何探索或研究，以及真理会在其中产生作用的语境——的真空中理解“真理”上陷入困难。

以下文段选自皮尔士的《如何使我们的观念清楚明白》和詹姆斯的《实用主义》。

《如何使我们的观念清楚明白》，查尔斯·皮尔士[1]

现在让我们研究一下逻辑这个题目，并且考察一个特别与它有关的概念，即关于实在的概念，如果把清楚理解为熟悉，那就没有任何观念会比这个观念更加清楚。每个儿童都充分自信地使用这个观念，从未想到过他不理解它，然而要在清楚性的第二个层次的意义上做出一个关于实在的抽象定义，就会使大多数人，甚至那些具有一种反省的思想倾向的人感到困惑。但是，考察实在与它的对立物，即虚构之间的一些不同之处，这样一个定义或许是能够做出来的。虚构的事物是人所想象的产物，它具有这个人的思想刻印在它上面的种种性质。那些性质与你或者与我怎样思考无关，这是

1 Charles Pierce, “How to Make Our Ideas Clear”, *Popular Science Monthly*, January 1878. 中译文见苏珊·哈克主编，陈波、尚新建副主编：《意义、真理与行动：实用主义经典文选》，北京：东方出版社，2007年，第130—134页。

一种外部的实在。不过，有一些现象存在于我们自己的心灵之中，依赖于我们的思维，我们又是真实地思考它们，在这种意义上，它们也是实在的，但是，虽然它们的性质依赖于我们如何思考，它们却不依赖于我们把那些性质看做什么。因此，如果某人的确做了一个梦，这个梦作为一种心理现象就具有一种真实的存在；他梦见如此这般，这件事不依赖于任何人认为自己所梦见的那种东西，而且完全独立于对这个论题的任何看法。另一方面，如果不考虑做梦的事实，只考虑所梦见的东西，那它便保持着它的特异性，因为除了被梦见的那些特异性之外，没有别的事实。这样，我们就能对实在的东西下一定义：它的种种性质独立于任何人对它们的看法。

不管这样一个定义多么令人满意，但是，如果认为它已经使得实在观念完全清楚，那就大错特错了，让我们在这里应用一下我们的规则。根据这些规则，所谓实在，像每一种其他的性质一样，就在于任何具有实在性的事物所产生的某些特定的，可感知的效果。实在之物的唯一效果就是产生信念，因为它们所激起的一切感觉都以信念的形式出现在意识之中，因此问题在于真的信念（或对实在的信念）如何与假的信念（或对虚假的信念）区别开来。然而，如我们在前面一篇文章中所看到的，真和假的观念，在它们的充分发展中，仅仅与处理意见的经验方法有关。一个任意地选择他所采取的主张的人，只能用真理这个词来强调地表示他决心坚持他的选择。当然，固执的方法绝不是唯一流行的方法；对于人们来说，理性比固执更加自然。但在中世纪黑暗时代的文献里，我们却发现某些关于固执的典型事例。当司各脱·埃瑞根纳（Scotus Erigena）评论一段谈到helleborus[1]导致苏格拉底之死的诗时，他竟然毫不犹豫地告诉爱追问的读者说，Helleborus和苏格拉底是两位杰出的哲学家，后者因在辩论中被前者战胜而耿耿于怀，以至死去！一个人竟然采取这样一种完全是胡编乱造的见解，也不用“也许”这个词来限制一下，就用它去教导人，这种人可能有一种什么样的真理观念呢？苏格拉底——我希望他乐于“在辩论中被战胜”，因为他可以从其中学到某些东西——的真正精神，与诡辩者的幼稚想法是截然不同的。对于后者，就像对于今天“天生的传教士”那样，讨论看起来简直就是一场战斗。当哲学从它的长期沉睡中醒来、尚未被神学完全统治之前，每一个教授的惯常做法就是：抓住任何一个尚未被占领而又足够坚固的哲学据点在其中掘壕固守，并且不时出击，与他人交战。因此，即使我们只掌握很少的有关那些争论的记录，我们也能够弄清楚不同教师关于唯名论和唯实论问题曾经持有的十多种意见。读一下阿伯拉德（Abelard）——他肯定像任何一个他的同时代人那样具有哲学头脑——的《受难的历史》（*Historia Calamitatum*）的开头部分，就可以看出它所表露的坏种战斗精神。对他来说，真理不过是他的特殊堡垒。当权威方法流行时，真理差不多就是意指罗马天主教的信仰，经院学者们的全部努力就在于把他们对亚里士多德的信仰与地们球教会的信调和起来，人们即使查遍他们的那些笨重厚实的对开本原著，也我不到对此越雷池一步的论据。值得注意的是在各种不同的信念同时繁荣的地方，背信者甚至被他们接受其信念的一方所不齿；于是，忠城的观念就完全取代了追求真理的观念，自笛卡尔时代以来，真理概念中的缺点已经不是那么明显。但是，

1　helleborus（里蔡芦），一种泻剂。——原译者注

由于哲学家们宁愿探索什么信念与他们的体系最为协调，面很少致力于发现事实究竟是什么因此有时会使科学家感到迷惑不解。依靠引证事实很难说一个先验方法的信徒。可是，如果向他表明，他所捍卫的某个意见与他在另一个地方所断定的主张是不一致的，那他就会很快放弃这种意见，这些人似乎并不相信争论终会停止；他们似乎认为，一种意见对于某个人来说是自然的，对于另一个人来说则并非如此，因此，信念永远不会被确定下来。当他们由于用一种方法——这种方法可能使别人得出不同结果——确定自己的意见而沾沾自喜的时候，就暴露出他们对于真理是什么这个概念只有微弱的把握。

另一方面，所有信奉科学的人都满怀希望地相信：只要把科学的进程推进到足够远，就将对他们所研究的每一个课题提供一个确定的答案。第一个人可以通过研究金星的子午线和星体的光行差来考察光速，第二个人可以通过火星的冲和木星卫星的蚀来考察光速，第三个人可以利用菲佐（Fizeau）的方法，第四个人可以利用福柯（Foucault）的方法，第五个人可以利用利沙朱克斯（Lissaoux）的曲线运动，第六个、第七个、第八个，以及第九个人，可以通过用不同方法对静电学和电动力学的测量结果进行比较来考察光速。他们开始时也许会得出不同的结果，但是，随着每个人不断完善他的方法和程序。就会发现这些结果稳定地共同趋向于一个预定的中心。所有的科学研究都是这样的。不同的研究者可以从完全对立的观点出发，但是研究过程将以一种外在于他们的力量，把他们引向相司的结论，思维活动并不是把我们引向我们希望去的地方，而是把我们引向预先注定的终点，就像是命运的安排一样不论怎样修改所采取的观点，不论怎样选择另外的研究对象，也不论心灵有怎样的自然趋向，都不能使一个人逃脱这种预先注定的意思。这个伟大的希望就在真理和实在的概念之中体现出来。这种注定最终要为所有研究者一致同意的意见，就是我们所说的真理，而在这种意见中表现出来的对象就是实在。这就是我用以解释实在的方法。

可是，也许有人会说，这种观点直接违背了我们已经做出的关于实在的抽象定义，因为它使实在的种种性质依赖于人们最终对它们的看法。我们对此的回答是：一方面，实在并非必然地独立于一般的思想，而仅仅独立于你或者我或者任何有限数目的人们可能对它的看法；另一方面，虽然最终意见的对象依赖于这种意见是什么，但是这种意见是什么却不依赖于我成者你或者任何人是怎样想的。我们和其他人的刚愎自用可能无限期地延缓意见的解决甚至可以设想它会导致一项在人类存在的整个时期都会被售遍地接受的独断主张，即使如此，信念的本质也不会改变，只有它才能够成为将研究推进得足够远时所达到的结果。而且，如果在人类绝灭之后，产生出另一种具有进行研究的能力和意愿的生物来，那个真实的意见也必然是他们最终会达到的意见。“真理碎为尘土，终将再次复兴”，通过研究而达到的最终意见不依赖于任何人实际上是如何思考。然面，真实的实在却依赖于这样一个真实的事实，即研究只要足够长久地进行下去，最后就注定要达到对于实在的信念。

威廉·詹姆斯，论实用理论[1]

我完全预料得到：实用主义者的真理观要经过一切理论发展必经的各个典型阶段。你们知道，一个新理论开始总被人斥为荒谬；后来被认为是真的，但又是浅显不重要的；最后才被认为是十分重要的，原来的反对者这时竟声称这新理论是他们发现的。我们的真理论现在正处于这三阶段的第一阶段，在某些地方则有了第二阶段的迹象……任何辞典都会告诉你们，真理是我们某些观念的一种性质；它意味着观念和实在的"符合"，而虚假则意味着与"实在"不符合。实用主义者和理智主义者都把这个定义看作是理所当然的事。只有问到"符合"究竟是什么意思？实在是我们的观念可与符合的东西又是什么意思，这时，他们才开始争论起来。

实用主义者在解答这些问题上，是比较会分析和用心些；理智主义者则比较马虎和缺乏思考些。普通的看法是：一个真的观念必须临摹实在。这个看法也像其他普通看法一样，是照着最习见的经验相类似的。我们对于可感觉的事物的真实观念，的确是摹拟这些事物的。试闭上眼睛，想想那边墙上挂的钟，你所能想象出来的只是那钟面的一幅真实的图像或摹本；可是你对于钟的机件的观念（除非你是一个钟表匠）就不足以成为一个摹本了；但也还可以说得过去，因为它和实在并不抵触。即使这观念缩小到仅仅是机械这个名词，这个词还是真正为你服务的。在谈到钟的"计时功用"和发条的"弹性"等等时，那就更难看出你们的观念所能摹拟的到底是什么了。

你们可以理解这里有这么一个问题。如果我们的观念不能准确地摹拟观念的对象，所谓和那对象符合又有什么意义呢？有些观念论者好像说，我们对这对象的观念只要是上帝要我们这样想的，那么这些观念就是真的。另外一些观念论者始终坚持"摹本"的看法，他们好像认为我们的观念愈近乎是绝对的永恒思想方法的摹本就愈具有真实性。

你们看，这些看法是会引起实用主义者的讨论的。理智主义者的伟大假设是："真理"的意义主要是一个惰性的静止的关系。当你得到了任何事物的真观念，事情就算结束了。你已占有了，你已懂得了，你已实现了你的思想的目的。在精神上你已达到了你所应该到的地方；你已服从了你的无上命令；而且再没有别的东西须从这个理性目的的顶点继续上去的了。从认识论上来说，你是处在一个稳定的平衡状态。

在另一方面，实用主义却照例要问："假定一个观念或信念是真的，它的真，在我们的实际生活中会引起什么具体的差别呢？真理怎样才能实现？如果一个信念是假的，有什么经验会和由这种假信念而产生的经验有所区别呢？简而言之，从经验上来说，真理的兑现价值究竟是什么呢？"

当实用主义在提出这个问题时，它就已经找到了答案：真观念是我们所能类化，能使之生效，能确定，能核实的；而假的观念就不能。这就是掌握真观念时对我们所产生

1　William James, *Pragmatism: A New Name for Some Old Ways of Thinking*, New York: Longmans, Green, 1907. 中译文见詹姆士：《实用主义：一些旧思想方法的新名称》，陈羽纶、孙瑞禾译，北京：商务印书馆，1997 年，第 112—127 页。

的实际差别。因此,这就是“真理”的意义,因为我们所知道的“真理”的意义就是这样。

这就是我所必须捍卫的论点。一个观念的“真实性”不是它所固有的、静止的性质。真理是对观念而**发生**的。它之所以**变为**真，是被许多事件**造成**的。它的真实性实际上是个事件或过程，就是它证实它本身的过程，就是它的证**实**过程，它的有效性就是使之**生效**的过程。

但是“证实”与“使有效”这两个词本身又有什么实用主义的意义呢？它们又意味着被证实和被认为有效的观念的某些实际后果。要找出任何一个比平常符合的公式更能表明这些后果的短语是很困难的——这里所指的这些后果正是在我们说我们的观念和现实“符合”时，在我们心里想着的东西。它们通过行动和它们所激起的其他观念把我们引进、引上或引向经验的其他部分，就是我们一向感到原来的观念与之符合的那些部分。这些感觉是我们的可能性之一。这些联系和过渡一点一点地使我们觉得是进步的、和谐的和满意的。这个愉快的引导作用,就是我们所谓一个观念的证实作用。这些解释是模糊的，初听起来好象很琐碎，但它却很有结果；下面我将解释这些结果。

首先让我提醒你们：掌握真实的思想就意味着随便到什么地方都具有极其宝贵的行动工具；我们追求真理的责任绝不是从天上下来的命令，也不是我们理智所喜欢的“技艺”，乃是可以用很好的实际理由来自我说明的。

对事实具有真实信念，其重要性对于人类生活是非常明显的。我们生活在一个许多实在的世界里，这些实在对我们可能极为有用，也可能极为有害。如果有一些观念能告诉我们哪些经验是可以预期的，那么，这些观念在这种最初的证实范围内就可以算作真实的观念，而且追求这种观念就是人类的首要义务。掌握原理本身绝不是一个目的，而不过是导向其他重要的满足的一个初步手段而已。譬如：我在森林里因迷路而挨饥受饿，忽然发现了有一条牛蹄脚印的小路，这时最重要的是我应当想到这条小路的尽头一定有住家，所以如果我是这样想而且顺着它走去，我就会得救。这里，真实的思想是有用的，因为作为思想对象的房子是有用的。所以真实观念的实际价值基本上是由于观念的对象对于我们的实际重要性而产生的。观念的对象的确也并非在任何时候都是重要的。在另外一个时候，我可能就用不着房子；在那时候，我对房子的观念，尽管是可以证实的，却是不切实际的，因此还不如让它潜伏在意识之中。但是因为几乎任何对象都会有一天暂时变得很重要，贮存若干观念的额外真理、作为一般的储藏品,它的好处是明显的,因为在某些仅仅是可能的形势之下这种额外真理也会是真的。我们把这些额外真理贮存在我们的记忆中，遇到记忆不下时，则记在我们的参考书中。这种额外真理一旦对我们任何临时紧急事件在实践上变得适用时，它就离开了那冷藏库，跑到世界上来起作用，而我们对它的信念也就变得活跃起来了。因此，你们可以这样解释这个额外真理：“它是有用的，因为它是真的。”或者说：“它是真的，因为它是有用的。”这两句话的意思是一样的；也就是说这里有一个观念实现了，而且能被证实了。“真”是任何开始证实过程的观念的名称。“有用”是它在经验里完成了的作用的名称。除非真的观念在一开始就是这样有用，真的观念绝不会就作为真的观念被挑选出来，它绝不会成为一个类名，更不会成为一个引起价值意义的名称。

◆◆◆

广义说，所谓与实在“相符合”，只能意味着我们被一直引导到实在，或到实在的周围，或到与实在发生实际的接触，因而处理实在或处理与它相关的事物比与实在不符合时要更好一些……

简言之，“真的”不过是有关我们的思想的一方便方法，正如“对的”不过是有关我们的行为的一种方便方法一样。

- 皮尔士和詹姆斯在真理观上有何不同？

3. 语义理论

语义理论是我们所考虑的符合论的三种备选理论中最困难的一个。这在一定程度上是因为其令人误导的、与符合论表面上的相似，但主要是因为它是一个纯粹形式的理论。你会想起，这个理论声称，一个陈述为真，当且仅当它与我们用语言所挑拣出的“事实”相符。它中立于其他理论，以及日常的“自然语言”（例如英语或法语，与符号或公式等“人工”语言相对）。其形式“语义学”版本通常要归功于美国逻辑学家阿尔弗雷德·塔斯基。

简单解释一下，塔斯基的语义理论拣选出一“类”“个体”，并指明，对于语言中的每个语句而言，哪个个体会或者不会“满足”它，也就是说，能否使之“成真”。在这一理论中，逻辑学家必须“设定好”每个语句与满足它的个体之间的配对。所以，很明显，这一公式只适用于相对少数的基本语句和一类可控的个体。可为了我们的目的，这个理论实际上说的是：我们必须设定好那些满足规则，我们的语句根据那些规则成真或假。“符合”并非是我们仅仅向合适的语句提供的一种关系。发展一门语言的过程中，我们必须页指明语言和世界之间的关系，并如此“设定好”世界对我们语言的符合。

阿尔弗雷德·塔斯基，《真理的语义理论》[1]

我们必须总是将真理的观念，比如一个句子的真，同一门特定的语言相关联；因为很明显，同一个表达式，在一门语言中是一个真语句，在另一门语言中可能就是假的或无意义的。

让我们从一个具体的例子说起。想想这个句子，“雪是白的”。我们问的问题是，这个句子在什么情况下为真或为假。似乎很清楚，如果我们以经典的真理观为基础，我们会说，如果雪是白的，那么这个句子为真，而如果雪不是白的，那么这个句子为假。这样一来，如果真理的定义要符合我们的构想，那么它必定包含了如下等值式：

“雪是白的”这个句子为真，当且仅当雪是白的。

1　Alfred Tarski, “The Semantic Theory of Truth”, *Philosophy and Phenomenological Research* 4, no. 3 (March 1944).

现在，我们要将如上应用的过程推而广之。

X为真，当且仅当p。

我们将任何这种等值式（'p"可替换为语言中"真"这个词所指称的任何句子，而"X"则替换为这个句子的名称）称为一个**"（T）型等值式"**。

现在，我们终于可以以精确的形式表达从实质的观点来看，我们认为对**"真"**这一术语的用法和定义是完备的条件了：我们希望以这种方式使用**"真"**这个术语，对于所有可宣称的（T）型等值式，**如果所有这些等值式都能从某个对真的定义中推出，我们就说这个真的定义是"充分的"**。

我提议以**"真理的语义观"**来命名刚刚讨论的真理观。

不严格地说，**语义学**是这样一门学科，**它处理一门语言中的表达式与那些表达式所"指称"的事物（或"事态"）之间的某些关系**。作为语义学概念的典型例子，我们会提到在如下这些例子中出现的**指示**、**满足**、**定义**这些概念：

"国父"这一表达式指示乔治·华盛顿；
雪满足句法函数（条件）"X是白的"；
等式"2*x=1"定义了（唯一地决定了）数字1/2。

尽管**指示**、**满足**、**定义**这些词表达了关系（某些表达式与这些表达式所"指称"的对象之间的关系），"真"这个词有着不同的逻辑本质：它表达了某些表达式，亦即句子的一个属性（或指示了一个类）。不过，很容易看出，所有早先给出的针对这个词（"真"）的含义的表述不仅指称句子本身，还指称通过这些句子所"谈论"的对象，或通过它们所描述的"事态"……真理的定义可以从另一个语义观念中以一种轻松的方式获得，即**满足**的观念。

语义理论确实与符合论很像。（有些哲学家，例如卡尔·波普尔，坚称它**就是**符合论的一个版本。）不过在真理的语义理论的发展中，塔斯基和他的追随者避免了关于"事实"的传统说法。相反，重点在于对"满足"（以及"指称"这个相关观念）的语义构想。外在于语言的**某些东西**使陈述为真——也就是说，满足了这些陈述——不过不像传统的符合论，语义理论并不强调或表明这"某些东西"由实在中已有的离散并完整的部分构成。这"某些东西"亦是由其在陈述中的规范性作用而通过语言得到界定的。（对于语义理论而言，同样的指称、同样的**某些东西**是否在每门语言中都可用，或者指称和满足是否限定于特定的语言，这些问题尚无定论；换言之，语义理论是否会导向相对主义，仍然在热烈地争论中。）

单个地说，刚刚考虑过的真理理论中的每一个都有其反对者。我们已经充分地指出了对符合论的攻击。一些哲学家对融贯论的反驳是，一个陈述或信念系统可以是"融贯"的，然而却并不为真。例如，选取一个真信念的系统并否定它们全部。这些否定会形成一个融贯系统，但它们是假的。与之类似，我们在导论中看到，一个论证可以是有效的（并使其融贯），却有着假前提和假结论。

两个相对立的陈述和信念系统可以是同等“融贯”的，但无疑不可能同时为真，因为关于世界，它们断言了相反的东西。（想想斯宾诺莎和莱布尼茨的形而上学系统。）因此，真理必定不仅仅是融贯。

一些哲学家对实用理论的反驳是，一个信念可能“有用”，但却不是真的。科学家常常带着虚假的假设取得进展。政治煽动家常常通过说谎取得极大的权势甚至积极的结果，并且，虚假的信念常常比真信念更让我们开心。（想想“你所不知道的东西无法伤害你”和“实话伤人”这些谚语。）有些人（例如伯特兰·罗素）论证道，某些信念比另一些更“有用”的原因，是因为它们是真的。因此，它们并非是因为“有用”才为真，而是因为忠实于事实才有用。

哲学家对语义理论的反驳是说，它最终是一种对符合论的重述（“‘雪是白的’是真的当且仅当雪是白的。”）。尽管由于强调语言在拣选使得我们的陈述为真的事实上的作用，语义理论已是一种改进，但它仍然像往常一样将这种“拣选”的本质遗留在了晦暗不明的角落。（想想下面这个傻里傻气却又意味深长的哲学笑话：夏娃对亚当说：“让我们叫那只动物河马吧。”亚当说：“为什么是‘河马’？”夏娃说：“因为相比于其他我们迄今为止见到过的动物，它看起来更像一只河马。”）

一个完备的真理语义理论必定远非仅仅是形式上的。它还要阐明，这样一个理论如何应用到自然（非形式化的且开放的）语言之上。真理不可能仅仅是从形式上得到界定的。如果语义理论为真，那么不同语言之间的翻译就是不可能的，因为每门语言的满足规则是独一无二的。

这些理论之间的争论还在继续，不过哲学上的争论最有可能的结果是一种理论上的组合，而不是任何一种理论的独有的胜利。每个理论都弥补了其他理论的缺陷。不过，讽刺的是，这场争论最重要的后果之一，是对大写的真理这一概念丧失了兴趣。当然了，在日常语境下，哲学家也会像其他人一样，在基本的“符合”观念，即“与事实相符”的基础上谈论陈述和信念的“真”和“假”。不过，哲学上，“大写的真理”一词的力量源于其与“世界真实所是的方式”的形而上学关联。许多哲学家已经放弃了对大写真理的宏大构想，还有些倾向于整个地放弃“真理”这个词。他们仅仅关心通常当我们说一个陈述为“真”时所意味的东西。[1]然而，其他的哲学家拒绝放弃对真理的传统上的探求，传统和更新理论的新的、改良版本仍然层出不穷。

- 语义理论如何与符合论相似？又如何不同？
- 针对真理融贯论的某些反驳是什么？针对真理实用理论的反驳又是什么？

1　例如，J. L. 奥斯汀在其《真理》一文的开篇便称：“喝醉了，或许就是‘真理’（truth）；但在一个清醒的研讨会上，则是‘真’（true）。”J. L. Austin, “Truth”, *Proceedings of the Aristotelian Soceity*, Supplement 24 (1950): 111.

C. 康德的革命

伊曼纽尔·康德被许多哲学家认为是自柏拉图和亚里士多德以来最伟大的哲学家。作为灵感之源和奠基者，他在美国和欧洲的几乎每一场现代哲学运动中都处在开端的位置。没有他，就不可能有存在主义；没有他，也不会有现象学、实用主义，以及在几乎整个二十世纪支配着英美哲学的各种各样的语言哲学。他把常常相互反对的理性主义和经验主义思路集结在一起，并把它们编织成一个独一无二的、不朽的哲学体系，这个哲学体系主要呈现在十八世纪最后二十年他所出版的三个“批判”中（《纯粹理性批判》《实践理性批判》和《判断力批判》)。他的作品出了名的晦涩难懂，但是，即使一个哲学的初学者，也完全可能理解他自称的哲学“革命”的主要论题。在某种意义上，它是对我们所谈论的实在和知识的一个全面的重新定位。

自古希腊人开始，几乎所有哲学家都接受这样一个观念：有一个实在“在那儿”，对于这个实在，我们能通过理性认识它，通过经验认识它，或者，按照大卫·休谟那样的怀疑论者的说法，我们也许根本就无沄认识它。之前，“外部世界”的观念似乎一点也不成问题，可形而上学家开始发现，他们关于外部世界的矛盾观念无法调和。正是这一困境促使约翰·洛克厌弃形而上学，更加注意我们获得知识的方式。这种对知识的关注的转向，使得休谟主张，我们甚至无法认识到太阳明天会升起、一个弹子球事实上造成了另一个弹子球的运动，以及在我们自己的观念之外存在着一个世界。

在康德看来，这种怀疑论的结论是非常荒谬的，但是，用他自己的话来说，正是休谟“把他从独断论的迷梦中唤醒”。康德曾经也是一位形而上学家（莱布尼茨的追随者），但是，对休谟的阅读使他确信，不仅形而上学，而且我们确实认识世界的主张，存在着一个严重的问题。可康德也是一位科学家，是艾萨克·牛顿和新物理学的热情支持者，他发现，如果他要继续宣称科学家（和别的任何人）确实能认识些什么，那他就必须对休谟加以反驳。但是，如他所诊断的那样，这个问题成了如下毫无疑问的观念：存在着这样一个区分，一方面是我们关于世界的信念和经验，另一方面是世界本身、实在和真理。

康德所猜想、如今为许多哲学家所相信的是，我们的“观念”——我们的概念和我们的语言——并不恰好符合实在，而是在某种意义上形成和“确立”世界，把我们所经验的结构强加于世界。我们看到的是物质对象，而不只是光和颜色（就像初生的婴儿可能看到的那样），这是我们对于经验的贡献。我们是在因果关系中经验事件，而不是把它们看成纯粹的事件序列，这不仅仅是因为经验，而且也是因为我们使我们的经验符合因果法则。我们基于过去所经验的事件，预期未来的某些事件；这也不是纯粹的习惯，而是我们必然强加于日常经验的一套法则。按照康德的说法，空间和时间并不独立于我们的经验“在那儿”存在着。我们把三维空间和一维时间的形式强加于我们的经验，并且通过这些形式来认识世界。这样一来，康德主张，我们关于世界的一切知识，部分是我们强加于或“确立”我们的经验的各种形式和法则的产物。康德用来表述“确立”的词是“构成”（constitute）。一部“宪法”（constitution）确立了一个政府，为它提供了法则和结构。我们提供了我们借以经验对象的法则和结构，比如空间和时间，比如自然规律和因果关系，在这个意义上，我们**构成**了我们自己的经验。康德写道：“知性并不是从自然中获得它的法则，而是为自然规定法则。”

根据康德的哲学，实在并不具有我们能够理解的存在，除非我们通过我们的基本概念来构成它。康德认为，那些概念——或者他所谓的“**范畴**”——是人类心灵的基本法则，为所有时代、所有地方的所有人所共有。今天，许多哲学家更愿意说，我们借以构成世界的这些概念是语言的组成部分，它们引发了一种迷人的却颇具争议的可能性，即世界可能对于操不同语言的人而言完全不同。（康德自己并不这样认为。）换言之，真理和知识是我们的概念的一种机能。康德的革命拒斥了外部实在的观念，而代之以省察我们借以“构成”实在的概念。因此，问题不在于去搞清楚我们的概念是否与实在匹配，因为若没有我们的概念，就不会有实在。我们的概念不仅彼此相符，而且它们也“确立”了一个与之相应的实在。当然，那些概念的“运用”，就好像如下情形：在一个陶瓷模具首先形塑了一块珠宝之后，有人想知道这个陶瓷模具是如何与那块珠宝完全符合的。

以前的哲学家们问：“我们怎么知道我们的观念与世界真实地存在的方式相符？”康德拒斥了这一问题。相反，他问：“我们的观念是如何构成这个世界的？”“我们据以‘确立’我们的世界、我们的经验世界的人类心灵的结构和法则（概念或范畴）是什么？”

- 我们“构成”我们的世界，康德这样说是什么意思？依照康德所说，“构成”世界还有其他方式吗？
- 康德是如何回应休谟的怀疑论挑战的？他成功了吗？

康德的《纯粹理性批判》的计划，就是分析和证明这些概念的**必要性**，而我们能够先天地认识这些概念——它们独立于一切经验且具有确定性——恰恰因为它们是使我们的知识得以可能的法则。我们这样来想一想：你找来一些木块和一个棋盘，制定出它们什么时候走、如何走、往哪里走的规则，由此“确立”了一项游戏。于是，在这项游戏内，你尽可以自由地走许多步棋，但是，走得妙也好，走得蠢也好，你总是要受你自己所“确立”的法则束缚。而既然是你自己确立这些法则的，那么，去怀疑它们是否为“真”就很荒谬。

康德的革命改变了我们的实在概念、我们的知识概念，最为重要的是，改变了我们关于自身的概念。真理不再是我们的观念和实在之间的符合，而是我们自己借以构成我们的实在的法则（概念或范畴）体系。相应的，知识不再是对我们经验之外的实在的理解，而就是关于我们的经验的知识。但这并不是指区别于对象知识的经验知识，因为我们的经验的对象就是所有实在。此外，通过这一步，康德赋予了哲学家们曾认为他们已然丧失了的东西，即一种更新的确定性观念，因为，他论证说，我们能够确定我们自己的经验的法则。康德说，算术真理和几何真理的必然性，就是那些法则与我们的先天直观形式——空间和时间——有关的证明。根据康德的哲学，一般来说，实在就是我们的经验的世界，就是我们通过我们的知性概念所构成的样子。所以，我们能够明确认识它，因为大体上来说，真理就是我们自己的构建。

你可能首先想到这里要了诡计，就好像康德在说：“嗯，如果我们无法具有严格意义上的知识，那么我会简单地重新定义知识、实在和真理这些词。”但是，他所做的，指向了其他哲学所接受的那个图景的困难所在；他表明，我们通常用“真理”“知识”和“实在”所指的意思，并不是对我们经验之外的世界的一种永不满足的诉求。再一次，在康德那惊动人心的声明下面，隐藏着一种对常识的回归。我身处其中所触碰和看到的世界，就是真实的世界。但是，根据康德的说法，使这个世界成为真实的，并不是我身处其中并且触碰和看到了它，而是我积极地以它所是的方式构成它，应用我自己的法则理解它，以及通过我自己的经验来构造它。

对于形而上学家们一直以来争论不休的所有真理，康德为我们提供了一种一般的说明方法。用康德的术语来说，我们可以称它们为**先天综合知识**。简要一点说，这种知识是关于我们自己的法则的知识，而我们（必须）根据这些法则来构成实在。如果一个真理是否为真既不是由于我们的经验，也不是因为我们语言的命题的语法或意义，那我们还能以什么别的东西来为之辩护呢？这是休谟的困境，他正是通过这个关于证成的双面检测系统，把我们最重要的信念当做“不可证成的”加以剔除，因为它们既不是“理性真理”，也不是“事实”。但是现在，我们有第三条路可走：一个信念，如果它是我们借以构成我们的经验的法则之一，那它就可以是真的，而且必然是真的。因此，我们看到，康德对算术真理和几何真理的辩护，是把它们表明为“（先天的）直观形式”，即我们经验世界必定具有的方式。同样，他也是以这种方式为所有被休谟认为不可证成的真理辩护的。

普遍的因果关系原理既不是一个对经验的概括，也不是一个**分析**真理，而是一项“确立”我们的世界的法则。这项法则是，“总是寻找事件之间有规则的（或‘规律性的’）的联系，以至于你能够把一个事件解释为之前的事件的结果，并由此预测未来的事件”。就像象棋法则，它不是游戏中的一步，而是规定游戏的法则之一。**归纳**原理也是如此，它既不基于经验，也不是一个微不足道的真理，而是我们管理我们的所有经验的一项法则。贝克莱和休谟认为很成问题的我们关于“外部”世界或物质世界的信念，也是如此。单凭我们的经验无法告诉我们是否在做梦，物质（“外部”）世界的观念并不是一个**同义反复**或概念真理。它也是我们用以构成我们的经验的法则之一。也就是说，我们总是要把我们关于空间中对象的经验解释为外在于我们，是物质性的或实质性的。但要注意的是，根据定义，我们的形而上学的实体观念不再是我们的经验之外的东西。如今，它是我们借以确立我们的经验的法则之一。

- “先天”是什么意思？为什么“2+3=5”是一个先天真理？
- 什么是“分析”真理？试举几个例子。

伊曼纽尔·康德，《纯粹理性批判》[1]

纯粹（先天）知识与经验性（后天）知识的区别

我们的一切知识都从经验开始，这是不可能有任何怀疑的。因为，若不是通过对象激动我们的感官，一则曰它们自己产生表象，一则使我们的知性活动运作起来，对这些表象加以比较，把它们连结或分开，由此把我们的感性印象的原始材料加工成我们称之为经验的对象知识，那么知识能力又该由什么来唤起活动呢？因此，按照时间，

1　Immanuel Kant, *The Critique of Pure Reason*, rev. 2nd ed., trans. Max Müller, London: Macmillan, 1927. 中译文见康德：《纯粹理性批判》，邓晓芒译，杨祖陶校，北京：人民出版社，2004 年。

我们没有任何知识是先行于经验的，一切知识都从经验开始。

但是，尽管我们的一切知识都是以经验开始的，它们却并不因此都产生于经验。因为，很可能甚至我们的经验知识，也是我们通过印象所接受的东西和我们自己的知识能力（仅仅通过感性印象激发）从自己本身提供的东西的一个复合物，对于我们的增添，在长期的训练使我们注意到它并熟练地将它分离出来以前，我们是不会把它与那些原始材料区分开来的。

因此，至少有一个还需要进一步研究而不能一见之下即刻打发掉的问题，即是否存在一种独立于经验、甚至独立于一切感官印象的知识？人们把这样的知识称为先天的，并把它们与那些具有后天来源、即在经验中有其来源的经验性知识区别开来。

伊曼纽尔·康德，《未来形而上学导论》[1]

我的目的是说服所有那些认为形而上学值得研究的人，让他们相信绝对有必要停下工作，把曾做过的一切当做没有做过，并且首先提出这样一个初步的问题："像形而上学这样的一个东西究竟是否可能？"

它若是科学，为何它不能像其他科学一样获得普遍的、持久的认可呢？它若不是科学，为何它能不断以科学自封，并使人类的心灵寄以无限希望却始终没有得到满足呢？不管我们证明自己在这一领域是有知也罢，或者无知也罢，我们必须一劳永逸地明确这一所谓科学的性质，因为我们再也不能停留在目前这种状况中了。似乎极其荒谬可笑的是，一切其他科学都在不停地发展，而偏偏自命为智慧的化身、人人都来求教的这门学问却一直原地踏步，毫无进展。因而，它的追随者们已经东零西散，那些自信有足够能力在其他科学上发挥才能的人，谁也不愿意拿自己的名誉在这门学问上冒险，而那些在其他问题上毫无见识的人，却在这上面大言不惭地作出一种决定性的判断，因为实在地说来，在这个领域中，人们还不掌握确实可靠的衡量标准来区别真知灼见和无稽之谈。

◆◆◆

休谟主要是从形而上学中的一个单一却很重要的概念，即因果联系的概念（包括它衍生出来的力和行动等等）出发的。他质疑理性，因为理性自称这一概念是从它那里产生的，要它回答理性有什么权利这样来设想事物。如果设定一个事物，那么也必然设定了另一个事物，因为这就是因果概念的意思。他不可辩驳地证明，理性绝无可能先天地并假借概念来思考这样一种含有必然性的连结。我们根本无法搞清楚，由于这一事物的存在，怎么另一事物就也必然存在，或者，这样一种连结的概念怎么能够先天地产生。因此，他推断说，理性在这一概念上完全搞错了，它错误地把这一概念看成是自己的孩子，而实际上这个孩子不过是想象力的私生子，想象力通过经验受孕之后，把某些表象置

1 Immanuel Kant, *Prolegomena to Any Future Metaphysics*, trans. Lewis White Beck, Upper Saddle River, NJ: Pearson Educatin 1959. 中译文见康德：《任何一种能够作为科学出现的未来形而上学导论》，庞景仁译，北京：商务印书馆，1982 年。

于联想律下，并且错把由之而产生的主观必然性（习惯），当成了一种来自于观察的客观必然性。因此，他推断说，理性并没有能力哪怕一般地去思考这样的连结，因为它的概念就是一些纯粹的虚构，而它的一切所谓的先天认知只不过是一些打上了错误烙印的普通经验罢了。简单地说，这意味着根本就没有任何像形而上学那样的东西。

◆◆◆

我坦率地承认，正是大卫·休谟的提示在多年以前首先打破我的独断论的迷梦，并且给我在思辨哲学领域的研究指出了一个全新的方向。我根本不赞成他的结论，他之所以达成那样的结论，纯粹是因为他没有从问题的全面着眼，而仅仅采取了问题的一个片面。如果我们从别人传授给我们的一个基础稳固但未经发挥的思想出发，那么，我们通过坚持不懈的深思熟虑，就能够希望比那位见解高明的人更进一步，当然也是多亏他的第一颗火星，我们才有这光明。

因此，我首先试一下，看看休谟的反驳是否能够一般地加以应用，不久我就发现，因果关系概念绝不是知性用以先天地思考事物关系的唯一概念，相反，形而上学恰恰完全是由这样的一些概念组成的。我力图确定它们的数目。我一旦如愿以偿地成功把它们归结为来自于一个单一的原理，我就会进而对这些概念进行演绎，而且，我现在已经确知这些概念不是来自经验，如休谟试图从中获得的那样，而是来自纯粹知性。这一演绎（在我的这位见解高明的前辈看来，它似乎是不可能的，而在他以外也不曾有人想到过，尽管每一个人都毫不犹豫地使用着这些概念，而不曾问过它们的客观有效性的基础何在）是所从事过的形而上学事业中最困难的任务，而最糟糕的是，现有的形而上学在这上面对我一点帮助也没有，因为只有这一演绎才使得形而上学得以可能。但是，当我不仅在具体情形上，而且也在关于纯粹理性的整个能力上成功地解决了休谟的问题之后，我就能够完全地、虽然非常缓慢地前进，以便最后能够全面地根据普遍原理来规定纯粹理性的全部领域，包括它的界限和内容。对于形而上学而言，为了根据一种可靠的方案来建立它的体系，这是非常需要的。

康德给了我们一条解决古老的形而上学争论——关于实在之类的问题——的途径。由于形而上学家们的主张都是一些先天综合判断，因此，康德为我们提供如下方针：

1. 凡是那样一些主张，它们是我们必须借以解释我们的经验的法则，都是真的——而且必然是真的。

2. 凡是那样一些主张，它们与我们必须借以解释我们的经验的法则相矛盾，都是假的——而且必然是假的。

3. 凡是那样一些主张，它们不是我们必须借以解释我们的经验的法则，则要么是分析的、偶然是真的，要么偶然是假的。

4. 最后，凡是那样一些主张，它们无法通过诉诸我们的经验的法则加以确定，而且无论如何都对我们的经验毫无影响，则不能成为知识的可能主题。

二十世纪的逻辑实证主义者把康德上述的最后一个方针当做一个纲要，对一般形而上学给予了毁灭性的打击。像处于大卫·休谟这一传统中的经验主义者一样，逻辑实证主义者对于康德的许多理论也不接受，但是他们全心全意认可他对那些无论如何都对我们的经验毫无影响的主张的驳斥。他们说，任何对我们的经验毫无影响的主张——这样的主张没法加以检测——都是毫无意义的。

康德维护了一些形而上学家的主张。比如,他在其因果法则中拯救了牛顿（和斯宾诺莎）的决定论，因而也就把莱布尼茨的“前定和谐”观点当做必然为假加以驳斥。做了一些修改之后，他接受了莱布尼茨的绝大部分相对时空观，所谓相对，是相对于我们的经验。他拯救了实体观念，因为他说，我们的经验的最重要的法则之一，就是我们把对象看成是实质性的（也就是“真实的”)。但是他不接受这样一个观念,即实体是独立于人类经验的某种东西，因为这种观点意味着实体与我们的经验无关。他也不认可斯宾诺莎与莱布尼茨之间的重要争论，即到底是存在着一个实体还是存在着多个实体，因为这无论如何都与我们的经验的法则无关。它对我们的经验毫无影响。

康德的革命剔除了外在于我们自身的“实在”和“真理”。自康德以来，许多哲学家不再把人类知识看做是对感觉或直觉的被动接受。而且，毋庸赘言，哲学问题也发生了根本性的改变。

康德摧毁了旧问题，解决了古老的争论，并且回答了休谟的怀疑论，至少暂时如此。通过拒斥真理符合论和“外部”实在的观念，他消除了那些问题、争论和怀疑的基础。但是，我希望你们已经看到那些问题、争论和怀疑的一个新的、甚至更致命的版本涌现了出来。通过否定我们对于实在的锚定，康德为哲学开启了一个大胆的新方向，并且造成了一个今天仍规定着哲学的困境：如果我们所提供的是我们自己的经验法则，那么，还存在唯一正确地描述世界存在方式的途径吗？

康德理论的基础是：我们提供了我们据以构成我们的经验的法则。因而，真理只能在我们的经验之内并且根据那些法则来谈论。但是，如果我们提出如下问题，会出现什么情况呢：那些完全不同于我们的人（或生命）是怎样的情形？他们会使用同样的法则吗？他们会有同样的经验吗？如果我们确实与他们不同，那谁是“正确的”？谁的法则“更好”？谁的经验是“真的”？在这里,你能看到,真理融贯论的问题困扰着康德哲学。能够假定两套（或多套）同样融贯的法则吗？它们能都是“真的”吗？还有语义论的问题:如果关于构成不同“事实”的基本概念或范畴存在着不同的语言，那会怎样？它们都是“真的”吗？因此，你完全能够理解，紧接着康德的德国浪漫派哲学家是多么轻易地就用更加令人激动的“创造”观念取代他的“构造”观念。他们宣称，我们创造我们的诸多实在。我们全都是艺术家，建造着我们的诸多世界。请注意这些词，“诸多实在”和“诸多世界”，人们不再有信心说只存在一个实在或一个世界，更别提什么保证了。

康德最直接的追随者，一个名叫**约翰·戈特利布·费希特**的德国人，用真理实用论得到了同样的结论。根据他的说法，真理是最实际最有益于美好生活的东西，而对不同实在的评价则完全依赖于实际后果。（他有一句非常著名的格言：“一个人选择什么样的哲学，取决于他是什么样的人。”）随着康德的革命，真理似乎注定要被代之以许多真理，我们的知识则似乎注定被代之以许多不同种类的知识。

约翰·戈特利布·费希特（1762—1814）：德国哲学家，康德的学生，他把康德“先验”哲学转变成一种以实践为导向的、相对主义的“伦理观念论”。他也是最早的德国民族主义者之一。

但是，在继续探究这些迷人的复杂问题之前，我们先得清楚这一点：康德自己从未认可其中的任何一点。他认为，依然只存在着一套可能的法则，因此也只有一种构成我们的经验的方式，无论我们是谁，来自哪里，也无论我们碰巧是何种有意识的生命。这就是说：一个世界、一种科学、一个实在和一个真理。在《纯粹理性批判》的中心部分，康德设法以一个他称之为“**先验演绎**”的强大论证证明这一点。

像许多哲学行话一样，康德的术语容易说明，并且因其常常被使用也值得加以说明。你们已经知道，所谓演绎，就是根据一套推论法则从一个陈述到另一个陈述的推论。在这里，康德是力图从我们相信的各种陈述中，推论出人类经验的基本法则（概念、范畴）。这就是所谓“**先验的**”的所指，即人类经验的基本法则。但是，先验演绎并不仅仅满足于演绎出一些这样的法则，它也证明它们是我们能够用来构成我们的经验的仅有法则。这就是它对于康德如此至关重要的原因所在。它使他的革命并不导致无政府主义的后果。

这个论证本身极其复杂，以至于许多学者在上面耗费了大半生精力，依然对这个论证及其有效性充满异见。因此，在这里，我们显然没法向你们加以概述。不过，能够而且必须要说的是：康德认为，这样一个先验演绎将证明，尽管是我们自己提供了我们的经验的法则，规定了什么可以是我们所谓的真，但是，我们在这一问题上并无选择。对于我们所有人而言，依然只有一个真理。

是否有任何这样的先验论证（无论是否是康德的论证）可能成功，哲学家们仍在争论。如果有那么一个成功了，那么，人们就都必须同意它们的基本法则。（当然，他们在具体问题上总是会存在歧义，没有两个棋手所走的每一步棋都彼此一样。）但是，若没有这样一个成功的先验论证，那么，就无需这样一个普遍的同意。因此，谈论不同人的不同真理也就有意义了。我们可以说，这是美国和欧洲的二十世纪哲学的主要斗争。但很显然的是，这并非二十世纪的新事物。那些认为只存在一套法则和一个真理的人，常常被称为**绝对主义者**（许多哲学家发现，这一名称因其听起来显得独断而令人厌恶）。另外一些认为存在着不同人的不同法则并因此存在着不同的“诸多真理”的人，则被称为**相对主义者**。比如，你们可能已经把柏拉图和笛卡尔断定为绝对主义者，把普罗泰戈拉和智者们断定为相对主义者。康德是一位绝对主义者，而他的绝大多数追随者则是相对主义者。（这一点被如下令人混淆的事实所蒙蔽：许多相对主义者始终谈论“绝对”。但是，他们依然是相对主义者，因此，为了避免混淆，我们在这本书中完全不谈“绝对”。）

- 你认为从相对主义和绝对主义在知识问题上的差异可以得出什么结果？
- 你是否像康德论证的那样，认为我们都按照相同的规则设定我们的经验？为什么或为什么不？

D. 康德之后的欧洲战场：相对主义与绝对主义

自康德之后，欧洲哲学的故事，在很大程度上是相对主义与绝对主义之间斗争的故事，其中，甚至同时代的政治和艺术都发挥了持续的作用。紧随康德之后的哲学家们，如我们已然提到的那样，兴趣盎然地推行相对主义，迫不及待地推出替代性的哲学体系。比如，哲学家弗里德里希·谢林（Friedrich Schelling）在世纪之交几乎每年推出一个体系。在遍及欧洲的一大群“浪漫派”知识分子、诗人和批评家中间，他成了最著名的“浪漫派”哲学家，真诚地崇拜个人“天才”，提倡世界上最丰盈、最具创造性的世界观。然而，实际上这场竞赛最无可置疑的胜者不是谢林，而是他的一位同学，**格奥尔格·威廉·弗里德里希·黑格尔**（Georg Wilhelm Friedrich Hegel）。

格奥尔格·威廉·弗里德里希·黑格尔（1770—1831）：德国哲学家，他在拿破仑大举进攻德国期间撰写了《精神现象学》（1807），这是在康德的著作之后唯一一本对未来一百年欧洲哲学产生重大影响的著作。他认为，有许多关于世界的不同观点，其中没有一种观点应被认为是完全正确的，也不应被认为是完全不正确的，但是，这些不同的观点可以根据一种“辩证法”加以比较和评价，借此可以表明某些观点发展得更好、更具包容性和更令人满意。）

1. 黑格尔

法国革命的怒潮越过德法边境之时，黑格尔正好在读大学（图宾根神学院）。拿破仑一步步袭取整个欧洲之时，他正好开始整理他成熟的哲学。这种动荡的国际环境有助于我们理解黑格尔哲学的全球性影响，以及他大胆地宣告知识的“绝对”位置的努力。像那个激动人心的时代的许多年轻的知识分子一样，他试图跨出褊狭的视野，从更宽广的观念，甚至从一个“神圣的”观念出发去理解世界。因此，黑格尔的真理学说是他那包罗万象的思想体系的重要部分。

黑格尔一开始就拒斥了许多支配着现代哲学的关键隐喻，尤其是所有的“符合”隐喻，在这些隐喻中，一方是世界本身（或“绝对”），另一方是我们的知识（信念、命题和表述），它们要么被某种扭曲的过滤器（我们的感官）所分隔，要么主动地被我们的知性机制所改变。为了取代这些隐喻（和它们必然产生的怀疑论），黑格尔提出了一种整体主义的世界观，这种世界观认为，意识和世界并不彼此分离，而是不可分割地结合为整体。以传统的术语来看，这意味着在意识之外并无世界、并无实在自身。

这也意味着，对于我们把意识和自我看做是自我封闭的、在某种意义上“内在于”我们的观点，必须加以抛弃。确实，黑格尔也建议我们抛弃如下观点，即自我本质上是个体的一个特征。自我——或“绝对精神”——为我们所有人共有，或者确切点，用较为柏拉图式的语言来说，我们全都“分有”了绝对精神。无须奇怪的是，黑格尔对某些东方思想家很熟悉，并且把某些东方思想家的观点融合进了他的真理观念。不过，根据黑格尔的说法，真理“是整体”——也就是说，我们的所有意识和世界的统一。这就意味着没有说（而且没有必要去说）世界可能会脱离我们对它的意识而存在。但是，这也不会引发怀疑论，因为世界就是我们关于它的一切可能概念的综合。

像康德一样，黑格尔是一位观念论者。他称自己为一位“绝对的观念论者”（与康德的“先验观念论”形成对照）。简单来说，这就意味着实在是心灵的产物，当然，这个心灵不是个体的心灵，而是宇宙的心灵，即“绝对精神”。然而，这就开启了一条完全违背了康德的道路，康德曾详细论证说，只存在着一条构想世界的可能方式——也就是说，一套先天的直观形式（空间和时间）和一套范畴（实体、因果性等等）。黑格尔的前辈（康德的直接继承者）费希特已然认为，至少存在着两种根本不同的想象世界的方式——科学的、客观的（“教条的”）方式和实践的、道德的、激进的（“观念论的”）方式——并且不能简单地以“对”或“错”

加以判断，费希特有一个著名的断言，即“一个人选择什么样的哲学，取决于他是什么样的人”。黑格尔向前推进了一大步，提供了一个长系列的关于世界的可能概念，或“意识形式”。但是，这些概念并没有被区分为“实践的”和“理论的”，黑格尔告诉我们说，所有概念都有其实践方面和理论方面。（黑格尔再次拒斥了古老的二分法。）这些观点并不简单地是些可供选择的选项，就像我们每一个人能够简单选择一种或另一种（如克尔凯郭尔几年后所主张的那样）。我们观看世界的方式已经被我们在历史中的位置、我们的语言和我们的社会所决定。意识的多样性也不能证明当前流行的如下观点：不存在“正确的”认识方式。经由改善或反对，多样的意识一个接着另一个出现（比如，科学理论往往彼此紧随），（再比如，在科学中一样）它们在全都通向某个最终目标——正确的观点——上有其必要性。因此，黑格尔也坚持主张，所有这些看待世界的不同概念和方式，都在通向某种东西——一个不相对于任何具体观点或视角的观点。这就是他所谓的“绝对知识”的观点。

一个接着另一个出现的多样意识，最终把我们引向绝对，这一观念或许是黑格尔对于西方思想做出的最激动人心的哲学贡献。事实上，我们已经论述的别的任何一个哲学家，无论是形而上学家还是认识论学者，所给我们提供的本质上都是一种静态的知识观，一种不会改变、不会生长也不会发展的知性概念——从小开始的教育和科学获得的详细知识除外。黑格尔为哲学（和人性）提供了一个历史的角度。我们的知识并非如古代以来的许多哲学家所主张的那样，是某种脱离关于它的知识而存在的东西。正如人类的心灵发展着一样，真理也发展着。真理不是存在而是生成。知识通过冲突和对抗而发展，或者如黑格尔那著名的说法，通过辩证法（一个借自康德但上溯希腊人的术语）而发展。

在一个重要的意义上来说，正是黑格尔发现（或发明）了哲学史。当然，其他哲学家也谈论他们的前辈。（比如，亚里士多德为我们提供了许多关于前苏格拉底哲学家的知识。）但是，黑格尔提出了更多的东西，而不仅仅是对思想的一系列反驳、增补和提升，那就是对实在本身的皈依。因此，哲学史不过是不可思议的宇宙的漫长历程的一个方面，是一种“精神现象学”——是意识和实在在时间中的发展。

下面的节选取自黑格尔在1807年发表的杰作《精神现象学》的导论。在这部著作中，黑格尔呈现了各种不同意识的辩证法，从最原初的感官知觉到最精致的启蒙和“天启宗教”观点（基督教），在“绝对知识”这个最后阶段达到顶峰。在这些段落中，黑格尔驳斥了传统的认识论隐喻，认为根本不应该严肃对待怀疑论。随后，他提出了他那整体主义的全面体系。

G. W. F. 黑格尔，《精神现象学》[1]

有一种很自然的想法，我们在哲学中开始研究事情本身之前，即在研究对存在于真理中的东西的现实认识之前，有必要先对认识自身加以理解，这个认识被认为是占有绝对的工具，或者被认为是借以发现绝对的媒介。这样一种不安似乎是有其理由的，

1 G. W. F. Hegel, *The Phenomenology of Spirit*, trans. A. V. Miller, New York: Oxford University Press, 1977. 中译文见黑格尔：《精神现象学》（上卷），贺麟、王玖兴译，北京：商务印书馆，1996年。

一方面，这是因为存在着不同种类的认识，其中有些种类可能比别的种类更适合于达到这一目标，因此，我们可能会在这些手段中作出错误的选择；另一方面，这是因为认识这种能力属于特定种类，具有特定范围，因此，若不较为确切地确定它的性质和界限的话，那我们得到的可能就是些错误的乌云，而不是真理的青天。这种不安的情绪必定会转变为一种信念，相信通过认识来替意识获取那种自在存在着的东西这一整个做法在其概念上就是悖谬的，相信在认识与绝对之间划定了一条将之截然分隔的界限。因为，如果认识是我们占有绝对存在的工具，那么，很显然，使用一种工具于一个事物，不是让这个事物保持它原来的样子，而是要对这个事物加以塑造和改变。另一方面，如果认识不是我们的活动的工具，而是真理之光借以达至我们的一种消极媒介，那么，我们所获得的真理也不是它自在存在的样子，而只是它经过媒介并在媒介中的样子。在这种情形中，我们所使用的手段即刻产生了与它自己的目的相反的东西，或者更确切地说，我们使用手段来达到目的，根本是件悖谬的事情。

确实，这种不幸似乎可以通过我们对工具的作用方式的认识而得到补救。因为，这能够使我们把通过工具而获得的关于绝对的观念里属于工具的部分从中清除出去，从而得到纯粹的真理。但是，这种“改善”事实上只会把我们带回到我们以前的地方。如果我们用工具将一个事物加以改造，然后又把工具所做的改造从这个改造的事物上加以取消，那么，这个事物——这里指的是绝对——在我们看来恰好是它经过这一（因而是）多余的努力以前的样子。另一方面，如果绝对并不因工具而发生任何改变，而只是被带到离我更近一些，就像小鸟被胶竿吸引过来一样，那么，假如绝对不是本来就并且愿意在我们近旁，它就一定会嘲笑这种诡计。因为，在这种情形中，认识就是一种诡计，因为它通过多方面的努力，装出一副神情，好像它的努力绝不只是产生直接的、因而毫不费力的关系而已。或者，如果我们检测我们设想为一种媒介的认识，从而认清了这媒介对光线的折射规律，然后把光线的折射从结果里清除出去，那么这种做法同样是完全无用的。因为认识不是光线的折射作用，而是真理借以达至我们的光线本身。而且，如果光线被清除掉，那么，指点我们的就只剩下一个纯粹的方向或空虚的地点了。

同时，如果这种害怕犯错误的顾虑，是对那种完全无此顾虑而直接开始工作并实际进行认识的科学所采取的一种不信任，那么我们就不理解，为何我们不应该反过来对这种不信任加以不信任了。难道我们不应该想到，这种害怕犯错误的顾虑本身就已经是一种错误呢？事实上，这种顾虑把某些东西——事实上是许多东西——理所当然地看成了真理，并以此为根据，产生了许多考虑，得出了许多推论，而这些东西本身究竟是不是真理，倒是需要先行加以审查。更确切地说，它假定将认识看做一种工具和一种媒介的观念，并且假定我们自身与这种认识之间存在着一种差别。首先，它预设绝对在一边，认识在另一边，认识是独立自主的且与绝对相分离，但它是某种真实的东西；或者，换言之，它预设，认识尽管在绝对之外，当然也在真理之外，却依然是真的，这样一种假设不禁使人觉得那所谓的害怕错误，实乃害怕真理。

我们得出这样的结论，乃是因为这一事实：只有绝对是真的，或只有真理是绝对的。

◆◆◆

现在，既然这个陈述只是关于其对象的现象知识，那它似乎就不是那种在其自己特有的形态中自由自动的科学。不过，从这一观点来看，这种陈述可以被看做向真知识发展中的自然意识的道路，或者灵魂的道路。灵魂在这条道路上穿过它自己的本性所预定的一连串过站，即经历它自己的一系列的形态，从而可以为了精神的生活纯化自己，最终，灵魂完全地经验到它自己以后，达到对自己的自在的意识。

自然意识将表明自身只是知识的观念，或者，换言之，即不是实在的知识。但是，由于它直接把自己视为实在的知识，这条道路在它看来就具有否定的意义，因而观念的现实化事实上对它而言就成了它自身的丧失。因为，它在这条道路上丧失了它的真理。因此，这条道路可以被视为怀疑之路，或者，更确切地说是绝望之路。因为，这里所发生的怀疑不是通常使用“怀疑”一词所理解的意思：对这种或那种所假定的真理的摇动，然而在摇动之后，怀疑重新消失而原来的真理再次出现——这一过程之后事情又恢复到最初的样子。相反，这种怀疑是对现象知识的非真理的一种自觉的洞见，对于这种怀疑而言，至高的实在实际上只是非现实化的观念。因此，这种彻底的怀疑论也不是严肃地追求真理和从事科学的人所自以为具备好了的那种决心：决心在科学里不因权威而听从别人的思想，决心亲自审查一切而只遵从自己的确信，或者更好是决心亲自产生一切而只承认自己的行动是真的。

意识沿着这条道路所经历的系列形态，实际上是意识自身向科学的观点发展的一篇详细的形成史。上述决心把这个形成的过程以决心的简单方式呈现出来，当做是直接已经完结了和实现了的东西。但是，与这种不真实的情况相反，这条灵魂的道路是这一决心的现实完成。当然，遵从自己的确信，要比听从别人的权威高强些，但是，从出于权威的意见转变为出于自信的意见，意见的来源虽有转变，并不必然地就使意见的内容也有所改变，并不一定就用真理取代了错误。如果我们执着于意见和成见的系统，那么究竟这样的意见来自别人的权威或来自自己的信心是没有什么差别的，唯一的差别是后一种方式下的意见更多虚浮的性质罢了。相反，只有对现象的意识的整个领域加以怀疑，只有通过这样的怀疑论，精神才能善于识别真理。因为，它已不复寄望于所谓自然的观念、思想和意见，不管它们是自己的还是别人的，至于径直地就想去识别和审查（真理）的那种意识，由于它本身还充满和纠缠着以上观念，事实上就没有能力做它想做的事情。

不实在的意识的各个形态，由于它们之间有依序前进的必然性和相互联系的必然性，将自己发展出完整的形态体系来。为了使这一点更易于理解，我们可以暂且一般地指出，把不真实的意识就其为不真实的东西而加以陈述，这并不纯然是一种否定的运动。一般地说，自然的意识对这种陈述所持的见解，就是一种片面的见解。而一种知识，如果它以这种片面性为本质，它就是不完全的意识的形态之一，这种形态的意识投身于形成发展的过程，并将在过程中呈现出来。因为这种片面的见解就是怀疑论，怀疑论永远只见到结果是纯粹的虚无而完全不去注意，这种虚无乃是特定的虚无，它是对于结果之所自出的那种东西的虚无。但事实上，如果虚无是对结果之所自出的东西的虚无，它就是一种内容。终止于虚无或空虚的抽象性上的怀疑论，是不能超越这种抽象性而继续前进的，它必须等待着看看是否有什么新的东西显现出来，以便它好投之于这同一个空虚的深渊里去。相反，当结果被按照它真实的情况那样理解为特定的否定时，新的形式就立即出现了，而否定就变成了过渡，有了这种过渡，那穿过意识形态的整个系列的发展进程，就将自动出现了。

◆◆◆

如果我们注意一下在意识里的知识的抽象规定是什么和真理的抽象规定是什么，则整个矛盾和这个矛盾的消除就将表现得更确切。因为，意识是把自己跟某种东西区别开来同时又与它相关联着的。或者用流行的话说，这就是，有某种为意识的东西，而这种关联或某种东西的为一个意识的存在，这个特定的方面，就是知识。但是，我们把自在的存在跟这种为一个他物的存在区别开来，同样的，与知识发生了关联的存在也跟它区别开来并且被设定为也是存在于这种关联之外的，这个自在的存在的这一方面，就叫做真理。至于这些规定的真正内容是什么，在这里与我们毫不相干。因为，既然显现为现象的只是我们讨论研究的对象，那么，它们的规定也就是首先被按其直接对我们显现的那样接受下来了的，而它们对我们的呈现，则正是像我们方才说过的那样。

现在，如果我们研究知识的真理，就好像我们在研究知识的自在存在。然而，在这种研究里，知识是我们的对象，它是某种为我们的存在，而这样一来，知识的自在就毋宁成了知识的为我们的存在了。我们所以认为是它的本质的东西，毋宁就会不是它的真理而仅仅是我们关于它的知识了。本质或尺度就将存在于我们这里，而那种应该与尺度相比较并通过这种比较而予以决定的东西，就不是必然地要去承认这个尺度的有效性。

从一个显然的康德式角度出发，黑格尔告诉我们，必须停止谈论“真”和“假”的哲学，停止谈论“真”和“假”的宗教、政治体系、社会、科学理论和价值。它们只是不同的“意识形式”，其中一些比另一些更加精致敏锐，但没有任何一个意识完全是真的（或假的），可以把其他意识排除掉。黑格尔完全认可康德的论点：世界与我们借以构成它的方式无异。

黑格尔的辩证法本质上是一种观念的辩证法，即各种意识形式的系列形态的辩证法，因此，我们能看清楚它们都是如何形成一个相互连锁的实在观的。但是，尽管哲学和人类历史在时间中不断增进——最终达到一种绝对知识，以及（黑格尔所希望）的世界和平和普遍自由——但是，这一运动本身绝不会顺利行进。它常常充满暴力，无论是智识领域还是人类政治的血肉世界，黑格尔冷酷地称之为“历史的屠宰场”。

- 黑格尔是如何通过驳斥哲学的“符合隐喻”来处理怀疑论问题的？
- 黑格尔的这一论断，随着时间的推移，人性在其对实在的理解中得到提升，令你信服吗？为什么或为什么不？

在下面的选文中，黑格尔对他那包罗万象的“绝对精神”观念（也被称为“绝对观念”）

作了全面综览。在某种意义上，绝对精神就是上帝，不过这一概念也包括全部人类、历史和自然。这一论证的论点是，世界自身发展和变化着，因此，一代人的美德和真理可能不适于下一代人。然而，这种观点并不是拙劣的相对主义，比如，这样的一个真理只对一个具体的人或民族而言是真的。首先，在这个意义上，真理并不是主观的，它存在于世界中，而不是只存在于个体或群体的心灵中。第二，更为重要的是，说一个真理从后来人可能更开阔的观点来看是不恰当的，并不等于说这个真理“曾经是真的，但现在是假的”；相反，这表明我们正逐渐地接近一个更恰当的真理概念和知识概念，在下面的选文中，黑格尔称之为“自由”。自由是上帝通过历史和人类展开的目的。

G. W. F. 黑格尔，《历史中的理性》[1]

自由借以把自身发展为一个世界的手段问题，把我们直接导向了历史的现象。自由尽管最初是一个内在的观念，但它所用的手段却是外在的现象，它们在历史上直接呈现于我们眼前。我们对历史的最初一瞥，便使我们深信人类的行动都发生于他们的需要、他们的热情、他们的兴趣、他们的个性和他们的才能。当然，在这出活动剧中，似乎这些需要、热情和兴趣是行动唯一的源泉和主要的动因。确实，这出活动剧也包括普遍的目的、仁心或高尚的爱国心。但是，这些美德和目标，在历史的广阔画面上，是无关紧要的。我们或许可以看到，在那些抱着这样的目标的人之中，以及在这些人的势力范围之内，理性的理想现实化了。但是，他们在芸芸众生中只占一个极小的比数，因此他们的影响极其有限。相反，热情、私人目标和自私欲望的满足，却是行动的巨大源泉。它们的力量在于如下事实：它们不顾法律和道德加在它们上面的种种限制；而且，这种自然的冲动比维护秩序、自制、法律和道德的人为的、令人厌烦的规训，更接近人性的核心。

当我们看到热情的这种表演和它们的暴行的种种后果，当我们看到那种不但同热情相连接，而且甚至——特别是——与良善设计和正直目标相连接的无理性，当我们看到人类心灵所创造的极其繁荣的王国所遭受的不幸、罪恶和毁灭，我们便不禁悲从中来，痛恨这种腐败的常例。既然这种衰败不是纯粹自然的动作，而是人类意愿的作为，那么我们的反思不免把我们导向一种道德的悲苦，一种善良意愿（精神）的义愤——假如我们确实具有这样一种良善意愿的话。无需修辞的夸张，只需老实地总括起许多最高贵的民族和国家，以及最纯善的正人和圣贤所遭受的种种不幸，便构成了一幅最可怖的画面，集结了最深切、最无望的愁怨情绪，且绝不能找到任何安慰。只要一想起来，就得使我们忍受内心的苦刑，无可辩护，无可逃避，只能把这一切设想为不可改变的命运。最后，我们便退出这些悲痛的反思所引起的不可忍受的厌恶，而逃回到我们个人生活比较悦意的环境里来，即我们的私愿和兴趣所构成的现在。简言之，我们退到自私的境地，从那片平静的边岸上，安闲地远眺海上纵横的破帆断樯。

1 W. F. Hegel, *Reason in History*, trans. Robert S. Hartman, Upper Saddle River, NJ: Pearson Education, Inc., 1995, pp.25-29. 中译文见黑格尔：《历史哲学》，王造时译，上海：上海世纪版集团，2001 年，第 21—26 页。

但是，若我们把历史看做是各民族的幸福、各国家的智慧和诸个体的美德横遭牺牲的屠宰场，那必然就会产生一个问题：这些巨大的牺牲究竟为的是什么原则，要达到何种最后目的？

从这里起，通常就会进入我们的探究的起始点：这幅惨淡情绪和深思反省的画面所借以构成的这些事件，只不过是实现根本命运、绝对的最后目的的手段而已，或者换一种说法，是世界历史的真正结果。我们从开始就有意避免从特殊情境上升到一般原则的反思方法。此外，真正超脱那些愁怨的情绪，解决呈现于这种悲愁中的天意之谜。它们在本质上，原只要从它们的否定结果的空无的崇高中间，找到一种凄凉的满足。因此，我们回到我们原初的观点。我们关于这一点要说的一切，也将回答历史全景向我们昭示的问题。

我们要注意的第一点——这一点我们在之前一再作了强调，但它是我们的研究的核心，再怎么强调都是必要的——就是我们所谓的原则、最后目的、命运，或者精神的本性和概念，仅仅是一般的抽象的东西。原则、法律是一种内在的东西，唯其如此，无论它本身如何真实，都不会是完全真实的（现实的）。目的、原则及类似之物，起初存在于我们的思想中，我们的内在意向中。然而，它们不在现实之中。也就是说，它们存在于自身之中，是一种可能性，一种能力。它们还没有从其内在性中走出来展现为存在。要成为现实，还必须加上第二个因素，那就是活动、现实化。这个因素的原则便是意愿，一般的人类活动。只有通过这种活动，概念及其内在（“在自身中的存在”）的规定才能实现，才能现实化，因为它们自身没有直接的功效。这个使它们行动、让它们存在的活动，就是人类的需要、本能、倾向和热情。我若有一个理想，我就非常想把它变成行动、使之实现。我想通过参与这个理想的实现，而获得自己的满足。我为之活动的那个目的，必定在某些方面是我的目的；我必须因此满足我自己的欲望，即使我为之活动的那个目的在许多方面与我无关。使自己满足于自己的活动和劳动，这是个人的无限权利。如果人们要对一件事情感兴趣，就必须使自己对这一事情“用心”。他们的自负必须加以满足。但是，这里必须要避免一种误解。我们通常指责或责备一个人时，就说他对某物“有利害关系”，意味着这个人只追求他自己的私利。确实，这一指责不仅是说他不顾公益，而且是说他假公济私，甚至损公图私。不过，一个人孜孜以求地服务于一项事业，并不是简单的“利害关系”，而是“对这个目的本身有利害关系”。这种区别在语言文字上恰当地表述了出来。因此，除非所涉各分子在这一件事中得到满足，否则什么事都无从发生，什么事也不能完成。他们是独立的个体，他们有各自的需要、本能和利益。一旦反思、理解和理性的热望觉醒，他们就会有自己的具体欲望和意志，自己的识见和确信，或者至少有自己的态度和意见。所以，人们要求他们积极为之活动的事业应该与他们的理想一致。而且，他们希望他们的意见——关涉善良、正义、利益、利润——得到重视。这在今天尤为重要，因为现代人献身于一项事业，并不是处于对他人权威的信赖，而是基于自己的独立判断和确信。

因此，我们断言，如果主角方面没有利害关系，任何事情都不能完成。如果“利害关系”被称作“热情”——因为全部个性忽略了所有其他现实的或可能的利益和目标，而把它的所有欲望和力量，以及整个意志，集中于一个对象——那我们完全可以断言，若没有热情，世界上一切伟大的事业都不会成功。

个体和民族的种种活力的表现，固然是他们追求和满足他们自己的目的，同时也是一种更崇高、更广大的目的的手段和工具，而对于这一更崇高、更广大的目的，他们实无所知，却无意识地实现了它。这一说法一直以来都是成问题的，被人以各种方式加以否认、谴责并被斥为纯粹的梦想和"哲学"。然而，关于这一点，我一开始便宣布了我的观点，并且提出了我们的假设——它在我们研究的最后将作为结论出现——也就是，理性支配着世界，并因此支配着世界历史。与这个普遍的、实体的理性，这个在自身之中并为了自身的理性相比，其他一切东西都从属于它，受它驱策，是它实现自身的手段。此外，这个理性内在于历史存在，并在历史存在中通过历史存在达到它自己的完美。这种抽象的、普遍的，在自身中并为了自身而存在的东西与特殊的或主观的东西的结合，以及唯有这种结合构成真理，是思辨哲学的问题，其普遍形式将在逻辑学中加以研究。但是，在其历史发展中（主观方面，即意识，还无法知道其所是），历史的抽象的最后目标，精神的观念，还处于未完成的过程中。精神的观念还不是欲望和利益的遥远对象。因此，欲望仍没有意识到它的目的，尽管它已然存在于这些具体的目标之中，并且通过它们实现自身。一般与主观的结合这个问题，也会引起自由与必然的结合问题。我们把在自身中并为了自身的精神的内在发展，看成是必然的，而把包含在人的有意识的意志中的利益当成是自由的。

● 什么是黑格尔的辩证法？它如何与他所理解的真理和知识相联？

2. 尼采

在黑格尔之后，相对主义变得日益精致。在马克思那里，哲学世界观的差异是根据经济状况和社会环境来加以说明的。问题不再是"何种世界观是真的"，而成了"何种环境会使人相信这样一种世界观"。弗里德里希·尼采这位古怪的、才华横溢的偶像破坏者维护这样一个激进的观念：我们称之为实在的东西事实上是一种幻象。他也猛烈地抨击传统的真理和知识观念，认为有多少创造性的民族和社会，就有多少同等"真"（或同等"假"——真还是假无关紧要）的世界观。他还极力主张，每一个人自己都应在某个时候尽可能采用不同的世界观作为一项"实验"。

像马克思一样，用一个关于环境的问题取代了"何种世界观是真的"这一古老的问题。但是，尼采感兴趣的不是经济状况和社会环境，而是心理因素。因此，他问道："何种性格需要相信那样的世界观？"真理甚至不再是一个问题。事实上，甚至理性能力也开始感受到相对主义的威胁。在尼采那里，不仅真理不再受重视，一致和实用主义也被迫处于次要位置。那什么处在第一位呢？刺激、冒险、英雄主义、创造，以及尼采一般称之为"权力意志"的东西。当然，一个人若想要获得这些东西，还是需要理性地行动，但是，在尼采那里，思考在我们的生命中至多扮演一个辅助性的角色。

即使温和地加以表述，尼采的真理观也是令人惊讶的。他的基本主张是一个悖论："真理乃是谬误。”这一主张可以有许多不同的解释，而且，尼采自己也从许多不同的角度对它一再加以解释——这与他的真理观本身非常一致。他告诉我们说：“没有事实，只有解释。”在别处，他告诉我们说，只有“角度”，只有观看世界的不同方式，没有终极正确（或不正确）的方式。他写道，“真理”这一观念，以及学者们对真理的充满好奇的迷恋，是一种病态，至少是一种需要省察的真实的好奇心。我们为何迷恋“真理”观念？哲学家们曾经是如何、又是为何得到如下观念的？即存在着另一个世界，它比这一个世界更真实、“更好”。

弗里德里希·尼采，论真理[1]

真理意识。我赞美一切怀疑论，我冒昧地对怀疑论说：“让我们试验一下！”不过，凡是不让进行试验的事物和问题，我是无意过问的。这就是我的“真理意识”的极限：因为在这极限上，勇敢失去了它的权利。

生活不是论证。我们为自己创造了一个适于生活的世界接受了各种体、线、面、因与果、动与静、形式与内涵：若没有这些可信之物，今天无人能坚持活下去！但是，那些东西并未经过验证。生活不是论证；错误可能就在生活条件之中。

最终的怀疑论。究竟什么是人的真理？不可驳倒的谬误便是。

真理是一种谬误，某类生命无它就无法生活。最终，决定问题的乃是生命价值。

真理的标准是权力感的增进。

什么是真理？惯性，令人轻松的假设，成本最小的精神力量，等等。

有各种各样的眼睛。甚至斯芬克斯也有眼睛——因此，有各种各样的真理，因此，也就没有真理。

对我们而言，一个判断的错误不足以构成对一个判断的反驳……问题在于它在多大程度上提升生命、保存生命、保存族类，甚至繁殖族类；我们的基本倾向坚持认为，最为错误的判断（比如先天综合判断）对我们而言最不可或缺，若不承认逻辑的虚构为真，若不以完全发明出来的绝对的自我同一的世界为背景衡量实在，若不以数字对世界进行不断的歪曲，人类就无法生活下去——因此，抛弃错误的判断也就是抛弃生命，就会否定生命。

“真实的世界”最终如何变成了寓言：一个谬误的历史

真实的世界：智者、虔诚者和有德者可以达到；他生活在其中，他就是它。（观念的最古老形式，比较明智，简单，且令人信服……）

真实的世界：现在是不可达到的，但许诺给智者、虔诚者和有德者（“给悔过的罪人”）。（观念的进步：它变得更精巧，棘手，不可把握：它成了基督教的。）

真实的世界：不可达到，无法证明，不可许诺；但已经想好——它是一个安慰，一项义务，一个命令。（实际上是那个古老的太阳，但透过迷雾和怀疑。观念变得精深，灰白，

1　所有尼采作品的译文，都来自 Clancy Martin。中译文分别参见尼采：《快乐的科学》，黄明嘉译，上海：华东师范大学出版社，2007 年；尼采：《偶像的黄昏》，卫茂平译，上海：华东师范大学出版社，2007 年。

北方式，康德味。）

真实的世界：不可达到？至少没有达到。没有达到，也就是未知的。因此，没有安慰，没有拯救，也没有义务：某种未知的东西如何能让我们承担义务？（拂晓。理性的第一个哈欠……）

真实的世界：一个不再有任何用处的观念，甚至不再让人承担义务——一个变得毫无价值的多余观念——因此，是一个被驳斥的观念：让我们废除它！（天明；早餐，健全的理智和快活心情的回归……）

真实的世界：我们已经废除。剩下的是什么世界？或许是那个虚假的世界？但是不！随着真实的世界的废除，虚假的世界也被废除了。（中午……最长久的谬误的终结；人类的高峰。）

尽管尼采的作品写于十九世纪后半叶，但是，直到二十世纪才为人所注意，从而产生了巨大的影响（并非全是正面影响），最初是在德国，只是近来其影响才波及欧洲和美国。尼采的相对主义者真理观，当前的许多思想家虽然非常熟悉，但是在十九世纪，它依然是一种十分陌异的观念，那时候，思想家们——在黑格尔或康德或自然科学——之后依然试图提出一幅统一的、“真实的”世界画面。不过，尼采的一位德国同行具有一种影响，恰好在上个世纪末，尽管他的相对主义真理观远没有尼采那样极端，却引起广泛的活动和评论。我们说的是威廉·狄尔泰（Wilhelm Dilthey）。他提出的**历史主义**学说，在欧洲和美国依然具有巨大的影响力。历史主义是黑格尔的意识形式的辩证法，它受制于明确的社会和历史时期。简单地说，真理和合理性与历史上具体时期的具体人民有关，带着找出什么是“真”的意图去对它们加以全面比较，那就完全错了。显然，这是一种非常有力的相对主义学说，它的影响力之强大，使得哲学中的绝对主义者在上个世纪获得的注意和成功远远少于相对主义者，以至于他们开始寻找一个斗士。他们找到了“现象学家”**埃德蒙德·胡塞尔**（Edmund Husserl）。

- 当尼采断言真理是“我们无可辩驳的谬误”时，他的意思可能是什么？
- 尼采声称的“权力感的增强”是真理说服力的一个标准吗？他的观念与真理的实用理论有任何相似之处吗？其与实用理论有何区别？

E. 现象学

现象学是一门“科学的”和“严格的”学科，它自觉地以数学为模型（就像笛卡尔和古希腊人那样）。现象学研究的是人类心灵的本质结构，而正因为这些结构是本质的，它们才被认为是普遍必然的真。胡塞尔是一位新型的传统主义者，他认为算术真理和几何真理可以通过诉诸某种直观，他称之为“本质直观”，而得到认识——并且是得到确定性的认识。胡塞尔认为，这样的直观适合算术和几何，并且在别处把他的理论变成了一般的哲学。像同时代的许多哲学家一样（二十世纪早期），胡塞尔对他所看到的四处横行的相对主义震惊不已。事实上，他不仅把相对主义看成是哲学危机，而且看做是“欧洲文明的危机”。因此，他通过他的现象学对它加以抨击。比如，他为反驳狄尔泰而这样论证：

埃德蒙德·胡塞尔，《哲学作为严格的科学》[1]

> 胡塞尔（1859—1938）：德国哲学家和数学家，现代理性直觉主义的现象学的奠基人。与弗雷格一道，他反驳密尔所维护的那种经验主义必然真理观，提出了一种替代的观点。根据这一观点，必然性问题不是日常经验问题，而是一种特殊种类的直觉问题。他最著名的著作包括《观念Ⅰ》（1913）和《笛卡尔式的沉思》（1931）。

历史主义将自己定位于经验的精神生活的事实领域。由于它绝对地设定这种经验的精神生活，而不是恰恰将它自然化（尤其是因为历史思考远离自然的特殊意义，并且至少没有受到这种意义的普遍决定性的影响），这样便产生出一种相对主义，它与自然主义的心理主义关系紧密，并且陷入了类似的怀疑困难中。

根据这种科学观点的不断变化，我们确实没有权利去谈论那种不只是作为文化构型，而是作为关于客观有效统一的科学。显然，如果将历史主义贯彻到底，它就会导向极端怀疑的主观主义。真理、理论和科学的观念就会像所有观念一样丧失其绝对有效性。一个观念具有有效性，这意味着它是一个事实的精神构成，它被视作有效的并且在这种偶然的有效性中规定着思想。这样也就不存在决然的有效性或自在的有效性，不存在那种即使无人实施，或者，即使没有一个历史的人类曾经实施过，它也仍然是其所是的有效性。因此，也就不存在对矛盾律和所有逻辑学而言的有效性，反正它们在我们的时代已经处于完全流散的状态中。也许结果会是这样：无矛盾性的逻辑原则由此而转向其对立面。

胡塞尔运用康德的术语和他的绝对主义意图，抨击各种形式的相对主义，并且力图提出一种**先验现象学**，换言之，即一种发现一切经验的基本法则的现象学（就像他为算术和几何所发现基本法则一样）。既然这些所发现的法则（或"理想的法则"）是基本的，于是，胡塞尔得出结论说，它们就是唯一可能的法则。就像在康德那里一样，在胡塞尔那里，"**先验的**"一词意指的是我们借以"构成"我们的世界的唯一基本法则。（胡塞尔也使用了"构成"观念，其意思与康德对它的运用大体相同。）但是，什么是**现象学**？它是对人的意识的研究。换言之，经验的这些基本法则，是在意识中发现的，而既不是在神秘的柏拉图式的"存在世界"中，也不是简单地在我们的语言中发现的。意识自己有其自身的构成对象，它成了我们的新依靠。从笛卡尔那里开始，胡塞尔认为我们回到了"主观的"起始点——我们再来看一看。

1　Edmund Husserl, "Philosophy as Rigorous Science", in *Phenomenology and the Crisis of Philosophy*, trans. Quentin Lauer, New York: Harper & Row, 1965. 中译文见胡塞尔：《哲学作为严格的科学》，倪梁康译，北京：商务印书馆，2002 年。

埃德蒙德·胡塞尔，《1929年巴黎讲演》[1]

当代哲学的四分五裂及其毫无目的的忙碌，引起了我们的思考。这种处境难道不正是因为来自笛卡尔沉思的动力在当代各派哲学中丧失了原初的活力造成的吗？重新唤起这些沉思——不是接受它们，而是在向我思的回返中揭示彻底主义的深刻真理，以及我思中的永恒价值——难道不正是唯一富有成果的文艺复兴吗？

◆◆◆

因此，我们每一个自为而自在的人，决心从抛弃当前的一切知识开始。我们不会放弃笛卡尔为知识的绝对基础作出的指引目标。不过，首先不要把它可能有的偏见作为前提……科学要求证明，即通过返回到实际经验和直观给出的事物和事实本身而来的证明。因此，我们这些追根溯源的哲学家引导到这样一个原则：只在明证中作出判断。

◆◆◆

这里，我们完全追随笛卡尔来一次伟大的转变，如果这个转变进行得正确的话，我们就被引导到先验主体性……让我们思考一下：作为彻底沉思的哲学家，我们现在既没有对我们来说有效的知识，也没有一个对我们来说存在的世界……然而，不管人们要求存在的现象有什么样的实在性，不管这种实在性是实在还是表象，现象自身无法当做纯粹的"虚无"摒弃。相反，它恰好是处处可能为我而造出实在和表象的现象本身。这种认识论的放弃依然是其所是：它包括整个经验的生活之流，它所有的殊相、客体的表象、其他人、文化处境等等。除了我不再简单地把世界接受为真实的以外，一切都没有变换；我不再就实在与表象的区分作出判断……这种对关于客观世界的所有观点的普遍疏离，我们称之为现象学的悬隔。正是通过这一方法，我把自己理解为这一个我、这一种意识生活，在其中，整个客观世界是为我而存在的，并恰好是为我而存在的那个世界……通过现象学的悬隔，自然人意义上的我，尤其是我自己的我，被还原为先验的我。这就是现象学还原的意义所在。

- 胡塞尔为何认为现象学的方法是理性主义的一种形式？
- 胡塞尔的"先验主体性"是什么意思？它与笛卡尔的方案有什么关系？
- 现象学是如何击败相对主义的？它又是如何招致相对主义的？

自始至终，胡塞尔的斗争都是一场反对相对主义、反对一切认为存在着同样真实或同样理性的不同世界观的哲学的斗争。必须要说的是，他的现象学尽管内部存在着这样那样的争斗，却依然是非常成功的，仍在今天吸引了许多哲学家的注意力。不过，现象学并非相对主义的解决之道。胡塞尔认为，现象学能够是先验的，并且证明某些法则是一切人类思考的基本法则和根本法则。但是，正如康德以我们构成了我们的世界这一观点打开了相对主义的大门一样，胡塞尔以如下观点把相对主义的大门推得更开了：意识研究乃是哲学活动的正途。

---

1 Edmund Husserl, *The 1929 Paris Lectures*, trans. Peter Koestenbaum, Hague: Nijhoff, 1975. 中译文见胡塞尔：《笛卡尔沉思与巴黎讲演》，张宪译，北京：人民出版社，2008 年。

他的追随者们问到，意识的形式难道不是有许多不同的种类吗？（因此回到了黑格尔而不是康德。）随着现象学在法国而不是在德国的发展兴盛，它成了一种在今天极其流行的新相对主义的来源。

F. 解释学和实用主义：相对主义再思考

绝对主义似乎否认了这样一个显然的事实：人们的不同和分歧，不仅在表面上，而且体现在他们最基本的信念上。另一方面，相对主义似乎否认了人们之间显然的相似性，进而认为我们永远无法彼此理解——或发现真理。一种试图弥合独断的绝对主义与唯我论的相对主义之间的鸿沟的努力即是**解释学**。

"解释学（Hermeneutics）"是"解释（interpretation）"的古名，其关注所在乃获取真理。许多个世纪以来，这个令人敬畏的词一直都是专用于对《圣经》的解释，目的是为了理解上帝之言。不过，在今天，这个术语有了更加广泛的意思。它常用于谈论文本解释的文学批评——不只用于《圣经》解释，而且应用于一切文本。但现在也用于哲学，指的是解释和理解世界的学科，实际上，它成了解释和理解我们的文本及不同文化的世界观的学科，而以上种种，最初似乎被认为是彼此不可通约的。

现代的解释学之父，是德国的"历史主义者"威廉·狄尔泰，我们在前面部分已经遇见过他。狄尔泰认识到，自然科学的方法在应用于"人文科学"时并不很成功，部分是因为历史在人类生活中具有极其重大的作用。他也认识到，康德克服传统哲学关于表象与实在、主体性和客观真理之间的区分的努力，存在着一个很真切的危险。狄尔泰自己是一个激烈的反相对主义者，尽管他的历史主义属于相对主义。他主张，问题在于提出一种理解人类差异的方法。不过，他认为所有这些根本上都是表面的差异，因而终究不是不可通约的。

当代解释学正是这样的一种努力，它试图提供一种理解不同于我们自己的观点的方法。它完全独断地主张——如康德和许多其他哲学家那样主张——人类心灵的结构到处都一样，因此，我们全都分享了一个共同的知识基础。另一方面，既然至少在理解我们确实不一致上有足够的交叠共识，那坚持认为我们全都不同并且具有不同的真理就显得过于简单了。比如，中世纪的人认为上帝和地球分别是宇宙的精神中心和空间中心。现代的科学家们是如何看待他们的呢？好吧，我们既不会把他们的观点当做毫无意义的加以摒弃，也无法明显地说："好吧，他们有他们的意见，我们有我们的意见。"解释学就是这样一种试图穿别人的鞋的努力（但无需先脱下我们自己的鞋）。

在二十世纪，经由德国形而上学家**马丁·海德格尔**（Martin Heidegger），解释学成了一种强有力的哲学风格。正是海德格尔在他的不朽著作《存在与时间》（1928）中指出，生活就像一个文本，而我们生活的目的就是理解这一文本。海德格尔是胡塞尔的学生，因此也是一位现象学家。不过，在他的解释现象学中，他试图"揭示"我们经验中的隐藏意义。他拒斥胡塞尔的现象学的科学语调，更喜欢谈论生活本身的结构，包括我们的深刻历史感，正是它规定着人类生活。

不过，解释学最重要的提倡者是海德格尔的学生，**汉斯-格奥尔格·伽达默尔**（Hans-Georg Gadamer）。实际上，伽达默尔对方法——不仅科学方法——可能扭曲我们的理解这一事实汉斯-格奥尔格·伽达默尔（1900—2002）：专攻哲学解释学的德国哲学家。伽达默尔拒斥旨在确定作者原始意图的字面解释的进路，强调解释者自身的背景和历史位置对文本解释的影响程度。尽管我们带入文本的"前见"限制了我们从中得到的东西，但它们也使我们意识到文本与我们时代的关切相关联的方式。

非常警惕，因此，他坚持认为，解释学必须要抵制成为另一种方法的诱惑。确切地说，它试图努力去克服诸种方法，消除对于证明和论证的过分强调，消除对于确定性的追求，而代之以对我们彼此已然具有的共有理解的强调。因此，哲学的实质成了对话，而不再是个体的现象学或抽象的证明。这样一来，解释就不再是理智的一个抽象功能，而是遍及我们的每一个活动的过程。

伽达默尔的解释学并不拒斥真理观念，不过，他确实完全抛弃了如下观念：在我们之外存在一个需要我们用方法（理性主义、经验主义、科学心理学）去发现的真理。像融贯论理论家和实用主义者一样，他抛弃了我们的知识的可靠**基础**的观念——比如一些经验主义者所讨论的原始经验或"感觉材料"，或者康德所维护的先天原理。不过，融贯论理论家和实用主义者都倾向于把真理解释为当下的一种功能——分别为信念的融贯和实用性。而解释学家认为，真理必须根据**传统历史地**理解。因而，反讽的是，哲学传统往往忽视它自己的传统的重要性，而严格地去寻找永恒真理。与之相反，伽达默尔的解释学认为，唯有在传统中，并且通过考察我们的传统，哲学真理才有可能。这意味着无论我们的传统是什么，哪怕是错误的，我们都必须接受吗？但是，伽达默尔反问，一个错误的传统会是个什么样子？当然，我们能够批判自身，而这正是解释学的关键所在。不过，这意味着我们也必须为自身，以及我们一直相信的一切辩护吗？他反问道："我们需要为一直支持着我们的东西辩护吗？"

实用主义——主张真理被缓慢发现并通过实验证实的观念——最初在C. S. 皮尔士的作品中得到拥护。在十九世纪和二十世纪早期，皮尔士主张科学为哲学家应当如何思考——以及重新思考——真理观念提供了模型。

相对主义意味着可以没有真理吗？相对主义只能应用于哲学观，而不能应用于**真实的**理论吗？能够存在着**确实**不同的世界观——以及不同的世界吗？谈论一个相对真理，即谈论一个只对于某个人或某个团体而不是另一个人或另一个团体"为真"的真理，有意义吗？

这样的一个说法要有意义，那就必须意味着，一个陈述对某个人或某个团体为真，是因为他们所使用的计划或概念框架。因此，对于某一个社会而言，巫医确实体现的是魔鬼的能力，而对于另一个社会来说，所谓巫医的能力不过是自然药物的作用加上暗示力量。但是，我们不要落入极端的普罗泰戈拉陷阱，从而主张"人是万物的尺度"——若我们确实要继续使用**真理**一词的话。一个陈述或一个信念，并不能仅仅因为它被相信而为真，换言之，如果它是绝无可能的，一个人或一个团体可以相信它是假的（或者，某些陈述虽然为真，却不为人信）。此外，在解释学中，基本的一点是，我们没有关闭这样的可能性：一个真理可以被相信另一个显然与之相矛盾的真理的人所理解——或许是以不同的术语加以理解。否则的话，就否认了跨文化交流的可能性——即彻底把不同文化的人们彼此分隔了开来。

- 什么是解释学？在解释学对真理的理解中，历史扮演了什么样的角色？

理查德·罗蒂（1931—2007）：美国哲学家。罗蒂是二十世纪美国哲学中最具活力也最不拘一格的思想家之一，拥护其自成一派的实用主义。罗蒂挑战了作为"自然之境"的心灵观念，辩护了知识处于社会实践的情境之中、以及我们无从确知我们信念之真的观念。我们至多能确定它们满足我们社会当前的接受标准。因此，哲学相当于一场持续不断、永无止境的对话。

近来，解释学在美国哲学，尤其是在关于相对主义和文化多元主义的讨论中得到复兴。在下面的选文中，自称受惠于解释学的当代美国哲学家**理查德·罗蒂**（Richard Rorty）维护一种"团结"识见——他用之与传统的"客观性"观念对比,并把它与"实用主义"联系在一起。他主张，实用真理论本质上是这样的一种理论，即真理有一个道德标准——共同体的团结，而不是有一个形而上学的标准——客观性。换言之,他主张,实用主义把"真理"定义为"我们的共同体在道德上最好加以相信之物"，运用这一定义，他能够宣称，对我们而言，在道德上最好相信实用主义。

理查德·罗蒂，《团结还是客观性？》[1]

反思的人类通过将他们的生命置于更大的背景下，有两种赋予他们的生命以意义的主要方式。第一种是讲述他们对于一个共同体的贡献。这个共同体可以是他们生活于其中的实际的历史的共同体，或者是另一个在时间和空间上远离的实际共同体，或者是一个完全想象的共同体，它可能由选择历史上或小说中或两者兼具的许多男女英雄组成。第二种方式是把他们自己描述成与一种非人的实在处于直接的关系之中。这种关系是直接的，是因为它并不是源自这种实在与他们的部族、或他们的民族、或他们想象中的同志情谊之间的关系。我要说的是，前一种类型的种种故事体现了人们追求团结的欲望，后一种类型的种种故事则体现了人们追求客观性的欲望。只要一个人在追求团结，他或她就不会追问被选择的共同体的诸种实践与那一共同体之外的某种事物之间的关系。只要他在追求客观性，他就与他身边的人拉开距离，这不是通过将他自己设想为某个别的真实的或想象的团体中一员，而是通过将自己黏附于某种可在不指涉任何特定的人类的情况下加以描述的事物之上来完成的。

◆◆◆

那些想将团结奠基于客观性的人——就称他们为"实在论者"吧——必定把真理解释为与实在的符合。因此，他们必定建构一种形而上学，以此为诸信念与诸对象之间的特殊关系留出空间，人们将根据这种关系鉴别真信念与假信念。他们也必定会论证说，存在着一些证成自然的而不仅是地方性的信念的程序。因此，他们必定会建构一种为如下证成留下空间的认识论：这种证成不仅是社会的，而且也是自然的，它源自人类本性自身，而且是通过自然的这一部分与其他部分之间的一种关联才得以可能。根据他们的观点，由被认为是这种或那种文化所提供的合理证成的各种程序，可能真是合理的，也可能并不是真正合理的。因为要成为真正合理的，证成的程序就必须要导向真理，导向对现实的符合，导向事物的内在本性。

1 Richard Rorty, "Solidarity or Objectivity?", in *Philosophical Papers, Vol. 1: Objectivity, Relativism, and Truth*, Cambridge, MA: Cambridge University Press, 1991. 中译文见罗蒂：《实用主义哲学》，林南译，上海：上海译文出版社，2009 年。

与之相反，那些想要把客观性还原为团结的人——就称他们为“实用主义者”吧——并不要求一种形而上学或一种认识论。用威廉·詹姆斯的话来说，他们把真理看做我们相信便可获益之物。因此，他们无需对诸信念与诸对象之间所谓的“符合”关心作出说明，也无需对那些保证我们这个物种能够进入这一关系的人类认知能力作出说明。他们认为，真理与证成之间的鸿沟并不是某种通过离析出一种自然的、跨文化的理性（可以用这种理性来批判某些特定的文化而赞颂另一些文化）来衔接的东西，而不过是现实的好于可能的更好之间的鸿沟。从一个实用主义者的观点来看，说我们现在合理地加以相信的东西可能不是真的，只不过是说某人可以提出一个更好的观念。也就是说，既然会有新证据或新假设或全新的语汇，那么，总是会有改进信念的空间。对于实用主义者而言，对客观性的欲求并不是欲求摆脱某人的共同体的束缚，而只是欲求尽可能多的主体间共识，尽我们所能地扩展“我们”一词的所指。因此，实用主义者所作的区分，是在这样的共识相对容易达成的那些主题与共识相对难以达成的那些主题之间的区分。

“相对主义”是实在论者加给实用主义的传统称号。这一名称可以指三种不同的观点。第一种观点是：任何一个信念都像其他任一信念一样好。第二种观点是：“真”是一个歧义性的术语，有多少种证成程序，就有多少种含义。第三种观点是：离开既定社会——我们的社会——在这一或另一探究领域中使用的对熟悉的证成程序的描述，就无法谈论真理和理性。实用主义者持种族中心主义的第三种观点。但是，他并不主张自相矛盾的第一种观点，也不主张怪异的第二种观点。他认为，他的观点要好于实在论者的观点，不过，他并不认为他的观点符合诸事物的本性。他认为，正是“真”这个词的弹性——它只是赞誉的一种表达这一事实——确保了它的单义性。根据他的说法，“真”这一术语在所有文化中的意思都相同，就像“这里”“那里”“好”“坏”“你”和“我”这样一些同样富有弹性的术语在所有文化中意思都相同一样。但是，意思的相同与所指的多样性，以及指派术语的程序的多样性，当然并不矛盾。因此，他非常自由地把“真”当做一个表达赞誉的一般性术语来使用，如同他的实在论对手们那样——尤其是用它来赞誉他自己的观点。

然而，为何认为“相对主义者”是表述种族中心主义的第三种观点（实用主义者确实持有的观点）的恰当术语，这一点并不清楚。因为，实用主义者并不是持有一种肯定性的理论，即认为某事物乃是相对于另外的某事物的。相反，他作出的都是纯粹否定性的观点，即我们应该放弃知识与意见的传统区分，而这种传统的区分应被解释为符合实在的真理与作为证成得好的信念的一个赞誉性术语的真理的区分。实在论者称这种否定性主张为“相对主义的”，其原因在于他无法相信任何人会严肃地否认真理具有一种内在本性。因此，当实用主义者认为，对于真理，除了我们每一个人将他或她发现最好加以相信的那些信念赞誉为真之外，无话可说之时，实在论者就倾向于将这一点解释为关于真理本性的一种较为肯定的理论。根据这一理论，真理不过是当代某一特定个人或团体的意见。当然，这样的一种理论是自相矛盾的。但是，实用主义者并没有一套真理理论，更不用说相对主义的真理理论了。作为团结的虔诚信徒，他关于人类合作性探究的价值的说明，只有一种伦理基础，而没有一个认识论的或形而上学基础。他没有任何认识论，更没有一种相对主义的认识论。

◆◆◆

问题不是关于如何去定义诸如“真理”或“理性”或“知识”或“哲学”这样的词，而是关于我们的社会应该让自己具有什么样的自我形象。“要避免相对主义”这样一句仪式性的祷文，作为对保存当代欧洲生活的某些习惯的需要的一种表达，是最容易理解的。这是些由启蒙运动养育起来的习惯,它们由启蒙运动通过诉诸理性得到证成，被设想为一种符合实在的跨文化的人类能力，而这种能力的拥有和使用由服从明确标准表现出来。因此，关于相对主义的真正问题是，智识、社会和政治生活中的这些相同习惯，是否能作为无标准的处事方式，得到一种理性概念的证成，得到一种实用主义的真理概念的证成。

我认为，这个问题的答案是，实用主义者不可能证成这些习惯而不陷入循环论证，不过，实在论者也同样如此。实用主义者对于宽容、自由探究和对不失真的交流的寻求的证成，只能采取一种对比的形式，即在体现这些习惯的社会与不体现这些习惯的社会之间加以对比，由此导向这样一种看法：任何体验过这两种社会的人都不会选择后一种社会。温斯顿·丘吉尔（Winston Churchill）为民主所做的辩护可以说是体现这一点的典范，他说，除了迄今为止所有尝试过的政府形式之外，民主政治是可设想的政府形式中最坏的一种。

◆◆◆

我认为，对客观性的欲求部分是惧怕我们的共同体消亡的一种伪装形式，这种看法是对尼采的指责的应和，尼采说，发源于柏拉图哲学的传统是一种试图避免直面偶然性、逃避时间和机遇的努力。尼采认为，实在论之所以要受到指责，不仅是因为它的理论不连贯的论证，如我们在普特南和戴维森那里发现的那种论证，而且是基于实践的、实用的理由。尼采认为，对人类性格的考验，在于有能力忍受如下思想：不存在会聚。他希望我们能将真理设想为：

> 一支由种种隐喻、换喻和拟人论——简言之人类关系的总和——组成的机动部队，这支部队已经得到强化，在诗和修辞方面被修饰过，而且在长期服役之下显得坚毅，具有权威，对某个民族义不容辞。

尼采希望，最终出现这样的人类，他们能够并且确实如此设想真理，但仍热爱他们自己，将他们自己看做是一个好的民族，对于这个民族而言，团结就够了。

我认为，实用主义对支撑着实在论者的客观性观念的各种结构—内容区分的抨击，最好能被视作一种这样的努力：让我们以这种尼采式方式思考，即认为真理完全是一个团结问题。那就是为什么我认为尽管有普特南，但我们仍必须说，“只存在对话”，只有我们，必须把“跨文化的理性”观念当做最后的残余物扔掉的原因。但是，这不应使我们像尼采有时做的那样，驳斥我们的机动部队中体现了苏格拉底的对话、基督教的伙伴关系和启蒙运动的科学的观念的因素。尼采把哲学实在论诊断为一种对于恐惧

> 和怨恨的表达，他的这一诊断与他自己对沉默、孤独和暴力的那些充满怨恨的异质的理想化做法是并驾齐驱的。像阿多诺、海德格尔和福柯这样的后尼采思想家，则使尼采对于形而上学传统的批判与他对资产阶级教养、基督教的爱和十九世纪对于科学使世界变得更适于生活的希望并驾齐驱。我并不认为，这两套批判之间有任何值得注意的关联。在我看来，实用主义如我所说的那样，是一种团结的哲学，而不是一种绝望的哲学。从这种观点来看，苏格拉底远离诸神，基督教从万能的创世主转向在十字架上受难的人，以及培根从沉思永恒真理的科学转向作为社会进步的科学，可以被看做是为尼采的真理观所揭示的社会信仰这一幕的诸多准备。
>
> 我们这些团结的追随者们用来反对追随客观性的实在论者的最好论证，就是尼采的如下论证：传统西方用来巩固我们的习惯的形而上学—认识论的方式，完全不再发挥作用了。它已无法行使职责了。它日益成了一种策略，就像是已然被证明是通过一种恰当的巧合而选择了我们作为其子民的那些神灵的设定。因此，我们用一种“纯粹”伦理的基础来代替我们的共同体感——或者，换一种更好的说法，我们认为我们的共同体感没有任何基础，除了共有的希望以及由这种共有的希望所创造出来的信任之外，以上这种实用主义的提法，是基于实践基础而做出来的。它不是作为如下的形而上学主张的推论被提出来的：世界中的诸对象并不包含任何内在地指导行动的特性；它也不是作为如下的认识论主张的推论提出来的：我们缺乏一种道德感的能力；它也不是作为如下的语义学主张的推论提出来的：真理可以被还原为证成。

罗蒂清楚地表明，我们的形而上学“真理”理论具有政治寓意。只有一种唯一的真理，这样的信念会导致对与自己信念不同的人们的屈尊和不尊重。然而，如果绝对主义者除了他或她的绝对主义之外，还相信他或她，或者他或她的文化，比其他人或其他人的文化更接近那唯一的真理，难道这位绝对主义者不必定会认为客观真理是他或她的唯一领地吗？这样一来，似乎就切断了文化之间交流和学习的可能性。

- 根据罗蒂的说法，“客观性”与“团结”之间有什么差异？他为何偏爱“团结”？

“团结就**够了**”吗？在下面的节选材料中，日本哲学家永见勇（Isamu Nagami）考量了诸个体和诸文化之间的交流，他称之为“**交互主体性**”，并且认为，从政治上来看，无论是“团结”还是“客观性”都不够。他运用解释学所把握的，不仅是跨文化的复杂性，而且是同文化内理解的复杂性。

永见勇，《文化鸿沟：我们为何会误解？》[1]

> 永见勇（1941—　）：宗教哲学家。名古屋柳城短期大学校长。

著名的日本心理学家土居健郎（Takeo Doi）在他的著作《依赖的剖析》（*The Anatomy of Dependence*）中表达了他对美国生活方式的失望和惑：

> 我时常会因我与主人（即美国人）之间思考方式和感觉方式的差异而感到尴尬。比如，我刚到美国不久，经一个日本熟人的介绍，去拜访了一个美国人，交谈时他问我："你饿吗？我这里有冰淇淋，你想不想来点？"记得当时我确实很饿，但被初次见面的主人直截了当地问是否饿了，我无法照实说，于是婉言谢绝了。我满以为他会坚持要我吃，但令人失望的是，主人说了声"好的"，就不再说什么了，让我在那里后悔没有实话实说。我在想，日本人几乎不会随便问陌生人是否肚子饿，而是不声不响地做些吃的拿给他。

在国外居住的人，对于土居健郎所表述的这种文化震惊，多少有过体验。文化间的这些体验使得许多思想家在进行比较研究时探究文化的核心因素。比如，在日本，我们发现许多通俗作家在解释日本文化与包括美国在内的西方国家的文化之间的差异时，所根据的是团体倾向和个人身份。这类论证的论点是：日本人的行为一般可以通过团体内的倾向来加以解释，而美国人的行为则是基于个人自由。无疑，对于那些有新闻癖的人而言，这确实是两种文化间的一个有意义的比较。但是，如果我们是要探究文化中日常生活的经验世界的各种形态，那么，我们发现我们不能采用上述路径，主要有三个原因。（1）那些认可团体与个体论点的人，倾向于以此来解释一切文化现象，结果，他们遮蔽了每一种文化都可能包括的其他许多可能性。（2）某些特征为所有社会世界所共有。就此而言，每一种文化都能共享一种符号性的共同特征，正是通过这一特征，我们才能比较差异。然而，上述那种比较路径忽视了人类生存的普遍性。（3）人们理解和描述不同的文化，正是这一事实表明了体现在他们的思考中的一种文化精神。也就是说，他们的思考方式必然是文化的。这种思想过程不是自我批评的，在这一意义上，它无法表明其历史—文化特征，因此而倾向于具有意识形态特征。

这些路径最突出的特征在于，它们无法提供任何批判性的视角，同时还基于我们的实际人类生活中的一种错误的正当性。因此，对我们而言，关键是找到另一种以最彻底的方式理解文化的路径。在这一方面，我们推荐一种现象学反思的方法，因为现象学能够揭示人类生活的各种维度，而我认为，人类生活象征着文化，并能帮助我们克服上述困难。

◆◆◆

1　Isamu Nagami, "Cultural Gaps: Why Do We Misunderstand?", in *Liberation Ethics: Essays in Religious and Social Ethics in Honor of Gibson Winter*, ed. Charles Amjad-Ali and W. Alvin Pitcher, Chicago, IL: Center for the Scientific Study of Religion, 1985.

主体间性、语言和不证自明

例如，一位男孩和他的母亲看见一棵雪松，她很可能称之为一棵树而不是一棵雪松。若过一会儿，他碰巧看见一棵橡树，并问他母亲“那是什么”，她会说是一棵树。这时，他可能会对这个词非常迷惑，因为雪松与橡树之间存在着显然的差异，然而它们具有同一个名称，即树。但是，渐渐地他认识到“树”这个词或这个声音包含属于同一个范畴的一组特征。显然，“树”这个词意指的是一个抽象表达，它表征某些特征，同时忽视其他一些特征，比如那些属于“花”这个范畴的特征。在这方面，一般意义上的具体就不是现实中的具体，而是抽象的具体。人们把抽象的表达误用于具体的现实，其原因要归于这一事实：他们无意识地认为这种表达是不证自明地来源于具体的现实世界。因此，一种文化中的某些具体含义，在另一种文化中就不是具体的，而是高深莫测的，因而是非具体的表达。在英国，人们把树与用于建筑和其他目的的树的组成部分，也就是“木料”，区分了开来。但是，在日本，我们并不做这样的区分。我们用来表达树和木料观念的是同一个词，即Ki。不过，字典通常把Ki描述为与树具有同样的意义。语言在他们内置的语法信号上也不同，即在语义学、句法和语音学上不同。在英国，人们非常注意明确涉入他们正在讨论之事的人数。但是，在日本，情形常常相反。这时，我们就能明白，我们借以把握世界和理解自身的语言的本性，不可避免地使我们涉入了语言的文化背景。因此，语言之间的巨大不同，不仅表现在发音、词汇和语法上，而且体现在它们识别某些事物、忽视某些事物的方式上，由此，也反映了它们所服务的社会和文化。经验和语言彼此互补，因为人类只有根据语言所揭示的含义才能经验外部实在。人们是被抛入语言世界的，在这个世界中，他们既学着去理解实在，又学着去辨认事物。在这个意义上，我们理解和解释实在的方式已然受到社会所给定的知识的限制。

我们若接受我们的知识是由社会给定的，那我们似乎就陷入了相对主义立场，即认为不存在客观性这回事。因此，我们可以提出一个进一步的问题：我们如何能够肯定某物是每一个人都同意的客观存在物呢？在这一个问题中，我们需要再次反思我将称之为主体间性的世界，它总是为我们的日常生活思考和语言所预设。具体而言，我们无意识地把自身当做世界的时空坐标中心。这就意味着，我通常把我占据的位置称为“这里”，从而与同胞所占据的“那里”区分开来。然而，我们可以自由交换位置，仿佛我们能够置身于他人的处境一样。“己所不欲，勿施于人”，这句格言就暗示了这种可交换性。这种可交换性之所以可能，是因为存在着一个得到主体间承认的时空世界，在这个世界中，她/他和我都嵌入其中，因此能够共有并且交换我们的立场，它们的样式基本相同，且具有同样的可能性和结果。主体间性概念表示了这个得到主体间承认的时空世界。每一种社会—文化环境都预设一个主体间性的世界，它历史地发展出来由语言象征着的各种世界概念。一直在美国社会生活的那些人共有各种典型特征，以此作为他们的亲熟性和不成问题的前经验的视野。通过对这一视野的使用，他们能够彼此交谈，把这个世界中的对象理解为不证自明的实在。诸如树或花这种词的含义，完全是不证自明的，因而是自明的。换言之，我们在一个主体间性的世界中言说、行动和理解，在这个世界中，我们共有通过前经验获得的知识而来的视角。我能够向我的人类同胞表达我的思想，这一事实已然预设了一个主体间性的世界，在这个世界，她/他和我都被嵌入其中，因此，她/他能够共有我的思想，而我也能够共有她/他的思想。这一共有正是我们能够肯定客观实在的基础，因为我们能够以同样的视角来确定事物。因此，理解总是预设了一个神秘参与其中的主体间性世界的共同社会遗产。正是通过这一主体间性，我们才能理解我们把外部实在认作客观实在的方式。

主体间性问题

在我们的论述中，到现在为止，主体间性似乎仍未呈现为我们的文化关注的关键问题。不过，当我们考量的实例中有两个对应着各自不同的主体间世界的截然不同的团体时，主体间性问题就呈现了出来。为了揭示这一问题，让我们采用阿尔弗雷德·舒茨（Alfred Schutz）的“内团体”和“外团体”观念。根据舒茨的定义，所谓内团体是指那样一些人，他们接受现成的、标准的社会文化环境图式，即把一个主体间性世界当做不成问题的、没有疑问的知识系统。在他们看来，日常生活情境中的知识系统，显现在语言、传统、习惯和各种社会系统中，它们似乎有充分的连贯性，清晰且一致。相反，那些位于那一世界之外的人则被定义为外团体。外团体的成员有时觉得，内团体当做不证自明的东西实际上是一种含糊不清的、高深莫测的实在，因为外团体并不具有内团体的历史传统所共有的经验。例如，假设一个从未在国外生活过的美国人到日本居住，在一家日本风格的日本工厂里工作，当然，他最初并没有了解日本文化或学习日语。那他肯定会对日本员工唱厂歌或喊厂号这种军事化管理感到惊讶，她/他因此难以理解日本人的生活方式，而这只是因为她/他与日本人并不共有一个主体间性世界。对于内团体成员而言自明的日常生活，对于外团体成员可能并不是自明的。正是这一鸿沟造成了误解。

我解释了内团体的共有世界不同于外团体的共有世界的原因。实际上，这种描述并没有指出共有的真正意义，因为内团体的共有世界最终摧毁了全球意义上的共有世界。内团体的共有世界成了一种封闭，因此我们会倾向于崇拜团体内的人，第二次世界大战期间的德国和日本就是如此。只要我们是根据内团体和外团体来理解“共有一个世界”，在某种意义上我们就肯认了人类境况的二元论，在这种境况中，内团体与外团体截然分开。这并没有真正显示出共有的真正意义。对世界上不同的人类关注的共有，并不是使内团体区别于外团体，而是参与到世界上的一切可能活动中去。这种参与能够创造一种“视域融合”，在这种视域融合中，内团体与外团体之间的差异最终消失了，由此创造了一个新的理解视域，它是对当前视域的一个扩展。

视域融合：敞开与倾听

通常，内团体与外团体之间的遭逢会造成紧张。我们如何能克服这一紧张，同时又达到一种尊重彼此的理解，从而使每一个个体和每一种文化都保持自己的尊严呢？这的确是一个重要的问题。让我们借助于伽达默尔在其杰作《真理与方法》中对文本与解释者之间的遭逢所做的解释吧，因为他的分析有助于理解内团体与外团体之间的遭逢问题。他说：

> “视域”这个概念表明了自身，因为它表达了寻求理解的人必须具有的更高的宽广视野。获得一个视域，就是说我们学会了超出近在咫尺的东西去观看——但这不是为了避开近在咫尺的东西，而是为了在一个更大的整体中按照一个更正确的尺度去更好地观看它。

“获得一个视域，就是说我们学会了超出近在咫尺的东西去观看。”这是什么意思？它指的是我们需要学会去理解外团体的尊严，使他们把真正本性展示出来。这就要求我们向外团体敞开，愿意去倾听外团体成员的所说。前面，我们论述了树和Ki的观念这个例子，只要我们陷于我们语言中的观念的不证自明性，我们就永远无法去理解外团体的表达的真正含义。但是，如果我们能够承认，我们的理解受到历史的限定，因此允许我们自己向外团体的所说敞开，那么我们之间就可能会形成一个新的视域，在这个意义上，我们每一个人都能够认识到，在一个更大的背景中，树和Ki都是有局限的表达。敞开与倾听是理解他人和他文化的关键。当然，对他文化的理解所涉及的问题，要比树与Ki之间的差异要复杂得多。然而，如果我们丧失了倾听和敞开的能力，那我们就绝无可能理解不同的文化和不同的人。

当前，我们面临着核危机。而核危机之所以会出现，就是因为我们没有倾听他人的态度，因为我们忘记了，人类植根于共同的世界命运，因为我们任意地操控他人，因为我们丧失了《圣经》关于尘世人类的叙述的原初意义：被创造出来的人类与相互依赖着的不同人们、不同事物一起，创建并保护着这个世界。

在不同文化和不同人们之间的视域融合这个问题上，语言显示出了极其神秘的力量。既然每一种语言都与一种特殊的历史背景联系在一起，那么，各种语言就彼此不同。语言也是人类借以能够在各自背景中识别各种历史—文化现象的媒介。因此，历史—文化的差异可以理解为语言的差异。在这方面，语言总是显示了它自己的历史—文化背景的独特特征。

但是，我们如何调节语言的这些差异呢？显然，也只有通过语言才能使得这些差异得到融合或加以比较。在这方面，语言显示了这些差异得到克服的普遍维度。确实，英语不同于日语。但是，如果英语所显示的特征完全不同于日语，那么，日本人还有可能理解英国人的各种含义吗？我能够把不同的英语表达翻译成日语，这一事实就已然预设了这两种语言之间存在着普遍共有的含义。因此，语言所显示的不仅是存在的特殊模式，也揭示了我们的生存的普遍维度。

此外，语言具有内在超越的力量，我的意思是说，语言能够克服它自己在历史境况下的有限含义。于是在这里，悖谬的是，我们若反思我们生存的宿命性，并敞开我们自身，那么，我们那宿命般的境遇就不是宿命的了。当我说英语中的树不同于日语中的Ki时，我注意到树和Ki的含义都是有局限的。然而，通过这样的指出，语言能够开启比树和Ki的含义大得多的可能性。因为，任何社会以语言所表示的历史遗产都有人类关系，它们在揭示特殊的存在模式的同时，也揭示了普遍性。人类关系包括了所有人类共同的一些东西。任何我们可以发现语言、文化对象、孩子的玩具、家庭的地方，在那里，人们生活于其中并为生活中的大事进行庆祝，比如诞生、发蒙、嫁娶和死亡。

这些都是普遍给定的。人类是不同的，然而，我们共有作为普遍共有含义的人类生存的各种维度。正是通过人类的这种共有，我们才能把握和理解不同的人们。

我们无法避开我们世界的“不证自明”。我们宿命般地被抛入这个世界，在那里，我们必须找到我们生存的意义。如果我们不认为我们的语言是不证自明的，我们就不可能与他人展开有意义的对话。比如，如果我们不认为某些医学知识是不证自明的，我们就不可能把我们患病的孩子带去看医生。在这一点上，“不证自明”揭示了意识形态之外的有价值的人类意义。乌托邦理论家经常犯的一个基本错误是，他们在要求先天权力以超越文化的意识形态的力量之时，以为自己是先驱。但是，他们这样做时，他们自己变得意识形态化了，在这个意义上，他们否定了终极的人类境况：人类是历史的存在者，他们显示的生活和思想模式，既是宿命的，也是变化着的。在我看来，在特定点上的每一个人都不得不共有生存的意识形态力量。在这个意义上，我们都具有原罪。然而，这并不意味着我们无法超越我们各自文化中各种模式的意识形态力量。我们正生活在一个有着不同人们之间遭逢的视域的不断变化着的过程。如果我们敞开自身，并通过对话对他人作出回应，那么，神秘就能引导人们学会信任，知道一条调和文化和生存之差异的道路。这种意识开启了以更有意义的方式型塑我们的各种生活模式的更加丰富的可能性。在我看来，教育的真正作用就是为人类提供和教授这种对话—批判能力，使我们能够创造和发展全球层次上有意义的社会。

G. 分析转向

十九世纪末二十世纪初，哲学家，尤其是英格兰的哲学家，开始怀疑，许多哲学问题是我们语言的混乱和缺陷的结果。人们在数学中寻求一种“纯粹逻辑的语言”（尽管并没有找到）。新出现了一种对概念分析的强调：所谓的分析转向。二十世纪越来越多的哲学家，尤其是英语世界中的那些，试图使他们的语言和论证尽可能地清晰、逻辑上明了。这场运动的主要缔造者之一就是英国哲学家伯特兰·罗素，在这里，他论证了“尝试”的真理符合论。

伯特兰·罗素，《哲学问题》[1]

我们关于真理的知识是和关于事物的知识不相同的，它有个反面，就是错误。仅就事物而论，我们可以认识它们，也可以不认识它们，但是没有一种肯定的思想状态，我们可以把它描述为是对事物的错误知识；无论如何，只要我们是以认识的知识为限时，情形便是如此。无论我们所认识的是什么，它总归是某种东西；我们可以从我们的认识作出错误的推理，但是认识本身却不可能是靠不住的。因此，谈到认识，便没有二元性。但是，谈到关于真理的知识便有二元性了。对于虚妄的，我们可以像对真确的是一样地相信。我们知道，在许许多多问题上，不同的人抱有不同的和势不两立的见解，因此，

1　Bertrand Russell, *The Problems of Philosophy*, Oxford: Oxford University Press, 1912. 中译文见罗素：《哲学问题》，何兆武译，北京：商务印书馆，2004 年。

总归有些信念是错误的。既然错误的信念和真确的信念一样地常常被人坚持，所以如何把错误的信念从真确的信念中区别出来，就成了一个难题。在一件已知事例中，如何能够知道我们的信念不是错误的呢？这是一个极其困难的问题，对于这个问题，不可能有完全满意的答案。然而，这里有一个初步问题比较不困难：即我们所说真确的和虚妄的是什么意义？这个初步问题就是我们本章所要考虑的……

……我们不问我们如何能够知道一种信念是真确的还是虚妄的，我们只问：一种信念是真确的还是虚妄的这个问题是什么意义。对于这个问题的明确答案，有助于我们对哪些信念是正确的这个问题获得一个解答,但是,目前我们只问“什么是真确的？”“什么是虚妄的？”，而不问“哪些信念是真确的？”和“哪些信念是虚妄的？”。把这些不同的问题完全分开来是非常重要的，因为这两者的任何混淆所产生的答案，实际上对任何一个问题都不适用。

倘使我们想要发现真理的性质，便有三点应当注意，任何理论都应当满足这三个必要条件。

（1）我们的真理理论必须是那种承认有它的反面（即虚妄）的理论。许多哲学家都未能很好地满足这个条件：他们都是根据我们在思想上认为应是真确的东西来构造起理论，于是就极难为虚妄找到一个位置。在这方面，我们的信念理论必须有别于我们的认识理论，因为就认识而论，不必考虑任何反面。

（2）就真理和虚妄的相互关联而言，倘使没有信念，便不可能有虚妄，因而便也不可能有真理，这是显而易见的。倘使我们设想一个纯粹物质的世界，在这个世界里就会没有虚妄的位置，即使其中有可以称为“事实”的一切，但是它不会有真理，这是就真理和虚妄属于同类事物而言。事实上，真理和虚妄是属于信念和陈述的性质。因此，一个纯粹物质的世界就既不包括信念又不包括陈述，所以也就不会包括有真理或虚妄。

（3）但是，正和刚才我们上面所说的相反，应该注意：一种信念是真理还是虚妄，永远有赖于信念本身之外的某种东西而定。如果我相信查理第一死在断头台上，那么我的信念就是真确的，这并不是由于我的信念的任何内在性质——关于这一点，只凭研究信念，就可以发现——而是由于两世纪半以前所发生的历史事件。如果我相信查理第一死在他的床上，我的信念就是虚妄的；不管我的信念鲜明程度是如何高或者如何慎重才达到这个结论的，一概阻止不了这个信念之为虚妄，那原因就在于许久以前所发生的事实，而不在于我的信念的任何内在性质。因此，虽然真理和虚妄是信念的某些性质，但是这些性质是依赖于信念对于别种事物的关系，而不是依赖于信仰的任何内在性质。

上述的第三个必要条件，引导我们采取了这种见解，即认为真理存在于信念和事实相符的形式之中；整个说来，这种见解在哲学家中是最普遍的。然而，要发现一种无可反驳的相符形式，决不是一桩容易的事情。一部分就是由于这一点，（一部分也由于觉得,倘使真理存在于思维和思维以外的某种东西的相符之中,那么在已经达到真理时,思维也永远不会知道的。）许多哲学家就都想给真理找一个定义，即真理并不存在于与完全在信念之外的某种东西的关系。真理在于一致性的学说曾尽了最大的努力，想要提出这样的定义来。据说，在我们的信念体系中，缺乏一致性就是虚妄的标志。而一个真理的精髓就在于构成为一个圆满的体系，也就是构成为大真理的一部分。

然而，这种看法有一个很大的困难，或者毋宁说，有两个极大的困难。第一个是：我们没有理由来假定只可能有一个一致的信念体系。也许一个小说家用他丰富的想象力，可以为这个世界创造出来一个过去，与我们所知道的完全相合，但是与实在的过去却又完全不同。在科学事实里，往往有两个或两个以上的假说，都可以说明我们对于某一问题所已知的一切事实；虽说在这种情况中，科学家们总想找出一些事实，目的只在于证明一个假说而排斥其余的，但是还没有理由说他们应该永远获得成功。

再者，在哲学里，两种敌对的假说都能够说明一切事实，这似乎并不罕见。因此，举例来说，人生可能是一场大梦，而外部世界所具有的实在程度不过是像梦中的客体所具有的实在程度而已；但是，尽管这种看法和已知的事实似乎并非不一致，然而还是没有理由要选择这种看法而抛弃掉普通常识看法，根据普通常识看法，别的人和别的事物都确实存在着。这样，一致性作为真理的定义就无效了，因为没有证据可以证明只有一个一致性的体系。

对于真理的这个定义，还有另外一个反驳，即认为“一致性”的意义是已知的，而在事实上，“一致性”却先假定了逻辑规律的真理。两个命题都真确时，它们是一致的；当至少其中一个是虚妄时，彼此就不一致了。现在，为了要知道两个命题是否都是真确的，我们就必须知道像矛盾律这样的真理。比如说，根据矛盾律，“这棵树是一棵山毛榉”和“这棵树不是一棵山毛榉”这两个命题就不是一致的。但是倘使以一致性来检验矛盾律本身，我们便会发现：倘使我们假定它是虚妄的，那么便再没有什么东西是与其他东西不一致的了。这样，逻辑规律所提供的乃是架子或框架，一致性的试验只是在这个框架里适用，它们本身却不能凭借这种试验而成立。

由于上述两个原因，便不能把一致性作为提供了真理的意义而加以接受，虽则一个最重要的真理验证，往往是要在相当数量的真确性之后才成为已知的。

因此，我们不得不又回到了原来的问题——把符合事实看成是构成真理的性质。我们所谓“事实”是什么，信念和事实间所存在的相应关系的性质又是什么？为了使信念真确起见，这些仍然应当精确地加以界定。

根据我们的三个必要条件而论，我们就必须找出一种真理的理论来，（1）它许可真理有一个反面，即虚妄，（2）把真理作为是信念的一个性质，但（3）使真理的性质完全有赖于信念对于外界事物的关系。

因为必须容许有虚妄存在，所以便不可能把信念认作是心灵对一个单独客体的关系了；当然，这个客体是指我们所相信的东西。如果信念就是如此，我们便会发现，它将会和认识一样地不承认真理的反面——虚妄，从而就会永远是真确的了。这一点可以举例说明。奥赛罗虚妄地相信苔丝狄蒙娜爱着卡西欧。我们不能说，这种信念存在于对一个单独客体（“苔丝狄蒙娜对于卡西欧的爱情”）的关系之内。因为如果真有这样一个客体，这个信念就会是真确的了。事实上并没有这一客体，因此，奥赛罗便不能对这样的客体有任何关系。为此，他的信念便不能存在于对这个客体的关系之内。

或者可以说，他的信念是对另一个不同的客体（“苔丝狄蒙娜爱卡西欧”）的一种关系；但是，当苔丝狄蒙娜并不爱卡西欧的时候，却来假设有这样一个客体，这和假设有“苔丝狄蒙娜对卡西欧的爱情”差不多是同样困难。为此,最好是觅得一种信念的理论，而这种理论不使信念存在于心灵对于一个单独客体的关系之内。

通常，总是把关系认为永远是存在于两造之间的，但是事实上并不永远如此。有些关系要求三造，有些要求四造，诸如此类。例如，以“之间”这个关系为例。仅就两造而论，“之间”这个关系就是不可能的；三造才是使它成为可能的最小数目。约克是在伦敦和爱丁堡之间，但假如世界上仅有伦敦和爱丁堡，那么在一个地方与另一个地方之间便不可能有什么东西了。同样，嫉妒也需要有三个人才行：没有一种关系不至少牵涉到三个人的。像“甲希望乙可以促成丙和丁的婚姻”这样的命题，则牵涉到四造的关系；那就是说，甲、乙、丙和丁都在内，所牵涉到的关系，除了以牵涉到全体四个人的形式表达以外，再不可能有其他形式来表达。这样的事例可以无穷无尽，但我们所说的已经足以表明，有些关系在它们发生之前不止于需要两造。

凡是牵涉到判断或相信的关系，如果要为虚妄适当保留余地的话，就应该把它当作是几造间的一种关系，而不应该把它当作是两造间的关系看待。当奥赛罗相信苔丝狄蒙娜爱卡西欧的时候，在他的心灵之前，一定不只有一个单独的客体：“苔丝秋蒙娜对于卡西欧的爱情”，或者“苔丝狄蒙娜爱卡西欧”，因为这个客体还需要有一个客观的虚妄，这种客观的虚妄是不依赖任何心灵而常在的；虽然这一理论在逻辑上无可反驳，但是只要有可能，还是要避开不用。因此，如果我们把判断当作一种关系，而把心灵和各种不同的有关客体都看成是这种关系中的机缘际会，虚妄就比较容易说明了；那也就是说，苔丝狄蒙娜和爱情和卡西欧，在奥赛罗相信苔丝狄蒙娜爱卡西欧的时候，都是常在的关系中的各造。因为奥赛罗也是这种关系中的一造，因此，这种关系就是四造间的一种关系。当我们说它是四造的一种关系时，我们并不意味着，奥赛罗对于苔丝狄蒙娜具有某种关系，也不意味着奥赛罗对于爱而又对于卡西欧具有着同样的关系。除了“相信”以外，别种关系也是如此；但是显而易见的是，“相信”并不是奥赛罗对于有关三造的每一个所具有的那种关系，而是对他们整个所具有的关系：其中只有一例涉及“信念”关系，但是这一例就把四造都联结在一起了。这样，在奥赛罗怀着他的信念那一刻，实际所发生的情形乃是：所谓的“信念”关系把奥赛罗、苔丝狄蒙娜、爱情和卡西欧四造联结在了一起,成为一个复杂的整体。所谓信念或判断并不是什么别的，只不过是把一个心灵和心灵以外的不同事物连系起来的这种信念关系或判断关系罢了。一桩信念行为或判断行为，就是在某一特殊时间，在几造之间所发生的信念关系或判断关系。

现在我们就可以明了,区别真理的判断和虚妄的判断究竟是什么了。为了这个目的，我们将要采用某些定义。在每一项判断行为中，都有一个执行判断的心灵，还有涉及到它所判断的几造。我们把心灵称作判断中的主体，其余几造称作客体。这样，当奥赛罗判断苔丝狄蒙娜爱卡西欧的时候，奥赛罗就是主体，客体就是苔丝狄蒙娜度和卡西欧。主体和客体就称为判断的组成成分。可以注意到，判断关系具有一种所谓“意义”或“方向”的东西。我们可以打个比方说，它把它的各个客体安排成一定的次序，关于这一点，我们可以借助这句话中词的次序来表明。(在有变格的语言中，借助变格，也就是借助主格和宾格间的区别来表示这种情形。)奥赛罗的判断“卡西欧爱苔丝狄蒙娜”和他的另一个判断“苔丝狄蒙娜爱卡西欧”是不相同的，因为判断关系把组成成分的安排次序改变了，尽管在这两句中，包括着同样的组成成分。同样，如果卡西欧判断说，苔丝狄蒙娜爱奥赛罗，这个判断的组成成分虽然还是同样的，但是它们的次序却不同了。判断关系具有某种“意义”或“方向”这一性质是它和一切其他关系所共有的。关系的“意义”就是次序和系列和许多数学概念的最终根源；但是我们无须再进一步来考虑这一方面。

我们谈到所谓“判断”关系或“相信”关系，就是把主体和客体结合在一起成为一个复杂的整体。在这一方面，判断完全和各种别的关系是一样的。只要在两造或两造以上维持一种关系，这种关系就把这几造连接成为一个复杂的整体。如果奥赛罗爱苔丝狄蒙娜，那么就有着像“奥赛罗对于苔丝狄蒙娜的爱情”这样一个复杂的整体。这种关系所连接起来的几造，其本身可以是复杂的，也可以是简单的，但是所连接起来的整体必然是复杂的。只要有一个把某几造联系起来的关系，就必定有一个由于这几造结合起来而造成的复杂客体；反之，只要有一个复杂的客体，也就必定有一个关系来联系它的各个组成成分。当一桩信念行为出现的时候，就必定有一个复杂体，而“信念”便是其中起连系作用的关系，主体和客体便按信念关系的“意义”排成一定的次序。在考察“奥赛罗相信苔丝狄蒙娜爱卡西欧”的时候，我们已经看到，在客体之中有一个必定是一种关系——在这个事例里，这个关系就是“爱”。但是这种关系，像在信念行为中所发生的情形那样，并不是造成包括主体和客体的复杂整体的统一的那种关系，“爱”这个关系，就像它在信念行为中那样，是客体之一——它是建筑物中的一块砖，而不是水泥。“信念”关系才是水泥。当信念是真确的时候，就有另一个复杂的统一体，在这一统一体中，其中一个信念客体作为关系就把其余的客体联系起来。因此，如果奥赛罗相信苔丝狄蒙娜爱卡西欧而相信得正确，那么就必定有一个复杂的统一体：“苔丝狄蒙娜对于卡西欧的爱情”，它完全由信念的各个客体所组成，各个客体安排的次序和信念中的次序相同，其中一个客体就是关系，它现在是作为结合其他客体的水泥而出现。另一方面，当某个信念是虚妄的时候，便没有这样一个只由信念的客体所组成的复杂统一体了。如果奥赛罗相信苔丝狄蒙娜爱卡西欧而信得虚妄了，那么便不存在像“苔丝狄蒙娜对于卡西欧的爱情”这样一个复杂的统一体。

因此，当一种信念和某一相联系的复杂体相应的时候，它便是真确的；不相应的时候，它便是虚妄的。为了明确起见，便可以假定信念的客体乃是两造和一个关系，而两造各按信念的“意义”排成一定的次序，如果这两造按照所排列的次序被关系结成为一个复杂体，那么这个信念就是真确的，否则，便是虚妄的。这就构成了我们所寻觅的那个真理定义和虚妄定义。判断或信念是某种复杂的统一体，心灵是它的一个组成成分；如果其余各个成分排列成信念中的同样次序，结果形成一个复杂的统一体，那么这种信念便是真确的；否则，就是虚妄的。

这样，虽然真理和虚妄乃是信念的性质，但是在某种意义上，它们都是外在的性质，因为一种信念的真实，它的条件是一种不涉及信念，(大体上)也不涉及心灵的东威拉德·冯·奥曼·蒯因（1908—2000）：当代美国实用主义者，他早期对逻辑实证主义及其基本原则的抨击，规定了近来美国哲学的主要关注所在。比如，他抨击康德关于“分析命题”与“综合命题”的区分，以及更为传统的必然性与偶然性之间区分使整个哲学事业陷入了骚乱。蒯因认为，并不存在明确“必然性”的陈述或信念，那些发生之事，处于我们的知识和兴趣的某个具体点上，它在我们出于实践理由而树立的整个信念系统中占据一个相对安全的位置。他的著作主要有《语词与对象》(1960)，以及其他一些关于逻辑和语言哲学的作品。

西，它只不过是信念的客体而已。当一个相应的复杂体不涉及心灵而只涉及它的客体的时候，一个心灵能这样相信，它就是相信得正确了。这种相应就是真理的保证，没有这种相应就只是虚妄。因此，我们同时就说明了两件事实：(1) 信念的存在依赖于心灵，(2) 信念的真理不依赖心灵。

我们可以把我们的理论重申如下：倘使以“奥赛罗相信苔丝狄蒙娜爱卡西欧”这个信念为例，那么我们就可以把苔丝狄蒙娜和卡西欧叫作客体造，把爱叫做客体关系。如果的确有“苔丝狄蒙娜对于卡西欧的爱”这样一个复杂的统一体，其中包含有几造客体，而这几造客体是按照它们在信仰中相同的次序由客体关系所联系起来的，那么这种复杂的统一体就叫作与信仰相应的事实。因此，一个信念，在有一个与它相应的事实的时候，它便是真实的，在没有与它相应的事实的时候，它便是虚妄的。

可以看出，心灵并不创造真理，也不创造虚妄。它们创造信念，但是信念一经创造出来，心灵便不能使它们成为真实的或成为虚妄的了，除非在特殊情况中，它们涉及的未来事物不超出人的信念能力的范围，譬如，赶火车。证明信念成为真确的，乃是事实，而这个事实决不（除非在例外情况中）涉及具有这种信念的人的心灵。

W. V. O. 蒯因，美国最具影响力的分析哲学家之一，像C. S. 皮尔士一样，认为知识和求知的事业与科学紧密相关。因此，他主张我们对知识的研究——我们的认识论——应该像对我们周围世界的研究一样，是“自然的”。蒯因提议：“让我们在认识论中更科学些吧！”

W.V.O.蒯因，《自然化的认识论》[1]

认识论，或者某种与之类似的东西，简单地落入了作为心理学的一章、因而也是作为自然科学的一章的地位。它研究一种自然现象，即一种物理的人类主体。这种人类主体被赋予某种实验控制的输入（例如，具有适当频率的某种形式的辐射），并且在适当的时候，他又提供了关于三维外部世界及其历史的描述作为输出。贫乏的输入和汹涌的输出之间的关系，正是我们要加以研究的。而推动我们研究它的理由，和总是推动认识论的理由，在某种程度上是同一种理由，这就是：为了弄清楚证据是如何与理论相关联的，并且人们的自然理论是以何种方式超越现成证据的。

这样的研究甚至仍然可以包括某种类似于旧的理性重构那样的东西。这种重构可

1 W. V. O. Quine, “Epistemology Naturalized”, in *Ontological Relativity and Other Essays*, New York: Columbia University Press, 1969. 中译文见蒯因：《自然化的认识论》，贾可春译，陈波校，《世界哲学》2004 年第 5 期，第 78—93 页。

以达到任何一种程度，只要它是可行的；因为想象的构造在很大程度上也能像机械刺激作用那样提供实际的心理过程的迹象。但是，在旧认识论和这种新的心理学背景下的认识论事业之间存在的显著差别是：我们现在可以自由地利用经验心理学。

在某种意义上，旧认识论渴望着包含自然科学；它要以某种方式从感觉材料中构造出自然科学。相反，在新背景下的认识论，作为心理学的一章被包含在自然科学之中。但是，从某一合适的立场来看，这种旧的包含方式依然有效。我们正在研究我们所研究的人类主体是怎样从他的材料中假定物体并规划他的物理学的，同时我们意识到我们在世界中的位置就类似于它的位置。因此，我们的认识论事业本身，以及它作为其中一个部分章节的心理学，还有心理学作为其中一部分卷册的自然科学——所有这一切，就是我们自己的由刺激而来的构造和设计。这些刺激类似于我们给予我们认识主体的那些刺激。因而存在着下述的相互包含（尽管是不同意义上的包含）：认识论包含在自然科学之中，并且自然科学也包含

在认识论之中。这种相互作用又使人想起了古老的循环威胁。但是，既然我们不再幻想从感觉材料中演绎出科学，现在一切都安然无恙。我们寻求着把科学理解为世界中的一种建制或过程，我们并不预期那种理解比作为其对象的科学更好些……

在心理学背景中去看认识论所产生的一个后果是，它解决了一个古老而棘手的认识论上的优先性的谜。我们的视网膜是以二维方式被照射的，可是，我们未加有意识地推论，就把事物看成是三维的。哪一种将被算作观察资料，是无意识的二维的感受，还是有意识的三维的理解？在旧认识论背景中，这种有意识的形式占有优先性，因为我们一心要通过理性重构去证明我们关于外部世界知识的正当性，而那就需要意识。当我们不再试图通过理性重构证明我们关于外部世界知识的正当性时，意识也就不再被需要了。应该算作观察资料的东西能够根据感觉接受器的刺激来决定。让意识待在它可以待的地方去吧……

模糊地说，我们所要求于观察语句的是，它们应该是在因果关系上最接近于感觉接受器的句子。但如何去测定这种接近性？这种观念以这样被重新描述：观察语句就是当我们学习语言时，最强烈地被限定于伴随的感觉刺激——而非储存的辅助信息的句子。因而，让我们想象一个句子；我们为了得到关于这个句子是真还是假的决断，也即我们是赞成它还是反对它，我们对这个句子提出了询问；那么，假如我们的决断只依赖于当下的感觉刺激，这个句子就是一个观察语句。

但是，一个决断不能依赖于当下刺激以至到排斥储存信息的程度正是我们学会语言的事实本身，显露出大量的储存信息，显露出我们对句子（无论如何，它们是观察句）做出决断时所必须依赖的夫量储存信息。于是，我们显然必须放宽我们对观察句的定义，而做出这样的阐释：假如对一个句子的所有决断都依赖于当下的感觉刺激，但不依赖于与理解这个句子无关的储存信息，那么这个句子就是观察句。

这种表述产生了另外一个问题：我们如何在与理解一个句子有关的信息和与之无关的信息之间做出区分呢？这是一个在分析真理与综合真理之间做出区分的问题。分析真理仅仅从语词的意义中产生，综合真理不仅仅依赖于意义。可是长期以来，我一直认为这种区分是虚幻的。然而，存在着朝向这种区分的一个有意义的步骤：一个仅仅是

通过语词的意义而真的句子，应该被期待着得到共同体内所有流利的说话者的一致同意，至少假如这个句子是简单句的话。也许，关于分析性这个引起争论的概念，在我们的观察句的定义中可以被清除掉，而去接纳这个简单的属性，即：共同体内部的一致承认。

这个属性当然不是对分析性的阐明。共同体会承认存在着黑色的狗，然而没有一个谈论分析性的人会说这是分析的。我对分析性这一概念的反对仅仅意味着：在只是去理解一种语言中与句子有关的东西和共同体所一致同意的东西之间，我们划不出任何界限。我不相信人们能在意义和在共同体范围内这样的辅助信息之间做出区分。

于是，当我们回到对观察句作定义这一任务时，我们就得到了这样的结论：观察句就是当给出相同的伴随刺激时，该语言的全体说话者都会给出同样的决断的句子。以否定的方式表述这一点，观察句就是对于言语共同体内过去经验方面的差异不敏感的句子。

这一表述完好地与观察语句的传统角色（即作为科学理论的上诉法庭）保持了一致；因为根据我们的定义，观察句是在同样的刺激下共同体的所有成员都会一致同意的句子。而在这同一个共同体内，成员资格的标准是什么呢？仅仅是对话的流畅性。这个标准容许有程度的不同。而实际上，从实用的角度出发，对于某些研究来说，我们可以把共同体的范围定得比相对于另外一些研究来说更窄些。对一个由专家组成的共同体来说应该算作观察句的东西，对于一个较大的共同体来说，并不会总是被这样当作观察语句。

正如我们现在正在构想它们的那样，在观察句的表述中，通常并不存在着主观性。它们通常是关于物体的。既然观察句的区别性特点是，在相同的刺激下主体间的一致同意，因此，关于有形物体的话题就比关于非有形物体的话题更有可能成为观察句……

那位老练的物理学家看了看一些仪器，就发现了X射线管；那位新手看了看同一个地方，观察到的却是“一个由玻璃与金属构成的，充满了金属线、反射镜、螺丝钉、灯泡及按钮的仪器”。一个人的观察结果，对于另一个人来说是不可理解的事物或胡思乱想的产物。作为科学证据的公正、客观来源的观察观念破产了。现在，我对于X射线这个例子的解答，已在刚才做出了暗示：可以算作观察语句的东西，随着被考虑的共同体的大小的不同而有所变化。但是，我们也总是能够通过把该语言中的所有（或绝大部分）说话者都包括进来而得到一个绝对的标准。令人啼笑皆非的是，当哲学家们发现旧认识论作为一个整体是站不住脚的时候，就会通过放弃现已进入清晰焦点的部分而做出应对。

澄清观察句这一概念是件好事，因为这个概念在两种关系中都是根本性的。这两种关系对应于我在本次讲座的前面所谈论过的两重性：在概念与学说之间的两重性，即在知道一个句子意味着什么与知道一个句子是否为真之间的两重性。观察句对于这两种事业都是基本的。它与学说的关系，即与我们关于何者为真的知识的关系，在很大程度上是下述这种传统的关系：观察句是科学假说的证据储藏所。它对于意义的关系也是根本性的，因为观察句是我们作为儿童或作为专业语言学家能够首先学会去理解的语句；因为观察句恰恰就是下述这样的语句：我们能够把它们与在说出或同意该语句的场合中可观察的情况关联起来，而独立于个体信息提供者在过去历史方面的变化。他们提供进入语言的唯一入口。

观察句是语义学的奠基石，因为，像我们刚才所见的那样，它对于意义的学习是根本性的；而且，它也是意义最牢固的地方。理论中较高等级的句子没有它们可以声称是属于自己的经验后承。它们仅仅是在或多或少具有包容性的集合体中面对感觉证据的法庭的。位于科学主体部分的感觉边缘的观察语句，是最小的可证实的集合体；它具有所有属于它自己的经验内容，并公开展示这一点。

翻译的不确定性的困境对于观察句来说几乎没有什么关系。把我们自己语言中的一个观察句和另一语言中的一个观察句等同起来，主要是一个经验归纳的问题。它是一个关于同一性的问题。这种同一发生在促成同意一个句子的刺激范围与促成同意另一个句子的刺激范围之间。

认识论现在变成了语义学；因为认识论像往常一样，依然以证据为中心；而且，意义也如往常一样，还以证实为中心；而证据就是证实。较有可能对维也纳学派的偏见构成震惊的是，一旦我们在观察句之外获得意义，通常对于单个句子来说，意义就不再具有任何清晰的可适用性；同样有可能构成震惊的是，认识论和心理学合并了，也和语言学合并了。

在我看来，从哲学上对科学本质进行有趣的探求时，这种学科边界的消除有助于取得进步。一个可能的区域是知觉的标准。首先考虑一下音素的语言学现象。在听过被说出的声音的无数次变化之后，我们形成了这样的习惯：把每一个被说出的声音都当作一个包含有限数目的标准中的一个或另一个声音的近似物。这个具有有限数目的标准（总计约有30个）可以说构成了一个被说出的字母表。在实践中，我们语言中的所有话语都可以恰好被看作是这30个元素的序列，并据此纠正一些微小的背离。现在，在语言领域之外，也有可能仅仅存在着一个更有限的、共同构成了知觉标准的字母表；我们在无意识中倾向于这些标准，并去纠正所有的知觉。这些，如果在实验上是可辨别的，可以被当作认识论的建筑砖，即经验的运转因素。它们可以部分地被证明在文化上是可变的，也可以部分地被证明在文化上是普遍的……

H. 女性主义认识论

在过去的四十年里，女性主义从一项世界范围的社会抵抗运动，发展为针对传统的知识理论的一种深刻的哲学挑战。它不再仅仅是一项为妇女在教育和科学进步领域获得平等机会的社会—政治运动（当然这依然是一个严重的问题），而且包含这样一个主张：女性的知识实际上完全不同于男性的知识，而且，这两个性别对于知识的追求也完全不同。其主张如下：认识论和知识尽管呈现为性别中立，然而，实际在很大程度上是由男性规定的，即，用现已确立的女性主义话语的语言来说是“家长式的”。在下面的两部分选文中，澳大利亚女性主义哲学家**伊丽莎白·格罗兹**（Elizabeth Grosz）和印度女性主义哲学家**邬玛·纳瑞安**（Uma Narayan）提出了女性主义认识论的观念，她们把拧成一团的文化多样性加进了已然纷争不已的性别差异话题。

伊丽莎白·格罗兹，《论女性主义知识》[1]

在女性主义者中间，关于采用何种途径来质疑哲学中的男性至上主义、家长作风和男权中心主义假设，存在着大量的分歧。是按照自己的主张接受哲学，还是根据女性主义知识对它加以修正，是抛弃哲学，还是积极地摧毁它，不同的选择把她们分成了不同的派别。激进的女性主义者质疑哲学的一、统一或同一定位——一个真理、一种方法、一个实在、一种逻辑等等。许多女性主义者主张，哲学奠基于其上的视角和模式是多元多样的。

然而，这些女性主义者，比如勒·德芙（Le Doeuff）、伊利格瑞（Irigaray）和劳埃德（Lloyd），尽管认可多元化和多样性，但是她们并不认同相对主义。相对主义确信并不存在绝对的判断或知识立场，而认为存在着许多立场，其中每一个都是同等有效的。相对主义或多元主义意味着诸多框架和立场的存在，它们每一个都有其自己的有效性和标准，同时确信，其中没有任何一个立场是全面的或无所不包的。

因此，相对主义和多元主义意味着放弃主动批判其他立场的权利，甚至那些我们认为是无礼的或令人不快的立场——比如男权中心主义和种族主义的主张——也不加以批判，反而认为它们与我们自己的立场具有同等的有效性。相反，激进的女性主义者旨在扩展和增宽确认真实、理性或有效之物的标准，而拒斥或谴责那些他们觉得有歧视性的标准。他们坚持保留对其他立场作出判断、进行批判及加以废除的权利。激进的女性主义者既不是绝对主义者，也不是相对主义者，既不是客观主义者，也不是主观主义者。她们提倡的是视角主义，它承认其他观点，但不认为它们具有同等的价值。

此时是不可能具体说明何种哲学是女性主义觉得相容的哲学。若根本不存在一个由诸文本构成的主体，那么，任何定义或描述都可能是过度说明。不过，尽管如此，我们还是能够对它的一些一般倾向做一个简单的勾勒。

（a）一种女性主义哲学可能发展出来的特征，包括如下一些："这种哲学不承诺真理和客观性，相反，它能够公开接受自己（以及所有话语）作为特殊语境的情状。它认可它的视角主义，即每一种话语都代表着一种观点，有其特殊目标和目的，常常并不与它们的作者的目标相符。它不把自身看做不偏不倚的知识，而是公开宣称自己的政治立场：所有文本都是从权力关系中的具体立场言说的，或者说都代表着权力关系中的具体立场。"

（b）女性主义哲学并不把哲学看做是理性的展开，是一条明确通向真理的进步之路，相反，它能够把自己看做是一种特殊的社会—经济的历史和文本—推演的历史的产物。它既不是相对主义也不是主观主义，认为这些和其他二元对立都是有问题的。女性主义哲学公然反抗传统的评价模式。然而，这不等于主张它无论如何都没法作出评价，而只是说，所使用的标准必定不同。一个理论的有效性并不只是根据它采用的固定形式或预先给定的形式来判断，而可能是根据其主体间性效果来判断，也就是说，

1　Elizabeth Grosz, "Philosophy", in *Feminist Knowledge: Critique and Construct*, ed. Sneja Gunew, London: Routledge, 1990.

根据其被那些具有相似立场的人所共有、理解和传达的能力来判断，也可以根据它的互文性效果来判断，也就是说，根据其肯定或削弱各种主要或次要的推演体系的能力，以及它对其他话语的影响来判断。

（c）女性主义哲学不区分知识的主体和客体，相反，它主张它们之间的连续性或连贯性。客观性所必需的这一鸿沟，是确保认知主体免于个人的、社会的、政治的和道德的利益的一种努力（笛卡尔式的主体），它不牵连于社会背景，不受之前的观念和知识的影响。女性主义哲学必须对它们的内部关系重新加以概念化，以使理性和知识包括历史、背景和特异性。女性主义哲学能够接受，处于不同立场的主体可以提出不同类型的理论，在他们与客体的关系中具有不同的收益，而家长作风的话语无法做到这一点。最重要的是，它能够认可一切知识都是有性特征的，任何知识都具有一种性编码和性结构的立场。不过，文本的性立场不能简单地等同于文本作者的性别身份。比如，一位女性作者绝不能保证写出的就是一个女性主义文本。

（d）女性主义哲学没有划分主体和客体、老师和学生、真理和谬误等等的二元对立结构，相反，它把这些术语看成是连续性或差异。区分或对立意味着这两个二元术语是相互排斥的，并且穷尽了所在领域；意味着一个术语把另一个术语定义为它的反面；意味着这另一个术语在这一二元结构中能有一个位置。然而，一旦把这两个术语设想为处于其他诸多术语之中，它们就既不是彼此矛盾的，也不是包括一切的。如果有什么的话，那就是基于相反而不是矛盾的差异关系。

（e）女性主义哲学并不渴望真理之位，相反，它更愿意把自身看成是一种策略。策略并不是未来行动的抽象概念、蓝图或战斗纲领。确切地说，它包括对目标和观念的暂时承诺；包括对主导性情境的承认，这些理想正是为了反对这一情境而确立的；包括与这些术语、论证和技巧的权宜关系，为的是把主导性秩序转变为理想。说女性主义哲学不渴望真理，并不是说它满足于被当做谬误。确切地说，真理与谬误之间的对立，对于一种策略模式而言，关系不大。

（f）女性主义哲学并不把理论与实践区分开来——根据这一区分，实践在时间上总是位于理论之前或之后（理论要么是所构想的一个计划，要么是对实践的一个事后反思）——相反，它把理论看做是一种实践形式，是一种文本的、概念的和教育的实践，它所涉及的是理论权势的斗争，在那里，主导话语与从属话语彼此争斗着。理论并不因其独立于实践、属于纯粹的概念而有什么特权。理论一旦被看做一个具体过程，就也可以看做类似于其他实践的一种实践，它在概述和评价其他实践的能力上并不具有更多或更少的特权。作为一项具体的工作或实践，理论依赖于概念、语词和推论的“原材料”，理论生产的过程（例如，进行连贯论述所需要的论证形式、叙述或语言结构）和确定的产品（文本或理论）。它并不具有凌驾于其他实践之上、具有判断权利的等级特权。相反，他自身也能够被其他实践评价。

（g）女性主义哲学并不把理性与它的他者对立起来，相反，它扩展了理性的概念。它分析了我们所知道的理性如何与阳性结盟，使女性特质处于被压制的或从属的地位。女性主义哲学并不是要倒转理性与它的他者之间的关系，而是对理性加以扩展，以使曾受其排除的他者如今被包括进来。它在知识的生产从女性的生活经验开始，寻求一种不与经验分离而且基于经验的理性，也就是说，这种理性不与身体对立，而是接受身体，不与日常生活分开，而是对日常生活的认知。

（h）女性主义哲学并不接受主导性的知识模式（这种模式具有逻辑的二元结构，欲求精确和清楚），相反，它能接受其地位的具体性、文本性、制度性。同样，女性主义哲学能够接受其假设的暂时性，而并不认为它们是永恒的。它的目的是为了产生新的认识方法、新的分析形式、新的写作方式、新的文本对象，以及新的文本。没有任何一种关于主体和客体的方法、观点和立场是一切哲学的规范或模式。

邬玛·纳瑞安，《论女性主义认识论》[1]

女性主义认识论的一个基本论点是：我们作为女性在世界中的位置，使我们有可能以挑战现存带有男性偏见的视角的方式去感知和理解世界和人类活动的不同方面。女性主义认识论是如下一般识见的具体显现：女性作为个体和社会存在的经验的本性，我们对于工作、文化、知识的贡献，以及我们的历史和政治利益，在各种不同领域都被主流话语系统性地忽视或曲解。

女性一直以来常常被排除在具有威望的人类活动领域（例如政治或科学）之外，由此使得这些活动看起来显然是“男性的”领域。在那些未把女性排除在外的领域（例如生存性的工作），她们的贡献也常常被曲解为次要的，要劣于男性所做出的贡献。女性主义认识论认为，关于各种人类事业的主流理论，其中包括关于人类知识的主流理论，是单维的和有严重缺陷的，因为它们排除和曲解了女性的贡献。

女性主义认识论认为，把女性的贡献整合进科学和知识领域，所构成的并不仅仅是一个详细资料的增补；它也不仅是扩展了研究，而且也导致了视角的转变，从而使得我们能够看到一幅极其不一样的画面。女性视角的列入，并不仅仅是说女性参与到了当前数量庞大的科学和知识实践中去，而且还会改变这些活动的性质，以及它们的自我理解。

若认为女性主义认识论是一项同质的内聚性事业，那就会令人们误解。实际上，无论在政治领域，还是在哲学领域，它的从事者在诸多重要方面都很不同（哈丁，1986）。不过，它议程上的一项重要主题，通过运用几种不同策略，破坏了抽象的、理性主义的和普遍的科学事业形象。例如，它研究了偶然的历史因素如何为科学理论和科学实践着色，提供了科学家们在对他们的活动进行概念化时所使用的（常常带有的男性至上主义色彩的）隐喻（波多，1986；凯勒，1985；哈丁和奥巴尔，1987）。它试图在我们的认知活动中复兴价值和情感，认为它们的在场是不可避免的，并且能够对我们的知识做出重要的贡献……它也抨击了西方哲学思想特有的各种二元对立——理性与情感、文化与自然、普遍与特殊——在这些二元对立中，每一组对立的前一项被等同于科学、理性和阳性，而后一项被归为非科学的、非理性的和女性。

1 Uma Narayan, “The Project of Feminist Epistemology: Perspectives from a Non-Western Feminist”, in *Gender/Body/Knowledge*, ed. Alison M. Jaggar and Susan R. Bordo, New Brunswick, NJ: Rutgers University Press, 1989.

◆◆◆

在最一般的层面上，女性主义认识论类似于诸多受压迫团体要求承认自己的经验的价值的努力。集中于英国的工人阶级或美国的黑人生活的小说写作，与女性主义认识论的探究共有一个类似的动机——即描绘一种不同于规范的经验，并且坚持这一差异的价值。

同样，女性主义认识论也类似于第三世界作家和历史学家记录殖民前存在的当地经济和社会结构的丰富性和复杂性的努力。这些努力可以用来恢复殖民地人民对自己的历史和文化的丰富感。这些计划也减轻了受西方教育的前殖民地知识分子的如下倾向：他们总是认为西方的一切必然更好更“进步”。在一些情形中，这种研究有助于保存许多地方艺术、手工艺、学问和技艺的知识，这些是他们不仅不再实践、而且甚至无从记忆的从前生活方式的组成部分。

这些事业类似于女性主义认识论的如下计划：恢复女性对她们的历史的丰富感，减轻我们一成不变地把“阳性”看做更好或更进步的倾向，为后代保存知识和专门技能领域中的“女性”内容——医疗学问，与分娩和儿童抚育相关的知识，传统的女性技艺，等等。女性主义认识论，像其他事业一样，必须努力去权衡关于不同文化或经验的价值的主张，以免对其过于浪漫化，否则就会有忽视它带给主体的限制和压迫的危险。

我认为，女性主义认识论最值得注意的识见之一是这个观点：受压迫的群体，无论是妇女、穷人，还是少数民族，都可以从他们自己和他们的压迫者的实践的知识中获得一种“认识优势”。主导群体（比如，男人）的实践支配着社会，受控群体（比如，女人）为了在这样一个社会生存下来，必须熟悉这些实践。

主导群体的成员没有要去获得关于受控群体的实践的知识。例如，殖民地的人民必须要去学会他们的殖民者的语言和文化。而殖民者除了稍微了解一下“当地人”的语言和文化之外，很少觉得有学习的必要。因此，受压迫者就被认为具有一种“认识优势”，因为他们能够在两种不同的背景中运用两套实践。人们认为，这个优势导向了一种批判性的识见，因为每一种框架都提供了对另一种框架的批判视角。

一个人能够或不得不居住在两个矛盾的框架中，尽管这两个矛盾的框架提供了观看社会现实的不同视角，但也有其“黑暗面”、不利处，对此一方面的评论，我愿意作出说明。我觉得，非西方的女性主义者，假定她们必须居住的环境之间常常有着复杂棘手的相互关系，对跨越多样性环境的好处，极少愿意表露出彻底的热情。仅仅接近两种不同的、矛盾的环境，并不能够保证会产生一个代表着个人的批判立场。实际上，她可以有许多种方式来应付这一处境。

第一，这个人可能想二分她的生活，并为每一部分保留不同背景的框架。非西方国家的中产阶级提供了无数这样的例子，这些人在公共生活中非常西方化，但是在家庭领域里，却又回到了一种非常传统的生活方式。女人们在公共生活中选择一种“男性化的”模式，显示出进取、竞争等特性，然而在她们的私人生活中，则依然扮演着依赖顺从的角色。这种在两种不同生活方式之间来回跳跃所产生的压力，或许会因如下正当性而得到减轻：每一种行为模式都适合各自的具体背景，并使得她们在“两个世界中如鱼得水”。

第二，个体可以设法拒斥她自己背景中的实践，尽可能地像主导群体的成员那样去实践。非西方世界的那些西方化了的知识分子，常常对他们自己的文化和实践几乎毫无所知，甚至为他们依然还有那么一点点对它们的知悉而感到羞耻。女人们可以设法既刻板地获得男性特征，比如进取心，又刻板地抹去男性特征，比如情绪化。或者，个体可以设法完全拒斥主导群体的框架，而维护她自己的框架的价值，尽管这样做，会有被社会的权力结构边缘化的危险。比如，考虑一下在传统规定的角色中寻求某种安全感的妇女。

批判性地居于两种背景中，是取代上述选择的一个方案，我将表明，这是一个更加有效的方案。不过，替代性背景的在场自身并不能保证不会有其他的选择。此外，作出批判性地居于两种背景中的决定，尽管可能导向一个“认识的优势”，但也很可能要付出完全一样的代价。它很可能导致一种彻底的无根感或不知身在何处之感，即没有了无拘无束的熟悉感。

这种对两种背景的批判性跨越，若是进行着批判政治的组成部分，受到他人的支持，并对正在进行之事有着深刻的理解，那么，这种疏离感可能会降到最低。一旦没有如此扎根，它可能就会产生矛盾心理、不确定性、绝望，甚至疯狂，而不会产生较为正面的批判情绪和态度。一个人无论怎样确定她的所在，都可能会有一种在两种背景之外的局外人的存在感，在这两种背景中进行实践的笨拙感或滞碍感。想一想语言这个简单的例子：绝大多数学习与两种截然不同的文化联系在一起的两种语言的人，很少能同样流畅地说这两种语言；她们会发现其中一种语言缺乏表达某一背景的词汇，或者无法用她们习得的单词作为术语匹配真实对象。例如，来自我这种背景的人会知道印度语中表示一些香料、水果和蔬菜的词，然而，她们不知道表示它们的英语词汇。同样，她们可能无法用自己的语言来讨论诸如经济学或生物学这样的“学术性”主题，因为她们只是用英语学习这些主题，并习得与之相关的学术性词汇。

个体居于其中的两种背景之间的关系，可能不是那么简单或直截了当。个别主体很少处在进行完美的“辩证综合”的位置，即在保持着两种背景的所有优势的同时，又超越了它们带来的所有问题。可能有许多不同的“综合”，其中每一种综合都避免了一部分不同的问题，保持着一部分不同的利益。

对于一个面临着选择的行动者而言，没有任何方案会是完美的，甚至是合意的。比如，一些印度的女性主义者可能发现，西方的一些着装样式（比如说裤子）比当地的一些着装样式要么更加舒服，要么更“有型”。然而，她们可能也发现，以当地的着装样式来穿戴在社交方面较少麻烦，较少使自己与那些她们想一起共事的、更加传统的人疏远开来，等等。每一种选择都必定使她们感到部分受挫，不能尽如人意。

女性主义理论在形成这种“双重视野”学说——受压迫群体具有一种认识优势，

拥有更大的批判性概念空间——时必须有所节制。当然，某种类型和背景的压迫可以证实这一主张。然而，其他压迫似乎并不是这样。而且，即使它们为批判性识见提供了空间，它们也可能排除了颠覆压迫性事态的行动的可能性。

某些压迫性背景，比如我祖母那一辈妇女所生活的背景，使得它们的主体完全没有能力去要求作为文化中的独立实体的机能。女孩们青春期一过就被嫁出去了，除了家务和抚养孩子之外，没有任何训练，在经济上，从依赖于她们的父亲转到依赖于她们的丈夫，老了之后，则依赖于她们的儿子。她们对命运的批判，若确实有所表达的话，其中也不会有任何关于根本性改变的意思。有时，她们会认为是个人的不幸，但不会在更大的社会安排中查找她们不幸的原因。

最后，我强调，“双重视野”学说中的这个重要识见，不应具体化为取代具体的社会分析的形而上学。此外，对“买进”一种压迫性的社会体系的取代，不必是对排外的颂赞，也不必是对边缘化机制的颂赞。压迫可能给予了一种认识优势，这一论点不应把我们引向对压迫进行理想化或浪漫化的方向，从而使我们看不到实实在在的物质掠夺和精神掠夺。

- 性别是怎样对我们的认识能力造成差别的？
- 认识论在什么方面是“单维的”和有严重缺陷的？
- 你认为女性主义认识论贬低我们具有普遍客观的知识的能力吗？
- 女性主义哲学宣称提倡“视角主义”，它承认其他观点，但否认它们具有同等的价值。你有没有发现这个观点有什么地方是成问题的？（格罗兹所概述的）女性主义理论是如何被认为在承认真理是有视角的与否认所有的视角都具有同等价值之间达到了平衡？

总结与结论

自伊曼纽尔·康德的著作发表以来，关于知识的问题从我们如何认识世界可能是什么的问题，转向了假定实在并不独立于意识、而我们以某种方式通过我们的概念“构成”世界的问题。基于这种新出现的康德哲学，德国观念论者费希特、黑格尔和叔本华提出了截然不同的知识概念，而尼采也很好地利用了康德哲学。当代的现象学、解释学和实用主义甚至更加强调文化和实用性，最终，对于性别之间差异的关注进一步增加了知识问题的复杂性。男人和女人是以不同方式认识这个世界的吗？个人的东西如何是知识——知识如何跟个体及其文化背景和生物学联系在一起？

章节复习题

1. 必然真理与偶然真理之间的关键区别是什么？为什么不说“真的东西为真”就好了？
2. 三种传统的真理理论是什么（符合、融贯、实用）？

3. 真理的语义理论与符合论有何区别?
4. 康德说我们“构成”我们的世界是什么意思?根据康德的说法,还存在其他“构成”世界的方式吗?
5. 康德是如何回答休谟的挑战的?他成功了吗?
6. 论述一下“绝对主义”与“相对主义”之间的差异,以及与彼此相关的不同问题。你如何看待这一争论在大众媒体和关于科学、伦理和宗教的公众观点中的作用?
7. 你认为语言在这一章所论述的理论中的角色是什么?为何对语言的关注处于真理问题的中心?

关键术语

absolutism 绝对主义
absolutists 绝对主义者
analytic(of a sentence or truth)分析(命题或真理)
categories 范畴
coherence theory of truth 真理融贯论
conceptual truth 概念真理
constitute 构成
correspondence theory of truth 真理符合论
dialectic 辩证法
hermeneutics 解释学
historicism 历史主义
induction 归纳
intersubjectivity 主体间性
necessity 必然性
phenomenology 现象学
pragmatic theory of truth 真理实用论
pragmatism 实用主义
rational 理性的
relativism 相对主义
semantic theory of truth 真理语义论
synthetic a priori knowledge 先天综合知识
tautology 同义反复
transcendental 先验的
transcendental deduction 先验演绎

参考文献与进阶阅读

两个有用的对真理理论的研究,见 Richard L. Kirkham, *Theories of Truth: A Critical Introduction* (Cambridge, MA: MIT, 1992) 和 Timothy M. Mosteller, *Theories of Truth: An Introduction* (New York: Bloomsbury, 2014).

威廉·詹姆斯在其 *Pragmatism: A New Name for Some Old Ways of Thinking* (New York: Longmans Green, 1907) 中发展了他的实用主义理论。

三个简洁但非常有用的康德哲学导论是 J. Kemp, *The Philosophy of Kant* (London: Oxford University Press, 1968), G. J. Warnock, “Kant”, in *A Critical History of Western Philosophy*, ed. D. J. O’Connor (New York: Free Press, 1964),以及 Roger Scruton, *Kant: A Very Short Introduction* (Oxford: Oxford University Press, 2001).

两个有用的对德国观念论的介绍,见 Robert C. Solomon, *Introducing the German Idealists*

(Indianapolis, IN: Hackett, 1981) 和 Frederick C. Beiser, *German Idealism: The Struggle against Subjectivism*, 1781-1801 (Cambridge, MA: Harvard University Press, 2002).

关于解释学最好的基本论述，见 David Hoy, *The Critical Circle* (Berkeley: University of California Press, 1978).

两个对伽达默尔著作的概述是 *Philosophical Hermeneutics*, trans. D. Linge (Berkeley: University of California Press, 1976) 和 *The Gadamer Reader*, ed. Jean Grondin, trans. Richard Palmer (Chicago: Northwestern University Press, 2007).

女性主义知识理论，见Linda Alcoff and Elizabeth Potter, eds., *Feminist Epistemologies* (New York: Routledge, 1993).

Simon Blackburn 的 *Truth: An Introduction* (Oxford: Oxford University Press, 2005) 是一个对绝对真理和相对主义的哲学争论的绝佳导论。

理查德·罗蒂在 *Philosophy and the Mirror of Nature* (Princeton: Princeton University Press, 1979) 和 *Contingency, Irony, and Solidarity* (Cambridge: Cambridge University Press, 1989) 中批判了传统的知识观。

欧洲（“大陆”）哲学的一个极佳指南，见 Robert Solomon and David Sherman, *Blackwell Guide to Continental Philosophy* (Oxford: Blackwell, 2003).

第5章　心灵与身体

可以肯定的是，这个我（即我的心灵，我之所以为我的那个东西）全然不同于我的身体，而且可以独立于身体存在。

——勒内·笛卡尔

无论我们试着如何回答自我同一性问题，都要始于这样一个"事实"，即我们自己的意识。在笛卡尔看来，这正是逻辑开端，因而他把他自己的意识这一事实当做他的整个哲学的出发点。洛克也是如此，他论证说，我们的同一性在于我们的意识的连续性，而不是我们的身体的连续性。它甚至也为休谟所运用，他把自己的意识当做否定自我这样的东西的基础。它也是康德哲学的出发点。他的先验自我，像笛卡尔的"我思"一样，为他的哲学的其余部分提供了基础。哪怕那些对这样的逻辑论证毫无兴趣的哲学家——佛教徒、马克思主义者和存在主义者——至少也是始于某种形式的意识考量，即我们自己的自我意识这一事实、意识的诸种事实，或者只有人能够或有兴趣提"我是谁"的问题这一事实。可是，这个所谓的"意识"是什么呢？只要提出这个问题，我们就会发现自己再次陷入了传统形而上学的迷宫。

A. 何谓意识？

我们可以通过回到十八世纪的理性主义形而上学家搞清楚他们的"实体"观念的努力，来开始理解意识问题。笛卡尔认为，存在着两种不同的实体：心灵或心灵实体，以及身体或物质实体。因此，他通常被称作**二元论者**，而且，一般来说，这样的观点——心灵和身体是两种不同的实体——被称作笛卡尔式的（Cartesiam）**二元论**。[1]你们应该记得，笛卡尔坚持认为他的同一性在于是一个"思考之物"，换言之，是一个心灵实体。可是，他的身体是什么呢？我们已经知道，他认为他完全可以怀疑他身体的存在，而不能怀疑他心灵的存在。可是，这个身体为什么如此特殊，不同于其他物体（他面前的椅子、国王的身体），而与他的心灵如此密切地联系在一起呢？他想让它移动时，它就移动，他决定走动时，它就走动，他

1　这是以笛卡尔命名。事实上，笛卡尔认为有三种实体，第三种存在是上帝。不过，我们在这里无需考虑这第三种实体。就我们的目的而言，笛卡尔的确是一个二元论者。

想写作时，它就写作。在他的六个沉思的最后，笛卡尔回到了这个问题。

勒内·笛卡尔，《第六沉思》[1]

因此，我首先感觉到我有一个头、两只手、两只脚，以及组成我看做是我自己的一部分或者全部的这个身体的其他部分。此外，我感觉到这个身体处于其他许多物体之间，从这些物体上它能够感到不同种类的舒适和不快。通过某种愉快感，我觉得舒适，通过某种痛苦感，我觉得不快。除了这种愉快和痛苦之外，我还感觉到饿、渴和其他物欲，也感觉到对于喜、哀、怒及类似情绪的某些物体性倾向。

因此，我认为这个身体由于某种特殊权利而被我称作我自己的，从而比其他任何物体更恰当、更确切地属于我，这并不是完全没有道理的。因为，事实上我绝不能像跟别的物体分开那样跟我的身体分开：我在身体里并且由于身体而感觉到了我的一切饮食之欲和一切情感，最后，我在身体的各部分上，而不是在跟它分开的其他物体的部分上感受到痛苦和愉快。但是，当我探究为什么从我并不知道是什么的痛苦之感就引起了心理的悲伤，愉快之感就引起了快乐，或者为什么这种我不知道是什么的胃的刺激——我称之为饥饿——让我想吃东西，喉咙发干让我想要喝水，以及其他情形时，我找不到任何解释，而只能说这是自然告诉我的。因为，在胃的刺激和想要吃东西之间，以及引起痛苦的东西的感觉和这个感觉引起的悲伤意识之间，没有任何关系，至少是没有任何我能够理解的关系。同样，在我看来，我关于感官对象所作的其他一切判断，都是自然的指令。因为我注意到，那些在我那里形成的判断，在我有工夫掂量权衡从而作出这样的判断之前就形成了。

可是后来，有许多经验逐渐破坏了我寄予我的感官的信任。因为我常常看到，有些塔从远处看好像是圆的，而走近一看却是方的，耸立在塔顶上的巨大塑像从塔底下看却是小小的塑像。而且，在其他无数场合中，我也发现根据外部感官所辖的判断是错误的。不仅外部感官，就连根据内部感官所下的判断也一样。因为，有什么比痛苦更亲密、更内部的呢？可是，从前有些把胳臂或腿截去了的人对我说，有时他们还感觉到已经截去了的那部分痛——这使我有理由想到，虽然我感觉到我某一个肢体痛，我也不能肯定它痛。除了这些怀疑的理由之外，最近以来我还加上其他两个非常一般的理由：第一个是，我醒着时从来没有相信我感觉过我在睡着时以为能感觉的东西，而且，由于我不相信我在睡着时好像感觉的东西是从在我以外的什么对象得来的，所以，我看不出我为什么应该相信我在醒着时好像感觉的那些东西；第二个是，既然我对我的存在的创造者一无所知，或者至少假设我们就是如此，因此，我看不出有什么能够阻止我会这样地被自然造成，以至于使我甚至在显得最真实的东西上受骗。

◆◆◆

1 René Descartes, "Meditation VI", in *Meditations on First Philosophy*, in *The Philosophical Works of Descartes*, trans. Elizabeth S. Haldane and G. R. T. Ross, Cambridge, MA: Cambridge University Press, 1911. 中译文见笛卡尔：《第一哲学沉思集》，庞景仁译，北京：商务印书馆，1986 年，第 78—92 页。

可是现在，我开始更好地认识我自己，更清楚地发现了我的存在的创造者，那么，我真的就不认为我应该糊里糊涂地接受感官好像告诉我的一切事物，不过，我也不认为我应该把什么都统统拿来怀疑。

首先，因为我知道凡是我清楚分明地领会的东西，都能就像我所领会的那样是上帝产生的，所以，只要我能清楚分明地领会一个东西而不牵涉别的东西，就足以确定这一个东西是跟那一个东西有分别或不同的，因为它们可以分开放置，至少由全能的上帝把它们分开放置。至于是什么力量把它们分开，使我把它们断定为不同的东西，这倒没有关系。从而，就是因为我确实认识到我存在，同时除了我是一个思考之物之外，我又看不出有什么别的东西必然属于我的本性或属于我的本质，所以，我确实有把握断言我的本质就在于我是一个思考之物［或者一个其全部本质或本性就是思考的实体］。而且，尽管也许——或不如像我将要说的那样确实——我有一个与我紧密相连的身体；不过，因为一方面我对自己有一个清楚分明的观念，即我只是一个没有广延的思考之物，而另一方面，我有一个分明的身体观念，即它只是一个不能思考的广延之物，因此，可以肯定的是，这个我（即我的心灵，我之所以为我的那个东西）全然不同于我的身体，而且可以独立于身体存在。

接着就是笛卡尔的证明，即一般来说，他不会被他“之外”的物体的存在欺骗。

可是没有再比这个自然告诉我的更明白［或更显著］的了，那就是我有一个身体，当我感觉痛苦时，它就不舒服，当我感觉饥饿或渴的时候，它就需要吃或喝，等等。因此，我决不怀疑这上面的真实性。

自然也用痛、饥饿、渴等感觉告诉我，我不仅住在我的身体里，像一个舵手住在他的船上一样，而且除此之外，我和它非常紧密地连接在一起，融合、掺混得像一个整体一样地同它结合在一起。因为，假如不是这样，那么，当我的肉体受了伤的时候，我，这个仅仅是一个思考之物的我，就不会因此感到痛，而只会用理智去知觉这个伤，就像一个舵手用视觉去察看是不是在他的船上有什么东西坏了一样。当我的身体需要饮食的时候，我就会清楚地知道这件事，而用不着饥渴的模糊感觉告诉我。因为，事实上，所有这些饥饿、渴、痛等等感觉不过是思考的某些模糊方式，它们是来自并且取决于心灵与身体的联合和融合。

此外，自然告诉我，我的身体周围有许多别的物体……有些令人舒服，有些令人不舒服，所以我可以得出一个完全可靠的结论，即我的身体，或者就我是由身体和心灵构成而言，不如说整个的我自己，是能够从周围的其他物体那里得到不同的舒适和不快的。

可是，两种不同的实体，尤其是两种如此不同的实体如何能够相互作用呢？我们知道两个物体是怎样相互作用的，但是，一个身体如何能够与一个看似不可捉摸的、“幽灵似的”心灵发生联系呢？笛卡尔对这一问题的回答从未令自己满意，或者说从未令他的批评者满意。斯宾诺莎清楚笛卡尔的困难所在，他坚持认为只存在一个实体，身体和心灵不过是这个唯一实体的两种不同“属性”，那样就避免了这个形而上学问题，因为一个实体内部的相互作用没有任何问题。不过，这依然留下了一个相当的问题，即这两种属性如何协调配合。那是斯宾诺莎从未回答的问题，而莱布尼茨解决了这个问题，他发现，更好的做法是完全否定物质实体的实在性。存在的只有心灵实体，即每一个都封闭在自己经验之内的单子。从这两种解决方案的夸张情形中，你们应该对这一问题的困难有所了解。

如果我们继续考量下去，我们就能获得“意识”的神秘性质的一个特殊线索。你们记得，笛卡尔、斯宾诺莎和莱布尼茨都把心灵定义为“非广延的”，即空间上非广延的。（相反，身体被定义为空间上广延的。）换言之，根本问题在于心灵不同于身体，人们不能指着心灵说“这个大”，或者说在某某地方。不过，即使有这样的定义，我们还是注意到，我们绝大多数时候谈论的意识，就是由空间形式的隐喻构成的，我们说某物“在”我们的心灵中，我们说某物“滑（出）了我们的心灵”。哲学家们也常常说意识的“内容”，威廉·詹姆斯的一个广为流行的用语就是“意识流”。我们可能会说“那些只不过是隐喻”，可是，为什么这些隐喻是必需的呢？

你会如何回答“所谓有意识是什么”这个问题呢？你可能会说是某种与“知觉”或“感受”有关的东西，但这不过是在用不同的词重述这个问题而已。当我们试图描述一个形象时，我们会用适合于物质性事物的术语（即它是一个关于什么的形象）。而当我们试图描述一种疼痛时，就要用到隐喻（“就好像有一把老虎钳夹在我的头上”）或比较（“这种感觉就像是……”）。向空间隐喻的回撤表明了这一困难。我们在谈论我们的经验时，就像是在描述其他事物，但是在表明这种描述的正当性时，我们会说它们“在”意识中，而不是说它们在世界之中。

我们如何能描述意识本身呢？这里还有另一个困难：如果我只能非常吃力地谈论我的心灵，那我又如何能够谈论你的心灵呢？我只能经验到“在”我的心灵之中的东西，我无法感受到你的疼痛。即使我感受到了与你一样的“同感疼痛”（sympathy pain），那也是我所感受到的疼痛。因此，我根本无法描述你的心灵，而且很显然，我在描述自己的心灵上也有困难。因此，我们究竟能够如何谈论“心灵”呢？这样一来，许多心理学家和哲学家完全拒斥“心灵”观念，而更愿意只谈论可共同观察的、且在物理空间上“有广延的”东西（比如，神经学和显见的行为）。

我们稍后会对其中一些完全拒斥“心灵”观念的尝试加以考量。不过，在你们看来非常显然的是，这一观念只有在关于他人的时候可以被拒斥，而在关于我们自己时不能被拒斥。为什么？说穿了，是因为笛卡尔的首要前提。同样的逻辑使他可以确凿无疑地断定，“我在思考”及“我作为一个思考之物而存在”使我们不得不承认，“我不在思考”及“我不是一个思考之物”是绝对荒谬的、不可理解的陈述。在“我在思考”是自我确证的这样的意义上，它们是自我反驳的。（这不是说你在清晰地思考，或思考得很好，或沉浸于思考，而只是在最低的意义上说你在思考。）因此，你必定有一个心灵。以我们自己为例，一个人是有意识的，这是最不可能否认的事实。

- 笛卡尔说心灵和身体是一个统一体，是由于心灵意识到身体感觉及其相互作用，这是什么意思？你能想到这一主张的反例吗（也就是说，曾有这样的时刻，你的心灵没有意识到发生在身体中的事情，或者，发生在心灵中的事情没有身体表征）？这些反例证明笛卡尔错了吗？还是说这些反例不可能？对于身体状态与心灵状态之间可感知的亲密性，可能的另一种解释是什么？

- 你的意识的存在是不可反驳的吗？特殊的意识状态（情绪、观念、感觉、情感）存在吗？你是如何确定你关于它们的知识的？

笛卡尔并没有把心灵与身体之间的根本区别只当做一个形而上学或科学论点来加以辩护，意识到这一事实很重要。“常识”中有许多东西支持这一区别，而且，心灵或灵魂与物质身体的分离显然也是一个长期存在的宗教关注。它让灵魂在身体死后继续存在这样的论点有意义，它可以使宗教领域与科学领域安全地分开来。它甚至为上帝存在的必然性提供了一个论证。笛卡尔（在第三沉思）中指出，若没有更高力量的介入，他的各种飞逝的思想就无法统一为一个连贯的、持久的自我。

勒内·笛卡尔，《第三沉思》[1]

虽然我可以假定我或许一直是像我现在这样存在，但是，我不会因此而避免这一推理的效力，也不能不认识到上帝是我的存在的作者这件事是必要的。因为，我的全部生存时间可以分为无数部分，而每一部分都绝对不取决于其余部分。这样一来，从不久前我存在过这件事并不能得出我现在一定存在这一结论来，若不是在这个时候有什么原因重新产生我即保存我的话。事实上，这对于凡是仔细考虑时间的性质的人都是非常清楚、非常显然的，即一个实体，为了在它延续的一切时刻里被保存下来，需要同一的能力和同一的行动，这种行动是为了重新产生它和创造它所必需的，如果它还没有存在的话，因此，自然之光清楚地向我们表明，创造和保存之间的区分不过是理性的区分。

而在这本著作的献辞中，他写道：

至于灵魂，很多人认为不容易认识它的本性，有人甚至竟敢说，根据人类的各种理由，我们相信它是和身体一起消亡的，只有信仰才告诉我们它不是这样，尽管如此，既然列奥十世主持下的拉特兰宗教会议（在第八次会上）对他们进行了谴责，并且特别命令基督教哲学家们要对那些人的论点加以驳斥，要全力以赴地去阐明真理，因此，我就敢于在这本书里执行这个任务。

1　René Descartes, “Letter of Dedication to the Dean and Doctors of the Faculty of Sacred Theology of Paris”, in *Meditations on First Philosophy*, in *The Philosophical Works of Descartes*, trans. Elizabeth S. Haldane and G. R. T. Ross, Cambridge, MA: Cambridge University Press, 1911. 中译文见笛卡尔：《第一哲学沉思集》，庞景仁 译，北京：商务印书馆，1986 年。

B. 二元论问题

意识如何与身体发生关系？你决定举起你的手，你的手随即就举了起来。你对你朋友的问题做一个回答，答案就从你的嘴里说了出来。“你心灵中”发生的情形是如何决定你的身体行为的呢？许多漫画书中有一个为人熟知的形象比喻，即你的脑袋里有一个小人，他就像操纵蒸汽挖土机一样操纵着身体。但这根本不是答案。首先，没有这样的小人。不过，即使有这样的一个小人，那同样的问题会集中于这个小人身上。他或她是如何通过作出某种心灵决定来移动身体的？反过来，也存在着同样的问题，即身体又是如何影响心灵的。一位朋友踩到你的脚趾——你的生理学老师能给你解释是怎么回事：神经受到压缩，信号通过中枢神经系统传递到巨大的脂肪细胞复合体，即你的大脑。不过，在某个地方还有一些其他的东西，即疼痛的感觉。这是如何发生的呢？感觉是如何从那个复杂且依然神秘、遍布全身的神经反应网络中产生出来的？

你可以看到，心—身相互作用问题不再只是一个与特殊的实体概念有关的、专门的形而上学问题。“相互作用”问题对于斯宾诺莎及其唯一实体和笛卡尔及其二元论，是一样的。哪怕你根本不想谈论实体，对你的心灵如何影响你的身体、你的身体如何影响你的心灵作出解释的问题依然存在。因为，无论是否认可十八世纪形而上学家的特殊问题，你都不得不承认，你的心灵完全不同于你的身体，而心—身问题是所有现代哲学问题的繁难之源。心灵是如何与身体联系在一起的？

人的身体像所有其他自然物体一样，可以用大小、轻重、化学成分，以及空间运动来加以描述。人的神经系统的活动，尽管非常复杂且尚未得到完全理解，但仍可以像任何其他生物反应一样，根据细胞膜和化学反应的变化、化电神经“脉冲”的过程，以及在给定时间内受到刺激的、类似电脑的不同神经元网络来加以描述。人脑可以被看做是一台复杂的机器，就像一台会感伤的电脑。然而，人的心灵却无法用任何空间术语或化学术语来加以描绘。心灵不是大脑。它没有形状、没有轻重，而且，在任何特定情形下，它都具有为一个人而且只为一个人可见的棘手属性。（任何一个能够进入我的脑壳的人都能看到我的大脑。）我们能够理解一个身体与另一个身体如何相互作用，哪怕所涉之“力”难以描画（比如，两颗相距甚远的行星之间的地心引力）。可是，一个身体如何与某个毫无身体的关键特征的东西相互作用呢？这时，你可能想到“能量”，因为能量似乎至少具有心灵的某种无形的和“非广延的”特征。在非常有限的意义上，它也“没有大小、没有重量”。不过，能量是自然物体的一种功能，力是质量和加速度的一种功能。它们如同我们的经验一样，并不是“私人的”：闪电对于任何观看的人而言，都是可见的。而且，没有人声称，对能量状态的描述，就像对我们的观念的描述一样，是不可纠正的。能量与质量可相互转化虽然已被（爱因斯坦）证明，但是，心灵与物质的“相互转化”几乎仍处于纯然思辨的阶段，只是作为一种反常现象，出现在一些孤立的、并不完全可靠的“物理学”等诸如此类的科学中。我们可以谈论“心理能量”，但是，它远没有我们所要的那种清晰。

诸如观念和感觉这样如此不同的东西，如何能与神经系统和脑细胞相互作用？哲学家对此提出了许多方案，但全都充满争议，无一令人满意。不过，在我们考察其中一些方案之前，要重点强调如下观点：“心—身问题”完全不是我们对于人的神经系统仍然所知甚少的问题。

无论这方面的知识如何发展，我们仍要面对最近所知的神经活动与经验之间的神秘隔阂。此刻，我们只能够探索到神经脉冲，而对于“最近所知的神经活动”的认识还没有到此程度。但是，即使我们完全掌握了“脑谱图”，能够对大脑中同时发生的每一个心理活动作出说明，问题依然会是：这两者是如何联系的？[1]

笛卡尔为解决二元论问题提供了一个经典尝试。下面部分选自他的论文《灵魂的激情》。

勒内·笛卡尔，《灵魂的激情》[2]

但是，为了更完美地理解所有这些事情，我们必须认识到灵魂确实与整个身体结合在一起，而且，确切地来说，我们无法说心灵存在于身体的任一孤立部分中，因为它是一个整体，在某种意义上是不可分割的，也由于身体器官在布局上彼此相连，因此，任何一个器官的消除都会使整个身体有缺陷。而且就其本性而言，心灵与广延、大小及由物质构成的身体的属性无涉，而只与各种器官组成的整体有关，所以我们无论如何都无法设想半个心灵，或三分之一个心灵，也无法设想它占有空间，而且，它不会因身体某个部分的切除而变小，不过，一旦各个器官组成的整体被毁坏，它就会与身体完全分离。

同样必须弄清楚的是，尽管心灵与整个身体结合在一起，但是，与其他部分相比，仍有某个确定部分特别是其发挥功能的所在。人们通常认为，这个部分就是大脑，或者可能是心脏。说是大脑，是因为感觉器官凭借它联接在一起，说是心脏，是因为我们显然是在其中体验到激情。但是，经过对这个问题的仔细考察，看来我们似乎可以明确肯定心灵直接在其中发挥其功能的身体部分绝不是心脏，也不是整个大脑，而仅仅是大脑最里面的一部分，也即位于其中部的一个很小的腺，它悬于使脑部前后空穴中的肉体灵魂得以沟通的小沟之上，这个小腺里面最轻微的运动也会极大地改变灵魂的运动进程。相应的，灵魂的运动进程的微小改变，也会使小腺的运动大为改变。

◆◆◆

于是，这里我们设想心灵的主要所在位于脑部中央的小腺，从这里，它通过肉体灵魂、神经甚至血液（这些血液通过动脉把灵魂输送到身体的各个器官，参与到灵魂的作用中）向身体的其余各个部分四处发散。以上关于我们的身体机器的观点，集中到一点就是，我们神经的小细丝遍布全身各处，在被感觉对象激起的各种运动中，它们以不同方式张开脑部的小孔，使得这些空穴中的肉体灵魂以不同方式进入肌肉，由此，它们能以不同方式带动身体器官的运动并使其自身也同时运动，其他以不同方式导致灵魂运动的原因使其以不同方式进入肌肉。这里补充一下，作为心灵主要所在的小腺，悬于含有肉体灵魂的空穴之间，它能以与可被感觉的对象的多样性同样多的不同方式

1　科学研究能够表明大脑与我们的心灵彼此之间几无关联，所假定的两者之间的协调一致并不存在，这在逻辑上是可能的，尽管几乎毫无可能。比如，人们曾认为，心脏与情绪有关（例如亚里士多德和笛卡尔）。科学证明他们错了。但是，科学只能为这一问题做一些基础工作。

2　René Descartes, “The Passions of the Soul”, in *The Philosophical Works of Descartes*, trans. Elizabeth S. Haldane and G. R. T. Ross, Cambridge, MA: Cambridge University Press, 1911.

移动，它也能被心灵——其性质使其接受许多不同的印象，也就是说它拥有与这个小腺的不同运动同样多的各种知觉——以不同的方式移动。相应的，身体机器的构造使得这个小腺被心灵或其他原因以不同方式移动。不管情形如何，它使得它周围的灵魂流向脑部空穴，并通过神经进入肌肉，导致四肢的运动。

人们用来称呼这一理论的术语是**因果交互论**，换言之，即心灵变化引起身体变化，反之亦然。与他的追随者不同的是，笛卡尔自己并没有认真对待分离的实体问题或极其不同的变化彼此之间的因果影响问题。显然，他对这样一个因果说明感到满意，即使不是十分舒服。在这一点上，他受到绝大多数直接追随者的猛烈攻击，其中包括斯宾诺莎、莱布尼茨及许多经验主义者。他们主张，"不同的实体无法相互作用"。或者以更加现代的形式来说，他们主张唯有自然物体能够发生因果作用，像身体和心灵这样不同的事物之间不能发生因果作用。然而，有一件事情仍显而易见，那就是必须对我们的心灵活动与我们身体的运动常见的协调一致加以说明。作出这样的说明而不引入因果交互作用，就需要笛卡尔的批评者所提出的大量创见。

我们已经了解了两个紧接着笛卡尔的形而上学替代方案。第一个方案是莱布尼茨所表述的，它是他的整个单子论的组成部分。他坚持认为，单子之间不可能有因果交互作用，特别是，作出如下主张是没有意义的：心灵实体与一切我们称之为"自然物体"的东西发生相互作用。那么，他所提出的替代方案是什么呢？他为这一问题提供的答案是，上帝首先创造了单子，并以一定的方式对这些单子做了"编排"，使得我们的心灵活动与我们所谓的身体活动完全协调一致。若把莱布尼茨的其余理论放在一边，而只考察心身问题，那我们就可以把他的解决方案重述为一种**平行论**。他关于单子之间的"**前定和谐**"的说法，现在被看做是一个稍显怪异的理论，它认为，我们的心灵生活与我们的身体运动完全协调一致（因此，当你踩到我的脚趾时我感觉痛，在我"决定"应该举起手时我的手就举了起来）。然而，它们之间无论如何都没有什么因果交互作用。这就像是一部电影的声音和画面，它们完全平行地向前转动，而事实上从未发生过什么相互作用。（也就是说，电影中说话的人物并没有产生你所听到的声音，然而这个声音就好像是他或她发出的一样。实际上，这些声音是分开产生的，因此，即使放映机灯泡烧坏了，屏幕上的影像完全消失，这些声音依然会继续。）当然，要接受这一理论，你还必须接受这一理论所要求的大量形而上学和神学支撑。如果你不相信有一个确立这一复杂系统的上帝，那就绝对没有办法来解释心灵与身体之间显著的协调一致。而且，即使你相信上帝，你或许还是认为心—身问题需要某种更加合理、更加世俗化的解决方案。

斯宾诺莎的理论无需隐藏在他常常呈现出来的那种"唯一实体"形而上学。事实上，仅仅在一些年前，伯特兰·罗素就为几乎一样的理论作了申辩，而完全没有参照形而上学的实体观念。罗素说，正如斯宾诺莎在数世纪之前所说的那样，心灵与身体、心灵事件与物理变化是同一个"事物"的不同方面而已。在斯宾诺莎看来，这个"事物"就是"唯一实体"，而不同方面则是他所谓的"属性"。不过，罗素声称，我们的经验和观念是某些事件或活动的一个方面，而大脑中的各种化学反应则是另一方面。因此，这一理论常常被称作**双面理论**，无论它所针对的是否是实体及其属性的问题。既然现在我们谈论的是同一事物的两个"方面”，而不是两个不同事物，那么就不会有相互作用问题了。不过，正如我们此前所抱怨的那样，这只不过是隐藏了这一问题，而不是解决了它。心灵和身体仅仅是其“方面”的这个神秘“事物”到底是什么呢？它既不是大脑也不是心灵，那它能是什么呢？就这一问题的性质而言，我们无法找到答案，它留给我们的是同样令人困窘的问题：“同一事物怎么能够具有如此不同的方面呢？”你可能会说：“好吧，一块发烫的煤就同时具有重和热这两个‘方面’。”不过，对此我们能够作出解释。可是，这个“事物”既不是大脑，也不是心灵，而是这两者，那我们要说它是什么呢？

- 概述心—身问题的各种解决方案（例如因果交互论、平行论、双面理论）。

C. 对二元论的驳斥

问题若是二元论，那么，答案或许就是对二元论的驳斥。当然，我们依然必须说明这一问题的明显事实：我们的身体发生某些事情时，我们确实有所感觉，而我们在心灵中做了决定后，我们就会有所行动。不过，近来的哲学家——以及几乎所有心理学家——对上述各种形式的二元论都持一种怀疑观点。

消除二元论的第一步，虽然是战战兢兢的一步，在于把二元论的心灵方面最小化，尽管不是完全拒斥。这一理论通常被称作**副现象论**，威廉·詹姆斯是其最著名的辩护者。副现象论承认因果交互作用，但只是在一个方向上。身体和身体的变化引起心灵事件。你可以设想一个锅炉系统或装有各种量表的汽车发动机，由此告诉我们这台机器在任何时候是如何运行的。这台机器运行着，其量表上显示着某些结果。不过要注意，这个量表对于这台机器的运行而言，是不怎么重要的。事实上，量表坏了，机器照样能运行数年。这样一种理论的意义何在？许多哲学家和心理学家主要感兴趣的是物理规律和生理规律的连续性，它们没有神秘的“心灵原因”所造成的成问题的断裂。在他们看来，这样一种理论使得他们整个地集中于问题的物理方面，而完全忽视了“心灵”。若引起别人的反驳，他们总是可以说：“哦，我并没有否认你也感觉到了某种东西。”不过，这是一个并不重要的细节、一个副产品、一种随附现象，根本无需认真对待。

- 副现象论解决了二元论问题吗？若解决了，为什么？若没有解决，又是为什么？

1. 激进行为主义

副现象论是对二元论的一个战战兢兢的驳斥。实际上，它并没有驳斥二元论，不过，它把二元性的其中一半最小化了。其他形式的抨击就不是那么战战兢兢了。在心理学领域，许多作者长期以来认为，一切关于“心灵”的谈论都是毫无头绪的混乱，就其问题的性质而言，它无法通过任何试验得到解决。（也

斯金纳（1904—1990）：美国心理学家和作家，任教于哈佛大学。他以其激进行为主义著名，激进行为主义拒斥在心理学分析中援引任何心理概念。

赖尔（1900—1973）：牛津“日常语言学派”哲学家，他的《心的概念》（1949）一书为随后几十年关于心身问题的准行为主义解决方案的争论奠定了基础。他的主要论点是，心灵与身体之间的区分所依赖的是他所谓的一个“范畴错误”，即错误地相信实际上是另一类的某些事物是某一类。尤其是，人们认为心灵事件是与身体事件同等的事件，而实际上两者完全不同。相反，赖尔认为，谈论心灵就是谈论行为倾向和行为能力。（说一个人想要做某事，就是说一有机会他就会做那件事。）

就是说，在任何情形下，都只有一个人能看到试验的结果，然而，就科学试验的性质而言，它必定为任何人所见。）因此，许多心理学家追随美国理论家约翰·华生（John Watson），践行他们所谓的行为主义。

今天，最著名的行为主义者是新近的心理学家B. F. 斯金纳（B. F. Skinner）。[1]行为主义作为一种科学形式，它甚至拒不考虑任何不能得到公开见证的事件。这在逻辑上就直接把心灵事件排除在外。行为主义主要是一种科学方法，它无需否定心灵事件的存在。不过，绝大多数行为主义者走到了方法之外——这只是说他们不再科学地研究这些事件——也做了一些形而上学的事情，他们也否认存在着任何心灵事件。比如，华生甚至提出，意识信仰可以追溯到充满迷信和巫术的古代。他坚持认为，一个好的行为主义者能使一般的大学生陷于张口结舌的一团矛盾之中，不过，从中得出的并不是我们那复杂混乱的意识概念，而是不可能有这样的东西存在。他自以为这一论证是“科学的”，而取代它的论证是纯然“未开化的，依然相信巫术”。他的测试很简单，那就是灵魂（哲学家和心理学家常常在“灵魂”和“意识”之间随意变换）是否能够被经验：“没人曾触到过灵魂，也没人曾在试管中见到过灵魂，更没有人曾以任何方式与灵魂发生过关系，就像他与日常经验的其他对象发生关系那样。”[2]因此，华生从一个科学家——只能就其检测和观察到的东西发言——转变为一位形而上学家，坚持认为并不存在意识这样的东西，任何有理性的人都不应相信这种东西的存在。

- 行为主义是如何通过否认一切无法得到“公开见证”的事物的合法性来驳斥二元论的？
- 你认为行为主义是一种明智的科学纲领吗？

2. 逻辑行为主义

哲学家们也转向行为主义，把它当做避免笛卡尔二元论的一种途径。牛津大学的哲学家**吉尔伯特·赖尔**（Gilbert Ryle）根据路德维希·维特根斯坦的一些建议，在他的著作《心的概念》（1949）中确立了一种新的行为主义——逻辑行为主义。这本书的第一章被适当地命名为《笛卡尔的神话》。他首先描述了他所谓的“官方学说”：

1 我们可以在第六章430—434页找到斯金纳的文选。

2 John Watson, *Behaviorism*, New York: Norton, 1930.

吉尔伯特·赖尔，《心的概念》[1]

有一种关于心灵的性质和位置的学说，它在理论家乃至普通人中间非常盛行，因此可以称其为官方理论。绝大多数哲学家、心理学家和教士都认同它的主要论点，尽管他们也有所保留，承认它有某些理论上的困难，不过他们都倾向于认为，无需对这一理论的结构做重大修正，就可以克服这些困难。本文将要论证，这一学说的中心原理是不可靠的，一旦我们不对心灵进行思辨，它们就会与我们关于心灵的全部知识相冲突。

这种官方学说主要来自笛卡尔，它大致如下：可能除了白痴和怀抱中的婴儿之外，每个人都有一个身体和一个心灵。一些人则更愿意说，每个人既是一个身体又是一个心灵。他的身体和他的心灵通常是维系在一起的，不过在身体死后，他的心灵可以继续存在并起作用。

人的身体位于空间之中，并服从支配着空间中一切其他物体的机械规律。身体的过程和状态可为外部观察者所检查。因此，一个人的身体生活就像动物和爬虫的生活一样，甚至就像树木、晶体和植物的生活一样，是一种公开事务。

然而，心灵却不在空间之中，它们的活动也不服从机械规律。一个心灵的活动无法为其他观察者所见，它的生涯是私密的。唯有我能直接知觉我自己的心灵的状态和过程。因此，一个人的一生就有两部并行的历史，一部是由发生在身体内部及其所遭遇的事件构成的历史，另一部是由发生在心灵内部及其所遭遇的事件构成的历史。前一部历史是公开的，后一部历史是私密的。第一部历史中的事件是物理世界中的事件，第二部历史中的事件是心灵世界中的事件。

一个人是否或能否直接察知他自己的私密历史中的全部事件或仅是部分事件，人们对此存在着争议。不过，根据这种官方学说，他至少对其中的一些事件具有直接的、不可争辩的认知。他在意识、自我意识和内省中对自己当下的心灵状态和心灵活动有直接的、确实的了解。对于物理世界中同时发生和紧接着发生的事件，他或许多少有所不解，但是，对于当时占据他心灵的东西，至少有一部分是确知无疑的。

人们习惯于这样来表达人的两种生活和两个世界的二分：物理世界的事物和事件，包括他自己的身体，是外在的，而他自己的心灵的活动，则是内在的。当然，这种外在与内在的对立被认为是一种隐喻，因为心灵并不在空间中，在空间上不能说它在别的东西内部，也不能说有什么东西在它内部活动。但是，出自这种良好愿望的事情屡见不鲜，人们发现理论家们正在思考刺激的物理根源在人身之外有几米或几里之遥，怎么能在他的头脑中产生心灵反应，或者在他的脑壳中形成各种决定，又是怎样使其四肢运动的。

即使“内在”与“外在”被看做隐喻，一个人的心灵和身体如何相互影响的问题，仍然充斥着尽人皆知的理论困难。无论心灵想要什么，腿、手臂和舌头都会予以执行；

1 Gilbert Ryle, *The Concept of Mind*, London: Hutchinson, 1949. 中译文见赖尔：《心的概念》，徐大建译，北京：商务印书馆，2005年，第4—12页。

触动耳目的东西，也与心灵的知觉之物相关；怪相和微笑反映出心的情绪，而体罚被认为会导致道德进步。但是，私密历史的各种事件与公开历史的各种事件之间的现实交互作用，依然是一个谜，因为，根据定义，这些交互作用并不属于任何一部历史。它们不可能在描绘一个人的内在生活自传的事件中出现，也不可能在别人描绘那个人的公开生涯的传记的事件中出现。它们既不能通过内省得到查证，也不能通过实验室的试验得到查证。它们像是理论的羽毛球，永远在生理学家和心理学家之间被来回地打来打去。

在这种对一个人的两种生活的二分做某种程度的隐喻表述的背后，还有一层似乎更加深刻的哲学上的假定。这一假定断言，有两种不同的存在或状态。存在之物或发生之事可以有物理存在的状态，也可以有心灵存在的状态。这种情形有点像硬币，它的表面不是正面就是反面，也有点像生物，它不是雄性就是雌性，因此，人们认为，某些存在是物理存在，另一些存在是心灵存在。物理存在的一个必然性特征是，它处于空间和时间中；心灵存在的一个必然性特征是，它在时间中却不在空间中。物理存在由物质构成，否则就是物质的一种功能；心灵存在由意识构成，否则就是意识的一种功能。

◆◆◆

那么，我们对于心灵的活动能得到何种知识呢？一方面，根据官方理论，一个人对自己心灵最可能想象得到的活动有直接的知识。心灵状态和心灵过程是（或在正常情况下是）有意识的状态和过程，而照亮了它们的意识不可能产生任何幻觉，只为不可置疑之物敞开大门。一个人当下的思想、感情和意愿，他的知觉、回忆和想象，都内在地“发着磷光”。它们的主人必然知道它们的存在和性质。内在生活就是这样的一股意识流，心灵的生活就是这股意识流，若说心灵不知道它生活中流过它的东西，那是十分荒谬的。

◆◆◆

另一方面，一个人却没有任何直接进入他人内在生活的事件的途径。他能做的，至多是借助于他自己行为的类比，从他人身体所表现出来的可见行为，可疑地推出他以为是那行为所表明的心灵状态。直接进入一个心灵的活动，那是这个心灵自身的特权；由于缺乏这样的特许途径，一个心灵的活动对于任何他人而言，必定是神秘莫测的。因为，从与自己的身体运动类似推论出与自己的心灵活动类似，这样的论证是没有任何可观察的确证的。因此，官方理论的追随者自然难以抗拒从他的前提得出的如下结论：他没有很好的理由相信在他的心灵之外还有其他心灵存在。即使他愿意相信他人的身体也有与之维系在一起的心灵，它与自己的心灵并无不同，他也无法自称能够发现其他心灵的独特性，或它们所经历和所做的特殊事情。据此而言，绝对孤独乃是灵魂的必然命运。彼此相遇的唯有身体。

接下来在第二部分，赖尔论证了这种“官方学说”的“荒谬”，它基于他所谓的“一个范畴错误”：

官方理论大致就是这样。我将经常贬低这一理论，把它叫做“机器中的幽灵说”。我希望证明它是全然错误的，而且这种错误并不是在细节上，而是在原则上。它不只是诸多个别错误的总汇。它是一个大错误，一种特殊的错误，即一个范畴错误。它在表述心灵生活的事实时，似乎认为它们属于同一个逻辑的范畴类型（或一系列类型或范畴），实际上，它们属于另一种逻辑类型或范畴。因此，这个学说是哲学家的一个神话。由于我试图戳穿这个神话，人们或许会认为我是在否认人类心灵生活众所皆知的事实，而当我申辩说我的目的不过是要纠正心灵行为概念的逻辑时，人们可能会认为这不过是遁词而已。

首先，我必须说明“范畴错误”一词的含义。让我来举一些例子来说明这个问题。

一个外国人首次访问牛津大学或剑桥大学，他参观了一些学院、图书馆、运动场、博物馆、科学系所和行政办公室。随后，他问道：“可是大学在哪呢？我已看到了学院成员的生活区、注册员工作的地方、科学家做实验的地方，也看到了其余地方，可是我还没有看到贵校成员在其中居住和工作那个大学。”于是，陪同者只好解释说，大学并不是另一个并行的机构，并不是某个与他所见的学院、实验室和办公室相当的隐蔽机构。大学就是他刚才所见的一切机构组织起来的方式。一旦看见了这些机构，并且理解了它们之间的协调关系，他也就看见了大学。他的错误在于，他天真地以为可以把基督教堂、博得莱恩图书馆、阿什莫林博物馆与大学相提并论，似乎“大学”代表着一个类中的另外成员，而上述这些单位也是其中的成员。他错误地把大学划归于其他机构所属的同一个范畴。

◆◆◆

再看另一个例子。一个外国人第一次观看板球比赛，他了解投球手、击球手、接球手、裁判员和记分员的职能。于是他问道：“但是赛场上还没有人负责著名的团队精神。我看见了谁负责投球、谁负责击球以及谁负责守门，可是，我们没有看到谁的角色是负责贯彻团队精神。”对此，人们不得不再次解释说，他又在寻找错误的事物类型。团队精神并非所有那些专门任务之外附加的另一个板球活动。概略地说，它是完成各项专门任务的热情，热情地完成一项任务，而不是去完成两项任务。当然，展示团队精神与投球或接球不是一回事，但它也不是第三种这样的事情，好像我们可以说，投球手先投出了球，然后展示了团队精神，或者说，接球手在某个时刻要么接球要么在展示团队精神。

我们必须注意，上述这些范畴错误的例子有一个共同特征。这些错误是那些不知道如何使用大学……和团队精神概念所犯下的。他们的困惑是由于他们不会使用英语词汇中的某些词而产生的。

所谓范畴错误，通常是指错把一类事物当成了另一类事物。比如，下面的提问就是一个范畴错误：“数字3是什么颜色？”当然，哲学上值得注意的错误并不如上面这个例子那样明显和愚蠢。它们是一些我们试图进行抽象思考时所犯的错误。其中最重要的是哲学家们在谈论“心灵”时所犯的范畴错误：

我的否定性目的是要表明，双重生活历史的根源在于一族根本的范畴错误。把一

> 个人表述为一个神秘地隐藏在一台机器中的幽灵，就源自于这一论证。确实，因为一个人的思考、感受和有目的的行动无法只用物理学、化学和生理学的用语来描述，因此，它们必须用相应的用语来描述。由于人的身体是一个复杂的有机单位，因此，人的心灵必定是另一个复杂的有机单位，尽管它是由一种不同的材料所构成，并且具有一种不同的结构。此外，由于人的身体像任何其他物质团块一样，是一个因果领域，因此，心灵必定是另一个因果领域，尽管这类因果并不是机械的因果（这要赞美上帝）。

这一灾难性的范畴错误，赖尔把它主要归之于笛卡尔，认为“心灵”及其事件是隐藏在我们的行为背后的某种陌生的、神秘莫测的私密之物，事实上，心灵是我们的行为模式，根本没有隐藏在行为“背后”。

> 当两个词属于同一范畴时，正确的做法是构造包含它们的合取命题。因此，一位买主可以说他买了一只左手的手套和一只右手的手套，但不能说他买了一只左手的手套、一只右手的手套和一双手套。“她回家时痛哭流涕并坐着轿子”这个著名的笑话，正是把不同类型的词连接在一起造成的。若构造“她回家时或者痛哭流涕或者坐着轿子”这样的析取命题，那也同样可笑。然而，机器中的幽灵说正是犯了这样的错误。它坚持认为，既存在着身体又存在心灵，既有物理过程又有心灵过程，身体运动既有机械原因又有心灵原因。我将论证，这些遗迹类似的其他合取是荒谬的，不过，必须注意的是，这一论证并不会表明被不合逻辑地联接在一起的每一个命题就其本身而言是荒谬的。比如，我并不否认存在着心灵过程。做长除法是一个心灵过程，开玩笑也是。但是，我要说，“存在着心灵过程”与“存在着物理过程”并不具有相同类型的含义，因此，把它们结合或拆开都是没有意义的。

赖尔的分析的关键是他所谓的素质。素质就是在一定条件下会发生某事的倾向。比如，我们说“如果触到控制杆，捕鼠器就会突然闭合”，关键就是这个命题的“如果……那么”（或“假言”）形式。赖尔对此做了如下解释：

> 说一个事件得到了“解释”，至少有两种全然不同的含义。与此相应，我们问“为什么”它会发生，以及回答它之所以发生是“因为”如此这般的情形，也都有两种全然不同的含义。第一种含义是因果含义。问玻璃为什么碎了，就是问什么原因使它破碎，在这种意义上，我们若报道说一块石头击中了它，那我们就解释了玻璃的破碎。解释中的“因为”从句报道了一个事件，也就是说，这个事件对于玻璃的破碎来说是引起结果的原因。
>
> 但是，我们经常在“解释”的另一个含义上寻求并且得到对于各种事件的解释。我们问，为什么石头击中玻璃后玻璃就碎了，我们得到的回答说，这是因为玻璃易碎。然而，“易碎”是一个素质性形容词，也就是说，说玻璃易碎就断定了一个关于玻璃的一般性假言命题。因此，当我们说玻璃受打击后破碎是因为玻璃易碎，那么这里的“因为”并没有报道一个事件或一个原因，它陈述了一个类似法则的命题。关于这第二种解释，

人们通常说，它给出了玻璃受打击后破碎的“理由”。

类似法则的一般性假言命题是如何起作用的呢？概略地说，如果玻璃受到猛烈的打击或扭曲等等，那么它不会溶解、拉长或蒸发，而会破成碎片。在“解释”的这种意义上，若第一个事件即石头撞击满足了这个一般性假言命题的条件从句，并且第二个事件即玻璃的破碎满足了它的结论句，那么，玻璃确实在某个特殊时刻受到一块特殊石头的打击后破成了碎片这个事实就得到了解释。

随后，他把素质这个概念应用于他的“心灵”分析。（这一点占他这本书的绝大部分。）主要观点如下：一切“心灵”之物实际上都是以某种方式行为的一种素质。比如，想一想他对于虚荣行为的简洁分析：

根据一种观点，“他出于虚荣而自夸”这个陈述应被解释为“他自夸并且他自夸的原因是他身上出现了一种特殊的虚荣感或冲动”。根据另一种观点，这一陈述应被解释为“他一遇见陌生人就自夸，并且他的这一做法符合那个类似法则的命题，即每当他觉得有机会得到他人的赞美和羡慕，他就会做出他觉得会引起他人的这种赞美和羡慕的任何事情”。

因而，一般性论点就是：

说一个人知道某事或渴望成为某种人，并不是说他在一个特定时刻正处于做某事或经历某事的过程，而是说他在需要时能够做某事，或者说，他在某种情形下倾向于做和感受某些事情……

放弃两个世界的神话包括要放弃这样的观念：有一扇紧闭的门和一把仍需发现的钥匙。人的那些行动和反应、说出来的和未说出来的话、语调、面部表情和姿态，始终是以人为对象的研究者的材料，它们毕竟一直是唯一正当地为人所研究的现象。它们而且唯有它们才应得到“心理现象”这个宏伟的称号，不幸的是它们并没有获得这一称号。

赖尔（和维特根斯坦）的逻辑行为主义不同于心理学家的激进行为主义，因为它不是一种关于行为及其原因的理论，确切地说，它是一种关于心灵语言、关于诸如“想要”“相信”“伤害”“爱”“觉得”和“思考”这样一些“心灵主义”术语的意义的理论。除了反驳“机器中的幽灵”的争论之外，赖尔的基本论点是，运用一个心理术语——把一种心理特性归于一个人——逻辑上等于说这个人会以某种方式行为。这一论点的好处在于，它通过把心理术语转化为关于行为而不是“内在事件”的陈述，消除了所有神秘莫测的心理事物。逻辑行为主义者不认为爱是“一种深藏于心的感情”，比如，他们会说，或许不够浪漫，“约翰爱玛丽”就是说约翰一有机会就会跟玛丽在一起，只要有花就会买来给她，如果她兴奋地说“我们去看电影吧”，他就会带她去电影院。正如你从这一例子中能够看到的那样，心灵主义术语的转化所涉及的行为和可能行为的数目无穷大，因为一个恋爱中的人在各种环境、各种机会下，可能会做任何事情。（通常，这种情形没有诸如“干渴”和“发痒”那样的心理谓词那么复杂。）不过，心理语言转化为行为素质无论有多复杂，二元论问题不再产生了。心灵与身体之间的因果交互作用被重新表述为物理状态——以某种方式行为的素质——与作为结果发生的现实行为之间的因果联系。因此，说“他会与她结婚，因为他爱她”，跟说“玻璃会碎，因为它易碎”，在形而上学上没什么两样。

所有行为主义——包括激进行为主义和逻辑行为主义——都存在一个问题。无论这一理论当我们隔着一定的距离研究其他人时有多诱人，若我们正与朋友谈话或正听着某人对我们讲话，这时我们试图行为主义地思考，那就荒谬至极。而当我们试图理解和谈论我们自己的心理状态之时，行为主义就变得毫无意义。我的痛苦与我的行为不是一回事，而且，无论你如何不费力地从我的行为推出我很痛苦，那也绝不是我体验到我很痛苦的方式，也与我所说的“我很痛苦”不一样。事实上，当我对你说“我很痛苦”时，我不是在预示我的行为。我是在告诉你我的感受，而不是我可能会做什么。无论心灵语言的逻辑是什么，不可否认的感受似乎在提醒我们，无论行为主义作为心理学疗法和笛卡尔主义的解毒剂多么有效，它都不是一切。华生的行为主义有助于纠正多得出奇的对于动物行为的心灵主义理论化（“这只老鼠正设法了解如何打开这扇门”）。因此，赖尔的行为主义也是这个过于轻易的假设的一个重要挑战：我们的“心灵”是幽灵般的容器，其中充满着同样幽灵般的实体和过程。不过，作为对心灵的一个替代说明，行为主义必然会弄坏心灵的终极标志，即笛卡尔的“我思”。你绝无可能连贯地认为你从未思考，或者认为你的思考不过是你的行为倾向。华生的一位早期批评者评论得好：“行为主义所表明的，是心理学家并不总是思考得好，而不是他们根本不思考。”

对二元论的驳斥并不一定要拒斥二元性的心灵面，尽管这是绝大多数科学家显见的倾向。不过，我们至少看到过一位哲学家，他通过拒斥二元性的物理面来避开笛卡尔的二元论问题。这位哲学家就是贝克莱主教，他通过抨击洛克为他自己的“主观观念论”辩护，非常清楚地提供了解决心—身问题的激进方案。他的理论认为，只存在心灵及其观念，不存在自然物体。因此，也就没有交互作用的问题。不过，他也（像莱布尼茨一样）需要上帝来统合他的体系。但是，观念论并非如你所想的那样，是针对心—身问题的一种极其少见的回答，尽管我们今天较少见到。无论是在英国和欧洲还是在美国，二十世纪的宗教观念论者都具有强大的影响力，实际上，他们统治了哲学好几十年。

- 根据赖尔的说法，二元论是怎样犯“范畴错误”的？你认为我们对“心灵”一词的运用类似于我们对“大学”一词的运用吗？
- 心灵可用倾向性词项来描述吗？这样做是如何使心灵避免成为一个实体的？

3. 同一论

不过，对于二元论最强有力、最合理的驳斥，既不在于否认意识，也不在于否认自然物体。通过否认心灵或身体来否定二元论，我们觉得有那么一点头脑简单。还有更好的方式。为什么不说根本不存在两个事物，而恰如所显现的那样，只是一个事物呢。换言之，心灵和身体，或者更确切地说，心理事件和一定的身体事件（可能是大脑事件）是同一的。相应地，这一理论被称作**同一论**，它一度是美国哲学中最热门的议题之一。你们可以看到，在某种意义上，斯宾诺莎和罗素的双面理论预示了这一理论。不过，与其他理论不一样的是，同一论设法使自己尽可能地与当前的科学研究紧密地联系在一起，而且，尽管它自身并不是一种科学理论，但它并不容许我们在斯宾诺莎和罗素那里可以找到的那种神秘之“物”的存在。因此，通常它被看做是唯物主义的一种形式（当然，它并不否认心理事件的存在——不过只具有存在论的独立）。

同一论认为，存在着心理事件，不过它们等同于某些物理事件，即与大脑中的过程一样。与（激进的或逻辑的）行为主义不同，同一论并不否认心灵主义术语指涉某物。同一论否认的是二元论，它坚持认为“想要”“相信”和“爱”这样的心灵主义术语所指涉的，不仅是无法进一步明确的心理状态；它们所指涉的，也是科学家们有一天能够准确说明的神经学上的过程。这样就消除了二元论，因为不再有两个相互作用的事物，只有一个单一的事件，即心理—神经事件。它可以用两种方式中的任意一种、两种完全不同的语言中的任意一种加以描述。一个人（确实）可以说“我头痛”，或者，如果他有大量的神经学知识，也完全可以说“我的大脑中在进行这样那样的活动（在一本哲学书中不适合描述那些细节）”。

下面的论文是澳大利亚哲学家J. J. C. 斯马特（J. J. C. Smart）对于同一论的经典陈述。

J. J. C. 斯马特，《感觉和大脑过程》[1]

在我看来，科学日益让我们觉得，有机体可以被看做是物理化学机制；甚至似乎有一天，人自身的行为也可以用机械术语加以解释。就科学而言，世界上似乎除了日益复杂的物理要素排列之外，什么也没有。有一个地方例外：那就是意识。就是说，要对一个人正在进行的情形做一个全面描述，你不仅必须提到他的组织、腺、神经系统等等的物理过程，而且要提及他的意识状态：他的视觉、听觉和触觉，他的疼痛和痛苦。它们应该与大脑过程联系在一起，这一点并无助益，因为说它们与之联系在一起，就是说它们是“其外”的某物。你无法让某物与其自身联系在一起。你把脚印与夜贼联系在一起，但不会把夜贼比尔·赛克斯与夜贼比尔·赛克斯联系在一起。因此，感觉、意识状态似乎确实是处于物理主义者图景之外的一类事物，然而，出于各种原因，我都无法相信会有这样一种情形。除了在我看来显然不可置信的感觉事件之外，一切都可根据物理学（当然，还有对于把部分整理在一起的方式的描述——大体而言，生物学之于物理学，恰如无线电工程之于电磁学）来解释。用弗格尔的表述来说，这样的感觉是“法则学关联”。人们常常没有认识到这些法则学关联借以关联的规律有多离奇。有时人们问道：“为什么就不能有作为新种类的心理—物理规律呢？就像从牛顿力学的观点来看，电磁规律是新的规律

斯马特（1920—2012）：澳大利亚哲学家，生前任教于堪培拉的澳大利亚国立大学，心—身“同一论”的一流辩护者。

1　J. J. C. Smart, “Sensations dan Brain Processes”, *Philosophical Review* 68 (1959): 141-56.

种类一样。”当然，我们非常确定将来会有关于一种新类型的新基本规律，不过，我希望它们联系着简单要素：比如，无论那时流行的基本粒子是什么。我无法相信的是，自然的基本规律能使简单要素与或许由数十亿的神经元组成的构型（天知道有多少基本粒子）全都加在一起组成整个世界，就好像它们在生活中的主要目的就是一个复杂种类的消极的反馈机制。这样的基本规律与我们迄今在科学中所知道的一切都不相像。对它们而言，这些基本规律有一种古怪的“气息”。我只是无法相信法则学关联本身，以及它们借以关联的规律。若有什么论证显得使我相信这样的事情，那我会怀疑这一论证中必有陷阱。无论如何，这篇论文的目的是要表明，没有可以迫使我们成为二元论者的哲学论证。

◆◆◆

为什么感觉就应该只是某种大脑过程？记录感觉就是记录大脑过程，对于这一观点，当然有许多众所周知的（以及不怎么著名的）哲学反驳，不过，我将设法证明，这些论证绝不像一般认为的那样有说服力。

首先，让我们来更加精确地陈述感觉就是大脑过程这一命题。它不是这样的命题，比如，“余像”或“疼痛”与“大脑过程X”（这里，X所指代的是对某一大脑过程的一种描述）所指的是一个意思。而是指这样的命题，就“余像”或“疼痛”是一个过程的记录而言，一个过程的记录恰好是一个大脑过程。因此，这一命题并非声称感觉陈述可以转换为大脑过程陈述。它只是主张，就感觉陈述是某物的一个记录而言，这个某物实际上是一个大脑过程。感觉并不是大脑过程之外的某种东西。国家并不是“公民”之外的某种东西，但这并不妨碍国家陈述的逻辑非常不同于公民陈述的逻辑，也不能确保国家陈述向公民陈述的可转换性。（不过，我并不是要宣称感觉陈述与大脑过程陈述的关系和国家陈述与公民陈述的关系非常相像。比如，国家并非仅仅恰好不是公民之外的东西。我引入“国家”这个例子，只是为了得出一个否定性的观点：A陈述的逻辑不同于B陈述的逻辑，这一事实并不能确保A是B之外的某种事物。）

论同一性。［当我说一种感觉是一个大脑过程或者闪电是一次放电时，我是在严格同一性的意义上使用“是”（is）。就像如下这个命题的必然性，“7‘是’大于5的最小素数”。］当我说一种感觉是一个大脑过程或者闪电是一次放电时，我不是说这种感觉以某种方式在空间上或时间上与大脑过程相联，或者这次闪电只是在空间上或时间上与放电相联。另一方面，当我说这位功成名就的将军与那位偷苹果的小男孩是同一个人时，我只是意指我眼前看到的这位功成名就的将军是某个四维对象的一个时间片，而那位偷苹果的小男孩则是相同四维对象的一个早期的时间片。不过，这个在后来时间片中具有我眼前看到的这位将军的四维对象，在严格的意义上，“是”在早期时间片中具有那位偷苹果的小男孩的四维对象。我对“是”的这两种意义加以区分，是因为我要阐明大脑过程学说维护了严格意义上的同一性。

同一论看起来与当代科学相容，而且似乎可以看做一种无需拒斥感受和思考这样的显然事实而对二元论加以驳斥的方式，但是，它也有其矛盾之处。一个事件（大脑事件=心理事件）可以用两种不同的语言来谈论和描述，这一观念听起来很合理，且让人印象深刻。不过，既然这两种语言如此不同，人们就完全有理由认为它们所指涉的事件也完全不同。为了弄清楚这一批评路线，这里我们摘选了美国哲学家**杰罗姆·谢弗**（Jerome Shaffer）重新评价同一论的论述。

杰罗姆·谢弗，驳同一论[1]

这里所说的“同一性”的意义，是如我们说晨星与暮星“相同”时所指的意义。但这不是说，“晨星”这个表述与“暮星”这个表述的意思一样。相反，这两种表述的意思有所不同。不过，这两种表述所指的对象是一样的。只有一个天体叫做金星，早上出现时被叫做晨星，晚上出现时被叫做暮星。晨星与暮星相同，它们是同一个对象。[2]

当然，心灵与身体的同一性并不属于这一种，因为它所指的是同时发生的同一性，而不是此刻某物与稍后同一事物的同一性。以一个更紧密的现象为例，人们可以说闪电是一块云向另一块云或向地球的一次特别巨大的放电。这不是说“闪电”这个词意指的是“一次特别巨大的放电……”；本杰明·富兰克林发现闪电会产生电之时，他发现的不是词的意思。同样，当人们发现水是H_2O之时，所发现的也不是词的意思，然而，水与H_2O相同。

谢弗（1929—2016）：美国哲学家，生前任教于康涅狄格大学。现在是颇具影响的心—身“同一性理论”的著名批评者之一。

类似的，同一论可以认为，思想、感觉、愿望及诸如此类与物理状态相同。这个“相同”所指的，不是在心灵主义术语与物理主义术语同义的意义上的“相同”，而是在心灵主义术语所特指的实际事件与物理主义术语所特指的事件一样的意义上的“相同”。

◆◆◆

同一论的优势何在？作为一种唯物主义，它无需应付包含着心理现象和物理现象的世界，也无需考虑这两者是如何发生联系的。只存在物理现象，尽管确实有两种不同的谈论这种现象的方式：物理主义术语，以及至少在某些情形下所使用的心灵主义术语。这里，我们所持的是一种语言的二元论，而不是实体、事件或特性的二元论。

不过，我们只有一种语言的二元论，而没有其他种类的二元论吗？就金星这个例子而言，我们确实只有一个对象，但是，“晨星”这个表述特指的是这个对象的某一阶段，即它在早上的情形，而“暮星”这个表述特指的是这个对象的另一阶段，即它在晚上的情形。若这一对象没有这两个截然不同的方面，那么，晨星与暮星实际上是同一个天体就不算是一个发现，而且，谈及它时的不同方式也就无关紧要。

既然同一论家认为，物理主义术语和心灵主义术语并非指涉同一个对象的不同阶段，那么，他们所意求的是何种同一性呢？让我们转向上述所谓的更紧密的类比，即

1　Jerome Shaffer, *Philosophy of Mind*, Upper Saddle River, NJ: Prentice Hall, 1994.

2　两者都指的是金星，一个见于早上，一个见于晚上。不过，人们用了许多年时间才发现这两者的同一性。

闪电与一种特殊种类的放电现象的同一性类比。不过，这里我们还是有两个可区别的方面，一方面是肉眼所见的表象，另一方面是物理结构。而且，这也不是可合理地用来说明心理事件和物理事件的那种同一性。因为，肉眼所见的神经事件的表象，全然不同于思想体验或疼痛体验。

人们有时认为，物理方面是由人们“从外部”观察一个具体事件而得，而心理方面则是由人们“从内部”观察同一事件所得。脑外科医生观察我的大脑时，他是从外部进行观看，而当我体验到一个心理事件之时，我是从“内部”“观看”我的大脑。

然而，这样的说明给我们的只是一个令人误解的类比，而不是关于心灵与身体的准确描述。这个类比所表明的是这样两个人之间的差异：一个人从内部了解了自己的房屋，因为他可以在房屋内自由来去，从不同的角度观察其中的物体，触摸它们，等等，但是，他永远不能走到屋外观看它是个什么样子，而另一个人则无法走进屋内，因此他只能了解这栋房屋的外在表象，或许还有他从窗户瞥到的东西。可是，这与大脑有什么关联呢？我自由地在我的大脑内部徜徉，观察着脑外科医生可能永不会见到的一切，不是吗？可脑外科医生不是比我更易于了解我的大脑“内部”情形吗？他有了解我的大脑情形的X光、探测器、电极、解剖刀和剪刀。如果回答说这只是一个类比，不能在字面上理解，那么问题依然是心灵与身体如何关联。

◆◆◆

著名的同一论家J. J. C. 斯马特认为，对于用生理学术语可以较为准确地谈论的事件，心灵主义话语不过是一种谈论它们的较为模糊的、更加不明确的方式。如果我报告一个红色的余像，我（大概）意指的是有某个事情在发生，它就像我真实地看到一个红斑点时所发生的事情。我实际上并不是意指一个具体种类的大脑过程在发生，但是，当我说有某个事情在发生时，我指涉的就是那个大脑过程（当然是非常含糊的）。因此，我关于一个余像的报告中所指涉的事情就是一个大脑过程。这样一来，就无需引入任何非物理的特征。甚至二元论的污点也得以避免。

这种独具匠心的力图避开二元论问题的尝试经得住哲学审查吗？我倾向于认为它做不到这一点。让我们回到报告了红色余像的那个人。他意识到某个事情或其他事情的发生，或者某个特征或其他特征的发生。然而，在我看来显然的是，他未必意识到那一刻他的大脑状态（我怀疑我们绝大多数人曾意识到我们大脑的状态），而且一般来说，他也未必意识到那一刻他的身体的物理特征。当然，他可能曾偶然地意识到某个物理特征，但是，这与他意识到红色余像不同。然而，他确实意识到了某种东西，否则的话，他如何作出那个报告呢？因此，他必定曾意识到某种非物理的特征。那是唯一可以说明他究竟如何意识到某种东西的方式。

当然，我们的余像报告者所意识到的东西，可能还有他没有意识到的进一步特征，就此而言，显然是物理特征。我可能意识到一个对象的某些特征而没有意识到其他特征。因此，人们就不能排除这样一种可能性：我们的报告者所意识到的事件可能是一个具有显著物理特征的事件——他只是没有注意到那些特征而已。但是，他必须意识到它的一些特征，否则的话，说他意识到那一事件就不恰当。如果他没有意识到任何物理特征，那他一定意识到了某些别的特征。这一点表明，根据斯马特所建议的方式，我们无法除去那些非物理特征。

◆◆◆

如果通过X光或其他方式，我们能够看到发生在大脑中的每一件事，那我们绝不会瞥见一丝一毫的思想。如果通过诉诸幻想，我们能够扩展大脑或收缩自身使我们能够在大脑中自由徜徉，那我们依然绝不会观察到思想。我们在大脑中观察到的始终是发生于其中的物理事件。如果心理事件也处于大脑中，那么应该有发现它们在那儿的方式。不过，当然是没有这样的事件。关于它的观念毫无意义。

谢弗不赞同同一论，但是他对同一论的描述和批判，对于正在进行的争论至关重要。为同一论辩护，最重要的是强调大脑过程和思想的同一性是一种经验的同一性，也就是说，那是一种必须通过实验和经验发现的同一性。它不是一种逻辑同一性,就好像说“大脑过程”和“思想”这两个术语是同义词。这后一种提法显然是错误的，可同一论的现代辩护者一直强调，将来的神经生理学研究会证明他们是对的。不过，谢弗的批判所基于的原则，必定有别于对逻辑同一性提法的过于轻易的抨击。那个原则是，如果两个事物是同一的，那么它们必须具有相同的特性。但是，谢弗论证说，再多的研究也不可能表明大脑过程与思想具有相同的特性。大脑过程发生于大脑中，能够像任何其他物理过程一样得到描述。相反，思想并不具有空间位置，而且研究不能“发现”任何东西用来表明它们存在。当然，研究能够并且已经表明，某些思想与某些大脑过程关联在一起，但关联仍不是同一性。

- 心灵的同一论是一种唯物主义吗？如何加以区分？它与副现象论如何区分？
- 心理物理学能如何来描述你的疼痛经验或看见红色的经验？你认为心理物理学能够充分抓住具有这些经验的情形吗？同一论家根据物理法则描述你的疼痛经验时，声称抓住了它吗？
- “感觉并非大脑过程之外的某物”，当斯马特如此主张时是什么意思？他所谓的“严格同一性”是什么意思？
- 心理特性是如何区分于物理特性的？这种区分表明它们无法相同吗？

4. 取消唯物主义

对于绝大多数唯物主义者而言，同一论即使论证不够充分，似乎依然很有前途。真正的问题是，这一论点——心理状态“不过是”大脑过程——是否还有其他版本，它无需主张同一论所要求的那种“一一对应”。有一种提法是被称作取消唯物主义的论点（它依然盛行于许多地区），它力图为唯物主义辩护，而不主张我们所谓的“心理状态”与大脑活动之间的同一性。确切地说，这一论点声称，我们日益增加的关于大脑活动的知识会淘汰我们谈论心灵的“常识心理学”，取而代之的是，我们将全都学会用神经学语言来谈论。

在下面的引文中，保罗·丘奇兰德（Paul Churchland）为人类行为的神经学解释和常见的心灵主义说明的对立面辩护。随着日益增加的神经学知识，我们的日常语言将会被取代，保罗·丘奇兰德（1942— ）：加拿大哲学家，加利福尼亚大学圣迭戈分校荣休教授。他是一位认知科学和哲学、计算机科学、神经学的交叉学科专家。

或者至少得到认真修正。

保罗·丘奇兰德，论取消唯物主义[1]

同一论之所以令人怀疑，并不是因为人们认为唯物主义关于我们的心灵活动的说明前景黯淡，而是因为不可能获得一种充分的唯物主义理论，借此可以达到交互理论还原所要求的常识心理学概念与理论神经科学概念之间完好的一一对应。这一怀疑的理由是，各种各样十分不同的物理系统能够例证所需的功能组织。取消物理主义也怀疑，人类行为的正确的神经科学说明会产生一个关于我们的常识框架的完美还原，不过在这里，怀疑的产生有一个十分不同的来源。

正如取消唯物主义者所看到的那样，根本找不到一一对应，而我们的常识心理学框架也没法进行交互理论还原，因为我们的常识心理学框架是错误的，是一个对人类行为的原因和认知活动的性质极易令人误解的概念。根据这一观点，常识心理学不是对我们的内在性质的不完全表征，而是对我们的内在状态和活动的完全错误的表征。因此，我们不能期望一种关于我们的内在生活的极其充分的神经科学说明提供那样一些理论范畴，它们与我们的常识框架的范畴完好地相对应的。相应的，我们必须期望用一种成熟的神经科学将旧框架完全取消，而不是对其加以还原。

历史的类比

正如同一论家能够指出成功的交互理论还原的历史案例一样，取消唯物主义者也能够指出完全取消旧理论的本体论而赞成一种新的优势理论的本体论的历史案例。

过去人们认为，一块木头燃烧或一块金属生锈之时，释放了一种被称为“燃素”的类似精神的实体：在前者那里是急速的，在后者那里是缓慢的。随着时间的过去，这个“高贵的”实体只剩下一堆灰或锈。后来，人们发现在这两个过程中并没有失去什么东西，而是从空气中获得了一种实体：氧气。因此，燃素不再被认为是一种对于所发生之事的不完全描述，而被认为是一种完全错误的描述。因此，燃素不适合还原为或等同于新的氧气化学中的某个观念，因而完全从科学中取消了。

根据所争论的观念，常识心理学概念——信念、欲求、恐惧、感觉、疼痛、欣喜等等——有着相似的命运。一旦神经科学成熟起来，使每一个人毫不费力地看到我们当下流行的概念的贫乏，一旦新框架的优势得到确立，我们最终就能够在一个极其充分的框架内重新构想我们的内在状态和活动。我们对于另一个人的行为的解释就要诉诸神经药理学状态、专业解剖学区域的神经活动，以及新理论认为相关的一切其他状态。

1 Paul M. Churchland, *Matter and Consciousness: A Contemporary Introduction to the Philosophy of Mind*, Cambridge, MA: MIT Press, 1988, pp. 43-49.

我们的私人内省也会得到改变，并且可能因与之一起合作的更准确精密的框架而得到大大提高——就好比天文学家对于夜空的理解，因他或她具有的现代天文学理论的详细知识而大幅度提高一样。

这里提示的概念革命的规模不应小视：它将是巨大的。它给人类带来的利益也同样巨大。如果我们每个人对于各种心理疾病及其原因、学习因素、情绪、智力，以及社会化的神经基础有一种准确的神经科学理解（我们现在含糊地认为的那种理解），那么，人类的悲苦也许会大大减少。新框架使加深相互理解得以可能，而这有助于实质性地推进一个和平的、富有人性的社会。当然，同样也存在着危险：知识的增加意味着权力的增加，而权力总是能够被滥用。

取消唯物主义的论证

取消唯物主义的论证散漫无边、不够明确，不过它们比普遍所认可的更为有力。这一观点的显著特征是，它否认在常识心理学的框架与成熟的神经科学框架之间存在着一种毫无滞碍的交互理论还原——哪怕具体种类的还原。取消唯物主义者作出这一否认的理由在于，他们确信常识心理学是一种关于我们的内在活动的极其原始、极度混乱的概念。但是，看轻我们的常识概念的理由何在呢？

至少存在三个理由。第一，取消唯物主义指出了常识心理学在解释、预测和操作上的普遍失败。在常识心理学的框架内，许多对我们至关重要且非常熟悉的东西依然是完全神秘的。我们不知道睡眠是什么，也不知道我们为何必须要睡眠，尽管我们有整整三分之一的生命处于睡眠之中。（“为了休息”这个答案是错误的。即使允许人们连续休息，他们的睡眠需要也不会减少。显然，睡眠有更深刻的功能，只不过我们还不知道是些什么功能而已。）我们不知道学习是如何使我们每一个从懵懂的婴孩变成狡黠的成人，也不知道是什么造成了人在智力上的差异。我们对于记忆是如何工作的毫不知情，也不知道我们是如何设法从数量巨大的记忆储存库中立即提取出相关信息的。我们不知道什么是心理疾病，也不知道如何治愈它。

总之，在常识心理学的框架内，对于我们而言极其重要的事情依然保持着几近完全的神秘。

◆◆◆

这个从解释的贫乏出发的论证还有另一面。若只是把常识心理学应用于正常的大脑，这种理论的贫乏或许还不是那么明显。但是，一旦我们用它去诊察大脑受损的人所具有的令人困惑的行为缺陷和认知缺陷时，这种理论的描述和解释资源就显得捉襟见肘了……就像其他粗糙的理论被要求在它们旧有领域为勘察的范围成功运作一样（比如，牛顿力学在接近光速的速度领域，以及经典气体定律在高压或高温领域），常识心理学在描述和解释上的不足显而易见。

第二个论证试图从我们的概念史中获取经验教训。我们早先关于运动的常识性理论极其混乱，最终被更加精致的理论完全替代。我们早先关于天体结构和活动的常识性理论完全不着调，如今只作为我们如何犯错的历史教训保留下来。我们关于火的性质和生命的性质的常识性理论，也是如此。人们还可以继续列下去，因为我们过去大量的常识性概念都得到了类似的驳斥。至今尚存的常识心理学是个例外，它只是在最近才开始感受到压力。不过，意识的智力现象显然比上述所列那些现象更加复杂、困难。就准确的理解而言，如果说我们在所有其他领域都失败得一塌糊涂，却在这个领域头一次就成功了，那就是一个奇迹。常识心理学能存在这么长时间，或许并不是因为其在表述上基本正确，而是因为所从事的现象极其困难，以至于无论关于它们的处理如何无效，只要有用，就不可能轻易地被取代。

◆◆◆

反对取消唯物主义的论证

在几乎每一个人看来，这种相当激进的观点不太合理，因为它否认了根深蒂固、习以为常的假设。当然，那最多是在回避正面问题，因为那些假设恰恰是令人怀疑的。不过，下面的思路力图给出一个真正的论证。

取消唯物主义是错误的. 论证如下：因为人的内省直接揭示了痛苦、信念、欲求、恐惧等等的存在。它们的存在是最为显而易见的。

取消唯物主义者反驳说，一个古代人或中世纪的人坚持认为他能够用自己的眼睛看到天体的旋转或女巫的存在，这一论证所犯的错误与此相同。事实是，一切观察都是某个概念体系内的观察，我们的观察判断只能与其得以表达的概念框架相当。在上述三个事例——星空、女巫和熟悉的心理状态——中，要加以挑战的正是观察判断得以表达的、作为背景的概念框架的完整性。因此，坚持传统解释下的个人经验的有效性，等于是回避所讨论的问题。因为在上述三个事例中，真正的问题是，我们是否应该重构所熟悉的观察领域的性质。

最后的批判得出了一个较弱的结论，却给出了一个相当有力的事例。他们认为，取消唯物主义是在满是蚁穴的土地上建立大坝。它夸大了常识心理学的缺陷，却有意低估了它实际上的成功。或许，为了达到成熟的神经科学，确实需要取消不必要的常识心理学概念，继续对其加以批判，并且持续对常识心理学的某些原理作出小规模的调整。但是，取消唯物主义者所宣称的大规模取消，只会显得大惊小怪，或者是浪漫主义的激情在作怪。

或许这些抱怨是正确的。或许不过是沾沾自喜。无论如何，这告诉了我们重要的一点，即我们在这里所面对的并不是两种简单的、相互排斥的可能性：纯粹还原还是纯粹取消。相反，在可能结果的范围里，最终的情形或许是部分取消与部分还原的混合。唯有经验研究……能够告诉我们自己的情形会落在那一范围的何处。或许，在这里更为公平的是我们应该说“修正唯物主义”，而不是集中于全面取消这种更加激进的可能性。

在最后部分，丘奇兰德的主要目标是让他的如下观点至少是可理解的：“我们共同的概念命运，实质上指向这一范围的革命目的。”

- 取消唯物主义者（丘奇兰德）在何种意义上赞同那些拒斥同一论的学者（谢弗）？他们在哪些重要方面不同？
- 什么是“常识心理学”？你能举出一个例子来说明常识心理学对恋爱、悲伤、愤怒之后的窘迫、禁食多日后的极度饥饿、困乏的解释吗？

5. 功能主义：心灵与计算机

至少在显见的意义上，笛卡尔主义者主张“心灵是非物理的”，不过，丘奇兰德和其他唯物主义者却把他们的“自我”观念奠基于他们所谓的科学事实，即心灵的物理基础——大脑和中枢神经系统。他们认为，是大脑使心灵得以可能。

一方面，这是生物学史上一个相当值得注意的发现。但这绝不是说，人们显然看到脑壳中菜花状的胶粘物中充满了数十亿计微小的神经网络，它们支配着我们的每一个经验、每一个行动，包括我们甚至没有意识到的机体的内部活动（比如对新陈代谢和血流的支配）。不过，自从引进了计算机，对二元论的科学批判就采取了另一条路线。心灵很显然只能是大脑的产物吗？心理过程能够基于并非大脑过程的物理过程吗？比如说，心理过程能够基于一个设计完好的晶体和电路板构成的复合体所发出的电子信号网络吗？换言之，心理过程可以是计算机的产物吗？大脑无非是一个有机的计算机吗？计算机——我们用金属和矿物制造的那种计算机——可以拥有心灵吗？

无独有偶，过去十年左右计算机方面的突破，使一些哲学家关于自我和心灵的思考方式产生了一次革命。这种哲学观点被称作**功能主义**，它的基本论点是：心灵并非由某种特殊物质（比如说大脑）产生的，而是由各部分之间的关系产生的。据一些最为乐观的功能主义者的说法，再过几十年，用计算机部件构建一个人类心灵就有了现实的可能性。不过，无论计算机科学家是否能够完成这样一个（令人恐惧的）奇迹，不那么乐观的功能主义者都认为，心灵事实上是大脑神经活动模式的一种功能。

在计算机技术中（现在至少有部分包括在我们的日常语言中），有一个关键的区分，即“硬件”和“软件”。硬件是具有电路的实体计算机。就人类的心灵而言，硬件则是大脑及其神经网路。软件是给计算机发出具体指令的程序。（有时，具体指令也是“硬线的”，就好像人的本能，不过这些不是绝大多数功能主义者和计算机科学家感到激动的情形。）功能主义者认为，心灵不过是一种精巧的程序，它是大脑的物理活动所体现的一种极其复杂的模式的产物。

在下面的选文中，**大卫·布兰登–米切尔**（David Braddon-Mitchell）和**弗兰克·杰克逊**（Frank Jackson）为功能主义做了一个简洁的辩护。

大卫·布兰登–米切尔和弗兰克·杰克逊，《心灵与认知的哲学》[1]

大卫·布兰登–米切尔(1959—)：澳大利亚悉尼大学哲学教授，主要从事心灵哲学和形而上学问题的研究。

弗兰克·杰克逊(1943—)：澳大利亚哲学家，澳大利亚国立大学教授。尽管他构造了一个有名的论证来反驳物理主义，但他不再认为那是对物理主义的决定性的反驳。

世界充满着整个或部分由其功能性作用所定义的状态、装置、生活地位、物体、过程、特性和事件。通过开关机器以调控温度的自动调温器；受到任何形式的干扰时发出刺耳的噪音的防盗铃（不幸的是，盗贼只是偶尔的情形）；在大学中具有一定功能的副校长职位；把固体输入悬浮液体中，然后分别输出固体和液体的过滤过程；展示毕业生的毕业典礼；易于发生车祸的危险转弯处等等。在所有这些例子中，存在着一个功能性角色与发挥或充任它的东西之间的区分。一些自动调温器是双金属片，一些是更加复杂的电子装置。无论哪种方式，作为自动调温器，它们提供了所要求的温度调节。大学副校长，可能是许多不同的人。防盗铃有许多不同的形状和大小。一个拐弯的危险表现在许多方面。

同样，关注心灵的功能主义者区分了由输入、输出所规定的功能性作用和内在作用条款与发挥这些作用的东西，并且坚持认为，对于某个心理状态而言，重要的是所发挥的作用，而不是发挥作用的东西。只要发挥了正确的作用，是什么在发挥这一作用是不重要的。人们有时认为，作为一个经验事实，发挥相关作用的东西极有可能是变化的。在狗那里发挥附近有食物这一信念的作用的东西，极有可能不同于在猫那里发挥这一作用的东西；或者，很可能这一作用的发挥者在这种狗与另一种狗之间也不同；或者，很可能左撇子相对于右撇子也有所不同。人们有时仅仅认为，发挥或实现与某种心理状态相联的作用的东西是变化的，这一点只具有抽象的可能性。不过，大家都同意的一点是，在一个给定的心理状态中，重要的是所发挥的作用，而不是发挥这些作用的东西。这就是功能主义的心灵学说所特有的、著名的多重可实现性。多重可实现性具有许多理由：

1. 我们基于环境中的行为来划归心理状态，而不怎么考虑各种各样的功能性作用是由什么来实现的。确实，我们不清楚是什么在实现这些作用，甚至直到现在我们都没有大致的了解。

2. 我们全都读过外星人的科幻小说——传统的哲学讨论中称之为“火星人”——据说其化学成分是硅元素，而不是像我们那样是碳元素，他们像我们一样与环境相互作用，计划打败我们，与我们中的某些人相爱，推崇我们所憎恶的品性，他们的同情心和理解力使我们感到羞愧，无论如何，他们在智力上高出我们许多。这些故事清楚连贯，让我们印象深刻，然而事实上，这不过是如下观点的组成部分：在他们之中实现相关功能性作用的那些状态，完全不同于在我们之中实现这些

1 David Braddon-Mitchell and Frank Jackson, *Philosophy of Mind and Cognition*, London: Blackwell, 1996.

作用的状态。正如从这些科幻小说常常得出的结论那样，我们不应成为心灵的沙文主义者。

3. 大量证据表明，我们的大脑始于相对可塑的状态，随着我们的成长和环境对我们的影响，状态具有新的功能性作用，比如那些补助性的语言。通常，我们就是诉诸这一点来解释过了一定的年龄就无法学习语言。过了一定的年龄，要使大脑功能发生恰当改变也太晚了。这就揭示了如下的可能性，即你的大脑为促进语言所需的那些功能性作用所做的改变，不同于我的大脑为达此目的所做的改变。不过，倘若这一工作得到圆满完成，那就不重要了。

4. 从中风中得到良好恢复的重要一步是，用大脑中的一个新部分为受损害的部分去承担此前由受中风而损害的部分所承担的作用。中风患者不担心大脑的这个是不是旧有作用的新实现者。他们担心的是，这一作用是否得到良好发挥，而且这看来正是应取的正确态度。

5. 原则上来看，大脑修复手术并不比一般的修复手术更成问题。我们可以设想，随着某人大脑各部分的退化，它们日益被硅元素移植片所取代。倘若这些移植片充任着一样的功能性作用，那么就可以确定地说这个手术是成功的。于是，尽管实现各种各样功能性作用的东西发生了极端的改变，心灵生活却保持了下来。

因而，多重可实现性除了是功能主义者所认可的共同点之外，也是支持他们的理论的一个观点。人们普遍认为，一切心灵学说都应容纳多重可实现性，而这正是功能主义极其自然地赞同的观点。分歧在于，每一种心理状态所必需的是哪一种功能性作用，以及更一般地来说，在我们可能会如何回答这一问题上，功能主义应处于何种位置。

对这一问题的一个回答是把它留给别人。一些功能主义者认为，心理状态发挥何种功能性作用的问题，应留给经验心理学和神经科学。我们能够区分许许多多心理状态所发挥的功能性作用，而研究心灵就是研究这许多功能性作用。根据这一观点，功能主义并没有职责去为某个关于概念问题的答案辩护，诸如疼痛、相信快下雨了之类的情形。但是，如果心灵的关键在于功能性作用，那么，寻求某种表明何种功能性作用至关重要的指南就很合理。防盗铃可能发挥的功能性作用有很多。它可以扮演标明你的银行结余的信号、宴会上的一个话题，以及在盗贼靠近时的噪音。但我们知道，何种作用对于防盗铃而言至关重要。上述最后一种作用是至关重要的作用。那就是为什么即使它不再打铃（因而不再扮演标明你的银行结余的信号），即使它不再是邻里间的不寻常话题（因而不再是一个话题），它依然是一个防盗铃。在防盗铃所具有的各种功能性作用中，我们区分了对它作为防盗铃至关重要的功能性作用与不重要的功能性作用。我们之前给出的所有例子都是如此。任何具体的副校长、自动调温器或危险转弯处都有许多作用，但只有一些作用对于副校长、自动调温器或危险转弯处是至关重要的。那么，为何在心理状态中作同样的区分就是不可能的呢？我们知道，各种不同的心理状态所充任的所有作用，对于它们各自作为心理状态而言并不具有同等的重要性——比如，哲学家们经常用作讨论例子的疼痛所发挥的作用，就与疼痛相关；如果哲学家们开始改用发痒来讨论，那也不会有一丝一毫的损害——因此，人们完全可以公平地要求功能主义者提供一个指南，以说明何种功能性作用对于一个心理状态作为一个心理状态是至关重要的。

在我们看来，对于何种功能性作用是至关重要的这一问题，功能主义给出了最佳答案。常识功能主义旨在宽泛的功能性术语上对某个心理状态作出分析，同样的，我们能够在宽泛的功能性术语上对一个防盗铃作出分析。

计算机有一天会提供心理状态和信息过程的一个单一模式，这一观念近来受到了质疑。心灵像计算机那样运行，或者说，它是否以一种实质上比一切已知的计算机更复杂、更迅疾的方式在不同的平行层次上运行，这些根本就不清楚。

然而，像一切大胆的新假设一样，把心灵比作计算机的这种功能主义类比分析，正面闯入了某些根深蒂固的常识观念和宵识经验。为了维护常识，**约翰·塞尔**（John Searle）——日常人类语言和人类交流的主要持征的杰出分析者之一——抨击了如下观念：在不久的将来，计算机在智能上足以对人类智力构成威胁或挑战。

约翰·塞尔，《计算机的神话》[1]

约翰·塞尔（1932—　）：美国哲学家，于加利福尼亚大学伯克利分校荣休，是语言哲学中“言语行为理论”的著名提倡者，著有多部引起争论的作品，包括一系列抨击认知科学的野望和心灵的计算机模型的书和文章。

大脑运行的具体细节极其复杂，其中绝大部分还不为我们所知。不过，大脑机能与计算机程序之间关系的若干一般原理可以非常简单地说清楚。首先，我们知道大脑过程引起心理现象。心理状态由大脑结构引起并在其中发生。由此我们可以断定，一切产生心理状态的系统必须具有与大脑能力相当的能力。这样的一个系统可能使用一种不同的化学成分，但无论是什么样的化学成分，它都必须有能力引起大脑所引起的一切。我们从［前面的］论证中得知，数字计算机程序自身绝无能力产生心理状态。既然大脑产生了心灵，而程序自身无法产生心灵，那么可以断定，大脑产生心灵的方式就无法仅仅通过一个计算机程序来实体化。（顺便说一句，一切都可以实体化为某个程序或其他程序，大脑也不例外。因此，在这个微不足道的意义上，大脑像其他别的一切一样，是数字计算机。）由此也可以断定，如果你想要创建一台产生心理状态的机器、一台思想机器，那你就不能仅仅根据这一事实——你的机器运行某种计算机程序——就说自己做到了这一点。这台思想机器不能仅仅借助于一台数字计算机来运行，它必须能够复制大脑所特有的因果能力。

当前人们关于计算机的许多谬论，是因为计算机的相对罕见因而显得神秘造成的。随着计算机和机器人变得越来越常见，像电话、洗衣机和铲车那样常见，它们身上的

1 John R. Searle, “The Myth of the Computer”, *The New York Review of Books*, 1982.

这圈光晕可能就会消失，人们就会把计算机当做它本来的样子，即有用的机器。

为了反对功能主义，他针对如下这个广泛传播的主张提出了一个强有力的反例："[计算机系统或别处] 存在着心理状态和心理能力的决定性证据是使一位有能力的专家信服的能力，比如说，一台能够与一位操中文母语的说话者交谈的机器，其交谈方式使这位说话者确信它懂中文。"[1]

约翰·塞尔，《心灵、大脑与科学》[2]

设想有一群计算机程序设计者设计出了一个能使一台计算机模拟理解中文的程序。比如，如果用中文向这台计算机提出一个问题，它会就这一问题运用它的存储器或数据库，用中文对这一问题作出适当的回答……可是，借此能说这台计算机理解了中文吗？能说它完全和中国人一样地理解了中文吗？设想你被关在一间屋子里，屋子里有满满几筐中文符号。假设你（像我一样）对中文一字不识，但给了你一本用英语写的用来操作这些中文符号的规则说明书。这些规则是根据中文的语法而不是语义对符号的操作所做的纯形式规定。比如，规则中可能有这样的话："从一号筐内取出符号甲，并将它放在从二号筐中取出的符号乙之后。"假设现在有另外一些中文符号被送进屋子，而你根据相应的规则将一些中文符号送出屋子。假设你根本不知道送进屋子的符号是屋外人的"问题"，而你送出屋子的符号是所谓的"问题的答案"。此外，假设这些程序设计者善于设计程序，而你又善于操作符号，这样，你的答案就跟一个地道的中国人所给出的答案就没有什么不同。你就这样被关在屋子里，将你的中文符号移来移去，用送出去的中文符号回答送进来的中文符号。根据我所表述的这种情形，你仅仅操作这些形式符号，是没办法学会一丁点中文的。

上述观点无非是说：从一个外部观察者的观点来看，凭借使用一种形式的计算机程序，虽然你做得准确无误，好像你理解中文，但是你仍然对于中文一字不识。如果说通过适当的计算机程序来理解中文还不足以让你对中文有所理解的话，那么，它也不足以使任何其他数字计算机对中文有所理解……正如你所具有的一样，计算机所具有的是一种操作未经解释的中文符号的形式程序。

- 心灵与计算机如何相像？它又在哪些方面与计算机不同？功能主义的心灵观主张它们在哪些方面是相同的？
- 一个功能主义者会如何回应塞尔及其"中文房间"思想实验？这个思想实验证明了他想要它证明的东西了吗？

1　这就是所谓的图灵测试，它以逻辑学家，计算机科学家阿兰·图灵（1912—1954）的名字命名。

2　John R. Searle, *Minds, Brains, and Science*, Cambridge, MA: Harvard University Press, 1984. 中译文见塞尔：《心、脑与科学》，杨音莱译，上海：上海译文出版社，2006 年，第 23—24 页。

6. 联结主义

并非所有对功能主义的批评都是非唯物主义的批评。近来，神经生理学家对功能主义提出了一些反驳，他们认为，功能主义对于大脑和计算机的描述过于简单。联结主义指责说，功能主义是一种"自上而下的""软件"路径，它绝不能准确地表征大脑或计算机的"硬件"。换言之，联结主义者认为，功能主义者从行为——人类行为或计算机行为——开始，进而认为理解人类意识不过是一个找到那一行为的"程序"问题。功能主义者声称，理解这个"程序"就是理解这一行为，无论驱动这个程序的是机械作用还是物理作用。相反，联结主义者声称，大脑中发生的机械作用和物理作用决定了计算机能够处理的行为种类——软件种类。因此，联结主义者主张一种"自下而上的"理解心灵的路径。联结主义者依然是唯物主义者，但不像他们的前辈那样采取简单的还原主义方式。他们相信意识——在其完整的意义上——是真正发生在大脑中的复杂"联接"的一个结果。神经元与思想或知觉之间并不存在一一对应，相反，他们主张，大脑的"硬件"是一个极其复杂的机制，而功能主义者并未对其加以公平对待。

- 功能主义者与联结主义者之间有何异同？

D. 意识问题

笛卡尔认为，他对自己心灵中所发生之事的认识有着**直接的**确定性，而对"外在于"他的世界所发生之事的认识绝不会有这样的确定性。在他的第一"沉思"中，他谈到自己像是坐在炉火前，而事实上他可能弄错了（设想他此刻在床上睡觉）。但是，他不会弄错的是他像是坐在炉火前。同样，你觉得自己看见一位朋友正穿过街道，然而你弄错了，因为你的这位朋友事实上这周在阿拉斯加。但是，你依然可以确定自己以为看见他了，哪怕你并没有看见他。

哲学家们常常把我们自己的意识经验中的这种特殊的"直接的"确定性称作**不可纠正性**。你关于世界的任何事实主张都可能出错，因为你可能产生幻觉或做梦，或者只是受到环境的蒙骗。但是，没有什么会使你怀疑自己可能在自己的经验上犯错。要是有足够的证据反对你，那你可能乐于从"但我知道我看见了它"这种说法改为"我以为我看见了它"。但是，没有什么能使你确信自己错误地认为自己看见了某物。那就是说，关于你的经验的主张是不可纠正的。然而，你关于自己所见的主张总是会受到进一步的质疑。

许多年来，不可纠正性这一观念被当做"心灵"定义的组成部分，因此，如丘奇兰德所意指的那样，它也被用来反对唯物主义。无论心灵是什么，它都只能不可纠正地加以描述，这与物理事物的情形非常不同。但是，怀疑近来开始出现。问题的一部分是弗洛伊德引入的**无意识**观念。根据他那著名的"心理分析"学说，并非所有的心理状态都是可知的，因此，并非所有"在心灵中"的事物都能不可纠正地加以描述。在他的"入门讲座"的一个著名段落中，弗洛伊德这样说道：

西格蒙德·弗洛伊德，论“无意识”[1]

> 意识是什么，这是无需讨论的：那是毫无疑问的。“无意识”一词最古老、最适当的意义是描述性的；我们把我们被迫假定其存在——比如我们从其产生的影响推断其存在——但一无所知的心理过程称为“无意识”。在那种情形中，我们与这种心理过程的关系，就如同我们与他人的心理过程的关系，不同的是前者属于我们自己而已。如果我们想表述得更正确些，我们可以换句话说，如果我们被迫假定有一个过程活动于某一时刻，而在那一时刻我们又对其一无所知，那我们便称之为无意识。

请注意，弗洛伊德是从一个笛卡尔式的观点出发，即“意识是毫无疑问的”。但是，随后他提出了一个笛卡尔主义者无法忍受的观念，我们的心灵中存在着一些我们并不知道、有时甚至无法知道的观念（经验、意图），更别说什么确定性了。然而，如果我们接受了“无意识”这个观念（或者甚至较弱的“前意识”观念），那么，心理状态的“不可纠正性”这一传统观念就受到了严重挑战。

然而，这一观点辟开了两条道路。许多哲学家拒斥弗洛伊德，只是因为他的“无意识”观念违反了不可纠正性观念。这些哲学家认为，“如果它不是不可纠正地可认识的，那它根本就不是心理的”。甚至弗洛伊德本人也被迫承认，他的理论公然违抗了我们正常的“言说方式”。争论还在继续着。你会弄错自己心灵中发生之事吗？很长一段时间以来，人们一般认为这是不会弄错的。如今我们就没有那么确定了。你确定自己结束了一段旧恋情，然而你的朋友或一位心理学家不用太费力就可以使你确信你一直在回想这段旧恋情。你确定自己在生气，但是通过仔细审察和回顾之后，你觉得自己实际上是感到愧疚。你认为你在回想你的教授，可你突然发现，事实上浮现的是你父亲的脸！

那还有我们不会弄错的东西吗？经验主义者谈论的那些基本材料是什么——感觉还是印象？我们可能会错误地确信“此刻我感觉到手心一阵冰凉”吗？经验主义者认为，一个人不会在这一点上出错，因为正是基于这样的确定性，我们才能够通过归纳推理构建我们关于世界的理论。对于我们自己的感觉，我们甚至也可能会弄错吗？想想这一例子（它出自贝克莱主教）：一位喜欢搞恶作剧的朋友跟你说，他要用一把热汤勺来触碰你的手。在你不注意的时候，他用一块冰触碰了你的手。你尖叫了起来，并且显得很确定地宣称，他给了你一种极不舒服的灼热感。可是你错了。你所感觉到的是冰凉。你似乎感觉到的是灼热，但是，在这种情形中，你的“似乎”是错误的。

哲学家们也指出，心灵与身体完全不同的独特之处是，有一个人而且只有一个人能够（而且必定）经验到心灵中发生的事情。我能够（而且必定）经验到的只有我的痛苦，我无法经验到你的痛苦。哲学家们把这种情形称为**特权通道**，有时也称之为心理事件的**私人性**。这种“特权”在于这一事实：无论在你的心灵中发生何事，你不仅是第一个而且是唯一一个直接知道所发生之事的人。而这种“私人性”则是指这样一个事实：如果你决定不告诉任何

1　Sigmund Freud, *New Introductory Lectures on Psychoanalysis*, ed. and trans. James Strachey, New York: Norton, 1964. 中译文见弗洛伊德：《精神分析引论新编》，高觉敷译，北京：商务印书馆，2000 年，第 54—55 页。

托马斯·内格尔（1937— ）：美国哲学家，任教于纽约大学，是一位思域极广的思想家，论题涉及性和死亡、政治哲学及南非的种族主义。著作包括《人的问题》和《本然的观点》。

人或不（通过你的面部表情或行为）显露出来，那就没有任何别的人能够知道。如果你的大腿上有个瘤子，你可以通过穿着适当的衣服来掩盖，使之保持暂时的“私人性”。但是，如果你心中有一个“下流的小秘密”，那你可以合理地保证它的私人性——它必然是私人性的。

“不可纠正的”意味着“在纠正之外”；“特权通道”意味着“以一种特殊方式认知”。（这些概念必须分开。）由于特权通道和意识的“私人性”，我们的心理状态就具有总是为我们自己所知（不管我们是否想凭借我们的不可纠正性观点而说它们是“确定可认知的”）而可能不为任何别人所知的特殊地位。那就是为什么读小学时，你总是可以假装头疼待在家一天，而不能假装发烧或溃疡达此目的。只要是纯粹心理的，那也就是纯粹私人的。你成功与否，完全取决于你是一个多好（或多坏）的演员。但是，一旦说到你的身体，你就没有这样的特权地位。你是否发烧，并不取决于你自己的看法，而取决于体温计的刻度。判定你的溃疡到底有多严重的，不是你，而是医生。但是，一旦说到你自己的意识，你就处于一个真正优先的且不可反驳的地位。

- 你自己的心理经验是“不可纠正的”，这样的说法是什么意思？这一观念是如何抵抗唯物主义的？弗洛伊德是如何破坏不可纠正性这一主张的？

第一人称立场的这种特性、我们与自己的意识的关系的这种特性，是使得“自我”观念变得如此困难，以至于使这一问题似乎不可解决的因素之一。它使得我们确立我们自己的同一性的方式，看起来在范畴上不同于他人认知它的方式。通过驳斥各种形式的还原主义和唯物主义，哲学家**托马斯·内格尔**（Thomas Nagel）创造性地论证说，正是意识或他所谓的“主观性”使问题变得如此“难以处理”。如果“主观性”可以宽泛地定义为作为某物“是什么样”，那么，内格尔在介绍他对心—身问题的关注时提出了一个有趣的问题：“做一只蝙蝠是什么样子？”

托马斯·内格尔，《人的问题》[1]

意识经验是一种广泛的现象。它发生在许多层次的动物生活中，尽管我们不能确定它存在于更简单的有机体中，而且一般也很难说为它提供证据的是什么。（一些极端主义者甚至想要否认人之外的哺乳动物具有意识。）毫无疑问，它会以我们完全想象不到的无数形式在宇宙其他太阳系的其他行星上发生。但是，不管形式如何变化，只要一个有机体具有意识经验，这一事实就意味着基本上存在着某种作为那个有机体是什么样的经验。也许还进一步地蕴含了这一经验的形式，甚至还可能蕴含了这个有机体

1 Thomas Nagel, *Mortal Questions*, Cambridge, MA: Cambridge University Press, 1979. 中译文见内格尔：《人的问题》，万以译，上海：上海译文出版社，2004 年，第 179—182 页。

的行为（当然我对此抱有怀疑）。不过，基本上来说，当且仅当一个有机体具有作为那个有机体是什么样的经验——对于那个有机体来说是什么样——时，它才具有意识的心理状态。

我们可以把这一点称作经验的主观特征。任何常见的、近来设计的对于心理的还原分析都不能捕捉到这一点，因为它们在逻辑上全都与它的存在不相容。若根据功能状态或意向状态的解释系统，那它就是不可分析的，因为这些可以归于像人那样行为却毫无经验的机器人或自动机。出于同样的理由——根据与典型的人类行为相关的经验的因果作用，它也是不可分析的。我不否认意识的心理状态和心理事件引发行为，也不否认对它们可能作功能性描述。我否认的仅仅是这种描述穷尽了对它们的分析。任何还原主义的计划都必须基于一种对所还原之物的分析。一旦分析遗漏了什么东西，就会错误地提出问题。因此，如果对心理现象的分析未能明确地处理它们的主观性特征，那么，基于这些分析来为唯物主义辩护是没有用的。

我假定我们都相信蝙蝠具有经验。毕竟，它们是哺乳动物，而且对于它们具有经验，并不比老鼠、鸽子、鲸鱼具有经验更令人怀疑。我选择蝙蝠而没有选择黄蜂或比目鱼，是因为如果沿着种系发生图谱走得太远，人们会逐渐失去对经验存在的信仰。蝙蝠虽然与我们的关系比其他物种更近，但它呈现的活动范围和感觉器官与我们的大不相同，因而使我想提出的问题格外生动（当然也可以用其他物种提出这一问题）。即使没有哲学反思的帮助，任何一个人只要与一只活跃的蝙蝠在一个封闭的空间待上一段时间，就会知道遭遇一种根本不同的生活形式是什么样。

我已经说过，蝙蝠具有经验这一信念的本质在于，存在着某种作为蝙蝠是什么样的经验。现在，我们知道，绝大多数蝙蝠（确切地说是小翼手目动物）主要是通过声呐即回声定位功能来感知外部世界，即发出急速的、微妙控制的高频率尖叫，然后测定音域范围内物体发出的反射。它们大脑的结构能把向外发出的脉冲与随后的回声联系起来，因此获得的信息使得蝙蝠能够精确地辨别距离、大小、形状、运动和质地，这可与我们靠视力作出的相应判断相比。不过，蝙蝠的声呐尽管显然是一种知觉形式，但它的作用与我们所具有的感官不一样，因此没有理由设想它在主观上与我们所经验或想象的任何东西相似。这似乎为作为一只蝙蝠是什么样的观念造成了困难。我们必须考虑是否有任何方式允许我们从我们自己的情形来推断蝙蝠的内在生活，如果没有，又有什么其他方法可以用来理解这一观念。

我们自己的经验为我们的想象提供基本材料，因此想象的范围有限。想象某人手臂上有蹼，因而能够在黄昏和早晨四处飞翔，用嘴巴抓食昆虫；想象某人视力极差，凭着一种反射高频率声音信号的系统来感知周围世界；想象某人白天待在阁楼里，双脚倒挂头朝下。就我能想象的范围（不会很遥远）而言，它告诉我的只是，如果我的行为像蝙蝠的行为一样，对我而言会是什么样。但这不是我所说的问题。我想知道的是，一只蝙蝠作为一只蝙蝠对于这只蝙蝠而言是什么样。然而，如果我设法想象这一情形，那我就限于我自己心灵的资源，而那些资源并不足以完成这一任务。我既不能通过想象补充我的当下经验来完成它，也不能通过想象减少我的当下经验来完成它，也不能通过想象补充、减少、修改的联合来完成它。

在某种程度上，不改变我的基本结构，我的外表和行为就可以做到像一只黄蜂或蝙蝠一样，但是，我的经验怎么也不会像那些动物的经验。相反，假设我应当具有蝙蝠的内在神经生理构造，这样的假设是否有意义是值得怀疑的。即使我能够逐渐地变成一只蝙蝠，我当前的构造也无法使我想象如此变形后的将来的我会有怎样的经验。最好的证据来自于蝙蝠的经验，如果我们知道它们是什么样的经验的话。

- 解释一下“特权通道”。它与不可纠正性有怎样的区别？“特权通道”是如何引发认知做一只蝙蝠是什么样子的问题？（做一只蝙蝠会是什么样子？）

内格尔不是唯一一个通过思想实验来着手处理心—身问题本质的当代思想家。澳大利亚哲学家大卫·查默斯，连同一些其他人，都借用僵尸的概念来挑战心灵的物理主义观点（把心灵当作可还原为物理过程或是物理过程的功能的观点）。按照查默斯对这个概念的定义，一个“**哲学上的僵尸**”（与电影里的僵尸或者由巫毒产生的僵尸截然不同）是一个物理上与我们极为相像，举止也像我们一样，但完全缺乏意识经验的存在物。“僵尸看起来、举止上都像有我们所知、所爱的有意识的存在物，但‘内部是完全黑暗的’。不存在做一个僵尸所是的样子。”[1]查默斯并不是在主张这样的存在物存在，而是提出这样一个问题：这样的存在物在逻辑和形而上学上是否可能。如果它们是可能的（尽管这是个大胆的**如果**），这就意味着拥有我们所拥有那类身体并不自动导致我们所拥有的有意识的心灵。这种可能性质疑心—身同一论的理由，或许是支持某种形式的二元论的依据，因为心灵和身体仿佛是（观念上）可分离的不同种类的事物。

E. 改变我们的心灵：整体论与意识

亚里士多德谈到“灵魂”时，他所意指的无非是“身体的形式”：

亚里士多德，《论灵魂》[2]

我们无需追问身体与灵魂是否为一，恰如无需追问蜡块与蜡块所受烙印是否为一，以及一般地来说每一个事物的质料与以它为质料的形式是否为一。尽管我们承认在多重意义上使用一和存在，但主要的意义是现实性。于是，我们对何谓灵魂给出了一个一般性定义：它是表达为形式的实体。它是一个身体是其所是的本质。

1 David Chalmers, “Zombies on the Web”, http://consc.net/zombie.html.

2 Aristotle, *Minor Works, Volume XIV*, trans. W. S. Hett, Cambridge, MA: Harvard University Press, 1936. 中译文见亚里士多德：《灵魂论及其他》，吴寿彭译，北京：商务印书馆，1999 年，第 84 页。

这不是行为主义。亚里士多德不是在否认我们通常相信的任何事物的存在。然而，它显然也不是笛卡尔式的那种二元论，这就引发了如下问题：有没有不落入谈论心灵和身体这样的笛卡尔式陷阱来构想自我的方式？

这里，我们只能提出一些可能性。第一种可能性，大概是**路德维希·维特根斯坦**在他的《哲学研究》中提出的。尽管维特根斯坦通常被认为是一个没有明言的行为主义者，不过近来有一个或许更为合理的说法：他想要否认的是这样一个观点，即人是两种完全不同的本体或实体或事件的奇异结合。确切地说，存在的只是人，而不是心灵加身体。

我们获得的一个非常不同的答案来自胡塞尔的现象学。胡塞尔尽管没有特别关注心—身问题，但是他显然对意识的性质非常感兴趣，因为意识是他整个一生的工作的主旨。胡塞尔的论证开始于对我们用来谈论意识的空间隐喻的激烈抨击。在这一章的开头，我们提到了这些，并且表明它们“不过是隐喻”，是一个问题的症候，而不是问题本身。然而，胡塞尔表明它们是个问题，哲学家们没有把他们仅仅看成隐喻，而且正是他们严肃地对待这些隐喻，才首先产生了我们的意识问题。

胡塞尔所抨击的是这样一种意识观念：意识是一个神秘的容器，人们“在其中”可以找到观念、思想、感情、欲望等等。这一反驳同样针对“意识流”这样的隐喻，在这个意识流隐喻中，情感、思想和情绪就像漂浮着的失事船只残骸。相反，他认为，意识必须当做两部分来看待（但是胡塞尔坚持这两部分一定不能被认为是一种彼此独立的“二元论”）：它们是意识行为和意识行为的对象。

简单地说，现象学家会把我看到一棵树分析为（1）我的观看行为和（2）被看的树。到目前为止，这看起来很天真，但它所产生的结果却不那么天真。首先，顺便注意一下它对贝克莱的观念论的分析。贝克莱的整个论证依赖于他的如下论点：我们能够经验的只是观念。但这其实是一个混淆。胡塞尔认为，这是对我们的经验行为和所经验对象的混淆。所经验的对象（这棵树）不仅仅是我的观念。因此，胡塞尔断定贝克莱的观念论是“荒谬的”。一般来说，胡塞尔的现象学理论认为哲学家们向来忽视了这一关键区分。许多经验行为的属性并不为对象所具有，比如并非“私人性的”对象，它不同于行为。一个人而且只有一个人，也就是我自己，能够进行我的观看行为。但是，有许多人能够看见我所观看的对象，那棵树。此外，胡塞尔主张，不可能存在不具有对象的意识行为。你们可以看到，这一点对许多传统的怀疑论做出了多么强有力的反驳。

我们这里要关注的是胡塞尔的意识概念，它依赖于意向性。作为一个哲学观念，意向性是意识的“关于性”，其与世界的关系。（相应的，行为常常被称作“意向行为”，对象被称作“意向对象”。）意识是意向性的，这种说法是指（其他含义除外，它们与本章内容无关）

路德维希·维特根斯坦（1889—1951）：奥地利裔哲学家，他对二十世纪的“分析”哲学产生了独一无二的重大影响。他开始研究哲学时是位工程师，从学于罗素，随后写了《逻辑哲学论》，触发了后来的逻辑实证主义。在抛弃哲学一些年之后，他改变了自己在《逻辑哲学论》中的论点，因而重回剑桥大学讲授哲学，提出哲学是一种“疗法”，后来以“日常语言”哲学为名。在他的后期著作中，《哲学研究》（1953 年，死后出版）是其顶峰，维特根斯坦对笛卡尔的二元论及其问题发动了毁灭性的抨击。他所谓的私人语言论证，事实上是一系列格言的汇集，表明即使有诸如心理事件那样的“私人”事件，我们也无法谈论它们，甚至也没法知道它们，哪怕我们自己的情形也是如此。然而，尽管他常常被说成是一个“行为主义者”，但是他更应该被看做是在全新的人的概念中成长起来的一位哲学家。

莫里斯·梅洛-庞蒂（1908—1961）：法国“存在主义者”，法国最为认真地追随胡塞尔的存在主义现象学家。他最重要的著作是《知觉现象学》（1945），同时也因其政治著作和艺术批评闻名。在他早期的《行为的结构》（1942）中，他认为人的身体不能仅仅被看做是另一个“物质断片”，换言之，不能仅仅被当做一个身体，而必须被看做是我们经验的中心。

我们的意识行为总是指向对象，因此，我们不应该把意识行为当做一个独立的“内容”来谈，以为它神秘地与我们的身体运动协调。相反，我们完全可以说，我们作为人的各种各样的行为，既是物理活动也是意向性的意识行为。我们可以注视一棵树，也可以踢一棵树。但不存在“协调”或相互作用的问题。

这一理论从未被胡塞尔自己真正发展出来，不过，他的一位“存在主义”追随者，法国的**莫里斯·梅洛-庞蒂**（萨特的亲密友人和学生）非常详细地阐述了这一理论。梅洛-庞蒂从一个非常不同的出发点，得出了一个非常接近维特根斯坦的观点。它不一定被称为“行为主义”，但是像维特根斯坦一样，梅洛-庞蒂拒斥传统划分心灵和身体的方式，从而提出了一种别开生面的人格概念，其中不会产生这种成问题的区分。

梅洛-庞蒂对二元论的抨击，是从目前为止最少引起争议的一面开始的，即人的身体不过是另一“小块物质”的观念。他引入了心灵与身体之间的“辩证法”观念，借此意指它们之间并不存在最终的区分。他认为，从一种观点来看，可能把身体看做“意识结构的原因”，比如，对大脑和感觉器官的运行感兴趣的生理学家就是这样认为的。从另一种观点来看，则可能把身体看作一个纯粹的“知识对象”，比如一位医学专业的学生在解剖室里解剖一具躯体就是如此。但是，梅洛-庞蒂认为这是错误的，这两种观点都混淆了“正确的”身体观，它们或者把身体看成是意识的原因，或者把身体看作某种完全不同于意识的东西。然而，唯有活生生的身体才能算作我的身体，当然有一种极其特殊的、非日常的意义是个例外，即我能够谈论死后我的身体会有什么变化。

“身体不是一个独立的机制”，他认为，把“灵魂”或意识当做一个与身体有着神秘关系的截然不同的实体来分析，也是没有意义的。他写道，“不存在实体的二元性”，而只有“生物环境中活生生的存在的辩证法”。有时，梅洛-庞蒂说意识不过是“身体的意义”，这无非是说，心灵和身体不过是一个单一的实体，而我们对它们所做的区分总是特殊事例。他说，“我活着我的身体”，“我的身体”并没有需要解释的谜。[1]

梅洛-庞蒂用他那艰涩的“辩证法”语言所主张的论点，与维特根斯坦所辩护的论点惊人地相似：人们不能把一个人看作由心灵部分和身体部分构成的不稳定的集成物，而必须从一开始就把他视为整个的人。不过，维特根斯坦所抨击的是笛卡尔式二元论的心灵方面，而梅洛-庞蒂所抨击的是那些把人看作“仅仅是另一个身体”的人。身体本身不仅仅是活的，而且在一个重要的意义上是有意识的。这不是像在笛卡尔那里那样，指的是它与一个意识关联在一起。而是说，它本身就是有意识的，比如我们在谈及“身体意识”或“谨慎行事”时常常注意到的情形。一个活生生的人的身体与尸体之间的差异并不只是一种生理学的差异，也不是一种“有人的”身体与“无人的”身体之间的差异。我的身体与我自己本质上是一个，如笛卡尔那样试图分开它们，就会把“我与我的身体”之间的关系制造成一种不必要的神秘。

分析哲学家盖伦·斯特劳森（Galen Strawson）在胡塞尔和梅洛-庞蒂之后维护一个类

1 Maurice Merleau-Ponty, *The Structure of Behavior*, trans. Alden L. Fisher, Boston, MA: Beacon Press, 1963.

似的观点，但是他反对分析哲学对意识所做的标准分析。根据那一分析，意识由两部分构成，即感觉和意向性（休谟的“印象和观念”）。斯特劳森反对有一个基本的、更全面的概念，即他所谓的“认知经验”。

盖伦·斯特劳森（1952—　）：一位英国的当代哲学家，目前任教于得克萨斯大学奥斯汀分校。他有广泛的研究兴趣，包括心—身问题、心灵哲学，以及自我的本质。

盖伦·斯特劳森，论“认知经验”[1]

你来想一想（经验一下）我说“我在阅读《战争与和平》”与我说“barath abalori trafalon”之间的差异。在上述两种情形中，你都经验到声音，但是在第一种情形中，你还经验到更多的东西：你具有理解经验、认知经验。

为何这一点没有得到普遍承认？**你在最后两分钟里只有感觉经验吗？**一个问题在于，一直存在着术语锁定。分析哲学家们通常谈论我所谓的“EQ内容”时——即当他们一般地谈起经验的“主观特征”“它是什么样”“知性特征”或当前被不正当使用的“现象学”一词时（这是不正确的，首先因为“现象学”是经验研究，而不是经验本身，其次因为它被用作意指经验本身时其意思过于狭窄，只是指感觉内容），他们心中只具有感官的EQ内容，这样就已然错了。因为这种术语习惯完全阻止了如下观念的表达：可能存在着非感觉的或认知的EQ内容。

一个人不必是胡塞尔，也会被这种术语学的荒唐震惊，而它所导致的形而上学的荒唐——否认认知经验的存在——越过了日益丰富的日常经验。它令人难以相信。它相当于直接否定了我们几乎所有实际经验的存在，或者更确切地说，它直接否定了我们几乎所有（也许所有）经验的基本特征。然而，它却是当前分析的心灵哲学的术语学正统。

这是如何发生的呢？在二十世纪，人们对得到英国经验主义者及其他人各种程度支持的“思考影像论”或“思考图像论”做了正确但过激的驳斥，而它或许是对这种驳斥的一个不幸的侧击。但是，驳斥思考图像论并不要求否定认知经验的存在。恰恰相反。图像论观念认为认知经验基本上主要包括感觉经验，而且实际上（是某种意义上的）内感觉经验，因此，从这种观念中解放出来，是通向恰当地说明何谓认知经验所必需的第一步。叔本华在1819年用至今无人改进的术语驳斥思考图像论时，肯定没有拒斥认知经验的存在：

> 是不是别人在说话时，我们立刻就把他的言辞转化为想象的图像呢？是不是随着不断涌来的词汇和语法变化，这些图像也飞快地闪过我眼前，自己运动着、关联着、形成着和渲染着呢？那我们听一次演讲或阅读一本书，在我们脑子里会有什么样的骚动啊！事实上根本不是这样。演讲的意义直接就被掌握了，被准确清晰地理解，通常并没有任何想象的概念混入其中。

1　Galen Strawson, *Phenomenology and the Philosophy of Mind*, eds. David Woodruff Smith and Amie L. Thomasson, New York: Oxford University Press, 2005.

因而，当说到EQ内容、说到**经验的严格质性特征**之时，它整个地被认为完全独立于其原因，从而既有**认知的**EQ内容，也有感觉的或非认知的EQ内容。认知经验是存在的，而且其存在对于无偏见的反思而言显而易见，然而，有些哲学家却断然否定其存在，而且必须说的是，否定时语带轻蔑。

可以看得出来，对此难以获得一个恰当的理论把握。首先，很难阻止现在正描述你的当下经验的句子对你的当下经验的贡献，正是通过这种描述，你的当下经验才能被当做反思的对象。(对于黄色经验的现象学特征的情形,这样做起来就容易得多,让"透视论者"去说他们想要什么。)事实上，当说到试图向某人自己描绘理解诸如"想一想你对这个句子和下一个句子的倾听和理解"这样一个句子的现象学特征时，这个人能够做的一切似乎就是理解性地重新思考整个句子。而这样做的困难在于，这个人似乎就没有了后退的心灵余地，而正是通过这个心灵余地，才可以把这个人对这个句子——经由重新思考呈现给他的这个句子——的理解的现象学特征当做他所关注的主要对象：他的心灵正致力于这种思想感觉，这样一来，他就很难思考拥有这一思想的经验。

这可以说是一个纯粹的实践困难。我进一步认为，关于许多认知经验的特征，无论如何都存在着某种无实质的、无形的、不可阻止的东西，哪怕认知经验能够同时具有充足的确定性特征，也是如此。比如，想一想你理解这个平凡无奇的句子的经验，或者想一想"这个句子有五个词"这一句子。非常确定，但毫无实质。

我用单调的句子而不是诸如"一千只倭黑猩猩骑着鲜艳的绿色自行车飞驰而过"这样的句子来表明这个观点，仅仅是因为这样有助于尽可能地蒸发掉思想或理解的意象伴随物或情感伴随物。那样就更容易明白留下之物是某种截然不同的东西，它同样真实、明确和丰富，不过在我们对它反思之际，它似乎无形得令人苦恼：这种经验是对语词、阅读、思想或即刻听闻的纯粹理解中常有的经验，这时候，这种理解(再次)被认为完全独立于一切意象伴随物或情感伴随物。我们可以说，认知经验所包括的EQ内容，是这些情节在去除掉一切非认知的EQ内容陷阱或伴随物之后所包括的东西。

我认为我们别无选择，只能假定我们的认知经验能力是一种独特的、自然进化的经验模态，无论其起源是什么，它在本质上都不同于所有感觉经验模态(至少就我们现在对它们的理解而言是如此)。这在当前关于经验或意识的讨论中是一个激进的主张，尤其是考虑到来自心理学和神经心理学的输入，因为它们完全让人们觉得一切经验必定是某种感觉经验。

我们也不得不非常深刻地得出最初这个困难的事实，认知EQ内容本身纯粹是一个经验质性特征的问题，它整个地被认为完全独立于其起源。我们可能不得不对它加以详细论述和运用，尤其是我们在过去五十年里作为分析哲学家而受到训练的话。现在，让我们设想没有认知经验的生活，它是经验的质性特征的部分。想一想你自己此刻读到这一点，并且试图使自己相信正在发生的一切都是感觉经验(它伴随着你的倾向中发生的非经验变化)。

F. 心—身问题的政治

我们一直在考虑用来解释心灵与身体之间关系的替代理论。尽管二者是如何关联的问题就其本身就有哲学趣味，伊丽莎白V. 斯佩尔曼表示，哲学家理解这一关系的方式时常对其理解其他事务的方式有所影响。为了阐明这一观点，她认为柏拉图对这一关系的分层解释整体地政治观点相关。她声称，柏拉图对身体关联于灵魂的否定观点，反映在他对社会中人群的评价当中。他评判，那些生活方式很大程度上牵扯到身体事务的人，判定为比那些主要专注于“心理”事物的人地位仅限于自由的男子。

伊丽莎白·V. 斯佩尔曼，“作为身体的女人：古今观点”[1]

柏拉图关于身体和灵魂的课程

伊丽莎白·V. 斯佩尔曼：美国哲学家，史密斯学院哲学和人文学教授。她的研究主要集中在性别和种族认同与情绪在政治关系中的作用的交叉地带。

柏拉图对话录充满了关于知识、实在和善好的课程，而其中的大部分都带有对灵魂的强烈赞扬和对身体的强烈控诉。根据柏拉图的说法，身体，连同它富有欺骗性的感官，使我们无法获得真正的知识。它令我们陷入一个远离了真实世界的物质世界，并引诱我们背离道德生活。正是经由灵魂和在灵魂中——若能如此的话——我们才能拥有知识、与实在相接，并过上具备德性的生活。只有灵魂才能真正地知晓理型或理念世界，因为只有灵魂可以上溯到真实世界。那个世界是完美的模型，我们在物质中发现的不完美、个别的事物仅仅是相近于它。它是一个如灵魂一般不可见、不改变、不衰败的、永恒的世界。为了变得善好，某人的灵魂必须知道善好，也即善的理念，而当他被肉体生活的欲求和诱惑向下拖拽时，知道善便不再可能。因此，肉身的死亡并没什么可怕——灵魂的不朽不仅是可能的，而且是极为可欲的，只有当某人从身体中解脱出来，他才终于得以着手真正的生活事务，真正的生活事务正是灵魂的事务。事实上，尽管身处尘世，苏格拉底也仍致力于鼓励雅典同胞们关注真正的生活事务：

> （我已经耗费了）我所有的时间来试图说服你们——年轻者和年长者——说服你们不要将最基本、最首要的关注集中于你们的身体和所有物，而是你们灵魂的最高福祉。(《申辩篇》30a-b）

柏拉图也同样告诉我们美的本质。美本质上与身体或物质世界无关。**真正的**美不能“采取脸、或手、或任何肉体的形式”(《会饮篇》221a)。诚然，世上有许多美好的事物，但它们仅能被描述为美，因为它们“分有”了美的形式，但后者无法在物质世界被寻得。真正的美具备美好之物无法企及的特征；真正的美：

---

1 Elizabeth V. Spelman, “Woman as Body: Ancient and Contemporary Views”, *Feminist Studies* 8:1 (Spring 1982): 190-131.

> 是一种恒久的美好，既不到来也不远去，既不开放也不凋零，因为这样的美在每一方面都是一样的，稍后和现在一样，这里和那里一样，以这种方式和以那种方式一样，对爱慕者和对其他任何一个人一样。(《会饮篇》221a)

由于只有灵魂可以知道理念，知道那些在实在中常驻的永恒不变之物，因而也只有灵魂才可以获知真实的美；流变衰朽的肉身只能让我们与物质世界流变衰朽的碎片相接触。

柏拉图也考察了爱。他在《会饮篇》中关于爱的著名论述以欢庆灵魂对身体的超越而告终。受他人肉体之美吸引并予以欣赏只是一种庸俗的痴迷，除非某人是利用这样的欣赏作为理解美本身的垫脚石。他可以开始学习美，尽管他仍具身于肉体，但当他注意到这个身体是美的、那个身体是美的——诸如此类，他便开始意识到美本身是超越任何个别美好躯体或美好之物的存在。人类之间富于价值的爱并非一个身体对另一个身体的吸引，而是一个灵魂对另一个灵魂的吸引。精神的繁殖和肉体的繁殖一样存在着(《会饮篇》209a)。所有身体的结合都可以创生更多的身体——正如女人生育的孩子——这些身体是可朽的，流于变化和衰败。但灵魂的结合却可以创生“比人类的种子更加美好、更不易朽的东西”，精神恋者“孕育并诞出属于精神的事物”，后者即是“智慧及所有与之孪似的德性”(《会饮篇》209c)。因此，男性间的精神之爱比男女间的身体之爱更为可取。同时，男性间的身体之爱被排除在外，根据在于“肉体对肉体的享乐”是“放浪的羞耻”，而灵魂对灵魂的欲望乃是一段“尊敬、赞同和崇拜，纯洁及男子气概，伟大和智慧”关系的核心(《法律篇》837c-d)。性关系的潜在伤害是非常巨大的，不仅是对某人身体或体格的伤害，更是对其灵魂的伤害。年轻男子尤其不应同年长男性陷入威胁其“灵魂发展”的风流韵事，因为灵魂的发展“在众神和人类眼中都绝对是负有至高价值的”(《斐德罗篇》241c)。

因此，除非认识到灵魂和身体的区别，否则理解知识、真实、善好、爱或美的本质皆是无望；除非奋力将灵魂从懒惰、庸俗、迷醉的身体中解放，否则获取这些品质中的任何一个亦是无望。哲学家便是从事此类事业的人，这也是为何哲学家愿意欣然赴死；毕竟，只有经过身体死亡、灵魂最终从其肉体释放，那些哲学所迫切渴求的品质才是可触及的。

在柏拉图的作品中，身体相对于灵魂的位置和属性，与灵魂中一部分相对于另一部分的位置和属性，大体是可以互换的。身体和灵魂的拉锯战和灵魂中“较高”和“较低”部分的拉锯战一样，具有同样的动力及风险。例如，有时柏拉图所说的，灵魂应当抵制的欲望仿佛并不来源于身体，而是它自己的一部分(《高尔吉亚篇》505b)。有时他将内在的冲突描述为身体和灵魂间的拉扯，有时又描述为灵魂的理性、精神和欲望间的斗争。灵魂的精神部分应当帮扶其理性部分不断尝试“掌控占据了我们每个人灵魂的大多数，并且生性便不满足的欲望部分”；除非处于监察之下，否则欲望部分会“沾染上所谓身体性的愉悦，被身体的欲望所填满”(《理想国》442a-b)。

灵魂各部分之间的分裂，与我们尚未提及的柏拉图哲学另一个重要而著名的方面密切相关，即柏拉图的政治观点。他对灵魂各个部分及其相应关联的讨论，是他论述如何最好地建立一个城邦不可或缺的部分。灵魂的理性部分应当统治灵魂，并且应当在管控难以驾驭的欲望部分时受到精神部分的协同；正因如此，才应有城邦的统治者（理性占主导地位的少数人）在精神高昂、秩序井然的守卫者的帮助下，看守着大多数人（他们的欲望需要受到管控）。

于是，我们从柏拉图那里学到的关于知识、真实、善好、美、爱和城邦的东西，是以灵魂和身体的区分来逐步引进的，或换种差不多的说法，是以理性和非理性的区分来展开的。身体，或说灵魂的非理性部分，被视为获得这些迫切渴求之物极为恼人的障碍。倘若身体超过灵魂，占据上风，或倘若灵魂的非理性部分压倒了理性部分，某人便不能拥有知识，也看不见美，他将远离爱的最高形式，而城邦也将处于完全的混乱。因此，灵魂/身体的区分，或说灵魂的理性和非理性部分的区分，是一种高度紧张的区分。对这种区分的探究不是温和的形而上学思考。它显然负有极重的价值。即使柏拉图没有直白地告诉我们灵魂比身体更重要，灵魂的理性部分比非理性部分更重要，这条信息却随时出现在其作品的字里行间。因而，灵魂/身体的区分是柏拉图其余观点不可或缺的组成，灵魂的更高价值又是这种区分不可或缺的组成。

柏拉图的身体与灵魂观，及其对女性的态度

柏拉图，以及任何其他认为灵魂不可观察的人，当然不能直言我们可以指向灵魂，或把它直接捧到面前来观察。柏拉图曾说过，可朽者不仅可以真正理解灵魂的本性，还可以分辨其相似之物（《斐德罗篇》246a）。因此，柏拉图使用大量的隐喻和类比来刻画灵魂的是什么样子，以描述灵魂和身体或灵魂各部分之间的联系，这倒不足为奇。例如，思考作为灵魂的功能之一，是通过类比于谈话来描述的（《泰阿泰德篇》190a;《智者篇》263e）。灵魂的各部分被比作被受御的飞马和它们的御者（《斐德罗篇》246a）。身体同灵魂的关系便是如此，以至于我们会把身体看作灵魂的坟茔（《高尔吉亚篇》493a）、棺木或囚牢（《克拉底鲁篇》400c），或视为压制灵魂的刑具或巨石（《理想国》611e-621a）。柏拉图将灵魂的较低部分或说类身体性的部分比作一群野兽（《理想国》590c）。

但柏拉图的任务不仅为告诉我们灵魂是怎样的，也不仅是为给我们提供一些区别灵魂与身体或灵魂各部分差异的方式。正如我们所见，他还想使我们相信灵魂比身体重要得多，受身体响动吸引而忽略了灵魂的召唤对我们来说是十分冒险的。为使我们信服这一观点，他有意让我们视察那些对灵魂不够关注、过分倚重身体的鄙陋生活；他想提醒我们，那些以灵魂的较低部分支配其较高部分的人，是多么地不守规矩、迷失方向。由于他无法指出一个混入了次级品的灵魂，他便转而指向那些具身的存在者，他们生活得如此糟糕，以至于我们完全可以确信他们的灵魂是残次的。而谁的生活是适当的灵魂/身体关系失控的例证？那便是女人的生活（有时是儿童、奴隶和野兽的生活）。

例如，我们如何知道身体何时占据灵魂的上风，或者灵魂的下部何时控制了灵魂的上部？我们大概无法看到这样的冲突，那么当这些冲突体现于人们的现实生活时，会是如何呢？柏拉图说，好吧，让我们来看看女性的生活。每当念及死亡，女人便会变得歇斯底里（《斐德罗篇》60a，112d;《申辩篇》35b）；显然，她们的情感压倒了理性，她们无法控制自己。对于年轻男性最糟糕的模式可能是“一个女性，无论年轻或年老，或与她的丈夫发生口角，蔑视天堂，大声吹嘘，自满于其幸运，或因陷入不幸而充满悲痛和哀叹——更不用说在病痛中、或恋爱及分娩中的女人”（《理想国》395d-e）。他继续写道：

> 当生活的一些痛苦降临到我们身上，你会意识到我们自我陶醉于其间……我们保持冷静和忍耐的能力，相信这是男人的行为，而女人的则会（屈服于悲伤）。（《理想国》395d-e）

关注身体胜过灵魂是和女人一样的行径；因此，倘若一个士兵在应当出于其灵魂的勇气而赴死之时，却为保全自己的身体而投降，对其最合适的惩罚便是把他变成女人（《法律篇》994e）。柏拉图相信灵魂可以体验多种不同的具身生命。在某人的生活中，在某人正在过的这种生活中，应当存在着某种征兆；并且，除非一个人正直地生活，否则他下一次的具身对象便会“变成女人”，而倘若他之后仍不作为，他会变成一头野兽！（《蒂迈欧篇》42b-c，76e，91a）

此外，柏拉图在许多场合都以女性来显示追求哲学家们不断搜寻之物的不当方式。例如，柏拉图想要说明获得真正的知识是多么地重要而困难。他想要我们意识到并非每个人都可以拥有知识，真正获得知识的人和那些只是自以为拥有知识的人之间是有着重要差别的。比如，想想健康问题吧。如果我们没有在那些知道健康是什么的人，和那些对健康存在着没有根据、产生混淆的看法的人之间作出区分，那么“在健康的好坏问题上……任何一个妇女和儿童——或动物，或诸如此类的事物——都知道什么是有益于其健康的，并能自我治愈”（《泰阿泰德篇》1171c）。此中的意味不言自明：如果任何一个老旧的观点可以被算作真正的知识，那么我们也必须承认妇女、儿童，甚至可能是动物也拥有知识。但他们当然没有知识！何以如此？一则，他们没有辨别出物质的、变动的表象世界和不可见的、永恒的真实世界的差别。比如说，就美而言，他们受事物的物理方面吸引，以至于便认为自己可以看到和触摸美好的事物；他们没有意识到，当一个人对真正的美有所了解，他所知道的不可能是被看到或被摸到的东西。然后，柏拉图提供给我们一个未能成功进行区分的例子，一方面，是美本身，另一方面，则是美好的事物，“男孩和女人看到的五彩缤纷的东西”（《理想国》557c）。他们并未意识到人们不是通过感官来获知美或其他事物，因为真正的美是永恒的、不可见、不可改变的，只能通过灵魂来了解。

所以他传递出来的信息是，在知识、真实和美的方面，不要效仿女性。她们对这些东西具有错误的认知。在爱的方面，女性的生活也被当成反例。那些受“庸俗”之爱、也即肉体之爱吸引的男性，“把女人当作他们的所爱，并繁育家庭”（《会饮篇》208e）；那些受更“神圣”的爱，也即灵魂之爱吸引的人，把其他男性当作他们的所爱。但男性间的肉欲之爱是要遭到严重处罚的。这样的身体结合，尤其是发生在年长者与年轻者间的结合，是“毫无男子气概的”。年长的男性没有足够的力量来克制他的肉欲（就如在女性身上一样，非理性的部分已然压倒了理性部分），而年轻的男性，“女性的冒替者”，则因“相似于女性的模型”而面临申斥（《法律篇》836e）。男性间肉体之爱的问题在于，男人表现得像女人。

让我们来总结一下到目前为止的论点：灵魂/身体的区分是柏拉图其他观点不可或缺的组成部分；而灵魂/身体区分的不可或缺之处在于，和身体相比，灵魂具有更高的价值，也更为重要；最后，柏拉图试图说服他的读者，如果一个人未能给自己的灵魂以适当关注，那将十分冒险，因为他最终将会像一个女人一样行动和生活。柏拉图说，我们知道由身体而不是由灵魂的要求、需求和引诱来指导的生活是怎样的。这些生活对于那些想要理解并开始一种滋养我们最好的部分——灵魂——的生活的人来说，并不是优良的模型。

对于任何熟悉柏拉图关于女性老生常谈的官方言论的人来说，上述歧视女性的评论可能十分令人惊讶。柏拉图的女性观点通常是基于《理想国》第5卷述说的内容。在那段对话中，柏拉图震惊了他同时代的人，当他提出对于理想城邦建设的一部分建议时，他写道：

> 城邦的管理事务并不会因为她是女人而属于她；也不会因为他是男人而属于他。相反，自然能力在这两类生物间的分配是相同的，女人天然地分担了所有的事务，男人也同样如此。（《理想国》455d-e）

柏拉图说，在这里，男人和女人的唯一区别就在于女性的体力弱于男性，但这并不表示她们的灵魂出了问题。

柏拉图还在《美诺篇》中提到，谈论“女人的德性”或“男人的德性”没有意义，因为作为德性的德性都是一样的。无论它是碰巧出现在女人、男人抑或小孩的生活中。这一观点是先前提到的，柏拉图理型学说的一部分。德性，和任何其他理型一样，是永恒不变的；因此它不可能在这儿是一回事，在那儿又是一回事；它总是一回事。作为德性的德性不会“有所不同——在作为德性的品质上——无论它是出现在小孩、或老人，或男人和女人的身上”（《美诺篇》73a）。

那么，我们如何看待柏拉图关于女性这明显的两面信息呢？一方面，在《理想国》中，当柏拉图明确地面对女性本性的问题时，他似乎肯定了男女平等；可在另一方面，对话录又露出厌女言论的马脚。我们如何看待这种差别？我认为，理解柏拉图作品中灵魂—肉体区分的核心地位和重要性，有助于我们理解他女性观点的矛盾。正如我们所见，柏拉图以多种方式一再坚持，灵魂是我们最重要的部分。我们不仅通过灵魂抵达了知识、真实、善好和美；事实上，我们还就是我们的灵魂；当我们的身体死亡和腐烂时，我们——也就是我们的灵魂，将继续生存下去。身体对于我们的个人身份来说并不重要；在最良性的方面，我们的身体是偶然的附属物；在最恶性的方面，它们是灵魂顺利运转的障碍。若我们即是我们的灵魂，而我们的身体并非我们的本质构成，那么最终拥有女人或男人的身体便没有任何区别。当我们思考柏拉图思想着重强调的这一点时，他男女平等的见解似乎对于他其余的观点也是不可或缺的。如果男女之间唯一的区别是他们拥有不同的身体，并且如果身体只是组成某人身份的偶然附属物，那么在男人和女人之间便无什么重要差别。

但我们也看到，柏拉图似乎非常坚持身体对灵魂的毁坏性。为了强调这点，他唤起我们对那些致力于身体追求的生活的嘲笑和蔑视。女人们的生活一次又一次地被描画成这样的生活。他的厌女情结是他厌恐肉身情结的一部分：身体被当成是人类可能拥有的所有不良特征的来源，而女性的生活则一直表现为这些特征。

因此，柏拉图女性观点的矛盾之处与他对灵魂和身体的区分相关，也和他想向读者传授的关于此二者相对价值的课程相关。当他宣扬灵魂极度的重要性时，他只能将某人拥有的这类身体看作无最终意义的，因而无论这个人抵达男人或是女人的生活都没有区别；但当宣称身体的惨淡价值时，他会指责拥有某类身体的一类人——女人——因为他将她们视为一类把他不希望任何人拥有的糟糕特征具身化（！）了的群体。就这样，女人构成了柏拉图哲学中越轨的一支，从这个意义上看来，他把她们的生活称为哲学上不可接受的：她们所过的生活，不是任何人尤其是哲学家们应当去过的生活。的确，柏拉图责备了一些人，例如智术师、专制者和怯懦者。但他频繁地将他们比作女人，以彰显其本性！我们已经看到一些这方面的例子，譬如男同性恋者因像女人而被嘲笑。另一个例子来自柏拉图同样包含了男女平等内容的对话。在《理想国》中（579c），柏拉图试图通过论述专制者"必须如女人一般畏缩在房屋的深处，妒忌着其他任何可以远洋并看见美好之物的公民"，来说服我们暴政是不需要成本的。

正如我在其他文章中描述过的，柏拉图是恋精神癖—厌恐肉身者（psychophilic somatophobia）的一例。作为一个恋精神癖者，他有时将男女的灵魂讲述为好像没有任何重要的差别，他对女性明显有一些无性别歧视言论。而作为厌恐肉身者，他常常把女人视作必须从哲学理想中移除的存在样例和生活形式，如此使得他的对话录充满了歧视女性的言论。当然，一个人即使不是厌女主义者，也可以是二元论者，反之亦然。可柏拉图二者皆是，他对女性的负面看法与他对身体的负面看法联系在一起，因为他把女性的生活描述为典型的身体导向式的。

总之，柏拉图不仅信奉灵魂和身体间的分别——因为人类生活（包括当下和死后生活）所有善好、满怀希望之物和所有值得意欲的可能，都与灵魂结为同一阵营，而人类生活较为低级、不值得欲求的可能，都与身体结为同一阵营（也可以说，是与灵魂的较高部分或较低部分的联盟）。在柏拉图那里，灵魂/身体的区分被赋予了高度打磨的道德光芒。他最热衷的一种方式，是通过唤起我们对女人生活的轻蔑及嘲笑，使这种道德光芒散发得更盛。这同时也是他说明差别的方式——你要过一种灵魂导向的生活，或一种身体导向的生活，这两者之间存在着不小的差别。

斯佩尔曼关于在柏拉图思想中心灵/身体的区分带来的有害影响的论证当然并不意味着二元论就是假的。不过，它的确表明，假如我们当真接受二元论的话，为何我们应当小心的理由——切莫从区分心灵和身体滑向对一群人相对于另一群的低劣的可疑观点。

总结与结论

自笛卡尔把心灵和身体当做两个相互独立、彼此不同的实体加以论述以来，哲学家们提出了许多理论，用以解释心灵和身体是如何一起运作构成一个完整的人。心灵的某些特性——没有“广延”、表面上的“特权通道”，以及心理主张的“不可纠正性”——使得心灵与身体之间的联接极其成问题。因此，有的哲学家认为心理事件与身体事件是某个别的事件的不同方面（双面理论），有的哲学家认为它们平行地发生，如同电影中的声音和画面（平行论或前定和谐），有的哲学家认为身体事件引起心理事件，但反过来不行（副现象论），有的哲学家认为身体事件与心理事件实际上是同一的（同一论）。也有许多哲学家和心理学家接受行为主义，认为“心理事件”事实上不过是对行为模式的复杂描述的一个速记。最近，许多哲学家开始完全拒斥心灵与身体的区分，坚持个人概念的首要性和不可见性。另外一些哲学家则开始接受功能主义，认为大脑事实上是一台极度复杂的计算机，心灵在因果关系上而不是在逻辑上依赖于大脑。但是，还有一些哲学家认为以上所有理论本质上都是没有希望的，坚决主张心—身问题的棘手性。

章节复习题

1. 什么是同一论？它是用来回答什么问题的？双面理论在什么意义上是同一论的一种样式？它在何种意义上类似于梅洛-庞蒂的统一的身体观念？这些观点之间的异同是什么？
2. 功能主义论证根本上关注的是大脑各成分之间的关系。心理行为是作为各成分的“功能”而发生。逻辑行为主义主张，心灵不过是我们行为的“模式”。这两种说明有何不同？有什么相似之处？它们在何种意义上运用了相同的观念对心灵提供了不同的说明？
3. 回想一下赖尔对二元论的驳斥，根据他的说法，由于笛卡尔犯了一个范畴错误。现象学家，比如胡塞尔和梅洛-庞蒂，在何种意义上赞同赖尔？它们的说明可能会有什么不同？威廉・詹姆斯的理论在什么方面与赖尔的理论相似？它们又有什么不同？
4. 讨论一下内格尔的“作为一只蝙蝠是什么样”问题如何面对取消唯物主义者的挑战。你能设想取消唯物主义者会如何回应吗？“主观性”是我们的自我概念的本质,对于这一主张，拒斥二元论的其他一些理论家可能会如何作出回应？

关键术语

behaviorism 行为主义
causal interactionism 因果交互论
dual aspect theory 双面理论
dualism 二元论
eliminative materialism 取消唯物主义
epiphenomenalism 副现象论
functionalism 功能主义
identity theory 同一论
immediate 直接的
incorrigibility 不可纠正性
intentionality 意向性
parallelism 平行论
philosophical zombie 哲学僵尸
pre-established harmony 前定和谐

privacy 私人性

private language argument 私人语言论证

privileged access 特权通道

unconscious 无意识

参考文献与进阶阅读

近来，许多关于心—身问题的优秀文集和研究都归于“认知科学”或“心灵哲学”的题目之下。特别值得推荐的有 Stephen Stich, *Blackwell Guide to Philosophy of Mind* (Oxford: Blackwell, 2003); John Heil, *Philosophy of Mind: A Contemporary Introduction*, 3rd ed. (London and New York: Routledge, 2012) ; David Chalmers, *Philosophy of Mind: Classical and Contemporary Readings* (New York: Oxford University Press, 2002); David Branddon-Mitchell and Frank Jackson, *Philosophy of Mind and Cognition: An Introduction*, 2nd ed. (Malden, MA: Wiley-Blackwell, 2007); David Chalmers, *The Conscious Mind* (New York: Oxford University Press, 1996).

关于心—身问题和意识的本质的诸多问题也在 *The Oxford Handbook of Philosophy of Mind*, ed. Brian McLaughlin, with Ansgar Beckermann and Sven Walter (Oxford: Oxford University Press, 2009) 中得到了讨论。

吉尔伯特·赖尔对逻辑行为主义的有名叙述，*Concept of Mind*，可以从 University of Chicago Press 获得，带有丹尼尔·丹尼特的导言（2002）。

笛卡尔的 *Passions of the Soul*, translated by Stephen H. Voss，可从 Hackett Publishing Company 获得。

关于哲学和其他物种的僵尸的进一步信息，见“Zombies on the Web,” David Chalmers, http://consc.net/zombies.html.

两个对功能主义立场的极好展示是 Daniel Dennett 的论文集 *Brainstorms* (Newton Center, MA: Bradford Books, 1979) 和他的 *Consciousness Explained* (Boston: Little Brown, 1991)。

第6章　自我

“你瞧，今天我不是我自己”，爱丽丝对毛毛虫说道。

“我可没瞧出来”，毛毛虫说。

——刘易斯·卡罗尔

“做你自己！”你有多经常听到这种说法？什么是成为一个“自我”？成为一个独特的自我又是什么意思？抽象地来看，这些问题晦暗不明。但是，在一切我们所做的事情中，我们都采用了某种关于我们的身份的概念，既作为一个人又作为一个个体，无论我们是否被要求清楚地表述这一点。作为一名学生，当你走进教室，你肯定具有如下一些概念：你自己的能力和智力、你在其他学生之间的地位、你相对于教授的角色、某些萦绕不去的记忆，或许还有一些尴尬，或因你的外貌、你的穿着、你的分数，以及你穿的新鞋而来的虚荣心。如果你必须把自己认同为一个个体，那么，请描述一下是什么使你成为你，你是如何做到的？成为一个人的本质特征是什么？成为你现在所是的那样一个人的本质是什么？什么样的特征使你与其他人区分开来？想想你在一间办公室里，申请一个职位或专业学校的一份奖学金，或者你在填写这一年里数不清的表格，你例行公事般地填上自己的生日、出生地、在校成绩，甚至服兵役状况、获得的奖励、有否拘留和其他问题，以及是否结婚、男还是女，或许还有种族和宗教。关于你的上列事实是确定“你”的一种方式。但是，在某些点上，我确信你会有一种荒谬感，甚至起而反抗说“这不是我！”或“这些全都毫不相关！”。对你的自我同一性更为相关的，似乎是你的政治观点、你对艺术和音乐的品位、你喜爱的书籍和电影、你的爱憎、习惯和信念，或者也许仅仅是这样一个事实：你思考自己的思想。这些关于你自己的较为个人化的或“内在的”特征，与那些关于你自己的“冷酷事实”或“外在”特征，对于把你确定为一个不同于其他个体的个体而言，至关重要。在某种意义上，你的**自我同一性**是你把自身描述为一个个体的方式。因此，自我同一性的哲学问题部分所关注的就是这些描述性的性质。它们只关注在其他人之间的地位和角色吗？还是确实存在着某种无需涉及任何他人而能够称作“你的自我”、你的“**本质**”甚至你的灵魂的东西吗？我们应该把自己当成个体来思考吗？还是相反，我们应该把自己仅仅看做是更大的有机体——社会、人类或作为整体的世界——的成分？我们应如何来确定我们自己？我们还可以在另一个意义上来谈论一个人的自我同一性。你可能认识某个经历了信仰转变的人，或者某个刚接受过酒精中毒治疗的人。或者，你可以设想很长一段时间后再次见到的一个人，他说“我不是同一个人”。这是什么意思？怎么可能说你不是同一个人？当一个人说“我不是我过去所是的同一个人”，他或她所指的是这样一个事实：他或她自己的某些重要方面改变了，这个人有了一个新的自我同一性。然而，在另一个意义上，这依然是同一个人，旧的同一性和新的同一性都是同一个人的同一性。因此，我们就有了第二个意义上的“自我同一性”。这里所谓你的自我同一性，就是使你在时间的流逝中保持为同一个人的东西。因此，第二个哲学问题，也是最令哲学家们所关注的问题，就是如何在时间的流逝中把一个个体确定为同一个个体。什么是你若不具有就不再是你的东西？如果你改变宗教信仰或音乐品味，你可能还是你。但是，如果你做一次变性手术呢？或者，如果你完全丧失了全部记忆，完全没有了关于家人和朋友的记忆呢？或者，如果你的身体完全消失不见，只剩下一缕意识、一个精神或一个没有躯体的灵魂呢？这时候说你依然是你还有意义吗？不过，我们还可以在第三种意义上谈论自我同一性。究竟是什么使得我们成了个别的人？有趣的是，意识——具有思想和情感——这一事实似乎是一个人拥有的最私密、最个别的东西，而且，我们也倾向于认为所有人都拥有这个东西。无论我们如何努力去回答自我同一性问题，都要始于这样一个独一无二的“事实”——我们自己的意识。我们会看到，这是笛卡尔的逻辑起点，他把自己的意识这一事实用作他的整个哲学的出发点。这一点对于洛克也是一样，他论证说，我们的同一性的确立是在我们的意识连续性中，而不是在我们的身体连续性中。我们会看到，这一点甚至也为休谟所运用，他把他自己的意识用作如下否定的基础：根本没有自我那样的东西！当然，这些问题假定了某些能够并且已经得到质疑的形而上学主张。在这一章的后面部分，我们会考察其中的一些假设及对于这些假设的批判。自我同一性是一个本性问题吗？我们生来就有一个身份吗？或者，自我同一性是一个个人选择问题，或诸如我们的抚养、教育这些环境因素的问题？一个人必定只有一个“自我”吗？还是他或她事实上具有几个或许多自我？确实存在着一个“自我”吗？或者，如许多东方思想家所主张的那样，自我不过是一个幻象？无我是我们理想的自我同一性吗？我们应把自己设想为个体吗？或者相反，我们应该把自己设想为一个更大的共同体或社会的有机成分？

- 你会怎样描述你的“自我”——即那个使你成为“你”而区别于其他人的东西？
- 你的自我同一性有多少是由与他人（家人、朋友或陌生人）的交往形塑的？你在多大程度上认为你的同一性是自决的？
- 你认为在我们作为一个人的整个一生所经历的变化下面，必然有某种“基础性的”东西吗？

在你看来，自我同一性有不同的意义吗？还是说，关于自我同一性的所有不同意义，都可还原为一个独一无二的、无所不包的意义？在这一章中，我们要探究许多关于自我同一性的不同问题和概念。我们在考量是什么使你成为你这个问题时，既是在是什么使你成为一个人的意义上，也是在是什么使你成为你所是的这个具体的人的意义上。十九世纪伟大的心理学家弗洛伊德曾说，每一个人都在某些方面与其他所有人相像，在某些方面与其他一些人相像，而在某些方面又不与任何他人相像。研究自我同一性问题的哲学家，都试图明确指出它如何以及为什么是这个样子。我们从一个非常重要而且至今很有影响的哲学传统开始，即从笛卡尔、洛克到休谟、康德的传统，它把自我意识作为解答个人同一性的唯一关键。

A. 意识与自我：从笛卡尔到康德

有时，我们对我们所运用的身份根本没有意识。在另一些时候，尤其是在我们谈论自己，或者身处被迫要“像他人观察我们一样来考察自己”的处境时，我们就完全意识到——甚至是痛苦地意识到——我们的身份。在这样的一些时刻，我们说我们是有**自我意识**的。通常，绝大多数现代哲学家和心理学家会认为，除非你有时也是（并不必然总是）自我意识的，否则你就无法有一个你是谁的概念。反过来，除非你有某种身份感，无论这种身份感多么模糊，否则你就无法是自我意识的。换言之，这两个概念紧密地结合在一起，彼此不可分离。许多哲学家认为，自我意识不仅对于一个人具有自己的个性概念至为关键，而且对于一个人确立一个持久的自我，即时间流逝中的同一个人，也至为关键。笛卡尔就是一个很好的例子。想想他是如何描述他自己的：**可我究竟是什么东西呢？一个思考着的东西。什么是思考着的东西？就是在怀疑、理解、肯定、否定、意愿、拒斥，以及想象和感觉着的东西。**

他继续说，我是一个有欲望的东西，能感知到光和噪声，感觉到热。显然，笛卡尔的“自我”概念是思想概念，或者说意识概念——人的本质——它是每一个人都具有且每一个人都用以确定他或她自身的东西。他也声称用他的怀疑方法可以表明，即使他没有身体，也可能是这样。他论证说，就像我可能在所有其他事情上受骗一样，或许我是因为受骗才以为自己“有”一个身体。因此，他得出结论说，为我提供一个身份或我开始我的哲学的那个自我不是我的身体。由此推出，我——无论我是男是女、是黑是白、是高是矮、是美是丑、是强是弱——的自我的具体方面只是与我的身体有联系，但它对于我的身份并不是本质。我的自我同一性在我的心灵中，在我的思考、怀疑、感觉、知觉和欲求中。本质上而言，我是“一个思考着的东西”。

勒内·笛卡尔，《第六沉思》[1]

所以，只是因为我确实认识到我存在，同时除了我是一个思考着的东西之外，我看不出任何别的东西必然属于我的本性或我的本质，因此，我可以正确地断言我的本质仅仅在于这一事实：我是一个思考着的东西［或一个其整个本质或本性是思考的实体］。而且，虽然我可能（或者说确实，如我一会儿要说的那样）具有一个身体，而且与我非常紧密地联系在一起，然而，由于一方面我对我自己有一个清楚明白的观念，即我只是一个思考着的、非广延的东西，另一方面，我对身体有一个清楚明白的观念，

1　René Descartes, *Meditations on First Philosophy*, in *The Philosophical Works of Descartes*, trans. Elizabeth S. Haldane and G. R. T. Ross, Cambridge, MA: Cambridge University Press, 1911. 中译文见笛卡尔：《第一哲学沉思集》，庞景仁译，北京：商务印书馆，1986年，第82页。

> 即它只是一个广延的、非思考的东西，因此可以肯定地说，这个我［也就是我的灵魂，那个我之所以为我的那个东西］与我的身体完全、绝对有别，并且可以没有身体而存在。

重要的是要理解笛卡尔这里所采取的步骤。他所说的是，自我同一性取决于意识。我们的身份无论如何都不依赖于我们的身体来保持同一，因此，人的同一性不同于世界上任何别的事物的同一性。自我意识与自我同一性之间的联系是什么？你认为（有些）动物是自我意识的吗？如果是这样，你认为它们可能有自我同一性吗？

笛卡尔把“自我”确定为什么？这是个体独一无二的东西吗？在何种意义上（如果有的话），它赋予你区别于任何他人的个性？与笛卡尔一样，约翰·洛克也把自我意识看做解答自我同一性的关键。但是，与笛卡尔不同的是，他认为这一同一性并不取决于我们保持着同一的思考着的实体，即不取决于我们具有同一个灵魂。实际上，在我们的生命过程中，我们的灵魂可能被新的灵魂所替代，就像在一棵树的成长过程中，它的细胞总是被代之以新的细胞一样。使这棵树成为同一棵树的是这样一个事实：尽管这棵树的物理结构发生了变化，但它所呈现的是同一个生命，而使一个人成为同一个人的是所呈现的同一意识和记忆。因此，洛克不同于笛卡尔的地方在于，他区分了灵魂（一种实体）和意识。我们称之为我们的“自我”的是我们的意识。在《人类理智论》中，洛克论证说：

约翰·洛克，论个人同一性[1]

> 要找出个人同一性存在于何处，我们必须考量个人代表什么。我认为，个人是一种思考着的理智存在，它具有理性、能反思，并且能在不同的时间和空间中把自己当做自己，当做同一个思考着的东西。它只能借助意识来思考自己，因为意识与思考是不可分的，而且在我看来，意识是思考所必需的：一个人若没有知觉到他在知觉，就不可能有知觉。当我们看到、听到、闻到、尝到、感到、想到或意欲到任何东西时，我们知道我们在这样做。因此，意识总是对我们当下的感觉和知觉的意识，而且，正是据此意识，每一个人才对自己是他所谓的自我。在这种情形下，人们并不考虑这同一个自我是在同一个实体中，还是在种种不同的实体中。因为，既然意识总是伴随着思考，并且正是意识使每一个人成为他所谓的自我，使他自己与所有其他思考着的存在区别开来，那么，个人同一性，即理性存在的同一性，就只在于这个意识。而且，这个意识在回忆过去的行动或思想时能扩展到多远，那个个人的同一性就达到了多远的程度。现在的自我就是以前的自我，而且现在反思自我的这个自我，就是以前反思自我的那个自我。
>
> **意识构成了个人同一性**。不过，人们还进一步问，它是否是同一个实体。如果这些知觉，以及伴随着这些知觉的意识，总是呈现在心灵中，由此使那个同一的思考着的东西总是有意识地呈现在心灵中，而且我们显然认为它同它自己相同，那么就很少

1　John Locke, *An Essay Concerning Human Understanding*, ed. A. C. Fraser, Oxford: Clarendon Press, 1894. 中译文见洛克：《人类理解论》（上册），关文运译，北京：商务印书馆，1983 年，第 309 页。

有人[1]会有理由怀疑意识是同一个实体。但是，这里似乎有一个困难，那就是这个意识总是被遗忘所打断，我们在生命中任何一个时刻都无法一览无余过去的全部一系列行动，哪怕是最好的记忆，也总是在观察一部分时，丢失了另一部分。而且，有时是我们生命中绝大多数时候，我们并不反思我们过去的自我，而只是集中于我们目前的思想，而且酣睡中，我们根本就没有思想，或者至少可以说，睡时的意识与标记我们醒着的思想的意识是不一样的。我说，在所有这些情形下，我们的意识是被中断的，我们看不到我们过去的自我，因此，人们就会怀疑，我们是不是同一个思考着的东西，即是不是同一个**实体**。不过，无论这一问题是否合理，终究都与**个人**同一性毫无关系。问题是什么构成了同一个个人，而不是在同一个个人中思考的东西是不是同一个实体，在这里,后面这个问题毫不相干:各种不同的实体,被同一的意识（不同的实体参与其中）联合成一个个人，正如不同的躯体被同一的生命联合成一个动物一样，在实体的不断变换中，持续不断的同一生命保存着动物的同一性。因为，正是这同一的意识使得一个人成为他自己，所以个人同一性就只取决于意识，不论这种意识是附着于单一的实体，还是能在一系列实体中持续下去。因为，既然一切理智的存在都**能够**以他最初获得的同一个意识重复任何过去的观念，也能以同一个意识对当前的行动具有意识，那么，它就是同一个个人自我。既然现在它**对自身就是自我**，是因为据此意识，它能够对当前的思想和行动具有意识，那么，这同一个意识如果能够扩展到过去或未来的行动，则仍将是同一个自我。虽然有时间的距离，或实体的变化，他也不因此成为两个个人，正如同一个人并不因今天同昨天所穿的衣服不同，或者因为在两天之间有或长或短的睡眠，而变成两个人一样；那些相距甚远的行动无论是什么样的实体产生的，同一的意识都把它们联合成了同一的个人。

实体变化中的个人同一性。这种情形，我们还可以在我们自己的身体方面找到一些证据，身体的所有分子都是我们的一部分，都被统一进同一个思考着的有意识的自我中，因此，当它们受到了什么感触，我们可以感觉到，遭遇到什么祸福，我们也可以意识到，它们是我们自己的一部分，也就是我们的思考着的有意识的自我的一部分。因此，一个人身体的各个肢体就是他自己的一部分，他能同情和关心它们。但是，如果你剁掉一只手，并且使它脱离原来他所具有的热、冷和其他感受，那么，这只手便不再是他自己的一部分，就像是最远的物质部分一样。因此，我们就看到个人自我此时所由以构成的那种实体，在另一时虽可以变化了，但个人同一性却没有变化。因此，各种肢体虽是一个个人的一部分，可它们被剁掉之后，个人依然是同一的。

◆◆◆

如果同一的意识（如前所述，它完全不同于身体中同一的形相或运动）能够从一种思考着的实体转移到另一个思考着的实体，那么这两个思考着的实体就可以构成一个个人。因为，同一的意识不论保存在同一的实体中，还是保存在不同的诸多实体中，个人同一性都得到了保存。同一的非物质的存在，若能意识到自己过去的行动，是否可以完全被剥去所有关于自己过去存在的意识？是否可以完全忘掉那种意识，永不能

1 洛克在这里指的是笛卡尔。

再记起？是否可以开始一个新时期的记录，而且具有一个超不出这个新状态的意识？所有那些持预先存在的人显然是这样想的，因为他们承认灵魂意识不到它在先前状态下所做的事，因为在那种状态下，它或者全然脱离身体，或者激发其他身体，纵然他们不这样主张，经验也会驳倒他们。因此，个人同一性不能超出意识所及的范围，而且，一个预先存在的精神不能在许多年代中蛰伏不动，而必定构成过许多不同的人。假如有一个基督教的柏拉图主义者，或者一个毕达哥拉斯信徒，在上帝第七天完成其创世之时，以为自己的灵魂一直存在着，而且以为它已经在好几个人体中轮回过，我就遇见过这样一个人，他自命具有苏格拉底的灵魂（这种说法是否合理，我且不说，但是我确实知道，他的职务并非不重要，而且就其地位而言，人们都说他是一个很有理性的人，就其所出版的东西来说，他还是一个有学识的人）。那么，既然他意识不到苏格拉底的任何行动或思想，还有任何人会说他跟苏格拉底是同一个人吗？任何人反省自己，断言他自己有一个非物质的精神，而且这种精神在他之中思考，虽然他的身体经常变换，这种精神却使他保持同一：他正是把这种精神称之为他自己。

人的形成离不开灵魂和身体。因此，我们完全可以设想，在复活时，灵魂所居住的身体虽然同它在世时所住的结构不同，部分各异，可是人的同一个人不会丧失，因为原来的灵魂具有其以往的同一意识。但是，在身体变化以后，任何人不要以为只有灵魂就能形成同一的人，只有以为灵魂就是人的人才会这样想。一个王子的灵魂，如果仍记得其作为王子时的生活，而且进入了一个离弃了皮匠灵魂的皮匠的身体并加以激发，那么，人人都可以因为他有王子的动作，认为他和王子是同一个个人：但谁会说这就是同一个人呢？人的形成也离不开身体，而且在这种情形下，人人都会认为身体能确定他是否为同一个人，因为现在的灵魂，虽具有王子的思想，却不能使皮匠成为另一个人：在他身边的人看来，皮匠依然是皮匠。我自然知道，在通常的谈论中，同一个人和同一个人指的是同一东西。

唯有意识联合行动形成同一个人。但是，同一的非物质实体或灵魂，无论在什么地方，处于什么状态，都不能单独形成同一个人。不过很显然，只要能被意识所扩及——不论过去多少世纪——意识便能把距离很久的各种存在或行动联合起来形成同一个人，如同它能把刚刚过去的存在和行动联合起来一样。因此，无论什么主体，只要能意识到现在和过去的行动，它就是同一个人，而且这两种行动都属于他。假如我以同一的意识曾看见诺亚方舟和洪水，去年冬天看到泰晤士河水泛滥，现在又在这里写作，那我会毫无疑问地认为现在写作的我、去年冬天看到泰晤士河水泛滥的我，以及曾看见洪水为祸的我，是同一个自我，随便你把这个自我置于何种实体之中——这个正如现在写作此文的我，是和昨天从事写作的我是同一个自我一样（无论所谓的是否是有同一的物质的或非物质的实体形成的）。因为，关于同一个自我这一点，当前的自我无论是由同一个实体形成的，还是由其他不同的实体形成的，都无关紧要——自我意识只要认为一千年前的行动是自己的行动，则对那种行动，正如对前一刻的行动，一样关心，一样负责。

自我依赖于意识，而不是实体。自我是一个有意识的、思考着的东西，无论它是由何种实体构成的（精神的或物质的，简单的或复合的，都无关紧要），它能感觉或意

> 识到快乐和痛苦、幸福和悲痛，因此，这个意识扩展到何处，它就对自己关心到何处。因此，每一个人都发现，根据那一意识来理解，一个小指头也同最大部分一样，都是他自己的一部分。把这个小指头割去之后，如果这个意识随着小指头而去，离弃了身体的其余部分，那么，很显然，这个小指头就是个人，就是同一个人，而自我与身体的其余部分则毫无关系。在各部分相互分离之后，能形成同一个人的，能形成不可分离的自我的，既然在于那个随着实体一块而去的意识，那么在时间距离很远的各种实体方面，也是如此。当前思考着的东西能够与何种实体结合，何种实体就能形成同一个人，并同这个意识而不是任何其他东西形成自我。这个实体因此就能把那个思考着的东西的一切行动认为是自己的，不过这一切都得以意识所及的地方为限，并不能超出意识之外。

洛克论证的主要论点如下：个人的自我同一性基于自我意识，尤其是关于某人以前经验的记忆。在这一点上，他论证说，人不同于动物，动物的同一性（即“同一条狗”或“同一匹马”）基于身体的连续性，就像你会说，你拥有“同一辆车”十年了，即使在这十年间，除了底盘之外，这辆车的其他部件几乎换了个遍。然而，一个“个人”的同一性，即“个人的”同一性，依赖于自我意识。记忆构成了自我的同一性，洛克的这个观念显然受到笛卡尔如下观念的启发：一个人与他或她的思想的关系是独一无二的。你无法思考我的思想，我也无法思考你的思想。记忆既然是思想的一种，因而你无法记起我的经验，我也无法记起你的经验。比如，你可能记得你第一天上学的情形。因为你所记起的正是发生在你身上的经验，你与那个具有早前经验的个人是自我同一的。因此，根据洛克的观点，记忆为我们可能称之为一个人的不同“阶段”提供了一种确实可靠的关联。记忆似乎保证了这种人的同一性，他现在记得曾经具有的经验。与笛卡尔的理论相比，洛克的理论具有优势，它使我们无需假定一个持存着的非物质的灵魂的存在，而只要根据意识就可以理解自我同一性，不过，它并非没有自己的困难。首先，我们曾有的许多经验，后来都忘记了。你能记起发生在你身上的所有事情吗？无疑，回答是否定的。哪怕一个记忆力非常好的人，他也无法记得出生、学走路的情形，或者2001年6月3日这一天的早餐吃的是什么。很可能，你对过去相当长的一段时期发生的事情完全忘记了。我们用什么来解释这些被遗忘的时期与我们的个人同一性的关系？我们关于自己的记忆和信念会被如何误解？在何种记忆程度上，我们会说：“那些记忆根本不是我们的记忆？”其次，我们的记忆并非总是精确无误。有时，我们会记起某些从未发生的事情。比如，你可能清楚地记得你把《哲学导论》的复本借给了一位朋友，不料你后来发现，你事实上把它用作了挡门之物。更为扰人的是错误的记忆，即一个人真实地记起了确实发生过但并非发生在他身上的经验，幸好这种情形不常见。现在，有那么一些人，他们记得自己发表《葛底斯堡演说》，发现镭，或者与乔治、约翰、保罗和林戈在卡内基音乐厅演唱《我想牵着你的手》。对于这些错乱自欺的记忆，我们该说些什么？它们不是真实的记忆，却是清晰可见的记忆。显然，洛克没有把只是清晰的记忆算作那些保证同一性的记忆。因此，我们必须找到一种方式，对真正的记忆和非真正的记忆作出区分。但是这样做，我们似乎不得不说，记忆事实上是关于个人的正确记忆。如果是这样的话，记忆理论显然是循环的。一种与只是清晰的记忆相对的真正记忆，当然是关于记忆者确实具有的一种经验的记忆。具有这一记忆的人，必定是那个已经获得这一经验的人。现在，你们就能够看到，在区分真正的记忆和清晰的记忆的过程中，我们预设了一个持存的、自我同一性的个人的存在。如果自我同一性这个概念并不是我们正要解释的那个概念，那么一切都很好。我们不能用记忆概念去解释自我同一性，然后又用自我同一性概念去解释记忆。此外，我们一旦反思真正记忆的性质，我们就能看到，实际上，洛克正是本末倒置。当一个人说“我记得我学骑自行车的情形”，他的这一陈述的真理性，预设了而不是确立了他与那个跌破膝盖的小男孩是自我同一的。尽管如此，现代的个人同一性理论依然大体上诉诸记忆、自我意识或心理连续性观念。值得注意的是，古代哲学家，比如亚里士多德，并不相信这一点，他们可能甚至无法理解笛卡尔和洛克所讨论的许多东西。在亚里士多德看来，自我同一性基本上是身体的同一性，完全没有提及自我意识。但是，也不要认为现代的论点没有批评考，实际上，它有毁灭性的批评者。

- 意识在说明笛卡尔和洛克的自我同一性中所起的作用有怎样的差异？
- 你能设想一个你“没有觉察”你的自我的时刻吗？也就是说，与洛克相反，你没有意识到你的意识，你没有知觉到你正在知觉。如果能，请描述这样一种情形。
- 在洛克看来，个别实体与个人同一性之间的差异是什么？构成个别实体的是什么？构成个人同一性的是什么？
- 洛克认为灵魂的预先存在导致了自我的预先存在吗？
- 在洛克看来，“个人”与“人”之间的差异是什么？它们每一个所要求的是什么？

休谟完全削去了笛卡尔和洛克的自我同一性观点的基础。一切观念都源于印象，依据这一信念，休谟论证说，我们自我意识时所意识到的，仅仅是飞逝的思想、感觉和知觉，我们并不具有一个关于自我或一个思考着的实体的印象。他作出结论说，自我的观念不过是一个虚构。此外，既然我们从未意识到任何持久的自我，我们就绝无正当理由声称，一年前或一分钟前的我们，与此刻的我们，是同一个个人。

大卫·休谟，论自我的观念[1]

有些哲学家认为，他们每一刻都亲切地意识到所谓我们的自我，我们感觉到它的存在及其存在的连续性，并且超出证明的证信程度确信它的完全的同一性和单纯性。他们说，最强烈的感觉，最猛烈的激情，不但不会使我们放弃这一观点，反而使我们更深刻地固定这种看法，并且通过它们所带来的痛苦或快乐来考虑它们对自我的影响。企图对这一点做进一步的证明，反而会削弱它的明白性。因为我们无法根据我们亲切地意识到的任何事实，得出任何证明。而且，如果我们怀疑这一点，那么我们对任何事物都无法确定了。

---

1 David Hume, *A Treatise of Human Nature*, ed. L. A. Selby-Bigge, Oxford: Oxford University Press, 1888. 中译文见休谟：《人性论》（上册），关文运译，郑之骧校，北京：商务印书馆，1997 年，第 281 页。

不幸的是，所有这些肯定的说法，都与为它们申辩的经验相反，而且，我们也并不如这里所说的那样具有任何自我观念。因为这个观念能得自何种印象呢？要回答这个问题，就不能不陷入明显的矛盾和荒谬。但是，我们如果想使自我观念变得清楚而可理解，就必须回答这个问题。产生一个实在观念的，必定是某一个印象。但是，自我或个人并不是任何一个印象，而是我们假设若干印象和观念与之相联系的一种东西。如果有任何印象产生了自我观念，那么，这个印象必然在我们的整个一生中继续同一不变，因为自我被假设为以那种方式存在。可是，并没有任何恒定不变的印象。痛苦和快乐、悲伤和喜悦、情感和感觉，彼此接踵而来，从来不会全部同时存在。因此，自我观念不能得自于这些印象中的任何一个或任何别的印象。因此，也就没有那样一个观念。

但是，进一步说，依据这个假设，我们的所有特殊知觉必定会成为什么样子呢？所有这些知觉都是相互差异、相互区别、相互分离的，因而是可以分别考虑、分别存在，而无需任何事物来支持它们的存在的。因此，这些知觉是以何种方式属于自我，并且是如何与自我联系着呢？就我而言，当我亲切地体会我所谓的我自己时，我总是碰到这个或那个特殊的知觉，如热或冷、光明或阴影、爱或恨、痛苦或快乐。任何时候，我都抓不住一个没有知觉的我自己，而且除了知觉之外，我观察不到任何东西。当我的知觉在一个时期内丧失的时候，比如酣睡时，那在这个时期中我便感觉不到自己，因而真正可以说是不存在的。当我因为死亡而失去一切知觉，并且在身体分解后再也不能思考、感觉、观看、爱恨时，我算是完全消灭了，而且也想不到还需要什么东西才能使我成为一个完全的不存在。如果有任何人在认真且无偏见的反省之后，仍认为他有一个不一样的他自己的观念，那么我就不再能跟他进行推理了。我所能向他让步的只是：他或许和我一样正确，我们在这一方面有着本质的差异。他或许可以知觉到某种单纯且继续的东西，他称之为他自己，而我确信，我那里并没有这样一个原则。

但是，撇开这些形而上学家不说，我可以大胆地就其余的人们说，他们都只是那些以不可想象的速度相互接续着、并处于永远流动和运动之中的知觉的集合体，或一束知觉。我们的眼睛在眼窝里每转动一次，就不能不使我们的知觉有所变化。我们的思想比我们的视觉更是变化无常，我们的其他感官和官能都促进这种变化，灵魂也没有任何一种能力始终维持同一不变，哪怕只是一刹那。心灵就是一种舞台，各种知觉在这个舞台上接续不断地相继出现。这些知觉来回穿过、悠然逝去，混杂于无数种状态和情况之中。恰当地说，在同一时间内，心灵是没有单纯性的，而在不同的时间中，它也没有同一性，无论我们有多大的自然倾向去想象这种单纯性和同一性。我们绝不可因为拿舞台来比拟心灵，而产生错误的想法。这里只有接续出现的知觉，正是它们构成了心灵：对于表现这些场景的那个地方，或对于构成那个地方的种种材料，我们连一点观念都没有。

那么，什么东西给予我们那样大的一种倾向，使我们赋予这些接续的知觉以一种同一性，并且假设我们自己在整个一生中具有一种不变的、不间断的存在呢？

为了回答这个问题，休谟指出了我们归于个人的虚构同一性与我们归于事物的同样是虚构的同一性之间的相似。正如我们绝不能找到一种自我印象来说明人之同一性一样，我们也绝不能找到一种客体或实体印象以说明植物、动物和事物的同一性。于是，根据休谟的说法，我们绝无正当理由声称，比如，我们现在看见的一棵树就是我们五年前甚至五分钟之前看见的那棵树。这棵树的细胞和组成部分持续更新着，以至于没有任何一个时候它完全是同一棵树。但是，休谟的论证还要走得更远。他说，即使不是这样，我们依然没有方式证成我们的如下信念：这棵树就是我们不久前看见的那棵树，而不是与之非常相似却依然不同的另一棵树。比如，我们怎么知道这个人不是始终如一，而是代之以另一个人呢？休谟认为，这种把同一性归于事物和个人的诱惑，部分产生于事物的时空连续性，即这棵树在不同时间里处于同一位置。然而，人却有来回走动的麻烦习惯，这个暑假去欧洲，或这个学期去学校。不过，我们依然看到他或她的运动的连续性，在适当的时候从适当的地方收到明信片，因此，我们作出结论说，这是同一个个人。除了时空连续性之外，我们通常依赖于**相似性**，以此作为同一性的一个**标准**。我们容忍小小的变化，比如理一次发或有一个新伤疤，甚至失去了一条腿或进行了一次整容手术。只要两个个体之间极其相似，比如理发前后，那么我们就认为他们是同一个人。只有在出现重大变化之时，比如从哲基尔医生变为海德先生，我们才会质疑这两个个体的同一性。然而，休谟论证说，时空连续性和相似性事实上无法保证同一性：我们归于人之心灵的同一性是一种虚构的同一性，与我们归于植物和动物体的那种同一性属于同样种类。因此，这种同一性不可能有另一个来源，而必定是想象他的对象的相似作用。

> 对于一个经过一段所假定的时间变化而仍然保持不变和不间断的对象，我们有一个明确的观念，我们称这个观念为同一性。我们对于接续存在着并被一种紧密关系联系起来的几个不同对象也有一个明确的观念。从精确的观点来看，这就提供了一个完善的多样性观念，就像那些对象之间原来没有任何关系似的。但是，同一性和相关对象的接续这两个观念尽管本身是完全截然不同，甚至相反，可是，在我们通常的思考方式中,两者确实常常被相互混淆在一起。我们用以考量不间断的不变对象的想象活动，与我们用以反思相关对象的接续的想象活动，对于感觉而言，几乎是相同的，而且在后一种情形下并不比在前一种情形下需要更大的思想努力。这种关系促使心灵从一个对象转移到另一个对象，并且使这一过程畅通无阻，就像心灵在沉思一个持续存在的对象那样。这种相似是混淆和错误的根源，并且使我们用同一性观念取代相关对象的观念。
>
> 我们最后的办法就是……大胆地宣称，这些不同的相关对象实际上是同一的，不论它们是如何被间断而有变化的。为了向我们自己证成这种谬误，我常常伪造某种把那些对象联系在一起并防止它们间断或变化的新奇而不可理解的原则。因此，我们伪造了我们感官知觉的持续存在，以消除那种间断，并取来了灵魂、自我和实体的观念，以掩饰那种变化。不过，我们还可以进一步说，即在我们不发生这样一种虚构的地方，我们混淆同一性和关系性的那种倾向也是那样的大，以致使我们往往会想象，除了各部分之间的关系之外，还有某种不可知的神秘之物联系着它们。我认为，我们归之于植物和蔬菜的同一性就是这种情形。即使没有这种情形发生，我们仍然感觉有混淆这些观念的倾向，尽管我们在这一方面并不能自圆其说，也不能发现任何不变的、不间

断的东西以证成我们的同一性观念。

◆◆◆

假设我们面前有任何一团物质，它的各部分相互接近和联系着。假设所有部分都不间断地、不变地继续是同一的，我们显然必定认为这个物质团有一种完全的同一性，不论我们在它的全体或任何部分中观察到什么样的运动或地位的变化。但是，假设一个很小的或细微的部分被加在这个物质团上，或者从这个物质团上减去很小的细微部分，那么，严格地说，这虽然绝对消灭了全体的同一性，可是，由于我们很少如此精确地思考，所以，我们会毫不犹豫地断言，这个我们所见变化得很小的物质团仍然是同一的。由变化前的对象到变化后的对象，思想的进程是如此顺畅简便，以至于我们几乎觉察不到这种转变，而很容易认为，我们还是在继续观察同一个对象。

- 自我不过是一束知觉，你如何理解休谟的这一主张？根据休谟的说法，我们是从何处获得我们的同一性观念的？

由于有第3章对经验主义的论述，我们熟悉休谟的论证。他说，我们所感知的是一连串印象，而且，我们在任何地方都遇不到一个实体（持久的对象）或自我的印象。因此，我们有什么权利把这一印象的对象等同于另一印象的对象呢？我们有什么权利把我们现在所是的那个人等同于过去的某个人呢？但是，“我绝不能抓住我自己”，休谟的这一论点具有一种奇特却显然的自我矛盾。若不在某种意义上指向他自己，他甚至无法否认有一个自我。康德注意到了这一点。康德赞同休谟，认为自我意识中找不到持久的自我。持久的自我不是一个经验对象——在这一点上，休谟是对的，而笛卡尔和洛克都错了。用康德的话来说，持久的自我不是经验的，它是先验的。

康德所谓的“先验的”，意指的是任何经验得以可能的必要条件。康德说，如果我们在意识的每一瞬间都有一个不同的自我，那我们就无法知觉任何东西。为了经验一个对象，我们必须能够把我们对于它的各种印象结合为一个统一的意识。因此，如果我们确实经验到对象，那么，我们必须假设我们具有一个统一意识，正是它把这些印象结合为一个对象的知觉。或者，看一个不同的例子，休谟谈到了不同种类的印象关系，比如，接续关系。对一个个体而言，为了感知两种印象的接续关系，它们就必须为同一的意识所感知。因此，在康德看来，“我”的自我是一切思想、知觉、感觉等等的必要的逻辑主体。它不是一个经验对象，而是先验之物，为所有经验所预设。如同在其他问题上一样，休谟的错误在于混淆了假定的自我意识经验与我们用以把这些不同经验联结在一起的先验法则。因此，康德论证说，笛卡尔和洛克正确地把自我同一性等同于自我意识，但是，我们一定不要认为，自我因此就是我们可以在经验中找到的一个“东西”（如笛卡尔所说的那样）。按照康德的说法，自我是意识活动，尤其是组织我们的各种经验的活动。康德借用了休谟的论证，但是他使之得出了相反的结论：确实，我们永远无法在自己的经验中找到一个自我，但是，我总是能找到我自己，因为“我”拥有那一经验。换言之，康德的“自我”是拥有经验的行动，而不是任何我们所经验之物。但是，对于康德而言，这个自我不只是经验的接受者，也正是在这里，作为活动的自我观念变得至关重要。自我就是应用我们用以组织经验的法则的活动。此外，康德论证说，这一活动最基本的法则之一就是，自我把经验组织为自己的经验。就是说，我们总是把我们的各种不同经验“综合”成一个统一体，因为，若没有这样一个综合，我们对于这些分散的各种不同印象和感觉就不会有任何知识。（比如，想想有人对着你的眼睛打相机闪光灯时你所具有的通常毫无意义的轻微疼痛感。）这一基本的综合法则使得康德说，自我不仅是把各种法则应用于经验的活动，而且其作为一个具有统一的经验综合的统一自我的存在本身就是一项法则。康德为这个作为一项法则的奇异的自我观念取了一个令人敬畏的名称，即“先验统觉”。在康德看来，这一概念的重要性在于，自我实际上是自我意识所必需的，而不是它“在”自我意识之中。隐喻地来看，人们常常说它在自我意识“背后”，也就是说，它是依照我们经验的基本法则把我们的各种不同经验结合在一起的活动。因此，康德认为这个自我是**先验的自我**，之所以说它是“先验的”，是因为它是所有可能的人类经验的基本条件和必要条件。有时，休谟与康德之间的差别可以这样来说明：休谟在我们的经验中寻找自我，结果没找到；康德赞同休谟的观点，但是认为他找错了地方。康德说，自我是把我们的各种不同经验贯串在一起的线。因此，自我不在我们的经验束中；确切地说，它是把所有经验结合在一起、并且跟一切经验都同样真实的“先验的”线。康德回到了笛卡尔，并质疑了他的主要论点，尽管他赞同其中的一部分观点。第一，笛卡尔认为我们必定始终是自我意识的，而康德主张，只有在“‘我认为’能够伴随一切经验”时，自我意识才是必要的。我们并不必然总是意识到我们的自我，而只是在我们的经验中才具有自我意识。无论我们正在做什么，只要我们愿意，就能转移注意力，自己去观察我们正在做什么。这是一个重要的观点：我们对自我意识的关注之所以具有动力，只是因为我们常常并不是自我意识的。事实上，一些哲学家（和许多神秘主义者）主张，自我意识是有害的无益之物，要尽可能地避免。根据笛卡尔的说法，这是不可能的，因为作为一个人存在根本上就是自我意识地存在。而根据康德的说法，作为一个人存在就是“能够”是自我意识的。第二，康德反对笛卡尔的如下信念：思想着的自我是一种思考的东西。他反对这一观点，首先是因为他主张（作为休谟的论证的结果），自我（或“先验的自我”）不在我们的经验中，而是在经验的“背后”并且是经验的原因。更明白地说，他认为自我必须被设想为一种活动。只要想想柏拉图、基督教和许多现代思想中的传统灵魂学说，你就明白这是多么激进的一步。非常简单，灵魂就是被设想为一种东西的自我，它是一种不朽之物，能够在身体死亡后继续存在下去。康德说自我是一种活动，这就破坏了传统的灵魂概念（休谟曾想进行这样的破坏）。[1]

伊曼纽尔·康德，反对作为实体的灵魂[2]

纯粹理性要求我们为一个事物的每一个属性寻找它所归属的主体，而这个主体本

---

1 值得一提的是，康德坚持基督教的灵魂概念；他辩称它是“实践理性的设定”，即一项严格道德主张，就像他对上帝信念的辩护一样。后来的哲学家借助于康德论证，完全消除了的灵魂概念。

2 Immanuel Kant, *Prolegomena to Any Future Metaphysics*, trans. Lewis White Beck, Upper Saddle River, NJ: Pearson Education, Inc., 1959. 中译文见康德：《任何一种能够作为科学出现的未来形而上学导论》，庞景仁译，北京：商务印书馆，1982 年，第 112 页。

> 身也必然仅仅是一个属性，然后再找它的主体，如此以至无穷（或者我们能进行到哪里就进行到哪里）。但是，这样一来，结果就是：我们能达到的任何事物都不应被视为终极主体。
>
> 现在，我们在我们自己的意识（能思的主体）里似乎有这种实体，当然是在一种直接的直观里。因为内感官的一切属性都涉及作为自我的主体，而且，我不能把我自己设想成任何别的主体的属性。因此，根据作为属性的既定概念，主体——不仅是一个观念，而且也是一个对象——也就是绝对主体本身，其完整性似乎已经在经验中给出来了。然而，这种希望终究会落空。因为自我不是一个概念，而只是内感官的对象的标记，因为我们没有任何属性用来进一步认识它。因此，它本身当然不能是任何其他东西的属性。不过，它也不是一个绝对主体的确定概念一样，而如同在别的情况下一样，仅仅是内部现象与它的不知道的主体的关系而已。然而，这个理念（它完全可以用作一种制约原则，以彻底摧毁有关灵魂的内部现象的一切唯物主义解释）由于一种完全自然的误解而产生了一种非常徒具其表的论证，这种论证从关于我们能思的存在的实体的假定知识中，推论出了这个实体的性质。这是徒具其表的，因为关于它的知识完全在经验之外。
>
> 不过，我们虽然可以称这个能思的自我（灵魂）为实体，当做思考的终极主体，而不能进一步被表现为另一东西的属性，但是，只要不能证明能思的自我具有永久性——使实体在经验中丰富多彩的东西——那它依然是非常空洞且毫无意义的。
>
> 但是，永久性绝不能由一个当做自在之物的实体概念得到证明，它要得到证明，只能在经验中。
>
> 因此，如果我们打算从作为实体的灵魂概念中推论出它的永久性，那这就只有在可能经验中才是有效的，而在灵魂作为自在之物而超出一切可能经验时是无效的。然而，生活是我们的一切可能经验的主观条件；因此，我们只能在生活中推论灵魂的永久性，因为，人的死亡是一切经验的终结，这就关系到作为经验的一个对象的灵魂问题，除非证明灵魂不是经验的对象——而问题恰恰就在这里。因此，灵魂的永久性只能在人活着时得到证明（对此证明人们并不关心），而不是在死后得到证明，而这正是我们希望做的。如此的理由在于，实体概念既然必须被看做是与永久性概念结合在一起的，那么，它只有根据可能经验的原则，也就是只有为了可能经验的目的，才可以结合在一起。

第三，康德主张，我们需要两个完全不同的自我概念。他看到，作为自我意识的自我概念不足以应付哲学家想要做的全部工作。笛卡尔的事业之一就是找出什么是他的存在的本质所在，什么是不可置疑之物，因而能够作为他的沉思的第一前提。洛克和休谟也是想找到那个在我们的不同变换中确定我们的自我（尽管洛克找到了而休谟没有），正是这个自我确定了哲基尔和海德，确定年年岁岁、不同情绪的我们。但是，自我还具有另一项功能，即它是通过区分他人他物确定我们自己的一种方式。因此，笛卡尔作为思考之物的自我概念，不足以告诉我们是什么使一个人区别于另一个人，所以，他发现必须对他的自我概念进行增补，以说明一个人是如何以某种特殊方式由自我和身体构成。同样，洛克区分了个人同一性与作为一个人的同一性（即现代人种的生物学样本），并且告诉我们说，对于我们理解一个具体的人如何区别于另一个具体的人，这两者是必要的。现在，我们能够清楚地看到，自我同一性的问题分成了两个问题:（1）什么是成为一个自我所必需的？以及（2）什么是成为一个具体的自我所必需的？康德那作为具有经验的自我概念，即先验自我，仅仅回答了第一个问题。先验自我观念中没有任何东西可以使我们区分不同人，并对他们加以分辨。因此，他规定的另一个“自我”被他称为**经验的自我**，它包括所有与我们有关的具体之物，从而使我们每一个人都有所不同。我们的身体、外貌、身材、力量大小方面的不同，就是这样的差异。我们不同的个性、不同的思想和记忆也是如此。正是这个经验的自我，把我们确定为独特的人。而先验自我使人类意识得以可能。[1]

- 不存在我们意识到的所谓持久的自我，面对休谟的这一挑战，康德是如何回应的？
- 为什么是先验自我缺乏对于自我同一性的解释？为了说明我们在人们之间观察到的差异，康德把什么引入了他的理论？

这些曾是自我同一性这个哲学问题的传统答案。是什么使一个人在年复一年的时间流逝中成为“同一个个人”？身体的时空连续性似乎是答案的一部分。但是，笛卡尔以来（和之前）的哲学家们非常清楚仅仅如此还不够，而且正是自我意识提供了自我同一性的关键。但是，即使如此，这个问题仍未得到解决。为了看清楚这一点，考虑如下这些异乎寻常但极具启发性的例子。琼斯做了一个紧急脑部手术。他自己的大脑被摘除了，被代之以（最近死亡的）布朗的大脑。“琼斯”看起来仍然像琼斯，仍然具有同一个的驾驶证，生活在同一间屋子里，但是，他的所有记忆和个性特点都是布朗的。他还是琼斯吗？或者他是具有琼斯身体的布朗？假设你曾经是布朗，你可以说仍然活在琼斯的身体里吗？或者，假设史密斯经历了可以想象的最彻底的人格分裂。像单细胞动物阿米巴一样，史密斯从头到脚使自己分裂成两半，形成一个原本的精确复本——同样的记忆和人格，同样的习惯、知识、爱憎、技艺等等。这两个人，哪一个是史密斯？说他们两个都是史密斯，这有意义吗？假设你是所产生的两个史密斯中的一个，你会——你能——说另一个史密斯也是你吗？这可以理解吗？但是，如果你们有共同的来源且完全相似，你能说另一个史密斯不过是另一个人吗？在电影《衰鬼上错身》（*All of Me*）中，一个刚死去的女人的灵魂［莉莉·汤姆林（Lily Tomlin）饰演］死死地占据着一位男律师的身体［史蒂夫·马丁（Steve Martin）饰演］。结果，马丁饰演的角色仍然像史蒂夫·马丁所饰演的角色那样行为和思考，但是现在，也具有了莉莉·汤姆林原来的那个角色的记忆和个性特征。请问，这个双重角色是谁？麻省理工学院的哲学家梅瑞迪斯·迈克尔斯（Meredith Michaels）对这种异乎寻常的复杂情形做了思考，他就个人同一性问题写了大量著作。

1　比如，路德维希·维特根斯坦（Ludwig Wittgenstein）就用一个康德式的论点完全否定主体的存在。在他的《逻辑哲学论》中，他告诉我们说：“思考着、呈现着的主体——根本没有这样的东西。在一个重要的意义上，没有主体。主体不属于世界，而是世界的一个界限。［因此］，确实有一种意义可以是我们在哲学中非心理学地谈论我。这个我通过‘世界是我的世界’这一事实出现在哲学中。哲学的我不是人，不是人的身体，也不是心理学所研究的人的灵魂，而是形而上学主体，是世界的界限——而不是世界的一个部分。”

梅瑞迪斯·迈克尔斯，论“个人同一性”[1]

梅瑞迪斯·迈克尔斯：美国哲学家，主要专注于女性主义和生育的伦理学、认识论。

自我同一性这个哲学问题的这些传统答案尽管极具启发性，尤其是彼此联系在一起时，但是，它们所引起的问题跟它们所解决的问题一样多。为了看清这一点，让我们去一个并不遥远的虚假世界。

一天夜晚，在图书馆里呆了很久之后，你和你最好的朋友万达·巴格（Wanda Bagg）[或沃尔特（Walter），如果你喜欢的话]决定在海文大学（College Haven）放松一下。你还来不及阻止，万达就到了一辆碰巧驶入大街的压路机前。万达被压得粉碎。面对这恐怖的一幕，你中风了。幸运的是，著名的神经外科医生哈根达斯（Hagendaas）博士正去这所大学访问，恰好也在去海文大学的路上。他飞快地把你和万达送到医疗中心，并在那里主持进行了一个“人体移植”手术。他取出万达的大脑——它竟然没有被压路机损坏，真是不可思议——放入你原来大脑的位置，你的大脑因中风而受到了严重损害。几天之后，发生了如下的斗争：万达的父母宣称他们没有义务继续支付医疗费。毕竟，万达被压路机压死了。你的父母也宣称他们没有义务继续支付医疗费。毕竟，你已经死于中风。那么，很显然，有一个基本的问题需要回答：谁是躺在医疗中心的那个人？是万达？是你？还是完全另一个人？为了讨论方便，让我们把躺在病床上的那个人叫做施万达吧。我们有什么理由相信施万达就是万达？倘若人的自我意识、思想、信念和情感就是所有的心理现象，那么，我们自然可以作出结论说，一个人的大脑在哪里，她就在哪里（假设我们的心理特征更可能“位于”大脑，而不是在比如说我们左脚最小的脚趾上）。施万达会记得和你出发去海文大学；她会记得收到的大学录取函，上面写着：“亲爱的万达，很高兴通知你……”；她会记得在上学第一天的下午被万达的妈妈拥抱。就是说，施万达会相信她是万达。

尽管施万达相信自己是万达，但这一事实本身并不能保证她就是万达。我们有任何根据坚持认为施万达就是万达，而不是某个受蛊惑而自以为她是万达的人吗？我们如何能够确定施万达关于万达的记忆是真正的记忆还是纯粹清晰显现的记忆呢？根据我们所了解的关于洛克的记忆理论的论述，在这一点上，我们没有正当理由诉诸施万达和万达的自我同一性，因为这正是我们试图要确定的东西。换言之，我们无法基于施万达是万达而主张它们是真正的记忆。

或许，暂停这种循环是可能的。我们为什么不能这样说：施万达关于万达的记忆是真正的记忆，因为正在回忆的大脑与那个具有原初经验的大脑是同一个大脑。因此，这些经验保存在经受它们的那个器官中。尽管这种说法所给出的回应具有最初的合理性，但是，它未能解决我们的问题。假设施万达就是万达——记得学骑自行车的经验。尽管所讨论的大脑确是同一个，但是，我们全都明白，仅有大脑是无法学骑自行车的。实际上，仅有大脑也不会记得曾学过骑自行车。人学骑自行车，也是人记得曾学过骑

1　Meredith Michaels, “Personal Identity”, in Robert C. Solomon, *Introducing Philosophy: A Text with Readings*, 3rd ed., San Diego, CA: Harcourt Brace Jovanovich, 1977.

自行车。而我们试图要回答的问题是，施万达（记得的那个人）是否与万达（曾学过骑自行车的那个人）是同一个人。对两者所涉都是同一个大脑这一事实的诉诸，并不能为我们提供一条走出洛克循环的道路。

正是在这一点上，哲学家们开始考虑此前提到的亚里士多德的立场，即自我同一性本质上是身体的同一性。如果个人同一性的身体理论是正确的，那么，躺在医疗中心病床上的那个人就是你，她因受蛊惑而相信自己是万达。也就是说，施万达与你是自我同一的。

在这里，你可能会问认可身体理论是否有任何正面理由？或者，它是否只是溃败者的退守之地？接下来所设计的那种情形，可以使你们相信身体理论至少有一定的合理性。假定有一位邪恶的科学家尼菲列斯（Nefarious）博士，他选你作为他的恐怖实验的主要实验者。你被带到他的办公室。他说："明天5点，你会受到最可怕的折磨。你的指甲会被一个一个地拔出来。笼子里的老鼠会在你的头上爬来爬去。燃烧的油慢慢地滴在你的后背上。剩下的我要给你一个惊喜。"

你会担心明天5点要发生的事情吗？如果你还有任何感觉的话，就会担心。你想到你将遭受的让人折磨的疼痛，你肯定会做些什么来避免这一切。

可是现在，尼菲列斯博士说："明天4点55分，我会用我的记忆删除器清除你关于这次谈话的记忆。"那你还会为明天5点将发生在你身上的事情而感到不安吗？你一定还会。你在明天4点55分至5点之间不会预先想到你将受的折磨这一事实，并不能使折磨本身变得更不痛苦。虽然你忘记了你的微积分教师曾在课上说星期五会进行一次测验，但是，你并不因此而略去了参加那次测验的经验（事实上，在那种情形下，你因丧失为这次测验做准备的机会而使这次经验变得更糟糕）。

现在，尼菲列斯博士又说："明天4点57分，我将会用我的记忆删除器消除你的所有记忆。"那你还会为明天5点将发生在你身上的事情而感到不安吗？难道人们不会自然地把这一情形描述如下吗？你将遭受可怕的折磨，尽管你不知自己是谁，为何会遭此折磨。你依然经验到你的手指甲被拔出之痛，你的背被灼烧之痛，你的脸被老鼠啃噬之痛。确实，那些经验正是你意欲避免的经验。

最后，尼菲列斯博士说："明天4点58分，我将用我的记忆器把罗纳德·里根（Ronald Regan）的记忆植入你的大脑。"无论出于个人原因还是政治原因，这都不让你感到高兴，但是相应的问题还在：你还会为明天5点将发生在你身上的事情而担心吗？再一次，人们把这一情形描述如下不是很自然吗？你将遭受可怕的折磨，却一直认为自己是罗纳德·里根。现在你是不是不担心你是罗纳德·里根了？现在你是不是不担心你将经验令人折磨的痛苦和不可忍受的苦痛了？你在考虑这个问题的答案时，请看着你的手指甲。

这一描述所证明的，不是身体理论对于记忆理论（或脑理论）的绝对优先性，而是我们的身体对于我们的自我同一性的重要性。在传统的个人同一性概念中，总是有某种东西丧失掉了。此外，现在回到施万达这个例子，我们能够清楚地看到，如下说法并非完全荒诞不经：施万达确实是你，而她因受蛊惑而认为自己是万达。换言之，任何人想要消除这种可能性，就必须也要消除如下可能性：遭受这种折磨的那个人确实是你，而你因受蛊惑而认为自己是罗纳德·里根。

我们倾向于通过我们的思想、信念、意愿和情感来确定我们自己，并认为自己与这些思想、信念、意愿和情感是一体的，尽管确实如此，但是我们关于身体理论的论述应提醒我们注意，我们有理由认为我们的身体对于确定我们是谁至少有那么一点重要。有些哲学家会认为，我们的身体就是我们之所是，而自我同一性就是身体的同一性。

通过考量这些公认稀奇的问题情形，我们已经看到，我们缺乏一个自我同一性的概念，因而无法对我们是否在时间中持存进行预测。这可能让我们觉得，我们的自我同一性概念并非一个要么全有要么全无的概念，事实上，我们的概念是一个程度性的概念。如果这样的话，我们就不再是谈论同一性本身，它是要么全有要么全无的概念，而是在谈论某种别的心理关联和身体关联。不过，我们现在清楚，第一，谁应该给施万达付医疗费？这个问题的答案将取决于我们倾向于认可何种个人同一性理论；第二，这个答案并非如我们意欲的那样清楚明白、毫无争议。

英国哲学家德里克·帕菲特提出了另一个科幻思想实验来探讨这个观点：时空连续体对于做一个特定的人来说是本质性的。

德里克·帕菲特，《理与人》[1]

我们认为自己是什么

德里克·帕菲特（1942—2017）：英国哲学家，牛津大学万灵学院荣休高级研究员。除了个人同一性，他还研究有关理性和伦理学的问题。

我进入电子传输器。以前我去过火星，然而却只是借助那种老的方式——花费数周时间乘坐太空飞船旅行的方式——前往的。而这部机器将以光速把我送达火星。我只要按一下那绿色的按钮。像其他人一样，我感到紧张。能行吗？我提醒自己人们所告知我的预期的情形。当我按下按钮时，我将失去知觉，然后似乎在片刻之后会苏醒过来。而事实上我将失去知觉大约1个小时。在记录我的所有细胞的精确状态的同时，地球上的这个扫描仪将毁坏我的大脑和躯体。然后它将通过无线电信号传输该信息。信息以光速运行，将用3分钟的时间到达火星上的复制器。然后这部机器将用新的物质创造出与我的大脑和躯体精确相似的一个大脑和躯体。我将在该躯体中苏醒过来。

尽管我认为这就是将会发生的事情，但还是有些犹豫不决。好在接着我记起了今晨早餐时，我对此流露出紧张情绪的时候，妻子粲然一笑的情景。当时她提醒我说，尽管她经常被电子输送，**她**还不是好好的。我于是按下按钮。正如所预期的，我失去知觉而且好像立刻重获知觉，但却身处一个不同的舱室中。审视着自己的新身体，我发现一点也没变。甚至早晨刮胡子时在上嘴唇上留下的那个小伤口也仍然在那里。

几年过去了，期间我时常被电子传输。现在我又一次步入那个舱室中，准备再一

1　Derek Parfit, *Reasons and Persons*, Oxford: Oxford University Press, 1986, pp. 199-200. 中译文见帕菲特：《理与人》，王新生译，黄颂杰校，上海：上海译文出版社，第289—290页。

> 次到火星上去。但是这一次当我按下绿色按钮时，我没有失去知觉。先是出现了嗡嗡的声音，然后是一片寂静。我离开舱室，对服务员说："机器没有正常工作。我的操作有什么不对吗？"
>
> "机器工作正常。"他一边回答我，一边递给我一张打印出的卡片。卡上写着："新扫描仪记录下了你的图像，没有毁坏你的大脑和躯体。我们希望你会欢迎这个技术进步所带给你的机会。"服务员告诉我说，我是首批使用新扫描仪的人之一。并且补充说，如果我逗留1小时的话，我就能够用内部通话设备看到并与火星上的我自己对话。
>
> "先等一下，"我回答说，"如果我在这里，我就不能也在火星上。"有人轻轻地咳嗽一声。这是一个身穿白大褂的人，他要与我私下谈谈。我们来到他的办公室。他让我坐下，停顿了片刻后说："恐怕我们的新扫描仪遇到了一些问题。它就像你与火星上的你自己交谈时所看到的那样精确地记录了你的图像。但是看来它有损它所扫描的对象的心脏系统。就迄今的结果来判断，尽管你将在火星上相当健康地生活，但是在这里，在地球上，你不日将难逃心力衰竭的厄运。"
>
> 后来服务人员把我叫到内部通话设备旁边。在内部通话设备荧屏上，我看到了自己，就像每天早晨在镜子中看到自己一样。但是有两个不同之处。我在荧屏上不是左右反相的。而且，就在我站在这里默默无言时，我能够看到并且听到我自己在火星上的工作室内开始对我讲话。

帕菲特自己的观点与休谟的类似。他声称，心灵传送的虚构情形与我们的现实情况并无不同。一个人在一个时间点上的自我与他或她在另一个时间点上的自我共享着包括记忆在内的许多特征，但没有什么能够确定这些自我是同一个自我。最终，帕菲特总结道，个人同一性的存续并不真正重要。我们反而应该关心辨识出我们性格中的心理连续性和一个人与其他人连通性。

B. 存在主义：自我同一性与选择的责任

多重自我或无我的观念，为西方引入了一个非常重要的替代概念，而西方概念，本质上是犹太—基督教的概念。这种西方概念除了关注在天堂或地狱的生存之外，主要关注奋斗和雄心，地位和未来计划，"成就自我"。**存在主义**就是这一概念的一种形式。美国梦与新教和资本主义伦理是这一概念的另一种形式。但是，从无我概念引出了一幅迥然不同的画面——对事物之所是无条件地加以接受，而不奋力改变它们，其中包括对诸如"地位"和"成就自我"这些概念的拒斥。我们不应再一次把这种对传统西方自我概念的拒斥，混同于对自我同一性这个哲学问题的拒斥。"我是谁？"这个问题，对于西方哲学家和神秘主义者同样重要。只是，神秘主义者对于这个问题的回答极其不同。其中一种回答比另一种回答更"正确"这种说法有意义吗？这也是自我同一性问题的一部分。必定存在着一个对于所有人都"正确"的答案吗？这样一个答案毫无必要，甚至也不是可欲的。自我同一性问题，无论是在每一个具体情形中，还是作为一个一般问题，都是一个决断问题，即决定在诸多可能的特征（而非必要的特征）中选择何种特征作为自己的自我同一性的标准，而且，这一选择并不只是哲学家们要做的选择，而是每一个人在他或她的一生中的某个时候或某些时候要做的选择。自我同一性不只是你在哲学课上漫不经心的讨论中给自己贴的一个标签。它是你在每一次社会交往中所戴的一个面具和所扮演的一个角色（尽管在极其不同的社会交往中你所戴的面具和所扮演的角色可能没有多少不同）。它是你思考自身的方式，也是你每一次反省和自我评价时对自己作出判断的标准。它是你每一次行动所维护的形象，借此你决定某一件事比另一件更“值得做”，或者，决定在既定环境中如何行动。由于它，你会在做完某事之后感到自豪、内疚、羞愧或欣喜。自我同一性的问题不只是哲学家们的一个问题，在我们生命每一个具有自我意识的时刻，它是一个我们都要或隐或显地面对的问题。但是，你可能会说，为什么如下说法听起来很合理？有唯一一个正确的自我同一性观念或目标。在设想和判断自己的方式上，当代中国的一位农民显然不同于当代美国的一位大学生。一位长相英俊却极其愚蠢的欺凌弱小者与一位非常聪明和极具天赋的数学专业学生所具有的自我同一性概念，肯定非常不同。对中世纪的经院哲学家来说，这可能毫无用处，他们随即就会宣称这一切都无关紧要，并且认为“在上帝面前”我们全都一样,我们的同一性也由此得到断定。而我们绝大多数人，尽管通常会维护便捷的相对主义，则坚持有一个超越所有这样的个体考量的范畴，我们称之为“做一个好人”。最终，我们会以同样的标准来判断愚蠢的欺凌弱小者和崭露头角的青年艺术家，如此，我们会认为他们应共有“做一个好人”这一标准。甚至在那些因文化差异而要求全然不同的自我同一性概念的地方，我们可能依然坚持应用同样的标准。比如，南太平洋诸岛上的一位居民用以设想和判断他或她自己的条款，可能我们完全无法接受。但是，我们总是能够把与我们的规范的任何分歧还原为纯粹的“偶然差异”，坚持认为我们本质上是一样的。当然，人们是不同的，并且极其不同地设想自己，但既不能因此作出结论说那些差异是本质的,也不能因此作出结论说相对主义是正确的。最终,当你说所有人“本质上都一样”时，你就认为确实存在着自我同一性的普遍标准，而人们之间的差异，尽管我们无需加以否认，但都只是表面的。不过，在当代最强有力的思想流派当中，有一个流派致力于如下观念：在一切情形中，自我同一性都是一个个体选择的问题。这个流派，我们前面曾简单地提到过，就是存在主义。它最有力的倡导者是法国哲学家**让-保罗·萨特**。根据萨特的说法，无论对于个体还是一般意义上的人，都不存在固定的自我同一性标准。他说，根本没有“人性”这样的东西，而我们是什么样的人——成为一个人意味着什么——永远是选择的问题。但是，没有唯一正确的选择；只有诸多选择，他宣称说。在十九世纪四十年代晚期的一篇著名文章中，他论证说：

让-保罗·萨特，论存在主义[1]

存在主义者的共同之处仅仅在于这一事实：他们认为存在先于本质——或者不妨说，我们必须从主观开始。我们这话究竟是什么意思呢？

---

1 Jean-Paul Sartre, *Existentialism as a Humanism*, trans. Phillip Mairet, New York: Philosophical Library of New York, 1949. 中译文见萨特：《存在主义是一种人道主义》，周煦良、汤永宽译，上海：上海译文出版社，1988 年，第 6 页。

拿一件工艺品——比如一本书或一把裁纸刀——来说，人们会发现，它是一个对其已有一个概念的匠人制造的。他对于裁纸刀的概念，以及此前存在的制造裁纸刀的工艺，它是那一概念的一部分，同样心中有数。因此，裁纸刀既是一件可以按照固定方式制造出来的物件，又是一个达到某一确定目的的东西，因为人们无法设想一个人制造一把裁纸刀而不知道它有什么用。于是，我们说，裁纸刀的本质——也就是使它的制作和定义成为可能的许多公式和质地的总和——先于它的存在。这样的一把裁纸刀或一本书就是如此出现在我眼前的。这里，我们是从技术角度看世界的，而且我们说，制作先于存在。

当我们想到上帝这位造物主时，绝大多数时候我们设想他是一位超凡的工匠。我们考量一种学说时，无论是笛卡尔的哲学，还是莱布尼茨的哲学，总是暗含这样的意思：意愿或多或少跟在理智后面，或者至少随理智一同出现，因此，当上帝创造时，他完全知道自己在创造什么。所以，人的概念在上帝的心灵中，就好比裁纸刀的概念在工匠的心灵中：上帝按照一定的程序和一种概念造人，完全就像工匠遵循一个定义和一套公式制造裁纸刀一样。因此，每一个人都是居于神圣理智中的某种概念的体现。在十八世纪的哲学无神论中，上帝的观念被禁止，但是，尽管如此，本质先于存在这一观念依然没有被触及。这一观念我们依然到处可以发现，在狄德罗的著作中，在伏尔泰的著作中，甚至在康德的著作中。人具有一种人性。这种“人性”，也就是人的概念，在每一个人那里都可以找到。这就意味着，每一个人都是一个普遍的概念即人的概念的一个具体例子。在康德那里，这种普遍性被推到了极致，以至于森林中的野人、自然状态中的人和资产阶级都包括在同一个定义中，并且具有同样的基本特性。在这里，人的本质又一次先于我们在经验中看见的历史存在。

我们说存在先于本质指的是什么呢？我们指的是，人首先存在，遇到自己，在世界上涌现出来——然后给自己下定义。如果人如存在主义者看来的那样是不可定义的，那是因为人开始时什么也不是。他成了什么是后来的事，那时候他就是他形成的样子。因此，人性是没有的，因为没有一个具有人性概念的上帝。人仅仅是人。这不仅说他是他所设想的样子，而且也是愿意成为的样子，是他在存在之后设想自己的样子——即他在向存在跳跃后愿意成为的样子。人除了他形成的样子之外，什么也不是。这就是存在主义的第一原则。而且这就是人们所谓的它的“主观性”，他们用这个词为的是责难我们。但是，我们用这个词所指的意思，除了说人比一块石头或者一张桌子具有更大的尊严之外，还能指什么呢？因为我们的意思是说，人首先存在——人在谈得上别的一切之前，首先是一个把自己推向未来并且感觉到这一点的东西。人确实是一个拥有主观生命的筹划，而不是一种苔藓或一种真菌，或一棵花椰菜。在自我筹划之前，什么都不存在，甚至都不在理智的天堂中：人只有在他企图成为什么时才获得存在。不过，不是他想要成为的那样。因为我们通常所理解的想要或意愿，往往是我们使自己成为现在这个样子之后的自觉决定。我可以想加入一个政党、写一本书或结婚——但是，这种情形中通常所谓的我的意愿，可能体现的是一个先前的而且更加自我的决定。不过，如果存在真的先于本质的话，人就要对自己所是负责。因此，存在主义的第一个后果便是使每一个人明白自己之所是，并担负起自己存在的全部责任。还有，当我们说人对自己负责时，我们不是说他仅仅对自己的个性负责，而是对所有人负责。

当我们说人自己做选择时，我们的确是指我们每一个人必须亲自作出选择。但是，我们这样说也意味着，人在为自己做选择时，也在为所有人做选择。因为，实际上，人为了创造他自己意欲成为的那种人可能采取的行动中，没有一个行动不同时是在创造一个他认为自己应当如此的人的形象。

- 在何种程度上，自我同一性是一个选择问题？
- 在萨特看来，在我们为我们自己做出选择时，我们以何种方式也为每个人做出了选择？

但是，存在主义的这一选择理论并没有使自我同一性问题变得更容易。事实上，它反而使这一问题变得异常复杂。在这一部分的前些地方，我们以如下问题开始：关于一个人的诸多事实是否足以确定他或她的同一性。我们曾确然地说道，并不是所有事实都是必要的，其中一些比另一些更加基本。但这仍不是这一问题的一个答案，因为很可能所有基本事实仍不足以确定一个人的同一性。根据存在主义者的说法，由于一个人把一些事实选作基本的加以考虑，甚至使这一问题变得更加复杂。仅仅依靠这些事实足以确定我们的同一性吗？萨特回答说："绝不能！"他的这一答案来自德国存在主义者马丁·海德格尔。一个人确实具有的事实，至少只要他活着，就只能是一个人迄今为止所是所为的标记。在判断一个人的同一性时，我们必须要考虑的东西，总是比他或她确实具有的东西要多（萨特和海德格尔共同把这些东西技术性地称为一个人的**实际性**），我们也必须考虑他们对未来的筹划，他们的雄心、计划、意图、希望和幻想。（萨特称这些考虑是一个人的**超越**。请注意，这就是第三种方式上所使用的"超越"。）这种看待个人的方式，使得自我同一性问题变得无比复杂，事实上，变得无法解决。比如，想想萨特在他最重要的著作之一《存在与虚无》（1943）中称之为"自欺"的例子。

让－保罗·萨特，论自欺[1]

例如，这是一位初次赴约的女子，她很清楚地知道与她说话的人对她抱有的意图，她也知道她迟早要做出决定，但是她不想对此显得急迫：她只是迷恋于他的对手恭谦、谨慎的态度和对她显示出来的东西。她不把这种行为当作人们称之为"最初接近"的企图，就是说，她不想看到这种行为表示的时间性发展的可能性：她把这种举止限定在它现在所是的范围内，她不想理解人家对她说的话中间的言外之意，如果人家对她说"我如此钦慕您"，她消除了这句话深处的性的含意，她把客观品质的直接意义赋予她的对话者的话语和行为。与她说话的人在她看来似乎是真诚的和恭敬的，就和桌子是圆的或方的，墙纸是蓝的或灰的一样。同样，附属于与她说话

1　Jean-Paul Sartre, *Being and Nothingness*, trans. Hazel E. Barnes, New York: Philosophical Library of New York, 1956. 中译文见萨特：《存在与虚无》，陈宣良等译，杜小真校，北京：生活·读书·新知三联书店，1997 年，第 92—94 页。

的那个人的诸种品质被凝固在一种物化的永恒性中，这种永恒性只不过是这些品质的精确现实在时间之流中的投影。因为她不了解她希望的事情：她深深地感受到她激起的情欲，但是粗野的和赤裸裸的情欲会使她受辱并使她恐惧。然而，她不会感到只是单纯的尊敬的任何魅力，为了满足她，需要有一种完全是向她这个人表示的感情，就是说，向着她的全部自由表示的并承认她的自由的感情。但是同时，这种感情应该完全是情欲，就是说，这种感情借助于她的对象的身体，因此，这次她拒绝领会是其所是的情欲，她甚至不给它名称，她只是在欲望向仰慕、尊重、尊敬自我超越的范围内，在它完全消失，在它造成的更高的形式中的时候才承认它，以致不再只是把欲望想象为一种热情和亲密。但是这时人家抓住她的手，她的对话者的这种活动很可能因唤起一个直接决定而改变境况：任凭他抓住这只手，这本身就是赞同了调情，就是参与；收回这只手，就是打断了造成这个时刻的魅力的陷入困境的、不稳定的和谐，关键在于把决定的时刻尽可能地向后延迟，人们知道那时的结果是：年轻的女子不管她的手，但是她没有察觉到这一点，她没有察觉到它，因为她碰巧在此刻完全成为精神，她把她的对话者一直带到爱情思想的最高境界：她谈论生活、她的生活，她按她的本质面目显示出自己个人，一个意识。在这个时刻，身体和心灵的分离就完成了；她的手毫无活力地停留在她的伙伴的温暖的手之间：既不赞成也不反对——像一个物件一样。

我们可以说，这女子是自欺的。但是我们立即发现她使用不同的方法来维持这种自欺。她把她的同伴的行为归结为仅仅是其所是，就是说，归结为以自在的方式存在，从而解除了她的同伴的行为的危险性，但是，当她把情欲理解为不是其所是的时候，也就是说，承认它是超越性的时候，她是能够享受她的情欲的。最后正是由于沉浸在她自己的身体的存在之中一直到也许是心烦意乱的程度——她实现了**不是**她自己的身体，她从她的高度把它看作事件能作用到的被动对象，但是这被动的对象既不可能刺激起这些事件，也不可能避开它们，因为所有这些可能都是在对象之外的，我们在自欺的这些不同的表现中发现的是什么样的统一呢？是以某种手段构成一些矛盾概念，就是说把一个观念和对这个观念的否定统一在自身之中的一些概念。是因此而产生的基础的概念，这种概念利用了人的存在的双重性质：**散朴性**和**超越性**。人的实在的这两个方面真正说来是而且应该是能够有效地调和的。但是自欺既不想以综合来调合它们，也不可能以此来克服它们，对自欺来说，关键在于以保存它们的区别来肯定它们的同一。应该肯定作为超越性的散朴性，并肯定作为散朴性的超越性，以至人们在把握其中的一个的时刻会突然面对另外的一个。

所谓**自欺**，非常简单，就是拒不接受自己。[1]这种现象可以通过两种方式出现。一种是，你可以拒斥与你的自我同一性相关的事实和行动（比如，否认你一再出现的懦夫行为树立了你作为懦夫的同一性）。另一种是，你可以更极端地走向反面，认为你的行动绝对地、不可改变地树立了你的自我同一性（比如，否认你可以通过一次英雄行为来改变你懦夫的自我同

1 然而，这是《存在与虚无》的主要概念，为了对它作出正确分析，萨特用了七百多页的篇幅。

一性）。当然了，人们可以想象，萨特观察到的那位女士很清楚自己在做什么——在她决定她想要什么的同时吊住那个男子的兴趣。萨特的要点并不在于任何个别的人的外在行为，而是我们如何界定我们自己，以及我们如何“拥有”或“承认”我们的自我刻画。于是，萨特展开了他的理论核心。自欺指向了关于个人的自我同一性的最重要的唯一事实——根本没有任何自我同一性。萨特通过显得有些悖谬的术语告诉我们说：“人是其所不是，人不是其所是。”换言之，无论关于你的事实是什么，你永远是某种超出那些事实的东西。萨特例子中的同性恋者是一个同性恋者，是因为他过去的所有行动和欲望都是一个同性恋者的行动和欲望。他由于拒绝面对他过去的行动，拒绝这些行动指向的他所具有的作为同性恋者的自我同一性，因而陷入了自欺。然而，同时在真正的意义上，他不是一个同性恋者：将来，他可以彻底改变他的生活方式。因此，他若完全接受他作为同性恋者的自我同一性，否认自己可以是别的什么，那他也是自欺。只要一个人还活着，他或她不仅要根据已然确实的事实来确定，也要根据意图、计划、梦想和希望来确定。由于这种复杂性，决定“我是谁”这个问题显得极其复杂。让我们看看选自萨特的著名戏剧《禁闭》（*No Exit*）中的一幕场景，其中的一个人物（已死，“生活在”地狱中）试图证成他作为一名英雄的形象，尽管他整个一生的事实表明他是一个懦夫。

让-保罗·萨特，《禁闭》[1]

加尔散：他们把我枪毙了。

艾丝黛尔：我知道。因为你拒绝上前线。那你为什么这样呢？

加尔散：我——我也不是完全拒绝。［对看不见的人］他说得好，他指责得恰如其分，但他没有讲应当怎么办。难道我能够进将军府邸去对他说“将军，我不去”？多么愚蠢！这样做，他们早把我关起来了。我当时想表明观点，我要表明观点，不愿他们封住我的嘴，不让我说话。［向艾丝黛尔］我——我乘上火车……他们在边境把我抓住了。

艾丝黛尔：你本来打算去哪儿呀？

加尔散：去墨西哥。我打算在那儿办一份和平主义报纸。［稍停］唉，你说点儿什么吧。

艾丝黛尔：你要我说什么呢？你做得对，因为你不愿意去打仗。［加尔散做了个恼怒的手势］啊，我亲爱的，我猜不透应当回答你什么话才好。

伊内丝：你不能猜一猜吗？我能。你应当对他说，他像头雄狮般逃跑了。因为你那位了不得的亲人，他毕竟逃跑了，就是这点使他恼怒。

加尔散：逃跑，出走，您怎么说都行。

艾丝黛尔：你应当逃跑。如果你留下不走，他们就会逮捕你。

加尔散：当然喽。［稍停］艾丝黛尔，我是个懦夫吗？

---

1 Jean-Paul Sartre, *No Exit and The Flies*, trans. Stuart Gilbert, New York: Alfred A. Knopf, 1946. 中译文见萨特：《萨特戏剧集》（上），沈志明等译，合肥：安徽文艺出版社，1998年，第131页。

艾丝黛尔：我不知道，不要这么不理智，亲爱的，因为我不处在你的地位。这该由你自己来断定。

加尔散：[厌倦的手势]我定不下来。

艾丝黛尔：总之，你应当记得起来，你这么做总是有理由的。

加尔散：是的。

艾丝黛尔：什么理由？

加尔散：那些理由是不是站得住脚呢？

艾丝黛尔：[气恼地]你思想真复杂。

加尔散：我想表明观点。我思考了很久，那些理由是不是站得住脚呢？

伊内丝：啊！问题就在这里。那些理由是不是站得住脚呢？你说大道理，不愿贸然去当兵，可是，恐惧，憎恶，种种见不得人的脏东西，这些也是理由呀！好吧，想一想吧，扪心自问吧！

加尔散：住口！你以为我等着你来开导吗？我在牢房里日日夜夜地踱来踱去，从窗边踱到门口，从门口踱到窗边，我审问着自己，我踩着自己的足迹来回踱步，我仿佛整整一辈子都在扪心自问，可是，到头来，做的事明摆在那儿，我……我乘上火车，这是肯定的。但为什么？为什么呢？最后，我想，我的死亡将对我作出定论，如果我是清清白白死的，那我就能证明自己不是懦夫。

伊内丝：你是怎么死的，加尔散？

加尔散：很糟。[伊内丝大笑]噢！只不过是肉体昏厥罢了。我并不感到羞耻。只是所有的事都悬而不决了。[向艾丝黛尔]你过来，看着我，当人间有人谈论到我时，我需要有人看着我。我喜欢绿眼睛。

伊内丝：绿眼睛？看您想到哪里去了！艾丝黛尔，你呢？你喜欢懦夫吗？

艾丝黛尔：你知道，这对我来说无所谓。懦夫也好，不是懦夫也好。只要他拥抱得甜甜蜜蜜就行。

加尔散：现在，他们在摇头晃脑地抽着香烟。他们感到无聊了。他们在想，加尔散是个懦夫。他们软绵绵地、有气无力地，仍然在想些什么事。加尔散是个懦夫！这就是我的伙伴们的结论。半年后，他们言谈中就会说，像加尔散那样胆小。你们两人运气真好，阳间人不再想起你们。我呢，我日子可不好过。

加尔散：[搂着伊内丝的肩膀]听着，每个人都有自己的目标，是不是？我以前就不在乎金钱和爱情，我要的是做一个男子汉，一个硬汉子。我把所有赌注都押在同一匹赛马上。当一个人选择了最危险的道路时，他难道会是懦夫吗？难道能以某一个行动来判断人的一生吗？

伊内丝：为什么不能？三十年来你一直想象自己很有勇气，你对自己的无数小过错毫不在乎，因为对英雄来说，一切都是允许的。这太轻松便利了！可是后来，到了危险时刻，人家逼得你走投无路——于是你就乘上去墨西哥的火车。

加尔散：我可没有幻想过这种英雄主义，我只是选择了它。人总是他想要成为的样子。

伊内丝：拿出证据来。证明你这不是幻想。只有行动才能判断人是个什么样。

加尔散：我死得太早了，他们没有给我行动的时间。

伊内丝：人总是死得太早——或太迟。然而，你的一生就是那样，已经完结了；木已成舟，该结账了。你的生活就是你自己。

- “实际性”与“超越”之间的差异是什么？萨特如何利用这些概念来声称不存在自我同一性？
- 什么是“自欺”？描述一次你处于自欺的情形。

C. 个体与共同体

迄今为止，我们对于笛卡尔模式的辩护和批评都集中于个人。我们考虑的是个人和个人意识，探问它是否符合笛卡尔式的自我图景。然而，还有一个完全不同的方案我们仍未讨论（尽管萨特的《禁闭》确实触及到了）。甚至在对个体自我的论述中，以下这一点也是很明显的，即个体自我很大程度上（若非完全）是一个社会产品，它是一个由社会规定的自我。我们都有在群体中找到自己的经验，在这样的群体中，我们“无法是自己”，甚至更糟，我们据以行动的身份，完全是他人强加给我们的。比如，上学时，我们扮演“学生”的角色，逢迎讨好、受尽压抑，很久之后，我们认识到它不过是一个角色，而且偏偏还是个不让人愉快的角色。如今，我们把它看做是一个角色，只是为了其他人——老师、管理者、父母——的利益，我们才被迫如此“行为”。你开始想知道你身份的其他方面有多少同样是别人强加给你的，而根本不是你选择的，更不要说是你创造的吗？你有多少行为是由父母、社会、电视、电影、朋友和同学所“规定”和“限定”的？随着怀疑的加深，不久你就开始发现你关于自己的思考出现了一个分裂：第一，你有你自己的同一性概念；第二，还有一个一直以来强加给你的同一性概念。这两个概念就像船和岸一样，彼此离得越来越远，而你发现自己陷在两者之间。因此，我们时代最主要的精神病学家之一 R. D. 莱因（R. D. Laing）把这个问题看做不仅是我们诸多日常不幸的基础，而且也是我们某些最严重的心理崩溃的原因，就毫不足怪了。莱因把你自己的自我意识与作为他人关注对象强加给你的自我意识之间的断裂，描述为“存在性不安”。内疚就是这种分裂的一个例子，这种情绪一旦过度（如弗洛伊德常常说到的那样），就会导向病态。有一种关于内疚的定义如下：它是一种陷于既需要他人赞同和承认，又觉得自己必须做“自己”的自我意识。因此，我们就会有一个“真正自我”的观念，它隐藏于我们在公共场合、甚至在我们的密友面前呈现出来的面具后面。我们觉得，我们的真实自我只有我们自己知道，可同时，若不跟他人在一起，我们无法真正存在。

个性与社会的自我同一性之间的张力，是一种极其相对的张力，但是，它事实上是我们整个西方的自我观念的中心。在绝大多数社会中，比如柏拉图和亚里士多德笔下的希腊，一个人总是根据他作为其成员的社会来看待他或她自己的同一性的。他们完全没有与社会相对立的自我观念（比如，苏格拉底在《克力同》中的演说，在我们的导论中有，他在那里说到，事实上，他若为了自己的利益而反对国家，就无法不背叛自己）。然而，我们自己的自我同一

R. D. 莱因（1927—1989）：苏格兰精神病学家、哲学家，在自我和人格的主题上有广泛的写作。

性观念已经变得非常个人主义了，以至于自我同一性实际上是社会同一性这种观念，与那种始于自我和自我意识的自主性的整个笛卡尔传统——以及大部分西方思想——截然相对。个人反抗的尝试由克尔凯郭尔所开启，他是一位十九世纪的基督教哲学家，常常被认为是存在主义之父。他痛惜他讽刺地称作“公众”的那些人，力促终结集体同一性和社会角色，重新尊重个体。

索伦·克尔凯郭尔，论“公众”[1]

虽然有这么多作品，主观思想家只获得适度的回报。集体的观念越是支配着日常观点，成为作为一个个体生存的人，而不是消失于种族和“我们”“我们时代”“十九世纪”的话语中，就越是被禁止。不可否认，[成为一个生存着的人]不过是件极小的事情；因此，大量的鄙弃也未能使之受贬损。那么，什么是作为一个个体生存的人呢？我们时代实在太清楚它的微不足道了，但正是在这一点上，显出了我们时代的那特有的不道德。每一个时代有它特有的不道德：我们时代的不道德或许不是贪欲、享乐和好色，而是对个体的一种堕落的、泛神论的蔑视。在我们对我们时代和十九世纪的所有得意洋洋中，可以听出一丝对个体的蔑视；在这代人的自负中，有一种对成为人的绝望。任何事情都必须跟别的一切事情连接在一起；人们在事物总体中、在世界历史中奋力欺骗自己；没有人想成为一个个体的人。

事实上，克尔凯郭尔在这个问题上的观点非常强硬，他甚至认为，一个人若“追随大众”，不对他或她自己的命运做选择，不作为一个个人充满激情地生活，就不能说真正地存在过。

索伦·克尔凯郭尔，论自我与激情[2]

没有激情，生存是不可能的，除非我们是在任何所谓的生存的意义上来理解生存的。正因为这个原因，古希腊思想家本质上都是充满激情的思想家。我常惊讶于一个人如何可能被带入激情。因此，我曾想，我可以使他安坐在一匹马上，促其狂奔，或者更好，为了适当地产生激情，我可以尽可能快地把一个人带到他想去的地方（如此已经处于某种激情中了），并使他安坐于一匹几乎无法行走的马上。但是，若一个人意识到了，这就是生存的情形。后者，如果某人拉住配有一匹飞马和一匹驽马的马车，并对那位通常毫无激情的赶马者说“现在，快”，我想会成功。若一个人意识到了，这就是生存的情形。永恒是那匹有翼的飞马，而时间是那匹驽马，生存着的个体是那位赶马者。也就是说，当他的生存不只是所谓的生存时，他就是赶马者，而当他是一位嗜酒的农夫，在车上酣睡，任由马儿自己照管自己，他就不是赶马者了。如果这样还相信他在赶车，相信他是一位赶马者，那岂不是许多人都这样生存着。

---

1 Søren Kierkegaard, *Concluding Unscientific Postscript*, trans. Clancy Martin.

2 同上。

受克尔凯郭尔和尼采影响，德国存在主义者马丁·海德格尔根据他所谓（也是讽刺的称呼）的“常人”反对集体的社会同一性，常人是一个极其有效的德语表达，它大致译作“他们说大蒜治疗感冒”中的“他们”。谁是“他们”？海德格尔说，根本没有谁是，它只是一个匿名的无人。在具有浓厚哲学味道的美文中[1]，他给出了如下论证：

马丁·海德格尔，论“此在”和“常人”[2]

此在作为日常共处的存在，就处于他人可以号令的范围之中。不是他自己存在，他人从它身上把存在拿去了。他人高兴怎样，就怎样拥有此在这各种日常的存在可能性。在这里，这些他人是不确定的他人。与此相反，任何一个他人都能代表这些他人。要紧的只是他人的不触目的、从作为共在的此在那里趁其不备就已接收过来的统治权。人本身属于他人之列并且巩固着他人的权力。人之所以用“他人”这个称呼，为的是掩盖自己本质上属于他人之列的情形，而这样的他人就是那些在日常共处中首先与通常“在此”的人们。这个“谁”不是这个人，不是那个人，不是人本身，不是一些人，不是一切人的总数。这个“谁”是个中性的东西，即“常人”。

◆◆◆

每一个人都是他人，没有一个人是他人本身。这个“常人”，就是日常此在是“谁”这一问题的答案。这个常人却是“无此人”，而一切此在在共处中又总已经听任这个无此人摆布了。

为了对抗这一“听任”，海德格尔督促我们作为个人来“把握自己”，找到我们“本真的”自我。日常此在的自我就是常人自我，我们把这个常人自我和本真的自我——亦即本己掌握的我加以区别。

这种个人主义运动并非存在主义所独有，实际上，它是从古希腊苏格拉底经基督教改革到当代资本主义整个西方思想的主流。在很重要的程度上，苏格拉底的反抗是一种存在意义上的反抗。他坚持自己的原则，反对当时的意见。别的不说，路德的宗教改革完全是一种对个人（个人良知、个人行动）的重申，而反对包揽一切的天主教精神。如今，实际上每一个美国人都会赞同，每一个个人至少应得到某种个人权利和个人尊重。不过，个人主义一直都有它的怀疑者。在很大程度上，个人主义产生于对如下意识的反动：我们的真正所是如何受到社会的限制。个人主义作为个人发展的一种工具，作为对过度社会化的一种反抗，是极其有价值的。但是，一旦个人主义变得无比强劲，到了个人利益吞噬别人的利益、个人利益始于对共同体的破坏的程度，那么，就可能是时候来考虑个人主义的界限的问题了。此外，对个人主义的过度强调，可能使我们忘记了还有其他绝非个人主义的人类生活方式。我们对于我们教育的价值和习俗的挑战，要有一定的限度。一些反抗既要求社会的发展和改变，又

1　“此在”意指的是“个体的人”；“共在”指的是“在他人周围存在”。

2　Martin Heidegger, *Being and Time*, trans. J. MacQuarrie and E. Robinson, New York: Harper & Row, 1962. 中译文见海德格尔：《存在与时间》，陈嘉映、王庆节合译，熊伟校，北京：三联书店，2000 年，第 131 页。

要求个人的发展和改变。但是，太多的反抗既是对自我的破坏，也是对社会的破坏。因为无论我们打算如何彻底地把自己设想为总体的个体，我们的自我同一性都不可避免地与我们受教的共同体和价值联系在一起。美国社会学家大卫·里斯曼（David Reisman）根据这些考量对个人主义作了再次考察，并作了如下辩护：

大卫·里斯曼，论个人主义[1]

大卫·里斯曼（1909—2002）：哈佛社会学家，专注于美国中产阶级、现代城市环境下的生活、高等教育、美国对外关系尤其是其与核军备竞赛之间的联系。

社会科学促使我们日益意识到，个人无论伟大还是渺小，都是他们的文化调节的造物。因此，我们既不要谴责渺小者，也不要颂扬伟大者。但是，这种见识有时会把我们导向这样一种错误：既然所有人都是文化中的存在，都是文化的结果，那么，他们就受恩于文化，哪怕做一辈子的利他者都报答不了。（有人可能这样认为，既然我们都是父母生的，那么，无论何时，我们只要越过了父母所定下的界限，就应该感到愧疚。实际上，有许多社会确实如此！）有时，这一观点导向了对个性的实际否定：既然我们受教于社会，那么，我们身上就有一种浓厚的决定论，永远无法被我们超越。所有这些概念都是对早期唯我论的有效纠正。但是，如果这些观点被进一步延展到认为，与社会相符不仅是一种必然，而且是一种义务，那它们就到了毁灭自由的边缘，而正是自由让生活有味，使生活改善有无限的可能性。

- 你的自我同一性在什么方面是由社会构成的？你认为你是谁完全由你的社会关系决定吗？在你剥离那些似乎确定你的所有关系之后，还剩下什么呢？

在当今时代，个人如何由社会确定或在社会中得到确定，是一个深具政治色彩的问题。它与我们如何在民族、性别和种族上对我们社会加以归类这些问题联系在一起。在我们多元主义的美国社会，我们总是认为，在确定我们在社会中的身份这个问题上，个人自由要比我们的家庭或专业组织起着更重要的作用。因此，我们对种族或性别上的老一套，对强化社会角色特别敏感，因为我们觉得，我们的同一性会因此不再受自己控制，我们个性会因此受到忽视。这种关注类似于**二元论者**对唯物主义的关注。我们担心，如果我们仅仅“是”我们的身体——或同样的，如果我们仅仅“是”我们社会塑造的那样——那么，我们就不是自己愿意是的自由的、理性的生命。在下面的选文中，黑人民族主义领袖**马尔科姆·X**（Malcolm X）论证了非裔美国人的自我同一性由白人占大多数的社会所确定的程度。

1 David Reisman, *Individualism Reconsidered*, New York: Doubleday, 1954.

马尔科姆·X，论作为“非洲人”[1]

马尔科姆·艾克斯（1925—1965）：美国黑人民族主义运动的领袖，1965 年从中东回国途中被刺。

此刻，在这个国家，如果你和我，如果两千两百万非裔美国人——是的，我们就是这样的人——是生活在美国的非洲人。你们只是非洲人。是的，仅仅是非洲人。事实上，你们已经自称非洲人而不是黑人。非洲人不会遭人贬损。你们才是遭人贬损的人。他们不会为非洲人通过公民权法案。现在，一个非洲人可以去任何地方。你要做的就是抬起你的头，去任何想去的地方，那是权利。只是不要作为一个黑人。把名字改成 Hoogagagooba。你就会知道，白人有多愚蠢。你是在跟一个蠢货打交道。我有一位肤色漆黑的朋友，在废除种族歧视之前，头裹一块穆斯林的头巾，走入亚特兰大的一家餐馆。他走进这家白人餐馆，坐下来，白人侍者为他服务，然后他问：“如果黑人进到这里，会是什么情形？”他就坐在那儿，黑夜那样黑，只是他裹了头巾，因此，这位女侍者回头看了一眼，说道：“为什么？黑人不敢到这里来吗？”

在另一个著名演说中，马尔科姆·X 说明了这则故事的寓意：

马尔科姆·X，《在奥杜邦》[2]

保护自己、不让自己受骗的最佳途径，就是在试图做任何判断之前亲自看看、听听和想想。自己对某人的印象，绝不要以另一个人的说法为准。也不要以另一个的所写为凭。也不要以别人关于这个人的评价为标准。绝不把自己的判断建立在类似这样的东西上。尤其是那些在国家和社会中深谙欺骗手法的人，他们知道你们不喜欢什么人，因此，他们会把不喜欢的人描绘成你们不喜欢的样子。因此，结束恨你的朋友，结束爱他们的敌人。

- 你曾感觉到你自己的自我概念与他人看待你的方式之间的冲突吗？描述一下这种情形，以及它带给你的感受。
- “反抗”我们那社会化的自我，创造作为独特的、独立的、“本真的”个体的自我，你认为有可能吗？在这项事业中，你预见到什么问题或限制？

显然，社会角色一直以来也束缚了其他群体的“自由个性”，比如妇女。当代许多女性主义者分析说，性别角色可能比任何其他因素都更加错误地规定着我们，并对我们的个性造成破坏。在一篇如今广为人知的文章中，**雪莉·奥特娜**（Sherry Ortner）探讨了社会规定妇女的方式。

1　Malcolm X, “The Ballot or the Bullet”, in *Malcolm X Speaks*, New York: Pathfinder Press and Betty Shabazz, 1965.

2　Malcolm X, “At the Audubon”, in *Malcolm X Speaks*, New York: Pathfinder Press and Betty Shabazz, 1965.

雪莉·奥特娜，《女性之于男性恰如自然之于文化？》[1]

雪莉·奥特娜（1941— ）：美国人类学家，因其跨文化性别区分的著作而闻名。

人类学的诸多创造性源自如下两套要求之间的张力：解释人类的共性与解释文化的特殊性。根据这一原则，妇女为我们提供了一个更具挑战性的问题去研究。妇女在社会中的次要地位，是一个真正的共性、泛文化的事实。然而，在这个普遍事实中，关于妇女的具体文化概念和象征极其多样，甚至相互矛盾。此外，人们对于妇女及其相关权力和贡献的研究，随不同文化及具体文化传统的不同历史时期而有着巨大变化。因此，这两点——普遍的事实与文化的变化——就构成了所要解释的问题。

当然，我对这一问题的兴趣不仅仅是学术的：我想看到真正的变化发生，出现这样一种社会和文化秩序，在那里，向女人开放的人的潜力范围与向男人开放的一样多。女性从属地位的普遍性，存在于每一种类型的社会安排和经济安排中，并且存在于复杂程度各异的社会中，这一事实向我表明，我们面临着某种非常深刻、非常棘手的东西，我们无法通过重新安排社会体系中的一些工作和角色或整个经济结构，就可以简单地消除它。在这篇论文中，我试图揭示设定女性的劣等地位的那种文化思考的潜在逻辑，我试图表明这一逻辑的极强说服性，因为，如果这一逻辑不是那么有说服性的话，人们就不会认同它。但是，我也试图表明那一逻辑的社会根源和文化根源，从而指出改变的潜力在何处。

女性从属地位的普遍性

无论什么地方，无论在哪一种已知的文化中，妇女都被认为在某种程度上劣于男人，我这样说是什么意思？首先，我必须强调我所谈论的是**文化**评价，我说的是每一种文化以自己的方式、自己的术语作出的这种评价。但是，我有什么证据说一种具体的文化认为妇女是劣等的呢？

如下三种论据就足以证明：（1）**明确**贬低妇女的文化意识形态因素和告诉者的陈述，它们给予妇女的角色、工作、产品和社会背景的声望，显然不如给予男人和男性相关物的声望；（2）符号设计，比如污秽的属性，它们可以被认为是作出劣等评价的**含蓄**表述；（3）社会结构安排，它们把妇女排除在某些领域之外，使她们不得参与其中或与之接触，而社会的最高权力被认为正是存在于这些领域。当然，这三种论据可能在任何具体体系中都是相互联系在一起的，尽管并不必然如此。此外，其中每一种论据通常都足以作出女性在特定文化中处于劣等的观点。当然，女性被排除在最神圣的仪式或最高政治委员会之外，就是一个充分的证据。当然，明确贬低妇女（和他们的工作、角色、产品等等）的文化意识形态也是充分的证据。诸如污秽这样的符号标识物通常也是充分的证据，尽管在一些情形中，男人和妇女彼此会相互污染，因而需要进一步的标识

1 Sherry Orther, *Woman, Culture, and Society*, ed. Michelle Zimbalist Rosaldo and Louise Lamphere, Stanford, CA: Stanford University Press, 1974.

物——而就我的调查所知，总是可以找到这样的标识物。

因此，无论考虑所有这三种证据还是其中的任何一种，我都会坚决主张：在所知的每一个社会中，我们都发现妇女从属于男人。

◆◆◆

自然与文化

我们如何解释对妇女的普遍贬低这种现象呢？当然，我们可以把这种情形归结于生物学决定论。生物学决定论者主张，一切物种的男性都有与生俱来的某种东西，正是这种东西使他们自然地成为支配性别。而女性缺乏“这一东西”，因此，妇女不仅自然地处于从属地位，而且一般来说，她们十分满意她们的地位，因为这一地位为她们提供了保护和最大化母性快乐的机会，在她们看来，这些是生命中最令人满意的体验。无需对这一立场加以详细驳斥，我想我可以公平地说，它未能在使学术性的人类学领域中的所有人满意的基础上立足。这就是说，并不是生物学事实无关紧要，也不是说男人和妇女没有不同，而是说，这些事实和差异只有在受文化规定的价值体系框架下才呈现出优/劣的意义。

如果我们不愿意把这种情形归结于基因决定论，那在我看来，我们就只有一条路可走。那就是，我们必须尝试根据其他共性来解释女性的从属地位，而这些共性就是作为最一般情境的结构的因素，在这种情境中，所有人，无论在何种文化中，都可以找到自我。比如，每一个人都有一个物质性的身体和一个非物质的心灵，是同其他个体构成的社会的一部分和一种文化传统的继承者，而且无论如何中介，为了生存下来，都必须与“自然”或非人类领域有某种关系。每一个人都是（母亲）生的，而且最终都会死去，所有人都被认为关心个人生存，而社会/文化所关心的（或至少具有动力的），则是超越具体个人之生死的延续和生存。如此等等。我们必须在这些人类境况的普遍共性领域中，为贬低女性这一普遍事实寻找一个解释。

换言之，我们把这个问题转换为如下的简单问题。在每一种文化都共有的生存的一般结构和境况中，是什么导致它们都把妇女置于一个更低的位置呢？尤其是，我认为，妇女被等同于一切文化所贬低之物，等同于一切文化所确定的处于生存的较低等级之物——或者，你无妨把妇女看成是这些东西的一个象征。如今，似乎只有一种东西符合这一描述，那就是最一般意义的“自然”。每一种文化，或者一般地说，“文化”，参与生产和维持有意义的形式（符号、人造物等等）系统的过程，人类正是依靠这些有意义的形式超越所给定的自然存在，使之服从于自己的目的，满足自己的需要。因此，我们可以宽泛地把文化等同于人类意识的观念，或人类意识的产物（也就是，思想和技术体系），人类企图借此维持对自然的控制。

◆◆◆

现在回到妇女问题，他们泛文化的次等地位完全可以通过如下假定得到说明：妇女等同于自然，或象征性地与自然联系在一起，与此相反，男人等同于文化。既然包容和超越自然一直是文化的事业，而妇女又被认为是自然的一部分，那么，文化把妇女置于从属位置，虽还说不上压迫她们，就是“自然的”。然而，这一论证尽管显示出了巨大的力量，但它似乎过度简化了这一情形。因此，在接下来这一部分我想要辩护和阐明的陈述是：与男人相比，妇女“只是”被视作更接近自然。也就是说，文化（依然相对明确地等同于男人）承认妇女是其特殊过程的积极参与者，只是同时又认为她们更植根于自然，或者说，与自然有着更直接的亲缘性。

这看起来是一个小小的修正，甚至可以说微不足道，但是我认为，它是对文化假设的一个更加准确的描写。此外，这些术语所体现出来的论证与较为简单的陈述相比，具有一些分析优势。稍后，我会对此加以论述。这里只是要强调，修正后的论证依然说明了对妇女的泛文化贬低，因为，即使妇女没有被等同于自然，她们还是被视作代表着存在的较低等级，与男人相比，她们更少有对自然的超越。

◆◆◆

简言之，人们认为，妇女与男人相比更接近自然，这一假定对进一步的分析而言有好几层含意，能够以好几种不同的方式加以解释。如果妇女只是被认为处于从文化到自然这一等级尺度上的中间位置，那么她们依然被视作低于文化，因此可以说明如下的泛文化假设：在万物的等级中，妇女低于男人。如果妇女被解释为文化—自然关系中的中介因素，那么可以部分说明不仅贬低妇女，而且限制和约束她们的功能的文化倾向，因为文化必须保持对它的（实用和象征）机制的控制，以使自然转化为文化。如果妇女被解读为文化与自然之间的模糊地位，那可能就有助于说明这一事实：在特殊的文化意识形态和文化象征中，妇女偶尔能够与文化连接在一起，无论如何，在个别象征体系中，妇女常常被赋予两极对立的矛盾意义。中间位置、中介功能、模糊地位——都是为了不同的具体目的而对作为自然与文化之间的媒介的妇女的不同解读。

- 你身处其中的文化是如何确定妇女低于男人的？对此你如何解释？你觉得奥特娜的论证有说服力吗？你认为在什么方面妇女优于男人？或者，你认为正是关于“优势”性别的观点显得荒谬吗？

一个社会若没有清楚的社会角色功能和性别角色功能，会是怎样？我们还可能作为完全自由的个体彼此交流吗？一些女性主义者认为可以，比如安·弗格森（Ann Ferguson）。不过，她认为，为了达成这一理想，我们全都必须信奉一种“雌雄同体的”性别。

安·弗格森，论雌雄同体[1]

有很好的证据表明，人类的婴儿是双性的，只是通过模仿和认同承认的模式才习得一种具体的男性或女性身份的。这一证据来自于所有人都同时具有男性和女性荷尔

1 Ann Ferguson, “Androgyny as a Progressive Ideal for Human Development”, in *Feminist and Philosophy*, ed. Mary Vetterling-Braggin, Frederick A. Elliston, and Jane English, Lanham: Littlefield, Adams, 1977.

蒙（分别为雄性激素和雌性激素）。这一发现，同时也来自于首先为弗洛伊德详细阐述的概念。弗洛伊德认为，只是到孩子的性发展的第三阶段，才有了异性身份。性别身份，是通过克服俄狄浦斯情节才获得的，在这一阶段，孩子放弃了对母亲的主要依恋，要么学着认同父亲，要么爱上父亲。不过，舒拉米斯·费尔斯通（Shulamith Firestone）认为这一过程并非如弗洛伊德所说的那样是不可避免的。相反，这一过程是由于家长制核心家庭的权力动力学。请注意，根据这一分析，如果劳动的性别区分被摧毁，那么，训练男孩和女孩使其获得异性性别身份的机制也会因此而被摧毁。如果父亲和母亲在抚育孩子上具有平等的教养角色，如果父亲和母亲在家庭之外具有平等的社会、经济和政治权力，男孩就没有理由为了获得与男性角色联系在一起的权力而拒斥他的情绪维度。女性也不会为了通过操控男性间接获得权力而不得不担负女性角色，拒斥她那自主、独立的一面。因此，作为一种性别身份，双性是准则而不是例外。

安·弗格森（1938—　）：马萨诸塞大学的哲学和女性研究荣休教授。

在弗格森写作这篇文章的那个时候，女性主义者通常声称，应该将**性**，关于个人的生育潜力的生物学事实，和**性别**，基于人们的性别分类而分配给人们的社会角色区分开来。她强调，性别角色是可塑的，她还表示，如果依据性别的劳动分工瓦解了，我们对性别认同的观感也会发生改变。自此，许多女性主义的思想家都追随美国哲学家朱迪斯·巴特勒（Judith Butler）对性—性别区分的批判。巴特勒主张，这些观念并不像女性主义者们之前所想的那样可以清晰地区分开来。在被分配以性别范畴**之前**，我们无从得知一个有性别的身体会是什么样子，而我们**男性**和**女性**的范畴与我们对社会角色的观念一样，不外乎是社会建构的产物。尽管性与性别之间的关系备受争议，我们之中的许多人（或许大多数人）都认为，我们自己的这些方面在造就我们是谁上意义重大。有鉴于此，笛卡尔关于作为一个“思考之物”的自我的经典观念并不适用于决定我们同一性的性或性别。按照他的解释，这些观念指的是亚里士多德所认为的“偶然”性质，对于使我们成为我们所是的那类东西而言不是本质性的。然而，如果我们要认为性和/或性别对于我们的自我同一性而言是本质性的，那么如果我们接纳雌雄同体，或进行变性手术（这个术语本身即表明性和性别之间关联的一个特定观点），二者的可塑性就会表明，我们的同一性也会发生彻底的改变。美国经济学家迪得莉·麦克劳斯基（Deirdre McCloskey）在她的回忆录《跨越》（*Crossing*）中，描述了她在变性过程中体验到的转变。尽管她想避免任何性别本质主义（一个性别是由一组固定的特征所定义的观点）的观念，她认为她的动机事关对她的同一性的辨识。她的经验表明，事关性别之处，自我同一性和社会认同或许会以错综复杂的方式相关联，而心理和生理上的连续性则是一个程度上的问题。

迪得莉·麦克劳斯基，《跨越：一部回忆录》[1]

我想给你讲一个从五十二岁的男人跨越到五十五岁女人的故事，从唐纳德到迪得莉的故事。

迪得莉·麦克劳斯基(1942—)：美国伊利诺伊大学芝加哥分校的经济学、历史、英语、传播教授，瑞典哥德堡大学经济学史教授。她还是一位LGBT群体公民权利的拥护者。

“一个奇特的故事。”你说。是的，从统计学上来讲，它是奇特的。一切指标都承认，通常被称作“跨性别”的那种事，永久性地跨越性别的界限，很罕见。（“跨性别”的拉丁文说法使之听上去性感撩人，但这是个误会；医学说法则令人误导，科学说法则愚不可及。我用平实的英文说法——“跨越”。）每一万个人中，只有三个人会想跨越性别的界限，你所在的城市社区或小城镇上只有为数不多的几位。跨越性别不会威胁到男/女性别比例、或女人的作用、或美元的稳定性。大多数人都认同其出生性别。

可人们终究还是跨越了各种各样的界限。在英国、荷兰和其他短暂逗留的地方，我有点像个外地人。如果你曾经当过外地人，你就能够有所理解，因为跨越性别就很像跨国旅行。人们大都会想去威尼斯度假。大多数的人们，如果能够施法成行，会愿意在一天、一周或一个月里尝试另一种性别。威尼斯游客作为一个团体可以被想成是从“铁T”（stone butch dykes：富有阳刚气概的女同性恋）到经手术从男性转变为女性的跨性别者，所有的跨越者，无论是永久性的还是暂时性的，无论是僧侣还是由平民变来的士兵、或是由男人变来的女人。跨越边界是少数人的兴趣，但却很符合人性。

我的跨越——改变、移民、成长、自我发现——发生在1994到1997年间，从我在爱荷华的家开始，然后是在荷兰的一年，此后又回到爱荷华，其间经过数次旅行。作为唐纳德我曾是，以及作为迪得莉我现在仍是爱荷华大学的一名经济学和历史学教授。从十一岁起，我曾经是一个每周几次的隐秘易装者。在其他方面我很正常，就是一个普通的男生。我的妻子在我们婚后的第一年知道了易装的事，那时我们二十二。没什么大不了的，我们心想。好多男人都有这样那样的性癖。放轻松，我们说。到了1994年，我们五十二岁，我已经结婚三十余载，有了两个长大的儿女，或许易装的次数有点更多。也去了更多次威尼斯。

我探访了女性的领地，并留了下来。这并非是为了好玩，尽管我发现了许多未曾预料的乐趣，也有许多痛苦。但算计苦乐无足轻重。重要的是我是谁。移民的类比在这儿不再奏效了。一个人从西西里搬到纽约来永居，因为在他的想象中，纽约的街道是由金子铺就的，或者至少比他家乡的街道铺得更好，而不是因为十一岁时还在卡塔尼亚的他梦想着成为一名美国人。移民可根据成本和收益来建模，经济学家一直以来也是这么做的。可我并不是（唐纳德并不是）因为喜欢花花绿绿的衣服或女人味的优雅（唐纳德将其视为多愁善感）才变性的。这个“决定”并不是功利性的。在我们的文化中，“决定”这个词的修辞暗含了成本和收益的意味。我变性是受到认同的驱使，

1 Deirdre McCloskey, *Crossing: A Memoir*, Chicago, IL: University of Chicago Press, 1999.

而不是受一张功利表的收支平衡所驱使。

当然了，你可以问，有什么心理学上的理由可以解释我想要跨越的欲望，并以某个版本的弗洛伊德作为回答。有些研究者认为，性别跨越存在一个生物学上的解释，因为之前为男性的跨性别者的部分大脑在尸检中明显呈现为女性。不过在我们这个医疗化的文化里，伴随着对为什么的一个回答的要求而来的，是一套提上日程的疗法。如果一个跨性别者“仅仅是”一个乐在其中的男子，这是一回事（嘲笑他、监禁他、谋杀他）。可如果这是大脑中的化学过程，这就是另一回事了（把他投入疯人院，并试着“治愈”他）。

我来回答你“为什么”我不能像你，我亲爱的读者那样的问题。如果你说不上自己为什么是一个乐观主义者，或者你为什么喜欢吃桃子口味的冰激凌，没人会为此而感到义愤填膺。如今，如果你是一名同性恋者，你会被免于回答为什么的问题。可是在1960年，人们不会免除你回答的责任，并因而热切地想对你做些什么，其中许多都是些下流之事。我想让这种对待为什么的礼节和满足感扩展到跨性别者身上。我想让针对跨性别者的医疗模式坍圮。这是政治。从二十世纪六十年代到九十年代，在黑人民权、女性解放、同志平权、反对越战的政治运动中，我听说过各种意见，但我从未真正为此冒险，对此我深感惭愧。为你讲述我的故事是将我算进这个行列的最后机会。

顺便一问，你为什么认为你的性别就是在出生时正式分配的那个呢？证明一下。好奇怪。

啊。我觉得你需要一些治疗。

经过一年的迟疑，从一个好的开始出发两年后，我发现我已跨越这件事令我高兴。一容一貌，一颦一笑，我都接受。这并没有使我成为一个百分百、本质上的女人——我从来没有XX染色体，从来没有女孩和五十二岁之前的女人生活。不过谢天谢地，世界并不要求百分百和本质。我青春期开始就是一个不可知论者，在我跨越的第二年，我试探性地皈依了宗教，并能亲自感谢上帝，让我发自内心从容地做一个女人。

有时，在我去办公室的路上，去取回干洗的衣服，在草原之光（Prairie Lights）书店买书时，我会热泪盈眶，存在着可真高兴啊。这就像有个人觉得她自己更像是法国人而不是美国人，而有一天，她真的可以成为法国人；或者一个一直希望成为职业运动员的人终于成为了一名职业运动员；或者一个觉得自己是女商人的人最终被视作一个女商人。我的单人游戏问世了。

我要为有时浪漫化女人的好处并且苛责男人的坏处道歉。这是我当时的感受。原谅我，初来乍到，过分乐观。或许我那个从唐纳德到迪伊再到迪得莉的故事充分表明了坏女人和好男人，从而抵消了我的浪漫理论。在对比男人和女人之所是时，我并不意在让那些曾用作其他女人之缺陷的刻板印象或本质主义暗度陈仓。女人并不总是更友爱，或对职业更没兴趣。当然了，她们之所是具体说来并不受什么永恒的柏拉图式的理念或遗传学上的规则所决定。我在报告社会实践中的差异在我看来如何，承认这种差异向来可能会是什么，就如教授们所言：“是社会建构的。”性别并非在各个方面都是“自然的”。例如，“阴柔”的姿态，就不是上帝自己的创造。这我当然知道。性别的社会建构毕竟是一个跨性别者会带着非同寻常地生动性知道的事情。她以此为生。

◆◆◆

跨越之后的一天，我和一位女性朋友在爱荷华城共进午餐，她也是一名学者，我们说到谈话是如何正常化的。她说："到了写一本开诚布公的回忆录的年纪了。"看起来的确如此。我们都同意，这是件好事，因为互相坦露我们是谁能让彼此都更富人性。妖魔化他者是通往毒气室的铁轨的第一站。如今，已有许多关于跨性别者的书籍。电影和电视也不再将其按照安东尼·博金斯在《惊魂记》中的形象刻画成疯子。自二十世纪六十年代起，许多形形色色的人站出来发声：被强奸的女人守口如瓶，未婚的母亲也缄口不言，这遭到了视秩序贵于自由的人的厌恶。二十世纪五十年代，许多人保守着或个人或国家的秘密：逆来顺受的妻子、秘不示人的残疾人、躲在柜中的同性恋者、缄默不语的社会主义者、吉姆·克劳法之下的黑人。在解放和其后的谈话之后，他们不再是可耻的他者或可悲的受害者，或仅仅是隐形人——"俄克拉何马没有同性恋者"——人们听到并谈及那些人的故事，甚至会想象成是他们自己的。这是羞耻和生活之间的区别……

车还停在停车场上，唐纳德心里想：

我是一个五十三岁的异性恋易装者，结婚三十年了，有两个长大成人的孩子，是一个经济学和历史学教授。我不想变成一个女人。

当然不想。只是个爱好而已。放松。

让我们来看看：东南公路。**他觉得他很认路。**

他驱车向南前往密西西比，试试看吧，他说道。真真正正地做一个女人会是什么感觉呢？

一个心理上的练习。当然了，我正穿着男装，而不是女装。这样说很合适：异性恋易装者。**不是**一个变性人！那不是我。

◆◆◆

只不过是个偶尔穿穿女装的人。爱荷华城里没人知道。没问题。

或许一百个人里就会有一个易装者，他在其他方面既是男人又已婚。或者是同志。女人也是一样——尽管她们的易装无人在乎，就像那位同事的妻子穿着男士鞋子。他们之中没人想当真进入另一种性别。一百个易装者当中，或许只有三个想去变性。万里挑三。嘿，这可不一样，非常少见。可不是我。这让易装看起来很常见。

我没有变性。我不想永久地跨越，成为一个女人。我不想变成一个威尼斯人。尽管在过去的八个月里，我说了不少和有关变性的话。只是出于兴趣罢了。

妻子，长大成人的孩子。我仍旧是个泰山，而不是珍妮。我们能解决它的。如果我的妻子讲道理的话。只要讲道理。

不过让我们来看看。

试试看。一个心理实验。

只是想想看。

迪卡尔布附近,芝加哥市郊和密西西比之间唯一的城镇,过了只是想想看二十公里后,他说道,

等等:
天哪。
我可以变成一个女人。
我一直都想这样做。我偶然间得知我可以。
我不是一个异性恋易装者。从来都不是。我是一个变性者。
我可以成为一个女人,他说。他如释重负地哭了出来,车在自己驾驶。我就是一个女人,他说。是的!
她又说了一遍,我就是一个女人,哭了。

这就是自十一岁起的易装的根源。在柜中封藏了四十余载,受限于婚姻。在过去的八个月里,我在俱乐部或家里解放天性的穿着越来越多。女子气潜藏于表面之下,呼之欲出。

后来在一次学生报刊的采访中,他将在收费公路上的感觉描述为“主显”,选词很险。这是个宗教用词,发生在扫罗前往大马士革的途中。“陡然之间,他周身被来自天国的一道光照亮,他倒在地上,听到了一个声音。”唐纳德并没有经此皈依,后来的迪得莉也没有被此魅惑,这一经历也不是精神上的。没有光,没有上帝现形,也没有声音。危险在于,报纸和精神病医生将宗教经验当作是疯狂。唐纳德的主显仅仅是一个个人开示的时刻,在接近迪卡尔布的收费公路上的一次领悟。对于这种“主显”:迪得莉会说,当人们的自我知识不再只是一团事实的乱麻时,这种时刻就会出现。一个性格上的事实出现在你面前,像一个十字架一般清晰。看看吧:在一个非宗教的世界中有更多宗教式的说法。世俗地说,理解,是认识你自己,而不是了解有关你自己的事情。他知道那个堤坝。1995年八月的第二十天的午后时分,决堤了,生活的波涛席卷了平原。他了解他自己。她自己。
就是这样了,她说:我是一个女人。

D. 唯一自我?任一自我?个人“本质”概念的探析

迄今为止,我们所谈论的自我同一性好像是一套单一的、统一的观念和特征,根据这套观念和特征,一个人可以确定他或她自己。可是,我们必须这样来思考“自我”吗?在小说《荒原狼》(*Steppenwolf*)中,赫尔曼·黑塞(Hermann Hesse)所描述的那个角色,其“自我”就极其不同。黑塞笔下的哈利·哈勒尔(Harry Haller)是一个多重的或多元的自我,是一束自我集,其中没有一个是“真实的”或“本质的”。像我们许多人一样,他在生活中有“两个自我”,一个是人性的、理性的和行为良好的自我,另一个是兽性的、野性的和狼一般的自我。他就在这两个自我之间被撕扯着。但是,黑塞告诉我们说,哈利的不幸并非如他所想的

那样是他的"两个自我之间的战争"的结果，而是过度简化的自我观念的结果。"荒原狼是一个虚构，"黑塞写道，"是一个神话的简化。"两个自我的观念，即一个是狼一个是人这样的观念，与心灵—身体的区分、基督教关于身体和灵魂的划分一样古老——甚至更加古老，事实上，它可以追溯到毕达哥拉斯和柏拉图。黑塞的观点如下：这种简单的自我全然是一个"资产阶级的约定"，是中产阶级对自我简化和统一的论证。实际上，哈利的不幸是因为这两个自我之间的张力和复杂性："人性的"自我有文化和富有教养的思想情感，而"狼性的"自我是野蛮的和残忍的，是弗洛伊德所谓的**无意识**本能的黑暗世界，是原始的、未开发的。他论证如下：

赫尔曼·黑塞，《荒原狼》[1]

如果哈利企图断定在他生命的每时每刻，在每一个行动、每个感觉中人占多少比例，狼占多大比重，他马上就会陷入困境，他的全部狼人妙论就会完全破产。因为没有一个人……哪怕傻瓜，会如此简单，他的性格会如此单纯，只是两三种主要因素的总和。而把哈利这样异常复杂的人简单地分为狼和人是无比愚蠢的行动。哈利的本质远不是只有两个自我，而是上百个或上千个自我构成的。他的生活像每一个人的生活一样，不只是在两个极——比如身体和精神、圣徒和浪子——之间摆动，而是在千百对，在不计其数的极之间摆动。

黑塞问，是什么原因使得我们全都觉得有必要以这种欺骗性的术语来思考自我，并把自我当做一个单一的统一体呢？他觉得，这是因为我们受到一个类比的迷惑，那就是，既然我们每个人只有一个身体，那么我们每一个人应该也只有一个唯一的灵魂。从这一类推出发，我们假设在每一个身体内必定存在着唯一的自我。但是，正是在这里，黑塞把我们的观点与古印度的观点作了对比，并且惊叹地注意到，古代亚洲人的诗歌中丝毫没有这样的观念。于是，他给我们提供了他自己的类比：人是由千百层皮组成的葱头，由无数线条组成的织物。古代亚洲人已经认识到这一点，并且了解得十分详尽，佛教的瑜伽还发明了精确的办法，来揭露人性中的妄念。人类的游戏真是有趣得很，花样多得很：印度人千百年来致力于揭露这种妄念，而西方人却花了同样的力气来支持并加强这种妄念。

- 具有一个多元的自我或诸多自我是什么意思？你认为这个观点合理吗？你曾觉得自己好像有多重自我或身份吗？（我们这里说的不是疯狂。）请描述一下这种体验。

黑塞提及佛教的自我概念时语带颂扬。因此，黑塞虽然仍扎根于西方观念，但他已然非常倾慕于一个古老东方的自我概念，这种自我概念本质上是对我们所谓的自我的否定。正如我们在第1章中所看到的那样，佛教徒说"放弃自我身份""放弃自我意识"，最终"放弃自我"。这是许多东方神秘主义者所熟悉的副歌。不过，它也可以是一种理想的世俗渴

1 Hermann Hesse, *Steppenwolf*, trans. Basil Creighton and Rev. Joseph Mileck, New York: Holt, Rinehart and Winston, 1929. 中译文见黑塞：《荒原狼》，赵登荣、倪诚恩译，上海：上海译文出版社，1986年，第51—53页。

望。比如，当代法国哲学家和女性主义者**露西·伊利格瑞**声称，统一的、“本质的”自我是一个限制的和压迫性的观念，在应用于妇女时尤其如此。在她的著作《此性非一》（*This Sex Which Is Not One*）中，她主张，一个妇女真正自由的身份是多重性格或多元性格。请注意她在这本书的标题上所玩的文字游戏：“此性非一”。她这个标题有多重意思：女性这个性别并不是单一的和统一的；妇女并非统一在一起；女性根本不是一个性别。根据这最后一种解读，我们发现，伊利格瑞不仅声称一个妇女有多重自我，不只是一个身体和一个灵魂，而且认为所有人，包括男人，可能具有多重性别、多重身份——也就是说，可能根本就没有什么自然的男性气质或女性气质，没有我们可以加以归类的多元“自我”。因此，伊利格瑞在提供一种自我同一性理论的同时，对我们所有的社会角色和性别角色做了一个女性主义批判。

露西·伊利格瑞，《此性非一》[1]

……不知道她要什么，即使为她准备了一切，她还是要求更多，只要他在找乐时会“把”她当做他的“对象”。因此，她不会说她自己想要什么。此外，她不知道，或者不再知道，她想要什么。如弗洛伊德所承认的那样，一个女孩最初的性别生活是如此的“晦暗不明”“随时间褪色”，以至于人们必须深度挖掘才能发现在这个文明、这一历史的踪迹之下，更加古老的文明痕迹可能给出了关于妇女性别的一些线索。那种非常古老的文明无疑有一种全然不同的文字、一种全然不同的语言……人们所期待的妇女的欲望，并不是讲与男人一样的语言。自古希腊以来，妇女的欲望无疑一直被支配着西方的逻辑所淹没。

◆◆◆

“她”是她自身中不确定的他者。这无疑就是人们说她反复无常、不可理喻、焦躁不安、多变任性的原因……不必提她的表述了，“她”说的话什么意思都有，使得“他”没法辨别出任何前后一致的意思。她所说的话前后矛盾，要是理性地来看，还有些错乱。无论是谁，若是用现成的语式、所掌握的得到充分阐明的符码来倾听的话，根本听不懂她们说些什么。因为根据她说的话，至少在她敢于说的时候，妇女也是在不断地触探自己。一声咕哝、一声惊叹、一声低语、一句没说完的话，就轻易地避开了她自己……当回过神来时，她又转到别的话题了。触发了另一个快乐点或痛苦源。人们必须用另一只耳朵听，就好像“另一个意思”一直在编织自身的过程中，就好像这些话里一直有另一个意思，但是，为了不使这些话的意思变得固定，又要除去这些话。因为，如果“她”说了什么，它也不是、也不再是她所说的那个意思。此外，她所说的绝不能等同于任何意思。相反，它是接近的。它是触探性的。所说的话一旦离这种近似性太远，她就突然停止，然后从“零”开始她的身体—性别。因此，通过明确妇女所说的意思来限定她们，使她们重复（自己）来使意思变得清楚，这样做是没有用的。你以为她

1　Luce Irigaray, *This Sex Which Is Not One*, trans. Catherine Porter, Carolyn Burke, Ithaca, NY: Cornell University Press, 1985.

们会感到惊讶，她们却已经转向别处了。她们返回到了自己内心深处。而它完全无法以你自己内心深处的方式加以理解。她们没有你所具有的那种内在状态，而你可能以为她们具有。所谓在她们自己内心深处，是说在那种沉默的、多重的、异样的感触深处。而且，如果你坚持问她们在想什么，她们只能回答：没想什么。什么都想了。

因此，准确地说，她们什么都不想要，同时什么都想要。除了你给予她们、归于她们的那个一——比如性器官——之外，总是还有更多的别的东西。她们的欲望常常被说成是会吞噬你的一种贪得无厌的渴求、一种贪婪。

然而，它确实包括一种不同的秩序，而不是任何别的东西，它颠覆了直线性的规划，破坏了欲望的目标对象，驱散了指向单一快乐的两极化，打乱了对单一话语的忠诚。

◆◆◆

女性欲望和女性语言的这种多重性一定要理解为一个不安分性别的碎片、散乱的残余吗？这是一个要否定的性别吗？答案并不是那么简单。对女性想象力的拒斥和排斥，当然把妇女置于这样一种境地，即她们只能在主导意识形态的小结构边缘，碎片化地把自己体验为废物或多余之物，认为自己不过是（男性）“主体”用以反映他自己、复写他自己所发明出来的一面镜子。此外，“女性”的角色被这种男性反射所规定，因而根本无法符合妇女的欲望，因此，它们只能秘密地在暗处苏醒过来，带着焦虑和愧疚。

但是，如果女性的想象力得到展现，如果它能够发挥自身而不使自己成为废物、散落的碎片，那这样它会把自己呈现为一个宇宙的样子吗？那样它会变得有分量而不是显得肤浅吗？不会。

◆◆◆

因此，对于一个妇女而言，所谓（重新）发现自己，就只能是说这样一种可能性：决不为另一个人牺牲自己的任何快乐，决不把自己等同于任何具体的个人，决不成为一个完全的一。她是一种扩展着的宇宙，没有可以固定的界限，也不会毫无连贯性……尽管如此——也不再有对儿童的多重曲解，这些曲解认为，性敏感区等待着由阴茎所主导的重组。

妇女总是保持单独，但她并不分散，因为她心中总有着他人，并且与之有着手淫般亲近。不过，这并不是说她把他人据为己用，也不是说她把他人还原为自己的财产。自我所有权和财产对于女性而言，无疑十分陌生。至少从性别上来说是如此。但并不亲近。亲近是如此明确，以至于它使得一切身份差异及各种形式的财产不可能。

伊利格瑞并不是唯一一位批判笛卡尔所设定并为他的许多后继者所采用的“自我”观念的女性主义哲学家。许多女性主义者批判笛卡尔式的“自我”观念，特别是因为与性别陈规联系在一起的心灵—身体区分。由于我们社会认可心灵的“男性化”和身体的“女性化”，这些女性主义者声称，作为意识或心灵的“自我”的哲学观念把男性至上主义整合进了我们的人性观念。在下面的选文中，**吉纳维芙·劳埃德**（Genevieve Lloyd）这位当代的女性主义者和哲学家，从女性主义的视角出发，对心灵—身体区分的整个历史做了批判。

吉纳维芙·劳埃德,《理性之人》[1]

吉纳维芙·劳埃德(1941—):澳大利亚女性主义哲学家。澳大利亚新南威尔士大学荣休教授。

我所谓的理性之人,指的是与十七世纪的理性主义哲学联系在一起的理性理想。其次,指的是某种更加模糊不清的东西——那一理想在我们的当代意识中的残留物,我们承自十七世纪理性主义的遗产。我认为,这是一种使理性成形的实质成分。不过,它当然不是唯一的成分。由于集中于这一成分,而把理性观念中的其他一切发展排除在外,这篇论文所呈现的不可避免地是一幅不完全的理性画面,但是我认为,这一画面凸显了理性与女性主义的哲学观点非常相关的一些方面。

我所关心并作为焦点的理性之人的主要特征,是他的男人性。我认为,这本身就是一个具有哲学重要性的问题。这里所涉及的,不仅是所谓包括妇女在内的"人"的"中性"意义。我们全都熟悉这一事实:语言的通常用法从未认可人性由两种性别组成。不过,在理性之人的男人性中,还有某种更加深层的东西,某种更加根深蒂固地存在于意识中的东西。他毕竟是反省意识的一个造物。哲学家赞美理性之人,谈论的并非理想化的人,而是理想的男人。

在这篇论文中,我想更为明确地集中于理性之人的这种确凿无疑的男人性。我认为,哲学史中一定有使理性与雄性联系在一起的理由。在这里,哲学史的某些部分能够对人类经验的一个非常混乱、充满张力的领域作出阐明。毕竟,过去的哲学反思促成了我们当前的思想结构。而我们称之为理性之人的这个造物,体现了我们文化的某种基本理想。那么,就让我们努力使他变得更清晰。

"男性"与"理性"的联合

"男性"与"理性"的联合当然,"男性"与"理性"之间联合以及"女性"与"非理性"之间的联合,有一段非常长的历史。就我们所知,理性以某种方式特别地与男性联系在一起,这一观念可以追溯到理性的古希腊奠基之父。亚里士多德认为,妇女就像是"一个无能的男性,正因为某种无能,女性才是女性"。这种内在的女性无能是一种"灵魂本性"的缺乏,因此与理性方面的无能联系在一起。这种主张当然不是说妇女没有理性,而是说她们所具有的是一种劣等的、微弱的理性。她们具有理性,她们借此有别于动物。然而,她们比不上男人。她们不知怎地就劣于男人,在非常重要的事情上不如男人:理性。

十七世纪的理性

发生在十七世纪的理性上最值得注意的一件事是:试图把理性压缩进一种系统方法,以此达到确定性。这样探讨理性的典范是笛卡尔写于1628年的《原则》(*Regulae*),即《指导心灵的规则》(*Rules for the Direction of the Mind*)。在那里,形成了一个关于知识包括什么的新概念。知识获得是一个系统地追寻一种有序方法的问题。这一方法

1 Genevieve Lioyd, "The Man of Reason", *Metaphilosophy* 10, 1 (January 1979): 18-37.

的本质，就是把推理所涉及的一切复杂运算分解为最基本的要素，使心灵善于操作这些简单的运算——直觉和演绎。直觉是清楚周全的心灵的明确概念，它来自于独一无二的理性之光。这是笛卡尔后来很有影响的清楚明白的观念的基础。演绎是我们通过把直觉有序地联系在一起从而把知识扩展到直觉之外的过程。笛卡尔的方法所接纳的心灵运算，仅仅是这两者。不过，他认为，对它们的正确理解和运用，会产生知识领域中的一切。事实上，别的一切都是知识的障碍：

> 任何增添到纯粹的理性之光上的东西，都会在某些方面使之晦暗不明。

这一方法可以普遍地应用到一切主题之上，无论它们之间有什么差异：

> 我们一定不要以为某种知识比另一种知识更加晦暗不明，因为一切知识都具有同样彻底的性质，都只是由自明之物的联合构成的。

笛卡尔的方法的普遍性在他出版于1637年的《谈谈方法》中得到了强调：

> 只要我们不把假的当成真的加以接受，并且一直遵守由此推彼的必然次序，就不会有什么东西遥远得我们根本无法达到，隐蔽得我们根本发现不了。

因此，在笛卡尔看来，一切知识都在于自明的直觉和必然的演绎。我们要把复杂的晦暗不明之物分解为简单自明之物，然后以有序的方式把产生的个体结合在一起。为了进行认识，我们必须把“简单性质”、直觉对象隔离开来，“以坚定的心灵分别对它们加以审查”。然后，我们再以演绎之链把它们结合在一起。为了创立其他对象，这些简单性质要结合起来，而整个人类知识就在于对这种结合方式的清楚知觉。

笛卡尔式的理性分析，还有一个更深的形而上学维度。在阐明获得确定知识的过程中，笛卡尔认为他所揭示的，是所有科学的统一性、知识的统一性。在他看来，这与思想自身的秩序、与认识着的心灵的结构完全相同。而且，这一思想秩序显然被认为反映了事物的秩序。在《原则》中，直觉与作为它们的对象相关物的简单性质之间没有缺口。在后来的《第一哲学沉思集》(1641)中，可能的彻底怀疑在观念与物质世界之间、在心灵结构与它意欲认识的实在结构之间打开了一个缺口。不过，借助于一个诚实可靠的上帝，这一缺口得到闭合。一个个体心灵通过对思想性质的反省，最终获得上帝赋予和保证的普遍理性，从而获得实在本身的结构，因为根据笛卡尔的理性主义，它与心灵的结构等同。

理性与实在之间的这种同构，因其建基于一个诚实可靠的上帝，从而给了理性一种准神性的品质。理性是上帝灌注给人的神圣火光。这是把人的理性能力当做神性的反映那一观念在十七世纪的样式，根据这种观念，人是根据上帝的形象被造出来的。

笛卡尔的理性分析的另一个特征在这里至为关键，那就是它把他那心灵与物质之间的对立联结了起来。笛卡尔方法的基本单位是分离的、锋利的和自足的心灵项目。这一点在他后来的著作中甚至变得更加明确。知识的工具是清楚的、边界分明的心灵状态，彼此之间完全分离：

> 所谓清晰的对象，就是界限分明、与其他所有对象截然不同，并且在自身内只包括明白内容的对象。

知识单位的这一分离的描述性特征，则是基于笛卡尔关于心灵与物质的区分。而与清楚明白的观念相伴随的这种绝对确定性，来自于它们纯粹的心灵特征。如笛卡尔所说的那样，直觉摆脱了“起伏不定的感官证据”和“浮想联翩的想象建构”。本质上，笛卡尔的方法就是养成“区分思想之物与有形之物的习惯”。也就是使思想摆脱感觉。

对“清楚明白”的追求，对情绪、感觉和想象的分离，现在可能使得之前存在的对比两极化了——理智与情绪、理性与想象、心灵与物质。我们已经知道如下主张并非十七世纪的新发明：妇女在理性方面有所欠缺，与男人相比，她们更加冲动、更加情绪化。不过，这些对比此前只是理性内的对比。什么应该由理性来支配，此前没有如此严厉地为理智所划定。笛卡尔轻视感觉、采用心灵—物质的区分，两者联合起来确立了笛卡尔观念的分离特征，从而使此前不存在的两极化得以可能。

这里的另一个相关因素是，那种使我们的心灵状态摆脱非理智因素的东西需要训练。当然，也是在早先的世纪里，给妇女进行不同于男人的教育被认为是合适的。人们提出这一点，很可能正是基于他们在理性方面的不同。不过，在十七世纪之后有一个新的维度。那时，妇女被排除在理性训练之外，也就是说，排除在方法获得之外。由于这一训练显然是学习不去考虑情绪、想象等，所以妇女与男人相比更加情绪化或更加冲动这一观念就有了一个新的维度。如果妇女被排除在理性训练之外，就必然会受到情绪、冲动、幻想的折磨。她们因没有这样的训练，所以就无法摆脱“浮想联翩的想象建构”，进入纯净的理性天空。因此，这种在十七世纪被认为是前理性的感觉的思想风格，能够继续存在于妇女身上。妇女比男人更少理性，这一点也就变得真实了，而在此之前并不如此。

同样，现在人们就有可能合理地把一般意义上的情绪、想象、敏感看做妇女特有的责任领域，而此前绝无可能。训练一个理性之人，毕竟确实要他摆脱许多正常特征。现在可以这样来理解，妇女的角色就是为男人保存温暖和敏感的领域，而这些正是理性训练要求他超越的东西。从笛卡尔的时代到卢梭所生活的时代，尽管发生了许多事情，但是，我们却可以看到，卢梭在《爱弥儿》中关于妇女教育的观点，对这一主题的详细阐述，几乎到了嘲弄的地步，以至于激起了玛丽·沃斯通克拉夫特（Mary Wollstonecraft）的愤怒，她在《女权辩护》（*Vindication of the Rights of Women*）中提到：

> 取悦男人，赢得男人的尊敬和爱，在男人幼年时期教育他们，在男人壮年时期照料他们，劝诫和安慰他们，使他们的生活愉快幸福，所有这些都是妇女永远的责任，这也是妇女从小就应受到的教育。

因此，男人是按照上帝的形象造的，妇女是作为男人的伴侣而造的，这一观念所包含的差异在十七世纪就呈现了一个新的维度。现在，我们有了一个由一种心灵理论支持的功能分离。就已然存在的性别不平等情形而言，理性——神性、人身上的神圣火光——被分派给男性。情绪、想象和感性被分派给妇女。她们要为理性之人所要求的那种严肃提供舒适、消遣、娱乐和安慰。当然，此前也有类似的情形。对男人和妇女进行不同的训练，以适合她们不同的生活方式。可是现在，对感性的超越被看做是目的本身。对理性之人加以训练以摆脱软弱的情绪和感性，这不是为了使他成为英雄，而只是因为他就是理性的。理性与非理性之间的区分，现在可以看做是两性区分的反映和再现——此前不是这样。

如今，这一舞台已然为理性之人这一男性特征理想的出现准备好了。

- 你同意"理性之人"必然是男性吗？在何种意义上（如果有的话）理性或反思意识显然具有男性特征？

尽管女性主义的批评都是一些当代的批评，但是，正如黑塞注意到的那样，这种对统一的"自我"观念的批评在东方宗教已经存在很久了。事实上，世界各地的神秘主义宗教都倾向于一种不同于在西方哲学中处于支配地位的自我同一性概念。当然，甚至这些神秘主义者也承认人们在某种意义上具有"个性"和"自我"，绝大部分时代的绝大多数人思考"他们自己"。不过，一些东方宗教主张，这种"自我"景象是一种虚假的印象。它不过是人出于道德软弱或道德怯弱所接受的一个幻象。因此，在这些东方宗教中，多重自我或无我就是一种理想的理解，它只能通过启示获得。比如，《法句经》（*The Dhammapada*，约公元前250年）这本早期的佛教经典，就包括了一些关于这一理想的段落。

《法句经》[1]

第12章 自我

自己应先修好自己的善法，然后才可教导他人。此等智者不会有烦恼。

自己所做的应如自己所教的；只有在完全制伏自己后才可制伏他人。制伏自己的确是很困难的。

自己的确是自己的依归，他人怎能作为自己的依归？制伏自己之后，人们获得了难得的归依处。

自己所造之恶，由自己所生，由自己造成，它摧毁了愚人，如同金刚粉碎了宝石。

持有邪见的愚人诽谤阿罗汉、圣者、住于正法者的教法，实是自我毁灭；如迦达迦树生果实，实是为自己带来灭亡。

只有自己才能造恶，自己才能污染自己；只有自己才能不造恶，自己才能清净自己。净与不净只看自己，无人能够清净他人。

---

1 *The Dhammapada*, ed. E. A. Burtt, New York: New American Library, 1955.

无论利益他人的事有多重大，也莫忽视了自身的利益；清楚地知道了自身的利益，他应当尽全力获取它。

诸行无常。当以智慧知见这点时，他就会对苦感到厌倦。这即是朝向清净之道。

◆◆◆

智慧生于禅修之中，无禅修智慧即退失；知晓此二得失之道，且实践以令慧增长。

诸比丘，且砍掉欲林而非真树；怖畏自欲林而生。砍掉欲林与欲丛，以达到无欲林。

◆◆◆

且断除自己的贪，如以手拔掉秋莲。善逝已说示涅盘，且培育寂静之道。

《道德经》的第13章也触及了同样的主题：

老子，《道德经》[1]

宠辱若惊，贵大患若身。何谓宠辱若惊？宠为下，得之若惊，失之若惊，是谓宠辱若惊。何谓贵大患若身？吾所以有大患者，为吾有身，及吾无身，吾有何患？故贵以身为天下，若可寄天下；爱以身为天下，若可托天下。（第15章）

曲则全，枉则直，洼则盈，敝则新，少则得，多则惑。是以圣人抱一为天下式。不自见，故明；不自是，故彰；不自伐，故有功；不自矜，故长。夫唯不争，故天下莫能与之争。古之所谓“曲则全”者，岂虚言哉？诚全而归之。（第22章）

这些来自东方的例子，并不是笛卡尔所接受的这种现代早期的自我观念唯一替代方案。其他东方传统，以及西方的伊斯兰教、基督教和犹太教的神秘主义者，也提供了取代这一概念的替代方案。总之，统一的自我概念一直受到挑战。

总结与结论

自我同一性是一个事关本质属性的问题：是什么使你成为一个独特的人并在时间中保持同一？在这一章中，我们回顾了针对这一问题的一系列答案。从笛卡尔和洛克到康德的传统强调意识在我们的自我概念中的重要性，即强调我们的心灵对于我们的身体的重要性。（甚至否定有一个自我的休谟也是这一传统的部分。）因此，就有了一个一般性的问题，自我在多大程度上是我们能选择的东西？又在多大程度上是被决定的东西？每一个人都只有一个自我、一套本质属性呢？还是一个单一的“个人”可以是好几个人，具有好几个自我呢？或者根本就没有自我？我们在多大程度上把自己设想为个体，又在多大程度上把自己设想为一个更大共同体的有机成分？所有这些问题，都没有任何确实得到赞同的答案，不过，我们每一次试图确定自我或想要“成为自己”时，哪怕只是一时的想法，都会采用其中的一个观点。

1 Lao-Tzu, *Tao Te Ching*, trans. J. H. McDonald, London: Arcturus Publish Limited, 1996.

章节复习题

1. 根据康德的自我观，先验自我与经验自我的差异何在？为何康德需要两个自我观念？
2. 萨特的自我概念是如何使个体自我的观念变得复杂的？他是如何解释他所引发的“是其所是与是其所不是”之间的自我悖论的？他为何相信这一悖论？
3. 尼采和克尔凯郭尔都认为，社会身份和顺从“畜群”才是“大敌”。请说明原因。是否有些你进行社会认同的方式和你所“遵循”的方式，对于你自己而言是不真实的？这是什么感觉？过度顺从所引起的消极后果是什么？过度个体化的所引起的消极后果又是什么？
4. 身体如果在自我同一性或个人同一性中起作用的话，它所起的是什么作用？你认为意识、记忆或某个心理方面就足以确立个人同一性吗？你能设想你的意识和记忆状态处于某个他人的身体里吗？是什么使那个人成为你？

关键术语

bad faith 自欺
continuity（spatiotemporal continuity）连续性（时空连续性）
criterion 标准
dualism 二元论
empirical ego 经验自我
essence 本质
existentialism 存在主义
facticity 事实性
resemblance 相似性
self-conscious 有自我意识的
self-identity 自我同一性
transcendence 超越
transcendental ego 先验自我
unconscious 无意识的

参考文献与进阶阅读

两部关于自我同一性问题的文选：John Perry, ed., *Personal Identity* (New York: Lieber-Atherton, 1975) 和 Owen J. Flanagan and Amélie O. Rorty, eds., *Identity, Character, and Morality: Essays in Moral Psychology* (Cambridge: MIT Press, 1993).

德里克·帕菲特关于他的心灵传送思想实验的结局的总结可见于 *Reasons and Persons* (Oxford: Oxford University Press, 1986).

让-保罗·萨特的存在主义自我观见他的论文 *Transcendence of the Ego* (New York: Noonday, 1957).

赫尔曼·黑塞的复杂的自我论，集中地表述在他的 *Steppenwolf*, rev. ed., trans. Basil Creighton（New York: Holt, Rinehart and Winston, 1970）中，不过，这种自我论在 *Siddhartha*, trans. H. Rosner (New York: New Directions, 1951) 中有最为简练的表述。

对亚洲的自我概念的进一步阅读，可以从以下文献开始：Roger T. Ames, et al. eds., *Self As Person in Asian Theory and Practice* (Albany: State University of New York Press, 1944).

黑格尔艰涩难懂的哲学的一个极佳入门，是他关于历史哲学讲演的导言，见*Introduction to the Philosophy of History*, trans. Leo Rauch (Indianapolis: Hackett, 1988).

关于自我的历史，一个极其丰富但异常艰深的研究是Charles Taylor, *Sources of the Self*（Cambridge: Harvard University Press, 1994）。

另外两个值得推荐的研究是Quassim Cassam, *Self-Knowledge* (New York: Oxford University Press, 1994)和Richard Ashmore and Lee Jussim, *Self and Identity* (New York: Oxford University Press, 1997).

第7章 自由

“二加二等于四”—— 好像自由就是如此！

——费奥多尔·陀思妥耶夫斯基

“这个杀人犯在贫民区长大。七个月大时，父亲就遗弃了他，哥哥姐姐们经常欺负他，母亲也常常虐待他。他从来没有机会上学，也从未得到或有过工作。他在打劫商店时快饿死了，而且沉迷于毒品，没有朋友，没有得到任何帮助。他的姐姐说：‘打他还是一个孩子起我就知道他会有那么一天。’他的母亲则抱怨说：‘没法理解！’告发者称他所犯下的是一种‘冷酷无情的预谋行为’。辩护人则控诉整个社会，声称正是社会的无视和负面条件使得这个人不可避免地成为一个凶手。”我们清楚余下的是些什么论证，但我们不知道它们有什么解决方案。一个人应该对他整个一生都受到限定的行为负责吗？还是我们必须坚决主张，无论处于何种环境之中，一个人都能进行反抗，他都能决定不去犯罪，因此他必须对其行为负责？

在所有抽象的哲学问题中，**自由**问题具有最明显的实践后果。如果我们认为人是自由地选择他或她的行动和命运，那我们就倾向于要他承担其道德**责任**，对其称赞或谴责；如果我们认为人完全是命运的受害者，是机械宇宙中的一个齿轮，或者是社会的不可见之手的棋子，那么，我们对于他或她的行动的态度就无异于我们对于冰川运动和花儿盛开的态度。“就是这样发生着”，这就是一切。

A. 宿命论与业

我们是宇宙中的齿轮吗？我们是命运的棋子吗？人们常常会这样想。相信命运，我们的这一倾向可以追溯到古希腊人。绝大多数古希腊人相信我们的命运已经为我们确定好了，无论我们作出怎样的行动，结果已然确定了下来。如今，许多人相信我们的行动和性格是我们的基因和教养的结果，或许还是我们甚至从未得到承认的无意识的恐惧和欲望的结果。于是，占星学和其他关于外在决定的理论也总是很流行。（比如，“室女宫：这将是糟糕的一天，不要下床，不要跟任何人说话”。）而且我们明白他们为什么会这样。我们的行动越是其他力量而不是我们自己的结果，我们就越少觉得要对它们负责，也越少需要为决定做什么而焦虑。一切都已决定好了，而且不是为我们所决定。

例如，想想下面这篇在1980年4月整个美国登载的新闻文章：

律师约翰·巴杰（John Badger）[1]说，他的当事人罪恶的一生是由星星注定的，他认为这种想法使法官有机会“理解我们都是受命运摆布的”。

可是，自称“倾向于认为占星术中存在着某种真理”的巡回法官鲁本·科斯塔（Ruben Costa）却在星期一的预审听证会上驳回了律师为23岁的约翰·马修·戈培尔（John Matthew Gopel）所做的辩护，他被控强奸、抢劫和人身伤害。

巴杰计划辩称戈培尔之所以变得疯狂，是因为他的星象命运。

巴杰说，他的当事人出生于1956年8月8日晚8时14分，完全是“一个天生的失败者”。

“在这个年轻人的生活中，有一种力量迫使他吸食流体、汽油、可卡因，以及任何他弄到手的东西。”他这样说道。

巴杰说，他打算出示星相学家、科学家和心理卫生专家的证词，还将出示一个酒吧侍者的证词，他将描述满月对人类行为的影响。

辩护证据清单上包括歌曲《当你寄望于星星时》、蜘蛛侠漫画、剧本《李尔王》和《哈姆雷特》。

古希腊悲剧，比如《俄狄浦斯王》，就是基于宿命论，根据这种观点，无论一个人作出什么样的行动、处于何种环境之下，无论看起来多么自由，他或她注定的结局都是不可避免的。索福克勒斯通过悲剧极佳地叙述的俄狄浦斯故事，或许是希腊决定论最激动人心的画面。俄狄浦斯和他的妻子伊俄卡斯特（Iocasta）都藐视预言者，并且都奋力避免他们被预言的命运。

索福克勒斯，《俄狄浦斯王》[2]

俄狄浦斯：我去了德尔菲。福波斯……宣布了一件十分可怖的事：他预言我会玷污我母亲的床榻，生下一些使人不忍看的儿女，而且我会是杀害自己生身父亲的凶手。因此，我再也没有回到科林斯——唯有天象告诉我科林斯在何处——免得看见那个神谕得到残酷实现。

伊俄卡斯特：听我说，你就会知道并没有一个凡人精通预言术。我很快可以给你个证据。有一次，［我的丈夫］得到一个神谕……它说他跟我会有一个儿子，然而这个儿子会夺取他的生命。可是——听他们说——他被一伙陌生人杀死了。在三岔路口被一伙强盗杀死了。而我们的儿子，出生不到三天，就被［我的丈夫］钉住双脚，

1 为保护所涉个人，文中名字均为化名。

2 Sophocles, *Three Tragedies: Antigone, Oedipus the King, Electra*, trans. H. D. F. Kitto, Oxford: Oxford University Press, 1962. 中译文见索福克勒斯：《奥狄浦斯王》，罗念生译，北京：人民文学出版社，2002年。

> 让人丢到荒山里去了。因此，阿波罗错了……先知的话不过如此。

当然，他们都不知道的是，杀死伊俄卡斯特丈夫的“强盗”正是俄狄浦斯自己、伊俄卡斯特的儿子，他被人从荒山里救走，养大成人，并且以为这个人是他的父亲而从那里逃开。因此，他们两人的命运都得到了实现。他们对于发生在他们身上的一切无能为力——甚至一无所知——因此，他们根本没有行动自由。因此，歌队唱道：

> 愿我在言行的虔诚圣洁中度过一生，天神为它们创造了至高的律条，它们的父亲是奥林波斯，不是凡人。

我们应该如何应对命运？我们要设法了解我们的命运吗？伊俄卡斯特觉得“无知乃是福佑”，因而在整个戏剧中设法努力不去承认日益增长的疑虑。她说，如果我们对于命运无能为力，那我们甚至不应该去想起它。可是俄狄浦斯坚持找出真相，而且总体而言，这部戏剧似乎主张面对我们的命运。

> **伊俄卡斯特：**偶然支配着我们，未来的事又看不清楚，我们为什么要害怕呢？别害怕，随意地生活，尽可能随意地生活……那些不以为意的人们过着安乐的生活。
>
> **俄狄浦斯：**啊！凡人的子孙！你们的生命可以说是一场空！谁的幸福不是表面现象，一会儿就消失了？时间无所不见，它出乎你的意料发现了你，审判了这不洁的婚姻。
>
> **克瑞恩［俄狄浦斯的舅舅/内弟］：**别想占有一切。你所占有的东西不会一生跟着你。

神人同形同性的希腊诸神是古希腊“命运”观念的组成部分。人的选择没有能力改变人的命运，因为人类被认为受到诸神的反复无常的无情支配。不过，另一种命运概念，佛教的命运概念，认为人的选择极其重要——不是因为他们是自由的，而是恰恰相反。在佛教中，人的一切选择都是对物质世界的不舍，每一个选择都使得选择者束缚在艰辛的命运上。正如我们在第1章中看到的那样，选择的结果就是他或她的业，人只有通过偿清他或她长期累积起来的债，才能避免他或她的业。因此，这里相应地有一个自由概念，叫做涅槃，不过它不是自我或个人的自由。事实上，它是一种免除自我和个人的自由，只有当自我完全不再存在之时才能获得。佛教徒声称，正是我们对现世的愚蠢不舍，促生我们作为个人的幻象。因而，在某种意义上，我们的命运是完全被决定了的。然而反讽的是，如果我们把自己交付给命运、承认其权威，如果我们能够不再选择，正是这些选择使我们进一步地幻想我们是自由的，在那时，而且只有在那时，我们最终才能变得真正地自由。

下面的内容选自当代日本哲学家西谷启治，他广泛论述了佛教的“空”概念和西方的“虚无主义”概念，他说，这后一个概念如今影响到了日本，让我们来看一看。

西谷启治，论命运[1]

从那一观点［即空的观点］来看，业是这样一个世界，在那里，每一个个人都为其在无穷无尽的世界网络中的纽带和因果关系决定着，然而，每一个个人存在和个人行为的实例，连同它们的每一个瞬间，都是作为某种全新的东西出现，拥有自由和创造性。

“自没有开端的过往时间以来”，总体网络的盛衰被设想为一连串无限的因果必然性，而它不具有开端这一点意味着存在着一个**先于**任何可设想的过去的之前。而这样的时间没有终点则意味着，哪怕对于最遥远的可能未来，都还有一个**之后**。任何之前和之后（在一切确定的之前和之后之外）都存在于每个人的现在之中，并使得现在成为自由的和创造的活动。

◆◆◆

展现了这一无休止的不断生成的业行，因而同时总是要回到业的地盘，回到现在的地盘。换言之，行为自身每一时刻都向虚无的敞开开放，由此保存着出神的超越这一维度。

这就意味着，自我总是它自身。哪怕在我的业中，我也不变地构成着我的存在，即**作为**存在的生成，哪怕在业的地盘，我也永远在我自己的地盘：我一直是我自己。为何时间中的无休止的不断生成总是**我的**存在，这就是原因。业总是**我的**业。而这就意味着它是自由的业，因而隐含着一种对于虚无的出神的超越。

当然，尽管我们称之为自由或创造，不过，在这一点上它并不是真正的自由或创造。在这里，自由是一种迫使我们不断地去做某事的内在必然性。它与无限的动力一致，而那无限的动力反过来与自由一致。在无限的世界网络中永无休止地与某物或他物联系在一起，并且在这些联系中受到这个世界网络的限定或决定，从另一方面来看，却是一种自我决定。在这里，现在的业是自我的自由作品，同时它也显得具有命运特征。命运产生了与那一自由一致的意识。在这里，现在的业在其**作为**无限的动力的虚无中，意识到了它的“意愿”本质。

自我与某物的联系，被看做是一种自我决定，它是自我的自由意志的践行。就其自愿而言，自我把一物当做好的加以接受或把它当做坏的加以拒斥。然而，就其由总网络中的因果关系所决定而言，这一自由意志却是一种命运、一种因果必然性，不过并不因此不再是自由意志。接受或拒斥某物同时意味着对它的一种“不舍”。贪恋某物而与某物发生关系的业，既是自愿的又是被迫的。因而，业中出现自我既是一种自由，也是一种重负。在这里，自发性成了一种重负和债务。

◆◆◆

所有这一切表明，自我中心性有多么根深蒂固。自我之根源伸展得如此深远，还没有什么业行曾影响到它们。自我之业总是要回到它自己的地盘，即回到自我自身，

1 Keiji Nishitani, *Religion and Nothingness*, ed. and trans. Jan Van Bragt, Oakland, CA: University of California Press, 1982.

但它无法回到自我本身的地盘。业所能做到的只是回到自我中它自己的地盘，并在那儿恢复其身负债务的存在。在业中，自我不断向内指向自我的地盘，然而它由此获得的唯一东西，是在没有开端或终结的时间中对作为生成的存在的不断重构。为了寻求自我而在时间中永无休止地变化，是我们的业的真正形式，即我们在时间中的存在、我们的生活的真正形式。

“没有开端的过往时间”之业是我们生活的真正形式。它意味着一种实质性的“绝望”感。业就是克尔凯郭尔所谓的“通向死亡的疾病”。它的绝望直接通过我们当下的行迹、言辞和思想、通过没有开端或终结的时间之源泉以及时间中的存在，总而言之，通过我们的自我中心性，上升为意识。我们可以看到，那种绝望意识也构成了佛教的《忏悔文》之忏悔的基础，它表明滋生于自我的身、口和意的每一种业，都基于没有开端的贪、嗔和痴。

◆◆◆

这里，业就成了内疚和罪的标记。在某种意义上，它具有原罪的特征，即罪与人的自由活动和存在是同样基本的。业是为整个无限网络中的因果必然性所决定的自由，是“不舍”中的自发性自由，因此，它是一种完全被命运所**限定**的自由。同时，由于把整个因果网络还原到以自己为中心，因此也可以说它是一种完全不受限定的自由。在业中，自由和因果必然性这两个方面合二为一。因此，作为一种完全得自因果必然性的决定力量的自由，作为一种驱赶必然性的自由，业使自己束缚于对他物的不舍，同时保有一种完全不受限定的自由，把一切他物聚集于自我这个中心。这种自由处于一种原罪模式之中。

- 你是否同意西谷启治业与自由相容的学说？为什么或为什么不？
- 命运与业这两个观念之间有何异同？运气这个观念是如何不同于这两个观念的？
- 你是否相信命运规定了一个人的生死历程？

B. 先定论

在古希腊或佛教的意义上，宿命论主张我们的未来被我们无法理解的诸力量的作用所决定。但是，如果一个超人的存在理解并且事实上创造了这些力量，那情形如何呢？许多神学家持**先定论**观点，根据他们的说法，我们的每一个行动（以及宇宙中每一件事）都为上帝所知，哪怕不是事先被上帝造成。与宿命论一样，先定论并不依赖于任何特殊的前提条件，除非我们想说上帝就是一个前提条件。

所有西方的神学家都不得不沉思先定论和自由问题，因为所有西方的宗教经文都主张上帝创造或造成一切。正如我们在第2章所见，这是思考恶时要特别关注的问题。在那里，“恶的问题”被描述为至善的上帝如何能造成恶的问题。现在我们可以看到，“恶的问题”的关键是自由问题。如果人类是自由的，那么对许多恶作出解释就容易了——因为在那种情形下，恶的**原因**就是我们，而不是至善的上帝。但是，如果如《圣经》所述那样，是上帝创造并造成了一切，那么上帝无疑也创造了我们的人类行动。包括人类的罪——那样似乎我们又回到了原点。一个至善的上帝怎么能使我们或让我们自由地犯罪呢？

下面的选文出自圣奥古斯丁，概述了自由问题以及一个针对它的基督教方案。上帝把人造成自由的，因为他是至善的，而自由行动要好于不自由的行动。不过，既然自由允许我们犯罪，那我们就要对把恶带入世界负责。

圣奥古斯丁，《论意志的自由选择》[1]

1. 上帝为何给人意志的自由，既然人正是借此而犯罪？

伊阿丢斯： 若可能的话，现在请向我解释上帝为何给人意志的自由选择，因为人若没有接受这一赐予，就无法犯罪。

奥古斯丁： 你确信是上帝给了你认为不应该给予人的东西吗？

伊阿丢斯： 就我对第一卷中的讨论的理解，我们拥有意志的自由，而如果我们没有这种自由的话就无法犯罪。

奥古斯丁： 我也记得，我们弄清楚了这一点。但我要问的是，你知不知道，我们所拥有并显然使我们能够犯罪的能力是上帝赐予我们的吗？

伊阿丢斯： 我想没有别人。因为我们都是从他而来，我们犯罪，我们受罚；我们行义，我们得赏。

奥古斯丁： 我还想问，你是清楚地知道这一点呢，还是凭权威愿意相信它，而实际上对它一无所知呢？

伊阿丢斯： 我承认在这个问题上我起先相信了权威。但是，凡是善的，都来自上帝，一切公正之事都是善的，而且惩罚罪人、奖赏行义之人，这些都是公正的，还有比这更真实的吗？由此可以断定，罪人遭祸、义人得福，都是由于上帝。

奥古斯丁： 我不反对这一点，但请让我问另一个问题：你是如何知道我们来自上帝的？你没有回答这一点，而只说明了我们从上帝那里受罚得赏是应该的。

伊阿丢斯： 我们都已经赞同上帝惩罚罪恶，若只是因为这一事实，那一问题的答案也是清楚的。一切公正都来自上帝，而且公正不是用来惩罚外人的，尽管仁慈是用来帮助外人的。因此，我们显然属于上帝，因为他不仅极其仁慈地帮助我们，而且极其公正地惩罚我们。再者，从我所说和你同意的事实，即一切善都来自上帝，我们能理解人来自上帝。因为就人是一个人而言，他自己是善的，因为只要他愿意，他就能正直地生活。

奥古斯丁： 若是这样，你所提的那个问题确实得到了清楚回答。若人是善的，而且除非他愿意行为正直，否则就无法行为正直，那么他就必须拥有自由意志，因为若没有自由意志，他就无法行为正直。我们不得因罪恶藉由自由意志发生，就以为上

1 St. Augustine, *On Free Choice of the Will*, trans. Anna S. Benjamin and L. H. Hackstaff, Upper Saddle River, NJ: Prentice-Hall, Inc., 1964.

帝给我们自由意志，是叫我们犯罪。人若没有自由意志就无法正直地生活，这便是上帝给予人自由意志的充分理由。我们能够明白，它是为这一目的而给予的：因为凡是用自由意志来犯罪的人，上帝就惩罚他。如果上帝给予人自由意志，不仅是要人生活正直，也是要人犯罪，那便是不公正。若人照上帝给予他的自由意志的原初目的来使用自由意志，他受惩罚是公正的么？当上帝惩罚一个罪人时，他岂不是在说："你为何没有用自由意志去实现我把它给予你的目的，去正直地行为呢？"同样，如果人没有意志的自由选择，那怎么会有惩恶赏善的善存在呢？一切并非出自意愿的行为，既不是恶行也不是善行。若人没有自由意志，那赏罚都是不公正的。此外，惩罚和奖赏都必须公正，因为公正是来自上帝的诸多善之一。因此，上帝必须给予人自由意志。

在早期的伊斯兰教中，自由问题上的意见是宗派联盟中的一个关键的决定因素。在西方，伊斯兰教有时被认为是一种"宿命论"宗教。换言之，他们认为，所有穆斯林都相信人类是不自由的。然而，最初的伊斯兰教派之一穆尔太齐赖派（the Mu'tazilites）主张人是自由的，尽管好几段经文使人会有相反的看法，比如下面这两段经文：

"凡灾难的发生，无一不是依真主的判决的。谁信真主，他将引导谁的心，真主是全知万物的。"（64:11）

"大地所有的灾难，和你们自己所遭的祸患，在我创造那些祸患之前，无不记录在天经中。"（57:22-23）

因此，伊斯兰教为自由问题提供了一个值得注意的论证维度。穆尔太齐赖派主张，人类自由与真主的权力是一致的，由此区分了两类行动或因果性。真主的行动是"必然的"，或者说是类似规律的。因此它们必定发生。相反，人类行动是"有意的"，它们是偶然的，且必定基于真主的行动，因为后者是它们的必要条件和必然结果。因此，比如，一个人可以自由地用他或她的弹子棒撞击弹子球。但是，他或她无法自由地撞击弹子球又要求它静止不动，或在某个方向上撞击它又要它往另一方向运动。唯有真主能"自由地"创造必然的物理规律。在穆尔太齐赖派看来，人类自由无非是沿着各种可能的道路实现真主的行动。我们要对如何指挥真主的造物负责，因此，我们要为我们的选择而接受真主的公正赏罚。

伊斯兰教的另一个非常重要的教派阿修阿里派（the Ash'arites）反对穆尔太齐赖派，对诸如上引段落的经文做出了更加自由的解释。不过，在关于自由的问题上，阿修阿里派并没有作出类似于穆尔太齐赖派所作的那种区分。阿修阿里派主张，唯有真主是自由的，而人类的所有行动都被真主所决定。然而，在这里，真主的"先定论"更像是提供的一个礼物。真主为人类提供了各种各样的行动，他们可以接受、获得或放过。因此，根据阿修阿里派的说法，唯有真主能够创造行动。人类不过是

穆罕默德·伊克巴尔（1877—1938）：印度哲学家、政治家和诗人。伊克巴尔是全印穆斯林联盟的一名领袖，支持伊斯兰精神复兴，提倡发展不分国别的穆斯林协同合作。他是提议建立一个与英属印度相分离的穆斯林国家的第一人，这一愿景在他死后随着巴基斯坦的建国而实现。

获得它们，可以说是“二手货”。当我们获得善行时，就得到奖赏。当我们获得恶行时，就得到惩罚。

伊斯兰教传统确实比基督教更相信神的先定论，人们可以完全接受这一点，但是，在自由问题上，伊斯兰教的立场确实非常复杂。伊斯兰教内部关于自由的争论延续至今。这里有一个实例，出自二十世纪一位重要的伊斯兰教神学家穆罕默德·伊克巴尔（Mohammad Iqbal）爵士。

穆罕默德·伊克巴尔，《伊斯兰宗教思想的重建》[1]

自我因而就决定着它自己的活动吗？若是这样的话，自我的自我决定又是如何与时空秩序的决定联系起来的呢？个人的因果性是一种特殊的因果性，或只是自然机械论的一种伪装形式？据称，这两种决定论并不相互排斥，科学方法同样能够应用于人类行动。人类深思熟虑的行为被认为是所想到的各种动机之间的一种冲突，这些动机不是自我自己当下或继承下来的行动倾向或无为倾向，而是在心灵剧场上彼此斗争的诸多外部力量，就像古罗马角斗士一样。然而，最终选择被认为是最强力量所决定的一个事实，它就像是一个纯粹的物理结果，而不是相争动机的结果。不过，我坚决认为，机械论支持者与自由论支持者之间的争议源于一种错误的理智行动观，它是现代心理学基于一套特殊的事实观察到的，且不说现代心理学自身作为一门科学的独立性，它本身必定要盲从地模仿自然科学。

◆◆◆

因此，自我活动中的引导和定向控制因素清楚表明，自我是一种自由的个人因果性。他分享了终极自我的生活和自由，这种终极自我能够发挥隐秘的主动性，使一个有限的自我出现，从而限制了这种终极自我的自由意志的自由。这种有意识行为的自由得自于《古兰经》所持的自我活动观。其中有好几节诗文明白无误地表明了这一观点：

“你说：真理是从你们的主降示的，谁愿信道就让他信吧，谁不愿信道，就让他不信吧。”（18:28）

“如果你们行善，那么，你们是为自己而行善，如果你们作恶，那么，你们是为自己而作恶。”（17:7）

确实，伊斯兰教认可一个非常重要的人类心理学事实，即自由行动的权力的盛衰，并且渴望把自由行动的权力当做自我生活中的一种恒定的、不可消减的因素保持着。根据《古兰经》的说法，适时的每日祷告使自我接触到生活和自由的终极来源，由此恢复了自我的“泰然自若”，为的是从睡眠和事务的机械作用中把自我拯救出来。在伊

杰奎琳·特里米耶（1968— ）：伊利诺伊州湖林学院的哲学家。

1 Mohammad Iqbal, *The Reconstruction of Religious Thought in Islam*, Oxford: Oxford University Press, 1934.

斯兰教中，祷告就是自我从机械论到自由的逃避。

这一态度中所蕴含的宿命论并不是对自我的否定……它是不承认任何阻碍的生活和无限权力，哪怕是子弹在他身边呼啸，也能安静地做他的祷告。

另一个非常不同的决定论例子来自非洲的约鲁巴人（Yoruba）部落。在约鲁巴人的哲学中，人类自由在一个更大的决定论背景中，依然有其位置。下面是哲学家杰奎琳·特里米耶（Jacqueline Trimier）对它的描述：

杰奎琳·特里米耶，论约鲁巴人的奥瑞[1]

在约鲁巴人的哲学中，奥瑞（ori）[或者说“内在头脑”]决定着人的命运，与绝大多数其他对灵魂的文化解释不同的是，约鲁巴人实际上选择他的奥瑞。在创世神话中，阿加拉（Ajala）这位“头脑陶艺师”为每一个身体提供一个头脑。不过，在一个人来到世间之前，他或她必须到阿加拉的屋子里挑选一个头脑。然而，阿加拉给人的印象是不负责任且粗心大意，问题也因此变得更加复杂。结果，阿加拉铸造了许多坏的头脑；他时而忘了烧制，时而弄得奇形怪状，时而烧制得过了头。据说，阿加拉欠很多人钱，所以常常为了躲避债主而藏在屋顶，而不顾他放在火上的一些头脑，任其在火上烧烤。然而，在这种对神的粗陋的、太人性的描述中，某些经典的命运和自由概念一目了然。人们选择自己的命运，但是这种选择充满危险和不确定性。阿加拉铸造了许多坏的头脑，而只铸造少许好的头脑。当一个人来到阿加拉的头脑储藏室时，他或她并不知道哪些头脑是好的，哪些头脑是坏的——所有人都是在不知情的状态下挑选自己的头脑。如果一个人选择了一个坏的头脑，那他或她注定会在生活中失败。此外，在一个人带着身体、头脑和灵魂来到世间之前，雨水还会侵蚀造得不完美的头脑。在世间，努力奋斗也无助于影响人的命运，因为他的所有能量都被用来修补受损的无用的头脑。然而，如果一个人选择了一个真正好的头脑，那这个人就注定会有一种好的美满生活。只要努力奋斗，他或她就一定能成功，因为他或她在昂贵的头脑修复中几乎不用花费多少能量。

奥瑞或内在头脑的概念具有一种深刻的先定论信仰。人过什么样的生活，取决于他选择了什么样的头脑。伊法（Ifa）文学经典中有一个神话讲述了这样的故事，有三位分别叫做奥瑞西库（Oriseeku）、奥瑞里米尔（Orileemere）和阿夫瓦佩（Afuwape）的朋友，他们需要从天堂到人间的头脑。于是，他们到阿加拉的屋子里挑选他们的头脑。在离开天堂之前，他们被告知沿途不能在任何地方停留。然而，阿夫瓦佩并没有听从，他去拜访他的父亲，从而被他的两位朋友落在了后面。当他们来到阿加拉的屋子时，他们并没有看到阿加拉，因为像往常一样，他藏在屋梁上躲避债主。这两位朋友并没

1　Jacqueline Trimier, “African Philosophy”, in *World Philosophy*, ed. R. C. Solomon and K. Higgins, New York: McGraw-Hill, 1994.

约翰·加尔文（1509—1564）：法国神学家，新教改革运动的主要领袖。他是神学巨著《基督教要义》的作者。在这部作品中，他捍卫了先定论的学说，这种学说认为上帝已经预先决定了谁会、谁不会永恒得救。

有等待阿加拉出现，而是在不晓得哪些是造得适当的头脑的情形下选择了他们的头脑。因而，当他们下到人间之时，雨水损坏了他们的头脑。因此，他们在人间的生活并不成功。

阿夫瓦佩来到他父亲奥隆米拉（Orunmila，智慧之神）的屋子，后者正在查看他的伊法（先知书）。当阿夫瓦佩告诉他父亲去看阿加拉的计划时，伊法术士们为阿夫瓦佩查看了一下，并对奥隆米拉说要提供钱和盐作为祭品，而阿夫瓦佩在路上应携带部分祭品。随后，阿夫瓦佩离开了父亲的屋子，并在路上向一位看门人打听了通往阿加拉的屋子的路。这些看门人从来没有用过盐，用火煮汤时撒在其中的是灰。阿夫瓦佩为这位看门人提供了一些他喜欢的盐。看门人一下子变得和蔼起来，把阿夫瓦佩带到了阿加拉的屋子。

阿夫瓦佩找到阿加拉的屋子时，阿加拉并不在屋子里，倒是有一个债主正等着他。于是，看门人建议阿夫瓦佩帮助阿加拉偿还部分债务，那样的话，阿加拉就会帮他挑选可能最好的头脑。阿夫瓦佩偿还了债务，债主随即离去。阿加拉回到屋子后，非常感激阿夫瓦佩，因而带他来到储藏室，并帮助他挑选最好的头脑。结果，阿夫瓦佩的头脑抵御了通往人间之旅的各种危险，并且在人间拥有一种美好生活。

对于美国人而言，最熟悉的先定论信仰来自名为加尔文教的新教。在下面的选文中，著名的美国加尔文教神学家**乔纳森·爱德华兹**（Jonathan Edwards，1703—1758）为他的先定论信仰做了一个辩护。

乔纳森·爱德华兹（1703—1758）：美国哲学家和加尔文教神学家，死前任现在的普林斯顿大学校长。

乔纳森·爱德华兹，《意志自由》[1]

其一要考虑的是，是否存在或能够存在任何这样的意志自由，因为阿米尼乌斯派[2]正是把所有道德主体的自由本质安放在那里，以及是否曾设想过或能够设想那样的东西。

首先，我要证明上帝对道德主体的自由行动有着绝对可靠的预知。

有人会觉得，对于任何自称基督徒的人而言，这样的一个论证是完全没有必要的，但并不是如此。一些伪称相信《圣经》乃上帝之言的人，否认上帝对于道德主体的自由行动有可靠的预知，最近尤其如此。因此，我要考量至高者那里存在这样一种预知的证据，完全如这篇论文所涉及的范围所容许的那样。在这里，假设我自己拥有《圣经》的真理。

1 Jonathan Edwards, “Freedom of the Will”, in *The Works of President Edwards, in Four Volumes, Vol. 2*, New York: Leavitt and Allen, 1856.

2 雅克布斯·阿米尼乌斯（Jacobus Arminius，1560—1609）是一位荷兰神学家，他主张上帝虽然预知人类的行动，但我们仍可以自由行动。爱德华兹的论证从头到尾都是针对阿米尼乌斯信徒的反驳。

我的第一个论证将取自上帝对这样一些事件的**预言**。在这里，我首先把如下两条确定为公理。

（1）若上帝无法预知，他就无法预言这些事件，也就是说，他无法断然地、可靠地预言它们。如果上帝具有的，不过是关于这类事件的一个不确定的猜测，那么他能宣称的也只能是一个不确定的猜测。断然地预言，就是公然声称预知，或宣示肯定的预知。

（2）如果上帝没法肯定地预知道德主体的未来意志，那么，他就也无法肯定地预知作为这些意志的结果并依赖于这些意志的事件。一个事件的存在依赖于另一个事件的存在，关于一个事件的存在的知识依赖于关于另一个事件的存在的知识，而且一个事件并不比另一个事件更具有确定性。

因此，无论道德主体的意志的结果是如何多、如何重大及如何广泛，它们应该扩展到对整个宇宙的事物状态的改变，应该在一系列连续事件中持续到永恒，而且应该在事物的发展中扩展到无限系列，其中每一个系列都有一个无止尽的事件链在进行着。上帝必定对所有这些结果一无所知，就像他对他们所产生的意志一无所知一样：所有这些事件，以及依赖于它们的整个事物状态，无论多么重要、广泛和巨大，都必定不为他所知。

第七节

上帝对于道德主体的
未来意志具有确定的预知，
与那些意志的毫无必然的偶然性有矛盾。

在证明了上帝对于道德主体的意愿行为具有一种确定的、绝对可靠的预知之后，我现在接着要表明结果。表明由此如何得出这些事件是必然的，具有一种关联或结果的必然性。

就我有机会观察到的情形而言，阿米尼乌斯派的一些首要牧师否定这一结果，并且断言，即使有这样的预知，那也没有证据表明所预知事件的必然性。现在，我希望这个问题得到显著和彻底的探究。我不禁觉得，只要通过显著和充分的考量，就完全可以确定，无论事实上情形是否是这样。

为了对这一问题进行恰当的考量，我将观察如下一些情形。

Ⅰ.很显然，若一个事物的存在绝对无误地、不可取消地与某个已然存在或曾经存在的事物联系在一起，那么，那一事物的存在就是必然的。这里要注意的是：

1. 我们此前在说明必然性的本性时说，那些过去的事物，其存在如今看来是必然的，对于已然确证的存在，要在这一方面有任何改变都已经太晚了。现在，在那一事物确实存在之外，任何别的情形现在都是不可能的。

2. 如果确实存在一个对于自由主体的意愿的神圣预知那样的东西，那么，根据假设，这一预知就是一个已然存在、而且很久以前就存在的东西，因此，现在它的存在就是必然的。现在，在这一预知应该是或曾经是的样子之外，任何别的情形都是完全不可能的。

3. 同样非常显然的是，那些不可取消地与其他事物联系在一起的事物是必然的，而且它们自身就是必然的。就像其真必然与其他命题联系在一起的命题必然为真，而且它自身必然为真一样。要不然的话，就会有矛盾。那样实际上如同说，那一联系是不可取消的，然而又并非如此，而且是可以打破的。如果其存在不可取消地与现在必然存在的某物联系在一起的事物，它自身并不是必然的，那么，尽管有着不可取消的存在联系，它依然有可能不存在——其荒谬是否一目了然，请读者自行判断。

4. 同样显然的是，如果对于道德主体的意愿的未来存在一个充分的、确定的和绝对无误的预知，那么，在那些事件与那一预知之间就存在着一种确定绝对无误的和不可取消的联系，因此，根据前述所得，那些事件是必然的事件，绝对无误地、不可取消地与已然存在的、现在存在的而且不得不存在的事物联系在一起。

预知是确定的和绝对无误的，而事件与那一预知之间的联系并非不可取消的，而是可取消的和可错的，这样的说法极其荒谬。若肯定这一说法，则无异于肯定一个绝对无误地被认为真的命题与其确实为真之间没有必然联系。因此完全可以论证，若存在着关于未来意愿的绝对无误的知识，那么这一事件就是必然的。或者，换言之，除了这一事件会实现之外，其余一切都不可能。因为，若这并非是不可能的，而可能会有别的情形，那就是说，除了真之外，并非没有别的可能。可那样何其荒谬，若假定现在存在着知道其为真的一种绝对无误的知识（即不可能失效的知识）。现在绝对无误地被认为真的命题，其中并不存在真理并非绝无可能，这样的说法里头有一种荒谬存在。

Ⅱ. 任何未来事件都无法可靠地预知，它们的存在是偶然的，毫无必然性，这一点可以这样来证明：对于任何有理智的人而言，在没有经验的情形下可靠地认识到一个事物是不可能的。否则的话就意味着矛盾，因为，一个为某一理智可靠地认识到的事物，是因为它对于那一理智而言是显然的；同样的，一个事物对于某一理智是显然的，是因为那一理智看到了表明它的证据。可是，没有任何理智，无论是创造的还是非创造的，能够看到并不存在的证据，因为这无异于看到并不存在之物。因此，若存在什么绝对毫无证据的真理，那这一真理也是绝对不可知的，因为，假定它是可知的，就意味着矛盾……

III. 假定道德主体的未来意愿并非必然事件，或者说，事件可能不会实现，这并非不可能。然而，假定上帝可靠地预知了它们，知道一切，就是假定上帝的知识自相矛盾。因为，说上帝可靠地、不带一丝猜测地知道一个事物绝对无误的会是什么样子，同时又说他知道由于偶然性它可能不是这个样子，就等于假设它的知识自相矛盾。或者说，他所知道的事物，与他所知道的另一事物完全矛盾。

- 先定论与宿命论有何不同？它们在什么方面彼此相似？先定论是宿命论的一种样式吗？
- 先定论如何涉及恶的问题？圣奥古斯丁为了把它们联系在一起提供了什么论述？那么，如何有自由意志的空间？

- （穆尔太齐赖派和阿修阿里派）这两个伊斯兰教派关于人类自由和先定论的观点彼此有何不同？
- 比较一下约鲁巴人和加尔文教的先定论观点。

C. 决定论

正如我们所见，从异教的宿命论到基督教的先定论，自由问题无处不在。无论是在最抽象的论点那里，比如宇宙作为整体是一台巨大的机器或一个“实体”（比如在牛顿或斯宾诺莎那里），还是在非常专业的理论那里，比如人格心理学，都出现这一问题。不过，在所有这些层面，这一问题通常被等同于一个单一的主张——**决定论**。在第1章，我们简要地介绍了决定论：斯宾诺莎在他的形而上学体系中对它做了辩护，牛顿用他的物理学说给出了一个令人信服的科学解释。用一个短语来表达的话，决定论可以用我们在第3章已经熟悉的一个原理来表述，即“普遍因果关系原理”“一切事件都有其原因”。决定论是这样一个观点，它认为宇宙中发生的一切都是由自然规律决定的。问题是，无论人类行动可能是别的什么样子，它们也都是宇宙中的事件。可是，如果人类行动也只是另一种由规律所决定的自然事件，它还能是自由的吗？这就好像我们要因人们服从万有引力定律而称颂（或责备）他们。他们还有可能不这样吗？

根据我们的定义，决定论与宿命论和先定论有关，但与后两者不同。依照宿命论，无论发生什么，结局都是不可避免的。根据先定论，上帝拥有高于人类选择和自然规律二者的权力。然而，按照决定论，唯有当前提条件得到满足，一个事件才会必然发生。另一方面，决定论无需认为某个事件是不可避免的，它只是主张，如果某些条件存在，那么某类事件就会发生（比如，如果一壶水得到充分加热，那它就会开；或者，如果一个人被迫在丧命与杀死一只昆虫之间做出选择，那他会选择夺取那只昆虫的生命）。这种“如果……那么”是决定论的基本结构。（无论宿命论还是先定论，都无需这种“如果”和“那么”。）

决定论是这样一种理论，它认为宇宙中的每一个事件，包括人类的每一个行动，都有其自然原因。如果**前提条件**已定，那么一个事件就会按照自然规律必然发生。但是，我们至少必须再走一步，完成决定论的前提。仅仅说“一切事件都有其自然原因”是不够的，因为存在如下的可能性：尽管每一个事件都需要某种前提条件才会发生，但是，这个事件至少在某种程度上仍然是机遇问题或人的选择问题。我们必须说：“一切事件都有其充分的自然原因。”一个**充分原因**能够依其自身导致该事件发生。那样就不会有机遇和选择的余地了。这一观点，我们称之为强决定论，它显然没有给人类自由留有余地。没有选择，就不可能有自由，没有自由，就没有理由让一个人为他的行动负责，无论这一行动多么良善或多么邪恶。根据强决定论的观点，我们只能说是在“演出”，因为我们的“行动”不过是前提条件和自然规律的结果，它们根本就没有为我们“做点什么”留出余地。

1. 强决定论

强决定论的前提从牛顿物理学中获得了最强大的动力，他那作为“运动物质”的宇宙图景为他作了极佳阐明的运动规律和引力定律所决定。可是，他的追随者不仅把这些规律应用于行星和恒星的运动，也不仅应用于在倾斜平面上滚下的球。按照他们的说法，我们也是“运动物质”、物质性的身体，要服从所有的自然规律。就像自然中其他一切事件一样，我们的“所作所为”也为这些规律所决定。

自艾萨克·牛顿在十七世纪发表他的理论以来，这种“强硬的”决定论就强有力支配着哲学家们。皮埃尔·西蒙·拉普拉斯（Pierre Simon La Place）对牛顿体系充满信心，他甚至声称，如果他知道宇宙中每一个物体的位置和运动，他就能预测未来任何时刻宇宙中每一个物体的位置和运动。（他也能**回望**或回溯宇宙过去的每一个状态。）这就意味着，如果他有一幅完全的宇宙地图，包括我们自己身体的物质性部分，他就能预测一切发生的事情，当然也能预测我们所做的每一件事。若是这样的话，我们徒劳地宣称具有行动选择、决定做什么，或者要为我们的所作所为对自己和他人负责，还可能有什么意义？

拉普拉斯对强决定论观点的信心，在牛顿的直接继承者和热情支持者中间普遍存在。比如，法国启蒙运动的哲学家之一**保罗·亨利·霍尔巴赫男爵**（Baron Paul Henri d’Holbach），就毫不妥协地为强决定论观点辩护，以至于让许多传统主义者甚至他的同事感到震惊。

保罗·亨利·霍尔巴赫男爵，《自然的体系》[1]

无论用什么方式去考量人，他都与普遍的自然连结着，而且服从必然且不变的规律，这些规律是自然根据她赋予每一具体种类的特殊本质或不同性质，用不着跟它们商量就强加给她所包容的一切东西的。人的生命，就是自然命令人在地球表面上划下的一条线，并且绝不容他离开这条线，哪怕一刻也不行。人降生于世并非出自己愿；人的机体也决非自己做主；人的观念也是无意中得来的；人的习惯，则完全取决于使人感染这些习惯的人们的能力大小；人总是不断地为一些他无法支配的、可见的或隐蔽的原因所改变，由此必然地调整着他的样式或存在，给他的思考方式打上烙印，决定着他的行为方式。他是好是坏、幸或不幸、明智或愚笨、理性或没有理性，他的意志对于这些不同情状都无能为力。尽管如此，人还是不顾束缚自己的桎梏，自称自己是自由的，或者认为他能够不依赖那些使自己活动起来的原因而决定自己的意志、调整自己的境况。

> 保罗·亨利·霍尔巴赫男爵（1723—1789）：法国哲学家、启蒙运动领袖之一。他是一位热情的唯物主义者和无神论者，是前革命时期法国最具才华的自由思想家最激进的代表。

这个见解几乎毫无根据，一切都向人表明它是一个错误，可是在今日，在大多数人、而且是很明智的人那里，却变成了一个无可争辩的真理。它正是宗教的基础，宗教在设想人与宗教置于自然之上的那个未知的存在之间的种种关系时，若承认人不是自由行动者的话，就无法想象人如何能从这个未知的存在获得奖

1 Baron Paul Henri d’Holbach, *System of Nature*, London: Kearsley, 1797. 中译文见霍尔巴赫：《自然的体系》，管士滨译，北京：商务印书馆，1964 年，第 164—177 页。

赏或惩罚。人们曾以为，这个体系是有利于社会的，因为盛传这样一个观念：如果人的一切行动都被看成是必然的，那么，惩罚那些伤害同胞的人们的权利就不再有了。最后，人类的虚荣心无疑也适合于产生这样一种假设，即给人类划定一片完全不受任何其他原因影响的特权领地，似乎这样就把人与所有其他物质性存在区别了开来，然而，只要稍微想一想，我们就会觉得这一假设是不可能的。

如我们在别处所说的那样，意志乃是大脑的一种改变，由于这一改变它才倾向于行动，或者准备着发动起那些器官。这个意志必然为作用于人的感官的对象或动机的性质所决定，或者为人所保有的观念经由记忆提供的性质所决定，无论这些性质是好是坏、是惬意的还是令人厌烦的。因此，人是必然地行动着，他的行动要么是来自动机、对象的冲动的结果，要么是来自改变了他的大脑或引发了他的意志的那个观念的结果。若他没有按照他的冲动行动，那是因为有某个新的原因、新的动机、新的观念以一种不同的方式改变着他的大脑，给了他一种新的冲动，以一种不同的方式决定着他的意志，借此，前一冲动所引发的行动就中止了：因此，看见一个惬意的对象，或者想到关于这一对象的观念，就会决定人的意志活动起来去获得它。但是，如果一个新的对象或一个新的观念更强有力地吸引着他，就会为他的意志确立一个新方向，从而取消前者的效果，阻止为获得它而进行的行动。这就是反省、经验、理性必然能停止或中止人的意志活动的情形。若没有这一情形，人就会必然地顺着先前的冲动，趋向它所欲求的对象而一去不复返了。在所有这些方面，人总是遵守他绝无可能从中脱身的必然规律行动。

◆◆◆

简而言之，人的行动绝不是自由的。它们常常是人的性情、所接受的观念、它们自己形成的关于幸福的或真或假的概念的结果，是人由于榜样、教育和日常经验而坚定起来的种种见解的结果。世间所见的诸多罪行，只是因为一切都协同起来使人变得有罪和邪恶。他所信奉的宗教、他的政府、他的教育，以及他眼前的榜样，不可抵抗地把他推向恶。在这种情形下，道德向他们宣说德性只能是徒劳。在那些邪恶受尊敬、罪行受推崇、唯利是图总是得到报偿的社会里，在最可怕的混乱只在那些弱小而无权能免于刑罚地去为非作歹的人身上得到惩处的社会里，德性之践行只会是对幸福的惨痛牺牲。这样的社会，对弱小者的放荡加以严惩，而在大人物那里，放荡却成为社会上的美谈，并且，社会经常不公正地宣告那些为常例支持的官方偏见使之有罪的人们死刑。

因此，人一生中没有一刻是一个自由行动者，他的每一步都必然要受到引发他的激情的对象的种种真实的或虚构的利益的指引。这些激情本身是必然存在于一个不断追求自己幸福的生物中的，它们的能力是必然的，因为这能力依赖于他的性情；他的性情是必然的，因为它依赖于进入他的组织的物理元素；他的性情的改变也是必然的，因为它是道德生物和物理生物不断作用于他的冲动的确实可靠的、不可避免的结果。

只要科学范式依然盛行于哲学界，决定论就仍是一个具有影响力的论点，尽管科学的转变已然使霍尔巴赫的自然观念完全过时了。不过，并不是每一个人都认为决定论是一个令人信服的论点，尤其是**丹尼尔·丹尼特**（Daniel Dennett），他虽然是一位彻底的唯物主义者和科学迷，却发现定义决定论的“恶灵”形象荒诞不经。

丹尼尔·丹尼特，《活动余地》[1]

长期引人关注的问题

命运观念比哲学本身还要古老，而且自哲学作为一门学科发端以来，哲学家们就一直试图表明如下观念的错误之处：我们的命运在我们出生前就已封存好了。一直以来，他们觉得证明这一点非常重要：我们不只是在演示我们的命运，而是以某种方式选择我们自己的人生行程、做决定——而不只是拥有发生在我们身上的“决定”。

在早期的希腊哲学中，因果观念是关注的焦点，因为一些哲学家想知道，是否所有的物理事件都是由在前的所有事件总和引起或决定的。若是这样——照我们的说法，若决定论是正确的——那么，我们的行动就如同物理事件一样，自身也一定是被决定的。如果**决定论**是正确的，那么，我们的每一个行迹和决定，看来就是那一刻发生的物理力量总和的不可动摇的结果，而这一物理力量总和反过来又是此前一瞬间发生的力量的不可动摇的结果，如此以至时间之开端。

人们为何让自由意志成了引人关注的问题？无疑，部分是因为它触及了我们在宇宙中的位置、“人的境况”这样深刻的重要问题，恰如有人严肃地说到的那样。不过，我将表明，这也是因为哲学家们先是召唤出了许多确实令人惊恐的棘手难题，进而下意识地、完全不正当地提出自由意志问题是否是确实存在的这些棘手难题之一。

在文献中，如下这样的类比有许多：没有自由意志，就像是囚于牢房、陷于迷糊、处于麻痹，或如同傀儡，或……（还可以继续列下去）

我不认为，这些类比只是有用的说明、图解式的方法。我认为，它们正处于这一问题的根基。若没有它们来锚定哲学论述，自由意志问题就会漂浮无根，最多也就是一个令形而上学家和解惑者感到茫然的古怪问题。

恶灵

毫不夸张地说，第一个棘手难题是恶灵（bogeymen）——若你要坚持用bogeypersons也可以——因为恶灵被设想为与我们相争以控制我们的身体的能动者（agent），他们与我们对抗，具有与我们自己相对或者至少独立于我们自己的利益。一旦焦虑横行、所讨论主题的紧迫性受到怀疑，这些可怕的家伙就会被哲学家们用作反方的拉拉队长（你可以称它们为报忧者）迎上舞台。随着问题变得日益复杂，读者们开始感到厌倦和烦躁，可很快就会被一个引人注意的类比振奋起来：“那就像是发现自己陷入了……”

> 丹尼尔·丹尼特（1942— ）：美国哲学家、认知科学家，任教于塔夫茨大学。

看不见的看守：监狱是可怕的。因而要避开监狱。任何一个未能理解这一点的人都不是我们中的一员。那好，如果监狱是

1 Daniel Dennett, *Elbow Room*, Cambridge, MA: MIT Press, 1984.

不好的，那与之形成对照的是什么呢？一个人若不处于监狱之中，那他就是自由的（在一个重要的意义上），而我们每一个人就能够充满感激地反思我们没有在监狱之中是多么地开心。“啊哈！”恐怖心理散布者说道，“是什么让你如此确定你不在监狱之中呢？”很显然，一个人有时在监狱中，有时不在。有一位狡猾的看守，他可能把窗框上的钢栏隐藏了起来，并且在墙上装上了虚拟的门（如果你打开其中一扇门，就会看到门后面的砖墙）。一个囚犯可能要花一些时间才能认识到他处于监狱之中。

你**确定**自己不处在某种监狱之中？这里让我们来看看一连串转换，它把我们从明显的监狱带到了不明显（但依然可怕）的监狱、完全看不见、不可察觉（但依然可怕）的监狱。让我们来看看莫德林学院公园中的一只鹿。它被囚禁了吗？被囚禁了，但不严重。因为围场相当大。倘若我们把这只鹿放到一个更大的围场——带有栅栏的新森林（New Forest）。那这只鹿依然被囚禁了吗？我听说，在缅因州，鹿整个一生的活动范围几乎不会超出其出生地五英里。如果一个围场位于一只鹿整个一生游走的正常范围之外，那这只被围起来的鹿就没被囚禁吗？或许受到了囚禁，但是请注意，这不同于我们关于是否有人安装了围栏的直觉。你觉得自己被囚禁于地球这颗行星吗？如同拿破仑被困在厄尔巴岛。出生并生活在厄尔巴岛是一回事，一个人被**别人**安置并要求待在厄尔巴岛又是一回事。一座没有看守的监狱，就不是一座监狱。它是不是一个令人不快的住处，这一点取决于其他特征，取决于它在多大程度上束缚了其居住者的生活方式。

邪恶的神经外科医生：你愿意有人把你捆住，在你大脑中植入电极，然后通过“主机”控制台上的按钮来控制你的每一个思想和行为吗？比如，想一想费希尔（Fischer）[1]对于这个家伙的典型运用：恶毒的布莱克医生把一些东西置入了可怜的琼斯的大脑，因此，布莱克能够“控制琼斯的活动，而琼斯对此却一无所知”。首先，我们可以问——我们总应该如此——为什么这样就是引入另一个对抗的**能动者**？为什么这就把布莱克医生带入了其中？比如，假设琼斯患有产生古怪结果的脑瘤，这个例子不也同样可行吗？费希尔的那个版本之所以更加可怕，是因为琼斯对自己活动的**掌控**，被另一个控制者——布莱克医生——篡夺了。肿瘤在人的大脑中会引发这种或那种后果，确实，患有使人衰弱的脑瘤非常可怕，但是，唯有一个非常令人痛苦的肿瘤才能控制人的大脑。

邪恶的神经外科医生有各种变形，包括可怕的催眠师和专断的木偶操纵者。我们全都了解舞台催眠师（不管怎样，我们认为自己了解），他们尤其令人心寒，与那些邪恶的神经外科医生不同，他们对人的影响不会留下任何物理痕迹。

◆◆◆

心怀恶意的读心者：这一行动者本质上是一个对抗者，但他并不引发或控制你的行动，他只是预见并阻碍你的行动。跟这样一个家伙玩“石头、剪子、布”那可毫无希望，因为他完全知道你要出什么，你遵循何种套路，他总是能预先知道你想走的步骤，并总能成功地加以反对。[2]只要你能不让他知道你的想法！只要你能找到一种抵抗他算计

1 J. Fischer, *Journal of Philosophy*, Jan. 1982, pp. 24-40.

2 D. Hofstadter, *Scientific American*, Aug. 1982, pp. 16-24.

的不可预测的策略！那你在生命游戏中就不会那么无力、那么脆弱。当一人的预测具有冒险成分，当预测不只是未来式陈述，而更像是赌博——一人想要它们实现而对抗者想要它们不实现——之时，预测就以一种特殊的方式变得重要。真实生活中，一个人常常要与他人竞争，甚至要与其他有机体竞争（比如诱捕老鼠或蚊子），可是，在宇宙的生命游戏中，一个人要与谁打赌呢？

我无法证明这些罪犯相片集中没有一个恶灵确实存在，如同我无法证明恶魔或圣诞老人不存在一样。但我仍准备摆出一脸严肃样，向那些需要的人保证，绝对没有证据表明有任何这样的可怕行动者存在。不过，若他们确实存在，那就是我们的灾难！一个藏有幽灵的壁橱乃是可怕之物，但是，一个壁橱只是像一个藏有幽灵的壁橱（没有幽灵除外），则没什么可怕的，因此，我们得到了一个证明为有用的经验法则：无论何时你在哲学例子中觉察到一个恶灵，都要去检查一下，是否这个可怕的行动者——当然是虚构的——确实在执行着一切。

丹尼特敦促我们在脱离这些离谱的臆想后重新思考决定论。他提出了一种对黄蜂本能行为的解释，并问我们的行为与之是否有可类比性。会不会我们也受“残酷的因果关系”支配？

掘土蜂和其他顾虑

还有其他激发自由意志问题的忧虑，它们不具有人格化的对象。人们常常认为，如果决定论是正确的，那么，我们可以后悔的深思熟虑过程中必有某种“机械的”东西。我们无法成为自由行动者，而只能是我们行为中的自动控制，某种类似于昆虫的东西。让我们来看一看掘土蜂（大黄蜂，*Sphex ichneumoneus*）：

产卵之时，黄蜂会建一个巢，并挑选一个已被它刺伤麻醉但没有死的蟋蟀。它会把这只蟋蟀拖入巢中、在边上产卵、封巢，然后飞走，再也不会回来。产下的卵及时孵化，黄蜂幼虫以那只麻醉了的蟋蟀为食，这只蟋蟀没有腐烂，相当于被黄蜂冷冻起来。在人类看来，如此组织精巧、很有目的的程序，表达了一种令人信服的逻辑和思想性——直到我们考察了更多细节。例如，黄蜂的程序如下：把麻醉了的蟋蟀带到巢口，把它放在入口处，进到巢中看看里面是否一切完好，出来，然后把那只蟋蟀拖入巢中。若这只蟋蟀趁黄蜂在巢中进行初步检查之际挪动了一点，那么，这只从巢中出来的黄蜂会把蟋蟀拖回到入口处，而不是拖入巢中，然后重复进入巢中察看里面是否一切完好的准备过程。若这只蟋蟀趁黄蜂在巢中之际又挪动了一点，它会再次把蟋蟀拖到入口处，再一次进入巢中进行最后察看。黄蜂从未想过直接把蟋蟀拖进巢中。有一回，这一程序重复了四十次，都是同一个结果。[1]

1 D. Wooldridge, *The Machinery of the Brain*, New York: McGraw-Hill, 1963, p. 82.

- 与不带“强”这一修饰词的“决定论”相比，“强决定论”是什么意思？为什么强决定论与人类自由的可能性不相容？
- 放弃每个事件都有一个充足的自然原因这个决定论的前提会有什么结果？这样就解决了自由问题吗？
- 决定论所主张的论点必定使我们的行动成为受迫的吗？我们如何才能说，尽管我们的行为是被决定的，但它们仍然是自由的？
- 你能想到一个例子，表明丹尼特所说的那种“恶灵”确实支配着（在大众媒体、电视、政治中）关于人类自由的争论吗？

2. 决定论和非决定论

我们应该接受决定论的前提吗？没有这个前提，决定论就无法跨出第一步。在此前的章节中，我们已然看到传统的种种论证，甚至有些论证是由自身并非“强决定论者”哲学家们提出的。最为一般的论证是，只有从一开始就假定每一个事件都有其（充足的、自然的）原因，我们才能理解事物。否则，我们就会收到汽车技师归还我们的汽车（和我们的票据）时毫无用处的说法：“找不到故障存在的原因。”同样的，无论何时，只要诊断有丝毫问题，医生就会给我们同样的说法，而我们自己每一次在一个问题开始变得困难时，就会用这样一个说法。

康德作出了一个更强有力的论证，他认为决定论的基本规则，即普遍因果关系原理，是我们借以解释每一个经验的规则之一。但是，休谟认为这一原理既无法通过理性得到证成，也无法通过经验得到证成，即便如此，他也坚持它是我们不可或缺的、即使我们想要摆脱也无法摆脱的一种“自然习惯”或习俗。于是，大家一致认为，这一原理本身是不可避免的。甚至完全拒斥了因果观念的莱布尼茨，也坚决主张他的“充足理由律”，这一原理具有同样的结果，即“一切事件都有其充足理由”。

如此多的哲学家在这一问题上的一致，表明了强决定论立场的实力。若没有了“一切事件都有其充足的自然原因”这个假设，人类知识似乎就没有了最重要的一个前提。不仅我们的科学研究，甚至我们绝大多数普通的日常信念，都将被迫搁浅于难以忍受的怀疑论。我们的每一个经验都将无法理解，我们的宇宙看起来就是由许多不相干的事件组成的一条不连续的序列，从中我们无法**预测**和理解任何事情。因此，面对“我们为什么要接受决定论的前提”这样的问题，回答似乎是：“我们无法放弃它，否则我们还能怎样行事？”因为，无论措辞怎样改变，或者在哲学上做怎样的改变（比如，莱布尼茨消除了其中的“原因”概念），这一假设——宇宙中发生的每一件事，包括我们自己的行动，要得到说明和解释，就只有对它及其前提条件知道得足够多——是一切人类思考的前提，没有它，我们做任何事情都是无法想象的。

然而，即使强决定论者的前提看起来不可否认，我们对于这一前提作何理解也并不清楚。牛顿时代的老一辈决定论者（拉普拉斯、霍尔巴赫）把原因观念理解为严格的推动或强制，就好像一个人在楼梯上被人推了一下。如此来看，我们的行动尽管极其复杂，但也无异于弹子球在球桌上的“行动”，每一个运动都完全决定着下一个运动。当然，每一个球的精确运动并不总是很明显。比如，在开局中，即使是最熟练的能手也无法准确预测每一个球的走向。但是，我们能确定，每一个球都完全被与之接触的其他球所决定，就像可以轻易地预测一个球会径直撞击到另一个球一样。

如果我们把人仅仅看做是物质性身体——骨骼、肌肉、神经细胞等等——那么，这种弹子球的机械模型就有一定的意义。不过有一种对于强决定论前提的较弱解释，它并不要求我们如此激进地把人还原为纯粹的身体。我们不再谈论现实的物理推动和强制，而对决定论的这个前提作如下解释：说每一件事都有其原因，就是说如果满足某些前提条件，我们就能够预测某某事件会发生。根据较强的机械的决定论解释，原因是现实的推动，而根据这样一个解释，自由观念显然是不可能的。但是，根据这种把决定论看成可预测性的较弱解释，或许仍为我们谈论行动自由留出了余地。比如，我们能预测朋友会有什么样的决定，但是，这似乎并不意味着他被迫作出那样的决定。我们也能预测他的行动，但这是因为我们了解他，因而知道他可能会做什么。根据这第二种解释，我们或许能同时具有决定论和自由。

许多哲学家只是把决定论当做基于概率的可预测性加以辩护。我们可能容易弄错。根据这一观点，说一切事件都被决定了，只是意味着如果我们对前提条件知道得足够多，那么就可以预测该事件。但是，针对决定论者的反对意见是，仅凭可预测性这一事实并不足以为任何意义上的“强”决定论辩护。说所有事件——包括人类行动——实际上由物理的力引起或造成是一回事，说所有事件包括人类行动是可预测的，则完全是另一回事。比如，它们可能只是在某种统计学概率的基础上是可预测的。“大多数人在这种情况下都会这么做”，换句话说，“反常也是可能的”。或者说，就人类行动而言，可预测性可能仍是人类选择的结果。我们能预测彼此的行动，是因为我们知道在同样的情形下我们可能会作出什么样的选择。但是，这里无需谈论“原因”或强制。正如有人指出的那样，如果这就是我们所说的决定论的意思，那我们甚至不应再谈论什么“决定论”了。

与之相对，这种反对决定论的论点，被称作**非决定论**，它对决定论的这两种形式都加以拒斥。非决定论主张，并非每一件事都有其充足的自然原因。这种理论至少为**自由意志**留下了余地，因为我们一旦允许某些事件是没有原因的，人类行动就有可能包含其中。因此，我们看来完全能够为我们的行动负责。但非决定论的观点合理吗？

最近，非决定论的论证得到了物理学的支持，而正是这门科学最先使决定论得势。牛顿物理学曾对决定论做了最强有力的表述。记得拉普拉斯曾夸口说，如果他知道宇宙中每一个微粒的位置和运动，他就能预测宇宙在未来任一时刻的状态。但是，最新的物理学表明，这样的知识绝无可能。现代物理学最重要的发现之一是**海森堡测不准原理**［名称是纪念它的发现者维尔纳·海森堡（Werner Heisenberg）］，根据这一原理，我们无法同时知道一个亚原子粒子的位置和动量。要知道其中一个，我们就不可能同时知道另一个。

从这一原理出发，英国物理学家、哲学家亚瑟·爱丁顿爵士（Sir Arthur Eddington）推进了非决定论的论证，认为决定论在物理学领域是错误的。宇宙中并不是每一件事都是可预测的。此外，现在许多科学家认为，基于这样的考虑，“原因”这样的概念就不适用于某些亚原子粒子。“宇宙中的一切事件都有其充足的自然原因”，决定论的这一前提是错误的。一些事件，即那些涉及某些亚原子粒子的事件，无论根据何种解释，都不是被引起的和可预测的，因而不是被决定的。但是，如果并非一切事件都是被决定的，那么人的行动也许就不是被决定的，而是自由的；如果它们是可预测的，那也不是因为它们是被引起的。

维尔纳·海森堡（1901—1976）：一位革新了量子力学领域的德国物理学家。

非决定论的目标是否定决定论的立场，为人类自由留出余地。不幸的是，非决定论的论证存在着两个严重的反驳。首先，即使我们假定现代物理学的（“量子”）理论其结论是正确的（实际上它在物理学家中间依然是一个有争议的问题），决定论主要作为一种关于宏观世界物体（即具有可见大小的事物——人、树、汽车）而非亚原子粒子的理论，对我们而言显然是重要的。没有人曾断言，量子理论和现代物理学确实驳倒了牛顿的理论。确切地说，前者是后者的补充，它明确了后者的位置，对后者做了限定，而这在十八世纪是不可思议的。但是，关于行星引力或球在斜面上滚动的决定论，现代粒子物理学的宏伟发现不会对它们有丝毫影响。关于我们自己身体的物理决定论，情形一如从前。确实，要预测我们身体中的某个亚原子粒子可能会怎样运动，这是不可能的。但并不能因此就认为，预测我们的身体会有什么样的运动是不可能的。如果从飞机上掉下来，我们下落的速度与一袋马铃薯下落的速度毫无差别，而这正是决定论者要继续对我们的自由概念加以攻击的内容。

其次，即使存在着这样的非决定论，非决定论也不等同于自由。假设我们大脑的各种神经过程所作出的决定中存在着一个因果决定论的“裂隙”，那就意味着，我们的所作所为很有可能根本不是被决定的——或者只是随意地被决定的。假设你的腿突然开始运动，然后你发现自己在踢一个消防栓，这肯定不是我们所谓的“自由行动”。自由至少意味着我们自由地选择我们要做的事，并且能够使我们的决定付诸实施。因此，非决定论和决定论从我们这里夺走的自由一样多。无论如何，反对决定论的论证并不足以说服我们接受非决定论的结论。下面，哲学家**罗伯特·凯恩**（Robert Kane）呈现了这一论证。

罗伯特·凯恩，论非决定论[1]

然而，这样的思想只会通向一个更深的问题，数世纪以来，它一直萦绕于关于自由意志的争论：若这种深刻的自由不能与决定论相容，那似乎也不能与**非决定论**相容。就整个过去的情形而言，已遭破坏的一件事仍是可能会发生，也可能不会发生。（就整个过去的情形而言，一件被决定了的事必定发生。）因此，就其过去的情形而言，一件已遭破坏的事是否会现实地发生，乃是一个机遇问题。但是，机遇事件自然地发生，不受任何东西的支配，因此也不受行动者的支配。那么，它们如何可以是自由行动呢？比如，若一个选择是依据量子跃动产生的，或者是由于大脑中其他非决定的事件产生的，那它似乎就是一个意外或偶然，而非一个负有责任的选择。看起来，大脑或身体中非决定的事件抑制或阻碍了我们的自由，它们自然地发生，

罗伯特·凯恩（1938— ）：得克萨斯大学奥斯汀分校的荣休哲学教授。他是《穿越道德迷宫》《自由意志的重要性》及许多其他著作和文章的作者。

1 经由罗伯特·凯恩惠许。

不受我们支配。它们最终被证明是对我们的自由的损害——或许还是痛苦之事，比如癫痫症——而非增进。

或者以另一种稍微深刻一点的方式来看看这个问题。如果我的选择确实是非决定的，那就意味着，在我作出选择那一刻之前**完全一样**的过去情形下，我可以作出一个不同的选择。这就是非决定论和对决定论的否定的意思：完全一样的过去，不一样的结果。比如，设想我已经计划好度假的去处，夏威夷或科罗拉多，经过进一步的思考和考虑之后，我觉得更喜欢夏威夷，因而作出了去夏威夷度假的选择。如果这一选择是非决定的，那么，完全一样的考虑、完全一样的思考过程、完全一样的信念、愿望和其他动机——没有丝毫差别——导致了我的偏好，并选择了夏威夷而不是科罗拉多。这一点非常奇怪。如果发生这样的一件事，那它就像是一次意外或偶然，如同刚刚提到的大脑中的量子跃动，而不是一个理性的选择。既然我青睐夏威夷并且打算选择去那度假，可是，我意外地选择了科罗拉多，那我就想知道哪里出错了，或许还会去咨询神经病专科医生。基于上述这些理由，人们认为，非决定的自由选择是“反复无常的”“多变的”“任意的”“无理性的”“不受控制的”和“无法说明的”，根本不是真正自由和负有责任的选择。如果自由意志与决定论不相容，那么，它似乎也与非决定论不相容。

- 物理学的最新发展（海森堡测不准原理、量子物理学）如何破坏了决定论的观点？
- 针对非决定论的反驳是什么？非决定论带来了自由吗？

3. 意识的角色

就我们是物理性身体而言，强决定论是对的。但是，你可能会说，我们不只是物理性身体，我们也是有意识的。我们能够做决定。我们有自己的意志，而自由问题常常也被称作“自由意志问题”。不过，在这里我们不会使用这个术语。

我们是否自由这个问题，恰如第5章所述，紧密地与“我们”是谁这一问题联系在一起。我们是身体与心灵的汇聚之所吗？我们的意识“仅仅”是大脑过程吗？无论我们在物理性身体之外还是什么，我们的物理性身体仍要服从牛顿物理学的所有规律。你可以看到这个问题。如果我们的身体仅仅是宇宙中的螺丝钉，我们是否有意识又有什么要紧呢？如果你从飞机上掉下来，你下落和加速的速度与一袋马铃薯毫无差别。而你不同于马铃薯，你意识到你在下落，吓得心惊肉跳，不切实际地希望或祈祷解救你的奇迹出现，可是，这一事实不会造成任何不同的结果。或许，我们的所有行动都是如此。我们的身体由物质构成，各种分子都在进行着化学反应，并根据不同的物理学规律活动着。没有人能够否认，它们服从所有的自然规律。然而，既然它们的各种运动和活动的一切方面都被决定，还有什么留给意识去做呢？

假设有人坚持认为，意识不同于我们的物理性身体，它不是决定论框架中的组成部分。意识不同于我们的身体，它是自由的，它能自由地做决定，自由地选择做什么。可是，如果我们身体的运动都被决定了，那么，即使意识是“自由的”，又能做什么呢？无论意识做什么样的决定，都不可能对我们身体的运动有任何影响。换言之，它无法影响我们的行动。因而，我们的“决定”不过是纯粹的自负，如同要用幻想打开机器一样，事实上根本不起作用。根据这一观点，意识不过是一个附属品，无论它“决定”什么，我们要做的事情和要发生的事情都已然被其他前提条件决定了，而这些前提条件与这个“决定”毫无关系。粗略地看来，这是斯宾诺莎的伦理立场，也是某些早期斯多葛哲学家的立场。一切都为自然规律所决定，因而，反对自然则荒谬可笑。我们能做的，就是接受所发生的一切事件的必然性，同时承认我们的意识和我们表面上的自由不过是放纵的自负。除了意识，一切人类行动都有其充足的自然原因，因此，意识无论如何都不起任何作用。

然而，绝大多数强决定论者可能不会同意如下观念，即某些事件，哪怕诸如意识行为这样的非物理事件，能够在自然的决定论“之外”。绝大多数强决定论者主张，我们的思想和情感，甚至我们的决定，都是我们的大脑和神经系统状态引起的。我们的“决定”不过是复杂的因果前提——其中的大部分因果前提我们尚未理解——的意识后果，但它们肯定是事物的决定论框架的组成部分。至于意识是如何进入这一决定论框架的，我们在前一章所讨论的问题中都涉及了——比如，意识与我们的身体之间是否存在因果关联，意识仅仅是我们大脑状态的一种“副现象”还是等同于我们的大脑状态，或者，我们根本不应该再谈论“意识”。不过，无论这些争论是否得到解决，强决定论者仍会坚持认为，意识并非决定论的一个例外。

如果意识是事物的决定论框架的组成部分，我们就不能说意识活动，尤其是我们的决定，引发了我们身体的运动、进而支配着我们的行动吗？不过，这个颇具吸引力的妥协面临着一个压倒性的问题。如果我们接受了决定论者的前提，那么，我们的决定就无法引起我们的行动，除非我们的决定，作为决定论框架的组成部分，也是被引起的。因此，我们的决定也是被决定的，哪怕我们似乎具有一种对于行动的选择，因为无论我们决定什么，它们都已然被那些决定了我们的决定的前提条件决定了。

比如，假设你正在决定是否去看电影。你是否去看电影取决于你的决定。可是，你的决定又取决于它的前提条件。现在，又假设我们充分了解你的教养和品味、你的性格和大脑的活动情形，那我们就完全明白，你的决定——说我们去看电影——无非是所有这些条件的结果。那么，说你决定去看电影有什么意义呢？当然，你确实经历了“做决定”的全部活动。可是这个决定的结果，即使它是这个决定的因果性结果，仍然不过是先于这个决定的条件的结果，并且与这个决定毫无关系。这就好像我给了你两种选择，可只有一种选择是可能的，那不可以说是一种选择。因此，如果一个决定进入到了我们的行动中，那么，很可能这个决定的结果已然预先被决定了。无论哪种情形，强决定论者都是胜利的一方。如果意识不是决定论框架的组成部分，那它就不可能对我们的行动产生影响。如果它是事物的决定论框架的组成部分，那它就无法是自由的。无论何种情形，强决定论都是不可否认的，而自由最终证明不过是一种错觉。

- 心—身二元论问题如何影响了自由和决定论问题，或者如何使后者变得复杂？
- 你认为意识是事物的决定论框架中的一部分吗？你能想到任何替代的可能性吗？

4. 弱决定论

牛顿传统的哲学家，即那些“强”决定论者，他们认为决定论排除了选择自由和行动自由的可能性，并且总是具有支持他们的简单有力的论证。可是由于我们有为了自己和彼此而对我们的行动负责的迫切要求，因此，绝大多数哲学家并不接受“强”决定论，即使他们认可决定论者的论证。因此，许多哲学家赞同所谓的**弱决定论**。（这是威廉·詹姆斯创造的名称。）弱决定论者不同于那些毫不妥协的强决定论者，他们认为人类自由和决定论是两个相容的立场。一方面，他们接受决定论者的论证，但是另一方面，他们拒绝放弃人类自由和责任的至高要求。（因此，他们常常被称作相容论者，而他们的立场被称为**相容论**。）

“弱决定论”立场的关键在于，一项行动或一个决定，尽管完全是被决定的，只要它“是通过行动者的品性产生的”，就是自由的。比如，**约翰·斯图亚特·密尔**（John Stuart Mill）就以下面这种方式为这样一种立场辩护：

约翰·斯图亚特·密尔，论因果关系与必然性[1]

因果性规律是否在同样严格的意义上显现于人类行动和其他现象，这个问题是关涉意志自由的著名争论。至少远在贝拉基（Pelagius）时代，这一问题就区分了哲学世界和宗教世界。肯定的意见通常被称作必然性学说，它宣称人类意志和人类行动是必然的和不可避免的。否定的意见主张，意志并不像其他现象那样，为前提条件所决定，它是自我决定的。确切地说，我们的意志并不是原因的结果，或者说，它们至少没有绝对一致地服从的原因。

我已经非常充分显然地表明，前一种说法是我认为正确的意见，只是它常常使用了令人误解的术语来表达，并且通常以不清不楚的方式加以理解，从而阻碍了对它的接受，在接受时又曲解了它的影响。哲学家们所持的形而上学的自由意志理论（由于对它的实际感触，全人类对它有着或大或小的共同性，因而绝不与相反的理论不一致）之所以被创造出来，是因为承认人类行动是必然的这一假定方案，被认为与每一个人的直觉意识不一致，有损于人类的骄傲，甚至降低了人类的道德本性。我不否认，这一学说时有以上这些责难，而我会加以表明的是，这些责难得以滋生的误解，非常不幸地并不限于这一学说的反对者，它的许多支持者，或许我要说它的绝大多数支持者，都难脱干系。

确切地说，这种被称作哲学必然性的学说就是：倘若知道一个人心灵中的动机，倘若同时又知道这个人的性格和性情，那么，他的行为方式就可以被准确无误地推断出来；如果我们彻底了解这个人，并且知晓作用于他的全部诱因，那我们就能像预测一切物理事件那样准确地预告他的行为。我所提及的这个命题仅仅是对普遍经验的一个解释，是对每个人内心所想用言词表达出来的一个陈述。相信自己彻底了解一切情形的情况和所涉不同人的性

约翰·斯图亚特·密尔（1806—1873）：哲学家詹姆斯·密尔之子，现代历史上有案可查的天才之一。十岁时，就被当时六十岁的学者看重其思想才能。但他极其勤奋，以至于在1826年导致神经衰弱，那一年他二十岁，为此，他从“硬”科学转向对诗歌和政治改革的关注。他因其道德和政治著作闻名，尤其是《论自由》（1859）和《功利主义》（1861）。他关于逻辑学和认识论方面的论述，在十九世纪的英国经验主义传统中可谓最好。例如，他关于数学的看法是当时每一个赞成或反对他的人必须加以考虑的观点之一。

1　John Stuart Mill, *A System of Logic*, 8th ed., New York: Harper & Row, 1874.

格的人，他会毫不犹豫地预告他们将会如何行动。无论他实际上可能感觉到多大程度的怀疑，这种怀疑都出自如下的不确定性：他是否确实了解情况，是否确实了解某个人的性格，是否达到了所要求的准确性程度；而绝不会出自这样的想法：如果他确实了解这一切，会有什么样的行为依然存在着不确定性。然而，这种全然的确信与我们所谓的自由情感没有一丝一毫的冲突。我们并未感觉自己更少自由，因为我们为别人所确知的那些东西，很好地确保了我们在具体情形下会怎样行动。相反，我们常常把对我们会有什么样的行为的怀疑看做不了解我们的性格的一个标志，甚至有时会把这种怀疑当成一种责难加以抱怨。主张意志自由的宗教形而上学家，总是坚持这一点与神对我们行动的预知是一致的：既然与神的预知一致，那么就与一切预知一致。我们可以是自由的，不过别人有理由完全确信我们会把我们的自由作何用。因此，这一学说并不认为我们的意志和行动是我们心灵的先前状态的不变结果，同时也不与我们的意识相矛盾，或者说，我们的意识并不感到有失体面。

但是，当考虑我们的意志与其前提条件之间的获得时，因果关系学说几乎普遍被认为所涉不仅如此。因果关系不过是不变的、确定的和绝对的顺序，对此许多人不相信，实际上只有极少数人会这样以为。对于他们而言，仅仅不变的连续性几乎无法显现为一种足够严格的联结，因而很少被看做是原因与结果这样一种特殊联系。即使理性否认这一点，想象也依然保持着某种更亲密的关联、某种特殊的关系的感觉，或者说，前提对于结果难以理解的制约。当应用于人类意志时，正是这一点与我们的意识相冲突，让我们反感。我们明白，在我们的意志中，根本没有这种神秘的制约。我们知道，自己并没有被强迫去服从任何具体的动机，如同受了不可思议的符咒那样。我们觉得，如果我们想要证明自己具有抵制动机的能力，我们就能做到（几乎无需说明，心愿就是一个新的前提条件）；如果我们不这样想的话，就有损于我们的骄傲，（而且更为重要的是）麻痹我们追求卓越的想望。但是，据最好的哲学权威，不应该假定原因对于其结果具有任何这样神秘的强制。有些人认为原因经由一种神秘的纽带引起在它们之后的结果，他们完全相信意志与其前提条件之间的关系具有另一种性质。但他们应该更进一步承认，所有其他结果与其前提条件也是如此。如果这样一种纽带被认为涉及必然性这个词，那这一学说就不适用于人类行动，但也不适用于无生命的物体。更正确的说法是，物质并不比心灵更受必然性束缚。

◆◆◆

宿命论者相信，或者部分相信（因为没人是始终如一的宿命论者），不仅将要发生的一切是产生它的原因的不可避免的结果（这是真正的必然论的学说），而且，对它加以反抗也是无用的。也就是说，无论我们怎么奋力去阻止它，它都将会发生。于是，必然论者相信我们的行动源自于我们的性格，而我们的性格源自于我们的体制、我们所受的教育和我们的环境，他在关于自己的行动这个问题上，往往是宿命论者，而且对此或多或少有所意识，他往往认为他的本性就是这样，或者认为他所受的教育和他所处的环境就是这样塑造他的性格的，如今没有什么能够阻止他以一种独特的方式感觉和行动，或者他自己的任何努力都无法阻止这一点。我们今天的这个学派一方面反复教导这一伟大的学说，另一方面又完全误解这一学说，用他们的话说，他的性格是为他准备好了的，而不是由他所塑造的。因此，他可以进行不同塑造的心愿毫无用处，他没有能力改变这一性格。然而，这是一个巨大的错误。在一定程度上，他具有改变自己性格的能力。在根本的手段上，为他准备好了的存在，与他作为居间行动者所部分塑造的存在并不矛盾。他的性格是由他的环境所塑造的（其中包括他所处的特殊体制），但是，他自己以一种独特的方式塑造性格的愿望，也是其中的环境之一，而且绝不是影响最小的环境。确实，我们无法全然不同于我们之所是。但是，那些被认为塑造了我们性格的东西，也不全然就是我们应该成为的我们之所是。除了自己的行动之外，他们的意愿并不具有直接的力量。他们按照他们想要塑造我们的样子来塑造我们，但这不是最终的结局，而是要求，而我们的习惯只要不是根深蒂固的，我们就能同样地经由意愿的要求使我们有所不同。如果它们能够使我们置于某些环境的影响之下，同样的，我们也能把自己置于其他环境的影响下。**只要我们愿意**，我们完全能够像其他因素为我们塑造性格一样，塑造自己的性格。

是的（欧文主义者[1]说道），但是"只要我们愿意"这几个词出卖了整个观点：因为改变我们自己的性格的意愿是被给予我们的，它不是出于我们自己的努力，而是出于我们不得不处身其中的环境，我们具有这种意愿要么是由于外部原因，要么根本就没有原因。这种说法在很大程度上是正确的，如果欧文主义者就到这里为止，他所持的就是一个无人能反驳的立场。我们的性格既是为我们准备好的，也是由我们所塑造的。但是，导致我们试图去塑造性格的愿望是为我们准备好的。那怎样呢？通常，这并不是因为我们身处的体制，也完全不是因为我们所受的教育，而是因为我们的经验，因为我们此前具有的性格所带来的痛苦结果的经验，或者是因为偶然激发的某种强烈的钦慕或热望。不过，认为我们具有改变自己性格的能力是一回事，而认为我们不应该使用我们的能力，除非我们想要运用这一能力，则是另一回事，它们对我们的心灵具有截然不同的效果。一个人若不想改变自己的性格，就不能因为觉得自己无法改变性格而感到沮丧或无可奈何。只有存在着去做宿命论学说认为不可能之事的愿望，才能感觉到这一学说令人沮丧的结果。如果我们根本不愿塑造我们的性格，那么去想如何塑造我们的性格就毫无意义。但是，我们不应因认为这样的造就不可行而阻止这样一种愿望，一旦我们有这样的愿望，我们就应该知道，这个作品不是不可取消的，因而并不是无法改变的，这一点极其重要。

确实，如果仔细加以考察，我们就会发现，只要我们愿意就能塑造我们自己的性格这种感觉，本身就是我们意识到的道德自由感。一个有道德自由感的人，就会觉得他的习惯或他的诱惑并不是他的主人，相反，他是他的这些习惯或诱惑的主人。一个人，哪怕屈从于这些习惯或诱惑，也知道他能够抵制它们。一旦他打算完全摆脱它们，就没有什么愿望比他知道自己能够如此的感觉更强烈。当然，为了使我们完全意识到自由，我们就应该成功地塑造我们迄今为止打算塑造的性格，这一点是必须的。因为，如果空有愿望却未能实现，在那一程度上，我们对自己的性格就不具有能力，我们就

1 这个词源自罗伯特·欧文（1771—1858），他是一位政治改革家。

不是自由的。或者，我们起码必须感觉到我们的愿望足够强烈——如果它还不够强烈到改变我们的性格——它在具体行为中与性格产生冲突时，能够克服性格。因此，老实说，唯有具有坚定美德的人，才是完全自由的。

罗伯特·欧文（1771—1858）：威尔士社会改革家、萌发于他那个时代的社会主义运动的领袖。他否认自由意志，主张人们对其行动不负有责任。相反，欧文主张，行动是由人们的品格所引导的，其外在影响已被形塑。欧文捍卫教育和劳动改革，希望改善在塑造人们生活上扮演着如此重要的角色的环境。

在这一部分，密尔游走于“强决定论”与非决定论这两个棘手的选择之间。他以接受决定论及一切人类行动都是“必然的和不可避免的”这一观念开始，并给出了它们的原因。但是，他接着却说，这些原因本身就在人类的控制下，我们能够改变事件的原因，甚至通过一定的步骤改变我们自己的性格。但这丝毫不是要否定决定论，也不是要否定我们在一个重要的意义上在进行控制、拥有“自由意志”。根据各种各样的原因（包括“性格”或个性），人类行动如同任何其他事件一样，都是可预测的。不过，可预测性与自由并非不相容，因为根据密尔的说法，自由无非就是按照自己的性格、欲望和愿望行动。既然这些就是我们行动的原因，那就意味着，密尔能够同时为决定论和自由辩护。

大卫·休谟也是一位弱决定论者，而且他也主张，“自由与必然性”的协调一致可以在如下事实中找到，即一个人的行动“产生于一个人的性格或性情”。为了给弱决定论辩护，休谟论证说，我们不能认为自由行动是毫无原因的偶然机遇，因为这有违我们的共同假设：每一事件都必定有其原因。而且，这样的自由观也是不一致的：自由意志的提倡者想要确保我们能够使人们对其行动负责，但是，如果人们的行动仅仅是偶然机遇，是他们无法控制的偶然机遇，那我们当然无法让他们负责。相反，我们颂赞或谴责的行动正是行动之人的性格所决定的行动。

不过，休谟虽然为一种弱决定论立场辩护，但是，在某种意义上，休谟根本不是一位决定论者。回顾一下第3章，在那里，休谟认为因果性是一种虚构，而我们寻找原因的倾向不过是一种习惯。因此，他能够论证说，恰如我们永远无法理性地证成一个具体事件有一个原因，我们也永远无法充分地有理由说人类行动有其原因。

大卫·休谟，论因果关系与性格[1]

现在让我们进行关于自由与必然性问题的协调计划，这是形而上学这门争议最多的科学中最具争议的问题，用不着多费唇舌就可证明，所有人向来就赞同自由学说和必然性学说，而在这一方面的全部争论，迄今为止不过是言辞之争。自由一词应用于自愿行动时，究竟是什么意思呢？我们当然不会是说，这些行动与动机、倾向和环境毫无联系，一个并不以一定程度的齐一性伴随着另一个，一个并不为我们提供推断另一个存在的推论。因为这些是显而易见的、人所公认的事实。因此，我们所谓的自由，

1 David Hume, *An Enquiry Concerning Human Understanding*, 2nd ed., ed. L. A. Selby-Bigge, Oxford: Oxford University Press, 1902. 中译文见休谟：《人类理智研究》，吕大吉译，北京：商务印书馆，1999年，第85—90页。

只是意指**一种根据意志的决定行动或不行动的能力**。也就是说，如果我们选择保持静止，我们就可以不动；如果我们选择移动，我也可以运动。如今，这种假定的自由普遍被认为属于每一个不是囚犯、不戴着锁链的人。因此，在这里没什么可争辩的。

不管我们怎样定义自由，我们都应该小心遵守两个必要条件：第一，它要与显而易见的事实一致；**第二，**它要与自身一致。如果我们遵守这两个条件，并且使我们的定义为人所理解，我相信所有人对它就会找到一个一致的意见。

人们普遍认为，任何事物，若没有其存在原因，就不会存在，而机遇这个词，严格地来说，则只是一个消极的词，它并不意味着自然中某处存在着某种实在的能力。可是有人却妄称有些原因是必然的，有些原因不是必然的。在这里，就可以看出定义的好处了。要是有人给一个原因**下定义**，却没有把它与其结果的**必然联系**作为定义的一部分包括进去，同时他却清楚地表明这个定义所表达的观念的来源，那我就会毫不犹豫地放弃整个争论。但是，如果关于这个问题的前述解释得到接受，那这样就必定是绝对不可行的了。如果物体之间并无有规则的连接，那我们就永远不会有任何因果观念。正是这种有规则的连接产生了理智的推论，而理智的推论则是我们所能理解的唯一联系。无论何人，如果企图不顾这些条件来给原因下定义，那他不是被迫要使用一些不可理解的术语，就是不得不使用一些与待定义术语同义的术语。如果上述定义得到接受，那么与必然性相对而不是与强制相对的自由，就与机遇无异了，而机遇是大家普遍认为不存在的……一切法律都建基于奖惩，由此就设定了一项基本原则，即这些动机对于心灵具有一种有规则的和齐一的影响，而奖惩则扬善抑恶。我们可以给这种影响以任何名称，但是，由于它常常与行动连接在一起，我们必须尊之为原因，并把它看做我们这里想要确立的必然性的一个例证。

憎恨或报复的唯一适当对象是具有思想和意识的人或生命，如果有任何罪行或伤害行为激起了这种情绪，那只是由于这些行为与这个人之间有一种关系或联系。就其真正本性而言，各种行动都是短暂易逝的，如果各种行动不是产生自行动者性格和性情中的某种原因，那么，即使是良善行动，也无法增加行动者的荣誉；即使是邪恶行动，也无法增加行动者的恶名。各种行动本身或许是可谴责的，它们可能违背了道德和宗教的全部规范。但是，行动者对它们并不负有责任，而且由于这些行动并不是产生自行动者身上的某种持久恒常的性质，并且在这些行动并没有留下那种性质的任何东西，这样一来，根据他们的说法，他就不能成为惩罚或报复的对象。因此，根据这个否认必然性并因之否认原因的原则，一个人即使犯下最恐怖的罪行，也不同他初生时那般纯洁无瑕，他的性格与他的行动也没有任何关系，因为这些行动并不是从他的性格产生出来的，行动的恶劣绝不能用作品德堕落的证据。

人们如果盲目地、偶然地做出了某些行动，则无论这些行动产生的后果如何，他们都不能因此受到谴责。为何？这无非是因为这些行动的动因在他们身上只是暂时的、到此为止的。那些仓促地、毫无预谋地做出的行动，与那些经过深思熟虑进行的行动相比，人们受到的指责要少些。理由何在？这无非是因为急躁的脾气在人心中虽然是一种恒常的原因或动因，但却只是间或地起作用，而且并不影响整个性格。此外，如果注意改善其生活和作风，则悔改便清除了全部罪恶。如何来说明这一点呢？只能说各种行动使一个人成为罪犯，只是因为它们证明人心中有犯罪的动因，而且，这些动因一旦得以改变，这些行动就不再是正当的证据，也不再是罪行了。但是，除非基于必然性学说，否则这些行动绝不是正当的证据，因此也绝不是罪行。

根据同样的论证，我们可以同样容易地证明，按照上述定义，人皆同意的自由也是道德的基本要素，若没有自由，任何人类行动就不能具有任何道德性质，因而也无法成为赞赏或厌恶的对象。因为行动之所以成为我们的道德感情的对象，仅仅是由于它们是内在性格、激情和情感的标志。如果它们不是来自于这些动因，而是完全来自于外部的暴力，那么它们就无法激起我们的颂赞或谴责。

换言之，休谟也认为，选择自由和行动自由不仅在决定论的框架下是可能的，而且，如果我们要理解选择自由和责任观念，决定论甚至是必需的。他的语言费解，但他的观点简单明了：我们能够理解自愿行动，只是因为我们的动机、倾向、环境和性格与我们所作所为之间有一种始终如一的（“必然的”）关联。但是，“弱决定论”再次提出了这个同样古老的问题。我们能为由我们的性格所引起的行动负责吗？我们能够如密尔所说的那样选择我们的性格吗？我们做出了某些行动并且我们确实想这样做，那我们还能不这样做吗？让我们来看一看下面罗伯特·凯恩的论证。

罗伯特·凯恩，论“回旋余地”[1]

在日常生活中，我们常常没有考虑或深思要做什么就出于现有动机做出了某些行为。那时候，我们确实为我们现有的性格和动机所决定。然而，我们也可以出于“我们自己的自由意志”行动到这样的程度：我们根据自身并非被决定的早前选择或行动来塑造我们当前的性格和动机（我们的意志）。让我们把这些早前的选择或行动称作“自我塑造的”选择或行动。

如今我相信，这些未被决定的、自我塑造的选择或行动出现在生活中那些艰难的时刻，在那些时刻，我们为应该做什么或成为什么样的人的不同识见折磨着，而且它们比我们想到的更加常见。我们或许为做道德之事还是行野心之事折磨着，或者在强大的当前欲望与长远目标之间煎熬，又或者，我们面临着令自己厌恶的艰难任务。在以上种种情形中，我们面临着相互竞争的不同动机，并且必须努力克服去做我们也很想做的另一件事的诱惑。我认为，我们的心灵在那些时刻关于做什么所表现的张力和不确定性，由于失去热动平衡而反映在我们大脑的适当区域——简而言之，大脑中搅动着的混乱使它感受到神经元层面的微小的不确定性。因此，我们在自我塑造的反省时刻所感觉到的这种不确定性和内在张力，反映在我们的神经元过程自身的不确定性中。我们亲自体验到这种不确定性，在物理上相应于敞开的机会之窗，它暂时屏蔽了由过去的影响所造成的完全决定。（与之相对，一旦我们按照主导动机或根深蒂固的性情行动，这种不确定性就不会冒出来。如果它在这种情形中确实发挥了作用，那它也

1 经由罗伯特·凯恩惠许。

只是一个妨碍或霉头。)

当我们在这种不确定的境况下做决定时，最终的结果就因前述的不确定性而未被决定——然而它能以任一方式意愿（因此是理性的和自愿的），这是因为如下这个事实：在这样的自我塑造中，行动者的早前意愿被相冲突的不同动机隔离了。想一想一位面临这种冲突的女实业家。她在去参加一个对她的事业极其重要的业务会议的路上，看见一条小巷中正发生着一宗强暴行为。这时就会产生一种内心斗争，出于道德良知，她要停下来求助，可她的事业心则告诉她不能错过这次会议。如果她克服了这一诱惑，那是她努力的结果，但是，如果她未能做到这一点，那是因为她没有让她的努力成功。而这应归于如下事实：她既想克服诱惑，又想不让这种克服得逞，各自出于完全不同的、不可通约的理由。当我们像这位女实业家一样，要在这样的环境下作出决定时，我们所做的不确定的努力就成了确定的选择，在**作出决定**的那一刻，我们**使**一套竞争的理由或动机压倒另一套理由或动机。

我们如何“使”一套竞争的理由获胜？普林斯顿大学的哲学家**哈里·法兰克福**（Harry Frankfurt）在三十多年前对于这一问题做出了一个经典回应，他在论文《意志自由与人的概念》中重新定义了自由意志概念。

哈里·法兰克福，《意志自由与人的概念》[1]

在我看来，人与其他生物的一个本质差异可以在人的意志的结构中找到。并非唯有人类具有欲望和动机，或做选择。他们与其他某些种类的成员共有这些东西，其中一些成员甚至表现出深思熟虑，并且基于已有思想作出决定。不过，这一点似乎是人所独有的特征：他们能够形成我将称之为“二阶欲望”或“第二阶的欲望”的东西。

除了想做这做那、选择做这做那和被鼓动去做这做那之外，人也可以希望拥有（或不拥有）某些欲望和动机。他们能够根据自己的偏好和目的希望自己与现在有所不同。许多动物表现出具有我将称之为“一阶欲望”或“第一阶的欲望”的东西，这类欲望无非是想做这做那或不做这做那。然而，除了人之外，一切其他动物似乎都不具有反思的自我评价能力，而这种能力恰恰显示在二阶欲望的形成中。

◆◆◆

当一个人完全希望有一种欲望或希望一种欲望作为他的意志时，他就具有一种第二阶的欲望。在后一种情形中，我将称他的第二阶的欲望为“二阶意志”或“第二阶的意志”。具有二阶意志，而不是一般地具有二阶欲望，我认为这一点是成为一个人的本质所在。尽管不太可能，但在逻辑上依然可能的是：一个行动者具有二阶欲望却没有第二阶的意志。在我看来，这样一种生物不会是一个人。对于

哈里·法兰克福（1929— ）：美国道德哲学家，现任教于普林斯顿大学。

1 Harry Frankfurt, “Freedom of the Will and the Concept of a Person”, *Journal of Philosophy* 68, no. 1 (January 14, 1971). 中译文见法兰克福，《事关己者》，段素革译，杭州：浙江大学出版社，2011 年，第 12—28 页。

这种具有一阶欲望但不是一个人的行动者，我将用“放浪者”这个词来指称，因为不管他们是否具有第二阶的欲望，他们都没有二阶意志。

放浪者的本质特征是他不关心自己的意志。他的欲望驱动他去做某些事，而不是他希望为那些欲望所驱动，或者他宁愿为其他欲望所驱动。这类放浪者包括一切具有欲望的非人动物和非常小的小孩，或许它也包括一些成人。无论如何，成人可能或多或少是放浪者，与他们没有第二阶的意志的一阶欲望相呼应，他们可能做出放浪的行为，这种情形时有发生。

放浪者不具有二阶意志，这一事实并不意味着他的每一个一阶欲望都会盲目地立即转变为行动。他可能没有机会依照他的某些欲望行动。而且，相互冲突的第一阶欲望或深思熟虑的介入可能延搁或妨碍他的欲望转化为行动。因为，放浪者可能拥有且运用高阶的理性能力。放浪者的概念中没有如下意思：他无法进行推理，或者他在如何做他想做之事上无法深思熟虑。理性的放浪者区别于理性的行动者的地方在于，他不关心他的欲望本身的可欲性。他忽略了他的意志会是什么这个问题。他虽然追求它最强烈地倾向于进行的行动过程，但他不关心自己最强烈的倾向是什么。

因此，一个理性的生物，虽然反思他的某个行动过程的欲望的适应性，但仍可能是放浪者。使一个人保持为人的本质并不在于理性，而在于意志。我这绝不是说一个没有理性的生物也可以是人。因为，唯有凭借理性能力，一个人才能批判地意识到他自己的意志，以及第二阶的意志的形成。因此，人的意志的结构预设了他是一个理性的存在者。

人与放浪者之间的区别，可以由两个吸毒瘾君子之间的差异阐明。我们假设两个人上瘾的生理条件一样，而且两个人都不可避免地屈从于他们对上瘾毒品的周期性欲望。其中一位瘾君子憎恶他的毒瘾，并且一直不顾一切地与之作斗争，尽管没有任何用处。为了能够克服自己对于毒品的欲望，他做了一切可能的尝试。可是，这些欲望过于强大，他无法抵挡，最终总是这些欲望战胜了他。他是一位不情愿的瘾君子，面对他自己的欲望的侵扰，无能为力。

这位不情愿的瘾君子具有相互冲突的一阶欲望：他想吸毒，同时他也想戒毒。然而，在这些一阶欲望之外，他还有一个第二阶的意志。在吸毒的欲望与戒毒的欲望之间的冲突中，他并不是个中立者。他想用以构成自己意志的是后一种欲望，而不是前一种欲望；他希望起作用的，他实际上的所作所为试图实现的目的，是后一种欲望，而不是前一种欲望。

另一个瘾君子则是一个放浪者。他的行动反映了他的一阶欲望的状况，至于这些驱动他行动的欲望是否是他所希望的驱动他去行动的欲望，他并不关心。如果他在获得毒品或注射毒品上遇到问题，为了吸毒的迫切要求，他可能就会深思熟虑。但是，他从来不会去考虑自己是否希望他的这些欲望之间的关系导致他具有所拥有的意志。放浪瘾君子可以说是一只动物，因而没有能力关心自己的意志。无论如何，就其作为缺乏关心的放浪者而言，他无异于动物。

第二个瘾君子所遭受的一阶冲突，可能类似于第一个瘾君子所遭受的一阶冲突。放浪者无论是否是人，他（可能由于受到制约）而既希望吸毒又希望戒毒。不过，与不情愿的瘾君子不同的是，他并不觉得相冲突的欲望中的其中一种应高于另一种，他并不觉得其中一种一阶欲望应构成他的意志。若说他在欲望之间的冲突中保持着中立，那是令人误解的，因为这种说法意味着他认为这些欲望都是同样可接受的。既然他除了自己的一阶欲望之外没有任何同一性，那正确的说法应是：他既不偏爱其中一种，也非不愿偏袒任何一方。

不情愿的瘾君子，由于他是一个人，相互冲突的一阶欲望哪个会胜出，这一点很重要。固然，相互冲突的欲望都是他的欲望，而且，无论他最终是吸毒还是戒毒，他的行为所满足的欲望，确实是他自己的欲望。无论怎样，他都是做他自己想做的事情，而且他之所以做这一事情，并不是因为某种其目标恰巧与他自己一致的外部影响，而是因为他自己的欲望想要这样做。不过，不情愿的瘾君子通过形成二阶意志使自己认同相互冲突的一阶欲望中的一种，而不是另一种。他使其中的一种成了自己更真实的欲望，并因此使自己摆脱了另一种欲望。正是凭借通过形成二阶意志而实现的认同和摆脱，不情愿的瘾君子可以有意义地作出如下在分析上令人困惑的陈述：这股驱动他吸毒的力量是一种他自己之外的力量，因此，这股力量驱动他去吸毒，并不是出自他的自由意志，而是有违他的意志。

◆◆◆

形成二阶意志的能力与人的另一种基本能力——一种常常被看做人之境况的区别性标志的能力——之间有一种非常紧密的关系。正是因为一个人具有第二阶的意志，他才能享有和缺乏意志自由。因而，人的概念不仅是具有一阶欲望和第二阶的意志的一类实体的概念，而且也可以当做这样一类实体的概念，对于这类实体而言，其意志自由可能是一个问题。这一概念排除了一切放浪者，包括人和非人，因为他们未能满足享有意志自由的一个基本条件。它也排除那些超人的存在，如果有这种存在的话，因为他们的意志必然是自由的。

那么何种自由才是意志自由呢？

◆◆◆

根据一种最为人知的哲学传统，所谓自由，根本而言就是做自己想做之事的问题。如今看来，做自己想做之事的行动者，绝不是一个全然清楚的观念：所为与所想，以及它们之间的适当关系，需要说明。不过，尽管这一观念的中心需要突出、表述需要提炼，但是我认为，它至少确实抓住了隐含在自由行动的行动者观念中的东西。然而，它完全遗漏了十分不同的、具有自由**意志**的行动者观念的特殊内容。

阿尔贝·加缪（1913—1960）：哲学家、小说家、剧作家和记者。他获得了1957年的诺贝尔文学奖。他最有名的作品或许是他的第一部小说《异乡人》。

大卫·齐默曼（1942—　）：任教于西蒙弗雷泽大学的美国哲学家，就伦理学和自由意志/决定论问题著有大量作品。

一阶欲望对抗二阶欲望的一个特别值得注意的例子，是**阿尔贝·加缪**（Albert Camus）那本被广为阅读的《局外人》。主要人物（“反英雄”）默尔索展示了一阶欲望与二阶欲望之间的一种“陌生的”断裂，而我们大多数人正是通过二阶欲望来调节（或试图调节）自己的生活。正如人们常常所表明的那样，默尔索好像并不是一个没有感情的人。默尔索之所以如此陌生，是因为缺乏二阶欲望，尽管他在整本书中有着十分强烈的冲动和一阶欲望。但这不是要说他是某种缺乏自我意识的机械人。当代哲学家**大卫·齐默曼**（David Zimmerman）清楚地说明了这种怪异：

> 这是一个不同于加缪笔下的默尔索的故事。放浪者无需是（实质上的）空白。事实上，关于默尔索，一件真正令人不安的事情是：他一方面是自己环境的奇特观察者（他毕竟是小说的第一人称叙述者），但另一方面，除了完全感官的方面和偶尔的肉欲之外，他对一切都不关心。他不是一位纯粹的旁观者，因为他确实具有许多一阶欲望：在温暖的海水中游泳、喝得酩酊大醉、与玛丽接吻。默尔索也很受自然环境的影响：太阳的逐渐变大常常使他昏昏欲睡，他非常适应掠过阿尔及利亚风景的光线变化。（事实上，太阳是小说中的一个主要人物，可以说，对于这起关键的谋杀案，它要比默尔索自己负更多责任。但后者负起了更多的责任。）
>
> 默尔索也设法记录发生在社会环境中的事情。但远不能说他实际上对人们的所说、所思和所感敏感。不过，他确实注意到这些事情，有时甚至要中肯地承认，他能够领会别人的观点，只是这种领会从未触发真正的同情。他密切观察着身边的人——他母亲葬礼上的哀悼者、老人和他那条患有淋巴结核的狗、皮条客雷蒙德、玛丽——但是，他们都未能像太阳、大海、空气触动感官那样触动他的感情。默尔索完全可能是一种精神病患者或反社会的人，但是，他缺乏这种病状的一个关键特征，即任何利己的计算欲望，这种缺乏最终导致了他的灭亡。
>
> 于是就有了一个令人困惑的实例：一个人，他具有敏锐的意识甚至自我意识的认知能力，具有一系列一阶欲望，具有接受关于他自己的一阶信念和欲望的高级信念的能力，也具有关于他人的信念、欲望、情绪的高级信念的能力，甚至还具有感觉诸如尴尬这种偶发的自指情绪的能力，但是，他不具有其他导向的情绪，而且确实不具有高级欲望，更不要说意志了。他若不是一个存在主义的英雄，那他就是一个在认知和概念上成熟老练的放浪者。[1]

- "相容论者"主张自由与决定论是相容的。你认为它们确实如此吗？（若只是因为你不情愿放弃其中任何一点，那这并不意味着它们是相容的。）
- 你曾经是法兰克福所谓的那种"放浪者"吗？描述一下你的体验。
- 举出一个关于一阶欲望的二阶欲望。
- 对于决定论的一个"常识"反驳是，它与我们的自由经验相冲突。密尔是如何陈述这一反驳的？他又是如何区分不同的因果观念的呢？
- 休谟认为，决定论对于理解行动和责任而言是必要的。那么，出于性格的行动是自由的充分条件吗？

---

1 David Zimmerman, *Doing and Time: Autonomous Agency in the Natural Order*.

D. 强制与无知

相容论或“弱决定论”的基础是，我们以某种方式在决定论的框架内为我们坚持认为是“自由的”并要我们自己和他人负责的那些行动开辟了空间。但是，这就意味着“自由行动”必定也是为前提条件和原因所决定的行动。按照决定论的论证，自由行动和非自由行动（比如从楼梯上掉下来）都是造成的。因此，恰如我们在密尔和休谟那里看到的那样，这一区分取决于决定因素是内在于行动者还是外在于他或她。对于后一种情形，我们说这一行动不是自由的，而是被强制的，或“是在**强制**下作出的”。当然，这一区分具有重要的道德蕴涵。我们常常说，一个人不在道德上对他或她并非自由地作出的行动负责任。这并不是一个新出现的区分。比如，亚里士多德在许多世纪以前就把自愿的行动定义为这样的行动：（1）不受强制和（2）不是出于无知。

亚里士多德，论自愿行动[1]

唯有自愿的感情和行动才能加以称赞和责备，那些并非自愿的感情和行动则得到宽恕，有时甚至得到怜悯。因此，道德规范的研究者有必要对这两类感情和行动加以区分，而且这也有助于立法者对人们进行奖惩。

因而，一般来说，非自愿的行动要么是（1）被迫的，要么是（2）出于无知，如果行动的起始因是外在的，即行动者受到强制，对这一起始因无能为力。比如，船长被飓风带到了某处，或者为人们所掌控而到了某处。但是，如果人们作出的行动是由于害怕更糟糕的选择，或出于某种高尚的目标，那么这些行动就存在疑问了——比如，一个僭主以某人的父母子女为人质，命令他去做可耻的事情，如果做了就释放他的亲人，不做就处死他们。这样的行动是自愿的还是非自愿的，就是可争论的了。在船遭遇风暴时抛弃财物，也是类似的情形。若不是环境所迫，没有人会自愿地抛弃个人资财，但是，为了拯救自己和同伴，但凡头脑健全的人都会这样做。因而，这种行为是“混合的”或合成的，不过，它们更接近于自愿行动。因为在那个特定的时刻，它们是被选择的或所意愿的，而一个行为的目的或动机因做出它的时刻而不同，因此，只有在做出行动的时刻，才可以说“自愿的”和“非自愿的”。上述情形中所讨论的行为是出于自愿的，因为发动他的肢体去行动的那个起始因在行动者自身之中。而一旦行动的起始因在他自身之中，做与不做就在于他自己。因此，这样的行为是自愿的，尽管若抛开这些环境它们便是非自愿的——因为没人会因其自身而选择这样的行动。

◆◆◆

那么，何种行动应称作“强制”呢？行动的原因在行动者之外的事物中，而且行动者对此无能为力，这样的情形就可以无条件地使用强制这一术语。但是，如果行动就其自身而言是非自愿的，然而在特定环境中却可以为着一个特定目的而选择，其起

1 Aristotle, *Minor Works, Volume XIX, Vol. 73*, trans. H. Rackham, Cambridge, MA: Harvard University Press, 1926. 中译文见亚里士多德：《尼各马可伦理学》，廖申白 译注，北京：商务印书馆，2003 年，第 58—62 页。

始因就在行动者自身中，这样的行动虽然就其自身而言是非自愿的，但是就那个环境和那个选择来说又是自愿的。不过，它们更接近于自愿这一类，因为行为由所做的个别事情组成，而这类个别事情是自愿的。不过，究竟选择哪种行为更好，这很难确定，因为具体情形中的差异很大。

若把“强制的”这个术语应用于为了快乐或高尚的事情而做出的行动，说这些事情从外部对我们加以抑制，那就使一切行动都成强制的了。因为（1）一切行动都是为了快乐和高尚。（2）那些在强制下做出的非自愿行为是痛苦的，而以快乐或高尚之物为目的的行动是快乐的。（3）只责怪外在事物而不责怪我们自己容易被它们俘虏，或者只把高尚的行为的原因归于自己，而把卑贱行为的原因归于快乐，这是很荒唐的。因此，一个行为只有当其起始因在外在事物而且被强制者对此无能为力之时，才是强制的。

一切出于无知而做出的行为，都不是自愿的，然而只有那些产生了痛苦和悔恨的行为才是非自愿的。如果一个人出于无知做了某件事情，然而对于他的行动毫无内疚感，那么这一行动就不是自愿做出的，因为他并不知道他的所为。然而，既然他不觉得痛苦，那也就说不上他的行动是非自愿的。因此，一个由于无知而做了某件事并感到悔恨的人，才可以被认为是一个非自愿的行动者，而不感到悔恨的人，既然是另外的一种，可以称之为不自愿的行动者。因为，既然他不同于其他人，那他最好应该有自己的名称。

出于无知做出的行为似乎也不同于处于无知状态的行为。一个喝醉的人或处于盛怒中的人所做出的行为，不被认为出于无知，而被认为是由于醉酒或盛怒，尽管他在那样做时确实不是有知，而是处于无知之中。

所有的坏人都不知道他们应当做什么，不应当做什么，而且正是这种错误使得人们变得不公正，总之成为恶人。但是，把“非自愿的”一词用于一个人由于不知道何种事物有益而做出的行为是不妥当的——因为搞错了目的并不会造成非自愿的行动（它会导致邪恶），不自愿的行动并不产生于对普遍东西的无知（人们因此而受到谴责），而是产生于对个别的东西的无知，即对行动环境及其所涉对象的无知。怜悯和谅解正是基于以上这些，因为对这些无知的人自然是在非自愿地行动。

什么是强制？根据亚里士多德的说法，唯有“当一个行动的起始因在外在事物”而且行动者“对此无能为力”之时，它才是强制的。因此，如果一个人完全被强迫去做事，那他就受到了强制，而不是自由的。但是，比如说，对于神经病患者，他因心理疾病而强迫地或“无理性地”行动，我们会如何说呢？人们曾一度认为，这样一个人是“被摆布的”，犹如某种“外在”之物（一个魔鬼或恶灵）“接管”了他并强迫他做出某些行动。

在某种意义上，这是亚里士多德的“无知”所指的意思。不为行动者所知的因素影响着他或她的选择。但是，你确实不知道的东西也限制了你的自由。回想一下1950年的大学生，他们对于性的认知，甚至对于怀孕和性幸福的基本知识，几乎等于没有。这种无知限制了他们的自由，委婉地说，这是一种掩饰的说法。（当然，同时那些对青少年性行为怀有戒心的人更乐意通过这种无知来限制自由。）下面是对电影《金赛》的一个评论，这部电影展现的是一位性研究者的人生，他揭开了掩盖在重重无知上的面纱。

朱迪丝·奥尔，性、无知与自由[1]

朱迪丝·奥尔：英国社会主义工人党领导人，《社会主义评论》的编辑。

阿尔弗雷德·金赛亲身体验到性无知带来的影响之后——他与妻子结婚时都还是处子——就开始了对于人类性行为的研究（此前他研究瘿蜂的进化好几年了）。他在印第安纳大学开设了一门“婚姻课程”。这在当时引起了轰动。电影里讲，他的讲课坦诚直率、富有教益，人们口耳相传，年轻人挤满了他讲课的阶梯教室，其中一些人自称订了婚，渴望获得最基本的性知识。有位女学生跟他讲，她觉得女人是通过肚脐进行分娩的，因此，金赛对女人性愉悦的生理基础的清楚阐明，对于教室里十八岁大的年轻人来说，可谓开了眼界！

在这些演讲之后，由于他认识到自己对于人类的性习惯几乎一无所知，他开展了更宽广的研究。电影把他刻画为一个具有使命感的人，他用自己独特的访谈法从事着一项大规模的研究，同时保证了访谈记录的秘密性。他的员工受过一定的训练，他们能够用令人舒服的言词让人们说出实情，能够控制自己对于隐私的反应，让人看不出他们心里所做的判断和感到的震惊。这些由摄像机完全记录了下来的访谈很有冲击力，让人觉得金赛和他的团队在很大程度上开辟了新天地。

这些研究——他们最后总共做了18000个访谈——的结果是爆炸性的。金赛一公布就广为人知的统计表明，10%的人是同性恋。同时，他宣称“37%的男人具有一次同性恋经验，近50%的女人有婚前性行为，62%的女人手淫，49%的男人在婚姻生活中有过口交”，这就是实情。事实上，金赛并不是要根据人们的性特征对他们进行“分组”。相反，他的方法在当时是革命性的——他把性特征描述为完全同性恋到完全异性恋的一个连续统，大多数人，包括他自己，处于这两极之间。

这样一个分析——它否认存在着所谓“正常的”性行为——所产生的影响，怎么评价都不会高估。金赛说，只有“常见的”或“罕见的”性行为。整个经验带来的解放效应也反应在这部电影的画面和色彩上，早期的黑白阴郁逐渐变得明亮和鲜艳。很多人认为金赛奠定了二十世纪六十年代性革命的基础，然而，金赛及其团队所践行的是一种他们自己关系中的“自由之爱”和性实验，因为二十世纪五十年代依然到处存在着性压抑和性禁忌。当局认为他的著作是对他们权威的挑战，因此，金赛受到非美活动委员会的质问，并被指控从事受共产主义者授意的、削弱美国价值的阴谋（这正好是在他拒绝胡佛邀他在政府部门中“找出同性恋”的请求之后）。

这部电影让你真实地感觉到因强迫的性无知所造成的个人苦恼。今天在美国进行的鼓励青少年禁欲的运动的复兴，就是想让时光倒流的尝试，并且得到布什政府的资金支持，保证每年投入1亿7000万美元。如今，50个州只有14个要求在所有学校普及避孕知识，而禁欲教导者只是在强调避孕的缺陷时才说到避孕。

不过，今天我们谈论的是“强制”和内在于个人的事实的“否定”，而不是“外在之物”。事实上，心理学家会说，神经病患者不仅遭受神经病，而且还总是促成了神经病，因此，根

1 Judith Orr, “Intimate Truths”, *The Socialist Review*, March 2005.

据亚里士多德的标准，这些行为根本不是被迫的，而是自愿的，比如醉汉的行为。

阿尔弗雷德·查尔斯·金赛（1894—1956）：美国生物学家，他对人类性行为的开创性工作在社会学、哲学，以及许多其他学科上产生了巨大的影响。

以一种更加困难的情形为例，我们对于那些著名的“洗脑”实例会怎么说呢？在这种情形中，一个人看似在自愿地行动，但只是在他或她受到剧烈的有时甚至是残酷的“调节”之后。有时，甚至这个人的“性格”本身都被改变了。那我们应该让这个人对他的行动负责吗？（例如，这个问题在一些战争罪行中一直是个争论点。）同样的，我们应该反对亚里士多德而认为一个人应该对在巨大压力下做出的行为或者由剧烈情绪（比如愤怒或昏聩）导致的行动负责吗？我们应该认为一个人要对受药物或酒精影响做出的行为负责吗（假定我们首先完全有理由认为他们要对吸毒或酗酒负责）？你可以看出来，“自由的”行动与受“强迫”的行为之间的区分并非最初所看到的那样一目了然。我们很容易区分如下两种情形：一个人破门进入商店，另一个人被从前窗推进去。但是，在许多情形中，自由很成问题，比如在神经病、洗脑、强烈的激情，以及化学药品的“影响”等情形中，“外在于”人的东西与内在于他或她的性格中的东西之间的区分，根本就不清楚。

然而，“强制”观念还有更严重的问题。即使我们承认，一些成问题的行动例子说不清楚是“自由的”还是“被迫的”（神经病和洗脑，强烈的激情和药物），我们依然要坚持认为至少有一些行动显然是自由的，而不是被迫的。比如，我写了一张支票给美国癌症协会，只是因为我认为它是一个重要的组织，而我想捐赠。没人恳请我这样做，没人鼓励我这样做，也没人需要知道我这样做了。这样一种显然“出于我自己的自由意志”而做的行为，能算作一种“自由行动”吗？“弱决定论者”会说这一行动是“自由的”，因为它出自我慷慨的性格。但是，是什么造就了我的性格呢？我受到的教育和得到的教养？我的社会阶级？我的民族血统或我的性别？或许，甚至我的身高和体重都影响了我的选择。

甚至在我们“最自由的”行为中，人们都可以论证说，欲望和决定，简言之，我们的“个性”完全为外在于我们并不为我们所控制的力量决定。比如，看一看**约翰·霍斯泊斯**（John Hospers）教授作出的如下论证，他把弗洛伊德和精神分析作为基础支持他的主张：我们的一切行为都是被迫的，而不是自由的，因为我们的一切行为都是由我们无法控制的一套心理决定因素造成的。

约翰·霍斯泊斯，《这自由是什么意思？》[1]

总之，[我们]确实要对我们的一切行动负责吗？这个问题可以这样来表述：既然行动出于人的性格，而性格是由影响——一些是遗传的，但绝大多数源自于父母早期提供的环境——塑造和造就的，而不是由他自己造就和选择的，那么他如何能够对他的行动负责？我相信，这个问题依然让许多人感到不安，他们赞同我们刚刚作出的所

1 John Hospers, “What Means This Freedom?”, in *Determinism and Freedom in the Age of Modern Science*, ed. Sidney Hook, New York: New York University Press, 1958.

约翰·霍斯泊斯（1918—2003）：南加利福尼亚大学前哲学教授，安·兰德的一位公开追随者，一度是美国自由党的总统候选人。

有区分，但依然觉得“这并不是全部”。他们心中有一个令人不安的疑虑，即有一个更根本的意义、一个“更深层的”意义，根据这种意义，我们不对我们的行动负责，因为我们不对那些行动由以产生的性格负责。

◆◆◆

让我们以一个罪犯为例，他掐死过好几个人，现在他自己被判电刑处死。陪审团和公众都认为他负完全责任（至少他们说出了“他要负责任”这样的话），因为这些谋杀计划得巨细无遗，被告精确地告诉了他是如何计划这些谋杀的。但是，我们现在知道这一切是如何发生的。我们得知在他还是婴儿时父母就遗弃了他，童年在一个接着一个的抚养孤儿的家庭中度过，他显然知道在这些地方自己显得多余。由于早年对爱的渴望常常受挫，他用冷淡和残酷的硬壳掩饰自己显得多余这个感到痛苦和羞辱的事实，于是他通过防御性进攻来治愈他破碎的自我的那些创伤……这个可怜的受害者并不知道出自于他的内在力量这一令人可怖的鸣钟。他搏斗、谋划，沉湎于伪进攻，他是可悲的，但是他不知道自己内心是什么在活动产生了这些悲惨的罪行。他的攻击性的行动是渔夫鱼钩上那条虫的蠕动。若是这样的话，就很难再说“他要负责任”。确实，为了保护社会我们应该把他监禁起来，但是，我们不再因觉得他个人要对其所作所为负责而有一种道德上的优越感。

让我们假定：一个人犯下谋杀，当且仅当在前一个星期的某个时候，他吃某些食物组合——比如用餐时吃了鲔鱼沙拉，还包括豌豆、蘑菇汤和蓝莓派。如果我们探询过去二十年间这个国家发生的所有谋杀的共同因素，并发现上述这个因素就出现在且只出现在其中，那怎么办？这个例子从经验上来看当然极其荒谬，但是，难道不可能有某种因素的联合有规律地导致杀人吗？比如上述引用中笼统地说到的那些因素。当然，引用的情形不如我们假设的例子那么幸运，因为一旦我们受到警告就容易避免某些确定的食物，可是这个婴儿的处境是被强加在他身上的。在他还没有明白之前，有些事情就一劳永逸地发生在他身上了。一旦发现了这些特殊因素，再说人类应该为罪行负责岂不很显然是愚蠢的、无意义的和不道德的？或者，如果有人更偏爱生理因素而不是心理因素，假设让一个神经病学家来为一场谋杀案审判作证，并出示这个罪犯的X光照片。他提出，任何人都能看到罪犯的蝶鞍在十九岁时就已经硬化了，它本应该是块软骨，会越来越大，并使腺体增大。被告所有的失序行为可能都源自于这种早期的硬化。如今，这种特殊的解释在经验上来看是错误的，可是，谁能说这样的因素，甚至更复杂的因素，确实不存在呢？

一旦我们知道上述这些事情，我们就不再会那样去说这个罪犯要对他的罪行负责，而我们同时会去（难道我们不会？）为他辩解——不是在法律上进行辩解（我们依然要把他关在监狱里），而是在道德上进行辩解。我们不再说他是一个恶魔，或认为他个人要为他的所为负责。此外，我们不独在罪行上这样做，而且在一般意义上这样做：“你必定会为祖母的暴躁辩解，她确实病坏了，一直遭受着痛苦。”或者：“这条狗总是在养一窝小狗之后咬小孩，而你不能指责它：它感觉不是很好，此外，它自然地想要保护它的一窝小狗。”或者：“她神情紧张、神经质，但可以为她辩解：她患有严重的腺失调。”

◆◆◆

但是，人们仍可以反驳说，我们迄今所谈论的只是神经质行为。难道非神经质的、正常的、并非无意识驱动的行为（无论你怎么称呼这样的行为）也不在责任领域之内？甚至这一点也有许多理由说“不在”，因为正常人与患有神经质的人一样不是自己造成自己的性格，而是性格造就了他。倘若神经病患者不对他们的行为负责（其中一些行为我们认为就是神经质的行为），只是因为这些行为源自于未经整理的幼稚冲突，而他们并没有参与这些冲突的发生，这些行为外在于他们，就好像他们的行为是由一个心怀恶意的神强加给他的（这确实是关于这个主题的一种理论）。可是，所谓的正常人同样是他的意志没有参与其中的原因的产物。与神经病患者的行为不同的是，他的行为是可以通过理性思考而改变的，而且，如果他有意志力去克服早年不幸环境所造成的影响，当然这也不会给他增添荣誉，他只是运气好而已。如果他能够动用精力以一种形式来形成建设性的目标，这也不是他的荣誉，因为这也是他的精神遗产的组成部分。我们中那些能够规训自己、形成对目标专注的习惯的人，总是责备那些做不到这一点的人，说他们懒惰和意志薄弱。但我们未能看到的是，他们完全无法做他们期望之事。如果他们的精神构造得与我们相像，他们就能够做到，可是由于他们承载着一个残暴的超我（暂时使用一下精神分析术语），以及一个软弱毫无防御能力的自我，他的精力在与超我永无止境的控诉的斗争中不断被消耗，他们完全不能做到，因而对他们提出这样的希望是不合理的。我们没法正当地责备他们的无能，同样，我们也不能庆幸自己的能力。这个道理很难懂，因为我们常常天真地以为其他人构造得跟我们一样。

◆◆◆

因而，观点如下：如果我们**能够**克服早期环境的影响，那这种能力本身也是早期环境的一个产物。我们不是自己给予自己这一能力的，而如果我们缺乏这一能力，我们也不能因此而受责备。确实，有时道德说教会产生一种能力，但不会被使用，这一点在于它偶然的有效性。但是，它的使用常常不得要领，因为这种能力不在那。恰如斯宾诺莎所言，唯一能够克服欲望的东西是一种更强的相反欲望，许多时候，他们完全没有能力产生更强的相反欲望。我们中那些具有这种能力的人是幸运的。

尽管霍斯泊斯把吃鲔鱼三明治看做一种生理强制的例子显得夸张，但我们可能更容易接受许多身体因素对我们的性格有一种决定性影响。比如，许多人认为，一个人的性别或种族是迫使他或她作出某些决定的不可避免的身体因素。这种决定论的论证甚至出现在寻求容忍的被压迫团体的成员中。在一个广为人知的例子中，一位律师这样为她的当事人的袭击指控辩护：她的当事人的行动是由不可抗拒的经期综合症决定的。[1]

如果我们认为我们绝大多数的行为从生理上来看是被迫的，那么，不管我们如何蠕动，都无法摆脱总的决定论，就好像我们常常发现自己陷在“强”决定论之中。我们觉得，如

---

1 David Bird, “Defense Linked to Menstruation Dropped in Case”, *New York Times*, Nov. 4, 1982.

果一个行为的原因之一是一项决定，那么这一行为就是自由的，可是如果决定本身就是被造成的，那我们的行为根本就不是一项决定。我们觉得，如果一项行为“出于一个人的性格”，那这项行为就是自由的。可是我们发现，一项“出于一个人性格”的行为并不比其他行为更在这个人的控制之下，从而更要对它负责任。我们可能会说，在这种情形中，如果他或她能够不这样做，那这个人的行为就是自由的，可是，若以前面的论证为前提，这种所谓的自由除了下面这种意思还能是什么意思呢？即，如果环境不同，或者这个人实际上变成了另一个人，那行为也会不同。

比如，你确实能够改变第二次世界大战的进程——可需要什么样的如果呢？如果你生为温斯顿·丘吉尔，这就可能。可那是一个毫无意义的“如果”。“你可以成为一个职业的足球运动员”，这样的说法有什么更多的意义吗？需要什么样的如果呢？如果环境不同？如果你生就一副不同的身板，或者在一种不同的环境下成长？可是，由于这每一个“如果”，这与说你会是一个不同于现在的你的人有什么两样呢（稍微不同却意义重大）？这就好像我们陷在这样的同义反复中：我们每一个人都是他或她之所是。确实，若种在更好的土壤中，天竺葵会长得更高大，如果你得到不同的培养，置于不同的环境中，你可能会不同于现在那样行为。可这与“自由”有什么关系？你的行动会比植物的生长或球的下落更自由吗？当然，这里面有差异：你认为自己做出了某个决定。可是，为什么你的所想应改变事物被决定的方式呢？你可以假装自己从飞机上掉落之后是在飞翔。可你依然在掉落，而且无论你想什么或做什么，都完全不会减缓你的下落。

并非每一个人都痛恨决定论。比如，杰出的美国心理学家**B. F. 斯金纳**（B. F. Skinner）就盛赞决定论者的主张，认为它是控制人类行为并使其变得更好的一种手段。在他最畅销的《超越自由与尊严》一书中，斯金纳论证说，我们造就了一种自由崇拜，而我们应代之以一种决定论。行为主义科学家能够而且应该被赋予依照一套议定的观念（社会和谐、个人幸福和生产力）来“操纵”人类行为的权力。

B. F. 斯金纳，超越自由[1]

或许，我们的民主哲学要重新考量的最关键部分是我们对于自由的态度——或者它的相反面，即人类行为的控制。我们不反对一切形式的控制，因为控制正是出于“人性”。反应不是所有人在一切生活境况下的特征。它是一种很大程度上被我们所谓的民主“文献”小心地操纵的态度。至于一些控制方法（比如武力威胁），几乎无需操纵，因为这些技术或它们的直接后果是可反驳的。社会通过把这些方法打上“错误”“非法”或“有罪”的烙印而对它们加以压制。但是，为了鼓励这些对于可反驳的控制形式的态度，就有必要掩饰某些必不可少的技术的真实性质，其中最常见的有教育、道德话语和劝说。实际程序显得完全无害。它们提供信息、呈现行动机会、指出逻辑关系、诉诸理性或“启发性的理解”，等等。通过巧妙的曲解，人们树立了这样一种幻想：这些程序并不涉及行为的控制，它们至多不过是“让人改变思想”的方式而已。可是分析不仅揭示了明

1　B. F. Skinner, “Freedom and the Control of Men”, in *The American Scholar*, 1955-1956. 蒙斯金纳基金会惠许。

确的行为过程的存在，而且证明了一种控制尽管在某些方面更能接受，但其与残酷无情与欺凌弱小者的武力威胁没有什么不同。

让我们假设，我们关心的某人行为不明智——他与朋友交往时总是粗心大意，他车开得太快，或者他握高尔夫球棍的方式不对。对此，我们可能会发出一系列命令来帮助他：别唠唠叨叨、别超过六十码、别这样握你的高尔夫球棍。更少可反驳的方式则是“诉诸理性”。我们可以告诉他朋友们如何受他对待他们的影响，高速行驶的事故率如何大幅上升，特殊的握棍方式如何改变击球方式并校正一击曲球。这样一来，我们通过口头的调节手段，强调并维护某些“巩固的可能”——比如行为与其结果之间的某些关系——由此加强我们想要确立的行为。即使没有我们的帮助，相同的结果也可能确立这一行为，而无论我们给予何种帮助，他们最终都会采取控制。当然，诉诸理性与权威命令相比，具有一些优势。惩罚的威胁，无论多么精妙，总是会让人产生逃避或反抗的情绪反应和倾向。或许受控者只是对按既定的方式行为“感到愤恨”，但是，这一点甚至也可以避免。而当我们“诉诸理性”，他“就觉得更自由，就好像是如他所愿那样行为”。事实是，我们只是比使用威胁实施了较少的控制，因为其他条件可能促成这一结果，因为这一效应可能被延迟，或者可能在特定的情形下完全缺乏。但是，如果我们对他的行为做了一个彻底的改变，那是因为我们改变了相应的环境条件，而我们发动的过程如同最独断的强迫一样真实和残酷无情，即使没有后者那么全面。

“安排另一个行动机会”则是另一种伪装的控制例子。否定形式的权力已经在审查分析中得到阐明。而机会的限制也被认为并非是无害的。正如拉尔夫·巴顿·佩里（Ralph Barton Perry）在1953年春季发表在《太平洋观察者》（*Pacific Spectator*）上的一篇文章中说：“谁决定一个人应该知道何种选择，谁就控制了这个人应该从中选择的范围。他被剥夺了一定程度的自由，因为他被拒绝接近一定的观念，或被限制在缺乏相关可能性总体的观念范围内。”但这也有积极的一面。每当我们提出一个相关事态，我们就增加了出现既定行为的可能性。就行动的可能性被改变而言，我们做出了一种明确的贡献。历史老师对学生行为的控制（或者，如果读者愿意的话，也可以说“剥夺他的自由”），呈现历史事实与掩盖历史事实并无不同。其他条件无疑也会影响学生，但是，材料呈现对他的行为的影响是固定的，而且在其范围内是不可抗拒的。

教育、道德话语和劝说这些方法是可接受的，不是因为它们认可了个体的自由或他的异议权利，而是因为它们对他行为的控制只起到部分作用。它们所认可的自由是免于更加强制性的控制的自由。它们所容忍的异议是行动的其他决定因素的可能结果。由于这些被认可的方法常常是无效的，因而我们能够让自己相信它们根本不代表控制。一旦它们显得过于强势而无法伪装，我们就会给它们安上其他名称，然后有力地禁止它们，就像禁止武力的使用一样。教育过于强大就会被当做宣传或“洗脑”加以拒斥，真正有效的劝说被诋毁为“不当影响”“煽动”“引诱”，等等。

如果我们不只是依赖引起文化演进的革新事件，我们就必须接受这样一个事实：某种对于人类行为的控制就是不可避免的。若非有人设计和构建了影响人类行为的环境条件，我们就无法对人类事务作出良好判断。环境的改变一直是文化模式改良的条件，若没有大规模的改变，我们就无法使用更有效的科学方法。我们全都受我们生活于其中的世界控制，而世界的一部分已经而且将为人们所构建。问题是：我们是被偶然事件、暴君控制，还是被有效的文化设计中的自己控制？

滥用权力的危险可能比以往大得多。它并不因掩盖事实而有所减轻。如果我们继续假装人类行为不受控制，或者如果我们在有价值的结果即将来临之时拒绝进行控制，我们就无法做出明智的决定。这样的措施只会使我们自己变弱，而把科学的力量留给他人。尽其可能地揭露控制技术是防范暴政的第一步。第二步也已经成功完成，即限制使用有形武力。逐渐地，但并非完美地，我们作出了一种伦理的和政府的设计，在这种设计中，强人不被允许使用源自他的力量的权力来控制他的同胞。他被为了此目的而被创造出来的更高力量所限制——群体的伦理压力、或更加明确的宗教措施和政府措施。我们总是不信任更高的力量，就像我们当前不愿为了建立一支国际警察部门而放弃主权。但是，唯有通过这样的反控制，我们才能获得我们所谓的和平——不允许人们通过武力相互控制的一种境况。换言之，控制本身必须得到控制。

科学已经变成了危险的过程和材料。充分地使用人的科学的事实和技术而不造成某个巨大错误，将变得越来越难，因而显然越来越危险。没有时间来进行自我欺骗、情绪放纵或不再有效的态度假设。人正面对着一个艰难的考验。他现在必须保持冷静，或者必须再次从头开始——后面还有很长的路。

在他的小说《瓦尔登湖二号》中，斯金纳为我们描绘了他的决定论乌托邦的原型。

B.F. 斯金纳，《瓦尔登湖二号》[1]

“当一种具体的情绪不再是行为系统的有用部分时，我们就会着手消除它。”

“是的，但又如何？”

“这完全是一个行为操纵的问题。”弗雷泽说道。

“行为操纵？”

“我们每一个人都从事着一场与其余人的激战。”弗雷泽开始说道。

“对于一个乌托邦来说，这个前提太不寻常了。”卡斯特尔说。“即使我这样的悲观主义者，也有比这更乐观的看法。”

“当然，当然。”弗雷泽说。“但是，我们要现实点。我们每个人所具有的利益，都与每一个别人的利益相冲突。那是我们的原罪，毫无办法。如今，我们把‘每一个别人’称作‘社会’。这是个强大的对手，它从未输过。哦，处处可见个人获得暂时的胜利，得到他想得到的东西。他有时抨击社会文化，并且按照对自己有利的角度稍稍改变它。但是，获胜的最终是社会，因为它有人数和年岁的优势。多压倒一，成人压倒

1 F. Skinner, *Walden Two*, Upper Saddle River, NJ: Prentice-Hall, Inc.,1976.

婴儿。社会在个人无助的时候早早就发起了攻击。还在他尝到自由之前就奴役着他。‘学问’会告诉你它是如何发挥作用的。神学要它确立一种良心，或发展出一种无私精神。心理学要它培育超我。”

“想想社会从事这一点多久了，你就会期望一个更好的工作。可是运动计划得很糟糕，胜利从来都是没有保障的事情。个人的行为一直都是按照‘良好行为’的启示形成的，而从来不是按照实验研究的结果形成的。可为什么不是实验呢？这个问题太简单。就群体而言，个人的最好行为是什么？如何才能促使个人以那种方式行为？为何不以科学经验来探究这些问题？”

哲学家罗伯特·凯恩是这样思考斯金纳的。

罗伯特·凯恩，超越斯金纳[1]

这一问题通过二十世纪的乌托邦小说以一种惊人的方式说了出来，比如奥尔德斯·赫胥黎（Aldous Huxley）的《美丽新世界》和B. F. 斯金纳的《瓦尔登湖二号》。在这些著名作品所描述的虚构社会中，人们能够拥有并且做他们愿意或选择做的事情，但是就他们被行为操纵者或神经药剂师限定而言，他们只能意愿或选择他们能够拥有和做的事情。在《美丽新世界》中，下层工人在强效药物的作用下，不会想要他们不能拥有的东西。他们十分满足于整个周末在微型高尔夫球场度过。他们能够做他们想做之事，尽管他们的想法可怜得很，而且是受药物控制的。

《瓦尔登湖二号》中的公民们比《美丽新世界》中的工人们有更丰富的生活。然而，他们的欲望和目的也受到行为操纵者隐秘地控制。瓦尔登湖二号的公民们集体过着一种农村公社的生活，而且因为他们共同分担耕种和养育孩子的义务，所以他们具有充足的悠闲时间。他们探究艺术、科学、手艺，进行音乐表演，享受着似乎舒适的生活。虚构的瓦尔登湖二号创建者是一位名叫弗雷泽的人，他直接就说他们的舒适生活是由如下事实带来的，即在他的共同体中，人们能够做他们想做或选择做的任何事情，是因为他们自孩童时期以来就在行为上受到限定，而只能想要和选择他们能够拥有和做的事情。换言之，他们拥有行动和选择的最大的表面自由（他们能够选择或做任何他们想的事情），但他们缺乏意愿的深层自由，因为它们的欲望和目的是由他们的行为限定者或控制者创造的。他们的意愿不是“他们自己的”造物。实际上，瓦尔登湖二号中所发生的是：他们按照意愿行动和选择的表面自由，正是通过把深层自由最小化到最终说出他们的意愿之物而得以最大化的。

因此，弗雷泽能够说瓦尔登湖二号“是地球上最自由的地方”，因为他心中想的是表面自由。因为瓦尔登湖二号中没有强迫，也没有惩罚，因为没有人被迫去做任何违背他或她的意愿的事情。公民们能够拥有任何他们想要的东西，因为他们被限定不会去想要他们不能拥有的一切东西。至于深层自由或自由意志，在瓦尔登湖二号中并不

1 经由罗伯特·凯恩惠许。

存在，弗雷泽自己承认这一点。但是，根据弗雷泽的说法，这不是什么损失。作为对《瓦尔登湖二号》的作者B. F. 斯金纳（心理学行为主义最重要的拥护者）的回应，弗雷泽认为意志的深层自由首先是一种幻象。无论是在瓦尔登湖二号之内还是之外，我们都无法拥有这种自由。他论证说，在我们的日常生活中，尽管我们可能以不同的思考来迷惑自己，但我们就像瓦尔登湖二号的公民们那样，是养育和社会调节的产物。在我们自己的情形中，限定者是父母、老师、教练、同学、同辈、电视节目、电影、视频的制作者，以及我们生活于其中的文化和社会的其他创造者。与瓦尔登湖二号不同的差异是，这种日常的限定常常是偶然的、无效的和有害的。

于是，斯金纳问道，为什么要为了我们无论如何都无法拥有的这种深层自由而拒斥最大的表面自由和瓦尔登湖二号的幸福呢？与许多其他科学家一样，他认为，我们能够是我们自己的目的或目标的最终决定者（这正是意志的深层自由所要求的）这一观念是一个绝无可能的理想，它不符合现代科学的世界图景。要具有这样的自由，我们就必须是我们自己的意志的原初创造者——我们自己的原初创造者。但是，如果我们把行动的心理学根源进一步回溯到儿童时期，我们就会发现，我们越是回到那时就越少自由，而不是更多自由，因而越是受到限定。因此，我们自欺地认为我们为瓦尔登湖二号的幸福而牺牲掉了某种真实的（深层的）自由。确切地说，我们获得了最大量的、我们真正能够具有的唯一一种自由（表面自由），同时抛弃了一种幻想（自由意志）。

这些论证或许是吸引人的，但是，仍然有许多人继续认为瓦尔登湖二号错失了某种重要的东西，并且认为深层自由并不只是一个幻想。这些人就像弗雷泽设计瓦尔登湖二号的生活一样，想要成为他们自己生活的最终设计者。像他那样，他们想要成为创造者，而不是走卒——至少要成为他们自己生活的创造者。他们渴望的正是传统所谓的“自由意志”。

并不是每一个空想家都如此欣喜地看待决定论。决定论更经常是作为梦魇出现在小说中，它作为社会的哲学基础，比我们曾见过的任何东西都更具压迫性和独裁性。最著名的例子有乔治·奥威尔（George Orwell）的《1984》和奥尔德斯·赫胥黎的《美丽新世界》。在这两本小说中，心理学和药物被用来摆布整个社会的居民，迫使他们符合一套单一的行为标准，关心他们毫无选择的东西。在更为近期的一部名为《发条橙》的小说中，安东尼·伯吉斯（Anthony Burgess）描绘了一个梦魇般的幻想，名叫亚历克斯（Alex）的小流氓通过一系列实验被“重新限定”为“好人”，在这些实验中，他观看暴力电影时就会服用一种令他极其痛苦的药物。这种做法（勉强）起作用了，但是监狱牧师概述了由此引发的哲学难题。

安东尼·伯吉斯，《发条橙》[1]

> 约翰·伯吉斯·威尔森（1917—1993）：英国小说家、剧作家、语言学家、作曲家、批评家。他以安东尼·伯吉斯的笔名发表作品。

“你要被改造成好孩子啦，6655321号。你再也不会有从事暴力行为的欲望了，也无论如何不会扰乱国家的治安了。希望你能心领神会，希望你对此要心中有数。”我说：

“哦，向善做好人是美妙的，先生。”可是我在心里对此哈哈大笑，弟兄们。他说：

“向善做好人不一定是美妙的，小6655321号。向善做好人可能是很糟糕的。我跟你说这个，当然意识到其中的自相矛盾。我知道，自己要为此度过许多不眠之夜。上帝想要什么呢？上帝是想要善呢，还是向善的选择呢？人选择了恶，在某个方面也许要比被迫接受善更美妙吧？深奥难解的问题呀，小6655321号。可是，我现在要跟你讲的是：如果你在未来某时刻回顾这个时代，想起我这个上帝最最卑贱的奴仆，我祈祷，你心里请千万不要对我怀有恶意，认为我与即将在你身上发生的事情有什么瓜葛。说到祈祷，我悲哀地认识到，为你祈祷没什么意思。你即将进入超越祈祷力量的领域。事情想起来非常非常可怕。可是，从某种意义上来说，你选择被剥夺进行道德选择的能力，也就是已经变相选择了善。我喜欢这样想。愿上帝保佑，小6655321号，我喜欢这样想啊。”接着他哭了起来。

斯金纳那样的行为科学家的主张，在当代伦理学家中间激发了对那些曾激怒宗教决定论者的主张的相似回应。这些反击令人恐惧。比如，如果《发条橙》中的科学家不把疾病和排斥与暴力电影联系在一起，而是与快乐联系在一起，那会怎样？嗯，那正是我们社会的情形，美国女性主义哲学家**凯瑟琳·麦金农**（Catherine MacKinnon）断言。麦金农声称，广告创作者、电影制作人、色情作品制作者，以及我们社会媒体中的其他人，使得男人对待女人的态度基本上是暴力的。

凯瑟琳·麦金农，论对女人的性胁迫[2]

> 凯瑟琳·麦金农（1946— ）：密歇根大学法学院的美国法学教授，尤以法哲学和女性主义的作品而闻名。

德·波伏娃写道：“世界的表象就像世界本身一样，是男人的作品；他们从自己混同为绝对真理的观点出发对它加以描绘。”表象与构建之间的平行应该得到维持：男人从自己的观点出发创造世界，然后这种观点**成为**被描述的真理。这是一个封闭的系统，而不是任何人的混乱。**从自己的观点出发创造世界的权力，是一种男性的权力。**与所创造的世界相应，男性认识论的立场是客观性：表面上不介入的姿态、保持距离和没有任何特殊视角的观点、对于实在的显然透明。它没有领会自己的视角，不承认它之所见乃是

1 Anthony Burgess, *A Clockwork Orange*, New York: Norton, 1962. 中译文见伯吉斯：《发条橙》，王之光译，南京：译林出版社，2011年。

2 Catherine MacKinnon, “Feminism, Maxism, Method, and the State: An Agenda for Theory”, in *The Signs Reader*, ed. Elizabeth Abel and Emily K. Abel, Chicago, IL: University of Chicago Press, 1982.

> 主体喜欢的样子，也不承认它理解其世界的方式是它的一种征服形式，并且是以它为前提的。客观可知之物就是对象，男人眼中的女人就是性对象，借此男人即可知道自己是男人，是主体。客观可知之物相当于世界，而且能够通过指向它加以证实（科学就是这样做的），因为世界本身被同样的观点控制。把合法化与力量结合在一起，一切权力都是如此，借此，男性权力从实在的表象扩展到实在的构建。（可以说）它制造女人，并按照它的观点来证实（核实）谁“是”女人，同时确定它的存在方式和真理观。与此相应的色情是“使用事物来经验自我”。正如一位被迫的色情作品模特所说的那样：“做，做，做；然后你就变成了它。”拜物教造就了女性主义。
>
> 客观化使得性欲成了女人生活中的一种物质实在，而不仅仅是一种心理的、态度的或意识形态的实在。它取消这样一种区分得以可能的前提，即心/物二分。就像商品的价值一样，女人的性欲被偶像化。它被制造成显得是对象本身的一种性质，是自发的和与生俱来的，独立于创造它的社会关系，不为需要它的力量所控制。如果对象合作的话，它就有所促进，因此，阴道性高潮，因此，完全伪造的性高潮。女人的性欲，就像男性的威力一样，同样完全是虚构的。它是被具象化了。商品具有价值，只是因为价值是一种产生自相同社会关系总体的社会特性，而且正是这种相同的社会关系总体使之偶像化，当然，前者并没有意识到它们的决定力量。女人的身体具有同样真实的可欲性——或者，可能是欲望。萨特在认识论的层面上举例说明了这个问题：“但是，若我想要一栋房子，或一杯子水，或一个女人的身体，这个身体、这个杯子、这块财产是如何居于我的欲望中的？我的欲望除了是对这些可欲对象的意识之外，还能是什么？”确实，客观性是方法论立场，而客观化是社会过程。性的客观化是女人的屈从地位的首要过程。它混合了行动和言词、构建和表达、理解和强制、神话和实在。男人［取消了］女人；主体驱动对象。

请注意，麦金农的论点尽管反对媒体对性压抑的限定，却完全是一个决定论的观点。她认为，我们的传统和媒体导致了暴力和压抑。它就像一个光滑的斜坡：如果我们的任何行动都确实能够通过心理限定加以强迫，那为什么不是我们的所有行动呢？如果我们的所有行动，无论好的还是坏的，都是被迫的，那么，认为人（甚至包括进行限定的人）应该对他或她的行动负责似乎就没有意义了。如果斯金纳是对的，那么道德教育和政治活动就可以还原为多重限制和强化。如果麦金农是对的，那我们就全都是无所不在的社会性限定的受害者。

- 对亚里士多德的非自愿行动标准做个评价。你能想到任何你希望增添的修正吗？那些他认为是自愿的还是非自愿这一点可争议的行动（比如出于恐惧或被敲诈的行动），你会如何描绘？
- 你赞同霍斯泊斯的如下观点吗？即我们既无法正当地认为，一个“正常”人并不比一个“神经质的”人更能为他的行动负责，因为他们都不是自己性格的“原因”。若不赞同，有什么理由让我们对这二者作出区分？
- 你认为由“外在于”行动者的东西所“强迫”的行为与那些由内在于行动者的东西所

“强迫”的行为（行动者的行动由在先的生理条件或神经条件决定）之间存在着道德区别吗？

- 反讽的是，斯金纳认为我们受到我们的自由观念的奴役，因而我们应该进行一种行为控制。你认为他的建议确实合理吗？
- 那些对斯金纳的观点不满并抗拒我们并不拥有“深层自由”或自由意志这一观念的人（如罗伯特·凯恩所提到的那样），他们的所作所为除了是一厢情愿之外，还有别的吗？或者说，你认为存在着这样的反驳吗？
- 你同意麦金农客观化的图像导致对女人的暴力的观点吗？这种图像相当于限制自由的条件形式吗？

E. 实践中的自由

正如前述的许多论证所表明的那样，仅仅回答人类行动的原因这样的形而上学问题是不够的。各种不同的决定论，无论它们伪称自己是多么“弱”，都无法满足自由和责任的要求。如果我们打算在我们的日常生活中理解自由的角色，那我们所需要的就是决定论的一个裂口，一个关于我们的行动的概念，或者至少关于我们的决定的概念，它们是真正自由的，不受前述任一方式的决定。

对于自由和责任这一主张的经典陈述，可以在伊曼纽尔·康德的哲学中找到。（我相信你们现在明白康德哲学真正具有多大的里程碑意义。我们在下一章中会对他有更多论及。）我们已经看到，康德完全认可决定论，认为它所基于的（普遍因果关系）原理无异于一切人类经验的必然法则。人的行动也包括在内：

> 人们出自经验性的品格和其他原因的行动都是按照自然秩序而被决定的，如果我们能够穷尽一切现象，那就不会有任何单独一个人的行动是我们不能确定地预测的。[1]

这无疑是最强的“强”决定论。但是康德也像任何曾经如此的哲学家那样，意识到绝对自由对于人类责任的重要性。[正如称上帝那样，他也把自由称作实践理性的“公设”（或预设）。] 可是，他如何既能为普遍决定论辩护，又能为人类自由辩护呢？康德说，决定论适用于每一个可能的事件和人类知识的对象，但并不因此得出他也适用于人类的意志行为或行为决定。行动是一个完全不同于知识的问题。康德借以为这一观点辩护的形而上学极其复杂，在这里甚至难以概述。不过，基本原理极其简单：康德认为我们采用了两种对待世界的不同观点，一种是理论的，一种是实践的。在我们想要认识某物的情形下，我们采用科学和决定论的观点。在那一观点内，一切事件，包括人类行动，都是被决定的，是由充分的自然原因造成的（包括我们大脑的状态和各种心理因素）。但是，一旦我们准备做事情，我们就转变

---

1 Immanuel Kant, *The Critique of Pure Reason*, trans. Norman Kemp Smith, New York: St. Martin's Press, 1933. 中译文见康德：《纯粹理性批判》，邓晓芒译，杨祖陶校，北京：人民出版社，2004 年，第 444 页。

为实践观点。主要观点如下：在我们正在行动或决定行动的情形下，我们必须把我们自己的意志行为和决定看做我们行动的充分原因，而且我们不能把因果链往后延伸到去考虑这些意志行为是否由他们自己造成的。换言之，我们行动时，除了自由行动之外，我们无法考虑自己。

假设你打算做一个决定：你最终决定戒烟。第二天，一个朋友给你一支烟。接受还是不接受？你抽吗？现在很可能，由于你的个性、你过去习惯的弱点，以及一定数量的其他因素，你显然被决定接受这支烟，并因此违背你的决心。你那位朋友对你非常了解，甚至可能知道这一点。但是你无法以这种决定论的方式来考虑自己，因为在你必须做决定的情形下，你无法完全"发现"你会做什么。换言之，无论你如何了解那些不同的原因和因素，你也无法完全预测你自己的行为，而正是这些不同的原因和因素使你的朋友能够预测你的行为。如果你预测说，"无论如何，我都将再次开始吸烟"，那你就不仅仅是在预测，你是在以那一行为违背你的决心，即决定违背你的决心。因此，就你自己的行动和决定而言，你不得不宛如你完全自由那样行动。这在某种程度上否定了决定论。也就是说，由于你是那个必须做决定的人，因而决定论是不相关的。（康德说："不得不认为自己自由就是自由。"）

康德对自由和决定论都做了辩护，由此他破坏了哲学家们曾在这两者之间作出的区分。康德的意思是，从实践的观点对人类行动进行一次仔细的重新考量，可能使形而上学家们认为自由是一种因果关系类型的主张处于新的视域之下，从而有可能使我们以一种新的方式来考虑自由。在康德看来，自由是一种确定的**经验类型**，而不是一种"内在原因"。

- 你当真不得不像康德所说的那样认为你自己是自由的吗？认为自己自由与自由地存在是一回事吗？
- 做一个决定论者就能解决在你需要做决定时所面临的一切困难了吗？为什么能或为什么不能？

F. 激进自由：存在主义

不过，康德的观点在欧洲哲学中，尤其是被存在主义者，以一种完全不同的方式接续着。像康德一样，他们接受（或者至少没有费心去拒斥）科学中的决定论。可他们坚持认为，即使决定论是对的，一个人也必须把自己看做必然自由的行动者。当你不得不决定做什么时，关于决定你的决定的可能因素的所有知识都不足以使你做决定。因为，若不同时做决定，你就无法预测你自己的决定。

让-保罗·萨特这位已故的法国存在主义者，尽其可能地对康德的人类自由主张做了辩护。在他的巨著《存在与虚无》中，萨特论证说，我们一直是绝对自由的。这就意味着，如康德所主张的那样，就我们行动而言（萨特说我们一直在行动），我们的决定和我们的行动不能说有任何所谓的原因。我们必须做决定，再多的信息、再多的因果环境也不能取代我们做决定的需要。当然，我们可以拒绝做决定，好像它们是被安排在我们身上那样行动。但是，即使在这样的情形中，我们依然在做决定，"选择不去做选择"，这是一个经典的萨特式说法。他说，我们"注定是自由的"，这句话已经成了一句名言。此外，欲望可能会被考虑进来，但仅仅是作为“考虑”。我们总是能够逆欲望而行，无论是何种欲望，无论这种欲望有多强烈，只要我们有能力决定我们应该这样做。一个饿得快死的人仍可以拒绝食物，比如，他正为了他为之献身的一项政治事业参加一次绝食斗争。一位母亲可以拒绝挽救自己的生命，若这种挽救要以她孩子的生命为代价。一位学生可以错过他喜爱的电视节目，如果他下定决心为了明天的测试而学习。无论是渺小还是伟大，我们的每一个行动都是一个决定，而且我们每一个决定都是自由的。即使我们未能实践它们，或者发现我们“不能”做出它们，我们也仍然是有责任的。自由和责任是不可逃避的。

让-保罗·萨特，论“绝对自由”[1]

尽管以下考虑主要关系到伦理学家，但是，人们曾认为，在这些描述和论证之后回到自为的自由上面并试图把这种自由的活动理解为人类的命运所表现的东西，这并非是无益的。

我们之前的评论的基本结论是，人由于注定是自由的，把整个世界的重量担在肩上，他对作为一种存在方式的世界和他自己是有责任的。我们是在“是一个事件或者一个对象的无可争辩的作者（的）意识”这一日常意义上使用“责任”一词的。在这个意义上，自为的责任是难以承受的，因为他是让自己使**世界存在**的那个人，而既然他也是使自己成为存在的人，因此不管他发现自己身处何种环境，自为都必须完全担当这种处境连同其特殊的敌对系数，尽管这是难以支持的。自为必须担当这个处境连同成为其作者的傲气意识，因为可能危及我个人的最恼人的麻烦或最严重的威胁也只有通过我的谋划才有意义，而且，正是在我的所是的介入的基础上，这些麻烦和威胁才显现出来。因此，企图抱怨是荒谬的，因为没有任何陌生的东西决定过我们感觉到和体验到的东西，或者决定过我们所是的东西。

此外，这种绝对的责任是不可抛弃的。它完全是我们的自由的结果的逻辑要求。我所遇到的事情只有通过我才能遇到，我既不能因此感到痛苦，也不能反抗或屈服于它。此外，我所遭遇到的一切都是**我的**。因此，我们必须认识到，首先**作为**人，我作为人总是与我遭遇到的事情相称的，因为一个人通过他人和通过他自己而遭遇到的事情只能是人的。最严酷的战争处境，最残忍的酷刑没有创造出非人的事态，根本没有非人的处境。而只是通过害怕、逃避和求助于神奇的行为，我才会决定非人之物，但是这种决定是人的，而且我将对它负有完全的责任。不过，处境之所以是**我的**处境，也是因为它是我对我自己的自由选择的形象，而它向我呈现的这一切也是在这一切表象我、象征我的意义上讲是**我的**。难道不是我来决定事物的敌对系数，甚至决定我自己的同时决定它们的不可预见性吗？

于是，生命中没有**事故**。一种突然爆发的和驱动我的社会事件并不是来自外部。如果我们被动员去参加一场战争，这场战争就是**我的**战争，它是我的形象并且我与之

---

1 Jean-Paul Sartre, *Being and Nothingness*, trans. Hazel E. Barnes, New York: Philosophical Library of New York, 1956. 中译文见萨特：《存在与虚无》，陈宣良等译，杜小真校，北京：三联书店，1997 年，第 688—692 页。

相称。我与之相称，首先是因为我随时都能够从中逃出，或者自杀或者开小差。当涉及面对一种处境的时候，这些极端的可能性就必定总是成为向我们呈现的可能性。由于我没有从中套利，我便**选择**了它。这可能是由于在公共舆论面前的软弱或怯懦所致，或者是因为我偏向于某些价值（我的亲友的议论、我的家庭的荣誉，等等）更甚于拒绝进行战争的价值。无论你怎么看，这是一个选择问题。这种选择以一种一直延续到战争结束的方式在不断地反复进行。因此，我们应该赞同J. 罗曼的话，"战争中没有无辜受害者"。因此，如果我宁愿战争而不愿死和耻辱，那一切就说明我对这场战争是负有完全责任的。当然，战争是别人宣布进行的，人们可能试图将我看做仅仅是一个同谋。但是，同谋这个概念只有法律意义，在这里它是不成立的。因为，这场战争只为我并只通过我而存在是取决于我的，并且我决定了它存在。这里没有任何强制，因为强制对一种自由不能产生任何作用。我没有任何托辞……人的实在的特有品格就是他是没有任何托辞的。因此，剩下的就只是我要求这场战争。

但是，战争之所以是**我的**，还因为仅仅由于它在我使之存在的、以及我只能在为了它或反对它而自己介入时暴露它的处境中涌现，我现在不再能区别我对我所做的选择与我对战争所做的选择。进行这场战争，就是我通过它来自我选择和通过我对我自身的选择来选择它。问题不在于把它看成"四年假期"或"缓刑期",看成一种"休假"，因为我的责任的本质不在于此，不在于我的婚姻生活、家庭生活和职业生活中。在我选择了的这场战争中，我每天每日都在自我选择，我在造就自己的同时把这场战争造成了我的战争。如果它应该是空白的四年，那么正是我应对此负责任。

最后……每个人都是对自我的绝对选择，而这个选择是从它同时担当和照亮的认识和技术的世界出发的，每一个人都具有一个绝对的但对另一个日期是完全不可想象的日期。因此，如果问要是这场战争没有爆发我将会是什么样，那就是可笑的，因为我已自我选择成为一种不知不觉引入战争的时代的可能意义。我与这个时代本身没有区别，我不能无矛盾地转移到另一个时代去。于是，**我就是**约束、限制并且使人懂得这场战争之前的时代的这场战争。在这种意义上，在我们刚才引用的"没有无辜受害者"上面为了更明确地给自为的责任下定义，我们应该补充这样一句话："我们拥有我们与之相称的战争。"因此，我是完全自由的，我与我选择成为其意义的时代不可区分，我同样对战争负有深重的责任，就如同是我本人宣告了这场战争，我不能不将战争并入我的处境之中，我不能不完全地介入到我的处境中并在它上面打上我的印记，否则，我就不存在，我应该是既无悔恨又无遗憾地存在，正如我是没有托辞地存在一样。从我在存在中涌现那一刻起，我就把世界的重量放在我一个人身上，而没有任何东西、任何人能够减轻这重量。

不过，这是一种特别类型的责任。有人会说，"我并没有要求出生"。这是用以强调我们的事实性的一种幼稚的方法。事实上，我对一切都负有责任，除了我的责任本身，因为我不是我的存在的基础。因此，一切都似乎仍在说明我是被迫负有责任的。我被遗弃在世界中，这不是在我在一个敌对的宇宙里像一块飘在水上的木板那样是被抛弃的和被动的意义上说的，而是相反，这是我突然发现自己是孤独的、无助的、介入一个我对其完全负有责任的世界的意义上说的，而且，无论我做什么，我都不能在哪怕是短暂的一刻脱离这种责任。因为我对我的逃离责任的欲望本身也是负有责任的。让我自己在世界上成为被动的，拒绝干涉事物和别人，这仍然是自我选择，自杀也是混于别的在世界之中存在的方式之一。然而，我发现对于如下事实负有绝对责任：我的事实性（这里就是我的出生这个事实）是不可直接把握的甚至是不可设想的，因为我的出生这个事实在我看来永远不是天然的，而总是通过我的自为的重新谋划的建立向我显现的。我或为出生感到羞耻，或为之惊愕，或为之欢欣，或者在企图放弃我的生命时，我肯定我是活着的，并且我将把这个生命当成不好的生命来担当。于是，在某种意义上，我选择了出生。这个选择本身完全担负着事实性，因为我不能不选择，但是这个事实性反过来只是因为我超越它而走向我的目的才显现出来。于是，事实性无所不在，却不可把握，我遇到的从来只有责任。**所以**我不能问“我为什么出生”，不能诅咒我出生的日子或者声明我并未要求出生，因为这些对于我的出生的不同态度——即对于我认识到在世界中在场这个**事实**的态度——不是别的东西，而恰恰是完全地担负起这个出生的责任，以及将这个出生变为**我的**出生的诸多方式。在这里，我再次只遇到我自己和我的谋划，以至于最后，我的遗弃——即我的事实性——只在于这个事实：我注定要完全对我自己负责。我是这样一个存在，这存在是作为存在在其存在中关心其存在的存在。而我的存在的这个“存在”是被看做为现时的和不可把握的。

在这些条件下，既然世界的所有事件只能作为**机会**（使用的、缺乏的、被忽视的机会，等等）向我表现出来，或者可以更明确地说，既然我们遇到的一切事情都能够被看成一种**机遇**（即只能作为实现这个在我们的存在中是关心其存在的手段）向我们显现出来，既然按作为被超越的的超越性的别人本身也只是一些**机会**和**机遇**，自为的责任就扩展到作为人居住的世界的整个世界。于是，这恰恰是因为自为在焦虑中把握自己，也就是说作为一个既不是其自在的基础也不是别人的**存在**的基础、不是形成世界的自在的存在的基础，而是他被迫在他之中及在他之外决定存在的意义的存在。那个在焦虑中实现那种被抛进一直转回到其遗弃的责任中的条件的人不再有悔恨、遗憾和托辞，他只不过是一种自由，这种自由完全展现出自身，并且他的存在就寓于这个展现本身之中。但是，正如我们指出的那样……我们在自欺中逃避焦虑。

萨特的主张是十九世纪四十年代发端于索伦·克尔凯郭尔的、经历了整整一个世纪的存在主义思想的顶峰。克尔凯郭尔也认为，一个人无论是什么样，都要对他的所是负责，而且自觉的选择和承诺是使得一个人最具人性的因素。萨特无以复加的责任感甚至走得更远，他把在我们看来显然只是受害者的那些情境也归为选择行为，比如战争。“生命中没有事故。”他说。在一种情境中如何行动，如何应对这种情境，始终是我自己的选择。萨特说，人们总是可以抱怨说，“我并没有要求出生”，但这只不过是我们试图避开责任的诸多方式之一。我们出生了，在一定条件下成长，这是既定的事实，不过，现在我们如何来利用这些，就完全靠我们自己了。萨特没有把世界中发生的事件当成问题和侵扰来看，相反，他最终说，我们应该学会把每一件事看做一个机会。这里我们注意到，他对人类自由无以复加的辩护是乐观的。

所有这些论证要求如下：在自己的情形中，做你自己的决定，即使决定论是对的，也不能诉诸决定论。任何在理论上看来可能是被决定的东西，在实践中，你必须选择。因为自由是我们的自尊和对自己感到骄傲的关键，有人无论付出何种代价都要它。

存在主义的这一要求最才华横溢、异乎寻常的范例，是陀思妥耶夫斯基的短篇小说《地下室手记》中那个怪异人物的阐述。只要你了解预测的内容，就能够挫败一切预测。如果他们说“你将做x”，那你做y。现在，假设决定论是对的。尤其是，假设心理决定论是对的，它的基本法则如下：人们总是根据自己的利益行动。那么，这与一个人的行动的可预测性有什么关系呢？绝对没有，你完全注定不是可预测的。因此，这篇小说中的这个人物，最突出的就是他的心怀恶意。他心之所系，乃他是不可预测的，由此证明他的自由，哪怕这意味着会使他很悲惨。现在，你可能会说，他的恶意本身就是他行为的决定因素，当然，确实如此。可是，论证的关键点恰恰是，任何原因和解释都是完全不得要领的。只要地下人知道你期望他做什么，他就会做恰好相反的事情。如果你预测他会心怀恶意地行动，他就会尽其可能地令人欣然地行动——只是出于恶意！

费奥多·陀思妥耶夫斯基，《最有利的利益》[1]

我是一个有病的人……我是一个心怀恶意的人。我是一个其貌不扬的人。我想我的肝脏有病。但是我对自己的病一窍不通，甚至不清楚我到底患有什么病。我不去看病，也从来没有看过病，虽然我很尊重医学和医生。再说，我极其迷信，以至于迷信到敬重医学。（我受过良好的教育，绝不至于迷信，但我还是很迷信。）不，我不想去看病是出于恶意。你大概不明白这是什么意思。可是，我明白。

首先，在这数千年中，究竟何年何月，一个人仅仅是出于自己的利害考虑才去行动的？我们究竟该如何来看待这成百万、上千万的事实，这些事实都证明，有些人**明明知道**，也就是说完全懂得自己的真正利益，可是他们硬是把自己的利益摆到次要地位，奋不顾身地硬要走斜路，去冒险，去碰运气，可是谁也没有，什么事情也没有强迫他们去这样做呀，似乎他偏不愿意走指给他的正路，而是顽固地、一意孤行地硬要开辟另一条困难的、荒谬的路，几乎在漆黑一团中摸索前进。要知道，这意味着，他们还当真觉得这顽固的一意孤行比任何利益都要开心。利益！什么是利益？你们敢不敢给它下个完全精确的定义：人类的利益究竟何在？如果出现这样的情况：有时候人类的利益不仅可能，甚至必须存在于在某种情况下希望对自己坏，而不希望对自己有利——那怎么办呢？如果这样，如果这样的情况可能出现，那么整个规则就将化为乌有。

诸位，问题就在这里，是否存在而且还当真存在着这样一种几乎任何人都把它看得比他的最佳利益更宝贵的东西，或者说（为了不违背逻辑）有这样一种最有利的利

1 Fyodor Dostoyevski, *Notes from the Underground*, in *Notes from the Underground and The Grand Inquisitor*, trans. Ralph Matlaw, New York: E. P. Dutton, 1960. 中译文见陀思妥耶夫斯基：《双重人格 · 地下室手记》，臧仲伦译，南京：译林出版社，2004年，第177—199页。

益（也就是我们刚才说的被忽略的利益），它比所有其他利益更重要，更有利，为了它，在必要时一个人甚至不惜违背一切规律，也就是说，不惜把理性、荣誉、和平、幸福——一句话，不惜把所有这些美好和有益的事物都置诸脑后，只要能够达到他看得比什么都宝贵的这一始初的、最有利的利益就成。

什么是“最有利的利益”？无非是：

纯粹属于他自己的随心所欲的愿望，纯粹属于他自己的哪怕最刁钻古怪的恣意妄为，有时被刺激得甚至近乎疯狂的他自己的幻想。这就是那个一直被忽略了的“最有利的利益”。

换言之，自由是我们最需要之物本身，无论要付出多大代价，无论有多么困难，无论有什么样的反驳论证。任何其他东西都可能是对的，但是，我们只认为自己是自由的。因为，正是自由使我们成为人。陀思妥耶夫斯基描绘的这种激进的、不顾一切的自由，或许不是一种非常令人奋进的自由。然而，类似观点能够给出一个非常令人欢欣的自由形象。这里有一个来自**一行禅师**（Thich Nhat Hanh）的例子，他是一位越南和尚。这是打开电视时说的一段祈祷：

一行禅师，《打开电视》[1]

心灵就是一台
有着数千个频道的电视。
我选择一个安然平静的世界，
因此我的欢乐永远鲜活。

心灵即意识。意识包括认识的主体和被认识的客体。主体和客体这两个方面，要相互依赖才能存在。恰如越南灵修大师 Huong Hai 所言：“观看物质的同时，我们也在观看心灵。若不出现客体，就也不会有主体。”我们的心灵意识到某物时，我们**就是**那事物。我们凝望积雪覆盖的群山时，我们就是那群山。我们观看喧闹的电影时，我们就是那部喧闹的电影。

我们的心灵就像是一台有着数千个频道的电视，我们打开的这个频道就是我们那一刻所是的频道。我们打开愤怒，我们就是愤怒。我们打开平和与欢乐，我们就是平和与欢乐。我们有能力选择频道。**我们就是我们所选择成为的样子。**我们能够选择任何一个心灵频道。佛是一个频道，玛拉是一个频道，记住是一个频道，遗忘是一个频道，平静是一个频道，不安是一个频道。从一种存在状态转变为另一种存在状态，简单得很，

1 Thich Nhat Hanh, “Turning on the Television”, in *Present Moment, Wonderful Moment*, Berkeley, CA: Parallax Press, 1990.

就像从一个电影频道转换为一个音乐频道一样。

有人无法忍受平和与宁静，他们害怕面对自己，因此，他们整个晚上开着电视。在当代文化中，人极少愿意与自己相处，他们常常设法遗忘——待在市中心剧院或其他娱乐消遣的地方。人们极少愿意深度地、同情地审视自己。美国的年轻人每天看电视的时间超过五个小时，他们还有各种各样的电子游戏打发时间。哪里会有这样一种文化，生活在其中的人们无暇面对自己，没有机会与引导我们的他人形成真正的关系？

有许多电视节目非常有趣、富有教益，我们能够运用电视指南来选择鼓舞精神的节目。我们应当下决心只观看所选择的节目，避免成为电视的受害者。

- 萨特的自由观与康德的自由观有多相似？如何考虑你可以自由地证明在某些重要意义上你是自由的？
- 解释一下萨特的“选择不去做选择，我们注定是自由的”的意思。
- 萨特说，就我们生活中的一切事实上是一个自由选择（包括战争：在战争中，“没有无辜受害者”），因此我们总是负有责任的。你赞同这一观点吗？
- 你可以在何种程度上可能进行不同的选择，或者“否定”关于自己的某些事实？你能够选择变得更高、更好看或更聪明吗？萨特或陀思妥耶夫斯基会如何回答？
- 我们在多大程度上有选择我们意识状态的自由？
- 一行禅师会如何说脸谱（Facebook）和其他社交媒体？消遣与自由之间有何关联？

总结与结论

说一个人的行为是自由的，就是说他能够承担责任。因此，为自由辩护对我们而言至关重要。然而，我们对于科学解释的普遍性的信心似乎含有了决定论的观点，这种观点认为，每一个事件都有其充足的自然原因。因此，像事件一样，人类行动似乎是被决定的，因而不是自由的。在这一章中，我们探究了哲学家试图调和这两个重要信念——至少有一些人类行动是自由的，以及科学（至少在原则上）最终能够解释一切事物——的各种方式。

一些哲学家维护决定论（“强决定论”），从而排斥自由。其他一些哲学家维护自由，从而排斥决定论（“非决定论”）。然而，绝大多数哲学家试图维护这两个论点（因此他们常常被称为“相容论者”）。他们主张，决定论并不排除自由，如果一个行动出自一个人的决定或性格的话（“弱决定论”），同时，我们多少受到决定论者的影响，或者说，即使决定论是对的，我们也不能不设想自己是自由的。

章节复习题

1. 比较对照一下强决定论、弱决定论和非决定论。解释一下为何非决定论与强决定论一样是成问题的。这些观点产生于何种不同的物理学传统？

2. 比较对照一下分别由机遇、神的预定、宿命论和业支配的宇宙观。你觉得哪种观念最吸引人？
3. 伊斯兰教的预定概念是什么？它与你所研究过的其他宗教观点相比如何？
4. 自由主义者反对决定论，维护自由意志，他们认为存在着一个非决定的自由观念。你认为这个观念有问题吗？你会如何针对决定论者的反驳来为这一观点辩护？
5. 讨论一下道德责任与自由之间的关系。你能辨别亚里士多德、斯金纳、法兰克福与萨特之间的相似和差异吗？对于萨特的主张——战争中没有受害者——别人会怎么说？

关键术语

antecedent conditions 前提条件
cause 原因
compatibilism 相容论
compulsion 强制
determinism 决定论
fatalism 宿命论
freedom 自由
free will 自由意志
Heisenberg Uncertainty Principle 海森堡测不准原理
indeterminism 非决定论
predestination 先定论
prediction 预测
responsibility 责任
retrodiction 回溯
soft determinism 弱决定论
suffcient cause 充分原因

参考文献与进阶阅读

三本关于自由意志问题的文集分别是 Gary Watson, ed., *Free Will* (New York: Oxford University Press, 2003); Robert Kane, ed., *Free Will* (Oxford: Blackwell, 2001); Robert Kane, ed., *The Oxford Handbook of Free Will* (New York: Oxford University Press, 2002).

这里也推荐 Alfred Mele, *The Philosophy of Action* (New York: Oxford University Press, 1997); Robert Kane, *The Significance of Free Will* (New York: Oxford University Press, 1996); Daniel C. Dennett, *Elbow Room: The Varieties of Free Will Worth Wanting* (Cambridge, MA: MIT Press, 1984).

第三部分

善与权力

第8章 伦理学

“从现在起，我只考虑我自己。”
丹比少校高傲地笑笑，颇为宽容地反问道：
“可是，约塞连，要是每个人都这样想呢？”
“要是那样，如果我不这样想，我不就成了个头号大傻瓜吗？”
——约瑟夫·海勒，《第二十二条军规》

我们应当做什么，不应当做什么？什么样的行为我们应该颂赞？什么样的行为我们应该谴责？这些是**伦理学**问题，是苏格拉底甘愿为之放弃生命的关注所在。伦理学的核心是**道德**。道德是一套指导我们的行动的基本规则。比如，它们可能禁止我们彼此杀害，鼓励我们相互帮助，教导我们不要撒谎，命令我们信守诺言。

我们接受和遵循的绝大多数道德规则，是我们从父母、朋友、老师，以及所处的社会中习得和采用的。有时，别人可能会质疑我们的道德规则，要求我们为它们辩护。我们为何应当相互帮助？为什么我们不应永远欺骗？我们能有什么样的理由去维护这一种性伦理而不是另一种性伦理？社会和技术的新发展也可能迫使我们重估我们的道德。由于少数族裔和妇女越来越多地参与到关于道德问题的争论中来，我们现在发现，我们不断面对着基于种族歧视或性别歧视所带来的不公。维持生命的先进设备的开发，迫使医生和哲学家提出这样一个问题：尽其可能地保存生命是否是一项道德义务。

只要我们试图维护或批判一种道德信念，我们就进入到了伦理学领域。伦理学关注的不是特殊的道德规则，而是道德的基础，为的是提供一些一般原则，由此帮助我们评判一项道德规则的有效性，在不同的道德（多套不同的道德规则）之间做出选择。比如，一些被称作**功利主义者**的伦理学家认为，一种好的道德规则应该提升绝大多数人的最大**幸福**。其他理论家，比如亚里士多德和康德，则认为一种好的道德规则有助于我们尽可能作出理性地行为。

伦理学也关注这样一个问题：当我们决定应该做什么时，是否要考虑他人或我们自己的利益和欲望。在一些伦理学家看来，道德至少以一种抽象的方式与自利联系在一起，他们认为道德是满足每一个人利益的最佳方式。其他哲学家则严格地区分了道德和自利，并且坚持认为遵守道德本身就是好的，它等同于理性地行为，完全是为了使我们富有人性的要求。最后，还有一些作者认为，道德只不过是诸多套原则之一，我们可以选择去服从，但这不是必需的选择。

在这一章中，首先，我们提出一些永久的伦理学问题，其中包括道德的本性和道德相对主义问题。然后，我们会论及广为人知的主张：自私或**利己主义**是一切人类行为——包括道德行为——的基础。最后，我们将考察一些不同的伦理学理论，以及一些构想道德和证成道德信念的不同方式：

亚里士多德的伦理学把道德观建基于“德性”之上，认为人就其本性而言是一种社会动物和理性动物。亚里士多德认为，具有德性——控制我们的感情、理性地行动——使我们能够成为完整的人。在讨论中，我们有机会考察一种道德体系，它虽极不同于我们自己的道德体系，但它们之间的相似足以让我们理解它。

道德本质上是一个感情问题，大卫・休谟和让-雅克・卢梭是这种观点的代表。

伊曼纽尔・康德里程碑式的伦理学理论坚持认为道德严格来说是一个实践理性问题，与我们的个人利益和欲望无关，而只基于普遍原则或**法则**之上。因此，根据康德的说法，我们无法仅仅诉诸我们的行动对于他人或自己的好结果来证成我们行动的道德。我们也会考量人们为支持或批判康德的观点所作出的努力。

功利主义者的伦理学理论（与康德形成对照）认为道德规则不过是为了最大多数人获得最大利益的规则，他们试图因此调和每一个个人的利益与其他每一个人的利益。

尼采和**存在主义者**的激进理论认为，在一个重要的意义上我们选择我们的道德，而对于这种选择，其他现代哲学家所提倡的任何方式都无法证成。在尼采看来，这种观念至少也包括对古希腊人的道德的一种追忆，他认为，我们应该在我们的道德概念中注入一些他们的观念。我们也会考察后来的人为支持如下观念所作出的努力：道德是约定俗成的——是某类社会中的习惯。

近来的女性主义理论主张，道德传统过度强调了原则和规程，并忽略了道德在人际间和关系中的重要性。

A. 道德

道德给予我们与他人一起生活的规则。它为我们的欲望和行动设定了界限。它告诉我们什么是允许的，什么是不被允许的。它赋予我们做决定的指导原则。它告诉我们什么应该做，什么不应该做。可是，这种听起来如此非个人的、“高于”我们的“道德”是什么呢？重要的是从对一个隐喻的理解开始，这个隐喻很好地刻画了道德规则。尼采是这样说的：“每一个人头上都悬着一个德目表。”

这块“德目表”就是道德。根据这一观点，道德的原型是古代的那些刻于石碑上的法典，上面写着永恒绝对的命令，就象上帝在摩西面前铭写的两个德目表，即我们所谓的十诫。它们确实是戒律，说的都是“你应该”和“你不应该”。这就是道德的本质，它由命令组成，而这些命令并不诉诸个人快乐或欲望。它们不会对不同的个人或社会有不同的要求。恰恰相反，它们是绝对规则，告诉我们什么必须做，什么一定不能做，而不管我们是谁，我们想要什么，也不管我们的利益是否能够为命令满足。“不应杀人”，就是说即使你想要这么做，即使你有能力这么做，即使你这么做能够逃脱一切惩罚，你也绝对不被允许杀人。

道德作为来自“高处”的形象，是合适的。首先，因为道德法则常常被说成是来自上帝，这一点不仅仅是在我们的社会中。其次，因为我们是从父母那里习得这些法则的，他们确实“立于我们之上”，并且通过他们的喊叫、命令、榜样、威胁和姿态把这些法则灌输给我们。最后也最重要的是，道德自身“高于”任何确定的个人或个体们，无论它是否列入社会法则之中。道德不只是让我们得到所需的另一个帮手，它全然关注的是对错。而这些考虑是“不受”任何个人摆弄的，无论这个人多么有权势，仿佛它们有自己的人生似的。

道德这种独立于个人欲望和野心的特征，使许多人完全根据某个绝对独立的中介来描述道德。常常，上帝就是这个绝对独立的中介。比如，圣托马斯·阿奎那称上帝为道德律的来源：“很显然，神律规定的东西都是对的，这不只是因为它们是由律法颁布的，也是因为它们符合自然。”或者，“因此，根据神律，就必须要有这样的印象，所以，我们每个人都要公平对待邻人，避免对他行伤害”。[1]我们在《圣经》中读到：“你要听从你主上帝的话，遵守我今日吩咐你的一切诫命，行你主上帝眼中的正事。”[2]

但是，无论一个人是否相信上帝，有一点很清楚，那就是需要某个更深一层的东西来帮助我们定义道德。即使假设存在一个上帝，我们还是需要一种方式来确定上帝的道德诫命应当是什么。人们可能会说，上帝把这些诫命给予了各种各样的人，可事实是，不同的人对于上帝给予他们的道德似乎有不同的观念。比如，有人会说，它明确禁止堕胎和杀婴。而另一些人则会认为，上帝没有禁止这些行为，而是非常清楚地说这些行为就像其他杀戮（比如“圣战”）一样，只在某些条件下才是正当的。由于存在着这样的分歧，我们不能简单地诉诸上帝，而必须亲自定义我们的道德，因为我们能够阐明和辩护。还有一个常常引起争论的深层问题，它最初是由柏拉图在他的对话《游叙弗伦》中提出的。仅仅因为是上帝的律法，或者确切地说，仅仅因为上帝的律法是善的，我们就应该遵循这些律法吗？若是后一种情形，那么，为了认识上帝是善的，我们就必须确定何谓善。若是前一种情形，那我们就必须完全基于我们是否能够接受那些律法来确定是否信仰上帝。无论何种情形，我们都必须自己确定我们甘愿接受何种道德法则。

类似的考虑也适合如下情形：在确定应该做什么、不应该做什么时诉诸常见的良心。即使一个人相信良心是上帝赋予的，还是会有同样的问题。仅仅因为“良心告诉我们”，我们就应该遵从我们的良心吗？或者，仅仅因为我们知道我们的良心所作出的命令就是善的，我们就应该遵从我们的良心吗？一个人如何确定一种使人不得安宁的想法是否是上帝的提示？这可能要基于它作出的要求是善的还是不善的。（因此，人们乐于把如下这种使人不得安宁的提醒归为良心：一个人不应欺骗天真无邪的孩子。而不把如下这种使人不得安宁的想法归为良心：只要有这个胆，一个人还是能够入店行窃而侥幸逃脱。）人们如果认为，良心不过是父母和社会的道德教化的内在化，那问题就呈现了一个额外的维度：我们应该接受或者拒斥灌输给我们的教义吗？而且，由于我们的良心常常并不一致，因此我们依然必须决定应该服从谁的良心、遵从何种良心法则。把道德等同于某人良心的提示，既合理也很有价值，

---

1 St. Thomas Aquinas, *Summa Contra Gentiles,* Bk. III, New York: Doubleday, 1955.

2 Deuteronomy 13:18.

但是，哲学地来看，这只是把问题往后推了一步：我们怎么知道什么是良心的提示，什么不是良心的提示？遵从自己的良心就总是正确的吗？不过，事实上这两个问题无非是询问何谓道德的另一种方式。我应该做什么？

道德不只是服从——无论是服从国王、主教、律法还是良心。道德是做正确之事，无论它是否出于什么人或律法的命令，也无论它是否为某人的良心所“感知”。对此有一种表述方式——后来为伊曼纽尔·康德所辩护——它说，道德关涉**自律**，它是一种独立思考并自己决定对错、服从谁不服从谁、做什么不做什么的能力。危险在于，道德作为自律这一观念似乎没有给我们留下首先要学习道德的空间。除了从我们的父母、朋友、老师，以及我们的社会及其模范那里学习之外，我们还能如何学习判断对错？可是，如果我们过于紧密地把道德与我们的培养和社会联系在一起，那看起来我们似乎就没了自律的空间，也绝不可能与我们的家庭或社会发生争执，更不要说去批判培养我们的方式了。此外，把道德与具体的社会联系在一起还产生了一个额外的问题，那就是：道德（或者说**诸种**道德）是否可能并非相对于具体社会和文化？

- 根据你的看法，“德目表”是否因它们出自权威的命令或因它们是善的而得到证成？换言之，某事是对的，只是因为它出自上帝的命令吗？或者，因为它是对的，所以上帝（或诸神）才作出这样的命令？每种观点的利弊何在？
- 你无视良心时为何会感到不安？若别人告诉你说这样是对的（哪怕你知道这是不对的），会对你有帮助吗？

B. 道德是相对的吗？

道德如同生活方式，因文化而异，甚至因人而异。不过，尽管人们对于生活方式的丰富多样这一事实不觉得奇怪，但诸多道德的不同还是存在着一个问题。道德，就其本性而言，应该是一套普遍原则，一套不会因文化、人和生活方式而异的原则。如果杀人取乐在道德上要受到谴责，那么在每一个社会、每一种文化中，针对每一种生活方式以及每一个人，无论他或她是谁，它都要受到道德上的谴责。哪怕所论及的这个社会或人并不赞同这一道德原则，它也是正确的。

比如，亚里士多德详尽地论述他所谓的“恶人”，这种人作恶是因为他相信不道德原则，并且因此毫无悔意地作恶，他不同于那些因一时的软弱、环境的压力、绝望或误导而作恶的人。可是，一个社会或一个人在何种基础上才能宣称另一个社会或另一个人的原则是不道德的呢？比如，欧洲的基督徒怎么才能正当地批评南太平洋上的波利尼西亚人的性道德呢？波利尼西亚人是一个独立社会，有他们自己的道德观念和原则，并且运行完好，在某些方面甚至比在欧洲发挥作用的欧洲人的习俗都好。可是，欧洲传教士毫不犹豫地把他们的性行为谴责为“不道德的”。类似但更为严重的是，面对世界上依然相信种族屠杀是战争的合理结果或刑讯是保持文明秩序的一种方式这样的文化，是什么赋予我们批判的权利？我们确实觉得面对这样的情形自己有权发表意见，但另一方面我们也在断言我们的道德的普遍性，甚至把我们的道德扩展到明确拒斥我们的原则的人身上。我们怎么能这样做呢？如此扩展的正当理由何在？

在十九世纪，人类学家们开始给我们讲述一些奇特的社会，这些社会所具有的道德非常不同于我们的道德，自那时起，**相对主义**问题就变得极具争议。在某种意义上，相对主义一直以来就是既定道德的一个威胁，因为古希腊人接触过一些其道德很不同于他们的社会。（因此他们立马给所有非希腊之物贴上“野蛮的”标签，这样一来，他们也就无需考虑相对主义的可能性。）康德是相对主义最有力的反对者，因为他持这样一种道德观念：一个人若确实可以算作理性的，那他或她至少必须赞同一种普遍道德的基本原则。根据康德的说法，还存在一些不能做到这一点的社会和人，这只能说明他们不够理性（因此也不够人性）。如今，我们变得更加心胸宽广，能够接受不同的生活方式，但是，几乎没人否认这一点：至少有一些道德原则是所有社会都认同的。比如，不必要的残忍是错的，就是这样一个原则，当然，对于什么是“残忍”，什么是“不必要的”，人们可能会有分歧。

哲学家们通常会区分两个论点。第一，存在着这样一个实际主张：不同社会具有不同的道德。这一主张被称为**文化相对主义**。问题的困难之处在于，这些不同的道德只是表面不同还是根本不同。比如，某些爱斯基摩人部落把他们的老人留在外面冻死，我们认为那样做是极其不道德的（我们会把绝大多数老人送往冰冷无情的“老年人之家”）。但文化相对性的问题是：差异仅仅是对于某个基本道德原则（比如，不许杀人，除非为保存其余人所必需）的不同解释的反映，还是确实是完全不同的道德。这是我们时代最具争议的人类学问题。不过，哲学家所感兴趣的是一个稍有不同的问题：假设两种道德确实根本不同，那有可能两种道德一样正确吗？对此作出“肯定”回答的哲学家是伦理相对主义者，我们在这里要关注的正是**伦理相对主义**。

在下面的选文中，**吉尔伯特·哈曼**（Gilbert Harman）为相对主义立场作出了一个当代辩护。

吉尔伯特·哈曼，《道德相对主义辩护》[1]

> 吉尔伯特·哈曼（1938—　）：美国哲学家，专长领域为伦理学、认识论和认知科学，曾任教于普林斯顿大学。

我的论点是：只有在一群人就他们彼此的关系达成一种默然协议或默契之时，道德才会产生。其中的部分意思是，道德判断——或者确切地说，一类重要的道德判断——要有意义，就必须关涉和指涉这样一种默然协议或默契。这种说法还不清楚，下面我设法把这一论点表述得更明确些。不过，有一点是清楚的，我打算论证的是一直以来被称作道德相对主义的一种样式。

这样一来，我就加入了一场古老的论战。许多人认为我要为之辩护的这种观点显然正确——甚至认为它是能够弄清道德现象的意义的唯一说明。同时，也有许多人认为道德相对主义是混乱的、不连贯的，甚至是不道德的，因而显然是错误的。

绝大多数反对相对主义的论证使用了劝诫定义的策略，他们把道德相对主义定义为一种不一致的论点。比如，他们把它定义为这样一种主张：（1）不存在普遍的道德原则；

1　Gilbert Harman, “Moral Relativism Defended”, in *Philosophical Review* 75 (1975): 3-22.

(2)人应该根据自己群体的原则行动,而这后一条原则(2)应该是一个普遍的道德原则。人们很容易表明这种样式的道德相对主义不会令人信服，但是没有理由认为道德相对主义的辩护者不能提供一个更好的定义。

我的道德相对主义是一个严谨的逻辑论点——如果你愿意的话，可以称之为一个关于逻辑形式的论点。就像某物是大的这一判断要有意义,就必须关涉一个比较类一样，我将论证，某人做某事是错的这一判断要有意义，就必须关涉一个协议或理解。一条狗与吉娃娃狗相比可能是大的，但是，与一般的狗相比就不是大的。类似地，我将论证，一项行为可能就某一协议而言是错的，但就另一协议而言则不是错的。如同不关涉另一个比较类而问一条狗是否大毫无意义一样，同样的，我将论证，若不关涉一个协议而问一项行为是否错了毫无意义。

在相关意义上，只要许多人中的每一个都打算拥护某个安排、计划或一套原则，并且他们打算这样做是因为他们认为别人同样打算如此，那就存在着一个协议。这个协议或理解不必是自觉的或明确的，这里，我不会试图表明道德协议与其他协议之间的区别是什么，比如道路法规或礼仪规矩，因为，就我将要辩护的纯逻辑论点而言，这些区别并不重要。

我认为，某些道德判断是在关涉一个协议的情形下作出的，但并非所有道德判断都是如此。或许，确实所有道德判断都是在关涉一个协议的情形下作出的，不过，那不是我要论证的论点。因为，我认为有一种方法可以表明，某些道德判断关涉到一个协议，而另外一些道德判断则与协议无关。我的相对主义只是一种关于我将称之为“内在判断”的论点，诸如这样的判断：某人应该或不应该以某种方式行为，或者他这样做对了或错了。比如，我的相对主义并不适用于如下判断：某人是邪恶的或某种制度是不公正的。

特别是，我不否认（也不主张）某些道德客观上要比另一些道德“更好”，我也不否认或主张存在着评价道德的客观标准。我的论点是一个严谨的关于逻辑形式的逻辑论点。

Ⅰ.内在判断

仅当我们假定一个人能够具有相关道德考虑的动机，我们才能对他作出内在判断。对于我们认为不具有这种动机的人，我们对他们作出其他判断。内在判断包括这样一些判断，比如我们说某人应该或不应该做某事，或者，某人做某事是对的或错的。内在判断不包括这样一些判断，比如我们说某人（完全）是一个野蛮人，或者，某人（完全）是毫无人性的、邪恶的，是一个叛徒、叛国者或敌人。

看看这样一个例子。外太空的智能生物来到地球,他们毫不关心人类的生活和幸福。他们的某些行为可能会伤害到我们中的某个人，但这对他们而言不意味什么，事实本身并没有理由让他们避免这些伤害行为。在这种情形下，如果说这些生物应该避免伤害我们，或者说，他们攻击我们是错的，那就太奇怪了。当然，如果他们做出这样的行为，我们会想着抵抗，并且对他们作出否定性判断，不过，我们会断定他们是需要驱逐甚至消灭的可怕敌人，而不会说他们不应该那样行为。

同样的，如果我们得知一群食人族抓住船难的唯一生还者，并把他吃了，我们会说到食人族的原始道德，然后称他们是野蛮人，但我们不会说他们不应该吃掉他们的俘虏。

此外，假设谋杀集团的一个自愿成员从小就在这样一种环境下长大，他尊敬这个“家庭”的成员并以之为荣，对于社会的其余人只有蔑视。让我们假设，他目前的任务就是杀掉一个名叫伯纳德·J. 奥尔特库特（Bernard J. Ortcutt）的银行经理。由于奥尔特库特不是这个“家庭”的成员，因而，我们所说的这位成员会毫不在乎地去执行他的任务。尤其是，若我们想设法说服他不要杀奥尔特库特，那我们的论证只能让他觉得好笑。我们不能提供哪怕一丝理由让他断掉这一念头，除非我们指出一些实际的困难，诸如他可能被逮住。在这种情形下，如果说他不应杀奥尔特库特，或者说他这样做是错的，那就是滥用语言，因为这样意味着我们自己的道德考虑对他产生了影响，而它们并没有对他产生影响。相反，我们只能断定他是一个罪犯，是一个警察要追捕的人，是热爱和平的公民的敌人，等等。

◆◆◆

当然，我不想否认，由于种种原因，说话者可能自称行动者受到或没有受到某些道德考虑的影响。比如，说话者可能由于修辞原因或政治原因希望暗示某人已被排除在外，因此不应再听从他，而且可以把他当做敌人看待。另一方面，说话者为了使这个人或其他人受到某些道德考虑的影响，从而可能自称某人受到那些道德考虑的影响。关于某人的小孩的内在判断有时就具有这个功能。为了恢复政府日益滑坡的道德感，政治演说中也会做这样的内在判断。

II. 内在判断的逻辑形式

内在判断有两个重要特征。第一，它们意味着行动者有理由做某事。第二，说话者在某种意义上认可这些理由，并且假定听众也认可这些理由。另一方面，其他关于行动者的道德判断就没有这些含意，它们并不意味着行动者据以行为的理由为说话者所认可。

◆◆◆

现在，我们无需假设所说的协议或理解是明确的。只要社会各种成员心照不宣地达成了意向协议——每一个打算如此行为的人都认为别人也有这样的打算，那就够了。这样一个默许的协议，通过相互调整和默许的**交涉**就可以达成。

实际上，就所提出的对我们道德观的这一方面的解释而言，作出如下假设是必不可少的：相关的道德理解是交涉的结果。为了促进我们的利益，有必要假定我们形成了某些条件意向，并且希望他人也这样做。而那些具有不同利益的他人，则会形成稍微不同的条件意向。不过，在默许的交涉之后，就会达成某种妥协。

这样来看待道德，即把道德看做基于默许交涉而达成的一种妥协，有助于说明为何我们的道德在用来伤害人时比拒绝帮助人时变得更糟糕。这个说明要求我们把自己的道德看做一种关于所作所为的默许协议。而如果我们不去假设自己的道德所表征的是一种仅仅关于事实的协议，就不会做出这种说明。如果我们忘了这样的协议不仅能够通过所提及的原则达成……而且也可以通过交涉达成，那么假设我们的道德表征了一种姿态上的协议，就完全不够。

尽管现如今对全球范围内正在发生之事的觉知使我们留心文化视角的多样性，可伦理相对主义的议题已萦绕数个世纪之久了。在十三世纪，圣托马斯·阿奎那考虑了伦理相对主义的问题，并得出结论说它是假的。他回答了柏拉图在《游叙弗伦篇》中提出的问题，柏拉图在《游叙弗伦篇》中断言说，遵守上帝的律法是正确的，因为这些律法是善好的。而事实上，它们是善好的，因为它们遵从自然，而且很多时候它们会带来对我们而言最好的结果。**自然法**是那些为自然所固有的道德律则的学名。阿奎那注意到："很明显，由神圣律法所规定的东西是正确的，这不仅是因为它们是由律法提出的，还因为它们与自然相符合。"[1]上帝在创世时赋予每个事物一个本性，以引导其朝向对其来说的善好。就人类而言，这种本性涉及自由意志，追求对我们而言的善好受制于我们的自由选择。但我们通过运用理性和客观地关照我们作为人类的本性来探知什么行动是与以一种和谐的方式来满足我们各种各样的需求一贯的。每个人都有能力知晓道德律则的规定。

当被问及，如果在其道德视角下，文化是不同的话，那么自然法如何可以是普遍的时，阿奎那区分了自然法的基本原则和对这些原则的实践。关于前者的知识出现在每个社会当中。尽管随着环境变化，对这些原则的施用也会随之而改变。换句话说，阿奎那承认关于文化相对主义的事实断言，但他的结论是，其对于伦理相对主义之真未能提供任何依据。人们可以在承认道德实践的多样性的同时，仍然坚持本质上，道德法则对于每一个人都成立。

圣托马斯·阿奎那，《神学大全》[2]

……一个人所自然地倾向的东西从属于自然法：而在这些东西当中，人所特有的倾向则是依照理性来行动。就如《物理学》第一卷中所言，理性从普遍进展到个别。不过，在这件事情上，理论理性与实践理性有所不同。因为理论理性所处理的主要是不得不是如此的必然之物，其结论就像普遍原则一样，准确无误地包含着真理。另一方面，实践理性所处理的则是与人类行动相关的偶然事务。因此，尽管在普遍原则中也有必然性，但我们越是下降到细节，越常遭遇错谬。因此，在理论事务上，无论是原则还是结论，真理人人皆同。尽管至于结论之真，则并非人人皆知，人人皆知的仅仅是人们称为常见观念的原则。但在行动问题上，出于细节问题，真理或行动上的正确均并非人人皆同，人人皆同的仅仅是一般原则。即便在细节问题上相同，也并非同等地为人所知。

由此，很明显，涉及一般原则，无论是理论理性还是实践理性，真理或正确人人皆同，

1 Thomas Aquinas, *Summa Contra Gentiles*, Bk. III, New York: Doubleday, 1955.

2 Thomas Aquinas, *Summa Contra Gentiles*, Bk. III, New York: Doubleday, 1955.

并同等地为人所知。至于理论理性的个别结论，真理人人皆同，但并非同等地为人所知：一个三角形的三个角加起来等于两个直角，尽管这并非人人皆知。不过，至于说实践理性的个别结论，不光真理和正确都不是人人皆同的，在他们是相同之处，也非同等地为人所知。由此，对所有人而言，依照理性而行动是正确和真确的。由这条原则得出一个确切的结论，即委以他人之物应当复归其原主。这在大多数情况下是真的，但是在个别情况下，归还托管之物则会是有害的，并因此是不合理的，例如，如果这样做是出于讨伐某个国家的目的的话。而愈是下降到细节，这个原则就愈会出错，例如，被托管之物应当带着如此这般的保证、以如此这般的方式归还。因为附加条件的数量越多，原则失准的方式也越多，以至于归还或不归还都是不正当的。

由此，我们得说，自然法，就其一般原则，在正确性和知识上是人人皆同的。但是这些一般原则的结论，在某些细节问题上，在大多数情况下在正确性和知识上人人皆同。而出于某些干扰（就像自然在少数一些情况下出于这些干扰没能服从枯荣的规律），在一些少数的情况下可能会在正确性上出错，在知识上，理性被激情、或恶习、或本性的恶性所歪曲……

阿奎那的论点——每个人对道德法则都有基本的认知，取决于这一观点——我们能够辨识出与自然相一致或与自然相悖的行动。同样的假设在当今的论点中也发挥着作用——某些行为（通常是性行为）是不自然的，因此应当是被谴责的。性行为尤其是这些主张的焦点。哲学家**约翰·科维诺**（John Corvino）挑战了将这条论证路线应用在同性恋上的做法。他主张，不自然是一个有着多重含义的含混用语，但无论哪种解释，对于同性恋是非自然的指控都无法为同性恋是不道德的提供依据。

约翰·科维诺，《同一的性：关于同性恋的伦理学、科学和文化争辩》[1]

约翰·科维诺（1969— ）：韦恩州立大学哲学教授，写作了许多哲学文章和若干本哲学书，其中就包括《同一的性》。

同性性行为是“不自然的”

许多人主张同性性行为是“不自然的”。可这一主张是什么意思呢？在某种意义上，人们认为有价值的许多事物——例如，衣服、房屋、医药和政府——都是不自然的。相反，人们厌恶的许多事物——例如，疾病、苦难和死亡——都是“自然的”，就它们发生“在自然之中”而言。如果不自然这样的指控不只是空洞的修辞，那么，那些运用这一指控的人就必须详细说明它意指什么。效仿伯顿·莱塞（Burton Leiser），我将考察“不自然的”的几种可能意思。

什么是不寻常的或者不正常是不自然的

“不自然的”的一个意思是指偏离了规范，即偏离了绝大多数人的所为。显然，绝

1 John Corvino, *Same Sex: Debating the Ethics, Science, and Culture of Homosexuality*, Lanham: Rowman & Littlefield, 1997, pp. 4-7.

大多数人进行的是异性性关系，可是，由此可以得出进行同性性关系是错的吗？能读梵语、驾驶轮船、弹奏曼陀林、饲养山羊或者双手写字的人，相对而言很少，然而，这样的活动却不会只因其不寻常而被认为是不道德的。正如拉姆齐讨论会（Ramsey Colloquium）——它由一群反对同性恋的犹太和基督教学者组成——写到的那样，“一项行为的统计频率并不能确定它的道德状况”。因此，尽管从不寻常的意义上来看，同性恋是不自然的，但那一事实与道德无关。

不为其他动物践行的行为是不自然的

一些人主张，“甚至动物都知道不进行同性性行为，因此，同性恋一定是错的”。这一主张有两个缺点。第一，它依赖一个错误的前提。无数研究——包括安妮·珀金斯（Anne Perkins）的“同性恋”绵羊的研究，以及乔治·亨特和莫利·亨特（George and Molly Hunt）的“女同性恋”海鸥研究——表明，一些动物确实形成了一对对的同性恋。第二，即使动物没有同性恋行为，那一事实也不能证明同性恋是错的。毕竟，动物不会烹调食物、刷牙、参加宗教礼拜，或者上大学，人类做所有这一切都不会受到道德责难。确实，动物能为我们提供标准——尤其是我们的性行为标准——这一观念，十分可笑。

不是出自内在欲望的行为是不自然的

近来的研究提出了同性恋的生物学基础，它们导致了两种流行的立场。一种立场主张，同性恋者“生来如此”，因此，对他们而言，形成同性恋关系是自然的（而且是好的）。另一种立场坚持认为，同性恋是一种可选择的生活方式，因此它是不自然的（而且是错的）。这两种立场都假定同性恋倾向的起源与同性恋活动的道德价值之间有一种关联。因此，就它们都共享这一假设而言，双方都是错误的。

先来看看赞成同性恋的那一方：“他们生来如此，因此是自然的和好的。”这一推论假定了一切天生的欲望都是好的（也就是说这些欲望应该加以实现）。然而，那一假设显然是错误的。研究表明，一些人生来就有暴力倾向，但是，这些人并不比任何别的人更有权利去掐死他们的邻居。因此，尽管汤米和吉姆生来就有同性恋倾向，但不能因此得出他们应该实现这种倾向。也不能因此得出他们不应该实现这种倾向，即使这种倾向不是天生的。我可能生来没有任何用左手写字的倾向（因为我像家里的其他所有人一样，一直都是右手写字），但是，并不能因此得出我用左手写字就是不道德的。因此，只是宣称同性恋是一种可选择的生活方式，并不能表明它是一种不道德的生活方式。

人们是“选择”成为同性恋吗？人们当然不是选择他们的性感觉的，至少没有任何直接或显见的方式表明如此。（想想，你是吗？）确切地说，人们发现某些人有吸引力，进而引发了某些活动，无论他们是否“决定”做还是不做。实际上，绝大多数人在一生中的某个时候希望能够较好地控制他们的感情——比如单恋——可他们发现无法做到。他们在很大程度上能够控制的是如何，以及什么时候实施那些感情。在那一意义上，同性恋和异性恋都涉及生活方式的选择。但是，在每一种情形中，实施感情是否道德，并不因对感情起源的确定而得到确定。

违背器官的主要目的的行为是不自然的

或许，人们声称同性性行为是不自然的，是说它无法导致生殖。这一主张背后的观念是，人类器官各有其不同的自然目的：眼睛是为了看，耳朵是为了听，生殖器是为了生殖。根据这一主张，以一种违背其特有目的的方式来使用一个器官，就是不道德的。

然而，我们的许多器官都具有多重目的。汤米可以用他的嘴讲话、吃东西、呼吸、粘邮票、嚼口香糖、吻女人或吻吉姆，若宣称除了最后一种情形外，其余情形都是“自然的”，那看起来就显得武断。（如果我们说一些其他的用途是“不自然的，但并非不道德的”，那我们就未能明确说明“自然的”这一术语相关的道德意义。）

仅仅因为人们能够并且确实用他们的性器官来生殖，是不能得出他们不应把它们用于其他目的的。性器官似乎非常适合于用来示爱、给予和获得快感，以及庆贺、加强、提升一种关系——那时甚至生殖并不是其中的一个因素。如果同性恋的反对者并不打算谴责避孕的异性伴侣或手淫的个人，他们就必须抛弃这种不自然主张，实际上，甚至禁止避孕和手淫的罗马天主教会，都赞同不育伴侣和孕期的性行为，而这些情形都不能导向生殖。在这里，教会承认亲密行为和快感是性行为在道德上的正当目的，哪怕在生殖毫无可能的情形下。但是，既然同性恋也能达到这些目的，那么，教会以它不能生殖为由加以谴责就前后不一致。

人们可能反驳说，不育的异性伴侣不是有意鄙弃生殖，而同性伴侣却是如此。不过，这一区分是站不住脚的。汤米与一位切除了子宫的妇女，并不比他与吉姆更有可能生殖。因此，与其中的任何一位发生性行为，他都是在有意进行一种不能生殖的性行为。

然而，人们可能进一步推进这一反驳，坚持认为只要这个女人能生育，汤米与她就能够生小孩：同性性关系本质上就是不能生育的，与之相反，异性性关系只是偶然如此。可是，如何来证明呢？确实，让一个没有子宫的妇女怀孕比让吉姆怀孕更少令人觉得是奇迹，但是，它们都需要奇迹。因此，这里的真实差异看来并不是一对伴侣有生育能力，另一对伴侣没有生育能力，也不是一对伴侣“能够”生育（在奇迹的帮助下）而另一对伴侣不能，而是一对伴侣是由男—女组合，另一对伴侣是男—男组合。换言之，汤米与吉姆之间的性关系之所以是错的，是因为这种性关系是男—男组合——也就是说，因为它是同性性行为。可是，这显然根本不是论证。

令人恶心或令人不快的行为是不自然的

通常看来，人们称同性恋是“不自然的”，实际上是指它令人恶心。可是，有大量道德上中立的活动——摆弄蛇、吃蜗牛、解剖尸体、清洗厕所等等——令人恶心。实际上，有好几个世纪，绝大多数人认为异种族间性关系令人恶心，然而，这种感觉——它绝不会消失——无法证明这样的关系是错误的。总之，同性恋是不自然的，这样的指控至少就其最通常的形式而言，更多的是一种修辞，而不具有哲学的说服力。它表达的至多是一种审美判断，而不是一种道德判断。

人们无需依仗自然法就可以挑战道德相对主义。然而，自然是道德的一个向导的想法是一个出现在我们将要考虑的各种理论中的主题。它在亚里士多德的道德理论中格外引人注目，也隐含在康德的一些论点之中。本章的最后几节，在我们考虑西方道德传统的新近批评时，我们还会回到道德相对主义的议题上来。

- 什么是伦理相对主义？它破坏了道德的权威主张吗？
- 你能想到一种方式在不采用伦理相对主义的前提下说明道德原则的多样性（文化相对主义）吗？你认为阿奎那成功表明了这是可能的吗？
- 什么是伦理绝对主义？它捕捉到了你所认为的道德了吗？你觉得它有什么问题？
- 哈曼为何坚持认为他所给出的只是相对主义的“逻辑形式”？这是什么意思？他没有主张什么？
- 哈曼假设道德的基础是一种隐含的社会约定，你同意吗？
- 你被阿奎那的这一论证说服了吗：所有文化都认可同样的基本道德原则，它们的分歧与这些基本原则的施用有关？
- 你同意科维诺我们不能将什么是道德的建基于什么是自然的、不道德建基于不自然之上的观点吗？阿奎那会如何回应？

C. 利己主义与利他主义

绝大多数道德规则，无论是关于性的还是关于其他方面的，都命令我们要考虑其他人的利益、感情或福利。不许撒谎、不许杀人、不许偷盗，以及遵守诺言、公平对待他人和慷慨，这些诫命都涉及我们与他人的关系。（当然，也可以有要求我们考虑自己利益的道德规则。比如，禁止自杀，或者如康德所言，发展我们的天赋的**义务**。）

因而，任何道德都有一个重要的假设，即我们有可能为了他人的利益而行动。此外，道德假定我们可能这样做，是因为我们关心他人的福利，或者是因为我们承认自己应该这样做。比如，某人不去行骗，只是因为他或她害怕被识穿，那么这个人的所为纯粹是出于自私，我们不会认为这个人在道德上值得称赞。再者，一个人去医院探望垂死的亲戚，只是因为他或她想要确保一笔巨大的遗产，那这个人的所为就不是道德的。只有出于关切他人利益的行为，我们才称之为真正的道德行为。

然而，有一种重要的理论否认我们能够仅仅出于关心他人而行动。这种理论就是心理利己主义。**心理利己主义**是这样一种论点，它认为每一个人事实上都是为了他或她自己的利益而行动，人们彼此尊重或谦恭的唯一原因，也是因为那样做符合他们的利益。或许是害怕惩罚，才使他们“正确地”行动。有些人则具有“不可告人的动机”，也就是说，他们期待稍后的其他东西，或许是为了得到在他们死后上天堂的回报或奖赏，或者他们是在设法避免负罪感，或者是想要一种自我满足感。用通行的话来说，利己主义的立场常常被称作**自私**。

不过，人们应该仔细把心理利己主义与伦理利己主义区分开来。心理利己主义声称我们的心理是这样：我们不得不根据自己的利益行动。相反，**伦理利己主义**主张，即使我们能够根据他人的利益行动，因为我们关心他人，那我们也总是应该根据自己的利益来行动。受众最广的当代伦理利己主义者中，有一位是已故的安·兰德（Ayn Rand），她写了一篇名为《自私的美德》的文章。

对一切道德的可能性形成挑战的是心理利己主义，而不是伦理利己主义。在《理想国》中，苏格拉底的对手之一极其明晰地陈述了心理利己主义的观点。

柏拉图，《理想国》[1]

人们说，做不正义之事是利，遭受不正义是害，然而，遭受不正义所得的害超过干不正义之事所得的利，因此人们在彼此交往中既尝到过干不正义所得的甜头，又尝到过遭受不正义的苦头。两种味道都尝到了之后，那些不能专尝甜头不吃苦头的人，觉得大家最好订立契约，既不要得不正义之惠，也不要吃不正义之亏。因此，他们开始订法律立契约，并把守法践约称作合法的和正义的。他们说，这就是正义的起源和本质，它是最好与最坏的折中，最好就是干了坏事而不受罚，最坏就是遭受了不正义而没法报复。人们说，既然正义是两极之折中，那它之所以为大家所接受和赞成，就是因为人们没有力量去干不正义。任何一个真正有力量干不正义的人绝不会愿意和别人订立什么契约，答应既不害人也不受害。除非他疯了。因此，苏格拉底啊，他们说，正义的本性和起源就是这样。

至于那些人心不甘情不愿地做正义之事，是因为他们没有力量干正义。这点再清楚不过了。假定我们这样想，眼前有两个人，一个正义，一个不正义，我们给他们各自随心所欲做事的权力，然后冷眼旁观，看看各人的欲望把他们引到哪里去。我们当场就能发现，正义的人也在那儿干不正义的事。人不为己，天诛地灭嘛！人都是在法律的强迫之下，才走到正义这条路上来的。我所讲的随心所欲，系指像吕底亚人古格斯的祖先所有的那样一种权力。据说他是一个牧羊人，在当时吕底亚的统治者手下当差。有一天暴风雨之后，接着又地震，在他放羊的地方，地壳裂开了，下有一道深渊。他虽然惊住了，但还是走了下去。故事是这样说的：他在那里面看到许多新奇的玩意儿，最特别的是一匹空心的铜马，马身上还有小窗户。他偷眼一瞧，只见里面一具尸首，个头比一般人大，除了手上戴着一只金戒指，身上啥也没有。他把金戒指取下就出来了。这些牧羊人有个规矩，每个月要开一次会，然后把羊群的情况向国王报告。他就戴着金戒指去开会了。他跟大伙坐在一起，谁知他碰巧把戒指上的宝石朝着自己的手心一转。这一下，别人都看不见他了，都当已经走了。他自己也莫名其妙，无意之间把宝石朝外一转，别人又看见他了。这以后一再试验，看自己到底有没有这个隐身的本领。果然百试百灵，只要宝石朝里一转，别人就看不见他，朝外一转，就看得见他。他有了这个把握，就想方设法谋到一个职位，当上了国王的使臣。到了国王身边，他就勾引了王后，跟她同谋，杀掉了国王，夺取了王位。

---

1 Plato, *Republic*, Bk. II, trans. G. M. A. Grube, Indianapolis, IN: Hackett, 1974. 中译文见柏拉图，《理想国》（475B4-C7），郭斌和、张竹明译，北京：商务印书馆，2002 年，第 46—48 页。

照这样来看，假定有两只这样的戒指，正义的人和不正义的人各戴一只，在这种情况下，可以想象，没有一个人能坚定不移，继续做正义的事，也不会有一个人能克制住不拿别人的财物，如果他能在市场里不用害怕，要什么就随便拿什么，能随意穿门越户，能随意调戏妇女，能随意杀人劫狱，总之能像全能的神一样，随心所欲行动的话，到这时候，两个人的行为就会一模一样。因此我们可以说，这是一个有力的证据，证明没有人把正义当成是对自己的好事，心甘情愿去实行，做正义之事是勉强的。在任何场合之下，一个人只要能干坏事，他总会去干的。大家一目了然，从不正义那里比从正义那里个人能得到更多的利益。每个相信这点的人却能振振有词，说出一大套道理来。如果谁有了权而不为非作歹，不夺人钱财，那他就要被人当成天下第一号的傻瓜。当着他的面人家还是称赞他，因为人们怕吃亏，所以老是这样相互欺骗着。这一点暂且说到这里。

一位当代利己主义者：安·兰德

在过去的四十年里，安·兰德因其畅销小说《源泉》和《阿特拉斯耸耸肩》而获得了大量读者。她出生于共产主义俄国，在漫长的一生中，她都是她所谓的资本主义基本价值的狂热辩护者，其中包括“自私的美德”。在下面的选文中，当代伦理学家塔拉·史密斯（Tara Smith），安·兰德的最受敬重的当代辩护者之一，阐明了她的一个最基本的理念。

塔拉·史密斯，利己主义的必要性（安·兰德）[1]

伦理利己主义是这样一种论点，它认为一个人应该为促进自己的利益行动。兰德认为，所谓自私，就是指“对某人自身利益的关切”，她提倡“理性的自私”——追求“人作为人生存所需的价值”。

> ……正如生活就是生活本身的目的，每一个活生生的人都是他自己的目的，而不是其他人的目的或福利的手段……人必须为自己而活，既不能为了他人牺牲自己，也不能为了自己而牺牲他人。（安·兰德，《自私的美德》）

利己主义的正当性是价值需要的一个直接结果。从生活的价值起源中出现的，是一套为了促进行动者自己成长而设计出来的道德规定。生活使价值变得可能和必需。事物好坏之间的区分（衍生开来说，行为对错之间的区分），只有与对生活的追求联系在一起才是可理解的。一种所谓的价值，若无益于一个机体的生活，就不会是一种真正的价值。价值的条件性——即这样一个事实：一个人服从道德的权威必定是为了寻求他的生活——显然表明，过道德的生活有益于自身。关键的生活不是生活本身，不是

---

1 Tara Smith, *Viable Values: A Study of Life as the Root and Reward of Morality*, Lanham: Rowman & Littlefield Publishers, 2000.

人类的生活，也不是所有动植物的生活。相反，价值视服务于某人自己的生活的目标而定。生活使得价值变得必需，这一事实意味着，寻求他的生活的这个人为了获得维持他生活的价值，就必须有道德地行为。那就是道德义务的基础。

同样，道德是彻头彻尾的利己主义。利己主义涉及的不仅仅是一套表述了诸多独立问题的道德法则的一角。从一开始，利己主义就被注入到道德中，被注入到价值的本性及价值追求的逻辑中。根本不存在这样一种情形：有一套道德论证，还有另一套利己主义论证。相反，保障生活的自私目的，为一切较为具体的问题——比如美德和恶德的构成是什么，一个人应该如何行动——确定了答案。什么是有道德地生活的关键？一个人自己的生活。一个人遵守任何具体道德原则的理由，只能是这样做符合他的利益。

究其根本而言，利己主义的情形就是道德的情形。它取决于这一事实：如果一个人不滋养他的生存，他就会死。人唯有**为自己的利益**行动才能生存下来。利己主义完全是生活方针——想要生活和积极生活的方针，拥有那一目的并深思熟虑地追求它的方针。

利己主义的必要性为好些盛行的利己主义实践所证实。至于我们通常遇见的对自私和口惠而实不为他人的抨击，我们也发现有足够的空间让人们认为它完全适合于寻求自己的幸福。“仁爱先施与亲友”是我们所熟悉的一个俗语，它常被用作驳斥为了他人的利益而牺牲自己的论证。“不要任人践踏”，朋友们彼此这样劝说，“不要让自己成为冤大头”；“要维护自己”。为了自己孩子的好，父母从不怀疑要尽其可能地为孩子做能做到的一切。若一位妇女把更多的精力花在别人的孩子上，她会被指责是一个粗心的母亲，而不会被当做一个道德理想加以称赞。然而，热爱自己的孩子是自私的，因为它基于某人自己对孩子的爱。一个人关心这些孩子，而不关心数不清的其他孩子，是因为他们对于父母的价值，它们属于那些对父母的完满作出重要贡献的价值。

关于这一点，让我们来看看一个孩子自己的行动。当一个婴儿如饥似渴地吮吸母亲的奶水，或者开始爬或走时，我们总是报之以鼓励的感叹：“真是个好孩子！”除了这些活动**对孩子**是好的这一事实以外，我们是在为什么欢呼呢？那是因为他正在获得做事的能力，而这些事情将有助于他变得强大和自足——简而言之，这类事情是他变得健壮所必需的。

我们可以更为详细地展开这张清单。正当防卫几乎不会被当成是一种罪，没有人会说一个为了保护自己免受强奸犯侵犯的受害者是自私的。尽管利润广受诽谤，绝大多数人仍认为寻求加薪或待遇好的工作津贴完全合理。同样，绝大多数人认为“投选他们的经济利益”，支持服务于他们利益的政治方针和候选人是合理的。实际上，人们之所以经常反对利己主义的政治，是因为他们怀疑其他人对利益的追求将要他们付出代价。

商业最为经常地被人们当做是一个排除利他主义要求的领域，它为容许自我利益的规则所支配。这一点就坚持了理性。作为生产和交易领域，商业把人的生存置于最直接的关键位置。如果一个人不会谋生——使他有饭吃、能付房租，等等——他就会死。在商业中，不能做到利己主义，会有明显的喜剧效果。

> 通过观察这些利己主义例子，我的观点并不是说人们内心里都是真正的利己主义者。人们面对利己主义的实践和态度，总易于混淆和陷入矛盾。我只是想要指出，人们还有一个相当大的领域，可以毫无歉意地认可并进行利己的行动。其原因在于这样一个事实，我们必须践行利己主义。我们之所以“容忍”利己主义，是因为我们依赖于利己主义。生活要求人为了促进自己的利益而行动。始终如一地弃绝自我利益，这是绝对不可能的。无人能基于这样一个方针生存下来。

对利己主义的评价常常因如下假设而被曲解：利己主义的结构与利他主义的结构相类。利他主义认为，道德的善“在于总是为了他人而牺牲自己”[1]。一个人应该为了他人而牺牲自己，这一论点认为至关重要的是行动的受益者的身份。利他主义设定的“我或你”选择，使得人们想当然地认为利己主义必定也是以这一选择为中心。因此，利己主义典型地被刻画为对如下问题的一个回答：一个人应该把谁置于第一位，自己还是他人？

道德哲学的历史证明了利他主义对我们关于利己主义形象的影响。对于古代的希腊人而言，“关注自我不仅认为是可接受的，而且被当做道德生活的基础”[2]。然而，许多学者并没有把希腊人看做利己主义者——我猜想，很大程度上是因为他们的利己主义并不是按照与利他主义的竞争来阐释的。比如，亚里士多德的利己主义并不在于对利他主义的明确弃绝，甚至也不在于通过发展最有益于行动者幸福的品质来促进个人卓越的成就。实际上，在为他人服务的教义广泛传播开来之前，利己主义并不是道德哲学中的关键问题。根据阿拉斯代尔·麦金泰尔（Alasdair MacIntyre）的说法，一直到十七十八世纪，利己主义与利他主义之间的争论才具有完整的形式[3]。同样值得注意的是，希腊人作为完满的美好生活概念，恰好与利他主义依赖和提倡的那种伦理学区分概念相对。利他主义若局限于狭隘的生活角落，还是比较站得住脚的，它只是某些特定领域的要求。利他主义的有限领域，使得利己主义出现在一个人的生活所需要的其他领域中。然而，如果伦理学被设想成是无所不包的，具有支配着所有活动领域的相同原则，那么利他主义和利己主义方针的结果就暴露无遗。利他主义必须被控制在有限领域，换言之，因为如果它被严谨地践行在所有领域，那就会导致自我毁灭。（不愿把亚里士多德看做一位利己主义者的另一部分原因，可能仅仅是由于这样一个假设：“好人”不能是利己主义者。）

> 无论如何加以辩护，“我或你”这种非此即彼选择对于理解利己主义而言，是一个引人误解的框架。利己主义的任务在于考量一切道德指令的基础，而不仅仅是回答如何对待他人的问题。利己主义是为了每一个人的生活而规定的方针。每一个人都是自己的目的，没有人生来就有把别人的生活置于自己的生活之上的义务。每一个人都应该追求自己的兴旺发达，而除了利己的行动之外，没有别的办法能达成这一目的。尽管追求自己的利益这一指令具有这样的含义，即一个人不应该把他人的利益看得比自

1 E. J. Bond, “Theories of the Good”, in *Encyclopedia of Ethics*, ed. Lawrence Becker.

2 Kelly Rogers, ed., *Self-Interest: An Anthology of Philosophical Perspectives*.

3 MacIntyre, “Egosim and Altruism”, in *Encyclopedia of Philosophy*, ed. Paul Edwards.

> 己的利益更重，但是，某人自己与他人的关系并不是利己主义要关心的问题。即使一个人独自待在荒岛上，利己主义仍具有同样的绝对必要性，因为使得利己主义成为必要的，不是他人，而是某人自己的本性。无论一个人独处，还是处身于成百上千万人口的城市中，他的生活取决于改善生活（即利己）的行动。

这两种利己主义都与通常所谓的**利他主义**形成对照，而所谓利他主义，就是为了他人的利益而行动。不过，存在着不同程度的利他主义。一个人是利他的，可以是因为他或她行为道德，也可以是因为他或她承认对于他人有一种义务。或者，一个人是利他的，是因为事实上他把别人的利益看得很重要，甚至比自己的利益更重要，这种情形常见于情人或兄弟姐妹之间。利他主义也可以区分为两个截然不同的论点，尽管它们常常并没有被区分开来。心理利他主义认为，人们"天生"为了彼此而行动。（我们在后面会看到一些重要的哲学家对这一论点的辩护。）不过，人们被迫利他地行动这一点，难以得到论证。因此，心理利己主义通常适用于一切情形，与之相反，心理利他主义只适用于一些情形。另一方面，伦理利他主义认为，人们应该牢记为了彼此的利益而行动。当然，这是一个关于道德的基本陈述，它被极好地概括在所谓的**黄金律**中："己所不欲，勿施于人。"（我们会在康德的哲学中看到这一古代教义的现代版本。）

最常见、最难的问题是心理利己主义：人们确实只为了自己的自我利益才行动吗？关于亚伯拉罕・林肯（Abraham Lincoln）的一个故事是这一论点的一个恰当例证。有一次，他正与朋友为心理利己主义的观点争得不可开交，那时他的马车正好路过一段泥泞的道路，在那里，一只母猪因小猪快要溺死而嚎叫不已。于是，林肯停车下来，从泥泞中救出小猪，然后才继续前行。他的朋友问他，这难道不是利他主义的明确例子吗。林肯答道："那恰恰是自私的本质。要是我不管那头为小猪担心得痛苦不已的老母猪继续前行，我会整日良心不安。我这样做获得了心灵的安宁，难道你没有看出来？"[1]

毫无疑问，许多行为基于自我利益，因而是"自私的"。问题是，是否存在着并非基于自我利益的行为？林肯的回答是一个极好的例子，因为看起来他的行为根本不是出于自私。然而，根据他自己的说法，他的行为背后有一个自私的理由——他自己的满足感和"心灵的安宁"。我们所有的行为都是这样吗？

看看下面两位著名的中国古代哲学家之间的辩论。

D. 我们是天生自私的吗？一个争论

在正在进行的关于正义、政府，以及社会对于构成和实行正义的作用的争论的根底处，一个更深层的关于人性的争论总是呼之欲出。在西方传统中，我们知道这一争论是作为两千年来关于所谓原罪的论证出现的，原罪是这样一种观念，即人只因为是人而在本质上具有的缺陷。如果是这样，比如说，如果人天生自私，那么这一事实似乎就规定了纠正性的政府制裁或文化制裁。霍布斯关于自然状态下的人的观点十分清楚地说明了这一点。相反，如果有

---

1 Quoted in F. Sharp, *Ethics*, New York: Appleton-Century-Crofts, 1928.

人对人性具有一种较为仁慈的看法，比如让-雅克·卢梭的哲学所表露的观点，那么国家制裁就会更温和，甚至可以达到最小程度。不过在这里，我们将考察关于那一争论的不同版本，它在中国古代哲学中甚至持续了一段更长的时间。一方是**孟子**（Mencius）的哲学，他是伟大的中国哲学家孔子的弟子，主张人性本善，即每一个人都具有对他人的同情心。反对这一观点的是稍后的哲学家**荀子**（Xun-zi），刚好相反，他主张人性本恶，因此，他认为，为了纠正人的恶性，教养是必需的。

孟子，论人性：人性本善[1]

孟子（公元前372—289）：儒教哲学家，强调人性本善。

6. 孟子曰："人皆有不忍人之心。先王有不忍人之心，斯有不忍人之政矣。以不忍人之心，行不忍人之政，治天下可运之掌上。所以谓人皆有不忍人之心者，今人乍见孺子将入于井，皆有怵惕恻隐之心。非所以内交于孺子之父母也，非所以要誉于乡党朋友也，非恶其声而然也。由是观之，无恻隐之心，非人也；无羞恶之心，非人也；无辞让之心，非人也；无是非之心，非人也。恻隐之心，仁之端也；羞恶之心，义之端也；辞让之心，礼之端也；是非之心，智之端也。人之有是四端也，犹其有四体也。有是四端而自谓不能者，自贼者也；谓其君不能者，贼其君者也。凡有四端于我者，知皆扩而充之矣，若火之始然，泉之始达。苟能充之，足以保四海；苟不充之，不足以事父母。"

7. 孟子曰："矢人岂不仁于函人哉？矢人唯恐不伤人，函人唯恐伤人。巫匠亦然，故术不可不慎也。孔子曰：'里仁为美。择不处仁，焉得智？'夫仁，天之尊爵也，人之安宅也。莫之御而不仁，是不智也。不仁、不智、无礼、无义，人役也。人役而耻为役，由弓人而耻为弓，矢人而耻为矢也。如耻之，莫如为仁。仁者如射，射者正己而后发。发而不中，不怨胜己者，反求诸己而已矣。"

荀子，《性恶篇》[2]

荀子（公元前298—230）：儒教哲学家，认为文化的重要性就是用德性取代人天生的自私。

人之性恶，其善者伪也。今人之性，生而有好利焉，顺是，故争夺生而辞让亡焉；生而有疾恶焉，顺是，故残贼生而忠信亡焉；生而有耳目之欲，有好声色焉，顺是，故淫乱生而礼义文理亡焉。然则从人之性，顺人之情，必出于争夺，合于犯分乱理而归于暴。故必将有师法之化，礼义之道，然后出于辞让，合于文理，而归于治。用此观之，然则人之性恶明矣，其善其伪也。

故枸木必将待檃栝烝矫然后直，钝金必将待砻厉然后利。

---

1 Mencius, *Human Nature*, trans. D. C. Lau, Lonon: Pengiun Classic, 1970, pp. 82-83. 原文见孟子：《孟子译注 · 公孙丑章句上》，杨伯峻译注，北京：中华书局，2005 年。

2 Wing-Tist Chan, *Sourcebook in Chiness Philosophy,* Princeton, NJ: Princeton University Press, 1963. 原文见荀子：《荀子集解 · 性恶篇第二十三》，王先谦，北京，中华书局，1988 年。

今人之性恶，必将待师法然后正，得礼义然后治。今人无师法，则偏险而不正；无礼义，则悖乱而不治。古者圣王以人之性恶，以为偏险而不正，悖乱而不治，是以为之起礼义、制法度，以矫饰人之情性而正之，以扰化人之情性而导之也。始皆出于治，合于道者也。今之人，化师法，积文学，道礼义者为君子；纵性情，安恣睢，而违礼义者为小人。用此观之，然则人之性恶明矣，其善者伪也。

孟子曰："人之学者，其性善。"曰：是不然！是不及知人之性，而不察乎人之性伪之分者也。凡性者，天之就也，不可学，不可事。礼义者，圣人之所生也，人之所学而能，所事而成者也。不可学、不可事之在人者，谓之性；可学而能，可事而成之在人者，谓之伪；是性伪之分也。今人之性，目可以见，耳可以听。夫可以见之明不离目，可以听之聪不离耳，目明而耳聪，不可学明矣。

孟子曰："今人之性善，将皆失丧其性故也。"曰：若是则过矣。今之人性，生而离其朴，离其资，必失而丧之。用此观之，然则人之性恶明矣。

所谓性善者，不离其朴而美之，不离其资而利之也。使夫资朴之于美，心意之于善，若夫可以见之明不离目，可以听之聪不离耳，故曰目明而耳聪也。今人之性，饥而欲饱，寒而欲暖，劳而欲休，此人之情性也。今人饥，见长而不敢先食者，将有所让也；劳而不敢求息者，将有所代也。夫子之让乎父，弟之让乎兄；子之代乎父，弟之代乎兄，此二行者，皆反于性而悖于情也。然而孝子之道，礼义之文理也。故顺情性则不辞让矣，辞让则悖于情性矣。用此观之，然则人之性恶明矣，其善者伪也。

问者曰："人之性恶，则礼义恶生？"应之曰：凡礼义者，是生于圣人之伪，非故生于人之性也。故陶人埏埴而为器，然则器生于陶人之伪，非故生于人之性也。故工人斫木而成器，然则器生于工人之伪，非故生于人之性也。圣人积思虑，习伪故，以生礼义而起法度。然则礼义法度者，是生于圣人之伪，非故生于人之性也。

◆◆◆

凡人之欲为善者，为性恶也。夫薄愿厚，恶愿美，狭愿广，贫愿富，贱愿贵，苟无之中者，必求于外；故富而不愿财，贵而不愿势，苟有之中者，必不及于外。用此观之，人之欲为善者，为性恶也。今人之性，固无礼义，故强学而求有之也。

迄今依然被认为是反驳心理利己主义最有力、最权威的论证，是英国的**约瑟夫·巴特勒**（Joseph Butler）主教所做的布道。巴特勒主教认为，像林肯那样的推理开启了许多谬误。巴特勒从接受"私人善和个人自己的保存和幸福"与"尊重社会和提升公共善和社会幸福"之间的区分开始。然而，他坚持认为，这两者并非如利己主义者所主张的那样，总是处于冲突之中，彼此斗争不已。相反，它们几乎总是处于完美的和谐之中。

约瑟夫·巴特勒，驳利己主义[1]

回顾和比较一下作为尊重自我和尊重社会的人性，人们就显然会发现，人性中存

1 Joseph Butler, *Sermons*, Boston, MA: Hillard, Gray, Little, and Wilkins, 1827.

约瑟夫·巴特勒主教（1692—1752）：非常有影响的英国牧师，他在《十五篇布道》中对心理利己主义的反驳依然被认为是权威的。

在着真实且同样的指示：我们促进社会、与人为善，如同我们想要关心自己的生活和健康，以及个人善。面对其中的任一主张，都存在着同样的反驳。

首先，人心中有一种自然的**仁慈**原则，在某种程度上，仁慈之于**社会**恰如**自爱**之于**个体**。如果人类有友爱倾向，如果有诸如同情之类的东西，同情乃是瞬间的爱，如果人性中有某种以他人之善为对象和目的的情感——那这就是仁慈本身或对他人的爱。尽管它曾如此之短暂，曾如此之低，或者曾如此不幸地受到限制，它都证明了这一主张，并且指出了为我们所设计之物，就像它更高更长一样真实。不过，我必须提醒你们，尽管仁慈与自爱不同，尽管前者最直接地倾向于公共善，后者倾向于个人善，然而，它们完全是共同存在的，以至于我们自己的最大满足要取决于我们具有一定程度的仁慈，而自爱则是我们面向社会的正确行为的主要保障之一。可以补充说，它们相互一致，因此，若缺少一方，我们就无法促进另一方，这一点同样是我们具有这两种倾向的一个证据。

◆◆◆

其次，从观察的角度来看，这将进一步表明，好些不同于仁慈和自爱的**激情和情感**，通常如同促使和引导我们走向**个人**善一样，也促使和引导我们走向**公共**善。人们可能认为它过于细微和特别，并且支撑我们过于长远，以至于无法区分和比较好些激情或欲望，它们有别于仁慈，而仁慈的主要用途和用意就是社会的安稳和善；激情有别于自爱，而自爱的主要用意和意图是个人的安宁和善。这就足以表明目前的论点：渴望获得他人的尊重、藐视和尊重他人、不同于对社会之善抱有感情的社会之爱、对盛行邪恶的愤慨——这些都是公共感情或激情，它们具有一种直接的对于他人的尊重，并且自然地使我们调整自己的行为，以服务于我们的同侪。如果其中的任一或者全部同样被认为是私人感情，倾向于个人善，那也不妨碍它们是公共感情，或者说，不会损害它们对于社会的好影响，以及它们的公共善倾向。人们可以补充说，那些对生活可欲性理由没有任何信念的人，只要考虑到饥饿欲望，仍会理所当然地保存它，因此，只要行动时考虑到名声，即使没有考虑到他人之善，人们也常常促进了公共善。在这两种情形中，说到底，它们显然是他人和天意所支配的个人保存和社会之善的工具，它们自身并没有观点和意图。要点如下：人具有各种欲望、激情和特殊的感情，它们全然不同于自爱和仁慈——它们全都具有一种促进公共善和个人善的倾向，并且可以被认为是对他人和自己的同等尊重。不过，其中一些看起来更直接尊重他人，或倾向于公共善，另外一些看起来更直接尊重自我，或倾向于个人善。正如前者并非仁慈一样，后者也不是自爱，它们都不是我们爱自己或爱他人的实例，而仅仅是我们的造物主关爱个体和族类的实例，是上帝要我们成为彼此善待并关爱自己的工具的证据。

再次，人们心里有一个反思原则，借此他们能够把自己的行动区分为赞许和不赞许的。显然，我们被构造成能够对自己的本性加以反思的那类生物。心灵能够审视通过它内部的一切——它的倾向、反感、激情、感情，对这些对象尊重到何种程度——

以及随之而来的一些行动。通过审察，它赞成一种，反对另一种，走向第三种，这第三种不受已有方式的影响，却是十分公正的。人用来赞成或反对自己心境、脾气和行动的这个原则，就是良心……正是这一能力倾向于阻止人们彼此伤害，并引导他们行善，这一能力非常显而易见，无需加以论证。因此，父亲对他的孩子有爱的感情，这种感情使他关心、教育他们，并为他们作出恰当的安排。这样做出于自然感情，但是，反思告诉他这是属于他的正当事业，这样做是对的、值得表扬的——增加到感情上的这个反思成为一个稳定得多的原则，借此原则他会为了他的孩子付出更多的劳动、经历更多的困难，而这些劳动和困难，要是仅靠感情，他是不会去经受的，无论它所导致的行动过程是公正的还是可耻的。一个人做出善行却又不赞同它，这的确不可能。正因为此，它们常常不被认为是清楚明白的，而实际上它们是清楚明白的，这是因为人们常常赞同他们不会去效仿的他人的行动，同样会去进行他们不赞同的行动。不可否认的是，人性中存在着这样一个反思原则或良心。假设一个人把一个无知的人从巨大的悲痛中拯救出来，假设这同一个人，后来在盛怒之下对一个无辜之人施加了巨大的伤害。为了扩大这一伤害，增加前者的友爱和受害者的义务情形，让被认为做出了这两种不同行动的人随后对它们加以冷静地反思，无需考虑它们带给他的后果。为了宣称任何一个普通人面对这些不同的行动都同样会受到影响，他不会对这些行动作出区分，而会同样地赞成或反对它们，然而，这是一个显而易见的谎言，简直无需加以反驳。因此，人类心中存在着一个反思原则或良心。

◆◆◆

如果说世界上有些人在很大程度上不具有对于同侪的自然感情，那么同样可以说有些人不具有对于自己的共同的自然感情。然而，人性并不是由这两者中任一个来判定，而是由显现在共同世界中、显现在绝大多数人中的东西来判定。

简言之，巴特勒认为，仅仅根据某人自己的欲望行动，并不使一个行动成为自私的，因为在某种意义上，所有行动都是基于我们的欲望，但是，至少其中有些欲望是为他人的利益服务的欲望。因此，欲望的“对象”才是使一个行为成为自私或无私的关键，而不仅仅是一个人根据自己的欲望行动这一事实。仅仅依照某种对于自己的利益行动，并不使一个行动成为自私的，因为，即使我们同意一个行动带给了我们某种利益（比如，心灵安宁），那也可以是这样一种情形：这一利益的绝大部分也适合于某个别人。即使心灵安宁典型地遵循了正直的行动，那也没有表明我们的动机是自私的。与善行相伴随的满足本身并不是行为的动机。下面就是对林肯的回答：无论他的哲学主张是什么，他的行为都是一个利他的行为，他的满足并非这一行为的动机，而是这一行为的结果。

- 心理利己主义与伦理利己主义有何不同？你赞同二者中的任何一个吗？裘格斯的魔戒的故事表明，如果一个人做错事可以免于惩罚，他就会这样去做，你被这个故事说服了吗？
- 孟子认为人“天生”对他人具有同情心。那么，为何你认为有些人对他人无动于衷？以及为何我们对于某些人难有同情？

- “不仁、不智、无礼、无义，人役也。”你觉得孟子援引孔子这句话意指什么？
- 荀子主张，人生而性恶、不义，需要老师和法则使其变善、变公正。如果是这样，由于教义和法则是由恶人制订和教授的，我们如何能够确定我们的教义和法则是公正和善的呢？这不需要一些自然之善的内核吗？对于这一问题，荀子提供了解决之道吗？
- 伦理利他主义与心理利己主义相容吗？巴特勒主教是如何调和这两者的？
- 我们的个人善是如何与公共善联系在一起的？

E. 作为德性的道德：亚里士多德

亚里士多德的《伦理学》（全称是《尼各马可伦理学》）是古希腊道德思想和伦理思想最系统的指南。古希腊伦理学的重要特征是对与仅仅遵守道德法则相对的有德性的强调。亚里士多德的德性概念基于一个非常特别的人的概念，即理性的存在。因此，**德性**是理性的活动，是符合理性原则的活动。在对德性做了这样的定义之后，亚里士多德就能够通过表明勇敢的人比懦弱的人更理性这一点来为勇敢是一种德性辩护。

亚里士多德通过追问什么是“人的自然之善”，由此获得人本质上是一种理性存在的概念。他论证说，这一点可以通过如下结果发现：所有人都是“为了自己”而欲求，而不是“为了别的什么”而欲求。

亚里士多德，《尼各马可伦理学》[1]

每种技艺与研究，同样地，人的每一个行为和意图，都是以某种善为目的，所以有人说，所有事物都以善为目的。但是可以看到，这些目的或目标之中也有区别。它有时是能力的活动本身，有时是活动之外的结果。当目的是活动之外的结果时，结果就好于活动。既然行动、技艺和科学有多种，那么它们的目的也就有多种。例如，医术的目的是健康，造船术的目的是船，战术的目的是取胜，理财术的目的是致富。但是，有时好几种这类技艺从属于某一种技艺或科学——比如制作马勒的技艺和制造其他马具的技艺同属于骑术，而骑术又与所有其他的战斗行动同属于战术，等等——在所有这些场合，主导技艺的目的总是要比从属技艺的目的更被人欲求，因为后者正是为了前者才被追求的。而且在这里，选择的目的只是能力的活动本身，还是活动以外的某种东西，并没有多大差别，恰如刚刚提到的那种情形。

如果在我们活动的目的中有的是因其自身之故而被期求的，选择其他一切都是为了它，如果并非一切目的都无一例外的是为了某个别的事物（因为这显然会陷入**无限**，而对目的的欲求也就成了空洞的），那么显然存在着善或最高善。

---

1 Aristotle, *The Nicomachean Ethics*, 8th ed., trans. F. H. Peters, London: K. Paul, Trench, Tuber & Co., Ltd., 1888. 中译文见亚里士多德：《尼各马可伦理学》，廖申白译注，北京：商务印书馆，2003 年。

这里，我们看到了亚里士多德在第1章中所运用的相同的逻辑策略——一切行动都是为了某个别的事物的观念（我们想挣一美元来购买食物，我们想填饱肚子）。可是，既然不能存在“无限倒退”，那必定有某个终极目的。亚里士多德考察了作为人的自然之善的终极目的的两个盛行概念：快乐和成功。他对快乐和成功都做了驳斥，因为它们都不是因其自身而被欲求的。确切地说，幸福才是一切人因其自身而被追求的东西，它是人的自然之善。

人们似乎不无道理地从他们实际上所过的生活得出关于善或幸福的观念，因此最为平庸的大众把快乐当成善或幸福，所以他们把享乐生活看做至高目的。最显著的生活有三种：享乐生活、政治生活，以及第三种，沉思生活。大多数人显然是奴性的，他们宁愿过动物式的生活，不过他们的看法也值得考虑，因为许多上流社会的人也有撒旦那帕罗那样的口味。那些喜欢活动的人认为善就是荣誉，在我看来，我们可以说荣誉是政治生活的目的。然而，对于我们所追求的善来说，荣誉显得太肤浅。因为荣誉取决于授予者而不是接受者，而我们的直觉是，善是一个人自己的、不易被拿走的东西。此外，人们追求荣誉为的是确证自己的卓越。至少是，他们想从明智之人和认识他们的人那里得到荣誉，也就是说，是因为德性或卓越而得到荣誉。那么，很显然，在他们那里，德性或卓越无论如何都要好于荣誉，或许我们还应该把它看做比荣誉更加是政治生活的目的。但是，甚至德性或卓越对我们想要的而言，也是不完满的，因为一个人在睡着时也可以有德性，一个人甚至可以有德性而一辈子都不去运用它，而且，一个有德性的人也可能遭遇大灾大难和不幸。除非狡辩，没人会把这样一个有德性的人说成是幸福的。关于这些问题，我们现在就说这么多，因为在盛行的论说中已经讨论得够多了。第三种生活是沉思的生活：我们将留待以后考察。至于挣钱的生活，它是与自然完全相反的生活。财富显然不是我们所寻求的善，因为它只是获得某种其他事物的有用手段。因此，我们可能更愿意把快乐、德性或卓越而不是财富当做目的，因为它们是因其自身而被我们选择的。但是，甚至它们也不是目的，尽管有许多支持它们作为目的的论点。

◆◆◆

让我们再次回到这个问题，即我们所寻求的善究竟是什么。它看起来在每种活动与技艺中都不同——医术的善不同于战术的善，其他类推。那么，每种活动和技艺中的那个善是什么呢？无疑它就是人们在做其他每件事时所追求的那个东西。它在医术中是健康，在战术中是胜利，在建筑术中是房屋，在不同情形中是不同的东西。但是，在每种活动和选择中就是那个目的，其他一切活动都是为了这个目的。因此，如果人的一切活动只有一个目的，那个目的就是可实现的善，或者如果有几个这样的目的，那这些目的就是可实现的善。

经由这样的概括，我们就达到了与前面同样的结论。对于这一结论，我们还要进一步说清楚。我们看到，存在着许多目的。其中一些只是作为手段被选择，比如财富、长笛，总而言之所有的工具。因此，很显然，并不是所有目的都是最后的。但是，我们认为，最高善必定是最后的东西。如果只有一个最后目的，那就是我们所寻求的东西——或者，如果有不止一个目的，那就是其中最完满、最后的一个。我们说，那些因自身而值得欲求的东西比那些因他物而值得欲求的东西更完满，那些从未当做手段被选择的东西要比那些既当做手段又当做目的被选择的东西更完满，因此，我们把那些始终把自身当做目的而从未当做手段被选择的东西称为最完满的。

与其他事物相比，幸福似乎最符合这种描述。因为，我们总是因为它自身而从不因为他物选择它，而荣誉、快乐、理性和一切德性或卓越，我们固然也因它们自身而选择它们（因为即使不会有任何结果，我们也会选择它们），但是，我们也会为了幸福而选择它们，设若它们会有助于我们幸福。但是，没有人会为了这些事物或其他别的而追求幸福。从自足的观念出发，我们似乎也会得到相同的结论。人们认为，最后的善应当是自足的。我们所说的自足不是指一个人作为个体过孤独的生活，而是指他有父母、儿女、妻子，简而言之，一般来说有朋友和同侪，因为人在本性上是一种社会存在。当然，这里必须有一个限制。因为，如果这些关系要扩展到一个人的祖先和后代，以及朋友的朋友，那就会没完没了。不过，这个问题我们留到后面讨论，目前，我们所说的自足指的是一事物自身便是的生活值得欲求且无所缺乏。我们认为，幸福就满足这样的规定。不仅如此，我们还认为幸福是所有善事物中最值得追求的、不可与其他善事物并列的东西。如果它只是其他善事物中的一种［因而可以为它增添他物］，那很显然，再增添一点点善它也会变得更值得欲求；因为添加的善会使它更善，而善事物中更善的总是更值得欲求。因此，幸福是完善和自足之物，是人的所有活动的目的。

我们需要某种关于什么是幸福的观念，而亚里士多德在这里给出了他的观念：幸福是依据**理性**的生活，是我们最重要能力的活动。

但是，或许人们认为，尽管幸福是世界的最高善这样的说法毫无疑义，我们还是需要更清楚地说出它是什么。我认为，如果搞清楚人的功能，这一点就会明了。对一个吹笛手、一位木匠或任何一个匠师，总而言之，对任何一个有某种功能或行为要完成的人来说，他们的善和卓越就在于那种功能，因此人的善似乎就在于他的功能，如果他具有一种功能的话。可是，我们能否假定，木匠和鞋匠有他自己的功能和行为，而人却没有，并且生来就没有功能？不是这样的，我们必须假定，正如眼、手和脚显然各有其功能一样，人也同样有一种高于这些的功能。

那么这种功能是什么呢？生命显然也为植物所共有，而我们所探究的是人所特殊的功能。因此，我们必须排除营养和生长的生命。接下来是感觉的生命，但这显然也为马、牛和一切动物共有。剩下的就是人借以活动的生命——理性的生命。它有两个方面，一是对理性的服从，一是理性的拥有和运用。这个表述具有双重意义，但是我们必须把它理解为能力的实现［而不仅仅是能力的拥有］的生命，因为这似乎是这个词较为恰当的意义。

> 如果人的功能就是他最重要的能力［或灵魂］合乎理性的实现活动，至少不能离开理性。但是，我们说这个人的功能与这个能人的功能并没有什么不同，例如长笛手和好的长笛手，而且无一例外都是如此，只是好的长笛手把他那出众的卓越加于他的活动之上。因为我们说，长笛手的功能就是吹奏长笛，好的长笛手的功能是很好地吹奏长笛。如果是这样，人的功能是某种生命——也就是说，它是能力的实现和各种各样具有理性的活动——而一个好人的功能就是良好地、高尚地［或高贵地］进行这种活动。但是，如果一物的功能是在合乎那物特有的卓越上完成的，那就是完成得好。因此，人的善是他的能力合乎卓越或德性的实现活动，或者，如果有不止一种德性，就是合乎那种最好的、最完满的德性的实现活动。不过，还要为这一实现活动加上在整个一生中，因为一只燕子或一个好天气造不成春天，一天或短时间的善也不能使人得享福祉。

在这里，重要的是要注意到亚里士多德的论点的结构，因为我们会看到它常常出现在哲学和我们自己的思想中。这一论点所基于的是，什么是人的“自然”。因而，人之善也就是人的“自然”，根据亚里士多德的说法，它指的是他特有或独特的东西。因此，纯粹“营养和生长”，也就是吃和保持身体健康，本身并不是幸福（尽管它为幸福所必需），因为亚里士多德说，即使植物也具有这样的“目标”。幸福无法展开在简单的经验中，哪怕是激动人心的经验，因为甚至一头母牛都能把这种经验当做其生活的“目的”。于是，亚里士多德得出结论说，人所独特的是他的理性，他根据理性原则行动的能力。但是，正如我们所见，依据理性原则的行动恰恰是亚里士多德认为的德性。因此，幸福被证明是一种“合乎完美德性的灵魂活动”。（这是他著作中的关键术语。）这种“完美德性”也被称为“卓越”，因此，亚里士多德的伦理学常常被称为自我实现的伦理学，其目标就是以一切方式使每一个个体变得尽可能完美。

> 因为，除了我们所说过的，不以高尚的行为为快乐的人，也就不是好人。一个人若不以公正地做事为快乐，就没人称他是公正的人，一个人若不以慷慨行为为快乐，就没人称他慷慨，等等。如若这样，卓越的活动必定自身就令人愉悦。但它们也是善的和高贵的，而且是最善的和最高贵的——至少，好人对于这些活动的判断是对的，而他的判断就是这样的判断。因此，幸福就是世界万物中最好、最高贵和最令人愉悦之物。

不过，迄今为止，听起来德性和幸福好像完全是个人的事情。可事实并非如此。人是一种社会动物，亚里士多德这一众所周知的信念与其他原则一样重要。所以，他在《伦理学》中讨论的理性活动能力和理性原则，既关注个体也关注社会。（亚里士多德甚至说，伦理学与政治学没有实质性区别，伦理学的恰当目的也是政治学的目的。）因此，德性也是一个社会概念，亚里士多德所讨论的绝大多数德性，比如正义和勇敢，很大程度上跟人在社会中的角色相关。因此，一般所谓的幸福有其社会维度。比如，亚里士多德认为，尊敬和荣誉都是好生活的要素。在亚里士多德看来，幸福的人，有德性的人，大体上是一个好公民。不过，必须补充的是，唯一配得上亚里士多德的好生活的人，是希腊公民，那就是说，在亚里士多德的意义上，妇女、儿童、奴隶和没能幸运地出生在希腊的一切其他人，甚至没有幸福的机会。[1]

不仅幸福具有一个社会维度，不仅德性要社会地加以定义，根据亚里士多德的说法，好生活也必须社会地教导给我们。因此，亚里士多德大量地谈论“好的教育”的必要，以至于他甚至说，如果一个人没有得到“恰当地”培养，再多的哲学也无法使他变得具有德性或幸福。他还说，年轻人由于“缺乏生活经验”，为“激情所支配”，因而不应去学习道德哲学，因为道德哲学要求成熟和理性。不过，在这一点上，我们将把亚里士多德的警告放在一边。因为我们已然看到，年岁的增长和日渐“成熟”并不一定保证带来智慧，而年轻人的激情有时也要比所谓成熟人的“理性”更具德性。

我们已经看到了亚里士多德的开端：每一个行为都有其目的（或“善”），最终有一个人的一切行为都指向的目的（或“首善”），它一般被称作幸福（*eudaimonia*）。不过，亚里士多德补充说，这没有多大助益，因为人们关于什么应是幸福的因素有非常不同的看法。有人说是快乐，有人说是财富或荣誉。我们已经看到了亚里士多德反驳这些看法的论证，他得出的结论是，幸福必定是“合乎理性原则的活动”，也就是，有德性的活动。因此，亚里士多德的伦理学的关键在于他的德性概念。

亚里士多德区分了两种德性，实践德性或道德德性（比如勇敢、慷慨，等等）与理智德性（数学和哲学技艺）。尽管亚里士多德认为哲学沉思这种理智德性是最高的德性，但是，他绝大多数围绕德性的讨论都是以道德德性为中心。现在，我们就来仔细看一下道德德性如何获得，亚里士多德所谓的道德德性是指什么，以及有哪些道德德性。

> 所以，德性［卓越］分两种，即理智德性和道德德性，理智德性主要通过教导而发生和发展，因此需要时间和经验，而道德德性则是习惯或习俗的结果，因此，在我们的语言中，它的名称也是从习俗这个词稍作改变而来。由此可见，我们的所有道德卓越或德性都不是由自然在我们身上造成的，因为，由自然造就的东西无法通过训练改变。比如，石头的本性是往下落，那你就无法通过训练使它上升，哪怕你向上抛它千万次，而火你不可能训练它往下落。出于本性而以一种方式行为的事物，都不可能通过训练而以另一种方式行为。因此，德性的养成既非出于自然，也非反乎自然，不过，自然赋予我们获得德性的能力，而且通过训练得以完善。
>
> 此外，自然首先馈赠我们做事的能力，然后才使这种能力表现在活动中，显然，我们的感觉就是这样。我们不是通过反复看、反复听而获得视觉和听觉的，相反，我们是先有了感觉，然后才使用感觉，而不是先用感觉，然后才有感觉。但是德性不同，我们先运用它们然后才获得它们，与技艺的情形一样。对于要学习才会做的事情，我们是通过做那些学会后应当做的事情来学的。我们通过造房子而成为建筑师，通过弹

1　关于亚里士多德独特的幸福概念，有必要说几句：它根本不像我们的“感到幸福”的概念。亚里士多德的术语（*eudaimonia*）更多指的是“活得好”，它包括一个人的社会地位、有德性的行为和好的感情。因此，无论你自我感觉多么好——哪怕你一生都处于迷狂状态——在亚里士多德的意义上你都不会是幸福的，除非你还有其他这些优点，并且有德性地行为。

奏竖琴而成为竖琴师。同样，我们通过做公正的事而成为公正的人，通过节制成为节制的人，通过做事勇敢而成为勇敢的人。

◆◆◆

此外，道德德性因何活动而产生和形成，相应的邪恶也因同样的活动产生和形成，技艺的情形也是如此。好琴师和坏琴师都是出于操琴，建筑师和其他技师也是如此：优秀的建筑师出于好的建筑活动，蹩脚的建筑师则出于坏的建筑活动。若非如此，就无需有人来教授这些技艺了，每个人也就天生是一个好或坏的技师了。德性的情形也是如此。正是通过同其他人的交往，有人成为公正的人，有人成为不公正的人；正是通过在危险环境中的行为的不同，或感到恐惧或感到自信，有人成为勇敢的人，有人成为懦夫。我们的欲望和怒气也是如此，正是在具体情境中以这种或那种方式行为，有人变得节制而温和，有人变得放纵而愠怒。简言之，一个人的活动如何，他的习惯或品质就如何。因此，我们应当重视我们活动的性质，因为我们是怎样的就取决于我们活动的性质。所以，从小养成这样的习惯还是那样的习惯，绝不是小事，正相反，它非常重要，毋宁说，它最为重要。

在这里，亚里士多德的观点不仅是德性经由实践获得，他同时还认为德性是一种品格状态。有德之人要做有德之事，并且很“自然地”做起它们。我们有时认为，我们是道德的，只是因为我们相信道德原则。但是，光相信是不够的，还需要有德性的活动。不过，甚至德性活动本身也不足以使我们变得有德性。我们有时认为一个人是有德性的，是因为他“迫使自己”去做自己应该做的事情。按照亚里士多德的说法则不是如此。有德性之人做他应该做的事情，是因为他想这样做，因为它正是他品格中的组成部分。根据亚里士多德的说法，有德性之人为有德性而感到愉悦这一点，甚至是必不可少的。

进一步说，这些人的生活本身就是快乐的。因为快乐是灵魂的一种感受，每一个人都从他所说的爱中获得快乐——爱马的人从马中获得快乐，爱看风景的人从风景中获得快乐。同样的，爱公正的人从公正活动中获得快乐，一般来说，卓越或德性的爱者从德性活动或卓越的展现中获得快乐。然而，对于绝大多数人而言，他们在其中发现快乐的一些事物之间存在着永恒的冲突，因为它们不是自然地快乐的，而那些爱高贵之物的人从其所爱中获得的快乐是自然地快乐的。由于卓越的展现是自然地快乐的，因此，既对于他们而言是快乐的，又本身就是快乐的。所以，他们的生活无需作为一种附属物增加上去的快乐，而是他们本身就包含快乐于自身。

在这里，亚里士多德或许为我们给出了他最著名的学说，即德性是“**两极之间的中道**”这样一个观念。不过，这一观念常常被误解为“凡事要适度”。在某种程度上，亚里士多德的意思与此十分不同。他告诉我们的是，我们不能将一件好事做得过分，如果它是一种德性的话。一个人不可能过于勇敢（与鲁莽或懦弱相对）或过于公正。他用“两极之间的中道”想要说的是如下这个意思。

绝对的中间，或者说就事物自身而言的中间，我指的是距离两端相等的中间，这个中间对于所有人都一样。相对于我们的那个中间，我指的是那个对于我们既不太多又不太少的适度，而这个中间对所有人就不是一样的。比如，如果10是多，2是少，那么6就是事物自身而言的中间：因为它超过一端的数恰好与被另一端超过的数相等，这就是算数比例的中间。但是，相对于我们的中间无法以这种方式获得。如果对于某人而言，十磅食物太多，两磅食物太少。那并不能因此得出教练要给他指定六磅食物，因为这对于某人而言仍然可能太多或太少；对于米诺而言太少，对于一个新手而言太多。赛跑和摔跤也是如此。因此，我们大致可以说，任何一个技师都是这样避免过度和不及，寻求和选择那个中间——不是绝对的中间，而是相对的中间。

于是，如果每一种技艺或科学都以这种方式来完善其作品，都要寻求中间，并以这个中间作为衡量标准（因此人们对于好作品的评论，习惯说增一分则太长，减一分则太短，这就是过度或不足都是对卓越的破坏，只有中道才能保持它。而好的艺术家，如我们所说的那样，在他们所有活动中都寻求这个中道），如果德性像自然一样，比任何技艺都更准确、更好，那么就可以说，德性必定是以中道为目标——当然，我说的德性是道德德性或道德卓越，因为它跟激情和活动有关，而激情和活动存在着过度、不足和中道。比如，我们感受到的恐惧、坚定、欲望、怒气、怜悯，总之，感到快乐和痛苦，都可以多，或可以少，而这两者都不好。但是，在适当的时间、适当的场合、对于适当的人、出于适当的原因、以适当的方式感受这些激情，就既是中道又是最好，而这些也就是德性的品质。同样的，我们的公开活动也存在过度、不足和中道。因此，德性与感情或激情和公开活动相关，其中过度和不足都是错误的，而中道则是对的，并且受人称赞——这两者都是德性的品质。因此，德性就其以中道为目标而言是一种适度。

此外，错误的道路有许多（因为正如毕达哥拉斯派所想象的那样，恶是无限，而善是有限），而对的道路只有一条，因此做错容易做对难——偏离目标容易，击中目标难。也是由于这个原因，过度和不足是恶的特点，而中道是德性的品质。

◆◆◆

因而，德性是一种选择的习惯或养成品质，它存在于相对于有关之人的适度或中道之中，并且由理性规定，即像一个明智之人会做的那样规定。首先，就其是两种恶即过度与不足之间的中间或中道而言，它是一种适度；其次，在感情和活动中，恶要么达不到中道，要么超出了中道，而德性则找到并选择那个中道、中间或适度。因此，就其本质或据其本性的定义而言，德性是一种适度或中间状态，但是，就其与最好和对相关而言，它是完满的极端。

但是，并不是所有活动和激情都有适度状态。有些行为与感情，其名称就意味着恶，比如幸灾乐祸、无耻、嫉妒，以及行为方面的通奸、偷窃、谋杀。这些及类似的事情之所以被人谴责，是因为它们本身就被视为恶，而不是因为它们的过度或不足。因此，它们永远不可能是对的，它们永远是错误的。在这些事情（比如通奸）上，对和错误并不取决于我们是否是同适当的人、在适当的时间、以适当的方式去做的，而是只要去做这样的事情就是错误的。同样的，在不公正、怯懦或放纵的行为中寻找适度、过度和不足也是荒谬的，因为这样的话，就会有适度的过度和适度的不足，以及过度的过度和不足的不足了。事实是，正如节制和勇敢不存在过度和不足一样，因为中道或适度在某种意义上也是一种极端，以上这类行为也不可能有适度、过度和不足。因为，一般来说，既不存在适度的过度和适度的不足，也不存在过度的适度和不足的适度。

我们发现，亚里士多德把“道德德性”确定为感情和活动上的中道。因此，勇敢是一种德性，因为勇敢的人在恐惧上既不感觉太多也不感觉太少。他的恐惧与他处境的危险相适合。勇敢的人感受到恰当的恐惧，因此，他行为得当，既不会鲁莽地投身到危险之中，也不会因惊惧而逃离险境。最后，亚里士多德为我们给出了他关于德性的具体例子。

恐惧与信心方面的适度是勇敢：其过度的形式，在无恐惧上的过度没有名称（许多品质常常没有名称），不过，在信心上的过度是鲁莽，而恐惧上的过度，信心的不足，则是怯懦。快乐和痛苦（不是所有痛苦）方面的适度是节制，过度则是放纵。但是，我们在快乐这个问题上很少见到不足，因此这种人也没有名称，让我们称之为“迟钝”。在钱财的接受和付出方面的适度是慷慨，过度和不足则是挥霍和吝啬。接受和付出上的过度和不足这两种恶刚好相反：挥霍的人在付出上过度而在接受上不足，吝啬的人在接受上过度而在付出上不足……不过，除这些之外，在钱财方面还有其他一些品质，其中那种适度叫做大方（大方的人不同于慷慨的人：前者与对大笔钱财的处理有关，后者对小笔钱财的处理有关），其过度则被称作没品位或粗俗，不足则被叫做小气……荣誉和耻辱方面的适度是大度，其过度被称为虚荣，不足则被叫做谦卑。

但是，正如我们说过的慷慨与大方的区别，在于只涉及小笔钱财的处理一样，也有一种德性以这样一种方式与大度相联系，而只同对微小荣誉的处理有关。一个人对于荣誉的欲求也可以有适度、过度与不足：过度追求荣誉叫做野心，不足的追求则称作矫情，而适度的追求则没有名称……在怒气方面，也存在过度、不足和适度。它们可以说没有名称，但是正如怒气上适度的人被称作温和的人一样，我们可以称这种品质为温和，而那些处于两个极端的人，我们可以称过度的那些人为暴躁的人，称相应的品质为暴躁，而称不足的那些人为麻木之人，称相应的品质为麻木。

◆◆◆

在真的问题上，我们把遵循中道的人称为真实的[或诚实的]人，而中道就是真实[或诚实]。夸大的造作可以称为自夸，而这种人可以称作自夸的人；贬低自己可以称为自贬，而这种人可以称作自贬的人。在娱乐的愉悦性方面，遵循中道的人是机智的，相应的品质则是机智；过度则是滑稽，这种人则是滑稽的人；不足的人则是呆板的，相应的品质则是呆板。在其他生活事务的愉悦性方面，那种使自己感到适当愉悦的人是友爱的，他的适度就是友爱；过度的人，如果没有目的，则是谄媚，如果是为得到好处，则是奉承；那种在这方面不足的、总是令自己不愉快的人，则可以说是好争吵的或乖戾的人。

此外，在感情及与感情相关的行为中，还有一些遵循中道的方式。比如，羞耻不是一种德性，但是，一个知羞耻的人却受人称赞。因为在这些事情上，我们也说一个人遵循了中道，而另一个人则偏离了中道（比如羞怯的人对什么事情都感到害羞），而在羞耻上不足的人，或完全缺乏羞耻的人，则是不知羞耻的，但是，遵循中道的人则是知羞耻的。此外，义愤是妒忌与幸灾乐祸之间的中道。它们都与我们为邻人所感受的快乐和痛苦有关。义愤的人为邻人不应得的成功感到痛苦，但是妒忌的人在痛苦上更盛于义愤的人，他为别人的一切成功都感到痛苦，而幸灾乐祸的人则完全缺少这种痛苦，而是为邻人的厄运感到高兴。

有必要对亚里士多德的道德德性列一个简短的清单。其中许多德性也是我们自己时代的德性，但是，也有一些更适合贵族的尚武社会，而不适合我们自己的社会。为了阐明德性是两极之间的中道这个亚里士多德的观念，我把“两极”放在括号里作为对照。

勇敢，尤其是战斗中的勇敢（两极：怯懦，鲁莽）。亚里士多德告诉我们说，激发勇敢的不是对惩罚的恐惧，不是对奖赏的渴求，也不仅是一种义务感，而是一种荣誉感。他补充说，勇敢的人也害怕，因为没有害怕就没有勇敢。面临危险而不感到恐惧，这样的人毋宁说是鲁莽的。

节制，尤其是在身体快乐方面，比如性、食物和饮酒（两极：放纵或贪婪，冷漠）。请注意，亚里士多德同现代的许多道德学家一样，并没有说快乐是“有害的”或不重要的。事实上，他既抨击那些沉湎于性、食物和饮酒的人，也抨击那些不享受这些的人。他说，这样的人“甚至不是人”。

慷慨，也就是我们说的乐善好施（两极：挥霍或浪费，吝啬或小气）。值得注意的是，亚里士多德既嘲笑那些超过自己承受能力的乐善好施之徒，也谴责那些一毛不拔之人。

大方，换言之，生活过得很奢侈（两极：铺张，小气）。亚里士多德说，人应该活得“像位艺术家”，花钱大手大脚。（亚里士多德那里没有禁欲的说法。）

骄傲（两极：谦卑，虚荣）。值得注意的是，在基督教的道德中，骄傲是致命的七宗罪之一，而谦卑是一种德性。在亚里士多德的伦理学中，则完全颠倒了过来。

温和（两极：麻木或没脾气，愠怒）。根据亚里士多德的说法，在正当的事情上，发怒很重要，但不能过分（那样“会让别人无法忍受”）。

友爱（两极：奉承，恨）。在亚里士多德看来，友爱是好生活最重要的因素之一，因此，友爱是一种极其重要的德性。但是，亚里士多德并没有说我们应该对每个人都友爱，一个毫无区别对每个人都友爱的人，根本就不能做朋友。

诚实（两极：自贬，自夸）。尤其是实话实说。

机智（两极：滑稽，呆板）。我们认为机智是一种个人优点，很少把它看成是一种德性。亚里士多德认为，不会讲笑话或开玩笑的人实际上是低劣的人。玩笑在古希腊的美德中是一个重要因素。

羞耻。亚里士多德称之为“准德性”（极端：无耻）。根据亚里士多德的说法，我们都会犯错，而这是德性的一个标记，好人在做错时感到羞耻。无耻则是邪恶的一个标记。亚里士多德甚至没有谈及另一个极端，因为他并不觉得那是个问题。（我们当然可以谈到。我们称之为负疚过度。）

> **公正，**希腊人的主德。要求合法、公平（不是指平等）地对待他人。（公正作为两极之间的中道，其意义过于复杂，在这里很难加以讨论。亚里士多德用了一整个章节阐释它。）

最后，亚里士多德为我们给出了他关于人类的好生活的观点，它是一种合乎德性的活动的生活，但是，理想地来看，它也是一种智性活动的生活，或他所谓的“沉思生活”。换言之，最幸福的人是哲学家。

> 我们说，幸福不是一种习惯或养成的能力。如果它是，一个一生都在睡觉、过着植物般生活的人，或那些遭遇不幸的人，也可以算是幸福的了。由于我们不能同意这样的说法，因此我们必须如前所说，把幸福看做能力的实现活动。但是，由于有些实现活动是必要的（即为了别物而值得欲求），有些实现活动自身就值得欲求，很显然，幸福必定是那些本身值得欲求的实现活动，而不是那些为了别物而值得欲求的实现活动：因为幸福一无所缺，它是自足的。
>
> 那些除自身之外别无他求的实现活动，是值得欲求的活动。具有这种本性的有（1）卓越的展现，因为高贵和卓越的行为本身就值得欲求；以及（2）那些令人愉悦的消遣，它们是弊大于利，使人忽视自己的健康和财产。然而，绝大多数人却把他们沉溺于其中的这种消遣称作幸福。正因为此，那些精于此道的人总能得到僭主的欢心。因为他们投其所好，而僭主们也正需要这样的人，需要这样的消遣。于是，这些消遣通常就被看做幸福的组成部分，因为有权势的人在这里消磨时间。但是，我们可以大胆地说，这些人的喜好不足以作为证据。因为占有权势并不意味着具有德性或理性，而德性和理性正是一切卓越的实现活动的源泉。如果这些人从未尝到过纯净、自由的快乐，而只是一味地沉溺于肉体快乐，我们就不应该把这种快乐看做最值得欲求的，因为儿童总是把他们看中的东西看做是最好的。正如儿童与成人自然地以不同的东西作为评价标准一样，坏人与好人对于值得欲求的东西也有不同的标准。
>
> 因此，如我们常常说到的那样，好人觉得值得欲求的东西才是真正有价值的、愉悦的事情。对每个人而言，适合他的能力的那种实现活动是最值得欲求的，因此，对于好人而言，最值得欲求的是合乎德性的实现活动。因此，幸福不在于消遣。实际上，如果说我们的目的就是消遣，我们一生的操劳就是为了消遣，那是很荒谬的。因为，我们选择每种事物都是为了某种别的东西，只有幸福例外，因为它就是那个目的。但是，把消遣说成是严肃工作的目的，则是愚蠢的、幼稚的。阿那卡西斯说，消遣是为了严肃地做事情，这看来是对的，因为消遣是一种休息，而我们需要休息是因为我们不可能不停地工作。因此，休息不可能是目的，因为我们是为着我们能力的实现活动而把它当做手段。
>
> 此外，幸福生活被认为是展现德性的生活。这样的生活必定是严肃的，而不能在于消遣。而且，我们认为，严肃的工作要比有趣、消遣的事物更好，而能力越好、人越好，其功能越重要。我们已经说过，更好的功能或更好的实现活动总是更优越，更有助于幸福。此外，肉体的快乐任何一个人都可以享受，奴隶在这方面都并不比最好的人差。

但是，没有人会认为奴隶能分享幸福，就像没有人会认为他能分享一种适合于人的生活一样。因为，幸福确实不在于这类消遣，而是如已经所说的那样，在于合乎德性的实现活动。

但是，如果幸福是合乎德性的实现活动，那我们就可以合理地认为它是合乎最高德性的实现活动，它是我们最好部分的德性或卓越。那个部分或能力——称之为理性或任何你愿意叫它的名称——似乎是我们身上天然的主宰者，这个能思考高贵和神性事物的部分——无论它自身是神性的，还是在我们身上最具神性的部分——正是它合乎德性的实现活动构成了完满的幸福……这个活动就在于沉思或理论活动。

这个结论与上面所说相一致,并且符合真实。这种实现活动是最高的一种实现活动，因为理性是我们能力中最高的能力，理性所处理的对象是最高的知识对象。此外，它最为连续，因为沉思比任何其他实现活动都更具持续性。我们也认为快乐应该是幸福的因素,但是,合乎智慧的实现活动是所有合乎德性的实现活动中最快乐的活动。至少,哲学被认为具有令人艳羡的快乐，这种快乐既纯净又稳定。我们可以合理地认为，那些获得了智慧的人比在追求它的人享有更大的快乐。沉思生活含有最多的我们所谓的自足。确实，智慧之人同公正之人及其他人一样需要生活的必需品，但是，在充分得到这些之后，公正之人还需要其他某个人接受或帮助他做出公正行为，节制的人、勇敢的人和其他的人同样如此。然而，智慧之人靠他自己就能够沉思，而且他越是能够这样，他就越智慧。必须承认，有别人一起沉思当然会更加好，但即便如此，他也比任何具有别的德性的人更加自足。此外,沉思似乎是唯一因其自身而被人们欲求的活动,因为它除了沉思之外不产生任何东西，而在实践活动中，我们或多或少总要从行为中寻求得到某种东西。

由此可见，理性的实现活动是人的完善的幸福，就人可以得享一生而言，因为幸福之中不存在不完善的东西。但是，这是一种比人的生活更好的生活，因为一个人不是以他的人性的东西，而是以他自身中神性的东西，过这种生活的——他身上的这种品质在多大程度上优越于他的混合品质，他的这种实现活动就在多大程度上优越于他的其他德性的实现活动。如果理性是与人的东西不同的神性的东西，这种生活就是与人的生活不同的神性的生活。不要理会有人说，人就要想人的事，有死的存在就要想有死的存在的事，我们应当努力追求不朽的东西，过一种与我们身上最好的部分相适合的生活。因为这个部分虽然小，它的能力和价值却远超过其余部分。实际上，这个部分似乎甚至构成了真正的自我，因为它是人身上主宰的、较好的部分。因此，如果一个人不去过他自身的生活，而是去过别的某种生活，就很奇怪了。此外，我们这里也适用于上面所说的话——因为属于一种存在自身的东西就对它最好、最愉悦。所以，理性是真正意义上属于人的，而存在于理性的实现活动中的生活对人而言是最好、最愉悦的生活——因此也是最幸福的生活。

不过，千万别以为亚里士多德心目中的理想哲学家除了沉思什么也不做。他也可以享受快乐、财富、荣誉、成功和权力。作为人群中的一个人，他也可以像所有好人那样是有德性的，选择有德性的行为。不过，此外，他对于使他“最接近诸神、可能是人群中最幸福的人”的那个理性，有理解并且了然于心。这的确是对哲学家的处境的一个不能再好的描绘了！但是，如果我们忽略这最后的扬扬自得，那我们就能在亚里士多德那里看到一个强有力的道德观念，它强调德性、卓越，推崇一种英雄主义（无论是理智的还是道德的），在某些方面，它与我们自己时代的道德和美好生活观念非常不同。

- 亚里士多德所谓的幸福是什么意思？这一概念如何不同于我们通常所设想的幸福？
- 社会或共同体在亚里士多德的伦理学中是什么角色？
- 亚里士多德是怎样定义德性的？他所谓的两极之间的中道是什么意思？德性的一些具体例子有哪些？在何种意义上，它们是两极之间的中道？你能确定哪些德性看似不具有相应的极端的（过度或不足皆可）？
- 亚里士多德是怎样描绘人的卓越的？这如何不同于你自己的美好生活观念？

F. 道德与情感：休谟和卢梭

在亚里士多德看来，道德取决于嵌入一个具体社会并在其中习得的规则，而这个具体的社会，就是古希腊贵族政治下有特权的男性构成的精英社会。相反，现代的道德概念通常被认为是普遍的，即不限于一个具体社会或一群特殊的精英。它适用于女人、男人、穷人、富人、成人和孩子，哪怕只有几岁大。然而，与此同时，绝大多数现代道德观念尽量把亚里士多德对社会和培养的强调最小化，而倾向把道德置于某种个人基础之上。在康德道德哲学中，道德的关键是个人自律，每个人只要运用理性，知道什么行为是道德的，什么行为不是道德的，就能够为他或她自己发现这一观念。在康德之前，支配性的道德观念奠基于一种特殊道德种类的个人感情观念，即帮助同胞的“自然欲望”。（正如在亚里士多德那里一样，这种哲学坚持认为道德必须被看做自然的一部分。）

这样一种道德观念在协调个人利益与道德原则上的明显优势，应该很清楚。既然强烈的道德感情是一种个人利益，那么，一个人就能同时满足自己的个人感情和道德要求。（此外，这也是巴特勒主教的论点的核心。）当然，其他个人感情——嫉妒、贪婪和妒忌——能够违背这些感情。但是，至少我们有一些感情能够通过道德行为得到满足。根据这些哲学家的说法，这样的道德感情实际上能够在我们所有人那里找到。

持这种论点的两位最著名的哲学家是大卫·休谟和法国哲学家**让－雅克·卢梭**（Jean-Jacques Rousseau）。他们的哲学的关键是**情感**观念和**同情**观念（“同胞感情”或者对他人有怜悯感，从而在考虑自己利益的时候也考虑他们的利益）。休谟说：

> 我们所接受的那个假设简单明白。它主张道德是由情感决定的。它把德性定义为给旁观者带来愉悦的赞许情感的心理行为或品质，恶行则相反。[1]

1 David Hume, *Enquiry Concerning the Principles of Morals*, La Salle, IL: Open Court, 1912. 中译文见休谟：《道德原则研究》，曾晓平译，北京：商务印书馆，2004 年，第 141 页。

休谟的道德哲学中心关注在于区分如下两种人：一种人认为道德是理性的一个功能，另一种人认为道德是一个情感和激情问题。在另一个地方，休谟为我们给出了一个非常强硬的观点，即“理性是而且应该是激情的奴隶”。下面是他的论证。

大卫·休谟，论“理性作为激情的奴隶”[1]

近来发生的一场争论非常值得考察，它涉及道德一般基础：道德是源自理性，还是源自情感；我们是通过一连串的论证和归纳，还是通过一种直接的感情和较为精致的内在感官获得关于道德的知识；道德是像所有关于真理和谬误的健全判断一样对一切理性的理智存在都应相同，还是像关于美丑的知觉一样完全基于人类特定的组织和结构。

古代的哲学家们，尽管他们经常断言德性无非是尊奉理性，然而通常似乎又把道德看做是从趣味和情感派生其实存的。另一方面，我们现代的探究者们，尽管他们也奢谈德性之美和恶行之丑，然而通常都努力通过形而上学的推理和从最抽象的知性原则出发的演绎来说明这些区别。这些主题上面笼罩的混乱，甚至使得后果极端严重的对立能够盛行在体系与体系之间，甚至几乎每一单个体系的各部分之间，然而，直到晚近，仍没有人觉察到这一点。

必须承认，这个问题的两方面都能获得似是而非的论证。人们可以说，道德区别可以由纯粹理性分辨清楚，由此，关于这一问题又进一步产生了在日常生活中及在哲学中的许多争论，争论双方常常提出一连串的证据，援引例证，诉诸权威，运用类比，勘察谬误，引出推论，使各个结论适合于他们的适当原则。真理是可争辩的，趣味则不然。存在于事物本性中的东西是我们的判断的标准，每个人在自身中感受到的东西是我们的情感的标准。几何学命题可以被证明，物理学体系可以被反驳，但是，诗句的和谐、情爱的温柔、才智的光华，必定给予人直接的快乐。没人对他人的美进行推理，但经常会对他行动的公正或不公正进行推理。在每一次刑事审判中，被告的第一个目标就是反驳所指控的事实，否认归之于他的行为；第二个目标就是证明，即使这些行为如实，它们也可以被证明为正当的，即无辜的和合法的。我们承认，确定第一点需要理智的演绎，我们如何能假定确定第二点要运用一种不同的能力呢？

另一方面，那些想要把所有道德规定分解为情感的人，可能努力表明理性绝不可能引出这种本性的结论。他们说，对于德性，它属于可亲的东西，而恶行则属于可恶的东西。这就形成了它们的真正本性或本质。但是，理性或论证能将这些不同的称号分配给某些主体，并预先宣布这必定产生爱、那必定产生恨吗？或者说，除了天生适合于接受这些情感的人类心灵的原始组织和结构，我们还能将什么别的理由永远派定给这些感情呢？

一切道德思辨的目的都是教给我们义务，并通过对于恶行之丑和德性之美的恰当

---

1 David Hume, *Enquiry Concerning the Principles of Morals*, La Salle, IL: Open Court, 1912. 中译文见休谟：《道德原则研究》，曾晓平译，北京：商务印书馆，2004 年，第 22 页。

描述培养我们相应的习惯，使我们规避前者、拥抱后者。但是，这难道可能期望通过知性的那些自身并不能控制这些感情或并不能驱动人们的能动力量的推论和结论来达到吗？它们发现真理。但是，在它们发现的真理是冷漠的、引不起任何欲望或反感的地方，它们不能对任何行为和举动产生影响。凡是光荣的东西，凡是公平的东西，凡是适当的东西，凡是高贵的东西，凡是慷慨的东西，都占据我们的胸怀，激励我们接受它们、坚持它们。凡是可理解的东西，凡是明证的东西，凡是或然的东西，凡是真实的东西，都只获得我们知性的冷静的同意，在满足一种思辨的好奇心时终止我们研究。

◆◆◆

熄灭一切对德性火热的情和爱，抑制一切对恶行的憎和恶，使人们完全冷漠无情地对待这些区别，那么，道德就不再是一种实践性的研究，也不再具有任何规范我们的生活和行动的倾向。

双方的这些论证（还可以炮制更多）都是如此地貌似合理，以至于我不由得猜想，双方的所有这些论证都可能是可靠的和令人满意的，理性和情感在几乎所有道德规定和道德推论中都是共同发生作用的。很可能，那宣判性格和行为是可亲或可恶、是值得称赞或令人谴责，那给它们打上光荣或耻辱、赞许或责难的印记，那使道德成为一条能动的原则、并将德性规定为我们的幸福、将恶行规定为我们的苦难的最终裁决——我是说，很可能，这一最终裁决依赖于大自然所普遍赋予整个人类的某种内在的感受。

这里值得注意的是，休谟的道德哲学如同他的知识哲学一样，完全是经验主义的。

在自然哲学中，人们虽然没有彻底根除对于假设和体系的热爱，但是除了那些来自经验的证据，他们倾听不到任何其他证据。现在是他们应该在所有道德研讨中尝试类似这样一种改革，拒绝一切不是建立在事实和观察基础之上的、无论多么玄奥或精妙的伦理学体系的时候了。

休谟认为，理性可以用来决定我们如何才能得到我们想要的东西，但它无法告诉我们最终想要什么。请注意反驳无限后退的常见论证，也请注意休谟关于理性（它关涉知识、真理和谬误）与趣味或情感（判断价值，最终依赖于快乐和痛苦）的严格区分。

很显然，无论如何，人类行动的最终目的都无法通过理性得到说明，而是完全诉诸人类的情感和感情，毫不依赖于理智能力。问一个人**为何锻炼**，他会回答说，**因为他想要保持健康**。如果你进而追问**为何要保持健康**，他会迅速地回答说，**因为疾病令人痛苦**。如果你进一步探究，想要获得他**为何讨厌痛苦**的理由，那他不可能给出任何理由。这是一个最终目的，它永远不会指涉任何别的对象。

或许对于第二个问题，他**为何想要健康**，他也可能回答那是**他的工作所必需的**。若你问他**为何在乎那份工作**，他会回答说，**因为他想要挣钱**。如果你继续问，**为何要挣钱**？他会说，**钱是快乐的工具**。在此之外再去寻找理由，那就很荒唐了。不可能有一个无限的过程，也不可能一事物总能成为另一事物被欲求的理由。某个事物之所以令人欲求，必定是因为它自身之故，因为它直接符合或一致于人类情感和感情。

现在，由于德性就是一个目的，而且因其自身之故，无需任何报酬和奖赏，仅仅因为它所传达的直接满足就令人欲求，因此，必不可少的是，应当存在某种它所触动的情感——某种内在的趣味或感情，或者任何你乐意称呼它的东西，这种东西区分道德的善和恶，接受前者而拒斥后者。

因此，**理性**和**趣味**的范围和职责就容易确断。前者传达真理和谬误的知识，后者产生关于美丑、恶行和德性的情感。前者按照对象在自然中的实在情形揭示它们，不增也不减，后者具有一种创造的能力，它会借用内在情感的色彩装点或涂抹一切自然对象，在某种意义上产生一种新的造物。理性是冷漠和超然的，因而不是行动的动机，它仅仅通过给我们指明达到幸福或避免苦难的手段而引导我们出自欲望或爱好的冲动；趣味带来快乐或痛苦，因而构成幸福或苦难的本质，就变成了行动的动机，是欲望和意愿的第一源泉或动力。根据已知或假定的因素和关系，前者引导我们发现隐藏和未知的因素和关系。面对摆在我们眼前的一切因素和关系，后者使我们从整体上感受到一种新的关于谴责或赞许的情感。

休谟在别处主张事实与价值之间的一种截然区分。他以其特有的简洁表明，“绝不可能从一个‘是’推出一个‘应该’来”，也就是说，我们无法从任何关于事实的陈述中推出价值观念，或我们应该做什么。事实上，我完全能够知道按下这个按钮，就会杀死一千个无辜的孩子，但仅仅从这样一个事实，是无法得出我不应该按下这个按钮的。我应该做什么——或者不应该做什么——所依赖的根本不是事实或理性，而是我的道德感情或情感。若没有这样的情感，就没有什么行动是道德的或不道德的，是值得称赞或应受谴责的，是具有任何价值的。因此，在他的一个最骇人听闻的陈述中，休谟说，宁愿让半个世界的人死去，也不愿让他的小手指刺痛一下，这在他看来并非没有理性。这也不是说他喜欢这样做，而是说，理性中没有任何东西禁止这样做。因此，价值是个情感的问题，而不是理性的问题。

让-雅克·卢梭维护一种类似的情感理论。尽管卢梭常常被描述为第一个伟大的“浪漫主义者”，但值得注意的是，他并非如所获得的声誉那样反对理性。根据他的理论，情感与一种“自然理性”联系在一起。因此，他的理论的关键是**良心**观念，这是一种强有力的道德感情，它具有自己的神圣理性。如同在休谟那里一样，他认为，超然的理性没有给我们提供任何指南。请注意，他也把“自爱”和“道德善”协调在一起，并且认为最终来看，它们具有相同的目标：

让－雅克·卢梭，《爱弥儿》[1]

让我们把如下这一点看做不可争辩的法则：本性的最初冲动始终是正确的，人心中

1 Jean-Jacques Rousseau, *Emile*, trans. Barbara Foxley, New York: E. P. Dutton, 1968. 中译文见卢梭：《爱弥儿》，李平沤译，北京：商务印书馆，2001 年。

没有什么原罪，任何邪恶我们都能说出它是怎样，以及为何进入人心的。人类天生的唯一无二的欲念是自爱，也就是广义上的自私。这种自私本身就是好的，对我们也是好的，而且，由于它不一定关系到其他的人，所以它对任何人也自然是公允的。它的变好或变坏，完全看我们如何运用和使它具有怎样的关系而定。自私是受理性支配的，所以在理性产生之前，应当注意的事情是，不要让一个孩子因为别人在看他或听他就做这样或那样的事。一句话，他做任何事情，都不能是因为他同别人的关系，而只能是因为自然对他的要求。这样一来，他所做的事情就全都是好事了。

我的意思不是说他一点儿乱也不捣，一点儿伤也不受，即使拿到什么贵重器皿也不会打坏。他也可能没有做错什么却造成很大伤害，因为坏行为是根据破坏的意图产生的，而他是没有这样的意图的。只要他产生过一次这样的意图，则一切都完了，他也许就顽皮得没有办法收拾了。

让－雅克·卢梭（1712—1778）：启蒙运动时期的哲学家，他与绝大多数同侪（包括休谟）都有过斗争，提出了一种惹人注目的“自然道德”观念，并以此来对比当代文明人的欺诈和伪善。他陈述了一幅前文明时期“自然状态”中的人的图景，其中，人的“自然善”尚未被社会“败坏”。这一观念的关键是他的道德情感概念，他认为，这是每一个人天生就有的，而不是从社会习得的。他的著作受到指控，因而一生中总是在逃避警察追捕，死时穷困潦倒，但死后没几年，他的政治观念就成为法国大革命的核心意识形态。

◆◆◆

我们行为的道德，完全在于我们关于它们的判断。若善就是善，那么，它就应当像在我们的行为中一样，也在我们的内心深处，行正义的第一个报偿就是我们意识到我们做了正义之事。如果说道德善同我们的天性是一致的，则一个人只有为人善良才能达到身心两健的地步。如果不是这样，如果人天性邪恶，那他不败坏他的天性就无法停止作恶，而他所具有的善则是一种违反天性的罪。如果人生来就是为了像狼吞噬猎物那样残害他的同类，则一个人如果为人仁慈的话，反而是败坏天性了，正如狼一发慈悲，反而失去狼性了。如此，德性只会招来悔恨。

我年轻的朋友啊，让我们来谈谈我们自己，让我们放弃一切个人成见，看一看我们的倾向将把我们带到什么地方。是他人的痛苦还是他人的快乐最能打动我们的心弦？是对人行善还是对人作恶最能使我们感到快乐，而且在事后给我们留下最美好的印象？你看戏时，最关心的是戏中的哪一种人？你喜不喜欢看作奸犯科的事？当你看到罪犯受到惩罚，你流不流眼泪？人们说，除了自我利益之外，我们对一切都漠不关心。然而，正是温存的友情和仁慈的心在我们遭受痛苦的时候能安慰我们，而且，甚至在我们欢乐的时候，如果没有人同我们一起分享欢乐的话，我们也会感到孤寂和苦闷。如果人的心中没有一点道德，那么，他怎么会对英雄的行为那样崇敬，怎么会对伟大的人物那样爱慕？这种德性的热情与我们的自我利益有什么关系？

◆◆◆

剥夺我们心中对于高贵的爱，也就剥夺了生命的乐趣。一个人的邪欲如果在他狭隘的心中窒息了这种优美的情感，一个人如果由于只想到自己，因而只爱他本人的话，他就再也感觉不到什么叫快乐了，他冰冷的心再也不会被高兴的事情打动了，他的眼睛再也不会流出热情的眼泪了，他不会对任何东西感到欣喜了。这可怜的人既没有什么感觉，也没有什么生气，他已经死了。

尽管这个世界坏人很多，但像这样除了个人的利益之外，对一切善良正义的事情无动于衷的死尸般的人还是很少的。不公正的事情只是因为使人能得到好处，所以人们才喜欢去做，除此以外，谁都希望无辜的人能够获得保障。当我们在大街小巷看到凶暴和不公正的事情时，我们心中马上就会激起一阵愤怒，使我们去保护受压迫的人。不过，我们受到一种强制的义务的约束，法律不允许我们行使我们保护无辜者的权利。与此相反，当我们看到慷慨仁慈的行为时，我们将产生多么大敬慕之心啊！谁不在心中想"我也要这样做呢"？两千年前的某个人是好是坏，当然是对我们没有多大关心，然而我们对古代的历史仍然是那样关心，仿佛它们发生在昨天一样。卡提利纳的罪行于我何干？我又不会是他的受害者。我为什么把他看做同时代人，对他感到那样恐怖呢？我们之所以恨坏人，并不仅仅是因为他们损害了我们，而且是因为他们很坏。我们不仅希望我们自己幸福，而且也希望他人幸福，如果别人的幸福无损于我们的幸福时，它便会增加我们的幸福。所以，一个人不管愿意不愿意，都会对不幸的人表示同情。当我们看到他们受苦时，我们也为之感到痛苦。即使最坏的人也不会完全丧失这种本能，因此，它时常让他们的行为自相矛盾。抢劫行人的匪徒见到赤身裸体的穷人也还拿衣服给他穿，最残忍的杀人者见到晕倒的人也会把他扶起来。

人们说，悔恨的呼声在暗暗惩罚那些隐藏的罪行，常常揭露它们的真情。唉！我们当中谁不知道这种声音是令人不快的呢？我们是根据经验说这种话的，我们想扼杀这种使我们极其痛苦的酷烈感觉。我们服从自然的召唤，我们就能认识到它对我们是多么温和，只要我们听从了她的呼声，我们就会在应和自己的好良心中找到快乐。坏人常常提心吊胆，他一快乐，就会得意忘形；他焦虑的目光环顾四周，想找到一个供他取乐的目标；他不挖苦人和取笑人，他就感到忧郁，他唯一的快乐就是嘲笑他人。反之，好人的内心是十分恬静的，他的笑不是恶意的笑，而是快乐的笑，因为他自身就是快乐的源泉；无论他是独自一个人还是在众人当中，他都是同样的高兴；他不是从他周围的人身上取得他的快乐，相反，他要把他的快乐传给他们。

◆◆◆

目前我不打算讨论形而上学，因为它不是我和你能够理解的，所以讨论实际上也得不到什么结果。我已经向你说过，我并不是要跟你讲什么哲学，而是想帮助你去问问你自己的心。即使举世的哲学家都说我错了，只要你觉得我说得很对，那就可以了。

为此，我只要使你能够辨别我们的获得观念与我们的自然感情就可以了。因为感情先于知识，由于我们的求善避恶并不是学来的，而是大自然使我们具有这样一个意志，所以，我们的好善厌恶之心也犹如我们的自爱一样，是天生的。良心的作用不是判断，而是感情。尽管我们的所有观念都是来自外界，但是衡量这些观念的感情却存在于我们内部，只有通过它们，我们才能知道我们和我们应当追求或躲避的事物之间存在着哪些利弊。

存在就是感觉。我们的感情无疑是先于我们的智力的，且我们先有感情，然后才有观念。不管我们的存在的原因是什么，但它为了保持我们，便使我们具备了适合于我们天性的感情。而且，至少这些感情是天生的，这一点没有人能够否认。就个人来说，这些感情就是对自己的爱、对痛苦的忧虑、对死亡的恐惧和对幸福的向往。但是，如果我们可以毫无疑问地肯定说人天生就是合群的，或者至少是可以变成合群的，那么，我们就可以断定他一定是通过跟他的同类息息相关的固有感情才成为合群的。因为，如果单有物质上的需要，这种需要就必然使人类互相分散而不互相聚集。良心之所以能激励人，正是因为存在着这样一种根据对自己和对同类的双重关系而形成的一系列道德。知道善，并不等于爱善，因为这种知识并不是天生的；但是，一旦他的理性使他认识到了善，他的良心就会使他爱善，这种感情是天生的。

因此，我年轻的朋友，我并不认为我们不能把良心的直接力量解释为我们自己天性的结果，它是独立于理性本身的。与其说这样的解释不可能，还不如说这样解释不需要。因为有些人虽然否认这个为一切人类所公认的原则，但却无法证明它不存在，他们只能硬说没有这个原则，而我们之所以断言它存在，也像他们一样有很好的根据，何况我们还有内心的证据，何况良心的呼声也在为它自己辩护。如果判断的光芒使我们眼花缭乱，把我们要看的东西弄得模糊不清，那就等我们微弱的目光恢复过来，变得锐利时再看，这时候，我们在理性之光下马上就可以看出那些东西在大自然最初把它们摆在我们面前的时候是什么样子。更确切地说，那就是，我们一定要保持天真，少弄玄虚。我们必须具备的感情，应当以我们内心最初经验的那些感情为限，因为只要我们不走入歧途，科学总是会把我们带回到这里的。

良心呀！良心！你是圣洁的本身，不朽的天国之音。是你稳妥地引导一个虽蒙昧无知然而聪明自由的人，是你在不差不错地判断善恶，使人形同上帝！是你使人的天性善良和行为合乎道德。没有你，我就感觉不到我身上有优于禽兽的地方——没有你，我就只能按我没有条理的见解和没有准绳的理性可悲地做了一桩又一桩错事。

但是，正如我们此前指出的那样，良心观念及一切道德对于个人感情的诉求存在着一个问题。如果不同的人之间不一致怎么办？我们应该接受谁的良心或谁的感情？即使我们自己达成了一致，我们又怎么知道我们的良心或感情是对的？带着这些问题，我们转向康德的道德哲学。

- 道德如何能够基于人的自然情感？这种观念是否太“主观”？它如何显得不那么主观？
- 根据休谟的说法，为何道德通常被认为是基于理性的？他为了支持道德基于情感这一主张给出了什么论证？休谟是如何设想理性与激情或情感之间的关系的？你赞同他的说法吗？
- 卢梭称，如果让孩子依照他的天性行为，就绝不会做坏事，他这种说法是什么意思？你能如何来为这一大胆的主张辩护？
- 在多大程度上对于卢梭而言，我们的道德能力是一种自然反应？

G. 道德与实践理性：康德

亚里士多德、休谟和卢梭在他们的道德观念中，都给了感情一个重要的位置。在亚里士多德那里，有德性之人想合乎德性地行为，并且乐于这样做。对于休谟和卢梭而言，情感规定了道德。根据以上说法，我们的义务观念——我们应该做什么——至少部分地衍生自这些感情和我们的教养。可是，如果感情不一致怎么办呢？如果教育出来的人看重不同的东西怎么办呢？对于一个受犯罪分子教育、看重邪恶并以残酷为乐的人，我们怎么说呢？最为重要的是，对于如下那种熟悉的情形，即一个人的所有感情都驱使他或她考虑个人利益，而义务却要求他作出相反考虑，我们要怎么说呢？这正是康德所考虑的问题，正因为此，他驳斥了所有把道德奠基于某种感情的做法。他说，道德必须基于理性，而且只能基于理性。它的中心概念是**义务**，因此，道德是一个**义务论**（deontology）问题［义务论一词源自希腊语*dein*（义务）］。

休谟把理性限定为关涉知识、真理和谬误的观念，康德答曰，理性也有实践的一面，它能告诉我们做什么及怎么做。卢梭曾说，道德必定是普遍的，是所有人都一样的，哪怕在前社会的“自然状态”中也是如此。康德（他非常崇拜卢梭）同意道德的普遍性，但认为这种普遍本性并不存在于因人而异、因社会而异的感情，而只存在于其本性就是普遍的理性。亚里士多德则曾主张，道德必定是在社会之中习得的，而且道德规则完全是一个公共意见和实践的问题。然而，与绝大多数现代哲学家不同，康德坚持认为道德独立于社会。他认为至关重要的是，道德是自律的，是个人理性的一种功能，因此每一个理性的人都能认识到对自己而言什么是对、什么是错。休谟和卢梭在个人感情中寻求道德，而康德坚持认为道德只有通过理性的省察才能找到，除此之外别无他法。这就是康德道德哲学的关键所在：道德完全由理性的原则构成。

既然根据康德的说法，道德基于理性，那它就不依具体社会或具体环境而定，它也不取决于个人情感或欲望（康德把所有这样的个人感情、欲望、野心、冲动和情绪概括为爱好）。因此，道德哲学的目的是考察我们实际运用理性的能力，以及通过这种考察来确定基本原理，正是这些基本原理奠定了适用于每一个人、每一个社会的每一种道德的基础。与亚里士多德截然相反，康德开始便说，终极善并不是构成希腊人的幸福的那些益处和德性，而是他所谓的善良意愿。而善良意愿，就是践行纯粹实践理性的意愿。

伊曼纽尔·康德，《道德形而上学原理》[1]

世界上，甚至在世界之外，除了**善良意愿**，不可能设想一个无条件的善。理智、明智、判断力，以及其他无论是什么名称的心灵上的**才能**，或者勇敢、果敢、坚毅那样的性格品质，无疑在很多方面看来是善的，并且是可欲的。然而，它们也可能是极大的恶，非常有害，如果那使用这些自然天赋、构成其所谓的**品格**的意愿不是善良的话。**幸运**

1 Immanuel Kant, *Fundamental Principles of the Metaphysics of Morals*, trans. T. K. Abbott, New York: Longmans, Green, 1898. 中译文见康德：《道德形而上学原理》，苗力田译，上海：上海人民出版社，2002 年，第 8 页。

> **带来的东西**同样如此。权力、财富、荣誉甚至健康和全部生活美好、境遇如意，也就是那名为**幸福**的东西，若没有一个善良意愿去正确指导它们对心灵的影响，使行动原则和普遍目的相符合，就会使人自满，并由此经常使人傲慢。大家都知道，一个有理性而无偏见的观察者，看到一个丝毫没有纯粹善良意愿的人总是气运亨通，并不会感到快乐。因此，善良意愿看来甚至是值不值得幸福的不可或缺的条件。

在这个作为起始的看法背后，是这样一个观点：指责或称赞一个人的行为的品格、能力或结果，没有意义。许多因素构成了一个人的环境。无论一个人是否富有、聪明、明智等等，（亚里士多德所谓的德性）常常归功于他或她的教育和遗传，而不归功于任何个人选择。可是，我们想要什么，也就是说，我们试图做什么，完全在我们的控制之下。因此，这是唯一最终值得加以道德考量的事情。请注意，康德关心的是道德问题，而不是一般的美好生活问题。什么使我们幸福，这不是他具体的关注所在。他只关注什么使一个人在道德上与幸福相称。

> 善良意愿之所以是善的，并非因为它促成或实现某一事物，也非因它适于达成某个设定的目的，而只是由于意愿——也就是说，它是善自身，并且就它自身来看，它自为地就是无比高贵的，任何为了满足一种爱好而产生的东西，甚至所有爱好的总和，都无法与之相提并论。即使由于生不逢时，或者由于无情自然的苛待，这一意愿完全没有实现其意图的能力，即使它竭尽全力仍一无所获，所剩无非善良意愿（当然不是一个单纯的意愿，而是用尽了一切力所能及的办法），它仍然如一颗宝石一样，自身就闪发着耀眼的光芒，自身之内就具有全部价值。它有用，不能增添这一价值，它无益，也不能减损这一价值。可以说，这种实用性只能帮助我们在日常交往中更有效地行动，吸引那些尚未充分认识的人对它的注意，而不是左右那些有了认识的人的意志，并规定它的价值。
>
> 然而，在谈到纯粹意愿不计任何效用的绝对价值时，我们不能不看到一个令人难解的现象，尽管普通理性都一致同意这一思想，然而有人还是怀疑，这里面是否暗藏了不切实际的高调，同时，把理性当做我们意愿的主宰，很可能是对自然意图的误解。现在，就让我们从这个角度来考察一下这一观念。

康德这里的论证与亚里士多德在《伦理学》中的论证有着惊人的相似。你们应该记得，亚里士多德在那里论证说，人之善必定植根于人的天性之中，因为它对于他而言是独一无二的。其假设如下：既然唯有人被赋予理性，那么理性对于人的生活而言必定极其重要。康德也始于这样一个观察：人不同于其他生物，他能够进行理性思考。可是他为什么就应该具有这样一种能力呢？康德论证说，不是为了使人幸福，因为许多本能都能更有效地服务于这一目的。（请记住，康德在这里把上帝设定为造物主，因此，他与莱布尼茨一样，相信一切事物的存在都有其充足理由。）

> [我们的]存在是为了另外高贵得多的目的，理性所固有的使命就是实现这一目的，而不是幸福，它作为最高条件，当然远在个人意图之上。

这一“高贵得多的目的”和“最高条件”就是康德所谓的义务。他告诉我们，“义务观念包括了善良意愿”，不过善良意愿要服从理性原则。那些理性原则就是道德法则，而符合这些法则的行动就使一个人变得善良。

然而，重要的是作一个区分，那也是亚里士多德所作的一个区分：为了某种个人利益而履行义务是一回事，仅仅因为义务而履行义务又是另一回事。比如，食品商可能只是因为怕对生意不利而不欺骗顾客（这是他的义务），那他如此行为就不是为了义务，而是为了个人利益。但是，他也可能只是因为认识到这样做不应该而不欺骗顾客。这样确实可以说是履行义务，因而使他道德上可敬。

> 这里，我且不谈那些已然被认为与义务不一致的行为，尽管这些行为从某个角度来看可能是有用的，可由于它们与义务相冲突，所以也就不发生它们是否**出于义务**的问题。我也把那些确实符合义务的行为放在一边，人们对这些行为**并无**直接的**爱好**，只是因为被另外的爱好所驱使才做这些事情。因为在这种情形中，我们能够很容易分辨出人们做这些合乎义务的事情是出于义务，还是出于利己。最困难的是分辨那些合乎义务，而人们又有直接的爱好去做的行为。例如，卖主不向毫无经验的买主索取过高的价钱，这是合乎义务的；在交易场上，明智的商人不索取过高的价钱，而是对每个人都保持价格一致，所以，无论是孩子还是其他人，从他那里买东西都是一样的。买卖确实是诚实的，但这却远远不能使我们相信，商人之所以这样做是出于义务和诚实原则。他之所以这样做，是因为这样做于他有利。此外，人们也不会有一种直接爱好，对买主一视同仁，而不让任何人在价钱上占便宜。因此，这种行为既不是出于义务，也不是出于直接的爱好，而纯粹是基于自利。
>
> 另一方面，保存生命是一个人的义务，而且每个人对此也有一种直接的爱好。可正因为这个缘故，大多数人对此所怀抱的焦虑，是没有内在价值的，他们的准则也不具有道德内容。他们保存自己的生命**合乎义务**，但不是因为**义务所要求**。反过来，假如身处逆境和无以排解的忧伤使生命完全失去乐趣，在这种情况下，那深遭此不幸的人以钢铁般的意志去与命运抗争，而不失去信心或屈服，他们想死，虽不爱生命却依然保持着生命——不是出于爱好和恐惧，而是出于义务——那么，他们的准则就具有道德价值。
>
> 尽己之所能对人做好事，是一种义务。此外，有许多人富于同情之心，他们全无虚荣和利己的动机，对在周围撒播快乐感到愉悦，对别人因他们的工作而满足感到欣慰。但我认为，在这种情形下，这样的行为无论怎样恰当，无论多么值得称赞，都不具有真正的道德价值。它们与其他爱好处于同一层次，比如对荣誉的爱好，如果这种爱好幸而有益于公众，从而合乎义务，实际上是对荣誉的爱好，那么这种爱好应受到称赞和鼓励，却不值得高度推崇。因为这种准则不具有道德内容，也就是说，道德行为不能出于爱好，而是出于义务。设定这样一种情形：这个仁爱之人身上布满了为自身而忧伤的乌云，无暇去顾及他人的命运，他虽然还有着解除他人急难的能力，但由于他已经自顾不暇，别人的急难也不能触动他。就在这样的时刻，他并不是出于什么爱好，却从那死一般的无动于衷中挣脱出来，他的行为不受任何爱好的影响，完全出于义

务，那他的行为才具有真正的道德价值。进一步说，如果自然没有赋予某人以同情之心，这个人虽然正直，在性格上却是冷淡的，对他人的困苦漠不关心，这很可能是由于他对自身的痛苦具备特殊的耐力和坚韧，于是他认为或者甚至要求别人也应如此——这样的人绝不能说是自然所塑造的坏人——但是，如果自然没有把他塑造成一个仁爱的人，那么，与一个有好脾气的人相比，他不是在自身之内更能找到使自身具有更高价值的泉源吗？当然如此。那高得无与伦比的品格的道德价值正由此而来，也就是说，他做好事不是出于爱好，而是出于义务。

在两个简短的难以理解的段落中，康德告诉我们说，我们有义务使自己幸福，并不是因为我们想要幸福（需要绝不是义务），而是因为它为我们履行其他义务所必需。于是，康德参照《圣经》，在两种爱之间做了一个著名的（或声名狼藉的）的区分：实践的爱与情感上的爱，前者被界定为一种义务，后者我们将称之为爱的情绪。

保障个人自己的幸福是一种义务，至少是间接的义务。因为对自己的境况不满，生活中的忧患和困苦，往往极易**导致毫无义务感**。但是，在这里，即使撇开义务不说，所有人对自身幸福的爱好都是最大最深的，因为正是在幸福观念中，一切爱好集合为一个总体。只不过，幸福的规范总是夹杂着一些爱好，因此，人们不能从称之为幸福的满足的总体中，形成明确无误的概念。从而，某一个目标明确、获得满足时间具体的爱好，反而比一个模糊的理想更有分量些，这是毫不奇怪的。例如，一个风湿病患者，很可能采取尽情享受，不管来日痛苦的态度，因为，经过自己的权衡，他在这里不愿为了一个他日可从康复中得到幸福的、靠不住的期望，而放弃眼下的享受。但是，即使在这一事例中，如果对幸福的普遍爱好不影响他的意愿，如果对他来说，至少在这一权衡中健康并非必须计入不可，那么，增进幸福并非出于爱好而是出于义务的规律仍然有效，正是在这里，他的所作所为，才获得真正的道德价值。

无疑，《圣经》中不但爱邻人，甚至爱敌人的诫命，就应这样理解。因为爱作为感情是不能告诫的，然而出于义务自身的爱，尽管不是爱好的对象，甚至自然地、不可抑制地被嫌弃，却是**实践的**而不是**情感上的**爱，这种爱坐落在意愿之中，不以感受为转移，坐落在行为的基本原则中，不受不断变化着的同情影响，只有这种爱是可以被告诫的。

于是，康德为他的首要命题——终极善就是符合实践理性即出于义务而行为的善良意愿——做了辩护之后，就进入到了两个推论命题。

第二个命题是：一个出于义务的行为，其道德价值不取决于它所要实现的**意图**，而取决于规定它的准则，因此，它并不依赖于行为对象的实现，而只依赖于行为发生所遵循的**意愿原则**，与任何欲求对象无关。这样看来，我们对于行为所可能有的期望，以及作为意愿之目的和动机的后果，不能给予行为任何无条件的或道德的价值，这一点是清楚的。如果道德价值不在于意愿所预期的后果，那么，到什么地方去找它呢？

它只能存在于意愿的原则之中，而与这一行为所达到的目的无关。因为意愿就像站在十字路口一样，站在它作为形式的先天原则与作为质料的后天动机之间，而且，既然意愿必须被某种东西所规定，那么它归根结底要被意愿的形式原则所规定，因为一个行为若出于义务，那它就抛弃一切治疗原则了。

第三个命题，作为此前两个命题的结论，我将表述如下：**义务就是由于尊重法则而产生的必要性**。作为我以前行为的后果的对象，我可以对其有爱好，然而从来不会有**尊重**，因为它只不过是意愿的效果，而不是意愿的作用。同样，我不会对爱好表示尊重，不论它是我自己的还是他人的。对于我自己的爱好，我至多随其所好；至于他人的爱好，有时会喜欢，因为把这种爱好看做有利于我自己。只有那种作为根据而永远不会作为效果和我的意愿相联的东西——只有那不是助长爱好而是抑制爱好，或者至少因其计算而排除在外的情形——换言之，只有能够作为尊重对象的法则，才是戒条。一个出于义务的行为，必须完全排除爱好的影响，摆脱意愿的一切对象，因此，客观上只有法则，主观上只有对这种实践法则的纯粹尊重，也就是准则，才能规定意愿，才能使我服从这种法则，抑制自己的全部爱好。

因此，一个行为的道德价值不在于它的预期效果，也不在于以这种语气效果为动机的任何行为原则。因为，所有这些效果——处境的舒适，甚至他人幸福的提升——都可以通过另外的原因产生，因此并不必需要有一个理性存在的意愿。而最高的、无条件的善却只能在意愿中找到。因此，我们称之为道德的超卓之善，只能存在于**法则概念**本身中，**它当然只在理性存在之中才有可能**，正是这一概念，而不是所预期的效果，规定了意愿。这种善自身已然存在于依据法则行为的人之中，而不需从效果中才能等到它。

那么，是什么样的法则，它的概念能够规定意愿，甚至无需预先考虑其效果，使意愿绝对地、毫无限制地称之为善呢？既然我已经认为，意愿完全不具备由于遵循某一法则而来的动力，那么，所剩下来的就只有行为对一般法则的普遍符合性，只有这种符合性才应该充当意愿的原则。

“普遍合法则性”（universal conformity to law）概念，是康德重要的义务观念。正如我们将要看到的那样，他把它规定为黄金律——“己所不欲，勿施于人”——的一个普及版本。观点如下：在决定你应该做什么时问问自己：“如果每一个人都这么做怎么办？”如其所述，这一规则就是：

除非我也愿意自己的准则应成为一个普遍法则，否则我绝不应如此行为。如果不想使义务变成一个空洞的幻想和不可能的观念，那么，这样单纯的普遍合法则性就一般地充当意愿的原则，且必须充当这样的原则，而不需任何一个适用于某些特殊行为的法则为前提。人的普遍理性在其实践评价中，与此完全一致，而且在任何时候，都把以上原则作为准绳。例如，有这样一个问题：在我无计可施之时，我可以有意地作不兑现的诺言吗？我很容易分辨这一问题所可能有的两种意义：作一个虚假的诺言是否明智，或者是否正当？毫无疑问，人们经常遇到的是前一种情形。不过我认为，只在这种借口下摆脱当前的困境是不够的，还必须进一步考虑到，和所摆脱的当前困境相比，这种谎言在以后是否会给我带来大得多的困境，而且，不管多么机警，我都难以预见到，一旦失掉信用，给我带来的不利，是否会比一切我现在所设法逃避的厄运都更大些，因此要考虑是否按照普遍准则做事更为明智，并且要养成除非有意遵守就不作诺言的习惯。但是，我很快就看清楚，这样一个准则依然只是基于对后果的恐惧。现在可以看得出，出于义务而诚实与出于对不利后果的担忧而诚实，完全是两回事。在前一种情形中，行为的观念自身中就已经包含有我所要的法则；在后一种情形中，我首先还要去别处寻找有什么伴随而来的影响我的结果。因为，偏离义务原则毫无疑问就是恶，但违背一些明智的准则还会对我有很多好处，尽管保持不变，会更少担风险。为了给自己寻找一个最简单、最可靠的办法来回答不兑现的诺言是否合乎义务的问题，我只需问自己，我是否也愿意把（这个通过假诺言而解脱自己的）准则，变成一条普遍法则，使它不但适用于我自己，也适用于他人？我是否愿意这样说，“在处境困难而找不到其他解脱办法时，每个人都可以作假诺言”？这样，我很快就察觉到，虽然我愿意说谎，但我却不愿意让说谎变成一条普遍的法则。因为，按照这样的规律，也就根本不可能作任何诺言，既然人们不相信保证，那我对自己将来的行为，不论作什么保证都是无用的，即或他们轻信了这种保证，也会用同样的方式回报于我。因此，我的准则一旦变成普遍法则，就必然会毁灭自身。

对于他的义务观念的这个一般表述，康德给它安了一个印象深刻的名称，即**定言命令**。不过，所谓**命令**，就是我们此前关于道德的讨论中所谓的诫命。其形式为“这样做！”或“不这样做！”，某些命令要我们“这样做！”，但只是为了得到或做别的事情。康德把这种命令称作“**假言命令**”。例如，“读法律学校”（如果你想成为一位律师的话）或者“别吃太热的咖喱”（除非你不怕溃疡）。但是，自身含有一个道德上的应该的命令就不依赖于“如果”或“为了”这样的条件。它们只说“要这样做”或“不许这样做”，无论在什么样的环境下，无论你个人是否喜欢和乐意。例如，“不许撒谎”（无论怎样）。这就是康德所谓的“绝对”。

一切**命令**，要么是**假言的**，要么是**绝对的**。假言命令把一个可能行为的实践必然性，看做达到人之所愿（至少是人之可能意愿）的另一目的的手段。定言命令则把行为本身看做是自为的客观必然的，和另外的目的无关。

由于任一实践法则无不把可能行为看做善良的，从而对一个可以被理性实践地决定的主体来说是必然的，因此，所有命令都是必然地按照某种善良意愿原则来规定行为的公式。如果行为只是作为达到**另外目的**的手段而成为善良的，那么，这一命令就是**假言的**；如果行为**自身**就被认为是善良的，并且必然地处于一个自身就合乎理性的意愿之中，作为它的原则，这种命令就是**绝对的**。

假言命令的作出依赖于具体环境。道德命令或定言命令则是普遍法则，即告诉我们在所有环境下都应做什么。（根据康德的说法，**准则**是“行为的主观原则”，或我们所谓的意图。它不同于“客观原则”，即普遍的理性法则。）

因此，只有一个定言命令，这就是：要只按照你同时认为也能成为普遍法则的准则去行动。

现在，如果可以把这个命令作为原则，从中推演出一切其他关于义务的命令来，那么，尽管我们仍不清楚，所谓的义务是否是一个空洞的观念，但我们至少可以表明，在这里我想的是什么，这一观念说明的是什么。

由于借以产生效果的法则的普遍性，在最普遍的意义下（就形式而言），构成了所谓自然的东西——也就是为普遍法则规定的事物的定在——所以，义务的命令可以表述如下：你应该这样行为，你行为的准则经由你的意愿将变为普遍的自然法则。

现在，我们想列举出几种义务，根据通常的分类，分为对我们自己和对他人的义务，完全的义务和不完全的义务。

1. 一个人，由于经历了一系列无可逃脱的不幸，而感到心灰意冷、厌倦生活，如果他还没有丧失理性，能问一问自己，自己夺去生命是否和自己的义务不相容。那就请他考虑这样一个问题，即他行为的准则是否可以变为普遍的自然法则。他的准则是：在生命期限的延长只会带来更多痛苦而不是更多满足的时候，我就把缩短生命当做自爱的原则。那么，可以再问，这条自爱原则是否可以成为普遍的自发法则。人们立刻就可以看到，以通过情感促使生命的提升为职责的自然竟然把毁灭生命作为自己的法则，这是自相矛盾的，从而也就不能作为自然而存在。因此，那样的准则就不可以成为普遍的自然法则，并且和义务的最高原则完全不相容。

2. 另一个人，在困难的逼迫下觉得需要借钱。他很清楚，自己并无钱归还，但事情却明摆着，如果他不明确答应在一定期限内偿还，他就什么也借不到。他乐于做这样的承诺，但他还良心未泯，扪心自问：用这种手段来摆脱困境，不是太不正当、与义务不一致吗？假定他还是要这样做，那么他的行为准则就可表达如下：在我需要钱的时候我就去借，并且答应如期偿还，尽管我知道我永远偿还不了。这样一条自爱或利己原则，将来也许永远都会占便宜。现在的问题是，这样做对吗？那我要把这样的自爱打算变成一条普遍法则，问题就可以表达如下：若我的准则成了一条普遍法则，事情会怎样呢？我们立即就可以看到，这一准则永远也不会被当成一条普遍的自然法则，而不必然地陷于自相矛盾。因为，如果一个人认为自己在困难的时候，可以把随便作不负责任的诺言变成一条普遍法则，那就会使人们所有的诺言成为不可能，人们再也不会相信他所作的承诺，而且会把所有这样的陈述看做欺人之谈而加以嘲笑。

3. 第三个人，有才能，在受到文化培养之后会在多方面成为有用之人。他也有充分的机会，但他宁愿无所事事而不愿下工夫去发挥和增长自己的才干。然而，他可以问一问自己，他这种忽视自己天赋的准则，除了和他享乐的爱好相一致之外，是否也与所谓的义务相一致。那他就会看到，自然确实能以这样一条普遍法则维持下去，人们可以（像南海上的居民那样）只是过闲暇、享乐、繁殖的生活——一句话，过安逸的生活——而让自己的才能白白浪费。但是，他不可能愿意让它变成一条普遍的自然法则，或者作为一种自然本能植入我们每一个人。因为，作为一种理性的存在，他必然愿意把自己的才能，从各个不同方面发挥出来。

4. 第四个人，他事事如意，当他看到别人在巨大的痛苦中挣扎，而自己对之能有所帮助时，却这样想：这与我有什么关系呢？让每个人听天由命，自己管自己吧。我对谁都无所求，也不妒忌谁，不管他过得很好也罢，处境困难也罢，我都不想去过问！如果这样的思想方式变为普遍法则，人类当然可以持续下去，并且毫无意义地胜似在那里谈论同情和善意，遇有机会也表现一点点热心，但是，另一方面却在哄骗人、出卖人的权利，或者用其他办法侵犯人的权利。但是，这样一种准则，虽然可以作为普遍的自然法则持续下去，却不可能有人愿意把这样一条原则当成普遍有效的自然法则。因为在很多情况下，一个人需要别人的爱和同情，有了这样一条出于他自己意愿的自然法则，他就完全无望得到他所希求的东西了。

这就是实际义务的一些例子，或者至少我们认为它是如此，它的分类很显然，是按照同一个原则来进行的。我们必定**愿意**我们的行为准则能够变成普遍法则。一般来说，这是对行为的道德评价的标准。有一些行为，除非陷于矛盾，人们就不能把它的准则当做普遍法则，更不可能愿意它应该这样。在另一些行为中，虽然找不到这种内在的不可能性，但仍然不可能愿意把它的准则提升为普遍性的自然法则，因为这种意愿是自相矛盾的。人们很容易看出来，前一种违背了严格的或狭义的义务，后一种违背了广义的义务。显而易见，通过这些例子，全部义务在约束力的类型上都服从同一个原则（而不是在行为对象上服从同一个原则）。

用我们已然遇见的康德的一个术语来说，还有另一种描述定言命令的方式，即它是一种**先天**原则，因此，它独立于一切具体环境。根据康德的说法，正如某些知识原则是必然的，道德原则也是必然的，因为它们为人性所必需。因此，在康德看来，道德原则作为理性的先天原则，适合于每一个人，实际上，甚至更为普遍地适合于每一个理性的生命，坚持这一点很重要。（在这个表述中隐藏着一个极其重要的观点。传统上，道德总是基于上帝的意志加以辩护，也就是说，我们应该合乎道德，是因为上帝赋予了我们道德法则。然而，根据康德的说法，上帝并没有给出这样的法则，而且，作为一种理性的生命，他与我们一样受到这些法则的限制。因此，面对这个问题——“道德法则是因上帝之善而善，还是上帝因服从道德法则而善？”——康德显然赞同后面这种说法。）

康德关于定言命令的论述令人混乱，因为他在告诉我们“只有一个定言命令”之后，又继而为我们给出了其他定言命令。他把这些称作“定言命令的替代性表述”，然而，实际上却给绝大多数读者造成了不必要的混乱。事实上，在康德那里存在着许多定言命令。康德为我们给出的第一个定言命令不过是最普遍的。较为具体的例子有“不许撒谎！”和“履行诺言！”，另一个普遍的定言命令是：“绝不能利用人！”然而，“利用人”可以有一种完全无害的意义在内。例如，我“利用”你来打网球，因为我一个人无法打网球。在这种情形中，你从我“对你的利用”中所获得的好处，与我从中获得的好处一样，因此，我们同样可以说，你在“利用我”。但是，有许多这样的情形，我们想着为了自己的利益“利用”人，而不顾所利用之人的利益。这是康德所禁止的那种利用。

现在我认为：人，一般说来，每一个理性的存在，都自在地作为目的而实存着，他**不仅仅是**这个或那个意愿随意使用的**手段**，在他的所有行为中，不论对于自己还是对于其他理性的存在，任何时候都必须同时当做目的。一切爱好的对象所具有的价值都是有条件的。因为，如果爱好和以此为基础的需要一旦消失，他的对象也就毫无价值可言。但是，爱好自身作为需要的源泉，不能因它自身被期望而具有什么绝对价值，相反，每一个理性的存在都希望完全摆脱它。因此，我们的行为**所获得**的一切对象，其价值任何时候都是有条件的。那些其实不以我们的意愿为依据，而以自然的意愿为依据的存在，如若它们是无理性的存在，只具有作为手段的相对价值，就叫做**物**；相反，如若是理性的存在，就叫做**人格**，因为他们的本性表明自身自在地就是目的，是不可仅仅当做手段来使用的东西，由此限制了一切人性（并且是一个受尊重的对象）。所以，他们不仅仅是主观目的，作为我们行为的效果而实存，只具有**为我们**的价值，而是**客观目的**，是些其实存自身就是目的——是种任何其他目的都不可替代的目的，一切其他东西都**只是**作为手段为它服务，除此之外，在任何地方，都不会找到有**绝对价值**的东西了。但是，如果一切价值都是有条件的，因而也是偶然的，那么，理性就在任何地方都找不到最高的实践原则了。

如果有这样一条最高的实践原则，或者，如果对人的意愿应该有一种定言命令，那么这样的原则必定出于对任何人都必然是某种目的的概念，因为它是**自在的目的**，因而构成了意愿的**客观**原则，由此成为普遍的实践法则。这种原则的根据就是：**理性的本性作为自在目的实存着**。人们必然这样来设想自己实存，所以它也是每一个人行为的主观原则。但是，每一个其他的理性存在也和我一样，按照同一法则来设想自己的实存。因此，它同时也是一条客观原则，作为最高的实践法则，从中能够推导出意愿的全部法则来。因此，就可以得出实践命令如下：**你的行为，要把你自己人格中的人性，和其他人格中的人性，在任何时候都同样看做是目的，永远不能只看做手段**。下面让我们来看一看，这一原则是否行得通。

这里还是用前面的例子。

按照对自己的必然义务：打算自杀的人应该问问自己，他的行为是否与把人看做**自在目的**的观念相一致。如果他是为了逃避困难的处境而毁灭自己，那么他就是把自己的人格看做一个把过得去的境况维持到生命终结的**手段**。然而，人并不是物，也就是说，不是某个可以仅仅用作手段的东西，而是任何时候都必须在他的一切行为中把他当做目的来看待。因此，我无权处置代表我自己人格的人，无权去摧残他、毁灭他、戕害他。（为了避免误解，在具体讨论伦理学时，我们还要进一步规定这一基本命题，例如，为了保存自己而截断肢体，冒着生命危险去保存生命，等等。这一问题在此就说到这里了。）

第二，至于对他人的必然义务或不可推卸的责任：一个人在打算对别人作不兑现的诺言时就看得出来，他这是把别人**仅仅当做**自己的**手段**，而不同时把别人当做自在目的。因为通过这样的诺言，被用之于我的意图的那个人，不会同意我对待他的方式，从而他自己不可能忍受这一行为的目的。如果人们把对他人自由和财产的侵犯作为例子，那么显而易见，这种做法违反了他人的人性原则。因为十分清楚，处心积虑地践踏别人的权利，是把别人的人格仅看做我所用的手段，绝不会想到，别人作为有理性的东西，任何时候都应被当做目的，不会对他人行为中所包含的目的同样尊重。

第三，至于对自己的偶然的（可称赞的）义务：行为只是和在人格中作为自在目的的人性不相抵触是不够的，它们还必须与人性**和谐一致**。现在，人性之中有获得更大完善的能力，这种完善也就是在我们主体之中，人之本性的目的。若忽视这些能力，倒也不妨碍把人性作为目的本身加以**保存**，但却不能促进这一目的实现。

第四，至于对他人可称赞的义务：所有人都具有的自然目的就是他们自己的幸福。除非有意地从中有所得，人是不会对他人的幸福做有益之事的。但是，与**自在目的的人性**相一致，在这里仍然是消极的，而不是积极的，倘若人们不尽其所能，促使他人所可能有的目的得以实现。如果这种看法对我**充分**地起作用，那么，自在目的的主体的目的，一定会尽可能地也成为我的目的。

人性，一般来说，每一个理性的本性就是自在目的（它是每一个人行动自由的最高限定条件）这一原则，并非得自于经验。**首先**，由于它的普遍性，它适合于一切有理性的存在，对此，经验是无能为力的；**其次**，由于在这里，人性不是（主观地）被当做人实际上作为目的的对象，而是被当做作为法则而成为一切主观目的之最高条件，被当做客观目的，不管我们所想的目的是什么。因此，它必定来自纯粹理性。

用康德自己的术语来说，每一个人的意愿都是一种能够依据普遍的道德法则行为的意愿，它不基于任何个人爱好或个人利益，而只服从绝对的理性原则。康德以此作为道德的定义，对他的前辈做了回顾。

现在，回顾此前在寻找道德原则上所做的一切努力，我们发现它们全都遭受失败是不会感到意外的。人们看到，人因义务而受限于法则，但他们没有想到他所服从的**只是他自身所制定的**并且是普遍的法则，他所受到的约束，只是按照他自己的意愿而行为——而这一意愿是自然设计所给予普遍法则的。因为，当一个人认为人只是服从一种法则（无论什么法则）时，那么这法则必定要求一种作为刺激或促进的利益，因为它并不是从**他自己的意愿**中产生出来的法则，而是他的意愿被**另外某种东西**所迫使，以某种方式作出符合法则的行为。由此作出的必然结论是，为寻求义务的最高根据所作出的一切努力，都无可挽回地失败了。因为人们从未担当什么**义务**，他的行为不过是出于某种利益的必然性而已。

换言之，任何名副其实的道德，必定是一个人自己的然而同时又是普遍的自律理性的产物，它作为理性意愿的产物，独立于个人感情或个人利益。然而，此前的一切哲学坚持诉诸这样的个人感情和个人利益，因此，最后在每一种情形中所获得的都是假言的原则，而不是康德所说的绝对的或道德的原则。所以，在亚里士多德那里，道德依赖于一个人作为男性雅典公民的身份。而在康德看来，道德和义务完全与这样的个人境况和个人关切无关。道德和义务没有条件，根本上来说，它们与美好生活或幸福无关。或许，在一个完美世界中，履行义务可能也会带给我们幸福。然而，康德注意到，这个世界并不是那样，因此，幸福和道德是两个相互独立的关切，而第二个关切总是被认为最为重要。（正是在这一点上，康德引入了他的“实践理性的公设”，尤其是上帝存在的公设，为的是给我们确保，至少长期来看，履行义务会带给我们某种报偿。）

由此可见，康德道德观念过于严格，以至于难以为大多数人接受。最难以接受的是这一观念，即道德和义务与我们的个人欲求、野心和感情，也就是康德所谓的我们的爱好无关。我们的义务至少有些时候会与我们的爱好冲突，这一点我们能同意。不过，许多哲学家觉得，康德走得太远，以至于把它们完全分隔了开来。此外，康德对定言命令的强调，系统地排除了与一切具体情境和环境的关系。作为对康德的回应，人们可以问：只根据具体背景或情境来决定，就不能做正确的事情吗？（近来一种称之为“情境伦理学”的道德哲学重申了这一古老的要求。）难道我们不需清楚具体问题和所涉个人吗？在一种情境中正确的事情，在另一种情境中就很可能是错的，而这只是因为不同的个性。例如，一些人，如果我们告诉他们关于他们的“真相”，可能会受到极大伤害。相反，对他们撒点“小谎”会让他们感觉更好。然而，另一些人对于任何谎言都无法容忍，甚至宁愿接受令人受伤的真相，也不要不明真相的“无知的幸福”。不是所有的道德规则必须要与具体情境相调和吗？

对于这样的反驳，康德式的回应会是这样的：在说谎之外，还有许多方式可以避免伤害人。人们可以说：“无可奉告。”人们可以伺机咳嗽，或者自然地让盘子掉在地上。实际上，有些欺骗在我们社会中已成惯例（比如为未能赴一次宴会感到“歉意”），但这并不意味着要一个康德主义者为此做出辩护。于是，问题就变成了一个人如何对这种情形中的选项作一个准确描述。确实曾有过这样的一种选择——要么伤害要么撒谎——吗？

以一种更普遍的方式来看，人们常常反驳说，康德无条件的道德概念过于普遍，以致无助于我们在具体情形下决定要做什么。以“不许偷盗”这个定言命令为例。尽管这个命令本身作为一个定言命令，必定是无条件的，但是，为了能够应用它，我们必须理解它适用的情形。难道在某些情形下我们没有偷盗的权利吗？或者，用另一种不同的方式来表述这一观点，难道没有这样的情形，在这些情形中，“偷盗”根本不是偷盗吗？那么，一个快要饿死的人从富得流油的面包师那里偷了一条面包，这是什么样的情境？他确实是偷盗，但我们不会说在这种情形下他这样做是正当的吗？对此，康德主义者的回答如下：那个人偷盗是否错了与那个人是否应受惩罚，这是两个不同的问题。在这个实例中，我们可以推测，康德会认为那个人确实错了，但尽管如此，他也不应受到惩罚。

我们是怎样决定“在何种情形下”应用一条道德法则的呢？康德关于定言命令的表述只告诉我们，我们必须以任何别人在相同情形下都会如此行为的方式行为。那么，规定这些“相同”情形的是什么呢？假设我说：“任何在这些情形下的人都可能偷盗，这些情形即170公分高、1942年出生于底特律、金发蓝眼、毕业于C中学。”任何处于相同环境下的人都能偷盗，但是，我如此定义的环境，显然除了我自己完全符合之外，再也没有第二人了。那我们如何能够避免这种诡计？任何在定言命令框架内的考量都是无法做到这一点的，因为就定言命令的本性而言，它无法告诉我们一条道德法则可应用于何种环境。同样的反驳还有另一种表达方式，即抱怨没有办法来决定命令必须要有多详尽。例如，我们应该只说“不许偷盗”，还是说“不许偷盗，除非你快要饿死了，而另一个人没有！”，又或者说“不许偷盗，除非你金发蓝眼！”等等。为了禁止这样的滥用，康德的答复是，在对原则的表述中完全排除上述提到的具体情形。尽管如此，我们还是要决定在何种情形下应用何种道德，这里就再次出现了如下问题：我们要多严密地对情形加以规定？何种情形与定言命令的表述相关？当然，它不会说与任何人都不相关，至少，我们必定完全清楚这种行为是不是一个偷盗实例。

对于康德那严格的哲学，还存在着其他反驳。例如，如果道德原则是绝对的，那么，要是两个不同的道德原则互相冲突该怎么办？规则告诉我们“不许撒谎”是绝对的，规则也告诉我们“遵守诺言”。假设我承诺不告诉任何人你这周会在什么地方，然后有一个想要杀死你的人逼我说出你在哪。我必须得说点什么，要么违背诺言，要么撒谎。康德没有给我们提供在诺言和谎言之间作选择的恰当方式。他排除了一切对于行为结果的诉求。根据康德的观点，即使你的敌人要杀了你，从道德上来说，这也是无关要旨的。最为重要的是，康德排除了一切对于使人幸福之物的诉求，不仅包括那个必定要么撒谎要么违背诺言的人，而且包括涉及的每一个人。可以推测，康德会这样回答说，这些显然冲突的情形是由于对实例的误解造成的。例如，面对侵犯者，人们可以装哑巴、拒不说任何话，或者用武力迫使他们离开。因此，道德冲突问题就成了康德道德哲学的关键。如果诸道德原则相冲突，那我们就需要在相冲突的道德原则之间做出选择的方式。如果诸道德原则彼此不冲突，那我们就需要对表面上的冲突作出解释并加以解决的方式。可是，很显然，康德的理论既没有为我们走出道德困境提供一个满意的标准，也没有对我们自己身上偶尔出现的令人痛苦的道德冲突作出解释。

- 理性在康德的道德观念中扮演何种角色？康德自称追随卢梭，可他与卢梭有多少相像？又有多少不同？
- 康德所谓的“善良意愿”是什么意思？根据康德的说法，是什么造就了善良意愿？
- 根据康德的说法，是什么使得一个行为“在道德上值得称道”？
- 什么是定言命令？它与假言命令有何不同？什么是准则？康德最初是如何根据准则来阐述定言命令的？他是如何运用定言命令来表明撒谎是错误的？
- 说我们是“目的”是什么意思？你如何把某人当做一个目的来对待？康德对我们说，不要把他人仅仅当做手段来对待，这是什么意思？什么是仅仅把别人当做手段来对待的例子？在何种环境下，可以允许把别人当做手段？
- 康德认为，道德价值与我们自己的个人爱好、激情和感情无关，你觉得这一观点有说服力吗？还是觉得它成问题？为何他孜孜以求要把道德与爱好分割开来？

H. 功利主义

康德的道德观过于苛刻，以至于不顾幸福和美好生活，为此，许多英国哲学家，主要有**杰里米·边沁**(Jeremy Bentham)、詹姆斯·密尔(James Mill)和他的儿子**约翰·斯图亚特·密尔**(John Stuart Mill)，提出了一种名为功利主义的道德观念。它是一种把个人爱好和个人利益带回到道德思考之中的努力。功利主义者想要重新考量行为的“意愿”和结果，同时为了规定什么是道德上正确的行为，还想考量行为的具体情形。最重要的是，它是一种使道德恢复为寻求个人满意的生活的努力，而这正是康德所忽视的。

功利主义的基础是**快乐主义**(hedonism)的一种形式，美好生活的观念认为，终极善是快乐，归根结底，我们想要的和应该想要的，就是这种快乐。不过，传统的快乐主义所关心的只是某人自己的快乐，功利主义关心的则是一般的快乐，也就是说，关注某人自己的快乐和他人的快乐。在许多功利主义者的著作中，快乐和幸福这两个概念可交换着使用。从我们此前的讨论（尤其是我们关于亚里士多德的讨论）中,我们知道在做这种交换使用时要谨慎。许多短暂的快乐并不使我们幸福，而幸福也远非单纯的快乐。不过，这是功利主义者的一个主要关注，他们的整个理论围绕一个目标展开，即使绝大多数人尽可能地幸福，有时甚至要为了长久的快乐而牺牲短暂的快乐。他们的中心原则常常被概括为“最大多数人的最大幸福”。

促使杰里米·边沁提出他的功利主义理论的，与其说是康德哲学严格的道德主义，不如说是英国法律体系荒谬的复杂性。正如康德寻求一种使所有道德得以简化的单一原则，边沁寻找一种使法律得以简化的单一原则。边沁从人们趋乐避苦这一事实开始，正是在这一基础上，他提出了“功利原则”。

杰里米·边沁，《道德与立法原则导论》[1]

I. 自然把人类置于两位主公的主宰之下，即痛苦和快乐。只有它们向我们指出应该干什么，决定我们要做什么。是非标准、因果联系，俱由其定夺。我们的所行、所言、所思，皆受其支配；我们能够做的每一项摆脱从属地位的努力，都只会证明和肯定这一点。在口头上，人们可以声称绝不再受其主宰，可实际上，他仍每时每刻对其俯首称臣。功利原则承认这一从属地位，并且把它当做经由理性和法律之手建造福乐大厦的制度基础。凡是质疑这一原理的制度，都是重虚轻实、任性昧理、从暗弃明。不过，隐喻和雄辩之辞用得够多了：道德科学并非靠这类手段可以改进。

II. 功利原则是这本书的基石。因此，在开头清晰明确地讲述它意指什么，将是适当的。功利原则指的是这样的原则，它按照看来势必增大或减小利益相关者的幸福的倾向，亦即促进或妨碍此种幸福的倾向，来赞成或非难每一项行为。我说的是无论什么行为，因而不仅是私自的个人行为，而且是政府的每项措施。

III. 功利是指任何客体的这样一种特性，借此特性，它倾向于给利益相关者带来实惠、好处、快乐、利益或者幸福（所有这些在这里含义相同），或者倾向于防止利益相关者遭受损害、痛苦、祸患或不幸（这些也含义相同）。如果利益相关者是一般的共同体，那就是共同体的幸福，如果是一个具体的个人，那就是个人的幸福。

IV. 共同体的利益是道德术语中所能有的最笼统的表达之一，因此，它往往失去意义。在它确有意义时，可表述如下。共

杰里米·边沁（1748—1832）：英国法律改革运动的领袖、功利主义的奠基人。人应该按照最大多数人的最大利益来行动，他的这一功利原则是功利主义的核心主题，并且逐渐渗入到构成他那个时代的英国法律体系的法则和条例中。他最著名的著作是《道德与立法原则导论》（1789）。

1 Jeremy Bentham, *An Introduction to the Principles of Morals and Legislation*, Oxford: Clarendon, 1879. 中译文见边沁：《道德与立法原理导论》，时殷弘译，北京：商务印书馆，2002 年，第 57 页。

同体是个虚构体，由那些被认为构成其成员的个人组成。那么，共同体的利益是什么？组成它的若干成员的利益之总和。

V. 若不理解什么是个人利益，谈论共同体的利益便毫无意义。当一个事物倾向于增加一个人的快乐总和时，或者同义地说，倾向于减少其痛苦总和时，我们就说它促进了这个人的利益，或是为了这个人的利益。

VI.（就整个共同体而言）当一项行动增大共同体幸福的倾向大于它减小这一幸福的倾向时，就可以说它符合功利原则，或简言之，符合功利。

VII. 同样的，当一项政府措施（这只是一种特殊的行动，由特殊的人去做）增大共同体幸福的倾向大于它减小这一幸福的倾向时，就可以说它符合或服从功利原则。

根据边沁的功利原则，道德无非是指倾向于增加而非减少快乐总量的行动。

X. 对于一项符合功利原则的行动，一个人总可以说它是应当做的，或者至少可以说它不是不应当做的。他也可以说，去做是对的，或者至少可以说去做不是错的。它是一项正确的行动，它至少不是一项错误的行动。应当、对和错及其他同类用语作如此解释时，就是有意义的，否则便没有意义。

那人们如何来维护功利原则呢？无法维护。试图去证明这一原则，“既不必要，也不可能”。无论承认与否，人们十分“自然的”基于这一原则行动。这并不是说，他们总是按照这一原则行动，根据边沁的说法，那只是因为人们并不总是知道什么对自己最好。这正是在哲学中阐明这一原则的原因所在。

边沁学说的核心是对一种决定程序的阐明，借此在每一种可能情形中，决定可替代的行动过程的价值。简单地说，这一程序就是，根据恰当地被称为**幸福计算**的东西，确定可替代的快乐和痛苦总量。

I. 追求快乐和避免痛苦是立法者要考虑的目的，因此就要求他必须了解它们的值。快乐和痛苦是他必须运用的工具，因此他必须理解它们的力，换言之，也就是它们的值。

II. 对一个人自己来说，快乐或痛苦本身的值的大小，将依据如下四种情形来定。

1. 其**强度**。

2. 其**持续时间**。

3. 其**确定性**或**不确定性**。

4. 其**邻近**或**偏远**。

III. 这是在评估每一项快乐或痛苦本身时要考虑的情形。然而，为了评估任何行动造苦造乐倾向而考虑这一苦乐之值时，还需要考虑其他两种情形，它们是，

5. 其**丰度**，指随同种感觉而来的可能性，即乐有乐随之，苦有苦随之。

6. 其**纯度**，指**相反**感觉**不**随之而来的可能性，即苦不随乐至，乐不随苦来。

然后是测试。

V. 于是，可按照下面程序，确切地估量任何影响共同体利益的行动的总倾向。首先，从其利益看来最直接地受该行动影响的人当中，挑出任何一个人来考察、估算，

1. 看来由该行动**最初**造成的每项可辨认的快乐的值。

2. 看来由它**最初**造成的每项**痛苦**的值。

3. 看来由它**随后**造成的每项快乐的值。这构成最初**快乐**的**丰度**和最初**痛苦**的**不纯度**。

4. 看来由它随后造成的每项**痛苦**的值。这构成最初**痛苦**的**丰度**和最初快乐的**不纯度**。

5. 把所有快乐之值加在一起,同时把所有痛苦之值加在一起。如果快乐的总值较大，则差额表示行动有关**个人**利益的、**好**的总倾向，如果痛苦的总值较大，则差额表示其坏的总倾向。

6. 确定利益相关者的**人数**，对每个人都按照上述程序估算一遍。把表示行动有关每一个前一种人的、具有多大程度**好**倾向的所有数值**加在一起**，同时把表示行动有关每一个后一种人的、具有多大程度**坏**倾向的所有数值加在一起。如果**快乐**的总值较大，则差额表示有关当事人全体或他们组成的共同体的、行动的总的**好倾向**；如果痛苦的总值较大，则差额表示有关同一共同体的、行动的总的**坏倾向**。

让我们来看一个例子。边沁自己论述了淫欲问题（命题XXX),他说淫欲总是坏的。“因为如果这一动机的效果不坏，我们就不会称之为淫欲。”换言之，淫欲是一种过度的性欲，它带来的痛苦多于快乐。假设你对另一个人充满性欲。（假定彼此已然认可）在实现还是不去实现之间，你如何决定?

边沁的提议是：首先，你得估计每一个人将获得的快乐总量。一个重要的问题是，要估计的仅仅是这两个人的快乐，还是其他人的快乐也要估计。如果是通奸，那么至少第三个人的利益要考虑在内。假定所涉及的没有那么直接的复杂性，社会其余人的间接利益也必须考虑进去。（如果你和潜在的爱人还太小，那你父母的幸福应该包括进你的决定吗？）

接着，在你考虑了最初的快乐之后，要估计最初的痛苦。（在这种情况下，我们可以假定痛苦会很小。）在接下来，就要询问相关的每一个人的较长期的快乐和痛苦。如果性关系会让你对自己和另一个人感到幸福，那么，随后的快乐就相当可观。如果其中有个人感到后悔、堕落、羞愧，如果性欲破坏了良好的友情，或者，如果性关系带来这样的感觉，其中有人或者两个人都是不情愿的，那么，随后的痛苦总量可能是不可抗拒的。

在做出了所有这些考量之后，把每个人（以及对可能会受影响的他人）的快乐和痛苦加在一起,然后比较快乐和痛苦的总量,如果结果是好的,就去做。如果结果是坏的,就别做。例如，假设你们每一个人都预想会有大量最初的快乐，其中有一个人还预想之后会有好的感情，而另一位预想之后只会有淡淡的后悔。其他人甚至无需知道，那么，很显然，这样的结果是好的。但是,设若你们都不曾预想会有如此享受,而随后的激烈争论拖得很长,令人厌烦，那么，结果就很可能是坏的。

我们并不经常这样来做这种决定，我们当时只是做我们想做的。而在边沁看来，这正是我们不应该做的。他说，正因为我们常常出于冲动而行动，没有经过理性计算，我们最后才陷入不幸福。换言之，我们常常是非理性的，这一事实不是反驳边沁的原则的一个论证。因为边沁的原则正是要使我们变得理性，帮助我们获得我们真正想要的东西。

边沁的理论存在着问题。根据他的“幸福计算”，他所考虑的一切仅仅是快乐和痛苦的数量。你们中有人可能针对前面的例子说:"若他们发生性关系,两个人会获得如何多的快乐、如何少的痛苦，这无关紧要。在某些情形下（若是通奸，或者若他们未婚），这样的行为就是错的！纯粹的幸福是不够的！”在这里，我们看到钟摆摆回到了康德那边。为了搞清楚这一步为何是必要的，让我们来考察一下下列对于边沁的反驳。

假设这样一种情形：许多人从观看无辜的人受折磨、像畜生那样被屠杀中，得到大量快乐。无疑，受害者会遭受大量痛苦，但是，通过增加观看的人群，我们最终可以获得别的每一个人合在一起的快乐总量，它完全超过了受害者遭受的痛苦。边沁的计算显然无法拒斥这样一个可怕的结果。一个不怎么可怕的例子是这样：如果一个人从某种活动中获得巨大快乐却毫无痛苦，那就没什么其他考量可以应用于他或她了（假定他或她的行动没有影响到他人）。然而，若懒散、纵欲的生活使每一个人都满足，并给他们带来许多快乐且毫无痛苦，我们会说它比任何其他生活方式要好吗？边沁能给出什么理由来说明任何一种“好”于幸福的猪的生活吗？这正是困扰着边沁的教子约翰·斯图亚特·密尔的问题。

密尔的功利主义对边沁的纯数量计算增加了一个重要限制。他说，要考虑的不仅是快乐的量，还要考虑快乐的质。不用说，这使得计算变得更加复杂。事实上，它使得计算不再可能，因为即使能够有关于量的精确计算，也不可能对质进行准确的计算。密尔如今众所周知的例子如下：如果一头猪能够过一种完全满足的生活，而像苏格拉底那样的一个具有道德关注、富有思想的个人，却从未有这样的满足，由此就可以说猪的生活是更好的吗？密尔的回答如下。

> **做一个不满足**的人要比做一头满足的猪好，不满足的苏格拉底要比一个满足的傻瓜好。
>
> 他这种说法有何基础？难道猪和傻瓜不是更幸福吗？
>
> 如果傻瓜或猪有不同的看法，那是因为它们只知道自己方面的问题。而另一方［苏格拉底］却知道问题的**两方面**。[1]

从这一理论中，也出现了一些问题。即使我们能够尝遍所有快乐，我们又如何来评价它们不同的“质”？不过，让我们先来看看密尔对功利主义的修正，它总结在广受欢迎的、恰当地被称之为《功利主义》的小册子中。（创发功利主义一词的，不是边沁，而是密尔。）它以对道德尤其是康德的道德哲学的全面考量开始。

约翰·斯图亚特·密尔，《功利主义》[2]

> 根据那些被冠以思想家之名的解释者的所有解释来看，道德官能为我们提供的只是道德判断的一般原则。它是我们理性的一个分支，而不是我们感官的一个分支，我们应当指望它提供抽象的道德学说，而不是关于具体事例的看法。伦理学中的直觉主

1 John Stuart Mill, *Utilitarianism*, London: J. M. Dent, 1910. 中译文见穆勒：《功利主义》，徐大建译，上海：上海世纪版集团，2008 年，第 10 页。

2 同上。

义学派，与可被称为归纳主义的学派一样，坚持认为一般法则的必要性。它们都一致同意，个人行为是否合乎道德，不是一个直接知觉的问题，而是把法则应用于个别事例的问题。它们在很大程度上还承认相同的道德法则，但在这些道德法则得以成立的证据及其权威依据方面，却彼此不同。前一种看法认为，道德原则是先天自明的，只要理解了其词项的意义，就会立即为人同意。后一种学说认为，对错与真假一样，都是观察和经验的问题。不过，这两个学派都认为，道德必定是根据原则演绎出来的，直觉主义学派与归纳主义学派一样强烈地主张，道德科学是存在的。然而，他们却很少作出努力，将这样一些先天原则罗列出来，以便作为道德科学的前提，更不用说努力去把这些不同的先天原则化约为一个第一原则或义务的共同基础了。他们要么认为日常的道德格言就具有先天的权威，要么将某个一般原则当做那些准则的共同基础，而这个一般原则显然还不如那些准则具有权威性，因而从未成功地得到广泛接受。可是，为了支持他们的这些主张，就应该存在一个基本的原则或法则，作为一切道德的根据，如果存在着几个不同的基本原则或法则，那么在它们之间就应该有一个明确的优先排列次序，而那个唯一的原则，或者当几个不同的基本原则发生冲突时可以决定哪个原则应当优先的规则，应该是自明的。

若要探究一下，这种缺陷所导致的不良后果在实践中减轻了多少，或者，由于对道德的终极标准缺乏明确的认识，人类的道德信仰遭受了多大的损害或变得多么不确定，那就需要对过去和现在的伦理学说进行一次完全的考察和批判。不过，若要表明，无论这些道德信仰获得了何种程度的稳定性和一致性，这种稳定性和一致性主要出自我们尚未认可的一种标准的暗中影响，倒不是一件难事。虽然，由于不存在一条公认的第一原则，使得伦理学与其说是人的实际情感的向导，不如说是人的实际情感的献祭，但是，由于人的情感，无论是赞赏还是厌恶，在很大程度上都为人们自己感到的、各种事物对自己幸福的影响所左右，因此，功利原则，也就是边沁后来所谓的最大幸福原则，在各种道德学说的形成中都起着很大作用，即便那些最蔑视功利原则的权威性的学者的道德学说也不例外。任何思想流派，不论它多么不愿意承认功利原则是道德的基本原则与道德义务的源泉，都不会否认，在许多具体的道德问题上，行为对幸福的影响是一个最重要的乃至最为突出的考虑。或许我可以再进一步说，对于那些认为争辩还有必要的先天派道德学家来说，功利主义的论证也是必不可少的。我在这里并不打算批评这些思想家们，但我还是禁不住举例提到他们之中最杰出的一位思想家的一篇系统论文，即康德所写的《道德形而上学》。这位卓越的伟人，其思想体系将长期成为哲学思想史上的里程碑之一，他在上述这篇论文中确实提出了一个普遍的第一原则，作为道德义务的起源和根据。它的表述如下："你应该这样行为，你愿意你借以行为的规则成为所有理性的存在采用的法则。"可是，当他开始从这个第一原则推演任何具体的道德义务时，他的表现却近乎可笑，本来，他应该表明，若所有理性的存在都接纳最无耻的不道德行为规则，那么就会出现某种矛盾，就会出现某种逻辑上的不可能（事实上的不可能就不用说了）。可他所表明的仅仅是，若不道德的行为规则被普遍接纳，那么其后果是没有人会选择去承受的。

随后，密尔开始认真考虑如何来重新定义功利主义。像边沁一样，他同样坚持认为功利原则无法得到证明，因为它是其他一切借以得到证成的终极目的。不过，密尔告诉我们，“‘证明’一词有更宽泛的意义”。

> 在这里，我不打算进一步讨论其他理论，我只试图对功利主义理论或幸福理论的理解和把握，以及对这种理论能够得到的证明做出某些贡献。显然，这里所说的证明并不是在这个词的日常意义上说的。终极目的的问题是无法直接证明的。凡是能被证明是善的东西，必定是因为我们能够说明它可以用做一种手段，使人获得某种无需证明就被认可为善的东西。医术有助于健康，所以被认为是善的，但我们如何可能证明健康是善的呢？音乐艺术特别能够带来快乐，因而是善的，但又怎么可能证明快乐是善的呢？因此，如果有人断言，有一个列出了所有本身为善的事物的全面方案，而除此之外一切善的事物，则不是作为目的而是作为手段的善存在，那么，这个全面方案可以被接受，也可以被拒斥，却不是可以按通常的理解被证明的东西。然而，我们并不因此推断，对它的接受或拒斥必定依赖于盲目的冲突或任意的选择。证明一词还有一种更广泛的意义，根据这种意义，这个问题就像其他任何一个有争议的哲学问题一样，也是可以证明的。证明的对象仍属于理性官能的认识范围之内。不过，理性官能处理这个问题并不是只有直觉的方法。我们可以提出各种考虑，它们能够使理智赞成或不赞成相关学说，而这相当于证明。

密尔自己致力于消除一个流行的误解，这一误解把功利原则看做提倡“效用”、反对快乐。他在这里指出，这一理论的辩护者所谓的功利，一直指的“并非是与快乐相对照的某种东西，而就是快乐本身，以及痛苦的消除”。相应的，最大幸福原则认为，行为之所以是对的，是因为它们在某种程度上提升了幸福，而行为之所以是错的，是因为它们在某种程度上缩减了幸福。当然，密尔所谓的幸福，意指的就是快乐和缺乏痛苦。根据密尔的说法，快乐或幸福是唯一作为目的的可欲之物（所以它是一种内在善），而所有其他可欲之物之所以是可欲的，乃是因为它们产生快乐。这些其他的善只是通向快乐的手段（因此它们是工具性的善）。

> 若以为那些赞成以功利来检验行为对错的人，是在狭隘的、完全口头的意义上使用这个词，即把功利看做快乐的对立面，那真是太无知了。对此，只需稍作提醒即可。要是误认为功利主义的哲学对手也会产生如此荒唐的误解，哪怕只是一时，也要向他们道歉。这种误解之所以显得较不寻常，是因为对功利主义的另一种常见批评恰好相反，即指责功利主义把一切都交给了快乐，而且是最粗俗的快乐。恰如一位有才华的作者曾尖锐地指出那样，同一类人而且常常是同样一些人，“当功利一词先于快乐一词时便指责功利主义不切实际、流于乏味，当快乐一词先于功利一词时则指责功利主义过于实际、骄奢淫逸”。任何一个熟悉这一问题的人都意识到，从伊壁鸠鲁到边沁，每一位主张功利理论的作家都没有用功利意指某种与快乐相对照的东西，而是把它理解为快乐本身，以及痛苦的消除。而且，他们从来不把赏心悦目或带来美感看做是有用的对立面，相反总是宣称，有用尤其包含着赏心悦目和带来美感的意思。然而，一般民众，

包括普通作家，不仅在报纸杂志上而且在有影响且自负的著作中，不断陷入这种浅薄的错误之中。他们抓住功利主义一词，但除了这个词的发音外对其一无所知，只是习惯性地用它来表达对某种形式的快乐、美、装饰或娱乐的拒斥或忽视。这个词被人这样无知地误用，也不仅仅意在贬抑，有时也意在夸赞，似乎它有超越轻浮和一时之乐的意思。而这种反常的用法，正是大众所知的唯一用法，新一代人也是从这种用法中得知它的含义。那些最初引入了这个词，但多年来已不再把它用作一个特定名称的人，若觉得重新使用这个词便有希望把它从这种堕落的深渊中挽救出来，那就很可能会感到应该这么做。

那种把功利或最大幸福原则作为道德基础的信条认为，行为的对错与它们增进幸福、造成不幸的倾向成正比。所谓幸福，就是快乐和缺乏痛苦，所谓不幸，就是痛苦和丧失快乐。要清楚地揭示这个理论所确立的道德标准，还有更多的东西要说，尤其是要说明，痛苦和快乐的观念中包括了什么东西。而且，这在一定程度上还是一个悬而未决的问题。不过，这些补充说明并不影响到这种道德理论所基于的人生理论——即唯有快乐和痛苦的免除是可欲求的目的，而且所有可欲求的东西（他们在功利主义理论中与在其他理论中一样不计其数），要么是因为内在于它们自身之中的快乐而值得欲求，要么是因为它们是增进快乐、避免痛苦的手段而值得欲求。

在确定了功利原则之后，密尔把注意力转向了这样的反驳（一个常常针对伊壁鸠鲁派的反驳），它认为把快乐当做人的至善这种说法把人类生活降低到了猪的水平。密尔回应说，降低人类生活的不是快乐的提倡者，而是那些批评者，因为他们以为人能够具有的，只能是与猪所具有的同类的快乐。密尔区分了高级快乐和低级快乐，并且说，人不同于猪，他能够拥有两种快乐，因为我们具有高级的认知能力。因此，当密尔说至善是快乐时，他指的是那种高级的快乐。

可我们怎么知道什么样的快乐是高级的呢？或者，是什么使得一种快乐比另一种快乐更高级呢？密尔的回答简单明了：如果我们在考量两种快乐，那么，高级的快乐是那些体验到了两种快乐的人所喜欢的那一种。人类会宁愿满足他们的高级快乐，而不是低级快乐，哪怕高级官能满足起来要难得多。我们几乎没有人愿意与一头满足的猪交换生活。我们绝不会认为一头满足的猪的生活是一种有尊严的生活。因此，密尔主张："做一个不满足的人要比做一头满足的猪好，不满足的苏格拉底要比一个满足的傻瓜好。"

如今，这样的人生理论在许多人那里激起了由来已久的反感，其中有些人还怀有最值得尊敬的感情和意图。他们指出，以为生活（如他们所说）没有比快乐更高的目标——没有更好、更高尚的欲求和追求对象——这是一种全然卑鄙无耻的想法，是一种只配得上猪的学说，很早以前，伊壁鸠鲁的追随者们就被轻蔑地比作猪，而这一学说的现代主张者，也时常成为德国、法国和英国的抨击者们同样不客气的嘲讽对象。

伊壁鸠鲁学派受到这样的攻击时，总是回答说，把人性说得堕落不堪的人不是他们，而是指责他们的那些人。因为这种指责假定了人除了猪能享有的那些快乐之外，再也没有能力享受其他快乐。如果这一假定是真实的，那么，这样的指责虽然无法反驳，却也不再是一种非难了。因为，如果快乐的源泉对于人和猪来说完全是相同的，那么，对于猪来说足够好的生活规则，对于人来说也会是足够好的。人们之所以觉得将伊壁鸠鲁学派的生活比作禽兽的生活是一种贬损，恰恰是因为禽兽的快乐无法说明人的幸福观念。人所具有的官能要高于动物的欲望，一旦这些官能被人意识到，那么，只要这些官能没有得到满足，人就不会感到幸福。当然，我并不认为伊壁鸠鲁学派根据功利主义原则得出的理论体系毫无差错。要使理论变得充分，还需要包括许多斯多葛和基督教的成分。可是，就我所知，伊壁鸠鲁的人生理论中，没有一点不认为理智的快乐、感情和想象的快乐以及道德情感的快乐所具有的价值要远高于纯粹感官的快乐。然而，必须承认的是，功利主义著作家们一般都将心灵的快乐置于肉体的快乐之上，主要是因为心灵的快乐更加持久、更加稳当、更少成本，等等——也就是说，是因为它们的外在优势，而不是因为它们的内在本性。在所有这些方面，功利主义者都已充分地证明了自己的观点，但他们本可以完全一致地采取其他更高层次的论据。某些种类的快乐要比其他种类的快乐更可欲、更有价值，对这一事实的认可与功利原则完全相容。荒谬的是，在评估其他一切事物时，质量和数量都是考虑的因素，而在评估各种快乐时却认为只需考虑数量这一个因素。

假如有人问我，我所谓的快乐的质量差别是什么意思，或者说，仅仅就快乐而言，一种快乐除了在数量上较大之外，是什么使得它比另一种快乐更有价值，我想，可能的答案只有一个。就两种快乐而言,如果所有或几乎所有对这两种快乐都有过体验的人，不顾自己在道德义务感情上的偏好，而断然喜欢其中的一种快乐，那么，这种快乐就是更值得欲求的快乐。如果对这两种快乐都很熟悉的人，认为其中的一种快乐远在另一种快乐之上，即便知道前一种快乐带有较大的不满足也仍偏好它，不会为了任何数量的合乎他们本性的其他快乐而舍弃它，那么我们就有理由认为，这种为人所偏好的快乐在质量上占优，相对而言，快乐的数量也就变得不那么重要了。

然而，确凿无疑的事实是，对两种快乐同等熟悉的并且能够同等地欣赏和享受它们的那些人，的确都显著地偏好那种能够运用他们的高级官能的生存方式。几乎没有人会因为可以尽情享受禽兽的快乐而同意变成低等动物，聪明人都不会同意变成傻瓜，受过教育的人都不愿意成为无知的人，有感情和良心的人即使相信傻瓜、白痴或者流氓比他们更满意于自己的命运，也不愿意变得自私卑鄙。他们不会为了最大程度地满足自己和傻瓜共有的各种欲望，而舍弃自己拥有但傻瓜不拥有的东西。假如他们竟然曾幻想过愿意，那也不过是在极端不幸的情形下，为了避免这种不幸而几乎愿意把自己的命运与随便什么东西相交换，无论这些东西在他们眼中看来是多么不值得欲求。与低等存在物相比，具有高级官能的存在物需要较多的东西才能使自己幸福，对苦难的感受也很可能更深切，而且肯定会在更多的地方感受到痛苦。但是，尽管有这些不利之处，他也决不会真正希望沉沦到自己感觉低级的生存中去。对于这种不情愿，我们可以任意解释，我们将它归之于骄傲，可是骄傲这个名称被人们毫无区别地用于人类的一些最值得尊敬和最不值得尊敬的感情上面。我们可以将它归之于对自由和个人独立的热爱，那曾是斯多噶教导这种偏好的最有效的手段之一；我们还可以将它归之于对权力或对刺激的热爱，这两者也确实曾参与并促进了这种偏好。但它最合适的称号

> 却是一种尊严感，这种尊严感人人都以某种形式拥有，并且与他们拥有的高级官能成某种比例，尽管这种比例并不严格，在自尊心很强的人中间，这种尊严感还是构成其幸福的一个不可或缺的部分，乃至任何与这种尊严感相冲突的事物，一时的冲突除外，都不可能成为他们的欲求对象。如果有人认为，这种偏好是以牺牲某种幸福为代价——在同等条件下，高等存在物不如低等存在物幸福——那他就混淆了幸福与满足这两个非常不同的观念。无可辩驳的是，享乐能力低的存在物，获得充分满足的机会最大，赋有高级官能的存在物总会觉得，他能够寻求的任何幸福都是不完美的，因为世界就是这样。但是，只要这种不完美还是可忍受的，他们就会学着忍受这种不完美。而且，这些不完美也不会使他去嫉妒那根本意识不到这些不完美的存在物，因为后者根本感觉不到那些不完美所规定的善。做一个不满足的人胜于做一头满足的猪，做不满足的苏格拉底胜于做一个满足的傻瓜。如果傻瓜或猪有不同的看法，那是因为它们只知道自己方面的问题。而另一方［苏格拉底］却知道问题的两方面。

密尔承认，培养高级官能是一件非常困难的事情。我们知道，许多人并不追求高级快乐，而且似乎不断地在寻求肉体的满足。密尔用多种方式对这些类型的人做了解释：他们可能很懒，他们可能过去几乎没有机会、现在又没有能力来培养他们的高级官能，他们可能很无知，或者，他们可能具有所谓的“意志薄弱”。所谓意志薄弱，是这样一种我们常见的经验：我们明明知道什么是应该做的正确之事或好事，却在选择的时候，不知怎地经不住诱惑而未能这样做。

密尔认为，培养高贵品质是功利主义者的必修课。不仅是因为具有高贵品质的人更易于去培养他们的高级官能，因而更易于去追求高级快乐，而且是因为，高贵之人或有德之人倾向于给他人带来幸福。既然功利主义的目标不仅是要增加行动者的幸福，而且是要使每一个人的幸福总量最大化，那么，功利主义者就有义务去培养自己和他人的德性。因此，我们看到一个对于边沁的观点的重要修正。

> 也许有人反驳说，许多有能力享受高级快乐的人，有时也会因诱惑而放下高级快乐，而去寻求低级快乐。不过，这种情形与充分欣赏高级快乐的内在优越性完全相容。人们常常因性格上的弱点而选择就近的善，尽管他们知道这种善的价值较低。这种情形不仅存在于两种肉体快乐之间的选择中，而且也存在于肉体快乐与心灵快乐之间的选择中。他们虽然完全意识到健康是更大的善，但仍然会沉迷于有害健康的感官快乐。也许还有人会进一步反驳说，许多人在年轻时对高尚的东西很有热情，可随着年龄的增长却逐渐变得懒散和自私。但是，我不相信，那些经历了这种十分常见的变化的人，是自愿选择低级的快乐而舍弃高级的快乐的，我认为，他们在只求取低级快乐之前，已经没有能力享受高级快乐了。享受高尚感情的能力，在大多数人的天性中就像是一棵非常脆弱的花草，不仅容易被各种不良环境扼杀，而且只要缺乏营养，就容易死亡。在大多数年轻人中间，如果他们在生活中投身的职业和社会都不利于这种高级能力的不断运用，那么它就会很快夭折。人们丧失自己的高级追求，如同丧失自己的智性趣味一样，都是因为他们没有时间或机会纵情享受它们。他们之所以沉迷于低级快乐，

不是因为他们有意偏好这些快乐，而是因为他们能够得到或者享受到的唯有这些快乐。但我们可以自问一下，在同样容易得到两类不同快乐的人中间，是否有人自觉且冷静地偏好低级快乐？尽管在各个时代都有许多人试图兼顾两类不同的快乐而失败。

对于唯一有能力的法官作出的裁判，我认为不能再上诉了。两种快乐之中哪种更值得享有，或者，两种生存方式撇开其道德属性及其后果不谈，哪种更令人感到愉快，对于这样的问题，我们必须承认，唯有对两者都很熟悉的那些人的裁断，才是终审裁决，而如果他们的意见有分歧，那么唯有其中多数人的裁断，才是终审裁决。他们对快乐的质量作出的这种裁断，我们同样欣然接受，因为甚至在快乐的数量问题上，我们也没有其他的特别法庭可以依靠。除了对两者都熟悉的那些人的普遍意见之外，我们还有什么办法可用来判定，两种痛苦之中哪种痛得更厉害，两种快感之中哪种更强烈呢？痛苦和快乐都有许多种类而非同质之物，痛苦与快乐两者相比则永远是非同质的东西。要知道一种特定的快乐是否值得以一种特定的痛苦为代价来换取，唯有依靠亲身体验者的感情与判断，此外还有什么东西能对这个问题作出判定呢？因此，这些感情和判断宣称，就**种类**而非强度而言，得自高级官能的快乐，要比那些合乎动物本性而与高级官能无关的快乐更可取，那么，它们在这个问题上就有资格得到同样的尊重。

我之所以详细说明这一点，是因为要完全正确地理解作为人类行为指导规则的功利观念或幸福观念，这种说明是必要的。不过，这并不是接受功利主义行为标准的一个必不可少的条件。因为，功利主义的行为标准并不是行为者本人的最大幸福，而是全体相关人员的最大幸福。我们完全可以怀疑，一个高尚的人是否因其高尚而永远比别人幸福，但毫无疑问的是，一个高尚的人必定会使别人更加幸福，而整个世界也会因此而大大得益。因此，即便每个人都仅仅由于他人的高尚而得益，而他自己的幸福只会因自己的高尚而减少，功利主义要达到自己的目的，也只能靠高尚品格的普遍培养。然而，这种说法的荒谬性一目了然，以至于反驳显得多余。

根据上面所阐明的最大幸福原则，人生的终极目的，就是尽可能多地免除痛苦，并且在数量和质量方面尽可能多地享有快乐，而其他一切值得欲求的事物（无论我们是从自己的善出发还是从他人的善出发），则都与这个终极目的有关，并且是为了这个终极目的。至于快乐质量的判定，以及有别于数量衡量的质量衡量规则，则全靠那些经历丰富的人的偏好，加上他们的自我意识和自我观察的习惯，此外，最好再辅以比较的方法。根据功利主义的看法，这个终极目的既然是全部人类行为的目的，就必然也是道德的标准。因此，道德标准可以定义为这样一些人类行为的规则和戒律，即只要遵守这些行为规则，那么所有人都有最大的可能过上以上所描述的那种生活，不仅仅是人类，而且在事物的本性认可的范围内，有感觉的生物也都有最大的可能过上上述生活。

- 什么是功利原则？快乐是可计量的吗？边沁建议我们如何来计算功利？对两种行动加以考量，然后根据边沁式的计算来对它们做比较。
- 密尔对边沁的观点的修正为何如此重要？你能提供一些高级快乐的例子吗？（低级快

乐随处可见。）密尔承认，人类并不总是寻求高级快乐。他对此提供了什么理由？

- 密尔是一位快乐主义者吗？什么是快乐主义？快乐主义如何不同于亚里士多德的美好生活观念？密尔的高级快乐观念在什么方面看来更接近于亚里士多德的幸福观念？
- 把道德建基于快乐和痛苦的考量这种做法，你觉得有什么问题？

I. 道德的创造：尼采与存在主义

单单**道德**这个词，一定不会误导人。我们已经讨论的，不仅仅是各种不同的道德（伦理学）理论，还有各种不同的道德观念，也就是说，存在着诸种不同的道德，即使它们应该具有许多共同原则。换言之，相对主义问题并不局限于异国不同文化之间的比较。在我们自己的道德观念中，这个问题以一种急迫得多的形式呈现在我们面前。我们可能同意无缘无故地杀人是错误的，但是，我们为何认为那样就是错误的呢？有人会说，它之所以是错误的，是因为十诫中有这么一条（也就是说上帝禁止杀人）。另一个人会说，它之所以是错误的，是因为这种行为是麻木的表现，因而是一种品格缺陷。还有人会说，它之所以是错误的，是因为这种行为侵犯了人权，同时还有人说，这是因为这种行为增加了世界的痛苦总量，却没有同等地增加幸福总量。他们全都认为杀人是错误的，但是，不同的理由却指向了可以杀人的不同条件：第一个理由表明，如果上帝命令他或她杀人，就可以杀人；第二个理由表明，如果杀人可以看做是力量和英雄主义的标志，就可以杀人；第三个理由表明，如果他或她能够找到一种取消人权的方式，或者找到另一种被践踏的权利，就可以杀人；第四个理由表明，作为一名功利主义者，只要找到这样一种情形，即死一个人可以通过增加别人的福利来补偿（比如在罪犯的处决中），就可以杀人。

在我们已经学习的三位伟大的道德哲学家那里，这四种观念都出现了。他们在许多原则上意见一致，但各自的理由却极其不同，当然，有一些原则也存在着分歧。不过，最引人注意的是亚里士多德的古希腊道德与康德的现代义务论道德之间的差异。康德的道德可以看做是现代犹太—基督教道德最严格的一种十足的表现：强调道德原则和道德法则、强调理性和个人自律、强调善良意图（“善良意愿”）和履行义务。我们已经指出过存在的一些小小差异：希腊人把骄傲当成一种德性加以强调，与此相对，基督教则把骄傲当成一种“致命的罪”（或者至少是一种个性缺陷）加以谴责，因而反过来强调谦卑。亚里士多德首先提到的德性之一是战斗中的勇敢，然而，绝大多数现代道德认为这只是一种特殊情形，根本不是一个日常生活中的“好人”的问题。这一差异，或许可以归之于各自所处的两个社会的不同政治氛围。但这还不足以说明问题。正如我们将要看到的那样，存在的差异远比上述深刻得多。

在古代与现代的道德观之间，存在着一些关键差异，最引人注目的差异是适用范围的不同。在亚里士多德的哲学中，唯有一小部分精英才能够通过德性的行为和沉思获得真正的幸福。其他人（妇女、奴隶、非公民）可以过得很惬意，履行义务、有效地打理家务，但他们不能被称作“幸福”。然而，精英之为精英在于他们的卓越，在于他们的个人成就，其中包括财富、权力、荣誉、理智、才智，而他们之所以获得那些奖赏，则要归之于他们的贵族出身、良好教育，以及从一出生就有保证的舒适生活。与此相对照，在康德的道德观念中，所有理性的人（也就是说，低能者、小孩和流行音乐家除外）都适用于相同的道德标准、义务标准。那里没有什么所谓的精英。而且，由于道德价值的判断完全基于善良意图，因此，“外在”优势对于判断一个人的好坏毫不相关。事实上，如下这种情形也是可能的：一个只具有最好意图的、非常“好的”人，无论到哪里，都只会给别人带来混乱和不幸。而且他越是设法改正，就越是搞得一团糟。陀思妥耶夫斯基有一部伟大的小说，即《白痴》，说的就是这个——一个非常好的人，满怀正当的意图，可每当他设法行善，就造成苦难，甚至带来死亡。然而关键的是，根据上面这一现代的道德观念，他依然是一个非常好的人。不过，亚里士多德会觉得这很可笑。我们怎么可以仅仅因为一个人的意图而说他是有德性的呢？一个完全的失败者怎么可以成为理想善的范例呢？

据亚里士多德的道德观来看，那些只是根据义务而为的人，不可能是真正的善，也无法有真正的幸福。义务是妇女和奴隶的道德。对于精英而言，道德确切地说是一个个人卓越的问题——在战斗中、在游戏中、在生意中、在爱恋中、在论辩中，在一切事情尤其是哲学中，表现出个人的卓越。康德的道德（就像十诫一样）绝大多数是由“你不应……”组成，而亚里士多德的道德，确切地来说是由个人欲求和雄心组成，它们不是要完成的命令，当然也不是否定性的命令。康德哲学的关键成分，即义务，在亚里士多德那里几乎没有得到关注，后者强调的是个人发展和个人成就。相反，发达、成功，在所有方面都显得卓越并为同侪羡慕，这样一种典范的人在康德哲学中只具有次要的地位（比如，他在《道德形而上学》第二部分关于德性学说的论述）。在他看来，重要的是这个人做了他或她应做的事情。而亚里士多德看来，理想是奋力实现个人卓越，而做一个人应做之事完全是理所当然的。

现在，请注意这两种道德所具有的许多相同结果。亚里士多德的道德观称赞和谴责的绝大多数行为，也为康德的道德观所称赞和谴责：不必要的杀人和偷盗是错的，讲真话和遵守诺言是对的。可是，他们的道德观念，相应的，他们的人类观念却截然不同。一旦我们把握了这一差异的本性，我们就能够理解弗里德里希·尼采所发动的现时代最引人瞩目的一次道德革命。尼采自称是一位**非道德主义者**，他对道德的抨击，就像他对基督教的抨击一样，充满敌意。不过，尽管他常常被人说成是要我们放弃道德，自由地去杀戮、偷盗和犯各种罪行，可实际上，他的道德哲学根本没有这样说。他所做的是，抨击康德和基督教所概述的现代道德，促使我们返回到亚里士多德所概述的古希腊道德。他还抨击功利主义，认为功利主义是“粗俗的”。像十九世纪的大多数哲学家（尤其是德国哲学家费希特、黑格尔、马克思）一样，尼采在古希腊人那里看到了现代世界中丧失殆尽的个人和谐和个人卓越感。像亚里士多德一样，尼采认为义务观念只适合于奴仆和奴隶，而且这样一种道德完全不足以激发我们去追求个人卓越和个人成就。而且，尼采也像亚里士多德一样，是一个不折不扣的精英论者。因此，他认为，只有一些人能够具有这种“高级”道德。至于其余的人，必须满足义务性的“**奴隶道德**”。但对于那些少数的精英，最为重要的是抛弃犹太—基督教道德的那种“你不应……”，去寻求个人自己的德性和能力的实现。这并不是说，这样的人总是要破坏道德法则，尽管我们必须指出，尼采的好战风格和好战用语确实表明，他的**主人道德**包括大量的残忍和非道德。不过，尼采显然没有把服从法则看做生活中最重要的事。但这也不是说，尼采（如人们常常所认为的那样）是一个伦理自我主义者。一个人应该发展他或她自己的德性，尽可能地变得卓越，这种说法绝不是说一个人必须只基于自己的利益行动。正如在亚里士多德那里一样，个人的卓越是人类整体的卓越的一个组成部分，并且有助于人类整体的卓越。

尼采把自己所谓的“价值的创造”看成他作为一名哲学家的核心事业。因此，他被人们恰当地列入存在主义哲学家的名单，或者至少是存在主义哲学家们最重要的先驱。不过，价值的创造这个表述容易令人误解。因为尼采所做的，与其说是发明新的价值，不如说是重申古老的价值。此外，尼采像亚里士多德一样，把伦理学完全奠基于人性之上，因此，这与其说是一个“创造价值”的问题，不如说是在自身之中发现价值的问题。不过，亚里士多德的这种哲学与他那个时代的绝大多数思想一致，而尼采的思想却是现时代常见的康德式思想风格的一种根本断裂，因此呈现为一种剧烈的破坏性色彩，而不是——像在亚里士多德那里一样——呈现为一种绅士般的自鸣得意。与亚里士多德不一样的是，尼采不相信每一个人的“本性”都一样，为此，他主张不同的人必定无疑会发现并遵循不同的价值、不同的卓越观念，因此具有不同的道德。也正因为此，试图通过阅读尼采来寻求具体的道德建议、一套行为原则的学者总是感到失望。确切地说，他的核心教诲是“追随你自己，不要追随我”。因此，他不能——也不想——告诉你怎样生活。不过，他确实告诉你要去生活，要抛弃我们数世纪以来持有的那些奴性观点。

尼采的道德哲学在很大程度上是批判性的，他的绝大部分努力是用来拒斥康德的道德观念，由此为我们可以在亚里士多德那里找到的自我实现留出余地。不过，他的论点并不是通常意义上的反驳。相反，他通过揭示道德背后动机的腐朽脆弱来破坏道德。尼采的哲学范畴是强和弱，他认为希腊的个人卓越传统是强的一个来源，现代的道德观念则是其弱的一面。因此，他把第一种称之为“主人道德”，把第二种称之为“奴隶道德”，或者以现代的大众运动作为参照，称之为“群体本能”。为此，下面的选文阐明了尼采对道德的一般抨击。不过，绝不能忘记他的目的不只是破坏，在他看来，还有创造，其观点是要我们自己去寻求自己的价值，以每一个人自己的方式体现自己的卓越（“**权力意愿**”这个表述指的正是为了个体的卓越所作的努力）。

弗里德里希·尼采，论“作为群体本能的道德”[1]

无论我们在何处碰见道德，我们总会发现人们对于人的冲动和活动所给出的评价和等级。这些评价和等级实际上表达的是一个共同体或群体的需要：什么是它的第一利益——什么其次，什么再次——这也是每一个个体的权威的价值标准。通过道德的教导，个体要成为群体的一个功能，并且把自己的价值只归结为一个功能。就像共同体的保存条件各异一样，存在迥然不同的道德。时下，各种群体和共同体、国家和社会处于巨变之中，故而可以预言，将会出现彼此非常不同的道德。道德是个体中存在的群体本能。

1 Friedrich Nietzsche, *The Gay Science*, trans. Walter Kaufmann, New York: Random House, 1974. 中译文见尼采：《快乐的科学》，黄明嘉译，上海：华东师范大学出版社，2007 年，第 201 页。

弗里德里希·尼采，论“主人道德和奴隶道德”[1]

且不说诸如“在我们之中有一个定言命令”这样的主张的价值，人们还会问：这样一种主张对持这一主张的人说出了什么？有些道德，它们应该在别人面前为它们的创立者辩护，其他一些道德应该对他加以安抚，并使他对自己感到满意；还有其他一些道德，则要他走向十字架，并且忍辱负重。以其他的道德，他想进行报复，用其他的道德，他想躲藏自身，用其他的道德，他想使自己焕发光彩，并想置身于高远之物。有些道德帮助其创造者忘记那道德，其他的道德则忘掉自己——或关于自己的某种东西。许多道德家想对人类实施权力和创造性的情绪，还有一些其他人，甚至也许还有康德，用他们的道德使人去理解：“我这里值得尊敬的东西，就是我能服从——而且你不应该与我有所不同！”简言之，道德不过是激情的符号语言！

通过对地球上曾经统治着或现在仍在统治着的诸多精致的和粗糙的道德的一番浏览，我发现了某些有规则地出现并且紧密相连的特性：直到最后，我发现了两种基本类型，并且完全不同。甚至在同一个人身上，在同一个灵魂内部，也存在着主人道德和奴隶道德——我必须立即补充说，在所有较高和混杂的文化中，同样存在着调和这两种道德的尝试，但是，人们仍经常发现对它们的混淆和相互误解，事实上，它们有时紧密并列着。价值的道德区别要么产生于统治阶级，这个统治阶级欣然自觉地区别于被统治阶级——要么产生于被统治阶级、奴隶和每一个等级的侍从。首先，在统治者规定什么是“善”时，正是高贵的、骄傲的品质被认为是出类拔萃的特征，而且决定了等级秩序。高贵之人把自己与芸芸众生区别开来，芸芸众生的品性正好与这种高贵的、骄傲的品质相反：高贵之人瞧不起芸芸众生。人们立即就注意到，在主人道德那里，“好”与“坏”的对立实际上就是“高贵”与“下贱”的对立，而“善”与“恶”的对立有一个不同的来源。胆小如鼠、卑贱、微不足道而且只考虑蝇头小利之徒受到蔑视，此外，目光闪烁不定而受到怀疑的人，自甘堕落之辈，甘为鹰犬狗彘不如之徒，沿街乞讨的马屁精，尤其是撒谎者，同样被嗤之以鼻。所有贵族的一个信条是，普通人是不诚实的。因此，古希腊的贵族就这样来标榜自身，“我们，诚实的人”。显然，道德名称最初在任何地方都是被应用于人，而只是在后来派生性地应用于行动。因此，这就是道德史家从“为什么同情行为受到赞扬？”的问题开始，是一个严重的错误的原因。高贵之人认为自己是价值的创立者，并且无需得到批准，他断定“凡是对我有害的东西本身就是有害的”，他知道，只有他才能赋予事物以尊严，他是价值的创造者。他尊敬所有在自身中认识的东西。这样的道德乃是自吹自擂。

它不同于第二种道德，即奴隶道德。如果凌辱、压迫、痛苦、奴役、不由自主和厌倦都已经道德化了，那么，它们的道德评价还会有什么共同之处？也许表达了对于人的整个状况的悲观主义怀疑，也许是对人及其状况的谴责。奴隶看不惯强者的德性，他对后者那里所

---

1 Friedrich Nietzsche, *Beyond Good and Evil*, trans. Clancy Martin. 中译文见尼采：《善恶之彼岸》，华夏出版社，程志民译，2000 年，第 92 页。

尊重的一切“善”都采取一种怀疑和不信任的态度，他欣然告诫自己，他们的幸福并不真实。相反，那些减轻人们痛苦的品质却得到重视和尊敬。正是在这里，同情、助人为乐、热心、容忍、勤奋、谦卑和友好获得敬重，因为在这里，这些是最有用的品质，而且几乎是人们维持生存的唯一手段。奴隶道德本质上是一种实用道德。这里就是善与“恶”之间的著名对立的起源之所在：权力和危险就是恶，而畏惧、精巧和力量不容蔑视。因为根据奴隶道德，“恶人”令人害怕，按主人道德来说，“好人”令人害怕，而且就是要叫人害怕，而“坏人”则被认为是让人瞧不起的东西。当我们像下面那样对比时，这两种道德的对立就昭然若揭了：按奴隶道德的直接结果来说，对这种道德的“好人”，不容许哪怕一点点贬低。若有，这种贬低或许极小而且是好意的，因为根据奴隶道德的思考方式而言，好人必定是无害之人：他天性善良，容易受骗，也许还有点笨，一个老好人［“*un bonhomme*”］。总之，在奴隶道德获得举足轻重地位的地方，语言也倾向于使“善”和“笨”这两个词紧密地联系在一起。

不过，尼采的伦理学并非尽是批判。他也非常有力地拥护一种作为替代的道德，一种与古希腊人的道德并无不同的英雄道德。在他名为《查拉图斯特拉如是说》这一准《圣经》的长篇史诗中，他引入了著名的超人（*übermensch*）观念。超人在人之上，并且具有较高的德性。相应的，我们的德性应该以此作为目标：使这样一种具有超越德性的人成为可能（比如，通过维护我们自己的理想主义，教育我们的后代，使他们比我们更好）。

> 人是一根系在动物与超人之间的绳索，一根悬在深渊之上的绳索。
>
> 一种危险的穿越，一种危险的路途，一种危险的回顾，一种危险的战栗和停留。
>
> 人身上伟大的东西正在于他是一座桥梁而不是一个目的，人身上可爱的东西正在于他是一种过渡和一种没落。
>
> 我爱那些人们，他们除了作为没落者就不懂得生活，因为他们是过渡者。
>
> 我爱那些伟大的轻蔑者，因为他们是伟大的崇敬者，是渴望着彼岸的箭矢。
>
> 我爱那些人们，他们不先在群星之外寻求某种没落和牺牲的理由，而是为大地牺牲，使大地有朝一日能归属于超人。
>
> 我爱那人，他活着是为了认识，他要求认识是为了让超人有朝一日活起来。他就这样意愿没落。
>
> 我爱那人，他热爱自己的德性，因为德性是求没落的意愿，也是一支渴望的箭矢。
>
> 我爱那人，他不为自己保留一点儿精神，而是意愿完全成为他的德性的精神，他就这样作为精神跨越桥梁。
>
> 我爱那人，他使自己的德性变成自己的倾向和自己的祸患，他就这样为自己的德性之故而意愿生活，以及意愿不再生活。
>
> 我爱那人，他的灵魂过于丰盛，以至于他忘掉了自己，而万物皆在他心中，万物就这样成为他的没落。
>
> 我爱那人，他具有自由的精神和自由的心灵，所以他的头脑只不过是他心灵的内脏，而他的心灵驱使他走向没落。

> 看哪，我是一个闪电预告者，来自乌云的一颗沉重雨点，而这闪电就叫超人。[1]

以及，

> 真正的哲学家……是命令者和立法者。他们说："事情应该是这样！"他们首先规定人类的"去向"和"为何"，并且在这里支配着一切哲学工作者的预备工作，一切往昔征服者的预备工作。他们用创造性的手把握未来，而一切现存和曾存在的东西，在他们看来，成为了一种手段、一种工具和一把锤子。他们的"认识"是创造，他们的创造是一种立法，他们的真理意愿是——权力意愿——今天还有这样的哲学家吗？过去曾有这样的哲学家吗？难道不是必须有这样的哲学家吗？[2]

尼采常常被看做是最极端的反道德主义者，他们抨击传统的限于义务的康德—基督教式道德观念。事实上，他不过是这样的哲学家，为了一套更具人格和个性的原则，而拒斥那样的道德。就他对人之"本性"的强调而言，我们可以说，甚至尼采也要比通常所认为的那样要传统得多（尽管这里所谓的传统是亚里士多德的传统，而不是康德的传统）。不过，在过去的几十年里，道德甚至比尼采所提出的还要人格化得多。在英美哲学中，主要是在逻辑实证主义的唤醒下，伦理学被还原为一个情绪、规定和态度的问题，而不再是原则和理性法则的问题。（反讽的是，尼采总是被认为属于那些令人极端厌恶的哲学家，而康德则受到人们的极端喜爱。）

理性的绝对道德原则对每一个人都一样，对这一原则的抨击已经是二十世纪最强劲的哲学运动之一，以至于许多哲学家、宗教领袖和道德家为统一的道德法规的毁灭而感到惊慌，从而试图以新的方式来重申旧的道德法则。这是相对主义的问题之一。存在着一种单一的道德法规吗？还是有多少民族就可能有多少道德？还有一些中间性的提议，比如相对于具体群体或社会来考虑道德，但问题还是一样："最终是否存在着这样一种道德法规，它能够抵抗一切其他道德法规？"

在所有的相对主义观点中，最极端者出自尼采的存在主义后继者，尤其是让-保罗·萨特。在萨特的哲学中，不仅统一的道德观念被完全拒斥，而且这一道德基于其上的人性观念也被完全拒斥。这并不是因为像在尼采那里那样，不同的人可能有不同的"本性"，而是因为在萨特看来，我们的价值完全是一个创造问题，是一个个人**承担**的问题。对任何关于道德的问题，唯一的最终答案是"因为我选择接受这些价值"。不过，萨特那道德作为选择的观念的最为迷人之处在于，他并不因此像尼采那样抛弃一般原则。恰恰相反，他采取的几乎是一种康德式的立场，即有必要为全人类进行选择，而不只是为了自己而进行选择。不同在于，与康德不一样，萨特并不主张这些原则的唯一正确性。他只能说："这就是我选择要成为的人。"因此，萨特的道德哲学是最激进的相对主义与最传统的道德说教的一种奇异混合。

---

1 Friedrich Nietzsche, *Thus Spoke Zarathustra*, trans. Clancy Martin. 中译文见尼采：《查拉图斯特拉如是说》，孙周兴译，上海：上海人民出版社，2009 年，第 9 页。

2 Friedrich Nietzsche, *Beyond Good and Evil*, trans. Clancy Martin. 中译文见尼采：《善恶之彼岸》，程志民等译，桂林：漓江出版社，2000 年，第 127 页。

让－保罗·萨特，《存在主义是一种人道主义》[1]

人除了自己所造就的那样，什么也不是。这是存在主义的首要原则。这也是人们所谓的它的“主观性”，不过他们用这个词是为了责难我们。不过，我们用这个词所指的意思，除了说人比一块石头或一张桌子具有更大的尊严外，还能是什么呢？因为我们的意思是说，人首先存在——人在谈得上别的一切之前，首先是一个把自己推向未来的东西，而且意识到自己在这样做。确实，人是一个拥有主观生命的规划，而不是一种苔藓或一种真菌，或者一棵花椰菜。在自我的规划之前，什么都不存在，甚至理智的天堂中也没有他，人只是在企图成为什么时才取得存在。但并不是他想要成为的那样。因为我们通常所理解的想要或意愿，往往是在我们使自己成为现在这样时所作的自觉决定。我可以想参加一个宴会，写一本书，或者结婚——但是在这样的情形中，我们通常所谓的我的意愿，可能是先前的一个较为自发的决定的显现。不过，若存在确实先于本质，那么，人就要对其所是负责。因此，存在主义的第一个后果是使每一个人拥有他自己的本来面目，并且把自己的存在的全部责任完全肩负起来。而且，当我们说人对自己负责时，我们并不是指他只对自己的个性的负责，而是指他要对所有人负责。“主观主义”一词有双重意义，而我们的论敌只在其中一个意义上做文章。一方面，主观主义指个性主体的自由，另一方面，主观主义指人无法超出人的主观性。这后一个意义是存在主义的深层意义。当我们说人自己选择时，我们确实是指我们每一个人都必须自己选择，但我们这样说也是指，人在为自己做选择时，也是在为所有人做选择。因为实际上，人为了把自己造成他愿意成为的那种人而可能采取的一切行动中，没有一个行动不是同时在创造一个他认为自己应当如此的人的形象。在这一形象或那一形象之间做选择时，也就肯定了所选择的形象的价值。我们选择的总是更好的，而对我们来说，若不是对所有人都是更好的，那还有什么是更好的呢？此外，如果存在先于本质，而且在模铸自己形象的同时我们还要存在下去，那么，这个形象就对所有人及我们所处的整个时代都适用。因此，我们的责任要比先前设想的重大得多，因为它牵涉到整个人类。例如，如果我是个工人，我可以选择加入基督教的工会，而不加入共产党的工会。而如果我以一个会员的身份，宣称安分守己毕竟是最好的处世之道，因为人的王国不是在这个世界上，那就不仅仅是我一个人承担责任的问题。安分守己是我对所有人的意愿，因此，我的行动是代表全人类承担责任。再举一个比较个人性的例子，比如我决定结婚并且生儿育女，即使这一决定只是根据我的处境、我的情感或者欲望作出的，那我这样一来就不仅为我自己承担责任，而且号召全人类奉行一夫一妻制。所以，我这样既对自己负责，也对所有人负责，我在创造一种我希望人人都如此的人的形象。我在塑造自己的同时，塑造了人。

◆◆◆

谁能证明我就是那个能够根据自己的选择，把我关于人的概念强加于人类的人呢？

---

1 Jean-Paul Sartre, *Existentialism as a Humanism*, trans. Philip Mairet, New York: Philosophical Library of New York, 1949. 中译文见萨特：《存在主义是一种人道主义》，周煦良、汤永宽译，上海：上海译文出版社，1988 年，第 8 页。

我将永远找不到任何证据，没有任何迹象会使我相信如此。

◆◆◆

如果我认为某项行动是好的，那是因为只有我能说它是好的而不是坏的……尽管如此，我仍时时刻刻在行动上作出示范。不管什么人，也不管碰上什么事情，总好像全人类的眼睛都落在他的行动上，并且按照这种情况约束他的行动。

◆◆◆

为了使你更好地理解放任这种状态，让我以我的一个学生为例，他是在如下情况下来找我的。他的父亲正与他母亲吵架，而且打算当"通敌分子"；他的哥哥在1940年德国大举进攻时阵亡，这个年轻人怀着一种相当天真但是崇高的感情，发誓要替他哥哥报仇。他母亲单独与他住在一起，对他父亲的半卖国行径和长子的阵亡感到极端痛苦，她唯一的安慰就在这个小儿子身上。但此时，他面临着一个选择，那就是或者去英国参加自由法国军队，或者待在母亲身边，帮助她生活下去。他完全明白他的母亲就是为他活着，他走掉——或者也许死掉——就会使她陷入绝望。他也明白，具体说来而且实际上也是如此，他为了母亲所采取的任何行动，肯定会取得帮助他母亲活下去的效果，而他为了出走和从军所采取的任何行动将是一种非常没有把握的行动，说不定会像水消失在沙里一样，毫无结果可言。比如说，要去英国他先得通过西班牙，并且得在一个西班牙的营地里无限期地等待下去；或者，在到达英国或阿尔及尔之后，他说不定会被派在办公室里填填表格。因此，他发现自己面临着两种形态不同的行动：一种是具体的、直接的，但只指向一个人；另一种行动的目标要远大得多，是为全国人民的，但正因为如此，这个行动变得没有把握——它说不定会中途夭折。同时，他也在两种道德之间犹豫不决：一方面是同情，是对个人的忠诚；另一方面，忠诚的对象要广泛得多，但是其正确性较有争议。他得在这两者之间做出选择。有什么能帮助他选择呢？基督教的教义吗？不行，基督教的教义说：对人要仁慈，要爱你的邻人，要为别人克制自己，选择最艰苦的道路，等等。但什么是最艰苦的道路？谁应该承受这种兄弟般的爱？是爱国者，还是那个母亲？哪一个是更有用的目标？是参加整个社会斗争这个一般性的目的，还是帮助某一特定的人生活下去的具体目的？谁能够对这一问题提供一个先天的答案？没有人。而且任何伦理学文献都没有规定过。康德的伦理学说，永远不要把另一个人当做手段，而要当做目的。很好嘛，如果我和我母亲待在一起，我就是把她当做一个目的，而不是当做一个手段，但是根据同样的理由，那些为我战斗的人就有被我当做手段的危险；反过来也一样，如果我去帮助那些战士，我将是把他们当做目的，而犯了把我母亲当做手段的危险。

如果价值是不确定的，如果价值太抽象了，以至于没法用它来决定我们目前所考虑的特殊的具体事情，那就只能信赖我们的本能了。那就是这个年轻人试图要做的。当我见他时，他说："归根到底，起作用的还是感情，感情真正把我推向哪个方向，那就是我应当选择的道路。如果我觉得我非常爱我的母亲，愿意为她牺牲一切——诸如报仇的意愿，以及一切建功立业的愿望——那么我就同她待在一起。如果相反，我觉得对她的感情不够深，我就走。"可是，人怎样估计感情的深浅呢？他对母亲的感情恰恰就是以他站在母亲这一边来衡量的。我可以说我爱我的某个朋友爱到可以为他牺牲，或者牺牲一笔钱的程度，但是除非我这样做了，我是无法证明我爱他到这样的程度。我可以说，“我爱我的母亲爱到同她待在一起的程度”，但只有我真正地与她待在一起才能这样说。我要估计这种感情的深浅，只有付诸行动，以行动来说明和肯定我的感情的深浅。但是，如果我再援引这种感情来为我的行动辩护，那就是卷进一种恶性循环。

◆◆◆

换言之，感情是由一个人的所为形成的。所以，我无法参照我的感情来指导行动。也就是说，我既不能从内心里找到一个真正的行动冲力，也不能指望从什么伦理学里找到什么能帮助我行动的公式。你可以说那个青年至少还去请教了一位教授。但是，如果你向人请教——比如向牧师请教——那你就已经选上了那位牧师。归根到底，你多多少少已经知道他将会给你什么忠告了。换言之，在你选择一个人向他请教时，你做这项选择就已经承担责任了。如果你是个基督徒，你会说，去请教一位牧师。但是牧师里面有通敌分子，有参加抵抗者，有等待时机者，你选择哪一个呢？这个青年如果选择一个参加抵抗的牧师，或者选择一个通敌分子牧师，他事先就得决定他将会得到什么忠告。同样的，在来找我之前，他也知道我将会给他什么忠告，而且我只有一个回答。你是自由的，所以选择吧——也就是说，去发明吧。没有任何一般道德规则能指点你应当怎样做。

说不管你怎样选择都没有关系，这是不对的。在某种意义上，选择是可能的，但是不选择却是不可能的。我总是能够选择，但我必须懂得，如果我不选择，那也是一种选择。这看上去好像只是形式主义，但在限制想入非非或者随心所欲上却非常重要。因为，当我们面临一个真实的情境——例如，我是个可以有性生活的人，可以与异性发生关系，并且生孩子——时，那我对这件事非得决定我的态度不可，而且从种种方面来说，我对自己的选择是负有责任的，也使整个人类承担责任……人发现自己处在一个有组织的处境中，他是摆脱不掉的，他的选择牵涉整个人类，而且他没法避免选择。他或者仍旧独身，或者结婚而不生孩子，或者结婚并且生孩子。反正，不管他如何选择，鉴于他现在的处境，他是不可能不担负全部责任的。当然，他选择时用不着参照任何既定的价值，但是，责备他随心所欲是不公平的。我们不妨说，道德选择比较起来就像是一件艺术品的制作。

◆◆◆

没有人能说清明天的绘画将是怎样，没有人在一幅画完成之前对它作出判断。这跟道德有什么关系——我们处在同样的创造环境中。我们从来不说一幅画是不负责任的，当我们讨论毕加索的一幅油画时，我们很懂得这幅画的构图是在他作画时变成这样的，而他的作品则是他的整个生命的一个组成部分。

在道德的水准上，情形也是一样。艺术和道德在这一点上是共同的，那就是两者都涉及创造和发明。我们无法预先决定应该做些什么。我认为我举的那个学生来找我的例子相当能说明问题，就是不管他诉诸任何道德体系，康德的或者任何他人的体系，他都找不到一点点可以作为向导的东西，他不得不为自己创发一个法则。当然，我们不能说这个人在选择同母亲在一起时——就是说，把情感、个人忠诚和具体的爱作为他的道德基础——是做了一个不负责任的选择。同样，如果他牺牲母亲而去英国，我们也不能责备他不负责任。人是自己造就的，他不是现成可见的，他通过自己的道德选择而造就自己，而且他不得不选择一种道德，这就是环境对他的压力。

萨特说："人是自己造就的。"他认为，这一点无论从个人来讲还是从集体来讲，都是正确的。我致力于某些价值，乃是通过我的行动，而不是通过我预先接受的原则，也不是通过上帝或社会强加于我的规则。如果你接受某种权威的意见，那么你就选择了去接受这种权威而不是其他某种权威。如果你请教或求助，那你就选择了去寻求那种建议而不是其他某种建议。如果你拒绝在两种方案之间做出选择，那么你就要为无视这两种或所有方案负责，要为"逃避"负责。无论如何，你都必须做些什么，哪怕你所做的是"什么也没做"（也就是没有采取你面前的任何一个重要方案）。

下面就是萨特对他的前辈的回答：我们不再处于亚里士多德的立场，在亚里士多德看来，道德对于我们而言是一种给定的"自然"之物，没有最不可解决的替代方案。我们不再能够信赖我们的"情绪"，就像休谟那样，因为我们现在发现，自己为每一类彼此冲突的情绪折磨着。我们不再接受康德的先天道德说教，因为我们现在发现，我们必须在其中行动的环境绝不会那么简单到能够容许一个简单的"绝对"命令。甚至"最大多数人的最大善"也不再能够为我们的行动提供指导，因为我们不再自以为能够精确地计算出我们行动的结果。此外，今天谁可以说出"最大善"是什么？谁可以说出"最大多数人"是什么？针对所有这些，萨特主张，只存在我们对行动和价值的选择，以及伴随而来的结果，无论这些结果是什么。对此，并没有任何正当理由，也没有"对"或"错"。但这并不意味着我们无需选择，或者选择完全是"随意的"。相反，萨特的论点的结论恰恰是，我们一直在选择，而且至少就目前来说，道德无非是我们对我们所选择的要在行动中贯彻的价值的承诺。

伟大的法国哲学家、女性主义者西蒙娜·德·波伏娃（Simone de Beauvoir）在她的经典著作《模棱两可的伦理学》中直面生存伦理学的困难。

西蒙娜·德·波伏娃，《模棱两可的伦理学》[1]

笛卡尔说，人的不幸是由于他初而为稚子。的确，大多数人的不幸选择只能通过其童年发生的一些事实得到解释。一个孩童的处境具有这样的特点，他发现自己被抛入某个他不曾帮助建立、在他之前已然成形的宇宙，这个宇宙对他而言是绝对的，他只能服从。在他眼里，人类发明、文字、习俗及价值，都是现成所予的事实，它们就像天空和树木一样无可回避。这意味着他所生活的世界是一个严肃世界，因为严肃精神的特点是把价值视为现成之物，但

西蒙娜·德·波伏娃（1908—1986）：法国存在主义者，社会批评家、改革家。在女性主义和存在主义哲学的中心问题上写作了许多有影响力的书籍，她被广泛认为是二十世纪最伟大的女性主义者。

1 Simon de Beauvoir, *The Ethics of Ambiguity*, trans. Bernard Frechtman, New York: Citadel Press, 1948.

这并不意味着这个孩子本身即是严肃的。相反，他被允许去玩乐、去自由地消耗其存在。在作为孩童的小天地里，他可以热切地追求并愉悦地实现他设立的目标。但倘若他是在宁静无声中完成这项体验，那么恰恰是由于向他的主体性所敞开的这片领域，在他看来是了无意义且天真幼稚的。他无忧无虑、不必担负任何责任。真实世界是成人的世界，在那里他只被允许去尊敬和服从。

◆◆◆

奖励、惩罚、赞赏及褒贬之辞使他逐渐深信，善和恶如同太阳和月亮一般，本身即作为目的而存在。在他那以确定而实存的事物构成的宇宙中，在大人们至高无上的目光下，他觉得自己同样也是以确定而实存的方式存在着。他是一个好孩子或调皮蛋，他乐享于这样存在。倘若内心深处有什么东西与他的信念不符，他便将那一丝丝不符掩藏起来。他自我宽慰，认为这是由于他正年轻所致。他寄希望于未来，相信自己今后也会成为一个无比伟大的人。在等待中，他假装成某种存在，他假扮为圣人、英雄或流浪儿。他感到自己就像是书中以粗犷而确凿无疑的笔触草拟出的那些角色模子——探险家、强盗、仁爱会的修女。这场假扮严肃的游戏在一个孩童的生活中作用非凡，以至于他就当真严肃了起来。我们知道，这类孩童是成人具有讽刺意味的缩影。甚至当“存在”的快乐达到最强，当这个孩子沉溺其中，他能感受自己免受存在的风险，人类世代建立起来的天花板护住了他。正因如此，尽管他的处境或许在其他意义上而言并非那么幸福，却在形而上学方面拥有特权。他通常是逃离了自由带来的痛苦。如果他乐意的话，他可以变得叛逆而懒惰，他的奇想和失误都只与自身有关，却在大地上没有任何重量。这些奇想和失误也无法在一个序列静止的世界中泛动涟漪，后者在先于他时、没有他时就已经存在。他因自身的完全无意义而绝对安全。他能够随心所欲、恣意妄为。他知道，从没有任何事经由他发生，每一件事都是现成所予。他的行动没有任何事物参与，甚至包括他自己。

◆◆◆

事实是，婴儿世界很少能以一成不变的姿态维持到青春期后。自童年伊始，裂痕便慢慢显露。带着震惊、厌恶和不敬，这位孩童一点一点地自问：“为何我必须那样做？它能带来什么好处？如果我以其他方式行事，又会发生什么？”他发觉了自己的主体性，也发觉了他人的主体性。等到了青春期，他便开始犹疑起来，因为他注意到成人间的矛盾、踌躇和他们的软弱。大人们不再以神的形象出现，同时，处在青春期的这位少年也发觉了他身上现实的人性。语言、习俗、伦理和价值都源自这些不确定的造物。当他也被要求参与到他们的行动中来时，他的行为就和其他人的一样，在大地上具有份量。他也不得不作出选择和决定。可以理解的是，他的这段日子一定很难熬，而这无疑也是造成其青春期危机的最深层原因。个体必须至少承担其主体性。

从某种角度来看，严肃世界的崩塌是一种解脱。尽管不必负责，孩童仍旧感到在指引着事物进程的模糊力量前，自己毫无防备。不过，无论解脱带来的愉悦感会是如何，这位青春期的少年都会察觉他被抛入的不再是现成所予、而是必须被创造的世界。他被抛弃了，毫无理由地，他成为了自由的猎物，不再受任何事物绑缚。他将如何应对这全新的境遇？这是他作出决定的时刻。如果存在所谓个体的自然历史，那么他的情感、情结等，几乎都取决于他的童年，而青春期则正体现为道德抉择的时刻。自由随即显露，他也必须决定对之的态度。毫无疑问，决定总是可以被重新考虑的，但事实却是决定的转变很难发生，因为世界反映给我们的那个决定是由本身已经成形的这个世界所确证。这样，一个愈加严密的循环便形成了，逃离也愈发无望。因此，降临在人身上的不幸乃是他曾身为孩童的结果，不幸之处在于，他的自由向他隐藏，他将穷其一生怀念自己尚不知自由之迫切的时候。

这种不幸还有另一个面向。道德选择是自由的，因而也是不可预见的。孩童并不包含他将长成的大人模样。然而，一个人总是依据他一直以来的样子决定他想要成为什么样的人。他从他赋予自己的性格和与之相关的宇宙中汲取道德态度的动机。现在，这个孩童一点一滴地建立起他的性格和宇宙，而并不预见它们的发展。他忽视了自由令人烦忧的一面，对其不加留心地行使。他安静地沉溺在他的奇想、笑声、眼泪和愤怒里，这一切看似不会延伸到明天，亦不会有所威胁，却给他留下不可磨灭的印记。初始选择的戏剧性在于，它会一直延续到整个人生的每时每刻，它在任何原因之前无缘无故地发生，而在它那儿出现的自由也好像只是以偶然的形式呈现。这份偶然倒有些像加尔文教所说，上帝恩典分配的任意性。在这里，同样存在着某种前定论，它并非来自一个外部的独裁者，而是从主体自身的运行中发出。只不过我们认为人类总是有可能求助于自己。不存在那么不幸、使他无法得救的决定。

◆◆◆

去存在即是**使某人**缺乏存在，是将某人抛入世界。那些强使自己限制这场原始运动的人，只能被视作亚人（sub-man）。他们有眼睛和耳朵，却自童年起便失聪失明，没有爱也没有欲望。这份漠然恰恰意味着一种根本性的恐惧，面对存在的恐惧，面对存在暗含的风险与张力的恐惧。亚人拒绝作为人类之条件的“激情”，激情的撕裂和失败不断向总是迷失其目标的存在逼近，但这却是为亚人所拒绝的存在。

如此的选择立刻自我确证。就像一个糟糕的画家，用单一的走笔画出糟糕的作品，并对之十分满意。然而，在真正具有价值的艺术作品面前，这位艺术家很快意识到更高级的画作有着怎样的要求。同样地，亚人计划的原初贫瘠令他不必为其作合法化说明。他环顾四周能够找到的只是一个意义匮乏、寡淡无味的世界。这个赤裸的世界又如何能唤起他任何去感受、去理解、去生活的欲望？他越少存在，也就越少有理由去存在，因为理由仅能由存在所创造。

可是，他仍然存在着。通过超越自己，他展现出一些目标，他限制住某些价值。但他立刻抹去了这些不确定的阴影。他的整个行为都倾向于消除这些阴影的目的。由于他计划的前后不一致，由于他偶然的奇想，或由于其漠不关心，他把超越的意义化为乌有。他的行为从来都不是积极的选择，只是飞行。他不能阻止自己在这世上的存在，但他只在赤裸的真实性上漂浮着他的存在。

然而，如果一个人被允许成为原生事实，他便混迹于不会意识到自我存在的草木卵石中。我们将漠然地看待这些愚钝的生命。但亚人却唤起了耻辱，当有人指责他不能以意志驱动自我时，他便意识到对自身负有责任。事实是，没有人会是被动接受者，拒绝存在仍是存在的另一种方式，没有人能在活着的时候知晓坟冢的宁静。于是我们把握住了亚人的命门。他想要忘记自己，想对自己视而不见，但他的核心构成——虚无——同样是他对自我的一种意识。他的消极积极地展现为痛苦、欲望、呼救和撕裂，但当真正回归至积极的一面，他却又予之回避。他惧怕参与某项计划，因为他惧怕脱离，于是未来的诸种可能使他倍感威胁。因此，他不得不投靠严肃世界现成的价值。他会宣称某些论见，他会躲在标签之后寻求庇护，为了藏起他的冷漠，他轻易自我放任于唇枪舌战甚至身体暴力中。今天，他是君主主义者，明天，他是无政府主义者……他还能轻易地变成反犹者、反圣职者，或反共和主义者。所以说，尽管我们否定亚人，说他只是在飞行，亚人也并非无害的生物。他发觉身处这个世界的自己是一股不受控制的盲目力量，任何人都能对其加以利用。在私刑中，在大屠杀中，在所有由严肃和激情的狂热组建起来的大规模血腥运动中，在不存在风险的运动中，从事着如是肮脏工作的人，都是从亚人中招募而来。这就是为何每一个在由自由人所建立起的世界中追寻自由的人，都会受到亚人的厌恶。伦理是自由战胜确凿性的胜利，而亚人只感受到其存在的确凿。与其说他是在放大人类的统治，倒不如说他是在阻抗自己对他人计划的钝慢反抗。由这样一个存在揭露的世界，其中的任何计划都没有意义。人类被定义为野蛮的飞行者。关于他的世界是赤裸而不连贯的。无事发生，也无事值得欲求或努力。亚人穿越过一个剥除了意义的世界，一直朝向死亡，这次死亡仅为确认他长久如一的自我否定。这段历程唯一透露出的是一个存在荒谬的确凿性，它将永远毫无理由地存在着，倘若它一直不知如何为自己合理辩护。

亚人在百无聊赖中经历了世界的荒漠。而这个他未能与之建立任何联系的宇宙所散发的奇怪特征也唤起了他的恐惧。他被眼前的事件压得喘不过气，他在未来的黑暗前不知所措，黑暗中充斥着可怕的幽灵、战争、疾病、革命、法西斯主义和布尔什维克主义。这些危险越模糊，就越可怕。亚人不太清楚他会失去什么，因为他一无所有，但是这极度的不确定再次强化了他的恐惧。事实上,他恐惧的乃是不可预见之物的冲击，那会提醒他自己的痛苦意识。

因此，人面对存在的恐惧或许是根本性的。尽管在早年，他就选择了否认自己在世的存在，他也不能逃离存在，更不能抹除自由留下的痛苦痕迹。这也就是为什么——正如我们刚才所见——为了摆脱自由，他不得不积极地投身其中。亚人的态度逻辑上朝严肃者贴近，他迫使自己把自由沉没于严肃者向社会接受的内容中。他迷失于对象，以便废止自己的主体性。严肃逻辑的确定无疑被描述得如此频繁，以至于没有必要再对它详细斟酌。

◆◆◆

严肃者要求把自由置于无条件的价值之下，以此来摆脱自由。他想象着参与到这些价值中来便会同样地永久赋予自己价值。在“权利”的庇佑下，他使自己成为逃避存在之压力的存在。严肃并非由被追寻的目的之本质来界定。一位轻浮的时尚女性可以和工程师一样拥有这种严肃的精神性。从自由否认其作为绝对目的的优越性开始，严肃便出现了。

◆◆◆

每个人最初都是孩子。当生活于众神的目光下、得到神的应许后，他们便不会轻易地接受成为一个充满焦虑和疑惑的人。什么是能被做的？什么是能被相信的？年轻人通常不会像亚人一样一开始便拒绝存在，所以这些问题都尚未浮出水面，然而他们却惊怕回答这些问题。历经或多或少的漫长危机后，他要么折返至父母和老师的世界，要么坚持拥护新价值，即便那些价值好像只在他这里是确定的。他没有感情用事，把自己推向危险的境地，而是压抑住这股冲动。清算，以其转化和升华的经典形式，是在不诚实的阴影下顺利地从情感向严肃的过渡。对严肃者而言，重要的不是他偏好对象的什么性质，而是他能让自己迷失于对象的事实。也就是说，朝向对象的运动本质上是通过他的武断行径对主体性的最激进断言——去为了信仰而信仰，为了意志而意志，将超越从其目的中分离出来，以漠然的自由、以自由空洞而荒谬的形式来实现自由。

严肃者的不诚实源自他必须一再重申对自由的否定。他选择生活在婴儿世界，但对于孩童来说，价值是真实所予的。严肃者必须掩饰他自身的价值赋予运动，就好像是谎语癖者阅读情书时，假装忘记那是他自己寄给自己的。我们已经指出，一些成年人完全可以在严肃宇宙中诚实地生活，例如，那些被剥夺了所有逃生工具的、被奴役的人或被迷惑的人。经济和社会环境越不允许个体对世界采取行动，这个世界对于个体来说就越呈现为既定所予的。这便是继承了长久以来顺从传统的妇女和那些被称为“卑微者”的群体所处的状况。他们的气馁之辞通常包含着懒惰和怯懦；他们的诚实并不完整，但在某种程度上却又存在着；他们的自由仍旧留有余地，没有被全盘否定。他们虽是一无所知、无能为力的个体，却也能够知晓存在的真理，并将自己提升至适当的道德生活中。她们甚至还可能因此赢得自由，使自由与她们尊敬的对象背道而驰。因此，才有在《玩偶之家》中，女主人公的天真烂漫致使其反抗严肃的谎言。相反，拥有必要工具来逃避谎言的人，和不想使用这些工具消耗其否定状态的自由的人，倒令自己严肃起来。他们在权利的庇佑下装聋作哑，掩饰其主体性，这些权利源自他所认可的伦理世界。他不再是一个人，而是一个首领、一个教会成员，或一个共产党员。

如果一个人否认自由的主体张力，那么他显然是禁止自己在一个不确定的运动中普遍地欲求自由。由于拒绝承认自己正为确立的目标赋予价值，严肃者变成了目的的奴隶。他忘记了每个目标同时也是一个起点，而人类自由才是最终目的，是人类应当指定的唯一目的。他为“有用”一词冠以绝对的意义，可事实上这个词没有比“高”“低”“左”“右”多出更多意义。它仅是指明了一种关系，并且还需要一个补语——对这或那“有用”。补语本身也存在疑问，而正如我们稍后所看到的那样，关于行动的整个问题也随之浮现。

弗吉尼亚·赫尔德（1929— ）：美国哲学家，专攻女性主义认识论。纽约市立大学亨特学院荣休教授。

但严肃者没有对任何事物发出疑问。对军人来说，军队是有用的；对殖民地官员来说，高速公路是有用的；而对严肃的革命者来说，革命——

军队、高速公路，以及使人为之毫不犹豫地自我牺牲的非人道偶像产物——是有用的。因此，严肃者是危险的。他自然而然地就成为了专制者。他不诚实地对其选择的主体性视而不见，假装对象无条件的价值是由他断言而来。同样，他也对主体性的价值和他人的自由视而不见——于是牺牲他们于严肃中，他说服自己，他所牺牲的什么都不是。

- 你看到了尼采与亚里士多德在伦理学上的亲缘性吗？
- 什么是“主人道德”和“奴隶道德”？这两种伦理观点对道德的本性有何启示？
- 对于萨特而言，有什么东西造就一项善的行为吗？在康德的传统中，萨特的观点如何？（提示：“为自己做选择的同时也是在为全人类做选择。”）它如何非常不同？
- 道德相当于我们做出的承诺、我们通过做出选择构建起了个人道德，你认为萨特的这些想法有什么问题吗？
- 波伏娃的“模棱两可的伦理学”是什么意思？

J. 伦理学与性别

我们已经考察的诸多道德哲学的一个最显然的特征是，对抽象的理性原则的中心性的强调（偶尔也有否定）。最明显的是，康德把实践理性的先天命令颂赞为道德的核心，而密尔，尽管他的功利主义原则的性质十分不同，但仍在确定对错时强调计算的非个人原则的重要性。不过，近几十年来，对这种把道德看做某种本质上是理性的、有原则的和非个人的东西的观点，有大量文献提出了质疑。二十年前，哈佛大学的心理学家卡罗尔·吉利根（Carol Gilligan）详尽地作出了如下论证：在对道德问题的思考上，妇女不同于男人。自那以后，就出现了大量对男女两性之间的差异进行定义和归类的文献。当然，女性主义伦理学所强调的诸多特征，比如对个人感情的健全关注，要与对非个人的理性的关注一样（甚至更重要），可以在早前的一些男性哲学家们那里找到，比如休谟和卢梭。不过，女性主义伦理学的某些特征确实显然是女性的，比如生孩子的能力和做母亲的经验。在下面这段选文中，哲学家和女性主义者**弗吉尼亚·赫尔德**（Virginia Held）试图阐明其中的一些差异，并且以这些差异为基础为道德思考指出新方向。

弗吉尼亚·赫尔德，论女性主义伦理学[1]

哲学的历史，包括伦理学的历史，是从男性的观点建构起来的，它们基于其上的那些假设和概念绝不是性别中立的。显然，女性主义者从一开始就有不同的关注所在，与非女性主义者相比，女性主义者对我们所考虑的问题有不同的强调。恰如洛兰·科德（Lorraine Code）所表述的那样：“出发点和关注点塑造了理论讨论的影响。”就哲学

1 Virginia Held, “Feminist Transformations of Moral Theory”, *Philosophy and Phenomenological Research*, Vol. L, Supplement (Fall 1990).

而言，女性主义者作为出发点和关注点的问题，常常完全不同于我们在标准哲学和伦理学中发现的问题，无论我们如何理解“标准”一词。女性主义者所提供的，远非可以整合进传统理论的补充性识见，相反，女性主义者的阐释常常要求现存探究和理论领域的根本转变。从女性主义的观点来看，道德理论与几乎所有的理论一样，必须要转变，要充分考虑妇女的经验。

◆◆◆

伦理学的历史

让我们看看体现在“理性的男人”这个表述中的理想。正如吉纳维芙·劳埃德讲述的那样，在不同的历史时期，人们对理性的男人的表述可能有所不同，但是，在每一种对理性的男人的理想特征的构建中，都伴随着对任何所谓的女性特征的拒斥。劳埃德写道:“合理性被设想为对‘女性’的超越，而‘女性’本身部分是由它在这一结构中的出现构成的。”

当然，这一点在根本上影响了哲学和伦理学的历史。理性与情感之间的分裂是我们最熟悉的哲学概念之一。有些人提倡理性“控制”不守规矩的情感，合理性引导人们负责任的行动，以反对激情的盲目性，这种主张具有一个漫长且非常具有影响力的历史，以至于几乎非哲学家与哲学家对此都一样熟知。当然，我们现在应该注意把理性与男性的努力、情感与女性的软弱联系在一起的方式，而且，在这些方式中，上述联系并非是偶然的。正如劳埃德写道的那样:“从哲学思想的开端处起，女性特质就象征性地与据说被理性抛在后面的东西联系在一起——大地女神的黑暗权力，沉浸在与神秘的女性权力联系在一起的未知力量。古希腊人在看待妇女能力时，就把它们与自然的繁殖力联系在一起。恰如柏拉图后来表达了那样的思想，妇女‘模仿大地’。”

◆◆◆

理性、形式、知识与男性特质之间的联系，以各种名目持续存在着，并且渗透到所谓的道德知识、科学知识和道德实践中。哲学概念与性别之间的联系无法只是加以取消，而不管性别如何，概念保留了下来，因为性别已经是概念的组成部分，如果没有性别的话，它们必定会是不同的概念。正如女性主义者不断重申的那样，如果“人”的概念是基于我们关于“女人”的思考，而不是基于我们关于“男人”的思考，那它会是一个非常不同的概念。因此,伦理学并不是一种对普遍的或真正的人类指南的探寻，而是一项基于性别偏见的事业。

其他区分和联系增补和加固了理性与男性特质、非理性与女性特质的同一。以此为基础，一直以来“男人”与人联系在一起，而“女人”与自然联系在一起。在加固后一种观点的区分中，最著名的是公共与私人之间的区分，这是因为对它们加以解释的方式。此外，公共与私人就像理性与情感那样，提供了一个熟悉的固定框架，而且它们对于哲学家和非哲学家都一样具有影响力。据说，在公共领域，男人超越了他的动物本性，创造了人的历史。作为公民，他创造了政府和法律；作为战士，他甘愿冒死亡的危险保护社会；作为艺术家或哲学家，他战胜了他作为人的有死性。此时，在公共领域中，道德应该指导人的决定。相反，在家庭中，据说女人只是“再生产”自然的生物生命。在家庭内，男人对食物和住所的“自然”需要得到满足，人作为生物生命的新样本成形。但是，人之所以为人的独特性，以及那超越一切给定的发展水平以创造人类进步的东西，被认为出现在别处。

这一对比在亚里士多德城邦和家庭概念中说得非常明确，它继续影响着自那以后极其显著的一大片思想的基本假设。在古代的雅典，女人被限制在家庭，公共领域完全是一个男性的领域。在较近的历史中，女人被允许进入公共领域打拼，但是，历史地来看，公共的男性领域与人的显然联系，而家庭的女性领域与纯粹的自然和重复劳动的显然联系，这一点依然保持着。这些联系深深地影响了道德理论，比如，道德理论常常设定了与道德基础相关的超越的公共领域，然而在这个领域中，女人在家庭中的自然行为并不包括在内。让我们来看看最近的一些代表性例子，大卫·海德（David Heyd）在他关于职外工作的讨论中，并没有把母亲为了孩子而作出的牺牲看做职外工作的一种情形，因为在他看来，它属于“自然关系和本能感情的领域（它处于道德之外）”。J. O. 厄姆森（J. O. Urmson）早期也持相似的立场。厄姆森在讨论职外工作时说：“我们要搞清楚，我们现在考虑的不是自然感情的情形，比如母亲为她的孩子所做的牺牲。这样的情形可以公正地说，不在道德概念之下……”在最近一篇题为《不信任的经济学》的文章中，艾伦·瑞安（Alan Ryan）很有说服力地表明，那种建立于这种假设——人是理性的自我利益计算者——的经济学和其他社会科学分支是成问题的。为此，他讨论了各种非自利行为的例子，比如战争中的男人，它们表明这个假设是错误的，可是，这篇文章中没有一处提到母亲的活动，而这些活动是质疑理性的男人提供的通常画面的一个丰富源泉。尽管瑞安并没有像海德和厄姆森那样，为他遗漏母亲活动的内容提供明确的理由，但是，若没有这里隐藏着的类似假设，我们就难以理解这种遗漏，其他地方也常常如此。要不是女性主义者坚持母亲活动的经验对于道德的相关性，在很大程度上，这一内容为道德理论家们所忽视。然而，从性别中立的观点来看，这样一个巨大的、基本的人类经验领域是怎么可能被设想处于“道德之外”的呢？

如通常表述的那样，公共/私人区分的结果使得男人的观点在国家和法的公共领域中具有特权，随后也在市场中具有特权，而使女人的经验大打折扣。母亲活动被概念化为主要是一种生物活动，即使在由人来完成时也是如此，事实上，伦理学史上没有任何一种道德理论曾认真地把作为女人经验的母亲活动看做道德识见的一个源泉，这种情形一直到近来通过女性主义者才开始改变。一直以来，女人被看做是一种情感的存在，而不是理性的存在，因此无法具有健全的道德人格。女人的行为要么被解释为“自然的”，受本能驱使，因而与道德以及道德原则的构建无关，要么在最好的情形下被解释为需要男性的指导和监督，因为男性能够更好地认识道德的要求，并且能够更好地按照其要求生活。

霍布斯的理性概念非常不同于此前柏拉图或亚里士多德的理性概念，也不同于其后卢梭或康德或黑格尔的理性概念。然而，它们都有一个共同之处，那就是都忽视和蔑视女人的经验和现实。想一想霍布斯对自然状态中的男人与其他男人订立契约创建社会的说明。他假设这些男人具有完全形式的存在，并且彼此独立，然后决定进入公民社会或待在公民社会之外。恰如克里斯汀·德·斯蒂法诺（Christine Di Stefano）所写道的那样：“我们在霍布斯关于人性和政治秩序的说明中所找到的，是一种对用男性术语设想的自我之保存的极度关注……霍布斯这种原子式的利己主义的男性维度，在他的自然状态中得到极度强调，因为这种自然状态有效地建立在否定母性的基础之上。”在《论公民》中，霍布斯首次对自然状态做了系统阐释，他要求我们“这样来考虑男人，好像他们是现在突然从地里冒出来似的，就像蘑菇一样，一下子完全成熟，而无需彼此交往”。克里斯汀 · 德 · 斯蒂法诺说，自然状态中的男人“不是生自女人或任何别的人，更不要说是由女人养育的”，这是霍布斯的自然状态最不可信和最成问题的特征。德 · 斯蒂法诺继续说，为了理性探究而从复杂的人性实在网络中抽取一个抽象的男人，为此，霍布斯“在他对于基本人性的说明中，去除了人的繁殖和早期的养育，而这两者是独特的人类生活最基本的、典型地具有女性身份特征的活动。通过这样一个策略，就可以确保他能够呈现一种彻底原子化的主体……”从女性经验的观点来看，这样一个主体或自我是不可信的，而且令人误解，哪怕作为一个理论建构也是如此。德 · 斯蒂法诺写道，利维坦“实际上是由一个养育自己的孤儿政体组成的，他们的欲望坐落其中，反映的只是独立的生殖活动……这些基本成分就是按照男性风格设想的自然人”。

卢梭、康德和黑格尔，各自对情感力量、审美感性及女人的家庭关注表达了敬意。可是，由于他们认为道德必须基于理性原则，而女人无法具有完全的理性，无法具有一定程度或一种比得上男人的理性，因此，这些道德学家认为，女人在道德中是内在有欠缺的。在卢梭看来，女人必须从小训练以服从男人的意愿，以免性的力量给男人和女人都带来灾难。在康德看来，女人被认为无法获得完全的道德人格，而如果女人试图通过理性探求，像男人那样行为，就会丧失所有魅力。在黑格尔看来，女人对其家人的道德关注只能得到适当的推崇，它对于作为国家成员的男人应该追求的更加普遍的目标而言，是一个威胁。

如果要获得知识和道德就必须克服带有女性特质的一切，女性经验与道德天然不相关，女人是内在地欠缺道德的生命，这些形象已经成了伦理学史的组成部分。女性主义者考察了这些形象，发现它们并非一些在许多论题上一反常态的哲学家偶然的或纯粹怪异的假定。这些观点几乎是家长式哲学理论和伦理学理论的一致思考，遍布整个人类历史。或者说，它们是普通男性经验的夸张，随后，这些夸张又加固而不是减缓了其他的家长式概念和制度。它们扭曲了许多男人和所有女人的实际经验和渴望。最近，安妮特 · 贝尔（Annette Baier）对道德哲学严重无视人们之间的信任的原因作了思考，在她看来，信任是道德生活中绝对重要的一个方面。她注意到，“我们传统中伟大的道德理论家不仅全都是男人，而且他们绝大多数是几乎不对女人加以成熟对待的男人（因此也几乎不受女人影响）”。他们在很大程度上是“牧师、厌女者和清教单身汉”，因此，他们的哲学关注“如此一心一意地集中于多少有些自由和平等的成年陌生人之间冷酷淡漠的关系”就不足为怪了。

作为女性主义者，我们对如此多哲学和道德理论所反映的家长式态度深表悲痛。但是，我们承认，问题要比改变那些态度严重得多。因为，若没有一个几近总体性的转变，发展至今的道德理论就无法纠正自身。它不能仅仅是吸收一直以来“留在后面”的性别，即使两个性别都想这样做。继续把道德奠基于与情感相对、把女人排除在理性之外的理性原则之上，会使得没有人反映心的提示，而这些提示远非纯粹的本能，它们也可以有道德意蕴。同样，简单地把女人带入公共的、男人的城邦领域，会使得没有人为家庭代言。家庭的价值迄今仍未得到承认，可它们常常具有道德价值。或者，继续对原子式个人的自我利益追求进行契约式限制，并且为了这些追求使女人加入男人的行列，会使得没有人专注于孩子的养育和社会关系的培养，而养育孩子和培养社会关系却具有至高无上的道德重要性。

女人完全有理由不想只是作为平等者参与到发展至今的道德事业中去。综览近来的女性主义道德理论类型，凯瑟琳·摩根（Kathryn Morgan）注意到，“许多从事哲学反思的女人敏锐地意识到这一职业和传统的男性本质，并且感觉到实际上在所有规定实践的官方设置中，她们自己作为女人的道德关注，要么被压制，要么被轻视”。女人显然不应为了进入传统道德的男性领域而放弃我们自己作为女人的道德关注。

因此，我们在摸索着塑造新的道德理论。可以理解的是，我们仍未完全设计出女性主义的道德理论。但是，我们能够为发展这样的理论提出一些可采取的方向。正如凯瑟琳·摩根指出的那样，出现一个类似于罗尔斯或诺齐克那样的女性主义道德理论家“明星”，这不太可能：“不会有这样的人，理由有两个。第一个理由是，随着女性主义共同体奋力发展一种女性主义伦理学，重大的道德和理论交往是在一个大规模的辩证层次上进行着的。第二个理由是，女性主义理论家共同体对男性主导的以明星为中心的传统所预设的个体化的自律自我表示怀疑……而我们把它当做一个共同的劳作、共同的任务来经验。”

那些使以女性主义路径来发展道德理论的对话，正在进行着。正如艾莉森·贾格尔（Alison Jaggar）在她关于这些对话的纵览中清楚地表明的那样，不存在一个伦理学观点，它可以被确定为“女性主义伦理学”。不过，女性主义的伦理学路径共有一个承诺，即“以纠正一切包含着男性偏见的观点来重新思考伦理学”。那些发展这些路径的人“统一在一个共享的计划之下，然而，在如何完成这一计划这一问题上，他们的观点分歧很大”。

无论如何，并非所有的女性主义者都认为存在着独特的女性主义德性或价值。有些人尤其对赋予传统的“女性德性”以正面价值表示怀疑，比如甘于养育、乐于关心及许愿寻求独立。他们认为，这种路径使那些有意将女人局限于传统角色的人谋得了方便。其他女性主义者对一切关于女人的主张都表示怀疑，强调以阶级、种族和性取向来划分女人的方式，使任何得自“女人经验”的结论都变得不确定。

尽管如此，我认为，面对当前女性主义者为了把伦理学转变为一种从女性主义的观点来看可接受的理论和实践活动所做的努力，还是有可能辨别出其中的各种焦点。在我稍稍一瞥所呈现的伦理学史上的偏见中，从女性主义的观点来看，我集中于其最可疑的三个方面：（1）理性与情感的分裂及情感的贬值；（2）公共/私人的区分，以及把私人降为自然的做法；（3）从男性观点构建起来的自我概念。

- 你认为男人和女人在道德推理上倾向于采取不同的方法吗？什么有可能作为你的观点的证据？
- 传统道德与女性主义道德的一些主要差异是什么？赫尔德所致力的是一种道德相对主义吗？如果是，为什么？如果不是，又为什么？
- 你能想到母亲的角色和经验可能会为道德理论的使用提供洞见的方式吗？

总结与结论

在这一章中，我们大约审视了六种道德理论。（1）亚里士多德把道德的核心集中于“德性”概念，他认为道德是符合理性原则的活动。他把这一论点奠基于人的“自然”，但是，他的讨论显然局限于一小部分古希腊男性公民，他把这些人看做人性的理想标本。（2）休谟和卢梭都主张道德必须基于某些感情或“情感”。休谟表明，“理性是而且应该是激情的奴隶”，而卢梭也同样表明，人“自然地”是好的。（3）康德坚持认为，道德全然是一个与一切个人利益和欲望（“爱好”）分离的理性原则问题。这就包含了对休谟和卢梭的拒斥，因为后两者把道德奠基于感情（这在康德看来就是爱好）。这也包含了对亚里士多德的拒斥。尽管这两位哲学家都使用了“理性原则”观念，但是，康德想让他的观念应用于所有人，因此，在他看来，每一个人都有同样的义务和责任。（4）功利主义者边沁和米尔拒斥了康德在道德与个人利益之间所做的分离，并且主张道德是我们满足最大多数人的最大利益的指南。（5）尼采对康德和功利主义者都加以拒斥，而偏向于回归亚里士多德伦理学的精英主义和“德性”取向。他主张，我们创造自己的价值，并且根据个人需要对其加以承认。在他之后，存在主义者，尤其是让-保罗·萨特，认为一切价值都是我们自己选择的，没有“真正的”道德，唯有我们自愿承担的价值。（6）最后，近来的女性主义者对这些传统理论中的“男性偏见”进行了质疑，而对性取向偏见的质疑则提示了一种不同**种类**的道德观的可能性。

章节复习题

1. 比较卢梭的良心观念与休谟的情感观念。从情感观念与良心观念之间的差异和相似来看，其中一种理论要比另一种理论更有说服力吗？
2. 亚里士多德的德性伦理学模式是只依赖于社会期望，还是它也为个人自治留出了余地？
3. 亚里士多德主张，“正义或节制的人做出的那类行动，就是正义或节制的行动”。在你看来，这种说法是不是循环论？对此，亚里士多德会如何回应？
4. 霍布斯（和荀子）主张，人天生就是恶的。相反，卢梭（和孟子）相信人的自然善。你是怎样看的？若人天生是善的，那么恶是如何出现的？
5. 想想一个人可能如何协调康德那种基于规则的体系与功利主义者那种基于后果的体系。
6. 设想一个既不能为康德也不能为密尔加以满意解决的道德困境。对于你设想的到的困境，尼采提供了解决方案吗？
7. 尼采和萨特认为，个人自己创造自己的价值体系，这种观点的道德危险是什么？从存在主义的观点来看，纳粹集中营的看守可以说自己是一个“好人”吗？按照西蒙娜·德·波伏娃的解释，这个看守该如何看待自己的道德责任呢？
8. 男人和女人做出道德选择时使用了不同的规则和标准，这一观念有多合理？
9. 假设你要在救自己的孩子与救某个别人的两个孩子之间作出选择，你会怎么选？为什么？你认为亚里士多德对此会怎么说？康德会怎么说？密尔呢？弗吉尼亚又会怎么说？

关键术语

altruism 利他主义
a priori 先天
autonomy 自主性
categorical imperative 定言命令
commitment 承诺
conscience 良心
contemplation (the life of) 沉思（生活）
cultural relativism 文化相对主义
deontology 义务论
duty 职责
egoism 利己主义
ethical egoism 伦理利己主义
ethical relativism 伦理相对主义
ethics 伦理学
eudaimonia 幸福
existentialism 存在主义
Golden Rule 黄金律
happiness 幸福
happiness calculus (also felicity calculus) 幸福计算（幸运计算）
hedonism 快乐主义
hypothetical imperative 假言命令
immoralist 非道德主义者
imperative 命令
inclination 倾向
law 法则
master morality 主人道德
maxim 准则
mean (between the extremes) 中道(两极之间)
morality 道德
obligation 义务
principle of utility 功利原则
psychological egoism 心理利己主义
rationality 合理性
relativism 相对主义
selfishness 自私
sentiment 情感
slave morality 奴隶道德
sympathy 同情
utilitarians 功利主义者
virtue 德性
will 意愿
will to power 权力意志

参考文献与进阶阅读

全面的伦理学简史，见 A. MacIntyre, *A Short History of Ethics* (New York: Macmillan, 1966).

对伦理学问题的纲要式综合论述，见 W. Fankena, *Ethics* (Englewood Cliffs, NJ: Prentice-Hall, 1963).

对伦理学问题的生动总结，见S. Blackburn, *Being Good: A Short Introduction to Ethics* (New York: Oxford University Press, 2001).

关于伦理学问题及其最近发展的较为详细的综述，见 R. R. Brandt, *Ethical Theory* (Engelwood Cliffs, NJ: Prentice-Hall, 1959).

反驳利己主义的经典论证，见 Joseph Butler, *Fifteen Sermons upon Human Nature* (London: Macmillan, 1900).

较近的一套技术性论证，见 T. Nagel, *The Possibility of Alturism* (New York: Oxford

University Press, 1970).

包括各种关于伦理选择的讨论的教科书有*Ethical Choice: History, Theory, and Contemporary Issues*, ed. S. Cahn and P. Markie, 4th ed. (New York: Oxford University Press, 2008) 和 L. M. Hinman. *Ethics: A Pluralistic Approach to Ethical Theory*, 4th ed. (Belmont, CA: Wadsworth, 2007).

亚里士多德的《尼各马可伦理学》译本，W. D. Ross (Oxford: Oxford University Press, 1925)。Ross在他的*Aristotle* (New York: Meridian, 1959)一书中也对这些论证有一个很好的概述。

一些关于亚里士多德的伦理学的优秀论文收集在J. J. Walsh and H. L. Shapiro, eds., *Aristotle's Ethics* (Belmont, CA: Wadsworth, 1967) 和 J. Moravscik, ed., *Aristotle* rev. ed (New York: Doubleday, Anchor, 1966).

大卫·休谟的道德哲学在他的*Enquiry Concerning the Principles of Morals* (La Salle: Open Court, 1912) 中最容易获得。

让-雅克·卢梭的道德理论在他的*The Social Contract,* trans. E. D. H. Cole (New York: Dutton, 1950) 中的第二论《论不平等的起源》，以及*Emile,* trans. B. Foxley (New York: Dutton, 1970) 中可以找到。

伊曼纽尔·康德的道德哲学的最好概述是他自己的*Foundations of the Metaphysics of Morals*，这本书有许多译本，最有助益的是*Groundwork of the Metaphysics of Morals*, trans. H. J. Paton (New York: Harper & Row, 1957)。也见*Lectures in Ethics*, trans. L. Infield (New York: Harper & Row, 1963).

约翰·斯图亚特·密尔的功利主义很好地概括在他的小册子*Utilitarianism* (New York: Dutton, 1910) 中。

关于弗里德里希·尼采的伦理学的一个很好的概述，见 Walter Kaufmann, *Nietzsche* (Princeton, NJ: Princeton University Press, 1950).

关于存在主义伦理学的一个很好的概述，见M. Warnock, *Existentialist Ethics* (New York: St. Martin's Press, 1967).

关于女性主义伦理学的一个不错文集，见M. Pearsall, *Women and Values*, 2nd ed. (Belmont, CA: Wadsworth, 1993).

关于女性主义伦理学的历史性综览，见 J. McCracken, *Thinking about Gender: A Historical Anthology* (Fort Worth: Harcourt Brace, 1997).

两部全面的优秀文集分别是P. Singer, ed., *A Companion to Ethics* (Oxford: Blackwell, 2000) 和 Peter Singer, ed., *Ethics* (New York: Oxford University Press, 1994).

同时还推荐 Hugh LaFollette, *The Blackwell Guide to Ethical Theory* (Oxford: Blackwell, 2000), 以及 James Rachels, *Ethical Theory*, 2 vols. (New York: Oxford University Press, 1998).

第9章 正义

我们认为以下真理是不言而喻的：人人生而平等，
造物主赋予他们若干不可剥夺的权利，
其中包括生命权、自由权和追求幸福的权利。
——托马斯·杰斐逊等

“人是一种社会动物”，亚里士多德这样写道。所以，人也是一种政治动物。我们与之一起生活的人们，不只是我们的朋友和家人，还有千千万万的其他人，其中绝大多数我们永不会相遇，那些我们遇见的人们，许多也只是擦肩而过——如我们横穿马路或购买电影票时那样。然而，我们必须关心他们，他们也必须关心我们，因为在某种意义上，我们显然全都彼此信赖着。比如，我们信赖他们，不得无故攻击我们，或者盗取我们的财产。当然，我们的信心依人而定、依城邦而定。不过，大体而言，有一点很清楚，那就是我们对我们永不会认识的人具有义务，比如，有不污染供给他们的水或空气的义务，有不把他们置于危险之中的义务。同时，他们对于我们也具有类似的义务。我们也主张自己拥有某些权利，比如，在街上行走不受攻击的权利，针对政治上有争议的问题说出自己的观点而不被投入监狱的权利，信仰这种宗教或那种宗教，或者不信仰宗教而不会被剥夺工作、住屋和自由的权利。

政治哲学和社会哲学是对社会中的人的研究，尤其关注他们对彼此提出的抽象要求，如“权利”“义务”和“特权”，以及他们对“正义”“平等”和“自由”的要求。（把政治自由与我们此前讨论的因果自由或形而上自由区分开来，这一点很重要。它们可以彼此分开来加以讨论。）至少从观念上来看，政治是道德的延续。比如，我们的政治义务常常与我们的道德义务是一回事。我们对某些“道德权利”的主张，常常也是在主张政治权利，而政治权利——尤其是那些我们称之为人权的一般权利和绝对权利（比如，不受折磨和屈辱的权利、不受权力制度或强人剥削的权利）——则典型地是基于道德原则加以辩护的。从观念上来看，**政府**的德性就是个人的德性：政府应该是公正的、节制的、勇敢的、诚实的、仁慈的、体贴的和明智的。比如，柏拉图和亚里士多德正是以这些术语描绘了他们心中的理想**国家**。（与绝大多数近代哲学家不同，柏拉图和亚里士多德实际上都有机会建立那样的政府，可他们都失败了，不过就原因来说，都不是他们的错。）

这并不是说一切政治或所有政治家都是道德的，我们非常清楚并非如此。但它是说，我们的政治受我们的道德感的限制和规定。道德更多关注的是具体的人之间的关系，而政治更多关注的是大的非个人团体。不过，它们之间存在的是一种程度上的差异。在古希腊，柏拉图和亚里士多德生活在相对较小的“城市—国家”中（他们都称之为城邦），公民甚至比美国的一个镇的人数还少。对于他们来说，把道德和政治放在一起来处理比较容易。但是，甚至在今天，我们仍乐观地说起“人类大家庭”和“四海兄弟情”，这无非是在重申我们这样一个持久的信念：政治——甚至在国际层面上——应该基于人际间的道德原则。

一个成功**社会**的关键是合作。如果人们不合作，那么，社会的成功就要求某种有能力使个人利益符合公共利益的权威。这一权威通常被称作国家。国家通过法律并加以执行，其目的是为了保护公共利益。不过，它的目的就仅于此吗？我们可能会说，不。比如，它也有这样的目的，即保护个人权利免受试图干预个人生活的强力机构和具有强大动员能力的压力集团的侵犯。通常，我们会说，国家的功能是维护正义。但是，自古代以来，人们关于正义是什么意思，应对公共利益给予多大的首要强调，以及应对个人利益给予多大的首要强调，意见并不一致。

我们的国家观念，以及它具有的权力和**权威**程度，在很大程度上取决于我们的人性观念，以及人们不受胁迫的合作意愿。一个极端是那样一些人，他们非常强调社会的平稳运行，以至于甘愿牺牲绝大多数个人权利和个人利益。通常，他们被称作“权威主义者”，相较起来，他们几乎不相信自愿的个人合作，而非常相信强有力的权威国家。［恰如意大利法西斯主义独裁者贝尼托·墨索里尼（Benito Mussolini）所说的那样，“他使列车准时开动”。］另一个极端是这样一些人，他们非常信赖个人合作，而对国家毫无信心，以至于他们认为应该完全取消国家。他们被称作**无政府主义者**。处在这两个极端之间的，是一些较为温和的立场。比如，人们既对个人合作有一定的信心，又信赖一个合理公正的国家的可能性。不过，他们对于任何一个都没有完全的信心。比如，民主主义者和共和主义者都信赖这样一个政府，它至少部分地由人民自己支配，同时在必要时又有足够的权力对个人利益执行它的法律。所有这些人都相信对如下问题有不同的解决方案：一方是公共利益和合作需要，另一方是个人权利和利益，它们之间的平衡问题——换言之，即**正义**问题。

A. 正义问题

我们一想到正义，首先就倾向于想到刑事案件和惩罚。在这一意义上，正义就是逮住罪犯，并“让他为其罪行付出代价”。因此，**正义**一词最古老的意义是哲学家所谓的**报应正义**，或者简单来说，“报应”。一项罪行的报应就是使罪犯受苦，或者付出与其罪行之严重性相当的罚款。在古代传统中，与之相应的说法是“以眼还眼，以牙还牙”。如果一个罪犯导致一个人眼瞎了，那他也要被弄瞎眼睛。现在，我们会认为这样很残酷，不文明。可是，我们事实上放弃了这种报应正义吗？我们惩罚我们的罪犯（也就是说，我们要求报应）吗？我们真的是想要改造他们吗？或者，监狱的目的只是为了不让他们走上大街？我们应该因罪行而惩罚人吗？还是我们只应该使自己免于再次犯同样的罪行？如果一个人犯下了一桩残暴的谋杀，我们能保证他不会犯另一桩谋杀吗？还是，即使我们知道他不会再次犯案，他也应受到惩罚？

不过，报应正义和惩罚问题实际上只是一个巨大关注的一小部分。正义不只是对罪行和侵犯的“报应”。它不仅涉及较为显著的犯罪问题，还涉及日常公民事务中社会作为一个整体的运行。假设一个社会的财富和食物相对缺乏，那应该如何分配？每一个人都应该得到完全一样的数量吗？一个努力做一件令人不快的工作的人，应该与一个完全拒绝工作、整天看电视和找乐的人所得一样吗？一个用他的财富帮助他人的人，应该与一个把他或她的钱“扔在”赌博、饮酒和淫逸上的人所得一样吗？如果某一阶级的人在历史上因其肤色、宗教信仰、性别或年龄而被剥夺了适当的份额，那么，这一阶级现在应该得到超出其份额的补偿吗？这样做对于其他人也是一种不正义吗？

不过，在这里，存在争议的不仅是财富和食物。特权和权力的分配同样重要。谁将投票？每一个人的选票都有完全一样的价值吗？一位大字不识一个、甚至不知政治领袖名字的人的意见，在政府中应该与多年来研究这些问题的政治科学家或经济学家的意见相当吗？每一个人都应该被允许驾驶吗？每一个人都应该被允许喝酒吗？每一个人在法律面前都应该得到完全一样的对待吗？还是如一些关注表明的那样，某些人（比如国会议员或外交官）应该有特权？

社会的文化礼物的享有也存在争议。每一个人都应该接受相同的教育吗？若这一点表明是“不切实际的”怎么办（因为职业培训比“人文学科”更有效）？难道这不是意味着一些人——工人和受训做某一工作的职业人——被剥夺了享受伟大著作、音乐、诗歌、哲学、思想争论或娴熟的外国语言所必需的教育吗？它们给那些据说能够欣赏它们的人带来了巨大的享受。

还有地位的问题。应该有社会阶级吗？如果这样的区分被证明使社会更平稳地运行怎么办？地位区分的最低限度是多大？这反过来导致了一个更加一般的问题：社会的所有成员难道不应该期望不仅受到法律的平等对待和尊重，而且要在每一种可设想的社会情境中受到平等对待和尊重吗？所有这些问题都是正义的关注所在。但是，什么是正义的？谁来决定什么是正义的？以及如何来决定？

B. 两种古代的正义理论：柏拉图与亚里士多德

在某种意义上，正义理论与人类社会一样古老。古代的希伯来法典、波斯法典和巴比伦法典，就是一些正义理论，因为它们都试图提出一些涵盖食物的公平交易和分配、惩罚犯罪和解决争议的规则。但是，一种成熟的正义理论应该超越这一点，并且设法分析正义本身的性质。最早设法这样做的，是柏拉图和亚里士多德的伟大的正义理论。在《理想国》中，柏拉图表明国家中的正义与个人正义完全一样，即为了达到整体的善而在各部分之间保持一种和谐。换言之，所有人为了一个成功的社会而合作，是正义的关键。但是，这意味着个人利益为了社会利益而显然处于次要位置。在古希腊，这一点几乎不适用于富人和强人，但是，对于大多数人而言——尤其是奴隶而言——这种次要位置却是规范。因为他们的温顺屈从被认为是社会的全面成功的必要因素，他们的个人利益和个人权利必须极尽可能地最小化。只有当他们的努力有助于高于他们的人时，他们才能有望获得回报和得到满足，因而，他们自己比高于他们的人更希望那些人从他们的劳作中获得更多回报。在柏拉图的世界中，每个人都有他或她的“位置”，而所谓正义，是指他们相应地行动并得到相应的对待。

柏拉图，《理想国》[1]

我们开始建立我们这个城邦时，曾经规定下一条总原则，我想这条原则或者这一类原则就是正义。你如果记得的话，我们规定下来并且时常重申的原则是：每个人必须在城邦里执行一种最适合他天性的职务。

是的，我们说过这一点。

此外，我们听许多人说过，自已也常常跟着说过，正义就是只做自己的事而不兼做别人的事。

我们确实说过。

那么，我的朋友，做自己的事，从某种角度来理解这就是正义。可是，你知道我是从哪里证明这一点的吗？

不知道，请你告诉我。

我认为，在我们考虑了节制、勇敢和智慧之后，在我们城邦里剩下的就是正义这个品质了，就是这个能够使节制、勇敢、智慧在这个城邦中产生，并在它们产生之后一直保护着它们的这个品质了。我们也曾说过，如果我们找到了三个，正义就是剩下的那个了。

必定是这样。

但是，如果有人要我们判断，这四种品质中我们国家有了哪一种最能使我们国家善，是统治者和被统治者意见一致呢？还是法律所教给军人的关于什么该怕什么不该怕的信念在军人心中的保持呢？还是统治者的知识和护卫呢？还是这个体现于儿童、妇女、奴隶、自由人、工匠、统治者、被统治者大家身上的品质，即每个人都作为一个人干他自己分内的事而不干涉别人分内的事呢？这似乎是很难判断的。

的确很难判断。

看来，似乎就是每个人在城邦内做自己分内的事这个品质在使国家完善方面与智慧、节制、勇敢较量能力大小。

确实如此。

那么，在使国家完善方面与其余三者较量能力大小的这个品质不就是正义吗？

正是。

再换个角度来考虑这一问题，看看你是否能同意：你们不是在委托统治者做城邦法庭的法官吗？

当然是的。

他们审理案件无非为了一个目的，即，每一个人都不拿别人的东西，也不让别人

1 Plato, *Republic*, Bk. II, trans. G. M. A. Grube, Indianapolis, IN: Hackett, 1974. 中译文见柏拉图：《理想国》，郭斌和、张竹明译，北京：商务印书馆，2002 年，第 154 页。

占有自己的东西，除此而外还有别的什么目的吗?

只有这个目的。

这是正义的目的吗?

是的。

因此，我们大概也可以根据这一点达到意见一致：正义就是有自己的东西、做自己的事情。

正是这样。

现在请你考虑一下，你是不是同意下述看法：假定一个木匠做鞋匠的事，或者一个鞋匠做木匠的事，假定他们相互交换工具或地位，甚至假定同一个人企图兼做这两种事，你想这种互相交换职业对城邦不会有很大的危害吧?

我想不会有太大的危害。

但是我想，如果一个人天生是一个手艺人或者一个生意人，但是由于有财富，或者能够控制选举，或者身强力壮，或者有其他这类有利条件而又受到蛊惑或怂恿，企图爬上军人等级，或者一个人企图爬上他们不配的立法者和护国者等级，或者这几种人相互交换工具和地位，或者同一个人同时执行所有这些职务，我看你也会觉得这种交换和干涉会意味着城邦的毁灭吧。

绝对是的。

可见，现有的这三种人互相干涉互相代替对于城邦是有最大害处的。因此可以正确地把这称为最坏的事情。

确乎如此。

对自己城邦的最大危害，你不认为这就是不正义吗?

怎么会不呢?

那么这就是不正义。相反，我们说，当生意人、辅助者和护国者这三种人在城邦里各做各的事而不相互干扰时，便有了正义，从而也就使城邦成为正义的城邦了。

我认为情形就是如此。

柏拉图严格的社会阶层等级制度，以及人与人之间不平等的主张，是对我们的普遍**平等**感觉的冒犯，但重要的是看清楚，平等（或者更确切地说，**平等主义**，即认为所有男人女人仅由于他们是人而平等的观点）是一个必须加以论证的立场，而不是一种“自然的”事态，也不是一种总是为所有人接受的信念。亚里士多德的正义理论也是如此。

在他的《政治学》中，亚里士多德泰然自若地为奴隶制辩护，他认为不仅奴隶对作为整体的社会是有效的和好的，而且那些奴隶“生来”就是要成为奴隶，如果赋予他们自由，使他们成为公民，那对他们而言是一种不幸，反而无法应付自如。（不过，这并不是一个古代的观点，我肯定你自己一生的某个时候，曾听到过有人关于其他人群的类似观点。）在亚里士多德和柏拉图看来，不同的人有不同角色，在他们看来，平等地对待不平等者，恰如不平等地对待平等者一样，都是不公正的。他们会认为，低能者、儿童和外邦人要像公民那样应得到同样的尊重和对待，这种看法实在荒谬可笑。同样的，对于我们当代的观点，即应该把男人和女人当做平等者加以对待，他们也会觉得可笑。[1]

但是，不管有什么意见，柏拉图和亚里士多德奠定了我们许多正义观念的基础。平等者应该作为平等者加以对待这一观念，既是他们的正义感的基础，也是我们的正义感的基础。不同在于，我们得到的教导使我们相信所有人都是平等的。同样，所谓的**分配正义**理论，即财富和食物在社会成员中间公平分配，是当前盛行的国家问题和国际关系问题，它在很大程度上要归功于亚里士多德的最初阐述。个人劳动应有一定的回报，这也是亚里士多德的观念。不过，尽管亚里士多德持贵族政治和令人难受的精英论立场，但他非常清楚地看到，最大程度地依赖于一种适当的正义理论的社会成员，恰恰是穷人和具有较少权力之人。正是对于他们而言，正义社会才如此至关重要（因为强人和富人有更好的机会照料自己）。我们在开头部分提到的这种重要区分，即对纠正某些错误（罪行、糟糕的商业交易及公共灾难）的正义的有限关注与对为了一个平稳公道的社会的正义的一般关注之间的区分，也是由亚里士多德作出的。

亚里士多德，《尼各马可伦理学》[2]

让我们先来搞清楚“一个不正义的人”有多少种不同意义。我们把违法的人、贪婪的人和不正直的人称作不正义的，所以，很显然，守法的人和正直的人就会是正义的。因此，正义的也就是守法的和正直的，不正义的也就是违法的和不正直的。

既然违法的人是不正义的，守法的人是正义的，那么很显然，所有合法的行为在某种意义上都是正义的。因为这些行为是经立法者规定为合法的，因此我们说所有这些行为都是正义的。一切法律都是促进所有的人，或那些出身高贵、由于德性而最能治理的人，或那些在其他某些方面最有能力的人的共同利益的。所以，我们在其中一种意义上，把那些倾向于产生和保持政治社会的幸福及其构成成分的行为看成是正义的。法律还要求我们作出勇敢者的行为（比如，不擅自离岗、不逃跑、不丢弃武器），作出节制者的行为（比如，不通奸、不羞辱他人），以及作出温和的人的行为（比如，不殴打、不谩骂），同样的，在其他德性和恶的方式，法律也要求一些行为，禁止一些行为。实行得良好的法律提出这类要求是出于良好的意图，任意的法律提出这种要求的意图则不那么良好。

所以，这种正义是一种全然的德性，但不是绝对的，而是与他人相关的。因此，正义常常被看做最伟大的德性，“比星辰更令人崇敬”。还有谚语说，“正义是一切德性的总括”，而它之所以是最为完满的德性，乃是因为它是完满德性的实践。它之所以是完满的德性，是因为有了这种德性，就不仅能对自己运用这一德性，也能对他人运用这一德性，因为许多人能够对自己的事务运用德性，在他们与他人关系上却不能运用德性。

---

1 柏拉图曾大胆主张女人同男人一样应该成为统治者。

2 Aristotle, *The Nicomachean Ethics*, trans. W. D. Ross, Oxford: Oxford University Press, 1925. 中译文见亚里士多德：《尼各马可伦理学》，廖申白译注，北京：商务印书馆，2003 年，第 128 页。

◆◆◆

但是，无论如何，我们所要研究的乃是作为德性的**一个部分**的正义。因为，我们都认为存在着这样一种正义。同样的，我们所要研究的不正义也是这种具体意义上的。

这种具体意义上的正义的存在可以通过下面的事实看出，一个人在表现出其他的恶（例如，因怯懦而丢弃武器，因怪癖而辱骂别人，因吝啬而拒绝帮助一个朋友）时，尽管他是在做不正义的事，却并不是在占得过多的东西，而当一个人在占得过多东西时，常常不是由于上述这些恶——而且也不是由于这些恶的总体，而是由于某种形式的恶（因为我们谴责他）和不正义。因此，还存在着另一种不正义，即作为总体的不正义的一个部分的不正义，也存在另一种不正义的事，即作为总体的不正义亦即“违法”的一个部分的不正义的事。其次，如果两个人通奸，一个人是为了得利并收了钱，另一个人是出于欲望并且损失了钱，那么，后者就似乎是放纵而不是占得过多的东西，前者则是做了不正义的事而不是放纵。因此，很显然，通过自己的行为来获利的那个人是不正义的。再次，所有其他的不正义行为都可以归结为某种恶，例如，通奸归结为放纵，逃离岗位归结为怯懦，辱骂归结为怒气。但是，一个人为着获利的不正义行为却不能归结为任何恶。显然，除了总体的不正义之外，还有另一种具体的不正义，它与总体的不正义共用一个名称，因为它的定义与总体的不正义同种，因为这两者的意义都表现在一个人同他人的关系之中，不过，具体的不正义关涉的是荣誉、钱财和安全——或任何能涵盖所有这些的东西，如果我们能有一个适当的术语的话——其动机就是获得快乐，而总体的不正义关涉的则是同好人的行为相关的所有事物。

因此，很显然，正义的意义不止是一种，在总体的德性之外，还有其他意义的正义，我们必须去把握其种类和属差。

◆◆◆

具体的正义及其相应的行为有两类。一类表现于荣誉、钱财或其他可分的共同财富的分配上（这些东西一个人可能分到同等的或不同等的一份）的正义，另一类则是在私人交易中起矫正作用的正义。矫正的正义又有两种，相应于两类私人交易：出于意愿的和违反意愿的。出于意愿的交易如买卖、放贷、抵押、信贷、寄存、出租，它们之所以被称为出于意愿的，是因为它们在开始时双方是自愿的。违反意愿的交易的例子中有些是秘密的，如偷窃、通奸、放毒、拉皮条、引诱奴隶离开其主人、暗杀、作伪证；有些是暴力的，如袭击、关押、杀戮、抢劫、致人伤残、辱骂、侮辱。

◆◆◆

我们已经表明，不正义的人和不正义的事都是不正直的或不平等的。那么，很显然，每一种情形的不平等之间也存在着一个适度。而这个适度就是平等，因为任何存在着过多过少的行为中也就存在着适度。因此，如果不正义是不平等的，那正义就是平等的，这一点是不言自明的。既然平等是一种适度，那正义就也是一种适度。不过，平等至少是两个东西之间的平等。因而，正义必定是适度的、平等的和相对的（也就是针对某些人而言)。作为适度，它涉及两个极端(过多与过少);作为平等，它涉及两种东西;作为正义，它针对某些人。因此，正义至少包括四个项目，因为与正义相关的人是两个，相关的东西是两种。而且，这两个人之间以及这两种东西之间，要有相同的平等。因为，后者——所涉的两种东西——有怎样的比例，前者就要有怎样的比例，如果他们不是平等的，他们就不会分享平等的份额，而这正是争吵和抱怨的起源——即平等的人占有和获得不平等的份额，或者不平等的人占有或获得平等的份额。此外，从“按配得分配”的原则来看，这道理也很明白，因为所有人都同意，分配的正义必须按配得进行，尽管他们摆在第一位的配得并不相同，民主制依据的是自由身份，寡头制依据的是财富(或高贵的出身)，贵族制依据的是卓越。

所以，分配的正义在于成比例，不正义则在于违反比例。因此，不正义或者过多，或者过少，这样的情形时常会发生，对于好的东西，不正义的人总是所占过多，遭受不正义的人总是所占过少。在坏的东西上，则正好反过来，因为要是在两恶之中挑选，小恶就比大恶好些，当然，恶总不如善可取，而善是越大就越可取。

这里说的是正义的一种。

剩下的那一种是矫正正义，它是在出于意愿和违反意愿的私人交易中的正义。这种正义与前面讨论过的正义在性质上不同。因为，分配公共财富的正义要依循上面说明过的比例(因为如果要从公共物中分配，就要按照人们各自对公共事业的贡献来进行)，而同这种正义对立的不正义则是对这种比例的违反。可是，私人交易中的正义虽然是某种平等，不正义是某种不平等，然而，它们所依循的却不是几何的比例，而是算术的比例。因为，不论是好人骗了坏人还是坏人骗了好人，其行为并无不同，不论是好人犯了通奸罪还是坏人犯了通奸罪，其行为也没有什么不同。法律只考虑行为所造成的伤害，然后平等地对待双方，它只问一方是否做了不正义的事，另一方是否受了不正义的对待，一方是否做了伤害的行为，另一方受了伤害。因而，既然这种不正义本身就是不平等，法官就要努力恢复平等。因为如果一方打了人，另一方挨了打，或者一方杀了人，另一方被杀了，做这个行为的人同承受这个行为的人这两者之间就不平等,法官就要通过剥夺行为者的得来使他受到损失。因为,在广义上我们可以用“得”这个词来说这些事情，尽管在严格的意义上有些事不能这么说，比如一个人打了另一个人就不能说有什么得,被打的人也不能说有什么失,总体上,在估量所遭受的痛苦时,这类行为可以说是得，遭受这类行为可以说是失。因此，尽管平等是较多与较少之间的适度，得与失则在同时既是较多又是较少。由于平等——我们说过它就是正义——是过多与过少之间的适度，所以矫正正义也就是得与失之间的适度。这就是人们在有纷争时要去找法官的原因，而去找法官就是去找正义。因为人们认为，法官就是正义的化身；其次，他们找法官就是找中间；有时，人们的确把法官叫做中间人，因为找到了中间也就找到了正义。因此，正义就是某种中间，因为法官就是中间人。法官要的是平等。

- 什么是报应正义？什么是分配正义？请各举一例。你认为有一种观念（理论）符合这两者吗？还是认为它们完全不同？
- 为什么为了正义，个人必须服从国家的权威？
- 柏拉图的正义观念是反平等主义的。今天，我们在什么方面依然是反平等主义者（或非平等主义者）？
- 亚里士多德对正义所作出的定义要求按照配得给予每个人所得。请问，亚里士多德的正义观念与平等相容吗？
- 你能设想平等地对待每一个人是不正义的情形吗？我们为什么应该平等地对待他人？
- 亚里士多德说“正义是成比例的”，他这样说是什么意思？

C. 两种现代的正义理论：休谟和密尔论功利和权利

与古希腊人不同，现代正义理论的前提是人人平等。无论一个人有什么样的天才、成就、财富、家庭或聪明才智，他或她都不比任何别人“更好”。这一观点显然在原则上取消了奴隶制，哪怕奴隶制有助于作为一个整体的社会，并且对奴隶自身也有所谓的好处。因为奴隶制是不平等的，因此应受谴责。但是，这一平等主义原则也有它的问题。显然，事实上所有人都不赋有平等的才智或才能、容貌或能力。那么，平等地对待每一个人对所有人来说都是好的吗？一个人是位医生，有能力挽救许多生命，另一个人是不可救药的浪荡子和酒鬼，如果他们恰好犯下了同样的罪行，那么，判处他们同等的监禁符合公共利益吗？显然不符合。可是，判处他们不同的监禁会是正义的吗？似乎也不会。近来一些理论家试图回答的一个问题，就跟这样的情形有关，即公共利益与平等对待的要求不一致。由此，还引发了一个类似“民主悖论”的问题，我们此前已经提到过。我们若像对待一位经验丰富的政治老手的意见一样，对待一位毫无识见、（最多）只是从每天十五分钟的新闻中得知当前事件的人的意见，那有意义吗？可是，我们的投票箱却不会做这样的区分。很显然，尽管有平等主义原则，我们的社会对待那些生意好手或权力掮客，总是要好于别的其他人。这难道不是系统不正义的一个例子吗？或者，有没有这样的实例，甚至对我们来说，不平等仍可以作为正义得到辩护？

数世纪以来，正义理论一直是英国哲学的中心关注之一。**托马斯·霍布斯**（Thomas Hobbes）提出过一种理论，这种理论一开始就把平等当做一个“自然事实”，并把正义看做是政府为“确保所有人的和平和安全”所实施的东西。霍布斯表明，“自然状态”中没有正义可言，正义如同法律，只能在社会中通过一个“社会契约”才会出现。根据这份社会契约，每一个人都同意遵守某些法则、并且进行合作而不是展开竞争——所有这一切都是为了相互利益。几年之后，约翰·洛克和大卫·休谟

托马斯·霍布斯（1588—1679）：《利维坦》的作者，英国第一批伟大的现代哲学家之一。他一般被认为是明确把“社会契约”理论用以创建政府和社会的思想家，他也是把政府理论基于前“文明”——即所谓的“自然状态”——的人的概念的第一批哲学家之一。根据霍布斯的说法，这时候的人“孤独、贫穷、残忍、肮脏、短命”。因此，人们为了互相保护而成为社会的一员。同时，霍布斯也申论一种唯物主义的宇宙观念。他说，甚至人的心灵也无异于“运动着的物质”。

也主张一种类似的正义理论。再一次，平等是前提，相互同意是政府权威的基础。在这两位哲学家看来，正义的终极标准是功利、公共利益，因而至少要满足绝大多数公民的利益。这种观点会遭到柏拉图和亚里士多德的拒斥。

休谟举例说明了这种现代观点——对正义的描述，不仅要根据整个社会的结构及每一个人在其中的“位置”，还要根据每一个个人的利益和福利。可是，休谟问道，面对一个具体的行为显然与公共利益相反的情形怎么办？比如，一个显然有罪的犯罪分子因法律程序上的理由而被释放，或者一个令人恶心的色情作品作者因保护“言论自由”而被允许发行和出售他或她的作品。对此，休谟作出的回答是，有必要对单个行为的功利与整个体系的功利加以区分，尽管一个具体的正义行为可能会违背公共利益，但整个正义体系必定与公共利益相符。这就意味着，单个的不正义行为之所以受到质疑，并不是因为它是一个事件，而是因为它是一套一般规则和实践的一个例子。

大卫·休谟，论“正义与功利”[1]

为了更清楚地说明这一点，我们可以考虑，正义规则虽然只是由利益所确立的，但这些规则与利益的联系却有些独特，不同于在其他场合可以观察到的现象。单个的正义行为往往违反**公共利益**，而且，如果它孤立地出现，而不伴有其他行为的话，它本身就可以危害社会。当一个有德的、性情仁厚的人将一大宗财产还给一个守财奴或作乱的顽固派时，他的行为是正义的和值得夸赞的，不过公众却是真正的受害者。单个的正义行为，就其本身而言，对私人利益并不比对公共利益更有助益。我们很容易设想，一个人如何可以由于一个非常正直的行为而陷于穷困，并可以有理由地想望，正义的法则对那单个的行为在宇宙间暂时停止作用。可是，单个的正义行为虽然可以违反公共利益或私人利益，而整个计划或设计确是大有助于维持社会和个人的幸福的，或者甚至对这两者是绝对必需的。

不过，关于正义作为功利的最明确的“功利主义”陈述，出现在约翰·斯图亚特·密尔那本富有影响的小册子《功利主义》中。

约翰·斯图亚特·密尔，《功利主义》[2]

就正义这种情感而言，像我们的其他道德情感一样，它的起源问题与它的约束力问题之间并没有必然的联系。大自然赋予我们一种感情，并不意味着这种感情的所有要求都必定是合理的。正义的感情可能是一种特定的本能，然而仍像我们的其他本能

---

1 David Hume, *Enquiry Concerning the Principles of Morals*, La Salle, IL: Open Court, 1912. 中译文见休谟:《人性论》（下册），关文运译、郑之骧校，北京：商务印书馆，1997 年，第 537 页。

2 John Stuart Mill, *Utilitarianism*, London: J. M. Dent, 1910. 中译文见穆勒：《功利主义》，徐大建译，上海：上海世纪版集团，2008 年，第 42 页。

一样，也需要受一种高级理性的控制和教导。如果我们既有的一些动物性本能激发我们以特定的方式作出行为，又有一些理智性本能引导我们以特定的方式作出判断，那么，在各自领域内，理智性本能犯错的可能性并不一定比动物性本能犯错的可能性要小。如同动物性本能会作出错误的行为一样，理智性本能也会作出错误的判断。

◆◆◆

第一，绝大多数人认为，剥夺任何一个人的人身自由、财产或任何其他依法属于他的东西，都是不正义的。这是正义和不正义这两个术语在完全确定的意义上的一个用法。也就是说，正义是对每个人的法定权利的尊重，不正义是对任何人的法定权利的侵犯。不过，由于正义和不正义这两个概念还有其他用法，这种判断允许有例外的情况。例如，被剥夺法定权利的人也许（如文中所说）在此之前就已经丧失了这些权利，这种情形我们马上就要谈到。

◆◆◆

第二，个人被剥夺的法定权利，可能本来就不应属于他。换言之，授予这些权利给他的法律，可能是一种恶法。假如情形确实如此，后者被认为是如此（这对我们的目的而言是一回事），那么，违法行为究竟是正义的还是不正义的问题，就会有不同意见。一些人坚持认为，不论法律多么恶劣，任何一个公民都应当遵守法律。如果公民一定要表达自己对法律的异议，其表达的方式也只应当是设法让主管当局修改法律。这种观点（谴责了人类许多最杰出的贡献者，并且常常因反对违法而维护了非常有害的制度，因为在当时的事态下，违法是唯一有机会成功反对那些有害制度的武器）之所以会得到赞同者的捍卫，理由是利益，亦即不让守法的情感受到侵犯对人类的共同利益来说是非常重要的。另一些人的观点则正好相反，他们认为，任何法律只要被判定为恶法，即便没有被判定为不正义而只是被判定为不利，就可以违反而不受谴责。针对这种观点，有些人以为，只有不正义的法律才可以违反，但另一些人却说，所有不利的法律都是不正义的，因为任何法律都对人类的天赋自由强加了某种限制。这种限制除非有利于人类从而是合理的，否则便是一种不正义。这些观点尽管各有分歧，有一点却似乎得到普遍承认：可能存在着不正义的法律，因此，法律不是正义的最终标准，法律可能会做出正义所谴责的事情，即给一个人带来利益而给另一个人造成损害。无论如何，当一种法律被认为是不正义的，其理由似乎永远与违法是不正义的理由相同——那就是侵犯了个人的权利。在个人权利由于法律的不正义而受到侵害的情况下，这种受侵害的权利便不可能是一种法定权利，于是得到了一个不同的名称，被称之为道德权利。因此我们可以说，不正义的第二种情况在于，剥夺了任何人对之具有道德权利的东西。

第三，大家普遍认为，正义在于每个人应该得到自己应得的东西（无论是利还是害），不正义则在于每个人得到了自己不应得的福利或遭受了自己不应得的祸害。也许，这是一般人能够设想的最清楚、最明确的正义观念了。由于这个观念包含了应得，所以就产生了这样的问题，即什么构成了应得？一般而言，大家会觉得，一个人做了正确的事情，便应得福利，做了错误的事情，便应得祸害。在一种比较特定的意义上，一个人对别人做了善事，便应从别人那里得到善报，对别人做了恶事，便应从别人那里得到恶报。至于以德报怨的准则，则从来也没有被认为是正义的一种实现，相反，它被认为是出于其他因素的考虑而放弃了正义的要求。

第四，人们公认，不守信用，例如违背承诺，不论是明确表达的承诺还是暗示默认的承诺，又如自己的行为引起了别人的期望，至少自己知道并且愿意引起这样的期望，却又让这种期望落空，都是不正义的。如同上述各种正义的其他义务一样，人们认为，守信这种正义的义务也不是绝对的，而是可以被需要考虑的另一种更有约束力的正义的义务所否决，也可以被有关人员的某种行为所否决，只要人们认为，这种行为解除了我们应当对他承担的义务，而使他丧失了他本可以期望得到的利益。

第五，大家普遍认为，为人偏袒、在不适用偏爱或偏好的事情偏爱或偏好某个人甚于另一个人，是与正义不一致的。不过，人们似乎认为，为人公正就其本身而言并不是一种义务，而是履行其他某种义务的工具。因为大家承认，偏爱和偏好并不总是该受指责的，事实上它们受到指责的情况与其说是常规，不如说是例外。一个人在不违背其他义务的情况下，如果对待亲朋好友就像对待陌生人一样而没有给予任何优先照顾，那么更有可能受到的是责备而不是称赞，也没有认为，找一个人而不找另一个人做朋友、关系户或同伴，是不正义的。在涉及权利的地方，为人公正当然是义务，但这个义务已经包含在赋予每个人他自己的权利这一更加普遍的义务中了。例如，法庭必须公正无私，因为它必须在不考虑其他因素的条件下，把一个有争议的对象判给双方中有权利得到它的一方。在另一些场合，为人公正的意思是，只考虑应得而不受其他因素影响。例如那些做法官、导师或父母的人在主持奖惩的时候，便应如此。还有一些场合，为人公正的意思是，只考虑公众的利益而不受其他因素影响。例如在一些候选人之中选择一个人担任政府职务的时候。简而言之，可以说为人公正作为正义的一种义务，其意思是在处理眼下的特定情况时，只考虑那些被认为应当予以考虑的因素，而不受其他任何会导致不同决策的动机影响。

与公正这个观念密切相关的观念，便是平等了。无论在理论上还是在实践上，平等常常都是正义的组成部分，而在许多人看来，平等早已成了正义的本质。但是，即便从平等的角度来理解正义，正义的概念也仍因人而异，甚至比其他角度的理解有过之而无不及，并且总是随着他们的功利概念的变化而变化。每个人都坚持认为，平等是正义所必需的，但当他认为利益需要不平等时，便另当别论了。坚持认为正义意味着所有人的权利都应得到平等保护的人，也可能支持最骇人听闻的权利不平等。甚至在奴隶制国家中，人们在理论上也承认，奴隶现有的权利与主人拥有的权利一样，都应当是神圣不可侵犯的。法庭如果未能严格平等地强制保障这些权利，便有失正义。然而，与此同时，造成奴隶事实上毫无权利可言的各种制度，却不被认为是不正义的，因为它们不被认为是不利的制度。认为功利需要等级差异的人，是不会认为财富和社会特权的不平等分配是不正义的，但认为这种不平等有害于功利的人，就会认为这种不平等是不正义的。凡认为政府必不可少的人，不会觉得地方法官拥有其他人没有的权力所造成的不平等有什么不正义之处。甚至在那些主张平均学说的人中间，正义也存在着许多问题，问题的多少取决于对利益有多少不同看法。一些共产主义者认为，唯有按照绝对平等的原则来分配社会劳动成果才是正义的；另一些共产主义者认为，按需分配才是正义的；还有一些共产主义者认为，那些工作更努力、生产更多产品，或者为社会做出的服务更有价值的人，才可以正当地要求在劳动成果的分配中获取较大份额。上述每一种观点，似乎都可以合理地诉诸天然的正义感。

然后，密尔进而对**权利**加以定义。

当我们称某种东西是一个人的权利时，我们的意思是说，他可以正当地要求社会保护他拥有这种东西，无论是借助于法律的力量，还是借助于教育和舆论的力量。如果一个人在我们看来有充分的理由，不论是什么理由，要求社会保证他拥有某种东西，那么我们会说，他有权利拥有这种东西。如果我们想要证明，某种东西根据权利不属于一个人，那么我们会认为，只要让大家承认，社会不应当采取措施来保证让他得到它，而应当让他凭运气或者凭自己的努力来得到它，就足够了。所以我们可以说，一个人有权利在公平的职业竞争中挣到他所能挣的一切，因为社会不应当允许其他任何人阻碍他努力以这种方式挣到自己所能挣到的东西。一个人尽管可能碰巧挣到了三百英镑，但是他没有在一年中挣三百英镑的权利，因为社会没有义务来保证他可以挣那么多。相反，如果他拥有利率为百分之三的一万英镑公债，那么他就有权利一年得到三百英镑，因为社会有义务保证他得到那么多的收入。

所以我觉得，拥有一种权利，就是社会应当保护我拥有某种东西。假如反对者接着问，为什么社会应当保护，那么我能给出的理由就唯有社会功利。假如说，社会功利这个表达似乎并不能使人充分地感受到这种义务的力量感，也不能说明这种感觉的特有的活力，那是因为这种感觉的构成不仅包含一种理性的要素，而且也包含了一种动物性的要素——报复欲。这种报复欲所具有的强烈程度和道德合理性，都来自一种特别重要、极其动人的相关功利。这里所涉及的利益便是安全利益，对任何一个人的感情来说，它都是所有利益中最重要的利益。世上一切其他利益，都可以为一个人所需而不为另一个人所需，其中的许多利益，如有必要，都能高高兴兴地被人放弃，或被其他东西替代。但唯有安全，没有一个人能够缺少，我们要免除所有的祸害，要长久地获得一切善的价值，全靠安全。因为，如果我们随时都有可能被暂时比我们强壮的任何人夺取任何东西，那么，对我们来说有价值的东西就只剩下当下的满足了。然而，除非保障安全的机制始终不间断地保持着活跃的状态，否则我们就无法得到这种除了物质营养之外最不可或缺的必需品。因此，我们会要求我们的同胞联合起来，共同保障这个让我们得以生存的基础，而这种要求所凝聚的感情，比起那些关注较为普通的功利的感情，要强烈得多，乃至两者在程度上的差异（常常像心理学现象一样）变成了真正的种类上的不同。这种要求带有一种绝对性，一种看似的无限性，以及一切其他考虑都无法与之比较的性质，而所有这些性质便构成了行为的对错感与日常的利害感之间的区别。这种对错感是如此的强烈，而且我们如此肯定地指望别人也会具有相同的感情（所有人都具有相似的兴趣），以至应当和应该成为必须，公认的不可或缺变成了一种道德必然性，不仅类似于物质的必然性，而且常常在约束力方面也不低于物质的必然性。

密尔的功利主义正义理论是他的伦理理论的逻辑延伸：最有利于最大多数人的东西就是好的和可欲的东西。乍一看，似乎最大多数人的最大幸福没有为这样一种对正义的抽象关注留出余地，可恰恰相反，密尔认为，唯有功利能够在人类生活中赋予抽象的正义感某种具体基础。

功利主义的正义理论的问题，与我们在功利主义的道德理论中看到的问题一样。显然只有不正义地以不幸的个人为代价，才能满足公共利益和普遍功利，情形难道不是这样吗？假设我们生活在一个运行极好的社会中，以至于几乎没有人抱怨我们的政府及其运行方式，这时一个爱揭丑闻的记者开始打破平静，坚持认为政府存在着某种非常错误的行为。我们可能会轻易地认为，至少短期来看，公共混乱和公众创伤要比经由公开曝光而来的轻微改正，给公共利益带来的危害要大得多。那么，政府应当强迫这位记者沉默吗？我们会说，不应当。他有他的调查权，也有说出自己心声的权利。或者，假定制止一连串还在进行的犯罪的最有效方式，是对最近逮到的嫌疑人进行严刑拷打，那我们应当毫无证据地监禁他吗？这里，公共利益又一次与正义不一致。或者，更一般地来说，政府只因为有理由（甚至有很好的理由）认为一些人会制造公共骚乱或犯某些罪行，就有权把他们投入监狱吗？公共利益认为可以，正义则认为不可以。

一般而言，这就是功利主义正义理论的问题：尽管我们有充分的理由同意正义应该既满足公共利益，又满足每一个个人的利益，可是，功利主义的正义观总是陷于一种尴尬的境地，即它必须选择满足公共利益，哪怕要以对一小部分个人甚或单个个人的不正义为代价。想想这样一个极端的例子：只要牺牲一个无辜孩子的性命，整个城市都会繁荣昌盛。如所论证的那样，功利主义似乎会为这种牺牲辩护，然而，正义会觉得，这样的牺牲是不可宽恕的。

- 现代的正义观念在哪些重要方面不同于古代的正义观念？
- 利益和权利的考量对于正义有多重要？
- 正义能要求我们违反法律吗？密尔是如何论证这一观点的？你能设想一个违反法律恰是正义之事的例子吗？为何会是这样？
- 密尔是如何定义权利的？他的定义与我们对于权利的一般运用相符吗？功利主义与权利相容吗？（边沁认为不相容。）它们为何不相容？

D. 社会契约

现时代唯一最具影响的正义观念是所谓的“社会契约论”。**社会契约**乃是人们之间的一种协定，据此协定，人们共享某些利益，并为了这些人的好而作出一定的妥协。它是一种“被统治者的同意理论”。它甚至以某种形式存在于古代。比如，苏格拉底在《克力同》中论证说，他留在雅典，就默许同意遵守雅典的法律，即使这些法律不公平地判处他死刑。因此，在理解社会契约的本性时，最为重要的是像苏格拉底的论证一样，无需有任何实际的、具体的契约，甚或无需口头同意，就可以谈论它。换言之，我们全都受社会契约的约束，即使我们从未签订或看见这样一份契约。此外，很可能并不存在这样一份契约，甚至在过去的历史上也不曾有过。然而，很巧的是，美国人的国家确实是明确通过一份契约形成的，这份契约就是宪法，这在世界上是极其罕见的现象。不过，这样一份文件的实际存在，并非为我们讨论社会契约所必需。根据这些哲学家，生活在一个社会中，就完全意味着同意、至少默许了这样一份协定。（因此，你生活在一个社会中，就被认为服从这个社会的法律；“无知不是借口”，所谓“我实际上并不生活在这里”这样的说辞，并不是免于逮捕的理由，更不要说“我不承认你逮捕我的权利”这样的说法了。）

英国哲学家托马斯·霍布斯和法国哲学家让-雅克·卢梭分别给我们呈现了两种极其不同的原初社会契约图景。两者都从假定人处于“自然状态”开始，在男人和女人走到一起接受社会契约之前，没有法律，也没有社会。不过，霍布斯把他的社会契约观念奠基于一种极其令人不快的人性观念。他抨击柏拉图和亚里士多德的理想主义政治哲学，认为它们不切实际，错误地假定了人们天生能够具有德性和智慧。像他赞许的马基雅维利一样，他自称是一位“现实主义者”。因此，他也像绝大多数现实主义者一样，看到的是事物肮脏的一面。这样一来，按照他的人性理论，自然人是一种自私的野兽，为了自己的利益而与所有别的人搏斗。人类生活就是一场“一切人反对一切人的战争”，因此，一个人的生活是“肮脏的、残忍的和短命的”。他摒弃理性而诉诸人的激情，尤其是自我保存的激情。所以，社会契约主要是同等自私、追求私利的人为了不相互杀害而订立的一个协定。

托马斯·霍布斯，《利维坦》[1]

论人类幸福与苦难的自然状况

人天生平等。自然使人在身心两方面的能力十分平等，尽管我们时有发现某人的体力显然比另一人强，或者脑力比另一人敏捷，但是这一切总加在一起，也不会使人与人之间的差别大到使这人能要求获得大家不能像他一样要求的任何利益。因为就体力而言，最弱的人运用密谋或者与其他处在同样危险下的人联合起来，就能具有足够的力量来杀死最强的人。

因为据人的本性来说，无论他们承认有多少人比自己机灵、口才好和学问好，但却不会相信有很多人像自己那样聪明。因为人们看自己的智慧时是从近旁看的，而看他人的智慧是从远处看的。不过,这倒证明了人们在这一点上平等而不是不平等。因为，一般来说，任何东西分配平均时，最大的证据莫过于人人都满足于自己的一份。

从平等到差异。从这种能力的平等出发，就产生了达到目的的希望的平等。因此，任何两个人如果想取得同一东西而又不能同时享用时，彼此就会成为敌人。他们的主要目的是自我保全，有时则是为了自己的欢乐，在达到此一目的的过程中，彼此都力图摧毁或征服对方。这样就出现一种情形，侵犯者所引为畏惧的，只是另一个人单枪

---

1 Thomas Hobbes, *Leviathan*, New York: Hafner, 1926. 中译文见霍布斯：《利维坦》，黎思复、黎廷弼译，杨昌裕校，北京：商务印书馆，1997 年，第 92 页。

匹马的力量，如果有人培植、建立或具有一个方便的地位，其他人就可能会准备好联合的力量前来，不但要剥夺他的劳动成果，而且要剥夺他的生命或自由。而侵犯者本人也面临着来自别人的同样危险。

从差异到战争。由于人们这样相互疑惧，于是自保之道最合理的做法就是先发制人。也就是说，通过武力或欺诈来控制所有它能够控制的人，直到在他看来没有其他力量足以危害他为止。这并没有超出他的自我保全所需要的限度，因而一般是允许的。同时，又由于有些人把征服进行得超出了自己的安全所需要的限度之外，以玩味自己在这种征服中的权力为乐。那么，其他那些本来乐于安分守己，不愿以侵略扩张其权力的人们，也不能长期地单纯只靠防卫而生存下去。因此，这种统治权的扩张成了人的自我保全的必要条件，应当加以允许。

此外，在没有权力可以使大家全都慑服的地方，人们相处时就不会有快乐存在，相反，他们还有很大的忧伤。因为，每一个人都希望共处的人对自己的估价和自己对自己的估价相同。每当遇到轻视或估价过低的迹象时，自然就会敢于力图尽自己的胆量（在没有共同权力使大家平安相处的地方，这就足以使彼此互相摧毁）加害于人，强使轻视者做更高的估价，并且以诛一儆百的方式从其他人那里得到同样的结果。

因此，在人的天性中，我们发现三种主要的争斗原因。第一是竞争，第二是猜疑，第三是荣誉。

第一种原因使人为了求利而侵犯，第二种原因使人为了求安全而侵犯，第三种原因使人为了求名誉而侵犯。在第一种情形下，人们使用暴力去奴役他人及其妻儿与牲畜；在第二种情形下，则是为了保全这一切；在第三种情形下，则是由于一些鸡毛蒜皮的小事，如一言一笑、一点意见上的分歧，以及任何其他直接对他们本人的藐视，或是间接地对他们的亲友、民族、职业或名誉的藐视。

在文明国家之外，总是存在着每一个人反对每个人的战争。因此很显然，在没有一个共同权力使大家慑服的时候，人们便处于所谓的战争状态之下，而这种战争，是每一个人反对每个人的战争。因为战争不仅存在于战役或战斗行动之中，而且也存在于以战斗进行争夺的意图普遍被人相信的一段时期之中。

◆◆◆

这种战争的不适。因此，在人人相互为敌的战争时期所产生的一切，也会在人们只能依靠自己的体力与创造能力来保障生活的时期中产生。在这种状况下，产业是无法存在的，因为其成果不稳定。因此，凡土地上的栽培、航海、外洋进口商品的运用、舒适的建筑、移动与卸除需费巨大力量的物体的工具、地貌的知识、时间的记载、文艺、文学、社会等等都将不存在。最糟糕的是，人们不断处于暴力死亡的恐惧和危险之中，人的生活孤独、贫困、卑污、残忍而短命。

人性竟会使人们如此相互离异、如此易于相互侵犯和摧毁，这在一个没有好好考虑这些事物的人看来是很奇怪的。因此，他也许不会相信根据激情作出的这种推论，而希望用经验加以证实。那么，我们不妨让这种人考虑一下自己的情形，当他外出旅行时，他会要带上武器并设法结伴而行；就寝时，他会要把门闩上；甚至就在屋子里面，也要把箱子锁上。而他做这一切时，自己分明知道有法律和武装的官员来惩办使他遭受伤害的一切行为。试问他带上武器骑行时对自己的国人是什么看法？把门闩起来时对同胞们是什么看法？把箱子锁起来时对自己的子女仆人是什么看法？他在这些地方用行动攻击人类的程度不是正和我用文字攻击的程度相同吗？但我们这样做都没有攻击人类的天性。人类的欲望和其他激情并没有罪。在人们不知道有法律禁止以前，从这些激情中产生的行为也同样是无辜的。法律的禁止在法律没有制定以前他们是无法知道的，而法律的制定在他们同意推定制定者之前也是不可能的。

也许有人认为，这种时代和这种战争状态从未存在过，我也相信绝不会整个世界普遍出现这种状况。但是，有许多地方的人现在就是这样生活着。因为美洲有许多地方的野蛮民族除了小家族之外并无其他政府，而小家族中的协调则又完全取决于自然欲望，他们今天还生活在我上面所说的那种野蛮残忍的状态中。无论如何，我们从原先在一个和平政府之下生活的人们往往会在一次内战中堕落到什么样的生活方式这一活生生的事实中可以看出，在没有共同权力使人畏惧的地方，会存在什么样的生活方式。

论第一和第二自然法及契约

何谓自然权利。著作家们一般所谓的自然权利（*jus naturale*），就是每一个人按照自己所意愿的方式运用自己的力量保全自己的天性的自由，也就是说，保全自己的生活的自由。因此，这种自由就是用他自己的判断和理性认为最适合的手段去做任何事情的自由。

何谓自由。自由这个词，就其确切的意义来说，就是不存在外在障碍的状态。这种障碍往往会使人们失去一部分做自己所要做的事情的力量，但却不能妨碍按照自己的判断和理性所指出的方式运用剩下的力量。

何谓自然法。自然法（*lex naturalis*）是理性所发现的戒条或一般法则，这种戒条或一般法则禁止人们去做损毁自己的生命或剥夺保全自己生命的手段的事情，而且禁止人们不去做自己认为最有利于生命保全的事情。

权利与法的区别。谈论这一问题的人往往把权利（*jus*）和法（*lex*）混为一谈，然而应该对它们加以区分。因为权利在于做或者不做的自由，而法则决定并约束人们采取其中之一。因此，法与权利的区别就像义务与自由的区别一样，两者在同一事物中并不一致。

每一个人自然地具有对一切事物的权利。由于人们的状况正像上一章所讲的那样，是每一个人反对每个人的交战状况，在这种状况下，每一个人都受自己的理性控制。凡是他所能利用的东西，没有一种不能帮助他抵抗敌人，保全生命。这样说来，在这种情况下，每一个人对每一种事物都具有权利，甚至对彼此的身体也是如此。因此，当每一个人对每一事物的这种自然权利继续存在时，任何人不论如何强悍或聪明，都不可能获得保障，完全活完大自然通常允许人们生活的时间。

基本的自然法。于是，理性的戒条或一般法则就是，每一个人只要有获得和平的希望时，就应当力求和平；在不能得到和平时，他就可以寻求并利用战争的一切有利条件和助力。

◆◆◆

第二自然法。这条基本自然法规定人们力求和平,由此又引申出以下的第二自然法:在别人也愿意这样做的条件下.当一个人为了和平与自卫的目的认为必要时,会自愿放弃这种对一切事物的权利,而在对他人的自由权利方面满足于相当于自己让他人对自己所具有的自由权利。因为,只要每个人都保有凭自己喜好做任何事情的权利,所有人就永远处于战争状态之中。但是,如果别人都不像他那样放弃自己的权利,那么,任何人就都没有理由剥夺自己的权利。因为,那样就等于自取灭亡,没有人必须如此,而不是选取和平。这就是《福音书》上的那条戒律:你愿意别人怎样待你,你就怎样待别人。

◆◆◆

何谓放弃一种权利。一个人放弃对任何事物的权利,就是捐弃自己妨碍他人对同一事物享有权益的自由。一个人放弃或让出自己的权利,并不是给予任何其他人原先本来没有的权利,因为每一个人对任何事物没有一件是不具有自然权利的。他这样做不过是退让开来,让哲人不受他的妨碍享受其原有的权利而已,而不是说不受其他人的妨碍。因此,一个人消失权利使另一个人得到的效果只不过是相应地减少了这人运用自己原有权利的障碍而已。

◆◆◆

并非一切权利都是可让与的。当一个人转让他的权利或放弃他的权利时,那总是由于考虑到对方将某种权利叵让给他,要不然就是因为他希望由此得到某种别的好处。因为这是一种自愿行为,而任何人的自愿行为的目的都是为了某种对自己的好处。所以,有些权利不论凭什么言词或其他表示都不能认为人家已经捐弃或转让。首先,如果有人以武力攻击一个人,要夺去他的生命,他就不能放弃抵抗的权利,因为这样就不能使他的目的是为了他自己的任何好处。同样的道理也适用于伤害、枷锁或监禁。一方面,因为忍受这类事情得不到好处,正像让其他人受伤害或受监禁没有好处一样;另一方面,也因为当一个人看见人们以暴力对待他时,不能预先估定他们是不是要置自己于死地。最后,像这样放弃权利、转让权利的动机与目的,无非是保障一个人使他的生命得到安全,并且保障他拥有既能保全生命,而又不对生命感到厌倦的手段。因此,如果一个人由于他的言词或其他表示,似乎使自己放弃了上述目的,而他的表示其实是为了达到那个目的,那就不能认为他好像真是那样想,或者那就是他的意愿,而只能认为他对这种言词或行为会怎样被人解释是茫然无知的。

何谓契约。权利的相互转让就是人们所谓的契约。

◆◆◆

相互信赖的契约无效时。如果契约订立之后双方都不立即履行,而是相互信赖,那么,在单纯的自然状态下,即在每一个人对每个人的战争状态下,只要出现任何合理的怀疑,这契约就成为无效。但是,如果在双方之上有一个共同的并具有强制履行契约的充分权利与力量时,这契约便不是无效的。这是因为,语词的约束过于软弱无力,如果没有对某种强制力量的畏惧心理存在,就不足以束缚人们的野心、贪欲、愤怒和其他激情。在单纯的自然状态下，由于所有人都互相平等，而且都自行判断其恐惧失约的心理是否有正当理由，这种强制性权力是不可能设想的。因此，首先践约的人便无法保证对方往后将履行契约，便是违反了他不能放弃别的防护生命与生存手段的权利而自弃于敌人。

但是，在文明国家中，由于建立了一种共同权力来约束在其他情形下失信的人，这种恐惧失约的心理就没有理由了。由于这一原因，根据契约应首先践约的人便有义务这样做。

使这种契约失效的恐惧心理，其原因必然总是在订约之后出现的某种事物，诸如足以说明不履行契约的某种新事实或其他迹象等，否则它就不能使契约失效。因为一种事物既不能妨碍提出允诺于前，便也不应当允许它妨碍履行契约于后。

目的权利包括了手段权利。一个人转让任何权利时，就是将他权力范围内享受权利的手段转让了。比如，卖地的人就把地面上所生长的牧草和其他一切都转让了，出售水磨的人也不能将推磨的溪流引走。将政府主权给予他人的人就是他有权征税养兵，设官司法。

人们在自然中是基本平等的，霍布斯以这样一个或许令人惊讶的观察开始他的论证。他在这里谈论的并非法律平等或平等权利（因为那里并不存在法律和合法权利），而是能力、天赋和权力的平等。这一点看起来很奇怪，因为平等问题通常注意的恰恰是人们之间的巨大差异。与此相反，霍布斯指出了我们的相似性。尤其是，他指出，我们几乎每一个人强大和聪明得足以杀害他人或给他人造成严重伤害。哪怕一个弱小的低能者，也能用一把刀或手枪杀死地球上最强壮最聪明的人。因此，根据霍布斯的说法，社会契约（或“信约”）的基础是我们之间的相互保护。每一个人都同意不杀害他人，由此反过来得到这样的保证：他或她不会被杀害。这一人性观尽管愤世嫉俗，却一直是强硬政府最有力的论证之一。（霍布斯自己是一位保守的君主论者。）

与此相反，卢梭的人性观极其乐观，这一点我们前一章已有所见。他认为人“生来是善的”，只是因为社会的腐败使得他们变得自私和有害。因此，卢梭并不把社会契约仅仅看做是彼此残忍的个人之间的一种保护学说。确切地说，国家的功能是让人们发展“自然的善”，这本是他们在没有国家时拥有的东西。这并不是说（尽管人们常常这样来解读卢梭）他有一种怀旧情调，想要“回到自然状态”。这是不可能的。（卢梭是否相信曾有这样一个“自然状态”，甚至这一点也是不清楚的。他所给出的例子，就像霍布斯笔下的例子一样，是描绘“人性”的一种方式，它是否具有历史的真确性，这一点并不重要。）我们已然处于社会之中，这是一个既成事实。因此，卢梭的目标是提出一种国家观念，借此使得我们尽可能道德地生活。这一点很重要，因为卢梭与绝大多数社会契约论者不同，他完全不是功利主义者，在他看来，至关重要的不是幸福，而是善。（通过对照，霍布斯则把功利、快乐和福利，此外还有自我保存，当做社会契约的目的。）

因此，卢梭的意图不是要“我们回到自然”，而是修正我们的国家观念。不过，他的“修正”是现代历史上最激进的文献之一，可以说是美国革命和法国革命的原因之一。其中的主要论点，是卢梭承自洛克的一个论点：唯有当国家服务于其统治的人民时，它才具有合法权力。因此得出的革命结论如下:国家一旦不再为公民服务，公民们就有权利推翻它的政府。这是一个激进的主张，再次让人想起洛克。面对这一主张，甚至卢梭也感到不安。(洛克是在英国革命之后提出这一主张的。)他把革命称作“最可怖的选择”，只要有可能就应加以避免。可是，随后的法国历史逐字逐句地接受了他的学说，而且也证明了可能随这种“恐怖”而来的是公民们当做合法来接受的权威有一个激进的突变。

在早期著作中，卢梭论证了他的著名论点，“自然人生来是善的”，只是当时的社会败坏了他(她)。他进而说，竞争及我们对私有财产的贪欲的人为性要对这种败坏负责，他甚至把婚姻和浪漫爱情算在这种“对私有财产的贪欲”之内。他说，在自然状态中，人们只要觉得喜欢，就会跟所喜欢之人幽会作伴，从未听说过有什么竞争者之间的决斗。卢梭并非建议我们回到史前习俗，不过，他确实把它当做一个切入点，去松动我们现代文明中最神圣庄严的制度。他认为，所有这些制度都要重新加以审查，而用以审查的工具就是社会契约。

他那本被恰当地题为《社会契约论》的杰作,其要点就是人必须在社会中重获自由。然而，这并不是说一个人可以做任何他或她想做的事。恰恰相反——按照卢梭的说法，作为一位公民，就要想和做有益于社会的事。而自由正是做有益于社会的事。因此，卢梭说，一个不以有益于社会来行动的人，必须“迫使他自由”。正是在这里，出现了一个令人奇怪的悖论的基础。一方面，卢梭被正当地看做我们时代最自由、最具革命性的政治理论之父(例如，马克思声称在很大程度上受惠于卢梭)。他的政治哲学首先强调的是个人自由和个人权利，甚至把它们置于国家本身之上。可是，在他的悖论性表述中，显现了他的另一面，他对国家作为一个实体本身的强调(“**主权**”，可能是君主，但本质上是任何政府)，以及让个人屈从于国家，也使得他被贴上权威主义者与极权主义和法西斯政府的先驱者的标签。

这一悖论难以解开，但我们至少能够说明它是如何发生的。卢梭认为，国家服从于它统治的人民，并且从他们那里获得其**合法性**。但是，这并不意味着作为个体的人民在决定政府的形式或职能方面有任何真实的权力。卢梭不是一位民主主义者。相反，他说国家要服从他所谓的公意，公意并非个人意见的总和，而是更高的东西。比如，我们谈论“革命精神”或“工人阶级的不满”，但这种精神或不满并不就是每一个个人的产物。对工人或革命者们做一个民意测验，都不会显示出这样的公意来。革命本身可能具有的那种精神，甚至它的一些参与者都没有。实际上，他们甚至可能厌恶纯粹的观念。

在这里，就出现了悖论的根源:赋予国家以合法性的是公意，而非每一个个人。因此，若一个人不赞成公意，那很可能会发现他或她自己被迫顺从国家(如卢梭说的那样，“被迫自由”)。不过，对于这种强迫有多大，卢梭并没有清楚说明，在这一关键点上，他的许多追随者也没有一致意见。一方面，卢梭的权威主义追随者坚持认为，一切不同于公意的意见都必须加以抑制;另一方面，卢梭的绝大多数自由主义和无政府主义追随者坚持认为，免于政府干预以及按照自己的“自然善”生活的个人权利，比政府宣称的任何主张都重要。下面的选文出自《社会契约论》，它以卢梭的一句众所周知的名言开始。

让-雅克·卢梭，《社会契约论》[1]

人生而自由，却无不在枷锁之中。自以为是他人的主人的人，反而比他人更是奴隶。这一变化是如何发生的？我不知道。是什么才使这一变化变得合法的？这一问题我自信能够解答。

如果我只考虑强力及强力带来的效果，我就要说："当人民被迫服从而且服从时，他们做得对。但是，一旦人民可以打破身上的桎梏而且打破它时，他们就做得更对。因为，人民正是根据别人剥夺他们的自由时所根据的同样权利，来恢复自己的自由的，所以人民就有理由重新获得自由，否则的话，别人当初夺去他们的自由就毫无理由了。"但是，社会秩序乃是一项神圣的权利，它为一切其他权利提供了基础。然而，这项权利并非出于自然，而是必须建立在约定之上。在谈到这一点之前，我必须证明我所主张的东西。

最初的社会

所有社会中最古老的且唯一自然的社会，就是家庭。然而，孩子也只是在需要父亲保护的时候才依附于父亲。这种需要一旦停止，自然的联系也就解体。孩子解除了他们对于父亲应有的服从，而父亲则解除了他们对于孩子应有的照顾以后，双方就都同等地恢复了独立状态。如果他们继续结合在一起，那就不再是自然的，而是自愿的了。这时，家庭本身就只能靠约定来维系。

这种共同的自由，乃是人性的产物。人性的第一法则，是要维护自己的生存，人性的首要关怀，是对其自身的应有关怀。而且，一个人一旦达到了有判断力的年龄，可以自行判断维护自己生存的适当方法时，他就成为了自己的主人。

因而，我们不妨把家庭称作政治社会的最初模型。父亲对应着统治者，孩子对应着人民。并且，每个人都生而自由、平等，只是为了自己的利益才会转让自己的自由。全部区别在于，在家庭里，父子之爱就足以报偿父亲对孩子的关怀了，然而在国家中，统治者对于他的人民没有这样的爱，于是，发号施令的乐趣就取而代之。

◆◆◆

社会契约

我设定，人们曾达到过这样一种境地，当时自然状态中不利于人类生存的种种障碍，在阻力上已经超过了每一个个人在那种状态中为了自我保存所能运用的力量。于是，这种原始状态就不能继续维持，而人类若不改变其生存方式，就会毁灭。

但是，人类不能产生新的力量，而只能是结合并运用已有的力量，因而人类便没有别的办法可以自存，除非是集合起来形成一种力量的总和才能克服这种阻力。由一个唯一的动力把它们发动起来，并使它们共同协作。

这种力量的总和，只有由许多人的汇合才能产生。但是，既然每个人的力量和自由是他自我保存的主要手段，他又如何能致身于力量的总和，而同时既不致妨害自己，

---

1 Jean-Jacques Rousseau, *The Social Contract and Discourses*, trans. G. D. H. Cole, J. M. Dent, New York: Alfred A. Knopf, 1947. 中译文见卢梭，《社会契约论》，何兆武译，北京：商务印书馆，1997 年，第 8 页。

又不致忽略对于自己所应有的关怀呢？这一困难，就我眼下的主题而言，可以表述如下："问题是寻找一种结合的形式，使它能以全部共同的力量来护卫和保障每个结合者的人身和财富，并且由于这一结合而使每一个与全体相联合的个人又只不过是在服从自己本人，并且仍然像以前一样自由。"这就是社会契约所要解决的根本问题。

这一契约的条款乃是这样地被订约的性质所决定，以至于就连最微小的一点修改也会使它们变成空洞无效。因此，尽管这些条款也许从来就不曾正式被人宣告过，然而，它们在普天之下都是同样的，在普天之下都是为人所默认或公认的。这个社会公约一旦遭到破坏，每个人就立刻恢复了他原来的权利，并在丧失约定的自由时，就又重新获得他为了约定的自由而放弃的自己的天然的自由。

这些条款无疑也可以归结为一句话——每个结合者及其自身的一切权利全部都转让给整个共同体。因为，首先，每个人都把自己全部地奉献出来，所以对于所有人条件都是一样，而条件对于所有人既然是一样的，便没有人想要使它成为别人的负担了。

其次，转让既然是毫无保留的，所以，联合体也就会尽可能地完美，而每个结合者也就不会再有什么要求了。因为，假如个人保留了某些权利的话，既然个人与公众之间不能再有任何共同的上级来裁决，而每个人在某些事情上又是自己的裁判者，那么，他很快就会要求事事都如此。于是，自然状态便会继续下去，而结合就必然地变为暴政或者空话。

最后，每个人既然是向全体献出自己，他也就没有向任何人奉献出自己。而且，既然从任何一个结合者那里，人们都可以获得自己本身所渡让给他的同样的权利，所以，人们就得到了自己所丧失的一切东西的等价物以及更大的力量来保全自己的所有。

因而，如果我们撇开社会契约中一切非本质的东西，我们就会发现社会契约可以简化如下：

> **"我们每一个人都以其自身及其全部的力量共同置于公意的最高指导之下，并且我们在共同体中接纳每一个成员作为全体之不可分割的一部分。"**

只是在一瞬间，这一结合行为就产生了一个道德和集体的团体，以代替每个订约者的个人人格，组成这一团体的成员数目就等于大会中所有的票数，而团体就以这同一个行为获得了它的统一性、它的公共的身份、它的生命和它的意志。这个由全体个人结合所形成的公共人格，以前称为城邦，现在则称为共和国或政治体。当它是被动时，它的成员就称它为国家，当它是主动时，就称它为主权者，当它与同类相比时，则称它为政权。至于结合者，他们集体地就被称为人民，作为主权权威的参与者，个别地就被称为公民，作为国家法律的服从者，则被叫做臣民。但是，这些术语往往相互混淆，彼此通用，只要我们在以其完全的精确性使用它们时，知道加以区别就够了。

主权者

这一公式表明，结合的行为包含着一项公众与个人之间的相互理解，每一个个人在可以说是与自己缔约时，都被两项关系制约着。对于个人而言，他是主权者的一个成员，对于主权者而言，他是国家的一个成员。但是在这里却不适用那条民权准则，即任何人都无需遵守对自己所订的规约。因为自己对自己订约，与自己对自己只构成其中一部分的全体订约，这两者之间是有很大区别的。

进一步加以注意的是，由于对每个人都需就两重不同的关系加以考虑的缘故，所以公众的决定可以责成全体臣民服从主权者，然而却不能以相反的理由责成主权者约束其自身。因此，主权者若是以一种为他自己所不得违背的法律来约束自己，那便是违反政治体的本性了。既然只能就唯一的同一种关系来考虑自己，所以就每个人而论也就是在与自身订约。由此可见，并没有而且也不可能有任何一种根本法律是可以约束人民共同体的——哪怕社会契约本身。这并不是说，这一政治共同体在绝不损害这一契约的条件之下也不能与外人订约了，因为就其对外而论，它仍是一个单一体，是一个个体。

此外，主权者既然只能由组成主权者的各个人所构成，因而主权者就没有、而且也不能有与他们的利益相反的任何利益。因此，主权权力就无需对臣民提供任何保证，因为共同体不可能想要损害它的全体成员。

◆◆◆

事实上，每一个个人作为人而言，可以具有个别意志，而与他作为公民所具有的公意相反或不同。他的个人利益对他所说的话，可以完全违背公共利益。他那绝对的、天然独立的生存，可以使他把自己对于公共事业所负的义务看做是一种无偿的贡献，而抛弃义务之为害于别人会远远小于因履行义务所加给自己的负担。而且，他对于构成国家的那种道德**人格**，也因为它不是一个个人，就认为它只不过是一个理性的存在，于是他就只享受公民的权利，而不愿意尽臣民的义务了。这种非正义长此以往，将会造成政治共同体的毁灭。

因而，为了使社会公约不至于成为一纸空文，它就默然地包含着这样一种规定，唯有这一规定才能使其他规定具有力量，即任何人若拒不服从公意，全体就应该迫使他服从。这恰好是说，人们要迫使他自由。因为这就是使每一个公民都有祖国从而保证他免于一切人身依附的条件。这就是造成政治机器灵活运转的条件，并且唯有它才是使社会规约成其为合法的条件，没有这一条件，社会规约便是荒谬的、暴政的，并且易于遭到最可怖的滥用。

社会状态

从自然状态进入社会状态，人类便产生了一场非常值得注意的变化，在他们的行为中，正义代替了本能，而他们的行动也就被赋予了前此未有的道德。唯有当义务的呼声代替了生理冲动，权利代替了嗜欲的时候，此前只知道关怀一己的人类才发现自己不得不按照另外的原则行事，并且在听从自己的倾向之前，先要请教自己的理性。尽管在这种状态中，他被剥夺了他所得之于自然的许多便利，然而他却从这里面重新获得了如此巨大的收获。他的能力得到了锻炼和发展，他的思想开阔了，他的感情高尚了，他的灵魂整个提高到这样的地步，以至于若不是对新处境的滥用使他往往堕落得比原来的出发点更糟的话，对于从此使他永远脱离自然状态，使他从一个愚昧的、局限的动物一变而为一个有智慧的生物、一变而为一个人的那个幸福时刻，他一定会是感恩不尽的。

现在让我们把整张收支平衡表简化为易于比较的项目。人类因社会契约而丧失的，乃是他天然的自由，以及对于他所企图的和所能得到的一切东西的那种无限制权利；而他所获得的，乃是社会的自由以及对于他所享有的一切东西的所有权。为了权衡得失时不致发生错误，我们必须很好地区别仅仅以个人的力量为其界限的自然的自由，与被公意所约束着的社会的自由，并区别仅仅是由于强力的结果或者是最先占有权而形成的享有权，与只能是根据正式权利而奠定的所有权。

除上述以外，我们还应该在社会状态的收益栏上再加上道德的自由，唯有道德自由才使人类真正成为自己的主人。因为仅只有嗜欲冲动便是奴隶状态，而唯有服从人们自己为自己所规定的法律，才是自由。

与霍布斯一样，卢梭也信奉社会契约理论，尽管如此，他们之间的差异仍极其显目。霍布斯以一种残忍的人性观开始，认为人们之所以达成协议，乃是因为害怕彼此暴力相向，而卢梭一开始便说“人生而自由”。在卢梭看来，社会契约并非保护彼此的一种工具，而是提升人民、显现人民身上最好的东西的手段。他的中心论题并非对抗，而是人类的“自然善”。卢梭明白无误地拒斥了一切强权即正义的理论，坚持认为合法性必须是一个被统治者的同意的问题。“公意”并非一种全体的妥协，而是一种新权力的创造，即人民权力，在卢梭看来，这才是权威的终极表达。

社会契约理论发挥作用最著名的例子，是我们自己的《独立宣言》。在那一文献中，社会契约理论与“自然的”（“不可剥夺的”）权利理论一道，划时代地宣告了人民有推翻一个既定政府的权利。

托马斯·杰斐逊等，《独立宣言》

我们认为以下真理是不言而喻的：人人生而平等，造物主赋予他们若干不可剥夺的权利，其中包括生命权、自由权和追求幸福的权利——为了保障这些权利，人类才在他们之间建立政府，而政府之正当权力，是经被治理者的同意而产生的。当任何形式的政府对这些目标具破坏作用时，人民便有权力改变或废除它，以建立一个新的政府。其赖以奠基的原则，其组织权力的方式，务使人民认为唯有这样才最可能获得他们的安全和幸福。为了慎重起见，成立多年的政府，是不应当由于轻微和短暂的原因而予以变更的。过去的一切经验也都说明，任何苦难，只要是尚能忍受，人类都宁愿容忍，而无意为了本身的权益便废除他们久已习惯了的政府。但是，当追逐同一目标的一连串滥用职权和强取豪夺发生，证明政府企图把人民置于专制统治之下时，那么人民就有权利，也有义务推翻这个政府，并为他们未来的安全建立新的保障。

- 何谓社会契约？是否有一个实际的汇集或协议重要吗？我们自己的社会或政府在多大程度上基于社会契约？
- 所谓“自然状态”是什么意思？设若自然状态并不是对一个实际的历史事态的描述，那么提出自然状态是为了什么目的？
- 平等是一个“自然事实”，霍布斯的这一说法是什么意思？我们在多大程度上是自然平等的？
- 霍布斯是如何描述人性的？他的人性观与柏拉图、亚里士多德和卢梭的人性观有何不同？
- 与卢梭的观点比较，社会契约的功能在霍布斯那里有所不同吗？
- 在卢梭看来，自由意味着什么？自然自由与社会自由之间的差异是什么？就后者而言，我们如何是自由的？

E. 公平与资格

由于日益感到上述方案不可接受，一种完全不同的正义观念再次开始抬头——这种正义观是这样一套观点，它们认为在主要关注正义的同时，也要服务于每一个个人的利益，当然，这一点是从**权利**而非从功利的角度来说的。因此，公共利益虽然重要，但每一个个人的权利更为重要。这一观点（至少）可以追溯到康德，他认为，“职责”和“义务”观念对任何功利关注，在道德上都是基本的。就其现代观念而言，哈佛大学哲学家**约翰·罗尔斯**（John Rawls）在其意义深远的巨著《正义论》中对这一观点做了有力辩护。因为，在近六百页的书中，罗尔斯基本上都是在维护两个原则的优先序列。第一个（也是更基本的）原则断言，我们全都具有一些基本的权利和平等的权利，尤其是那些与我们的个人自由相关的权利。第二个原则（它假定了第一个原则）断言，虽然我们无法期望社会中的每一个人都享有平等的财富、平等的健康和平等的机会，但是，我们能够而且应该坚持做到一切不平等都要适合于每一个个人的利益。比如，不应该出现这样的情形：社会让“富人越富，穷人更穷”。罗尔斯在《正义论》中的实际陈述如下。

> 第一个原则：每一个人对与他人所拥有的最广泛的基本自由相容的类似自由都应有一种平等的权利。
>
> 第二个原则：社会的和经济的不平等应这样安排，使它们（1）被合理地期望适合于每一个人的利益；并且（2）依系于地位和职务向所有人开放。

罗尔斯关于确立这些“自由”原则的合理性和必要性的论证，源自他的如下观点：我们所有人（或者我们的祖先）可能都处于“原初状态”——类似于霍布斯的“自然状态”——之中，而不受我们的具体特性或利益“干扰”。那么，在这样的一种情形下，对于我们而言，选择什么样的原则作为社会借以运行的依据是合理的呢？本质上来说，由于我们不知道生活在这个社会中的我们会是什么样，因此，采用有益于我们现在所是的人的原则，是没有任何好处的。例如，在一个全是由紫色人种和绿色人种组成的社会中（请记住，在原初状态中我们不知道我们会是什么样子），罗尔斯表明，唯有颁布一部平等地对待所有人——无论是紫色人种还是绿色人种——的法律才是合理的。这非常像儿童时期的一个例子（不过更加复杂、更加不确定）：我们中切分大饼的那个人，应该让其他人先挑。唯一合理的决定——即使你觉得其他孩子都是笨蛋——是平等地切分这块大饼。同样的，罗尔斯的这两个原则，目的是为我们所有人切分社会这块大饼——即使没能切分成平等的一块一块，那至少也要尽可能地这样做。

下面的选文出自罗尔斯早期的论文。

约翰·罗尔斯，《作为公平的正义》[1]

约翰·罗尔斯（1921—2002）：《正义论》（1971）的作者，在哈佛大学担任了多年哲学教授，二十世纪在政治学和伦理学领域最具影响力的思想家之一。

自始至终，我都只是把正义看做社会制度的一种美德，或者我所谓的实践。[2]正义原则被认为是实践可以如何确定地位和职责，并由此分配权力和责任、权利和义务的明确限定。正义作为具体行动或人的一种美德，我这里完全不加讨论。重要的是区分各种正义主题，因为正义这一概念的意思，取决于它是应用于实践、具体行动，还是应用于人。当然，这些意思相互有联系，但它们并不一样。这里我将把讨论限于正义应用于实践时的意义，因为这一意义最为基本。一旦理解了它，其他的意义理解起来就很容易了。

我想要提出的正义概念可以表述为如下两个原则：第一，每一个参与实践或受实践影响的人，对与所有他人拥有的最广泛的自由相容的类似自由都应有一种平等的权利；第二，只有当人们可以合理地期望不平等会符合每一个人的利益，并且它们所依系的地位和职务，或者它们从中获利的地位和职务向所有人开放时，不平等才不是独断的。这两个原则所表达的正义是三种观念的一个综合：自由、平等及对促进共同善的服务的奖励。

"人"这个词依不同环境而有不同解释。在某些场合，它意指人类个体，但在另一些场合，它又意指国家、州省、商号、教堂、团队等等。正义原则适用于所有这些环境，不过，人类个体的情形存在着某种逻辑优先。如同我将使用的"人"这个词一样，它会如其所显现的那样含糊不清。

当然，第一个原则只有在其他一切都平等时才有效。也就是说，从平等自由的最

1 John Rawls, "Justice as Fairness", *The Philosophical Review* 67 (April 1958).

2 我始终把实践一词当作一种专门术语来使用，它意指规则体系规定下的任何活动，这种规则体系有具体的职责、角色、步骤、处罚、防卫等等，并且为活动提供结构。我们可以想想如下这些例子：游戏和仪式、审判和议会、市场和系统或财产。我已经在一篇论文中尝试对实践观念进行了部分分析，见"Two Concepts of Rules", *Philosophical Review* 64 (1955), pp. 3-32[罗尔斯的注释]。

初状态（它由权利与义务、权力与责任规定，由实践确立）出发必须总有一个正当理由，同时，由此出发的人要承受负担或经受考验，尽管如此，还是能有一个这样的正当理由，事实常常也是如此。于是，实践所规定的类似具体情形，应该如它们所产生的那样得到类似对待，这是实践概念的应有之义，它涉及与规则相符的活动观念。第一个原则表达了一个类似的观念，不过同样应用于实践本身的结构。比如，它认为存在一个针对法律体系和其他实践所做出区分和分类的假定，一旦它们侵犯参与其中的人的原初自由和平等自由，就加以反对。第二个原则说明了违反这一假定的情形。

人们可能认为，在这一点上，正义只要求一种平等自由。然而，如果所有人可以毫无损失或毫无冲突地获得更多的自由，那么，依然锚定在更少的自由上面就不合理了。对权利加以限定是没有理由的，除非这些权利的履行会彼此矛盾，或者会致使规定它们的实践效率低下。因此，把最大的平等自由观念包括在正义观念之内，并不会对它造成严重扭曲。

第二个原则规定了何种不平等是可允许的。它详细说明了第一个原则所做的假定在何种情形下可以置于一边。这里所谓的不平等，最好不要理解为地位和职务之间的差别，而要理解为直接或间接地依系于地位和职务的利益和负担方面的差别，比如声望和财富，或税负和强制服务。比赛中的运动员不会因有不同位置而表示抗议，比如击球手、投手、接球手等等，也不会因规则所规定的特权和权力而表示抗议；一个国家的公民也不会反对政府中存在着不同的职务，比如总统、议员、地方长官、法官等等，这些不同职务都有其相应的特殊权利和职责。它不是实践确立的或使之可能的作为结果出现的分配差别，这些分配是人们奋力想要获得或避免的东西。因此，人们可能抱怨实践所确立的荣誉和奖赏模式（例如政府官员的特权和薪水），或者，他们可能会反对由各种方式而来的权力和财富的分配，通过这种分配，人们获得有利于自己的机会（例如，自由价格制度造成了财富集中，就让大企业家或投机者获利）。

应该要注意的是，第二个原则认为，只当有理由认为不平等的履行或通过不平等会导致符合所涉每一个参与者的利益时，不平等才是可允许的。这里，重要的是强调每一个参与者都必须从这一不平等中获利。由于这一原则应用于实践，这就意味着，实践所规定的每一个地位或职务的代理人，当他觉得可以继续经营之时，必定会觉得如下做法是合理的：更喜欢有不平等的条件和前景，而不喜欢没有这种不平等的条件和前景。因此，这一原则把如下这种不平等的理由排除在外，即某个职务上的那些人的更大利益超过了另一个职务上的那些人的不利。这一极其简单的限制，是我想对通常所谓的功利主义原则的主要修正。

罗尔斯把“正义”观念与“平等”观念联系在一起，这一点特别像休谟。他的工作的主题就是尝试提出这样一种联系，并准确地陈述这种对于正义至关重要的“平等”。针对保守主义的主张，即人民只在法律权利和“机会”上是平等的，而在有形资财和社会事务方面则没有任何权利，他主张，一个正义的社会要考虑处境最糟的成员的福利，这是一项义务。在这一点上，他不同于密尔和功利主义者，这些人会说提供这种帮助是一个功利问题，而在罗尔斯看来，这更像是一种康德式的义务。此外，罗尔斯也清楚地把自己与那些社会主义者区分开来，那些人会主张一切财产都应共享。因为，他只是说有义务去帮助社会中处境最糟糕的成员，而没有因此说所有人都应具有平等的财富和财产。换言之，正义并非使公平分配等同于平等分配。因此，平等是一个非常复杂的观念，远不是天真的平等主义所认为的那样。

平等是正义的首要关注吗？甚至罗尔斯也承认，每一个人完全平等地共享社会资财的社会是不可能的。那为什么不可能呢？我们可以设想一种情形——一些激进式思想家主张这样一种情形——其中（至少）所有的有形资财都由国家集中和归类，然后以完全平等的份额再分配给每一个公民。我们绝大多数人无法忍受这样的主张，包括罗尔斯在内。若这一主张实现了正义所要求的平等，那为什还会这样呢？某个东西阻止了我们，不仅仅是因为我们可能会丧失自己的资财，因为我们中许多人事实上会从这样一个再分配方案中受益。首先让我感到困扰的是，任何人，包括政府（或许尤其是政府），都闯进了我们的生活并施加影响。不过，我们也觉得再分配财富的方案违背了某些对于正义而言非常基本的东西——即我们的财产权。当然，罗尔斯在他的理论中赋予了权利至高优先性。不过，它们都是些与一般自由相关的权利，而不是与财产相关的权利。无论作怎样的保留，我们都觉得我们对于挣来和已然拥有的东西，具有一种持有权。若为了我们无法直接加以控制（甚至无法间接加以控制）方面的用途，政府拿走我们的大部分收入，那我们就会感到愤怒。而且，我们认为有权拥有祖父通过遗嘱留给我们的适度数额的钱财（大概是税后余额），即使它完全不是我们挣来的。因此，许多哲学家日益意识到另一种权利，它没有得到罗尔斯那样的自由主义理论的充分对待——事实上，这种权利反对据他的原则提倡的最温和的再分配方案（比如税收）。这另一种权利，即众所周知的**资格**（entitlement），产生了一种完全不同的正义理论。

这一替代性理论的盛行名称是自由至上主义，它近来在美国政治学中成了一股强劲的力量。它的基本观念即“资格理论”，把私有财产权置于首要地位，与之相伴随，它极度怀疑政府的智慧或公平。最初的资格理论是由约翰·洛克提出的，他主张，私有财产权至为基本，先于一切社会协定或法律，并且完全独立于政府或国家而存在。洛克认为，使一个人对一块财产具有权利的，是他“在其上加进了他的劳动”，换言之，对它进行了加工和改善，因此对它具有权利。用现在的术语——构成关键的东西的，主要是薪水和我们能够用薪水买到的东西（洛克主要考虑的是土地）——我们会说一个人有保持他或她所挣得的东西的基本权利。最近，洛克的理论得到了大幅度的修正和强有力的论证。作出这一修正和论证的，是约翰·罗尔斯年轻的哈佛大学同事**罗伯特·诺齐克**（Robert Nozick）。在《无政府、国家和乌托邦》中，诺齐克维护资格理论，反对一切设定公平分配“模式”的做法，因为任何这样一种模式的强制执行，都必然导致对人权的违背。

罗伯特·诺齐克，《无政府、国家和乌托邦》[1]

罗伯特·诺齐克（1938—2002）：美国哲学家，任教于哈佛大学，富有影响的政治哲学著作《无政府、国家和乌托邦》的作者，另著有《哲学解释》。

个人拥有权利，而且有些事情是任何人或任何团体都不能对他们做的（否则就会侵犯他们的权利）。这些权利如此重要和深远，以至于它们提出了国家及其官员可以做什么的问题，如果存在这类问题的话。个人权利给国家留下了多大空间……我们关于国家的主要结论是：能够证成的是一种最低限度的国家，其功能仅限于保护人们免于暴力、偷窃、欺诈，以及强制履行契约等等，任何更多功能的国家都会侵犯人们的权利，都会强迫人们去做某些事情，因而无法得到证成。而这种最低限度的国家是正当的，也是令人鼓舞的。有两点值得注意，即国家不可以使用强制手段迫使某些公民援助其他公民，也不可以使用强制手段禁止人们追求自己的利益和自我保护。

◆◆◆

资格理论

持有正义有三个主要论题。第一个论题是**持有的原初获取**，即对无主物的占有。它包括如下问题：无主物如何变成有主的，无主物藉由何种过程或哪些过程变成有主的，什么东西藉由这些过程能被持有，通过一个具体过程能被持有的范围是什么，等等。我们把关于这一论题的复杂真理称作获取正义的原则，对此我们不在这里加以阐述。第二个论题关涉的是从一个人到另一个人的持有的转让。藉由何种过程，一个人可以把持有转让给另一个人？一个人如何从持有它的另一个人那里获取一个持有物？属于这一论题的一般问题有自愿交换、赠送和（与其相反的）欺诈，以及在既定社会里已经积淀而成的一些具体的常规活动。我们将把关于这个主题（以及具体常规活动中特定位置的持有者）的复杂真理称作转让正义的原则。（而且我们设想，它也包括一个人可以如何放弃他的持有物、使其进入无主状态的原则。）

如果世界整体上说来是正义的，那么，下面的归纳定义将完全涵盖持有正义的主题。

1. 一个人依据获取正义的原则获取了一个持有物，那这个人对这一持有物就是有资格的。

2. 一个人依据转让正义的原则从另一个有资格拥有该持有物的人那里获取了一个持有物，那这个人对这一持有物就是有资格的。

3. 除非通过1和2的（重复）应用，任何人对一个持有物都是没有资格的。

分配正义的完整原则简单说来就是，如果每一个人对该分配中所有的持有都是有资格的，那么这一分配就是正义的。

如果一种分配通过合法手段产生于另一种正义分配，那么它就是正义的。从一种分配变动到另一种分配的合法手段是由转让正义的原则规定的。而合法的第一次“变动”

1 Robert Nozick, *Anarchy, State, and Utopia*, New York: Basic Books, 1974. 中译文见诺奇克：《无政府、国家和乌托邦》，姚大志译，北京：中国社会科学出版社，2008年，第1页。

是由获取正义的原则规定的。凡是通过正义步骤从正义情境中产生的东西，其本身就是正义的。

◆◆◆

并非所有的现实情境都是依据持有正义的两个原则——获取正义的原则和转让正义的原则——产生的。有些人偷别人的东西，欺骗他们，奴役他们，抢夺他们的产品，不让他们过自己意愿的生活，或者强行阻止他们在交易中参加竞争。在从一种情境到另一种情境的转变中，上述形式都是不允许的。而且，有些人获得持有物的方式也不为获取正义的原则所准许。过去的不正义（先前对前两个持有正义的原则的违反）的存在引发了持有正义的第三个主要论题：持有不正义的矫正。如果过去的不正义以各种方式形成了今天的持有，其中一些是可以识别的，另一些则是无法识别的，那么现在，如果要做的话，应该如何来矫正这些不正义呢？对于那些若没有遭受不正义其处境就不会如此糟糕的人，或者对于那些若立即得到赔偿其处境就不会如此糟糕的人，这些不正义的实行者对他们负有什么样的义务？若受益者和受害者在不正义的行为中都不是直接的当事人，比如说，是他们的后代，那么，事情会有什么变化？对于其持有本身就是基于一种未得到矫正的不正义的人，可以对他施以不正义吗？要追溯多远才能扫清不正义的历史轨迹？为了矫正对他们所做的不正义，其中包括人们通过政府所造成的众多不正义，不正义的受害者做什么事情是可允许的？我们不知道如何彻底地或理论上精致地处理这些问题。非常理想化地来说，让我们假设理论探究将产生一种矫正原则。这一原则利用关于先前情境和所造成的不正义（它们是由前两个正义原则和不得干预的权利所界定）的历史信息，以及关于从这些不正义所产生的、一直延续到现在的实际事件过程的信息，由此给出了这一社会的持有的一种描述（或诸种描述）。

◆◆◆

历史原则与目的—结果原则

资格理论的一般纲领表明了其他分配正义观念的性质和缺陷。分配正义的资格理论是**历史的**，一种分配是否正义，有赖于它是如何发生的。相反，正义的**即时原则**认为，一种分配的正义是由东西如何分配（谁拥有什么东西）决定的，而这一判断又是由某种（某些）**结构性**原则作出的。一个功利主义者在两种分配中做判断，是看哪一种分配能带来更大的功利总量，如果两者的功利总量相当，则应用某种固定的平等标准去选择较为平等的分配，因此，这个功利主义者所持的就是一种即时的正义原则。一个人以固定程序来权衡幸福和平等总量，秉持的也是这一原则。根据即时原则，在判断一种分配的正义时，需要关注的全部东西就是谁最终得到了什么。在比较任何两种分配时，一个人只需关注显示该分配的模型即可。这样一种正义原则无需馈入进一步的信息。这样的正义原则所导致的一个结果是，任何两种结构上相同的分配是同等正义的。（如果两种分配展示相同的外形，那么它们就是结构上相同的，不过，占据特殊位置的人也许是不同的。我拥有十分你拥有五份，与我拥有五份你拥有十份，就是两种结构上相同的分配。）福利经济学就是这样一种即时的正义原则理论。这种主题被看做是模型操作，而模型仅仅表达了分配当前信息。这一点和其他一些常规条件（比如，在纵坐标的列项下，分配的选项是不变的）一起确保了福利经济学是一种即时理论，并带有这一理论的一切不足。

绝大多数人并不认为即时原则能够说明与分配份额有关的一切。他们认为，在评估一种分配情境的正义时，不仅需要考虑它体现什么样的分配，而且需要考虑这种分配是如何发生的。如果某些人因犯杀人罪或战争罪而关在监狱中，我们不会说，为了评估社会的分配正义，我们只需看在当时这个人拥有什么，那个人拥有什么，其他人拥有什么……我们认为，也需要问某个人是否做过某些事情，以至他被惩罚是**应得的**，他得到一个较低的份额也是应当的。绝大多数人在对待惩罚和处罚时会认为需要更多的信息。现在也让我们来考虑一些可欲之物。一种传统的社会主义观点认为，工人有资格拥有他们的劳动产品和全部成果，这是他们挣来的。如果一种分配没有给予工人有资格拥有的东西，那它就是不正义的。这样的资格基于某种过去的历史。任何持这种观点的社会主义者听到如下情形都会不舒服：实际的分配A恰好与他想要的分配D在结构上一样，因而A并不比D更少正义……在我看来，这位社会主义者正确地掌握了挣得、生产、资格、应得等观念，并且拒斥了只看持有现状的结构的即时原则……他的错误在于他的这种观点，即不同的资格产生于生产过程的不同类型。

- 罗尔斯的“作为公平的正义”是什么意思？什么时候不平等是可容忍的？
- 你认为展望在“原初状态”下的人们在设计社会的基本规则时会认为什么是可接受的是确定什么是公平的一种有效方式吗？为什么是或为什么不是？
- 资格理论如何不同于罗尔斯作为公平的正义观念？哪一种与亚里士多德的正义观更类似？

F. 正义还是关怀：一种女性主义视角

关于正义的争论已进行了近2500年。不过，人们可能注意到，争论中发出的绝大多数声音都是男性的声音，这就引发了一个问题，即是否正义争论中出现的视角存在着某种男性偏见，或者，是否甚至正义观念本身就存在着某种男性偏见。**切希尔·卡尔霍恩**（Cheshire Calhoun）认为事实确实如此。下面是她的论证的一个节选。

切希尔·卡尔霍恩，《正义、关怀、性别偏见》[1]

卡罗尔·吉利根对道德理论提出了两个彼此独立的挑战，尽管这两个挑战在她的著作中并没有分开。第一个挑战针对的是为正义伦理学所支配的当前道德理论的适当性。在她看来，正义伦理学排斥了道德经验的一些维度，比如情境决策、特殊义务、

1 Cheshire Calhoun, “Justice, Care, Gender Bias”, *Journal of Philosophy* 85, 1988.

切希尔·卡尔霍恩（1954— ）：位于坦佩的亚利桑那州立大学的哲学教授。

同情和怜悯的道德动机，以及做道德决定时考虑自己的正直的相关性。第二个挑战针对的是道德理论所设定的性别中立。她认为，正义伦理学并非是性别中立的，因为它所主张的行动者、道德动机和正确的道德推理观念，女人无法像男人那样达到。因为正义伦理学所排斥的道德维度，恰好显然更多地体现的是女人的而非男人的道德经验。

在吉利根看来，适当性和性别偏见的指控联系在一起。她宣称，正义伦理学和关怀伦理学是两种不同的道德取向。尽管个人可以运用两种取向，但是，从一种取向到另一种取向需要一种格式塔转变，因为“其中一种视角的术语并不包括另一种视角的术语”。关怀视角对正义伦理学的排斥在破坏正义伦理学的适当性（它无法对道德生活给出一个完全解释）的同时，也显示了它所具有的性别偏见。

一些批评者回应说，这两种道德取向之间并不存在逻辑不相容。因为，正义伦理学原则上并不排斥关怀伦理学（即使正义传统中的理论家们几乎没有说起过关怀问题），因此，它并非不适当，也不具有性别偏见。比如，要正确地应用道德法则和道德原则，就需要而不是排斥关于具体情境的知识。对于正确的道德推理和对道德生活的适当理解而言，这两种取向都很关键。因此，正义伦理学和关怀伦理学事实上并非对抗性的、或此或彼的道德理论。这种所谓的关怀伦理学只是对那些已然潜在地包含在正义伦理学中的问题加以强调了而已。

假设这两种伦理学在逻辑上相容。那么，性别偏见的指控会消失吗？会的，只要性别中立只要求正义伦理学能够始终如一地为关怀伦理学的核心道德关注留出余地。不过，性别中立的要求或许不仅于此。既然理论知识中性别偏见的幽灵本身是一个道德问题，那么，在我们断言我们的道德理论说的是雌雄同体的语言之前，最好是更为仔细地来考虑一下性别偏见问题。我们尽管能够而且应该通过探问正义伦理学是否能够始终如一地包括关怀伦理学的核心道德问题来对它加以检测，但是，我们也要探问，在道德理论化的过程中包括或排斥一些特殊主题，可能会导致什么样的道德生活意识形态。

通过理论化而具体形成的传统，既有逻辑意蕴，也有非逻辑的意蕴。为了说明一种传统为何具有它所具有的轮廓，一个人在阐释那些具体信念时需要假定对于它们的一般认可，而这些信念在逻辑上并不为任何具体理论所具有，并且可能为个别理论家所否定。比如，当行为研究者几乎只专注于侵犯行为及其在人类生活中的作用，而忽视其他行为动机时，他们的这种做法就带有非逻辑的意蕴，即侵犯确实是最重要的行为动机。这是因为，唯有与之相类的信念才能说明这种研究模式的合理性。一旦这种非逻辑的意蕴具有政治意味，就成了意识形态（因为侵犯的重要性是与这样的观察联系在一起的，即女人具有相对而言较低的侵犯性）。

这种性别偏见的指控一旦被理解为直接针对道德理论的非逻辑意蕴，它就具有了不同形式。即使正义伦理学能够始终如一地容纳关怀伦理学，关键的一点仍然是，正义传统中的理论家们除了顺带提及之外，就没怎么说起过关怀伦理学，而且，若在理论优先性上没有一个根本转变，那将来也不大可能会有什么改进，并且几乎只集中于不干涉、不偏不倚、合理性、自律和原则的权利，由此造就了一种道德领域的意识形态，它有令女人感到不快的政治意蕴。这一表述就把正义—关怀的争论从逻辑相容性转到了何种理论优先性会改善女人的命运。

玛丽亚·卢格尼斯，《玩乐、“世界”旅行和爱的感知》[1]

作为主流之外的局外人，美国的有色人种女性大多被迫实践“世界”旅行。我将这种实践认定为一种巧妙的、创造性的、丰裕的、富足的，在特定环境中充满爱的存在方式与生活方式。我意识到我们的大多数旅行都不愿通向充满敌意的白种人或盎格鲁人“世界”。这些“世界”的敌意和“旅行”的必然性模糊了我们的生活方式富于巨大价值的一面，也使得它与爱的联系含混不清。种族主义的既定利益使它模糊贬损蕴藏于旅行中的复杂技巧。我建议将跨越不同“世界”的旅行肯定为跨文化与跨种族之爱的一部分。因此，我倡导美国的有色人种女性通过学习穿梭于彼此之间的“世界”来学会彼此相爱……

在童年时期，我便被教导去傲慢地感知。同时，一直以来我也是傲慢感（arrogant perception）的对象。尽管并非白人女性或盎格鲁女性，我却能不通过任何白种人或盎格鲁人而清楚地理解童年时接受的成为傲慢感知者的训练，也能理解自己一直以来身为傲慢感的对象。这多少意味着傲慢感的概念可以跨文化地使用，白种人或盎格鲁人并不是唯一的傲慢感知者。我在阿根廷长大，目睹了男人和女人们以温和而体谅的方式将他们仆人的存在据为己有。我也学习了如何将我母亲的存在据为己有。我清楚地认识到，无论男人或女人都是傲慢感的受害者。傲慢感是系统地组建起来的，它用于打击所有女人和大多数男人的精神。我珍重远在乡下的“加乌乔人”（gaucho）先祖，因其流传的精神总是教导我们以极大的孤独、勇气和自信来脱离贫穷。我从这些精神中受到了鼓舞，誓让自己永远不受傲慢感损害……

我想要探查两种爱意的失败——我对母亲之爱的失败，和美国白人女性或盎格鲁女性对跨种族或跨文化界限的女性之爱的失败。作为探查的结果，我将为她们提供一种充满爱意的化解方式……我称为玩乐性的“世界”旅行。

就我所知，至少在美国和阿根廷，女性总是被教导要去傲慢地感知许多其他女性。被教导去傲慢地感知，其实是被教导成为美国或阿根廷社会某个特定阶级的女性角色，教导成为生活在美国的一位白人女性或盎格鲁女性，教导成为身处两种环境中的女性——既是傲慢感的发生主体，又是其所指对象。对我来说，我对母亲的爱意仿佛在我的整个成长过程中都是不完满的，因为我不愿如我一直以来被教导的那样视她为一种存在。我以为关爱她和羞辱她是等同的（我理所当然地使用和榨取她的奉献，因为其他四个成人同样参与到将她的存在据为己有的活动里，只留给她一丁点属于她自己的东西），爱包含了我对她的认同、在她的身上窥见自己——

玛丽亚·卢格尼斯：纽约宾厄姆顿大学的哲学和文学教授。

1 Maria Lugones, “Playfulness, ‘World’-Travelling, and Loving Perception”, *Hypatia* 2. no. 2 (Summer 1987).

去爱她，便是让我羞辱她，同时也令自己向羞辱的行为开放。我能清楚地知道，并不应对仆人怀有爱意——我可以羞辱他们，而并不认同他们，不用在他们身上看到我的影子。来到美国之后，我学习到种族主义的一部分内容便是使不含认同感的羞辱特权国际化，我认识到我可以被视作为白种人或盎格鲁人所用的存在，其中并不包含被认同的可能。譬如，他们不必尝试将我的存在占为己有，或将我的存在从他们身上剥离。他们可以一直不为所动，没有任何患失的感受。

因此，受到傲慢感知的女性也可以反过来傲慢地感知其他女性。那些女性在何种意义上应当对其傲慢感所指的女性负责确实尚有疑问，但毫无疑问的是，许多女性都被教导以这样特殊的方式侮辱女性。我对责任的分配没有兴趣。我的兴趣点在于，理解这一现象，而后理解在这种现象之外的一种爱的方式。

一直以来，我学习到的关于爱意的内容中显然存在着某些错误，而在我以这种方式对我母亲表达爱意的失败中，也有着一些正确的东西。但我并不认为错误在于我同化母亲、在她身上窥见自己的深重欲念，错误在于，我被教导成为奴役化的受害者。错误在于，我被教导在我母亲身上实践奴役化，并通过这种实践变为奴隶。人们给我灌输的观念，说爱与羞辱和傲慢感乃是一致，显然是错误的……即便我可以在羞辱母亲的同时怀着爱意，我也不应该对奴隶产生关爱。这是因为在面对奴隶时，每个人都了然、并且应该了然其奴役状态，“奴役之爱的公式”从来不在他们的考虑范围内。因此，我并不应该关爱、也不能关爱奴隶。但我可以爱我的母亲，因为欺骗（特别是自我欺骗）是这种“爱”的一部分。

……当我说，在我关于爱意的教导中有着某些明显的错误，我并不是在说这种爱和羞辱间的联系是显而易见的。我想说的其实是，一旦爱和侮辱间的联系被揭开，这种爱意显然是成问题的，因为侮辱别人显然是错误的方式。

我庆幸自己并未把这些课程学得很好，但这也导致了我与母亲的分离——我将我们视为两种不同类别的存在。这包含了我对母亲的抛弃，尽管我并不愿抛弃她。我想要对她怀有爱意，尽管限于我被教授的内容，“爱”并不符合我所期盼的那个语词。

我烦扰于不想成为她的所是。我有一种无法变得整全的感觉，我的自我迷失了，因为我无法对她展开认同，难以在她身上看到自己，不能夹道欢迎她的世界。我见证了自己从她身上的分离，我们是完全不同的存在，并不源于同一物种。这种分离，这种爱的缺失，我视它为自我的缺失（并非失败，而是缺失），并以为自己这么想是对的。我同样也看到，如果这是一种爱的缺失，爱便不可能是我被教导的那种样子。爱需要被重新考虑，重新创造。

我和我母亲——她曾是我无法去爱的人——的联系，与我或其他美国的有色人种女性和白人女性或盎格鲁女性间的联系，有着某些共通之处——即爱的失败……但我也认为，未能成功认同另一位女性、未能成功在其他完全不同于自己的女性身上看见自己，也是一种复杂形式的爱的失败……

白人女性或盎格鲁女性数次想要我们离开她们的视线范围。她们缺乏关怀，其实是一种伤害性的、爱意的失败，它使得我以一种似曾相识的方式从她们中独立而出——这种方式，也曾是我不再寄生于我母亲的方式，尽管她未曾从其他人身上独立而出，却肯定是与我分离开了。但由于我和母亲想要彼此相爱，我们并未完全处于这种独立之中。白人女性或盎格鲁女性独立于我，我独立于她们，我独立于我的母亲，她独立于我，我们中没有一个是在这种独立中相互爱戴的。

没有其他女性，我是不完整的，也是不真实的。我极度地依赖于他人，而不必以成为她们的下位者、奴隶或仆从的方式……

关爱我的母亲对我来说并不可能，即便我感觉到我和别人完全可以傲慢对之。爱我的母亲，意味着我要透过她的眼睛去看，我要进入她的世界，看见我和她都在她的世界中建构起来，目睹她在自己的世界之中的意义。唯有通过这般在她“世界”中的旅行，我才能对她产生认同，因为唯有如此，我才能不再无视她，不再被排除、分离于她。唯有如此，我才能将她视为一个主体，即便这个主体受人所限；也唯有如此，我才能看到意义如何在我和她之间充足地涌现。我们因被理解的可能而完整依赖于彼此，倘若没有这种理解，我们便不可被理解、不产生任何意义，我们不再是坚实的、可视的、完整的。我们处在缺乏之中。因此，在他人的“世界”种旅行将使得我们能够通过**关爱**彼此而**去存在**……

不久之前，我开始陷入深深的疑惑，因为我经历着同时具有又不具有独特属性的自我。我很确定自己拥有着正在思考的这种属性，可是从一方面来说，我又很确定自己并不拥有它。我信服于此，认为自己同时拥有又并不拥有这种属性。这种属性便是玩乐。我确定自己是个玩乐之人。可痛苦的是，我又感到自己并非玩乐之人——在某些世界中，我并非玩乐之人。随着疑惑渐深，我呼唤朋友——而不是那些对我颇为了解的人——来看看我是否是玩乐的。或许他们可以助我消除疑虑。他们对我说：“当然了，你是玩乐的。”在说这话的时候，他们拥有和我对此事同样的笃定。当然了，我是玩乐的。那些在我身边的人对我说：“不，你并非是玩乐的。你是个严肃的女人。你把任何事都看得很严肃。”他们十分确信自己的言论，觉得只须提供少量的证据便能证明他们是对的。于是我对自己说：“好吧，也许正在发生的一切是这样的——我拥有这种属性，但在一些我无法自如的世界中，我并不拥有它。正因我在那些世界中并不自如，我才在那些世界中并不拥有这种属性。但，这又意味着什么呢？”我困扰于当我谈论“在一些世界中我并不拥有这种属性”时，我所说的“世界”意味着什么；也困扰于当我谈论正是由于缺乏自如感，使得我无法在那些世界中表现出玩乐时，我想说的究竟是什么。因为，正如你所看到的，如果一切只因缺乏自如感，那么我便能解决它……

在我看来，能被称为“世界”的那种存在，必须由有血有肉的人们在当下栖居于它。这也是为何它不能是一个乌托邦。它可以由一些外来人士栖居。它可以由那些死去的人们栖居，或那些由这个“世界”的居民在另一个“世界”碰到的、现在迁徙于这个“世界”的人栖居……

我所说的“世界”，也许是一个真正的社会，因为它具有主流文化对生命的描述和建构，包含对生产关系、性别、种族等等的建构。但这个“世界”也可以是一个没有主流建构的社会，或是一个完全由异质元素构建起来的社会。因为正如我们所见，所有建构源于同一社会的说法是很成问题的。它们完全是不同的“世界”。

一个“世界”不必是一个整全社会的建构。它可以由某一社会的极微小部分建立起来。它可以只有一小部分人生活。也有一些“世界”比其他“世界”更大一些。

一个“世界”可以是不完整的，因为它所包含的事物可能不是一同被构建起来，或其中的某些事物可能是被否定地建构起来（在另一些“世界”中，它们不是“它们”的所是）。这个“世界”不完整，还或可能是由于它指涉了并不存在其中的事物，譬如指涉到了类似于巴西的事物，而巴西并不算是那个“世界”的一部分。又比如女同性恋女性主义，对“同性恋”有目的的、健康的构建尚未完成，尚在不断进化的途中。在这个国家成为一个西班牙裔，即是在主流的盎格鲁构建中有意地分裂为不整全。因此一个人并不能真正地回答这一类问题，如“西班牙裔是什么”“谁能算作西班牙裔”“拉丁裔、奇卡诺裔、西班牙裔、黑色多米尼加裔、白色古巴裔、韩国-哥伦比亚裔、意大利-阿根廷裔算是西班牙裔吗”。在美国，如何在一个多样的所谓西班牙社区中成为“西班牙裔”同样悬而未决。我们并未在多样的“世界”中裁定出是否存在貌似“西班牙裔”的事物……

一个人在可以在这些“世界”中旅行，并同时栖身于多个这样的“世界”。我认为我们中脱离主流的大部分，相对于美国主流文化对于生活概念的建构和组织来说，都是“世界旅行者”，因为我们迫于必须、迫于生存，必须这样做。在我看来，同时栖居于不止一个“世界”并在“世界”之间“旅行”，是我们的经历和处境必不可少的一部分……

我们中作为“世界”旅行者的那些人有着在不同“世界”中呈现出不同的独特经验，是能够记住其他“世界”的模样、记住在那些世界中的我们是何种模样的独特经验。我们可以说，“在那儿的便是我，我十分高兴能够处在那个‘世界’。”因而，这种经验是在不同“世界”成为一个不同之人的经验，是不需要通过基于一个潜在的“我”而拥有关于自己完全不同的记忆的经验。因而我可以说，“在那儿的便是我，我在那个‘世界’并非玩乐的”……

从一个人向另一个不同之人的转变，即是我所说的“旅行”。转变或许不是有意为之，甚至当事人自己都对其没有意识。比起察觉到身处于另一个“世界”，他或许完全都没有察觉到自己变得不同了。又或许他根本没有意识到自己身处另一个不同的“世界”。即使转变不必在有意中进行，它也不和行动有关。一个人不必像其他人那样摆出姿态，例如，他不必假装是某个具有不同性格特征的个体，或是某个占用空间、使用语言的方式和别人完全不同的个体。也不必是拥有那种性格特征或以那样特殊方式占用空间、使用语言的个体。“一个人”在这里指的并非某个潜在的“我”。个体并不**经验**任何潜在的“我”……

在一个特定“世界”中获得自如的第一种方式是在这个“世界”中成为一个流利的演讲者。我知道在这里需要遵守的所有规范，我知道在这里需要讲出的全部话语。我知道所有的运动。我很自信。

另一种获得自如的方式是变为标准化的悦然。我赞同所有的规范，我再喜欢这些规范不过。我被要求去完成的东西，即是我自己想要、我觉得自己应当去完成的。十分自在。

还有一种在某个“世界”中获得自如的方式是人际黏连。我和我所爱的人在一起，他们也同样爱我。须得注意的是，也许和我所爱的人待在一起并感到安心自在，是由于他们所处的“世界”也收获了和我所处的“世界”同样的敌意。

最后，一个人获得自在，或许是源于他与他人共享了一段历史。

我们不是消极被动的。

某种意义上，玩乐是向变为愚人敞开的，他不必关心具备什么竞争力，不必变得骄矜傲慢，不必将规范奉为神圣，也不必发觉智慧与快乐的源头是如此模棱两可。

因此，从积极的一面说，玩乐的态度包括了向惊喜敞开、向变为愚人敞开、向自我的建构与重新建构敞开，也向我们玩乐栖居的“世界”的建构与重新建构敞开。从消极的一面说，玩乐的特点即是不确定性、骄矜傲慢的缺乏、规则的缺席，或不将规则视为神圣之物，对竞争力的漠不关心，缺乏对一种特殊的自我建构的摒弃、对他人和他人与自我联系的摒弃。当尝试在一个特殊的世界为自己及自己与他人之关联确定一个立足点时，某人可能会研究、探查并开始理解他自身。他可能会看到在那个世界，玩乐即是那是人的所是。这个人可能会决定栖居于那个自我，以更好地理解它、发现其中的创造力。所有的这些只是自我反思，完全不同于放任某人于一个被特殊建构起来的、自己试图为它立足的自我中。

有一些“世界”是我们冒着个人风险闯入的，竞争、侵略和傲慢是这些“世界”中精神气质的主色调。也有一些世界是我们迫于需求闯入的，而玩乐地闯入这些世界在竞争意义或我个人的意义上来看是愚蠢的。在这样的“世界”中我们并不玩乐。

但还有一些“世界”是我们可以满含爱意去旅行的,去那些地方旅行是爱的一部分,因为至少它们的栖居者是怀着爱意。我认为在一些人的“世界”中旅行是予之认同的一种方式，因为通过这样在他们“世界”中的旅行，我们能够得知**成为他们是怎样的体验，他们眼中的我们自己是什么模样**。只有当我们在彼此的“世界”中旅行，我们才能完全地遵从于彼此……

知晓其他女性的“世界”是认知她们的一种方式，而认知她们又是爱护她们的一种方式。不过，认知的程度有深有浅，爱也一样。另外，在另一个人的“世界”中旅行并不同于与她们变得亲密无间。亲密性基于对他人的深刻认知而建立，而“世界”旅行只是部分地获得这种认知。还须注意的是，一些人，尤其是那些主流之外的人群，我们只能经由他们所在的一些“世界”和作为“世界”旅行者的身份来认知。

不了解他人的“世界”，我们就无法了解他人，而若不了解他人，某人就只能于他人的在场中独身一人，因为他人也只是对其晦暗地呈现。

通过旅行于他人的“世界”，我们发现在一些“世界”中，那些傲慢感知的受害者是真正的主体，是鲜活的存在、反抗者，视野的建构者——即便在主流建构里，他们只能由傲慢感知者所唤起，并且可以被随意弯曲、折叠、堆放、分化。我总是想象，在夜晚，或是在耗尽能用之后（当他/她作为一项工具死去），亚里士多德式的奴隶是可以弯曲和折叠的。亚里士多德没有告诉我们任何奴隶脱离主人之后的故事。我们只有通过主人才能认知奴隶，奴隶只是主人的一项工具。工作时间结束后，他/她便被折叠起来，放进抽屉里，直到次日来临。我的母亲明显是傲慢感知的极大受害者。我忠于她身上的傲慢感知者建构，设想她已由那种建构所耗尽，因而不忠于她。我不想变得和她一样，认为倘若认同她，在她的所求中看到自己，我变得和她一样。我错在设想她由她身上傲慢感知者的建构所耗尽，也错在我对于“认同”二字的理解，尽管我认为认同是爱的一部分，它包含了我在她身上看到自己——这一点是对的。通过在她的“世界”中旅行，我逐渐意识到，她不再是可以随意折叠或弯曲的了，她没有被阿根廷主流的家长式构建所耗尽。我开始意识到在一些“世界”里，她是作为一个富有创造力的存在而闪耀着。通过在她“世界”中的旅行来窥见我自己，乃是意味着在她的“世界”里看到我和她有多么地不同。

因此，在推崇“世界”旅行，以及通过“世界”旅行这种关爱其他女性的方式来达到身份认同的过程中，我揭示了对傲慢感知者的反叛——反叛的不仅是我们身上固有的傲慢感知者，还包括他们对女性展开的观念建构。在展现竞争式的玩乐与“世界”旅行的不相容中，我披露了它的帝国主义倾向和傲慢感倾向，以及它与爱和爱意感的不相容性。

- 在何种意义上，正义观念是“男性的”？对此，女性主义视角能够做出什么贡献或修正？
- 你认为一种关于正义的伦理学与关于关怀的伦理学相容吗？如若相容，如何相容？
- 爱和玩乐的原则可能会如何改变我们对正义和正义的伦理学的构想？
- 卢格尼斯“世界旅行”的观念可能会如何扩展我们对正义的构想？你能够相处互联网和其他当代技术可能会通过“世界旅行”充当正义的原因的方式吗？

G. 个人权利与自由

如果我们只是关注社会的平稳运行，那几乎任何政府都会这么做——政府越强越好，越是独裁就越有效。不过，效率只是诸多关注之一，而且可能不是最重要的关注。你可能认为，政府能够服务于公共利益，但是很显然，正义和个人权利不行。而社会契约理论（和一般的被统治者的同意理论）显然强调的是正义和权利。不过，社会契约理论本身在个人权利的地位方面并不完全清楚，如诺齐克在对罗尔斯的批评中清楚地表明的那样。这里特别关注的是那些与自由相关的权利。社会契约向我们保证了多少个人自由？

任何关于正义和国家的讨论，都必须特别关注基本自由和**不可剥夺的权利**（即任何人、任何政府都不可夺走的权利）的地位，比如，不受干扰地表达政治观点的自由，不受惩罚或处罚地信教（或不信教）的自由，免于攻击的自由（“持有枪械权”是一个有争议的实例），以及追求自己利益的自由（所有这些权利都不得干涉他人的权利）。此外，我们还可以加上没有理由不受监禁的权利，没有公平的审判不受指控的权利，不因所犯罪行过度受罚的权利。我们关于这些自由和权利最著名的清单，是美国的《权利法案》，它作为个人权利的一个契约保证，附加在宪法的主体之后。

即使这些权利的重要性无可争议，但是，这些权利的精确表述和程度却充满争议。我们说到“不可剥夺的权利”，可是这些权利就不受限制吗？比如，在战争期间。显然，最常见的情形是，言论自由不能扩展到这样一种地步，以至于人们可以在拥挤不堪的剧场瞎喊“着火了”。因此，言论自由与其他权利一样，都要受到公共福利和功利考虑的限制。但是，如何限制呢？只要使政府感到为难就够了，还是让民众觉得无聊就好呢？同样的，我们可以回到前面部分提出的那些困难例子。免于监禁和严酷惩罚的权利哪怕有违压倒性的公共利益也总是有效吗？比如，它们在一个再三犯案的罪犯身上依然有效吗？或者，看一个困难的例子，“自由事业”是我们社会中的一项“不可剥夺的权利”吗？或者，确切地说，自由事业是这样一种理论（而且是一种未决的理论）吗？它认为公共利益和正义最好通过公开竞争和自由市场来提供。可是，这一理论在现代获得垄断之前，就已经提出来了，而且很显然，“自由”市场能够被操纵，以至于既不是自由的，也根本不是为了公共利益。那这样的“自由”还是一种权利吗？还是，它也应该受其他关注调节呢？

最重要的基本权利中，有一种是所谓的拥有私有财产的权利。1688年英国革命（“光荣革命”）刚刚结束，约翰·洛克就列出了三种基本权利，它们后来成为美国《独立宣言》和迄今依然著名的自由主义政治哲学的主要成分。其中最重要的权利是“生命、自由和拥有私有财产的权利”。（美国《独立宣言》的草稿包括的就是这三种权利，不过，杰斐逊把最后一种权利代之以“追求幸福的权利”。）在洛克看来，私有财产是自由的堡垒和其他人权的基础。一个人自己的身体就是最基本的私有财产，任何别的人在未得到许可的情形下，都不得侵犯或使用它。当代的绝大多数社会都承认个人的身体权是一种基本权利。但是，洛克随后增加了拥有财产的权利，认为它对于自由和人类尊严而言也是一种基本权利，那是一个人用他或她的身体获得的权利（“在其上加进了他的劳动”）。新教的工作伦理强有力地出现在这种观点中，其中，工作和权利被放在一起处理，而工作是我们挣得权利的方式。

约翰·洛克，《政府论下篇》[1]

土地和一切低等生物为一切人所共有，但是每一个人对他自己的人身具有一种所有权。除他之外，任何人都没有这种权利。他的身体的劳动和他双手的工作，我们可以说，是正当地属于他的。所以，只要他使任何东西脱离自然所提供的和那个东西所处的状态，他就在其上加进了他的劳动，在这上面加进了他自己的某些东西，因而使它成了他的财产。既然是由他来使这件东西脱离自然所安排给它的一般状态，那么在这上面就由他的劳动加进了一些东西，从而排斥了其他人的共同权利。因为，既然劳动是劳动者无可争议的所有物，那么对于这一有所增益的东西，除他以外就没有人能够具有权利，至少在还留有足够的同样好的东西给其他人所共有的情况下，事情就是如此。

谁把橡树下拾得的橡子或从林中树上摘下的苹果用来果腹时，谁就确已把它们拨归己用。谁都不会否认，食物就是他的。因此，我要问，这些东西是什么时候开始属于他的呢？是在他消化的时候，还是在他吃的时候，还是他煮的时候，还是把它们带回家的时候，还是他捡取它们的时候呢？很明显，如果最初的采集不使它们成为他的

1 John Lock, *The Second Treatise on Government*, Oxford: Clarendon, 1690, pp. 26-27, 51. 中译文见洛克：《政府论下篇》，叶启芳、瞿菊农译，北京：商务印书馆，1996 年，第 19 页。

东西，其他的情形就更不可能了。劳动使它们与公共的东西区别开来，劳动在万物之母的自然所已完成的作业上面加进一些东西,这样它们就成了他的私有权利了。谁会说，因为他不曾得到全人类的同意使橡子或苹果成为他的所有物，他就对这种拨归私用的东西不具有权利呢？这样把属于全体共有的东西归属自己，是否是抢夺行为呢？如果这样的同意是必要的话，那么，尽管上帝给予人类很丰富的东西，人类也早已饿死了。我们在以合约保持的共有关系中看到，那是从共有的东西中取出任何一部分并使它脱离自然所安置的状态，才开始有财产权的，若不是这样，共有的东西就毫无用处了。而取出这一或那一部分，并不取决于一切共有人的明确同意。因此，我的马所吃的草，我的仆人所割的草皮，以及我在同他人共有开采权利的地方挖掘的矿石，都成为我的财产，无需任何人的让与或同意。我的劳动使它们脱离原来所处的共同状态，确定了我对于它们的财产权。

◆◆◆

这样，我认为可以很容易而且毫无任何困难地看出，劳动最初如何能在自然的共有物中开始确立财产权，以及为了满足我们的需要而消费财产这一点又如何限制了财产权。因此，对于财产权就不会有发生争执的理由，对于财产权容许占有多少也不能有任何怀疑。权利和生活需要是并行不悖的。因为一个人有权享受所有那些他能施加劳动的东西，同时他也不愿为他所享用不了的东西花费劳力。这就不会让人对财产权有任何争论,也不容发生侵及他人权利的事情。一个人据为已有的那部分是容易看到的，过多地割据归已，或取得多于他所需要的东西，这既无用处，也不诚实。

一项权利就是一种要求，这种要求就是社会和国家所欠的某种东西，通常是一种确定的考量或对待。但是，我们讨论的绝大多数权利事实上是自由的权利或拥有自由的权利，即独处的权利和不受干涉的权利。个人自由的信念构成了自由主义政治哲学的基础，绝大多数人认为，这种政治哲学承诺，只要不干涉其他人的类似权利，每个人都有自由地去做他或她想做的事情的权利。约翰·斯图亚特·密尔的另一本小册子《论自由》(1859)是这一立场的经典表述。在这本小册子中，他为个人权利及少数人反对民主多数的暴政的权利辩护，因为密尔看到，自由在**民主国家**中能像在独裁国家中一样陷入危险。进而，密尔提供了一个“非常简单的原则”，即除非其他人有受到伤害的威胁，个人自由被认为是不可侵犯的。

约翰·斯图亚特·密尔，《论自由》[1]

本文的目的是申论一条非常简单的原则，使凡属社会以强制和控制方法对付个人之事，不论所用手段是法律惩罚方式下的物质力量还是公众意见下的道德压力，都要绝对以它为标准。这条原则就是：人类之所以有正当理由可以个别地或集体地对其中

1 John Stuart Mill, *On Liberty*, London: Lonmans, 1859. 中译文见密尔：《论自由》，许宝骙译，北京：商务印书馆，1986年，第9页。

的任何成员的行动进行干涉，唯一的目的只是自我保护。这就是说，对于文明共同体的任一成员之所以能够正当地施以权力违反其意愿，唯一的目的就是要防止对他人造成伤害。若说为了那人自己的好处，无论是物质上的还是精神上的好处，都不是充足的正当理由。人们不能强迫一个人去做一件事或不去做一件事，说因为那样对他比较好，因为那样使他更幸福，因为那样在别人看来是明智的或者是正确的，这样的做法是不正当的。所有这些理由，若是为了向他规劝，或是为了和他辩理，或是为了说服他，或者是恳求他，那都是好的。但不能借以对他加以强迫，或者说，若他不如此就要使他遭受什么灾祸。要使强迫成为正当，必须是所要对他加以吓阻的行为将会对他人产生祸害。任何人的行为，只有涉及他人的那部分才需对社会负责。在仅涉及本人的那部分，他的独立性在权利上则是绝对的。对于本人自己，对于他自己的身心，个人乃是主权者。

或许无需多加说明，这条教义只适用于能力已达成熟的人。我们不是在谈论儿童，或尚在法定成年男女以下年纪的青年。那些仍处于需要他人照管状态的人们，必须对他们自己的行动加以防御，就像对外来的伤害需加以防御一样。出于同样的理由，对于那些种族自身尚可视为未届成年的社会中的落后状态，我们也可以不加考虑。在自发进步的途中，早期的困难是如此巨大，以致在克服这些困难的手段方面几乎没有选择。要是有一个富有改善精神的统治者，他就完全有理由使用任何权宜之计达成或许若不如此就无法达成的目的。在对付野蛮人时，专制政府是一种合法的政府模式，只要其目的是为着使他们有所改善[1]，而所用手段因这一目的得以实现而显得正当。自由，作为一条原则来说，在人类还未达到能够借自由平等的讨论而获得改善的阶段以前的任何状态中，是无所适用的。

应当说明，凡是可以从作为独立于功利的抽象权利中引申出来的有利于我的论证的各点，我都弃置未用。确实，在一切伦理问题上，我最后总是诉诸功利。但这里所谓的功利必须是最广义的，必须是把人当做进步的存在而以其永久利益为根据的。我主张，那些利益有权令个人自发屈从于外来控制，当然只是在每个人涉及他人利益的那部分行动上。如果有人做出了一项有害于他人的行动，这就是一个一望便知要对他加以惩罚的事件，可以用法律来办，或者当用法律进行惩处不能妥善适用时，也可以用普遍的谴责。还有许多积极性的对他人有益的行动，也可以正当地强迫人们去做。比如到法庭上作证；又比如在一场共同的自卫斗争中，或者在为他所受其保护的整个社会利益所必需的任何联合工作中，担负他的一份公平的任务；还有某些个别有益的行动，例如出力去拯救一个人的生命，挺身保护一个遭受虐待而无力自卫的人，总之，凡是一个人显然有义务当做而未做之事，他就要对社会负责，这一点是正当的。需知一个人不仅会因其行动而遗患于他人，也会因其不行动而产生同样的结果，在这两种情况下要他为此损害而对他人负责交代，都是正当的。当然，要在后一种情形下施行强制，比在前一种情形下要更加慎重。一个人做了祸害他人的事，要责成他为此负责，这是

1　不过，要注意这一条件在“不发达”国家和殖民地的政治意蕴。家长主义原则——即人应该照管那些无法照管自己的人——容易被滥用而陷入危险。

规则。至于他不去阻止祸害，要责成他为此负责，比较起来就是例外了。不过，尽管是例外，在许多足够明显和足够重要的事情上却足以证明其为正当。一个人在有外涉关系的一切事情上，对于涉及其利害的那些人在法理上都是应当负责的，并且如果必要的话，对于作为他们的保护者的社会也是应当负责的。常常也有好的理由可以不对他课以责任，但那些理由必须是出自特殊的权宜之计：要么是因为事情本身就属于这样一类，若由社会依其权力中所有的什么法子来对他加以控制，反不如听他自己考虑裁处，整个看来似乎会办得更好；要么是因为若试图加以控制，将会产生其他祸害，比所要防止的祸害还大。应当指出，既有这样的一些理由免除了事先的课责，这时行动者本人就应使自己的良心站入空着的裁判席，去保护他人的那些没有外来保护的利益。要更加严格地裁判自己，正因为这事情不容他在同胞的裁判面前有所交代。

但是在社会中也有这样一类行动，就其有别于个人来看，若还有什么利益的话，只有一种间接的利益。这类行动的范围包括一个人生活和行为中仅影响到本人自己的全部，或者若说也影响到他人的话，那也是得有他们自由自愿的、非经蒙骗的同意和参加。必须说明，我在这里说仅影响到本人，意思是说这影响是直接的，是最初的。因为，凡是影响本人的都可能通过本人而影响到他人，那么，凡可根据这个未可知之事而来的反对也势必予以考虑了。这样说来，这就是人类自由的适当领域。这个领域包括，第一，意识的内在领域，要求着最广义的良心的自由，思想和感情的自由，在不论是实践的还是思辨的，科学的、道德的还是神学的等所有主题上的意见和情感的绝对自由。表达和出版自由由于属于个人涉及他人的那部分行为，看来像是归于另一个不同的原则之下，但是，由于它和思想自由本身同样重要，所依据的理由又大部分相同，所以在实践上是和思想自由分不开的。第二，这个原则还要求趣味和志趣的自由，制订顺应自己的性格的生活计划的自由，按照自己的喜好去做的自由，当然也不规避随之而来的后果。只要我们的所作所为并不害于我们的同胞，就不应遭到他们的妨碍，即使他们认为我们的行为是愚蠢的、反常的或错误的。第三，随每一个个人的这种自由而来的，在同样的限度内，还有个人之间相互联合的自由。这就是说，人们有为着任何无害于他人的目的而彼此联合的自由，只要参加这种联合的人们是成年，而且不是出于被迫或受骗。

任何一个社会，若上述这些自由整个来说在那里不受尊重，就不是自由的社会，无论其政府形式是怎样。任何一个社会，若上述这些自由在那里的存在不是绝对的和没有限制的，那就不算完全自由。唯一名副其实的自由，乃是按照我们自己的方式去追求我们自己的好处的自由，只要我们不试图剥夺他人的这种自由，不试图阻碍他们获得这种自由的努力。每个人是其自身健康的适当监护者，不论是身体的健康，还是心灵或精神的健康。人类若彼此容忍各自按照自己所认为好的样子去生活，比强迫每人按照其余的人们所认为好的样子去生活，要好得多。

密尔在这篇论文中的主要关注是，政府和公共利益对个人和个人行动具有多大程度的权力。如果一项行动伤害到了他人，或者表现为一种公共危险，那么，政府就有权阻止它，或者对作出这项行动的人加以惩罚。但是，若一项行动没有伤害到他人，那政府就没有这样的权力。比如，在言论自由这个问题上，这就意味着政府没有权力审查评论或出版物，除非这些评论或出版物显然伤害到了他人，而不只是让他人感到恼怒，或者只是冒犯到了他人。密尔特别关注的是保护个人免于“多数人的暴政”。公共利益作为“一个限制”是权威的，但是，这一限制并不包括干涉个人事务或个人意见。

我们一直在说，只要不伤及他人，人们就有按照自己的喜好来行为的权利。但重要的是指出，关于权利的讨论绝不应与关于政治职责和政治义务的讨论分离开来。恰如好几个版本的社会契约清楚地表明的那样，它们总是有一个相同的协议作为其构成部分——与一定权利相应的一定义务。比如，讨论言论自由，若同时不讨论很好地、逻辑连贯地传达信息的义务，就是关于这一问题的一个颇具危险的片面观点。有一个主题自古希腊以来就一再呈现，即一切权利和“免于……的自由”都必须与职责和义务，以及履行它们的自由连结在一起。比如，在卢梭那里，公民对于国家的义务与国家对于其公民的义务一样重要。

权利和义务交换这一观念的一种展开方式是区分两种不同意义的“自由”：免于干涉的**消极**自由与实现个人潜能并在社会中找到自己位置的**积极**自由。对于一个人享受生活并促进他或她身边的那些人的福利而言，**免于**干涉的自由可能是必要的，但是，他也需要积极的善物——比如健康和教育。因此，自由具有双重意义，**免于**干涉的自由，以及去参与社会的自由。由于积极自由还包括一个人能够承担责任，所以，一些哲学家指出“履行义务的自由”这一观念中存在着一个悖论。

一个人有“履行义务的自由”，这一观念我们听起来可能觉得古怪，因为我们过去常常谈论的，只是免于限制和权威要求的自由。但是，许多哲学家担心，仅仅免于限制的自由会使人民失去方向，没有道德感，从而易于堕入混乱和无政府状态。因此，这些哲学家强调法律和方针作为自由的基本组成部分的必要性。这就是他们称之为“积极的”自由的原因所在，因为它必然包括“积极的”善物（健康和教育），以及一组任务、职责、义务和限制。不过，这一观念易于被滥用，因为最独裁的国家也能容纳“积极自由”。（比如，苏联就常常是在这种“积极的”意义上使用自由一词。）不过，尽管可能会被滥用，但重要的是让人们看到还有比仅仅免于干涉的自由更多的自由。人们无论何时要求自由，他所要求的不仅是“免于什么”的自由，也还有“为了什么”的自由。

同样，也值得对好几种权利加以区分。就像能够区分消极自由和积极自由一样，我们也能够区分“消极”权利和“积极”权利。人具有一种不受干涉的权利，同时，人还具有获取社会能够提供的某些物品的权利。我们过去主要讨论的是消极权利（独处的权利，没有好理由不被逮捕的权利），但是，有些积极权利尽管在社会中常常较引人争议，却也同样重要。比如，无论从事什么样的工作都有获取最低工资的权利，无论是否有能力支付都有获得完全的医疗保障的权利。显然，许多权利只限于具体的国家或具体的共同体，比如，大学董事有免费获得足球赛门票和以纳税人的钱吃午餐的权利。这些权利只是依习俗而存在，不能从一个共同体类推到另一个共同体。

接下来，更一般地来说，还有**公民权**，它们是一些在具体国家得到保证的权利。比如，根据各种国家和联邦法律的要求，每一个人无论肤色、性别、宗教信仰，都有得到平等对待的权利。显然，它们比那些约定的权利重要得多，而且它们还具有明显的道德基础。因此，即使它们是根据一个具体的国家和社会规定的，常常也被推广到其他社会。在它们以这样的方式推广的范围内，它们成了**道德**权利或**人权**，可以扩展到所有人、任何社会，无论他们所生活的社会法律和习俗是什么。有些明显的人权一直被激烈争论：比如，美国政府是否有道德权力对中国或卡斯特罗的古巴的人权问题进行干涉。如果所说的权利是对表面上看来极小的罪行的严酷惩罚，那人们可以说他们的刑罚制度只是比我们的刑罚制度更严厉而已，因而我们就不应把我们的价值施加给他们。如果所说的权利是公民有不受监禁甚至更糟糕的威胁的公然抗议政府的能力，那么，人们就完全可以认为美国政府确实具有那样的道德权力（它是否愿意去冒这个险则是另一个问题）。但是，如果所说的权利是那些免于折磨、受辱和无谓的谋杀的基本人权之一，那么，人们可以说每一个人都有维护这种权利的道德义务。人权是超越一切社会和国家边界的权利，它们要求人们值得那样来对待，只是因为他们是人，而不考虑其他一切。

根据马尔科姆·X（Malcolm X）的观点，人权在二十世纪六十年代的公民权运动中岌岌可危。马尔科姆·X在那个年代曾是“黑人国家主义”的领袖之一，他所追求的不仅仅是正义，而是一个容纳所有国家中黑人的独立国度。在下文中，他主张非裔美国人被否认的权利是根本的人权，而他们应当在国际层面上得到承认。

马尔科姆·X，论公民权和人权[1]

实际上，公民权的斗争保持在美国国内。它置于美国政府的权限之下，也就是说，只要我们的斗争所寻求之物贴上了公民权的标签，我们就只能去华盛顿特区，我们只能要么依靠最高法院、总统，要么依靠国会或参议员。然而，这些参议员有许多是种族主义分子。许多国会议员是种族主义分子，许多法官是种族主义分子，总统本人常常也是一位伪装得非常好的种族主义分子。因此，当我们寄希望在美国政府的权限内矫正这些不平，那我们的不平就无法得到真正有意义的矫正。

然而，人权超出了美国政府的权限。人权是世界性的。人权是一个人一旦出生就拥有的东西。过去十二年里，我们在这个国家以公民权的名义所做的斗争，实际上使我们不可能得到外界的帮助。其他许多国家，我们许多在非洲大陆上已经获得独立的兄弟姐妹自己限制自己，在言谈或行动上避免卷入我们的斗争，以免违反美国的协议，否则的话，他们就会被指责干涉美国的国内事务。

然而，一旦我们的斗争被冠以人权的名义，问题就变成世界性的了，就使得地球上任何国家、任何地方的任何人都可以为了我们的人权斗争而呐喊。

因此，我们觉得，过去十二年里把为之奋斗的东西称作公民权，我们实际上搞错了目标，我们的目标是人权问题。

另外，如果我们拥有人权，就会自然而然地拥有公民权。如果我们作为一个人得到尊重，那我们就会作为一个公民得到尊重。而且，在这个国家里，黑人不仅未被当做一个公民得到尊重，甚至没有作为一个人得到尊重。

证据就是，你可以找到许多这样的例子，人们能够从其他国家来到这个国家——

1 Malcolm X, *Two Speeches by Malcolm X*, New York: Pathfinder Press and Betty Shabazz, 1990.

他们能够从铁幕后面来到这个国家——尽管他们是从其他地方来到这里，但他们不必为了保护他们的权利而通过公民权立法。

无需通过新的立法保护来到这里的外国人的权利。宪法就够了，但是说到土生土长的黑人时——无论我们什么时候要求我们的权利，他们都会对我们说，必须要有新的立法。

哈，我们不相信那一套。美国黑人统一联盟（Organization of Afro-American Unity）觉得，只要我们这个国家的人民使他们的斗争受到局限，置于美国政府的权限下，我们就仍限于这个邪恶制度内，自我们在这里以来，这个政府除了剥削和压迫我们之外，什么也没为我们做。因此，我们觉得，我们的真正希望是要让所有人知道，我们的问题不是一个黑人问题，也不是一个美国的问题，而是一个人的问题，是一个世界性的问题，因此，它必须在世界层次上加以抨击，在所有地方的人类都可以代表我们的利益的层次加以抨击。

在关于权利的热烈讨论中，明确了大量有关发达工业国家中的正义问题的争论——比如言论自由是否应该有限制，政府是否有权对公民的收入征税——然而常常忽略了威胁着发展中国家的许多人的危机（这一危机同样也令发达国家震惊）：满足人的生活所需的最基本必需品的权利，呼吸清洁空气的权利，喝干净的水的权利，有足够食物吃的权利。然而，食物的缺乏与其说是一个供给问题——世界有足够多的食物——不如说是一个正义问题。人们常常为了保护财产权，而不惜让成千上万或上百万的人饿死。下面，诺贝尔奖获得者、经济学家阿玛蒂亚·森（Amartya Sen）申述这样一个观念：一直以来为经济学家和哲学家们所不屑的饥饿，更加值得专门注意。

阿玛蒂亚·森，《财产与饥饿》[1]

阿玛蒂亚·森（1933— ）：印度经济学家、哲学家。曾获得 1998 年的诺贝尔经济学奖。任教于哈佛大学。

在政治和社会论证中，常常会用到基于具有内在价值的权利的道德主张。与所有权相关的权利，很早以前就已经产生了。但是，也有其他类型的权利被看做是“与生俱来和不可剥夺的”，美国《独立宣言》提到的“若干不可剥夺的权利”，其中包括“生命、自由和追求幸福的权利”。印度的宪法甚至提到了“有足够谋生手段的权利”。在最近关于帮助挨饿者的义务的讨论中，人们常常还提到“不挨饿的权利”。

财产与剥夺

人对其正当获取的财产有占有、使用和赠予权，它常常被认为具有与生俱来的价值。然而事实上，许多对它的辩护似乎表明它是工具性的权利，例如，有人说财产权使人更自由地选择一种生活，而不选择另一种生活。甚至把“自然的财产权”奠基于

1 Sen, Amartya, “Property and Hunger”, *Economics and Philosophy*, vol. 4 (1988) pp. 57-68.

“自然的自由”原则的传统做法（不管有没有约翰·洛克的附带条件），也具有某些工具性特征。但是，即使我们确实认为财产权具有一定的内在价值，这也绝不意味着财产权具有全面的正当性，因为财产权可能具有的后果本身需要加以评估。确实，饥饿的发生及其预防，可以说实质上取决于财产权如何构成。比如说，如果一套财产权如其可能的那样导致饿死，那么，在道德上赞成这些权利就必定是极其危险的。一般而言，对财产权进行相应的分析是不可避免的，无论这些权利是否被认为具有内在价值……

如果以资格的失败来看饿死和饥饿，那么极其显然的是，一个国家的可用食物总量只是相关变量中的一个。许多饥荒是在可用食物量没有减少的情形下发生的。比如，在1943年的孟加拉大饥荒中，孟加拉的可用食物总量并不特别糟糕（实际上大大高于前两年，而前两年没有发生饥荒），却死了三百万人，这场饥荒主要波及的是农村地区，由于不同群体相对购买力的急剧转变，使得农村劳动者陷入了最艰难的境地。1973年埃塞俄比亚饥荒发生的时候，可用食物量达到了人均水平，然而，沃罗省的耕种者和其他职业群体（因当地干旱造成农作物歉收和经济活动锐减）而没法继续生活，而且他们没有任何办法从国家的其他地区获得食物。实际上，一些食物还从沃罗省流向了埃塞俄比亚其他地区更富有的人那里，重蹈了十九世纪四十年代爱尔兰大饥荒期间到处可见的食物的反向流动模式的覆辙（食物从饥荒严重的爱尔兰流向了更加富有的英格兰，后者在资格战中具有更强的实力）。1974年的孟加拉国大饥荒发生的那一年可用食物量达到高峰，可是好几种职业群体因失业和没有其他经济交易（包括通胀压力导致的物价大大超出工资的承受力）而丧失了获得食物的资格。人们还可以找到其他一些可用食物量没有重大减少（或者没有减少）而发生饥荒的例子，一旦我们认识到，食物可用量不过是影响每一个职业群体的资格的诸多因素之一，对于发生这样的事情就不会特别觉得奇怪了。即使在饥荒与可用食物量减少相关的情形中，为了理解饥荒的具体性质，我们也要研究资格的变化，例如，为何是这一个职业群体而不是另一个职业群体陷入饥荒。饿死的原因，显然可以在各群体的资格失败中寻找。

根据资格来对饥荒进行因果分析，还指向了可能的公共预防政策。主要的经济方针必须增加被剥夺群体的资格，通常，要保证每一个人的最低资格，尤其要关注易受打击的群体。长期来看，做到这一点可以有许多不同方式，其中包括经济增长（包括食物产量的增长）和分配调整。不过，其中一些政策会要求侵犯较为富有群体的财产权和相应的资格。

然而，如果财产权纯粹被看做是工具性的，那么，上述这种做法就不存在大的道德困境。如果救济饥饿和贫困的目标足够有力，那么，侵犯有碍这些目标实现的任何财产权就是正当的，因为——在这种观点看来——财产权并不具有内在地位。相反，如果无论其结果怎样，财产权在道德上都是神圣不可侵犯的，那么就可以说，这些政策在道德上是不可接受的，即使它们能够使成千上万人甚至几百万人免于死亡。必须尊重人正当获得的资格，这一不可动摇的道德“限制”排除了这些政策。

这里的问题不在于评估财产权的价值，而在于它们所谓的不可侵犯性。在这里，把财产权看成纯粹是工具性的，或者把财产权的实现当做诸多目标之一，都不会存在困境，但是，明确主张财产权独立于结果，以及基于相应限制处理所有权的道德资格的方式，就会存在困境。

财产和饥饿紧密相关，这一点可能不会让人大感意外。饥饿主要是与不具有足够食物相关，因此，支配着食物的财产权直接与之有关。与这种财产权展开斗争，可以说是贫穷国家的主要现实，而且任何道德体系都必须关注这一现象。在技术治国论的支配下，有一种完全按照食物产量来看待饥饿的趋势，它可能有助于掩饰资格在饥饿的起源中的关键作用。由于支配食物的财产权（通过生产和贸易）源自支配其他物品和资源的财产权，因此，获得和转让的整个权利体系隐含着饥饿和饿死的出现和存在。

不挨饿的权利

财产权得到人们的支持，已经很长一段时间了。与之相反，“不挨饿的权利”这一主张还是一个比较晚近的现象。这一权利尽管在政治论争中常常被援引，然而，人们对实质性地把这一权利当做一种真正的权利来对待存在着诸多疑问。人们常常认为，“不挨饿的权利”这一概念本质上什么也没有说（“毫无意义”，如同边沁称呼一般的“自然权利”那样）。然而，这种老于世故的犬儒做派所揭示的，与其说是对于世界的实际事务的敏锐洞见，不如说是拒不理睬人们如下说法的意思：现存的制度安排事实上并不能保证绝大多数人的生存权。

不挨饿的权利并不像财产权那样，被典型地当做一种已然存在的制度性权利得到承认。这一主张主要是一项道德诉求，它应该得到重视，而我们奋力构建的制度结构，应该尽可能保证这一权利。它也可以根据罗纳德·德沃金的“背景权利”范畴来看——这些权利在理论上为社会的政治决断提供了一个正当理由。这一解释为改变现存的制度结构和国家政策提供了一个基础性理由。

- 什么是权利？说权利是不可剥夺的，是什么意思？权利实际上永远是绝对的或不可剥夺的吗？
- 根据密尔的说法，行使权力的唯一正当理由是什么？专制何曾是一种正当的政府形式？
- 自由如何与权利观念相关？根据密尔的文章，你能确定美国宪法保证了何种权利吗？
- 权利与义务之间是什么关系？请举一个例子。消极自由和积极自由的概念如何有助于澄清权利与义务之间的区分？这两种自由观念如何与积极权利和消极权利联系在一起？
- 公民权与人权之间的差异是什么？霍布斯认为存在着人权吗？
- 如果严肃对待不挨饿的权利的话，我们的政治机构会如何回应？

H. 为权利和正义而战：公民不服从

如果一个人接受密尔的最小政府主张，那他也可能很想迈出更加激进的一步——完全不要政府。人们没有政府也能够融洽相处、共同工作，这一观念要求对平民和社会中的强人无需来自上面的强力就能相互协作的能力有强大的信心，这与托马斯·霍布斯的观点正好相反，他认为人都是自私自利的，让他们一起相处，就要有一个主权者。否则，有人可能就要质疑生活在一个社会中的必要性了。**亨利·大卫·梭罗**（Henry David Thoreau）因其宏伟实验而众所周知，他生活在马萨诸塞城外瓦尔登湖边的森林里，大部分时间里独自一人，并且把自己的需要降到最低。当然，人们可以反驳说，他之所以能够这样做，只是因为有了社会的支持［这不仅是因为土地本身为他的朋友拉尔夫·沃尔多·爱默生（Ralph Waldo Emerson）所有］，然而，恰如数世纪以来许多"简单生活"的提倡者不断申述的那样，关键是我们全都能够不必如我们通常所想的那样生活在"文明"社会中。这一观点，正是今天在美国和其他"发达"国家以环境和地球生命的最终生存能力的名义广泛提倡的。不过，梭罗的实验显现了某种完全不同的东西，那就是个人的独立和自立。

然而，梭罗像我们其他人一样生活在社会中，因此他确实依赖于这个社会的法律。但是，一个人应该遵守国家的法律吗？苏格拉底（在《克力同》中）认为当然要遵守，即使在法律待他不公正的情形下也是如此。但是，并非人人都同意他的说法，美国建国的原则之一就是，人民有权反抗不公正的法律和压迫性的政府，这一点非常清楚地表述在《独立宣言》中。这一点直接承自社会契约的观念。但是个人呢？他们的义务是什么？

在他的文章《公民不服从》中，梭罗把他强烈的独立感转向了维护个人；不服从不公正法律的权利，在这篇文章中，他为自己不交税辩护。他甚至宣称，一个人若遵守行为不公正的政府的法律，与这个人自己行为不公正没有什么不同。尽管"小人"——政府的那些堕落的、不道德的和轻率的爪牙——可能会年复一年地支持政府、遵守法律，轻率地投出他们重要的选票，但是，任何一个有道德品质的人都不会这样做，梭罗说道。不过，梭罗自己作为一个具有道德品质的人，他免除了自己对于国家的义务，而不是去"做他认为对的事情"。

亨利·大卫·梭罗，论"公民不服从"[1]

我十分赞成这一句格言——"管得最少的政府是最好的政府"，我希望看到它更迅捷更系统地运行。我也相信，一旦实现，其最终结果便是如此——"一无所管的政府是最好的政府"，一旦人们为此准备停当，他们就会得到这样的政府。政府最多只是权宜之计，可往往绝大多数政府，有时所有政府，却总是并不合宜。反对常备军的理由既多且强，也理当广为传播，它们至少也可能用以反对常设政府。常备军不过是常设政府的武器。政府本身只是人民选择用来执行自己的意志的方式，然而在人民可以如此行动之前，它同样易于遭到滥用。看看目前的墨西哥战争，就是少数个人以常设政府营私的结果。因为从一开始，人民就不同意这样做。

亨利·大卫·梭罗（1817—1862）：美国随笔作家、自然主义者和哲学家，个人主义斗士，最为著名的作品是《瓦尔登湖》。

如今的美国政府——尽管历史并不悠久，却竭力完整传承至后世，然而每次传承都不免丧失其完整性，可它除了是一种

1　Henry David Thoreau, "Resistance to Civil Government", 1849. 中译文见何怀宏编：《西方公民不服从的传统》，长春：吉林人民出版社，2001 年，第 16 页。

传统还是什么呢？它没有一个人那样的生气和活力，因为单凭一个人便可将其玩弄于股掌。它对于人民来说不过是支木枪，一旦人民认真地把它当做真枪来彼此对抗时，它必定就会断裂。然而它却并不因此而不必要，因为人们必得有诸如此类的复杂机械，听其噪音，由此满足他们对政府所具有的观念。由此表明，为了他们自己的利益，政府可以何其成功地施加于人民，甚至可以让他们自己施加于自身。我们必须承认，这真是了不起，然而，政府从未主动促进过任何事业，而只满足于制造麻烦。它没有使国家保持自由，它没有解决西部的问题，它没有进行教育工作，依然取得的一切成就，皆赖于美国人民固有的品格。若政府不曾时时作梗，人民取得的成就还会更大。因为政府乃是权宜之计，借此人们可以欣然做到不相往来。而且，如我们所说，当其最为合宜时，被统治者就最能做到不相往来。商务和贸易，若不是由印度橡胶构成，就绝不可能跳过立法者们不断在路上设置的障碍。而这班人，如果完全以其行为的效果来判断，不同时考虑其行为的意图，他们就该当成堵塞铁路的捣蛋鬼，并因此受到惩罚。

不过，实践地来看，作为一位公民，我不像那些自称不要政府的人，要求立即取消政府，而是要求立即有一个更好的政府。让每一个人都说清楚，哪一种政府能得到他的尊敬，这将是获得这样的政府所迈出的一步。

权力一旦掌握在人民的手中，就会容许多数派统治，而且这种统治会持续很长时间，就其实际原因来说，这并不是因为他们对可能处于正确的一方，也不是因为他们会对少数派最为公平，而是因为他们在身体上最为强大。但是，一个政府若在一切方面都由多数派统治，那它就不可能基于正义，即使人们理解到了这一点也不可能。实际判断对错的是良心而不是多数派——在那里，多数派只判定那些适用于合宜法则的问题，这样的一个政府可能吗？公民必须暂时，或最低限度地把自己的良心委托给立法者吗？那么，为何每个人都有一个良心呢？我想，我们首先应该做人，然后才是做臣民。培养对法律的尊重，怎么也比不上培养对正确的尊重。我有权承担的唯一义务，就是无论何时都做我认为正确的事情。人们说得好，合作固然没有良心，但是良心之人的合作则不失为一种有良心的合作。法律不会使人具有更多一点正义，由于对法律的尊重，乐善好施之人也会渐渐变成非正义的推手。对法律的过分尊重，会有一个普遍的自然结果，即你们会看见一整队士兵、校官、尉官、下士、二等兵、填弹手，雄赳赳气昂昂，翻山越岭，杀赴战场，违背他们的意愿，不，违背他们的常识和良心，害他们长途跋涉，心神不宁。无疑，他们碰见的事情糟糕透顶，他们全都忍气吞声，漠然处之。那，他们算什么？算得上是人吗？或者是会移动的小堡垒小弹库，为一班不讲廉耻的掌权者做奴才？

◆◆◆

在一个进行不公正监禁的政府下，正义之人的恰当去处，也就是监狱了。如今，马萨诸塞州给自由之士和不屈不挠的人们提供的唯一处所，便是监狱，好让他们在里面为州政府的所作所为怒不可遏，因为他们的原则已然使这些人怒不可遏了。在这里，人们可以看到流亡的奴隶，假释的墨西哥犯人，为其种族之罪申辩的印第安人。在这一与世隔绝然而更加自由高尚的土地上，州政府关押着不依附于而反对她的人——在蓄奴州里,这是自由之士能够坚守其荣耀的唯一地方。若谁觉得身陷图圄就失去了影响,发出的声音便不再令州政府感到刺耳,觉得四壁之间无从为敌,他们便不晓得真理何其强于谬误,不晓得一个人能够何其雄辩和有效地同他有了点亲身体会的不公正做斗争。扔掉你的选票吧,那不过是白纸一张而已,然而你的整个影响却从未丧失。若少数服从了多数,那少数就失去了力量,它甚至连少数都算不上了。但是,它若倾力进行对抗,它便不可战胜。如果州政府要在把正义之士关进监狱与放弃战争和奴隶制之间做选择,它就会毫不犹豫地作出选择。若今年有一千万人不纳税,那就不会有暴力和流血,因为正是纳税使得政府能够动用暴力,导致无辜之人流血。事实上,若所谓的和平革命可能的话,这就是和平革命的定义。若有收税官或其他官员问我,确实有一个官员这样问过我:"可我该怎样做呢?"我的回答是:"你若真想有所为,不妨辞职。"当臣民拒绝效忠,当官员辞去官职,革命也就成功了。但是,我们甚至要假设,总是会流血的。可是,难道良心受伤就不流血?从这伤口流出的,是一个人真正的人性和不朽,他流出的是不朽的死亡。眼下我看到的便是这样一种血在流。

◆◆◆

因此,州政府从未有意地面对一个人的理智和道德感,而只考虑过人的身体和感官。它没有优越的智慧和诚实,而只具有优越的物质力量。我并非生而受人强迫。我要按自己的方式呼吸。我们来看看谁最强。众人具有何种力量?他们只能强迫我,而我服从更高的法则甚于自己。他们强迫我变得跟他们一样。我从未听说过,一个真正的人会被众人强迫按某种方式来生活。那样算是什么生活?政府对我讲,"要钱还是要命",面对此景,我为何就该毫不犹豫地送上我的钱?这就像身处广阔的海峡,不知所措:我有何办法。只有靠自己,自行其是。呼天抢地解决不了问题。我没有责任让社会机器成功运行。我不是工程师的儿子。我想,若一粒橡子和一粒栗子并排落地,它们都不会谦谦礼让,而是都服从自己的法则,尽力生长、开花,直到一个到头来遮蔽压倒了另一个。植物若不能按其本性生长,就会死掉。人也如此。

尽管梭罗坚持主张独立和自立,但他并不拒斥在社会中生活的观念,同样,他也不拒斥政府观念。确切地说,他坚持把一个公正的政府和公正的法律作为合作的前提。百余年后的1963年,马丁·路德·金(Martin Luther King, Jr)借用类似的推理,决定参与阿拉巴马伯明翰的民权运动。金以提倡非暴力抵抗而著称,尽管如此,他确实相信抵抗的力量。事实上,他声称对法律的不服从是他道德——以及身为基督徒——所要求的义务。我们以他有名的《寄自伯明翰监狱的信》来结束本章,他在其中做出了这些论述。

马丁·路德·金，《寄自伯明翰监狱的信》[1]

既然你们受了反对“外人介入”这种说法的影响，我想我该说明一下，我何以要在伯明翰。我有幸担任基督教南方负责人会议的主席，该组织总部设在佐治亚州的亚特兰大，而在南方每州都有活动开展。整个南方，我们设有八十五个分支组织，其中的一个便是亚拉巴马基督教争取人权运动。我们经常与各分支机构，分享工作人员、教育及财政资源。几个月前，伯明翰的分支机构吁请我们，若认为必要的话，制订一项非暴力直接行动方案。我们准备同意他们的吁请，一旦时机成熟，我们便会履行诺言。因此，我与我的几名工作人员在这里，是因我受邀来此。我来这里，因我在这里存在着组织关系。

然而更基本上，我来伯明翰乃因为这里存在着不公正。一如公元前八世纪的先知离开自己的村落，将他们的“耶和华这样说”带到远届外邦的区域，一如使徒保罗离开他的大数（Tarsus）小村，将耶稣基督的福音播扬到希腊—罗马世界的每一角落，因之我也不能不把自由的福音带到我的家乡以外去。我必如保罗一样，不断回复马其顿人求助的吁请。

而且，我认为所有的社区，所有的州，都处于相互联系之中。我无法闲坐亚特兰大，对伯明翰发生的事情却不闻不问。任何一地的不公正，都会威胁到所有地方的公正。我们都落在相互关系无可逃遁的网里，由命运将我们结为一体。对一处的直接影响，对他处便是间接影响。我们再不可生活在窄仄偏狭的“外来蛊惑家”的观念下面。只要住在美国以内，便绝不可视为任一地方的外来者。

你们对目前伯明翰的示威感到痛惜。然而我要很遗憾地说，你们的声明对于引起示威的条件，竟未曾表现同样的关注。不用说，你们全都不想同那般浅薄的社会分析家亦步亦趋，单单盯住后果，而不去抓住根本的原因。目前伯明翰的示威固然不幸，然而该市的白人权力结构令黑人社区无所选择，则是更其不幸的事情。

任何非暴力运动，都要包括四个阶段：收集事实，以判定不公正是否存在；谈判；自我净化（self-purification）；以及直接行动。在伯明翰，我们已经历过所有这些阶段。无可否认，种族方面的不公正席卷了此一社区。或许伯明翰算得上美国种族隔离最为彻底的城市。其暴行的丑恶记录尽人皆知。黑人在法院受到极不公正的对待。较之我国别的城市，伯明翰有更多爆炸黑人住宅及教堂的案件未曾解决。这里有的是残酷的铁证。基于这些条件，黑人领袖们才会试图，与城里的首脑们进行谈判。然而，首脑们却断然拒绝进行善意的谈判。

于是在去年九月，我们有机会得同伯明翰经济社区的首脑进行会唔。在谈判期间，商人们做出了某些承诺——诸如，取消商店里羞辱性的种族标志。基于这些承诺，弗莱德·沙特斯沃思牧师及亚拉巴马基督教争取人权运动同

马丁·路德·金（1929—1968）：美国浸礼会的牧师，民权运动领袖，诺贝尔和平奖得主。于1968年遇刺。

1 Martin Luther King, Jr., “Letter from Birmingham Jail”. 中译文见何怀宏编：《西方公民不服从的传统》，长春：吉林人民出版社，2001年，第61—73页。

意，暂停实行一切抗议行动。然而过了几月，我们知道受了破坏承诺的害。一些标志取消不久，又移了回来，另一些则根本就原封未动。

一如从前的无数经历，我们的希望遭到了沉重的打击，我们的心里笼罩着深切绝望的阴影。我们别无选择，唯有准备进行直接行动。由此，我们要以自己的身体为手段，向地方及全国社区的良知，申明我们的处境。考虑到这其中不乏困难，我们决定先来进行自我净化的过程。我们开始了非暴力的一系列实习，我们不断自问："你是否能挨打而不还手？""你是否能忍受监狱的考验？"我们确立了在复活节期间进行直接行动方案的时间表，认为除会圣诞节而外，这乃是一年当中主要的购物时期。我们晓得，直接行动有一个副产品，便是经济的有力紧缩。我们觉得，这会成为一个绝好的机会，向商人们施加压力，以赢得我们所需的变革。

此后我们了解到，在三月伯明翰要进行市长选举，于是立即决定在选举之前，暂缓实行直接行动。待到我们得知，公共安全行政长官欧仁·"布尔"·康纳尔将在最后一轮投票当中赢得多数，我们又一次决定将行动延期到投票日之后，好使得抗议运动不至被利用来掩盖了问题。同其他许多人一样，我们也等着见到康纳尔先生竞选失败，为此目的，我们不惜将运动一再延期下去。此一社区既需要我们援手，我们觉得，我们的直接行动方案再也无法继续拖延。

你们或许会问："何必要搞直接行动？干吗不来点静坐，来点游行之类？谈判岂不是更好？"你们倡导谈判，这非常正确。不错，这正是直接行动的目的所在。非暴力的直接行动，正是要寻求制造这样的危机，促成这样的紧张，好让不断拒绝了谈判的社区，被迫面对这一个问题。它是要使得再无法漠视的问题，变得引人注目。我这里讲，制造紧张乃是非暴力反抗运动的组成部分，听上去颇有点儿危言耸听。然而我必得承认，我绝不惮于"紧张"一词。我真诚地反对暴力的紧张，可另有种非暴力的建设性紧张，却需要我们推波助澜。一如苏格拉底觉得需要在人心之中制造出紧张，以使得人们脱离开神话与真假混杂的思想之羁绊，臻于创造性分析与客观评价的自由王国，我们也必得了解，需要非暴力的牛虻，在社会制造出一种紧张，以帮助人们脱离开偏见与种族主义的黑暗深渊，达到理解理友爱的壮丽山巅。

我们的直接行动方案，其目的便在于制造一种充满危机的局面，以期不可避免地开启谈判之门。因此，我很赞同你们的谈判呼吁。我们心爱的南方，可悲地挣扎在一言堂的泥沼之中，而拒绝了对话，已经何其长久！

◆◆◆

通过痛苦的经历，我们晓得自由绝不会由压迫者自愿赐予给我们，它必得由被压迫者要求过来。坦率地讲，我还没参加过一次直接行动运动，能在那般未曾饱受过种族隔离之苦的人看来乃是"合乎时宜"。多少年来，我一直就听到这个词："等下去！"每个黑人都听腻了这样的聒噪。所谓的"等下去"，差不多永远意味着"绝不去做"。诚如我们的一位卓越的律师所说，我们必得知道，"延误太久的公正，便是否认了公正"。

三百四十年来，我们一直在等待，等待着宪法及神赐的权利。亚洲与非洲的各个民族，正以喷气机般的速度，去赢得政治独立，我们却还在以老牛破车的步调爬行，好争取在便餐柜台上，能喝上杯咖啡。或许那般从未觉出过种族隔离制度的尖锐刺痛的人，会很容易说上一句："等下去！"然而，当你见到凶恶的暴徒将你的父母随意私刑处死，将你的兄妹踢打致死的时候；当你见到充满仇恨的警察咒骂、踢打甚至杀死你的黑人兄妹的时候；当你见到你的两千万黑人兄弟，绝大多数拥挤在富裕社会当中狭仄的贫民窟里苟延残喘的时候；当你的六岁女儿问你，为何她就不能去才在电视上做了广告的游乐园，而你突然张口结舌、无言以对的时候，当她得知游乐城不对有色儿童开放，你见到她的眼泪夺眶而出，见到令人自卑的阴云开始笼罩了她心灵的天空，见到她因无意间形成的对白人的愤恨而扭曲了人格的时候；当你的五岁儿子这样问你："爹，白人咋这样待黑人呀？"而你不得不编一套谎话来敷衍的时候；当你开车横穿全国，发现必得逐夜睡在汽车里难受的角落，因所有的汽车旅馆都不接待你的时候；当你整天因为"白人""有色人"的恼人标志感到羞辱的时候；当你的教名成了"黑鬼"，中名成了"小子"（还不管你有多老），而姓成了"约翰"的时候；当你的妻子和母亲从来得不到那个尊称"太太"的时候；当你夜以继日纠缠于你是黑人的事实，翘首以待，而又惘然若失，满心恐惧，而又仇视社会的时候；当你永远挣扎于被人视为"无能的家伙"这种堕落的感觉之中的时候——到了这时，你便会理解，为什么我们觉得难以等待下去。是时候啦，忍耐之杯已经满溢，人们不再甘愿沉溺于绝望的深渊。先生们，我希望你们能够理解我们合理而必然的急躁。

你们对我们之意欲违反法律，表示深为忧虑。这肯定是一种合理的关切。我们既勤勉地敦促人们服从最高法院1954年取缔公共学校种族隔离的判决，而今又有意违反法律，初看起来未免矛盾。人们或许会问："你们如何能倡导违反某一些法律，又服从另外的一些？"答案便系于这样的事实，即存在着两种法律：公正的法律和不公正的法律。我会第一个倡导服从公正的法律。人不仅有法律责任，也有道德责任，去服从公正的法律。反之，人也有道德责任，去不服从不公正的法律。我会同意圣奥古斯丁的话："不公正的法律，就等于无法无天。"

那么，这两种法律区别何在？如何断定一项法律是公正还是不公正？公正的法律虽出于人定，却符合道德律及上帝的律法。而不公正的法律则是不与道德律相和谐的法律。用圣托马斯·阿奎那的话讲，不公正的法律乃是不植根于永恒的律法及自然法的人法。任何提高人格的法律都可称公正。而任何贬低人格的法律则绝非公正。所有种族隔离的法规皆为不公正，为种族隔离扭曲了灵魂，败坏了人格。它赋予隔离主义者错误的优越感，又给予被隔离者错误的低劣感。用犹太哲学家马丁·布伯的术语来讲，种族隔离是以"我—它"的关系，代替"我—你"的关系，到头来将人贬抑到物的地位。因之，种族隔离不仅在政治、经济以及社会方面皆非健全，在道德上同样错误而且有罪。保罗·蒂利希讲，罪恶便是分离。种族隔离岂不实际表现了人的悲剧性分离，表现了人的可怕疏离，人的骇人罪愆？正是因此，我能够敦促人们服从1954年最高法院的判决，因其在道德上是正确的。我也能够敦促他们不服从种族隔离的法令，因其在道德上是错误的。

让我们来考量公正与不公正法律更其具体的例证。不公正的法律乃是人数或权力上的多数集团强迫少数集团服从，却不用以约束自身的法律，这是差别的立法。同样，公正的法律则是多数强迫少数遵从，其自身亦愿遵从的法律。这是平等的立法。

我们来换一种解释。若法律强加于少数，而该少数被拒绝了投票权，因之未曾参与该法律的制订，该法律使绝非公正。有谁能讲，制订了州种族隔离法的亚拉巴马州议会，是民主选举产生的机构？在整个亚拉巴马，动用了所有诡诈的手段，以避免黑人成为登记选民；甚至有一些县里，黑人占了人口的多数，却没有一个黑人得以登记。这样的环境下制订的所有法律，难道还能视为民主？

有时候，法律表面上显得公正无偏，应用起来却颇不公正。比方说，我就被控参加未经批准的游行而被捕。瞧，要求游行需经过批准的法律，并没有什么不对。然而，当这一法律被用于保护种族隔离制度，否定宪法第一修正案有关和平集会与抗议的权利，它是绝非公正。

◆◆◆

被压迫的人民不能永远居于被压迫的地位。对自由的向往终将表现出来，而这正是目前美国黑人当中发生的事情。内心里有东西提醒着他，他对自由有着天赋的权利；身体外有东西提醒着他，能够获得这自由。他有意无意之间，卷入了时代精神（zeitgeist）之中。美国的黑人们，正与其非洲的黑人兄弟一起，与其亚洲、南美及加勒比地区的褐色与黄色人种的兄弟一起，以一种巨大的紧迫感，迈向种族正义的应许之地。人若认识到这种席卷黑人社会的活跃动力，他总会易于理解何以会出现公众的示威。黑人有太多的积怨，太多的挫折，必得释放出来才行。因此，就让他游行罢；就让他去市政厅请愿罢，就让他免费搭车罢——请试着理解一下，他为何必得这样做。若他被压抑的情感不以这些非暴力的途径而宣泄，这些情感便必得经由暴力表现出来。这绝非威胁，而是历史的事实。因此，我并不对我的人民讲："摆脱开你们的不满罢！"我毋宁试图说明，这一种正常而健康的不满，可以引导到非暴力直接行动的创造性渠道去。而今，这种办法却被叫做极端主义。

然而，虽然我起初便对归类为极端主义者大感失望，而在继续思考这一问题时，我逐渐从这一标志当中得到了若干满足。难道耶稣不是爱的极端主义者么："要爱你们的仇敌，为那逼迫你们的祷告。"难道阿摩司不是正义的极端主义者么："惟愿公平如大水滚滚，使公义如江河滔滔。"难道保罗不是个基督福音的极端主义者么："我身上带着耶稣的印记。"难道马丁·路德不是极端主义者么："这是我的立场，我别无选择，故而请神助我。"还有约翰·班杨："若我杀了我的良心，我宁愿在狱中了此残生。"还有亚伯拉罕·林肯："这个国家的存在，绝不能半是奴隶，半是自由。"还有托马斯·杰斐逊："我们认为这些真理乃是不言而喻的：人人生而平等……"因此，问题并不在我们是不是会作为极端主义者，而在于我们会作为哪种极端主义者。我们是做恨的极端主义者，还是爱的极端主义者？我们是做保存非正义的极端主义者，还是扩展正义的极端主义者？在骷髅地山上那戏剧性的场面里，有三个人受到了磔刑，我们不可忘记，这三人是因同一罪行而被钉上十字架——便是极端之罪。两个是不道德的极端主义者，因之落于环境之下。而另一个人——耶稣基督，则是爱、真理与善的极端主义者，因之升至环境之上。或许南方、全国与世界，都急需创造性的极端主义者。

- 根据梭罗的说法，公民不服从的正当基础何在？梭罗的观点在什么方面类似于卢梭或洛克的观点？
- 你能想出一个你所相信的现行法律是不公正的吗？你觉得遵从这些法律，你做出了不义之举吗？你会如何回应梭罗？
- 和平主义者因相信战争（由之产生军费）是不道德的而拒不缴纳联邦所得税的行为是正当的吗？
- 暴力手段的不服从可曾是正当的吗？人们如何在道德上区分美国革命之父和政治上的恐怖主义团伙？

总结与结论

在哲学的一些领域里，人们会提出这样一个问题："这与日常生活有什么关系？"在政治哲学和道德哲学中，哲学与"日常生活"之间的关联显而易见。十八、十九世纪发生的重大革命，恰好发生在一波哲学激进主义狂潮之后，这并不是巧合。而且我们知道，大部分世界都被当前相互竞争的政治哲学分而治之。

正义观念一直处在争议之中。人们是平等的因而应该平等对待，人们具有任何人或任何政府都无法从他们那里夺走的自然权利或人权，人们应该平等地共享社会的物质财富，所有这些观念——一直以来都是持续不断的争论的主题，有时候还是战争和革命的主题，这在现代世界尤其多见。于是，随着这一争论登上舞台，国家本身的性质也成了那一争论的组成部分。国家应在多大程度上为人民服务，人民又应在多大程度上为国家服务？一个好的国家由什么构成？人民什么时候有权推翻国家或一个具体政府，或一部具体的法律？在一本综合性的哲学导论中，我们甚至无法开启对这些复杂问题的适当回答。然而，在今天的世界上，我们也无法避开这些问题。

章节复习题

1. 一个关于国家的功利主义描述必定危及个人权利吗？密尔并不这样认为。权利如何可能用来保护个人免于"多数人的暴政"？一个功利主义者如何为一种强有力的个人权利观念辩护？
2. 回想一下约翰·罗尔斯的两个正义原则。用一个简单的论证详细地描述一下这两个原则如何源自他的"原初状态"。罗尔斯主张，个人必定是自利和理性的。请根据他的著作来解释为何是这样。在你看来，是这样吗？
3. 你能想出"积极"和"消极"权利之间可能会产生冲突的情境吗？如果能，如何化解这些冲突？
4. 你会将哪些权利包含进不可剥夺的人权清单中？为了满足这些权利，何种强制措施会是正当的？

5. 我们已经见识了许多不同的正义观念：正义就是一个有序的社会，其中社会成员履行着各自的确定好的社会功能；正义就是给每个人应得的；正义包括某种平等观念；以及作为公平的正义。你能想到这些不同的正义观念是如何统一到正义这个名称之下的吗？

关键术语

anarchists 无政府主义者
authority 权威
civil rights 公民权利
democracy 民主
distributive justice 分配正义
egalitarianism 平等主义
entitlement 资格
equality 平等
government 政府
human rights 人权
justice 正义
legitimacy 正当性
retributive justice 报复正义
rights 权利
social contract 社会契约
society 社会
sovereign 主权者
state 国家
unalienable rights 不可剥夺的权利

参考文献与进阶阅读

Plato, *The Republic*, trans. Francis M. Cornford (Oxford: Oxford University Press, 1941)仍是政治哲学方面激发思想的基本读物。

也见Aristotle, *Politics,* in *The Basic Works of Aristotle*, ed. R. McKeon (New York: Random House, 1941).

美国的国家文献，比如《独立宣言》和《宪法》，也一直是重要读物。

John Stuart Mill, *On Liberty*, ed. C. Shields (New York: Bobbs-Merrill, 1956)长期以来是自由主义的经典辩护之作。

Oakeshott, *Rationalism in Politics* (New York: Basic Books, 1962)是对自由主义哲学的一个重要挑战。M. Sandel, *Liberalism and the Limits of Justice*, 2nd ed. (New York: Cambridge University Press, 1998)也是。也见Robert Nisbet, *Conservatism: Dream and Reality*（Minneapolis: University of Minnesota Press, 1986）.

Karl Marx的*Communist Manifesto*, trans. S. Moore (Chicago: Regnery, 1969)，以及他的*Early Writings*, trans. T. Bottomore (New York: McGraw-Hill, 1963)是政治哲学初学者的基本读本。

Niccolò Machiavelli, *The Prince*, trans. C. Detmold (New York: Airmont, 1965) 和 Jean-Jaques Rousseau, *The Social Contract* (New York: Dutton, 1950)是两本重要的开卷有益之作。

关于政治哲学更一般的论述，见*A Companion to Contemporary Political Philosophy*, ed. R. E. Goodin, P. Pettit, and T. Pogge (New York: Wiley-Blackwell, 1995), 和 R. E. Goodin, P. Pettit, ed.,

Contemporary Political Philosophy: An Anthology, 2nd ed. (New York: Wiley-Blackwell, 2006).

阿马蒂亚·森关于正义及传统权利理论之限度的更多想法可在其*The Idea of Justice* (Cambridge, MA: Harvard University Press)中找到。

与女性有关的对正义诸问题的讨论，见M. C. Nussbaum, *Sex and Social Justice* (New York: Oxford University Press, 1999).

与关怀伦理学有关的对正义的女性主义讨论的进一步考量，见Annette Baier, “The Need for More than Justice”, in *Moral Prejudices: Essays on Ethics* (Cambridge, MA: Harvard University Press, 1995), pp. 18-32.

与二十世纪六十年代的公民权和民权运动有关的对正义的进一步讨论，见*The Autobiography of Malcolm X* (New York: Ballantine, 1992)，以及Martin Luther King Jr., *A Testament of Hope*, ed. J. M. Washington (San Francisco: HarperCollins, 1991).

两本不错的文集：R. Simon, *Blackwell Guide to Social and Political Philosophy* (Oxford: Wiley-Blackwell, 2002) 和 R. Soloman and M.Murphy, *What is Justice?* 2nd ed. (New York: Oxford University Press, 2003).

术语表

Abrahamic religions 亚伯拉罕的宗教：西方一神论，犹太教、基督教和伊斯兰教（它们全都可以把根源追溯到先知亚伯拉罕）。

absolute space and absolute time 绝对空间与绝对时间：牛顿为之辩护的观点，认为空间和时间独立于“在”它们之中的对象和事件而存在。一般来说，所谓绝对，在哲学上意味着独立、非相对、无条件和无所不包。

absolutism 绝对主义：这一论点认为只存在一种正确的实在观。它反对相对主义（见 relations of ideas）。

abstract 抽象：极其一般、不具体，独立于具体关注或具体对象。例如，一个哲学家试图弄清正义的性质而不特别关注任何具体的实际情形。

action-at-a-distance 超距作用：这一观念认为一物能够在一段距离之外针对另一物产生因果影响，比如牛顿的万有引力定律。莱布尼茨驳斥这一观念，认为它是“荒谬的”，为此，他提出了对同一现象的非因果解释。

ad hominem argument 人身攻击论证：一种针对人而非针对观点的论证。比如，抨击一个哲学家的生活习惯，而不去探讨他的理论是否正确。

agnosticism 不可知论：它既不相信上帝存在，也不相信上帝不存在，通常认为任一信念都不存在足够的证据。

Ahura Mazda 阿胡拉·马兹达：琐罗亚斯德教的神。

alienation 异化：在马克思那里，这指的是人与其所制造的产品、与他人、与自己不自然的分离。

altruism 利他主义：这一论点认为人应该为了他人的利益而行动。

analytic (of a sentence or truth) 分析（命题或真理）：根据逻辑形式或构词证明为真（和必然为真）。这是康德提出的一个概念，他认为在分析命题（他称之为分析“判断”）中，“谓词包含在主词之中”，“没有给主词增加任何东西”。比如，“马是一种动物”这一命题，他认为“马”这个概念已经包含了是一种动物这一概念。我们说“马”是指“一种……动物”，因此“是一种动物”没有对我们已然从“马”那里得知的东西有任何增加。康德认为，分析命题（或分析性）的标准或检验就是矛盾原则，分析命题就是其否定会导致自我矛盾的命题。

analytic philosophy 分析哲学：二十世纪的一个哲学运动，尤以美国和英国流行，主要集中于语言和语言分析，因此也被称作“语言哲学”。

anarchism 无政府主义：这种观点认为没有任何政府具有强迫人民的合法权力，公共利益和个人权利无需任何国家就能得到满足。

Angra Mainyush 安哥拉·迈纽：琐罗亚斯德教的恶灵。

animism 泛灵论：这一观点认为事物（或者万物）都是有生命的，也认为整个宇宙是一个巨大的有机体。

antecedent conditions　前提条件：先于或能够造成一个事件的那些环境、事态和事件。比如，水沸的前提条件是在正常气压下给水加热，等等。决定论者会认为人的行动的前提条件是他或她的神经系统状态、（具有个性特征的）成熟品格、一定的欲望和信念，以及行动发生的环境（或“刺激因素”）。

anthropomorphic　神人同形论的：与人相像。关于神的拟人观念会把人的特性归到神身上。

apeiron 无定：在阿那克西曼德那里，是指“无限定”，宇宙的基本要素。

aphorism 格言：简短的引人注目的评论，通常只有一到两句话。

a posterior (knowledge) 后天（知识）：“经验之后”或经验的。（见 empirical）

appearance　现象：事物通过我们的感官向我们呈现的方式。哲学家通常担心事物的存在仅仅是一种现象，而没有如实地反映它所要呈现的实在。

a priori (knowledge)　先天（知识）：“先于经验”，或者更确切地说，独立于一切经验。先天知识总是必然的，因为无法想象一个反驳它的例子，而且对它的怀疑也是不可理解的。一个人固然可以通过经验认识到一些先天的东西（例如，你通过画上万条平行线，然后发现没有任何平行线相交），但就先天知识而言，其本质在于无需这些经验。一种知识若可以独立于经验得到证明，那它就是先天的。先天知识最显然的例子是分析命题，比如“马是一种动物”，以及“如果所有人都是哺乳动物，苏格拉底是人，那么苏格拉底就是哺乳动物”。

argument　论证：从一种主张到另一种主张的推理过程。论证可能针对一个明确的竞争主张，但并非必然如此。哲学论证并不要求一个对手或不同意见。

argument from design　设计论证：见 teleological argument。

asceticism　禁欲主义：一种严格自律、物质上追求简朴的生活，它常常是为了达到哲学目标或宗教目标。

Asha 阿萨：琐罗亚斯德教中的不朽精神或“正义”。

assertion 断言：采取一种立场的陈述或宣称。以论点出现的断定是一种谬误，因为论点不仅要有断定，还要给出理由。

association of ideas　观念的联结：经验主义哲学的核心观念，据此，所有知识都是由彼此分离的观念通过彼此的相似性（例如“这一个看起来与另一个完全相像”）、时空中的相接性（例如“每一次我看到这一个，我就也看到那一个”），以及因果性（“一旦那一类事物出现，随着就有这一类事物出现”）而结合在一起构成的。

assumption　假设：没有论证或证明而被理所当然地接受的原则。

atheism 无神论：一种主张不存在神的信念。一个相信世界不存在神的人就是无神论者。

attribute 属性：在斯宾诺莎那里，是指上帝的基本性质。例如，具有物质本性，具有思想。一般来说，属性就是性质（在亚里士多德那里）。

authority　权威：进行控制的机构或人，通常是有权进行控制的机构或人。（比如，政府有权对你的收入征税。）

autonomy　自主性：思想自由与免于权威的自由。道德自主性是指每一个有理性的人就何谓对何谓错做出自己的道德结论的能力。（但这并不意味着他们因此会有不同的结论。）

axiom 公理：从一开始就被普遍接受、无需进行进一步论辩即可作为论证出发点的原则。

bad faith 自欺：萨特对一个人拒绝接受他或她自己的描述，有时指的是不接受对自己为真的事实。更常用来指把关于自己的事实当做自己的结论性身份加以接受，比如"哦，这事我没法做，我太害羞了"。

Becoming (in Plato) 生成（柏拉图）："生成的世界"就是我们日常经验的变化世界，事物和人在其中产生和消逝。

begging the question 乞题：仅仅把前提之一重述为论证的结论。比如，"牡蛎为何导致我消化不良？因为它们使你的胃不舒服"。

behaviorism 行为主义：在心理学中，这种激进的具有方法论意义的论点主张，唯有可观察的东西才能当做主题或当做关于人的科学研究的证据。具体而言，所有关于"心灵"和"心理事件""欲望""目的""观念""知觉"和"经验"的谈论都要被抛弃，而使用那些只指涉经验情境或所讨论的生命（或人）的行为的术语（比如，"刺激""反映""强化"）。在哲学和形而上学中，行为主义是这样一种逻辑观点，它认为不存在"隐秘的"或"私人的"心理事件，而只存在行为模式和谈论诸如"理智""欺骗""计算"或"粗心"行为的心理学方式。所有这些都必须不能根据"心灵中"进行的过程（"理智""欺骗性思考""计算"或"不够细心"）来理解，而要根据解释、预测及描述、评价行为的方式来理解。

Being (in Plato) 存在（柏拉图）："存在的世界"是永恒形式的王国，其中没有什么会发生变化。在他看来，它就是实在，一般来说，存在被哲学家用来指称任何被当做终极实在的东西（实体、上帝）。

best of all possible worlds 所有可能世界中的最好世界：莱布尼茨认为，上帝所选择的世界必定是一切可能世界中的"最好世界"。

Bhagavadgītā (*Gītā*)《薄伽梵歌》：古印度教的"神之歌"，关于神之肉身的克里希纳的史诗。

Brahma (Brahman) 婆罗门（梵）：印度一神论中的神的先驱；一的观念，万物的统一。

Buddha 佛陀："觉者"；佛教的历史创立者。

Cartesianism 笛卡尔主义：与笛卡尔有关，特别是与笛卡尔的哲学方法有关。（笛卡尔的追随者被称作"笛卡尔主义者"，他们的方法被称作"笛卡尔主义"。）笛卡尔式的方法本质上是一种演绎方法，如同几何学中的方法，从一个自明的公理出发推出其余。

categorical imperative 定言命令：在康德的哲学中，它是指一种无条件的、不依赖于任何条件和限制的道德法则、道德命令。具体而言，这一规则要求我们以我们希望每一个别的人都这样做的方式来行动。

categories 范畴：康德（借自亚里士多德）用以称谓人类知识最基本的先验概念的词，比如，"因果性"和"实体"。

causal interactionism 因果交互论：心灵和身体因果性地相互作用的理论，即心理事件（比如，"意愿行为"）能够导致一种身体结果（比如，举起手臂），而身体变化（比如皮破）能够导致一种心理结果（比如，疼痛）。

causal theory of perception 知觉的因果理论：这种观点认为，我们的经验（我们的感觉和观念）是物理对象作用于我们的感觉器官的结果。

causation or causality 因果关系或因果性：原因与结果之间的关系，根据自然法则，一个事件的发生导致另一个事件也发生。在休谟那里，（1）一个事件随另一个事件而来的必然性（或者在我们看来如此）；（2）一类事件有规则地随另一类事件而来（见观念的联结）。

cause 原因：使某事发生的东西。根据强决定论的解释，原因是一个前提条件，根据自然法则，它同其他前提条件一起足以使某一事件必然发生。根据弱决定论的解释，原因只是有规则地先于另一事件的一个事件（或条件），因此可据以预测另一事件何时发生。（比如，如果我们说“闪电是森林火灾的原因”，那我们的意思是说，“只要在足够干燥的森林地区出现闪电，就会发生火灾”。）在亚里士多德那里，“原因”意指类似“理由”的东西，他区分了四种造成变化的不同“原因”：（1）形式因，变化借以发生的原则或本质观念（想想一幢建筑的蓝图，或一项事业的计划）；（2）质料因，经历变化的材料（想想建造一栋房屋的原材料——木头、砖块、水泥）；（3）动力因，使变化开始的动力（建筑工人和工具）；（4）目的因，或变化的目的（比如，建造一个苏格拉底及其家人可以生活的地方）。

cause-of-itself (causa sui) 自因：说明其自身存在的东西，常常说的是上帝。它也可以从通常关于实体的定义中得出。

certainty 确定性：不容置疑。要注意的是，哲学意义上的确定性远甚于通常心理学所谓的确定（“感到确定”）。一个人能够感到确定，却依然可能错了或被欺骗。而在哲学的意义上，一个人只有当他能够证明内容不可置疑时，即提不出可以怀疑的理由时，才能确定。

civil rights 公民权利：一个具体国家及其法律所规定的权利。例如，宪法规定的权利是这个意义上的权利，它们得到国家法律的保证。

Cogito, ergo sum 我思故我在：“我思故我在”是笛卡尔认为唯一“不可置疑”和“完全确定”的原则。（这里的“思”指的是心中的任何观念或经验，而非仅指我们所谓的“思考”。）它是笛卡尔整个哲学的前提。

coherence 融贯：逻辑关系。证人在法庭上的陈述与其他证词和证据相一致，它可以从其他证词和证据中得出。说一种哲学必须一致，就是说其各种原则必须以一种有序的、逻辑合理的方式结合在一起。

coherence theory of truth 真理融贯论：这种理论认为，一个陈述或一个信念，只有当其与一个陈述或信念系统“融贯”时，才是真的。一个数学真理之所以为“真”，是因为它是数学真理复合体的一个环节。一个几何定律之所以为“真”，是因为它能够从几何系统的其他定律（公理、定义）中得到证明。一个“事实”陈述之所以为“真”，是因为其他“事实”陈述支持它，其中包括逻辑上与原初陈述相关的一半经验陈述。既然我们永远不可能“越出”我们的经验，所以（根据这一理论）说一个信念为真，就是说它与我们的其余经验“融贯”。

commitment 承诺：自愿形成而遵守的义务。在萨特的道德哲学中，承诺是指一种自由选择采用的道德原则或计划，因此他发誓加以维护和实践，哪怕这样做没有其他理由。因为根据萨特的说法，采用任何具体道德立场都不存在结论性的理由，那么，一个人必须总是通过承诺而不是别的来维护他或她的立场。

compatibilism 相容论：这一论点认为决定论（在有些解释上）与自由行动都可以为真。决定论并不排除自由行动，而自由行动的可能性并不要求决定论为假。它们是相容的立场。

compulsion 强制：“被迫做某事。”当一个人只能这样行事时就是受到强制行动（或者被迫这样行动）。有些哲学家还区分了外在强制（比如受到推动）和内在强制（比如神经强制）。

conceptual truth 概念真理：一个陈述为真，而且我们能够根据构成它的语词（或者我们应该说“概念”）的意义判定其为真。比如，“马是一种动物”就是一个概念真理，因为任何一个知道“马”和“动物”这些词的意义的人都知道这一陈述必定为真，“动物”是马的定义的构成部分。在柏拉图那里，概念真理就是关于形式的真理。在亚里士多德那里，概念真理是个描述事物本质的问题。（见 essence，form）

conscience 良心：一种通常无需论证的是非对错感。（它类似于知识问题上的直觉。）在基督教的道德理论中，它是上帝灌输给我们的道德感。在弗洛伊德的心理学中，它是我们的父母、老师在我们还是孩童时给我们的道德训诫的内化。

consistent 一致的：以有序的逻辑方式结合在一起。两个原则若不彼此矛盾，就是一致的。一种哲学若其原则不彼此矛盾就是一致的。

constitute 构成：通过范畴或概念组合、“确立”或综合经验。康德首先加以使用，后又为胡塞尔运用。

contemplation (the life of) 沉思（生活）：根据亚里士多德（和其他哲学家）的说法，它是最幸福的生活，也即思想生活和哲学生活。

contingent (truth) 偶然（真理）：依赖于事实；既非逻辑上必然的，也非逻辑上不可能的。一种偶然的事态可以是不同样子。检测一个事态是不是偶然的，可以看它是否能够设想为别的样子。比如，重物落向地球就是偶然的，因为我们很容易设想它并不如此。在另一个意义上，即使我们说重物下落（在物理学上）是必然的，也是如此。偶然的和必然的作为哲学术语指的是逻辑可能性，而不是一个陈述是否为真的事实问题。

continuity (spatiotemporal continuity) 连续性（时空连续性）：一个物体在同一个地方或一个相接地方不被中断的可辨认性。

contradiction 矛盾：两个原则之间的逻辑关系，其中一个为真另一个就必须为假。如果不同时为真的话，证人在法庭上的陈述就会与其他证词矛盾。

correspondence theory of truth 真理符合论：一个陈述或信念为真，当且仅当它“符合”“事实”。然而，即使我们只注意事实陈述，这一常识性的“理论”一旦试图搞清楚什么与什么相符，就会陷入困境。比如，离开我们用以确定事实的语言，我们如何来确定一个“事实”？说一个陈述与一个事实“符合”是什么意思？

cosmogony 宇宙生成论：关于整个宇宙的起源的研究。

cosmological argument 宇宙论论证：一种（或一套）“证明”上帝存在的论证。它基于这样一种观念：宇宙的存在必定有一个第一因或终极因。

cosmology 宇宙论：关于整个宇宙的研究。

counter-example 反例：就是一个与所适用种类相矛盾的例子，诸如“所有大象都有长牙”。一个反例就是有一头没有长牙的大象。

criterion 标准：借以作出一个判断或一个评价的验证或准则。比如，酸这一物质存在的验证就是它是否使试纸变红。或者指一个明确的标记或准则。在古代怀疑论那里，它指真理的一个充分保证。

critical 批判的：推理中极其小心地注意错误；批判并不必然令人不快。

cultural relativism 文化相对主义：这种描述人类学的观点认为，不同文化具有不同的道德。它非常强调这些道德不仅是细节不同，而且在根本上不同。某些社会中当做偷窃的行为，在另一些社会中不会，而一个不具有私有财产观念的社会，可能根本不同于另一个具有这种观念的社会。

Dao 道：在儒教中，道就是遵循礼成为君子；在道教中，道就是根本的、不可言说的自然或实在之"路"。

datum 予料：拉丁文，字面意思是"所给予之物"。

declarative sentence 陈述句：一种采取立场、陈述事实、声称主张的命题。

deconstruction 解构：由德里达引入的一个术语，这个盛行的哲学思想流派（尤其盛行于女性主义者和非裔美国思想家中间）鼓励对"文化偏见"进行批判性解读，拒斥"统一的自我"的观念。

deduction (deductive argument) 演绎（演绎论证）：根据已然接受的推理法则从一个原则推出另一个原则的推理过程。在一个演绎论证中，结论必然从前提得出，因此，只要前提是确定的，那么结论也就是确定的。

deism 自然神论：犹太—基督教的一个变种，盛行于十八世纪的科学思想中。自然神论主张，上帝必定先于其所创造的万物存在（因此，它通常接受某种形式的宇宙论论证），但同时也主张，我们没有任何理由相信上帝对人类、对正义有特殊关注，也没有理由认为上帝具有我们在崇拜他、向他祈祷时，以及《圣经》故事论及他的那些人格特性。

democracy 民主：一种政府形式，其中，政策或者至少是政策的决定者是由民意产生的。

deontology 义务论：基于义务的伦理学。康德的伦理学就是义务论的伦理学，因为它强调服从原则，而不是关注结果（包括幸福）。

determinism 决定论：这一观点认为，宇宙中的任何事件都依赖于其他原因事件。据此，人的所有行动和决定，甚至我们通常描述为"自由的"和"不确定的"那些行动，也完全依赖于导致它们的在先事件。

dharma 达磨：在印度教中，意指公正、向善之路。

dialectic 辩证法：通过对话、争论和不断修正达成一致的论证。此外，它是指黑格尔提出的一种"逻辑"，在这种逻辑中，不同形式或不同哲学是根据所增加的复杂性和范围排列的。这种"逻辑"就是一种被证明为存在缺陷的形式向修正了这些缺陷的形式发展。马克思从黑格尔那里接过了这种"辩证法"，并给予它一种社会解释。（"逻辑"不一定要具有"正—反—合"的形式。）

distributive justice 分配正义：每一个人都得到他或她那公平的份额的观念。比如，土地所有权、公正的工资、公平的价格都是分配正义的关注所在。

divine pre-ordination 神的预定：神关于一切将要发生之事（包括我们自己的未来行动）的知识和能力。

doubt 怀疑：缺乏确定性，缺乏相信的理由，以及有不相信的理由。重要的是，要区分哲学意义上的怀疑与日常心理学意义上的怀疑。单纯个人的不确定或不信任是不够的，必须要有怀疑的可论证理由，也就是要不接受所讨论信念的理由。

dual aspect theory 双面理论：这一理论认为（比如在斯宾诺莎那里），心灵和身体不过是同一实体的不同方面（或“属性”），因此就避免了实体之间的相互作用问题。

dualism 二元论：一般而言，心灵与身体之间的区分，即是两种独立实体，或者是具有完全不同特性的非常不同的状态和事件。

duty 职责：一个人在道德上必须要做的事情。

egalitarianism 平等主义：这一观点认为所有人在权利和尊严方面都是平等的。

egoism 利己主义：这一论点认为，人应为了自己的利益行动。心理利己主义只是认为，人在事实上是为了自己的利益而行动，伦理利己主义者则认为人应该为了自己的利益而行动。

eliminative materialism 取消唯物主义：这一观点认为，不断增加的神经学知识最终会让我们取消关于心理状态的“常识心理学”术语。

empirical (knowledge) 经验（知识）：源于经验，并且只能诉诸经验加以辩护。经验知识只能这样获得，也只能这样来得到辩护（与无需如此的先天知识相对立）。

empirical ego 经验自我：一个人的所有特征都能通过经验发现，并且我们每一个人在性质上都能与他人区分开来；它是使我们每一个人成为一个独特的人并赋予我们一种独特“性格”的东西。可与先验自我相比较。

empiricism 经验主义：这种哲学认为，除了某些逻辑真理和数学原则之外，一切知识都来自经验。英国经验主义常常被特别用来指称洛克、贝克莱和休谟这三位哲学家。不过，这种哲学至今仍很活跃，二十世纪的罗素和过去五十年中的许多哲学家都属于这一派，他们自称为“逻辑经验主义者”（更为人知的名称是逻辑实证主义者）。

emptiness 空无：在佛教中，在龙树那里，意指没有实体的存在，没有实体乃是对存在的恰当理解。

Enlightenment 启蒙运动：十八世纪欧洲的一项文化和哲学运动，其特征是相信人的理性和个人自主性。这场运动的主要人物有法国的笛卡尔、形而上学家霍尔巴赫、政治哲学家卢梭和政治改革家、作家伏尔泰。在英国，启蒙运动的哲学家有洛克和休谟；在德国有康德。

entitlement 资格：一种权利。比如，拥有财产的权利。

epiphenomenalism 副现象论：这一观点认为，心理事件是随附现象，也就是说，是大脑和神经系统中各种物理过程的副作用，几乎不具有任何重要性。这一模型是一种单向的因果作用：身体状态会引起心理变化，但是心理状态不会对身体产生任何作用。

epistemology 认识论：关于人类知识及其性质、来源和证实的研究。

equality 平等：在政治哲学中，指的是无差别地对待每一个人，而无论性别、种族、宗教、身体或心灵能力、财富、社会地位等等。

essence (or an essential property) 本质（或本质特性）：一事物必然的或明确的特征或特性。人的本质是指那样一种东西，即无它我们就不会说他是一个独特的人（比如，弗雷德而不是玛丽）。在胡塞尔的著作中，“本质”或“本质直观”是指那些构成必然真理的观念对象和法则。本质一词出自亚里士多德（以及中世纪的哲学家），大家基本上用法相同，除了胡塞尔。在他那里，本质观念总是与“直观”与意识联系在一起。

ethical absolutism 伦理绝对主义：这一观点认为，存在一种而且仅仅存在一种正确的道德。

ethical egoism 伦理利己主义：这一观点认为，人应该为了自己的利益而行动。

ethical relativism 伦理相对主义：这一论点认为，不同的道德应被认为是同等正确的，哪怕它们彼此直接相矛盾。根据这一论点，一种道德是“正确的”，仅仅是根据接受这一道德的社会而言是正确的。

ethics 伦理学：一般道德原则和道德概念及其基础的体系。或者，关于道德原则的研究。

eudaimonia 幸福：在亚里士多德那里，意为“活得好”。

existentialism 存在主义：现代的一项哲学运动，强调个人选择和对所有价值的自愿接受。在萨特那里，存在主义是一种主张“存在先于本质”的哲学。也就是说，人不具有给定的自我同一性，他们必须选择自己的同一性并通过行动为之努力。（不过疏忽和失职也是行动。一个人可以通过不受干扰实施合适的行动而成为某一类型的人。）

explanation 解释：关于某物的一个说明——通常是一个因果说明；它与需要辩护的证明相对。比如一个人能够说明其行动（声称喝醉了），而无需对行动加以证明，即无需表明它是正确的。休谟最终解释了我们的知识，但没有加以证明。

extended 广延的：具有空间维度。哲学家们（比如笛卡尔、莱布尼茨和斯宾诺莎）常常把物体定义为“广延的”，把心灵和观念定义为“非广延的”。

extended (substance) 广延的（实体）：空间和时间中的物质材料，物理对象。

facticity 事实性：萨特用这个词（借自海德格尔）来指称一个人任何时候都为真的事实总体。

faith 信仰：在通常意义上，就是指一个人在缺乏充分证据或没有好的理由的情形下相信某种东西。在神学中，信仰通常指信徒对上帝的最终仁慈和公平应当持有的信赖。有时，信仰被说成是对上帝的一种理性信念（比如，在康德那里）。更常见的情形是，信仰被说成是与理性相对抗（比如在克尔凯郭尔那里）。

fallacy 谬误：一种看似有说服力实则推理有误的论证；不合理的或无效的论证。

fascism 法西斯主义：这一观点认为，最强的政府才是最好的政府，它认为政府有权——或许还有职责——为了使社会最有效而控制每一个人。

fatalism 宿命论：这一观点认为，某些事件（或许所有事件）的发生是不可避免的，无论人们采取什么样的努力去阻止它们也无济于事。

first principle 第一原则：哲学借以开始的那些公理和假设。它们必须是可靠的、毫无争议的原则；它们不一定是人们最先相信的那些原则。

Form (in Plato) 形式（柏拉图）：一种独立存在于存在世界的实体，它决定了这一世界的具体事物的性质。在亚里士多德那里，形式并不具有独立的存在。

formal logic 形式逻辑：逻辑的一个分支，关注的是推理原则，主要研究符号之间的关系，而非对于符号的解释。

Four Noble Truths 四谛：佛教中最为重要的教义。分别是“众生皆苦”、消除欲念的必要、消除欲念之道、通向圆满的正道。

freedom 自由：这一观念认为，人的决定或行动是一个人自己的责任，它可以受到适当的称赞和责备。对“自由”最极端的解释就是不存在任何原因或决定因素。因此，一个非决定论者会认为，如果一个事件没有原因，那它就是自由的；一个自由主义者会认为，如果一个人的行动完全是自因的，而不受任何别的东西决定（包括这个人的性格），那它就是自由的。然而，某些决定论者（“弱决定论者”）认为，只要一项行动“处于性格中”，并且给予这个人欲望和个性，那它就是自由的。最为普遍的说法是，如果一项行动可以不这样进行，那么它就是自由的，无论它是否是有意识地决定的结果，也无论它是否包括了某种原因。（同见 liberty）

freedom of the will 意志自由：不为外部权力决定的行动，其中包括上帝的权力（尽管在上帝的权力和知识都超越我们的情况下，为何他使我们是“非决定的”的这一点无法让我们理解）。

free will 自由意志：哲学家中的一个有些陈旧的说法（比如“他是出于自己的自由意志这样做的”），意思是说，一个人能够决定哪些不为前提条件所决定的事情。当然，事前的考虑也许是存在的，比如一个人想要什么，一个人相信什么，但是，自由意志意味着这些考虑无法规定一个人的决定，它们最多只是“决定的一部分”。

functionalism 功能主义：这种观点认为，心灵是大脑中的一种模式（如同计算机）的产物，而不是大脑中的某种物质的产物。

generalization 概括：通常，它是基于有限成员的一种关于一组事物的命题。不过，在逻辑中，一个概括可能是普遍陈述（“所有的 x 都是 y”）或存在陈述（“有些 x 是 y”）。

generalization from experience (or inductive generalization) 经验概括（或归纳概括）：从观察、经验和实验中推出的一个关于某类事物的所有成员的概括。比如，一位研究人员在实验室里发现，某些关于烟草的实验总是得到相同的结果。通过归纳，他或她从实验观察中概括出一个关于所有烟草的主张（或假设）。但要注意的是，这种概括绝不是确定的（这与几何学中的概括不同，在几何学中，从关于这个三角形的定理的证明就可以概括出关于所有三角形的一个定理）。实验中永远存在着这样的侥幸，或者他或她选择的样本很特别。

God 上帝：在犹太—基督教传统中，是指创造了宇宙且独立于宇宙存在之物，他全能、全知、无所不在，关注正义和人类的最终福祉。当以小写字母“g”拼写这个单词时，指任何值得崇拜或至少应致以特别的敬意的超自然存在。

Golden Rule 黄金律：“己所不欲，勿施于人”。

government 政府：权威的工具；进行统治、通过和执行法律等等的机关。

happiness 幸福：美好生活的成就。在亚里士多德那里，我们一致同意把这一名称归于美好生活，无论这种美好生活是指什么。在这一意义上，幸福一定不能跟快乐混为一谈，后者只是美好生活的诸多关注之一。

happiness calculus (also felicity calculus) 幸福计算（幸运计算）：边沁的一种计算快乐和痛苦的增减的技巧，由此来决定做什么。

hedonism 快乐主义：一种关于美好生活的观念，它认为快乐就是终极善。快乐主义是绝大多数功利主义的前提。它也常常是伦理利己主义的前提——有时也是其结果。（快乐主义与利己主义不一样：快乐主义指的是目的；利己主义指的是谁的目的。）

Heisenberg Uncertainty Principle 海森堡测不准原理：近来物理学中的一个重要原理，它表明我们无法同时确定亚原子微粒的位置和运动，因为我们一旦想要知道其中一个，就使得知道另一个不可能。这一原理常常被用来抨击古典形式的“决定论”观念，因为决定论要求可能预测的“确定性”，这正是海森堡测不准原理所拒斥的。

hermeneutics　解释学：文本解释的学科。（海德格尔、伽达默尔）更宽泛地把它设想为对日常生活中意义的“揭示”。它试图和理解其他文化和传统一样理解个人文化和传统中的符号和象征。

historicism　历史主义：一种把真理和不同的实在观局限于历史中的具体时期、地点和人身上的哲学。它通常与一种非常强烈的相对主义观点联系在一起，即这些各种各样的历史承诺之外不存在真理。

human rights　人权：那些被认为是普遍的、“不可剥夺的”权利，它们是每一个人无论生活在何处都共有的权利。比如，免于折磨和羞辱的权利就是一项人权。

Hume's fork　休谟之叉：休谟的主张。他认为一切正当的信念要么是“观念之间的联系”，要么是一个“事实”。

hypothesis　假设：一种暂时的结论，根据已知事实被认为是最有可能的结论，或者，暂指用来作为分析基础的结论。

hypothetical imperative　假言命令：在康德那里，这是一种依赖于具体目标或倾向的有条件的命令。比如，“如果你想要成为一名医生，那你就要去念医学院”。在康德看来，所有其他的哲学家（亚里士多德、休谟、卢梭）都把道德当做假言命令，而他不是。

idea　观念：在认识论中，意指几乎所有的思想现象（这与在柏拉图那里不同，不是指独立于个人心灵的存在）。这一术语的用法在不同的哲学家那里稍微有所不同。洛克用它指称“思想内容”；休谟用它指称心灵从印象中得到的“思想原子”；在柏拉图那里，是指形式。

idealism　观念论：一种形而上学观点，认为唯有心灵及其观念存在。

identity of indiscernibles　不可分辨者的同一性：莱布尼茨哲学的一个原则，据此，任何两个事物都不可能具有完全一样的性质，不可能在一切方面绝对一样。

identity theory　同一论：这一论点认为，心灵和大脑在存在论上是同一的，或者更准确地说，心理状态和事件事实上是某种大脑和神经系统过程。这一理论通常被当做是唯物主义的一种形式，但要强调的是，与许多唯物主义不同，它并不否认心理事件的存在。它只是否认它们具有独立的存在，也就是说，心理事件无异于某些身体事件。

illusion　幻想：强烈心愿导致的错误信念。在马克思看来，宗教是为了补偿难以忍受的社会情境而生出的幻想。在弗洛伊德看来，宗教是我们为了维持孩童欲求父亲般保护和安全而生出的幻想。

immaterialism　非唯物主义：一种形而上学观点，认为非空间、非感觉的实体存在，比如数、心灵和观念。这一观点的弱版本只是宣称存在这样的实体。这一观点的强版本则宣称只存在这样的实体（也就是说，不存在物质对象）。

immediate　直接的：确定而无需论证。

immoralist　非道德主义者：拒斥终极的道德主张的人。非道德主义者不一定要违反道德法则；他或她只是不把它们当做绝对的法则，因而主张其他考量（甚至个人考量）可能置它们于不顾。

immortality　不朽：这一观念认为，灵魂死后继续存在。

implication　蕴涵：逻辑地从另一个陈述中得出的陈述。陈述彼此蕴涵，我们从这一个推出另一个。

impression 印象：休谟用以表述感觉或感觉材料的词，它通过感官被给予心灵。

inclination 倾向：康德用以表述所有个人考量的术语，欲望、感觉、情感、态度、情绪等等。

incoherent 不融贯的：不能以一种有序的或逻辑上合宜的方式结合在一起。使用一些没有准确含义的花哨行话可能是不连贯的一个源泉。随意列一个信念清单，而没有按照任何秩序或逻辑把它们排列在一起，也会出现这种情形。（它们可能会彼此矛盾。）一种不连贯的哲学也许是富有洞见的，或者是部分正确的，但是，由于它永远也不可能构成一个系统，所以它看起来像是一堆胡言乱语或只言片语。在其他情形中，一种不连贯的哲学可能是无法理解的哲学，它的术语完全让人摸不着头脑，它的原理只是一些凌乱的堆积，而没有明确的关联或解释。

inconsistent 不一致的：不相容；矛盾。人们也可以说，一个人的行动与他或她的原则不一致。人也可以像其他原则一样与一个原则不一致。

incorrigibility 不可纠正性：没有可能加以改正；无法被误认。长期以来，人们认为我们关于自己心灵状态的主张是不可纠正的——我们不会误认它们。

indeterminism 非决定论：这一论点认为，宇宙中至少有一些事件不是被决定的，不是由前提条件造成的，因而是不可预测的。

induction;inductive reasoning;inductive generalization 归纳；归纳推理；归纳概括：归纳是从足够数量的特殊观察样本（“这只天鹅是白的，那只天鹅是白的，还有那一只，那一只和那一只……”）推出一般结论（“所有的天鹅是白的”）的过程。它通常被用来与演绎相对照，因为，演绎推理可以保证结论像前提一样确定，而归纳永远无法给我们一个如前提般确定的结论。它的结论至多是可能的。（“永远都可能在某处存在着黑天鹅”，比如澳大利亚西部。）

inductive argument 归纳论证：基于所熟悉的一些成员推出整类事物特征的推理过程。在归纳论证中，尽管结论得到前提的支持，但它并不必然可以从前提得出，其真理也无法得到它们的保证。

ineffable 不可说的：难以形容的。

inference 推论：从一套原则到另一套原则的推理，如在一个论证中那样。演绎推论只是推论的一种。

inference-ticket 推论许可：赖尔用以指称心理状态的适当功能的术语，比如一套行为模式的描述，因此，“推论许可”允许我们推论一个人将会做什么。（说“乔治想要一根橄榄枝”，就是给我们做了一个推论许可，即他未来的行为将围绕着橄榄枝。）

infinite regress 无穷后退：一个往后的无止尽序列。比如，“A由B造成，B由C造成，而C又由D造成……等等以至无限”。亚里士多德认为，这样的后退是一种理智的荒谬。

innate ideas 天赋观念：字面意义是“心灵中与生俱来的”观念，从一出生就已为我们“编定”而无需习得的知识。经验可能为“触发”一些观念所必需，但是这些观念已然“在”我们之中。在柏拉图那里，天赋观念理论是一般的灵魂不朽理论的组成部分。而洛克对这些观念的抨击，只是把它们当做所有人一出生就共有的观念。不过，他所攻击的理性主义哲学家持有的是一个更加复杂的观念；他们并不认为观念是“生来就在我们之中”，但他们确实认为我们生来就具有某些“天赋的”能力和倾向，它们通过适当的教育可以得到发展。最为重要的是，这些观念无需诉诸任何具体经验或实验就可以得到辩护或证成。这正是洛克最终加以拒斥的主张。

intentionality 意向性：心理状态（和其他意向状态）的“关于性”。信念总是关于某物的信念。欲望总是对某物的欲望。情绪总是指向某人或某种情境的情绪。这一概念在现象学中的重要性在于，它抽掉了心理“内容”隐喻的基础（比如休谟明确运用的一个形象，在一个剧场中）。这一术语是胡塞尔的老师布伦塔诺借自中世纪哲学家，加以使用并变得著明的。此外，麦克金把意向性当做意识的内容。

intuition 直观：直接的真理知识，无需推理的帮助，也无需诉诸经验。直观，就理性直观（还有其他直观）而言，是理性主义哲学家的核心关注，他们把直观当做理性的主要功能。但是，根据直观的本性，直观无法为经验论证，也无法由经验加以辩护。因此，许多哲学家，尤其是经验主义者，拒斥直观观念，只在完全不可避免时才接受它。在二十世纪，胡塞尔在他的现象学中对诉诸直观做了辩护。

invalid 无效的：没有正确地遵循一致同意的论证中的推论规则。常用于论证中。（与有效相对。）

justice 正义：在一般意义上，它是指理想社会的美德。在较为具体的意义上，是指公共利益与个人权利的平衡、社会的可得财物的公平份额、对罪犯的适当惩罚，以及对犯罪和社会不幸的受害人的公平补偿。

justification 证成：一种为一个立场或行为辩护的努力，为的是表明它是正确的（或至少是合理的）。

karma 业：在印度教中，指的是任何行动过程的重复倾向；一个人的自由意志受其习惯和性情的限制（这种限制甚至会持续到来生）。

Krishna 克里希纳：印度教中道成肉身的神。

law 法则：无论个人是否接受而束缚个人的客观规则。与maxim相对比。

law of contradiction 矛盾律：逻辑的基本法则之一，它规定一个命题与其相反的否定命题不能同时为真。即“不能（P与非P）”。许多哲学家（比如，康德、莱布尼茨和休谟）曾把这一法则当做分析性或分析真理的标准。

law of the excluded middle 排中律：这一逻辑法则规定，一个命题或它的否定命题必有一个为真：“要么P，要么非P”。在形式逻辑中，这一法则与矛盾律一起构成了大量论证的基础（比如，归谬论证，其中前提所得出的结果被表明是荒谬的，因此对它的否定是可接受的）。如今，许多逻辑学家对这一法则重新做了考量，因为如下一点日益明显：并非所有命题非真即假。比如，罗素的著名例子“法国国王是个秃子”（当时根本没有法国国王），这一命题真还是假？它当然不是真的，但也不是假的，因为根本没有不是秃子的法国国王。或者“绿色观念狂暴地睡着了”。许多哲学家认为，这些命题非真非假，因此拒斥排中律。

legitimacy 正当性：拥有权威的权利；得到批准的权力（比如，通过神授、经由法律继承、诉诸正义或者被统治者的普遍同意）。

liberty (political freedom) 自由（政治自由）：不受限制或没有惩罚威胁的行动能力。比如，无需护照在国家之间旅行的能力、不受迫害地说出个人看法的能力，以及选择自己的职业或事业并为之努力的能力。不过，这种能力不止是身体能力或心灵能力，一个人可能具有旅行的自由或选择成为一名医生的自由，却没有这样做的手段。对这种政治意义上的自由与前面论述的形而上学或因果意义上的自由加以区分，也很重要。我们的行为是否在那种意义上确实是自由的，必须与我们在政治意义上是受到限制还是自由地去行动区分开来。第一种意义上的自由指的是人类行为的原因，第二种意义上的自由仅仅是指限制我们的行为的立法和政治力量的存在。

logic 逻辑学：关于有效推论和“理性论证”的规则的研究。在一般的意义上，指的是秩序感。

logical truth 逻辑真：一个仅根据其逻辑形式表明为真的命题。

masculinist 男权主义者：从男人的利益和好处出发的观点。

master morality 主人道德：在尼采那里，指的是把个人的自我实现放在首位的道德，之所以这样称呼，是因为它是古代世界中的奴隶国家的“主人”的道德。

materialism 唯物主义：一种认为唯有物质及其特性存在的形而上学观点。诸如数、心灵和观念这些无形实体，实际上是物质的特性。比如说，谈论能量，就是以某种方式谈论物质潜能；谈论心灵，就是简略地谈论行为；谈论观念，就是以令人误解的方式谈论物体间的各种结构和相互关系。数自身并不存在，而只是代表对象集的集合（比如，所有八个事物的集的集合就是八）。唯物主义在现代科学文化中一直是一种强有力的世界观。它也是前苏格拉底哲学家们的最常见观点。

matter of fact (in Hume) 事实问题（休谟）：一个经验的主张，通过经验加以证实或证伪。

maxim 准则：在康德那里，指的是个人法则或意图。与law相对比。

mean (between the extremes) 中道（两极之间）：在亚里士多德那里，所谓中道，即不多不少，恰到好处。比如，勇敢就是一种中道，因为一个勇敢的人既不会太胆小而不敢斗争，也不会毫无恐惧感地冲入危险之中。

metaphysics 形而上学：最简单地说，是对最基本的（或“第一”）原则的研究。传统地来说，是对终极实在或“存在本身”的研究。通俗地说，任何抽象或晦涩的思考都被称作形而上学。今天，绝大多数哲学家会把形而上学定义为对科学和人类生活的最一般概念的研究，比如，“实在”“生存”“自由”“上帝”“灵魂”“心灵”。一般来说，我们可以把形而上学划分为存在论、宇宙论和一套关涉上帝和人类灵魂不朽的问题（见ontology，cosmology）。

method (methodology) 方法（方法论）：解决哲学问题的路径和策略。比如，诉诸经验、诉诸神启、主张数理逻辑、信赖理性或相信权威——以上这些都是哲学方法论的各方面。

method of doubt (or methodological doubt) 怀疑的方法（或方法论的怀疑）：笛卡尔用以发现那些我们能够“完全确信”的原则的技巧。也就是说，怀疑一切，直到发现那些不可怀疑的原则为止。

modes (in Spinoza) 样式（斯宾诺莎）：非本质的特性或属性的变体。

monad (in Leibniz) 单子（莱布尼茨）：简单的非物质实体，它们是一切实在的最终组成部分。上帝是唯一一个不被创造的单子，他创造了其他一切作为自我封闭的（“没有窗户的”）预定实体的单子。

monism 一元论：一种形而上学观点，认为最终只存在一种实体，而所有实在即一。在不怎么严格的意义上来说，它可以应用于相信只有一种实体的哲学家。

monotheism 一神论：只相信一个神的观点。

morality 道德：一般来说，是指提倡正确行动的规则和反对错误行动的禁令。有时，道德是指任何时候、任何社会对所有人有效的唯一一套绝对法则和禁令。更宽泛地来说，道德可以是任何一套最终原则，因而在不同的社会中有不同道德。

mysticism 神秘主义：这一信念认为，人能够以一种非常特殊的直接体验来把握某种基本的宗教真理（上帝的存在、宇宙的统一性），这种方式不同于日常的理解，而且常常与理性相悖。

naturalism 自然主义：这一信念认为，最终实在是一种自然特性。

necessary (truth) 必然的（真理）：不可能是另外的样子，也不可能设想为另外的样子。在哲学中，根据物理规律（比如引力定律）是"必然的"，或根据习惯或习俗（比如打击逃税的"必然性"，或饭后一支烟的必然性）是"必然的"，还不足以表明某事是必然的。必然性甚至不允许想象的反例。因此，二加二等于四是必然真理。我们不但对此确信不移，而且发现我们没有能力怀疑它，无论我们的想象力多么丰富，我们也不可能说出它错了是种什么情况。

necessary and sufficient conditicns 充要条件：当A逻辑上要求并且足以保证B时，A就是B的充要条件。

necessity 必然性：与必然真理相一致。

obligation 义务：职责所在。比如，"你有义务遵守诺言"。

omnipotent 全能的：无所不能的，通常用来指上帝。

omnipresent 无所不在的：同时遍在的，通常用来指上帝。

omniscient 无所不知的：全知的，通常用来指上帝。

ontological argument 存在论论证：一种（一套）试图通过"上帝"概念"证明"上帝存在的论证。比如，据定义，"上帝"是具有一切可能的完美的存在，存在是一种完美，因此，上帝存在。

ontology 存在论：关于存在的研究。即形而上学的一个部分，它探究如下问题："什么存在？""事物存在意味着什么？""什么是个体事物？""事物如何相互作用？"传统上来说，这些问题都可以表述为关于实体的问题。今天，存在论的大部分是逻辑学和语言学的组成部分，它是对我们用以讨论这些问题的概念的研究。有时，存在论被用作形而上学的同义词，不过，通常意义上，后者是更宽泛的学科。

ought 应该：一个常用来表达道德职责或义务的术语。在休谟（以及许多其他人）的伦理学中，"应该"与"实然"相对照，是价值判断（尤其是道德判断）的特点。

pantheism 泛神论：这一信念认为，上帝等同于宇宙整体，万物即神，神即万物。比如，斯宾诺莎就是一个泛神论者。印度教就是一种泛神论，因为它包括一种神在万物之中的观念。

paradox 悖论：从看似可接受的前提中推出的自相矛盾的结论。比如，假设你试图帮助所有那些不能自助的人。这一命题看起来很合理。可是，你要帮助自己吗？如果你帮助每一个人，那么你就要帮助自己。可是，如果你不能帮助自己，那你就没有帮助每一个不能自助的人。这是一个悖论。

parallelism 平行论：这一论点认为，心理事件和身体事件是彼此平行的，以完美的协调发生，但没有相互作用。

participation 分有：柏拉图关于这个世界的事物与形式世界之间不清楚的关系。他告诉我们说，个别事物“分有”它们的形式。

perception 知觉：知识之一种，感觉经验。

phenomenology 现象学：德国哲学家胡塞尔创立的当代欧洲哲学，它始于一种“对意识的纯粹描述”。它最初是为了回答算术基础中的必然真理问题而提出的，后来扩展为对更加一般的哲学问题的回答，随后经由参与这一哲学运动的哲学家，它不仅是一种知识理论，而且还成了一种“人的哲学”。

pluralism 多元论：一种形而上学观点，认为宇宙中存在许多截然不同的实体，或许还存在着许多不同种类的实体。

polytheism 多神论：信仰许多个神。

pragmatic theory of truth 真理实用论：一个陈述或一个信念为真，当且仅当它“管用”，也就是说，它能够让我们在日常生活中预测某种结果和有效地发挥功能，能够鼓励我们进一步探究和帮助我们更好地生活。

pragmatism 实用主义：皮尔斯在世纪之交创建的、后为詹姆斯和杜威普及的具有美国特色的哲学运动。其中心论点如其名所示，真理（等等）总是由其所涉的实际（使用）考量所决定。只有那些在实践中产生影响的形而上学特性值得考虑,任何信念的终极辩护就是“它管用”。

predestination 先定论：这一论点认为（通常是在神学语境中），每一个事件都是注定发生的（如同在宿命论中一样），无论我们作出什么样的努力也无济于事。常见的说法是，上帝知道并使一切发生，因此，一切事情都必定完全如祂所知的那样发生。

predicate 谓词：对一个事物的断定或否定，它指称事物的特性。一些熟悉的谓词有“是红色的”“是动物”。

prediction 预测：在某个事件发生之前说它将会发生。通常决定论包括这样一个论点：如果我们对一个事件的前提条件知道得足够多，那我们就总能够预测它发生。但是，预测并不要求决定论。一个人可能无需知道任何前提条件、甚至无需假定有任何这样的条件，就可以给予统计概率预测某些事态的结果。此外，人们也可以不必接受决定论，而只是靠运气预测未来。

pre-established harmony 前定和谐：这是一种认为上帝已准备好了宇宙的秩序的信念。在莱布尼茨那里，这一观点为他提供了一种取代牛顿的因果关系理论的一套方案，即我们的观念与世界和我们身体的物理事件之间的协调已经由上帝完美地确立。

premise 前提：一个论证所基于的一个原则或原则之一，它是论证的起始。

presupposition 预设：一个被假定为论证的先决条件的原则，它本身并没有通过论证加以审查和批判。比如，律师预设法庭是以正义为目标，并且具有关于正义的观念。而对这些主张提出挑战的不会是律师，而是哲学家。

primary qualities 第一性的质：在洛克那里，指的是内在于物体中的那些性质。

prime mover (in Aristotle) 第一推动者（亚里士多德）：“自因”、第一因，它开启一切变化但自身不被任何事物影响。亚里士多德认为，如果要避免无穷后退这种荒谬出现，那我们就要相信必定存在一个第一推动者。亚里士多德也把第一推动者称作“神”，因此，中世纪哲学家（比如托马斯·阿奎那）就把这种观点融合到基督教神学中。

principle of induction　归纳原则：这是一种认为在过去有效的自然法则在未来也有效的信念。

Principle of Sufficient Reason (in Leibniz)　充足理由律（莱布尼茨）：这一主张认为，一切事件都必定有一个正当理由，而所有事件最终都由上帝的理由得到证成。这一原则有时被用来断言每一个事物都必定存在某种解释，无论是否涉及上帝（例如，科学家在他们的工作中使用这种原则，见第3章）。

principle of universal causation　普遍因果关系原理：这一原理相信每一个事件都有其原因。在科学领域，通常会补充说“有其充足的自然原因”，为的是消除奇迹和神的干涉可能性（这一点在莱布尼茨那相似但更加广泛的充足理由律中是被允许的）。

principle of utility　功利原则：在边沁那里，这一原则指的是，人应该做那些使最大多数获得最大快乐的行为。

privacy　私人性：心理状态和事件对于除了“具有”它们的人之外的其他所有人的不可接近性。

private language argument　私人语言论证：维特根斯坦的观点，他认为，即使存在着“私人对象”，比如心理状态和事件，我们也不可能谈论它们和确定它们，甚至在我们自己的情形中也是如此。

privileged access　特权通道：哲学家通常用这个专门术语指这样一个奇异的事实，即一个人通常（哪怕并不总是如此）仅仅通过注意就直接知道自己心灵中发生的事情，而他人要发现其中发生了什么事情——如果他们能够发现的话——就只能通过观察这个人的行为，倾听这个人的说话，或对其进行询问。重要的是区分优先获知和不可纠正性。前一个的意思是，一个人直接知道“自己心灵中”的情形，而无需观察自己的行为，后一个的意思是，他确切无误地知道自己心灵中的情形。

probable　可能的：介于确定与怀疑之间的中间状态。

problem of evil　恶的问题：上帝是全知全能的，然而世界又存在着苦难和恶，人们为协调这两种情形而出现的困境。

proof　证明：在演绎论证中，证明就是一系列步骤，根据可接受的规则，每一步都通向待证明的结论。

property　特性：特性通常有别于它们“存在于”其中的实体，因为特性若不作为某物的特性就无法存在。比如，可以有无数红色的事物，但没有任何红色独立存在。

proposition　命题：一个或真或假的主张。

psychological egoism　心理利己主义：这种观点认为，人总是为自己的私利而行动，哪怕他们看起来是为了别人的利益而行动。（比如，做慈善事业，利己主义者会说，这个人只是为了让自己觉得正直。）

purposiveness without a purpose (Kant)　无目的的合目的性（康德）：这一观念认为，一个美的对象各个因素看似凝结在一起好似通向一个目的，然而我们找不到任何确定的目的。比如，日落在我们看来是一种美感现象，但是显然日落中并没有“目的”。

rational 理性的：与有效的思维法则相符合。融贯性、一致性、可操作性、简单性、可理解性，认真权衡诸种论据，而不匆匆得出结论，等等。合理性也许不能保证真理。我们所相信的全部证据和任何东西都可能指向一个结论，而我们的后代在知道了一些我们不知道的事情之后，可能会发现我们的结论是不正确的。合理性指的是一种思考方式，而不是其最终的结论。哲学上来说，对合理性的强调是把重点从实在转移到了我们的哲学研究方式。

rationalism 理性主义：这种哲学的特征在于信赖理性，尤其是直观，认为可以独立于经验来认识实在。大陆理性主义通常是对如下三位欧洲哲学家的尊称：笛卡尔、斯宾诺莎和莱布尼茨。

rationality 合理性：按照理性以最有可能的方式行动。有时，合理性仅仅是指在现有环境下以最好的方式行动，而不是认为只存在一种合理的行动方式。换言之，合理性是相对于具体利益和环境而言的。不过，在康德的哲学中，合理性指的是使我们正确地行动的能力，而与具体利益和环境无关。

realism 实在论：这一论点认为，实在自身存在着，独立于我们对它的意识。

reason 理性：抽象思考、形成论证并作出推论的能力。有时被认作是人的心灵的一种“能力”（十八世纪哲学的一个残余物）。在理性主义中，这一术语描述的是使我们通过直观认识实在的能力。在经验主义中，它仅仅是指认可某些作为“观念联系”的原则，比如，微不足道的真理（“猫是动物”），稍微复杂点的如算术和几何原则。不过，经验主义者否认理性让我们对于实在有特殊洞见，认为它告诉我们的，仅仅是观念之间的联系。然而，在形而上学中，理性常常具有一个更具争议的含义，即人仅仅通过思想超越经验去确定实在是什么的能力。

reasons 理由：接受一个命题的解释、证成、证据或某个其他基础。

redutio ad absurdum 归谬法：一种论证形式，通过表明一个陈述会导致自相矛盾或其他不可容忍的结论来对它加以反驳。

reflection 反思：对事情进行思考，使其“处于某个视角之中”。我们常常根据我们的信念和情绪进行反思。比如，“今天上午我对你很恼火，但是经过午餐时的反思后，我觉得没有什么可生气的”。人们可能会说，哲学就是对生命和知识的一般反思。

relations of ideas 观念的联系：在经验主义中，知识只限于观念间的逻辑关联和概念关联，而不是那些观念与经验或实在的符合。这种知识于是无需诉诸经验就可以得到证明。算术和几何被看做是“观念的联系”的典范。

relativism 相对主义：这一观点认为，没有唯一正确的实在观，没有唯一的真理。相对主义者常常谈论“不同概念框架”“可选择生活方式”及各种不同的“意识形式”的可能性。他们常常激烈地与实在论者和绝对主义者对抗。这一观点还认为，道德是相对于具体社会、具体利益、具体环境或具体个人而言的。

resemblance 相似性：具有相同的特征。就每一个人都有而且只有一个脑袋而言，彼此相似；就拥有相同质地的头发、相同颜色的眼睛、同样害怕蜘蛛及同样善于下棋而言，你跟五年前的自己相似。

responsibility 责任：一个人对自己控制范围内的行为或事件具有的责任性。

retributive justice 报复正义：“报复”或“以眼还眼”。

retrodiction 回溯：基于当前的某些证据，可知过去必定发生过什么事情。比如，天文学家通过观察彗星的当前轨道就能回溯其过去的某些事实。对于决定论者而言，回溯与预测一样重要。

rhetoric 修辞：劝说他人相信自己的信念时对语言的运用。

rights 权利：社会成员对其所在社会有资格作出的要求。比如，每一个人都有得到警察保护的权利。有些人基于其地位，还拥有特殊权利。比如，议员就有无需付邮资致信委托人的权利。

rule of inference 推论法则：一个人可以借以从一个陈述推出另一个陈述的普遍被接受的原则，有效性就是根据那些原则加以确定的。所有这样的法则都是分析的，但是，它们都是根据自己的逻辑形式如此，还是有些是因为它们源自其他更基本的法则才如此，在这一点上存在着大量分歧。也存在着如下问题：倘若这些法则确定了正确的逻辑形式，怎么还可能说它们具有正确的逻辑形式呢？

secondary qualities 第二性的质：在洛克那里，指物体在我们之中引起的那些性质，它们并不存在于物体本身之中（例如，颜色）。

self-consciousness 自我意识：对自己的意识，无论是"如他人那样看自己"还是"对自己的内省"。自我意识要求对自己的"自我"有某种观念。因此，它逻辑上与自我同一性问题联系在一起。

self-contradictory 自相矛盾：存在于同一个或同一组陈述中的矛盾。我所说的可能与你所说的相矛盾，但是我所说的也可能与我所说的别的东西相矛盾，这种情形就是自相矛盾。此外，在一些陌生的情形中，我自己的陈述本身可能就是自相矛盾的。比如，"我不存在"。

self-evident 自明的：无需证明或论证的显然性。在笛卡尔看来，一个"清楚明白的观念"，一个无法怀疑的观念，就是自明的。

self-identity 自我同一性：你描述自己的方式，无论是一般描述（人，男人或女人，上帝面前的生命，一种动物），还是具体描述（跑得最快的人，每门功课都得C的学生，班上穿得最差的人）。自我同一性要求自我意识。换言之，一个人的自我同一性不只是对一个"事物"的认同，比如，对一个身体的认同。

selfishness 自私：不顾他人的利益而只顾自己的利益。这个词有令人厌恶的内涵，因此应该与心理利己主义较为中立的主张区别开来。说一个人行为自私，就是指责这个人，他的行为应该加以谴责。不过，为了自己的利益而行动并不一定是自私，它也有可能有助于他人的利益。一个自私的行为就排除了他人的利益，不过，一个行为可能同时既为了自己的利益，又为了他人的利益。

semantics 语义学：一个句子及其不同构成的意义，也可以是关于那些意义的研究。（因此，我们可以谈论一个句子的语义，也可以谈论语义学研究。）"仅仅是语义的"，是对概念真理的一个不屑说法，而分析真理恰恰是根据意义为真的。

semantic theory of truth 真理语义论：塔斯基在他的著作中提出的一种理论，它认为要根据专门的满足观念来定义"真"。根据这一理论，语言中的每一个命题要么满足要么不满足一个特定阶层的个人。不过，它只适用于人工的形式语言。把这一理论扩展到自然语言，我们就可以说，这一理论表明我们确立了我们的命题借以与世界的"事实相符"的规则。

sensation 感觉：感觉器官受到刺激的经验结果。比如，看见红色，听到刺耳的噪音，闻到烧焦味。它是最简单的心理现象。

sense-data 感觉材料：被给予感官的东西，先于推理。

sentiment 情感：感情、情绪，尤其是道德感情（休谟、卢梭）。

skepticism 怀疑论：一种哲学信念，认为知识是不可能的，怀疑是任何有效论证都无法克服的。持有这种信念的哲学家被称作怀疑论者。此外，怀疑论不仅仅是私人的怀疑，它要求为那一怀疑提供理由。

slave morality 奴隶道德：在尼采的道德哲学中，指的是一种把职责和义务置于首要地位的道德，之所以称之为奴隶道德，是因为它除了效率和个人安慰之外，没有任何更高的追求。

social contract 社会契约：全社会所有成员达成的或默认或明确的协议，即为了使公共利益最大化、确保成员之间的协作，他们应该遵守国家的法律。重要的是，这样的一个契约无需实际上加以签订;同样重要的是，社会中的每一个成员，通过选择继续待在这个社会中，就意味着作出了这样一个协议。

society 社会：具有共同历史和文化纽带的人民团体。通常但并总是如此，社会是由同一个国家的成员构成，由同一个政府统治。

soft determinism 弱决定论：这一论点接受决定论，但是主张某些种类的原因，比如人的性格，仍使得我们称其行动为“自由的”。因此，弱决定论者常常是相容论者，因为他们既相信自由，也相信决定论。

sophists 智者：古希腊哲学家和教师，他们相信除了我们认为实在的东西之外，并无实在存在。

sound 合理的：前提为真并且有效的论证。

sovereign 主权者：独立自主。一个主权国家是不受其他国家法律支配的国家。一个主权者就是一个不受任何他人的命令支配的人。一个民族具有主权，就是说他不受任何人或任何政府支配。

Spenta Mainyush 斯潘达·迈纽：琐罗亚斯德教中的善神。

state 国家：社会中的权威中心，比如，一个社会中最大的政治单位。通常一个国家就是一个民族，比如美国、德国等等。通常一个国家与一个社会共存，但并不总是如此;通常，有一个独一无二的政府，但也并不总是如此。

subjective idealism 主观观念论:这种观点认为，唯有观念和心灵存在，而并不存在实体、物质或物质对象。具体的例子有贝克莱的哲学。

subjective truth 主观真理：在克尔凯郭尔那里，指的是具有强烈情感和承担的“真理”。

substance 实体:存在的一个“单位”，能够“藉由自身站立的”东西。事物的基本实在，它承载着各种性质和性质的各种变化。它最常见的定义是：“能够独立自存的东西”，“不变也不能变的事物的本质”。在传统形而上学中，实体等同于“终极实在”，而实体的研究是研究实在的形而上学的一个分支，即存在论。在笛卡尔那里，一个这样的事物无需他物就能够存在。被创造的实体则只需要上帝来保证其存在。（见essence，ontology）

sufficient cause 充分原因：能够凭自身使某事发生。

Sufism 苏菲主义：伊斯兰教神秘主义。

syllogism 三段论：一种三行的演绎论证，最著名的例子是如下这种形式的论证：

所有P是Q。（大前提）

S是P。（小前提）

所以S是Q。（结论）

sympathy 同情：同胞感；关心他人的福利。在休谟和卢梭的伦理学中，这是一种必要的和普遍的情感，若没有这种情感，道德和社会就是不可能的。

synonym 同义：意思一样。如果两个词在同一个句子中能够在不改变句子的意思的情形下可以互换，那就是同义的。比如，在绝大多数语境中，"罪犯"和"犯人"就是同义的。

synthetic (statement) 综合（判断）：一个不矛盾的命题，其中谓词并不为主词所包含，比如，"马一般来说是难以驯服的"。（在这个意义上，"综合"与"分析"相对。）一个综合命题，是无法通过诉诸逻辑形式或构成词的意义来表明为真的。康德是这样定义"综合"命题的，"它给主词增加了一个并不已经包括在主词中的观念"。比如，"马是一些人的大部分收入来源"就是一个严格的综合命题。诉诸'马"的意思是无助于我们确认这个命题是否为真，而且对它的否定也不会导致自相矛盾。但是，根据康德的说法，这并不因此就可以说所有的综合命题都只能通过诉诸经验表明为真。他认为，有些综合命题是先天的。

synthetic a priori knowledge 先天综合知识：必然的、独立于经验而为人所知的知识，但也不是从逻辑或句子的意思中获得其真值。这是康德哲学的核心概念。

system 体系：一个对于原则（以及理由、蕴含、证据、方法和预设）的有序规划，它全面、一致和连贯，其中各种原则按照逻辑尽可能地紧密地相互连接在一起。

tabula rasa 白板：在洛克的哲学中，指的是心灵的"白板"隐喻，与天赋观念的学说相对。换言之，心灵在人刚出生时是一块"白板"，我们所知道的一切必须是通过经验"烙上去的"。

tautology 同义反复：根据其逻辑形式为真的毫无价值的真理，它对于世界什么也没有说。[通俗地来说，就是重复的废话，比如"玫瑰就是玫瑰就是玫瑰"。专门地来说，（在逻辑学中）一个命题无论其构成部分是真是假，它都为真。]

teleological argument 目的论论证：试图根据自然的复杂和"设计"来"证明"上帝存在的一种论证。有时，它被称为"设计论证"，因为这一论证的基础如下：既然宇宙显然是设计好的，那么必定有一个设计者。这一类比常常被用于如下情形：如果我们在沙滩上找到一个非常复杂的机械（比如，一块表），我们就会由此推出一定有某个理智的存在创造了它。

teleology (teleological) 目的论（目的论的）：这一信念认为，一切现象都有其目的或目标。亚里士多德的形而上学就是一种目的论，这就是说，他认为宇宙本身——相应的宇宙中的一切事物——是为了目的而运行的，并且能够根据目标得到说明。

The Analects《论语》：孔子的主要作品之一。

theism 有神论：相信神。

transcendence 超越：萨特用以指称一个人关于未来的计划、志向、意图和希望的术语。

transcendent 超越的：独立一切的。在宗教哲学中，超越的上帝卓然独立，与他所创造的宇宙相分离。这与泛神论中无所不在的上帝观念不同，在那里，上帝等同于他的造物，或者，另一个不同的例子是，在某些人本主义学说中，上帝等同于人类。

transcendental 先验的：指称人类知识的基本规则，通常与一种绝对主义联系在一起，即认为只能有唯一一套这样的基本规则。因此，康德的“先验演绎”试图为人类知性演绎出这样一套可能的基本规则出来，而胡塞尔的先验想象学试图揭示人类意识的一套基本法则。

transcendental deduction 先验演绎：康德试图证明存在而且只存在一套所有理性生命在构成他们的经验时必须使用的范畴（基本规则或先验概念）。

transcendental ego 先验自我：一个人自己的自我意识的逻辑事实；笛卡尔的“我思”；我们的所有经验“背后”的自我；统一我们的所有思想和感觉的心灵活动。

trivial 琐屑的：显而易见、不值得一说的。

truth of reason 理性真理：在传统的理性主义中，只需诉诸直观或基于直观从前提演绎出来得到证成的信念。对于理性主义者和经验主义者而言,算术和几何就是这种真理的典型。他们的分歧主要在于这种真理的范围上，以及对诉诸直观的限制上。

unalienable rights 不可剥夺的权利：任何人、任何政府都无法夺走的权利，比如，人保护自己生命的权利。换言之，指的是人权。

unconscious 无意识：弗洛伊德用以指称我们心中所具有的那样一些观念、欲望、记忆和经验的术语，即对于它们我们无法具有优先获知、我们可能会搞错（因此，我们的主张并非是不可纠正的），以及他人可能比我们自己更清楚。他也把它与前意识区分开来。前意识的观念只要加以注意就可以成为意识。（比如，你知道加利福尼亚州的首府是哪，但你在我提起它之前对它没有意识，这就是前意识。）然而，真正的无意识观念无法成为意识，哪怕一个人试图这样做也不行。

unextended 非广延的：不具有空间维度。哲学家们（比如笛卡尔、莱布尼茨和斯宾诺莎）常常把心灵和观念定义为非广延的。

unsound 不合理的：一个其前提错了因而无效的论证。

Upanishads《奥义书》：构成了印度教和佛教基础的“秘密教义”。

utilitarianism 功利主义：一种道德哲学，主张我们应该以如下方式行动，即使最大多数人获得最大幸福。

valid 有效的：正确地遵循了一致同意的推论规则的论证。常用于论证而非陈述。

vicious circle 恶性循环：两个命题或论证相互支持，而不诉诸其他支持。比如，“他一定很内疚，因为他一副内疚的表情。我可以说这是副内疚的表情，因为他在内疚”。

virtue 德性：道德的卓越。在亚里士多德的哲学中，指的是一种品格状态，借此我们欣然于做正确之事。在康德那里，是指做正确之事的意愿（无论是否为此感到欣喜，事实上，在我们不为此感到欣喜时更是如此）。

void 虚空：空洞的空间。

will 意愿：心灵让我们选择自己的行动，或者至少选择我们应该试图做什么的能力。在康德那里，善良意愿是唯一“无条件”的东西，换言之，出于正确理由和善良意图而行动的东西。

will to power 权力意志：在尼采哲学中，这一论点认为，每一个行动最终都是为了优秀，有时是为了卓然于他人之上，但更为重要的是，那是种根据个人自己的标准的优秀。换言之，它就是亚里士多德所谓的卓越。（然而，尼采通常被诠释为指的是政治权力。）

Zend-Avesta《圣特-阿维斯塔》：琐罗亚斯德教经书。

Zoroastrianism 琐罗亚斯德教：古波斯宗教。

出版后记

国内出版界对西方哲学通识类图书的引进——主要是各种哲学史、通史或断代史——已然不少。

哲学史如此受欢迎，自然有这种写作体裁的优势。对于尚未得其门而入的初学者来说，哲学史让哲学不再像是云中虚无飘渺的思绪，而是坚实的大地上结出的果实，不过是人间世事之一种。这种“祛魅”作用固然使哲学亲切了不少，但是在另一方面，这种写法有着天然的缺陷。哲学史自然遵循的是历史时间的线性发展，依次介绍各时段重要的哲学家及其思想，但是哲学中各种专门问题的发展却未必与这种时间速率同步。由于各个哲学家关注的核心问题不一样，有些哲学大问题甚至隔了千年才有突破性的变革。因此，我们必须时刻思接千载，才能在漫漫的哲学史长河中看清各大哲学问题的支流走向。稍有脑力不济，或者眼力不够，就很容易只看到表面浪花的喧哗。

因此，另一种哲学入门书就是必要的了。其实在西方，相较于哲学史，更为主流的是以哲学大问题为编著体系的教材。本书作者就是编写这种教材的佼佼者，本书即是他最经典的教材。

本书之所以经典的首要之处在于，它是以哲学史上的经典著作的选文为主干的。书中的大问题在西方哲学史上的曲折展开，主要就是在这些哲学家的经典阐述所形成的对话中完成的。在这些选文中，我们贴近了原汁原味的哲学，而非变了味的转述。我们可以看到历史上伟大的哲学家精彩的逻辑分析与论证，这是哲学之所以为哲学的重要细节。在这些选文的字里行间，我们以一种相同的思考韵律与伟大的哲学家们共同呼吸，哲学由此获得了最鲜活的生命。

本书作者一以贯之的全球哲学整体视角和多元并包的态度，使得本书能够诠释哲学的独特魅力。我们跟随作者对八个主题的探讨，看到跨越两千五百年、跨越全球各个区域、处于各种历史境遇下的人们在思考着相同的哲学问题，给出了多种多样的答案，这种和而不同的感觉，正是哲学作为人类永恒的追问的魅力所在。

对哲学问题的思考和钻研，不仅是一种走近哲学的方法，更是身体力行“做”哲学的不二法门。

服务热线：133-6631-2326　188-1142-1266

服务信箱：reader@hinabook.com

后浪出版公司

2018年10月

图书在版编目（CIP）数据

哲学导论：综合原典教程：第11版 / (美) 罗伯特·C.所罗门, (美) 凯瑟琳·M.希金斯, (美) 克兰西·马丁著；陈高华译. -- 天津：天津人民出版社, 2019.5（2020.8重印）

书名原文: Introducing Philosophy: A Text with Integrated Readings, Eleventh Edition

ISBN 978-7-201-14340-8

Ⅰ. ①哲… Ⅱ. ①罗… ②凯… ③克… ④陈… Ⅲ. ①哲学—教材 Ⅳ. ①B

中国版本图书馆CIP数据核字(2018)第296647号

哲学导论：综合原典教程（第11版）

ZHEXUE DAOLUN: ZONGHE YUANDIAN JIAOCHENG (DI 11 BAN)

[美] 罗伯特·C. 所罗门, [美] 凯瑟琳·M. 希金斯, [美] 克兰西·马丁 著; 陈高华 译

出　　版	天津人民出版社	出 版 人	刘　庆
地　　址	天津市和平区西康路35号康岳大厦	邮政编码	300051
邮购电话	（022）23332469	网　　址	http://www.tjrmcbs.com
电子信箱	tjrmcbs@126.com		
出版统筹	吴兴元	编辑统筹	张　鹏
责任编辑	金晓芸	特约编辑	韩　伟　马　健
营销推广	ONEBOOK	装帧制造	墨白空间·张静涵
印　　刷	北京天宇万达印刷有限公司	经　　销	新华书店经销
开　　本	787毫米×1092毫米　1/16	印　　张	39印张
字　　数	630千字		
版次印次	2019年5月第1版　2020年3月第3次印刷		
定　　价	99.80元